CAUSES CÉLÈBRES

DE

TOUS LES PEUPLES

PAR A. FOUQUIER

CONTINUATEUR DE L'ANNUAIRE HISTORIQUE DE LESUR

ÉDITION ILLUSTRÉE

« Homicide point ne seras. »

PARIS

LEBRUN ET Cⁱᵉ, ÉDITEURS

8, RUE DES SAINTS-PÈRES

DRAMES JUDICIAIRES
CAUSES CÉLÈBRES
DE TOUS LES PEUPLES
PAR A. FOUQUIER
CONTINUATEUR DE L'ANNUAIRE HISTORIQUE, DIT DE LESUR

LES CAUSES CÉLÈBRES de Tous les Peuples paraissent par livraison de 16 pages ornées de 3 à 4 gravures, ou par cahier de 5 livraisons réunies broché, couverture illustrée. 25 livraisons, ou 5 cahiers forment un beau volume de 400 pages, ornées de 80 à 100 gravures, avec titre et table.	Prix de la livraison................ » fr. 20 c. — du cahier broché............ 1 » — du volume broché............ 5 » On reçoit des abonnements pour 25 livraisons ou 5 cahiers, à servir franco à domicile. Abonnement à 25 livraisons, { PARIS... 6 fr. » c. { DÉPART. 7 » Abonnement à 5 cahiers... { PARIS... 5 50 { DÉPART. 6 50

De Praslin. — La chambre après le meurtre.

De tout temps, les drames réels ont excité une curiosité tout autrement avide que les plus ingénieuses inventions du dramaturge et du romancier.

Dès le milieu du xviii⁰ siècle, Gayot de Pitaval publia ses *Causes célèbres et intéressantes*, Paris, 1738-50, 20 vol. in-12; continuées par de La Ville, Paris, 1769, 4 vol. in-12, et rédigées de nouveau par Richer, Amsterdam, 1772-88, 22 vol. in-12.

A son tour, Étienne recueillait en 2 vol. in-12 avec fig., Berlin (Paris), 1769-70, des *Causes amusantes et connues*.

Puis, vint Désessarts, avec des *Causes célèbres et intéressantes*, Paris, 1775-89, 98 vol. in-12; et l'abréviation sous ce titre : *Procès fameux, jugés avant et depuis la révolution*, Paris, 1785 et années suivantes, 20 vol. in-12.

Sous l'empire, Méjan publia, en 21 vol in-8°, des *Causes célèbres et arrêts qui les ont décidées.* Roussel et Pauchet de Valcour firent, de leur côté, paraître leurs *Annales du crime ou de l'innocence, ou choix des Causes célèbres anciennes et modernes, réduites aux faits historiques,* Paris, 1813, 20 part. in-12.

Plus récemment encore, Saint-Edme a recueilli dans une vaste collection, un grand nombre de causes anciennes et modernes, sous le titre de *Répertoire général des Causes célèbres et modernes,* Paris, 1835-37, 15 vol in-8°, 3 séries et suppléments.

Enfin, 1848-49, la Librairie Ethnographique publia 1 volume de *Drames judiciaires, Causes célèbres de tous les peuples,* avec gravures (1).

Voilà la filiation, et cette liste dit assez combien le succès était assuré à l'avance à des publications de ce genre.

S'il nous est permis, maintenant, de juger nos devanciers, nous dirons que l'intérêt de ces publications nombreuses nous paraît être beaucoup plus dans la matière que dans l'œuvre. Gayot de Pitaval et Désessarts, par exemple, et ce sont les plus estimés, ont compilé, avec une grande honnêteté d'intention, mais sans jugement, sans critique et sans style, les faits les plus intéressants de l'antiquité, les collections de jugements rendus par les parlements, et les chefs-d'œuvre du barreau français. Saint-Edme n'est qu'un Trublet sans conscience, et la pauvreté de ses analyses, dont les ciseaux ont fait les frais plus que la plume, n'est dépassée que par le détestable esprit de sa mise en scène.

Les autres essais n'ont pas assez d'importance pour être appréciés ici; et nous laissons de côté, non sans intention, ces tableaux hideux où, de nos jours, la science et le talent ont été remplacés par l'audace lubrique et par la recherche éhontée du scandale.

Il n'y a donc pas un seul recueil de Causes célèbres qui réponde, soit par sa date, soit par son exécution, à la légitime curiosité des lecteurs. Nous avons conçu l'espérance de créer ce répertoire. Ici, plus que partout ailleurs, les écueils sont nombreux, nous le savons. S'attacher seulement à satisfaire une curiosité mauvaise, ce serait, en pareille matière, commettre une mauvaise action. Spéculer sur le scandale, ce serait dégrader la noble profession d'écrivain. Nous n'avons donc pu penser à commencer ces études, qu'en nous donnant pour but l'éducation morale des lecteurs, qu'en nous imposant les lois les plus sévères de bon goût et de bien dire. Plus l'émotion est facilement éveillée, plus le récit doit être sincère et prudent à la fois.

De même aussi, puisque l'image est devenue le complément nécessaire de la parole, cette publication devait emprunter à la gravure un de ses attraits les plus vifs. Mais, là aussi, nous avons rencontré une collaboration qui nous permettait d'associer la plume au burin, celle d'un éditeur qui respectait l'art et l'honnêteté dans la gravure, comme nous les respectons dans le récit. Tout sera donc, dans ces études, vivifié par le même esprit de recherche, d'exactitude et de moralité.

La publicité donnée par la justice aux débats criminels ne serait pour la société, qu'un danger de plus, sans la publicité du châtiment. La publicité que le journal ou le livre donnent, à leur tour, aux désordres réprimés par la justice, ne serait qu'une cause de corruption de plus, sans la probité de l'étude, sans la réserve du style, sans l'évidence de la leçon morale.

ARMAND FOUQUIER.

---

15 Livraisons, ou 3 Cahiers sont en vente (juin 1857)

1re, 2e, 3e liv. LES CHAUFFEURS. — LA BANDE D'ORGÈRES.	6e liv. PAPAVOINE — H. CORNIER.	11e, 12e liv. DE PRASLIN.
4e, 5e — LACENAIRE, FRANÇOIS, AVRIL.	7e, 8e — Mme LAFARGE.	13e — DAMIENS. — LOUVEL.
	9e — VERGER.	
	10e — SOUFFLARD. — MONTCHARMONT.	14e, 15e — DE BOCARMÉ.
formant le 1er cahier	*formant le 2e cahier*	*formant le 3e cahier*

SOUS PRESSE :

LÉOTADE. — PROCÈS DE LOUIS XVI ET DE MARIE-ANTOINETTE. — MINGRAT — CONTRAFATTO
qui formeront le 4e Cahier

Chaque procès a sa pagination propre et distincte, et peut s'isoler ou se combiner au gré du lecteur.

Chaque livraison se vend séparément. » fr. 20 cent.
— cahier — 1 10

On souscrit à la librairie LEBRUN et Cie, rue des Saints-Pères, 8.

---

(1). La série des DRAMES JUDICIAIRES, publiée par la Librairie Ethnographique, forme 1 volume in-4° orné de 175 gravures, et comprend, entre autres procès célèbres, les procès Laroncière, Fualdès, Lesurques, Pierre Coignard, Rossel et Vandenplas, la Bergère d'Ivry, le docteur Castaing, Sébastien-Benoît Peytel, etc. ; et, parmi les affaires politiques : les comtes d'Egmont et de Horn ; Cinq-Mars et de Thou ; Karl Sand ; les Affaires de Strasbourg et de Boulogne ; le procès du 15 mai ; l'Affaire Bréa (insurrection de juin 1848), etc.
Le prix du volume complet, broché, est de 5 francs 50 centimes.
Une souscription nouvelle vient d'être ouverte, à raison de 20 centimes la livraison, à la librairie Lebrun et Cie.
Cinq livraisons sont en vente (juin 1857) : 1re Livraison, Laroncière, 2e Livraison, Fualdès, 3e Livraison, Lesurques, 4e Livraison, Banditi di Taliano (le Banditisme en Corse), 5e Livraison, Francesco Zuela (Haines calabraises).
Il paraît également une livraison tous les quinze jours. — Chaque livraison se vend séparément.

CAUSES CÉLÈBRES

TABLE-AVIS

Ce premier volume des Causes Célèbres comprend :

	Livraisons
Les Chauffeurs. — La Bande d'Orgères.	1 à 3
Lacenaire, François et Avril.	4 et 5
Papavoine. — Hte Cornier.	6
Madame Lafarge.	7 et 8
Verger	9
Soufflard et Lesage. — Montcharmont le braconnier.	10
De Praslin.	11 et 12
Damiens. — Louvel.	13
De Bocarmé.	14 et 15
Léotade.	16 à 18
Louis XVI et Marie Antoinette.	19 et 20
Béranger (Procès des chansons de).	21
Mingrat et Contrafatto.	22
Fieschi, Morey, Pepin et Boireau (Machine infernale de 1835).	23 à 25

Chacun des procès qui précèdent ayant sa pagination propre et distincte, l'indication ci-dessus est tout simplement le rappel de l'ordre de publication.

Nous avons été amené à adopter le mode de séparation, de préférence à l'ordre alphabétique ou chronologique, parce qu'il a pour effet d'éviter jusqu'à l'apparence d'un rapprochement entre des faits et des hommes qui n'ont entre eux aucun rapport comme date, et surtout comme moralité, et parce qu'il laisse au souscripteur la faculté d'isoler ou de combiner, selon ses répulsions ou ses préférences, les Causes, si diverses, appelées par leur retentissement à faire partie de la collection des Causes Célèbres.

MODE DE PUBLICATION, CONDITIONS DE VENTE ET D'ABONNEMENT :

Les Causes Célèbres paraissent tous les quinze jours par livraison de 16 pages in-4°, à 2 colonnes, ornées de gravures, ou par cahier de 5 livraisons réunies, broché, avec couverture illustrée.

Le prix de la Livraison, prise au bureau, est de	20 cent.
— du Cahier broché — —	1 fr. 10

Il paraît 25 Livraisons ou 5 Cahiers par an.

ABONNEMENT A 25 LIVRAISONS OU 5 CAHIERS (franco à domicile)	Paris. . . 6 francs.
	Départements. 7 —

Les plus prochaines livraisons contiendront les procès Doineau, du Testament du prince de Condé, Cartouche, la bande Lemaire, Mme Lacoste, l'affaire de Jeufosse, Palmer, Calas, etc.

La traduction et la reproduction sont interdites.

CAUSES CÉLÈBRES

DE

TOUS LES PEUPLES

PAR A. FOUQUIER

CONTINUATEUR DE L'ANNUAIRE HISTORIQUE DE LESUR.

Édition illustrée.

LIVRAISONS 1 A 25

PARIS

LEBRUN ET Cie, ÉDITEURS

8, RUE DES SAINTS-PÈRES,

1858

TABLE-AVIS

Ce premier volume des CAUSES CÉLÈBRES comprend :

	Livraisons
LES CHAUFFEURS. — LA BANDE D'ORGÈRES.	1 à 3
LACENAIRE, FRANÇOIS et AVRIL.	4 et 5
PAPAVOINE. — Hte CORNIER.	6
MADAME LAFARGE.	7 et 8
VERGER	9
SOUFFLARD et LESAGE. — MONTCHARMONT le braconnier.	10
DE PRASLIN.	11 et 12
DAMIENS. — LOUVEL.	13
DE BOCARMÉ.	14 et 15
LÉOTADE.	16 à 18
LOUIS XVI et MARIE ANTOINETTE.	19 et 20
BÉRANGER (Procès des chansons de).	21
MINGRAT et CONTRAFATTO.	22
FIESCHI, MOREY, PEPIN et BOIREAU (Machine infernale de 1835).	23 à 25

Chacun des procès qui précèdent ayant sa pagination propre et distincte, l'indication ci-dessus est tout simplement le rappel de l'ordre de publication.

Nous avons été amené à adopter le mode de séparation, de préférence à l'ordre alphabétique ou chronologique, parce qu'il a pour effet d'éviter jusqu'à l'apparence d'un rapprochement entre des faits et des hommes qui n'ont entre eux aucun rapport comme date, et surtout comme moralité, et parce qu'il laisse au souscripteur la faculté d'isoler ou de combiner, selon ses répulsions ou ses préférences, les CAUSES, si diverses, appelées par leur retentissement à faire partie de la collection des CAUSES CÉLÈBRES.

MODE DE PUBLICATION, CONDITIONS DE VENTE ET D'ABONNEMENT :

Les CAUSES CÉLÈBRES paraissent tous les quinze jours par livraison de 16 pages in-4°, à 2 colonnes, ornées de gravures, ou par cahier de 5 livraisons réunies, broché, avec couverture illustrée.

Le prix de la Livraison, prise au bureau, est de   20 cent.
— du Cahier broché   —   —   1 fr. 10

Il paraît 25 Livraisons ou 5 Cahiers par an.

ABONNEMENT A 25 LIVRAISONS OU 5 CAHIERS (franco à domicile) { PARIS. . . 6 FRANCS.
DÉPARTEMENTS. 7 . —

Les plus prochaines livraisons contiendront les procès Doineau, du Testament du prince de Condé, Cartouche, la bande Lemaire, Mme Lacoste, l'affaire de Jeufosse, Palmer, Calas, etc.

La traduction et la reproduction sont interdites.

CAUSES CÉLÈBRES

DE

TOUS LES PEUPLES

PAR A. FOUQUIER

CONTINUATEUR DE L'ANNUAIRE HISTORIQUE DE LESUR.

Edition illustrée.

LIVRAISONS 1 A 25

PARIS

LEBRUN ET Cie, ÉDITEURS

8, RUE DES SAINTS-PÈRES,

1858

CAUSES CÉLÈBRES

DE

TOUS LES PEUPLES

LES CHAUFFEURS. — LA BANDE D'ORGÈRES.

Les Chauffeurs. — Attaque à la bombe.

De tout temps, les drames réels ont excité une curiosité tout autrement avide que les plus ingénieuses inventions du dramaturge et du romancier.

Dès le milieu du dix-huitième siècle, Gayot de Pitaval publia ses *Causes célèbres et intéressantes*, Paris, 1738-50, 20 vol. in-12; continuées par de La Ville, Paris, 1769, 4 vol. in-12; et rédigées de nouveau par Richer, Amsterdam, 1772-88, 22 vol. in-12.

A son tour, Étienne recueillait en 2 vol. in-12 avec fig., Berlin (Paris), 1769-70, des *Causes amusantes et connues*.

Puis, vint Désessarts, avec des *Causes célèbres et*

intéressantes, Paris, 1773-89, 98 vol. in-12 ; et l'abréviation sous ce titre : *Procès fameux, jugés avant et depuis la révolution*, Paris, 1785 et années suivantes, 20 vol. in-12.

Sous l'empire, Méjan publia, en 21 vol. in-8°, des *Causes célèbres et arrêts qui les ont décidées*. Roussel et Pauchet de Valcour firent, de leur côté, paraître leurs *Annales du crime ou de l'innocence, ou choix des Causes célèbres anciennes et modernes, réduites aux faits historiques*, Paris, 1813, 20 part. in-12.

Plus récemment encore, Saint-Edme a recueilli dans une vaste collection, un grand nombre de causes anciennes et modernes, sous le titre de *Répertoire général des causes célèbres et modernes*, Paris, 1835-37, 15 vol. in-8°, 3 séries et suppléments.

Enfin, en 1848-49, la librairie ethnographique publia 1 volume de *Drames judiciaires, Causes célèbres de tous les peuples*, avec gravures.

Voilà la filiation, et cette liste dit assez combien le succès était assuré à l'avance à des publications de ce genre.

S'il nous est permis, maintenant, de juger nos devanciers, nous dirons que l'intérêt de ces publications nombreuses nous paraît être beaucoup plus dans la matière que dans l'œuvre. Gayot de Pitaval et Désessarts, par exemple, et ce sont les plus estimés, ont compilé, avec une grande honnêteté d'intention, mais sans jugement, sans critique et sans style, les faits les plus intéressants de l'antiquité, les collections de jugements rendus par les parlements, et les chefs-d'œuvre du barreau français. Saint-Edme n'est qu'un Trublet sans conscience, et la pauvreté de ses analyses, dont les ciseaux ont fait les frais plus que la plume, n'est dépassée que par le détestable esprit de sa mise en scène.

Les autres essais n'ont pas assez d'importance pour être appréciés ici ; et nous laissons de côté, non sans intention, ces tableaux hideux où, de nos jours, la science et le talent ont été remplacés par l'audace lubrique et par la recherche éhontée du scandale.

Il n'y a donc pas un seul recueil de Causes célèbres qui réponde, soit par sa date, soit par son exécution, à la légitime curiosité des lecteurs. Nous avons conçu l'espérance de créer ce répertoire. Ici, plus que partout ailleurs, les écueils sont nombreux, nous le savons. S'attacher seulement à satisfaire une curiosité mauvaise, ce serait, en pareille matière, commettre une mauvaise action. Spéculer sur le scandale, ce serait dégrader la noble profession d'écrivain. Nous n'avons donc pu penser à commencer ces études, qu'en nous donnant pour but l'éducation morale des lecteurs, qu'en nous imposant les lois les plus sévères de bon goût et de bien dire. Plus l'émotion est facilement éveillée, plus le récit doit être sincère et prudent à la fois.

De même aussi, puisque l'image est devenue le complément nécessaire de la parole, cette publication devait emprunter à la gravure un de ses attraits les plus vifs. Mais, là aussi, nous avons rencontré une collaboration qui nous permettait d'associer la plume au burin, celle d'un éditeur qui respectait l'art et l'honnêteté dans la gravure, comme nous les respectons dans le récit. Tout sera donc, dans ces études, vivifié par le même esprit de recherche, d'exactitude et de moralité.

La publicité donnée par la justice aux débats criminels ne serait, pour la société, qu'un danger de plus, sans la publicité du châtiment. La publicité que le journal ou le livre donnent, à leur tour, aux désordres réprimés par la justice, ne serait qu'une cause de corruption de plus, sans la probité de l'étude, sans la réserve du style, sans l'évidence de la leçon morale.

ARMAND FOUQUIER.

LES CHAUFFEURS. — LA BANDE D'ORGÈRES.

Le 24 vendémiaire an IV de la république française, une et indivisible, c'est-à-dire le 16 octobre 1795, le citoyen Robichon, vigneron, investi, dans le petit village d'Olivet, près Orléans, des fonctions de garde champêtre, fumait sa pipe sur le pas de sa porte.

Tous les voyageurs qui ont visité Orléans n'auront pas manqué de passer le pont de la Loire et de faire une courte excursion à la source du Loiret. Le premier village qu'ils auront rencontré sur leur route est Olivet, célèbre dans le monde gourmand par ses excellents fromages.

Olivet, qui, comme on vient de le voir, possédait, en 1795, un garde champêtre, avait aussi son cabaret, et la porte du citoyen Robichon était justement placée en face de la branche de pin qui signalait aux voyageurs altérés le cabaret du citoyen Benoist.

De vigneron à cabaretier, il n'y a que la main, et, quand les deux portes se regardent, il semblerait que les deux maîtres dussent vivre en bons camarades. Et cependant jamais le vin de Robichon n'avait rougi les verres de Benoist, et on ne voyait jamais Benoist verser rasade à Robichon.

C'est que le citoyen Robichon était au moins autant garde champêtre que vigneron ; et, comme le citoyen Benoist, plus connu sous le nom de Langevin, avait eu plus d'une fois maille à partir avec la justice d'Orléans, comme il recevait des compagnons passablement suspects, et comme on le voyait moins souvent chez lui qu'à Orléans, installé dans une petite auberge à voleurs sur le Martroi, les yeux vigilants de l'autorité, représentés à Olivet par les deux petits yeux gris du citoyen Robichon, surveillaient les démarches du dangereux cabaretier.

Il était environ sept heures du soir : le garde champêtre secouait les cendres de sa pipe et se disposait à rentrer au logis, quand il vit deux hommes déboucher par le chemin de Belle-Croix, et se diriger vers le cabaret.

L'un de ces hommes, de haute taille et d'épaisse encolure, était vêtu d'une veste à raies aux trois couleurs, et d'une culotte courte de velours fauve à côtes. Sa tête énorme, portée sur un cou court enfoncé dans de larges épaules, était coiffée d'un bonnet de laine jaune, qui rappelait par sa forme le bonnet de liberté. Ses bas étaient à demi cachés sous de grandes guêtres de forte toile blanche; il tenait de la main droite un court bâton d'épine, et, sous le bras gauche, une vieille houppelande roulée, dans les plis de laquelle on devinait la poignée d'un sabre.

L'ensemble de ce costume, complété par la titus et par d'imperceptibles boucles d'oreille en acier dont les pendants étaient taillés en petites guillotines composait, avec une figure bestiale, de gros yeux ronds et des pommettes fortement enluminées, un de ces types sinistres de jacobins du faubourg Antoine, qui, depuis le 10 thermidor, s'essayaient à ramener les beaux jours de la Terreur, en défilant devant les fenêtres de la Convention aux cris de : La constitution de 93 et du pain !

Si un pareil homme se fût hasardé seul dans le jardin du palais Égalité, la jeunesse dorée lui eût couru sus rien que sur sa mine, et l'eût assommé de confiance.

L'autre compagnon ne ressemblait guère à cet herculéen sans-culotte.

C'était un jeune homme, presque un enfant, maigre et de petite taille, au visage long et pâle, à l'œil droit éraillé et pleurant. Ses cheveux, d'un rouge terne et sans reflet, étaient liés en queue. Il portait une carmagnole rayée jaune et noire, une culotte de peau de daim, des bas chinés et des souliers à boucles d'acier. L'ensemble de son costume indiquait des prétentions à l'élégance, contrariées par les hasards d'une vie vagabonde et crapuleuse. Cette figure, flétrie avant l'âge, annonçait une intelligence et une énergie mal employées.

Le plus petit des deux hommes montra à l'autre l'enseigne de Langevin et entra le premier au cabaret.

Le citoyen Robichon avait attentivement regardé ces deux voyageurs, et un haussement significatif de ses épaules avait seul montré que pareil gibier ne lui agréait guère, quand une forme humaine, glissant rapidement au long du mur du cabaretier, attira ses regards.

— «Tiens ! se dit le garde champêtre, le petit tailleur Hardouin qui va chez Langevin à cette heure-ci; ce n'est pas son habitude.»

Et comme, avant d'entrer, le petit tailleur jetait autour de lui des regards défiants, Robichon ferma sa porte en sifflotant la *Marseillaise*.

Mais le garde champêtre eut bientôt entrebâillé sa fenêtre, et, caché derrière le rideau, il continua ses observations.

Un instant après, le pas de deux chevaux retentissait sur la route, et deux cavaliers s'arrêtèrent, paraissant chercher quelque chose. L'un portait le costume de gendarme national, l'autre avait la petite tenue du 16e dragons, cantonné à Orléans. — Est-ce que, par hasard, se dit Robichon, le maréchal des logis Rot serait sur la même piste que moi ?

Et il allait ouvrir la fenêtre et appeler le gendarme, quand un dernier coup d'œil lui fit reconnaître que le cheval portait la queue courte et n'était pas équipé à l'ordonnance. L'homme avait bien du gendarme les habits, mais non le cachet spécial, l'allure et la physionomie inimitables. Quant au dragon, son pantalon radoubé de pièces de cuir, et son chapeau à trois cornes, orné d'une énorme cocarde, ne pouvaient faire longtemps illusion.

Si ces deux hommes n'étaient ni dragon ni gendarme, pourquoi ce déguisement? pourquoi chacun d'eux avait-il une carabine et un sabre?

Les deux cavaliers frappèrent légèrement à la porte de Langevin. La grand'porte de cour s'ouvrit et les cavaliers entrèrent.

Dans l'espace d'une heure environ, le citoyen Robichon vit, de son observatoire, entrer chez Langevin vingt-six autres voyageurs, piétons ou cavaliers. Ils arrivaient par groupes de trois ou de deux, et quelques-uns portaient des fusils dont la baïonnette luisait aux dernières clartés du jour.

Quand le garde champêtre ne vit plus venir personne, il ferma soigneusement les contre-vents de sa fenêtre, donna un tour de clé à la serrure, et, tout en visitant son fusil, dit à sa femme qui apprêtait le souper : — «Je ne serais pas étonné d'apprendre demain matin qu'il se soit fait quelque mauvais coup cette nuit.»

Rien ne trahissait, à l'extérieur, la présence d'une compagnie si considérable chez le cabaretier d'Olivet. Les fenêtres restaient noires, la maison silencieuse. Mais si le lecteur veut nous suivre dans la salle basse, qui donnait sur le potager, il y verra société nombreuse.

Une longue table en fer à cheval y avait été dressée, et, à la lueur de quelques chandelles piquées sur des chandeliers de fer, trois femmes servaient à boire et à manger aux nouveaux venus. Le cabaretier, reconnaissable à son tablier, circulait au milieu des convives. Son museau de fouine et ses yeux clignotants grimaçaient des sourires à ces hôtes, dont bon nombre lui semblaient inconnus.

Le souper fini, deux des femmes se retirèrent sur un signe de Langevin; la troisième resta accroupie sous le manteau de la cheminée.

— «Eh bien ! Rouge-d'Auneau, dit le cabaretier en s'adressant au petit jeune homme frêle que nous avons vu arriver en compagnie de l'Hercule de faubourg, c'est donc pour cette nuit?

— «Oui, répondit le Rouge-d'Auneau, et tu vois ce que je te ramène de Paris. Mesnard-le-Boucher a été exact au rendez-vous de la Courtille, et les sept hommes qu'il nous a racolés sont des gaillards sur qui on peut compter.»

Mesnard-le-Boucher (c'était le nom du sans-culotte aux boucles d'oreille en guillotine) fit d'un gros rire, et, appliquant sur la maigre épaule du Rouge-d'Auneau une tape formidable, dit : — « Le fait est qu'à Paris on bâtit les patriotes sur un autre patron qu'en Beauce. »

Le Rouge-d'Auneau devint blême, et son œil éraillé flamboya. Mais il se contint, sûr de reprendre l'avantage quand il ne s'agirait plus des poings.

— « Celui-ci, dit-il à Langevin, du ton du citoyen Curtius montrant ses figures de cire, c'est Mesnard-le-boucher; je n'ai pas besoin d'en dire davantage. C'est l'assommeur en chef de Charles-de-Paris, et il a arrêté autant de diligences que de ci-devants.

« Celui-là, qui porte si bien l'habit de gendarme, c'est le Beau-Grandet, un ancien canonnier d'Henriot, réformé le même jour que la commune. Charles-de-Paris en répond.

« Celui-là, en veste de dragon, c'est le Dragon-de-Rouvray, un ancien de Beauce, qui s'est enrôlé dans la bande de Paris. C'est la plus belle poigne que je connaisse, après celle de Mesnard.

« Les quatre autres, Berrichon-le-Noir, Nantais, le Poitevin-Grêlé et Monfoque ont tous fait leurs preuves.

« A toi, maintenant, Langevin. Nous te connaissons tous, en Beauce, pour un franc recéleur, mais réponds-tu de Cousin, de Pigeon et d'Hardouin? je n'ai jamais vu travailler ces gars-là.

— « Cousin, dit agréablement le cabaretier, c'est mon cousin, ça dit tout; si tu ne le connais pas encore, c'est qu'il travaille sur l'eau, et qu'il roule en Loire. Pigeon est employé à la municipalité d'Orléans, sous le nom de Verrier; c'est un citoyen sûr, qui peut être utile pour les renseignements et les passe-ports. Quant à Hardouin, il n'est ni *franc*, ni *rouleur*, ni *pingre*; il n'est pas gros et il ne pèse guère; mais il a des dettes, et il connaît bien le château que nous voulons *faire* cette nuit. »

Les présentations ainsi faites, on mit sur le tapis le projet qui réunissait tous ces honnêtes associés.

Le lecteur l'aura déjà compris, il s'agissait là d'une expédition de bandits; et tout, dans la conversation de ces hommes, révélait une organisation formidable. Avant de faire plus ample connaissance avec les hôtes du cabaretier Langevin, il nous faut donner quelques détails sur ces coquins ainsi organisés. L'histoire des diverses bandes, leur composition, leurs moyens d'action, leurs mœurs spéciales, sont tout à fait indispensables à l'intelligence de ce récit.

Depuis les temps les plus reculés jusqu'aux derniers jours du dix-huitième siècle, les bandes armées contre la société et contre la loi n'ont jamais manqué à la France. Pour ne remonter qu'au règne de Charles VI, Maillotins, Bourguignons, Jacques, Armagnacs, Bohémiens, vagabonds ameutés par la faim, soldats des compagnies franches renvoyés après la guerre, tout ce peuple pillard avait formé des sociétés en dehors de la société, ayant leurs mœurs et leur langage, écumant les routes et gîtant, à la façon des fauves, dans les forêts.

L'attraction exercée par les grandes villes, et surtout par Paris, sur ces hordes errantes, leur faisait presque toujours choisir pour retraites les grands bois placés dans le rayon de ces villes et de la capitale. Mais, à mesure que la société générale se constituait plus fortement, ces sociétés particulières reculaient et cédaient le terrain devant la civilisation armée, sans toutefois s'écarter des routes qui conduisaient aux centres de commerce et de richesses.

C'est ainsi que les bandes de voleurs, chassées de la banlieue de Marseille, s'étaient peu à peu retirées dans les gorges inaccessibles d'Ollioules ou dans les vastes retraites de la forêt de l'Estrelle.

C'est ainsi que les bandes qui occupaient autrefois les avenues de Paris, les forêts de Rouvray, de Bondy et de Sénart, s'étaient vues chassées jusqu'aux forêts immenses de l'Ile-de-France, du Gâtinais, de la Beauce, de la Sologne, de la Picardie, du Berry et du Perche.

C'est surtout dans le vaste triangle formé aujourd'hui par les trois départements limitrophes d'Eure-et-Loir, de Loir-et-Cher et du Loiret, que les routiers trouvèrent leurs plus sûrs asiles. Les grands bois, les riches plaines de la Beauce et du pays chartrain étaient pleins de ressources pour cette vie de révolte et de violences. La population y était peu nombreuse, aisée. De vastes souterrains, connus des seuls voleurs,

qui s'en transmettaient la tradition, y mettaient les brigands à l'abri des attaques, et recélaient leurs familles et leurs larcins. Ces repaires, creusés au moyen âge, soit pour servir de retraites, soit pour en tirer les matériaux des forteresses et des églises, étaient surtout nombreux aux environs de Chartres, près d'Orgères.

Déjà, sous Philippe-Auguste, la forêt d'Orgères, avec ses cavernes et ses carrières inconnues, était un repaire assuré pour les larrons armés. Sous Charles VI, les principaux meurtriers des Armagnacs s'y dérobaient aux poursuites, et les compagnons d'Aimerigot la Tête-Noire apprirent à en connaître les détours.

Au quinzième siècle, les discordes civiles apportèrent leur contingent à ces hordes d'*outlaws*. La guerre du Bien public, et plus tard la Ligue, peuplèrent ces vastes bois, qui avaient recélé les Jacques.

Ces bandes de brigands ne commencèrent à attirer l'attention que lorsque leur existence fit, avec l'état général de la société, un contraste trop marqué. La célébrité, vivante encore, de Cartouche et de Mandrin, n'est due qu'à l'opposition de leurs brigandages et d'un état social plus régulier.

C'est pour cela que le premier chef connu des bandes de Beauce, du pays chartrain, de Sologne et du Gâtinais, est Poulailler.

Ce bandit, pendu à Paris en 1786, avait, à ce qu'il paraît, relié dans une organisation commune un grand nombre de brigands isolés. Sans être accepté comme chef suprême par les voleurs des pays limitrophes, il était considéré comme le doyen des associations diverses, auxquelles la sienne servait de lien et donnait souvent le mot d'ordre. La puissance de Poulailler s'étendit encore quand la maréchaussée eut mis la main sur le terrible Hulin et sur sa bande, dont les exploits avaient pris la forêt de Montargis pour théâtre.

C'est dans l'automne de 1783 que le fameux Hulin et nombre de ses complices furent exécutés à Montargis. Poulailler eut encore deux années de succès; mais, à la fin de 1785, le nouveau lieutenant général de police, Louis Thiroux de Crosne, ayant envoyé ses plus fins limiers en Beauce et en Sologne, Poulailler fut pris, et, comme il avait osé *travailler* aux portes de Paris, près de Longjumeau, c'est à Paris qu'il fut condamné et pendu.

Pour avoir pris Poulailler, on crut en avoir fini avec sa bande. On se trompait. C'est à ce moment que l'organisation en devint, au contraire, plus complète et plus redoutable.

Poulailler, véritable baron du moyen âge, détroussait à cheval, armé de pied en cap. Son lieutenant, qui lui succéda dans le commandement, *démocratisa* le brigandage.

Cet homme se nommait Fleur-d'Épine. Doué d'une force athlétique et d'une intelligence peu commune, il rallia autour de lui, par la puissance de ses poings et de son esprit, tous les éléments de désordre que renfermaient les provinces dont nous avons esquissé la topographie. Plus modeste et plus prudent que Poulailler, il abandonna les expéditions bruyantes et les engagements avec la maréchaussée. Il affilia à sa troupe les mendiants, les rouleurs de plaine, les moissonneurs sans domicile fixe, les marchands forains, les étameurs, les couteliers ambulants, les saltimbanques, les vanniers de passage et les colporteurs : toutes races de bohémiens toujours disposés à entreprendre sur la fortune d'autrui.

Tout cela eut bientôt un mot d'ordre, des lieux de

rassemblements. Fleur-d'Épine, dont le quartier général était établi dans la forêt d'Orgères, eut aussi à Chartres, à Orléans, à Pithiviers, à Étampes, dans les moindres villages et jusque dans certaines fermes isolées, des receleurs, appelés *francs* dans le langage des bandits.

Ce langage, cet *argot*, vieil idiome des truands et des bohèmes, des cagoux, des coquillards, des petits fils du grand Coësre, incessamment enrichi par le temps, mais conservant toujours le cachet de son origine. Les *Mémoires de Vidocq* et les *Mystères de Paris* de M. Eugène Sue ont eu la prétention de le révéler au monde littéraire. Cette précieuse découverte, qui intéressa si fort en son temps les lecteurs de ces deux ouvrages, ils l'eussent fait dans toutes les vieilles histoires de voleurs. La langue de la Cour-des-Miracles est partout la même, à quelques mots près; et la comédie de *Cartouche*, par Legrand, le poëme du *Vice puni*, par Grandval, en donnent un spécimen assez complet. Si nous en rappelons ici même les expressions les plus usuelles, comme il nous a fallu le faire aussi dans l'affaire Soufflard et Lesage, ce n'est pas que nous trouvions à l'argot une saveur spéciale, une poésie *sui generis;* c'est parce que la traduction eût enlevé aux paroles et aux actions des bandits que nous mettons en scène leur caractère original et leur vérité propre. Nous n'avons fait en cela qu'imiter les procès-verbaux et les actes d'accusation.

Les bohémiens étaient ainsi constitués en association, quand éclata la révolution en France. Fleur-d'Épine ne prit parti ni pour la république, ni pour la monarchie. Il pilla consciencieusement les voyageurs, quelle que fût leur cocarde. Seulement, comme l'autorité s'affaiblissait chaque jour à Paris, comme le désordre y augmentait chaque jour davantage, Fleur-d'Épine s'enhardit et poussa des pointes jusque dans le nouveau département de Seine-et-Oise. Cette audace lui fut fatale. Arrêté comme suspect dans une auberge, il fut incarcéré à Versailles au mois de juillet 1792 et massacré en septembre. Ce fut une erreur des amis de Danton : le chef des brigands d'Orgères avait été pris pour un honnête homme.

Le premier lieutenant de Fleur-d'Épine avait pris, à la mort du chef, le commandement de la bande. C'était un beau garçon, de haute stature, aux joues vermeilles et aux yeux bleus, âgé de vingt-neuf ans, que Fleur-d'Épine avait trouvé sur les routes vendant des peaux de lapin. Cet homme ne manquait ni de courage ni d'une certaine intelligence; mais, chez lui, les appétits physiques et la force musculaire étaient encore plus développés que l'énergie morale.

Le nouveau chef se nommait Jean Auger ou François Girodot, et on le surnommait le Beau-François.

Le Beau-François trouvait, grâce à la république, l'association de Beauce fortement organisée. On avait autre chose à faire alors que de pourchasser des voleurs; aussi, Fleur-d'Épine s'était-il admirablement installé dans le pays chartrain. Les grands bois du canton d'Orgères étaient devenus, pour ainsi dire, le territoire propre de la bande. Quand, sur la proposition de Thouret, et d'après le projet de Sieyès, la représentation nationale remania la France et la divisa en quatre-vingt-trois départements, Fleur-d'Épine imita cette distribution territoriale dans ses états du pays chartrain. Le chef-lieu des départements d'Eure-et-Loir et du Loiret fut, pour lui, le bois de la Muette. Les bois de Pussin, de Sainte-Escobille, de Champbeaudoin, de Cottainville, de La Porte, de Lifermeau, de Cambray, de Chambon, d'Épincy, furent transformés en districts et en cantons, sur lesquels des lieutenants exercèrent une juridiction particulière. Ces dénominations de circonscriptions étaient gravées, de distance en distance, sur les troncs des arbres, et, quand on se rapprochait du quartier général, on pouvait les lire audacieusement inscrites sur des poteaux indicateurs.

Pas un voyageur qui osât traverser ces domaines de la bande. La réputation de la Muette était faite depuis longtemps à trente lieues à la ronde.

Un jour, en 1788, un président à mortier du parlement de Paris, venu à Chartres pendant les vacances, osa s'aventurer dans ces bois, dont la réputation le laissait incrédule. Inutile de dire qu'il n'avait trouvé personne pour l'accompagner dans sa chasse. Arrivé dans le plus épais des bois de la Muette, il se vit, tout à coup, entouré de bandits, couché en joue par de nombreuses sentinelles et entraîné dans une clairière où s'élevait une grande loge de bois.

Près de la loge, couchés sur l'herbe, les chefs des brigands prenaient leur repas, et le *meg*, c'est-à-dire le chef suprême, paraissait de bonne humeur. Fleur-d'Épine, car c'était lui, trouva original de renvoyer le président à mortier sans le mettre à contribution, mais non sans lui faire peur.

— « Assieds-toi là, lui dit-il d'une voix terrible, et mange de ce pâté : il est fait de chair humaine et contient les restes d'un sergent de la maréchaussée et d'un enfant de dix-huit mois. Le sergent est un peu dur, mais l'enfant est tendre. Mange, ou je fais confectionner immédiatement, par le cuisinier de la troupe, un pâté de président. »

Le président, terrifié, mangea ce qu'il put du pâté et fut solennellement reconduit jusqu'aux limites du département.

Comme toute société complète, l'association avait ses membres actifs, ses affiliés sédentaires, ses hommes, ses femmes, ses vieillards, ses enfants. Elle avait même, avant 1793, ses institutions morales, calquées sur celles que respectait encore la société française. Le mariage y avait ses rites, y voleur y présidait, en robe de prêtre, aux cérémonies sacriléges, et, comme il n'est pas de société possible sans un système d'éducation, un des voleurs était chargé de l'instruction et de l'éducation des *mioches*, c'est-à-dire des enfants.

Le *curé des pingres*, au moment de l'avénement du Beau-François, c'est un vieux maçon normand, du nom de François Lejeune.

L'*instituteur des mioches*, c'est Nicolas Tincelin, dit Jacques-de-Pithiviers, vieux charretier qui sait lire et écrire, autrefois clerc de procureur, conseil de la troupe dans les moments difficiles. Il a conservé toutes les traditions du bien faire et du bien dire, en fait de vol; il parle et enseigne le plus pur argot des vieux truands. C'est lui qui a entrepris l'éducation des jeunes mendiants, des enfants volés, des enfants de troupe. Jeunes garçons et jeunes filles sont confiés par le *meg* à son expérience. Il leur dit les finesses du *roulement* en plaine (vagabondage). Il les poste aux bons endroits pour *retailler la raille à bouler* (examiner les passants sur la route). Il leur apprend à ne rien laisser traîner autour des fermes, ni linge dans l'étendoir, ni bêches ou pioches dans la cour de ferme, ni même le mouchoir ou la chemise de paysan qui sèchent sur la haie. Il faut de l'ordre et l'économie dans le métier de voleur. Et comme Jacques-de-Pithiviers est un joyeux compère, il accompagne d'un couplet de la chanson à la mode, dont le refrain raille les nudités grecques du Directoire :

> Grâce à la mode,
> Un' chemise suffit.
> Un' chemise suffit,
> Ah ! qu'c'est commode,
> Un' chemise suffit,
> C'est tout profit.

L'instituteur des mioches a déjà formé des élèves remarquables. Ce Rouge-d'Auneau, le petit lieutenant blême du cabaret de Langevin, c'est Jacques qui l'a mis *en gaffre* (en sentinelle) pour la première fois. C'est Jacques qui lui a appris à crier à propos : *à l'escane* (sauvons-nous), ou : *à la raille* (voilà du monde). C'est lui qui lui a montré comment on s'y prend pour s'assurer en causant si un homme est bon *à faire* (à assassiner), si une ferme est *chenue* (riche), si une *cassine* (boutique) a des *jauneaux* (louis d'or).

Puis, quand l'élève est devenu assez grand pour aller *à la retape* (arrêter sur la route), c'est encore le maître d'école du *satou* (du bois) qui lui a appris à sauter adroitement au *colas* du *pantre* (au cou de la victime), à tirer son *lingre* (couteau) à propos, à bien *goupiner une affaire* (conduire un vol), et à ne laisser ni *parrain ni marraine* (pièces de conviction), s'il vient du *ragoût* (s'il faut fuir).

C'est encore Jacques qui élève à la brochette le Petit-Torchon, Jacques-d'Étampes, la Poupée, Brigand, le Rouge-d'Angerville, Greluchon, tous mioches qui sont l'espérance, et qui seront bientôt l'honneur de la plaine.

Si Jacques-de-Pithiviers était la tradition enseignée, le père Élouis était la tradition vivante. Ce petit vieillard grassouillet, aux cheveux blancs, à la barbe vénérable, aux petites joues rondes et fraîches, aux petits yeux gris-bleu pleins de feu, attestait une santé vive et robuste. Et cependant il y avait plus de quatre-vingts ans qu'on le connaissait en plaine. Il avait vu plusieurs générations de voleurs, et, depuis Louis XIV, il eût dit les noms de tous les *pingres* célèbres qui avaient travaillé de Chartres à Étampes. Avec sa veste bleue, d'une propreté rigoureuse, ses gros sabots et son pantalon de toile à la matelote, le père Élouis avait tout à fait l'air d'un patriarche d'atelier.

Et ce misérable vieillard n'en était pas moins un des plus féroces bandits de la troupe. C'est lui qui, dans les derniers temps du commandement de Fleur-d'Épine, avait restauré la tradition oubliée du *chauffage*, du *suage* ou du *riffaudage*, horrible pratique des anciens truands de grand'route.

— « Voyez-vous, enfants, avait dit le père Élouis dans un conseil tenu à la Muette, vous roulez en plaine et vous travaillez assez proprement à l'occasion. Vous faites une porte *à la bombe* et un *pantre* à la retape en gars qui n'ont pas froid aux yeux. Mais vous ne savez pas les finesses. Quand vous avez *étourdi* un particulier, vous cassez les commodes et ses armoires, et vous cherchez le magot. Mais l'argent blanc, ça ne se met pas toujours dans les armoires ou dans les commodes. Ces gredins de particuliers, ça a ses malices, et il y en a plus d'un qui serre son *saint-frusquin* dans des cachettes où le diable n'y connaîtrait goutte. Vous ne trouvez rien, vous perdez votre temps et vous vous trouvez avoir travaillé pour la gloire. C'est pas ça. »

— « Eh bien ! père Élouis, dit Fleur-d'Épine qu'est-ce que vous feriez donc, vous ? »

— « Ce que je ferais, si j'avais encore des jambes, mes enfants, ce que je ferais, dit le vieux en s'animant, je ferais ce que j'ai fait plus d'une fois dans le bon temps, sous feu Louis quinzième, quand je roulais dans le Nivernais, avec des anciens de la bande à Cartouche ; ce que font les Cartahut et les Chopine. Voyez-vous, enfants, si le particulier ne veut pas causer, vous lui allumez tout doucettement une brande de paille entre les jambes, et, si ça ne lui dénoue pas la langue, vous lui piquez la plante des pieds avec une fourchette et vous flambez. Faut être rude pour supporter ça sans *abouler*.

« Si c'est des jeunes mariés, flambez-moi la femme devant le mari, ou le mari devant la femme. Ça ne sera pas toujours le flambé qui parlera le premier. »

Une figure moins horrible, c'était Baptiste-le-Chirurgien, amusante spécialité de la troupe.

Ce Figaro de bagne maniait aussi adroitement le rasoir et la lancette que les gobelets et les cartes. Cette innocente industrie lui donnait accès dans des maisons de fermier, où il allait pratiquer des saignées, au prix de cinq sous et une assiette de fricot.

Petit, maigre, la figure effilée en museau de renard, ses longs cheveux battant ses joues creuses, la bouche ironiquement contournée et toujours meublée d'une chique mobile, qui remplissait alternativement les deux creux formés par ses dents absentes, cet homme étriqué, aux yeux de furet pris au piège, ressemblait assez à un de ces charlatans bohèmes, Scaramouches de village, que Karel Dujardin aime à camper sur un tréteau devant une foule ébahie.

Toute grande industrie a ses courtiers et ses entrepositaires.

Les courtiers abondaient. Parmi eux on remarquait François-Marie Barbe, *nourrisseur d'affaires*. Il entrait en service dans les fermes, y restait assez de temps pour savoir les aîtres, les habitudes et les ressources ; puis il se faisait chasser, et rapportait au quartier général des indications précieuses.

Les entrepositaires, c'étaient les recéleurs ou *francs*. Il y en avait, avons-nous dit, dans toutes les villes et villages de la circonscription de la grande bande. Les uns étaient voleurs à l'occasion, les autres se contentaient d'acheter les objets volés et de voler les voleurs. Les *francs* étaient presque tous aubergistes ou équarrisseurs. Quelquefois les équarrisseurs étaient aubergistes : affreux cumul, plein de menaces pour l'estomac des voyageurs. Les *pigolets* ou équarrisseurs de Beauce, de Sologne et du Gâtinais, étaient *tous* francs, sans exception ; il y a des grâces d'état.

Le plus célèbre des *pigolets* de la bande d'Orgères, celui qui avait mérité de porter pour surnom le nom même de sa profession, c'était Pierre Rousseau, dit Pigolet, équarrisseur au hameau de Gueudreville, aujourd'hui canton de Bazoches, dans le département du Loiret.

Il y avait, dans le jardin de la maison presque isolée qu'habitait l'équarrisseur de Gueudreville, un souterrain dont on ne connaissait pas l'origine : issue secrète de quelque abbaye disparue ou de quelque antique château féodal.

A la limite d'un bois sombre et touffu, coupé de sentiers capricieux connus seulement des habitants de la contrée, ce souterrain de cent pieds de long sur trente de large, voûté solidement, s'étendait ignoré sous une couche épaisse de terre. La porte, dissimulée par des broussailles, s'ouvrait du côté du midi, à l'opposite de la porte de la cour, de façon à ce qu'on ne pût l'apercevoir que difficilement. Elle se fermait en dedans, au moyen d'une très-grosse barre de fer, scellée d'un bout dans la muraille, et d'une très-forte serrure, recouverte et à secret par dehors.

On y descendait par un escalier de seize marches, au bas duquel on avait pratiqué une cheminée très-large, pouvant contenir une douzaine de personnes, et disposée de manière à faciliter la fuite de ceux qui auraient été surpris dans le souterrain. Cette cheminée, meublée de gigantesques crémaillères, s'emplissait de vastes chaudrons aux jours des monstrueuses ripailles, et son faîte, assez large pour donner passage à un homme, sortant à ras de terre sur le monticule, était habilement caché dans un fouillis de sureaux sauvages, d'aubépines et de ronces.

La bande d'Orgères avait réalisé à son profit le célèbre souterrain du capitaine Rolando. C'est là qu'on entassait les dépouilles des malheureux fermiers, le butin des jours de foire : les ivresses folles, les bacchanales orgiaques y étouffaient leurs cris; les maladroits, traqués de trop près, y disparaissaient comme par enchantement. C'était le pandémonium et l'asile de la bande, le refuge ordinaire des faibles, l'état-major de la place et l'atelier général des chauffeurs.

Car le petit père Pigolet cachait là ou autour de ce qu'on pourrait appeler *la compagnie hors rang* de ce régiment sinistre. Il y avait toujours là un barbier, le chirurgien Baptiste, des couturières : il fallait bien pouvoir changer de costume et de figure; un chirurgien, toujours Baptiste, les horions n'étaient pas rares; des gardes-magasins : il faut de l'ordre en tout; une petite poste : tout bon gouvernement a la sienne; des *mioches* et un *instituteur de mioches* : il faut toujours penser à l'avenir d'une société; un *curé*, enfin : on ne sait qui vit ni qui meurt.

Les deux *francs* de Boisseaux et de Remoulu, les frères Thévenot, avaient pour spécialité l'achat des peaux et des bêtes : leur tarif était invariable : pour une peau de mouton, 15 sous; pour une peau de vache, 3 livres; pour un chien de berger, 30 sous. Quand ils avaient affaire à un *pingre* sans autorité, ils donnaient régulièrement la moitié du prix en à compte et faisaient attendre l'autre à perpétuité. Seulement, à l'occasion, les frères Thévenot régalaient généreusement la bande de vastes marmitées de vache, de cheval ou d'âne abattus : car ils étaient, eux aussi, équarrisseurs de leur métier.

A ses heures perdues, le cabaretier de Pithiviers frottait des liards avec du mercure pour en faire des pièces de douze sous. Si le mercure lui manquait, cet ingénieux industriel frottait un liard sur une pierre à fusil, jusqu'à ce qu'il en eût fait une pièce de six liards.

Pierre Mongendre, vigneron et marchand de pommes à Achères, était un des *francs* les plus utiles à la bande. C'est à lui qu'on s'adressait ordinairement pour la vente des chevaux, vaches et moutons volés.

A Chartres même, la bande avait son *franc*, l'aubergiste et restaurateur Doublet. Cet homme, un des plus utiles à l'association, avait des accointances à la commune de Chartres, et se chargeait de procurer des passe-ports, mais seulement dans des cas difficiles, ou lorsqu'il s'agissait d'aller faire à Paris quelque grande vente, sur laquelle il prélevait largement sa part.

La bande avait aussi ses *franches*.

La maison de la mère Renaudin, à Apreux, était une des plus fréquentées par les bandits. Ils y étaient reçus à toute heure, choyés avec une véritable tendresse. La reconnaissance des rouleurs de plaine avait baptisé la mère Renaudin du surnom de la *Bonne-mère-d'Apreux*. La maison respirait la misère en apparence : mais la cave était amplement garnie, et un grenier bien clos renfermait des quantités énormes de linge et d'effets déposés par les voleurs. Un coffre contenait des sommes considérables en louis, en écus, en sous et en liards, le tout divisé par paquets, avec marques : c'était la tirelire de la bande.

A Sainte-Tiger, à Bandreville, avait disposé sa cave de façon à recevoir une quinzaine de brigands, sans qu'on pût les trouver, si la gendarmerie faisait une descente à l'improviste. Les cloisons s'y repliaient de la façon la plus naturelle : la maison Tiger était machinée comme un théâtre.

Telle était la bande qui, à des époques fixes, était représentée par ses chefs et ses délégués, au chef-lieu de département, à la Muette.

La grande loge de la Muette, véritable capitale des voleurs, était une sorte de grand appentis en planches, à montants de pierre tendre, qui pouvait contenir une soixantaine de personnes. C'était la salle du conseil, lors des grandes assises des brigands; les chefs seuls avaient le droit d'y entrer, et les *gaffres*, ou sentinelles, placées à tous les aboutissants du rond-point, avaient ordre de tuer tout voleur, même connu, qui chercherait à forcer la consigne sans mot de passe. C'était là qu'on exposait et qu'on discutait les plans des grandes opérations, dont l'exécution demandait le secret.

C'était là aussi que se contractaient les mariages, au temps de Fleur-d'Épine. Car, sous le règne du Beau-François, la discipline s'était singulièrement détendue et on se mariait comme on délibérait, un peu partout et sans grand appareil.

Fleur-d'Épine avait tenu à conserver les vieilles traditions de Poulailler, et, de son temps, on ne pouvait se marier que du consentement du chef de compagnie. Le divorce était même inconnu alors et la séparation de corps était seule autorisée pour motifs graves. Celui des deux conjoints qui, examen fait des discussions survenues dans le ménage, était jugé avoir provoqué la rupture, recevait, sous les yeux du chef, un certain nombre de coups de bâton.

La révolution avait eu son contre-coup dans la troupe, et avait changé tout cela. Le divorce était devenu, dans les bois d'Orgères, comme dans le reste de la France, une institution légale, et une hideuse promiscuité s'était établie dans la bande du Beau-François.

Ce n'était pas là le seul effet de la révolution sur les institutions et sur le personnel des chauffeurs d'Orgères.

Les distributions de pain, faites en 1793 par la commune de Paris, avaient attiré dans la capitale cent cinquante mille gens sans aveu, fainéants de toute espèce, malingreux, pillards. Au milieu des désordres politiques, la police était devenue un instrument de gouvernement, et n'avait cure de la sûreté publique. Des avis municipaux engageaient froidement les étrangers à ne sortir que de jour, et les voleurs, tendant des cordes par les rues, attaquaient tout à leur aise les passants, après avoir décroché les réverbères.

Si l'on pense que nous exagérons le mal, qu'on lise les journaux du temps, qu'on parcoure *l'Accusateur public* de Richer-Sérisy, le *Paris* de Peltier, et on verra quels furent, pendant sept années de la république, de 1793 à 1800, l'aspect des rues et l'existence d'un bourgeois paisible de Paris. Qu'on écoute les extraits suivants des deux feuilles de Peltier et de Richer-Sérisy :

« C'est un spectacle épouvantable de voir à quel degré peut se porter la société humaine, et le génie du mal amonceler parmi nous, durant sept années, plus de crimes que n'en pourrait offrir l'immensité des siècles qui nous ont précédés... Tous ces crimes multipliés sont encore plus effrayants par leur nombre que par le caractère qui les distingue : un enfant de onze ans en égorge un de cinq, et porte au tribunal le calme et l'adresse d'un scélérat consommé; cet autre enfant appelle ses camarades pour voir son père qui marchait au supplice, et l'injurie sur la charrette; cette jeune fille presse son amant dans ses bras, et, au moment où elle l'enivre de caresses, elle cherche d'une main la place du cœur pour frapper juste, et y plonge à coups redoublés son poignard; cette autre noie de ses propres mains l'enfant auquel elle a donné la vie, et se rend tranquille à l'Opéra.

« Des monstres revêtus souvent de l'uniforme national, répandus dans toute la France, suspendent les femmes, les enfants, les vieillards sur des brasiers ardents, et, par une gradation lente, leur arrachent la vie au milieu d'inexprimables tortures, moins encore animés, dans leur barbarie, par l'appât du gain, que pour se donner du plaisir.

« Un père, attaché à un poteau, la tête placée sous le sabre, voit sa fille de onze ans exposée sous ses yeux à tous les excès d'une brutalité féroce, et expirante au milieu des outrages.

« Trois monstres se présentent à la porte d'une maison : Monsieur? — Il n'y est pas... mais Madame y est. Ils montent; peu de temps après on les voit

Le père Élouis. — Le Rouge-d'Auneau.

sortir; le mari rentre, il trouve sa femme, sa servante, son enfant, un enfant de trois mois! égorgés, et la tête de cette pauvre petite créature, dans les mouvements convulsifs de la mort, était restée attachée à la mamelle de la mère... Je m'arrête, je sens mon cœur défaillir.. S'il en coûte tant à l'âme pour se retracer de pareilles horreurs, combien il est affreux d'en être le témoin ou la victime.

« Comment s'imaginer qu'au sein de Paris, sous les yeux des deux Conseils, sous les yeux du Directoire, quand le cri des victimes retentit de toutes parts, on voie chaque jour, chaque heure, chaque moment les citoyens assassinés avec une impunité sacrilège ?

« Quel humiliant spectacle, lorsque le besoin pressant de conserver sa vie, lorsqu'un sentiment d'indignation devrait s'emparer de tous les cœurs, et chacun de nous demander à grands cris des armes, de voir le Parisien occupé, en tremblant, à acheter des cadenas, des barres, des verrous pour s'enfermer au crépuscule, et croire avoir donné une grande preuve de courage lorsque, avant de se coucher, il a osé, tout seul, regarder sous son lit.

« Dans un tel ordre de choses n'est-ce pas un crime capital de la part des deux Conseils et du gouvernement, de différer plus longtemps de réarmer les propriétaires? Craindraient-ils ces derniers plutôt que les brigands?... Quelle sanglante dérision d'arracher au sommeil le laboureur et l'habitant des villes, pour les livrer sans défense à des assassins enrégimentés, et les faire marcher dans les boues, armés d'un bâton ou d'un fusil sans chien.

« Mais déjà on ébranle mes volets; je crois entendre marcher autour de ma demeure, le bruit du fusil retentit dans le lointain; la nuit qui approche m'avertit qu'il faut quitter la plume pour placer les barres et les verrous, et, deux pistolets sous l'oreiller, chercher le sommeil qui nous fuit. »

On le voit, pendant ces années de désordre, les voleurs avaient la part belle. Aussi, dans Paris même, se forma-t-il des bandes organisées sur le patron de la bande d'Orgères, et renfermant des éléments semblables. Le chef de ces bandits parisiens, c'était Charles Rouillon, dit Charles-de-Paris.

Placé sur un autre terrain que les Poulailler, les Fleur-d'Épine ou les Beau-François, Charles-de-Paris avait dû penser à exploiter la politique, au point de vue de ses opérations commerciales. C'est lui qui le premier imagina les visites domiciliaires. Il organisa une bande dont les chefs principaux, malfaiteurs redoutables, le père Lapierre, Tape-à-l'Œil, dit Berger, Mesnard-le-Boucher, le Dragon-de-Rouvray, le Beau-Grandet, Nantais, Berrichon-le-Noir, le Poitevin-Grêlé, Monfoque et François-de-Mencey, entendaient le vol à la façon de Cartouche.

Charles-de-Paris, vêtu en commissaire, suivi d'un greffier portant un rouleau de papiers sous le bras, montait à cheval avec une vingtaine de gardes nationaux de sa fabrique, et faisait la visite des armes dans les fermes et dans les châteaux.

C'est ainsi qu'en 1791 ils se présentèrent chez Sanglier, fermier à Voves, près de Palaiseau.

— « Citoyen, montre tes armes, au nom de la République, » dit le faux commissaire. Sanglier livra deux fusils et deux pistolets qui furent saisis au nom de la République. « Et quelle heure est-il maintenant, citoyen? » continua Charles-de-Paris. Le bonhomme, qui n'y entendait pas malice, tira de son gousset une belle montre en or à deux breloques. — « Confisqué, au nom de la République. » Le pauvre Sanglier commençait à comprendre. On procéda ensuite avec le plus grand ordre, et en gens munis d'un mandat public, au pillage de la ferme. Une voiture, attelée de deux chevaux, attendait dans la grand'cour les dé-

La Belle-Victoire. — La Monchien.

pouilles du fermier. Quand les charretiers rentrèrent des champs, on les employa, au nom de la République, à charger les ballots.

Même expédition fut faite au château de Laboissière, près de Maintenon, chez la veuve Legras. Quelques jours après, la même plaisanterie fut tentée à Gas, près Maintenon, chez un fermier du nom de Robert; mais l'éveil était donné sur ces perquisitions extra-politiques, et le village s'insurgea. On courut sonner le tocsin, et la bande n'eut que le temps de détaler au plus vite.

La même réception fut faite à la bande de Charles, à Ytres, près de Montfort-l'Amaury. Il y avait là, cependant, seize des bandits les plus déterminés de la troupe : Chassevent, Badines-tu, Vincent-le-Tonnelier, Gobin-de-Versailles. Mais les paysans étaient sur le qui-vive. Les brigands s'enfuirent, après avoir tué un fermier et son fils.

On comprend maintenant pourquoi le Rouge-d'Auneau avait fait le voyage de Paris et d'où venaient les deux courants de malfaiteurs qui délibéraient chez Langevin, le cabaretier d'Olivet.

L'objet de la délibération, c'était un projet d'expédition au château de Gautray. Ce château, respecté par les proconsuls de la Terreur, parce que son aspect et ses propriétaires n'avaient rien de seigneurial, était situé à une demi-heure d'Olivet, dans la vallée de Saint-Cyr-en-Val. Il était habité par la famille Deloynes, famille honorablement représentée aujourd'hui encore dans l'Orléanais, et dont le chef était alors Deloynes-Gautray, vieillard âgé de quatre-vingts ans.

Les deux bandes de Paris et d'Orgères n'étaient représentées, chez Langevin, que par des lieutenants; mais le Rouge-d'Auneau était le plus intelligent des hommes du Beau-François, et il avait ses épaulettes à gagner : c'était la première fois qu'il commandait en chef.

Vers les dix heures, la troupe, composée de trente-deux hommes, partit d'Olivet. Seize d'entre eux étaient montés, et l'ensemble, malgré la variété des costumes, qui commençaient au gendarme pour finir au mendiant, représentait assez bien une patrouille de garde nationale; car, à cette époque, où le désordre était partout, la fantaisie régnait dans les corps armés comme dans le reste de la nation.

C'est devant la ferme du château que le Rouge-d'Auneau fit d'abord arrêter son monde. Il frappa du pommeau de son sabre à la porte, et, comme on criait du dedans : — « Qui va là? » il répondit : — « Au nom de la loi, ouvrez, nous cherchons un déserteur. »

Le fermier Trépin entrebâilla une fenêtre et examina ces nocturnes visiteurs. L'inspection ne le rassura pas sans doute, car il rentra en disant : — « On n'ouvre pas à cette heure. »

— « Alors, enfants, à la bombe, » dit le Rouge-d'Auneau. Entrer à la bombe, c'était enfoncer la porte. Mesnard et le Dragon-de-Rouvray avisèrent un soliveau gisant sous les fenêtres : ils le prirent dans leurs mains puissantes, le balancèrent quelque temps en face de la porte et, du premier coup, la porte sauta sur ses gonds.

Au bruit, le fermier Trépin accourut. Le Rouge-d'Auneau le reçut à coups de sabre. Le pauvre homme s'enfuit, criant à l'aide : mais toute la troupe était sur ses talons, et entra avec lui dans la salle basse. Pierre Trépin, jeune homme vigoureux, accourait au secours de son père, quand Esnard lui perça le ventre d'un coup de sabre.

Alors commença le pillage. Le fermier, sa fille et sa servante furent garrottés et on leur banda les yeux : puis, on attacha les femmes aux colonnes du lit, et quatre bandits assouvirent sur ces malheureuses leur détestable lubricité. La fille du fermier faillit succomber à ces tortures, et sa santé en fut altérée sans retour : la pauvre servante en devint folle.

Pendant que se passaient ces horreurs, les sentinelles arrêtaient les fuyards, et les domestiques de la ferme furent amenés dans la maison, le pistolet sur la gorge. Quand on les eut attachés, on leur couvrit la tête avec des draps et des couvertures. Puis, les chandelles furent allumées, et les bandits brûlèrent des bouchons et grattèrent la suie de la cheminée, pour s'en noircir le visage.

Ainsi déguisés, ils prirent le père Trépin et le conduisirent à la porte du jardinier Montigny, régisseur du château, qui habitait un petit pavillon communiquant avec le parc de Gautray. — « Tu vas appeler le jardinier, dit le Rouge-d'Auneau au bonhomme, et, si tu refuses, tu sens ça. » Et il lui mettait la pointe de son sabre sur le bas-ventre. Mesnard-le-Boucher et le Dragon-de-Rouvray passèrent leurs mains autour de la gorge du malheureux fermier, prêts à serrer, s'il voulait donner l'éveil au lieu de tromper le jardinier. Trépin appela Montigny d'une voix étranglée par la peur. La porte du pavillon s'ouvrit et, en un clin d'œil, Montigny, sa femme et son charretier, furent garrottés et couchés par terre. Le garçon jardinier fut réservé, et on l'emmena pour lui faire ouvrir la porte principale du château, au moyen du stratagème qui avait donné l'entrée du pavillon. Mais, arrivés devant cette porte à deux battants, treillagée à hauteur d'homme en losanges de vitres séparées par des barreaux de fer, Mesnard et le Dragon-de-Rouvray ne jugèrent pas que l'obstacle fût suffisant pour en appeler à la ruse. Ils saisirent les deux bouts une forte échelle de jardinier, et en deux coups firent voler la porte en éclats.

Hardouin montra au Rouge-d'Auneau la porte de Deloynes le père, et l'avalanche de brigands se précipita dans sa chambre à coucher, au moment où le vieillard se levait au bruit. Il fut renversé sanglant, et le Rouge-d'Auneau le prit à la gorge en lui disant : — « Il nous faut 25,000 francs, vieil accapareur, et en argent, sais-tu; pas d'assignats. — Où voulez-vous que je prenne une pareille somme? répondit le vieillard : entrez dans mon cabinet, prenez tout. »

Le secrétaire fut brisé, et les bandits y trouvèrent 26,000 francs en assignats, 131 louis en or, et 550 francs en écus. — « Il doit avoir plus que cela, dit Mesnard, chauffons-le. — Non, dit Hardouin, le petit tailleur, ce n'est pas ici comme dans les fermes; vous trouverez tout dans les meubles; il n'y a pas de cachettes. »

Les bandits se répandirent alors par toute la maison, brisant les armoires, effondrant les buffets. Le butin fut énorme. La ferme avait déjà donné plus de 5,000 francs; outre l'argent de Deloynes, plus de 25,000 francs furent trouvés dans les trois habitations. Les bijoux, l'argenterie, avaient presque une valeur aussi forte. Un calice, deux burettes, une patène et sa soucoupe, le tout en argent, furent trouvés dans un vieux coffre : Mesnard, tout en buvant le vin de Gautray, dit, avec ces vases sacrés, cachés depuis les mauvais jours par la piété du seigneur de Gautray, une messe sacrilège.

Le coffre dans lequel furent trouvés ces objets, devait amener la punition de Langevin. Comme il s'acharnait après la serrure : — « Laisse donc cette huche, dit en passant le Rouge-d'Auneau, tu n'y trouveras que de la farine. — Ça une huche ! répondit Langevin; c'est bel et bien un coffre. C'est moi qui l'ai fait, quand j'étais menuisier à Orléans. »

Deloynes entendit l'aveu du misérable, et, quelques mois après, Langevin était condamné à mort par le jury de Chartres. Le petit tailleur Hardouin fut également reconnu, et porta sa tête sur l'échafaud.

Sur le matin, les bandits remontèrent à cheval, et, un peu avant le jour, ils étaient à Olivet, chez Langevin, procédant au partage du butin. Chaque associé eut, en argent comptant, huit cent livres. L'argenterie et les effets furent achetés de compte à demi par six d'entre eux, et estimés à quatre cents francs par tête. Le soir venu, Cousin, qui avait des amis en Loire, s'embarqua dans une grosse toue, et descendit vendre le tout aux *francs* de Tours.

L'expédition de Gautray fit honneur au Rouge-d'Auneau. Cette audacieuse entreprise avait jeté la terreur dans l'Orléanais; mais, à l'exception des deux habitants d'Olivet, ses auteurs avaient échappé à la justice, ou en se perdant parmi les hordes parisiennes, ou en se réfugiant dans les retraites inconnues d'Orgères. Nous en retrouverons quelques-uns au rendez-vous des chauffeurs, qui eut lieu, quelques jours après, chez le *franc* Pigolet, à l'occasion du mariage du Rouge-d'Auneau avec la Belle-Victoire.

Cette solennité, devenue assez rare depuis quelque temps, devait avoir un caractère de gaieté tout exceptionnel, car le vieil équarrisseur avait annoncé l'intention de profiter de la circonstance pour s'unir de son côté à la mère Jeannette, mendiante et voleuse émérite.

Au jour indiqué, Pigeon et le Rouge-d'Auneau frappèrent à la porte du souterrain de Gueudreville. « Père Pigolet, dit Pigeon, nous amenons du renfort. Et il tirait par sa longe une petite génisse. — Où avez-vous ramassé ce gibier-là, les enfants? — Chez Laporte, à Chauny, dit le Rouge-d'Auneau. Pourquoi qu'il ne la ferme pas mieux, sa porte? — Bravo, enfants, un calembour et du rôti; l'un fera passer l'autre. Entrez, mes petits amours, pendant que je vais tuer et habiller la citoyenne. »

Il y avait déjà nombreuse compagnie dans le souterrain.

C'était d'abord le Beau-François, reconnaissable à sa taille élevée, à sa figure ronde et fleurie, à son costume de riche fermier. A ses côtés étaient un jeune homme et deux femmes dont les figures, aussi bien que les vêtements, tranchaient avec ceux du reste de la bande. Le jeune homme, presque aussi grand que le Beau-François, avait des traits réguliers, expressifs. C'était le Chat-Gauthier, de son nom de plaine. Mais ceux qui le connaissaient mieux lui donnaient, comme au Beau-François, le nom d'Anger ou d'Auger. On les disait frères. Quant aux deux jeunes femmes, c'étaient les deux sœurs Bignon, la Belle-Rose et Marie-Rose; la première passait pour être la femme de Beau-François. La seconde était la maîtresse du Chat-Gauthier.

C'était là l'aristocratie de la bande. Mais à l'exception du Rouge-d'Auneau qui du produit de sa dernière affaire s'était acheté un costume complet d'incroyable, les cinquante ou soixante autres bandits affectaient peu de prétentions à l'élégance. Il y avait là des types de malingreux et des costumes de Cour-des-Miracles comme jamais Callot n'en a rêvé de plus étranges.

Les célébrités ne manquaient pas. Il y avait là le Borgne-de-Jouy qui, dès sa plus tendre enfance, avait annoncé les plus remarquables dispositions. Berger, il avait vendu les moutons de ses maîtres. Une férocité naturelle en faisait, pour la bande, un sujet d'élite. Ce n'était pas par entraînement, par circonstances, mais une sorte de volupté animale qu'il versait le sang. On le vit, malade et affaibli par une saignée abondante, boire à longs traits son propre sang, et demander qu'on le lui fit cuire. *Mioche*, il surpassait en activité, en ruse, en audace, les scélérats les plus aguerris. C'était l'orgueil de l'*instituteur*.

On y voyait aussi Sans-Chagrin, dit Breton-Cul-Sec, à qui de beaux états de service avaient assuré une considération sérieuse dans la bande d'Orgères. Son père avait été rompu sous Louis XV; sa mère avait été pendue; quant à lui, il avait été condamné aux galères dans la grande affaire de Montargis. Nicolas Franchet, dit le Petit-Beauceron, avait été condamné à Angoulême pour vol de confiance, à la marque, au fouet et en cinq ans de galères. A peine sorti de Brest il avait volé, dans une église de Vendôme, le bras de Saint-Bienheuré. Ce bras, on le comprend de reste, n'était pas une relique : la dévotion du Petit-Beauceron ne s'adressait qu'aux saints d'argent. Il avait été condamné à être pendu, mais la révolution était venue qui avait traité les saints d'argent à la façon du Petit-Beauceron, et qui avait rendu à la société ce gaillard sans préjugés.

Beau-François et Beou avaient apporté des poules prises à Torsonville, dans la basse-cour du laboureur Marchon. Jacques-d'Étampes avait pris quatre oies chez Chambon, à la ferme d'Ouarville. D'autres fournissaient le vin, le pain, les légumes. L'immense marmite du père Pigolet chantait déjà sur un vaste feu de sarments, et les femmes couvraient de pots, d'assiettes et de verres la longue table du festin.

On procéda d'abord à la double cérémonie des mariages. La célébration en fut passablement sommaire. Le vieux Lejeune, ce bandit invalide que sa soutane en loques et son bréviaire avaient institué de plein droit *curé des pingres*, revêtit son costume officiel, et, s'établissant sous le soupirail, marmotta dans son livre quelques prières sacrilèges, entrecoupées de gaudrioles et de jurons. Puis, Beau-François et Chat-Gauthier prirent chacun un bâton, et les étendirent à trois pieds de terre; chaque bâton touchant le bout de l'autre.

Le Rouge-d'Auneau, paré de ses plus beaux atours, les cheveux coquettement nattés en cadenettes, les breloques au gousset, le mouchoir de soie *à la nation* (orné de canons et de bonnets rouges) noué en cravate, l'habit frétillant aux longues basques, le pantalon perdu dans des bottes molles à glands de soie, et tenant à la main son *pouvoir exécutif*, c'est-à-dire une énorme canne en spirale, se présenta le premier devant les bâtons, tenant par le petit doigt de la main gauche la Belle-Victoire.

— *Gueux, veux-tu de la gueuse?* dit Lejeune. C'était la formule consacrée. — Oui, gueux, répondit le lieutenant. — *Gueuse, veux-tu du gueux?* — Oui, gueux. — Alors, *saute gueux.*

Et le Rouge-d'Auneau s'élança légèrement par-dessus les deux bâtons immobiles. Quand la Belle-Victoire se présenta à son tour pour sauter, les bâtons s'inclinèrent galamment devant la plus jolie fille de la bande après les deux Bignon.

Nous laissons à penser les quolibets hideux que la cérémonie dut faire éclore, quand vint le tour du vieil équarrisseur et de son ignoble compagne. Puis l'orgie succéda à ces immondes épousailles qui donnèrent à plus d'un bandit la tentation d'un divorce. Ce ne fut pas sans inquiétude que les deux Bignon entendirent, au dessert, leurs maris chanter en chœur la chanson, alors en vogue, du père Luron :

> Je n'avions qu'un'femme, et queququ'fois
> C'était d'trop dans le ménage.
> J'en aurons deux, j'en aurons trois,
> Queu délire! queu ramage!
> Maintenant qu'on peut divorcer,
> Queu plaisir tous les ans de s' marier.

L'expédition de Gautray, avec son riche butin, avait enflammé toutes les têtes, et fait au Rouge-d'Auneau un parti sérieux dans la bande. Le Beau-François sentit la nécessité de relever son autorité par quelque coup d'éclat. Mais sa première tentative fut un mécompte.

Une dizaine d'hommes choisis furent désignés par lui pour piller, dans la nuit du 14 janvier 1796, la ferme de la veuve Mauguin, près de Ville-Sauvage.

La porte enfoncée, selon les règles ordinaires, la pauvre veuve et ses trois domestiques furent bientôt garrottés et réduits à assister au pillage. Brigand et le Petit-Limousin faisaient les paquets. Le Rouge-d'Auneau, toujours *faraud*, s'était approprié une belle culotte de ratine, un gilet de toile d'Orange et une belle chemise neuve. Il venait de jeter avec mépris sa chemise sordide, son vieux gilet à manches et son pantalon frangé, lorsque, tout à coup, Quatre-Sous, resté en sentinelle, cria : « *A la raille!* »

Deux femmes revenant de la veillée, et on voyait courir des lumières dans Ville-Sauvage. Les bandits détalèrent et le Rouge-d'Auneau partit comme les autres, sa chemise, sa culotte et sa veste sous le bras, n'ayant pour tout vêtement que son chapeau et ses souliers.

Au tournant du mur de la ferme de Brans, des pas précipités se firent entendre. Des hommes embusqués se levaient de tous côtés et des armes brillaient.

La fuite des bandits se changea en une course désordonnée. Malgré son costume succinct, le Rouge-d'Auneau avait des ailes; le Beau-François dévorait le chemin de ses énormes enjambées. Tout à coup, un véritable feu de file partit de derrière une meule de paille : un bruit sourd se fit entendre sur le chemin que les bandits venaient de traverser et qui, seul, les séparait encore des bois de Saint-Arnoult. — « Qui est-ce qui est tombé-là ? » dit d'une voix impérieuse et contenue le Beau-François en s'arrêtant derrière les premiers arbres. — « C'est le Petit-Limousin-la-Blouse; il en tient, » répondit Brigand. — « Va le chercher, où je l'assomme. Je ne veux pas leur laisser la peau de ce petit imbécile pour nous faire reconnaître. »

Brigand obéit en grommelant, et cinq minutes après il revint, traînant par les jambes un cadavre dont la tête et les bras heurtaient, avec un son mat, les pierres de la route.

Sans-Orteaux et François-de-Menecy chargèrent le corps sur leurs épaules, et la troupe s'enfonça sous bois, ayant à l'arrière-garde le Borgne-du-Mans et Beau-François qui jeta un dernier coup d'œil sur les lumières errantes du hameau, et, menaçant de son bâton d'épine, murmura sourdement : — « Mes gars de Ville-Sauvage, nous nous reverrons. »

Ils allaient se revoir, en effet, mais plus tôt que ne le pensait le chef des bandits. Une fois enfoncés dans les bois de Saint-Arnoult, Beau-François et ses hommes se crurent sauvés. A la première clairière ils amassèrent des broussailles et firent du feu en gens qui se sentent chez eux. Mais les hommes de Ville-Sauvage avaient suivi les bandits à la trace. Ils les virent autour du feu dont les reflets rougeâtres éclairaient le corps du Petit-Limousin, dans lequel Brigand venait de reconnaître un reste de vie. Brigand se penchait vers son camarade pour lui introduire dans la bouche sa gourde à eau-de-vie quand un coup de feu retentit et une balle vint lui fracasser la jambe gauche.

Plusieurs coups de feu se succédèrent; les balles sifflaient et faisaient voler les étincelles dans le brasier. Les bandits, éperdus, se sauvèrent dans les fourrés, sans chercher, cette fois, à emporter leurs camarades. Le Rouge-d'Auneau courut jusqu'au petit jour, perdant un à un ses souliers et déchirant ses pieds sur les cailloux que recouvrait la neige. On l'eût suivi au sang comme une bête fauve démontée. Sur le matin, il trouva, dans les vignes d'un coteau qu'il gravissait, un vigneron dont les bons sabots le tentèrent. — « Veux-tu me vendre tes sabots, dit-il à l'homme, je t'en donne douze sous. » Le vigneron, peu rassuré en présence de ce bandit haletant, aux cheveux rouges, à l'œil torve, au costume en désordre, consentit. Le Rouge-d'Auneau donna une pièce de douze sous et chaussa les sabots; puis, il reprit sa course alourdie. Mais le vigneron n'eut pas plutôt regardé sa pièce qu'il la reconnut fausse, et, courant après le coureur, il le menaça de le clouer, comme un lézard, avec un échalas pointu. Le Rouge-d'Auneau chercha une bonne pièce et la donna. Décidément, la journée était mauvaise.

Quant aux deux blessés du bois Saint-Arnoult, ils furent ramassés par les gens de Ville-Sauvage. On les conduisit dans la prison de Dourdan. Le Petit-Limousin y mourut au bout de quelques jours.

Cet insuccès exaspéra le Beau-François qui résolut de terrifier le pays par d'éclatantes revanches. Le 30 janvier, une expédition fut dirigée par lui contre la ferme du citoyen Lejeune, à Montgon.

Cousin faisait ostensiblement le commerce de blé.

Il fut chargé par le chef d'aller en reconnaissance. Le 28 janvier, il alla marchander à Lejeune une voiture de blé qu'il acheta pour prendre livraison le 30. Pour donner confiance, il déposa six francs d'arrhes.

Vers onze heures du soir, douze brigands cernèrent la ferme, et huit escaladèrent le mur de clôture. Les chiens se jetèrent sur les intrus en poussant des hurlements. Lejeune se leva et on l'entendit battre le briquet. Cousin frappa alors à la porte intérieure : — « C'est moi, citoyen Lejeune; je suis celui qui vous a acheté du blé; ma voiture est à la porte. — Et par où donc avez-vous passé, vous, dit Lejeune, inquiet. La grand'porte est donc ouverte. — Vous dormez comme des marmottes, j'ai escaladé le petit mur. — Faut voir, faut voir, » dit Lejeune, dont les soupçons augmentaient en entendant les aboiements de ses chiens se changer en cris de douleur. Jacques-de-Pithiviers et ses camarades les lardaient à coups de sabre.

Le fermier courut dans son écurie pour avertir le charretier; il pouvait s'y rendre sans sortir de la maison. On entendit un bruit de ferrures et de verrous.

— Ils se barricadent là-dedans? dit Beau-François, en avant la bombe. La porte sauta sur ses gonds.

— « Ah! brigands, s'écria le fermier, vous venez pour un vol; je vais vous *effondrer*. » Et il se saisit d'un broc à gerbe et s'apprêta à casser la tête à Cousin. Mais Beau-François tire son sabre, et, d'un bond, renverse le fermier la tête partagée à moitié. Cousin, voyant son ennemi à terre, lui saute à pieds joints sur l'estomac, y trépigne quelques secondes, et, se baissant, scie le cou du malheureux qui râlait encore.

Maîtres en un instant de toute la maison, les bandits sommèrent la femme Lejeune de déclarer où était son argent. — « Cherchez dans la chambre d'à côté, répondit-elle, l'argent est dans un tiroir du bureau. Mais, pour l'amour du bon Dieu, ramassez mon pauvre homme qui est là sur le carreau. » Le pauvre Lejeune avait été lardé à coups de baïonnette par le Gros-Normand.

Un des brigands prit le moribond et le porta sur le lit de la seconde chambre. Beau-François s'aperçut alors que le fermier vivait encore : — « Où est ton argent ? dit-il, déclare-le ou je t'achève. » — « Dans la cave, » répondit le malheureux avec un hoquet.

— « Vois-tu, f...... g....., » dit Beau-François en rentrant dans la première chambre; tu ne nous avais dit que la moitié du magot. Ton homme vient de nous apprendre que le reste est à la cave. Allons, haut, viens montrer l'endroit, où je t'*escarpe*. »

La fermière descendit et montra dans un coin, derrière un tonneau, sous des cerceaux et des falourdes, un grand pot de grès. Le Beau-François fit sauter le couvercle et sa main s'enfonça dans un tas de louis et d'argent blanc.

L'argent était trouvé : la fermière fut tuée à coups de couteau.

Il ne restait plus que le charretier. Un des brigands l'amena, la figure et le corps déjà criblés de coups de sabre. Mesnard et Cousin étendirent le malheureux sur une table, et, avec un infernal sang-froid, lui scièrent le cou avec un vieux couteau et un sabre. Quand ils le crurent mort, ils éteignirent la chandelle et on partit.

Les bandits arrivèrent, à différentes heures de la nuit, à la ferme d'Ussonnes, chargés de paquets, trempés de pluie, maculés de boue et de sang. Un bon feu les y attendait. On but et on se racontait les exploits de la veille. Le Gros-Normand montrait avec orgueil sa baïonnette, qu'il tirait du fourreau de cuir, en disant : « C'est la lardoire au père Lejeune. »

Le crime était si atroce qu'il réveilla l'apathie des autorités. Les chauffeurs eux-mêmes comprirent que le coup était trop bruyant. Le lendemain, c'était le sujet d'effroi de toutes les communes environnantes. Le prudent père Mongendre pria tout doucement Jacques-de-Pithiviers et trois autres bandits qui lui apportaient des fromages et du vieux-oing volés à Gondreville, d'aller gîter un peu plus loin. — « La *chose* de Montgon fait du bruit, leur dit-il, et il va être bon d'avoir des papiers sur la route et de pouvoir ouvrir ses portes aux honnêtes gens. »

Mais, après quelques procès-verbaux inutiles, les autorités rentrèrent dans leur habituelle apathie, et les chauffeurs reprirent leur première audace. Dès les premiers jours de mars 1796, une des bandes, commandée par Quatre-Sous, le Canonnier et le Teigneux, envahit la ferme des Grillons. Le fermier tué, on s'aperçut que l'argenterie était en étain, et que la maison ne contenait pas même un assignat. L'affaire des Grillons rapporta à chaque brigand une chemise et quatre sous.

Quelques jours après, ce fut le tour de la ferme Boutet. La fille du fermier fut chauffée jusqu'à ce que, vaincue par la douleur, elle avouât 700 francs cachés dans la paillasse. Beau-François, qui commandait l'expédition, ayant sous ses ordres Serrurier et Poitevin, savait que Boutet fils s'était vendu en remplacement pour la réquisition : — « Vieille gueuse, dit-il, à la mère, ce n'est pas encore ça : où est l'argent de la peau de ton fils? » Comme la pauvre femme disait avoir tout donné, Serrurier lui promena un rasoir sur le cou : — « Attaque, attaque, dit la courageuse vieille, quand vous aurez coupé, il n'y en aura pas plus. » On la laissa.

Tous ces crimes impunis avaient rendu Beau-François et ses hommes les véritables maîtres de ces campagnes ; mais tout à coup la bande se trouva décapitée par suite d'un incident vulgaire. Le 25 septembre, Beau-François, accompagné de Pierre Levieux et de son fils, tenaient place à la foire d'Étampes, vendant des mouchoirs et de la quincaillerie. Beau-François vendait bon marché et Dieu sait ce que lui avait coûté la marchandise ; mais, comme il rendait des écus faux, il faisait double bénéfice. Sur la fin de la foire, il envoya le fils de Pierre Levieux changer un écu de six francs dans un cabaret. — « Qui est-ce qui t'a donné ça, mon petit homme? » dit le cabaretier, en considérant la pièce. — « C'est papa, qui vend des mouchoirs en foire. »

Le cabaretier donna la monnaie, bien qu'il se fût assuré que la pièce était fausse. Mais il suivit le mioche, et quand il eut vu les marchands, il courut à la municipalité, et en revint accompagné de quatre gendarmes. Beau-François essaya de se débarrasser d'une poignée d'écus faux, en les jetant dans un tas d'ordures. Mais il n'en fut pas moins appréhendé avec Levieux, et tous deux furent condamnés, comme faux-monnoyeurs, à quatorze années de fers, par le tribunal criminel d'Étampes. La justice ne soupçonna pas l'importance de la capture qu'elle venait de faire en la personne du prétendu Girodot.

La bande n'en continua pas moins ses expéditions, mais sans esprit de suite et sans unité d'action. C'est ainsi que, le 5 janvier 1797, le Rouge-d'Auneau, Quatre-Sous et le Borgne-du-Mans, assassinèrent, pour quelques hardes sans valeur, un pauvre maître d'école et bedeau d'Allaines, dit Lampe-Trop ; le 25 avril, le Gros-Normand et Sans-Pouce assassinèrent une femme, la veuve Coupé. Les marchands revenant des foires, les Limousins regagnant leur province, après avoir amassé un petit magot à Paris, étaient infailliblement arrêtés, dévalisés, assommés sur les routes.

Le 15 juillet, Girodot s'était déjà évadé de la prison d'Étampes, et Beau-François reparaissait à la tête de sa troupe. Sa délivrance fut signalée par un coup d'éclat, l'attaque de la maison Ménager, au Gault Ménager et sa femme eurent le cou scié, et l'auteur de cette horrible boucherie, ce fut une femme déguisée en homme, la Grande-Marie.

Quelquefois, cependant, comme naguère à Ville-Sauvage, les chauffeurs trouvaient de la résistance et se voyaient pourchassés par les populations indigènes. C'est ce qui leur arriva encore sur la route de Pithiviers, à la ferme de Létang, près de Franville. Beau-François et ses hommes furent chassés, au son du tocsin, dans les bois d'Ymonville.

Le Rouge-d'Auneau, qui avait vu avec peine Beau-François reparaître à la tête de la troupe, voulut profiter de cet échec pour relever son autorité, en montant seul une affaire. Il choisit résolûment, pour les faire travailler sous ses ordres, les lieutenants et sous-lieutenants les plus hostiles à son autorité chancelante.

Bien que très-animés contre le *ci-devant*, c'était le nom qu'ils donnaient au Rouge-d'Auneau, le Grand-Dragon et Berrichon-Belhomme ne s'en rendirent pas moins au rendez-vous indiqué par le lieutenant à la ferme Dauphin, dans la commune de Fains.

Là étaient déjà réunis le Borgne-du-Mans, le père Lapierre, Miracoin et le Petit-Normand. Le Borgne-de-Jouy manquait à l'appel.

Le Rouge-d'Auneau développa son plan : il y avait, au hameau du Bois, près Nottonville, un marchand mercier nommé Marchand. Cet homme passait pour avoir des écus ; il vivait seul avec sa femme.

Deux des associés furent envoyés en reconnaissance ; ils confirmèrent ces dires. L'expédition fut résolue pour le soir même, 19 décembre.

On passa le reste de la journée à la Folie-Herbault, chez une franche, la Victoire David.

La Victoire David, veuve du franc Michel, dit Mignon, donna au Rouge-d'Auneau un vieux pistolet d'arçon qui se rouillait au milieu des fromages. Le Rouge-d'Auneau chargea l'arme et alla l'essayer dans la cour. — « Ça fera l'affaire, dit-il en rentrant ; ça n'est pas beau, mais c'est bon. »

Là-dessus, le Rouge-d'Auneau le Borgne-du-Mans, le père Lapierre, le Petit-Normand, Berrichon-Belhomme, le Grand-Dragon et Miracoin, sortirent deux à deux et se dirigèrent vers Sainte-Christine. Ils restèrent dans les bois jusqu'à dix heures du soir.

La nuit s'avançant, ils partirent et furent bientôt arrivés au hameau. On n'y voyait pas une seule lumière. Dans la maison Marchand, pas un bruit. Les époux Marchand étaient couchés, mais la femme n'était pas endormie. Elle entendit un bruit de pas dans son jardin, du côté du toit à vache : — « Eh ! mon homme, dit-elle à son mari ; je crois qu'on vole nos choux. — Eh ! qu'on vole, répondit Marchand tout endormi, ils n'emporteront pas tout. »

En ce moment un bruit de ferraille retentit au contrevent ; c'étaient les barreaux qu'on arrachait. Presque aussitôt un coup violent jeta la croisée en dedans et un homme parut.

C'était le chef des bandits.

A peine le Rouge-d'Auneau était-il entré, que la femme Marchand se précipita sur lui, le saisit violemment au bas-ventre, et se mit à le traîner par la chambre. Les autres entrèrent à ses cris, et trouvèrent le mari en défense. Le Grand-Dragon l'étendit par terre d'un coup de coûtre. Pendant ce temps, le Rouge-d'Auneau se débattait en hurlant de rage et de douleur; ses jarretières et les bretelles de sa culotte s'étaient cassées dans la lutte.

Le Borgne-du-Mans et le Grand-Dragon avaient garrotté le mercier; celui-ci, n'entendant plus sa femme, qui continuait, avec le Rouge-d'Auneau, sa lutte silencieuse, dit : — « Vous avez tué ma femme, je ne l'entends plus. — Non, elle n'est point morte; où est ton argent? — Dans la commode, il y a cent francs : encore ne sont-ils pas à moi. »

A ce moment la mercière, que le Rouge-d'Auneau avait saisie à la gorge, cria : à l'aide ! et le bandit, respirant à son tour, hurla : — « Où sont donc les autres s... mâtins, qui ne viennent point à mon secours? elle est plus forte que moi ; elle me domine. » Le Grand-Dragon éclata de rire, en entendant ces plaintes; le Borgne-du-Mans tira son couteau et dit : — « Attends, j'y vais, elle n'en a pas pour longtemps. »

Mais, dans l'obscurité, il trébucha et laissa tomber son couteau. Pendant qu'il le cherchait, le mercier avait défait ses liens, il se traîna sans bruit jusqu'à la porte de derrière, l'ouvrit brusquement et sortit en criant : à l'assassin !

A ces cris, quelques voisins se levèrent, et des lumières brillèrent dans les maisons. Miracoin cria : *à l'escarpe!* Les brigands s'enfuirent au plus vite.

Le Rouge-d'Auneau arriva le dernier au rendez-vous de la ferme de Poly, tout essoufflé et tout honteux, tenant ses chausses, et les pieds nuds. Il avait perdu ses souliers en se sauvant par les terres labourées. — « C'était bien la peine d'essayer le pistolet à la Victoire, dit le Grand-Dragon. Il y en a, comme ça, qui avalent tout quand le dîner n'est pas servi. »

Le Rouge d'Auneau ne répondit pas. Il avait eu une affaire manquée, on l'avait vu battu par une femme : parmi ces brigands, amateurs de la force brutale, c'était un échec irréparable. Il sentit qu'on ne lui obéirait plus. Déjà même on se cachait de lui, et on semblait craindre qu'il ne fût capable de vendre ses associés.

Le 21 décembre, une humiliation nouvelle l'attendait.

Le Rouge-d'Auneau avait trouvé, en passant à Poly, la Belle-Victoire : il l'emmena coucher au gîte à Barmainville. Le lendemain matin, au moment où ils allaient quitter l'étable, arrivèrent le Grand-Dragon et Longjumeau, qui les suivirent sur le chemin d'Armonville-les-Sablons. Quand on eut perdu de vue Barminville, Longjumeau saisit tout à coup la Belle-Victoire, et le Grand-Dragon dit au Rouge-d'Auneau : — « Toi, vois-tu, tu n'es qu'un mouchard, et tu es dans le cas de nous faire tous *arquepincer*. Tâche de filer, et plus vite que ça : c'est l'ordre du Beau-François, et la Belle-Victoire va avancer à l'ordre, ou nous allons voir. »

Le Rouge-d'Auneau se mit en défense, et les couteaux furent tirés. Mais il passait du monde en plaine, et le Rouge-d'Auneau céda.

Cette scène était la révélation d'une révolution intérieure dans l'organisation de la bande d'Orgères. Le Rouge-d'Auneau avait déplu à beaucoup de bandits par ses forfanteries et ses prétentions de *ci-devant*. D'ailleurs, depuis que la force ouverte remplaçait la ruse dans les expéditions de la bande, l'autorité du Rouge-d'Auneau avait sensiblement baissé. Le parti des larges épaules l'emportait. Le Beau-François affichait une prédilection marquée pour le Gros-Normand, pour le Grand-Dragon et pour Sans-Pouce. Le Gros-Normand avait été promu à la dignité de lieutenant.

Le Rouge-d'Auneau passa condamnation et laissa Longjumeau accaparer la Belle-Victoire. Il prit l'ordre pour un grand rendez-vous indiqué, mais, dès ce jour, sa résolution fut arrêtée. Il se séparerait de la bande, ne pouvant consentir à descendre de la place qu'il y avait occupée jusqu'alors.

Il se rendit cependant au rendez-vous du 22 décembre, dans le bois d'Amoy. C'était une des grandes séances d'ordre : on y venait au rapport. Le Beau-François y recevait les déclarations relatives aux affaires faites par les bandes isolées, faisait les partages et indiquait les expéditions d'ensemble.

Quand le Rouge-d'Auneau arriva, l'assemblée était au complet; le Beau-François, assis sur un tronc d'arbre, sa badine à la main, habillé en *Monsieur*, appelait à tour de rôle les lieutenants et les sous-lieutenants.

— « Avancez à l'ordre, dit-il, en jetant un regard oblique sur le Rouge-d'Auneau. Toi, Chat-Gauthier, dis-nous ce que tu as fait depuis quinzaine ?

— J'ai été en foire à Ouarville, et j'y ai rencontré deux parisiens, et, avec eux, Louis Lami.

— Un des anciens de la bande de Charles-de-Paris, dit Beau-François, en fronçant le sourcil. Tu sais, frère, que je n'aime pas qu'on travaille, sans ordre, avec ces gens-là. C'est de passage, ces oiseaux-là, et ça ne ménage rien. Des gâte-métier, d'ailleurs. »

Chat-Gauthier continua son récit. — « Nous avons donc été boire chez Mettais, le charron *franc* de Mondonville-Saint-Jean, et nous avons été passer la nuit en bois de Villeneuve. Au milieu de la nuit, nous sommes descendus à Onville, chez le laboureur Lenormand, où Lami savait qu'il y avait du linge serré dans le grenier. J'ai monté après un orme, qui est au coin de l'écurie et j'ai passé, une à une, les tuiles du toit aux parisiens. Lami les posait doucement par terre. Quand le trou a été bon, j'ai démanché les lattes et j'ai pincé là deux draps fins portant six aunes, douze chemises, un jupon piqué de toile d'Orange et un autre de callemande rayée. Louis Lami a racheté tout ça pour soixante-six francs; seize francs par tête de pingre.

— Et toi, Mettais, as-tu du neuf ? — Deux sacs de farine, neuf pains, soixante livres de lard et jambons dans un grand pot à quatre anses, et des fromages : tout ça trouvé dans le fournil du père Marcille à Morainville. C'est moi qui ai indiqué. J'ai laissé le pot dans le bois, on peut faire visite chez moi. Les deux sacs de farine ont crevé en route. Mauvaise affaire.

— Oui, dit Beau-François mécontent, et tu ne dis pas que vous aviez commencé par vous soûler comme des porcs en buvant le vin du père Marcille à pleines marmites. Ce n'est pas comme ça qu'on travaille.

— Et toi, Beou ?

— Nous avons été, avec le Gros-Normand, Jacques-d'Étampes, et le père Lapierre, chez un cabaretier de Bagneaux. Il y avait là un baril, que le Gros-Normand a mis sur son dos. Nous nous sommes *escannés* et le baril est arrivé à bon port. Ça doit être de l'eau-de-vie, et de la fameuse.

Beau-François perça la bonde et remplit un verre. Mais quand il eut porté la liqueur à sa bouche, il la cracha avec un juron, et jeta le reste à la figure de Beou. C'était du vinaigre.

— Si c'était le temps des pissenlits, dit facétieusement le Borgne-du-Mans, nous ferions une fameuse salade.

— A toi, Breton-Cul-Sec : quoi de nouveau ?

— Pas grand'chose, meg ; une affaire manquée.

Beau-François haussa les épaules. — « Meg, s'empressa de dire le brigand qui portait le singulier surnom que nous venons de rapporter, et qu'on appelait aussi Maincole et Sans-Chagrin, ça n'est point ma faute, mais bien celle du Boiteux-de-Chartres. Nous avions troué, à la nuit tombée, la boutique d'un marchand à Lion ; mais voilà qu'au moment d'entrer, cet animal de Boiteux-de-Chartres s'avise de tomber du haut-mal et jette des cris de paon ; le chien du marchand aboie, le marchand se lève et nous nous sauvons, Jacques-d'Étampes et moi, emportant le Boiteux-de-Chartres, qui nous écumait sur les épaules et nous mordait nos chapeaux.

— Rayé pour les expéditions le Boiteux-de-Chartres, dit Beau-François. On ne se fait pas pingre, quand on a de ces infirmités-là. Mais ce que tu ne dis pas, ajouta le meg, en regardant Maincole, c'est que tu trainais avec toi, comme toujours, ta Religieuse et ton satané chien noir et blanc, que j'éventrerai à la première rencontre. Voilà un genre de voler en famille, avec femme et enfants. Pourquoi ne pas emmener ta grand'mère, pendant que tu y es ?

— Et toi, l'Habit-Vert, n'as-tu rien à dire ? — Non, meg. — Eh bien, j'ai à dire moi que, dans votre dernière affaire de Chenonville, vous avez, toi et le Rouge-d'Auneau, *fait le saut* au partage de vingt-deux louis d'or et d'une montre d'argent. Ne nie pas, c'est ta Françoise Touraine qui me l'a avoué. Le Rouge-d'Auneau s'en est acheté son bel habit de silésie et sa chemise garnie, et toi, tu as bu *ton fade* (ta part) jusqu'à en rouler par terre. Tâchez que ça ne recommence pas. Si nous nous volons, nous autres, ça ne durera pas longtemps.

— Et toi, Rouge-d'Auneau, tu as entendu. Je n'aime pas les *sauteurs*. Autrefois, quand tu savais monter une affaire, je pouvais fermer un œil sur deux ; mais, aujourd'hui, je ne passerai plus de ces farces-là à un pingre qui se fait rosser par de vieilles femmes. »

Le Rouge-d'Auneau, pâle de colère, se mordit les lèvres. Le Gros-Normand et le Grand-Dragon se tenaient les côtes.

— « Ce n'est pas le tout, mes gueux, ajouta Beau-François, la quinzaine a été mauvaise, et les greniers de Beauce se vident. Il faut quelque chose de mieux que toutes ces *youspinades* de mioches ; on nous montrerait au doigt dans le pays si nous continuions à *forguer en blanc* (manquer nos coups). J'ai du *chenu* à vous proposer, et, cette fois-ci, mes gars, c'est moi qui vous conduirai.

« Il y a, dans le canton d'Orgères, à quelque cent pas de Poupry, un hameau d'une dizaine de maisons, au milieu desquelles est la grosse ferme des Fousset ; ça s'appelle le Millouard. J'ai *retaillé* les garçons de ferme à *bouler* (j'ai regardé passer) ; Jacques-d'Étampes a flairé les alentours, et je dis qu'il y a là une belle affaire à *youpiner*. Le père Fousset a une vingtaine de mille livres qu'il cherche à placer ; on dit qu'il est de la bande noire et qu'il achète les châteaux des *ci-devant*. Les armoires sont pleines de linge et d'argenterie.

« Roulez tous en plaine, pendant quatre jours, sans vous éloigner de Poly et de Lifermeau. Ouvrez les oreilles et les yeux, fermez la bouche, et que tout le monde soit à Lifermeau le 26.

« Et maintenant, avant de nous séparer, écoutez bien ce que je vais vous dire : je ne veux pas d'armes à feu ; quand il en faudra, vous savez que je connais les dépôts du souterrain et des carrières, mais il faut réserver ces joujoux-là pour les grandes occasions. Ainsi, Ringette (le Rouge-d'Auneau portait aussi ce nom), tu me feras le plaisir de rendre à la Victoire-David son *brûle-gueule*, qui fait plus de bruit que de besogne. »

Le 26 décembre, le grand rassemblement ordonné eut lieu dans le bois de Lifermeau ; vingt-neuf associés se trouvèrent au rendez-vous. Il s'agissait de discuter la grande expédition du Millouard. L'avant-veille, les chefs avaient pris gîte à la ferme de Poly, chez Zacharie Benoist.

Il y avait là le Beau-François, le Rouge-d'Auneau, le Borgne-du-Mans, le Gros et le Petit-Normand, Berrichon-Belhomme, Longjumeau, le Borgne-de-Jouy, le Grand-Dragon, Beou et Berrichon-la-Poupée ; les femmes étaient de la conférence.

Le Rouge-d'Auneau, qui cherchait à se réhabiliter, développa le plan d'une visite armée à la grande ferme des Épars : on se cacherait de jour dans la forêt de Cercottes. Le Petit-Normand avait travaillé aux Épars à la moisson de l'année précédente ; il ne goûta pas le projet : « Beau butin, dit-il, mais trop de monde. » Le Beau-François coupa court à la discussion, en assignant pour le surlendemain un nouveau rendez-vous au bois de Lifermeau.

Là-dessus, les brigands se séparèrent : trois d'entre eux, le Rouge-d'Auneau, le Petit-Normand et le Borgne-du-Mans, prirent par Tillay-le-Gaudin et allèrent demander du pain à la ferme de Chaussy.

— « Couche-t-on dans l'étable, ici, demanda le Borgne-du-Mans ? — Non, répondirent les servantes. — Eh bien ! qu'on nous mette dans le poulailler, dit le Rouge-d'Auneau, et il ajouta tout bas, avec un geste de bohémien, nous tuerons les poules. »

Mis à la porte de Chaussy, nos trois gredins se rendirent chez Leluc, fermier à Lifermeau. On leur donna du caillé et ils partirent, annonçant qu'ils allaient coucher à la ferme de Spuis ; mais au bout d'un quart de lieue, ils changèrent de route et s'enfoncèrent dans les bois de Lifermeau.

Il faisait froid, et le gîte n'eût plu aux trois brigands que s'il y avait eu là bon feu et bonne table.

— « Le caillé du père Leluc ne tient guère au ventre, dit le Rouge-d'Auneau : j'aimerais assez à tortiller quelque chose de plus solide, une cuisse de poulet, par exemple, rôtie à la chasseur, au bout d'un bâton — Eh bien ! Rouge, et les poules de Chaussy ? Si nous allions vider le poulailler du citoyen d'Argent ? Il a assez d'argent blanc pour acheter des œufs, et nous lui fournirons, s'il y tient, le feu pour la cuisson. »

Sur cette belle plaisanterie, les trois brigands quittèrent le bois. Il était dix heures du soir, la nuit était froide et noire. On arriva au mur du jardin de la ferme. Le Rouge-d'Auneau se rappela avoir remarqué, près de là, une vieille charrue hors de service ; il en tira le fer, et tous trois escaladèrent le petit mur du jardin. Un trou fut pratiqué au mur du poulailler, et le Borgne-du-Mans entra. En cinq minutes, il eut passé à ses camarades douze poules, douze cannes et cinq oies, moins vigilantes que celles du Capitole, le tout proprement étranglé sans le moindre scandale.

On regagna le bois d'Hamoy, qui touchait à celui de Lifermeau, et arrivés au cœur du bois, les trois associés allumèrent un feu clair et pétillant, à la flamme duquel se dorèrent bientôt une poule et une oie, choisies parmi les plus grasses de la bande. Le souper fait, on se coucha côte à côte, les talons au feu, et, sur le matin, les autres arrivèrent de Lifermeau, où ils avaient passé la nuit à la ferme.

Beau-François était de mauvaise humeur; il avait froid et faim, et la Belle-Rose était restée à la ferme, l'estomac mal garni. Le chef inspecta les provisions et décida qu'il fallait faire vie qui dure jusqu'au lendemain. Rien ne passe vite comme le rôti; il fallait confectionner un gigantesque fricot. Berrichon-Belhomme et le Rouge-d'Auneau furent détachés à la ferme pour emprunter une vaste chaudière, et les autres s'occupèrent activement à plumer et à vider les volailles.

Un feu fut allumé, et la chaudière, apportée de Lifermeau, fut suspendue à trois bâtons. Beau-François fit la part des *dames* et l'envoya à la ferme; puis on bivaqua. C'était un spectacle digne du crayon de Callot que cette Cour-des-Miracles en plein vent, que cette halte de bohémiens déguenillés, tout bleuis par le froid malgré les racines qui flambaient dans le foyer. La terre, autour d'eux, était couverte de plumes arrachées, et un monceau d'intestins, de becs et de pattes de volailles, brûlait à petit feu dans les charbons ardents, avec une odeur violente et nauséabonde.

Le lendemain, vers le soir, l'expédition partit pour les bois de Bazoche-lès-Hautes, voisin du Millouard. Les femmes et les enfants restèrent à Lifermeau.

Entourée de bois épais, qui allaient rejoindre la forêt

Le pâté du Président.

alors assez vaste, de Cercottes, cette ferme de Litermeau était dans une situation si favorable, que la bande d'Orgères en avait fait un de ses gîtes préférés. Tout y était aux voleurs : pain, viande, volailles, légumes, instruments de cuisine. Comme le fermier joignait à son exploitation des coupes de bois taillis, les bourrées servaient aux grands feux de bande dans les bivacs d'hiver. La ferme était tellement accaparée par les rouleurs, que le propriétaire avait dû en diminuer depuis longtemps la redevance des deux tiers. C'est là, on vient de le voir, que les brigands avaient emprunté leur pantagruélique chaudière, et les femmes y attendaient en sûreté les résultats des expéditions.

Les bandits quittèrent, sur les onze heures du soir, le bois de Bazoche-lès-Hautes. Un quart-d'heure après ils étaient sous les murs de la ferme du Millouard. Duchesne fut envoyé en éclaireur. En faisant le tour de la maison, il aperçut une croisée éclairée. Se hissant sur un arbre, il vit trois hommes, dont un comptait de l'argent. Deux de ces hommes étaient Fousset père et fils; le troisième, un notaire, était venu pour recevoir de l'argent d'un placement sur hypothèque et couchait à la ferme.

Comme Duchesne descendait de son arbre, les chiens aboyèrent dans la cour. Un berger les siffla et Duchesne entendit ouvrir une porte et retentir des sabots.

Il accourut et fit son rapport. — « Il faut attendre une heure, » dit Beau-François. Il y avait du chanvre et une meule de blé près du mur; la troupe s'y accroupit en silence.

Au bout d'une heure, Beau-François alla lui-même à la découverte, portant sur son dos une pièce de bois trouvée dans le champ voisin. La fenêtre n'était plus éclairée. Il siffla doucement, et ses bandits arri-

Paris. — Typographie de FIRMIN DIDOT frères, fils et Cie, 56, rue Jacob.

vèrent un à un. Tout à coup des aboiements furieux retentirent et un chien se précipita sur la porte, soufflant et flairant avec bruit. Un sifflet de berger le rappela.

— « Il n'y a rien à faire, » dit le chef. Cependant on retourna à la meule et on attendit encore. L'argent compté sous les yeux de Duchesne enflammait la cupidité des rouleurs.

Mais, tous les quarts d'heure, les aboiements recommençaient. Le chien du notaire avait donné l'éveil au chien de ferme, et tous deux faisaient bonne garde derrière la grand'porte. Sur le matin, les bandits se décidèrent à regagner le bois.

Le jour venu, on se dispersa. Les maris regagnèrent Lifermeau et Poly; les célibataires se remirent à rouler par Ouarville et Auneau; mais ordre était donné de ne pas s'écarter et de se retrouver le 4 janvier, dans le bois de Goury, près du gîte d'Ussonnes, pour tenter de nouveau la fortune au Millouard. Le Beau-François s'occupa, dans l'intervalle, de recruter une dizaine d'hommes de plus.

Au jour dit, une vingtaine de rouleurs arrivèrent, par des chemins différents, dans le bois de Goury. Il y avait là des auxiliaires nouveaux, héros de grand chemin, déjà éprouvés dans plus d'une aventure de ce genre, entre autres, ce Grand-Dragon que nous avons

Le Chauffage.

vu, en compagnie de Longjumeau, malmener le Rouge-d'Auneau, jusque-là respecté dans la bande d'Orgères.

Thomas Roncin, dit le Grand-Dragon, gaillard de cinq pieds six pouces, à la barbe rutilante, aux cheveux rares, aux sourcils blonds, au teint vif, avait fait quelque temps le métier de marchand de vaches à Noyon. Son surnom lui venait de ce qu'il était entré, en 1784, aux dragons de la reine. Il avait conservé des habitudes militaires, ne manquait pas d'un certain courage féroce, et ne marchait ordinairement aux expéditions sérieuses qu'armé d'un fusil, d'un sabre et d'une paire de pistolets.

L'expédition de ces nouveaux jacques nécessitait des armes plus sérieuses que les bâtons à crosse des mendiants. Le Beau-François passa l'inspection de l'arsenal. Il n'y avait que deux fusils : un simple avec sa baïonnette, l'autre à deux coups; quelques pisto-

lets d'arçon, de petites massues ou casse-têtes de douze à quinze pouces de long, des couteaux emmanchés dans des bâtons. Le Beau-François n'avait pas jugé qu'il fût nécessaire de recourir à l'arsenal secret de la bande.

Au moment de partir, le chef jeta un dernier regard sur la bande. Le Rouge-d'Auneau manquait à l'appel.

La revue passée, on partit vers les neuf heures du soir. On était en force, et il n'y avait plus à se gêner. Ce fut donc militairement que la bande occupa les issues du Millouard.

Un coup de pistolet tiré par le Beau-François donna le signal de l'attaque. Un rouleau à avoine, balancé sur des mouchoirs par six hommes de la troupe, fit voler en éclats la porte charretière.

Cette première porte enfoncée, la seconde résista davantage. Quand elle céda, le Borgne-du-Mans s'élança le premier dans la maison. Tous les habitants de la ferme s'étaient sauvés au bruit et se tenaient cachés dans l'écurie.

— « Holà! Holà! cria le Borgne-du-Mans, ils ont tremblé, ils tremblent encore! Je ne trouve personne. »

Tous entrèrent, à l'exception de Jacques-d'Étampes, resté en vedette à la porte principale et de quelques sentinelles disposées le long des murs. Sans-Pouce, en se précipitant dans la salle basse, s'écria, pour faire croire à l'invasion d'une véritable armée :
— « En avant! Trente par ici, quarante par là. »

Au bruit du coup de feu, Fousset père et son fils Bernard, qui causaient ensemble au coin du feu, s'étaient levés avec inquiétude. Le fracas de la grande porte enfoncée leur dit assez de quoi il s'agissait. Ils coururent à la porte de communication intérieure qui donnait dans l'écurie. — « Grezel, Chamard, Catherine, cria le fermier, levez-vous, voilà les brigands qui tiennent la maison. » Bernard, cependant, barricadait la porte de l'écurie. Quelques secondes après un coup violent retentissait et la porte tremblait sur ses gonds. On entendait derrière des voix confuses et des pas nombreux. Les pauvres gens se retirèrent éperdus à l'autre extrémité.

Comme ils étaient ainsi réunis au fond de l'écurie, tremblants de peur, la porte intérieure céda sous un coup violent, et une dizaine d'hommes se précipitèrent en jurant et en menaçant. Un d'eux tenait dans des pinces un gros charbon allumé qu'il approcha d'un tas de paille.

Au bruit de l'invasion, le père et le fils Fousset s'étaient cachés sous le lit de l'écurie, où déjà la servante avait cherché un refuge. On les en fit sortir, un par un, en leur piquant les jambes à coups de baïonnettes et de couteaux emmanchés.

Sans-Pouce, un couteau dans les dents, voulait leur couper le cou sans plus tarder. — « Et les *jauniers* (l'or), cria le Beau-François, qui nous dira où ils sont *musés* (cachés)? Il faut les faire jaser. »

On cherchait, cependant, les deux autres domestiques. Une seule évasion pouvait faire tout manquer.

Le charretier savait un trou qui donnait de l'écurie dans le chemin : il y avait couru ; mais, à moitié engagé dans le trou, il reçut plusieurs coups de bâton sur la figure et fut obligé de rentrer. Il sauta dans la mangeoire des chevaux et s'y cacha sous les colliers. C'est là qu'on le trouva, et on l'en tira à coups de trique.

Le berger s'était sauvé dans le grenier par un trou d'plafond de l'écurie, et s'était blotti dans la paille. Il se croyait sauvé, mais Jacques-d'Étampes l'avait signalé ; trois hommes qui l'avaient suivi, sondèrent la paille à coups de lances emmanchées dans des gaules. Le berger se rendit et fut reconduit dans l'écurie avec force bourrades.

Tous les habitants de la ferme réunis et liés, on pensa à faire *jaser* un d'eux. Le plus faible fut choisi, celui d'ailleurs qui devait, mieux que les autres, savoir où était l'argent.

Le père Fousset fut amené de l'écurie, garrotté et le bonnet de coton descendu jusque sur le nez, pour qu'il ne pût reconnaître personne. Sur le chemin de la salle basse, les bourreaux firent pleuvoir sur le vieillard une grêle de coups de pieds et de coups de casse-tête.

Arrivés dans la salle, on lui lia les jambes, et on le coucha par terre. Sans-Pouce et le Grand-Dragon allumèrent des brandes de paille et les promenèrent sur la figure du bonhomme.

Le Gros-Normand considérait, en amateur, cet horrible spectacle. Il poussa du coude le Beau-François, et lui montrant Sans-Pouce : — « Comme il va bien, lui dit-il, quel sang-froid. » — Oui, répondit le chef; c'est un bon *pingre*; il n'a jamais *taffé* (tremblé).

Puis il ajouta : « Où est ton argent? vieux Richard, avoue tout de suite, si tu ne veux pas être mis à la broche. »

Le pauvre homme, tout meurtri de bourrades, suffoqué par la flamme et par la fumée, ne répondait pas ; le Gros-Normand lui releva les jambes, tira les bas et retroussa la culotte. Puis, ces misérables flambèrent leur victime par dessus et par dessous. La douleur arracha des hurlements au vieillard. — « Crie tant que tu voudras, mais dis où est l'argent, » demanda le Beau-François. — « Il y a trois cents francs dans la petite armoire de la cuisine. »

Beou y courut et rapporta le sac. — « Et le reste, dit Beau-François. Tu ne veux pas nous faire accroire que tu n'en as pas d'autres. Il y a ici au moins vingt mille francs. »

Le martyr fit un geste de dénégation désespérée.

— « Et l'argent de ton fils Barthélemy, celui qui porte des boucles d'oreilles. J'ai été avec lui en Vendée, et il en a rapporté un magot. Et les écus du notaire? Et les pierres et le plomb des châteaux des ci-devant? Tu ne veux pas parler, allons, chauffez, vous autres. »

Et les brigands ravivèrent la flamme. La peau du malheureux vieillard se fendait : une horrible odeur de chair brûlée remplissait la salle. Le père Fousset ne répondait à l'épouvantable question que par des gémissements étouffés.

— « Vieux gredin, dit Sans-Pouce, tu n'avoueras pas? Tu veux donc rôtir jusqu'aux os. — Attends, attends, dit Longjumeau, je vais essayer de la *machinette* au père Elouis. »

Et le misérable tira de sa poche un couteau à manche de corne de cerf, auquel tenait une forte aiguille à passer, et il perça la plante des pieds du pauvre vieux qui hurlait de douleur. Sans-Pouce promenait la flamme sur les blessures saignantes.

Pendant ce temps-là, le Borgne-du-Mans et Duchesne arrachaient les portes des armoires. Duchesne trouva une bouteille d'eau-de-vie, dont il but les trois quarts d'une seule gorgée. Le Borgne-du-Mans lui envoya une bourrade, en lui criant : — « On ne se soûle pas ici, » et la bouteille passa de main en main jusqu'à ce qu'elle fût vidée. Duchesne, cependant, avait trouvé un plat de salé aux choux, et il se mit à manger tranquillement, regardant, accroupi sur ses genoux, Longjumeau et Sans-Pouce continuer leur horrible opération.

— « Veux-tu venir ici, Duchesne, hurla le meg. Si tu ne laisses pas là ton fricot, je te fends la tête. »

Duchesne courut travailler aux armoires; au bout de quelque temps, ayant trouvé un sac, il le mit dans sa poche et revint à son fricot. Mais le Beau-François l'avait vu et, sans se retourner, il dit : — « Il y en a un ici qui *fait le saut* aux camarades; s'il ne rend pas tout de suite, je le brûle. »

Duchesne se leva et apporta piteusement le sac qui contenait une petite somme en sous et en liards. — « Exclu du partage pour le sac, formula le Beau-François, et bien heureux d'en être quitte à si bon marché : si tu t'arrive encore, Duchesne, *ta carcasse fera pousser du tabac.*

Malgré toutes les recherches, on ne trouvait plus rien : les matelas éventrés, les lits de plumes interrogés ne révélaient aucun trésor. Le père Fousset râlait : impossible d'en rien tirer. Le Beau-François jeta un horrible regard à la malheureuse victime et lui piétina l'estomac dans un accès de rage. Puis, on jeta pêle-mêle sur cet homme, qu'on ne regardait plus que comme un cadavre, les matelas, les lits de plumes, les couvertures.

Une dernière perquisition fut faite, les paquets de hardes et de linge furent fermés, et le Beau-François siffla les hommes restés dans la cour et dans l'écurie.

— « Qu'est-ce que nous allons faire de ceux-là maintenant? dit-il, en montrant les trois hommes et la servante. — Il faut leur *couper le colas*, dit le Borgne-du-Mans. Je n'aime pas à laisser derrière nous des *parrains* et des *marraines*. On parle trop de nous dans le pays et les gendarmes s'y promènent.
— Satané capon, dit le chef, je te reconnais bien là. Les gendarmes! Nous allons laisser ces imbéciles-là pour qu'ils trouvent à qui parler, et je me moque bien de ce qu'ils pourront dire ensemble. »

Sur cet ordre, on ouvrit la trappe de la cave, et on y jeta Bernard Fousset, le charretier et le berger. Restait la Catherine qui, terrifiée par les cris du père Fousset, s'accrochait aux portes, s'imaginant qu'on allait la torturer à son tour.

— « Allons, gueuse, dit le Borgne-du-Mans, à la servante, veux-tu bien descendre et plus vite que ça. » Et, pour aider la malheureuse, il lui allongea un coup de pied dans le dos; la pauvre fille sauta, de marche en marche, jusqu'au fond. Une salve d'éclats de rires accompagna sa chute.

Les quatre survivants jetés dans la cave, le Beau-François et le Gros-Normand fermèrent la trappe, la barrèrent avec une trique qu'ils passèrent dans l'anneau et la chargèrent avec des tonneaux de farine.

Il était près de onze heures. La troupe se forma sur deux files, ceux qui avaient des fusils marchant en tête, le Beau-François, Sans-Pouce et le Gros-Normand formant l'arrière-garde. On passa silencieusement au long des maisons de Poupry et on se dirigea vers le bois Pussin.

C'est là que se fit le partage.

On alluma un feu clair de brindilles et de branches mortes, autour duquel s'accroupirent les brigands. Chacun d'eux quitta le haillon sordide qui lui servait de chemise et le jeta au feu, pour revêtir une des chemises blanches prises dans la ferme. Puis, les paquets furent défaits; les habits, le linge et les draps furent assemblés par lots. Les tasses, gobelets, boucles de souliers et agrafes en argent furent placés à part, et Beau-François réserva pour la Belle-Rose une croix d'or plate avec un cœur.

Le Petit-Normand fut chargé d'aller vendre les effets de corps à l'auberge de *la Cuisse-en-l'air*, près d'Angerville. L'aubergiste, sa femme et jusqu'aux domestiques de la maison, étaient tous *francs*.

Le Beau-François, avant de s'étendre pour dormir au long du feu, résuma d'un mot l'expédition du Millouard : « Ce vieux gueux de Fousset nous a volés. »

Le pauvre fermier, cependant, n'était pas mort. Revenu à lui-même, n'entendant plus aucun bruit dans la salle, il chercha à se dégager des fardeaux amoncelés sur son corps. Il y réussit avec peine, et, à la lueur d'un reste de feu qui se consumait dans l'âtre, il vit que le lit de plume qui le recouvrait brûlait lentement. Il eut le courage de le tirer avec ses dents et de l'isoler dans la chambre.

Ses mains étaient liées au dos, mais la flamme avait carbonisé les liens de ses jambes et de ses cuisses; il put essayer de se mettre sur les pieds. La plante était à vif; le vieillard se traîna pourtant jusqu'à la porte, et, là, il appela d'une voix faible : — « Bernard, fils Bernard, où es-tu? »

Rien ne répondit.

— « Ils me l'auront tué, » murmura le bonhomme, et il continua son pénible voyage jusqu'à la porte extérieure, s'appuyant aux murs, s'aidant des coudes et des genoux.

Il n'y avait pas une lumière dans Poupry; il n'y avait pas un bruit dans la plaine; la nuit était sombre et froide. Le père Fousset se rappela un voisin, journalier, dont la masure s'élevait à cent pas de la ferme. Cent pas, c'était un effrayant voyage. Le bonhomme le tenta. Plus d'une fois il roula sur le chemin. Ses pieds, engourdis par la douleur, se posaient au hasard; ses jambes dénudées, fléchissaient. L'haleine lui manquait à chaque pas, et il lui semblait que sa poitrine était ouverte.

Sur le minuit, le malheureux put arriver enfin à la porte des Mouflet. Il appela, mais sa voix était si faible qu'il ne fut pas entendu. Ramassant alors le peu de forces qui lui restaient, il se laissa couler dans l'angle de la porte, et frappa l'huis avec sa tête.

— « Qui est là? demanda enfin une voix. — Voisin Mouflet, dit le blessé, ouvrez-moi, c'est moi, Fousset. »

La journalière ouvrit et aperçut, à la clarté de sa chandelle, ce corps ensanglanté, aux jambes nues, noircies et boursouflées.

— « Sauvez-moi! dit le vieux, on vient de m'assassiner. J'ai les bras liés et les jambes cuites. Ils ont tout pris. »

La voisine lui délia les bras, fit tiédir de l'eau et lava doucement les pieds brûlés et percés; puis elle le coucha dans son lit. Comme le bonhomme s'évanouissait à chaque instant et que la voix lui manquait de plus en plus, elle n'en put tirer rien davantage. Son mari était absent; elle alla chercher une voisine, et, toutes deux, se croyant toujours entourées de brigands, passèrent quelques heures aux écoutes, se relayant pour soigner le père Fousset.

Sur le matin, le bonhomme parut se ranimer. Quelque chose l'inquiétait, et la Mouflet chercha à saisir quelques paroles murmurées par le blessé. Il priait la voisine de savoir ce qu'étaient devenus son fils et ses domestiques. Bien que le jour n'eût pas encore paru, les deux femmes s'enhardirent à sortir, et comme le silence était complet, elles s'avancèrent avec précaution jusqu'à la porte de la ferme. La porte était toute grande ouverte, mais on ne voyait personne. La Mouflet dirigea la lumière de sa lanterne dans la cour, et les deux femmes se hasardèrent à appeler, d'abord à voix basse, puis plus haut.

Rien ne répondit. — « Ah! mon Dieu, ils sont tous morts, » dit l'une des femmes. Elles s'avancèrent en tremblant jusqu'à la porte intérieure. La Mouflet, parente de Chamard, l'appela par son nom. Une voix répondit. — « Cela vient de la cave, » dit la Mouflet, et toutes deux entrèrent et aperçurent, au milieu d'un effroyable désordre, la trappe de la cave surchargée de poinçons et barrée. Elles débouchèrent la porte et elles virent sortir Fousset fils, les trois domestiques et la servante, tous à peine vêtus, pâles et sanglants.

On alla chercher le juge de paix du canton d'Artenay. L'officier de police judiciaire arriva pour constater l'épouvantable désordre qui régnait dans la ferme : les portes brisées, les meubles effondrés, les lits dispersés par les chambres, les tas de paille fumant encore. Un officier de santé fut appelé pour panser les blessures des gens de la ferme, et on apporta le père Fousset, dont l'état parut désespéré. Le malheureux avait les jambes entièrement cuites, jusqu'au-dessous du genou, les chairs boursouflées et crevassées. La poitrine était à moitié enfoncée.

Pendant qu'on posait le premier appareil sur les plaies du père Fousset, trois gendarmes amenèrent un homme qu'on venait d'arrêter dans une ferme, près de Beaugency. Cet homme, qu'on avait soupçonné d'être un des auteurs du crime, fut confronté avec le père Fousset, avec le fils et les quatre domestiques. — « C'est le *Blond*-d'Auneau, dit la servante. Il n'en était pas. On lui a fait souvent la charité, ici, et ce n'est pas un des plus mauvais de la plaine. »

Le Rouge-d'Auneau était, en effet, parti pour Orléans, immédiatement après la tentative manquée du 28 décembre 1797. Il put prouver qu'il avait couché dans une ferme de la route, la nuit du 4 janvier 1798. Il fut donc mis en liberté.

Ce scélérat aida même à panser le père Fousset, et il se répandit en malédictions contre les gueux qui avaient si cruellement traité un aussi honnête homme que le fermier du Millouard.

Le 12 janvier, huit jours après le sac du Millouard, le pauvre vieux fermier mourut de ses blessures.

Les assassins du Millouard avaient laissé sur le théâtre du crime deux vieux chapeaux à trois cornes, une paire de sabots à la collinette, ferrés sous les talons, une pipe et une vieille blouse. Ces pièces à conviction furent soigneusement recueillies.

Mais l'affaire en fût restée là, comme tant d'autres, grâce à la coupable incurie des autorités, si, au chef-lieu, l'esprit de réaction honnête, qui commençait à l'emporter en France sur l'esprit de désordre, n'avait imposé au commissaire du pouvoir exécutif une allure plus énergique. Le sac du Millouard n'avait pas été plus horrible que beaucoup d'autres attentats des chauffeurs, mais il souleva plus d'indignation. La France commençait à perdre patience. Au règne de la Terreur avait succédé ce gouvernement du Directoire, plus occupé de se conserver lui-même que d'administrer; gouvernement de théoriciens, bavards et impuissants, divisés entre eux, abandonnant le pays à tous les désordres pour retenir le pouvoir. Mais déjà le jeune général d'Italie, qui venait de donner à la France la paix de Campo-Formio, ralliait à lui toutes les espérances; et, en partant pour l'Égypte, il laissait derrière lui toute une société nouvelle, avide d'ordre et de paix, disposée à consacrer par son approbation toutes les mesures énergiques.

C'est sous l'influence de cet esprit nouveau que le commissaire du pouvoir exécutif dut s'occuper de guérir la plaie qui rongeait ces provinces. Les moyens d'action dont il pouvait disposer étaient bien restreints. Quelques brigades de gendarmerie, mal composées, mal payées; des gardes nationales mal armées, habituées à tout souffrir : tels étaient les instruments de répression.

Heureusement le commissaire de Chartres trouva un auxiliaire dévoué dans la personne d'un simple maréchal-des-logis de gendarmerie, Pierre-Pascal Vasseur.

Brave et loyal, un peu candide peut-être, et croyant trop facilement à la parole donnée, Vasseur n'en était pas à son coup d'essai. Quelques années auparavant, la forêt de Senonches avait été choisie pour asile par une bande de voleurs armés. Vasseur s'était mis à leur poursuite et ne s'était reposé qu'après les avoir tous arrêtés jusqu'au dernier. Il connaissait les bandits, leurs habitudes, leur argot; il était infatigable et dévoué; qualités rares alors chez un gendarme. C'était un bon choix.

La grande difficulté, pour Vasseur, dans la périlleuse poursuite qu'il allait commencer, c'est qu'il avait contre lui les tyrans et les victimes. Les habitants des campagnes, habitués à voir les rouleurs de plaine maîtres du pays, tenaient en fort petite estime les autorités civiles et militaires. Chacun craignait, en parlant, d'attirer sur sa tête des vengeances terribles.

Il est impossible, aujourd'hui, de se représenter la terreur dans laquelle vivaient ces populations rurales.

Ceux des fermiers qui recevaient d'ordinaire les bandits dans leurs étables, vivaient dans des transes continuelles, quand quelques-uns de ces bohémiens de la plaine étaient gîtés chez eux. Le fermier de Quincampoix, près de Saclas, n'échappa au sort des Fousset, qu'en veillant toute une nuit, avec ses domestiques, pendant que le Beau-François, le Gros-Beauceron, le père Lapierre, Jacques-d'Étampes, et Longjumeau, complotaient le sac de la maison.

A Lifermeau et à Sanly, près du bois Pussin, on passait les nuits dans les greniers, à écouter les bruits de branches cassées, à interroger les échos de disputes et de chants avinés, que le vent apportait des profondeurs du bois.

C'est dans ces contrées terrifiées que Vasseur allait commencer sa campagne. Un premier incident vint montrer ce qu'on pouvait attendre de ces pauvres gens depuis si longtemps courbés sous le joug.

On avertit le commissaire du pouvoir exécutif du canton de Bazoches-lès-Gallerande, que le 17 janvier, sept à huit mendiants suspects venaient de prendre gîte à la ferme de Stas. Le commissaire fit aussitôt prévenir les gardes nationaux du canton qu'ils eussent à fournir un détachement pour faire perquisition dans la ferme.

Le détachement partit à la brune; les hommes qui le composaient étaient assez peu rassurés, mal équipés d'ailleurs, armés de vieux fusils rouillés, sans baïonnettes, et quelques-uns sans pierre.

Arrivés à neuf heures du soir à la ferme de Stas, les gardes nationaux se présentèrent seuls à la porte de l'écurie; le garde-champêtre et le fermier Leluc s'étant refusés à les accompagner.

Les mendiants étaient avertis sans doute, car ils étaient rangés sur deux files, tenant en mains leurs bâtons. Le commandant du détachement s'avança, et, d'une voix mal assurée, dit : — « Citoyens, au nom de la République, exhibez vos passe-ports. — En voilà des soldats de basse-cour, dit en riant Sans-Pouce. Vous êtes bien fous de quitter votre soupe pour si peu de chose. Allez-vous-en donc chacun chez vous voir si j'y suis, vous reviendrez me le dire. »

La plaisanterie fut applaudie, et les plus déterminés bandits s'avancèrent d'un pas : les gardes nationaux reculèrent de deux.

— « Allons, dit le Borgne-du-Mans d'un air narquois, *ces messieurs* ne sont pas méchants; ils ont l'air de bons *zigs*, il faut être poli avec eux. »

Et il présenta au commandant, qui le reçut avec défiance, un papier graisseux. C'était un passe-port : le Borgne-du-Mans était le seul qui fût pourvu d'une *petite précaution* du citoyen Doublet. Le commandant jeta un regard rapide sur le passe-port, et, le remettant au bandit, il parut entièrement édifié sur le compte des citoyens mendiants. Il fit faire demi-tour à sa troupe, et les gardes nationaux s'éloignèrent, poursuivis par les rires des mendiants, qui chantaient en chœur :

> Allez-vous-en, gens de la noce,
> Allez-vous-en chacun chez vous.

L'alerte passée, et on a vu qu'elle n'avait pas été bien chaude, Sans-Pouce dit aux autres : — « Avec tout ça, le citoyen Leluc a de mauvaises connaissances; il reçoit ici des gens qui me déplaisent et je m'en vengerai sur sa peau. » Et, comme la fille d'étable entrait pour traire les vaches : — « Tu peux dire à ton maître, ajouta le brigand, que s'il a peur pour ses écus, c'est nous autres qui nous chargerons de les garder. »

Cependant, Vasseur avec quelques hommes battait le pays, sondait ce terrain inconnu, allait aux informations, causait avec les fermiers, étudiait la plaine.

Sur les indications de deux bergers, Vasseur se rendit d'abord avec ses hommes dans les bois de Goury, à une lieue et demie environ de la ferme du Millouard. Là ils reconnurent à différentes traces, qu'il s'y était fait des rassemblements de bohémiens, et qu'il y avait des huttes et des asiles à voleurs.

Une servante de ferme déclara que, trois jours avant le sac du Millouard, elle avait vu passer plusieurs mendiants en guenilles, parmi lesquels Brigand et Jacques-d'Étampes. Huit jours après, elle les revit, couverts de bons effets tout neufs. Jacques-d'Étampes avait au cou un beau mouchoir à la nation, non ourlé. — « Tu as là un bien beau mouchoir, petit, lui dit-elle ; tu n'étais pas si faraud à ton dernier passage. » — Le voulez-vous, mon mouchoir ? dit Jacques, d'Étampes, se rengorgeant. — Oui, bien, si tu le vends bon marché. — Je vous le vends, mais pas à moins d'un beau louis d'or. »

La fille se récria en plaisantant. Mais Jacques-d'Étampes, pour prouver que son mouchoir valait au moins un louis, en dénoua la corne et montra un louis qu'il avait serré. — « J'ai gagné ça, dit-il, à la moisson dernière. »

Ce louis-là, pensa la fille, a bien l'air d'avoir poussé au Millouard.

Enfin, le 10 pluviôse an VI, c'est-à-dire le 30 janvier 1798, les recherches de Vasseur furent couronnées d'un succès inespéré.

On lui avait signalé la présence, dans une ferme du canton d'Orgères, de deux mendiants suspects, mari et femme, qui roulaient depuis longtemps sur la plaine, et qui demandaient l'aumône avec menaces. Il s'y transporta au plus vite.

La femme, que le fermier Pinguet avait reçue dans son écurie, était en train de faire manger, dans une écuelle de fer-blanc, un enfant de trois ans environ, lorsqu'entra le maréchal des logis. Elle tressaillit à sa vue, mais continua ses soins à l'enfant. Vasseur lui demanda ses papiers; elle n'en avait point. Elle déclara se nommer Catherine Bire, d'Orléans.

— « Mais vous n'étiez pas seule, dit Vasseur. Où est votre mari? — Je n'ai pas de mari, » se hâta de répondre la mendiante. Comme elle parlait, l'homme en question entra : Vasseur s'était dissimulé derrière une des solives de l'écurie, et, entendant des pas, il regardait avec les yeux la femme qui se disait Catherine Bire. Celle-ci, inquiète, mais dominée par le regard du gendarme, laissa arriver l'homme, qui n'aperçut l'uniforme qu'au moment où Vasseur se plaça tranquillement entre lui et la porte.

Les deux mendiants n'avaient pas de passe-ports. Vasseur les arrêta.

Le lendemain, 11 pluviôse an VI, Vasseur amenait devant le juge de paix d'Orgères, les deux individus, *l'un mâle et l'autre femelle*, comme disait le brave gendarme avec un sang-froid tout officiel, qu'il avait ramassés la veille à Intreville, *en compagnie* d'un enfant de trois ans et demi. Le *mâle* avait déclaré sans hésitation se nommer Germain Bouscant, dit le Borgne-de-Jouy.

Cet homme qui, bien qu'âgé de dix-huit ans à peine, était, depuis neuf ans, un des chefs les plus redoutés de la bande d'Orgères, fit, après quelques hésitations, les révélations les plus complètes. Il donna les noms, surnoms, âge, signalements circonstanciés, des principaux membres de l'association, et déroula complaisamment la liste de leurs crimes. Rien n'échappait à sa mémoire imperturbable, et il semblait trouver un secret plaisir à si bien dépeindre ses associés, qu'il fut impossible de les méconnaître.

— « Vous cherchez, dit-il, les assassins du Millouard, j'en étais. Je porte dans la troupe le nom de Borgne-de-Jouy. Je n'ai jamais fait d'*assassin*, mais j'ai été obligé de hanter avec les brigands, sans quoi ils m'auraient tué.

« Je connais à peu près toute la troupe, depuis huit ans que je suis sur la plaine. Il y a là au moins 150 hommes, sans parler des femmes. Ils tiennent toute la plaine de Beauce, depuis la grande route d'Orléans à Paris, jusqu'à la grande route de Châteaudun à Épernay, la plaine du Gâtinais, depuis la route d'Orléans jusqu'à Étampes et Pithiviers; la plaine de Gomert, derrière Étampes, d'Épernon à Jouy, entre Versailles et Paris ; la plaine du Berry, depuis Orléans et Pithiviers jusqu'à Bourges, ainsi que la petite plaine de Sologne ; la plaine du Perche, depuis Épernon jusqu'à Chartres, Bouneval, Dourdan, Dreux, Verneuil et Brou; enfin, la plaine de Picardie.

« Ceux de Beauce et du Gatinais, je les connais tous et je pourrais tirer leur portrait si j'étais peintre. Ceux des autres plaines, si je ne les connaissais pas par leurs figures et par leurs noms, je les devinerais au costume, au flair, au patois. Chapeaux ronds, rabattus, à trois cornes, retapés à la militaire, bonnets de laine, ils ont tout cela, mais ils ne portent rien comme les autres. Ils n'ont pas d'armes apparentes, mais seulement des bâtons courts, en épine ou en sauvageon cuit, avec des crosses formant massue.

« Des assassins de Fousset, vous trouverez quelques-uns près de Pithiviers. La grosse bande s'est dispersée dans les fermes de Poly, de Stas, de Pislay, près Andouville, d'Arceville et de Lifermeau sous Neuville-au-Bois.

« Quand ils tiennent la Beauce, leurs rendez-vous et leurs gîtes sont dans les cantons de Chartres, de Dammarie, d'Ouarville, de Gommerville et d'Orgères. En Gatinais, ils se recèlent dans les fermes de Bauler, près Aujanville ; de Revan, près de Malherbes ; de Briare et de Mouceau sous Pithiviers-le-Vieux.

« Si vous voulez, ajouta le Borgne-de-Jouy, me faire conduire par les plaines et les gîtes, je vous en ferai arrêter tant qu'il y en aura ; mais je vous préviens qu'il y faut aller en force, à peine de n'en pas revenir. »

Le Borgne-de-Jouy donna encore de précieuses indications sur ceux de ses compagnons qu'il pensait être déjà placés sous la main de la justice sans qu'on connût l'importance de ces captures. Ainsi, un des auteurs de l'assassinat d'Allaines, le borgne Quatre-

Sous, devait être détenu dans la maison de justice de Chartres; là, encore, se trouverait un jeune homme de dix-huit ans, aux cheveux et aux sourcils très-noirs, à la figure tachée de rousseurs : celui-là, c'était Brigand, le blessé de Ville-Sauvage.

« Enfin, peut-être trouverait-on dans les prisons de Neuville-au-Bois le fameux Rouge-d'Auneau, arrêté pour défaut de passe-port (Nous savons qu'on l'avait relâché.)

« Au reste, ajouta le Borgne-de-Jouy, vous auriez tort de relâcher d'ici à quelque temps aucun des prisonniers des maisons de justice et des prisons entre Chartres et Orléans. Ne les jugez pas même avant que je ne les aie passés en revue. »

On comprend si ces indications si précises firent sauter d'aise le brave maréchal-des-logis. Il avait enfin un fil conducteur, et, du premier coup, on lui livrait des signalements tellement circonstanciés, que jamais agent de la force publique n'en rédigea de semblables.

La mine si riche découverte par Vasseur devait être exploitée au plus vite; car maintenant que la justice avait l'œil sur ces contrées, on ne pouvait plus douter qu'il n'existât, en effet, une association ténébreuse, immense, puissamment organisée. L'intègre et courageux Armand-François Fougeron, juge de paix et officier de police judiciaire du canton d'Orgères, qui habitait Ville-Prévost, point à peu près central pour la bande des chauffeurs, avait, en vain jusque-là, signalé aux magistrats supérieurs les crimes multipliés qui indiquaient suffisamment l'existence d'une direction commune. Par ses soins, et malgré la terreur inspirée par les bandits, des instructions isolées avaient été faites. Des arrestations avaient donné lieu à quelques procès suivis de châtiments pour les coupables. Mais de semblables moyens étaient devenus insuffisants : il fallait écumer le pays, agir par détachements considérables, faire, comme nous le dirions aujourd'hui, de véritables *razzias* sur ces kabyles de la civilisation.

Les révélations du Borgne-de-Jouy, rapidement transmises à Chartres, donnèrent enfin une impulsion sérieuse aux mesures prises par l'autorité. Le capitaine commandant la gendarmerie nationale dans le département d'Eure-et-Loir, Jouvencourt, reçut l'ordre de mettre à la disposition de Vasseur autant de détachements qu'il serait nécessaire, et, au besoin, de lui donner pour auxiliaires les hussards de la Nation, cantonnés à Chartres et à Neuville.

Huit jours après la sauvage expédition du Millouard, un nouveau crime était venu montrer, une fois de plus, qu'il n'y avait pas de temps à perdre.

Le 12 janvier 1798, à onze heures et demie du soir, la porte d'un cabaretier de Sucy-sous-Yèbles, département de Seine-et-Marne, fut enfoncée par deux coups terribles, qui firent trembler toute la maison.

Les malheureux habitants des campagnes connaissaient trop, par expérience, le vol *à la bombe*, pour ne pas comprendre qu'un pareil bruit était le signal d'un assaut livré par des brigands. Le cabaretier Villeneuve sauta de son lit et courut à son fusil; mais, avant qu'il pût l'armer, la maison était pleine de bandits qui le renversèrent à coups de pied, à coups de poing; proférant d'horribles menaces, s'il bougeait, s'il appelait, s'il cherchait même à regarder.

On lui lia, ainsi qu'à sa femme, les jambes et les bras avec des cordes, avec le cordon d'un sac à poudre, avec des mouchoirs, et on les rejeta sur le lit, qu'on couvrit de hardes et de matelas.

Dans la chambre voisine couchait un scieur de long,

Étienne Bessière, avec deux enfants, ses frères. Au bruit, cet homme s'était jeté à bas du lit; les enfants se blottirent dessous. Bessière courut à la porte, en arrêta la clanche et pesa sur le battant de tout le poids de son corps pour empêcher qu'on ne l'enfonçât.

Mais la porte était de bois blanc; elle fut brisée, et trois hommes se précipitèrent dans la chambre. Les trois frères furent garrottés, et un des voleurs dit à l'aîné : — « Gredin, si tu grouilles, nous allons te couper le cou. »

Pendant ce temps, d'autres vidaient les poches de la cabaretière, y prenaient les clefs, ouvraient les armoires et y trouvaient 230 francs, des bijoux, de l'argenterie et des effets d'habillement.

Un de la bande était descendu à la cave; il en remonta avec un seau plein de vin. La huche au pain, le pot au salé furent vidés, et les brigands firent rapidement une collation aux dépens des cabaretiers qui tremblaient de peur sous les matelas.

Quand le repas fut fini, un des voleurs s'approcha du lit, asséna un coup de bâton au hasard, et dit à Villeneuve : — « Tu as un cheval, il nous le faut. Où est la clef de l'écurie ? — Sur le coffre. »

Les voleurs quittèrent la chambre. Mais deux d'entre eux y revinrent bientôt : — « Tu as plus d'argent que ça, dirent-ils au cabaretier, il t'en faut pour payer tes contributions. Je t'ai vendu du vin en gros; si tu n'avoues pas, nous allons bien t'en faire trouver. »

A ce moment une voix impérieuse crie du dehors : — « Assez de *flâne*; s'ils disent qu'ils n'en ont pas plus, c'est que c'est vrai. En avant, les chiens aboient. »

En effet, les voisins avaient entendu le bruit. Leurs portes avaient été prudemment barricadées en dehors par les chauffeurs; mais on s'agitait dans le village, et les bandits s'enfuirent avec leur butin.

Cette expédition, on l'a comprise, était du fait de nos vieilles connaissances du bois Pussin. Suivons-les dans leur retraite.

Les auteurs du nouveau crime de Sucy-sous-Yèbles, étaient le Beau-François, le Borgne-du-Mans, le Grand-Dragon, Beou, le père Lapierre, Longjumeau et le Gros-Normand; Jacques-d'Étampes, faisait le *gaffre*. C'est le Gros-Normand qui s'était trahi en parlant du vin qu'il avait vendu au cabaretier Villeneuve, aussi son intention bien arrêtée était-elle de couper le cou aux Villeneuve. L'alerte, donnée à temps, avait sauvé ces malheureux ainsi que l'ordre du Beau-François, qui réservait l'assassinat pour les grandes circonstances.

Le partage se fit dans les bois d'Orsigny : le butin se composait de montres, de tasses et de boucles d'argent, et d'effets d'habillement. Deux jours après l'expédition, Beau-François, le Grand-Dragon, le père Lapierre, le Borgne-du-Mans, et Jacques-d'Étampes, prirent la route de Paris, pour y faire une vente générale des objets dont on n'avait pu se défaire. Le Gros-Normand et Beou les précédaient, et firent une pointe près de Beauvais, pour préparer un vol de ferme qu'on leur avait indiqué. Mais ils furent arrêtés et réussirent à s'évader; aussi, accoururent-ils en hâte au rendez-vous de Paris. Quant à Longjumeau, qui s'était blessé à la jambe, il avait obtenu de monter dans une carriole de marchand et il arriva ainsi à Paris, où il entra à l'hôpital.

A Paris, la troupe se divisa : les uns logèrent au Cadran-Bleu, les autres rue de la Vannerie, chez Blandain, *au Globe*.

Le costume de quelques-uns des héros d'Orgères nous dira, mieux que tout autre détail, ce qu'était alors la police à Paris, et quels bandits à la Callot en parcouraient impunément les rues.

Le Grand-Dragon portait une carmagnole bleue déchirée; un gilet rouge, trop court, à boutons jaunes et un pantalon d'ordonnance du 10e hussards, dont les jambes frangées laissaient voir la peau tannée par l'air et par la boue de la route, et dont le fond de cuir soulevé par plaques, cachait à peine sa nudité. Un bâton de sauvageon, à poignée de cuir ficelée de laiton jaune, complétait cet ensemble peu rassurant.

Beau, grand coquin, aux cheveux longs reliés par une queue mince, à la barbe noire, portait, sous une blouse déchirée, une veste de ratine blanche trouée et noircie par l'usage, une culotte de toile claire, fort insuffisante pour la saison, et un chapeau retapé à la militaire avec une énorme cocarde et une pipe passée dans les cornes.

C'était l'élite de la bande : ils avaient tous des passe-ports.

Les marchandises vendues, les voleurs de Villeneuve revinrent au quartier général. Le Beau-François apprit, non sans inquiétude, qu'on parlait d'arrestations nombreuses, que les gendarmes sillonnaient la plaine, qu'on faisait des perquisitions chez les principaux *francs* journellement en contact avec ses hommes. Il comprit que le pays devenait mauvais; il résolut de jouer son va-tout et de s'assurer, par quelques coups rapidement exécutés, des ressources suffisantes pour aller chercher fortune ailleurs. La Vendée et le Bocage étaient infestés de brigands : on y dévalisait, à main armée, les fermes et les diligences, sous prétexte de chouannerie. Beau-François connaissait ces provinces; il s'y ferait facilement un nom, en y amenant quelques-uns de ses hommes les plus déterminés.

Cette résolution prise, il indiqua un rendez-vous général des chefs et des lieutenants dans les bois de Gervilliers.

Plus d'un manqua à l'appel. Longjumeau était à l'hôpital; Miracoin, arrêté; le Borgne-de-Jouy, arrêté : on disait même qu'il *parlait*; le Borgne-du-Mans et Sans-Pouce ne vinrent pas. Cinquante hommes, environ, étaient réunis dans la petite loge de Gervilliers : mais il y avait là plus d'un *franc* sur lequel il ne fallait pas compter pour des expéditions scabreuses, plus d'un mioche d'espérance, mais dont le bras et la tête n'étaient pas encore assez solides.

Cependant assez de faux mendiants roulaient en Beauce, en Gâtinais et en Berry, pour qu'un appel au ban et à l'arrière-ban des pingres fournît une petite armée.

Beau-François, calme et solennel, comme à la veille des grands jours, exposa son plan. Il eut soin de cacher ses craintes; mais il fit voir la nécessité de ravitailler le quartier-général, et de faire succéder aux petites entreprises de détail, des expéditions d'ensemble, plus fructueuses et capables d'en imposer aux agents de la force publique.

— « Voyez, leur dit-il, si les Grand-Gars et les Coupe-et-Tranche, de Vendée, si la Bande-Noire, de l'Ardèche, si les Barbets et les Chiffonniers mettent des gants comme nous autres pour travailler. Ne sommes-nous donc plus les petits frères de Poulailler, et le Beau-François ne vaut-il pas Fleur-d'Épine.

« Voyez-vous, enfants, il n'y a que les honteux qui perdent. Ces imbéciles de Chartres et d'Orléans font grand bruit pour quelques fermes mises à sac, pour quelques paysans rissolés. C'est que nous ne leur montrons pas ce que nous pourrions faire. Nous n'arrêtons pas les grandes diligences, nous ne pillons pas les recettes publiques, et, depuis Deloynes, nous n'avons pas *rincé* un château.

Il s'agissait donc d'étendre les opérations de la bande et de travailler plus largement qu'on ne l'avait fait jusqu'alors. Faire un trou dans un mur, casser la porte d'un pauvre diable, au risque de ne trouver chez lui que quelques sous et quelques hardes, le jeu, dit Beau-François, n'en valait pas la chandelle. Son plan était neuf et hardi. Mettre le feu, au même moment, aux trois fermes d'Arceville, de Gervilliers et de Poly, empêcher par là qu'on ne se secourût de l'une à l'autre, et piller, au feu, des gens troublés, demi-nus, incapables de résistance, tel fut le projet développé dans la réunion de Gervilliers.

Mais ce n'était là qu'un des moyens d'exécution, qu'un accessoire. Le but véritable était ailleurs.

— « Le château de Faronville, dit le Beau-François, situé à deux lieues de Toury, comme vous savez, est complètement isolé. Le propriétaire est un certain Philippe, ci-devant abbé. Il y a là beaucoup de monde, et des gens solides, mais on dit aussi qu'il y a des *sonnettes* à remuer à la pelle. Ça vaut le coup, mais ça serait dur et il y aurait du tirage. Vous sentez-vous de taille à me suivre là ?

— « Est-ce que nous avons jamais boudé devant la besogne, répondirent les chefs.

— « Eh bien ! enfants, il faut nous préparer pour avaler ce joli morceau-là, mais pas de ruses à la Rouillon (c'était le nom de Charles-de-Paris); l'abbé n'ouvrirait pas aux citoyens directeurs eux-mêmes, sans avoir regardé leur signalement. Ce ci-devant-là à des fossés, un pont-levis, des gardes, des valets ; il manie assez gentiment lui-même le fusil de chasse. Ce n'est pas un vol, c'est un siège à faire. Le père Figolet, la mère Renaudin et Mongendre ont en réserve assez de fusils et de pistolets pour un régiment; les munitions ne manquent pas dans le souterrain et dans les carrières; Doublet, de Chartres, enverra des chevaux, car il me faut de la cavalerie pour les fermes. Il n'y a que les provisions de bouche qui soient rares. Serrez-vous le ventre jusqu'au moment et vivez comme vous pourrez; mais évitez les fermes du canton de Toury. Il ne faut pas qu'on nous voie avant l'heure traîner nos guêtres par là. Le quartier général sera, pour cette affaire-là, aux bois de Mériville. Il n'y a pas de gendarmes et de juges de paix qui osent y mettre le nez. »

On se sépara sur ces projets, et le Beau François alla tout organiser pour faire réussir une dernière expédition qui devait lui permettre de *se retirer des affaires*.

Cependant, l'infatigable maréchal des logis de gendarmerie continuait ses excursions par la plaine. Quelques-unes de ses démarches nous expliqueront les vides qui commençaient à se faire dans la bande d'Orgères.

Le 28 pluviôse, Vasseur était à la ferme de Gondreville, lorsque, sur les cinq heures du soir, un mendiant vint demander le gîte.

Le maréchal des logis, toujours en éveil, n'eut pas plutôt toisé cet homme, qu'à la figure il devina un des bandits. Il s'approcha, et demanda au mendiant qui il était, d'où il venait : puis, sans lui donner le temps de répondre, ni de se reconnaître : — « Où as-tu pris la chemise que tu portes? et les souliers que tu as aux pieds, où les as-tu pris? Tout ce que tu as là vient du Millouard. — Puisque vous le savez si bien, répondit effrontément le mendiant, pourquoi me le demandez-vous? »

Vasseur, cependant, avait saisi la main gauche du mendiant et vu qu'il y manquait le pouce. Un éclair de joie brilla dans les yeux du gendarme : il tenait un des assassins du père Fousset. — « Tu es Sans-Pouce, » dit-il au mendiant. François Cypaire, car c'était lui, pâlit et s'assit, découragé, en disant : — « Je suis un homme mort, il m'a reconnu. »

Le lendemain, Vasseur partit, accompagné de trois hommes de sa brigade et conduisant sa nouvelle capture à Orgères. Pendant une halte au château de Faronville, où quelques autres prisonniers avaient été déposés sous bonne garde, le maréchal des logis confessa le brigand qui, entre deux verres de vin généreusement versés par le citoyen Philippe, propriétaire du château, avoua sa participation à l'affaire du Millouard.

Le Borgne-de-Jouy fut amené : Vasseur savait tout le parti qu'on peut tirer de ces confrontations de délateurs. Une querelle s'éleva, en effet, entre les deux bandits : chacun d'eux mettait une curieuse émulation à en dire plus que l'autre. Le Borgne-de-Jouy se vantant : — « Toi, dit Sans-Pouce, tu n'es qu'un général de m....; tu veux parler du Millouard; tu n'y connais rien, tu n'y étais seulement pas. Tu n'étais que du premier coup, qui a manqué. Moi, j'ai tout vu, puisque

Séance d'Ordre. — Au Rapport.

j'étais de ceux qui ont *fait son affaire* à Fousset. »

De Faronville, Vasseur alla à Villiers, près Frenay-le-Sec. Là, habitaient deux francs, les Poussineau, dits Lapatoche.

Quand le tricorne du maréchal des logis apparut à la porte du *franc :* — « Comment, dit le petit Lapatoche, vous venez nous chercher, citoyen? Est-ce que c'est pour cet homme qu'on a volé sur la grande route il y a huit jours? Justement nous étions sur cette conversation-là, et nous parlions de vous. — Mes gars, dit Vasseur, ce n'est pas tout à fait ça dont il s'agit; mais venez tout de même. Nous en recauserons, et d'autres choses encore. — Ah! c'est que l'on nous a dit qu'on nous accusait de ça et bien à tort, allez, car je n'avons pas été dans la vallée de Marray depuis beau temps. »

Il paraît que les Lapatoche avaient sur la conscience une récente peccadille de grand'route.

Le 20 février (2 ventôse), Vasseur fit, à la ferme de Marchon, une capture tout autrement importante, celle d'un mendiant à l'œil éraillé, aux cheveux rouges, que les hommes de la brigade d'Artenay avaient déjà pris et relâché quelque temps auparavant.

Cet homme, interrogé, répondit s'appeler Michel Peccat, âgé de vingt ans, compagnon couvreur, sans domicile.

Mais, dit Vasseur, qui avait étudié à fond les signalements fournis par Germain Bouscant, ne seriez-vous pas, par hasard, le Rouge-d'Auneau, de votre nom de plaine?

Peccat ne sut ce qu'on voulait dire avec ce surnom de Rouge-d'Auneau; il ne connaissait aucun des mendiants qu'on lui désignait sous les noms de Beau-François, de Gros et de Petit-Normand, de Sans-Pouce, de Dragon ou de Berrichon. Il n'avait ni volé, ni assassiné personne et n'avait jamais *manqué à la probité*.

On envoya le faux Peccat attendre, dans les prisons de Chartres, les confrontations révélatrices.

Quelques jours après, autre rencontre. A la porte d'une ferme, un mendiant causait avec deux femmes. Le maréchal des logis s'approcha et demanda leurs passe-ports à ces trois *particuliers*. Ils n'en avaient pas.

— « Vous dites donc, citoyen, que vous n'avez pas de papiers, » dit Vasseur, l'œil perdu dans une sorte de recherche mentale, et avec une attitude qui signifiait : je connais cet homme-là. L'homme était borgne, et cet œil absent était tout un signalement.

— « Non, citoyen gendarme, je suis déserteur, mais ça ne veut pas dire que je sois un mauvais homme.

— « Ah! dit Vasseur d'un air d'intérêt, et dans quel bataillon serviez-vous? A quelle époque l'avez-vous quitté? Où était-il? Vous vous rappelez, sans doute, les noms de votre chef de bataillon et du capitaine de votre compagnie. — Je servais dans la marine, citoyen gendarme, j'étais matelot à bord du lougre *l'Affronteur*, du port du Havre. J'ai déserté à Brest, il y a environ dix-huit mois. Je n'ai jamais connu le nom de mes officiers; vous savez, un matelot...

« — Continuez, dit Vasseur, vous m'intéressez beaucoup, jeune homme. Vous dites donc que vous étiez

Le petit Gars d'Etrechy.

dans la marine, et que vous ne vous êtes pas senti de vocation. — Mon Dieu, oui, citoyen gendarme. Voyez-vous, j'étais jardinier de mon état, et couvreur en tuile et en ardoise. J'ai travaillé comme jardinier chez les bénédictins de Saint-Vincent, de bien braves gens. Est venue la seconde année de la Révolution. A fallu quitter la communauté qui quittait aussi la place, et j'ai été maraîcher à Virouflet. Puis, j'ai servi la République sur le vaisseau de ligne *le Majestueux*, en qualité de canonnier! J'y ai servi quinze mois, après quoi j'ai... déserté. — Décidément, jeune homme, vous aviez la vocation de la désertion. — Que voulez-vous, citoyen gendarme, la République n'oubliait que trois choses : c'est-à-dire de nous habiller, de nous payer et de nous nourrir. J'étais marié avec Catherine Davoine que vous voyez là, j'ai été retrouver ma femme et mes enfants; nous en avons quatre. (Vasseur fit un mouvement de commisération encourageante). Nous sommes allés en Beauce et en Brie, cherchant de l'ouvrage et n'en trouvant guère. Je vendais des scions de verges, mais ça ne nourrit guère, ce métier-là : il a fallu mendier, et puis, un beau jour, près de Lisieux, on m'arrêta comme déserteur, et on me fit partir pour le Havre. C'est là que j'ai été embarqué sur l'*Affronteur*. Quand j'ai eu déserté encore, j'ai retrouvé ma femme dans la plaine de Nantes, et nous avons recommencé à courir les routes, du côté d'Etampes, d'Orléans, d'Angerville, faisant des verges de fouet, des balais, des paniers à pain, et mendiant quand le pain était trop cher.

— « Pauvres gens, dit Vasseur. Et vous n'avez jamais été du côté de Chartres? — Non, citoyen gendarme, s'empressa de répondre le prisonnier. — Et, vous n'auriez pas connu par hasard le citoyen Fousset, du Millouard. »

L'homme eut un tressaillement presque imperceptible, qui n'échappa pas pourtant à l'œil perspicace du maréchal des logis. Il lui fit mettre les menottes.

Le gendarme, chargé de cette opération, était un gros et vigoureux gaillard, au teint haut en couleur, aux yeux bleus à fleur de tête, à la lèvre épaisse et souriante. En bouclant son homme, il s'approcha de son oreille et tout bas : — « Tu ne me reconnais donc pas, le Borgne-du-Mans, dit le gendarme. Faut pas regarder l'habit, mais les yeux ; un *franc* sait ça. — Attendez donc, dit le Borgne-du-Mans, comme frappé d'un vague souvenir..... Est-ce que, par hasard ?... Mais oui, c'est cela, il y a tantôt sept ans, en forêt de Croissy, sur la grand'route de Tournant, là où il y a six chemins qui se croisent et une pyramide. Nous étions avec Vincent-le-Tonnelier et Matelot-la-Brèche ; nous avons *fait* un marchand de vaches et son toucheux, même que c'est toi qui as tué le chien qui me mordait aux jambes. — Chut ! dit le gendarme, voilà le maréchal des logis qui revient. »

Cet honnête gendarme était un ancien pingre, Guérin, plus tard marchand de tabac et d'eau-de-vie, maintenant gendarme. On voit de quels éléments se composait l'armée de l'ordre dans ces provinces.

Interrogé par le juge de paix du canton d'Orgères, le Borgne-du-Mans manifesta un étonnement profond en entendant parler de brigands, de bande d'Orgères, de Beau-François, de Borgne-de-Jouy. Ce ne fut que deux mois et demi après, que, devant le directeur du jury de Chartres, il reconnut avoir fait partie de la bande, et avoua la part qu'il avait prise dans les différents crimes que nous avons racontés.

C'était une singulière Odyssée que celle de Vasseur. Toujours accompagné de son révélateur intime, le Borgne-de-Jouy, l'honnête instrument de la loi avait fini par accorder à ce coquin une confiance assez dangereuse. On l'avait débarrassé de ses menottes. Aux couchées il allait et venait, pansait les chevaux, servait le chef, amusait les hommes par ses propos risqués. Vasseur oubliait quelquefois les scélératesses de ce singulier compagnon.

Un jour il plut à un des hommes de Vasseur d'éprouver les talents de Germain Bouscant.

— « Puisque tu es ce fameux Borgne-de-Jouy, dit le gendarme Hatteau, j'espère que tu vas nous montrer un plat de ton métier, et nous prouver que tu es un fin voleur. »

Germain Bouscant ne se le fit pas dire deux fois. Jaloux de maintenir sa réputation par quelque tour d'adresse, ce fut au maréchal des logis qu'il s'adressa. Pendant que les gendarmes pansaient leurs chevaux, Bouscant était resté seul enfermé dans la grand'chambre de l'auberge. Le porte-manteau du maréchal des logis était placé sur une table, à côté de son lit, fermé à serrure et à cadenas. Le Borgne-de-Jouy introduisit délicatement ses doigts dans l'imperceptible fissure du fermoir et en retira un écu de six francs dont il acheta des boucles d'oreilles à la servante de l'hôtel.

Mis en goût par ce retour aux vieilles habitudes, il vola le lendemain un sac de gros sous à un roulier.

Vasseur consigna gravement ces deux peccadilles dans ses immenses procès-verbaux.

Cependant les pérégrinations du maréchal des logis l'amenaient, sans qu'il le sût, dans le voisinage de la grande bande que le Beau-François était en train de recruter.

La brigade de Vasseur arriva un soir, vers minuit, à Artenay. Pendant que les gendarmes faisaient halte, l'un d'eux, Lambert, habitué à voir traiter le bandit en enfant gâté, déposa un instant ses pistolets chargés sur la cheminée de l'auberge. Le Borgne-de-Jouy, profitant de cette imprudence, sauta d'un bond sur les pistolets, les arma, et, tandis que d'une main il visait Lambert, de l'autre il s'apprêtait à étendre mort celui qui voudrait s'opposer à sa fuite.

Heureusement Vasseur avait tout vu. D'une seule enjambée de ses longues jambes, il fut transporté derrière le voleur, et, le serrant à bras le corps, il l'étouffait, quand celui-ci laissa tomber ses pistolets et demanda grâce.

Cette tentative inutile jeta le Borgne-de-Jouy, dans un accès de folie furieuse, bientôt suivi d'un accablement profond. Il fallut le lier et le porter sur un cheval.

Quelque temps après, comme Vasseur, toujours vigilant, passait à côté du cavalier qui tenait le Borgne-de-Jouy en travers sur sa selle, comme un sac de farine, le maréchal des logis s'entendit appeler à voix basse. Il s'arrêta.

C'était Germain Bouscant qui entamait la conversation, sur un ton parfaitement calme et amical :

— « Il faut avouer, citoyen Vasseur, que vous avez une rude poigne ; mais c'est égal, vous êtes un bon *zig* tout de même ; et un autre, à votre place, m'aurait fait sauter la cervelle. Que voulez-vous ? c'est le *tournis* qui me prend comme ça ; c'est plus fort que moi, ça me monte du ventre dans la tête, et il faut que je tape ou que je brûle.

— « N'y a pas d'offense, mon garçon, dit le gendarme ; seulement tu comprends que je ne puis plus te laisser marcher sans menottes et sans cordes. Le *tournis* n'aurait qu'à te reprendre.

— « Écoutez, Vasseur, voulez-vous que je vous fasse un joli cadeau ? Eh, bien vrai ! tout ça me dégoûte, et je suis décidé à en finir. J'aime mieux manger tout le morceau d'une bouchée. Autant que ça soit vous qui me mettiez à la broche.

— « Ce qui veut dire, mon garçon, que tu as oublié quelque ami d'Orgères dans ta confession générale. Allons, dis ton *meâ culpâ*, et Vasseur aura soin de toi.

— « Ce n'est pas ça, Vasseur ; il s'agit de quelque chose de mieux. Voulez-vous que je vous fasse *pincer marrons*, en deux temps et trois mouvements, le Beau-François et le reste de sa bande, dans l'exercice de leurs fonctions, comme dit le citoyen Fougeron ? »

Vasseur tressaillit. C'était plus qu'il n'espérait ; mais pouvait-il se fier à ce bandit, et n'était-ce pas là une nouvelle ruse.

Le Borgne-de-Jouy raconta au maréchal des logis les projets de grande expédition et le rendez-vous des bois de Mériville. C'est dans ces bois, coupés de fondrières, retraite peu connue, même dans la bande, et réputée jusqu'alors inaccessible, qu'il s'agissait de surprendre l'élite de la bande d'Orgères. Vasseur envoya chercher du renfort, fit avertir les hussards et se mit en route.

Le lendemain, la petite colonne expéditionnaire avait fait ses dix-huit lieues. Elle avait évité les grandes routes, défilé silencieusement dans les sentiers qu'indiquait le Borgne-de-Jouy, contourné les fermes à distance. Mais, enfin, on pouvait avoir été signalé. Les bandits, à la première alarme, s'empresseraient de lever leur camp.

Ces craintes agitaient Vasseur, et il voulait continuer sa marche, coûte que coûte, pour tomber sur la réunion. Mais hommes et chevaux étaient sur les dents ; Vasseur seul était frais et dispos.

— « Voyons, dit-il à Bouscant, y a-t-il moyen d'y arriver tout de suite ? — Citoyen Vasseur, répondit le rouleur, qui veut trop prouver ne prouve rien. Si vous êtes bâti à chaux et à sable, vos hommes sont moins durs que vous. Vos chevaux n'en peuvent plus, et, d'ailleurs, là où nous allons, on ne fait pas le manège. Les bois de Mériville ne sont pas déjà si commodes dans le jour ; mais vouloir les battre de nuit, avec des bêtes fatiguées, des grosses bottes et de grands sabres qui sonnent sur les baliveaux, c'est ne pas entendre son affaire... Tenez, voilà un joli bouquet de châtaigniers, avec une source que j'entends sur le côté ; étendons-nous là, mangeons un morceau et nous repartirons de minuit à une heure du matin. C'est l'heure où on s'endort au bivac. »

Vasseur consentit à la halte. Les hommes et les chevaux reposés, comme les coqs chantaient à la ferme la plus voisine, Vasseur réveilla du doigt ceux de ses hommes qui dormaient, avertit les sentinelles, et on disposa tout pour le départ. Les manteaux furent roulés, on enveloppa de chiffons les sabots des chevaux et la petite troupe se mit en route.

Vasseur avait pris le Borgne-de-Jouy sur son robuste cheval, et lui avait dit fort doucement : — « Tu comprends, mon garçon, que je risque la peau de mes hommes et la mienne. Tu ne t'étonneras donc pas, si l'affaire manque par ta faute, que ma première balle soit pour toi. »

Tant qu'on put conserver la route de Mériville et le sentier qui conduisait aux grands bois, les cavaliers purent marcher deux par deux, et se diriger facilement, malgré l'obscurité. Pour ne pas perdre inutilement ses hommes, et pour éviter d'annoncer son arrivée par quelque imprudence, Vasseur ne faisait pas éclairer sa marche. S'on le surprenait, avait-il dit, ce ne serait pas lui qui serait surpris.

Arrivés à la lisière des grands bois, il fallut mettre pied à terre ; chaque cavalier, tirant après lui son cheval, entra sous bois, un peu au hasard, la main sur la gâchette du pistolet, le mousqueton suspendu à l'épaule.

Au bout d'une centaine de pas, on commença à monter par des sentiers rocailleux, semés d'arbres grêles et bordés de fondrières. Vasseur, en avant, tenait le Borgne-de-Jouy, sous le bras gauche.

Après un quart d'heure de marche pénible, le Borgne-de-Jouy, montrant du doigt le chemin, dit tout bas : — « Attention, voilà le Saut-du-Diable. »

Le chemin, tel qu'il se montrait sous la pâle lumière des étoiles, méritait bien ce nom. C'était une pente roide, étroite, suspendue entre deux précipices profonds. Le moindre écart d'un cheval, la moindre hésitation, la moindre trahison, pouvaient tout perdre. Engagée dans ce sentier, la troupe pouvait y être anéantie par quelques hommes déterminés.

Vasseur comprit la situation. Se retournant vers le brigadier de hussards qui le suivait : — « Un par un, dit-il ; chaque homme et chaque cheval dans mes pas. Si on attaque, que chaque homme fasse rouler son cheval et se couche à terre. »

Puis il fit passer devant lui Germain Bouscant, introduisit la main gauche dans les cordes qui liaient par derrière les deux mains du bandit, et, se penchant à son oreille : — « Tu sais nos conventions, lui dit-il. Vasseur n'a qu'une parole. »

On avança ainsi ; le chemin, heureusement, devenait sablonneux ; le pas des chevaux ne s'entendait que fort peu. La traversée du Saut-du-Diable dura dix minutes ; pas un cheval ne broncha.

Quand le chemin s'élargit, la petite troupe était arrivée sur un plateau étroit qui dominait une gorge profonde. A cent pas au-dessous, un peu à gauche du plateau, le Borgne-de-Jouy montra à Vasseur une clarté rougeâtre. C'était le camp des chauffeurs. On aurait jeté une pierre dans leur feu de bivac.

A la lumière pâlissante des tisons qui s'éteignaient, on pouvait distinguer un assez grand nombre d'hommes étendus par terre autour des restes du feu.

— « Eh bien ! dit le Borgne-de-Jouy, ai-je tenu parole ? »

La large main de Vasseur vint lui fermer durement la bouche ; sur un signe du maréchal des logis, deux hommes garrottèrent et bâillonnèrent le bandit, et le déposèrent comme un paquet au coin d'un arbre.

— « Mesure de précaution, mon garçon, lui dit tout bas à l'oreille l'excellent Vasseur, qui tenait à ne pas laisser suspecter sa loyauté. C'est dans ton intérêt ; si ça tourne mal maintenant, il n'y aura pas de ta faute, et tes camarades ne te soupçonneront pas en te retrouvant ficelé comme un saucisson. »

Le brave homme examina la position. Deux chemins tournants descendaient à l'abîme. En face, sur le versant opposé de la gorge, on n'apercevait que des arbres descendant en désordre ; pas l'ombre d'un chemin.

— « C'est une vraie souricière, dit bas Vasseur au brigadier de hussards. Les imbéciles ont négligé de garder les hauteurs ; sans cela, nous étions flambés. Prenez-moi la moitié du monde, et tournez à droite, moi à gauche, et nous tomberons d'ensemble sur ces coquins-là par deux côtés. Pas d'armes à feu ; le sabre. Seulement ici en haut, six hommes solides, le fusil en joue pour recevoir les fuyards. »

Vasseur laissa prendre l'avance aux hussards qui avaient plus de chemin à faire ; puis, quand il les jugea arrivés au point nécessaire, il partit au galop, suivi de ses hommes. En une minute, il arrivait au bivac des bandits.

Le Beau-François, reconnaissable à sa grande taille, fut debout le premier, un pistolet dans chaque main ; il allait tirer, quand, derrière lui, retentit le galop des hussards. Il comprit qu'il était cerné et jeta ses armes en s'écriant : — « Je me rends ! »

Et comme le Gros-Normand mettait en joue un gendarme : — « Pas de bêtises, » dit l'Hercule, et il envoya d'un coup de pied l'homme et le fusil dans le feu.

Après l'arrestation de la bande principale, le plus difficile était fait pour Vasseur. Le reste de ces misérables, pourchassé à travers plaines et bois, ne tarda pas à tomber sous la main de la justice. Les mendiants, les faux colporteurs, les déserteurs, les saltimbanques affiliés vinrent successivement grossir la liste des prisonniers de Chartres. L'arrestation du *franc* Mongendre et de sa famille, fut un des derniers épisodes de cette immense battue.

Mongendre père et fils s'étaient retirés dans le cœur de la forêt d'Orléans. Là, dans un fourré presque inaccessible, ils s'étaient construit une cabane de feuillages et de branches artistement dissimulée, et, la nuit seulement, ils couraient les communes environnantes, où l'effroi qu'inspirait leur audace empêchait les paysans de les trahir.

Le maréchal des logis de Lamarre, accompagné de trois gendarmes, se chargea de cette difficile capture. Tous quatre, déguisés en bûcherons, requirent deux bûcherons faisant partie de la garde mobile, et qui connaissaient les repaires les plus cachés de la forêt. Ces six hommes déterminés entrèrent sous bois, à la nuit tombante, y bivaquèrent en silence, et, sur les quatre heures du matin, ils cernèrent le repaire des deux *outlaws*.

De Lamarre et un des bûcherons, le fusil au poing, le doigt sur la gâchette, poussèrent doucement la porte de branchage, et aperçurent, couchés au milieu de grappes de raisin et d'os séchés et rongés, le terrible couple dormant, un fusil chargé et amorcé entre les deux. Le père Mongendre, vigoureux vieillard de soixante-huit ans, entr'ouvrit les yeux, éveillé, moins par le bruit que par la vague inquiétude du brigand pourchassé. Il sauta sur son fusil en criant : « A moi, Pierre ! » Mais de Lamarre le tenait en joue ; un bûcheron avait saisi la crosse de l'arme, et deux gendarmes se précipitèrent sur le père et le fils qu'ils garrottèrent en un instant.

— « Lalance, dit le père Mongendre au bûcheron, ça n'est point beau à toi de faire ainsi de la peine à des amis. — Merci, père Mongendre, répondit en riant le bûcheron, des amis comme vous, on aime mieux les voir ailleurs que dans le pays; d'ailleurs j'sommes de la mobile, et la patrie commande. Faut en passer par là, mon vieux. »

Mongendre père jeta un regard sinistre au bûcheron et suivit les gendarmes.

Le triomphe de la loi amena de tous côtés des révélations, jusque-là comprimées par la terreur.

Gaudrille et sa femme, laboureurs à la ferme de Granville, avouèrent qu'ils connaissaient tous les voleurs arrêtés jusqu'alors, et bien d'autres encore. Mais ils n'auraient eu garde de les dénoncer, et cependant une partie de leur argenterie leur avait été volée par ces rouleurs de plaine.

Les Gaudrille racontèrent que, de temps en temps, par les chaudes journées d'été, les rouleurs arrivaient à Granville par dizaines, qu'ils fermaient les portes de la cour, ouvraient les portes de la cave, se déshabillaient entièrement, hommes et femmes, et, au milieu de la cour transformée en salle de bal et meublée de brocs empruntés au fermier, exécutaient *la danse des pingres*.

Dans la ferme de Marchon, comme à Granville, comme à Lifermeau, les chauffeurs, et surtout leur chef, le Beau-François, étaient véritablement chez eux. Aussitôt qu'on voyait arriver le *meg*, avec sa grande taille et sa petite badine, qu'il fût seul ou accompagné, domestiques, garçons de charrue, bergers, tous s'empressaient autour de cet hôte dangereux.

Les récits de ces opprimés mirent sur la voix de plus d'un crime ignoré.

Quelques-uns de ces crimes, et ce n'étaient pas les moins horribles, avaient eu pour victimes des membres de l'épouvantable association. Pour assurer son autorité, pour prévenir les mécomptes et les délations, le Beau-François avait établi entre les rouleurs une sorte de Sainte-Vehme. Tout frère, convaincu d'avoir trahi l'association, de s'être refusé à l'exécution d'un ordre, était impitoyablement massacré, et les bourreaux étaient choisis parmi les chauffeurs eux-mêmes.

C'est ainsi qu'un pauvre enfant, élevé pour le crime, ayant donné, par paresse sans doute, une fausse indication sur le personnel d'une ferme qu'on devait attaquer, fut jugé dans le bois de Lifermeau.

Son accusateur était l'Enchantin, dit le Grand-Sans-Pouce. Après un vol de toiles d'un moulin à vent, ce bandit avait détourné du partage deux louis pour les donner à sa concubine, aubergiste à Dourdan. Le mioche fit connaître cette *indélicatesse* du rouleur. Quelque temps après, le malheureux enfant, il avait treize ans à peine, ayant parlé plus que de raison des projets de la bande à la ferme de Poly, sa mort fut résolue. Le Beau-François dicta la sentence et le petit gars d'Étrechy, c'était le nom de plaine du mioche, fut assommé à coups de bâton. Pendant qu'il expirait, le Grand-Sans-Pouce lui trépignait sur la tête avec ses souliers ferrés.

La terreur inspirée par les redoutables habitants du bois de Lifermeau avait empêché jusque-là les paysans d'alentour de faire connaître aux magistrats l'assassinat de cet enfant. Ses ossements avaient blanchi sur la terre, sans qu'on osât même leur donner la sépulture. Un pauvre fagoteur avait seulement enterré la tête, et, bien que le lieu du crime ne fût qu'à cinq cents pas de la ferme de Lifermeau, jamais laboureur attardé n'eût pris la sente qui conduisait au sinistre rond-point pour regagner son logis. Le directeur du jury fit recueillir ces restes comme pièces à conviction.

D'autres exécutions avaient atteint les rouleurs les plus renommés, les femmes les plus recherchées de la bande. En 1791, Charles-de-Paris, Vincent-le-Tonnelier et Beauceron-la-Blouse, avaient assommé Dauphin, dit le Petit-Tourangeau, pour avoir pris parti contre ses camarades pour une aubergiste qu'on voulait voler dans un compte. Tranche-Montagne avait été tué dans les bois de Gondreville, pour un méfait semblable, par Tue-Tout et Breton-Cul-Sec. On l'avait attaché à un chêne, brûlé vivant, et ses oreilles coupées avaient été clouées sur l'arbre, pour servir d'exemple aux frères.

La Belle-Nanette eut un sort semblable, et la Dubarry n'échappa que par miracle.

Cette Dubarry, qu'une sorte de ressemblance avec la royale prostituée avait fait décorer de ce surnom, avait, dans un moment de colère, menacé Sans-Pouce de le dénoncer comme déserteur. Le vindicatif bandit la signala au Rouge-d'Auneau, alors lieutenant en chef de la bande, comme ayant *mossé* (trahi). On amena la pauvre fille dans le bois Pussin : c'était six mois avant l'assassinat du Millouard.

— « Viens-çà, la Dubarry, dit le Rouge d'Auneau, n'as-tu pas dit que tu ferais prendre Sans-Pouce à Chatenay, comme déserteur ? »

La Dubarry pâlit et regarda autour d'elle. Sans-Pouce, qu'elle n'avait pas aperçu d'abord, le petit la Poupée, Julien-le-Breton, le Borgne-de-Jouy, et plusieurs autres chauffeurs faisaient autour d'elle un cercle qui se rétrécissait petit à petit, et dont le Rouge-d'Auneau était le centre.

— « Non, je ne l'ai pas dit, répondit la malheureuse. — « Tu mens ! cria le Rouge-d'Auneau, et il lui asséna un coup de bâton sur la tête.

La pauvre fille roula des yeux égarés, et, apercevant Berrichon-Belhomme, qui l'avait protégée plus d'une fois sur les routes, elle se réfugia de son côté. Berrichon-Belhomme l'accueillit d'un coup de trique qui lui cassa le bras. Puis, le Rouge-d'Auneau, Jacques-d'Étampes et le Petit-Normand lui firent pleuvoir sur le corps une grêle de coups qui la renversèrent mourante. On eut pitié d'elle et on ne l'acheva pas.

Une des révélations les plus importantes des habitants de ces campagnes porta sur une affaire déjà ancienne, qui avait éveillé un moment les préoccupations de la justice, mais que la coupable incurie des autorités avait laissé, comme tant d'autres, retomber dans l'oubli.

Il s'agissait, cependant, d'un crime plus épouvantable encore que celui du Millouard, tant par le nombre des victimes, que par l'atrocité des circonstances ; d'un crime qui avait été commis aux portes mêmes de Chartres, et dont les auteurs étaient restés impunis.

Au milieu des émotions diverses causées par la chasse aux chauffeurs et par les préparatifs d'un procès gigantesque, on apprit avec surprise, par quelques propos de paysans dont la langue se déliait peu à peu, que, dans Chartres même, l'association d'Orgères comptait des instruments dévoués, cachés sous l'apparence de marchands honorables.

Au commencement du printemps de 1795, deux riches bourgeois de Lèves, les époux Horeau, avaient été trouvés assassinés dans leur maison. On soupçonna de ce crime des déserteurs étrangers, casernés à Chartres ; l'information s'égara et on abandonna les poursuites.

Mais voilà que, tout à coup, pendant que Vasseur poursuivait à cheval son infatigable enquête par les campagnes du pays chartrain, un vigneron de Lèves lui confia que les époux Pelletier, vignerons et aubergistes, lui avaient dit : — « S'il nous arrivait mal pour l'affaire des Horeau, il y en a, dans Chartres et dans les environs, qui sont bien tranquilles, mais qui ne le seraient pas toujours. »

Aussitôt, Vasseur s'empressa de prendre des informations sur ces Pelletier. Il se trouva que ces vignerons, autrefois dans la misère la plus profonde, étaient maintenant propriétaires d'une petite maison à Saint-Maurice et de quelques pièces de terre.

Le Borgne-de-Jouy et le Borgne-du-Mans, interrogés, s'accordèrent à dire que Pelletier était un franc. Vasseur n'hésita plus ; il arrêta les époux Pelletier et réveilla l'information sans issue faite, au moment du crime, par Sébastien Collet, juge de paix du canton de Chartres, extra muros.

Voici ce qu'on apprit.

Le 18 floréal an III (7 mai 1795), François Théodore Pelletier, vigneron-tâcheron des époux Horeau, habitant aux Graviers, commune de Lèves, une chaumière contiguë à la maison de ses maîtres, était venu trouver le citoyen Beaudouin, maire de Lèves, et lui avait dit : — « Venez donc vite, je crois que mes maîtres sont assassinés. »

Le maire se transporta aux Graviers, et, dans la cuisine des Horeau, il vit un horrible spectacle. Les époux gisaient, morts, sur le pavé, à moitié nus, horriblement mutilés. Des mouchoirs, fortement serrés, les avaient étranglés avec tant de violence que le sang avait jailli par les yeux et par les narines. Des plaies nombreuses au ventre avaient fait sortir les intestins, et la cruauté des assassins ne s'était pas arrêtée à ce crime. Des violences d'une nature révoltante avaient été exercées sur les malheureux époux, pendant qu'ils vivaient encore ou même après leur mort. La maison avait été pillée de fond en comble.

Les révélateurs habituels des méfaits de la bande d'Orgères n'hésitèrent pas un instant sur les auteurs de cet abominable attentat. Ils s'accordèrent à en accuser le Beau-François, l'Enchantin dit le Grand-Sans-Pouce, Beou et Marabou, auxquels s'étaient joints Charles Rouillon, dit Charles-de-Paris, et son cruel acolyte, Vincent Chaillou, dit Vincent-le-Tonnelier. Pelletier et sa femme avaient indiqué le crime, en avaient facilité l'exécution et avaient partagé les dépouilles de leurs maîtres. Ils avaient même, au dire du Borgne-du-Mans, volé les voleurs ; connaissant les aîtres et les habitudes de leurs maîtres, ils avaient su s'approprier la meilleure part d'argent et d'effets.

Alors, tout s'expliqua, et il se trouva que les habitants de Lèves et des communes environnantes avaient, depuis longtemps, fait entre eux, sans oser parler trop haut, l'instruction que recommençait aujourd'hui la justice.

C'est chez Doublet, de Chartres, que les deux chefs d'Orgères et de Paris avaient combiné l'assassinat des Horeau. Pelletier assistait à la conférence.

Ces Pelletier, types affreux d'ingratitude domestique, comme n'en a que trop montré la Révolution, étaient dans la misère la plus absolue lorsque les époux Horeau les recueillirent. Horeau leur avança une vache, du pain et quelque argent. Les gages n'étaient pas gros, mais la maison, comme on dit, était bonne et les Pelletier ne manquaient de rien. Un jour, la femme Pelletier ayant été surprise seule par les douleurs de l'enfantement, Horeau accourut à ses cris, reçut l'enfant et une parente en fut la marraine. L'hypocrite reconnaissance des Pelletier intéressa davantage encore cette honnête famille, et on se porta caution pour une maisonnette achetée 5,000 livres par Pelletier.

La paresse et l'ingratitude des Pelletier devait bientôt rendre impossible la continuation de ces bienfaits. Un jour, la Pelletier vola du linge dans le cuvier à lessive de ses maîtres, et comme nul autre qu'elle n'avait pu le faire, la femme Horeau en exprima doucement son mécontentement. Quelques voisins avertirent Pelletier de surveiller sa femme, s'il ne voulait perdre sa place : — « Bah ! dit-il, je me f... bien de la tâche du citoyen Horeau. »

Un autre jour, c'étaient des œufs, c'étaient du beurre qui disparaissaient, à portes closes ; mais il y avait une porte de communication entre le clos des maîtres et celui du tâcheron.

Un mois environ avant l'assassinat des époux Horeau, Pelletier disait à d'autres journaliers : — « Ma condition est bien pénible ; Horeau est un capricieux et un mâtin ; sa femme est trop vive pour nous et trop défiante, nous ne pouvons plus vivre avec ces gens-là. Si j'avais le moyen, je les quitterais et j'irais habiter ma petite maison de Saint-Maurice. »

Horeau avait, en effet, ses raisons de se plaindre des Pelletier. Ses vignes, qu'il leur donnait à cultiver, restaient en friche. Son linge le plus fin disparaissait toujours à l'étendoir ou dans les baquets de lessive.

Le maître ayant parlé de renvoyer son tâcheron, on entendit Pelletier murmurer : — « Va, si tu nous mets à la porte, tu t'en repentiras. »

C'est alors que Pelletier se mit en rapport avec quelques rouleurs de la plaine, et le Beau-François vit surtout dans cette affaire un moyen de se faire un franc nouveau, attaché à l'association par le crime, et dont la présence dans la banlieue de Chartres pourrait être des plus utiles.

Quinze jours avant l'assassinat, la Pelletier, femme prudente, s'en allait de porte en porte, disant : — « Mon voisin, vous êtes bien hardi, vous ; vous n'avez pas la même peur que nous ; nous appréhendons toujours que nos maîtres ne soient assassinés ; Horeau a beaucoup d'ennemis. » Trois jours avant le coup, comme les époux Horeau étaient allés coucher à Chartres, elle alla encore chez les voisins dire : — « Pelletier et moi nous nous faisons ombrage ; ce matin les portes et contrevents des Horeau sont fermés, et il faut qu'il leur soit arrivé malheur. » Or, la Pelletier savait fort bien que ses maîtres couchaient ordinairement à Chartres dans la nuit du dimanche au lundi.

Le jour du crime, dès quatre heures du matin, on vit Pelletier sur le pas de sa porte, en habit des dimanches. Des vignerons passèrent, quelque temps après, se rendant à leur clos. Pelletier les appela.

— « C'est singulier, dit-il, je viens de voir dans l'allée du clos qui passe le long de la cave du citoyen Horeau, des morceaux de salé semés sur la terre et des marques de pas nombreux sur le sable. Sûrement, mes maîtres ont été assassinés. Ça ne peut être que les Prussiens qui aient fait le coup. Je reconnais dans les traces la marque des fers à cheval qu'ils portent à leurs bottes. »

Ces Prussiens, que Pelletier se hâtait si fort d'accuser, étaient des prisonniers, internés à Chartres, et dont quelques-uns obtenaient de travailler à la journée pour augmenter leurs moyens d'existence.

— « Mais vous aviez un chien, dit le maire à Pelletier, il a dû aboyer, et longtemps, car il n'est pas présumable que cela ait été fait tout de suite? — On lui aura peut être donné quelque chose pour le faire taire. — Et le citoyen Horeau, est-ce qu'il n'avait pas un chien aussi ? — Oh! il l'a fait tuer à cause de la disette du pain; il était trop vilain pour le nourrir. »

C'était Pelletier qui avait engagé les Horeau à se défaire de cet animal, quelque temps avant l'événement.

A l'extérieur du bâtiment, du côté du parterre, l'officier de justice ne vit d'autres traces d'effraction que deux carreaux de vitre cassés à une croisée du premier étage. A l'intérieur, les contrevents étaient ouverts, comme d'habitude, mais les croisées du bas étaient fermées.

Dans le salon, le juge de paix trouva du chanvre brûlé et des allumettes, qui ne ressemblaient ni au chanvre des hangars, ni aux allumettes de la maison. A la cave, il vit un trou pratiqué dans les lattes et dans le mur de chaume, et il jugea que les assassins avaient dû s'introduire par là. Mais des voisins, plus clairvoyants, pensèrent que ce trou, donnant à une assez grande hauteur sur les marches de l'escalier, n'avait pas pu livrer passage aux voleurs, qui auraient risqué, en sautant par là, de se briser dans leur chute. Le trou n'avait donc été pratiqué que pour détourner les soupçons de la justice.

De même aussi, Pelletier montra au maire, sur le mur qui séparait le jardin des Horeau de celui d'un voisin, des traces prétendues d'escalade, auxquelles ne correspondaient aucunes traces de pas sur la terre labourée. Et cependant Pelletier disait quelque temps auparavant : — « Vous verrez dans le jardin les empreintes des souliers ferrés des Prussiens. »

Le maire ne fit pas une seule des observations qui devaient le mettre sur la voie de ces invraisemblances; il ne se dit pas que si, par impossible, les assassins avaient pu descendre, en sautant par le trou de la cave, ils n'auraient pu jamais réussir à remonter par là ; il ne se dit pas que, la porte ayant été trouvée strictement fermée, il fallait qu'un des assassins eût une clef de la porte; or, Pelletier avait une double clef; il ne vit pas que l'effraction et l'escalade étaient les inventions d'un ennemi domestique, et que le bris inutile des deux carreaux n'avait facilité l'entrée de personne. Il ne fit pas à Pelletier cette question si simple : — « Quand vous avez aperçu du salé par terre, pourquoi, au lieu de croire à un vol, et d'aller prévenir vos maîtres, avez-vous été dire aux voisins et à moi-même : Il faut que les Horeau soient assassinés, parce qu'il y a du salé dans le clos. »

L'attitude des Pelletier après le crime eût dû raconter le forfait à un magistrat plus clairvoyant.

La Pelletier, tout en simulant des évanouissements de sensibilité, ne pouvait maîtriser sa joie cruelle. Une fille arriva, que les Horeau occupaient depuis quelque temps aux gros ouvrages. — « Ah! c'est vous, dit la Pelletier; allez donc frotter encore la vaisselle à madame ! — Pourquoi me dites-vous cela? — Allez, allez dans la cuisine, on a assassiné, monsieur et madame, vous les verrez étendus de croix et de quartiers. »

A ceux qui demandaient des détails sur le meurtre, Pelletier disait : — « Les assassins étaient quatre ou cinq. » Comment l'avait-il su? qui pouvait le lui faire supposer?

— « Ils ont violé ma maîtresse tous les uns après les autres, » disait encore Pelletier.

— « Comment, demanda-t-on plus tard à Pelletier, vous et votre femme avez-vous supposé qu'on avait violé la citoyenne Horeau ?

— « C'est que j'ai assisté à l'ouverture du corps, et il me semble que les chirurgiens ont dit que la citoyenne Horeau avait été violée. Je crois aussi que le citoyen maire, Jean Beaudouin, voyant le corps de la citoyenne Horeau, la chemise levée jusqu'à l'estomac, et le ventre arrosé de suif, a dit qu'elle paraissait avoir été violée par les assassins. »

L'instruction nouvelle qui fut faite à Chartres releva ce propos accusateur et s'attacha à démontrer que les mutilations et les violences honteuses exercées sur les époux, étaient plutôt du fait des domestiques que des assassins du dehors.

— « Est-il bien vrai, dit le résumé de l'instruction, que la citoyenne Horeau ait été violée? La position dans laquelle elle a été trouvée, les traces constatées ont pu le faire croire aux chirurgiens, bien qu'ils n'aient pas émis d'opinion certaine à cet égard. C'est dans le parterre que la dame Horeau a dû être atteinte; c'est là que l'on a retrouvé sa coiffe de nuit ensanglantée; c'est là qu'un mouchoir a été introduit dans sa bouche pour étouffer ses cris (ainsi que la femme Pelletier l'a raconté); et comment pouvait-elle le savoir? Il est probable qu'elle n'existait plus, lorsque du parterre on l'a traînée par les jambes dans la cuisine, et qu'on a exercé sur son cadavre, ainsi que sur celui de son mari, les mutilations et les horreurs qui y ont été remarquées.

« La pudeur doit mettre des bornes aux développements que nous pourrions ajouter à l'appui de cette opinion; mais peut-être pourra-t-on penser, par quelques-unes de ces circonstances, que les traces restées sur les membres des victimes sont moins une suite des souillures des brigands, qu'une preuve des insultes qui leur ont été prodiguées par la vengeance, alors même que les infortunés n'y pouvaient plus être sensibles. En un mot, la main qui leur donna la mort à tous les deux, ne fut point celle qui outragea leurs cadavres. »

La femme Pelletier laissa aussi, par quelques mots imprudents, voir qu'elle en savait plus qu'elle n'en disait sur les détails du crime.

— « On n'a pas dû avoir beaucoup de peine à venir à bout de ces pauvres gens, dit une voisine. — Vous croyez cela, vous, répondit la Pelletier; c'est ce qui vous trompe; madame était bien *argillante* (agissante). »

Quelque temps après, Pelletier disait au voisin Léc : — « Je suis bien heureux d'être *délibéré* de cette affaire-là; j'ai bien su l'heure et le moment de la mort de M. et de Mme Horeau; c'est leur or et leur argent qui l'ont occasionnée; je savais bien où étaient cet or et cet argent... Ils ont dû emporter *de quoi*, car M. Horeau *était bien!* J'ai apporté de Chartres chez eux une boîte qui pesait beaucoup; c'était de l'argent que j'ai été chercher en deux voyages sur des bretelles. Ça pouvait bien être la dot de la Horeau. » Ce qui n'empêcha pas les Pelletier d'affirmer au maire Baudouin qu'ils ignoraient absolument si les Horeau avaient de l'argent à leur maison de Lèves.

Le jour où Pelletier fut arrêté, un voisin de la famille de Horeau, à Chartres, se rappela qu'il avait été dîner à Lèves, le jour même de l'assassinat. Il voulut mettre son cheval dans l'étable de Pelletier; mais celui-ci s'y refusa avec colère et dit : — « Ça ne sera pas, ça ne sera pas; il gênerait mon âne et ma vache. » Horeau s'irrita de ce refus de son domestique, et lui dit : — « Allons, il faut sortir l'âne, je le veux ; si tu ne le sors, je le sortirai moi-même. » Pelletier obéit, pâle de fureur ; et, comme l'invité se disposait à entrer dans l'étable, pour attacher son cheval lui-même, Pelletier s'y opposa, entra seul et referma la porte derrière lui. Le soir, quand l'invité voulut repartir, il trouva son cheval prêt en dehors de l'étable.

Le Beau-François, Charles-de-Paris, et leurs complices, étaient dès ce moment cachés dans l'étable.

Le lendemain de l'assassinat des Horeau, le jeune enfant des Pelletier disait à une voisine : — « Ah ! c'est nous que nous avons eu bien peur, cette nuit; il ne faut pas venir chez nous la nuit, on y coupe les têtes. J'ai entendu crier, père m'a dit : « Si tu as peur, bouche tes oreilles. »

— « Vous avez donc entendu quelque chose, les Pelletier ? » dit cette voisine — « Oui, répondit la femme, je me suis éveillée aux abois, je me suis levée, et j'ai vu notre chien qui aboyait d'un empressement terrible du côté de M. Horeau. — Tiens, je croyais que vous n'aviez rien entendu du tout, et que votre chien avait pris une *gobe*. — Ah! j'ai dit cela au maire; mais, voyez-vous, chacun a sa vie à conserver. »

On se rappela encore que, quelques mois après le double assassinat, Pelletier dit à un homme de Lèves :
— « L'affaire du citoyen Horeau commence à s'éloigner beaucoup; je crois qu'on ne parviendra jamais à rien découvrir, car ceux qui l'ont fait, sûrement, sont bien loin. — Patience, patience, Théodore, répondit l'homme, en regardant Pelletier dans les yeux, il y en a peut-être de bien près, et il faut espérer que tôt ou tard ça se dévoilera. »

Le jour où l'un des assassins, Marabou, fut exécuté à Chartres, pour un autre crime, Pelletier vint assister à son supplice, et, quand la tête tomba : — « En voilà toujours un de moins, » dit-il d'un air narquois. Et, en passant chez Doublet, il y but un verre d'eau-de-vie « à la santé de ce bon Marabou. »

Après l'assassinat, la fortune des Pelletier changea immédiatement de face. Ces gens, qui ne vivaient que de la charité de leurs maîtres, payèrent intégralement leur petite maison de Saint-Maurice, achetèrent des pièces de terre, des récoltes. Pelletier fit le commerce des bestiaux et devint un des *francs* les plus utiles à la bande d'Orgères.

Quand le *franc* de Saint-Maurice fit son entrée dans la maison d'arrêt, Longjumeau, le Borgne-du-Mans, Berrichon-Belhomme et autres notabilités de la bande d'Orgères, vinrent lui serrer la main en bons camarades. — « Eh! c'est le vigneron de Chartres, » dit Beau-François d'un air protecteur, et il emmena le nouveau venu dans un coin du préau où ils pussent causer tout à l'aise.

Ce fut là une des dernières découvertes de Vasseur, et ce ne fut pas celle qui fit le moins d'effet dans le pays chartrain. Inutile de dire que le *franc* de Chartres, ce fin Doublet, ce traiteur qui mariait si ingé-

nieusement le recel et la cuisine, fut enlevé à ses fourneaux et à sa fabrique secrète de passe-ports, après une perquisition qui fit trouver dans ses caves et dans ses greniers de nombreuses preuves de sa complicité criminelle.

Pendant *cent vingt-sept jours*, Vasseur avait tenu la campagne, sans descendre de cheval, pour ainsi dire, sans quitter ses habits et ses armes. Tous les jours, il faisait quelque capture nouvelle. La terreur était passée des fermiers aux brigands, et un seul gendarme suffisait à arrêter plusieurs hommes.

Alors commença véritablement le procès, procès immense, qui, pour point de départ, s'étayait déjà de plusieurs milliers d'interrogatoires isolés, de dépositions sans lien, de dénonciations vagues, de procès-verbaux incomplets.

Porter la lumière dans ce chaos, rallier toutes les preuves éparses, écarter tous les mensonges, compléter, les unes par les autres, toutes ces révélations tronquées, à chaque instant modifiées par leurs auteurs : c'était là une tâche bien difficile. Il fallait recommencer systématiquement tous les interrogatoires de prévenus et de témoins, se reconnaître au milieu des confusions continuelles entre les noms véritables et les *noms de plaine* ; il n'y avait pas jusqu'aux différences des dates, exprimées avec des erreurs fréquentes, en *vieux* et *nouveau style*, qui n'apportassent un élément de désordre de plus dans cette instruction embrouillée.

L'intelligent et énergique juge de paix d'Orgères avait accompli la première moitié de la tâche; au citoyen Fougeron, succédèrent Etienne Simon Paillart, directeur du jury de l'arrondissement de Chartres; Charles-Michel Lormeau, Gilles Marnois, exerçant tous deux les mêmes fonctions; et Jean-Louis Cochon, directeur du jury d'accusation du même arrondissement.

Rien de curieux comme les interminables interrogatoires faits par ces patients investigateurs. Les directeurs du jury recommencèrent, pendant des mois, avec une infatigable persévérance, les mêmes questions, auxquelles le plus souvent succédaient les mêmes réponses; mais, de temps en temps, la vue d'une pièce à conviction, une révélation de faux frère, un incident de prison, ou seulement la lassitude, amenaient un imperceptible aveu; c'est la fente étroite par laquelle entre le soleil. Puis, tous les jours, la fente s'agrandit, le jour pénètre, plus clair, plus brillant. Les aveux sont gros d'aveux. Celui qui parle, fait parler les autres. L'orgueil s'en mêle; c'est à qui en dira le plus, et, alors, la procédure roule de l'autre côté de la vérité, que déguise le trop et non plus le pas assez de franchise.

Au milieu de ces monotones colloques entre la justice et les criminels, la procédure reste calme, impassible, scrupuleusement légale, presque polie. Si un bandit soutient contre l'évidence : — « *Je vous observe*, » dit infailliblement le magistrat instructeur, « que vous en imposez. *Je vous observe* que vous déguisez la vérité. » Si un aveu ou une dénégation sont incompatibles avec des faits déjà acquis au procès : — « *Je vous observe* que vous tombez en contradiction avec vous-même... » Si un accusé hésite : — « *Je vous interpelle* de vous expliquer avec vérité. »

Le directeur du jury a plus de patience et de sang-froid que de grammaire.

Choisissons les résultats les plus saillants, les confessions les plus dramatiques, parmi ces interrogatoires.

Le prétendu Michel Peccat avait été unanimement

reconnu pour avoir toujours porté, sur la plaine, le nom de Rouge-d'Auneau.

— « C'est bien cet homme-là, dit Sans-Pouce, qui a fait avec nous le vol chez Lemoult, à Beauvilliers. — Nous avons volé ensemble à Pezy, chez un marchand, dit le Teigneux ; nous avons aussi essayé de voler à Viabon. Le Gros-Normand était avec nous, et il a fait un trou au-dessous de la croisée ; moi, je faisais sentinelle en mangeant des groseilles dans le jardin. — Je reconnais bien cet homme-là, dit un autre, pour l'avoir vu bien habillé, après un vol, ayant autour du corps une ceinture de mouchoirs à *la nation*. — J'ai vécu maritalement avec lui, dit la Laborde, c'est bien le Rouge-d'Auneau.

— « Je ne connais vraiment point tous ces gens-là, dit le faux Peccat, ils sont tous *faux envers la probité*. — Allons, Rouge-d'Auneau, dit le greffier, vous vous appelez Lambert, vous avez porté longtemps le nom de François Ringette, d'Auneau ; vous êtes le neveu du gendarme Rouillon, et vous avez acheté à un couvreur de Paris votre nom de Michel Peccat, un extrait de baptême et un passe-port qui vous ont servi à vous tirer plus d'une fois des mains des gendarmes ? »

Et, comme on lui parle de l'assassinat de Foussel et d'une *maille* d'avoine qu'il a incendiée à Arceville. — « *Incendié*, qu'est-ce que c'est que ça, dit le faux Peccat d'un air niais, qu'est-ce que ça veut dire ? »

Le lendemain pourtant, le faux Peccat se ravisa.— « Tenez, citoyens, dit-il, je vais vous dire toute la vérité, car jusqu'à présent, comme vous vous en doutez bien, je ne vous ai donné que des bourdes. Je m'appelle François-Jacques Ringette, j'ai vingt-six ans, je suis né à Orléans, d'où je suis parti à sept ans. Je n'ai jamais eu d'état ni de domicile. Quand j'ai quitté Orléans, ça été pour entrer aux prisons de Montargis, avec mon père et ma mère, pour le grand procès. Ils sont morts pendant l'instruction. Moi, j'ai vagabondé depuis ce temps-là. Puis, j'ai été à Paris, et voilà qu'un jour, sur le chemin de Bourg-la-Reine, j'ai trouvé un portefeuille de maroquin rouge, dans lequel il y avait un extrait baptistaire et un passeport au nom de Michel Peccat. Il y avait là-dessus les noms des père et mère, l'âge m'allait assez, je me suis approprié ces noms-là et je m'en suis fait réclamer depuis. »

Et il avoua, peu à peu, sa participation si active à la plupart des crimes que nous avons racontés.

Ses propres aveux et les révélations d'une servante de ferme composent à ce bandit une physionomie singulière, dans laquelle, sous les habitudes de férocité, on sent poindre l'ennui, le dégoût, la lassitude du crime, et peut-être le remords.

— « Vois-tu, ma fille, avait dit le Rouge-d'Auneau à cette servante, tu crois peut-être que je suis aussi coquin que ces coquins-là. Tu te trompes. J'en ai fait autant qu'eux ; mais, eux, ça les amuse, et moi, ça m'ennuie. Voilà la différence. Ce n'est pas une vie que de vivre comme ça. Quand j'y suis, je vais au sang comme les autres, mais ça me dégoûte après, et ça me lasse de vivre. J'ai mérité la mort plus de vingt fois, mais si jamais je suis pris, le bourreau n'aura pas la peine de me mettre la main dessus. Je m'étranglerai avec ma chemise ou je boirai du bouillon de liards au vinaigre. Mais, avant, je veux me donner le plaisir de déclarer tous les gueux d'Orgères. Et, si on veut me faire grâce, j'en nommerai encore plus de cent d'Étampes, de Versailles et de Paris. »

Peut-être l'orgueil froissé du chef rejeté dans un rang subalterne entrait-il pour beaucoup dans ces idées de vengeance et dans ces projets désespérés.

Une curieuse confession fut celle du Gros-Normand.

Ce scélérat fut à peu près le seul qui, dans ses interrogatoires, montra quelque sensibilité, quelque repentir. Tout sentiment moral n'avait pas disparu de cette âme, et c'est avec une sorte d'horreur qu'il déroula la liste de ses forfaits. Singulière et saisissante auto-biographie, qui retrace le tableau complet d'une de ces existences accaparées, dès les premiers pas, par la débauche et par le crime.

— « Je me nomme Jacques Bouvier, dit-il, je suis né à Saint-Christophe, en Mayenne, et j'ai quarante-six ans. Dès l'âge de quatorze ans, j'étais enrôlé parmi les voleurs.

« J'ai eu le malheur de perdre, jeune, mes père et mère. Abandonné à moi-même, sans aucun moyen d'existence, je quittai mon village et je m'en fus en mendiant jusque dans l'Anjou. Là, comme je sollicitais la pitié publique, et que j'étais passablement bien fait et joli garçon, je rencontrai une de ces femmes qui vivent d'oisiveté et de libertinage, et qui m'apprit à compter, pour vivre, sur le produit de sa beauté.

« Cette femme était affiliée à une bande de brigands, et racolait, à leur profit, des jeunes gens hardis et vigoureux. Un beau jour, elle me fit boire outre mesure et me conduisit dans une grange où se tenait un conciliabule de ses amis. On m'y reçut voleur, on me donna un mot de passe, et l'un d'eux, que les autres nommaient *le roi des pingres*, tira d'une botte de paille un long brin dont il me fit tenir un bout, tandis qu'il tenait l'autre. Puis il me fit, avec un long couteau, une piqûre au bras gauche, m'en fit sucer le sang et me dit que, dès ce moment, j'appartenais à la bande.

« Quelque temps après, cet homme et deux autres vinrent me chercher. Nous allâmes mendier dans une ferme, et, le soir venu, nous nous introduisîmes dans la chambre où couchait le fermier. On tua l'homme, on me fit violer la femme, et on me força à piétiner sur son cadavre. Puis, on me donna ma part du vol, et mon institutrice se hâta de la dissiper avec moi.

« A partir de ce jour, ce fut une série continuelle de vols, d'assassinats et de débauches. L'habitude me vint, la vanité s'en mêla et je voulus me faire un nom parmi ces bandits.

« Une fois, cependant, nanti du produit d'un vol considérable, le dégoût me prit et j'eus l'idée de redevenir honnête homme. Je m'enfuis à Nantes, et je m'engageai pour les Colonies.

« Arrivé à Pondichéry, je restai sept ans dans l'Inde, sans qu'on pût me reprocher la plus petite peccadille. Mais, allez, citoyens, dit le Gros-Normand avec un soupir, qui a bu boira, comme on dit. Je m'éveillai, un matin, un de mes camarades qui comptait sur son lit une petite somme qu'il voulait envoyer à sa famille. Cela me réveilla : je le volai. Je fus découvert et chassé du corps, après avoir reçu la savate et une cartouche jaune.

« Alors, ma foi, je revins en France et je recommençai. Le travail m'était devenu impossible. Un jour que le syndic de la paroisse de Vannes était à la foire à Ballais, j'entrai chez lui, je n'y trouvai qu'une vieille servante, une fille qui m'avait fait la charité. Je lui coupai le cou avec une serpe, j'enfonçai les meubles et j'y pris 3,000 livres et des bijoux.

« Il y avait là de quoi vivre tranquille. Je me rendis à Lorient, j'achetai une pacotille de mousseline et

Paris. — Typographie de Firmin Didot frères, fils et Cie, 56, rue Jacob.

d'indienne et je me fis colporteur. Encore un métier de *feignant*.

« Pendant cinq ans, je vécus de mon métier et de l'argent du syndic. Je ne me refusais rien, ni vin, ni bons morceaux, ni filles. Argent et pacotille s'envolèrent, et les dettes arrivèrent à la file. Je levai le pied, et j'allai à Saint-Brieuc, où je m'engageai dans les compagnies franches.

« La révolution était commencée. Nous n'avions pas grande discipline, et les chefs n'étaient pas trop les maîtres avec nous. Cette vie-là m'allait. Mais, enfin, il fallait encore obéir, et ça m'était impossible. Je courus un jour sur mon lieutenant à coups de sabre; j'allais le tuer, on m'arrêta à temps; mais je passai devant une cour martiale et je fus condamné à dix ans de fers.

« On me conduisit à Brest. Au bout de six mois je m'évadai. A sept lieues de Brest, je rencontrai un évadé comme moi et nous tuâmes un voyageur qui passait à cheval sur la route. Nous partageâmes ses dépouilles et je me réfugiai à Laval.

« Là, je fis connaissance dans un cabaret avec trois contrebandiers fameux, les frères Laconis. La République avait perdu leur métier : ils s'étaient fait voleurs de grand'route. Je me joignis à eux et nous fîmes quelques coups, qui se terminaient, comme toujours, par le sabre ou le couteau.

« Dans une de nos excursions à Paris, où nous allions dépenser, aux Porcherons, l'argent de nos affaires, je connus François Girodot, qui n'est autre que le Beau-François. Il se moqua de nous, nous dit que nous n'étions que de petits voleurs, qu'il avait

Mariage de la Belle-Victoire.

toute une armée en Beauce, et que les *pingres* y étaient maîtres du pays. Je m'attachai à lui, et j'en suis arrivé où vous me voyez aujourd'hui.

— « Et, dit le directeur du jury, vous qui paraissez si bien savoir la portée de vos actions coupables, n'avez-vous donc jamais connu le remords ? »

Jacques Bouvier pâlit, passa la main sur sa figure et répondit :

— « Si, je sens que je suis un grand scélérat, et il y a des moments, quand je reste longtemps seul dans mon cachot, où j'ai peur. La nuit, je pense à tout ce que j'ai fait ; je revois la vieille servante de Vannes et la fermière d'Auccueil, qui me criait : — « Grâce, citoyen bandit ! » Je pense à la veuve Coupé et à son pauvre berger, à Julien-le-Breton dont le couteau tremblait dans la main comme une feuille au vent, quand je le lui arrachai et l'enfonçai dans le cou du pauvre homme !... Oui, je pense à tout ça, et je sais ce qui m'attend... D'ailleurs, la mesure est comble... Il y a trente ans que je vole et que j'assassine. J'ai connu bien des brigands, et ils ont tous péri comme des brigands... J'y passerai aussi. »

On l'interrogea sur un assassinat auquel avait participé une femme déguisée en homme, la Grande-Marie.

— « Oh ! mon Dieu, dit-il, comment accuser une femme d'un si grand crime ? Cela serait vrai, qu'il n'en faudrait pas convenir. »

Il dit encore que Thérèse Croisé, sa compagne, n'avait jamais marché que de force avec lui. — « Elle a eu bien à se plaindre de moi, la pauvre femme, » ajouta-t-il.

C'était là le dernier sentiment qui vécut dans son cœur, avec les vagues remords de ses crimes. Cet homme était resté l'élève d'une voleuse et d'une prostituée.

L'alarme était au camp. On savait que Sans-Pouce et le Borgne-de-Jouy avaient *mangé le morceau* (fait des révélations). L'exemple était à craindre. Déjà, par vanité de voleur, quelques-uns des accusés parlaient d'enchérir sur les aveux de leurs camarades.

Quatre-Sous disait tout haut : — « Si je suis *jugé à la boule* (condamné à mort), il en viendra d'autres.» Sans-Orteaux ajoutait d'un air fat : — « Les *moutons* de Vasseur ne savent pas tout. Si je dois *épouser la veuve* (être guillotiné), je jaserai, et j'en nommerai qui ne s'y attendent guère. »

Gros-Jean, c'était le nom de prison que s'était donné le Beau-François, promenait ses fureurs dans le préau, tyrannisant les faibles et jurant d'écraser les révélateurs.

Le Rouge-d'Auneau se complaisait dans ses vanteries d'incroyable. Il s'était accroché à un détenu qu'on nommait *le Curé*, parce qu'il avait quelque instruction, et qu'il disait régulièrement son *Benedicite* avant la soupe. — « Vous êtes un saint homme, lui disait-il, et si jamais je vous rencontre en plaine, je ne vous ferai pas de mal. Je n'ai pas toujours été dans la peine, et j'ai été habillé comme un ci-devant. »

Ces incorrigibles avaient peine à croire à la gravité de leur position. Ils avaient si souvent échappé aux agents inhabiles et aux prisons vermoulues de la République, qu'ils espéraient se retrouver bientôt libres encore. Ils se redisaient leurs bons coups et faisaient des plans d'*affaires*. Pierre-d'Arpajon connaissait, près d'Auneau, un riche épicier chez lequel il suffirait d'une nuit pour se rhabiller et garnir sa *profonde* (sa poche).

Dans les premiers mois, la masse des prisonniers fut répartie dans les trois prisons de la ville, l'ancien château des comtes de Chartres, la prison de Saint-Jean et celle de Loëns; il y en eut jusqu'à sept cents à la fois. Malgré tous les soins de l'administration, une telle agglomération d'individus, arrachés aux habitudes les plus ignobles, couverts de maladies et de vermine, devait engendrer des miasmes mortels; l'humidité des cachots fit le reste. Une maladie dyssentérique éclata, et Chartres put craindre un moment pour la santé de ses habitants. Mais l'épidémie se contenta de devancer les vengeances de la loi.

Le nombre des prisonniers ainsi diminué par la contagion, on établit des infirmeries dans les prisons; on assainit, on améliora la nourriture. Il était temps, toute la bande y eût passé.

Ceci avait lieu pendant les chaleurs exceptionnelles de l'été de l'an VII, qui ne furent surpassées que par la grande sécheresse de l'an VIII.

Le chef de la bande d'Orgères profita de ces circonstances pour mettre à exécution un plan d'évasion qu'il méditait depuis son entrée dans les prisons de Chartres.

Le Beau-François, malgré ses rodomontades de prison, malgré ses prétentions à la domination, ses projets de fuite hautement avoués, n'était pas plus strictement surveillé que les autres prisonniers. Pendant l'épidémie, il se fit admettre à l'infirmerie, et il eut soin de ne pas y laisser deviner le robuste appétit qui le distinguait d'ordinaire. Après quelques jours passés dans cette situation favorisée, le concierge, qui ne croyait pas à cette prétendue maladie du brigand, voulut le faire réintégrer dans un cachot. Mais le Beau-François joua si bien son rôle, qu'il réussit à attendrir l'officier de santé et à lui prouver qu'il avait une fièvre dangereuse.

Dans la nuit du 17 messidor, profitant de la négligence des infirmiers absents ou endormis, le brigand fit un trou au mur de l'infirmerie avec son couteau, entre deux colombages, précisément au-dessus de la porte de la cour de la prison, devant laquelle il n'y avait point de sentinelle. Il avait, au préalable, coupé en bandes plusieurs couvertures de lit dont il avait confectionné une corde solide.

Le trou se trouva n'être, au moment favorable, que juste assez grand pour laisser passer un homme de sa force. Il lui fallut même se dépouiller de ses vêtements, à l'exception d'un pantalon de toile et d'une chemise. Il passa et descendit sans être aperçu. Un autre bandit, Pierre Boulay, dit Durand Marbat ou Durand l'Auvergnat, vraiment malade, celui-là, profita du trou et de la corde, et s'enfuit avec le chef.

Vers minuit, un jardinier de Chartres revenait en ville par le chemin d'Illière, quand il fut tout à coup accosté par deux hommes dont l'un n'avait pour vêtement qu'un mauvais pantalon, une chemise et un bonnet de coton; l'autre un simple lambeau de couverture; pieds nus tous deux.

C'étaient Beau-François et l'Auvergnat qui inauguraient leur premier quart d'heure de liberté.

Chacun d'eux avait coupé un gros bâton dans le premier bois rencontré sur la route. Ils assommèrent à moitié le pauvre jardinier Lenoble et lui prirent trois écus de six livres, vingt sous de menue monnaie et un morceau de pain. Ils l'eussent laissé nu, pour se partager ses hardes, si un bruit de pas, entendu sur la route, ne les avait forcés à abandonner leur proie.

Pierre Boulay fut repris le lendemain, terrassé par la fièvre et mourant sous un arbre. Le Beau-François ne fut pas retrouvé. Par ces négligences coupables, le procès d'Orgères était décapité. L'exemple des punitions infligées par la société serait amoindri de toute la valeur du chef des chauffeurs, grandi encore par le succès de cette évasion nouvelle.

Le procès n'en fut pas moins poursuivi avec patience et vigueur. La magistrature était animée d'un tout autre sentiment du devoir que les instruments de l'autorité.

Un jugement du tribunal de cassation, à la date du 21 floréal an VI, avait attribué au directeur du jury de l'arrondissement de Chartres, l'instruction contre les prévenus. En voici la teneur :

« Au nom de la République française, une et indivisible, à tous présents et à venir, salut.

« Le tribunal de cassation a rendu le jugement suivant sur le réquisitoire du commissaire du Directoire exécutif, dont la teneur suit :

« Le commissaire du pouvoir exécutif près le tribunal de cassation, expose que, dans la nuit du 15 au 16 ventôse dernier, il fut commis un assassinat en la personne du citoyen Fousset, laboureur au Millouard.

« Les recherches auxquelles a conduit la poursuite de ce crime ont fait découvrir une série immense de crimes et de coupables. En ce moment, cent cinquante-deux prévenus sont dans les prisons de Chartres; chaque jour en amène de nouveaux; et à l'aide du fil qui est dans les mains du juge de paix d'Orgères, dans le canton duquel s'est commis l'assassinat de Fousset, il est à espérer que la totalité de cette horde de brigands va bientôt être remise sous la main de la justice.

« Ces accusés sont prévenus d'une foule de crimes;

leurs premiers interrogatoires, les aveux de plusieurs d'entre eux en ont fait découvrir qui avaient été ignorés jusqu'ici. Les uns ont été commis dans l'étendue du département d'Eure-et-Loir ; d'autres l'ont été dans l'Eure, le Loiret, Seine-et-Oise, par des détachements de cette horde qui ne fait réellement qu'un seul et même corps, réuni, à ce qu'il paraît, sous un même chef, et dont tous les attentats sont, en quelque sorte, communs à tous les individus qui les composent.

« Le directeur du jury n'a point encore commencé la procédure. Il n'y a de fait, jusqu'à présent, que le premier interrogatoire que doit subir chaque prévenu dans les vingt-quatre heures de son arrivée en la maison d'arrêt.

« Tous les délits dont il est question, sont antérieurs à la promulgation de la loi du 29 nivôse ; il n'y a pas de doute qu'ils doivent être jugés par les tribunaux criminels ordinaires.

« Mais ce qui rend une mesure particulière indispensable, c'est que l'instruction de cette grande affaire est nécessairement indivisible. Tous ces prévenus se tiennent, tous les crimes dont ils sont accusés ont une liaison intime entre eux. Il est aisé de concevoir combien les preuves seraient atténuées, combien de circonstances précieuses échapperaient, si ces prévenus allaient être respectivement renvoyés devant les tribunaux des départements où chacun de leurs crimes a été commis ; sans parler des frais énormes qu'occasionneraient à la République le transport des accusés et le déplacement d'un nombre infini de témoins.

« La sûreté publique s'oppose encore à ce transport, car il n'y aurait aucune sûreté à transporter tant d'individus devant plusieurs tribunaux. Les membres de cette horde, qui sont en liberté, emploieraient la violence pour sauver leurs complices et prévenir des révélations qui leur seraient funestes.

« Il est donc nécessaire que le tribunal de cassation investisse un seul et même tribunal de la connaissance de tous les délits imputés à cette bande de brigands. Le tribunal du département d'Eure-et-Loir paraît devoir seul en connaître. D'abord, le dernier de ces crimes, celui dont la poursuite a produit ces précieuses découvertes, a été commis dans son arrondissement. En second lieu, tous les prévenus sont, en ce moment, dans la maison de justice de ce tribunal, et leur déplacement serait également long, difficile et dispendieux. Enfin, l'instruction de quelques-unes des dernières affaires qui ont été jugées à Chartres, a laissé quantité de notions et de renseignements qu'il serait bien difficile de transmettre à d'autres.

(*Suivent les noms, signatures et noms de plaine des différents prévenus déjà interrogés et frappés de mandats d'arrêt.*)

« On vient encore, depuis l'envoi des pièces, d'en arrêter six autres (depuis, il y en a sept autres de survenus), et il est à croire qu'on pourra, au moyen d'une instruction indivise et centrale, s'assurer encore de tous les autres membres de cette horde de scélérats.

« A ces causes, requiert le commissaire du pouvoir exécutif, qu'il plaise au tribunal, vu la connexité des délits dont sont prévenus les susnommés, et la sûreté publique, ordonner que l'instruction contre les cent cinquante-deux prévenus, ci-dessus dénommés, et autres leurs complices, fauteurs et adhérents, sera suivie devant le directeur du jury de l'arrondissement de Chartres, et au cas d'accusation admise, devant le tribunal criminel du département d'Eure-et-Loir ; et où il y aurait lieu à juger en police correctionnelle, devant le tribunal de police correctionnelle de Chartres.

« Et, pour justifier du contenu au présent réquisitoire, le commissaire du pouvoir exécutif joint :

(*Suit l'énumération des pièces produites.*)

« Fait au parquet, le 19 floréal an VI de la République française, une et indivisible.

« *Signé* : Abrial. »

« Ouï le rapport de *Gaultier-Boizat*, commis par ordonnance du 19 de ce mois, et les réquisitions de *Bouteville*, substitut du commissaire du directoire exécutif ;

« Le tribunal, considérant la connexité qui est annoncée exister entre les délits dont sont accusés les prévenus dénommés au réquisitoire, en vertu de l'article 254 de l'acte constitutionnel, qui porte que le tribunal de cassation prononce sur les demandes en renvoi d'un tribunal à un autre, pour cause de *suspicion légitime*, ou de *sûreté publique*, ordonne que l'instruction contre les prévenus dénommés au réquisitoire du commissaire, et autres leurs complices, fauteurs et adhérents, circonstances et dépendances, sera suivie devant le directeur du jury de l'arrondissement de Chartres ; et, en cas d'accusation admise, devant le tribunal criminel du département d'Eure-et-Loir ; et où il y aurait lieu à juger en police correctionnelle de Chartres ; à cet effet, ordonne que les prévenus seront transférés à Chartres.

« Fait et prononcé à l'audience publique du tribunal de cassation, section des Mémoires, le 21 floréal an VI de la République française une et indivisible.

« Présents, les citoyens : *Jacob*, président ; *Gaultier-Boizat*, rapporteur ; *Rozier-Poya*, *Dameron*, *Harrand*, *Gamon*, *Gourdan* et *Oulac*.

« Au nom de la République française, une et indivisible, il est ordonné à tous huissiers, sur ce requis, de mettre le présent jugement à exécution ; à tous commandants et officiers de la force publique de prêter main-forte, lorsqu'ils en seront légalement requis, et aux commissaires du pouvoir exécutif près les tribunaux, d'y tenir la main, en foi de quoi le présent jugement a été rendu par le président du tribunal et par le greffier. »

Qu'était-ce donc que cette loi du 29 nivôse an VI, que le jugement du tribunal de cassation n'avait pas cru devoir considérer comme applicable à la procédure de l'affaire d'Orgères ? La réponse à cette question sera une révélation nouvelle de l'incroyable situation de la France sous le Directoire.

Dès l'année 1795, les hordes de brigands qui se partageaient la France, en étaient arrivées à un tel point d'audace, que le gouvernement central était comme bloqué dans Paris. La journée du 9 thermidor (27 juillet 1794), avait arrêté le mouvement ascendant de la révolution et déplacé la force d'impulsion qui résidait jusqu'alors dans les sociétés populaires, dans les passions de la plus vile populace. Avec la Commune de Paris, avec les jacobins et les faubourgs, dont le mot d'ordre traversait toute la France, et dont l'autorité se déléguait naturellement à tous les éléments similaires des provinces, étaient tombés tous ces rois de la canaille, séides de la guillotine, qui, leur métier perdu, redevenaient ce qu'ils étaient naturellement, voleurs et assassins pour leur propre compte, à leurs risques et périls. Les prétoriens de Carrier, de Maigret, de Joseph Lebon, de Couthon, de Billaud-Varennes, de Collot-d'Herbois, ne savaient qu'un métier : il leur fallut bien continuer à l'exercer, même sans autorisation et sans haute-paye. Dès le 13 thermidor, les assemblées journalières de sections avaient été réduites à une seule par décade, et l'on avait supprimé la solde de quarante sous par jour accordée aux citoyens indigents qui y assistaient. C'était un chômage général des ateliers nationaux de la guillotine.

Ce qui se passait à Paris avait son contre-coup par toute la France. La compagnie de Marat, organisée par Lebon, sur la Loire, les clubs d'assassins enrégimentés, les terroristes en sous-ordre, tout cela ressemblait à ces compagnies franches du moyen âge qu'on renvoyait après la guerre et qui ne savaient plus que tuer et piller.

Il faut bien dire aussi que la réaction contre les excès de la terreur emportait le parti vainqueur hors de toutes bornes. Les assommeurs de la jeunesse dorée, les victimes à cadenettes de Fréron transformaient la victoire en vengeance. Si, à Paris, tout se bornait à des duels à coups de bâton, dans les provinces les plus ravagées par la terreur, les proscrits de la veille devenaient les proscripteurs du lendemain. La carabine et le couteau répondaient à la guillotine ; les compagnons de Jéhu égorgeaient sans pitié les égorgeurs patentés dont le 9 thermidor avait terminé la sanglante mission. L'excès répondait à l'excès, et c'est au moment où la libération commençait pour la France, que l'anarchie y devenait plus complète et plus terrible.

De même aussi, les premières mesures réparatrices qu'avait édictées la Convention, avaient paru aller contre leur but, et n'avaient fait qu'augmenter le désordre. Il en est ainsi dans les situations exaspérées : la crise de médication est ou salutaire ou mortelle. La suppression du travail et de ses produits, la proscription de toute richesse ne s'était jamais fait sentir si cruellement que depuis le jour où on avait fait appel à la confiance, au travail, au crédit. On avait supprimé le *maximum* pour mettre un terme à la tyrannie commerciale, et l'agiotage avait remplacé le *maximum*. On avait rappelé les décrets de confiscation, et cette mesure honnête avait contribué à jeter le discrédit sur la révolution. Les assignats étaient descendus rapidement à une valeur réelle quinze fois au-dessous de leur valeur nominale. On enfermait l'argent ; le peuple mourait de faim. Le comité de salut public n'était plus là pour nourrir son oisiveté sanguinaire.

Voilà quelle était la situation politique du pays en 1795. On comprend comment il était arrivé que cette réaction, au fond si salutaire, accrût et encourageât l'esprit de désordre, augmentât le personnel déjà si nombreux des brigands qui désolaient la France. Tous les volontaires des *compagnies du Soleil*, tous les égorgeurs de *Mathevons* n'étaient pas royalistes; tous les chouans de Charette, de Stofflet ou du marquis de Puisaye n'étaient pas des émigrés ou des fanatiques sincères du trône et de l'autel.

Dans le grand travail de réorganisation qu'eut à entreprendre le Directoire, et que mena à bien le Consulat, la sûreté intérieure de la France ne fut pas une des moindres difficultés. Un comité de sûreté général avait été chargé tout d'abord de la grande police; mais les instruments manquaient à cette police, servie par des révolutionnaires déplacés qui fournirent à Gracchus Babœuf ses plus dévoués conspirateurs. La police fut placée sous l'intelligente direction de Cochon de Lapparent, et Merlin de Douai, ministre de la justice, essaya de ranimer le zèle éteint de la magistrature et la vigilance endormie des administrations centrales. Seulement, par une conséquence naturelle de l'esprit de réaction contre la tyrannie tombée, on exagéra le respect des formes, on poussa jusqu'à l'excès la légalité.

Merlin de Douai, tout en recommandant aux autorités du pays de purger la France des bandits qui la souillaient, leur rappela le respect dû à la liberté individuelle et la nécessité de n'arrêter que des coupables. Aussi, avons-nous vu les gendarmes et les juges de paix relâcher tous les brigands que n'accusait pas le flagrant délit.

Le résultat naturel de cette mollesse fut que, comme nous l'avons dit, le pouvoir central se trouva bloqué dans Paris. Le 25 brumaire an V, il fallut prendre l'arrêté suivant dans le département de la Seine :

« Lorsque des rassemblements de brigands auront commis un délit dans une commune où les gardes de nuit ne seront pas établis et en activité, ladite commune n'ayant pas pris toutes les mesures qui étaient en son pouvoir, à l'effet de prévenir le délit, en sera responsable, conformément aux titres IV et V de la loi du 10 vendémiaire an IV, et si, par l'effet du délit, un individu domicilié ou non dans ladite commune y a été pillé, maltraité ou homicidé, tous les habitants seront tenus de lui payer ou, en cas de mort, à sa veuve et à ses enfants, des dommages intérêts. »

Cette responsabilité impossible des communes ne devait avoir aucun résultat sérieux. Le 18 frimaire an V, le député Rion exposait ainsi, dans le conseil des Cinq-Cents, la situation de la capitale.

« Il est douloureux, mais il est vrai de dire que le brigandage et le vol se multiplient de la manière la plus effrayante, même au sein des cités les plus populeuses. Paris est devenu un vrai coupe-gorge ; en deux jours, les assassinats ont été commis rue du Mont-Blanc, rue Georges, rue de Grammont, rue des Prouvaires ; des boutiques ont été enfoncées rue Aubry et rue Honoré. »

Tels furent les faits qui provoquèrent la discussion d'une loi, punissant de mort les crimes commis à force ouverte, et en attribuant le jugement aux conseils de guerre. Cette loi trouva des résistances dans les deux conseils : les thermidoriens et les royalistes répugnaient à donner des armes contre les terroristes du Midi et à laisser assimiler aux chauffeurs les Chouans ou les compagnons de Jéhu. Aux Anciens, d'Alphonse, aux Cinq-Cents, Dumolard, demandèrent que les brigandages ne fussent punis que des fers.

Siméon se leva pour combattre la philanthropie mal placée de Dumolard.

— « Théoriciens trop froids, s'écria-t-il, entrez avec moi dans cette maison des champs qu'habite, sous le respect et la garantie des lois, un cultivateur aisé. Une troupe de brigands vient de s'y introduire à main armée ; leur irruption, leurs pistolets et leurs poignards ont glacé d'effroi toute la famille consternée. Tout ce qu'ils voient, tout ce qu'ils peuvent trouver est à leur merci ; leur cupidité n'est pas satisfaite.

« Le foyer auprès duquel cette famille infortunée devrait trouver un asile, vient leur fournir la plus cruelle des armes ; le feu est allumé. Il est lentement et violemment appliqué à interroger, tantôt le père, tantôt le fils, tantôt la fille, sur les endroits secrets où ils tiennent cachés l'or et les effets précieux qu'on leur suppose.

« Ainsi, un moyen que la justice employait autrefois contre le crime pour lui arracher, au profit du public, le nom de ses complices, le moyen que l'humanité a justement proscrit malgré son utilité, le crime lui-même l'a saisi ; juge et bourreau, il commande par la force et par les supplices. »

La raison l'emporta, bien que déguisée sous ces ornements d'éloquence emphatique, et le Directoire fut enfin armé de la loi du 29 nivôse an VI.

Restait à en faire un énergique usage. Trop souvent préoccupé des nécessités de la situation extérieure et des besoins de sa conservation personnelle, le Directoire s'appliqua beaucoup plus à combattre la contre-révolution par la dictature, la déportation et l'ostracisme, qu'à nettoyer le pays des bohémiens armés qui le parcouraient en maîtres.

Nous trouvons dans le *Moniteur* du 16 février 1798, la note suivante qui nous montre le gouvernement central réduit, pour ainsi dire, à la défensive.

« La police a pris les mesures les plus vigoureuses pour faire arrêter et punir les brigands qui s'étaient organisés sous les murs même de Paris. Beaucoup d'entre eux sont signalés. On est à leur recherche. Le général Lemoine, commandant la dix-septième division militaire, a placé de forts détachements dans toutes les communes qui environnent Paris, avec ordre de faire des patrouilles jour et nuit pour protéger les voyageurs et les voitures publiques, et assurer la tranquillité des citoyens. Indépendamment de ces détachements, chaque régiment de cavalerie en garnison à Paris fait pendant toutes les nuits des patrouilles à deux lieues de rayon. Toutes les troupes sont sur pied dans l'étendue de la division, et des forces considérables peuvent, au premier signal, se porter sur tous les points. »

Telle était l'impuissance de l'autorité quand le directeur du jury de Chartres et le président du tribunal criminel d'Eure-et-Loir donnèrent l'exemple d'un procès énergiquement et habilement instruit.

Ce ne fut qu'au bout de dix-huit mois de travaux continuels que le citoyen Paillart put rédiger l'acte d'accusation contre les prévenus d'Orgères.

La collection complète des crimes et délits imputés à la bande, fut présentée au jury d'accusation le 19 vendémiaire an VIII, par le directeur du jury en exercice, Marnois.

Ce jury, après examen, déclara qu'il y avait lieu à suivre contre quatre-vingt-deux prévenus présents, et contre cent trente-trois contumaces. Trois seulement furent acquittés. Soixante quatre autres, morts depuis leur arrestation, furent seulement dénommés dans l'acte d'accusation.

Saisi, comme directeur du jury, de la connaissance de l'affaire, par jugement d'attribution du tribunal de cassation, le citoyen Paillart avait dû, d'après la nature du procès, ne dresser qu'un seul acte d'accusation, ainsi que l'article 233 de la loi du 3 brumaire an IV lui en donnait la facilité.

Mais les crimes étant très-nombreux, pour en présenter le tableau clair et précis, il ne pouvait mieux faire que de les y classer chacun dans un paragraphe particulier, avec l'analyse des charges et les noms de ceux des prévenus que son instruction lui avait indiqués jusqu'alors comme en étant plus spécialement les auteurs ou les complices.

De son côté, pour établir l'ordre qu'exigeait un procès aussi immense, le président Liendon crut devoir entendre séparément les accusés avant leur mise en jugement, non-seulement sur les différents paragraphes dans lesquels chacun d'eux se trouvait impliqué, mais aussi sur des délits compris en d'autres paragraphes, à mesure que ce commencement d'instruction faisait entrevoir qu'ils y avaient pris part, quoiqu'ils n'y fussent pas désignés.

Cette opération première ne produisit pas moins de quatre cents interrogatoires (1). Les débats ayant aussi plus tard indiqué quelques-uns des accusés comme auteurs ou complices des crimes énoncés en d'autres paragraphes que ceux où ils figuraient, le président estima qu'il devait également être présenté des questions contre eux, pour raison des uns et des autres.

Le citoyen Liendon fondait son opinion sur ce qu'il s'agissait ici d'une véritable bande à laquelle était attribuée en général la longue série de crimes énumérés en l'acte d'accusation.

En second lieu, de ce que le jury d'accusation avait prononcé par une seule et même déclaration contre tous les accusés, il concluait que, si, sans partialité, on pouvait soupçonner celui qui avait fait partie de la troupe d'en avoir partagé tous les crimes, quoique dans l'origine il n'eût été compris que pour lui seul dans un des paragraphes de l'acte d'accusation, l'instruction l'ayant ensuite fait reconnaître comme coupable de plusieurs autres délits portés ailleurs dans le même acte, il s'en trouvait accusé par le fait, et qu'il devait être aussi posé des questions contre lui pour raison de ceux-ci.

Cette opinion fut aussi celle du président de la section criminelle du tribunal de cassation, le citoyen Vieillart, qui, dans son rapport, témoigna le regret, qu'exprima aussi le substitut du commissaire portant la parole, « qu'on se fût borné à instruire chaque fait isolément, et à poursuivre chaque accusé sur les faits qui lui étaient personnels. »

Le plus grand crime était l'association ; tous les associés étaient complices les uns des autres ; les délits étaient connexes.

Cette manière d'envisager l'affaire ne fut point partagée par le tribunal de cassation ; le président dut donc renoncer à poser des questions préliminaires sur le fait d'association, et il en devait résulter que plusieurs accusés dont la condamnation n'eût pas été douteuse, puisqu'ils reconnaissaient eux-mêmes avoir fait partie de la bande, furent acquittés par le jury, qui n'eut pas à répondre sur ce point.

Dans le nombre énorme d'attentats à la sûreté publique, le magistrat instructeur ne put donc s'attacher qu'aux crimes et délits qui n'étaient pas dans les termes de la prescription établie par la loi.

Le 7 vendémiaire an VIII, une ordonnance de *soit communiqué*, rendue par le directeur du jury de l'arrondissement de Chartres, fut suivie d'une ordonnance de traduction, par un seul et même acte d'accusation, devant un jury spécial d'accusation, des prévenus composant la bande d'Orgères. L'ordonnance fut rendue conformément aux termes de l'article 243 de l'acte constitutionnel, et de l'article 140

(1) Toutes ces pièces forment, avec l'acte d'accusation et le jugement, 6 vol. in-fol. intitulés : *Pièces de la procédure criminelle tenue contre les accusés dans l'affaire d'Orgères*, Chartres, Labalte et Durand, imprimeurs du département et du tribunal criminel d'Eure-et-Loir, an VIII de la République. Ces six énormes volumes, dont nous avons dû la communication, par l'intermédiaire de M. Passard, à l'obligeance de M. Isidore Moulin, de Chartres, ont été notre guide continuel dans le récit de cette curieuse affaire.

Nous y avons puisé jusqu'aux moindres détails de costume et de langage. Car nous avons pris pour loi de ne rien inventer et de ne jamais tirer l'élément pittoresque de nos récits, que des entrailles même de la réalité. (NOTE DE L'AUTEUR).

du Code des délits et des peines. Les considérants de l'ordonnance déclaraient que les délits étaient connexes, et que l'article 234 du titre III du livre II du Code des délits et des peines, défendait à tout directeur du jury, à peine de nullité, de diviser en plusieurs actes d'accusation, soit les différentes branches et circonstances d'un même délit, soit les délits connexes dont les pièces se trouvaient en même temps produites devant lui.

Ces préliminaires établis, on dresse la liste des jurés.

Un réquisitoire ordonna que tous les accusés seraient réunis, pour se concerter ensemble sur le choix des jurés, dont le tableau leur avait été notifié la veille, et exercer les récusations dont ils conviendraient. Le réquisitoire avait prévu les mesures à prendre pour que cette réunion pût avoir lieu « sans danger pour la sûreté publique et pour les mœurs. »

Un détachement de hussards et un piquet de gendarmes, sabre en main et le pistolet au poing, furent placés en bataille à chacune des issues de la cour de la prison. Des sentinelles furent postées à toutes les fenêtres donnant sur la cour, le fusil chargé et armé. Sous cette garde, que rendaient nécessaire leur nombre et leur audace, les bandits d'Orgères commencèrent une délibération tumultueuse, dans laquelle on s'occupa beaucoup plus de recommandations spéciales pour les interrogatoires publics, de menaces à l'adresse des faux-frères, d'échanges d'argent et de tabac que de la question à l'ordre du jour. Pourtant, comme il fallait répondre, le Chat-Gauthier fut chargé de notifier, après deux heures de tumultueux pêle-mêle, l'opinion des accusés.

La réponse, portée par l'éloquent interprète des chauffeurs d'Orgères au juge du tribunal criminel, fut que les accusés « ne voulaient point de *laboureurs* pour jurés ; que l'affaire était trop délicate et trop embrouillée ; qu'ils voulaient des *hommes de loi*, ou des *gens instruits*. »

Quant aux femmes, elles déclarèrent, par la bouche de la Monchien, « qu'elles feraient ce que les hommes feraient, » *ce qui n'est point une récusation positive*, fit observer, dans son procès-verbal, le digne juge au tribunal criminel.

Ainsi, les chauffeurs d'Orgères condamnèrent d'une voix unanime l'institution naissante du jury. Ils avaient quelques raisons, peut-être, pour n'avoir pas une confiance illimitée dans l'impartialité des laboureurs.

Le tout finit par un tirage au sort et par un appel nominal des accusés, à chacun desquels on demanda ses récusations particulières.

On n'observa pas moins scrupuleusement la légalité à l'égard des femmes.

Sur les quatre-vingt-deux accusés, il y avait trente-sept femmes. Les crimes imputés en commun à tous ces accusés étant de nature à entraîner la peine capitale, il y avait lieu à appliquer l'article premier de la loi du 23 germinal an III, qui statuait :

« A l'avenir, aucune femme prévenue de crime emportant la peine de mort, ne pourra être mise en jugement, qu'il n'ait été vérifié, de la manière ordinaire, qu'elle n'est pas enceinte. »

Une visite scrupuleuse démontra qu'aucune des accusées ne pouvait invoquer le bénéfice de la loi.

Comme nous allons, à l'issue du procès, retrouver ces trente-sept compagnes des rouleurs de la Beauce et du Gâtinais, il sera bon d'en dresser ici la liste.

Marie-Catherine Goussard, veuve de François Poussineau, dit Lapatoche ;

Marie-Rose Robillard, femme de Pierre Bouilly, dit le père Lapierre, ou Sans-Chagrin ;

Marie-Thérèse-Victoire Lange, femme de François-Théodore Pelletier ;

Marguerite Dolifard, veuve de Jean-Louis Legrand ;

Marie-Thérèse-Victoire David, veuve Michel, dit Mignon ;

Anne Savigny, femme de Pierre Mongendre père ;

Marie-Antoinette Provenchère ;

Marie-Victoire Lavorde, dite la Belle-Victoire ;

Marie-Agnès Habit, dite la Belle-Agnès ;

Marie Trouvé, dite la Rose, femme de Julien Lebreton ;

Brigitte Robillard, veuve de Delouis ;

Marie-Rose Bignon, femme de Jean Auger, dit le Beau-François ;

Marie Bignon, dite Manette, concubine de Jean Auger, dit le Chat-Gauthier ;

Louise-Félicité Sergent, concubine d'Alexandre Morand ;

Marie-Françoise Monchin, dite Manette la Monchien ;

Elisabeth Tondu, femme d'André Monnet, dit André Berrichon ;

Marie-Louise Dupont, dite la Borgnesse ;

Marie Dubeau, femme de Charles Cosson, dite Chobuche ;

Marie-Louise Lemaire, femme Lacloche ;

Marie-Joséphine Lécuyer, dite la Grêlée ;

Jeanne Delaunay, femme de Jean Bouilly, dit Breton-le-Cul-sec, ou Sans-Chagrin ;

Catherine Lambert, dite la Putain-de-Saclas ;

Marie-Jeanne Rousseau, femme de Barthélemy Verdureau ;

Marie-Reine Rousseau, femme de Pierre Thévenot ;

Marie Thomas, concubine de Gervais-Pierre Morel, dit le Normand-de-Rambouillet ;

Marguerite Lorin, femme de Pierre Legrand ;

Catherine Davoine, femme de Jacques Richard, dit le Borgne-du-Mans ;

Marie-Marguerite Chavigny, femme de Denis David ;

Heloïse Duval, veuve de François Marabou ;

Marie-Anne Boutrouche, femme de Jean Voiteau, dit Saint-Jean ;

Elisabeth Lainé, femme de Duchesne ;

Marie-Anne Pichard, dite la Négresse ;

Heloïse Croisé, dite Thérèse-d'Orléans ;

Marie-Catherine Joisueau, dite la Laborde ;

Madeleine Beruet, dite la Grande-Marie ;

Marie-Suzanne Pochard, femme de Jean-François Guenet ;

Marie-Nicole Marchand, veuve de Louis Bouhou, dit Beou.

Quand s'ouvrit le procès d'Orgères, Chartres était devenu le rendez-vous de tout ce que les départements environnants contenaient de citoyens paisibles, curieux de voir dans toute sa majesté l'appareil si longtemps oublié de la justice.

Le vieux monument féodal de la ville de Chartres, antique demeure des carmélites, des chevaliers de Malte et des templiers, avait été approprié récemment aux besoins du service du tribunal criminel. C'est par le procès d'Orgères que fut inaugurée la destination nouvelle de cet édifice, qui sert encore aujourd'hui de Palais-de-Justice.

Un vaste amphithéâtre circulaire, en gradins, partant de la principale porte d'entrée, et descendant jusqu'à la barre du tribunal, y avait été construit, et des tribunes avaient été percées dans les murs.

Un espace considérable et une salle énorme avaient

été attribués aux témoins : cinq cent quatre-vingt-quatorze témoins avaient été assignés ; peu d'entre eux manquèrent à l'appel. C'étaient presque tous des laboureurs, des vignerons, des fermiers, des garçons et des filles de ferme, des aubergistes.

Le jury spécial était composé extraordinairement de douze jurés, de trois jurés adjoints et de trois autres jurés suppléants. Ces dix-huit jurés furent tirés au sort parmi trente citoyens choisis par le président Liendon, par le substitut du commissaire du gouvernement près le tribunal criminel et par les administrateurs municipaux de la commune de Chartres, les citoyens Blonié et Supersac.

Le jury était ainsi composé :

Jurés : les citoyens Chandeau, propriétaire à Chartres ; Huart-Lamarre, propriétaire à Chartres ; Claye, propriétaire à Bu ; Pétey, propriétaire au Coudray ; Brochart-Bazin, propriétaire à Chartres ; Joliet, ancien inspecteur de police, demeurant à Champhol ; Morize, propriétaire à Nogent-Roulebois, Fourré, ex-officier municipal à Chartres ; Doulay, marchand, rue des Changes, à Chartres ; Robinet, marchand, rue Saint-Michel, à Chartres ; Gallas, propriétaire à Iligny ; Desgorces, marchand, rue de la Décade, à Chartres ;

Jurés-adjoints : Loiret, propriétaire à Lumeau ; Guillet, propriétaire à Souancé ; Hecquet-Amoteau, marchand à Dreux ;

Jurés-suppléants : Leleu, propriétaire à Berchères, près Dreux ; Beaulieu-Petit, propriétaire à Gorget ; Thérouin, cultivateur à Villers.

C'est pour plus d'une raison que nous avons conservé les noms de ces estimables citoyens. D'abord, si l'on songe à l'incroyable lâcheté des juges dans plusieurs départements de la France, à l'époque dont nous retraçons l'histoire, il n'est pas sans intérêt de rapporter le nom de ces hommes, dont il nous serait difficile aujourd'hui de bien comprendre le courage, qui osèrent condamner les brigands d'Orgères. C'est qu'en effet, il ne manquait pas dans les autres parties de la République, de citoyens prêts à faire, par terreur et par égoïsme, cause commune avec les perturbateurs féroces de l'ordre public. Les annales de la justice criminelle, sous le Directoire, nous montrent plus d'un jury acquittant scandaleusement des assassins reconnus.

Et puis, n'est-il pas curieux de voir quelle opinion les bandits eux-mêmes se faisaient de la justice. Les récusations, au nombre de cinq, qu'ils eurent à exercer sur la liste générale des dix-huit jurés, portèrent principalement sur les petits cultivateurs illettrés, sur un tanneur de Châteaudun, sur un vigneron débitant de vin et de liqueurs. Ces hommes, dégradés par le crime et par le vice, comprenaient confusément qu'ils trouveraient encore plus d'impartialité parmi les propriétaires intelligents que dans les conditions sociales plus voisines de leur propre classe.

Les choses ainsi disposées, le tribunal entra en séance. Il était ainsi composé : président, Gilbert Liendon ; juges : Barbet, juge au tribunal civil, faisant fonction de juge au tribunal criminel, et, en remplacement des citoyens Marnois, Brédif et Delacroix, les citoyens Baussier, Bergeron et Simon ; juges suppléants, Marquis et Bouin.

L'audience ouverte, le greffier Duquesnay donna lecture de l'acte d'accusation. C'était un travail demeuré encore aujourd'hui remarquable par sa clarté, sa méthode, sa logique de déductions. Le magistrat qui l'avait rédigé, le citoyen Paillart, nommé plus tard juge au tribunal criminel d'Eure-et-Loir, avait su s'y frayer une route au milieu d'un labyrinthe d'informations contradictoires et confuses.

L'acte d'accusation contenait quatre-vingt-quinze paragraphes, se rapportant chacun à un délit spécial. Un vol de mouchoirs, un larcin de fromages mous et de vieux-oing y étaient scrupuleusement relatés, à côté des horribles assassinats de Gautray ou du Millouard. La part était faite, dans chacune de ces affaires, à chaque accusé, avec un soin scrupuleux et une conscience minutieuse.

La table des pièces à conviction présentait le même spectacle que l'acte d'accusation. A côté d'un vieux chapeau à trois cornes, d'une pipe de plâtre cassée, vulgairement appelée brûle-gueule, d'un pet-en-l'air en indienne, des vêtements ensanglantés, des chemises portant encore les traces affreuses des coups mortels du coutre ou du couteau. Les os du petit gars d'Etrechy figuraient au milieu de ce sinistre bric-à-brac. Il avait fallu plusieurs voitures pour charrier au greffe cette énorme masse d'objets.

Nous n'avons pu avoir un instant la pensée de promener le lecteur à travers les mille incidents des débats. Il n'y retrouverait que les éternelles dénégations des bandits, que les aveux déjà cent fois renouvelés du Rouge-d'Auneau, du Borgne-de-Jouy, du Borgne-du-Mans, et de quelques-uns de leurs complices. Il nous faudrait faire passer encore devant ses yeux chacun des crimes que nous lui avons racontés.

Contentons-nous donc de rapporter le discours prononcé par le président Gilbert Liendon, après la lecture de l'acte d'accusation. Il y a, dans le ton de ce document, toute la révélation d'un état social nouveau, mais on y entend en quelque sorte l'écho des temps troublés qui viennent de finir.

Nous dirons tout à l'heure ce qu'était le président Liendon.

« Accusés, dit-il,

« Il est enfin venu pour vous, ce jour tout ensemble rassurant et redoutable, mais, dans tous les cas, depuis si longtemps prévenu par vos propres demandes, sollicité par la justice et réclamé par la société entière.

« Deux ans à peu près se sont écoulés depuis que, prévenus des délits les plus graves, environnés des soupçons les plus odieux, vous avez vu, les uns et les autres, votre liberté justement sacrifiée à l'intérêt public et à la sûreté générale.

« Dans cet espace de temps si long en lui-même et bien plus long encore pour le malheur et la captivité, déjà l'on vous a fait, avec autant de persévérance que de succès, parcourir l'inextricable dédale des préventions multipliées qui pesaient sur vous.

« Dans l'acte d'accusation qui vient de vous être lu, vous avez pu saisir le détail pénible pour des coupables, affreux pour ceux qui ne le seraient pas, des crimes qui vous sont imputés, et que depuis ont paru confirmer, et vos propres aveux, et l'examen ultérieur de votre immense procédure.

« Assassinats, incendies, vols sur les grands chemins, dans l'intérieur des maisons, avec effraction, pendant la nuit, avec des armes meurtrières ; violences et attaques à dessein de voler et de tuer ; viols ; vols d'effets exposés dans les foires et dans les campagnes sur la foi publique ; tentatives d'assassinats et de vols : en un mot, brigandages de toute espèce, dont les moindres sont, en apparence, d'avoir acheté ou reçu gratuitement, et aussi recélé sciemment partie des effets volés.

« Telles sont les atrocités diverses accompagnées

de circonstances plus ou moins odieuses, et ainsi plus ou moins aggravantes pour les uns ou pour les autres, dont vous êtes collectivement accusés.

« Loin de nous de rien présumer à l'avance sur le degré de conviction à résulter des débats auxquels vous allez être soumis. Loin de nous aussi de vous dissimuler les impressions douloureusement partagées par tous ceux que, dans cette enceinte auguste, a surpris ou effrayés le récit des attentats dont on vous charge.

« Eh quoi ! pour la plupart, si jeunes encore, vous auriez pu faire, dans la carrière du mal, des progrès aussi marqués et aussi rapides. Quoi ! nés presque tous dans ces classes de la société que leurs travaux utiles lui rendent si précieuses, comment en auriez-vous préféré la haine à l'amour et la crainte à la confiance ? Comment en seriez vous devenus les fléaux par vos crimes, tandis que vous pouviez en être les soutiens par vos services ?

« Ainsi donc, étrangers à la société, au sein de la société même, les droits du sang et de la nature, les affections si douces de la reconnaissance ou de l'amitié, cette sorte d'intérêt tendre et religieux qu'inspirent l'enfance ou la vieillesse, le respect pour la sûreté des personnes et des propriétés, aucun de ces liens précieux, enfin, n'aurait pu vous rattacher à la grande famille à laquelle vous apparteniez ; et vous en auriez déchiré le sein à proportion de ce qu'il s'ouvrait pour vous recevoir !

« Au reste, qui que vous soyez les uns et les autres, quelques soupçons qui planent sur vous, croyez que dans ce temple de la justice où vous êtes reçus, jamais la prévention et la haine ne tiendront la balance où vont être pesées les actions de votre vie ; l'humanité est dans nos cœurs, la douceur sur nos lèvres, la vérité dans nos discours et l'équité dans nos décisions.

« A nous appartient la discussion et l'examen de vos fautes ; à votre propre conscience et à la loi est réservé d'en faire justice. Écoutez les cris impérieux de l'une, respectez les décisions impartiales de l'autre ! Tout ici vous en impose l'obligation la plus inévitable.

« L'appareil imposant qui nous environne, le concours immense qui nous presse, les fonctions augustes que nous remplissons et dont nous sommes comptables à la société, doivent commander pour nous le respect de chacun de vous.

« A des questions faites sans aigreur, vous répondrez sans amertume. Sans doute les détails seront fatigants, mais ils sont indispensables ; les aveux seront pénibles, mais ils sont nécessaires. L'étendue de ceux-là, la véracité de ceux-ci, deviendront des moyens de justification pour l'innocent, et prépareront pour le coupable cette sorte de commisération due au malheur, même quand il est mérité ; et, peut-être, concilieront à la plupart la clémence des jurés devant lesquels vous comparaissez.

« Extraits, par le sort, de la liste de ceux des habitants de cette commune et du département investis, les uns et les autres, de l'opinion publique la plus favorable et la mieux méritée, recommandables par leurs qualités, autant que distingués par leurs lumières, ces jurés, confirmés par vos propres choix, ont, à l'épanchement entier de vos âmes, les droits les plus incontestables, en même temps qu'ils en ont d'égaux, et à l'estime du tribunal, et à celle de leurs concitoyens. »

Puis, se tournant vers les bancs des jurés, le président ajouta :

« A quelles fonctions augustes vous êtes appelés, citoyens jurés ! quelle tâche pénible, mais importante la France, l'humanité et la justice vous imposent ! L'affaire qui va s'instruire devant vous est telle, qu'aucun tribunal, peut-être, n'en a encore eu de semblable.

« La renommée, qui se charge de publier les bonnes ou les mauvaises actions des hommes, et d'exténuer ou d'exagérer à son gré l'horreur des uns et la gloire des autres, la renommée a porté dans toutes les contrées de la République le bruit de cette discussion solennelle. De toute part, les yeux se fixent, et sur ceux qui en sont les objets, et sur ceux qui doivent en devenir les arbitres.

« Dépouillés de toutes préventions propres ou suggérées, étrangers à l'opinion publique elle-même, vous consentirez à ne pas la prendre pour règle de vos décisions, et vous daignerez vous rappeler combien les archives du malheur offrent d'exemples de ses déplorables erreurs.

« Il n'appartient aux jurés, ni de prononcer les jugements, ni de fixer les peines, mais leurs déclarations préparent les uns, et amènent l'application des autres.

« S'il en est ainsi, citoyens jurés, vous ne manquerez pas d'examiner avec une attention soutenue les charges portées contre les accusés, et résultant, soit de l'acte d'accusation, soit des procès-verbaux et des autres procès servant à constater les délits.

« Dans la droiture de vos âmes encore, vous pèserez les dépositions orales des témoins, les réponses et les défenses des accusés. Rien de ce qui peut diriger votre opinion ou éclairer votre conscience ne vous échappera ; pas même un seul de ces mots, de ces gestes, qui, indifférents pour le vulgaire, en général, sont du plus haut prix pour des jurés en particulier, parce que souvent ils décèlent à leurs yeux, et désignent à leurs convictions l'innocence ou la culpabilité d'un prévenu.

« Ainsi ne sera pas perdu pour les accusés ce bienfait inappréciable de notre législation criminelle, l'avantage d'être en présence de leurs juges, et de pouvoir discuter, pour ainsi dire avec eux, chacun de leurs chefs de blâme ou de leurs motifs d'apologie.

« Comme, dans une affaire aussi immense, il serait possible que l'homme même le plus appliqué oubliât quelques faits intéressants, soit à charge, soit à décharge, la loi permet aux jurés, pour aider leur mémoire, de prendre des notes. Vous userez donc de cette faculté, citoyens jurés, en observant cependant que la discussion n'en soit jamais interrompue. Nous vous invitons d'autant plus à rédiger et à recueillir provisoirement les observations qui vous paraissent intéressantes, que, faites avec le discernement dont vous êtes capables, elles vous seront d'une véritable utilité, lorsqu'il s'agira de donner votre déclaration sur les questions qui vous seront proposées.

« Ces questions ne doivent jamais être remises aux jurés qu'après la clôture entière des débats, mais vous pouvez les pressentir d'avance.

« Elles auront nécessairement pour objet de savoir d'abord si le fait de l'accusation est constant ou non ; en second lieu, si l'accusé est ou non convaincu de l'avoir commis ; en troisième lieu, toutes les questions qui peuvent déterminer l'intention dans laquelle le fait a été commis ; ensuite, toutes celles sur le plus ou moins de gravité du délit, lorsqu'il renferme des circonstances indépendantes entre elles, telles que dans une accusation de vol, pour savoir s'il a été commis de nuit, avec effraction et escalade, ou avec violences, par plusieurs personnes armées, sur un chemin, ou dans une maison habitée, ou dans un terrain clos et fermé, tenant immédiatement à la maison; si les coupables se sont introduits dans la maison par la force des armes; s'ils ont fait usage de leurs armes dans l'intérieur de la maison; si les violences ont laissé des traces, telles que blessures, brûlures et contusions; en un mot, si elles ont été commises à dessein de tuer; enfin, dans le cas d'homicide, s'il a été commis volontairement, avec préméditation, précédé, accompagné ou suivi de vol ou d'autres crimes.

« La trop grande série des crimes énoncés en l'acte d'accusation nécessitera la position de toutes ces différentes questions, et de beaucoup d'autres encore, auxquelles les débats et les défenses respectives de chacun des accusés pourront donner lieu.

« Ainsi, comme vous aurez à faire sur chacune de ces questions une déclaration distincte et séparée, nous ne saurions trop vous recommander de rapprocher avec soin, et aussi avec la sagacité qui vous caractérise, toutes les circonstances résultant pour ou contre chacun des accusés. Aucune n'est à négliger; spécialement devrez-vous fixer votre attention sur celles qui vous paraîtront davantage propres à asseoir au fond de vos cœurs cette intime conviction que la loi vous charge d'énoncer, et à laquelle seule les accusés pour leur compte, et la société entière pour le sien, doivent s'en rapporter.

« Cette multiplicité de devoirs auxquels vous êtes

Arrestation de la Bande principale.

appelés, citoyens jurés, ne vous était pas étrangère; et, sans doute, votre sagesse les avait prévus, en même temps que votre conscience les avait posés.

« Cependant, pardonnez à mon zèle d'avoir pris le soin de vous en tracer ici la légère esquisse. La nature de l'affaire, le nombre des accusés, la longue et affreuse suite des crimes dont ils sont chargés : tout paraissait imposer l'obligation de nous prévenir et de nous éclairer mutuellement.

« Après un juste hommage rendu à vos dispositions, citoyens jurés, le tribunal vous doit, et vous fait par mon organe, la profession publique des siennes propres.

« Préparés par un long et pénible travail, à un travail plus long et plus pénible encore, nous chercherons à en alléger pour vous les difficultés et l'ennui. Tous ici nous devons tendre à la découverte de la vérité ; mais c'est à moi à vous la faciliter

« Pour vous, ô nos concitoyens ! que peut être le noble motif de venir puiser l'horreur du crime dans la considération des excès auxquels il porte, et des maux qu'il entraîne, amène dans cette enceinte, rappelez-vous qu'elle est le temple de la justice, et que, par là même, tout y commande la décence et imprime le respect.

« La tranquillité la plus paisible, le silence le plus religieux doivent régner parmi vous et dans vos rangs.

« Admis à nos séances, vous n'en êtes pas moins étrangers à nos fonctions, et il ne vous conviendrait pas plus de vous en mêler que d'en troubler l'exercice.

« Parmi les longues et nombreuses discussions qui s'ouvriront devant vous, quelques-unes étonneront vos esprits ou toucheront vos cœurs, d'autres satisferont votre curiosité ou exciteront votre indignation.

« Dans tous les cas, abstenez-vous de tous signes d'approbation ou de blâme.

« Sans mépriser vos applaudissements, nous ne les mendions pas, et, dans notre position relative, il serait aussi ridicule à nous d'affecter les recherches de la vanité, qu'à vous de la flatter.

« Par rapport aux marques de défaveur, sur qui dans ces lieux prétendriez-vous les faire tomber? Serait-ce sur les ministres de la justice? Mais, quels qu'ils puissent être, ici l'importance de leurs fonctions commande pour eux la considération. Laissez à l'intelligence des uns, au zèle des autres, à la probité de tous à les pénétrer de leurs devoirs; croyez qu'ils mettent assez de prix à vos égards pour désirer de les obtenir; que pour eux, la plus grande des peines serait de ne pas y réussir, et surtout d'être obligés de faire usage des moyens que la loi met dans leurs mains pour y parvenir.

« Serait-ce, enfin, sur les accusés à leur tour que vous viendriez cruellement déverser le sarcasme du mépris ou le fiel de la haine? Mais, responsables de leurs actions, ou si vous voulez de leurs forfaits, à la société entière, ils n'en sont comptables à aucun individu en particulier. Ils ont pu violer les lois de l'humanité et celles de leur pays; mais toutes ici les prennent sous leur sauvegarde sacrée.

« D'ailleurs, n'ont-ils pas contre vos attaques une égide plus forte et plus auguste encore, celle du malheur? Eh! qui jamais plus qu'eux en essuya les funestes atteintes? En est-il, en effet, de plus terrible que de s'être mis en opposition avec ses devoirs, et en guerre ouverte avec soi-même et la société?

« Pénétrés, les uns et les autres, de ces vérités, nous saurons allier la commisération au blâme, adoucir l'un par l'autre, faire à la première éviter l'écueil de la faiblesse, à l'autre celui de la dureté; et jamais de l'indignation due au crime, nous ne passerons à la haine inutile contre ceux qui l'auront commis. »

Ce n'est pas sans motif que nous avons rapporté cette allocution du président du tribunal criminel de Chartres. C'est, en effet, un monument judiciaire, qui caractérise admirablement une époque. Au milieu d'amplifications ampoulées, il est évident que l'ancien esprit de la magistrature française s'y recherche lui-même et s'y retrouve quelquefois. L'esprit, sinon le style, en est du meilleur aloi. Mais on y sent en même temps l'inexpérience de formes judiciaires oubliées, l'essai de formes nouvelles, le souvenir de traditions majestueuses, le commencement d'une tradition nouvelle.

Le citoyen Gilbert Liendon est une figure curieuse à étudier dans l'histoire judiciaire de la France.

Après la journée qui avait vu la chute de la Commune et des Dantonistes (avril 1794), Couthon, le terrible paralytique, était venu demander à la Convention une loi nouvelle, propre à débarrasser la justice révolutionnaire du peu d'entraves qui l'embarrassaient encore. Jusque-là, le tribunal révolutionnaire avait aveuglément obéi au mot d'ordre des tyrans populaires: royalistes, montagnards, il avait tout frappé sur un signe. Mais, enfin, il y avait encore quelques formes, quelques lenteurs dans cette justice si expéditive. On donnait aux accusés des défenseurs, on les jugeait individuellement. La loi Couthon supprima ces lenteurs. A quoi bon des défenseurs pour les conspirateurs? pourquoi juger un par un les ennemis de la patrie? pourquoi préciser les délits? tout ennemi du peuple serait désormais coupable, par cela seul qu'il serait accusé. Les conspirateurs seraient jugés en masse. Les jurés ne relèveraient plus que de leur *conscience*.

La tâche quotidienne de Fouquier-Tinville s'en trouva singulièrement accrue; juges et jurés ne pouvant plus suffire à la besogne, il fallut diviser le tribunal révolutionnaire en quatre sections, et donner à l'accusateur public quatre substituts.

C'est alors que les grandes *fournées* commencèrent: ce fut la terreur dans la terreur.

Or, un de ces quatre substituts de Fouquier-Tinville n'était autre que le citoyen Gilbert Liendon.

C'est pour cela que le discours du président du tribunal criminel de Chartres, dans l'affaire d'Orgères, est un document d'une haute valeur, puisqu'il nous met à même d'apprécier la marche des idées, en France, depuis le mois d'avril 1794.

Supposons, maintenant, qu'après l'éloquent discours du président, un *citoyen accusé* se fût levé et qu'il eût répondu au citoyen Gilbert Liendon:

« Citoyen président,

« Les formes solennelles qu'a prises, dans votre bouche, la justice majestueusement assise dans le sanctuaire de la loi, cet appareil imposant, ces fonctions augustes, rien de tout cela ne nous rassure complètement.

« L'*avantage* d'être en présence de nos juges, ne nous semblerait une garantie suffisante de leur impartialité, que si nous pouvions oublier un instant ce que sont ces juges, et depuis combien de temps ils font si grand cas des formes éternelles de la justice.

« D'ailleurs, après tout, de quoi sommes-nous coupables? Citoyens indigents et patriotes, n'avons-nous pas été abandonnés, sans ressources, par la patrie qui nous devait la subsistance, et nous a-t-on pas rejetés dans le crime, après nous avoir nourris dans une vertueuse oisiveté? Où sont les quarante sous par jour que pouvait gagner, de votre temps, un citoyen libre en faisant la chasse aux suspects? Qu'avez-vous fait du *maximum* qui nous nourrissait? Chez quel boulanger de la République nous distribuera-t-on le pain qui ne nous manquait jamais aux bons jours? Depuis que la contre-révolution relève la tête, vous avez singulièrement changé de langage, citoyen président. Ces fermiers accapareurs à qui nous avons fait rendre gorge, ces marchands qui spéculaient sur la misère publique, et que nous avons mis *hors la loi*, vous les eussiez, autrefois, le premier, voués à la *sainte guillotine*, et, aujourd'hui, vous nous accusez d'en avoir purgé le sol de la patrie! »

Il est à croire que ces malencontreux souvenirs eussent été assez mal accueillis par le président du tribunal criminel de Chartres, et cependant, lors de la clôture des débats, le discours du président Liendon laissa deviner, sous l'enchevêtrement pénible des périodes ronflantes, quelque chose de ces souvenirs si lourds et de ces scrupules intimes.

« Laissons à l'histoire, dit-il, si pourtant ce soin n'est pas au-dessous d'elle (en effet, ce n'est pas les fléaux ignobles des nations, mais ceux qui les dévastent avec une sorte de grandeur, que ses fastes se chargent de désigner), laissons, dis-je, à l'histoire à étudier, si elle le veut, dans son origine et à suivre dans ses accroissements cette réunion d'ennemis implacables de l'ordre social; qu'elle dresse, s'il lui plaît, l'horrible chronologie de tant de forfaits. Que la scène aussi, contre sa destination pourtant (car ce ne sont que les vices et les ridicules de la société, ou encore les malheurs ou les crimes illustres de ceux qui en furent les bienfaiteurs ou les tyrans, qui devraient l'occuper), que la scène usurpe à son gré la parodie de tant de bassesses. Pour nous, le flambeau de la vérité à la main, pénétrons dans ce dédale du crime, sinon pour y découvrir ceux qui, dans les temps reculés, en creusèrent les sentiers, du moins pour y reconnaître ceux à qui, du nôtre, la scélératesse en indique les détours. Ce n'est pas une stérile curiosité qu'il s'agit de satisfaire ici, c'est nos consciences qu'il faut éclairer : c'est vers cette fin que doivent se diriger et tendre nos recherches.

« Dans ce cas, quelle que soit la souche de tant de rameaux infects, n'y aurait-il pas lieu de croire que la disette du pain, plus terrible encore dans la capitale et les départements environnants, en aurait fait refluer dans les plaines de notre Beauce, un grand nombre d'individus pour lesquels l'indigence, le défaut ou peut-être aussi la haine du travail, rendaient plus rigoureuse encore la privation de cette première ressource de la vie.

« Apparemment aussi, devaient être souillés de tant de crimes, ces champs fertiles, heureusement substitués aux forêts, dans la sombre obscurité desquelles, sur les autels de leurs dieux, les Druides faisaient ruisseler le sang de nos malheureux ancêtres! Si pourtant il en était ainsi, citoyens jurés, ce surcroît de maux particuliers, qui, pour un trop grand nombre de nos concitoyens, aggrava dans notre département la masse déjà si pesante des maux publics, répugneriez-vous à le rejeter, du moins en partie, sur ces temps déplorables dont nos regrets ne sauraient ni expier les torts, ni pallier les malheurs. »

Si le lecteur veut assister à un spectacle instructif d'une conversion complète, nous lui montrerons encore, dans une courte citation, l'élève aimé de Robespierre et de Fouquier-Tinville flétrissant à grands traits l'époque d'anarchie morale pendant laquelle il inaugura si malheureusement sa carrière judiciaire, et proclamant les principes trop longtemps méconnus, sur lesquels se fonde toute société humaine.

« Rivez, dirais-je à ceux à qui il appartient d'instruire les générations, et d'en assurer le bonheur, rivez au trône de la divinité même le premier anneau de cette chaîne de devoirs, auxquels vous voulez astreindre le peuple. Apprenez-lui à les adorer dans ce principe mystérieux, à les honorer dans ses semblables, et à les aimer pour lui-même. *Ensuite, parlez-lui de la liberté.*

« Faites plus, sachez lui en procurer les précieux avantages ; mais éloignez de lui les moyens et les occasions d'en abuser. Parlez-lui de l'égalité ; mais dites-lui que dans l'ordre de la nature même, elle n'existe pour les hommes que sous le rapport de leur faiblesse commune ; que dans l'ordre social bien réglé, elle existe devant la loi ; mais qu'autrement conçue ou envisagée, elle ne serait qu'*une chimère,* ou ne deviendrait qu'*un malheur.*

« Parlez-lui des richesses pour lui prouver qu'il est dans l'essence de toute association politique qu'elles ne soient qu'inégalement et diversement réparties ; de la propriété : montrez-la-lui comme l'objet essentiel des conventions des hommes, comme le gage le plus inviolable pour lui et tous les membres de la grande famille ; de la sûreté, enfin : qu'il sache que le corps politique dont il dépend lui garantira la sienne en proportion de ce que lui-même garantira celle des autres.

« Ah! puisse bientôt, à l'ombre de l'olivier de la paix, dont les branches précieuses s'uniraient pour nous aux lauriers de la victoire, se *régénérer* au sein de la nation la plus glorieuse comme la plus aimable de l'univers, ce germe salutaire et *trop longtemps obstrué* de la sagesse et de la morale publique ; puisse-t-il de nouveau se propager dans des rameaux nombreux et fleuris, et se féconder dans des fruits suaves et abondants...

« Ces vœux pour le bonheur de notre pays, citoyens jurés, acquittent vos cœurs et le mien ; mais ce n'est pas à nous qu'il appartient ici de nous borner au seul désir du *rétablissement des mœurs.* Une autre obligation nous est encore imposée, celle de les venger. »

Sous ces métaphores fleuries, qui déguisent mal le *Confiteor* du révolutionnaire converti, n'a-t-on pas senti le souffle puissant d'un ordre nouveau ? Quelque chose s'est passé, qui a ramené les esprits aux vérités éternelles, aux principes de gouvernement et de justice. Une volonté puissante permet au juge de parler énergiquement au nom de la loi. Plus de sophismes qui déplacent les crimes et qui transforment le magistrat en bourreau.

Ce quelque chose qui s'est passé, c'est la journée du 9 novembre 1799 (18 brumaire an VIII).

Il nous reste maintenant à donner la conclusion du procès d'Orgères.

Après de longs débats, qui ne firent que reproduire les révélations et les dénégations déjà connues du lecteur, et pendant lesquels les accusés firent preuve d'un cynisme inouï, la journée de l'expiation arriva enfin.

C'était le 9 thermidor an VIII. Le résumé lu, on le connaît déjà dans ses parties essentielles, le président Liendon, avant de soumettre au jury la liste énorme des questions relatives aux quatre-vingt-quinze paragraphes de l'accusation, et dont les réponses remplissent quatre-vingt et une pages in-folio dans le cinquième volume des documents relatifs au procès d'Orgères, se leva et adressa aux jurés l'allocution suivante :

« Depuis que les accusés sont en présence de la justice, le tribunal a vu, avec la plus vive satisfaction, les chefs et les subordonnés de la force publique rivaliser entre eux de sagesse pour commander et de ponctualité pour obéir. Les uns et les autres surent toujours aussi, par rapport aux magistrats, relever le prix de l'activité par les égards de la déférence.

« Pour tous les citoyens que l'État appelle sa défense, il existe diverses sortes de gloire, parce qu'il existe diverses sortes de fonctions. Tous voudraient, mais tous ne peuvent ni ne doivent suivre les drapeaux du vainqueur de Marengo... Tous ne peuvent avec lui franchir impétueusement les Alpes étonnées, et aller non loin de l'Éridan cueillir de nouveau les palmes de la victoire, illustrer ainsi la nation et eux-mêmes par des prodiges de valeur, qui, avec l'enthousiasme de l'âge présent, commanderont l'admiration de tous ceux qui doivent le suivre.

« Mais, s'il est beau de soumettre les ennemis du dehors, il est nécessaire de contenir ceux du dedans. On sait assez qu'ils sont d'autant plus à craindre que d'abord ils sont très-multipliés, et en outre moins évidents comme moins généreux. Laissons, au reste, à la reconnaissance nationale à mesurer l'honneur qu'elle doit attacher à cette espèce de triomphe sur la continuité de leur recherche et la difficulté de leur jouissance. »

(Avons-nous besoin de faire remarquer combien la magistrature, issue des tribunaux anarchiques de 1793, avait oublié le noble et beau langage de l'ancienne magistrature française. Il faut, toutefois, tenir compte à l'ancien lieutenant de Fouquier-Tinville de ses bonnes intentions et de ses principes encore

un peu récents d'ordre et de moralisation sociale.)
« Pour nous, citoyens jurés, unissons ici les témoignages de notre estime en faveur de ceux de nos concitoyens, qui, courageux aussi, mais sous un autre rapport, ont entrepris avec zèle, et soutenu avec talent la défense des accusés sur lesquels, depuis si longtemps, la patrie attend le résultat de vos délibérations.

« Aider de leurs lumières les infortunés pour lesquels, en général, la nature paraissait en avoir été avare, ou chez lesquels du moins la mauvaise éducation et le malheur les aurait affaiblies et perverties..; en adoucir les âmes par des consolations...; en toucher les cœurs par des bienfaits...; ne pas les quitter dans ce pénible isolement auquel la rigueur du ministère public et les intérêts mêmes de la société les réduisent...; user en leur faveur de tous les dons les plus heureux de la nature...; et ces fonctions augustes, les allier avec l'honneur qui les ennoblit et la délicatesse qui les consacre.... voilà ce qu'ont fait les défenseurs que vous avez entendus, et qui, dans cette circonstance, ont exercé devant vous cette profession honorable, aussi ancienne que la magistrature, aussi nécessaire que la justice. »

Le jury, rentré en salle d'audience, il fut donné lecture d'un premier verdict qui répondait négativement à toutes les questions posées relativement à huit des accusés mâles et à onze des accusées femelles.

Les hommes étaient : Charles Baraillon, Jean-Baptiste Benoist, François Transon, Antoine Milet, François-Louis Tondu, Isidore-Mathurin Nory, François Guenet et Jean Rousseau fils. Ce dernier n'était autre que le petit Pigolet.

Quant aux femmes, c'était : Marie Pagnet ; la veuve Langevin, dite la Chobuche ; Marie Thomas, dite la Morel ; Catherine Davoine, femme Richard ; Marie-Louise Dupont, dite la Borgnesse ; Marie-Agnès Habit, dite la Miracoin ; Thérèse Croisé, dite Thérèse d'Orléans ; la Monchien ; Marie-Antoinette Provenchère ; la Putain-de-Saclas et la Belle-Victoire.

Ces dix-neuf accusés furent mis immédiatement en liberté.

Pour apprécier l'innocence de ces accusés, le lecteur voudra bien se rappeler les faits et gestes de quelques-uns d'entre eux, principalement des femmes.

Voici, par exemple, Marie-Victoire Lavertu, dite la Belle-Victoire. C'est une grande fille de vingt-cinq ans environ, dont nous avons vu célébrer les noces, à la façon bohème, dans le souterrain du franc de Gueudreville. Elle a été la maîtresse de Longjumeau et du Rouge-d'Auneau, dont elle a partagé les secrets, les succès et les revers. Elle est, au moment de son acquittement, affligée d'une gale incurable.

La Manette Monchien est une fille que le président Liendon ne saurait traiter de béguenle. La crudité de ses réponses a effarouché plus d'une fois la pudeur du vertueux magistrat.

— « Vous faisiez partie de la bande d'Orgères, lui a-t-il demandé, et vous receviez journellement chez vous une foule de gens de cette espèce ? — La Monchien : Eh ! donc, j'étais assez jeune et assez jolie pour voir des hommes. Je voyais d'honnêtes gens, j'allais chez eux, et je ne recevais pas de la crapule. — D. Vous avez donc eu indifféremment affaire à plusieurs hommes ? — La Monchien, d'un air étonné : Mais, oui. — D. Les avez-vous connus par leurs noms et qualités ? — R. Ma foi, non, ça ne me regardait pas. — D. Vous étiez donc une femme publique ? — R. Oui, citoyen. — D. Dans ce cas, et lorsque vous faisiez ce commerce honteux, vous receviez donc chez vous les hommes qui s'y présentaient, sans aucune distinction ? — R. Je n'avais pas besoin de recevoir ; quand j'avais envie d'avoir un homme, je faisais comme les autres femmes font. — D. Vous aviez donc des endroits particuliers où vous donniez vos rendez-vous ? — R. Mes rendez-vous étaient partout, au premier coin de rue. — D. Vous n'avez donc pas toujours eu affaire à des gens honnêtes, comme vous disiez tout à l'heure ? — R. Le premier venu était le mien, en payant.

La Monchien a vécu avec Pigeon, exécuté depuis à Orléans, et c'est dans son lit qu'a été arrêté une première fois le Rouge-d'Auneau, ce qui ne l'a pas empêchée de soutenir effrontément qu'elle ne connaît tous ces gens-là ni d'Ève ni d'Adam.

Quant à Catherine Lambert, dont le nom de plaine a dû s'inscrire effrontément sur la liste immonde des bandits d'Orgères, voici, sur son compte, les renseignements qu'ont fournis les débats publics.

Un témoin, laboureur à Sanly, a reconnu la Putain-de-Saclas pour l'avoir renvoyée, un jour qu'elle demandait à gîter dans la ferme. Assistons à cette scène naïvement racontée par le bonhomme. — « Tu as délaité mes vaches, lui dit-il, la dernière fois que tu as gîté chez moi ; tu ne m'y reprendras plus. — — J'y logerai encore, chez toi, et malgré toi, ou ta tête de chien sautera, dit la Lambert. — C'est ce que nous allons voir, si tu seras la maîtresse ici. — C'est bon, c'est bon, dit la mendiante ; rira bien qui rira le dernier ; tu y sauteras et tu seras brûlé, toi et ta femme. Et si ce n'est pas aujourd'hui, ce sera dans un an ; et si ce n'est pas par moi, ça sera par d'autres. »

Mais le jury a prononcé. Le président Liendon s'arme de toute sa gravité, pour adresser aux acquittés, à ceux qu'il appelle les incoupables, un majestueux discours d'adieu.

« Citoyens et citoyennes, dit-il,
« Pour le tribunal que j'ai l'honneur de présider et pour moi en particulier, la conscience de l'acquit entier de nos devoirs respectifs devenait un dédommagement précieux des longs travaux qu'ils nous imposaient. Un plus flatteur encore, pourtant, nous était réservé, ce devait être la consolation de trouver enfin quelques innocents au milieu de tant de coupables.

« Dans ce moment terrible où nous allons, au nom de la société entière, prononcer les anathèmes de la justice et les formules de la vengeance... combien il nous est doux d'avoir à proclamer préliminairement votre inculpabilité, et à vous rendre les uns et les autres à la patrie, à vos familles et à votre état.

« A la société appartient le droit de venger les attentats dont peuvent se souiller, dans telle ou telle circonstance, les uns ou les autres de ses membres. Dans le cas de la plus extrême urgence, un innocent peut se trouver accusé, et se voir alors, par suite d'une précaution douloureuse mais nécessaire, privé de sa liberté...

« C'est à chacun de vous à se faire l'application de ces vérités, que ne peuvent pas plus affaiblir les préjugés de la passion que les calculs de l'intérêt.

« Chez quelques nations anciennes, pour punir l'un de ces crimes qui attentent aux droits les plus sacrés de la nature, la loi faisait attacher les coupables vivants à des cadavres infects... Infortunés que vous êtes ! Tel fut à peu près votre sort dans les jours de votre détention prolongée. N'en avez-vous pas, en effet, partagé l'opprobre avec des hommes dont le nom ne se prononcera jamais qu'avec effroi, parce que jamais il ne rappellera que l'idée des atrocités les plus propres à l'inspirer.

« Ainsi se sont écoulées, dans la sombre obscurité des cachots, deux de ces années de votre vie qui sembleraient devoir être davantage consacrées à vous rendre utiles à la société et à servir avec une juste mesure vos intérêts particuliers.

« Cependant, heureux, et mille fois heureux encore, si, en même temps que vous avez dû être, tout ensemble, et déchirés par la douleur, et abattus par le découragement... le crime n'a pu de ses miasmes putrides vous atteindre et vous flétrir.

« Ces fers, dont on vous chargea seulement dans la présomption du délit... Ah! puissiez-vous n'avoir point appris à les porter un jour.

« Au surplus, citoyens et citoyennes, le plus grand de tous les maux, pour vous, serait de perdre les fruits de tous ceux que vous venez d'éprouver. Ces fruits doivent être un retour sincère sur vous-mêmes, la fuite des occasions du crime..., et enfin le rejet absolu de ces sociétés perverses, au sein desquelles, mais peut-être pour y succomber, vous trouveriez les mêmes dangers dont vous venez d'échapper...

« Tous les hommes, déjà je crois vous l'avoir démontré, ne sauraient être éminents, ni par leurs dignités, ni par leurs richesses. Il y a plus : tous, dans la société, ne sauraient être également au-dessus du besoin ou du malheur.

« De cette diversité de chances qu'ils ont à courir les uns et les autres, résulte cette réciprocité de travaux et de salaires, de déférences et de protections; cette sorte de supériorité du riche sur le pauvre, trouvée dans la faculté de l'utiliser et de le secourir; cette réaction juste du pauvre sur le riche, trouvée dans le besoin que l'un a des bras, des forces et de l'industrie de l'autre.

« Pour tous les hommes, le travail est un besoin; pour tous il est un bonheur. Aussi le plus funeste des vices, parce qu'il est la source de tous, c'est l'oisiveté. C'est d'elle, en effet, que viennent cette incertitude que rien ne fixe, cette anxiété que rien ne calme. A elle encore sont dus ce trouble de l'esprit, ce désordre du cœur qui bouleversent toutes les idées et agitent toutes les passions.

« Eh quoi! seraient-ils donc à jamais inconnus de vous, ces charmes inappréciables d'une vie active, mais honnête; pénible, mais innocente? Vos ressources d'existence, vous pouvez ne les devoir qu'à vos soins et à votre industrie. Comment donc arriverait-il que vous préférassiez les attendre encore, ou de la commisération trompée, ou de la crainte commandée de nos concitoyens?

« O vous surtout, pour qui la faiblesse de votre sexe et tous les inconvénients qu'elle entraîne pourraient multiplier nos craintes!... Rentrez... rentrez,... il en est temps encore, dans les bornes de cette réserve à laquelle les convenances sociales vous astreignent, et que la nature vous a fixées.

« Allez, citoyens et citoyennes, et tous rentrez dans le sein de la société qui s'ouvre encore pour vous recevoir... au milieu de vos familles, dans ces foyers hospitaliers qui vous accueilleront, portez, pour les conserver toujours, avec le respect des formes augustes et salutaires de la justice, la haine des crimes qu'elle poursuit et la crainte des châtiments qu'elle leur prépare. »

Celui qui, à près de soixante années de distance, raconte ce curieux procès des chauffeurs d'Orgères, se rappelle avoir entendu son grand-père, témoin oculaire de ces débats, lui dépeindre les sentiments divers produits dans l'auditoire par cette allocution si bien marquée du cachet de l'époque.

« Nous autres, disait-il, les échappés de 93, qui avions vu à l'œuvre le citoyen Liendon, lorsqu'il était substitut du citoyen accusateur public près le tribunal révolutionnaire de Paris, nous ne pouvions nous empêcher de sourire en entendant formuler ces scrupules assez nouveaux en matière de détention préventive. Cela nous redonnait bon espoir pour l'avenir. Mais, ce qui nous parut surtout du meilleur comique, ce fut la tirade à la Jean-Jacques, revue et corrigée par le citoyen Barras, que le président Liendon crut devoir adresser à ces drôlesses dont l'*inculpabilité* lui réjouissait si fort le cœur. La Belle-Victoire, la Miracoin, la Monchien, la Borgnesse, ces truandes du coin des bois, rendues avec une solennité attendrie à la société dont elles allaient faire le plus bel ornement!... C'était à faire pleurer... de joie. Quant à ces bohémiennes, qui commençaient à peine à comprendre que la justice proclamait leur innocence à la face de Dieu et des hommes, elles se faisaient petites et regardaient la porte, d'un air à faire croire qu'elles n'étaient pas disposées à se plaindre des lenteurs de la prévention et qu'elles ne demandaient pas leur reste. »

Restaient les nombreux verdicts affirmatifs, entraînant pour les accusés des peines plus ou moins graves. Ici, la majesté était de mise : un incident singulier vint ajouter à l'impression produite sur l'assemblée.

Dans le fond de la salle, derrière une triple haie de gendarmes et de gardes nationaux, étaient disposés les bancs où grouillaient, hâves, éclopés, couverts de gale et de vermine, sinistres dans leur hideur, les soixante-deux accusés qui attendaient leur sort. Et ceux-là ne pouvaient s'y méprendre, c'était une condamnation qui les attendait.

Après la longue lecture des réponses du jury, le président se couvrit, et prononçant sur vingt-trois accusés réunis dans une seule catégorie, lut le jugement qui, conformément aux articles 11, 13 et 14 de la 1re section du titre 2 de la IIe partie du Code Pénal, et à la loi du 18 germinal - 26 floréal an V, condamnait ces vingt-trois accusés à la peine de mort.

Au moment où retentissait le mot sinistre, il arriva, par hasard, qu'un lieutenant de garde nationale entrait dans le prétoire, avec une partie de ses hommes, pour relever ceux qui étaient de garde dans l'enceinte. Entendant les derniers mots d'une formule du jugement, cet officier commanda d'une voix accentuée :

— Halte! Apprêtez vos armes! Présentez armes!

Aussitôt, un tumulte épouvantable éclata parmi les condamnés. Plusieurs d'entre eux, croyant qu'on allait les fusiller sur place, se jetèrent à plat-ventre; d'autres s'élancèrent, effarés, cherchant à forcer, mais en vain, le premier rang des gendarmes placés sous le commandement de Vasseur, à qui ses services avaient valu l'épaulette de lieutenant.

Parmi les condamnés à mort, il y avait vingt hommes et trois femmes. Les vingt hommes étaient : Jacques Richard, dit le Borgne-du-Mans; Michel Peccat, ou François Ringette, ou François-le-Rougé-d'Auneau; Jean Auger, dit le Chat-Gauthier; Vincent Chaillou, dit Vincent-le-Tonnelier; François Cipayre, dit Sans-Pouce; Thomas Roncin, dit le Grand-Dragon; François Rottier, dit Sans-Orteaux; Jacques Percheron, dit Beauceron-la-Blouse; André Monnet, dit André-Berrichon; Jacques Allain, dit Jacques-d'Étampes; Jacques Bouvier, dit le Gros-Normand;

Gilles-Nicolas Lechesne, dit Duchesne; Jean-Jolly, dit Berrichon-Belhomme; Nicolas Cloche, dit Lacloche; Gervais-Pierre Morel, dit le Normand-de-Rambouillet; Pierre-Louis Pilliat, dit Pierre-d'Arpajon; Jean-Bernard Robin, dit Jean-le-Canonnier; François-Théodore Pelletier; Aignan Boistard et Victor Esnard.

Les trois femmes étaient :

Madeleine Beruet, dite la Grande-Marie, veuve de Pierre Pelletier; Élisabeth Tondu, femme d'André Berrichon et Marie-Thérèse-Victoire Lange, femme Pelletier.

Germain Bouscant, dit le Borgne-de-Jouy, dut à ses révélations de ne se voir condamner qu'à vingt-quatre années de fers.

Les deux Marie Bignon, les femmes ou veuves de Marabou, de Poussineau dit Lapatoche, de Duchesne, de Lacloche, de Beou, du père Lapierre, de Quiennot, de Verdureau et de Julien-le-Breton, furent condamnées à vingt-quatre années de fers et à l'exposition. Marie Bignon, femme du Chat-Gauthier, dut sa condamnation à une seule déposition, celle d'un laboureur d'Arceville : — « Celle-là, dit-il en la montrant, je l'ai reçue chez moi environ trois semaines après l'assassinat de Fousset, et, comme elle soupait, elle m'a dit, en me montrant un couteau à manche d'ivoire : — Voilà un couteau qui couperait bien le col sans saigner à un homme. »

Parmi les autres condamnations, nous remarquons celles de : Jean Bonneau, dit le Teigneux ; le père Mongendre ; Jacques-de-Pithiviers, François-Marie Barbe et Louis Lami, chacun à seize années de fers ; le Breton-Cul-Sec, à douze années de fers.

Les plus faibles condamnations, et il n'y en eut que deux de ce genre, furent celles de la Boutrouche et de la Négresse, à deux années d'emprisonnement.

Le fils du franc Mongendre, et un mioche dit Jean-d'Artenay, furent conduits dans une maison de correction, comme ayant agi sans discernement.

Un certain nombre de nos vieilles connaissances de plaine manquent à l'appel au jour de cette grande reddition de comptes. C'est Beou, dit le Gros-Beauceron, un habitué de Doublet, un des assassins du Millouard et de la veuve Coupé ; c'est le père Élouis, représentant de la saine tradition du chauffage, ce contemporain attardé de Poulailler ; c'est Miracoin ; c'est Julien-le-Breton ; c'est François Lejeune, le curé des pingres ; c'est le sanguinaire Quatre-Sous ; c'est Poussineau Lapatoche ; c'est l'équarrisseur Pigolet et le père Pigolet.

Tous ceux-là étaient morts, jugés par la fièvre ou par la guillotine.

Charles-de-Paris et le Beau-François étaient contumaces.

Ce ne fut que le 6 vendémiaire an IX que le tribunal de cassation put confirmer le jugement du tribunal criminel, et toute la procédure sur laquelle il était intervenu.

Le citoyen Vieillart, président de la section criminelle, n'eut pas de peine à réfuter les frivoles moyens de cassation invoqués par les condamnés. De ce côté, il n'eut, dans son rapport, qu'à rendre d'éclatants témoignages à l'esprit de légalité, au zèle et à l'intelligence qui avaient présidé à la conduite de la procédure et aux travaux énormes du tribunal criminel de Chartres. Mais il témoigna, lui aussi, le regret, partagé par le tribunal, qu'on se fût borné à instruire chaque fait isolément, et à poursuivre chaque accusé sur les faits qui lui étaient personnels. Le grand crime, à ses yeux, c'était l'association. Tous les associés étaient complices les uns des autres ; les délits étaient connexes et il eût dû être posé, à l'égard de chaque accusé, la question de savoir s'il ne faisait pas partie de la bande.

Cette méthode eût, en effet, évité des acquittements scandaleux et donné à la répression un caractère tout autrement formidable.

Rappelons, en passant, les dernières paroles du rapport du citoyen Vieillart. Le lecteur y verra un nouveau progrès dans l'idée de justice, et une énergie tout autrement sobre, convaincue, sûre d'elle-même, que celle des péroraisons du citoyen Liendon.

« Ce ne sera sans doute, citoyens juges, qu'avec une religieuse terreur que vous allez entrer en délibération. Vous verrez, d'un côté, quatre-vingt-un individus condamnés aux fers, à la réclusion, à la mort, réclamant votre indulgence, osant même vous parler de justice ; mais vous verrez, de l'autre, la société entière vous demander vengeance et sûreté. Vous entendrez toutes ces maximes protectrices des accusés, invoquant, pour les plus grands criminels, la stricte observation des formes, qui ne peuvent être négligées à leur égard, sans donner de fausses alarmes, même à l'innocence. Mais vous envisagerez l'ordre social ébranlé par l'abus manifeste qu'on fait trop souvent de ces maximes, par l'indiscrète affectation avec laquelle on les proclame sans cesse, par la fatale extension qu'on leur donne.

« Ne nous le dissimulons pas, la tempête révolutionnaire a pénétré jusqu'au limon de la société, et l'a soulevé jusqu'à la surface qui en est encore toute souillée ; les passions ont été des haines ; les fureurs de tous les partis ont évoqué à leur aide tous ces scélérats qu'elles revomissent aujourd'hui de toutes parts ; l'impunité a décuplé l'audace ; tous les crimes conspirent contre l'ordre social et en sapent les fondements. Il est temps que toutes les autorités conspirent pour les raffermir ; il est temps que de grands exemples attestent le retour de la justice, inspirent un salutaire effroi à ceux qui seraient prêts à se jeter dans la route du crime, et rassurent ceux qui, pour prix des nombreux sacrifices que le gouvernement exige d'eux, ne lui demandent que sa protection pour leurs personnes et leurs propriétés. »

Il est inutile d'ajouter que les pourvois furent rejetés.

Le 12 vendémiaire, les vingt-trois condamnés de la bande d'Orgères furent exécutés sur la place publique de Chartres. Ils montèrent tous sur l'échafaud avec une brutale fermeté.

C'était la première grande *journée* de la guillotine sous le gouvernement du vainqueur de Marengo. Mais celle-là n'atteignait que des coupables.

Si terrible que fût l'exemple du procès de Chartres, il ne pouvait avoir fermé, en un jour, la plaie du brigandage. Nombre de bandits subalternes, d'affiliés secrets avaient échappé aux recherches de la justice. Les preuves, le flagrant délit manquaient contre beaucoup de mendiants signalés à l'autorité par la rumeur des campagnes. Mais, au moins, les plaines de la Beauce furent délivrées de la terreur qui pesait sur leurs habitants, et, s'il s'y commit encore des crimes isolés, on n'eut plus à y déplorer des attentats de bande.

Les plus endurcis, parmi les chauffeurs d'Orgères, ceux qui ne pouvaient vivre en paix avec la loi, allèrent retrouver dans les départements des Deux-Sèvres et de Maine-et-Loire les bandes non encore réduites de brigands déguisés en Vendéens. Sur ces routes infectées par des détrousseurs de passants, par des voleurs de diligences, on crut reconnaître le

Beau-François, en compagnie du célèbre chouan Coupe et-Tranche.

D'autres se rabattirent sur le département de la Seine. C'était assez mal choisir. Quelques actes de brigandage, commis à Villejuif et au Petit-Bicêtre, signalèrent, par leurs circonstances, la présence de chauffeurs émérites. La bande Manissier fut arrêtée d'un seul coup de filet, et, le 28 fructidor, trois de ces bandits furent condamnés à mort.

Le plus grand nombre s'étaient enfuis dans les départements montagneux du centre. Là, et surtout sur les chaînes de montagnes qui s'étendent au sud et au sud-est de la France, la lutte du désordre contre la loi était encore flagrante. Les passions politiques et religieuses y servaient de manteau au vol et à l'assassinat organisés. Beaucoup de rouleurs du pays chartrain se mêlèrent aux bandes de l'Ain, du Lyonnais, de l'Ardèche et des Cévennes.

Alors, pendant quelque temps, et tandis que l'interminable procédure du procès d'Orgères suspendait encore le terrible exemple d'une punition éclatante, on vit redoubler l'audace des brigands dans ces contrées. La diligence de Lyon à Genève fut audacieusement pillée au grand jour, à plusieurs reprises différentes.

Ces succès ne furent pas de longue durée. L'attaque d'une voiture, qui renfermait des gendarmes déguisés, leur fut fatale. Trois d'entre eux furent passés par les armes, quatre furent condamnés, le 6 vendémiaire, à subir le juste châtiment de leurs crimes sur la place publique de Bourg.

Le 23 vendémiaire, on voulut extraire de leur cachot les quatre condamnés. Quand on ouvrit la porte, on les trouva armés de coutelas, entièrement dégagés de leurs chaînes, quoique leurs fers eussent été visités peu d'heures auparavant.

Le geôlier et les gardiens s'enfuirent à ce spectacle, poursuivis dans la cour du préau par ces quatre forcenés presque nus. Mais le détachement qui devait mener les quatre condamnés au lieu du supplice était là sous les armes. Les scélérats, couchés en joue, furent traqués dans un coin de la cour. Alors se passa une scène hideuse, qui peint au vif l'horrible courage et l'affreux mépris de la mort qui inspiraient ces hommes. Un d'eux, se mit le-prêtre, commença une danse obscène, et, tâtant la place de son cœur, s'enfonça son arme dans la poitrine. Il tomba foudroyé. Un autre, Guyot, se perça de plusieurs coups, et, comme il ne mourait pas, un gendarme compatissant l'acheva d'un coup de mousqueton. Les deux autres s'étaient également frappés : on les dompta et on les conduisit au lieu du supplice. Le plus petit de ces bandits, Hyvert, s'était scié les artères avec un mauvais couteau ; un coup de feu lui avait cassé l'épaule, et il s'était plongé le couteau dans l'estomac, en l'agitant avec frénésie et criant :
— « Ah çà, je ne peux donc pas mourir ! j'ai donc l'âme chevillée dans le corps ! »

On les conduisit, ruisselants de sang, vomissant des blasphèmes, jusqu'à l'escalier de la guillotine, qu'ils montèrent en chantant le ça ira!

Mais bientôt, nous l'avons dit, toutes ces scènes hideuses allaient devenir impossibles et un gouvernement vraiment énergique allait nettoyer le pays et restaurer l'empire de la loi. Le 17 vendémiaire an VIII (9 octobre 1799), le général Bonaparte était arrivé tout à coup d'Égypte, et demandait au Directoire :
— « Qu'avez-vous fait de cette France que je vous ai laissée si brillante ? » Vint enfin cette journée du 18 brumaire, où la France, fatiguée de déchirements et d'anarchie, remit le soin de sa guérison aux mains d'un seul homme.

Alors commença la réorganisation de toutes choses. L'habile Fouché remplaça Maret à la police. Des commissaires généraux furent envoyés dans les départements, avec des instructions pressantes et des pouvoirs étendus. La pacification rapide des luttes publiques aida bientôt à l'œuvre de répression. En nivôse (le 17 janvier 1800), le traité de Mont Luçon mettait fin à l'insurrection de Vendée. Châtillon, d'Autichamp, le curé de Saint-Lô, Suzannet déposaient les armes. Parmi les derniers chefs des bandes bretonnes, deux, Laprévelaye et Bourmont consentirent à se soumettre. Frotté fut pris et fusillé. Georges Cadoudal, battu par Brune à Grand-Champs, capitula. Les chouans descendirent de la lutte armée dans l'assassinat politique. La guerre de l'ouest était terminée.

Dans le midi, les passions s'apaisaient aussi. L'esprit monarchique y reprenait confiance et la réaction antirépublicaine n'avait plus besoin d'en appeler au poignard.

Tout cela découvrait singulièrement les bandes, qui, jusque-là, avaient vécu côte à côte avec les insurrections politiques. L'énergie de la police et de la magistrature fit le reste.

L'ordre judiciaire avait été réorganisé tout entier, et l'institution des juges à vie, en assurant la parfaite indépendance de la magistrature et en la mettant à même d'acquérir les lumières qui ne peuvent venir que de l'expérience, avait garanti aux justiciables l'impartialité et l'équité des jugements.

Des attaques de bandes eurent encore lieu sur divers points de la France, pendant les premiers temps du Consulat ; mais la répression fut toujours rapide, éclatante. Le jury, rassuré, s'associa partout à cette vigueur salutaire.

Dans l'Ardèche, la bande noire fut pourchassée et dissoute. On enrôla les moins coupables, on traqua les autres comme des bêtes fauves. Le général Férino opéra, dans ces contrées demi-sauvages, un désarmement général, opération aussi nécessaire que celle que nous avons vu pratiquer en Corse, de nos jours, pour l'extinction du banditisme.

Les citoyens, eux-mêmes, retrouvèrent l'énergie de la défense personnelle.

Dans le Cantal, une recette ayant été attaquée par des brigands, le tocsin sonna, et des villages entiers, maire en tête, armés de faux et de cognées, cernèrent les défilés des montagnes, pendant que la gendarmerie y fusillait les voleurs.

L'an IX vit la dernière expédition de ce genre.

Un rapport de Fouché, adressé à Bonaparte au commencement de cette guerre d'extermination, nous dira ce qu'il y avait à faire et quels moyens le gouvernement consulaire avait adoptés pour réduire ces ennemis de la civilisation.

« Citoyen consul, disait ce rapport :

« Si les vols de diligences n'ont pas encore cessé, si le pillage des fonds publics continue, la faute ne peut en être imputée au ministre de la police ; les prisons de départements font foi qu'il a fait son devoir ; elles sont toutes remplies de brigands ! Et il ne s'est guère commis un attentat qui n'ait été suivi de la mort ou de l'arrestation de quelques-uns de ses auteurs.

« Si ces désordres n'ont pas encore un terme, il faut le dire avec courage, c'est que beaucoup de tribunaux et de jurés ne remplissent pas leurs devoirs.

« Des scélérats pris les armes à la main ont été acquittés et mis en liberté par les tribunaux. Les formes de procédure ordinaire n'ont ni la rapidité ni la force nécessaire pour protéger la tranquillité publique.

« De toutes parts, les préfets réclamaient la création de commissions extraordinaires spéciales pour juger les prisonniers mis actuellement en état d'arrestation.

« Un tel état de choses, citoyen consul, ne peut se prolonger; il décourage tous les citoyens; il anéantit l'action de la police; il enhardit les scélérats qui, mis en liberté, ou parvenus à s'échapper après une longue détention, sortent des prisons plus furieux, plus méchants que quand ils y sont entrés. »

Le rapport de Fouché fut suivi d'un arrêté créant des commissions extraordinaires destinées à juger:

1° Les voleurs de diligences, de courriers et de recettes publiques;

2° Les embaucheurs et provocateurs à la désertion;

3° Ceux qui tentent d'enlever à main armée les individus transférés et conduits par la gendarmerie et la force publique.

— « En mettant dans vos mains des moyens curatifs aussi puissants, disait une autre circulaire adressée aux préfets, la loi rend vos administrés civilement garants des attentats commis sur leur territoire, soit envers les personnes, soit envers les propriétés.

« Rappelez aux habitants des communes les obligations qu'elle leur impose, et les dangers dont ils s'environnent en négligeant le service de la garde nationale.

« Placés entre l'alternative d'être attaqués jusque dans leurs foyers s'ils restent dans l'inaction, ou de devenir responsables des vols commis à leur insu, pourraient-ils hésiter encore à faire ce qu'exige leur propre sûreté.

« Le zèle des habitants des communes rurales n'est qu'engourdi, ranimez-le.

« Exigez la représentation des passe-ports;

« Arrêtez les individus qui n'en auront pas;

« Et faites faire des patrouilles, non-seulement pour la conservation des personnes et des propriétés des communes, mais encore pour protéger la circulation des routes. »

Il fut arrêté qu'aucune diligence partant à jour fixe de Paris pour les départements, ne voyagerait plus que sous l'escorte de quatre soldats, commandés par un caporal ou par un sergent, établis sur l'impériale avec leurs fusils et vingt cartouches; la nuit, on prendrait un renfort de deux gendarmes à cheval, armés de mousquetons.

Bonaparte s'intéressait vivement au succès de cette croisade de la police. Plus d'une fois il intervint dans la répression, soit pour diriger, soit pour blâmer, soit pour récompenser. C'est ainsi que le premier consul fit complimenter, par le général Mortier, Claude René, postillon de Courville, qui, voyant la diligence qu'il menait attaquée par des brigands à une lieue de Champrond, avait abattu un des voleurs à coups de pistolet, et, couvert de blessures, avait enlevé ses chevaux sur le corps des autres. La lettre de félicitation était accompagnée d'un envoi de 400 francs pris sur la cassette du premier consul.

Les résultats ne se firent pas attendre. Le 1ᵉʳ frimaire an IX, un rapport de Fouché constatait que, dans quarante-sept départements, trois cents bandits avaient été arrêtés, un plus grand nombre détruits.

Dans cette liste, le département des Deux-Sèvres comptait pour dix brigands pris les armes à la main, et, pour la plupart fusillés sur place. Le chef de ces brigands était un certain Mignier, dit Grand-Gars. Le plus féroce de ses acolytes, un hercule de grand'route, c'était Girodot, ancien chauffeur, enrôlé depuis peu parmi les détrousseurs de diligences de la Vendée et parmi les embaucheurs pour la soi-disant armée royale.

Les lecteurs auront reconnu, dans ce Vendéen de contrebande, notre vieille connaissance d'Orgères, le Beau-François.

LACENAIRE, FRANÇOIS et AVRIL

Assassinat du passage du *Cheval-Rouge*. (Page 9.)

Le Balzac de l'Angleterre, le spirituel et profond observateur Dickens, racontant la vie de son père, vie toute de dévouement à la science, consacrée sans bruit à la pratique de toutes les vertus, compare avec *humour* cette existence obscurément utile au retentissement qui se fait autour des criminels célèbres. Que n'empoisonnait-il, comme Palmer, parents, amis, femmes et enfants? Que ne donnait-il aux *cockneys* de la Cité le spectacle attrayant d'une exhibition funèbre, avec l'accompagnement obligé des — dernières paroles du condamné?—Son nom vivrait encore dans la mémoire des hommes, et une curiosité posthume s'attacherait à ses moindres paroles, à ses actes les plus insignifiants.

Il y aurait, en effet, une suprême injustice dans ce contraste des vertus ignorées et du crime illustre ; il y aurait là de quoi dégoûter de l'honnêteté modeste et encourager les Empédocles futurs, si, après tout, le bruit était la gloire, et si, à l'engouement curieux des contemporains pour le scélérat qu'ils exaltent, ne succédait infailliblement l'impartiale et froide analyse, qui remet chacun à sa place et rejette l'idole monstrueuse dans son ignoble vulgarité.

C'est ce que semble avoir oublié, dans d'assez mauvais vers, l'homme qui fait le sujet de ce récit, Lacenaire :

Oui, tu vivras, tandis que l'homme qui n'aura
Jeté sur son chemin que des bienfaits mourra.

Car si vous n'avez point fait pleurer sur la terre ;
Si vous avez passé consolant, solitaire,
Si vous n'avez séché ni fait couler des pleurs,
Rien ne reste de vous; lorsque l'orage gronde,
Un jour qui détruit toute la trace est plus profonde
Que du jour qui mûrit les fleurs.

Parmi les criminels qui se sont emparés le plus fortement de la curiosité publique, parmi ceux dont la physionomie a inquiété l'opinion et la conscience de tous, comme une sanglante énigme, il n'en est pas qui aient laissé dans les annales du crime une trace plus profonde que Lacenaire. Il a systématisé si hardiment le matérialisme féroce; il a nié si bruyamment les instincts supérieurs de l'âme humaine; il a si bien réussi à faire illusion sur sa valeur à force de contrastes cherchés entre sa culture intellectuelle et ses appétits brutaux ; il a si audacieusement incarné dans sa personne les dangereuses accusations portées contre la société par tous les déshérités du vice ou du crime, que la société s'est émue un moment de ces fanfaronnades et a pris au sérieux ce charlatanisme. Aujourd'hui, vingt ans ont passé sur ces émotions malsaines ; bien des théories puériles ou coupables ont été jugées à l'œuvre, et il nous serait facile de dépouiller de son prestige immoral ce héros de cour d'assises qui eut nom Lacenaire. Mais, tout en faisant la part de chacun dans ces honteux enthousiasmes, tout en cherchant sous les faits la leçon morale, selon notre invariable habitude, nous nous attacherons à conserver à notre récit sa véritable physionomie dramatique. L'intérêt sérieux de ces drames réels est tout entier dans l'exactitude et dans la sincérité.

Pierre-François Lacenaire naquit en l'année 1800, à Francheville, petit village du département du Rhône Son père était un honorable négociant de Lyon, et avait fait fortune dans le commerce des fers. Retiré à la campagne, il s'y maria un peu tard, et de cette union naquirent treize enfants. Les économies du négociant étaient devenues insuffisantes pour élever une famille aussi nombreuse. Il lui fallut rentrer dans les affaires et le succès ne couronna pas ses nouveaux efforts. Il avait entrepris un commerce qu'il ne connaissait pas : il n'avait plus l'activité, le bonheur de la jeunesse. Pour réparer des pertes sérieuses, il se lança dans des spéculations hasardées, et peu à peu s'ouvrit sous ses pas le gouffre qui devait engloutir sa fortune et celle de ses enfants.

Le jeune Lacenaire, cependant, achevait ses études. Il les avait commencées au collége de Saint-Chamond, puis avait été envoyé au séminaire d'Alix, près de Villefranche. Il resta dans cet établissement jusqu'en 1817, époque de sa suppression. De là il passa au collége de Lyon. Partout, il se fit remarquer par un goût assez vif pour l'étude, par sa docilité, par ses succès. C'est au moins ce que dit un de ses professeurs, M. Reffay de Lusignan. Quant à Lacenaire, lui-même, si l'on en croit ses Mémoires, il prétendrait avoir été renvoyé de tous les établissements d'instruction, de Saint-Chamond, d'Alix, de Lyon, de Chambéry, pour cause d'indiscipline, d'irréligion, d'immoralité. Nous aimons mieux croire le témoignage de son vieux professeur. Selon ce dernier, sans avoir d'amitiés bien vives, il sut se concilier des sympathies dont on a pu retrouver les traces, et il faut attribuer au besoin de créer des antécédents plausibles aux crimes de Lacenaire, ce prétendu propos de M. Durand, directeur du collége d'Alix :
— Voilà un enfant qui périra sur l'échafaud.

Quant à la supériorité *écrasante* qu'aurait montrée sur ses condisciples le jeune Lacenaire, au dire de son professeur, il ne faudrait pas trop exagérer la portée de ce témoignage. L'élève *phénix* du collége d'Alix n'apporta réellement dans le monde qu'une instruction incomplète et superficielle.

Son éducation à peu près terminée, le jeune Lacenaire eût voulu se livrer à l'étude du droit. Paris l'attirait, ce Paris des fortunes rapides, ce Paris où la parole commençait à devenir une royauté, ce Paris où l'on pouvait devenir illustre, en un jour, avec un mot. Être avocat, et à Paris ! Quel rêve ! Il fallut y renoncer. Les ressources du père ne lui permettaient plus ce sacrifice de temps et d'argent pour un de ses fils. Le jeune Lacenaire dut entrer dans une maison de commerce. Placé d'abord chez un fabricant de soieries, puis dans une étude d'avoué, puis chez un notaire, enfin dans une maison de banque, il ne put se résigner à édifier lentement sa fortune par le travail obscur, par l'économie. Le dégoût le prit, il s'engagea.

Lacenaire fit la guerre de Morée, obtint son congé en 1829 et revint dans sa patrie. Ces quelques mots résument sa carrière militaire, qui paraît n'avoir été marquée par aucun incident qui révèle ou des services rendus ou des fautes commises.

Lorsque plus tard, on chercha à retrouver dans la jeunesse de Lacenaire les indications de ses penchants vicieux, on prétendit lui avoir demandé pourquoi il n'avait pas eu l'idée de s'engager dans un régiment. — « C'est, aurait-il répondu, parce que *je ne sais pas obéir.* »

Cette obscure campagne de Morée rejette encore parmi les fables un propos qui eût eu son prix au point de vue du diagnostic moral. Nous trouvons cependant dans ses Mémoires qu'il aurait déserté par deux fois, avant même le départ de son régiment. L'invraisemblance est ici palpable : l'instruction eût trouvé facilement la trace de ce fait.

De retour à Lyon, Lacenaire n'y trouva plus sa famille dispersée par l'orage. Sous le coup d'une faillite, son père avait quitté la France. C'était un coup affreux, sans doute, mais Lacenaire était jeune ; sa constitution énergique lui permettait le travail qui soutient et qui répare. Les anciens amis de sa famille le repoussèrent, dit-on : son père avait laissé des dettes, les portes se fermèrent devant le fils. C'est à ce moment que l'âme de Lacenaire se serait aigrie ; qu'il se serait senti pénétré d'une indignation profonde contre la fortune. C'est à ce moment qu'il se serait pris à nier l'existence d'un Dieu qui n'eût pas dû permettre ces injustices, et qu'il se serait réfugié dans l'athéisme et dans la philosophie matérialiste.

Voilà de bien grands mots pour des accidents bien ordinaires. Si tous ceux qui subissent ici-bas quelque épreuve, qui succombent un moment sous l'injustice des hommes, s'en prenaient à la société tout entière et s'insurgeaient contre la Providence, le monde se changerait bien vite en un champ de bataille ou en un vaste hôpital de fous.

Lacenaire, d'ailleurs, sans parler de ses bras, de son intelligence et de son courage, n'avait pas perdu toutes ressources. Un ami fidèle (il en avait donc encore !) lui remit, de la part de sa mère, une somme de cinq cents francs. Cinq cents francs et l'énergie honnête, il y avait là de quoi faire fortune ; combien y sont arrivés avec moins ! Lacenaire ne vit dans cette somme qu'un moyen de réaliser ses rêves. Il accourut à Paris. Nous reléguons parmi les inventions posthumes les prétendus voyages de Lacenaire en Angleterre, en Italie, en Suisse, ses duels fréquents, ses faux, ses vols et le meurtre d'un de ses dénonciateurs. Tous ces faits dont il n'est pas resté de trace, nous paraissent avoir été, ou inventé à plaisir par Lacenaire lui-même, ou plutôt arrangés à dessein par des éditeurs peu scrupuleux, pour servir de préface aux notes authentiques laissées par Lacenaire.

Quoi qu'il en soit, arrivé à Paris, Lacenaire perdit son temps et dépensa ses ressources en ces recherches peu sérieuses que ne dirige pas un but clairement désigné, vigoureusement poursuivi. Il forma quelques-unes de ces liaisons superficielles qui détournent du travail et retardent l'avenir. Parmi les jeunes gens qu'il avait rencontrés à Paris, il y en avait un qui portait le nom célèbre et honoré de Benjamin Constant. Lacenaire eut avec ce neveu du grand orateur politique une querelle sans importance. C'était en 1829 : le duel était à la mode alors. Il fallut se battre. Lacenaire fit, a-t-il dit lui-même, tout ce qu'il put pour éviter l'affaire. « J'essayai d'entrer en arrangement, cela me faisait de la peine de me battre ; il refusa tout. » La rencontre eut pour théâtre un des fossés du Champ-de-Mars. Le jeune Constant tira le premier. La direction des pistolets, la facilité que donnaient à l'œil les deux parois du fossé, tout faisait croire à Lacenaire qu'il était un homme mort. Son adversaire le manqua cependant. Lacenaire tira à son tour et Constant tomba sur le coup.

Ce duel est le premier acte de la vie de Lacenaire qui lui ait servi à se poser en nature exceptionnelle, à invoquer une organisation spéciale. « La vue de son agonie, disait-il plus tard (octobre 1835), ne me causa aucune émotion... Je crois pouvoir accuser une disposition particulière de la nature, une insensibilité qui n'est point ordinaire. »

Faut-il croire maintenant avec quelques-uns que ce duel ait eu des conséquences funestes sur la vie de Lacenaire, que son avenir ait été brisé, que le duelliste se soit vu repoussé par ses plus chauds protecteurs, qu'on l'ait puni d'avoir accepté le combat, comme on l'eût blâmé de l'avoir refusé? Il y a dans tout cela quelque exagération, et, en 1829, un duel malheureux ou heureux (lequel des deux eût-on dit alors?) n'était pas fait pour fermer à un jeune homme la carrière qui s'ouvrait devant lui. Le nom de Benjamin Constant s'attacha, dit-on, au meurtrier. C'était un nom sympathique à l'opinion, sans doute, mais l'illustre député de l'opposition n'avait pas que des amis.

Le plus certain, c'est que Lacenaire avait épuisé ses ressources, qu'il lui eût fallu travailler pour vivre honorablement; c'est qu'il avait le goût de la vie facile, de l'or qui ne se gagne pas. « Je n'ai jamais eu de passion dominante, si ce n'est celle de l'or. *J'ai horreur du vide dans ma poche*... Je ne puis vivre sans argent. »

Pour se procurer de l'or sans travail, Lacenaire escroqua. Il fut condamné une première fois, en 1829, à un an de prison (1).

L'expiation subie, Lacenaire semble avoir cherché dans des travaux littéraires des moyens d'existence. C'est, en effet, aux années 1831 et 1832 qu'il faut rapporter un certain nombre de chansons politiques et de morceaux poétiques que l'engouement des derniers jours a rapportés sans vraisemblance à l'époque du procès criminel.

Nous trouvons d'abord dans ce bagage assez mince une chanson d'une facture assez facile, bien qu'un peu banale. La voici :

LA FLUTE ET LE TAMBOUR.

Air du vaudeville du *Baiser au Porteur*.

Bien fou, ma foi, qui sacrifie
Le présent au temps à venir.
Tout est bien et mal dans la vie,
Le chagrin succède au plaisir.
Contre le sort en vain on lutte,
Amour, richesse n'ont qu'un jour;
Ce qui vient au son de la flûte
S'en retourne au bruit du tambour.

Un gros financier qui naguères
Roulait gorgé du bien d'autrui,
Rançonné par d'autres confrères,
Marche dans la crotte aujourd'hui.
On voit souvent semblable chute
Chez le peuple ainsi qu'à la cour.
Ce qui vient, etc.

---

(1) L'acte d'accusation, qui renferme plus d'une erreur, dit: pour vol et *vagabondage*. Ce dernier mot a été rayé par Lacenaire, lorsqu'il corrigea lui-même les épreuves de son procès. C'est ainsi encore que l'acte d'accusation l'envoie à Clairvaux, où jamais il ne mit le pied. Il est probable que cette première condamnation fut prononcée sous son nom véritable. On n'en retrouve pas la trace dans les jugements postérieurs.

Rencontrant une bourse pleine,
Un amateur de vin clairet,
Pour mettre à profit cette aubaine,
Courut de suite au cabaret :
Là, sans tracas et sans dispute,
Il but jusqu'à la fin du jour.
Ce qui vient, etc.

Quand je vois la superbe actrice
Qui ruina plus d'un amateur,
Aujourd'hui, par un beau caprice,
Se ruiner pour un mince auteur.
Pauvre fille, hélas! quelle chute!
Ainsi, dis-je, même en amour,
Ce qui vient au son de la flûte
S'en retourne au bruit du tambour.

Rien dans ces vers ne dépasse, on l'a vu, le *faire* habituel des mille chansonniers du Caveau. La muse républicaine avait mieux inspiré Lacenaire. La chanson suivante où se trahit l'imitation du grand chansonnier français, ne manque pas de verve et d'esprit ; mais le souffle ne dure pas jusqu'à la fin de la pièce.

QUEL MALHEUR !

OU LES REGRETS D'UN DOCTRINAIRE.

Air du *Sénateur*, de Béranger.

Fi soit-il de la mémoire
Des héros qu'on prône tant !
Si nous eûmes l'air de croire
A leur gloire un seul instant,
Aujourd'hui tout est changé,
Paris n'est qu'un insurgé.
  Quel malheur! (*bis*)
Je le dis avec douleur,
Nos trois grands jours, c'est une horreur !

Quoi qu'en dise la canaille
Qui, dans sa simplicité,
Brava le feu, la mitraille,
Pour dix jours de liberté,
Le peuple aurait eu grand tort
S'il n'eût été le plus fort.
  Quel malheur ! etc.

Et pourtant, malgré les braves,
L'Œuvre restait en chemin,
Sans quelques saints qui des caves
Sortirent le lendemain ;
Et dès que le bruit mourut,
Notre sauveur reparut.
  Quel malheur ! etc.

A cette époque funeste,
Reniant jusqu'à son nom,
Dans ce Paris qu'on déteste
S'il régna, quoique Bourbon,
Je suis sûr que notre roi
Pense aujourd'hui comme moi.
  Quel malheur! etc.

Pour rassurer la Patrie
Sur un pareil attentat,
Contre la presse en furie
Il nous faut un coup d'État.
Les amendes, l'interdit,
N'ont pu nous mettre en crédit.
  Quel malheur ! (*bis*)
Je le dis avec douleur,
Nos trois grands jours, c'est une horreur !

La chanson du *Marchand d'habits*, dont nous ne donnons qu'un fragment, est d'une facture plus vulgaire.

Entrez, entrez à ma boutique,
Passez, messieurs, à mon comptoir ;
Je vends, j'achète, et je trafique,
C'est ici vraiment qu'il faut voir!

Plus d'un personnage qui brille,
Plus d'un fat qui fait l'important,
Hier encor traînaient la guenille
Que j'étale aux yeux des passants.
    A ma boutique
    Chaque pratique
Peut s'habiller à juste prix :
Marchand d'habits ! Marchand d'habits !

Voici de quoi vous satisfaire :
Ici j'ai des habits tout faits,
Pour les bourgeois, les militaires,
Pour les ministres, les laquais.
J'ai des chapeaux, j'ai des culottes,
J'ai des hausse-cols, des rabats,
J'ai des soutanes, des capotes,
De vieux hochets et des crachats.
    A ma boutique, etc.

Il n'y a, à vrai dire, qu'une jolie pièce dans ces essais de jeune homme. C'est la *Sylphide*. On y retrouverait aisément le pastiche ; mais, après avoir fait la part de l'idéalité un peu vague qui règne dans cette ode-chanson, après y avoir signalé les réminiscences et les taches, il faut bien y constater un certain mouvement poétique, une certaine pureté de forme et une promesse de talent. Ces qualités se doublent, à nos yeux, du sentiment qui les inspire. Cette pièce, en effet, n'est pas éclose, comme on l'a cru, dans le cabanon du condamné à mort. Elle porte la trace des défaillances rêveuses qui caractérisent la génération poétique de 1830. On y entend vibrer un écho affaibli de René, d'Obermann et de Wilhem Meister. On y sent la mélancolie un peu factice et maladive des poëtes véritables de l'époque, des Escousse et des Dovalle, pour ne pas citer des noms plus éclatants. C'est le génie du suicide, non celui de la guillotine, qui dicta ces vers :

LA SYLPHIDE.

(Air de la *Bonne Vieille* de Béranger.)

Etre divin, beauté touchante et pure,
Que je rêvais dès mes plus jeunes ans,
Qui que tu sois, esprit ou créature,
Prête l'oreille à mes derniers accents !
Sur les récifs d'une mer agitée,
Tu m'as guidé, phare mystérieux :
Je vois le port, et mon âme enchantée
Ira bientôt te retrouver aux cieux.

Je te cherchais sous les brillants portiques
Où vont ramper les séides des rois ;
Je te cherchais sous les chaumes rustiques ;
Ton ombre seule apparut à ma voix.
Peut-être, hélas ! mon œil trop faible encore
Soutiendrait mal ton éclat radieux ;
Veille sur moi, sylphide que j'adore,
Vierge immortelle, attends-moi dans les cieux.

Je te rêvais dans la grotte sauvage,
Au souffle aigu des autans furieux ;
Je te rêvais sous un épais feuillage,
Aux doux accords d'un luth mélodieux.
Si tu n'étais qu'une vaine chimère,
D'un cœur malade, enfant capricieux !
Mon âme enfin va percer ce mystère,
Vierge immortelle, attends-moi dans les cieux.

Je te rêvais au printemps de ma vie,
Le front paré de riantes couleurs ;
Pauvre et souffrant dans ma longue insomnie,
Je te rêvais plus belle dans les pleurs.
Mais de la mort j'entends la voix sévère,
Elle a brisé le prisme gracieux !...
Je n'ai plus rien qui m'attache à la terre,
Vierge immortelle, attends-moi dans les cieux.

Si Lacenaire eût été vraiment doué d'une organisation poétique, si les nobles instincts avaient dominé dans sa tête et dans son cœur, il eût pu, comme tant d'autres, lutter contre les difficultés de la vie. N'avait-il pas, il l'a avoué lui-même, une force de volonté peu commune ? Que n'acceptait-il la bataille, comme tant d'autres, sortis illustres de la mansarde ou de l'atelier ? Ou bien, s'il se sentait trop faible pour le combat, que ne désertait-il à temps ? Le génie a ses défaillances ; mais s'il s'abandonne, s'il meurt trop tôt, il ne tue pas pour vivre.

Pendant sa première expiation, Lacenaire avait coudoyé des misérables dont les exemples et les leçons avaient laissé sur lui leur empreinte. Il avait vu de près le vice et le crime : il ne sut pas échapper à ces souvenirs. Il écrivait par goût et recherchait les satisfactions de vanité par ses productions littéraires. Mais il est plus facile de briller en bas, et sa nature dégradée l'attirait déjà vers les derniers rangs de la société. Loin de secouer son passé, il noua des relations avec d'anciens compagnons de captivité. De là, pendant quelque temps, une double existence. Tantôt il écrivait paresseusement, sans but arrêté, colportant ses œuvres légères plutôt pour se faire admirer que pour gagner légitimement le pain de sa journée ; tantôt, quand la faim le mordait, quand le désir de l'or s'emparait trop vivement de son âme, il semait sa route d'escroqueries, de faux, de vols.

« — Mes faux ne m'ont rapporté que 2,000 francs, a-t-il dit lui-même depuis, mais ceux-là seulement qui sont relatés dans l'acte d'accusation. Ceux qui m'ont le plus produit ne sont pas compris dans l'énumération. »

C'était donc une industrie et non pas un accident dans son existence, et il paraît certain que les professions de commis-voyageur et d'écrivain public, invoquées plus tard par Lacenaire, n'ont jamais été sérieuses.

La conclusion était inévitable.

Le 18 juillet 1833, Lacenaire fut condamné à treize mois de prison par jugement de la sixième chambre de police correctionnelle du tribunal de première instance de la Seine. Le jugement portait : Gaillard, dit Vialet (Henry), écrivain public, âgé de trente ans, demeurant à Paris, rue de la Calandre, n° 37, né à Genève (Suisse), de feu Jean et de Marguerite Vialet, veuve Gaillard.

Gaillard, Vialet : nous rencontrons ici deux des nombreux déguisements de Lacenaire. Il s'est caché encore sous les noms de Jacob Lévy, de Mahossier, de Bâton : il a pris ainsi, en peu de mois, vingt-deux noms différents. Il avait commis plusieurs vols et escroqueries sous les noms de Vialet et de Gaillard. Condamné, il garda l'incognito, réunit en un seul ces deux noms signalés à la police et se prétendit étranger, afin que la constatation de son véritable état social fût plus difficile. Au reste, la famille Lacenaire s'était réfugiée en Suisse après la faillite du père. L'un de ces noms, celui de Vialet, par exemple, était peut-être le nom de la mère de Lacenaire. L'instruction nous révélera, au moment du procès, la présence à Paris d'une tante de Lacenaire, bien connue de ses complices.

Pendant que Lacenaire attendait à la Force l'arrêt qui devait l'envoyer à Poissy, il y rencontra un détenu politique, M. Vigouroux, gérant du journal *le Bon Sens*. On sait quelle promiscuité déplorable rassemblait alors dans les prisons des hommes coupables d'un simple délit politique et des malfaiteurs reconnus. Il en résultait souvent une certaine facilité de relations, dans l'intérieur des maisons de force, entre des condamnés ou des prévenus d'un ordre tout à fait différent. M. Vigouroux vit Lacenaire, entendit son langage élégant, châtié, fut frappé de la tournure originale de son esprit caustique. Lacenaire lui lut quelques poésies : la forme en était spirituelle ; le sentiment, les doctrines politiques étaient de nature à plaire au journaliste d'opposition. M. Vigouroux s'intéressa à ce voleur littéraire dont il n'eût pas sans doute accueilli les productions avec autant de complaisance, sans le piquant du contraste.

Lacenaire fut transféré à Poissy pour y subir sa peine. M. Vigouroux ne le perdit pas de vue : une correspondance s'engagea entre eux. Le gérant du *Bon Sens* avait fait connaître à ses amis politiques une chanson du voleur-poète. La chanson fut trouvée bonne et on en demanda d'autres. Lacenaire envoya de Poissy à M. Vigouroux un manuscrit de ses chansons. Il fut fait un recueil où quelques-unes des productions de Lacenaire trouvèrent place : ce recueil fut envoyé de la Force aux journaux de Paris qui, peu curieux d'encourir des condamnations inévitables, refusèrent l'insertion.

M. Vigouroux avait donné à Lacenaire d'excellents conseils : il voulait le ramener à la vertu, au travail. Il ne voyait dans sa condamnation, dont il ignorait tous les antécédents, qu'une folie de jeunesse. Lacenaire, entre autres lettres, lui écrivait celle-ci :

« Soyez persuadé, Monsieur, que je m'efforcerai de mériter la bienveillance que vous me témoignez et qui adoucit beaucoup ma position ; elle me relève à mes propres yeux et me prouve que si je ne puis plus aspirer à reprendre dans la société le rang que mes talents auraient peut-être pu m'y faire occuper, je puis encore du moins espérer de reconquérir l'estime des personnes éclairées et dénuées de préjugés qui, comme vous, pardonnent au repentir et ne punissent pas un homme toute sa vie pour la faute d'un moment. J'aurais peut-être des motifs d'excuse à alléguer, vis-à-vis de tout autre, dans les circonstances critiques où je me suis trouvé et les épreuves que j'ai subies et auxquelles je n'ai pas eu la force de résister; mais combien je me repens en me voyant sans cesse entouré de l'écume de la société ! car, s'il y a ici quelques personnes que l'on peut fréquenter, la plupart ne sont, comme vous pouvez le penser, que des gens perdus de vices et abrutis dans le crime; aussi, plutôt que de retomber dans une semblable maison, je préférerais mille fois endurer ce que la faim a de plus cruel. Si j'ai des actions de grâces à rendre à la Providence, c'est de ne m'être pas laissé abandonner au découragement et au désespoir. C'est à vous, Monsieur, que j'en serai redevable ; puissiez-vous jouir de votre ouvrage en disant : J'ai ramené un homme du chemin du crime, pour lequel il n'était pas né. Notre connaissance fera époque dans ma vie, car, sans vous, je ne doute pas qu'abandonné de tout le monde, j'aurais continué à parcourir une carrière honteuse, de laquelle la nécessité et le délaissement des hommes m'auraient empêché de sortir, etc. »

Il y aurait à noter dans cette épître quelques notes fausses : les personnes *dénuées de préjugés*, les *motifs d'excuse à alléguer* ; mais, en somme, le sentiment apparent était des meilleurs, le repentir pouvait paraître sincère.

En même temps, Lacenaire recueillait des notes pour une série d'articles sur le régime pénitentiaire.

Sorti de prison, il porta un de ces articles à M. Vigouroux, qui le fit insérer dans la *Tribune des prolétaires*, supplément du *Bon Sens*. Cet article est curieux, non pas précisément par le talent qu'il révèle, car la phraséologie en est à la fois ambitieuse et inélégante, mais par la liberté d'esprit qu'il révèle chez le prisonnier, par cette *extériorité* d'observation qui lui montre clairement la corruption, sans que sa volonté et sa dignité morale lui permettent de s'y soustraire.

Selon le détenu de Poissy (et combien de graves autorités n'ont-elles pas confirmé depuis ses paroles !), le nombre effrayant des récidives ne provient que des vices du système pénitentiaire français. Les bagnes et les maisons de réclusion, qui revomissent périodiquement dans la société l'écume immonde des malfaiteurs, sont « les gouffres de démoralisation où se prépare et se distille le poison qui corrompt jusqu'au cœur du détenu, et le rejette, au sortir d'une condamnation correctionnelle, sur les bancs de la cour d'assises. »

Les déclamations, fort à la mode en ce temps-là, ne manquent pas dans l'article de Lacenaire. Il y montre « ces messieurs de la justice jouant avec le malheureux condamné à une courte peine, comme le chat fait avec la souris, à laquelle il ne donne d'abord qu'un léger coup de patte, puis qu'il laisse trotter devant lui, bien certain de la rattraper et de la dévorer après. »

Pour être impartial et faire juger la prose de Lacenaire, comme nous avons fait juger ses premières poésies, nous ne mettrons pas seulement sous les yeux de nos lecteurs ces phrases boursouflées. Nous extrairons de cet article intitulé : *Sur les prisons et sur le système pénitentiaire en France*, une peinture assez vivement tracée d'un jeune homme entraîné fatalement de chute en chute par la corruption de l'exemple :

« Un jeune homme se livre à ses passions; étouffant la voix de l'honneur, foulant aux pieds les principes de probité qu'il a puisés dans son enfance au sein de sa famille, mais qui n'ont pas encore eu le temps de jeter des racines bien profondes, il commet un délit. Aussitôt la police s'en empare et le plonge vivant dans ce cloaque nommé *Dépôt de la Préfecture*. Que rencontrera-t-il à son entrée? Des forçats évadés qui viennent se faire retisser à Paris, des forçats qui ont rompu leur ban et quitté le lieu de leur surveillance, des forçats libérés arrêtés en flagrant délit à commettre de nouveaux crimes; enfin d'autres voleurs, escrocs, filous, par goût, par état, presque de naissance, race gangrenée, frelons de la société, mauvais sujets incorrigibles, et qui, pour n'être pas allés au bagne, n'en valent pas mieux et sont depuis longtemps incapables d'aucune pensée honnête, d'aucune action généreuse. Que va devenir notre jeune imprudent au milieu de cette étrange société? C'est là que, pour la première fois, il va entendre résonner le langage barbare des Cartouche et des Poulailler, l'infâme argot! C'est là que, du consentement même des gardiens chargés de la surveillance du dépôt ; il va voir les faveurs, la préséance accordées aux vétérans du crime, aux célèbres du genre; eux seuls ont le droit reconnu de pressurer, de vexer, de fouiller même tout à leur aise les pauvres diables que mille circonstances peuvent amener momentanément au milieu d'eux. Et malheur à notre jeune homme s'il ne se met bien vite à l'unisson de leur ton, de leurs principes et de leur langage ; il est bientôt reconnu pour un faux frère et déclaré indigne de s'asseoir à côté des *amis!* Alors il n'y a sorte de vexation à laquelle il ne soit soumis, sans pouvoir en aucune manière y échapper ; des réclamations à ce sujet seraient mal accueillies par les gardiens mêmes, toujours enclins à protéger les *lurons*, et ne feraient qu'exciter contre lui la colère du prévôt de la salle qui, d'ordinaire, est un ancien forçat, ainsi que la meute de ses complaisants. Au milieu de ce dévergondage, de ce cynisme de gestes et de propos, de récits horribles et dégoûtants de crimes, le malheureux, pour la première fois, rougit d'un reste de pudeur et d'innocence qu'il avait en entrant; il a honte d'avoir été moins scélérat que ses confrères ; il craint leurs railleries, leur mépris ; car enfin, qu'on ne s'y trompe pas, il y a de l'estime et du mépris jusque sur les bancs des galères, ce qui nous explique pourquoi quelques forçats y sont plus à l'aise qu'au sein de la société de laquelle ils ne peuvent attendre que le mépris, et personne ne consent volontiers à vivre avec le mépris de ceux qui l'entourent. Aussi notre jeune homme, qui le redoute, va prendre exemple sur de bons modèles, sur ce qu'il y a de mieux dans le genre.... Il va se former sur leur ton, sur leurs manières ; il va les imiter; leur langue, dans deux jours, il la parlera aussi bien qu'eux; alors, ce ne sera plus un *pauvre simple;* alors les *amis* pourront lui toucher la main sans se compromettre. Notez bien que jusqu'ici c'est une gloriole de jeune homme qui rougit de passer pour un apprenti dans la partie. Le changement porte moins sur le fond que sur la forme. Deux ou trois jours au plus passés dans cet égout n'ont pu le pervertir encore tout à fait. Mais soyez tranquille, le premier pas est fait ; il n'est pas pour s'arrêter en si beau chemin, et son éducation, qui vient de s'ébaucher sous les voûtes de la Préfecture de police, va se perfectionner à la Force, et se terminer à Poissy ou à Melun. »

Ce jeune homme, vous l'avez compris, lecteurs, c'est Lacenaire lui-même, et, il est juste de dire que ce tableau de corruption est calqué sur l'original. Mais comment concilier cette impuissance à résister aux entraînements mauvais, avec l'intelligente analyse des différents degrés qui conduisent à la chute? Si Lacenaire eût écrit plus tard ce fragment, il n'eût pas oublié le dernier pas, celui que fait le jeune homme dépravé en glissant dans le sang du hideux échafaud. Pourquoi donc Lacenaire n'a-t-il pu trouver en lui-même la force de résistance qui permet à tant de malheureux sans instruction, sans éducation première, de s'arrêter sur la pente fatale? Il avait l'intelligence qui éclaire, il prétendait avoir la volonté qui choisit ; mais il lui manquait la patience qui assure l'existence par le travail. Il lui manquait l'*orgueil*, ce défaut puissant des natures d'élite, il n'avait que la *vanité*, cet orgueil des faibles. C'était une nature incomplète et vulgaire. La plaie honteuse de cette âme inférieure est révélée par ces paroles : « Il craint leurs railleries, leur mépris...; personne ne consent volontiers à vivre avec le mépris de ceux qui l'entourent. »

Nous retrouvons la même indication morale dans une conversation que le lecteur rencontrera plus tard dans ce récit : « Croyez-vous qu'on me méprisera ? dit Lacenaire à son interlocuteur !... C'est de la haine que j'attends. Il est une chose que, suivant moi, on ne peut guère supporter, le mépris d'autrui et son propre mépris. »

Ainsi, le malheureux ne s'était jamais élevé, dans ses appréciations de la dignité personnelle, au-dessus de l'ignoble gloriole du détenu ! Et on a pris cet homme pour un logicien, pour un philosophe, pour un poëte !

L'homme qui *posait* devant M. Vigouroux en analyste impartial des corruptions intimes de la prison, l'homme qui se prétendait relevé à ses propres yeux par l'intérêt que lui portait un honnête homme, avait passé plus d'un an à Poissy à *poser* devant ses compagnons de captivité en scélérat accompli. Il s'était sottement enivré de la supériorité si facile que lui assurait sur ces natures grossières et flétries la culture de son intelligence. Il avait médité ses plans de vie future, il s'était dit que l'escroquerie et le vol coûtaient trop cher et rapportaient trop peu. Il était assassin d'intention, avant même de rentrer dans cette société qui le châtiait de ses fautes. Pendant sa captivité, il avait étudié ses camarades, mesuré leurs aptitudes diverses pour le crime, choisi ses complices à l'avance.

Le 11 août 1834, et non le 12, comme l'ont dit l'acte d'accusation et Lacenaire lui-même, il sort enfin de prison. Sa première visite est pour M. Vigouroux. Il est dans le dénûment le plus complet. Il parle à son protecteur de son désir de revenir au bien ; il assure qu'il regrette le passé. M. Vigouroux, touché de ces sentiments honorables, lui donne des habits et quelques secours pour l'engager à persévérer dans ses bonnes résolutions. Lacenaire a prétendu depuis qu'il aurait demandé alors quel prix on pourrait lui payer au journal le *Bon Sens* quelques articles et quelques chansons. M. Vigouroux aurait répondu : « Je ne sais comment vous faire ma proposition. J'en suis honteux moi-même : ces messieurs ne veulent vous donner que cinq francs par article. »

— Cinq francs par article! s'est écrié depuis Lacenaire ; à quatre articles par mois, c'est-à-dire vingt francs, il n'y avait pas de quoi vivre. »

Ce qui justifiait sans doute les représailles les plus terribles contre une société qui condamnait froidement un homme à mourir de faim ! Le malheur est que Lacenaire a menti. Il ne fut jamais question de conditions de paiement pour des articles qu'on n'eût pu accepter. Le seul article inséré le fut, non dans le *Bon Sens*, mais dans la *Tribune des prolétaires*, sorte de bulletin ouvert aux réclamations justes ou injustes de tous les déshérités. Pouvait-on accepter pour collaborateur ordinaire et payé l'homme qui disait cyniquement à M. Vigouroux : « Je ne suis pas un malheureux imprudent, mais *un voleur de profession*. »

Lacenaire, en effet, s'était immédiatement remis à exercer la seule profession qu'il ait jamais connue. Quelque temps après la visite faite à M. Vigouroux, il commit un nouveau vol, et la police, qui avait perdu sa trace, avertie des relations qui avaient existé entre le libéré et M. Vigouroux, vint prendre auprès de celui-ci des renseignements. Lacenaire eut l'impudence de retourner une fois encore chez le gérant du *Bon Sens;* mais celui-ci le reçut fort mal, lui demanda ce qu'il avait fait des habits qu'il lui avait donnés et que Lacenaire répondit avoir changés avec ceux d'un camarade : puis, par un reste de pitié, il l'avertit que la police était à ses trousses.

Mais les vols qu'il commettait depuis sa libération n'étaient pour Lacenaire qu'une distraction innocente. Il méditait quelque chose de mieux. Plusieurs fois déjà, lui, l'homme supérieur qui ne ressentait, à l'entendre, que dégoût pour ses anciens compagnons de captivité, avait été à Poissy au-devant de plusieurs d'entre eux le jour de leur libération (1). Mais son choix n'était pas fait encore.

Le 25 novembre, il y retourna.

C'est le 25 novembre qu'un ancien camarade du nom d'Avril sortait de la maison de détention de Poissy. Lacenaire alla au-devant de lui ce jour-là. Avril avait à sa masse une somme de 240 francs ; mais, après quelques dettes payées, il ne lui resta que 160 francs. Les deux amis prirent ensemble les voitures de Saint-Germain, déjeunèrent dans cette ville à l'hôtel de *la Chasse-Royale* et arrivèrent à Paris sur les huit heures du soir. Ils allèrent dîner à la barrière. Avril était déjà à moitié ivre. Pendant le déjeuner du matin, le fameux plan de Lacenaire fut mis sur le tapis, discuté et arrêté.

Cependant Avril avait soif de plaisirs, de dépenses, son argent lui brûlait les doigts. Il avait hâte d'être seul, pour *s'en donner*, disait-il, après ses cinq ans de prison. Il quitta Lacenaire, courut déposer 40 fr. dans une maison de prostitution et perdit le reste au jeu. Lacenaire savait bien que le complice de ses crimes futurs ne lui échapperait pas. Quand Avril n'eut plus un sou, il se mit à la recherche de l'intelligence fatale dont il avait promis d'être le bras.

Qu'était-ce donc que cet Avril? L'extrait des minutes du greffe de la cour d'assises du département de Seine-et-Oise porte le signalement suivant de Pierre-Victor Avril, condamné à Versailles, le 26 novembre 1829, à cinq ans de détention pour vol pendant la nuit.

Avril (Pierre-Victor), garçon couvreur, né à Versailles, âgé de 18 ans; taille de 1 mètre 65 cent.; cheveux châtains, sourcils bruns, front couvert et large, yeux gris roux, nez large, bouche moyenne, menton rond, visage plein, teint pâle ; signes particuliers : Néant.

— «Il se livrait à *l'oisiveté*,» dit en annotation le greffier de la cour d'assises. Remarquons encore que Pierre-Victor Avril fut couvreur et plus tard menuisier, comme Lacenaire lui-même fut commis-voyageur et écrivain public. Voleurs, et bientôt assassins, telle était leur profession véritable.

Maintenant, en face du *bras*, dépeignons celui qui s'appelait lui-même l'intelligence.

Voici le signalement du prétendu Gaillard, tel que nous le copions sur les registres d'écrou de la Maison centrale de Poissy, sous le numéro 9339 :

Agé de 30 ans; taille de 1 mètre 68 cent.; cheveux bruns, sourcils id., barbe id., front haut, yeux gris brun, nez fort, bouche grande, menton fourchu, visage ovale, teint coloré; signes particuliers : une cicatrice au côté droit du front.

Au signalement brutal du livre d'écrou ajoutons les impressions d'audience, les détails donnés plus tard par des observateurs intelligents.

Lacenaire, dont l'âge véritable était de 34 ans, était d'une taille au-dessous de la moyenne, d'une constitution robuste. Son cou, gros, court, vigoureux, dénotait la force ; son teint brun et coloré indiquait le plus riche des tempéraments, le bilioso-

(1) On ne trouvera ce fait significatif ni dans l'instruction, ni dans le compte-rendu du procès. Nous l'avons rencontré en fouillant les dossiers de la Maison centrale de Poissy. A une demande de renseignements adressée au directeur de cette maison par le secrétaire général de la préfecture de police, M. Malleval, sur un nommé Vialet (Henry) dit Gaillard, le directeur répondit : Gaillard est venu *plusieurs fois* à Poissy à la rencontre de *plusieurs* détenus libérés, notamment pour Avril.

sanguin. Ses cheveux brun noir commençaient à grisonner et s'éclaircissaient déjà par places. Sa tête était volumineuse, son front large et bien développé. Il y avait prédominance manifeste des parties cérébrales, instruments de l'intelligence, sur celles qui sont consacrées aux facultés instinctives et aux appétits brutaux. Ses traits étaient, non pas beaux comme on l'a dit, mais assez fins et distingués. Sa lèvre ironique semblait toujours prête à décocher un sarcasme.

Quant à Avril, sa figure pâle, assez douce et insignifiante, n'avait qu'un trait remarquable, des yeux gris-roux, rusés et guetteurs, que la violence des passions allumait d'un feu féroce, des yeux *félins*, disait Lacenaire. Plus petit encore que Lacenaire, moins robuste, mais plus souple et plus agile, il devenait terrible dans la colère. A Poissy, il avait essayé de tuer un gardien à coups de lime : il avait l'instinct du meurtre, un goût naturel pour le sang. Lacenaire, à Poissy, avait reconnu en lui un *homme de caractère*. Il avait été convenu dès lors que tous deux s'associeraient pour le crime.

Tel est l'homme qu'alla chercher Lacenaire. Et déjà il s'était, en vain, adressé à plusieurs camarades qui avaient refusé cette association terrible, ou qui ne lui avaient pas apporté une coopération suffisamment énergique. Déjà, le 12 septembre, Lacenaire avait rencontré un certain Bâton, autre détenu libéré de Poissy. Bâton avait proposé à Lacenaire de *travailler* ensemble, et Lacenaire, l'homme de tête, avait développé son plan.

Ce plan consistait à attirer, au moyen de traites supposées, un garçon de caisse dans un logement loué à cet effet, à le tuer et à lui *prendre son sac*. Bâton accepta l'affaire, mais les associés n'avaient pas d'argent. Il fallait une première mise de fonds. Lacenaire fit un faux et, sur les rentrées, loua une chambre, rue de la Chanvrerie, n° 14. Un effet de 1,580 francs, payable à cette adresse, fut créé sous le nom de Bonnier, et les associés attendirent le garçon de recette. Celui qui se présenta le 14 novembre, le sieur Bentot, de la maison Pillet-Will, était pressé, en retard; la nuit tombait, il ne put bien lire le nom et demanda au portier s'il y avait dans la maison un sieur Bluet ou Boulet. — Non, répondit le portier. — Bentot s'en alla : il portait 91,000 francs dans sa sacoche et dans son portefeuille !

Une seconde fois, le coup manqua encore, par suite d'une autre circonstance. Le logement loué par Lacenaire consistait en une mansarde située au cinquième étage. Il s'était présenté comme un professeur, logeant avec un de ses amis, et n'ayant besoin à Paris que d'un pied-à-terre. Il avait payé d'avance, mais les meubles n'arrivaient pas. Aussi, quand le portier vit arriver le garçon de recette Germain, de la maison de banque Rougemont de Lowemberg, pour toucher un effet de 1,000 francs chez ces locataires suspects : — Vous allez comme cela, lui dit-il, chez des gens qui sont ici tout nouvellement et qui n'ont pas seulement de quoi coucher? — Et il accompagna le garçon de caisse jusqu'à la porte. Surpris de cette apparition inattendue, et craignant que le portier ne fût resté aux écoutes, les deux associés balbutièrent, dirent qu'ils n'étaient pas en mesure, et, comme ils tournaient autour de Germain, celui-ci prit peur, gagna la porte, suivi par le faux Bonnier, c'est-à-dire par Lacenaire. Le lendemain, les deux professeurs avaient disparu.

Voilà pourquoi Lacenaire était en quête d'un

complice nouveau. Il crut avoir trouvé dans Avril l'homme qu'il lui fallait.

Quelques jours après sa libération, Avril n'avait plus un sou. Il chercha Lacenaire, qui l'attendait. Celui-ci développa de nouveau son plan. Les fonds manquaient, mais Lacenaire avait rencontré un ancien ami, un ouvrier coutelier, nommé Deshayes, qui lui avait prêté une chambre qu'il louait sans l'habiter, rue de Sartine, n° 4. Un effet futlancé et Vialet (c'est ainsi que Lacenaire se nommait rue de Sartine) alla avec son nouvel associé acheter deux tiers-points, et tous deux affûtèrent de compagnie ces armes dangereuses, en attendant le garçon de recette que devait envoyer la maison Rothschild. Le garçon de recette ne se présenta pas. En guise de consolation, les deux amis désappointés décrochèrent les rideaux et mirent en paquet, pour les vendre, ces rideaux et les draps de l'obligeant Deshayes. On ne les revit plus rue de Sartine.

Cette nouvelle affaire manquée, Lacenaire en imagina une autre. Lui et Avril avaient connu à Poissy un condamné pour vol et attentat à la pudeur, un nommé Jean-François Chardon. Ce détenu libéré n'avait pas changé de conduite depuis sa sortie, et passait généralement pour se livrer aux habitudes les plus infâmes. Chardon cherchait à cacher ses

Lacenaire.

vices sous les dehors de la religion; il vendait des emblèmes de dévotion en verre filé, ajoutant à son nom celui de *frère de la Charité* de Sainte-Camille, et, dans une pétition adressée à la reine Marie-Amélie, il avait demandé le rétablissement d'une maison hospitalière pour les hommes.

Chardon demeurait avec sa mère, veuve et âgée de soixante-six ans. Ils occupaient, rue Saint-Martin, n° 271, dans le passage du Cheval-Rouge, un petit logement au premier étage. La mère était inscrite au bureau de charité, mais on lui soupçonnait de l'argent caché et quelque peu d'argenterie. Puis, la rumeur publique affirmait que Chardon avait reçu ou devait recevoir 10,000 francs des mains de la reine, pour la fondation qu'il sollicitait.

Lacenaire crut-il à cette fable ridicule? Cela est probable. Quoi qu'il en soit, il résolut l'assassinat de Chardon et de sa mère. Pour plus de sûreté, il eût voulu deux complices. Il fit proposer par Avril une part dans le coup à un nommé Fréchard, autre détenu libéré de Poissy. Soit que Fréchard n'ajoutât pas foi aux 10,000 francs de Chardon, soit qu'il répugnât au meurtre, il refusa d'assassiner la *tante* (1).

Il fallut se passer d'un tiers. Le 14 décembre, au matin, Avril et Lacenaire sortirent ensemble d'un petit garni à la semaine qu'ils occupaient en commun depuis dix jours chez une femme Duforest, rue Saint-Maur (au coin du faubourg du Temple). Ils allèrent déjeuner à onze heures chez un petit marchand de vins, à la barrière de la Chopinette. Pendant le repas, les deux amis se distribuèrent les rôles. Arrivés chez Chardon, Avril sauterait au cou de la victime, le lui serrerait de façon à empêcher ses cris,

(1) On donnait à Chardon ce nom ignoble, porté dans le monde des voleurs par les misérables voués aux habitudes infâmes de Chardon.

et Lacenaire la frapperait par derrière à coups de tiers-point. Ce dernier s'était procuré son arme favorite et l'avait affûtée des deux bouts, avec la précaution d'emmancher une des pointes dans un fort bouchon.

Vers une heure de l'après-midi, les deux camarades arrivent au passage du Cheval-Rouge. Lacenaire demande à la portière si Chardon est chez lui. Sur sa réponse affirmative, il monte, suivi d'Avril; mais, après avoir frappé inutilement, tous deux redescendent. Dans le passage, ils aperçoivent Chardon, en pantalon, tenant une brosse à la main. « Nous venons de chez toi, » lui disent-ils. — « En ce cas, montez avec moi, » répond Chardon.

On entre dans une première pièce, quelques paroles insignifiantes sont échangées; Avril saisit Chardon par le cou, Lacenaire le frappe avec le tiers-point, par derrière d'abord, puis par devant. Chardon tombe et, en se débattant, ses pieds font ouvrir un buffet plein de vaisselle. Avril s'empare d'un merlin suspendu à la porte et l'achève.

Pendant ce temps, Lacenaire est entré dans la chambre de la mère. La porte était entr'ouverte; la vieille femme était malade et couchée. Lacenaire lui

Tentative d'assassinat sur Genevay. (Page 10.)

porte plusieurs coups de tiers-point au visage, sur les yeux, sur le nez. Quand il la croit à peu près morte, il renverse sur elle les matelas, tire le lit pour atteindre à une grande armoire qu'il soupçonne renfermer le trésor, et s'empare de cinq cents francs en argent, de quelques couverts, d'un grand manteau et d'un bonnet de soie noire. Les assassins se partagent les dépouilles. Lacenaire prend l'argent, Avril se charge de vendre les couverts; Lacenaire prend le manteau, Avril s'empare du bonnet. Au moment de partir, ils aperçoivent, dans une dernière inspection, sous le verre de la pendule, une petite Vierge en ivoire qu'ils supposent être d'un grand prix, et ils l'emportent.

Au moment où les deux assassins sortaient, et lorsque Lacenaire allait tirer la porte sur lui, deux personnes vinrent demander Chardon. Lacenaire répondit avec calme qu'il n'y était pas. Ce disant, il tirait toujours la porte qui ne pouvait pas se fermer, parce qu'un petit tapis de pied y mettait obstacle. Par cette porte entr'ouverte, les deux visiteurs, s'ils avaient regardé, eussent pu voir le cadavre de Chardon.

Du passage du Cheval-Rouge, les complices se dirigèrent vers le café-estaminet de l'Épi-Scié, bouge célèbre situé sur le boulevard du Temple, lieu de rendez-vous habituel des repris de justice. Déjà Lacenaire se pavanait dans le manteau à collet de fourrure pris chez le malheureux Chardon, et Avril s'était coiffé du bonnet de soie noire.

Les assassins s'aperçurent qu'ils avaient du sang aux mains. Les vêtements d'Avril étaient couverts de gouttelettes accusatrices. Ils se rendirent à l'établissement des *Bains turcs*, situé de l'autre côté du boulevard et firent disparaître le sang. Puis, ils allèrent dîner, et finirent au spectacle des *Variétés* une journée si bien commencée. Le soir, Avril alla retrouver une fille publique, sa maîtresse. Lacenaire rentra dans le garni de la rue Saint-Maur.

L'assassinat des deux Chardon n'avait produit aux associés que cinq cents francs. L'argenterie fut, il est vrai, vendue deux cents francs par Avril, mais celui-ci déclara à son complice n'avoir touché que vingt francs du receleur. Quant à la Vierge en ivoire, un marchand d'antiquités du quai Voltaire en donna trois francs, et Avril la fit disparaître pour ne pas garder, pour un si mince profit, une pièce de conviction.

Le double meurtre du Cheval-Rouge ne fut connu que le 16 décembre. Un locataire de la maison, qui habitait au-dessus de la chambre de la veuve Chardon, avait bien entendu, le soir du 14, comme des râlements ; mais il avait cru que c'était le gémissement du gendre chez le boulanger du passage. La veuve Chardon expirait lentement. Un jeune homme, Brabant, qui demeurait chez Chardon, rentra à minuit et demi. On ne lui répondit pas et il alla coucher ailleurs. Le lendemain, l'écrivain public qui rédigeait les pétitions de Chardon s'étonna de ne pas le voir, comme de coutume. Enfin, le 16, averti par la rumeur publique, un commissaire de police pénétra dans le logement et y trouva les cadavres mutilés et sanglants. Celui de Chardon était dans la pièce d'entrée servant de cuisine, étendu dans une mare de sang. Les journaux du temps, qui rapportèrent l'assassinat, sans en connaître encore ni les victimes ni les auteurs, ont dit que le cadavre de Chardon fut trouvé nu et portant des traces évidentes de souillures infâmes. Comment ce fait significatif, et qui s'accorde si bien avec les mœurs de la victime, n'a-t-il pas été relevé dans le procès ? L'a-t-on passé sous silence d'un accord tacite et pour ne pas introduire, en présence de faits bien autrement graves, la nécessité d'un huis-clos?... Nous ne savons.

Le cadavre de la mère gisait dans la pièce voisine, comme enseveli sous un amas de couvertures, de matelas et d'oreillers. Il conservait un reste de chaleur. On trouva près des victimes le merlin ensanglanté, le tiers-point emmanché dans un bouchon maculé de sang, et deux couteaux, dont l'un cassé à la pointe.

Les recherches de la justice s'égarèrent dès les premiers pas et il fut procédé à plusieurs arrestations inutiles.

L'assassinat des Chardon n'était pas un but : ce n'était qu'un moyen. Ce crime, commis pour un si mince résultat, assurait, aux yeux de Lacenaire, le succès de combinaisons tout autrement larges.

Le 15 décembre, avec les fonds du Cheval-Rouge, Lacenaire loua, sous le nom de Mahossier, un petit logement rue Montorgueil, n° 66, consistant en deux pièces et un cabinet noir, au quatrième étage. Les deux complices s'y installèrent le 17. Le mobilier était succinct, mais on paya un terme d'avance. Les nouveaux locataires s'annoncèrent comme étudiants en droit.

Tout était prêt, et Lacenaire pensait aux moyens à employer pour attirer dans son domicile un garçon de recette, quand son complice Avril commit une imprudence. Le 20 décembre, il favorisa violemment l'évasion d'une fille publique, sa maîtresse, en état d'arrestation. Consigné au corps de garde du Château d'eau, il fut conduit, le lendemain matin, chez M. Heymonet, commissaire de police, qui ordonna sur-le-champ son renvoi à la Préfecture. A peine averti de l'arrestation d'Avril, Lacenaire avait couru le réclamer. Il faillit être arrêté lui-même.

Le vif intérêt que Lacenaire portait à son complice, la démarche imprudente qu'il tentait à six jours de distance du double meurtre du Cheval-Rouge, tout cela s'explique aisément. Il voulait sauver l'instrument de son nouveau crime, d'un crime fructueux, qui peut-être lui assurerait toute une fortune.

Avril sous les verrous, il fallait se hâter de trouver un autre complice. L'échéance du 31 décembre approchait, il ne fallait pas manquer une occasion semblable. Lacenaire s'adressa encore à Bâton, tailleur à ses moments perdus, figurant à l'Opéra-Comique, et surtout voleur. Bâton refusa, mais il indiqua à Lacenaire un certain François, recherché pour un fait grave et qui, disait-il, dans la position où il était, tuerait un homme pour 20 fr. Le 30 décembre, Bâton mit en rapport Lacenaire et François.

Ce François (Hippolyte-Martin) exerçait en apparence la profession de parqueteur. Ancien soldat en Afrique et aux colonies, il était d'une taille assez élevée, porteur d'une figure assez sympathique, encadrée dans d'énormes favoris rouges. Lacenaire et François s'entendirent aisément. Le 30 décembre, Lacenaire donna des gages à son nouvel associé, en lui racontant le double assassinat du Cheval-Rouge. De son côté, François lui avoua qu'il était au désespoir, qu'il ferait un coup au besoin.

Il était temps. Déjà Lacenaire avait dressé ses batteries et monté le coup pour lequel il lui fallait un instrument. Le 29 décembre, il s'était présenté chez MM. Mallet et Cⁱᵉ, banquiers, rue du Faubourg-Poissonnière, n° 50. Il se réclama d'un M. Morin, qu'il savait absent, et demanda à négocier un billet sur Lyon.

M. Mallet fit des difficultés pour la négociation; mais, à la sollicitation de Lacenaire, il consentit à envoyer l'effet à l'encaissement. Lacenaire pria alors le banquier de vouloir bien encore suivre l'encaissement d'une autre traite sur Paris, payable le surlendemain, 31 décembre. Ce dernier effet, montant à 875 fr. 90 c., était tiré sur un sieur Mahossier, rue Montorgueil, par la maison Picard et Deloche, de Lyon.

Depuis le 23 décembre, Lacenaire était rentré, sous le nom d'Imbert, dans son garni de la rue Saint-Maur. Il en sortit le 31 au matin, portant à la main une canne et, sous le bras, un livre. Quelques heures après, il était installé avec François dans le logement de la rue Montorgueil. Le nom de Mahossier avait été inscrit à l'avance, avec de la craie, sur la porte du logement et, comme il n'y avait point de portier dans la maison, dès deux heures, le faux Mahossier descendit sur le pas de la porte, pria le principal locataire de la maison de lui faire monter de la paille pour une paillasse, et ajouta qu'un garçon de caisse viendrait le demander pour toucher un billet, qu'il fallait ne pas manquer de le faire monter. Ce disant, Lacenaire fumait tranquillement sa pipe et ouvrait, pour en lire quelques passages, le livre qu'il avait apporté sous son bras, le *Contrat social* de J.-J. Rousseau.

A trois heures, Genevay, c'était le nom du garçon de recette, monta. La mise en scène était préparée. François ouvrit, passa devant le garçon, lui montrant le chemin et le conduisit dans la pièce du fond. Là, il y avait une table, et sur cette table, du papier, de l'encre, des plumes et un sac bourré de paille. Tout à coup, le garçon se sent frappé par derrière, comme d'un coup de poing. C'était Lacenaire qui lui portait dans l'épaule un coup de tiers-point, si violent, que l'arme pénétra jusque dans la poitrine. En même temps, François cherchait à saisir le cou de la victime, pour l'empêcher de crier; mais il fait un faux mouvement, veut mettre les doigts dans la bouche du garçon, qui déjà crie au voleur. Celui-ci se débarrasse d'un coup de coude et crie plus fort. Les deux assassins prennent peur et se sauvent, François le premier. Lacenaire le suit, criant au voleur! à l'assassin! pour favoriser sa fuite. Parvenu à la porte de la rue, François la referma vivement, espérant échapper en livrant son complice; mais, malgré quelques voisins accourus aux cris, et qui ne comprenaient rien à tout cela, Lacenaire réussit à tirer une ficelle qui retenait le pêne et s'échappa à son tour, criant toujours au voleur! à l'assassin!

Le garçon de recette, qui avait instinctivement roulé autour de son bras sa sacoche, descendait aussi; mais la douleur de sa blessure l'arrêta sur l'escalier, et il tomba dans les bras des locataires accourus à ses cris. Le jeune homme (il n'avait pas dix-huit ans) n'était heureusement pas dangereusement blessé. Bien que la lime eût touché le poumon, il était guéri quelques jours après. Il avait, au moment du crime, 1,200 fr. dans sa sacoche et 12,000 fr. de billets dans son portefeuille.

Le coup était manqué : les deux assassins coururent, par des routes différentes, au rendez-vous convenu à l'avance. C'était chez Bâton, rue de Lancry. Lacenaire y arriva le premier. Bâton était absent; Lacenaire entra, pour l'attendre, dans un cabinet de lecture. François arriva de son côté : Bâton rentrait. Quand Lacenaire monta, François fut saisi de surprise. — Ah! mon pauvre ami, dit-il, je te croyais arrêté. — Si je ne le suis pas, ce n'est pas ta faute, répondit Lacenaire, tu m'as laissé *en plan*.

Lacenaire et François allèrent passer, chez un ami de ce dernier, Soumagnac, dit Magny, la nuit du 31 au 1er janvier. C'était rue de l'Egout-Saint-Antoine. Le lendemain, premier jour de l'année 1835, François et Lacenaire, sortis vers dix heures du matin de chez Magny, rencontrèrent Bâton sur la place Royale. Lacenaire, qui portait la veille une redingote à la propriétaire, l'avait échangée contre la veste de chasse de François : celui-ci avait noué à son cou la cravate rouge que portait la veille le faux Mahossier, et il n'avait pas même encore pris une précaution habituelle pour lui en pareil cas, celle de faire raser ses gros favoris rouges. Les trois amis partirent pour Issy. Qu'allaient-ils y faire?

François Martin était né à Issy. Il y avait une tante qui lui donnait de temps à autre quelques secours. Cette parente se mariait ce jour-là, et la noce se faisait aux *Vendanges de Bourgogne*. Sûr de cette absence, car il avait déjà fait quelques jours auparavant un voyage à Issy avec Bâton, François avait combiné un vol. Lacenaire, Bâton et François arrivèrent à Issy sur la brune; leur projet fut contrarié par la présence d'une servante, que François chercha à éloigner, en lui faisant dire que sa maîtresse l'attendait aux *Vendanges de Bourgogne*. Cette fille refusa de s'éloigner, et le coup manqua.

Revenus à Paris, Lacenaire et François allèrent loger chez un logeur mal famé, Simon Pageot, rue du Faubourg-du-Temple, no 107. François se fit inscrire sous le nom de Fizelier, Lacenaire sous celui de Bâton. Déjà Lacenaire avait fréquenté ce bouge sous un autre nom. Les grandes entreprises n'avaient pas réussi : on se rabattit sur les petites. Le 4 janvier, Lacenaire, aidé de François, vola une pendule à l'étalage de l'horloger Richoud, rue Richelieu, no 8.

Ce fut la dernière affaire des deux associés. Les 6 et 7 janvier, ils quittent le garni du sieur Pageot et se séparent. Nous ne retrouverons plus François qu'à Poissy, où vont le conduire d'autres méfaits. Quant à Lacenaire, il quitte Paris, parcourt la province, laissant partout des vols et des faux comme traces de son passage. Il en revient quelques jours, après y retourne, et, le 2 février, il est arrêté à Beaune pour un faux commis sous le nom de Jacob Lévi.

La police avait cependant vainement recherché les auteurs des assassinats du Cheval-Rouge et de la tentative de meurtre de la rue Montorgueil. Ils étaient tous trois sous les verrous. Tout à coup, le bruit se répand qu'un détenu de Poissy a donné des indications sur l'assassin des deux Chardon et de Genevay. Ce détenu, c'est François, qui n'a pas été reconnu lors des confrontations. François a parlé de Lacenaire, et ce Lacenaire n'est autre que le Gaillard-Vialet de Poissy, que le Jacob Lévi de Beaune.

De son côté, Avril a spontanément aidé la police à rechercher Lacenaire. — Je le connais, dit-il à M. Allard, chef du service de sûreté de la ville de Paris; j'ai été avec lui à Poissy; c'est moi qui devais l'aider dans l'assassinat de la rue Montorgueil. — Eh quoi! dit M. Allard, vous aussi, Avril, vous assassinez! — Non pas, répond-il, je ne suis pas pour verser le sang; je devais seulement mettre un masque de poix sur la figure du caissier, et le voler pendant ce temps-là.

Avril proposa de faire arrêter Lacenaire. Il se dit certain de le rencontrer à la Courtille et demanda qu'on le laissât libre. M. Allard le laissa, en effet, opérer ses recherches dans une apparente liberté. Avril ne trouva rien.

Mais François, qui n'avait d'abord parlé que comme un témoin indiscret et bavard, demanda à parler à M. Allard. Il était si impatient de le voir, qu'il lui écrivit : « Si vous ne venez pas, je m'adresserai au juge d'instruction. » M. Allard vit François qui lui dit : — Je ne suis pour rien dans les deux affaires Chardon et Genevay, mais Lacenaire m'a fait des confidences. Il a assassiné Chardon et sa mère.

M. Allard s'empressa de voir Lacenaire et lui fit connaître ces révélations. Celui-ci s'en montra indigné : — Ah! dit-il, ils me dénoncent, eux mes camarades et mes complices. Eh bien! si vous me promettez de ne pas faire connaître la source des renseignements que je vais vous donner, je vous dirai tout. — D'après ce qu'on sait, Lacenaire, votre affaire est concluante. — Oui, répondit Lacenaire en riant, je le sais. — Vous êtes accusé d'avoir fait un nombre considérable de faux? — Ah bah! ces affaires-là, je n'en parle pas : le fort emporte le faible. — Vous devez avoir des complices; il faut les faire connaître dans l'intérêt de la société. J'irai avec vous droit au fait. Vous savez, d'ailleurs, que c'est ma manière. — Je sais, monsieur Allard, que vous vous y prenez d'une manière loyale. — Si je puis faire pour vous quelque chose, de compatible avec mes devoirs s'entend, je le ferai. — Alors je vous demande de suite une faveur. — Elle vous sera accordée, si c'est possible. — Je suis chargé de fers, je ne veux pas m'évader, faites-les-moi ôter. — Je vous donne ma parole d'honneur que je vais prendre les mesures nécessaires.

La demande de Lacenaire lui fut accordée, sur les instances de M. Allard, et il s'en montra très-satisfait. A partir de ce jour, il fit peu à peu des révélations qui se complétaient incessamment et qui firent connaître toute la vérité sur la complicité de François et d'Avril. Lacenaire alla plus loin : M. Allard lui ayant parlé d'une tentative d'assassinat commise sur la personne d'une fille Javotte, marchande au marché Saint-Jacques, Lacenaire avoua avec bonhomie que c'était lui qui, craignant d'être compromis par cette fille qui faisait profession de recéleuse, l'avait attirée chez lui et l'avait frappée d'un coup de tiers-point. L'arme ayant été arrêtée par un collier que portait cette malheureuse, Lacenaire la laissa là, et cette fille, terrifiée, n'osa porter plainte. Lacenaire descendit tranquillement et alla, à quelques pas de là, faire une partie de billard. Le 1er janvier 1835, c'est-à-dire le lendemain de la tentative de meurtre sur Genevay, Lacenaire rencontra la fille Javotte en sortant de chez Magny et but avec elle sur un comptoir de marchand de vins.

Ces aveux inutiles, l'exactitude des renseignements donnés par Lacenaire sur ses vols nombreux, ne pouvaient laisser aucun doute sur la valeur de ses révélations relatives aux assassinats du Cheval-Rouge et de la rue Montorgueil. Déjà, au reste, l'instruction arrachait à François et à Avril des demi-aveux. Avril, après avoir cherché à établir un alibi par une confusion de dates qui l'eût montré envoyé à la Préfecture le 14 décembre au lieu du 21, était obligé de renoncer à ce système. François était amené à avouer qu'il avait eu connaissance des projets de Lacenaire. Les deux complices, éperdus, trébuchaient de contradictions en contradictions. Les détenus de Poissy auxquels François avait fait des communications imprudentes furent interrogés. Le nommé Leroy-Andréolle déclara que François lui avait dit avoir couché avec Gaillard (Lacenaire) le 30 décembre, et qu'en se déshabillant, celui-ci laissa tomber un poignard, ce qui le saisit d'épouvante. Le nommé Alexandre Simon dit avoir entendu François raconter que, la veille de l'assassinat de Genevay, il avait été avec Lacenaire et avait eu entre les mains l'outil qui devait servir au meurtre. On prouva facilement que, le jour du crime, François portait de gros favoris rouges, et qu'il les avait fait couper peu après. Enfin, le premier gardien de la Maison de Poissy, Coignet (que les comptes-rendus d'audience transforment en directeur), déclara que, sur l'annonce de sa translation à Paris, François avait tremblé, pâli, et qu'il s'était écrié en se touchant le cou : « Je suis un homme perdu, je sais ce qui me revient ! »

Les trois co-accusés étaient à la Force; mais, en raison de ses révélations si importantes, Lacenaire était l'objet de soins particuliers. On l'avait placé à l'infirmerie; il ne manquait pas d'argent. Quand François apprit la position particulière qu'on faisait à son complice et les secours exceptionnels qu'il recevait, ses yeux s'injectèrent et il s'écria avec rage ! « Le gredin ! il mange l'argent de sa tête et de la mienne! » Puis, après avoir brisé ce qui se trouvait sous sa main, il tomba dans un abattement complet et se prit à pleurer. François ameuta les prisonniers contre Lacenaire. Avril, dont la complicité ressortait évidemment des dépositions d'une fille Bastien, maîtresse d'un nommé Fréchard, ancien détenu de Poissy, dénonça Lacenaire à ses camarades comme vendant leurs secrets et recevant dix francs par semaine. Un placard fut affiché dans le chauffoir de la prison ; on y lisait : « Avril descendu de Bicêtre par les confessions de Lacenaire. » Lacenaire fut entouré dans la cour par les prisonniers et, sur un signe de François qui regardait cette scène du haut d'une fenêtre au quatrième étage, ceux-ci le rouèrent de coups, le renversèrent, et on faillit lui écraser la tête à coups de pavés.

Lacenaire, arraché à ces violences et bientôt après transféré du bâtiment dans la cour du bâtiment de la dette, poursuivait froidement sa vengeance contre les trahisons de ses complices. Mais il eût voulu qu'on lui épargnât les ennuis et les dangers. Il se préoccupait beaucoup plus, en apparence, de quelques incommodités passagères que des conséquences terribles et inévitables de ses crimes. Il trouvait l'instruction trop lente. Ces longueurs le fatiguaient. Il répugnait à être confronté avec un Germain, *courtier* en crimes, parce qu'il craignait que cela n'occasionnât des disputes qui pourraient le mener au cachot. Il voulait *être tranquille pour le peu de temps* qu'il avait à vivre.

Déjà ses allures stoïques, son impassibilité, sa froide logique lui faisaient une réputation au dehors. On s'inquiétait de ce problème moral, et il donnait complaisamment des indications sur sa nature qu'il aimait à représenter comme exceptionnelle.

Lacenaire avait à la Force un petit chat : l'animal fit des ordures sur le lit ; il le jeta par terre avec tant de violence, que la pauvre bête en mourut. « Je regardai, disait-il, l'agonie de l'animal avec un intérêt et une compassion que je n'avais jamais éprouvée vis-à-vis de mes victimes. La vue d'un cadavre, d'une agonie, ne produit sur moi aucun effet. *Je tue un homme comme je bois un verre de vin.* »

Les prétentions littéraires l'emportaient sur toutes les autres. Quelques jours avant l'ouverture du procès en cour d'assises, un incident éveilla sa vanité et le montra plus préoccupé de son amour-propre d'auteur que du drame judiciaire qui allait se développer.

Le 6 novembre, trois personnes, un libraire célèbre, M. Pagnerre; un spirituel journaliste, M. Altaroche, et un imprimeur, M. Herhan, comparaissaient devant la cour d'assises pour le fait de publication d'un recueil de chansons, *les Républicaines*. Ces chansons, assez peu respectueuses pour la monarchie de 1830 (on va en juger tout à l'heure), avaient déjà paru dans d'autres recueils ou dans des feuilles de Paris et de la province. MM. Altaroche et Herhan furent acquittés. M. Pagnerre fut condamné à six mois de prison et 500 fr. d'amende, le minimum de la peine.

Parmi les chansons incriminées, on en avait remarqué une dont la verve sanglante et la violence outrageuse n'excluaient pas une sorte d'originalité piquante. Voici ce spécimen de passions aujourd'hui éteintes et difficilement compréhensibles :

PÉTITION D'UN VOLEUR A UN ROI SON VOISIN.

Air des *Visitandines*.

Sire, de grâce, écoutez-moi ;
Je viens de sortir des galères...
Je suis voleur, vous êtes roi,
Agissons ensemble en bons frères.
Les gens de bien me font horreur,
J'ai le cœur dur et l'âme vile,
Je suis sans pitié, sans honneur :
Ah! faites-moi sergent de ville.

Bon ! je me vois déjà sergent !
C'est une maigre récompense ;
L'appétit vient en mangeant,
Allons, sire, un peu d'indulgence ;
Je suis hargneux comme un roquet,
D'un vieux singe j'ai la malice ;
En France je vaudrais Gisquet ;
Faites-moi préfet de police.

Je suis, j'espère, un bon préfet ;
Toute prison est trop petite.
Ce métier pourtant n'est pas fait,
Je le sens bien, pour mon mérite.
Je sais dévorer un budget,
Je sais embrouiller un registre.
Je signerai : « Votre sujet. »
Ah ! sire, faites-moi ministre.

Sire, oserais-je réclamer ?
Mais écoutez-moi sans colère :
Le vœu que je vais exprimer
Pourrait bien, ma foi, vous déplaire.
Je suis fourbe, avare, méchant,
Ladre, impitoyable, rapace ;
J'ai fait se pendre mon parent :
Sire, cédez-moi votre place.

Cette chanson était une de celles que Lacenaire avait envoyées de Poissy à M. Vigouroux. Elle était revenue à Paris par un journal de province, et l'auteur du recueil l'avait retouchée sans en nommer l'auteur. Lacenaire s'indigna de ce procédé et adressa aux journaux la réclamation suivante, dans laquelle le nom de M. Altaroche était suffisamment désigné par une rime caractéristique et transparente :

REVENDICATION.

Je suis un voleur, un filou,
Un scélérat, je le confesse ;
Mais quand j'ai fait quelque bassesse,
Hélas ! je n'avais pas le sou.
La faim rend un homme excusable.
Un pauvre de grand appétit
Peut bien être tenté du diable ;
Mais pour me voler mon esprit,
Etes-vous donc si misérable ?

Or, contre un semblable méfait
Notre code est muet, je pense ;
Au parquet, j'en suis sûr d'avance,
Ma plainte aurait bien peu d'effet.
Pour dérober une *filoche* (1)
On s'en va tout droit en prison ;
Aussi le prudent A...
Ne m'a volé qu'une chanson,
Sans mettre la main dans ma poche.

Un voleur adroit et subtil,
Pour éviter toute surprise,
Sait déguiser sa marchandise,
Et la vendre ainsi sans péril ;
A..., aussi raisonnable,
Et craignant quelque camouflet,
A pris le parti détestable
D'estropier chaque couplet,
Pour le rendre méconnaissable.

Je ne puis assez m'étonner
De ce bel effort de courage ;
D'un autre copier l'ouvrage,
Pour moi se faire emprisonner,
Ce dévouement est admirable,
Et c'est avoir un trop bon cœur
De remplacer le vrai coupable,
Et, sans avoir été l'auteur,
D'être l'auteur responsable.

Décidément, Lacenaire devenait, comme nous dirions aujourd'hui, un *lion* pour l'opinion publique. On colportait ses moindres paroles, on s'émerveillait de ses théories à effet. Lui, heureux de ce succès, *posait* d'autant et usait de la demi-liberté qu'on lui accordait à la Force pour agrandir le cercle de ses admirateurs.

(1) Bourse.

Le 7 novembre au matin, Lacenaire vint dans une chambre de l'infirmerie de la Force. Là, se trouvaient réunis plusieurs hommes de lettres, des avocats, un médecin, etc. Lacenaire s'assit près du poêle et causa littérature, morale, politique, religion. L'à-propos, la justesse de ses idées, la sûreté, l'étendue de sa mémoire étonnèrent ses interlocuteurs.

« En politique, comme au jeu, dit-il, on ne peut être que dupe ou fripon. » — Mais, lui fut-il objecté, il est des hommes qui se dévouent, qui meurent pour leur cause. — Que voyez-vous là d'étonnant ? reprit Lacenaire. La politique est une passion absorbante comme toutes les autres passions, et *l'on joue sa tête pour une passion*.

La conversation prit un autre tour. On parla des religions nouvelles. La France n'en manquait pas alors, on se le rappelle. Saint-Simoniens, Templiers et bien d'autres furent passés en revue. — Je crois, avec les Templiers, dit Lacenaire, à la migration de l'âme dans tous les corps de la nature. Le principe qui anime tous les êtres organisés ne peut-il, de l'être vivant, passer dans la matière brute, y demeurer, la faire vivre à sa manière, pendant un certain temps, pour repasser plus tard dans d'autres corps, et cela, sans lois fixes, sans limites ?

Et comme Lacenaire développait avec complaisance ce système de philosophie panthéistique et matérialiste, comme il voulait voir la vie, la sensation, peut-être même l'intelligence, dans tout être organisé, même aussi dans tout corps composé, dans la pierre par exemple : — Le corps brut, dit le médecin, ne peut vivre, sentir, ni comprendre. La sensation n'existe que pour les corps organisés et vivants, et pour ceux chez lesquels les impressions vont à un centre commun, le cerveau, qui les perçoit, les convertit en sensations ; interrompez les communications, il n'y a plus de transmission de l'impression au cerveau, plus de perception, plus de sensation. Tel est le cas de l'apoplexie et de la paralysie, qui en est la suite. En vain vous coupez, vous brûlez le membre paralysé, les impressions ne sont plus transmises au cerveau, l'individu ne sent rien. *Tel est encore le cas d'un homme auquel on vient de trancher la tête...*

Ici, le docteur s'arrêta, les discoureurs s'éveillèrent : ce mot les avait rappelés à eux-mêmes. Ils regardèrent avec un tressaillement involontaire cette tête condamnée à l'avance, qui devait bientôt rouler sur les planches d'un échafaud. La physionomie de Lacenaire était calme et souriante.

De cette conversation, Lacenaire passa dans le grand dortoir de l'infirmerie. Là, à côté de son lit, était celui d'un jeune homme, voleur de profession, qui expirait lentement, dévoré par une phthisie pulmonaire, juste châtiment des plus honteuses débauches. Singulier rapprochement que celui de ces deux condamnés à mort, celui-ci hâve, exténué, crachant sa vie à chaque effort, celui-là rose, frais, vigoureux. — Lacenaire, dit le phthisique, je suis bien fâché de ne pas être libre pour assister à ton supplice. Je voudrais bien voir si, en montant l'*escalier de Charlot*, tu auras le même aplomb qu'ici. — Je te le garantis, dit simplement Lacenaire. Comme le plus coupable, je dois être exécuté le dernier ; avant de mourir, je pourrai voir tomber la tête de mes co-accusés.

Il n'y avait guère à se gêner avec un pareil homme. Aussi l'un des interlocuteurs de la salle de réunion n'hésita plus à parler à Lacenaire de ses crimes et de l'expiation qui l'attendait. Alors s'engagea cette conversation étrange, soutenue par Lacenaire avec une liberté d'esprit et une facilité d'élocution remarquables.

— Lacenaire, vous n'êtes point un homme vulgaire; vous avez une déplorable portée d'esprit. Comment votre intelligence ne vous a-t-elle pas défendu contre vous-même? — Ah! il s'est rencontré un jour de ma vie où je n'avais d'autre alternative que le suicide ou le crime. — Pourquoi donc ne vous êtes-vous pas suicidé? — Je me suis demandé alors si j'étais victime de moi-même ou de la société; *j'ai cru l'être de la société.* — C'est un raisonnement commun à tous les criminels.

Lacenaire ne répond pas.

— Mais quand il serait vrai que vous eussiez été victime de la société, vous n'avez frappé que des innocents. — Cela est vrai, aussi ai-je plaint ceux que j'ai tués, mais je les ai frappés parce que c'était un parti pris contre tous. — Ainsi, vous aviez fait un système de l'assassinat? — Oui, et je l'ai choisi comme moyen de ma propre conservation et pour m'assurer ma propre existence. — On conçoit plus aisément que l'homme, poussé par l'impérieuse nécessité, se décide à commettre un crime pour la satisfaire; mais vous, c'était pour dépenser le prix du sang en orgies. Dites, Lacenaire, avez-vous jamais éprouvé quelque accès d'une fièvre morale, une sorte de frénésie de crime et de plaisir à l'exécuter? — Non. — Alors vous avez fait cela froidement, comme une opération commerciale, par calcul, par combinaison. — Oui. — Si vous n'étiez pas naturellement cruel, comment avez-vous pu parvenir à étouffer en vous tout sentiment de pitié? — L'homme fait tout ce qu'il veut. *Je ne suis pas cruel,* mais les moyens devaient être en harmonie avec le but; assassin par système, il fallait me dépouiller de toute sensibilité. — Vous n'avez donc jamais eu de remords? — Jamais. — Aucune crainte? — Non. Ma tête était mon enjeu. Je n'ai pas compté sur l'impunité; il y a une chose, en effet, à laquelle on est forcé de croire, c'est à la justice, parce que *la société se fonde sur l'ordre.* — Mais ce sentiment de la justice, c'est la conscience. — Moins le remords. — Je ne comprends pas l'un sans l'autre. L'idée de la mort ne vous effraie pas? — Nullement. Mourir aujourd'hui ou demain, d'un coup de sang ou d'un coup de hache, qu'importe? J'ai trente-cinq ans, mais j'ai vécu plus d'une vie; et quand je vois des vieillards se traîner et s'éteindre dans une lente et douloureuse agonie, je me dis qu'il vaut mieux mourir *d'un trait,* et avec l'exercice de mes facultés. — Si vous pouviez vous suicider maintenant, pour échapper à l'ignominie de l'échafaud, le feriez-vous? — Non. Eussé-je le poison le plus actif, je ne me suiciderais pas. D'ailleurs, la guillotine n'est-elle pas de tous les poisons le plus subtil? Voici pourquoi je ne me suiciderai pas: j'aurais pu me tuer avant d'avoir versé le sang. Assassin, j'ai compris que j'avais établi entre l'échafaud et moi un lien, un contrat, que ma vie n'était plus à moi, qu'elle appartenait à la loi et au bourreau. — Ce sera donc à vos yeux une expiation? — Non: une conséquence, l'acquit d'une dette de jeu. — Quelle logique!... Croyez-vous, Lacenaire, que tout soit fini avec la vie? — *C'est à quoi je n'ai jamais voulu songer.* — Pensez-vous ne pas vous démentir un seul instant jusqu'au dernier? — Je crois que je regarderai l'échafaud en face. Le supplice est moins dans l'exécution que dans l'attente et l'agonie morale qui le précède. D'ailleurs, j'ai une puissance telle sur mon imagination, que je me crée un monde à moi... Si je le veux, je ne penserai à la mort que devant elle.

Puis, après une pause, Lacenaire ajouta ces mots: « *Croyez-vous qu'on me méprisera?* — Un homme tel que vous n'inspire que de l'effroi. — Aussi est-ce de la haine que j'attends. Il est une chose que, suivant moi, on ne peut guère supporter, *le mépris d'autrui et son propre mépris.* »

Ayant ainsi parlé, Lacenaire remplit son verre de vin et ajouta en souriant: Ce n'est pas du Falerne. Cette boisson n'est pas

Nata mecum consule Manlio.

L'instruction avançait cependant. Lacenaire, toujours pressé d'en finir, craignait que la jonction des affaires Chardon et Genevay n'entraînât un moyen de cassation. Être renvoyé devant une autre cour, voir recommencer le procès, cet ennui l'effrayait. Il avait hâte de voir condamner ses complices, de les confondre dans leurs moyens de défense. « Ils m'ont perdu, disait-il, il faut que je me venge. »

Le jour si impatiemment attendu par le criminel arriva enfin. Le 12 novembre, le procès s'ouvrit à la cour d'assises de la Seine, sous la présidence de M. Dupuy, conseiller. M. Partarrieu-Lafosse était chargé de soutenir l'accusation. Lacenaire avait refusé de se choisir un avocat, et M₉ Brochant avait été nommé son défenseur d'office. M₉ Laput et Vidalot défendaient les autres accusés. M₉ Laput avait été condisciple de Lacenaire au séminaire d'Alix.

Ne sachant pas qu'un défenseur d'office avait été désigné pour Lacenaire, un ancien professeur du collège d'Alix dont nous avons déjà parlé, M. Reffay de Lusignan, qui avait entouré le prisonnier de ses sympathies éveillées par d'anciens et bons souvenirs, lui demanda pour un jeune avocat qui désirait vivement débuter par une affaire importante. « Que voulez-vous que je décide, répondit Lacenaire, je ne tiens pas à être défendu. L'un de ces messieurs m'a été désigné par M. le président, et l'autre, malgré son zèle, ne peut se charger de ma cause sans l'agrément du premier. Qu'ils s'entendent: pour moi, je dis comme Pilate: *Je m'en lave les mains.* »

Ce jeune avocat qui désirait tant plaider pour Lacenaire tomba grièvement malade pendant le procès. Préoccupé pendant sa maladie de ce malheureux dont la cause lui avait échappé, « Hélas! disait-il, j'arriverai là avant lui. » Ses pressentiments ne le trompaient pas. Il mourut quelques jours après l'arrêt. Lacenaire, informé de cette mort, dit philosophiquement: Eh bien! vous voyez, tôt ou tard il faut en venir là. Sans doute, avant d'y arriver il a beaucoup souffert, et moi, je souffrirai moins que lui, j'en ai l'assurance. »

Le retentissement de cette affaire étrange, la multiplicité des crimes commis, la réputation du principal accusé, tout avait à l'avance remué profondément la curiosité publique. Des femmes élégantes avaient envahi les places réservées et jusqu'aux gradins de la salle d'audience. De nombreux stagiaires se pressaient aux deux côtés de la cour. Les accusés furent introduits, et tous les yeux se portèrent sur Lacenaire qui entra en souriant et s'assit avec aisance. Sa tenue élégante, son visage frais et jeune, sa petite moustache coquettement taillée à la dernière mode, tous ces détails inattendus contrastaient puissamment avec la gravité des accusations, avec l'apparence extérieure des deux autres accusés. Avril et

François avaient l'air de deux ouvriers vulgaires. Le premier semblait profondément affecté ; le second baissait la tête et restait immobile. On remarquait pourtant les précautions inusitées prises en vue d'une collision possible entre les accusés. La garde avait été doublée, et deux agents de la police de sûreté étaient placés derrière chacun d'eux pour surveiller leurs mouvements.

A peine assis, Lacenaire engagea avec son avocat une conversation souvent interrompue par un sourire. Il lui montrait plusieurs papiers, de l'air d'un homme parfaitement étranger au débat qui s'annonçait.

Le greffier donna lecture d'une ordonnance de jonction des accusations capitales qui reposaient ensemble sur Lacenaire, et isolément sur chacun de ses complices présumés. Vint ensuite la lecture des ordonnances de renvoi et des deux actes d'accusation. Nous ne reproduirons pas ces documents qui ne contiendraient pour le lecteur aucun fait nouveau et dans lesquels s'étaient glissées des erreurs nombreuses, par suite de l'état incomplet de l'instruction. Il nous suffira de dire que Lacenaire était renvoyé devant la justice sous trente chefs différents.

L'acte d'accusation se terminait ainsi :

« Lacenaire a commis tous ces crimes, et il est âgé de *trente-deux* ans à peine ! (Erreur reconnue : il en avait près de trente-cinq.) Sa famille est honorable, lui-même paraît doué d'une intelligence remarquable doublée par l'éducation et d'une rare présence d'esprit. Ses mauvais penchants l'ont poussé dans la carrière du crime. En 1829, il fut condamné à un an de prison pour vol et *vagabondage* (erreur); au mois d'avril 1834, peu de temps avant les faits du procès actuel, Lacenaire sortait de la prison de *Clairvaux* (autre erreur, résultant d'une inattention singulière), où il venait de subir une détention de treize mois. Après avoir recouvré la liberté, il voulut chercher dans des travaux littéraires des moyens d'existence (ici l'acte d'accusation pèche par excès d'indulgence); il fit des chansons politiques, et envoya *quelques* (erreur) articles au *Bon Sens;* mais ces compositions, empreintes de l'emportement de son caractère, manquaient à la fois de *mesure* et de *conscience*... (Ici l'acte d'accusation pèche légèrement par défaut de philosophie et d'impartialité.) Aussi Lacenaire revint-il bien vite à son industrie ordinaire, le crime.

« L'accusation qui pèse sur lui montre quelle a été depuis 1829 la rapidité de ses progrès dans cette carrière funeste ; cependant, s'il faut en croire les révélations qu'une autre instruction poursuit en ce moment même contre Lacenaire, l'accusation actuelle ne serait encore qu'un des épisodes les moins hideux de sa vie. »

Pendant la longue lecture de toutes ces pièces, Lacenaire a conservé un sang-froid remarquable. A peine quelques légers tressaillements d'impatience lui ont-ils été arrachés par les erreurs nombreuses où s'est fourvoyée l'instruction, surtout par les appréciations peu élogieuses de sa valeur littéraire. Mais le sourire stéréotypé sur ses lèvres n'en a pas disparu, même lorsque l'acte d'accusation a insisté sur les plus sanglants épisodes de ses crimes. Lorsqu'il a été question de ses coaccusés, il a jeté sur eux d'ironiques regards. Sur Avril et sur François Martin, l'impression a été différente. Ils ont eu de sombres regards de fureur ou de mornes attitudes d'accablement.

La lecture terminée, Lacenaire passe sa main dans ses cheveux, et pendant que l'on fait l'appel des quarante-neuf témoins, il entame à mi-voix une conversation amicale avec le gendarme placé près de lui.

On procède à l'interrogatoire du principal accusé. La tâche du président est facile. Lacenaire va au-devant des questions, et apporte dans ses réponses une lucidité parfaite. On sent seulement dans ses aveux quelques réticences lorsqu'il est question de personnes non encore compromises dans le procès. Mais, s'il est interrogé sur les préparatifs de l'assassinat du Cheval-Rouge, il répond d'un ton dégagé :

— Les rôles avaient été distribués tels qu'ils ont été joués ; Avril a serré le cou à Chardon pendant que je le frappais. Comme il se débattait encore, Avril s'est saisi du merlin et l'a achevé. (Mouvement d'horreur)...

D. Avez-vous frappé plusieurs coups ? — R. Oui.

D. Est-il tombé sur le coup ? — R. Non, j'ai porté plusieurs coups. Il a glissé le long du lit, et, comme il remuait, Avril l'a achevé.

D. A-t-il porté plusieurs coups de merlin ? — R. Oui. Quand j'ai vu Avril qui *finissait*, je suis allé à femme Chardon ; je lui ai porté plusieurs coups, et quand j'ai pensé qu'elle ne pouvait plus se défendre, j'ai bousculé le matelas.

D. Avril vous a-t-il aidé dans cet assassinat ? — R. Non ; j'ai fait tout seul.

Puis, quand vient le récit de l'effraction de l'armoire, Lacenaire donne en fort bons termes des détails minutieux. Sa voix est posée, ses expressions sont techniques. C'est avec le même sang-froid qu'il raconte la scène des Bains-Turcs, le spectacle après le crime. Si le président s'égare, s'il confond les circonstances des crimes différents, Lacenaire le remet sur la voie avec une politesse pleine d'aménité.

D. A quelle heure a été commis l'assassinat du Cheval-Rouge. — R. A une heure moins cinq minutes. (Mouvement.) J'ai entendu sonner une heure pendant que je fracturais l'armoire.

Un témoin déclarera, en effet, que de la chambre de la veuve Chardon, on peut entendre sonner l'heure à l'horloge de Saint-Nicolas.

Même précision, même sang-froid à propos des autres tentatives de meurtre ou de vol dont tous les détails sont déjà connus du lecteur.

L'interrogatoire d'Avril présente un tout autre caractère. L'accusé est pâle, ému. Il nie tout ; il prétend avoir payé de ses économies sur sa masse de Poissy sa part dans le logement de la rue Montorgueil. Lacenaire est présent ; il écoute avec attention les réponses d'Avril. Il répète ses affirmations terribles et, quand le président fait remarquer que Lacenaire s'accuse seul de l'assassinat de la veuve Chardon, et que cet aveu désintéressé donne force à ses déclarations : « *C'est un contois qu'il bat,* » s'écrie Avril (en argot, c'est une comédie qu'il joue).

A cette explosion de naturel, Lacenaire répond par un violent accès d'hilarité.

Après cet interrogatoire, Lacenaire, qui jusqu'alors a gardé sur ce point la plus entière réserve, nomme pour la première fois le jeune homme qui a refusé l'*affaire* de la rue Montorgueil et qui l'a abouché avec François, le nommé Bâton. C'est une préparation à l'interrogatoire de François. On amène celui-ci.

François déclare ne connaître Lacenaire que depuis le 1er janvier. Il nie les paroles imprudentes prononcées par lui à Poissy. Il n'a pas couché chez Magny avec Lacenaire avant le 1er janvier. Le président lui rappelle que, dans un précédent interrogatoire, il a avoué avoir couché, le 31 décembre, chez Magny avec Bâton, c'est-à-dire avec Lacenaire. Lacenaire est pris d'un nouvel accès d'hilarité : il donne, sur cette nuit passée avec François, les détails les plus minutieux. François, poussé à bout, s'écrie : — Oh! parbleu, *monsieur* Lacenaire est instruit, c'est un homme qui peut se défendre supérieurement. Il est homme à en vendre dix comme moi qui ne sais ni lire ni écrire. Il est homme, comme M. Allard l'a dit, à me retourner comme un gant. A ces mots, Lacenaire rit aux éclats.

Tels sont les principaux incidents de cette première audience, pendant laquelle les rôles ont paru plus d'une fois intervertis. En sortant Lacenaire dit avec quelque fatuité : « Je ne peux cependant pas faire l'avocat général à l'audience, la justice me laisse tout faire. »

Le lendemain, 13 novembre, l'audition des témoins commença. Les médecins entendus pensent, d'après le nombre et la nature des blessures, que l'assassinat du *Cheval-Rouge* a dû être commis au moins par deux personnes. Le tiers-point ensanglanté au manche leur a donné à penser que l'assassin avait dû se blesser par la violence du coup. Lacenaire en convient. Avril s'écrie qu'un pareil aveu ne suffit pas. Lacenaire, qui lit avec attention un numéro du *Bon Sens*, montre la cicatrice et reprend sa lecture de l'air d'un homme qu'on a dérangé pour une misère. Comme un des médecins affirme avoir trouvé sur les deux victimes des traces d'un instrument tranchant,

Le vol de la pendule. (Page 11.)

Lacenaire répond : — On ne s'est pas servi d'un couteau, le tiers-point a suffi. Et, comme le président insiste,

Lacenaire, tranquillement : Je me rappelle parfaitement tout. On ne s'est pas servi d'un couteau pour la veuve Chardon, voilà ce dont je suis sûr. Il n'y a que moi qui ai touché à la femme ; je ne l'ai pas quittée un instant. Vous sentez bien que je n'ai aucun intérêt... Lacenaire se livre un peu plus tard à une discussion médico-légale sur le couteau en question. Impossible d'admettre qu'une arme aussi forte se soit brisée contre un os. Il est plus naturel de penser que c'est en faisant une pesée qu'il s'est brisé. « D'ailleurs, remarquez-le bien, le bout du couteau a été trouvé sur le lit de sangle ; si le couteau se fût brisé sur un os, le fragment fût resté dans la plaie. Si on s'en fût servi pour la pesée après le crime, l'effraction eût conservé des traces de sang. »

M. *Allard*, entendu, raconte tous les faits déjà connus du procès. On demande au témoin si Lacenaire a fait des révélations à prix d'argent : il répond qu'on a eu soin de lui, comme c'est l'habitude en cas de révélations. Lacenaire prend occasion de cette déposition pour avouer hautement qu'il a fait ses révélations par vengeance, quand il a vu qu'on l'avait dénoncé lui-même.

La femme *Duforest*, logeuse, avait affirmé d'abord que Lacenaire avait couché chez elle dans la nuit du 31 décembre. Lacenaire lui prouve qu'elle est dans l'erreur et qu'il est parti le matin de ce jour.

Fréchard est introduit. Sa présence excite dans l'auditoire un vif mouvement de curiosité. Sa déposition doit être grave pour Avril. Le témoin est âgé de vingt-neuf ans, il est condamné aux travaux forcés. Sa cécité presque complète, la parfaite convenance de son attitude et l'élégance de son langage inspirent de l'intérêt, surtout à la partie féminine de l'auditoire. Condamné à une peine infamante, le témoin n'est pas admis à prêter serment, mais le président ne l'en engage pas moins à dire toute la vérité, rien que la vérité.

Fréchard : « Je la dirai, messieurs, et j'espère que vous serez convaincus par mes paroles que ce n'est point la haine ni la vengeance qui me font parler.

Paris. — Impr. Walder, rue Bonaparte, 44.

Pour me faire comprendre, je suis obligé de remonter à une époque antérieure au double assassinat. »

Lacenaire fait un mouvement de tête approbateur, comme d'un artiste satisfait du talent d'un confrère.

Fréchard continue: « En 1832, j'étais à Poissy pour un jugement de deux ans. Avril s'y trouvait à cette époque et travaillait dans le même atelier que moi. Un jour, Avril fut trouvé, par un des gardiens, en flagrant délit d'insubordination. Il est expressément défendu aux détenus d'avoir ou de fabriquer des objets à leur usage ; Avril avait fabriqué un couteau, qu'il ne voulait pas remettre au gardien. Fatigué des vives instances de ce dernier, Avril s'emporta et frappa le gardien ; il ne se contenta pas de se servir de ses pieds et de ses poings, il se précipita sur une espèce de lime triangulaire dont les arêtes étaient extrêmement tranchantes ; il se jeta sur le gardien et allait lui plonger cet instrument dans le dos. Au risque d'encourir la disgrâce de mes camarades d'infortune, je me précipitai pour arrêter le coup ; j'y parvins, mais, en relevant le bras d'Avril, je me blessai à la tête avec l'instrument qu'il tenait à la main. (Mouvement.)

« J'étais lié, en 1831, avec une femme, ma compa-

Lacenaire et Avril à l'estaminet de l'Epi-Scié. (Page 9.)

gne, ma complice ; c'était une de ces femmes qui ont connu le crime de bonne heure. Cette femme (on l'appelait l'Anglaise, et on lui donnait encore le sobriquet significatif de *Serpens*) m'écrivait de prendre patience, d'avoir du courage ; je fis voir cette correspondance à Avril. Onze mois après ma sortie de Poissy, je rencontrai Avril sur les boulevards extérieurs. Déjà presque aveugle à cette époque, j'avais peine à le reconnaître. Cependant je le reconnus facilement lorsqu'il m'eut appelé Brutus. Brutus est un sobriquet qui m'a été donné à la prison, parce que je déclamais souvent les vers de *la Mort de César*. (On rit.)

« J'étais, au moment de cette rencontre, accompagné d'une maîtresse que j'avais depuis quelque temps ; nous entrâmes tous les trois chez un marchand de vins. Avril n'avait pas d'argent, je le régalai. « C'est l'Anglaise, » me dit-il, en me montrant ma maîtresse et en me faisant un signe d'intelligence. Il croyait que c'était la femme dont je lui avais montré les lettres à Poissy, et, ne gardant plus aucune mesure, il me dit qu'il avait une fort jolie *affaire* à faire ; qu'il s'agissait de *buter* (assassiner) une *tante*, c'est-à-dire Chardon.—C'est, me dit-il, une affaire de 10,000 fr. Tu peux compter sur 3,000 fr. si tu veux en être : Lacenaire, qui l'a conçue, consent à ce que tu en sois.—Figurez-vous, messieurs, l'effet que dut faire ce propos sur ma maîtresse, qui n'était pas ce que pensait Avril. Ses cheveux s'en dressèrent sur sa tête.

« Quant à moi, je lui déclarai que jamais je ne tremperais mes mains dans le sang humain. Quand nous eûmes mangé ce que je possédais (on rit), nous sortîmes de chez le marchand de vins.

« Quelques jours après, je le rencontrai ; je n'avais contre lui ni haine ni vengeance. « Je suis *au vague*, » me dit-il (je cherche à voler). Je lui payai un petit dîner. A quelques jours de là, il arriva chez moi ; il avait une volaille sous le bras : « Voilà, dit-il, de quoi faire *la pot-bouille* ; j'ai *fait* ça hier. » Je lui fis un accueil très-froid ; nous prîmes cependant un verre de vin. Il me réitéra alors la proposition de *buter* Chardon ; je refusai encore et il sortit en m'appelant *lâche! fainéant!* etc. Je le revis encore rue Phélippeaux, à la *Grande-Pendule*. Il me parla encore de son projet. Ce jour-là, je vis Lacenaire, qui me donna un rendez-vous au *Grand-Sept* : je n'y allai pas. Plus tard, Avril vint me voir chez moi; Lacenaire l'accompagnait; il le fit monter. Nous allions déjeuner, ma maîtresse et moi, et ils partagèrent notre réfection. Je ne l'ai pas vu depuis. Il fut arrêté le 11 décembre, et c'était le dimanche d'avant. »

Lacenaire confirme cette déposition dans ses détails principaux et dans ses dates si importantes.

Avril, que cette déposition a paru mettre hors de lui-même, cherche à la réfuter. « Le témoin, s'écrie-t-il, a dit des vérités, mais sa déclaration est pleine d'inexactitudes. Je suis sorti de Poissy le 25 novembre; il n'est pas probable, ne sachant pas surtout ce qu'il était devenu, que je l'aurais rencontré à l'instant même de ma sortie, et que je fusse allé le voir souvent.

M. le Président : Et pourquoi cela? Qui vous aurait empêché?

Avril, embarrassé : Cela n'est pas probable.

Lacenaire : Pendant que le déjeuner se préparait, Avril m'a dit qu'il avait parlé de l'affaire de Brutus, qui lui répondit que cela ne lui convenait pas. Je lui en parlai à mon tour; il m'a dit : « Ma foi, cela ne me convient pas. » (Mouvement.)

Avril : Tout cela est extrêmement faux; c'est la chose de me perdre comme lui, qui fait que Lacenaire dit tout cela. (Lacenaire jette sur son coaccusé un regard ironique et cruel.) Et puis, Fréchard a ses raisons pour faire une pareille déposition.

— Et que m'en reviendra-t-il? dit Fréchard.

— Que lui en reviendra-t-il? s'écrie Avril. Il est condamné à perpétuité, et grâce à sa déposition, il n'ira pas aux galères. Il sera plus tard commué en deux ou trois années, et enfin on le verra gracié ; ça se passe ainsi toujours.

— Je suis condamné à perpétuité, c'est vrai, répond Fréchard ; mais j'ai perdu la vue depuis dix-neuf mois. Les travaux de la forge et l'ardeur du soleil m'ont rendu presque aveugle, et la société ne me refusera pas pour asile une maison centrale. Pour éviter le bagne, je n'ai pas besoin de me faire le délateur d'un innocent.

— Qu'on lise l'interrogatoire de Fréchard pendant l'instruction, dit Avril, et on verra que ce n'est plus la même chose.

M. le Président fait la lecture invoquée par Avril ; les réponses de Fréchard sont les mêmes que celles qu'il a faites à l'audience.

Lorsque arrivent les témoignages sur l'affaire de la rue Montorgueil, l'apparition du jeune Genevay, la vue de cette victime si miraculeusement échappée, excite un vif mouvement d'intérêt et de curiosité. Mais ce jeune homme, sous le coup d'une émotion profonde, n'avait rien vu distinctement. Il ne reconnaît aucun des accusés. Il se rappelle avoir aperçu un homme avec de favoris, une redingote qu'il croit bleue, un chapeau ; il était tout troublé ; il ne sait rien de positif.

On présente à Lacenaire le tiers-point, instrument du crime, qui s'est brisé en tombant par terre. Il y jette un regard nonchalant et le reconnaît.

Le témoignage des logeurs, qui doit fixer la date de la nuit passée en commun entre Lacenaire et François, est écouté avec intérêt. Soumagnac, dit Magny, ne se rappelle pas avoir vu Lacenaire. *Simon-Pageot*

prétend que les deux accusés ne sont restés chez lui que deux jours. On lui prouve par la vérification de son livre, qu'il en impose et qu'ils sont sortis le 6 et le 7. Une de ces dates a même été falsifiée par Pageot, dont l'arrestation est ordonnée à l'audience suivante.

Leroy-Andréolle et *Alexandre-Simon*, détenus à Poissy, et *Coignet*, gardien de cette maison, répètent les aveux accablants faits imprudemment par François.

Mais un incident ramène l'attention sur le véritable intérêt du procès, sur la haine effrayable que se portent les coaccusés. Lacenaire demande lecture du procès-verbal contenant les violences exercées contre lui dans la prison, à l'instigation de François et d'Avril. Ce dernier avoue avoir rédigé le placard affiché dans le chauffoir, et, les dents serrées : — Si je ne me suis pas vengé moi-même, c'est qu'on y a mis bon ordre.

Cependant un autre incident plus grave encore se prépare. Depuis qu'on a soupçonné la présence simultanée des trois assassins dans le logement du Cheval-Rouge, une instruction particulière s'est suivie contre Bâton, le mystérieux procureur de complices; Bâton, qu'une inconcevable négligence a fait chercher en vain depuis quelques jours, Bâton a été trouvé en cinq minutes, et cela à la Préfecture de police. Il est amené aux pieds de la Cour.

Cette apparition de Bâton, de ce Bâton fantastique, introuvable, fut un coup de foudre pour François. Ses paroles, arrachées une à une par la force de la vérité, furent un torrent de lumière dans le procès.

D'abord embarrassé, anxieux, Bâton jette à la dérobée des regards sur le banc des accusés. Lacenaire lui sourit; François détourne les yeux. Aux premières questions que le président pose au témoin, sur les conversations relatives à un crime projeté, il ne répond que par un long silence, qu'il rompt enfin en disant : — Je n'ai jamais parlé de cela. Mais enfin, pressé, il avoue avoir présenté François à Lacenaire. Ce dernier prend en main l'interrogatoire, et force Bâton à convenir que c'est dans les derniers jours de décembre, en revenant d'Issy, qu'il a abouché François avec lui.

François sent que cet interrogatoire, ainsi mené, le précipite à sa perte ; il s'écrie, plein de rage : — Ah çà, il n'y a donc que pour lui à parler? On n'écoute donc que lui? On ne veut donc pas me donner la parole?

Un juré dirige les questions sur le rendez-vous pris chez Bâton, après le crime de la rue Montorgueil. Après bien des réticences, Bâton déclare enfin que Lacenaire a dit à François, en arrivant : — *Tu m'as laissé en plan.*

A cette preuve décisive, Lacenaire pousse une exclamation de joie cruelle et laisse tomber sur François un sourire infernal. A partir de ce moment, les déclarations de Bâton deviennent plus précises; il témoigne du voyage à Issy fait le 1er janvier, du changement de costume entre les deux accusés, et justifie toutes les déclarations de Lacenaire.

La conviction des jurés et des juges est faite, ainsi que celle du public. M. Partariou-Lafosse prononce le réquisitoire du ministère public.

« Messieurs les jurés, dit M. Partariou-Lafosse, au point où la civilisation est parvenue en France, dans un pays longtemps renommé pour la douceur de ses mœurs, c'est avec un douloureux étonnement que, depuis plus d'une année, on a vu se renouveler dans Paris même une multitude d'assassinats, exécutés avec une audace, une cruauté inouïes. On s'est demandé, non sans effroi, si la vie humaine avait cessé d'être protégée, si une association mystérieuse, qu'il était impossible d'atteindre, se faisait un jeu de tremper ses mains dans le sang. Il est cruel que la solution de cette question ait été si longtemps à se faire attendre.

« Aujourd'hui commence à se dérouler devant vous la série de ces tragiques forfaits, et, dès à présent, si nous ne nous trompons pas, vous avez le mot de la terrible énigme. Oui, messieurs, il existe des hommes pour lesquels l'assassinat n'est pas une dernière extrémité, où ils ne plus pervers n'arrive qu'en tremblant, mais *une affaire*, une affaire comme une autre, que l'on propose, que l'on examine, dont on discute les moyens, et que, le jour venu, on raconte en pleine audience avec un complet sang-froid; des hommes pour lesquels l'assassinat n'est pas un accident, le paroxysme de la colère, la mauvaise pensée d'un moment, mais une habitude, une profession.

« C'est assez vous dire à quels termes nous réduisons la cause. Il y a dans l'accusation un vol, commis la nuit, par deux personnes; il y a des faux nombreux, en écriture authentique, en écritures de commerce, en écriture privée. Tout cela serait grave partout ailleurs; ici ce n'est rien, absolument rien: nous n'en parlerons pas. Nous nous bornerons à recueillir le sang versé, et, en son nom, au nom de l'humanité, nous viendrons demander réparation. »

Le réquisitoire déroulait ensuite la chaîne des événements commis; il montrait Avril et Lacenaire procédant à leur œuvre meurtrière, et quittant le théâtre du crime.

« Cependant les meurtriers avaient les mains, les vêtements ensanglantés. Le génie dramatique de l'Angleterre s'écriait jadis « que toutes les eaux de « l'Océan réunies ne pouvaient laver ces taches-là. » Pour les accusés, la chose est plus simple, on met le manteau d'une des victimes sur le sang qui a jailli de ses plaies; on va aux *Bains-Turcs*, et tout est effacé. Puis on dîne; on se délasse aux *Variétés* des émotions de l'assassinat; et Avril termine dans une maison de prostitution une journée si bien commencée, si bien remplie.

« Le lendemain, vous croyez peut-être que le crime se reposera? Nous ne parlerons pas de remords, nous savons trop qu'il n'a point accès dans certaines âmes; mais enfin le bras se fatigue, et l'on éprouve le besoin de faire au moins une halte dans le sang. Non; pour de tels hommes, un crime commis n'est qu'un acheminement, une facilité de plus pour commettre un nouveau crime, un moyen de le commettre sur une bien plus grande échelle. Il ne s'agit plus désormais de ravir à un hypocrite mendiant les quelques aumônes par lui recueillies, à une grabataire infirme les minces épargnes de ses derniers jours. A nous maintenant les recettes des Pillet-Will, des Lowemberg, des Rothschild, des Mallet! L'opération est aisée. Nous présentons à l'une de ces maisons un billet payable à un domicile qui sera le nôtre. A l'échéance, le garçon de caisse arrive avec une lourde sacoche, avec un riche portefeuille. Nous le tuons, et nous lui prenons tout. »

Puis, M. Partarieu-Lafosse se demandait si les révélations de Lacenaire pouvaient sembler suffisantes pour déterminer une conviction contre Avril.

« Il est une objection, souvent répétée, que la défense ne manquera pas de reproduire. Pour condamner, vous dira-t-on, il faut des preuves, des témoignages irrécusables. Or, Lacenaire n'est pas un témoin, c'est un accusé. Les déclarations d'un accusé ne prouvent pas contre son coaccusé.

« Nous avons hâte de repousser cette objection, car nous n'en connaissons pas qui s'appuie davantage sur les doctrines surannées, qui oublie davantage les droits et les devoirs du jury, tel que nos temps modernes l'ont fondé.

« Non, messieurs, il ne faut au jury ni preuves ni présomptions; il ne lui faut, la loi le dit, qu'une conviction intime. Cette conviction, il la prend partout, il la tire de tout, sans s'inquiéter du moyen, du nom scientifique que la logique impose à tel ou tel élément du débat. Voilà comment il est vraiment omnipotent dans la souveraineté de sa conscience.

« Ainsi, par exemple, on entend un témoin dûment assermenté. Vous ne le croyez pas, si quelques indices vous persuadent qu'il ment; si, pour ne pas sortir de la cause, c'est un Pageot, une femme Pageot, un Soumagnac. Vous croyez, au contraire, un accusé, quand cet accusé est un Lacenaire.

« Lacenaire ne s'attend pas sans doute à trouver son éloge dans notre bouche. Mais, enfin, il est des positions désespérées où l'on peut avoir un dernier mérite, celui de prendre franchement son parti, de reconnaître qu'après le crime une seule chose est possible, en justice comme en morale, l'expiation.

« Aurait-il cédé à un sentiment moins noble, au désir de la vengeance? Aurait-il voulu entraîner dans sa perte ceux qui avaient trahi le secret de sa retraite? Sur ce point nous avons aimé à l'entendre répéter nettement à haute voix : « Oui, j'ai parlé par vengeance. » Mais nous ajoutons avec lui : « C'est à messieurs les jurés de voir si un homme qui a parlé par vengeance n'a pas cependant dit la vérité. »

« Eh bien, a-t-on constaté une seule inexactitude dans les renseignements donnés par lui? A-t-il été contredit par un seul témoin? Au milieu de faits si nombreux, s'est-il contredit lui-même, troublé un moment? Non! non! Tout a crié dans la cause : Lacenaire dit vrai!

« Une seule crainte aurait pu s'offrir à vos esprits : c'est que, par une ostentation déplorable, Lacenaire se fît devant vous pire qu'il n'était. Qui sait? l'imagination humaine est si bizarre, que le crime même peut avoir sa vanité. Nous avons étudié scrupuleusement l'accusé sous ce point de vue, et, selon nos impressions, rien n'est venu prêter le moindre fondement à cette crainte. Nous l'avons trouvé toujours simple, ne visant point à l'effet, ne se posant point en héros de tragédie, et il nous a paru être une nouvelle garantie de sa sincérité. »

Pour François comme pour Avril, les révélations ont été accablantes. « C'est ici, s'écrie M. Partarieu-Lafosse, que l'audition de Bâton a été un de ces incidents que la Providence ménage pour éclairer les dernières obscurités d'un procès. Il n'avait assurément nulle envie de parler; vous le voyez encore, immobile comme une statue, tout pâle de ses crimes, ne laissant tomber ses paroles qu'une à une, sur les interpellations réitérées de M. le président. Eh bien, la force de la vérité lui arrache tout contre François. »

Le réquisitoire se terminait par cette éloquente appréciation du principal accusé.

« Souvent les accusés traduits sur ces bancs plaident devant vous, sinon comme excuse, du moins comme atténuation de leurs fautes, le délaissement de leur famille, leur dénûment, l'insuffisance de leur éducation. Tous ces moyens manquent complétement à Lacenaire. Fils de braves négociants de Lyon, il reçut l'instruction la plus soignée. Au dossier, sont des morceaux de prose, de poésies, de sa main. Ils avaient été conservés comme pièces de comparaison pour une vérification d'écritures. Nous y avons trouvé les éléments d'une vérification plus grave, celle de l'accusé ; et si l'audience ne nous avait pas suffi, nous nous y serions convaincu que ses facultés naturelles étaient des plus distinguées. Il était donc des favorisés ici-bas, car les dons les plus précieux sont ceux de l'intelligence. Pourquoi faut-il, nul plus que nous le déplore, que cette plume qui, dans le commerce, dans la politique, dans les lettres, pouvait lui procurer une existence honorable, il l'ait brisée pour l'échanger contre le sanglant tiers-point? Voilà ce qui arrive quand on n'a pas cette foi calme dans l'avenir qui se confie au travail et à la patience; quand on veut tout conquérir en un jour, maladie trop commune de notre siècle; quand, entraîné par des passions désordonnées, on aime mieux s'enivrer d'une horrible supériorité parmi les pervers, que de prendre place parmi les bons et les honnêtes. Mais plus on est tombé de haut, plus on est coupable, plus aussi l'on doit servir d'exemple à tous.

« Nous ne nous le dissimulons pas, vous êtes en présence d'un pénible devoir ; mais les devoirs pénibles sont précisément ceux qu'il est le plus méritoire d'accomplir. Vous l'accomplirez donc, car la sûreté publique est gravement compromise, car la plaie sociale est profonde. Ils n'hésitent pas, eux, quand il s'agit de frapper leurs victimes, vous n'hésiterez pas davantage pour les frapper à leur tour. Et autant les méchants déploient de fermeté, d'énergie pour commettre le mal, autant vous en aurez, vous, pour le réprimer. »

Mᵉ Brochant, désigné d'office comme défenseur de Lacenaire, avait une tâche difficile à remplir. Les aveux si explicites de son client, les témoignages écrasants qui se pressaient contre lui, tout faisait de sa cause une cause désespérée. Et cependant il sut trouver dans son talent assez de ressources pour tenter l'impossible, tout en respectant les droits de la société outragée.

«Je ne vois dans ce procès, dit-il, qu'un coupable qui repousse toute défense, qu'un homme qui jette sa tête à ses pieds et qui vous dit : Prenez-la, j'ai mérité la mort... Je ne vois ici qu'un homme qui vous raconte avec un imperturbable sang-froid tous ses forfaits, qui se plaît à entrer dans les plus horribles détails pour soulever vos cœurs et appeler sur sa tête une peine qu'il regarde comme la fin de ses misères. C'est un suicide qui prend soin d'éclairer lui-même votre jugement, comme celui qui veut quitter la vie prépare avec attention l'arme fatale qui doit consommer son sinistre projet. »

L'éloquent défenseur du coupable déclaré avait bien compris qu'il ne pouvait discuter les faits de la cause. Il se contenta de chercher dans la vie de Lacenaire les motifs à l'indulgence.

Il le montra lancé par la ruine de son père hors de la voie véritable, perdu dans Paris à la recherche d'une position qui fuyait toujours devant lui ; trop intelligent pour se réfugier dans le travail servile, trop déshérité pour conquérir un avenir honorable. Une malheureuse occasion se présente, Lacenaire cède à la tentation, commet une escroquerie et l'expie par une année d'emprisonnement.

Dès lors, confondu avec l'écume de la société, il y oublie les principes d'honneur qu'il a pu garder encore dans son cœur. La corruption l'atteint, il ne sortira de Poissy que gangrené, lié par des liens indissolubles à ses compagnons de captivité. Vaincu par cette fatalité du crime, il aspirera à se venger de ce monde *qui le repousse*, il se croira *en état de légitime défense contre la société*. Il ne verra plus bientôt dans la vie qu'une occasion de jouissances qu'il voudra se procurer à tout prix, qu'une guerre entre celui qui possède et celui qui n'a rien, dans la mort qu'un retour au néant. Rien ne pourra l'émouvoir désormais. A la fièvre du désespoir a succédé une insensibilité profonde. Son cœur est de marbre; il ne connaît pas plus la crainte que l'espérance. Il tuera sans émotion : indifférent comme la matière, il se rira des lois, il n'aura d'autre volupté que celle qu'il trouvera dans la lutte. Et, dans ce cœur pétrifié, pas l'ombre d'un remords, pas le plus faible aiguillon du repentir. Ses nuits sont exemptes de songes et de terreurs !

« Cet homme, s'écrie Mᵉ Brochant, est travaillé d'une cruelle maladie... Écoutez-le vous dire qu'il est plus sage qu'un autre, et puis vous direz : *C'est un fou!*

« Son insensibilité à la vue des victimes; cette absence de tout remords; cette tranquillité, ce calme qui n'ont rien d'affecté; ce sourire perpétuel; cette liberté d'esprit qui lui permet de tracer une chanson à la veille de son jugement; cette attitude à l'audience, où il semble attacher plus de prix à une discussion littéraire qu'aux résultats de votre verdict ; cette confiance dans l'athéisme; ce sang-froid devant l'échafaud, et puis cet amour passionné des lettres...

« Tout cela me frappe et me bouleverse ; tout cela je ne puis l'expliquer, et les causes les plus célèbres ne nous en offrent aucun exemple...

« Soumettez, je vous en conjure, à une sévère analyse, toutes les habitudes de Lacenaire, et puis, si vous pensez, comme j'aime à le croire, qu'il n'a obéi qu'à la fatalité qui le poursuivait, que la fièvre qui le consumait ne lui a pas laissé le libre arbitre dont il faut jouir pour être coupable, oh! alors, vous n'aurez plus le droit de le tuer, ce serait cruauté!... Vous l'enfermerez, vous le garrotterez, vous le mettrez dans l'impossibilité de nuire... mais vous ne le tuerez pas !....

« Il ne suffit pas que la peine offre un exemple salutaire aux malfaiteurs ; il ne suffit pas qu'elle effraie la société par l'horreur qu'elle inspire, il faut encore qu'elle la venge, et, par conséquent, il faut qu'elle punisse le coupable. Eh bien, la mort n'a pas d'empire sur cette organisation malade ou flétrie; vous voyez avec quel calme et quelle tranquillité Lacenaire attend votre verdict ; vous voyez comme il s'accuse lui-même, comme il appelle vos rigueurs: trompez-le dans ses calculs...

« Il a lu dans ce livre de la rue Montorgueil que « les meurtriers doivent être mis à mort par le droit « de la guerre, puisque, par leurs méfaits, ils sont « devenus rebelles et traîtres à la patrie. »

« Mais il oublie que, quelques lignes plus bas, Jean-Jacques écrit : « On n'a le droit de faire mou-« rir que celui que l'on peut faire esclave. »

« Vous ne l'oublierez pas, vous, messieurs, vous éloignerez cet homme de la société, car il est dangereux; vous l'enfermerez dans un de ces lieux de douleurs continuelles, où chaque jour il souffrira mille morts. Que chargé de chaînes, vêtu d'une hideuse livrée, il voie s'écouler, sans espoir, une vie d'opprobre et de honte ! que de sévères châtiments le forcent au travail et lui fassent faire sur le passé de déchirants retours !

« La mort pour tant de forfaits ! la mort pour cet homme qui s'en rit et qui la brave ! Oh ! non ; ce serait trop peu !... Suivant une belle expression, vous le condamnerez à vivre ! »

Puis, se tournant vers l'accusé, M⁰ Brochant termina par cette éloquente apostrophe :

« Et vous !.. vous pour qui je viens prier ici, vous qui, né sous de si beaux auspices, avez foulé aux pieds les lois les plus saintes de la société, vous comprendrez alors qu'il est des rigueurs contre lesquelles vous n'avez point prémuni votre âme. Au milieu de vos nouvelles souffrances, de vos misères sans cesse renaissantes, vous ouvrirez enfin les yeux, et, dans votre malheur, vous connaîtrez le doigt du Dieu que vous avez blasphémé ; vous inclinerez votre front devant sa puissance, et vous accepterez tous vos maux en expiation de tous vos crimes. »

C'était là, sans doute, tout le parti qu'on pouvait tirer d'une semblable cause. L'éloquente plaidoirie de M⁰ Brochant produisit une impression profonde sur l'auditoire. Quant à Lacenaire, qui l'avait écoutée comme on écoute un morceau d'art, il se pencha gracieusement sur la barre quand son défenseur se rassit palpitant, épuisé, et il lui témoigna, en souriant, toute sa reconnaissance.

Les plaidoiries des deux avocats d'Avril et de François se prolongèrent assez avant dans la soirée.

A la question habituelle, posée par le président :

« Accusé Lacenaire, avez-vous quelque chose à dire pour votre défense ? » l'accusé improvisa d'une voix calme, sans déclamation, sans hésitation, un long discours dans lequel il exposait, expliquait, détaillait avec une lucidité parfaite, tous les faits du procès. Il n'oublia pas une seule circonstance, rétablit la vérité sur chaque point avec tout le sang-froid et toute la logique d'un avocat général. Nous ne rentrerons pas avec lui dans le récit déjà trop bien connu de ces drames sanglants, mais nous devons à nos lecteurs les passages significatifs de cet étrange résumé.

« Messieurs les jurés, dit Lacenaire en commençant, si je n'avais à me défendre que des assassinats dont je suis accusé, je n'aurais pas pris la parole : je m'en référerais entièrement au zèle et au talent de l'avocat que la bonté de la cour m'a assigné. Ce n'est cependant pas un sentiment d'amour-propre que je prends la parole après lui ; c'est parce que je sens que j'ai à vous dire des choses qui sont incompatibles avec l'exercice des nobles fonctions qu'il vient de remplir sans l'avoir désiré, dans mon intérêt, avec un zèle qui mérite toute ma reconnaissance, et un talent qui, j'en suis fâché, était digne d'une meilleure cause. »

Ce n'est pas une défense que ce discours, c'est une justification dirigée contre l'accusation de calomnie, de dénonciation intéressée. Si Lacenaire s'anime un instant, si sa voix devient vibrante, c'est sous le coup de ces inculpations de révélations vénales. « Jamais, s'écria-t-il, jamais je n'ai caché mes motifs : ces motifs, c'est la vengeance ! Mes complices m'avaient dénoncé, j'en avais la preuve, je les ai dénoncés. »

Etait-ce pour avoir sa grâce qu'il avait fait ses révélations ?

« Quelle grâce pourrait-on me faire ? grâce de la vie. Ah ! c'est une grâce que je ne demande pas. Ah ! sans doute, vous m'offririez les jouissances de la vie de l'argent, une fortune, j'accepterais... Mais la vie ! la vie ! ah ! il y a longtemps que je vis dans le passé. Depuis huit mois, chaque nuit, la mort est assise à mon chevet. Ceux qui ont dit que j'accepterais une commutation après condamnation, se sont trompés. Une grâce ! vous ne pouvez pas m'en faire ; je ne vous en demanderai pas, je n'en attends pas de vous : elle serait inutile. »

Au milieu de l'impression profonde produite par ce discours, Lacenaire, calme et souriant, se rassied après avoir salué la Cour. L'audience est suspendue. La foule des jeunes avocats se presse autour de Lacenaire ; on le félicite comme un confrère qui aurait débuté d'une façon brillante. Lacenaire est radieux, il *pose* avec bonheur en supériorité déclassée. « Ma foi, messieurs, l'entend-on dire à ses auditeurs, j'ai toujours regardé la vie comme un combat. J'ai joué au plus fort et au plus fin ; j'ai été vaincu, voilà tout. La société n'a pas voulu de moi lorsque j'étais encore bon à quelque chose ; à qui la faute ?... »

François, qui a suivi cette scène avec une fureur concentrée, s'écrie : « En voilà-t-il un joli orateur ! Bavard ! bavard ! Comme ils écoutent ce lâche de Lacenaire ! On dirait qu'ils vont l'applaudir. » N'y a-t-il pas une sorte de bon sens dans ce dépit de l'assassin qui voit faire fête à son confrère. Disons pourtant que, selon l'usage, la robe des stagiaires recouvrait ce jour-là plus d'un curieux qui n'avait jamais eu de rapports suivis avec Cujas ou Barthole. Le véritable barreau n'eût pas pris cette étrange attitude.

« Quand l'éloquence, dit à ce sujet un romancier fantaisiste, M. Léon Gozlan, quand l'éloquence, ou ce qu'on croit de l'éloquence, se montre là où la modestie des locataires ne veut pas la considérer comme une habituée du logis, il y aurait dureté à ne pas permettre qu'on lui fît bon accueil. On doit des égards aux étrangers. »

La magistrature et le barreau n'auraient-ils pas eu le droit de renvoyer à la presse et à la littérature fantaisiste le juste reproche d'avoir dressé un piédestal à Lacenaire ?

Après quelques mots de réplique prononcés par M⁰ Laput en faveur de François, celui-ci s'écria :

« Je demande la parole ! je veux aussi parler ; chacun son tour !

« Messieurs les *jurys*, l'orateur Lacenaire vient de vous redire tout le cours de l'instruction ; vous venez de l'entendre avec sa voix si douce que tout le monde semblait y être pris *comme à une glu*. Moi, je veux montrer ses mensonges, ses misérables mensonges. »

Et, après quelques récriminations, les traits de François se contractent, ses dents se serrent, tout son corps est agité de mouvements convulsifs, et, se tournant vers Lacenaire qui le regarde avec un calme ironique :

« Oui, misérable, infâme, qui voudrais faire mourir tous les humains de dessus la terre, c'est toi qui veux me pousser à l'échafaud. Je crois bien, tu fais le brave ici et l'éloquent ; on t'écoute, on t'admire, *ces messieurs t'applaudissent*..... Tu ne crains pas la justice sur la terre, tu ne crains même pas celle du ciel : *tu ne crois à rien*... Il faudra pourtant que tu comparaisses devant ton grand juge... Oui, tu y comparaîtras... nous y comparaîtrons aussi... messieurs les jurés y seront... Vous autres, messieurs les juges, vous aurez aussi un compte à rendre. Nous y serons tous ensemble. C'est là, Lacenaire, que tes victimes t'attendent ensanglantées. Si je dois y aller avec toi, au moins ma conscience ne me reprochera rien... Tu fais le brave; j'ai moins peur de la mort que toi; j'ai combattu vingt fois contre les ennemis de ma patrie.

« Je n'avais pas peur de la mort alors, je n'en aurais pas peur davantage; mais *j'ai peur de la mort sur un échafaud!*...

« Toi, vil assassin! lâche! tu veux laver tes mains dans mon sang, infâme canaille! Je puis encore lever la main, moi; c'est peut-être, hélas! pour la dernière fois, mais je puis la lever. Écoute donc mon serment, Lacenaire, écoute! J'irai à la mort, si l'on m'y condamne; mais j'irai sans effroi. Je mourrai comme meurt un innocent... Toi, tu *caponeras* au moment de ta mort. Lâche !!! »

L'auditoire frémit sous le coup de ces imprécations empreintes d'une éloquence brutale, inattendue. François a trouvé des effets puissants en engageant cette lutte désespérée pour sauver sa tête. Le soldat s'est retrouvé un moment sous l'assassin, et une lueur d'instincts honnêtes a jailli de ses yeux. François retombe vaincu, épuisé par cet effort. Lacenaire paraît n'avoir vu dans l'allocution de son complice que le côté grossier et anti littéraire. Il sourit en artiste supérieur.

François demande une seconde fois la parole.

« Messieurs les jurés, encore un mot, un dernier mot, je vous en conjure.

« Lorsque jeudi dernier je parus sur ce banc, j'étais encore innocent, je n'étais pas criminel; je le suis aujourd'hui, car j'ai porté le coup de la mort à mon père et à ma mère! à ma mère, la meilleure des mères!

« J'ai donné la mort à mon père, un vénérable vieillard, dont les cheveux ont blanchi dans la voie de l'honneur. Vous qui êtes des négociants, messieurs, je ne citerai pas mon père; les calomnieuses dénonciations de Lacenaire l'ont déshonoré. Vous le connaissez tous : ses cheveux ont blanchi *sous le poids* de l'honneur et de la vertu. Lacenaire est capable de tout : c'est un menteur. Il vous a endoctrinés; beaucoup de ses auditeurs l'applaudissent... Encore une fois, je ne crains pas la mort! Condamnez-moi, je marcherai tranquille à l'échafaud, mais retenez bien ce que je vais vous dire; huit jours après sa condamnation, il déclarera encore quelques complices pour prolonger sa vie... Vous verrez si je mens! Je ne crains pas la mort, j'attends le poids de votre justice. De la vie, je m'en soucie peu; mais, à mon heure suprême, je m'en repose sur la conscience de mon jury. »

Ces accents désespérés, cette énergie du moment suprême ont adouci, remué le jury comme l'assemblée elle-même. Il n'y a pas jusqu'à l'ironique et féroce sourire de Lacenaire qui ne fasse naître une lueur d'intérêt en faveur du malheureux qui se débat contre la mort.

A onze heures du soir, le jury entre dans la chambre de ses délibérations. A deux heures il rapporte un verdict affirmatif sur les divers crimes imputés aux accusés, mais en admettant des circonstances atténuantes à l'égard de François Martin.

Les accusés sont introduits. On remarque que le nombre des gendarmes a été doublé : six d'entre eux séparent Lacenaire de ses coaccusés. Lacenaire est plus pâle que de coutume, mais il écoute la déclaration du jury avec une contenance impassible. Quant à Avril, lorsqu'il entend la réponse affirmative en ce qui le concerne, il jette un regard plein de rage sur le jury et murmure entre ses dents : *Merci !* François cache sa figure dans son mouchoir.

M. le substitut du procureur général requiert l'application de la peine.

François et Lacenaire n'ont rien à dire sur l'application. Avril se lève, et d'une voix altérée : « Je suis condamné par le jury; je ne demande pas grâce, car je préfère la mort aux fers à perpétuité; mais je le jure devant Dieu, ceci est un assassinat judiciaire. »

M. le président prononce contre Lacenaire et Avril la peine de mort, et contre François Martin les travaux forcés à perpétuité.

L'arrêt était prononcé : il n'avait rien qui pût étonner Lacenaire, et celui-ci parut satisfait en sortant de l'audience, mangea avec appétit et parla de l'affaire avec gaieté : « Je n'attache pas, disait-il, plus de prix à ma vie qu'à une pièce de cinq sous. » Et, reportant sa pensée sur Avril : « Il m'accuse, disait-il, d'avoir vendu sa tête à la police. Je n'ai rien demandé, je n'ai rien reçu. Mais lui, ne pouvais-je lui demander combien il avait reçu pour livrer la mienne? Si ces deux têtes, ajoutait-il en souriant, devaient se payer à prix égal, j'y aurais certes perdu; car il faut convenir que la sienne ne vaut pas la mienne. *L'étoffe n'est pas la même.* »

Lacenaire avait annoncé que son intention était de ne pas se pourvoir en cassation; à moins qu'Avril et François ne le fissent. « En pareil cas, déclarait-il, je ne veux pas laisser en si beau chemin mon ouvrage; car, si l'arrêt est cassé (et je crois qu'il le sera), je veux, devant une autre cour d'assises, y paraître avec le même droit que mes coaccusés, et les confondre comme je l'ai déjà fait devant celle de Paris. »

On peut noter sous ces continuelles préoccupations de vengeance un aveu secret d'infériorité morale. Si Lacenaire, malgré ses crimes, eût été originairement mieux doué, il n'aurait pas fait de cette lutte engagée contre ses complices la grande affaire de ses derniers moments. Cette recherche patiente et tenace d'une supériorité si facile suffit à donner la véritable mesure de son âme. Un autre indice pour l'observateur, c'est le continuel besoin qu'éprouvait cet homme de commodités matérielles, de jouissances d'un ordre inférieur. S'il dort mal pendant la nuit qui suit l'arrêt, c'est qu'on lui a mis la camisole de force. On la lui ôtera le lendemain; il annonce à un visiteur qu'il dormira *comme un dieu.*

C'est ainsi que, lorsqu'on le transféra de Dijon à Paris, ce n'était pas son arrestation qui l'irritait, cette arrestation dont il entrevoyait toutes les terribles conséquences : c'étaient les quinze livres de fer qu'on lui avait rivées aux pieds; c'étaient les poucettes qui ne lui laissaient pas le libre usage de ses mains; c'étaient les voitures incommodes de la route, les gîtes malsains, les couchées dans des bouges infectés de vermine. Voilà les insupportables détails qui l'offusquaient, qui lui arrachaient des appels déclamatoires à l'humanité, à la justice.

Lacenaire fut d'abord envoyé à Bicêtre, pour y attendre l'issue du pourvoi; mais sa présence, ainsi que celle d'Avril, ayant été jugée nécessaire à Paris, il fut ramené à la Conciergerie. C'est là que, sûr désormais, de fixer par les moindres actes et sur ses paroles les plus insignifiantes l'attention du monde des oisifs, il se reprit de plus belle à jouer un rôle à effet.

Auprès de son ancien professeur du collège d'Alix,

il *pose* en stoïcien; il fait appel à ses souvenirs d'Horace, son classique de prédilection.

« Vous m'exhortez au courage, lui écrit-il. Je vous dirai avec franchise et vérité que je n'en ai jamais manqué, et, si j'osais, je m'appliquerais ces vers d'Horace :

..... *Si fractus illabatur orbis,*
Impavidum ferient ruinæ;

mais j'aime mieux dire tout simplement :

Æquam memento, rebus in adversis,
Servare mentem, non secus ac bonis.

« Vous voyez, mon cher professeur, que je n'ai point tout à fait oublié vos leçons. »

Flatté sans doute de cette sympathie étrange qui le mettait en relief, le vieux professeur prenait dans la presse la défense de son ancien élève. Un journal de Lyon avait reproduit les accusations d'indiscipline, d'irréligion, d'immoralité privée que Lacenaire assume sur lui-même dans cette partie de ses *Mémoires* que nous persistons à regarder comme apocryphe. Le professeur vengea, dans une lettre rendue publique, l'innocence de ces premières années du futur scélérat :

« Monsieur le rédacteur,

« J'ai lu dans plusieurs journaux des extraits du *Réparateur* de Lyon au sujet de Lacenaire. J'ai été son professeur au collège d'Alix, près de Villefranche (Rhône), et je me fais un devoir de démentir les détails que l'on donne sur le temps de ses études.

« Il est faux qu'il ait été expulsé de cette maison à cause de son irréligion et de son immoralité; il ne l'a quittée qu'en 1817, époque de sa suppression. D'un caractère généralement froid, il n'a jamais montré, il est vrai, beaucoup de ferveur religieuse; mais dans aucune occasion il n'a affiché des principes d'immoralité et d'irréligion qui lui aient valu une expulsion honteuse. Sa conduite, sous ce double rapport, a été constamment exempte de graves reproches pendant tout le temps qu'il a été confié à mes soins. Sans avoir des relations bien intimes avec ses camarades, que sa supériorité écrasait, il vivait bien avec eux, et, en général, ils ont conservé de cette époque de sa vie un souvenir agréable. Loin d'être en hostilité ouverte avec ses maîtres, et de les tourmenter à dessein, comme le dit le *Réparateur*, il s'est fait remarquer dans ma classe par son amour pour le travail, sa docilité, ses succès, et surtout par l'affection qu'il me témoignait. Je ne me souviens point de lui avoir infligé de punition pendant tout le temps qu'il a suivi mes cours.

« Le propos que l'on prête à l'excellent M. Durand, directeur du collège d'Alix, est entièrement faux. J'étais l'ami intime de M. Durand, dont je déplore tous les jours la mort prématurée, et je puis assurer qu'il n'avait point de Lacenaire l'opinion dont parle le *Réparateur*. Mes rapports avaient seuls pu former son jugement, et toujours ils avaient été favorables.

« J'ai cru devoir, dans l'intérêt de la vérité, monsieur le rédacteur, venger ce pauvre condamné de la calomnie qui voudrait souiller les seules années d'innocence d'une vie si orageuse et si courte. N'est-il donc pas assez coupable? Assez de crimes ne pèsent-ils pas sur sa tête? Pourquoi rechercher à la source pure de sa vie les causes des tempêtes et des naufrages qui l'ont bouleversée? Moi, monsieur, qui vais le consoler dans la prison où il attend avec un calme extraordinaire la fin de ses maux, moi qui ai reçu ses confidences et ses pensées intimes, il me serait facile de les trouver ailleurs. »

Ces discussions, ces appels à l'opinion publique, les détails vrais ou faux colportés sur cet homme étrange, excitaient d'autant plus la curiosité. Lacenaire, du fond de son cachot, se plut à l'irriter encore, en formulant poétiquement des théories outrées. Il laissa tomber de sa plume facile des vers remplis de forfanterie philosophique, de plaisanteries lugubres, empreints de doctrines cyniques.

Une de ces pièces, dont la forme est élégante, puise un certain mérite dans la mélancolie légère du sentiment : on y surprend une nuance d'idéalisme superficiel qui la place au-dessus des productions ordinaires de l'auteur :

A DEUX AMIS.

Écoutez-moi, tant que ma voix sonore
Peut jusqu'à vous arriver en chantant;
J'ai trop vécu, mais je suis jeune encore,
J'aime à chanter, car mon cœur est content.
Chers compagnons des jours de mon enfance,
Qui de mon luth attendez un refrain,
Écoutez-moi : je chante l'espérance,
Car, mes amis, je vais mourir demain.

On me l'a dit, mon âme est immortelle,
Ce feu divin ne peut jamais périr;
Mais vais-je errer sous la voûte éternelle,
Ou dois-je encor renaître pour mourir?
Naître et mourir, et puis revivre encore,
De la nature est-ce donc le destin?...
Le soir toujours vient remplacer l'aurore,
Moi, mes amis, je vais mourir demain.

Oui, pour toujours je vais quitter le monde,
Pourquoi viendrais-je y reprendre des fers?
Loin des cachots et de leur fange immonde,
Sylphe léger, j'habiterai les airs;
J'irai revoir celle dont la tendresse
Va sur ses pas m'ouvrir un doux chemin.
Prépare-toi, ma fidèle maîtresse,
Car, tu le sais, je vais mourir demain.

Oh! mes amis, lorsque dans la nuit sombre,
Un songe heureux bercera votre ennui,
Quand sur vos lits viendra s'étendre une ombre,
Reconnaissez l'ombre de votre ami!
Oui, près de vous je reviendrai peut-être,
Esprit follet que chasse le matin!
Ah! pour vous seuls puisque je dois renaître,
Sans murmurer je puis mourir demain!

Lacenaire se plaisait à entretenir les doutes et l'inquiète curiosité du public par des sentiments contradictoires, exprimés avec une apparente sincérité. Ainsi, nous avons eu sous les yeux deux autographes de Lacenaire, datés l'un du 7, l'autre du 22 décembre 1835. Le premier contient une boutade voltairienne assez spirituelle :

Ne craignez plus rien pour mon âme,
Catholiques, Latins, Français!
Car de votre éternelle flamme
Le gouffre est fermé pour jamais.
Des démons l'affreuse cohorte
A quitté l'enfer à grands pas.
Ils ont mis la clef sous la porte
Pour venir loger ici-bas.

Le second affecte une mystérieuse douleur et l'allure fatale mise à la mode par l'école romantique :

> Il est un secret qui me tue,
> Que je dérobe aux regards curieux :
> Vous ne voyez ici que la statue,
> L'âme se cache à tous les yeux.

Le morceau suivant affecte un ton plus grave ; mais l'haleine du poëte assassin est trop courte pour cette poésie large et sonore :

UN MOMENT DE DÉSESPOIR.

> Banni, chassé, proscrit et broyé sous l'offense,
> Un bonheur me restait, celui de la vengeance ;
> Et je ne l'ai goûté qu'en pressant sur mon cœur
> . . . . . le seul Dieu que je croyais vengeur.
> Mais la nuit, dira-t-on, craignez que de la terre
> Ne glisse jusqu'à vous un spectre au long suaire !

> Il vaut mieux voir un spectre assis près de son lit
> Qu'une larme briller dans une obscure nuit,
> Et la sueur du front plus aisément s'efface
> Que d'un coup de poignard ne disparaît la *place* :
> Car il est doux, *bien doux*, de sentir sous ses yeux
> Se tordre un ennemi... c'est un plaisir des dieux !

> Haïr et me venger, c'est tout ce que j'aimais !

> Si tu n'es pas un mot pour expliquer le monde,
> Quand tu me jugeras *dans la haine profonde*,
> Au lieu de les ouvrir en me fermant tes bras,
> Qu'avec plaisir demain ! . . . .

> L'on m'a dit que le jour où tu me donnas l'être,
> Ce qu'aujourd'hui je suis, tu pouvais le connaître !
> C'est donc ma faute à moi, si du moment fatal,
> Où, semant sur mes pas et le bien et le mal,
> Me criant : Marche ! marche ! et me poussant sans doute,
> Du crime devant moi tu n'ouvris que la route ?
> . . . .

Avril et François.

La presse, et ce fut là son péché, entretenait à plaisir la curiosité publique à l'endroit de ce criminel excentrique. Le Lacenaire était à la mode : on ne s'occupait que de Lacenaire. Un petit journal prit pour texte de ses plaisanteries quotidiennes le poëte-assassin, et imagina de publier un Nouveau Testament attribué à l'hôte de la Conciergerie. Lacenaire ne laissa pas passer une pareille occasion de réclame, et le petit journal eut le tort de rendre publiques les odieuses plaisanteries dont le malheureux accompagna sa rectification. Nous donnons la lettre de Lacenaire, malgré son cynisme, comme un élément moral de cette étude :

« *A Monsieur le directeur du* Corsaire.

« Monsieur,

« Je veux bien vous pardonner, parce que je pense que vous avez été induit en erreur par un de mes faux disciples, qui aura surpris votre religion ; mais je n'en dois pas moins vous prévenir que tout ce que vous avez publié de mon Nouveau Testament est entièrement faux et controuvé. Je vous envoie aujourd'hui le véritable texte que vous pourrez comparer. Vous conviendrez que cette fois vous êtes à la véritable source.

« Je vous engage à rendre publique ma réclamation.

« J'ai l'honneur d'être
« Votre dévoué serviteur,
« Lacenaire.

« La Conciergerie, 14 décembre 1835. »

Le 16 décembre, le *Corsaire* inséra cette lettre reçue par l'intermédiaire de M. Jacques Arago, qui avait vu Lacenaire à la Conciergerie. Il inséra également les prétendus sommaires des Mémoires que le condamné préparait dans son cachot. Les voici :

SOMMAIRE DU LIVRE PREMIER.

Guillot-Lacenaire, non prédit par les prophètes, vient au monde dans un village du département du Rhône. — Il n'est pas fils de Dieu, attendu qu'il n'y en a plus aujourd'hui. — Sa mère, après l'avoir conçu avec plaisir, l'engendre avec douleur. — Point de signes à sa naissance, si ce n'est une chandelle qui s'éteint parce qu'on la mouche de trop près. — Sa mère n'ayant pas de lait, on invente une machine en fer-blanc. — Comme quoi le petit Lacenaire, voulant y mordre, se cassa sa première dent. — Son amour précoce pour l'humanité. — Il tue une poule qui, abusant de sa propre force, mangeait un pauvre limaçon.

SOMMAIRE DU LIVRE II.

Guillot-Lacenaire pousse comme un champignon. — Fidèle à la doctrine qu'il vient établir, il chipe tout ce qui se trouve sous sa main. — Comme quoi une abeille, dont il voulait déguster le miel, le pique au doigt, ce qui le dégoûte un moment de son système. — La nature prend le dessus. — Il veut traire une vache à l'insu de ses parents. — Danger de confondre les vaches avec les taureaux. — Un de ces derniers lui donne un coup de pied à la tête. — Exostose qui en résulte et qui induit plus tard les phrénologues en erreur.

SOMMAIRE DU LIVRE III.

Guillot-Lacenaire grandit en ruse et en adresse. — Il dit

Lacenaire attaqué par les détenus de la Force. (Page 12.)

comme un autre à sa mère : *Femme, qu'est-ce qu'il y a de commun entre vous et moi?* — Nouvelles noces de Cana. — Le vin changé en eau. — Nouveaux miracles. — L'or changé en cuivre, ce qui ne plaît pas à tout le monde. — Inconvénient de la philanthropie. — Voulant faciliter à tout un chacun l'entrée du royaume des cieux, il fabrique de fausses clefs. — Le procureur du roi y trouve à redire.

SOMMAIRE DU LIVRE IV.

Guillot-Lacenaire vole une pièce de six liards : on l'enferme. — Il vole deux millions : on le salue. — Toujours dévoré de l'amour de l'humanité dont il connaît les besoins, il se fait guillotiner neuf fois sous différents noms pour plaire aux hommes. — Il ressuscite sans bruit, pour ne pas se mettre à dos la police. — Il se mêle de politique, toujours dans un but philanthropique. — Il s'aperçoit qu'il a affaire à des gens aussi philanthropes que lui, ils meurent de faim. — Jugeant que la population n'était pas en harmonie avec les productions du sol, il s'occupe de la diminuer. — Les princes des prêtres et des pharisiens le poursuivent. — Il se cache, parce que son heure n'est pas encore venue.

SOMMAIRE DU LIVRE V.

Il est arrêté à Beaune par un lieutenant de gendarmerie qui lui donne le baiser de Judas, en prenant une demi-tasse. — Personne ne le renie, il se renie lui-même. — Un publicain de Beaune lui rend témoignage, et dit : « *C'est bien là le fils de l'homme.* » — Il est mené d'Anne à Caïphe et de Caïphe à Pilate. — On le condamne sans se laver les mains. — Passion de *Guillot*-Lacenaire. — On le mène à la barrière Saint-Jacques. — Il arrive à la guillotine. — *Ecce Homo.* — Il ne voit au pied de *l'abbaye de Monte-à-Regret* ni Marie ni Marie-Madeleine, mais une douzaine de gendarmes qui ne pleurent pas et qui chiquent. — Le couteau tombe. — Il ne tonne pas, *parce qu'il gèle*, ce qui fait que la bonne société ne va pas prendre de glaces en revenant du Calvaire. — Miracle après sa mort, qui n'est arrivé à aucun autre dieu. — Chacun convient qu'il s'est moqué de tous. — Sa complainte en 1,260 couplets, attendu qu'il en composait un tous les jours après son dîner. — Schismes à l'occasion de sa doctrine.

Ces misérables bouffonneries, qui sont la véritable mesure de l'homme, contrastaient singulièrement avec la prière suivante, qui courut alors les salons et passa des salons dans les journaux. La pensée sérieuse et profonde de ce morceau, le grand caractère de quelques vers bien frappé ne contribuèrent pas peu à augmenter encore l'engouement qu'inspirait le condamné :

INSOMNIE D'UN CONDAMNÉ.

Elle est longue la nuit, quand le criminel veille :
S'il s'endort, il maudit le bruit qui le réveille;
Libre et non criminel, dans un songe il vivait.
Que voit-il maintenant aux lueurs des étoiles?
L'alcôve où l'araignée a suspendu ses toiles,
   Et le remords à son chevet.

C'est un lien! C'est alors que vient à sonner l'heure
Où, seul et sans témoins, l'assassin prie et pleure;
Son orgueil est tout humble et sa fierté mollit;
Son cœur est poignardé par des remords intimes;
Les fantômes sanglants de toutes ses victimes
   Se dressent au pied de son lit.

Il a beau fermer l'œil, un bras glacé le touche;
Un cadavre tout nu vient partager sa couche;
Il livre son oreille à d'infernales voix ;
Il entend sur les quais une pesante roue;
Il entend le bourreau, le gibet que l'on cloue,
   Le chant lugubre des convois!

Alors le criminel s'amende, alors il pense
A celui qui punit et qui nous récompense,
Celui qu'on nomme Dieu dans le langage humain,
Qui, sur son trône, attend que le criminel meure,
Et le conduit, absous, à la sainte demeure
   Dont seul il connaît le chemin.

On peut mourir athée, alors que le délire
Dans le livre des cieux nous empêche de lire;
Quand le lit est déjà le funèbre caveau,
Que le sang, suspendu dans la veine glacée,
Au malade expirant ne laisse de pensée
   Dans le cœur ni dans le cerveau.

Mais lorsqu'on va mourir dans sa jeunesse verte,
A l'âge où notre vie à peine s'est ouverte,
Avant que son printemps ait fait place à l'hiver,
Et que Clamart est là, le hideux cimetière!
Demandant notre chair, notre chair tout entière,
   Pour servir de pâture au ver;

Alors, croyez-le bien, une agonie immense
Vous rend toute raison et chasse la démence;
Avant de dire au monde un éternel adieu,
L'homme veut éviter le céleste anathème,
Et court à l'échafaud, comme au sanglant baptême
   Qui réconcilie avec Dieu.

Le souffle élevé de cette poésie eût dû éclairer la conscience publique : Lacenaire n'avait pu la penser ou l'écrire : il s'empressa de la désavouer, mais plutôt en écrivain jaloux de son individualité, qu'en logicien de crime :

« Dans toute autre position, je ne ferais que remercier le poëte qui a assez de talent pour faire d'aussi beaux vers et assez de modestie et de désintéressement pour en abdiquer la gloire en ma faveur. Serait-ce par hasard une compensation pour quelques méchants vers dont on a voulu naguère déshériter ma succession?

« Ce ne sont pas mes pensées et je n'écris que ce que je pense. Si dans quelques poésies encore inédites, j'en ai laissé déborder quelques-unes, peut-être exagérées, ce n'est pas d'après elles que je prétends être jugé, car on sait ce que c'est que la poésie, mais bien sur mes Mémoires que je rédige en ce moment et qui, j'en ai la promesse, ne contiendront pas un fait, une pensée qui ne soit la vérité. Que l'on attende donc jusqu'à leur publication pour se former une opinion sur ma personne, si toutefois j'en vaux la peine. »

« Je ne viens point ici, disait-il en terminant, m'ériger en professeur d'athéisme et de matérialisme, comme on voudrait peut-être le croire; j'ai toujours trop respecté les opinions et les convictions de bonne foi. Mais je dois, pour prévenir le public contre de pareilles jongleries, dont il me semble deviner les motifs, déclarer que mes opinions à moi, quelles qu'elles soient (et on les jugera), n'ont jamais varié *et ne varieront jamais.*

« A de certaines personnes qui ne découvriraient en moi, comme on l'a écrit, que le matérialisme du désespoir, je leur dirai : Venez me voir, non pas dans mon cachot, mais dans ma chambre, et vous verrez, après avoir passé quelques instants auprès de moi, si ma tranquillité et mon quiétisme sont affectés et si, en effet, je n'ai que le courage de la peur et du désespoir. Demandez-le aux personnes qui m'ont fait le plaisir de venir m'y visiter; demandez-le encore à celles qui ne me perdent pas de vue une minute. Eh bien, puisque vous voulez le savoir, apprenez que je suis plus calme, plus tranquille, plus *heureux* enfin sous mes verrous et en face de l'échafaud que j'attends, que je ne l'ai jamais été dans le sein de *votre* société. »

Lacenaire terminait sa lettre par une déclaration en forme de prospectus, portant que, pour éviter au public de semblables mystifications, il ne serait désormais publié de lui aucune composition jusqu'à l'édition de ses Mémoires; qu'en outre les originaux de tout ce qu'il comptait faire paraître étaient ou seraient déposés entre les mains d'une personne de son choix et revêtus de sa signature. Ainsi, le public serait mis en garde contre toutes les publications que pourraient présenter sous son nom « le charlatanisme et la manie d'exploitation qui débutent dès aujourd'hui avec tant d'impudence et d'effronterie. »

L'*Insomnie du condamné* avait été, disait le *Vert-Vert*, remise par Lacenaire à M. Adolphe Lemarquier. Ceci nous indique sans doute le véritable auteur de cette pièce dont le sujet et l'inspiration poétique avaient fait soupçonner un des talents les plus élevés et les plus vigoureux de la poésie française.

A quelques jours de là, pour mieux marquer la différence, Lacenaire écrivait une invocation ignoble à l'instrument de son prochain supplice.

Salut! ô guillotine, expiation sublime,
   Dernier article de la loi,
Qui ravit l'homme à l'homme et le rend pur de crime
Dans le sein du néant, mon espoir et ma foi.

Ces contradictions, cette auréole poétique brillant au-dessus d'une tête vouée à la mort la plus honteuse, cette ostentation d'impassibilité, tous ces contrastes augmentaient encore le *succès* de Lacenaire. On s'arrachait ses autographes, on multipliait ses portraits, on colportait ses mots. Les femmes n'étaient pas les moins avides de détails sur le scélérat à la mode. Plus d'une sollicitait l'autorisation de le visiter dans sa prison. Une grande dame, Mme D***, fit remettre à Lacenaire le billet suivant :

« Madame D*** prie le *sieur* Lacenaire de lui écrire quelques lignes sur un sujet d'imagination ; elle fait une collection d'autographes, et serait bien aise d'y placer celui du *sieur* Lacenaire. »

C'était peu connaître la corde sensible. Lacenaire fronça le sourcil et écrivit rapidement ces lignes :

« *Monsieur* Lacenaire a reçu le billet de madame D*** : il lui reste *bien peu de temps* pour se livrer à des sujets d'imagination ; mais comme lui aussi fait une collection d'autographes, il y placera le billet de l'écriture de madame D***. »

Le porteur du billet (c'était M. Gisquet) insista pour obtenir une plus gracieuse réponse. « Non, monsieur le préfet, non, — répondit Lacenaire avec une grande animation de ton et de geste ; —pas une seule ligne de plus !... Je ne suis pas à la merci des gens du monde !... Justiciable de la loi, je viens d'en être frappé... ma prison m'a modifié ; ma condamnation m'épure !... Je ne suis plus le Lacenaire du crime et des égouts !... je ne suis plus le *sieur* Lacenaire !... je suis redevenu *monsieur* Lacenaire. »

L'un des complices de Lacenaire, l'autre condamné à mort, Avril, placé au second plan dans la curiosité publique, déploya à cette heure suprême une tout autre grandeur de caractère. L'arrêt une fois rendu, la mort devenue inévitable, il s'y résigna, mais avec le repentir d'un chrétien. Si l'on songe à la grossièreté de cette nature inculte, ce retour, que rend plus admirable encore une simplicité parfaite, place le criminel sans éducation et sans instruction au-dessus du scélérat homme de lettres.

Voulant, disait-il, rassurer les jurés, Avril demanda la publication dans les journaux de la déclaration suivante :

« Je pense que MM. les jurés dormiront plus tranquilles quand ils verront que je suis vraiment coupable ; tout ce que je me repens, c'est d'avoir joué un rôle qui ne me convenait pas dans la procédure. J'aurais dû faire comme Lacenaire, avouer au jugement et faire *poser un gluau* sur les personnes qui sont venues déposer contre moi. »

En même temps, il écrivait à ses anciens camarades de Poissy la lettre suivante :

« Mes amis,

« Je suis peut-être indigne de vous faire savoir ma position, mais j'ai une très grande confiance en vous, et je me plais à penser que vous me pardonnerez tous mon crime à l'unanimité. Soyez persuadé que je saurai mourir avec plus de courage que j'en ai eu à commettre un assassinat.

« Mes amis, si je vous fais part de ma position, c'est pour que vous en preniez une grande exemple, que vous ne fassiez pas comme moi ; car vous, messieurs, principalement, qui travailliez avec moi dans le même atelier, si je vous avais écouté, je ne serai pas dans la triste position où je me trouve. Car presque tous de vous m'avait prié de ne pas fréquenter *L'assener*. Ce n'est pas que je l'accuse de mon malheur ; oh ! non ; mais peut-être ne l'aurai-je pas connu, je ne serai pas dans cette position. Ce n'est pas que je me plains, parce que maintenant je trouve ma destinée très-belle. Dans quelques jours je ne souffrirai plus : ma triste existence aura fini. Car, messieurs, je ne sais si vous voulez me croire, mais maintenant je me trouve très-heureux ; il me semble que je suis plus léger, rien ne m'oppresse, je ne suis plus le même homme. Je suis satisfait de mon sort depuis que j'ai fait la révélation de mon crime ; je voulais le cacher, je voulais mourir sans dire : « Oui, c'est moi qui est commis le crime, cette assassinat ; » Mais je n'y pouvais pas tenir, j'étouffai, j'étais comme une bête brute, absorbé dans mes réflexions. Ah ! que j'étais malheureux dans ce temps-là ; mais maintenant je suis heureux. Ah ! mes amis, je crois fermement que je n'ai pas besoin de vous recommander de prendre exemple sur moi, que cette leçon vous serve et je suis satisfait ! Je plains un seul homme de notre affaire, s'est François ; il est condamné aux travaux forcés à perpétuité ; ainsi il souffrira beaucoup.

« Je finis ma lettre en vous disant un éternel adieu,

« Victor AVRIL,

« Condamné, libéré de Poissy le 25 novembre 1834.
« Paris, 17 novembre 1835. »

Avril reçut avec une piété sincère les exhortations de M. Azibert. Il se préoccupait vivement de l'exemple qu'il allait donner par sa mort : « Monsieur l'abbé, dit-il, veuillez accomplir un de mes désirs ; dites demain au prône des prisonniers de Bicêtre que je suis repentant de ce que j'ai fait ; dites-leur que mon exemple doit leur être utile. Je suis bien coupable, je le suis ; si je n'avais pas été privé de ma famille quand j'étais tout jeune, je n'en serais pas où j'en suis. »

Lacenaire, lui, se montra bruyamment réfractaire aux sentiments religieux, qui relèvent et épurent les âmes flétries, lorsque approche le jour de l'expiation suprême.

Mgr l'archevêque de Paris s'était à juste titre préoccupé de cet athée vantard et railleur, qui menaçait de porter en riant sa tête au bourreau. Mgr de Quélen ne voulut pas que l'impénitence finale de ce malheureux pût être attribuée à l'indifférence de l'Église. Il chargea un célèbre orateur de la chaire catholique de conférer avec le condamné. Le choix de Mgr de Quélen fut excellent : le prêtre choisi par lui fut M. l'abbé Cœur, ancien soldat arraché aux champs de bataille par une conviction religieuse irrésistible, plus fait pour toucher par une parole entraînante, tout enflammée d'ardeur et de charité, que pour convaincre par une dialectique habile et serrée.

M. l'abbé Cœur fut reçu par le condamné avec une attitude suffisamment respectueuse et convenable. Il fallait que le ministre de la religion lui-même témoignât en faveur de Lacenaire et, tout en déplorant son athéisme, joignît sa voix au concert approbateur qui s'élevait autour de cette intelligence déclassée.

« Je suis, monsieur l'abbé, dit Lacenaire, profondément touché de la sollicitude de Monseigneur et de la vôtre ; je ne me refuse à aucune vérité sur la religion ; je suis prêt à vous entendre, à vous croire ! Cependant, je me permets de vous en avertir : si vous voulez que votre instruction me profite et m'éclaire, n'entrez dans aucune des banalités du prêche ; prenez-moi où je suis, en dehors de toutes choses de convention ;—sur le seuil de la mort ! car, si vous cessiez de parler à ma raison, pour m'adresser une homélie... je ne pourrais plus vous écouter. »

Ainsi, M. l'abbé Cœur était bien et dûment averti. Il fallait, pour toucher ce grand coupable, une autre religion que celle des humbles et des pauvres d'esprit. Pas de convention surtout, et beaucoup de logique, car on s'adressait à un rude logicien.

M. l'abbé Cœur accepta ces prétentions avec indulgence et entama avec le criminel une conversation dans laquelle il fit la part des antécédents intellectuels de Lacenaire. Mais le vénérable prêtre ne soupçonnait pas le piège. Comme il montrait au condamné cette religion catholique acceptée par les intelligences les plus vastes qui aient honoré la France, les Descartes, les Pascal, les Bossuet, les Fénelon, les Massillon.....

— Assez ! monsieur l'abbé, assez ! s'écria Lacenaire en se levant. Comment ! je vous demande de m'amener à Dieu par la persuasion et la vérité, et vous venez me citer, comme autorité en matière de croyance, un intrigant comme ce Massillon, qui, pour obtenir le rochet d'évêque, eut le cynisme de sacrer le cardinal Dubois!... On ne croit pas à son Dieu, lorsqu'on fait entrer à son service un laquais souillé de vices, comme l'était ce Dubois!... »

Lacenaire, on le voit, s'échappait par une tirade à effet, empruntée au bagage des journaux de l'époque.

M. l'abbé Cœur se retira navré. Lacenaire le reconduisit poliment, les lèvres pincées par un ironique sourire. Il se crut bien grand ce jour-là.

Le dernier épisode de l'horrible procès se produisit le 26 novembre. La cour de cassation fut saisie du pourvoi des condamnés.

M. le procureur général Dupin réfuta facilement les divers moyens de pourvoi. Sur le principal, la jonction des procédures, il répondit qu'elle avait été ordonnée pour la prompte et bonne administration de la justice. L'article 307 n'est pas, en effet, limitatif, et la jonction peut être ordonnée d'office par le président pour d'autres causes que celles spécifiées en cet article, selon la conscience de l'utilité et selon la qualité des faits.

Il est inutile de dire que les pourvois furent rejetés. Il n'y avait plus désormais d'autre inconnu entre Lacenaire et la mort que celui du moment fixé pour le supplice. Il lui restait quelques jours pour jouer son rôle. Il s'y étudia en artiste. La phrénologie, la statuaire s'intéressaient au condamné comme la littérature et la religion : un phrénologue, M. Demoustier, demanda l'autorisation de mouler la tête de Lacenaire. Celui-ci y consentit : l'autorisation fut accordée. Lacenaire a fait de cette curieuse séance un récit à prétentions dramatiques.

On fit, dans le cachot, des apprêts semblables à ceux de l'exécution future. Pour cette lugubre répétition, on fit quitter à Lacenaire une partie de ses vêtements. On lui rasa les cheveux. « Le froid du rasoir sur la nuque me fit, dit-il, courir un million de fourmis aux pattes froides sur la chair. » Un cercle de cuivre enveloppa son cou : on le vit alors tressaillir et changer de visage. On l'étendit sur un lit, on lui couvrit la figure d'une couche de plâtre, ménageant à la respiration deux conduits au moyen de tuyaux de plumes introduits dans les narines.

« Ils peuvent se vanter, écrivait-il plus tard, d'avoir, deux heures durant, placé cruellement ma tête sous le boisseau. Ma figure serait devenue pourpre s'il m'eût fallu avouer tout haut les sensations, chaudes, tièdes et froides, qui me couraient le long de la colonne vertébrale, pendant la préparation de l'épreuve du moulage. Mais, comme je sais garder la consigne que je me suis donnée, rien n'a paru.

« Alors, je me suis arrangé dans une autre hallucination : ma respiration était évidemment fort gênée; avec un coup de collier, bien déterminé, de ma volonté, je pouvais m'intercepter l'air, m'étouffer... ils m'auraient cru patient et docile ; j'eusse été mort, sans autre avis ; à peine une convulsion dans les jambes, qu'ils auraient prise pour une impatience nerveuse. Mort! en ami de la science et de la main d'un savant ! de préférence à celle du bourreau !... j'y gagnais. Mon exécution devenait originale... *on en eût parlé.*

« La tentation d'éteindre moi-même le flambeau m'est venue. J'ai, l'espace de cinq minutes, retenu mon haleine ; j'en serais venu à bout !... mais l'imagination, cette folle de la maison, m'a brusquement chassé de cette riante perspective. J'ai vu Avril ouvrant bien grands ses yeux de chat, puis entrant dans une rouge colère, parce que *monsieur* Lacenaire le laissait partir tout seul, et ne mêlait pas son sang au sien sur le *trimar*... Je me serais encore bien arrangé de la fureur et de la stupéfaction d'Avril, elles m'auraient même amusé un instant ; mais ce bon M. ***, à qui je dois des soins si complaisants et qui avait facilité ma mort !... il restait aux prises avec la justice ; il perdait sa place, et il a de la famille ! Et encore ce pauvre médecin, harcelé par l'inquisition judiciaire, accusé presque d'assassinat avec préméditation, tout au moins d'ignorance, de maladresse... C'était une réputation perdue.

« Tout cela m'a désenchanté... je me suis décidé à vivre. »

Il y a dans ce récit, selon nous, du vrai et du faux. Les sensations horribles d'une scène semblable, Lacenaire les raconte sans doute avec vérité ; mais ce projet de suicide traversant son cerveau, on ne peut que difficilement y croire. Les motifs qu'il donne de sa résolution de vivre sont assez peu plausibles. Un seul trait est naturel dans ce tableau, c'est celui de l'effet produit au dehors : *on en eût parlé !* D'ailleurs, un médecin était là, tenant le pouls du condamné, épiant ses sensations et ses mouvements, prêt à le sauver malgré lui-même d'une tentative impossible ou d'un accident.

M. Dumoustier tira le fil, fit la section du plâtre, dépeça les contours ; puis, il découvrit la face de Lacenaire et enleva la contre-épreuve des traits du condamné avec les précautions les plus grandes. Cette contre-épreuve était en deux morceaux. « Le bourreau ne fera qu'un morceau de tout Lacenaire. »

M. Dumoustier, tout au succès de l'opération, se frottait les mains de satisfaction. Il serra avec effusion la main *droite* de Lacenaire. « Ah ! dit celui-ci dans ses *Mémoires*, s'il se fût douté de l'obligation qu'il m'avait ! » — « Bon monsieur Lacenaire, dit le médecin en frappant sur l'épaule du criminel, comme il y a mis de la patience ! » — « J'avais pris le plâtre, dit encore Lacenaire dans ses *Mémoires*, *j'allais le briser...* J'ai épargné ma *perfide* ressemblance, pour ne pas détromper ce médecin. »

Mensonge ! non, il ne l'aurait pas brisé, ce plâtre qui devait perpétuer sa mémoire et lui assurer, après sa mort, cette horrible célébrité qu'il recherchait à tout prix.

Le fond de ce scepticisme cherché, c'est encore, c'est toujours la vanité. Que lui parle-t-on de la religion des sots, des ignorants, de tout le monde ? Pour qui le prend-on ?

« Cette question religieuse, qui préoccupe tout le monde, à la manière dont on s'obstine à me la présenter, n'excite réellement aucun retour sur moi-même. Avec elle, je reste Lacenaire tout entier. Ainsi, ils m'ont envoyé un abbé C..., à réputation : j'y mettais de la bonne volonté, je me sentais disposé à m'assouplir. Point ! Voilà un abbé qui me parle de Massillon, de Bossuet, et qui veut qu'au point où j'en suis je fasse de ce qu'il appelle mon salut une question de doctrine ! Catholique, ou damné ? Je m'abstiens de choisir. »

(*Mémoires de Lacenaire.*)

Et c'est là le même homme qui, le 8 janvier, quelques heures avant de quitter la Conciergerie, écrit cette pièce dans laquelle on reconnaîtrait une inspiration élevée, s'il y avait là autre chose qu'un morceau étudié pour l'effet :

PRIÈRE A DIEU.

Oh! oui, mon Dieu, je voudrais te comprendre !
Oui, tu le sais, je, gémis de douter :
Jusqu'à mon cœur, ô Dieu! daigne descendre,
Si jusqu'à toi mon cœur ne peut monter !
Contre ta loi, ma pensée orgueilleuse
Dans le néant ne cherche pas d'abri,
Car du néant, interdite et honteuse,
Elle recule à ce terrible cri !

Non ! le néant n'est point un vil refuge
Où mon esprit se rejette éperdu ;
Je me suis dit : S'il est un Dieu, qu'il juge !
Et le mot *Dieu* ne m'a pas confondu !
Oui, devant toi je brûle de paraître :
L'enfer cent fois, plutôt que le cercueil !
Oui, pour souffrir dussé-je te connaître,
L'éternité flatte encor mon orgueil.

Mais non, mon Dieu ! ta bonté paternelle
N'a pu vouloir enfanter pour punir !
Ces infinis : — Dieu ! — vengeance éternelle !
C'est l'homme seul qui put les réunir !
Etre parfait ! cette horrible vengeance,
Jamais ton cœur ne saurait l'ordonner !
Du Tout-Puissant la justice est : Clémence !
Si j'étais Dieu, je voudrais pardonner !

Dieu que j'invoque, écoute ma prière,
Darde en mon âme un rayon de ta foi ;
Car je rougis de n'être que matière,
Et cependant je doute malgré moi !...
Pardonne-moi si, dans ta créature,
Mon œil superbe a méconnu ta main !
Dieu... — le néant... — notre âme... — la nature...
C'est un secret — je le saurai demain !

Ce qu'il y a peut-être de plus remarquable dans ces vers, dont la facture n'est assurément pas vulgaire, c'est cette commode théorie d'un Dieu clément à tous les crimes, que Lacenaire ne fait qu'indiquer ici, mais dont la trace se retrouvera plus tard, avec des aggravations singulières, dans les doctrines hasardeuses de la poésie française.

Cette étude serait incomplète si, à côté de quelques vers trop admirés, nous hésitions à placer des élucubrations ou platement médiocres, ou stupidement cyniques. Parmi les vers qu'il envoyait à son défenseur, Mᵉ Brochand, avec cette dédicace :

C'est à vous qu'ici je dédie
Des vers, enfants de mon loisir.
Déjà ma bouteille est finie,
Et ma raison va revenir.
Ne craignez pas que la sagesse
Change votre image à mes yeux ;
Je n'ai pas besoin de l'ivresse
Pour vous voir bon et vertueux,

nous avons trouvé quelques pièces dont la date est évidemment antérieure au procès ; on y remarque la pièce suivante, écrite en langue du bagne et traduite par l'auteur :

DANS LA LUNETTE
(A LA PEGRE).
Air de *Margot*.

Pègres traqueurs, qui voulez tous du fade,
Prêtez l'esgourme à mon dur boniment,
Vous commencez par tirer en valade,
Puis au grand truc vous marchez en taflant.
　Le pantre aboule,
　On perd la boule,
Puis de la tôle on se crampe en rompant.
　On vous roussine,
　Et puis la tine
Vient remoucher la butte en rigolant.

TRADUCTION A L'USAGE DES GENS ILLETTRÉS.

Voleurs poltrons, qui voulez tous part au butin,
Prêtez l'oreille à mes dernières paroles :
Pour commencer, vous fouillez dans les poches ;
Puis, quand vous vous mêlez de tuer, vous tremblez.
　La victime arrive,
　On perd la tête,
Et on se sauve de la maison tant qu'on peut.
　On vous dénonce,
　Et puis le peuple
Vient vous voir guillotiner en riant.

On a vu combien le souvenir de ses anciens complices préoccupait Lacenaire. Avril ! surtout, son compagnon fidèle, Avril, ce bras dévoué, cet homme inculte, sur lequel il exerçait autrefois une domination fascinatrice, il était là, à quelques pas de lui, dans un cachot de la Conciergerie ; leurs têtes allaient rouler à la même heure, sur le même échafaud. Cette fraternité suprême inspira à Lacenaire la pensée d'une réconciliation et d'un dîner d'adieu, auquel le jour des Rois, le 6 janvier, servirait de prétexte. M. Allard autorisa ce réveillon funèbre, et, pour la dernière fois, les deux amis purent contenter leurs goûts de sensualité. On leur accorda un morceau de mouton rôti, une volaille, un entremets, un dessert, deux bouteilles de vin, du café et de l'eau-de-vie. Lacenaire avait, pour cette occasion, composé le *noël* suivant, en forme de chanson à boire :

A MON AMI AVRIL.

LE RÉVEILLON A LA CONCIERGERIE.

Noël ! Noël !
Tout tombe du ciel ;
Allons, plus de fiel !
Vive Noël !

A nous, saucisse et poularde !
A nous, liqueur et vin vieux !
Fais la nique à la canarde
Qui nous montre les gros yeux !
　Noël ! etc.

Salut, pays de Cocagne,
Lieu jadis si fréquenté !
Salut, pétillant champagne,
Vin si cher à la beauté !
　Noël ! etc.

Nous n'avons à notre table
Point de femmes, c'est tort bien :
Il serait désagréable
D'engendrer un orphelin !
　Noël ! etc.

Un bon buveur, c'est l'usage,
Boit à l'objet qui lui plaît :
Avec moi, frère, en vrai sage,
Bois à la mort, c'est plus gai !
　Noël ! etc.

Buvons au jour qui s'avance,
A l'oubli de tous nos maux,
A l'oubli de la vengeance,
Des méchants et puis des sots !
　Noël ! etc.

Buvons même à la sagesse,
A la vertu qui soutient :
Tu peux, sans crainte d'ivresse,
Boire à tous les gens de bien !
　Noël ! etc.

Un pauvre homme, d'ordinaire,
Pour mourir a bien du mal,
Nous, nous avons notre affaire,
Sans passer par l'hôpital !
　Noël ! etc.

Sur les biens d'une autre vie
Laisse prêcher Massillon :
Vive la philosophie
Du bon curé de Meudon !
Noël ! etc.

Nous trouverons bien par grâce
A nous caser aux enfers :
Moi, j'irai trouver Horace,
Toi l'ouvrier de Nevers !
Noël ! Noël !
Tout tombe du ciel ;
Allons, plus de fiel !
Vive Noël !

On a dit que, pendant le repas, les instincts sanguinaires d'Avril s'étaient tout à coup réveillés; qu'il avait bu avec une passion sauvage le jus sanglant d'une viande peu cuite. M. Martzène raconte aussi que Lacenaire avait eu la prudence d'avertir M. Allard qu'en dépit de la réconciliation à table, Avril ne manquerait pas de se rappeler, au moment le plus imprévu que sa tête allait tomber, par le fait de son convive :

— Avril est prompt comme le tigre, dit Lacenaire ; ne me perdez pas de vue, et à un signe de mes yeux jetez-vous sur lui.

M. Allard surveillait l'entrevue, avec deux gendarmes de la Conciergerie, et quatre soldats armés de leurs baïonnettes. Le dîner fut gai ; les deux condamnés causaient à voix basse, et souvent leurs éclats de rire attestaient leur bonne intelligence. Tout à coup, au moment du café, la figure d'Avril se fait sérieuse ; il balance nonchalamment sa fourchette de fer entre deux de ses doigts, et d'une voix contenue :

— C'est égal, *monsieur* Lacenaire, c'est vous qui me poussez sur l'échafaud.

C'était l'instant : les gardiens saisirent Avril, et le ramenèrent à son cachot.

Deux jours après, le 8 janvier, les condamnés dormaient profondément lorsqu'on vint notifier à chacun d'eux son départ pour Bicêtre. Avril comprit, et se résignant : — Allons, dit-il, sans être sorcier, je vois que demain matin, à huit heures, Lacenaire et moi nous battrons un quatre à l'*Abbaye de Monte à Regret*. Je voudrais entrer en danse le plus tôt possible.

Lacenaire fut aussi calme, mais avec moins de simplicité.

Il était neuf heures du soir quand M. Lebot, directeur de la Conciergerie, entra dans son cachot et lui dit :

— Eh bien ! Lacenaire, je ne croyais pas que nous quitterions si tôt. Habillez-vous, on va vous transférer à Bicêtre.

— Tant mieux? répondit Lacenaire, tant mieux ! Il vaut mieux plus tôt que plus tard. Demain, soit, si c'est pour demain.

Et il s'habilla. Puis, avec l'autorisation du directeur, il écrivit ces quelques lignes, les dernières :

8 janvier 1836, à la Conciergerie, dix heures du soir.

« On vient me chercher pour Bicêtre. Demain
« sans doute ma tête tombera. Je suis forcé, malgré
« moi, d'interrompre ces Mémoires, que je confie
« aux soins de mon éditeur. Le procès complète les
« révélations. — Adieu à tous les êtres qui m'ont
« aimé et même à ceux qui me maudissent : ils en
« ont le droit. Et vous qui lirez ces Mémoires, où
« le sang suinte à chaque page, vous qui ne les lirez
« que quand le bourreau aura essuyé son triangle
« de fer que j'ai rougi, oh ! gardez-moi place dans
« votre souvenir....... Adieu ! »

M. Allard assistait au départ du condamné. Il se montra ému. Lacenaire avait rendu hautement justice à sa loyauté, et cette appréciation, connue du public, n'était pas sans doute sans influence sur la sensibilité peu ordinaire du chef du service de la police de sûreté. « Allons ! *du courage*, monsieur Allard, dit Lacenaire ! il faut toujours en arriver là !.. Demain ou un autre jour, qu'importe ? Il faut que j'y passe. Voyons ! faites comme moi : prenez gaiement la chose. Merci, pourtant, de vous mettre ainsi *à ma place.* » Et Lacenaire rit à gorge déployée de cette horrible plaisanterie.

En montant dans le panier à salade qui le conduisait à Bicêtre, Avril avait entonné la *Parisienne* et Lacenaire lui avait fait chorus. Le lendemain matin, Avril fit parvenir à Lacenaire un papier sur lequel il avait écrit ces mots : « Mon cher Lacenaire, toi qui as de l'esprit, fais-moi donc une chanson, pour que je la chante en allant sur l'échafaud. » Lacenaire écrivit sur le verso : « Mon cher Avril, je ne veux pas te faire de chanson ; on chante quand on a peur, et j'espère que nous ne chanterons ni l'un ni l'autre. »

Ce fut la dernière fanfaronnade du malheureux Avril qui, sans doute, ne *posait* qu'en vue de son complice. Il reçut avec une respectueuse componction les exhortations de M. Azibert, l'ecclésiastique introduit dans son cabanon.

Le vénérable abbé Montès avait été chargé de préparer Lacenaire. Celui-ci le reçut avec une politesse cérémonieuse, mais en lui répétant d'une façon péremptoire : « Vous savez que tout cela n'entre pas dans ma manière de voir. » On a dit cependant, et nous voudrions le croire, que Lacenaire fit mander le célèbre M. Lacordaire. M. Lacordaire aurait répondu à cet appel. Mais il était trop tard.

On vint chercher Lacenaire : même en face des gardiens, il se préoccupa de l'effet : « M. Hugo, dit-il à l'un d'eux, a fait un bien beau livre, le *Dernier jour d'un condamné*. Eh bien ! je suis sûr que, si on m'en laissait le temps, *je l'enfoncerais.* »

A six heures et demie, les deux condamnés furent conduits à la chapelle pour y entendre, selon l'usage, la prière des agonisants. Avril était recueilli, Lacenaire était pâle. La nuit avait été froide, la matinée était glaciale. Avril pria intérieurement ; ses lèvres remuaient, sa figure était grave. Lacenaire resta indifférent, mais convenable. Il eut l'attitude d'un homme bien élevé, qui assiste aux cérémonies d'un culte étranger.

La prière terminée, Lacenaire demanda une tasse de café et un verre d'eau-de-vie qu'il partagea avec Avril. Avril, à son tour, se fit apporter un petit verre d'eau-de-vie, qu'il partagea également avec Lacenaire. « Pour le peu de temps qui nous reste, dit ce dernier, il ne faut pas perdre ses anciennes habitudes... » Et il tira de sa poche un cigare qu'il alluma.

Au même moment, l'exécuteur et ses aides se présentèrent. Lacenaire les suivit en silence. A son arrivée dans l'avant-greffe, il déposa son cigare sur le poêle et s'assit sur le tabouret préparé pour la toilette.

« Veuillez, dit-il, aller chercher ma redingote bleue, je désire la mettre aujourd'hui. » Ce vêtement était celui qu'il portait à la cour d'assises. Puis, apercevant le directeur : « Ah ! monsieur Becquerel, je vous salue. J'avais fait demander pour ce matin du papier et de l'encre..., on l'a oublié... *ce sera pour demain,* » ajouta-t-il avec un sourire. S'adressant ensuite à l'inspecteur général des prisons: « Monsieur Ollivier-Dufresne, je suis fort aise de vous voir. Je vous remercie d'être venu assister à mes derniers moments»

L'opération lugubre terminée, Lacenaire fut emmené et Avril fut amené à son tour. « Où donc est Lacenaire ? » dit-il, après avoir visité des yeux la salle faiblement éclairée par deux chandelles tremblotantes, « est-ce qu'il est parti ? » Un des aides fit *oui* d'un mouvement de tête, car il leur est expressément défendu d'adresser la parole aux condamnés. « Ah! bien! bien! » dit Avril, et il garda le silence pendant les premiers préparatifs de la toilette; mais au moment où l'un des aides s'apprêtait à lui couper les cheveux : « Ah! ah! dit-il, j'ai fait votre besogne ; je me doutais de la chose, et avant-hier j'ai pris mes précautions... je me suis coupé les cheveux... Là... voilà ce que c'est... Ah! mettez-moi ma calotte sur la tête, il fait froid ce matin... » Puis, se levant avec vivacité : « Allons, marchons ; adieu, mes amis! » dit-il en s'adressant aux personnes présentes.

La toilette faite, les mains et les pieds lâchement attachés selon l'usage, les deux condamnés furent conduits au greffe.

Ici, nous possédons, sur l'attitude et sur l'état physiologique de chacun d'eux, des renseignements intéressants et vraiment scientifiques. Le médecin de Bicêtre était M. Lélut, analyste distingué, dont les travaux ont jeté de vives lumières sur les mystérieux rapports de l'intelligence et de l'organisme.

M. Lélut observa attentivement Lacenaire. Celui-ci réagissait évidemment contre les défaillances de sa nature physique : il essayait de conserver l'apparence du calme et de la force de caractère. Il fit, à demi-voix, à M. Ollivier-Dufresne, quelques recommandations, relatives en partie à la publication de ses Mémoires. Puis on le laissa, et personne ne lui parla plus ; lui-même n'essaya pas de rompre le silence. Le combat intérieur s'accusait de plus en plus sous l'œil exercé du physiologiste. La physionomie s'altérait, les joues se coloraient et pâlissaient alternativement ; ses yeux devinrent ou plus incertains ou plus fixes; *les lèvres se séchèrent* et la langue cherchait dans la bouche de plus en plus aride la salive qui ne s'y trouvait plus : « Il y eut, dit M. Lélut, des *bâillements*, des *pandiculations*, comme j'en ai observé chez tous les condamnés partant pour l'échafaud. La nature, évidemment, fléchissait ; mais la volonté persistait encore, quoique impuissante, et il y en eut dans ce mot que Lacenaire prononça en montant dans la voiture qui l'emmenait au lieu du supplice : « *A présent, c'est l'affaire des chevaux.* »

Quant à Avril, M. Lélut l'avait examiné moins attentivement que Lacenaire. Sa figure, à l'arrivée au greffe, était calme, *arrondie*, sans trop de pâleur. Il était, dit l'observateur, moins préoccupé et ne *posait* pas. « Chez lui , la *matière* était restée forte , et la *pensée*, ou calme ou apathique. »

La voiture partit, d'abord au grand trot des chevaux, mais bientôt après retardée par les chemins défoncés. Le jour se levait dans un ciel pâle. Il faisait froid , malgré le dégel. L'exécution n'avait pas été annoncée et la guillotine avait été montée à la hâte, à la lueur des torches. Cinq à six cents personnes, au plus, étaient rassemblées autour de l'instrument de supplice, qu'entourait un cordon de gardes municipaux. Les femmes étaient en minorité, contre l'ordinaire. Quelques gardes nationaux en uniforme, échappés d'un poste voisin , se pressaient aux premiers rangs de la foule. « Quand on vient là par curiosité, s'écria un homme du peuple, on ne devrait pas mettre son uniforme. »

La voiture arriva, s'arrêta au pied de l'échafaud. Le cercle formé par la garde municipale s'ouvrit. Lacenaire descendit le premier, d'une façon assez leste, puis il alla se placer à gauche, suivi du vénérable abbé Montès qui lui prodiguait, hélas ! inutilement, ses exhortations dernières. La redingote bleue de Lacenaire, celle qu'il portait à l'audience, peut-être aussi le jour de l'assassinat de la rue Montorgueil, était placée en manteau sur ses épaules. Sa figure était pâle, mais calme : ses yeux suivaient avec intérêt les ondulations silencieuses de la foule, les démarches des valets et des bourreaux (car le bourreau de Beauvais assistait son collègue de Paris).

Avril descendit à son tour. Il était revêtu de la veste et du pantalon gris des prisonniers. Il était calme aussi, mais il embrassa avec ferveur M. l'abbé Azibert. Lacenaire le regardait. Avril monta, d'un pas ferme, les marches de l'échafaud, embrassa la place d'un long regard et s'abandonnait aux valets, « Otez ma calotte , dit-il, elle pourrait gêner ; » puis déjà étendu sur la bascule, « Adieu ! Lacenaire, cria-t-il d'une voix forte. Adieu ! mon vieux. »

La hache s'abattit.

Lacenaire cherchait à voir tomber la tête d'Avril. « Lacenaire, lui dit l'abbé Montès, on croirait que c'est de la forfanterie. » Lacenaire n'insista pas.

Son tour était venu. « Du courage, Lacenaire, » dit le confesseur. Lacenaire fit un signe de tête qui signifiait : « Rien de plus simple, j'en aurai. »

Il monta et plaça sa tête dans la lunette rougie du sang d'Avril. Ici il se passa quelque chose d'horrible. Le triangle ne glissait pas dans la rainure. Pendant vingt secondes (vingt secondes !) l'instrument tomba plusieurs fois, sans descendre jusqu'à la tête. Lacenaire fit un effort désespéré, tourna la tête vers la hache et ses yeux s'y attachaient avec une expression effroyable quand l'instrument fatal s'abattit.....

Il était huit heures trente-trois minutes.

Le lendemain, les journaux racontaient cette scène hideuse. Un seul, la *Gazette des Tribunaux*, crut devoir en déguiser les circonstances les plus caractéristiques.

Voici les passages les plus intéressants du récit de la *Gazette des Tribunaux* :

« Nous nous empressons de le dire, ce n'est pas seulement dans le juste châtiment infligé aux forfaits de Lacenaire que le peuple pourra trouver ici une salutaire leçon ; c'est aussi dans l'attitude même du coupable en présence du supplice, c'est surtout dans le contraste qu'ont présenté à ce dernier moment la conduite d'Avril et celle de Lacenaire...

... Lacenaire, assis dans le greffe, était resté immobile et silencieux. Au moment du départ, il paraît saisi d'un frisson involontaire, et suit Avril d'un pas mal assuré. Lacenaire descend brusquement de la voiture ; la pâleur de son visage est effrayante ; son regard est vague et incertain ; il balbutie et semble chercher des paroles que sa langue se refuse à articuler. Avril descend après lui d'un pas leste et décidé, et jette un regard tranquille sur le public... Sur la planche fatale, il dit : « Lacenaire, mon vieux, allons ! du courage ! imite-moi...» C'est sa dernière parole, et le couteau fait voler sa tête sur les planches de l'échafaud. Pendant cet horrible moment, Lacenaire est

au pied de l'escalier.... M. l'abbé Montès cherche à détourner son attention de l'effroyable spectacle qu'il a devant les yeux. « Ah ! bah ! » répond Lacenaire d'une voix altérée... En vain cherche-t-il encore à faire croire à une assurance qu'il n'a plus... « M. Allard est-il là ? dit-il d'une voix de plus en plus éteinte.
— Oui, lui répond M. Decandelers, sous-chef du service de sûreté. — Ah ! j'en... suis... bien aise. » Il avait annoncé qu'il parlerait au peuple, mais il n'en a plus la force ; ses genoux fléchissent, sa figure est décomposée ; il monte les degrés soutenu par les aides de l'exécuteur, et le coup fatal a *bientôt* mis fin à ses angoisses et à sa vie. »

En modifiant ainsi le récit véritable, il fallait démentir les comptes rendus des autres feuilles. La note suivante parut dans la *Gazette* :

« C'est avec étonnement que nous lisons dans le *Journal de Paris* que Lacenaire a conservé jusqu'au dernier moment l'impassibilité dont il avait fait preuve pendant les débats. Ce journal a été mal informé, ou plutôt il a, par inadvertance, laissé passer cette phrase banale, qu'il s'empressera certainement de démentir. »

Le *Journal de Paris* ne démentit pas son récit malgré la note, et le *Constitutionnel* insista sur l'exactitude des détails qu'il avait donnés. Voici, en effet, ce qui s'était passé. Le compte rendu de l'exécution avait été confié par M. Darmaing, rédacteur en chef de la *Gazette des Tribunaux*, à M. Martzène, le médecin criminaliste dont nous avons déjà parlé. Celui-ci ne se sentit pas tenté d'assister à l'horrible spectacle. Il chargea à son tour un garçon de service de la *Gazette* d'assister à la *séance* de l'échafaud. Muni de ces renseignements de seconde main, il raconta la mort de Lacenaire, parla de son calme et de son courage, en un mot, dit la vérité, autant que la peut dire celui qui n'a pas vu lui-même. Mais M. le garde des sceaux voulut prendre à l'avance connaissance du compte rendu et ne jugea pas convenable « qu'on laissât croire aux masses que l'on pût avoir vécu aussi criminellement et mourir avec la sérénité d'un honnête homme. »

M. Persil ratura donc les quinze dernières lignes du compte rendu de M. Martzène et y substitua un tableau de sa composition.

On peut douter que le mensonge fût vraiment habile en pareille circonstance. N'était-ce pas, en quelque sorte, donner raison à un Lacenaire dans ses déclamations contre les mensongères convenances de la société ? N'était-ce pas davantage redouter, même après sa mort, le fanfaron du crime qui avait eu jusqu'à son dernier moment l'ostentation du courage et de la sérénité ? Le calme stoïque de Lacenaire en face de l'échafaud ne prouve rien de plus que l'impassibilité de l'Indien peau-rouge au poteau des tortures.

Le soir de l'exécution, on vendait dans Paris une complainte sur la mort de Lacenaire. Voici un des couplets de cette complainte burlesque, qui prenait Lacenaire à son enfance et faisait, dès ses premiers pas, deviner sa fin tragique :

Plus tard enfin, voleur, escroc, faussaire,
Tous les forfaits ne me coûtent plus rien.
Pour débuter, on chippe une misère,
Et pour finir, on devient assassin.
    Petits mioches,
    En vos bamboches,
N'oubliez pas ce précepte moral :
    Dans son ménage,
    Faut être sage
Sans vouloir faire en tous temps carnaval.

Cette complainte était de Lacenaire lui-même. Il posait encore après sa mort.

Telle fut la vie et telle devait être la mort de cet homme qui, grâce au contraste de son éducation et de ses crimes, grâce à la froide impassibilité qu'il a déployée et affectée tout à la fois, a vivement saisi la curiosité publique. La presse qui l'avait grandi outre mesure, pour donner pâture aux émotions de ses lecteurs, l'a conspué au lendemain de sa mort, justifiant ainsi les vers de Lacenaire lui-même :

Ah ! quand pour moi viendra l'heure dernière,
Foulez aux pieds mon cadavre sanglant ;
Maudissez-moi ! Qu'a besoin de prière
L'arbre abattu par le souffle du vent ?
Maudissez-moi... Je ris de vos bassesses...

M. Léon Gozlan, dans un article à prétentions philosophiques, publié au mois de janvier 1836 dans la *Revue de Paris*, a un peu exagéré, selon l'habitude de son talent coloré, les résultats produits dans le monde des malfaiteurs par la jactance de Lacenaire. « Le mal est fait, dit le spirituel romancier. Lacenaire est un dieu pour Poissy, pour Rochefort, pour Brest et pour Bicêtre. Il a élevé la guillotine au niveau de sa gloire. Lacenaire est un saint, sa légende est dans la *Gazette des Tribunaux*, ce martyrologe édifiant de tous les scélérats de la terre. Son nom, au moment où j'écris, se pique, se tatoue avec du sang sur les bras, sur les poitrines des hôtes de Poissy. On l'invoque tout bas, on s'encourage de son souvenir ; on se raffermit par son exemple. Vienne le jour où la cour d'assises ouvrira ses portes à quelque nouveau criminel spirituel, il aura pour patron Lacenaire, il aura fait partie d'une affiliation appelée *Lacenaire*. Merci aux avocats ! Cet homme est immortel.

On sent tout ce qu'il y a de faux dans ces conclusions. Lacenaire, on l'aura remarqué sans doute, ne fut jamais qu'un *Monsieur* pour ses camarades de crime, de prison ou d'échafaud. Il n'était pas un des leurs, et la justesse de leur instinct les avertissait de la différence. Nature essentiellement incomplète, malgré quelques côtés brillants à la surface, ce malheureux a manqué de logique comme tous les criminels. Il n'avait pas de passion, pas même celle du vin, bien qu'on ait parlé sans preuves de sa soif inextinguible ; il aimait ses aises, il eût voulu de l'or, beaucoup d'or, pour satisfaire sa vaniteuse paresse. Et il s'est trouvé qu'à force de crimes, cet homme délicat et difficile a été réduit à traîner misérablement une vie errante, à faire de voleurs et de filles infâmes sa société habituelle, à manger dans les plus sordides cabarets, à coucher à la semaine dans ces bouges malpropres. Amateur de tranquillité, de loisirs littéraires, il s'est vu traqué, méprisé, et il n'a pu satisfaire à sa seule passion sérieuse, la vanité, qu'en jouant avec effort un rôle impossible. S'il eût réussi, disait-il, à faire un coup fructueux, il se serait retiré des *affaires* et se fût arrangé une existence bourgeoise. Rêve impossible, rêve d'une intelligence incomplète, inférieure ! Il avoue lui-même que ce dénoûment eût été *injuste*. Oui, c'est là le mot. Et ce qui a manqué à ce rhéteur d'échafaud, à cette intelligence de parade, courte et déshéritée, c'est l'esprit de conduite le plus banal, c'est le jugement du plus simple honnête homme, c'est la conscience la plus vulgaire de la JUSTICE DE DIEU !

PAPAVOINE.

La promenade. (Page 2.)

Voici un des drames les plus émouvants, les plus étranges que puissent présenter les annales de la justice criminelle, en France. Et cependant tout y est simple, clair, excepté un seul point. Ce point douteux est, il est vrai, le point terrible, celui sur lequel repose cette question suprême : L'accusé est-il coupable? Le crime, ici, est flagrant, horrible : les victimes sont deux petites créatures innocentes ; les témoins sont nombreux, unanimes ; l'accusé lui-même avoue. Et cependant la conscience humaine n'en continue pas moins d'élever la question que l'évidence des faits n'a pu rendre inutile : L'accusé est-il coupable? L'accusé, que dis-je, l'auteur déclaré, convaincu, avoué, d'un crime détestable a expié son forfait sous le couperet de la loi ; et cependant la conscience humaine, après trente ans passés sur l'expiation sanglante, répète encore avec un doute croissant, ou plutôt avec une triste certitude de l'erreur commise : Le condamné fut-il coupable?

Qu'est-ce donc, et quel nouvel élément vient de s'introduire dans l'appréciation des actes humains? Quel étonnant problème s'agite autour de ces actes qu'il avait paru jusqu'alors naturel de reporter à la libre responsabilité de leur auteur? Voilà un homme qui a commis le crime, et il ne serait pas coupable!

Telle est la question qui a été pour la première fois nettement posée au criminaliste et à l'opinion universelle par le procès de Papavoine. Cette cause marque, dans l'histoire de la justice humaine, une ère nouvelle. Ce n'est qu'après l'exécution de cet homme que le juge se croira forcé d'interroger, après les faits eux-mêmes, la conscience, la raison, la santé physique et morale de l'accusé. La psychologie et la physiologie viendront s'asseoir désormais entre le criminel et son juge.

C'est ainsi que, à certaines périodes de l'histoire de l'humanité, disparaissent certains crimes. La loi s'épure ; ses peines diminuent et s'adoucissent à travers les âges, et le coupable d'hier n'est plus que le malheureux d'aujourd'hui.

Nous voulons raconter les faits de cette affaire étrange avec toute la simplicité, toute la trivialité des faits eux-mêmes. L'intérêt dramatique est tout entier dans le contraste des faits et de leur cause.

Le 10 octobre 1824, par une matinée de dimanche, chaude pour la saison et même légèrement orageuse, de nombreux promeneurs se dirigeaient vers le bois de Vincennes. Les uns venaient du fort ou de la ville de Vincennes ; les autres venaient de Paris par les voitures publiques. Parmi ces derniers, une jeune femme, appartenant par son costume à la classe ouvrière la plus aisée, tenait de chaque main deux petits garçons âgés, l'un de cinq ans, l'autre de six. Une autre femme, vêtue de rose, d'une tournure et d'une mise assez communes, se croisa, devant la demi-lune qui regarde le bois, avec la promeneuse aux enfants, joua quelque temps avec eux, les caressa et continua sa route.

Un homme, vêtu d'une redingote bleue boutonnée jusqu'en haut, le chapeau recouvert d'un crêpe, avait paru regarder cette scène avec intérêt. Il aborda la femme vêtue de rose et lui dit : « Connaissez-vous ces enfants que vous venez d'embrasser? — On peut bien faire des caresses à des enfants qu'on ne connaît pas, » répondit la femme, et elle s'éloigna.

La mère des deux enfants, car c'était leur mère, avait remarqué cet homme arrêté, qui considérait ses enfants, et qui causait avec la femme vêtue de rose. Elle n'attacha aucune importance à ses remarques, et s'enfonça dans le bois par l'allée des Minimes. Puis, après quelques ébats des deux petits garçons sur le sable de l'allée que jonchaient déjà les feuilles jaunies; comme le ciel s'assombrissait et que quelques gouttes de pluie commençaient à tomber, elle se dirigea avec eux vers une sorte de bal ou guinguette en planches. Son intention était de s'y asseoir à l'abri avec ses enfants, pour leur partager leur déjeuner qu'elle avait apporté dans un panier.

Tout à coup, elle aperçoit devant elle le curieux en redingote bleue. Les traits de cet homme sont d'une pâleur effrayante, ses gestes sont convulsifs et, d'une voix rauque qui la glace de terreur, il lui dit : *Votre promenade est bientôt finie*. Saisie d'une terreur instinctive, la mère veut se hâter; mais l'homme s'approchant du plus jeune des deux enfants le frappe violemment. La mère croyant que cet homme a donné un coup de poing à son fils, frappe l'agresseur d'un coup de parapluie sur la tête; celui-ci, sans riposter, passe du côté de l'autre enfant, le frappe encore et s'éloigne à grands pas. Tout à coup, la pauvre mère voit s'affaisser tour à tour chacun de ses deux enfants : ils sont morts, le sang les inonde; un nuage passe sur ses yeux, elle tombe évanouie.

Aux cris qu'a poussés la mère en reconnaissant l'horrible vérité, quelques promeneurs accourent et voient ce déplorable spectacle : une femme évanouie, deux pauvres enfants étendus sans vie ! On s'empresse, on prodigue des soins à l'infortunée, on la rappelle à la vie, et au souvenir de son malheur; elle raconte l'assassinat, dépeint le malfaiteur, et l'autorité se hâte de faire fermer les portes du bois. Des gendarmes à cheval sont envoyés dans toutes les directions, avec ordre d'arrêter tout homme isolé qu'ils pourraient rencontrer dans le bois.

On a cependant emmené la mère à Vincennes; on l'interroge. Elle déclare se nommer Charlotte Hérin; elle est âgée de vingt-cinq ans, ouvrière en dentelles et habite Paris avec sa famille. Quoiqu'elle ne soit pas mariée, elle est bien la mère des deux victimes. Son père est concierge de l'intendance militaire. Le père des deux enfants est un sieur Gerbod, fils d'un riche carrossier auquel il a succédé dans l'exploitation de son industrie. Depuis 1815, une union que n'a pas légitimée la loi, s'est établie entre eux, et les enfants qui en étaient le fruit ont été reconnus par leur père. Le père de Gerbod avait d'abord consenti au mariage de son fils avec la demoiselle Hérin; mais il retira ensuite son consentement, à cause des mauvais procédés de la famille et d'une scène que fit la demoiselle Hérin elle-même. Le jeune Gerbod était à Bruxelles, où l'avait envoyé son père pour l'éloigner d'un commerce dangereux. Pendant cette absence, la demoiselle Hérin vint trouver le père, se plaignit des obstacles qu'on apportait à leurs relations, et demanda obstinément où était le père de ses enfants. Gerbod se refusa à le dire. « Vous avez beau faire, répondit la demoiselle Hérin, nous nous marierons malgré vous. » Et elle présentait à Gerbod les enfants de son fils. — « Ces enfants seront les miens, dit celui-ci, ils ne manqueront de rien, mais ce mariage est impossible. »

En effet, un notaire de Vincennes, qui avait par ses conseils détourné le fils Gerbod de cette union mal assortie, fut chargé de servir à la demoiselle Hérin un secours mensuel de trente francs. Mais cette pension alimentaire cessa d'être payée lorsque, s'obstinant dans sa résolution, la demoiselle Hérin alla retrouver son amant à Bruxelles, et le ramena avec elle à Paris.

Les deux enfants avaient été placés dans un petit pensionnat de Vincennes, et la malheureuse mère était venue les prendre ce jour-là pour leur donner une journée de récréation.

Tel est le récit qu'on put deviner à travers les larmes et les sanglots de la demoiselle Hérin.

Comme elle avait insisté sur la rencontre de la dame vêtue de rose, et que, dans sa pensée, cette femme était des connaissances de l'assassin, on la fit immédiatement rechercher dans Vincennes et on ne tarda pas à la trouver. Cette femme, interrogée, déclara se nommer Malservait, être demoiselle et marchande de modes à Paris. Elle avait entretenu autrefois avec un sieur Fournier des relations intimes et, ce commerce ayant cessé, ils avaient continué de se voir. Le matin même, le sieur Fournier qui, de temps en temps, donnait quelques secours à la fille Malservait, était venu la voir et lui avait dit qu'il allait chez son frère à Saint-Mandé. La fille Malservait, qui n'avait pas pris l'air depuis longtemps, manifesta l'intention d'accompagner Fournier; mais, comme celui-ci ne pouvait la conduire chez son frère, il fut convenu qu'ils partiraient ensemble de Paris, que la fille Malservait irait se promener à Vincennes pendant que Fournier s'arrêterait à Saint-Mandé, et qu'ils se rejoindraient à une heure donnée dans un café de Vincennes qu'ils se désignèrent.

Ces explications données, et elles parurent vraisemblables, on demanda à la fille Malservait si elle connaissait l'individu qu'on lui désigna, qui lui avait adressé la parole dans le bois, après qu'elle eut embrassé les enfants. Elle dit que non, et rapporta les paroles qu'elle avait échangées avec cet homme qui lui était, avant ce moment, parfaitement inconnu.

En cet instant, et comme la nouvelle du meurtre s'était répandue dans Vincennes avec la rapidité de l'éclair, une dame Jean, épicière, vint déclarer qu'un homme ressemblant à celui qu'on désignait comme l'assassin, s'était arrêté près de sa boutique pendant que la dame en rose y était entrée pour prendre un verre de liqueur, qu'il avait examiné attentivement cette femme (la fille Malservait), qu'il l'avait suivie sans paraître d'ailleurs la connaître, et s'était dirigé, sur ses traces, vers le bois. Puis, quelque temps après, cet homme était revenu dans la boutique et y avait demandé un couteau. La dame Jean n'avait que des couteaux assortis, par douzaines; l'homme se refusa à en prendre une douzaine, et obtint qu'on en détachât un, offrant de le payer un peu plus cher qu'on ne le lui aurait vendu avec les onze autres. Ce couteau lui fut livré et l'homme se dirigea de nouveau vers le bois.

Trois personnes étaient réunies qui toutes avaient vu l'assassin, et qui s'accordaient sur son signalement. Il était mince, élancé, pâle, soigneusement boutonné dans une redingote bleue. Ses cheveux épars étaient châtains, ses favoris de la même couleur. Son chapeau était recouvert en partie d'un crêpe noir cousu, comme d'ordinaire, mais retenu par une large boucle. La dame Jean, veuve depuis quelque temps, avait remarqué ce détail qui faisait sur elle une impression profonde.

Pendant ces interrogatoires et ces investigations premières, la gendarmerie battait le bois. Dans une allée parallèle à l'allée des Minimes, un gendarme rencontra un homme dont le signalement répondait à celui qui avait été donné dès les premiers moments. Cet homme causait tranquillement avec un canonnier. Le gendarme le somma de le suivre. «Vous prenez l'*autre pour moi*, dit l'individu qui voulait évidemment dire : Vous me prenez *pour l'autre*. Je ne demande pas mieux que de vous suivre, mais vous perdez votre temps et vous allez laisser échapper le véritable coupable. »

L'homme arrêté était pâle, et le canonnier déclara qu'il l'avait vu sortir d'un taillis, très-essoufflé. Le prisonnier, le gendarme et le canonnier se dirigèrent vers Vincennes : l'homme marchait de bonne volonté, mais péniblement, et le canonnier dut le soutenir par le coude. Chemin faisant, le canonnier dit que le prisonnier, au moment de son arrestation, lui demandait le moyen de quitter le bois de Vincennes et qu'il l'avait remarqué examinant ses habits avec une grande attention, comme pour s'assurer qu'il n'y avait aucune tache. Il l'avait même questionné sur le fait de savoir s'il n'avait pas la figure barbouillée. Quant à l'homme, il disait tranquillement : « C'est une chose abominable d'avoir tué deux enfants. Si on a à se plaindre d'une personne, on peut l'appeler en duel ; mais, pour assassiner deux enfants, *il faut avoir de grands motifs*. »

Aussitôt que l'homme arrêté fut mis en présence des trois femmes, la demoiselle Hérin s'écria : « *Voilà le monstre qui a tué mes enfants !* » La fille Malservait ne fit aucune difficulté de reconnaître le curieux promeneur qui lui avait parlé dans le bois, et la dame Jean reconnut, de son côté, l'homme qui avait rôdé autour de sa boutique et qui lui avait acheté un couteau.

L'homme, interrogé, répondit qu'il se nommait Papavoine, et raconta avec beaucoup de calme son histoire.

Né à Mouy, dans le département de l'Eure, en 1783, il avait eu pour père un fabricant de draps assez aisé. Son éducation avait été soignée, et le jeune Papavoine avait été destiné de bonne heure aux emplois administratifs dans la marine. Dès l'âge de vingt ans, en 1803, il monta à bord de plusieurs vaisseaux de l'Etat, en qualité de commis extraordinaire, et devint successivement commis de deuxième classe, puis quartier-maître, puis commis de première classe en exercice au port de Brest. Ces différents emplois, qui entraînaient des maniements de fonds considérables et une comptabilité assez étendue, furent remplis par Papavoine, l'instruction le démontre, avec zèle et probité.

Papavoine père mourut, en décembre 1823, laissant à sa femme et à son fils des affaires en désordre, un établissement grevé de dettes qui représentaient à peu près sa valeur. La veuve eût été hors d'état de continuer l'exploitation de la manufacture. Papavoine se détermina à demander sa retraite, qu'il obtint avec une pension liquidée à 360 francs. Dès lors, il vint s'établir à Mouy. Jusqu'alors, la manufacture avait eu le privilége de faire des fournitures pour l'habillement des troupes ; mais bientôt l'administration de la guerre refusa de renouveler ses marchés, et, par ce refus, les affaires de la famille Papavoine se trouvèrent dans une situation fort critique. Papavoine parut alors se repentir d'avoir quitté son emploi ; il fit des démarches pour y rentrer, ces démarches furent inutiles.

Ces difficultés, ces contre-temps avaient vivement affecté Papavoine. Il souffrait d'une rétention d'urine, de douleurs d'entrailles et d'un commencement d'asthme. Ses nuits étaient agitées. Une tristesse profonde s'était emparée de cette nature mélancolique. Des visions remplissaient son sommeil, et une inquiétude vague l'assiégeait à toute heure. Sa santé s'altérant visiblement, on lui conseilla de faire un petit voyage. Il suivit cet avis, et, le 2 octobre, il se rendit de Mouy à Beauvais. Dans cette dernière ville, il devait trouver quelques parents et un nommé Branche avec lequel il avait des relations commerciales.

Le lendemain de son arrivée à Beauvais, Papavoine, qui était toujours en réclamation auprès de l'administration de la guerre pour le renouvellement de ses marchés, reçut inopinément de sa mère deux de ces marchés qui venaient d'être agréés par le ministère de la guerre. Ces soumissions avaient besoin d'être régularisées, et Papavoine se détermina, dans cette intention, à se rendre aussitôt à Paris. Il y arriva le 6 octobre, après avoir emprunté quelque argent pour faire sa route.

Il descendit à l'hôtel de la Providence, situé rue Saint-Pierre-Montmartre, et il se rendit immédiatement chez des négociants fort honorables, ses correspondants, auxquels il remit ses nouveaux marchés, afin qu'ils les fissent soumettre à la formalité du timbre. Jusqu'au dimanche suivant, 10 octobre, il vécut fort retiré. Ce jour-là, sentant le besoin de se distraire, il sortit après un frugal déjeuner, et se dirigea du côté de Vincennes.

Toutes ces déclarations furent trouvées conformes à la vérité, et il fut impossible de découvrir aucune relation entre le prisonnier et la demoiselle Hérin, non plus qu'entre lui et la famille Gerbod. Quant à la fille Malservait, il fut également reconnu qu'elle ne connaissait pas Papavoine.

Celui-ci cependant repoussait avec calme l'accusation qu'on portait contre lui. En vain on lui objectait la reconnaissance des trois femmes, celle de quelques témoins moins importants qui l'avaient aperçu non loin du théâtre du crime ; en vain on lui montrait sur son chapeau la trace évidente du coup de parapluie que la pauvre mère se rappelait lui avoir asséné : il persistait à nier. Il combattait les preuves qui s'amoncelaient contre lui avec une rare lucidité ; rappelait au juge les exemples remarquables de graves erreurs judiciaires.

On fit l'autopsie des cadavres des deux jeunes victimes. Il fut reconnu que leur mort avait été le résultat instantané de coups d'un instrument dont la forme ressemblait à celle d'un couteau. La dame Jean fournit un des onze couteaux restants de la douzaine dans laquelle il avait été pris celui qu'elle avait vendu à Papavoine, et ce couteau, appliqué sur les plaies, s'y adapta parfaitement.

L'instruction s'appliqua à grouper de nouveaux faits autour de ceux qu'on connaissait déjà. Elle réussit à savoir que Papavoine avait toujours montré un caractère bizarre, concentré, taciturne, mais après tout, bienveillant, serviable. On ne lui avait jamais connu de liaisons bien intimes, à peine une de ces faiblesses qui se rencontrent presque inévitablement dans la jeunesse d'un homme. Peu communicatif, sensé, de bon conseil, appliqué, respectueux envers ses supérieurs, il avait toujours été noté comme un homme peu sympathique, mais comme un excellent employé, comme un homme sûr et paisible.

On découvrit, il est vrai, que lors de son voyage de Beauvais à Paris, ayant écrit à sa mère pour demander des effets en plus grande quantité que ceux qu'il avait emportés d'abord pour une courte excursion, il la fit prier d'y joindre deux couteaux de table aiguisés et non fermants. Ces couteaux furent retrouvés rue Saint-Pierre-Montmartre. Papavoine n'était donc pas parti pour Vincennes dans l'intention d'y commettre un meurtre. Quant au couteau acheté chez la dame Jean, il ne put être retrouvé dans le bois.

L'accusation avait devant elle un meurtrier, tout le disait. Mais quel motif attribuer à cet acte horrible, exécuté en apparence avec un sang-froid si complet? Les relations de la famille Gerbod furent soigneusement étudiées : on n'y put rien découvrir qui fit pressentir la plus légère complicité dans le crime. Le père de Gerbod, Gerbod lui-même et ses deux beaux-frères avaient eu, à propos des enfants assassinés, des froissements, des discussions ; mais rien n'avait été jusqu'à altérer sérieusement les rapports de famille. Gerbod fils était d'un caractère doux et timide; Gerbod père et les deux gendres étaient d'honnêtes gens. L'instruction se perdait dans les conjectures les plus contradictoires.

Tout à coup, le 15 novembre, Papavoine renonce à ses dénégations insoutenables. Il avoue avoir commis le crime, il avoue même plus qu'on ne lui demande. Il déclare qu'il s'est trompé en donnant la mort au fils et à *la fille* de la demoiselle Hérin, et que son intention a été d'égorger les Enfants de France.

Quatre ans seulement s'étaient écoulés depuis le jour fatal où le duc de Berri, second fils de *Monsieur* (depuis Charles X), avait été frappé à mort par Louvel. La France était encore sous l'impression de cet attentat, et, aux premières paroles de Papavoine, l'instruction crut retrouver un nouveau fanatique. Papavoine, en faisant ces étranges aveux, avait parlé de grandes révélations ; il avait demandé à être entendu de madame la Dauphine (duchesse d'Angoulême) et de madame la duchesse de Berri. Cette demande lui ayant été refusée, il insista pour comparaître au moins devant l'une des deux princesses, ce qui lui fut refusé.

L'instruction fit d'abord fausse route de ce côté : mais les déclarations de Papavoine étaient si invraisemblables qu'il fallut renoncer à suivre cette voie. Les deux enfants de Gerbod étaient du sexe masculin, et d'ailleurs quelle apparence qu'un homme dans son bon sens pût s'imaginer voir dans deux enfants conduits par une grisette, la fille de monseigneur le duc de Berri, et le fils prédestiné qu'on regardait alors comme l'héritier futur du trône des Bourbons?

Bientôt une série d'actes nouveaux vint appeler l'attention sur Papavoine. Dans sa prison, il chercha à mettre le feu à son lit ; interrogé sur cette tentative, il déclara froidement qu'il avait voulu brûler ses puces. Le 17 novembre, il se saisit violemment d'un couteau qui se trouvait à sa portée, et en frappa un jeune prisonnier du nom de Labiey. Pour motif de cette nouvelle tentative, il dit que Labiey appartenait à la faction d'Orléans. Le jeune prisonnier fut blessé, mais on l'eut bientôt guéri de ses blessures.

L'accusation vit dans ces faits nouveaux le développement d'un nouveau système. A ses yeux, Papavoine simulait la folie et cherchait dans d'autres crimes la justification d'un premier attentat. Mais le motif du premier crime, l'instruction ne l'avait point découvert encore, lorsque s'ouvrit la première audience de la cour d'assises de la Seine, sous la présidence de M. Hardouin, le 23 février 1825.

L'auditoire était très-nombreux. Une foule de dames élégantes se pressaient aux premières places. La nature horrible du crime qui avait épouvanté Paris et la France tout entière, promettait aux spectateurs des débats dramatiques. L'opinion, comme l'accusation elle-même, n'a pu croire à un crime sans cause, sans intérêt. On s'attend à des révélations saisissantes.

L'audience est ouverte à onze heures. Le bureau des pièces de conviction est couvert des vêtements ensanglantés des deux innocentes victimes; de la redingote dont Papavoine était vêtu le 10 octobre et sur laquelle on remarque une tache de sang ; du chapeau, sur lequel est restée l'empreinte très-visible d'un coup de parapluie ; de deux couteaux pointus et affilés, saisis au domicile de l'accusé. On n'a pas retrouvé le couteau acheté par lui à Vincennes, et qui a servi à tuer les pauvres petites créatures.

Papavoine est introduit. Sa vue excite dans l'auditoire une impression générale de désappointement. On s'est figuré voir apparaître, ou un insensé aux yeux hagards, à la figure bestiale, ou un scélérat aux traits marqués d'un caractère fatal et terrible !... L'objet de la curiosité publique est tout simplement une sorte d'employé aux traits placides, à l'habit noir propre et strictement boutonné, à l'allure bureaucratique. Il parle à son avocat, sa voix est voilée; il bégaye légèrement.

L'acte d'accusation est lu : il est rédigé par M. le procureur général Bellart. On en connaît tous les éléments quant à ce qui regarde les faits eux-mêmes. Mais, arrivé au point essentiel du procès, l'acte d'accusation se trouble, hésite. Il reste, dit-il à connaître les motifs, les intérêts, les passions qui ont pu déterminer les attentats. Ecoutons ici les réflexions du ministère public :

« Papavoine est-il seul coupable, ou bien a-t-il des complices, des suggesteurs, ou n'est-il qu'un instrument ?

» Diverses hypothèses ont dû se présenter à l'esprit, et la justice, dans son devoir d'explorer la vérité et dans la direction de ses recherches, les a toutes épuisées.

» La cause commune des crimes est l'intérêt. Quel intérêt a-t-on pu avoir d'égorger deux pauvres enfants naturels? Si Papavoine n'est qu'un instrument qui a été mis en œuvre, est-ce la famille Gerbod, puisqu'il ne faut reculer devant aucune supposition, qui a ordonné leur mort pour empêcher un mariage qu'elle ne voulait pas. »

Ici, l'acte d'accusation examine cette hypothèse, et il conclut que la pensée du crime, non plus que l'exécution, ne peuvent être attribuées à la famille Gerbod.

« Si Papavoine n'a pas de complices, quel a pu être à lui-même son propre mobile?

» Il a osé s'en donner un qui fait frémir. Vaincu par les preuves, et ne pouvant échapper à une funeste évidence, il a voulu décorer son forfait en le retirant de l'ignobilité des simples assassinats pour le relever jusqu'à la dignité du forfait politique.

» Le motif indiqué n'est pas admissible. Les raisons véritables ne sont pas là.

» Quelles furent-elles donc, et pourrait-on supposer que son action est le résultat d'une affreuse démence ? C'est sûrement ce qu'a voulu et ce que veut encore aujourd'hui faire croire Papavoine : c'est pour faire croire à sa démence qu'il a tenté de commettre un second meurtre sans cause et sans intérêt.

» Mais ses efforts, à cet égard, sont vains encore, et l'on n'a pu retrouver dans l'instruction aucun fait qui donne lieu de penser que sa raison ne soit en général dans la nature de celle des autres hommes. Loin de cela, ses interrogatoires sont de vrais chefs-d'œuvre de dialectique, de lucidité d'idées et de suite dans les raisonnements. Il suffit de les lire, il suffit aussi de le voir et de l'entendre pour rester convaincu que Papavoine n'est pas un être désorganisé ; qu'il est un homme qui pense, parle et agit comme un autre, qui a des lumières comme un autre, qui a suffisamment de raison, quand il veut la consulter, pour être éclairé comme un autre.

» Il se peut bien sans doute que cette raison ne soit pas toujours la plus forte, comme il arrive chez les autres hommes, contre les passions. Il se peut bien qu'il y ait dans le secret de son organisation triste, sombre, atrabilaire, quelques vices horribles, quelques instincts de férocité native, quelques goûts de cruauté bizarre, quelques affreux caprices de misanthropie, poussés jusqu'à une sorte de rage contre les individus plus heureux que lui, et que, semblable à bien d'autres penchants vicieux propres à l'espèce humaine, et dont elle ne triomphe qu'avec des combats et de la force de volonté, cette disposition diabolique, comme naguère on l'a vu d'un autre misérable du même caractère (Léger), l'ait entraîné à se livrer à une barbare soif de sang d'autrui, et assouvir une jalousie forcenée du bonheur de ses semblables, et peut-être serait-ce là qu'il faudrait aller chercher l'explication de son crime.

» Peut-être aussi son action est-elle le résultat de quelque épouvantable mystère que n'a pu découvrir, malgré les efforts soutenus de leur zèle, la sagacité des magistrats. Mais tout cela deviendrait trop conjectural, et la justice n'a pas besoin de plonger dans ces abîmes du cœur humain. Tout ce qu'elle a besoin de connaître est prouvé, le crime est constant, les cadavres des deux malheureux enfants sont là.

» Le coupable est convaincu, les preuves l'accablent, ses aveux confirment les preuves.

» La loi est là qui prononce sur le sort de ceux qui, par cupidité ou par jalousie, ou par vengeance, ou par instinct de férocité, se baignent volontairement dans le sang des hommes. Il est permis d'être incertain sur la vraie cause du crime ; on ne saurait l'être sur le crime même. Le reste est entre Dieu et la conscience du coupable ; la justice humaine en sait assez pour défendre la société. »

Voilà toute la théorie de l'accusation. Le crime est patent, avoué. La société doit être vengée, et l'affaire de la justice est de donner satisfaction à ce grand intérêt, non de trouver le secret du meurtrier.

En conséquence, Louis-Auguste Papavoine était accusé :

1° D'avoir, le 10 octobre 1824, commis volontairement, avec préméditation et guet-apens, un homicide sur la personne des deux enfants Gerbod ;

2° D'avoir, le 17 novembre, commis volontairement, et avec préméditation, une tentative d'homicide sur la personne du nommé Labiey, laquelle tentative, manifestée par des actes extérieurs et suivis d'un commencement d'exécution, n'a manqué son effet que par des circonstances indépendantes de la volonté de son auteur.

Crimes prévus par les art. 2, 203, 296, 297, 298 et 302 du Code pénal.

On procède à l'interrogatoire de l'accusé.

Le président. Papavoine, à quelle époque êtes-vous entré dans la marine ? — R. En 1805, j'étais employé dans l'administration de la marine à Brest.

D. Ainsi, à la mort de votre père, votre mère et vous alliez être réduits à n'avoir pour subsister que la pension de 360 fr. que vous aviez eue de la marine ? — R. Oui, monsieur.

D. Pourquoi êtes-vous allé de Mouy à Beauvais ? — R. J'avais des inquiétudes, j'étais maladif, tourmenté, mal à mon aise.

D. Pourquoi êtes-vous venu à Paris ? — R. Parce que ma mère m'avait envoyé des marchés avec le ministère de la guerre, qui n'étaient pas en règle, je voulais les faire régulariser.

D. Pourquoi, en vous rendant de Beauvais à Paris, avez-vous emporté dans votre valise deux couteaux de table ? — R. J'ai eu l'honneur de vous dire que j'étais extrêmement malade. Je me levais au milieu de la nuit. Je m'étais forgé mille chimères. J'avais coutume de placer près de moi une épée et des pistolets chargés. N'ayant point emporté d'armes dans mon voyage, j'ai pris deux couteaux que je mettais, l'un sous mon traversin, l'autre sur ma table de nuit.

D. Pourquoi êtes-vous allé le dimanche 10 octobre à Vincennes ? — R. C'était pour me distraire, j'étais tourmenté, souffrant, je voulais prendre l'air.

D. Comment étiez-vous vêtu ? — R. J'avais une redingote bleue, des bas noirs et des souliers.

D. Votre redingote était-elle boutonnée ? — R. Je crois qu'elle était boutonnée.

D. À Vincennes, vous avez suivi une femme vêtue d'une robe rose ? — R. J'ai pu la suivre, mais c'était machinalement. J'étais tellement agité que je ne savais pas ce que je faisais.

D. Vous avez suivi cette femme chez un épicier. — R. Je ne me le rappelle pas.

D. Vous avez vu la dame vêtue en rose parler à une femme qui conduisait deux enfants. — R. Je ne me le rappelle pas ; j'étais dans un état déplorable, je ne savais ce que je faisais. Je ne me rappelle rien ; j'étais continuellement tourmenté ; je ne sais ce que j'ai fait, je ne me souviens d'aucune circonstance.

D. Vous aviez la mémoire plus fraîche pendant l'instruction. — R. Au surplus, je m'en rapporte aux déclarations de cette dame.

D. Vous avez acheté un couteau chez l'épicier où la dame vêtue en rose est entrée. — R. Oui, monsieur, c'est possible, je ne m'en souviens pas... Pendant l'instruction, j'ai été cruellement affecté par l'état déplorable où je me trouvais, par les menottes dont j'étais garotté. C'était une situation toute nouvelle pour moi. Plutôt que de dire des choses qui pouvaient tendre à ma défense, je me chargeais exprès. Il me tardait de voir finir cette affaire, dût-elle avoir pour moi l'issue la plus fâcheuse.

D. Cependant le juge d'instruction a eu pour vous toutes sortes de ménagements. Lorsque vous étiez trop fatigué, il remettait l'interrogatoire au lendemain. Vous lui avez adressé des remerciements qui sont constatés dans vos interrogatoires. — R. J'étais tranquille devant le juge d'instruction ; mais étais-je tranquille la nuit, enfermé dans la camisole de force, et tourmenté par une rétention d'urine? Je souffrais horriblement ; j'éprouvais une torture morale cent fois pire qu'une torture physique.

D. Quel était votre projet en achetant un couteau? — R. J'ai vu un donjon à Vincennes, j'ai pensé qu'il renfermait des prisonniers, et j'ai cru qu'avec mon couteau je pourrais les délivrer.

D. Vous n'avez acheté le couteau qu'après avoir vu la dame à la robe rose embrasser les enfants... Et vous n'avez d'ailleurs point parlé dans vos précédents interrogatoires de l'envie de délivrer les prisonniers. — R. J'avais la fièvre ; je n'avais pas les idées nettes, je ne savais ce que je faisais.

D. Le couteau était-il caché dans votre poche? — R. Je crois que oui.

D. C'est après avoir vu les enfants que vous avez acheté le couteau. Pour quels motifs les avez-vous frappés?—R. Ce n'est pas par ma saine volonté que j'ai frappé les enfants ; je ne sais comment j'y ai été poussé ; je voudrais au prix de tout mon sang n'avoir pas versé le leur ; c'est une frénésie qui m'a fait commettre cet acte incompréhensible.

D. Vous vous souvenez bien d'avoir frappé les enfants? — R. Oui, monsieur.

D. Vous vous êtes enfui dans le taillis? — Oui, monsieur.

D. Qu'avez-vous fait du couteau? — R. Je l'ai enfoui dans la terre.

D. Vous aviez, par conséquent, le sentiment du crime que vous veniez de commettre, puisque vous cherchiez à fuir? — R. L'action que je venais de commettre involontairement a fait en moi une révolution subite, qui m'a fait concevoir ce que je venais de faire.

D. En fuyant, vous avez rencontré un canonnier. — R. Oui, monsieur.

D. N'avez-vous pas dit au gendarme qui vous a arrêté qu'il perdait son temps, et qu'il laisserait peut-être échapper le véritable assassin? — R. Je crois que j'ai dit cela.

D. Persistez-vous dans la déclaration que vous avez voulu frapper d'augustes victimes? — R. Non, monsieur... J'étais tellement fatigué de la position pénible où je me trouvais, que, ne pouvant me détruire, j'aurais voulu hâter par tous les moyens possibles, la fin de mes tourments. Je me serais accusé, je crois, d'avoir voulu assassiner le *Père Éternel* si la chose m'était venue à l'idée.

D. Vous avez déclaré dans vos interrogatoires que vous aviez eu le projet d'assassiner à l'Opéra Mme la Dauphine, et vous êtes allé un soir à l'Opéra, il y a un témoin qui en dépose. Vous avez dit que vous aviez assassiné les enfants Gerbod, à cause de la couleur de leurs vêtements, semblable à celle d'une voiture que vous aviez vue à l'entrée du château, et qui vous avait fait naître l'idée que c'étaient les enfants de France qui se promenaient dans le parc. Interrogé par moi, ces jours derniers, vous avez rétracté ces déclarations dont la fausseté était palpable, puisque, avez-vous dit, Mme la Dauphine ne va jamais à l'Opéra ; qu'aucun prince ni princesse ne se montrerait au spectacle pendant que la cour est en deuil... Vous avez dit, enfin, que l'idée de faire des mensonges vous était venue après avoir entendu un officier portant des aiguillettes en or, dire que les enfants de France étaient assassinés. Vous renoncez désormais à ce système. Depuis votre détention, vous avez écrit à votre mère des lettres où vous parlez de vos affaires d'une manière très-lucide et très-raisonnable ; ces lettres ne sont pas d'un homme atteint de folie.

R. Il n'y a pas d'effet sans cause. Quel intérêt aurais-je eu à poignarder de malheureux enfants, dont je voudrais pouvoir racheter l'existence au prix de la mienne? Quant aux enfants de France, je n'ai pu songer un instant à attenter à leurs jours. Je lis habituellement les journaux ; je n'ignore pas que la promenade de Mgr le duc de Bordeaux et de MADEMOISELLE, est du côté du bois de Boulogne, et non pas du côté du bois de Vincennes.

D. Vous aviez dit aussi dans vos déclarations que vous aviez été frappé de la ressemblance d'un des enfants Gerbod avec feu Mgr. le duc de Berry. — R. Je ne savais ce que je disais. *J'ignore comment ce malheur est arrivé.*

D. N'est-ce pas pour faire croire que vous étiez fou le 10 octobre, que, le 17 novembre, étant à la Force, vous avez frappé le jeune Labiey d'un coup de couteau. — R. *Je ne sais encore comment cela s'est fait,* j'étais troublé par des souffrances, par des insomnies continuelles. J'ai appris avec joie que les blessures de ce jeune homme n'avaient eu aucune suite.

D. Comment se fait-il que ces accès de fureur soient passagers et suivis d'un long calme? — R. C'est aux médecins à vous l'expliquer. *La folie n'est pas uniforme.*

D. Vous avez discuté, avec le juge d'instruction, en criminaliste consommé ; vous êtes allé jusqu'à citer, d'après les causes célèbres, des méprises funestes où une ressemblance a quelquefois entraîné les témoins et, après eux, des juges. (Affaire Lesurques : *Voyez* les précédentes livraisons de cet ouvrage.) Vos réponses étaient parfaitement claires, très-plausibles, et vous vous êtes enfin, j'ose le dire, montré comme un homme d'un esprit supérieur. Dans le système de l'accusation, la folie dont vous arguez aujourd'hui serait simulée, et n'aurait d'autre objet que de cacher un important *secret*. Ce secret, la justice a fait jusqu'ici de vains efforts pour le découvrir ; mais les jurés apprécieront le motif de votre action.

R. C'est à un médecin à expliquer cela. Je ne prétends pas être continuellement fou.

Le président donne ici lecture d'un précédent interrogatoire dans lequel Papavoine a expliqué comment il lui était venu à l'idée de dire qu'il avait voulu frapper les enfants de France. Un officier, porteur d'aiguillettes (c'était, à ce qu'il paraît, un simple gendarme), aurait dit pendant qu'on le conduisait Papavoine dans les rues de Vincennes : « Tenez, voilà celui qui a voulu assassiner les enfants de France. » Ces paroles, recueillies par l'accusé, avaient fait naître en lui l'idée de déclarer que tel avait été son projet.

Le président : Vous prétendez avoir été conduit à l'acte du 10 octobre par suite des effets d'une fièvre chaude, d'une espèce d'aliénation mentale ; mais votre conduite depuis votre départ de Beauvais annonce que vous jouissiez de toute votre raison. Les lettres que vous avez écrites à votre mère sont pleines de sens ; ainsi ce n'est pas la démence qui a conduit votre bras.

Papavoine : Quel motif pouvais-je avoir de tuer ces enfants? *Je n'y avais aucun intérêt.*

Le président : C'est votre secret. Jusqu'ici on n'a pu rien découvrir sur ce point... Cependant, en examinant ce qui s'est passé avant et après l'assassinat, il faut que l'accès de folie vous ait pris en voyant les enfants, et vous ait quitté après les avoir frappés. Aussitôt après l'assassinat, on vous a mis en présence de la mère, qui s'est écriée : « Voilà le meurtrier de mes enfants. » Et vous avez dit que vous ne la connaissiez pas. On vous a mis en présence des cadavres des enfants, et vous avez déclaré les méconnaître. Toutes vos réponses étaient pleines de sens.

Papavoine : Ce crime était si loin de ma pensée, que *j'ai cru vraiment ne l'avoir pas commis.* D'ailleurs, j'ai une famille, et je pensais à ne pas la déshonorer en avouant ce crime.

Le président : Pendant une semaine, vous avez nié être l'auteur du double meurtre commis à Vincennes; vous avez dit qu'on se méprenait, et vous l'avez soutenu avec beaucoup d'esprit; et ce n'est que lorsqu'on vous a averti que la mère des enfants et beaucoup de personnes vous reconnaissaient, que vous avez dit que vous vouliez frapper les enfants de France. Expliquez toutes ces circonstances à MM. les jurés. Leur ensemble prouve que vous n'êtes pas fou.

Papavoine. Je suis rempli de terreur, de craintes, mais je n'ai jamais senti le besoin de verser du sang. Je n'ai point agi raisonnablement.

Le président. Quand vous avez dit que vous vouliez frapper les Enfants de France, vous avez entouré cette déclaration de tant de circonstances, les unes vraies, les autres probables, qu'il est impossible que vous n'ayez pas eu l'usage de votre raison pour les inventer. Vous avez dit, par exemple, que l'un des enfants que vous avez tués ressemblait à l'un des Enfants de France. Vous vous défendez très-bien maintenant, et vous jouissez de toute votre raison.

Papavoine. Je ne prétends pas toujours être fou.

Le président. Pourquoi, le 17 novembre dernier, avez-vous frappé un prisonnier, le jeune Labiey?

Papavoine. Je l'ai frappé dans un accès de frénésie.

D'autres témoins sont entendus. La plupart, tout en signalant chez Papavoine les marques habituelles d'un tempérament morose et mélancolique, font l'éloge de son sens droit, de sa probité. Pour le plus grand nombre, c'est un honnête homme, plein d'humanité; il aimait à caresser les enfants.

La malheureuse mère est introduite. Nous n'entreprendrons pas de décrire l'effet que sa présence a produit sur les spectateurs. Sa mise est simple; elle est coiffée d'une capote noire qu'une main bienveillante sans doute a enfoncée sur ses yeux pour que la présence de l'homme qui l'a privée de ses enfants ne frappe pas d'abord son regard. On la fait asseoir sur une chaise devant la cour. Elle prête serment et répond d'une voix faible et mal articulée aux interpellations de forme. Elle se nomme Henriette-Charlotte Hérin, âgée de vingt-cinq ans, ouvrière en dentelles, rue de Verneuil, 58.

Le président. Reconnaissez-vous l'accusé?

La demoiselle Hérin lève les yeux, les détourne avec horreur et s'écrie : — C'est bien lui !...

Le président. Remettez-vous, Madame, et parlez plus haut, s'il est possible. Rendez compte des faits qui sont à votre connaissance.

La demoiselle *Hérin*. Je suis allée le dimanche à Vincennes, j'étais avec mes deux enfants... Ah !...

Le cri aigu que pousse la pauvre mère lui a été arraché par la vue des vêtements des victimes. Elle tombe à la renverse et se débat sous l'étreinte d'une crise nerveuse. Des cris de douleur répondent à ses cris dans l'auditoire : plusieurs dames se trouvent mal. Toute l'assistance est saisie d'une émotion dont la cour et MM. les jurés ont peine à se défendre. Des huissiers emportent la demoiselle Hérin. Papavoine a détourné les yeux pour ne point contempler la malheureuse mère. Mais son œil est sec, sa figure immobile. Il est évident que cette scène lui est pénible, mais n'excite dans son cœur qu'un regret et non un remords.

Quelques instants après, la demoiselle Hérin est ramenée. On la fait placer dans un fauteuil, le dos tourné à l'accusé et tout près de M. le président. Ce magistrat répète aux jurés toutes les dépositions dont il leur aurait été impossible de recueillir un seul mot, à cause de l'agitation du témoin et de la faiblesse de sa voix, étouffée à chaque instant par les sanglots et par les larmes.

— Le dimanche, 10 octobre, dit le témoin, je suis allée prendre à Vincennes mes enfants qui y étaient en pension; je les conduisis à la promenade. En passant du côté de la demi-lune, avant d'entrer dans l'allée des Minimes, j'aperçus sous un arbre une femme; j'ai appris depuis qu'elle se nommait la demoiselle Malservait, cette dame était habillée de rose; elle s'adressa aux enfants, et en même temps me fit quelques questions. Elle me demanda s'ils étaient jumeaux, et s'il y avait beaucoup d'intimité entre eux; elle proposa même au plus jeune de l'emmener; il s'y refusa et, comme elle insistait, l'aîné s'y opposa. Cette demoiselle en rit beaucoup. Je me mis à jouer avec un des enfants. En me retournant, j'aperçus un homme dont la figure me frappa; il était vêtu d'une redingote bleue, boutonnée jusqu'en haut; il avait un crêpe à son chapeau et une cravate noire. Je pensai que c'était un officier de la garnison qui attendait la dame avec qui je venais de causer. Sans avoir de pressentiment fâcheux, je fus cependant frappée de cette rencontre. Je continuai ma promenade du côté de l'allée des Minimes. Après avoir quitté la dame en robe rose, je vis l'homme habillé de bleu causer avec elle; cela me confirma dans l'idée qu'ils se connaissaient. Je me dirigeai du côté du bal, et partageai à mes enfants le déjeuner que je leur avais apporté. Je revis tout d'un coup le même homme; il était extrêmement pâle, et sa pâleur m'inspira une terreur extrême. Il me dit d'une voix terrible qui me glaça d'effroi : *Votre promenade est bientôt finie!* Comme la pluie commençait, je voulus me retirer. L'homme habillé de bleu, se tournant du côté du plus jeune de mes enfants, le frappa violemment. Je crus qu'il avait donné un coup de poing à mon enfant, je lui portai un coup de parapluie. Il passa de l'autre côté, il frappa le second, alors je tombai évanouie, et ne repris connaissance qu'au milieu des personnes empressées à me porter secours.

Après cette déposition, le témoin se retire. Les cris que pousse la demoiselle Hérin en quittant l'audience montrent qu'elle s'est longtemps contenue. Le président, guidé par des motifs sur lesquels on n'a pu se méprendre, n'a adressé à Papavoine aucune interpellation en présence de l'infortunée mère.

Un moment, les étranges réticences de la déposition d'un sieur *Davesne* firent croire qu'on était enfin sur la trace du *secret* que l'accusation cherchait avec l'opinion publique. Ce Davesne était notaire à Vincennes, et suppléant du juge de paix. Il répondit d'un air important, aux interrogations du président, qu'il savait beaucoup de choses sur la famille Gerbod, mais ne se croyait pas autorisé à les dire, n'en ayant reçu la confidence qu'en sa qualité de notaire.

Le président. Prêtez toujours serment et dites ce qui est relatif à l'assassinat.

Davesne prête serment et parle de ce qui s'est passé pendant le premier interrogatoire de Papavoine. L'assassin ne lui a pas paru ému, pas même quand on a procédé devant lui à l'examen des cadavres des enfants.

Le président à Papavoine. Vous avez paru impassible en présence des cadavres des enfants, et vous avez expliqué le calme apparent de votre attitude dans un interrogatoire que vous avez subi devant M. le juge d'instruction. Vous avez dit : « J'étais déchiré de douleur, mais je cherchais à maîtriser mon émotion. » Un homme qui est ainsi maître de lui-même n'est pas aliéné.

Le président revient au témoin Davesne : Vous dites que vous savez beaucoup de choses sur la famille Gerbod : sont-elles relatives au procès de Papavoine, à l'assassinat des enfants?

Davesne ne répond que par un signe mystérieux qui paraît signifier : — elles y sont relatives.

Le Président. Dites ce que vous savez : je vous interroge, vous pouvez, vous devez répondre.

Davesne. M. Gerbod, le père, ne voulait pas consentir au mariage de son fils; ce jeune homme est fort doux, et je l'invitai à obéir à la volonté de son père; il s'y résigna. On représenta au père qu'il fallait assurer le sort des enfants, et il promit de leur faire une pension. Dans la journée du 10 octobre, les gendres de M. Gerbod, MM. Longueil et Belhomme,

Papavoine.

vinrent me trouver et me questionner sur l'assassinat. Je leur répondis que, comme suppléant du juge de paix, c'est-à-dire comme officier de police judiciaire, je ne pouvais point parler de ce qu'avait pu dire Papavoine dans ses interrogatoires.

Le président. Ainsi, M. Longueil vous a demandé si Papavoine avait fait des révélations?

Davesne. Oui, M. le président, c'est bien là la question qu'il m'a faite. M. Belhomme me la fit aussi, et paraissait insister pour que je lui répondisse.

On fait appeler *Longueil* et celui-ci répond qu'il ne croit pas avoir fait cette question. *Davesne* insiste, et ajoute que Longueil paraissait prendre un vif intérêt aux circonstances de l'événement.

Le président. Paraissait-il ému?

Davesne. Il avait chaud.

Longueil. J'avais couru.

Un juré interroge Longueil sur l'emploi de sa journée, le dimanche 10 octobre. Longueil donne des détails satisfaisants. Sur la demande expresse d'un juré, Belhomme est appelé. Il dit être resté cinq minutes à peine chez M. Davesne, et lui avoir fait des questions sur l'assassinat, comme tout autre eût pu faire à sa place.

Davesne à Belhomme. Non, monsieur, vous ne m'avez point fait les questions d'une manière indifférente; vous avez insisté pour savoir si Papavoine n'avait pas fait de révélations.

Belhomme. Si ces questions m'eussent intéressé autant qu'on veut le dire, je ne les aurais pas faites devant les clercs de M. Davesne. Je n'ai pas insisté puisque je ne suis resté que cinq minutes dans l'étude.

Davesne baisse la tête et ne répond pas.

A l'audience du lendemain, la justice fait un nouvel effort pour découvrir, sous les paroles mystérieuses du témoin Davesne, le fil conducteur qui lui manque toujours.

Rappelé dans l'audience du 26 février, le témoin *Davesne* est interrogé sur les questions qui lui ont été adressées par M. Longueil. —M. Longueil, dit-il, est venu, de la part de M. Gerbod père, me demander quelle conduite M. Gerbod devait tenir dans cette circonstance. Je lui ai dit, ainsi qu'à M. Belhomme, qu'il ne s'agissait point de notariat et que je ne pouvais leur donner aucun conseil.

M. de Peyronnet. Vous avez dit dans l'instruction que M. Belhomme vous avait demandé si l'individu avait fait des *révélations.* — R. Il ne s'est pas servi du mot de *révélation*, il a demandé si l'individu avait déclaré quelque chose.

Un juré. Vous avez dit que l'un des gendres vous *poussait de questions.* — R. J'ai dit à M. Belhomme que je ne pouvais donner aucun renseignement, que je le priai de ne point me *pousser de questions.*

Le président. Il était fort naturel que MM. Belhomme et Longueil cherchassent à avoir des renseignements sur l'assassinat des enfants de leur frère.

Le témoin *Daresne* répète qu'il y a eu, dans ses relations avec la famille Gerbod, certains côtés qui se rapportaient aux enfants. Il ne peut déterminer si cela se rapporte à l'accusation.

L'auditoire croit voir dans ces paroles une réticence, un scrupule mystérieux, et la curiosité se reprend à cette déposition qui, peut-être, va dévoiler enfin le secret cherché par tout le monde.

— Quelles relations ? s'écrie le président... Il faut tout dire ; il ne faut pas apporter ici un mystère qui serait déplacé. — R. M. Gerbod père est venu m'annoncer qu'il avait déterminé son fils à faire un voyage. M. Gerbod fils me parla lui-même de ce voyage, qui avait pour but de le détacher de la demoiselle Hérin. Je lui dis : Si vous conservez des correspondances avec cette fille, il est inutile que vous voyagiez.

Le meurtre. (Page 2.)

Le président. Mais, quant aux enfants, quelles ont été les relations? — R. Sur les observations que je fis à M. Gerbod qu'il était juste d'accorder des aliments à ces deux enfants, M. Gerbod promit de faire une pension, en me chargeant toutefois de la payer. Elle était de trente francs par mois; je l'ai payée deux fois.

Le président. Ces déclarations, loin de jeter des soupçons sur aucun des membres de la famille, viendraient à leur décharge, puisque Gerbod père s'étoit engagé à payer une pension pour les enfants, tant qu'ils en auraient besoin. — Au témoin : Vous n'avez jamais entendu personne de la famille vous parler de Papavoine? — R. Jamais. M. Gerbod père me fit part aussi du dessein qu'il avait d'empêcher mademoiselle Hérin de faire le voyage de Bruxelles pour retrouver son fils.

Ainsi, cela est devenu bien évident, ce n'est pas dans les témoignages qu'il faut chercher le fatal *secret*. On voit, du reste, que l'accusation en a pris son parti et qu'elle s'est fait une conviction à ce sujet.

M. le vicomte de Peyronnet, avocat-général, prononce le réquisitoire.

«Messieurs, dit-il, la haine, l'ambition, la vengeance et la cupidité sont en général les seules passions qui portent les âmes perverses au crime dont la société souffre et s'afflige. Mais aussi, malheureusement, on a vu quelquefois des hommes se rendre coupables par un penchant désordonné pour les vices et dans l'unique but de satisfaire une férocité dont la nature humaine est ordinairement exempte. Lorsque nous devons signaler de telles actions à votre justice, nous ne saurions dissimuler combien notre tâche est en même temps douloureuse et difficile.

« On a peine, en effet, à croire à tant de cruauté dans son semblable, et l'on éprouve le besoin de révoquer en doute l'exactitude d'une si triste vérité ; toutefois, vous est-il permis maintenant de vous livrer à ce premier mouvement de vos cœurs? Mais comment espérer que cette mission vous est réservée, et que nous serons autorisé nous-même à proclamer innocent celui dont le sort vous est confié? Vous ne le pouvez pas plus que nous. L'accusation qui vous a été soumise n'a pas été détruite; les preuves qui l'entourent ont reçu de la publicité un nouveau degré de force.

« Elle vous signale un grand crime ; elle vous indique le coupable, et la société se repose avec confiance sur vos lumières et votre impartialité. Cependant, messieurs, qu'il nous soit permis de vous exposer les motifs de notre conviction; nous serons contraint d'entrer dans ces détails déplorables, mais vous ne trouverez pas mauvais que, dans des circonstances aussi importantes, nous placions devant vos yeux le tableau dont vous connaissez les parties. »

Ici, suivant la route qu'il vient de tracer, l'avocat-général examine avec la plus scrupuleuse attention l'existence entière de l'accusé. Il le suit dans sa carrière publique, dans sa manufacture de Mouy, et le trouve partout remplissant ses devoirs avec une intelligence et une ponctualité remarquables. Passant ensuite aux faits mêmes de l'accusation, il examine s'il y a eu guet-apens.

« L'accusé, dit-il, pour écarter la circonstance aggravante de la préméditation, a prétendu qu'il avait acheté le couteau aussitôt arrivé à Vincennes. Un témoin, la fille Malservait, a appuyé cette déclaration. Vous sentirez comme nous, Messieurs, le peu de confiance que l'on doit accorder à ce témoin, en faisant attention à la position particulière où il s'est trouvé, où il se trouve encore, où il se trouvera peut-être un jour. »

Qui ne le sent? Ici, le réquisitoire combat dans le vide. La fille Malservait et Papavoine n'ont attaché aucune importance à l'heure où a été acheté le couteau, et c'est à peine si l'accusé sait qu'il a acheté l'arme avec laquelle il a commis le crime.

Quels sont donc les motifs des attentats reprochés à Papavoine? Le réquisitoire se trouble ici, il hésite comme l'acte d'accusation.

« Exiger de nous que nous fassions connaître les motifs qui poussèrent le bras du coupable, lorsqu'il frappait sans pitié ses victimes, serait nous demander au-delà de ce que nous sommes obligé de faire, et nous aurions le droit de répondre : « Quelle que soit la passion qui a entraîné l'accusé, la loi veut l'atteindre s'il est coupable. » Toutefois, Messieurs, nous n'userons pas de cette faculté, car rien ne doit rester sans explication dans une affaire aussi importante ; cherchons donc à dévoiler ce mystère jusqu'à présent impénétrable. »

Pour l'avocat général, puisqu'il faut écarter les soupçons qui ont plané sur la famille Gerbod, il n'y a plus qu'à attribuer les crimes de Papavoine à un pur instinct de férocité ; il a tué uniquement pour répandre le sang humain et pour satisfaire une passion féroce. C'est un monstre exceptionnel, du genre de cet Antoine Léger qui, quelques mois avant Papavoine, effrayait le monde de ses actes d'anthropophagie.

« Nous savons qu'au premier aperçu, cette opinion doit vous paraître inadmissible ; mais si vous daignez porter quelque attention aux exemples que nous avons recueillis, nous ne doutons pas que l'invraisemblance ne disparaisse pour vous, comme elle a disparu pour nous-même.

« Nous ne vous parlerons point des exemples consignés dans l'histoire d'hommes féroces donnant la mort sans autre motif que la cruauté ; ces exemples ne sont pas malheureusement rares. Mais nous ne saurions nous dispenser de vous rappeler trois faits moins connus que les autres.

« Don Carlos, fils de Philippe II, n'avait pas de plaisir plus vif que de voir palpiter des animaux qu'il avait tués inhumainement. Un jour, étant encore enfant, un jeune garçon lui avait déplu ; il exigea qu'on le pendît, et ce caprice monstrueux fut à peine satisfait lorsqu'on eut exécuté devant ses yeux le simulacre de cet affreux supplice.

« Cabrino Fonduli était conduit à la mort pour avoir commis divers crimes. Dans ce moment terrible, il osa déclarer qu'il n'éprouvait aucun repentir et qu'il n'avait aucun regret, si ce n'est de ne pas avoir précipité du haut de la tour de Crémone le pape Jean XXIII et l'empereur Sigismond, qui y étaient montés avec lui. Son seul motif était que cette action aurait fait parler de lui.

« Un grand potentat, qui a fait de grandes choses, mais qui a terni sa mémoire par un caractère féroce, Pierre, repaissait ses yeux de supplices dont il était parfois l'exécuteur. Il avouait qu'il n'avait pu vaincre sur ce point son caractère.

« Puissent ces leçons horribles n'être pas perdues! Puissent-ils, ceux qui ne mettent aucun frein à leurs déréglements, s'arrêter aux bords du précipice, frémir et reculer en examinant le fond de l'abîme ! »

Jamais rhétoricien embarrassé accumula-t-il périodes plus sonores et plus vides? Que vient faire, en pareille affaire, le fils du sombre despote espagnol? Pourquoi, à propos du fonctionnaire placide, en bas noirs et en lunettes, évoquer l'ombre sanglante du condottière italien, et comparer l'acte du commis de marine avec les sanglantes exécutions du rude fondateur de l'empire moscovite? Ce Domitien de bureau, ce Néron de manufacture, quelle évocation burlesque, si la cause eût été moins gravement terrible ! Et c'est là tout ce qu'avait trouvé un homme d'un haut talent, pour expliquer l'étrange mystère de ce procès!

Il fallut cependant examiner le moyen de défense présenté par l'accusé. Papavoine alléguait l'aliénation mentale : l'avocat-général opposa à cette allégation la vie entière de l'accusé, ses interrogatoires, ses réponses concordantes. L'homme de bon sens n'avait pu se changer passagèrement en fou.

Me Paillet jeune, avocat de Soissons, ami de la famille de Papavoine, était venu de Soissons pour le défendre. Il s'exprima ainsi :

« Messieurs les jurés,

« C'est surtout dans une cause de cette nature que vous avez bien dû vous pénétrer de l'importante mission que la loi vous confie ; que vous avez dû, en franchissant le seuil de cette enceinte, vous dépouiller de ces préventions funestes qui trop souvent égarent la vertu même. Quelle cause, en effet, en souleva jamais dans les esprits de plus horribles tout à la fois et de plus universelles contre l'accusé.

« L'attentat était affreux en lui-même :

Ah ! si jeunes encore,
Comment avaient-ils pu mériter leur malheur?

« Aussi, s'attendait-on à voir paraître devant vous un de ces hommes qui, dans d'autres pays, ont fait un métier de l'assassinat, et dont le poignard a son tarif.

« On savait d'ailleurs que ces malheureux enfants, fruits d'une liaison condamnée par la famille de leur père, y avaient jeté une sorte de désunion.

« Et voilà qu'une femme inconnue dans le pays, d'une mise bizarre et de manières plus bizarres encore, avait signalé les victimes à l'assassin qui marchait sur ses pas. Elle leur avait imprimé au front le baiser de la mort !

« Et pourtant on se disait même alors : Quoi ! à la porte de Paris ! un dimanche ! en plein jour ! sur le bord du grand chemin ! au milieu de la garnison de Vincennes !...

« Nous savons que la famille des enfants est désormais à l'abri du moindre soupçon.

« Nous savons que cette femme impliquée d'abord dans la poursuite, ne fût coupable que de quelques caresses données aux charmes de l'enfance. Ce n'était de sa part que le baiser d'adieu ! A ce titre, sans doute, toutes les femmes qui m'entendent eussent été comme elle les complices de l'assassin.

« Et cet assassin, quel est-il donc lui-même ? Vous le connaissez aussi, messieurs les jurés ; il appartient à la famille la plus honnête, il a reçu l'éducation la plus distinguée ; parvenu à quarante-deux ans, il apporte à vos pieds le témoignage d'une vie publique, consacrée presque tout entière au service de son pays, exempte jusque-là de la plus légère souillure. Il fut bon fils, bon ami, bon citoyen.

« Juste ciel ! serait-il vrai qu'un tel homme fût acquis à l'échafaud !...

Ici le défenseur représente l'accusé comme un homme d'une humeur naturellement sombre et mélancolique. Il pense, observation confirmée par la science, que l'accusé portait en lui le germe de la maladie qui a causé son crime. « C'est hélas ! dit-il, le seul héritage que son père lui ait transmis. A ces dispositions naturelles il faut ajouter les ravages causés sur ses facultés mentales par des chagrins multipliés.

« S'il est une vérité morale incontestée, c'est bien celle qu'a exprimée en vers si connus, cet homme que nous aurions appelé l'historien du cœur humain, s'il n'était pas avant tout le prince de la poésie :

Quelques crimes toujours précèdent les grands crimes;
Ainsi que la vertu, le crime a ses degrés. »

Et, à son tour, l'avocat aborde la question terrible ; mais il l'étudie sous un jour tout nouveau, avec une incontestable hauteur de vues.

« Mais où donc est le motif du crime ?

« Faudra-t-il le chercher dans les révélations que l'accusé a faites à une certaine époque de la procédure ?

« Mais d'abord, si ces révélations étaient vraies ; en d'autres termes, s'il était vrai que, lorsqu'il frappa les enfants Gerbod, l'accusé crut atteindre de plus augustes victimes, il faudrait dire que le projet en lui-même, et puis les méprises dans l'exécution, forment la preuve la plus palpable de l'égarement d'esprit où il était alors.

« *Le projet !* car il serait en contradiction manifeste avec les sentiments politiques que l'accusé a constamment professés, et qui sont ceux de toute sa famille...

« *Les méprises dans l'exécution !* car si l'accusé avait eu l'usage de sa raison, est-ce qu'il aurait attendu madame la Dauphine à l'Opéra, pendant que la cour était en deuil ?

« Si l'accusé avait eu l'usage de sa raison, aurait-il supposé qu'il rencontrerait les Enfants de France à Vincennes, où ils ne vont jamais sans escorte, au milieu d'un bois ouvert à tout le monde ? Aurait-il enfin supposé que deux garçons, vêtus de même, étaient pourtant de sexe différent ?

« Mais vous le savez, Messieurs, c'est un point convenu entre l'accusation et la défense, parce qu'il est hors de doute que ces prétendues révélations, rétractées plus tard par l'accusé, n'étaient que de vaines chimères.

« Seulement, le ministère public les attribue à une sorte de système justificatif que l'accusé se serait alors créé, et moi je dis que ces révélations sont toutes empreintes de délire ; car il faut qu'on sache que ce n'est pas une des bizarreries les moins remarquables de sa maladie, que l'aliéné s'accuse souvent, avec une invincible opiniâtreté, des crimes qu'il n'a pas commis et qu'il était incapable de commettre.

» Aussi l'accusé se rappelle-t-il que lorsqu'il fit ces prétendues révélations, il avait un but dans son délire : c'était d'assurer sa perte, de gagner son supplice. Et remarquez d'ailleurs, Messieurs, dans quelles circonstances il les a faites. C'est le 15 qu'il en parle pour la première fois ; c'est le 16 qu'il les réalise. C'est le même jour que, par une plaisanterie qui est bien celle d'un fou, il veut mettre le feu à la paillasse de son lit, pour détruire les puces qui l'importunaient. Enfin, c'est le 17 au matin qu'il exerce des violences graves sur la personne d'un prisonnier.

» Est-il possible, je le demande, de ne pas reconnaître de ces divers actes si rapprochés, une source commune, c'est-à-dire un retour de l'affection maniaque, provoquée peut-être par cette société, si nouvelle pour lui, dont l'accusé était environné, les propos qui assiégeaient son oreille, enfin ses continuelles insomnies !... »

» Encore une fois, poursuit l'éloquent défenseur, où donc est le motif du crime ? Faut-il voir dans Papavoine une bête féroce, un autre Léger. Ainsi, plutôt que d'excuser un fou, dont le délire n'est pas moins constaté que son irréprochable moralité, on veut en faire un cannibale, un vampire, pour le livrer au bourreau.

« Mais, Messieurs, ce motif vous paraîtra plus futile encore, plus chimérique que tous les autres, et alors que restera-t-il à vos yeux ? Un crime sans motif ! Or, je ne crains pas d'être démenti en disant que ce serait le premier de ce genre depuis qu'il s'en commet ici-bas. Un crime sans motif ! Êtes-vous bien frappés, Messieurs les jurés, de tout ce que ces mots renferment ? Et quel crime ! l'assassinat de deux enfants ! Mais quel est donc celui qui ne va s'écrier aussitôt : Cet homme était donc fou ! Eh bien ! oui, cette exclamation triviale, ou plutôt cette vérité d'observation a tout dit dans la cause. Oui, cet homme était en délire, cela est prouvé ; tout le *secret* du procès nous est révélé. »

Ici, l'avocat entre plus avant encore dans la cause, c'est-à-dire dans la discussion physiologique et psychologique, si singulièrement écourtée dans le réquisitoire :

« Avant d'achever ma tâche, messieurs, qu'il me soit permis d'exprimer encore à M. le procureur général quelques réflexions qui m'ont paru avoir la plus heureuse application dans la cause.

« Il est diverses espèces de fous ou d'insensés ; ceux que la nature a condamnés à la perte éternelle de leur raison, ou ceux qui ne la perdent qu'instantanément, par l'effet d'une grande douleur, d'une grande surprise, ou de toute autre cause pareille.

« Au reste, il n'est de différence entre ces deux folies que celle de la durée, et celui dont le désespoir tourne la tête pour quelques heures est aussi complétement fou pendant son agitation éphémère que celui qui délire pendant beaucoup d'années.

« Cela reconnu, ce serait une suprême injustice de juger; et surtout de condamner l'un ou l'autre de ces deux insensés pour une action qui leur est échappée pendant qu'ils n'avaient pas l'usage de leur raison.

« Outre que ce serait une injustice inutile pour la société, car les châtiments n'étant infligés que pour l'exemple, toutes les fois que l'exemple est nul, le châtiment est une barbarie.

« Or, s'il est un exemple nul, ce serait la vengeance qu'on tirerait d'un crime commis par un homme dans l'excès de la fureur, de l'amour, de l'ivresse ou du désespoir ; car l'exemple ne pouvant empêcher toutes ces surprises de nos sens, n'empêcherait pas dès lors que le même nombre de délits pareils ne se commit toujours , non plus que la mort donnée publiquement aux fiévreux n'empêcherait personne d'avoir la fièvre.

« Vainement dira-t-on que voici cependant un crime commis, et qu'il faut que ce meurtre soit puni. Encore une fois, la mort du meurtrier ne rend pas la vie à celui qui l'a perdue. Lorsqu'un maniaque a causé quelque grand malheur, il est à craindre sans doute, il faut le surveiller, il faut le garrotter, l'enfermer peut-être, c'est justice et précaution : mais il ne faut pas l'envoyer à l'échafaud, ce serait cruauté. »

C'est seulement après cette discussion si lumineuse que M⁰ Paillet, dans une péroraison chaleureuse, fit appel aux sentiments des jurés.

— « Non, messieurs les jurés, s'écria-t-il, vous n'enverrez pas l'accusé grossir cette foule de déplorables victimes dont parle la science médicale, de ces victimes qui méritaient bien plutôt la commisération publique que la vindicte des lois.

Et, dans ce moment, Messieurs, ce n'est plus même au nom de l'accusé que je vous parle ; car, après tout, que lui importe la décision que vous allez rendre? Vivre ou mourir, ne sera-ce pas toujours un supplice pour lui ! Le dernier, du moins, serait le plus court !... Mais je vous parle au nom d'une mère sexagénaire, chérie, vénérée de tous ceux qui l'approchent, abreuvée d'amertumes...

« Ah! messieurs les jurés, ce procès ne nous a que trop appris ce qu'il en coûte à une mère qui perd ses enfants. »

Cette habile discussion, cette défense si supérieure à l'accusation, ces accents entraînants, ont remué, mais non convaincu les jurés et les juges. Les théories de la défense sont encore trop neuves, trop hardies. La monomanie, ce mot de la veille, n'est pas encore accepté. L'opinion publique ne croit pas plus que les magistrats à ces égarements passagers de la raison, à ces entraînements involontaires, à cette irresponsabilité du crime.

M. le président Hardouin résume lumineusement les faits du procès, et, après une heure de délibération, Papavoine est déclaré coupable sur tous les chefs d'accusation.

Le président prononce l'arrêt de mort. Aucune altération ne se manifeste sur le visage de Papavoine, qui se lève et dit avec calme : *J'en appelle à la justice divine*. Il adresse ensuite quelques mots de remerciements à M⁰ Paillet.

Papavoine se pourvut en cassation, son pourvoi fut rejeté. Sa famille recourut vainement à la clémence royale. Le malheureux fut exécuté, le 25 mars, à quatre heures du soir, en place de Grève.

Avons-nous besoin de dire qu'il ne serait pas condamné à mort, aujourd'hui.

On l'aura remarqué, la science ne fut pas appelée à constater l'état mental de Papavoine. Il n'en fut pas de même, quelques mois après, quand un crime semblable vint effrayer Paris. Une fille Henriette Cornier, coupa, sans motif, sans conscience de son action, la tête d'une petite fille qu'elle ne connaissait même pas. Trois médecins furent nommés par la cour, pour examiner l'état mental de la fille Cornier. M. Esquirol, l'un d'eux, décrivit cet état que les anciens appelaient *mélancolie*, et que la science moderne désigne sous le nom de *monomanie*. Sous l'empire de cette maladie singulière, un individu peut rester parfaitement raisonnable sur tous les points, excepté sur un seul. Le désir insurmontable de tuer, l'absence de conscience et de remords caractérisent cet état : les actes auxquels le malade se sent invinciblement poussé, peuvent être combinés par lui avec préméditation évidente, avec ruse et habilité, sans que pour cela sa volonté soit libre de faire ou de ne pas faire.

Dans le procès d'Henriette Cornier, comme dans celui de Papavoine, l'accusation demanda sang pour sang, tête pour tête. Mais, déjà plus éclairé, le jury reconnut dans le fait de meurtre un crime *involontaire*, mais commis *sans préméditation*. La préméditation était évidente, mais la volonté n'avait pas procédé au meurtre. Mais ce mensonge illogique sauvait une malheureuse irresponsab'e. Le supplice de Papavoine avait valu la vie à Henriette Cornier. On le verra tout à l'heure, car le procès d'Henriette Cornier nous a paru être l'appendice naturel, le complément nécessaire de celui de Papavoine.

Jusqu'à ces derniers temps, la science n'avait pas fait des troubles possibles de la raison une analyse bien délicate, et le mot *hallucination* lui-même n'avait pas le sens qu'on lui donne aujourd'hui. Il signifie pour les psychologues modernes : *sensations fausses, sans cause actuelle dans le monde extérieur*. C'est la définition donnée par le savant M. Lélut, dans son livre curieux , l'*Amulette de Pascal*.

Ces sensations fausses n'en sont pas moins aussi fortes et aussi nettes que les vraies sensations ; mais elles ne se confondent pas avec les vraies dans l'esprit malade qui *est forcé de les subir*. Elles forment, dans l'ensemble des phénomènes de l'intelligence, comme un monde à part, monde semé d'illusions, de fantômes, dont la réalité ne saurait être discutée par celui qui croit les percevoir. Ces fausses perceptions qui, selon leur intensité, fatiguent l'esprit sans le tromper, ou le dominent entièrement pendant leur apparition fantastique, ont des rapports presque constants avec cet état physique que l'on nomme l'*hypochondrie*. Le développement excessif de l'état nerveux est toujours observé dans les faits d'hallucinations graves.

Ces fausses sensations se produisent tout aussi bien pendant la veille que pendant le sommeil ; elles affectent une durée continuelle ou passagère ; elles constituent l'isolement perpétuel et l'obscurité profonde de la folie, ou elles ne sont que des nuages qui passent sur le ciel de la raison la plus pure, la plus claire et la plus vigoureuse. Dans l'hallucination, la fausse image se matérialise pour ainsi dire, surprend et trompe par son apparence l'un des sens, ou tous les sens à la fois, se fait accepter victorieusement par la raison et entraîne la volonté dans des actes qui n'ont aucun rapport logique avec la vérité des objets extérieurs.

Selon l'intensité du désordre cérébral, de l'affection viscérale ou nerveuse, l'halluciné ne sera que fatigué par son illusion, ou il leur soumettra l'exercice de sa volonté responsable pour des actes qui lui feraient horreur en toute autre occasion. Pascal, Jean-Jacques Rousseau, le ministre Jarieu souffrirent de leurs illusions maladives : ils ne tuèrent personne. L'abîme imaginaire de l'auteur des *Provinciales* ; les sept cavaliers apocalyptiques qui dansent dans le ventre du ministre protestant ; la longue, l'universelle conspiration tramée par la société tout entière contre le philosophe du XVIIIe siècle : ces hallucinations n'ont peut-être eu d'autre effet que de donner à leur génie un caractère plus étrange et plus admirable, et n'ont, en tout cas, affecté qu'eux-mêmes. Mais l'affection morbide qui élèvera l'âme de Swedenborg ou inspirera au Tasse les chants les plus harmonieux, peut rabaisser jusqu'à la plus dégradante brutalité des âmes moins favorisées.

Quelquefois, en effet, le rêve éveillé prendra de telles proportions, se revêtira des apparences d'une si épouvantable réalité, que les actes les plus graves en seront la conséquence. Qui ne se rappelle, par exemple, la catastrophe de la rue de la Fidélité, où l'on vit un halluciné, dans l'égarement de sa raison, massacrer femme, enfants, voisins, et s'immoler enfin lui-même sur cette épouvantable hécatombe !

A Bruxelles, une Française, femme d'un professeur, est, en l'absence de son mari, prise d'hallucinations qui lui montrent des anges dont les signes lui ordonnent le meurtre de son enfant. Son mari lui-même lui apparaît, la tête couverte d'une couronne de roses blanches, blessé et tenant en main des instruments homicides, il lui révèle qu'il s'est tué pour aller en paradis et qu'il l'y attend, ainsi que son enfant dont la mort fera un bienheureux. La malheureuse, sous l'empire de ces visions homicides, bourre de mie de pain la bouche de la pauvre petite victime, et ne pouvant réussir à lui ôter la vie par ce moyen, l'étrangle. Puis, elle veut se donner la mort à elle-même, et se frappe au sein de quelques coups d'un petit couteau de poche. Mais la douleur et l'instinct de conservation l'emportent, et elle attend la mort qui doit la réunir à son ange adoré.

L'hôpital Saint-Jean a recueilli cette malheureuse, qu'en d'autres temps eût attendue l'échafaud.

Le fantôme impérieux qui substitue sa volonté à celle de l'halluciné le portera, selon les circonstances, à attenter à sa propre vie, ou à celle de ses semblables. Un employé, dit M. Brierre de Boismont, dans son beau livre *des Hallucinations*, croit voir à chaque instant les gendarmes qui l'entourent, prêts à le saisir pour le conduire à l'échafaud. Voulant soustraire sa femme au déshonneur, il resta, une nuit entière, pendant son sommeil, le rasoir suspendu sur son cou. Heureusement sa pensée change de direction, et il jette loin de lui l'instrument de mort. Le lendemain matin, tourmenté par la vue de ses prétendus persécuteurs, et incapable de la supporter plus longtemps, il se noie dans un tonneau.

Qu'il eût commis l'homicide au lieu du suicide, eût-il été plus coupable ?

La persistance insupportable des idées qui tourmentent l'halluciné ; leur obstination à revenir à l'assaut de sa volonté, sont encore un des caractères de cette maladie terrible. La raison se révolte longtemps, jusqu'à ce qu'elle cède. M. Boileau de Castelnau (*De la folie instantanée au point de vue médico-judiciaire*), cite un barbier qui fait une entaille au cou de la personne qu'il rasait. L'acte commis, il ne peut se l'expliquer. Il y a été *poussé*, et cette idée étrange l'a obsédé longtemps avant qu'il y cédât.

Citons encore avec M. Brierre de Boismont (*Médecine légale*) un fait qui présente d'étranges ressemblances avec l'acte de Papavoine.

Un commissaire de police est appelé pour constater un meurtre. L'individu inculpé paraît très-affligé de son crime ; il déclare à l'officier public qu'il a frappé sa victime parce que *tout le monde lui en voulait*, mais qu'il n'avait contre lui *aucun motif de haine*. Interrogé pourquoi il avait frappé cet homme avec un couteau fraîchement aiguisé, il répond : — J'étais poursuivi par des malveillants ; une personne m'avait pris à la gorge. Quelques mois auparavant, j'ai aperçu dans l'ombre cinq ou six individus qui marchaient derrière moi, et qui disaient : *Il faut le tuer, il faut le tuer*.

Rapprochez ceci des terreurs nocturnes de Papavoine.

Mais allons plus loin. Cet individu, il se nommait Soyez, est transféré à Bicêtre. Il y passe plusieurs mois dans un état de sombre apathie. Un jour, il porte un coup de couteau à un infirmier dont il n'avait eu qu'à se louer. Soyez, interrogé, reconnut qu'il avait eu un moment d'égarement, mais se déclara guéri de son délire et protesta vivement en faveur de sa raison, qui cependant ne cessa de décroître, jusqu'à ce qu'elle eut disparu pour toujours.

Dans tous ces exemples, comme dans celui de Papavoine, la responsabilité a disparu. Quel que soit l'acte commis, suicide ou homicide, il y a un meurtre, il n'y a pas de coupable. Voilà le *secret* terrible tant cherché par l'instruction et par l'accusation dans l'affaire que nous venons de raconter.

HENRIETTE CORNIER.

Le 4 novembre 1825, un peu après midi, une jeune femme de 27 ans, domestique dans un hôtel garni de la rue de la Pépinière, n° 52 bis, descendit acheter un morceau de fromage de Brie chez les époux Belon, fruitiers, habitant une maison contiguë à l'hôtel. Cette femme, entrée depuis quelques jours au service des époux Fournier, logeurs, était déjà venue plusieurs fois acheter ses provisions dans la boutique des époux Belon. Peu communicative et assez triste, cette femme, qu'on appelait la fille Cornier, ou tout simplement Henriette, avait cependant été bien accueillie dès les premiers moments par les Belon, car, à chacune de ses visites, elle caressait avec une sorte de passion une charmante petite fille de dix-neuf mois, dont la gentillesse faisait l'orgueil de son père et de sa mère. Les Belon, âgés tous deux de trente-quatre ans, avaient deux enfants, un petit garçon encore en nourrice, et la petite Fanny, cette jolie créature qu'aimait à caresser Henriette.

— Mes maîtres sont sortis, dit en entrant Henriette Cornier, et il faut que je reste à la maison pour pré-préparer le dîner.

— Comme vous dites ça, répondit la femme Belon; on dirait que vous avez le cœur gros de votre nouvelle place. Est-ce que vous n'êtes pas bien chez Fournier?

— Non, dit Henriette, la femme est à manies : elle gronde pour un rien. Trouvez-moi donc une place de bonne d'enfants. Au moins, là, je serai plus heureuse. J'aime tant les enfants!

La femme Belon tenait en ce moment dans ses bras la petite Fanny, et Henriette la prit et se mit à la caresser pendant qu'on la servait.

Il faisait une admirable journée d'automne, et la femme Belon exprima le désir de profiter d'un si beau temps pour aller promener l'enfant.

— C'est cela, dit Henriette, allez vous habiller, madame Belon, et laissez-moi un instant la petite Fanny. Je suis seule à la maison, je l'amuserai.

Madame Belon fit quelques difficultés : il semblait qu'un secret instinct l'avertît de ne ne pas laisser emmener sa fille, mais Belon embrassa Fanny et la mit en riant dans les bras d'Henriette, en recommandant à celle-ci de ne pas la garder longtemps. Henriette le promit et se retira, couvrant de baisers la petite fille, la câlinant avec tendresse et lui séparant les boucles de cheveux blonds qui tombaient sur ses yeux.

Rentrée à l'hôtel, Henriette Cornier hâta le pas, entra dans la cuisine, située au rez-de-chaussée, et prit un grand couteau à découper et l'emporta d'une main, tandis que l'autre soutenait la petite Fanny qui jouait avec les rubans de son bonnet. Henriette montait dans sa chambre, au premier au-dessus de l'entresol. Au pied de l'escalier elle rencontra la portière de la maison, la femme Drouot, qui lui dit en riant:

— Est-ce que c'est à vous, mam'selle Henriette, ce petit chérubin-là?

— Non, répondit Henriette en soupirant; non, je ne suis pas assez heureuse pour ça.

Et elle monta à pas pressés, prodiguant à Fanny de nouvelles caresses. Arrivée dans sa chambre, elle en ferma soigneusement la porte, étendit la petite fille sur son lit, en travers, l'embrassa une fois encore, la regarda fixement, puis, lui saisissant la tête, fit tendre en avant le cou de l'enfant et le scia avec tant de sûreté et de promptitude, que la pauvre petite victime n'eut pas même le temps de jeter un cri.

Le corps sanglant retomba sur le lit, la tête resta entre les mains d'Henriette. Un ruisseau de sang avait jailli sur l'assassin et coulait du tronc décapité dans un vase placé près du lit. Henriette écouta un instant le bruit des gouttes qui se succédaient et regarda ses mains toutes rougies. Alors seulement elle eut un vague sentiment de dégoût et d'effroi, et elle jeta la petite tête sur le carreau, puis elle ouvrit machinalement la porte, regarda du haut de l'escalier, écouta si personne ne venait, et, comme effrayée tout à coup sans raison, courut s'enfermer dans la chambre de ses maîtres.

Mais bientôt elle en ressortit rassurée, rentra dans sa chambre et parut réfléchir. Elle prit le petit corps sur le lit, le déposa sur le carreau près de la tête : puis elle essuya ses mains toutes rouges de la laver, s'assit et resta plongée dans une sorte de rêverie.

Tout à coup elle tressaillit; une voix se faisait entendre au bas de l'escalier.

— Mam'selle Henriette, descendez-moi Fanny, je suis prête.

C'était la mère qui venait redemander son enfant!

Henriette Cornier alla ouvrir sa porte, s'avança sur le palier et regarda dans la cage de l'escalier. La femme Belon montait. « Je viens chercher Fanny, répéta la fruitière. — Il est mort, votre enfant, » répondit tranquillement Henriette. La femme Belon hâta le pas et s'avança souriante. La pauvre mère croyait à une plaisanterie. L'escalier était obscur : quand la mère arriva à la dernière marche, elle trouva Henriette qui lui barrait le passage et qui lui répéta doucement : « Mais je vous dis qu'il est mort, votre enfant. Allez-vous-en donc. »

Alarmée, la femme Belon pousse Henriette et entre vivement dans la chambre. L'horrible spectacle frappe les yeux de la pauvre femme. Éperdue, elle jette un cri de terreur, elle veut parler, elle veut marcher : voix, jambes, tout lui manque, et ses yeux hagards ne peuvent se détacher de ces pauvres petits restes mutilés. Mais Henriette a gardé tout son sang-froid. — « Sauvez-vous, dit-elle à la mère, vous serviriez de témoin. » La malheureuse femme recule instinctivement, gagne le palier et là, rappelée à elle-même, descend en courant et en criant.

Cependant Belon, ne voyant pas revenir sa femme et son enfant, était sorti de sa boutique. Tout à coup, une fenêtre s'ouvre au-dessus de lui, quelque chose en tombe, qui s'en va, roulant, presque sous les roues d'une voiture qui passe. Il s'élance, et ramasse..... horreur! une tête blonde, ensanglantée..... la tête de son enfant!!!

La mère se précipite en ce moment, haletante, terrifiée; elle tombe entre les bras de son mari, et le premier objet qu'elle aperçoit, c'est encore cette tête! elle s'évanouit en criant : C'est Henriette là haut.....

On s'indigne, on s'agite, on devine l'affreuse vérité,

on monte et on trouve Henriette, pâle, mais tranquille, assise sur une chaise près du lit, à deux pas du cadavre. Ses mains rougies de sang sont posées sur ses genoux. Son regard est atone.

Le commissaire de police arrive. On interroge la malheureuse : elle avoue. Elle raconte toutes les circonstances. On cherche à lui faire comprendre l'horreur de son action. Elle ne sait que répondre : « J'ai voulu la tuer. — Pourquoi avez-vous fait cela ? dit le commissaire ? — C'est une idée qui m'a pris comme cela : c'était ma destinée. »

Un médecin est appelé : il constate que cette femme est calme; son pouls est réglé; seulement, tout dénote en elle un accablement profond. On la croit enceinte, mais on s'est bientôt assuré du contraire.

L'instruction cherche à se rendre compte du but de ce crime, car, ici encore, comme dans le double assassinat de Papavoine, il y a un *secret*. On fouille dans les antécédents d'Henriette, et voici ce qu'on apprend :

Henriette Cornier est née, en 1799, à la Charité-sur-Loire, d'une famille honnête, dont le chef exerçait dans cette ville la profession de boulanger. Elle perdit dès son enfance son père et sa mère, fut élevée par une ancienne religieuse, sa tante et sa marraine, qui prit soin d'elle tant qu'elle vécut. Après la mort de cette parente elle passa sous la surveillance d'un sieur Roy-Bernard, son tuteur, qui la traita durement. Elle avait alors douze ans. Henriette apprit l'état de couturière, et, parvenue à sa dix-neuvième année, elle épousa un nommé Berton, homme de mauvaise conduite qui eut bientôt dévoré toutes les ressources du ménage... Effrayée de l'avenir que lui réservait cet homme, Henriette le quitta après quatre mois de mariage, vint à Paris et y réclama l'aide de son frère aîné, conducteur dans l'administration des Messageries royales. Ce brave homme l'accueillit avec bonté et lui procura diverses conditions.

Henriette, pendant sept années de cette vie nouvelle, eut d'abord une conduite assez peu régulière. Elle vécut avec plusieurs hommes et en eut deux enfants. Elle était alors d'une gaieté folle, mais, dans le courant de l'année 1825, son caractère changea tout à coup. Elle devint sombre, taciturne, et, vers la fin de septembre, avoua aux époux Cornier une tentative de suicide.

Telle avait été la vie de la femme qui venait de commettre un crime inexplicable. On rechercha les anciens maîtres d'Henriette. M. Viot, débitant de tabac, et un sieur Matraire, commis, déclarèrent avoir connu cette fille pour une domestique sûre, fidèle, attachée, douce et aimante, surtout avec les enfants, qu'elle comblait de caresses. La déposition la plus curieuse fut celle des époux Trichon, limonadiers, chez qui Henriette avait été en service à des reprises différentes. M. Trichon déclara que, lors de sa rentrée chez lui, il avait remarqué chez cette fille un changement complet de caractère : elle paraissait inquiète, tourmentée de terreurs vagues, et la nuit, dans un état de demi-somnambulisme, elle parlait souvent de ce qu'elle avait fait ou de ce qu'elle devait faire. Dans les derniers temps, sa mélancolie avait dégénéré en une sorte de stupeur permanente.

La dame Fournier, sa dernière maîtresse, dit l'avoir questionnée plusieurs fois sur les motifs de son chagrin et n'avoir rien pu en tirer.

Voilà tout ce que découvrit l'instruction. Encore un crime sans motif. Cette fois, l'éveil était donné. On consulta la science. Les époux Cornier réclamèrent une enquête médicale, qui fut confiée à trois médecins spéciaux, parmi lesquels on remarquait M. Esquirol. En voici le résultat :

Après la lecture de l'acte d'accusation, M. Bayeux, avocat-général, prit les réquisitions suivantes :

« Attendu que, par requête du 20 février, Henriette Cornier, femme Berton, et son frère ont demandé à la Cour de faire constater par des médecins son état mental au moment où elle a commis le crime, et son prétendu état actuel de démence;

« Attendu, que le premier chef de demande ne pouvait être accordé, puisqu'il tendait à substituer à la décision des juges constitués par la loi l'opinion des docteurs en médecine sur des faits qu'on n'aurait pas pu connaître personnellement, et qui ne peuvent être établis que par un débat;

« Attendu, à l'égard du second chef, qui a pour objet de constater l'état moral actuel de la fille Cornier, femme Berton, que tout annonce qu'elle jouit de la plénitude de ses facultés intellectuelles, soit que l'on consulte ce qui s'est passé pendant le cours de l'instruction, les réponses de l'accusée aux divers interrogatoires que M. le président de la Cour a cru devoir lui faire subir dans le but évident de constater ce point important et contesté seulement depuis le 20 février;

« Attendu que, d'après les éléments de conviction, *il suffisait que des doutes fussent élevés* pour que le ministère public, dans l'intérêt de la justice et de la manifestation de la vérité, adhérât à la demande; en conséquence, par ordonnance du 20 de ce mois, M. le président a commis MM. Adelon, Esquirol et Léveillé, à l'effet de constater l'état moral actuel de l'accusée, et en les autorisant à prendre communication de l'instruction, s'ils le jugeaient nécessaire;

« Attendu qu'il résulte du rapport du 25, que les hommes de l'art, lors de la première visite, n'ont reconnu aucun signe de désordre moral chez la femme Berton; que le deuxième examen n'a pas fourni plus d'indice que le premier d'un désordre dans l'état moral de cette femme.

« Que le troisième, fait séparément et à des heures différentes par les trois docteurs, a produit le même résultat que celui des deux visites collectives faites par eux les jours précédents, si ce n'est cependant qu'ils ont remarqué que lorsque leurs questions touchaient en quelque point à l'accusation, les réponses de la femme Berton étaient plus lentes, qu'il fallait la presser pour les obtenir;

« Qu'ainsi aucun signe propre à caractériser une espèce quelconque de folie n'a été découvert; que rien dans son extérieur, quoique triste et abattu, rien dans ses réponses, quoique brèves et se faisant attendre, ne leur a paru de nature à déceler un désordre actuel dans l'état mental de cette femme; que toutefois ils ne se sont pas crus suffisamment éclairés pour prononcer, sur un autre examen auquel ils se sont appliqués, qu'il n'existe actuellement aucun désordre dans l'état moral de l'accusée;

« Attendu que cette conclusion n'implique pas contradiction avec l'opinion première des hommes de l'art, puisqu'elle devait être telle lors de l'examen fortuit sur un individu jouissant de la plénitude de ses facultés intellectuelles;

« Mais qu'*il suffit que le doute le moins fondé puisse exister encore dans quelques esprits* pour que l'intérêt de la justice exige que l'examen des hommes de l'art soit assez prolongé pour qu'on obtienne d'eux une décision définitive;

« Attendu que si l'état d'aliénation mentale de la fille Cornier eût été justifié, le ministère public se serait empressé de s'opposer, sans aucune provocation de la part de la défense, à ce que l'accusée fût soumise aux débats; mais qu'après les allégations faites par elle ou dans son intérêt, il ne faut pas que ces allégations puissent servir de prétexte pour expliquer son attitude aux débats, son silence ou les raisons qu'elle pourrait fournir;

« Par ces considérations, nous requérons qu'il plaise à la Cour renvoyer sa cause à une autre session. »

Quel chemin parcouru depuis le procès de Papavoine! Le ministère public ne voulait pas croire à la folie, les médecins n'en trouvaient pas trace, et cependant on renvoyait la cause. Henriette fut transférée à l'hospice de la Salpêtrière, et là, jusqu'au mois de juin, soumise à une étude scrupuleuse, dont le résultat fut le rapport suivant:

« 1° Pendant tout le temps que la femme Cornier a été soumise à notre examen, c'est-à-dire du 25 février au 3 juin 1826, nous l'avons observée dans l'état moral de la femme Cornier qu'un grand accablement, une grande lenteur dans la manifestation de la pensée et un profond chagrin qui la domine;

« 2° La situation actuelle de la femme Cornier explique suffisamment son état moral, et *rien ne décèle en elle une aliénation mentale générale ou partielle*;

« Néanmoins nous, docteurs soussignés, devons à la justice et à notre conscience de déclarer que notre jugement sur l'état moral actuel de l'accusée cesse d'être absolu, s'il est prouvé par l'instruction, comme le dit l'acte d'accusation, que depuis longtemps, avant le 4 novembre, le caractère, les habitudes d'Henriette Cornier avaient changé, que cette femme était devenue triste, rêveuse, sombre, taciturne, inquiète; car, alors, ce qu'on peut attribuer à la situation présente de la prévenue pourrait n'être que la combinaison d'un état mélancolique existant depuis un an. Cette restriction est d'autant plus essentielle que, pour juger l'état moral actuel d'un individu, il faut nécessairement le comparer avec sa manière d'être antérieure. »

La cause fut indiquée pour le 24 juin. La curiosité publique était vivement éveillée; mais, malgré l'horreur du forfait, Henriette n'inspirait pas le sentiment de répulsion qu'avait fait éprouver Papavoine.

Henriette Cornier entra soutenue par un gendarme. C'était une fille assez grande, maigre; son visage, fortement coloré, eût été assez agréable sans l'expression inquiète et sombre de ses yeux. Ses mains étaient continuellement agitées d'un tremblement convulsif.

Après la lecture de l'acte de renvoi et de l'acte d'accusation, le président procéda à l'interrogatoire de l'accusée, qui répondit d'une voix faible et lente.

— D. A quelle époque êtes-vous entrée chez Fournier comme domestique? — R. Au mois de novembre. — D. N'est-ce pas plutôt à la fin d'octobre? — R. Je ne me rappelle pas dans quel mois. — D. Comment vous trouviez-vous chez Fournier? Vous n'aviez pas à vous plaindre de vos maîtres? — R. Non, monsieur. — D. Vous vous trouviez bien dans cette condition? — R. Oui, monsieur. — D. Le 4 novembre, n'avez-vous pas été chez la fruitière Belon? n'avez-vous pas vu la petite Fanny? ne l'avez-vous pas caressée? — R. Oui. — D. N'avez-vous pas demandé à la mère la permission de l'emporter dans votre chambre? — R. Oui. — D. Vous avez embrassé cette enfant en montant l'escalier? — R. Je ne m'en rappelle pas. — D. Avant de monter dans votre chambre n'êtes-vous pas entrée dans la cuisine, et n'y avez-vous pas pris un couteau? — R. Oui. — D. Quel était votre dessein? — R. Je ne voulais pas le faire. — D. Quelle pensée aviez vous donc en prenant ce couteau?... répondez... — R. Je n'ai pas réfléchi. — D. N'avez-vous pas placé l'enfant sur le lit? — R. Oui. — D. Vous vous souvenez bien? — R. Oui, monsieur. — D. C'est lorsqu'il a été placé sur votre lit que vous lui avez donné la mort? — R. Oui. — D. Ne l'avez-vous pas ensuite placé sur le carreau de la chambre? — R. Oui. — D. Vous vous rappelez bien toutes ces circonstances? — R. Oui, monsieur. — D. Quand la mère est venue vous redemander son enfant, vous lui avez répondu qu'il était mort? — R. Oui. — D. Quel était votre dessein en jetant la tête de l'enfant par la fenêtre? — L'accusée, d'une voix à peine perceptible et après un long silence : Pour prouver que j'étais seule. — D. Vous saviez bien que vous commettiez une action atroce? — R. Cela s'est passé comme un éclair, malgré moi. — D. Vous n'avez pas été arrêtée par la crainte de Dieu? — R. Ce jour-là, *j'avais abandonné Dieu*.

Un juré : A l'époque où vous vouliez vous jeter à l'eau, étiez-vous préoccupée de l'idée de commettre quelque crime? — R. Non, monsieur, jamais. — D. Vous n'avez donc jamais eu, avant le 4 novembre, l'idée de tuer un enfant? — R. Non. — D. A quel moment cette idée vous est-elle venue? — R. Tout d'un coup. — D. Est-ce lorsque vous avez vu l'enfant chez la fruitière? — R. C'est lorsque j'ai été dans la chambre. — D. Mais dans quelles intentions avez-vous pris le couteau dans la cuisine? — R. J'ai eu dans la cuisine cette idée-là.

Les médecins furent appelés. Leur déposition verbale fut plus explicite que le rapport, et M. Esquirol décrivit cet état encore mal connu, la *monomanie* dans lequel une personne, jouissant en apparence de toute sa raison, la perd sur un seul point, devient capable de violences irresponsables, les commet avec adresse et en conserve le souvenir le plus lucide.

La conscience des juges était désormais éclairée : en vain M. Bayeux, avocat-général, repoussa les arguments de la science et demanda un verdict de culpabilité complète et sans atténuation; après une éloquente plaidoirie de M° Gautier-Biauzat, Henriette Cornier fut déclarée coupable d'homicide volontaire, mais commis sans préméditation, et condamnée à la peine des travaux forcés à perpétuité. La peine de mort avait reculé, d'un seul pas il est vrai, mais elle avait reculé. Henriette Cornier fut marquée le 17 septembre, enfermée d'abord à Saint-Lazare, puis à Clermont. C'est là que la vit Saint-Edme, en 1829. Elle était douce, calme, triste comme toujours.

« Pensez-vous quelquefois, lui dit-il, à l'action que vous avez commise? — Rarement, répondit-elle. Éprouvez-vous des remords? — *Non*, monsieur... Cela tient peut-être à une chose... J'étais ennuyée de vivre... je voulais me tuer... J'avais la tête perdue... Je ne me rappelle pas les détails, c'est pourquoi sans doute je suis moins tourmentée. »

Papavoine, Henriette Cornier ont eu des regrets de leurs meurtres, non des remords : qu'est-ce en effet que le remords, sinon la conscience de la responsabilité?

Paris. — Typographie de Firmin Didot frères, fils et Cie, rue Jacob, 56.

MADAME LAFARGE.

Derniers moments de M. Lafarge. (Page 7.)

Le nom de madame Lafarge rappelle un des procès criminels les plus émouvants par la nature même du crime imputé, par les incidents bizarres et multipliés qui l'entourent, par les séductions infinies de l'accusée, par les passions contradictoires qu'excitèrent les débats et la condamnation, et qui ne s'arrêtèrent pas même au seuil de l'impartiale justice. L'innocence ou la culpabilité de madame Lafarge ont divisé, divisent encore aujourd'hui, seize ans après l'arrêt qui la frappa, les esprits les plus distingués, les raisons les plus sûres. Nous n'avons pas à prendre parti dans cette querelle : notre tâche doit se borner au récit le plus clair et le plus complet de cette étrange et mystérieuse affaire. Nous n'aurons pas même à rechercher dans l'histoire de ce procès l'intérêt dramatique, il y sort naturellement de toutes les circonstances, et jamais roman intime, créé par l'imagination savante d'un Balzac ou d'un Soulié, n'accumula plus de péripéties saisissantes.

Au mois de janvier 1840, un maître de forges du Glandier, commune de Boyssac, département de la Corrèze, mourait en quelques jours d'une maladie rapide, inexpliquée. Sa famille et quelques amis ou serviteurs se réunirent pour accuser la veuve d'avoir empoisonné son mari.

Qu'était-ce que M. Lafarge ? Qu'était-ce que Marie Cappelle, sa femme et, selon l'accusation, son assassin ?

Marie-Fortunée Cappelle naquit à Villers-Hellon, en Picardie, dans l'année 1816, d'un lieutenant-colonel d'artillerie, ancien officier de la vieille garde impériale. La famille Cappelle était des plus honorables et des plus distinguées. La grand'mère de Marie avait partagé les leçons que madame de Genlis donnait à Mademoiselle d'Orléans ; son grand-père maternel, M. Collard, avait été fournisseur des armées de la république, et comptait parmi ses protecteurs M. le duc de Talleyrand-Périgord. Les tantes maternelles de Marie avaient épousé, l'une M. le baron de Martens, diplomate prussien, connu par des ouvrages remarquables, l'autre, M. Garat, secrétaire général de la Banque de France.

M. Cappelle (1), d'abord directeur au dépôt de Mézières, puis lieutenant-colonel à Douai, colonel à Valence et à Strasbourg, fut souvent éloigné de sa famille par les nécessités de sa position militaire ; mais les premières années de Marie se passèrent dans la paisible habitation de Villers-Hellon.

C'était une charmante demeure que Villers-Hellon : un château entouré de grands prés en pente douce, que rayaient çà et là des lignes alternées de

---

(1) On a confondu le père de Marie Cappelle avec M. le baron Capelle, ministre sous la Restauration. C'est une erreur que la presse a accréditée avec beaucoup d'autres. Il n'y a entre les deux familles aucun lien de parenté. L'orthographe des noms n'est pas la même.

vieux noyers et de pommiers. Près de là, un étang bordé de tilleuls, duquel sortait un ruisseau jaseur courant sur un lit de cresson.

C'est dans ce cadre gracieux que se développa la petite Marie. Sa santé frêle en avait fait dès les premiers jours l'idole de la famille. Il était interdit de la contrarier, de s'opposer à ses caprices, et, comme son cœur était aussi bon que sa tête était mauvaise, parents, amis, serviteurs la gâtaient à l'envi.

Marie Cappelle, habile à crayonner un portrait en quelques lignes, nous a laissé des *mies* qui soignèrent son enfance à Villers-Hellon, quelques croquis spirituellement réussis. C'était la vieille *Mamie*, la doyenne, femme de chambre de fondation, ronde, toute grosse, toute courte, un trousseau de clefs à la ceinture, un sourire éternel sur ses joues, une paire de lunettes sans branches sur son petit nez ; c'était *Lalo*, qui avait sevré la mère et les filles, maigre, longue, raconteuse comme une sultane, philosophe sans le savoir, vénérant ses maîtres et adorant leurs enfants.

Il y avait là encore, et quelques-uns depuis quarante ans, un Durand, cuisinier modèle, blême d'émotion quand il liait une sauce d'élite ; un vieux Briquet, fier de sa belle calèche et de ses grands chevaux.

Marie passait des bras de sa bonne dans ceux des soldats : ceux-ci lui faisaient mettre le feu à leurs pièces, riaient de son courage et montraient combien ils aimaient leur chef en gâtant à qui mieux mieux la petite *artilleuse*. Un sergent-major lui apprit à marcher et à écrire. Peureuse et délicate au salon, elle était forte et courageuse dans le parc ou sur la place d'armes, et elle enfourchait sans trembler un cheval de labour ou du train.

Marie grandissait cependant, et puisait dans la société qui l'entourait des habitudes d'élégance et de distinction auxquelles son esprit précoce donnait un caractère particulier d'originalité. Enfant encore, elle faisait déjà des mots à effet. Un jour, Talleyrand vint visiter Villers-Hellon : — Il boite avec esprit, dit la petite Marie Cappelle.

La famille de Marie était liée avec les familles les plus riches et les plus nobles des environs. On voyait souvent à Villers-Hellon madame Elmore, fille du fameux Séguin, fournisseur des armées d'Espagne, ce fou millionnaire si connu pour ses excentricités égoïstes. Le général Daumesnil, le héros de Vincennes ; madame de Valence, madame la maréchale Gérard, madame de Caumont, madame de l'Aigle, M. de Celles étaient les habitués du petit château.

Près de Villers-Hellon, c'était Long-Pont avec ses ruines grandioses, ses belles eaux, son parc immense : le vicomte de Montesquiou l'habitait, et la vicomtesse était l'amie intime de madame Cappelle. Le frère de madame de Montesquiou, M. le marquis Jules de Mornay, mari de la fille du maréchalt Soult, visitait souvent Long-Pont et s'y rencontrait quelquefois avec la petite Marie, dont les grâces l'eurent bientôt séduit. C'était Montgobert, qui avait appartenu au général Leclerc, puis à la princesse d'Eckmühl, enfin à madame de Cambacérès. C'était encore Saint-Remy, à M. de Violaine, conservateur des forêts. C'était Corcy, petit château bizarre, habité par madame de Montbreton, plus bizarre encore que le château, et dont un fils avait épousé une de Nicolaï.

Aux premières années d'indépendance campagnarde succéda un essai d'éducation sérieuse. Après le départ de M. Cappelle pour Valence, Marie fut envoyée à Paris, et le maréchal Macdonald la fit entrer à la maison royale de Saint-Denis. Là, elle retrouva une de ses amies d'enfance, la fille du général Daumesnil, et s'y montra écolière peu soumise. Deux maladies successives la firent retirer de cette maison, et elle revint faire à Villers-Hellon un nouvel apprentissage de liberté.

Marie Cappelle devint trop tôt orpheline, et le second mariage de sa mère avec M. de Coëhorn fut pour elle une première et vive douleur. M. de Coëhorn, Allemand distingué, sut pourtant se concilier bientôt l'affection de sa belle-fille, et c'est à ses leçons, à ses lectures que Marie dut cette pointe de sentiment élevé, mystique, qui vint s'ajouter à la vivacité un peu ironique de son esprit et à l'ardeur un peu superficielle de son caractère.

Bientôt Marie fit une nouvelle perte : sa mère la laissa orpheline, avec une fortune modeste montant à quatre-vingt-dix mille francs environ. Libre trop tôt, Marie retrouva chez ses oncles et tantes les soins et l'amour de la maison paternelle. Mais la jeune orpheline se trouvait, par ses hautes relations, en contact avec des personnes d'un rang et d'une fortune supérieurs aux siens. C'est ainsi qu'elle contracta une liaison plus intime avec mademoiselle Marie de Nicolaï, jeune personne élevée dans une indépendance dangereuse, et qui la fit prématurément la confidente d'entraînements romanesques où l'imagination paraît avoir eu plus de part que le cœur.

Quant à Marie Cappelle, s'il faut l'en croire, malgré ses grâces et ses talents, elle attendit longtemps le premier mot, la première lettre d'amour. Un jour cependant, elle s'intéressa vivement aux poursuites respectueuses d'un élégant et mélancolique jeune homme, qui se trouva n'être que le fils d'un petit apothicaire de province.

Quel fut le caractère de cette amourette de jeune fille ? Tout porte à croire qu'il n'y avait eu là rien de plus sérieux qu'une de ces folles aventures de pensionnaire qui ne sortent pas d'un certain cercle d'imagination romanesque. Quoi qu'il en soit, voici les quelques lettres adressées par la jeune Marie Cappelle au fils de M. Guyot :

« Lundi.

« Si vous savez quelque chose qui froisse le cœur plus que l'oubli... si vous savez ce qui rend indifférente à cette souffrance, dites-le... Mais non..... on vit d'illusions... Il en fut une bien douce, et le réveil qui vient toujours est aussi arrivé pour moi.

« Un caprice de huit jours... Puis rien... Et moi je vous croyais... Oh ! le monde est donc bien faux, puisque vous l'êtes aussi ! »

« Ce mardi.

« ..... Je ne veux plus sortir... Elle vous remettra cette lettre... Si je vous voyais, peut-être vous croirais-je encore. Non, adieu ! je vous pardonne tout..... Adieu..... Soyez heureux et jamais trompé... »

« L'histoire de Caroline est découverte ! On va lui faire vous écrire, afin que votre réponse fasse juger de la manière dont elle est avec votre ami. — Ne m'écrivez pas, ne parlez pas de moi, oh ! par pitié !

« Voyez-vous, moi, je suis orpheline : Dieu m'a ôté mon père, puis ma mère, tout enfin.

« Alors mon oncle devint mon tuteur et ma tante voulut remplacer sa sœur près de moi. Ce matin, elle a juré que si je me trouvais mêlée dans cette histoire, elle ne me reverrait de sa vie. Ah ! mon Dieu, je le sens, je n'y résisterai pas.

« Je suis folle... Ma tête se perd. Vous avez de l'honneur, je crois en vous, sauvez-moi par le silence le plus complet.

« Que Dieu et vous ayez pitié de moi ! Par une incroyable légèreté mon honneur est entre vos mains. — Je n'ai plus personne pour y veiller. — Je vous le confie. Gardez-le pour l'amour de vos parents et de Marie... Ma vie entière ne sera pas trop longue pour en être reconnaissante...
« Ce samedi. »

Ce petit roman terminé par une séparation qui devait être éternelle, Marie Cappelle revit mademoiselle de Nicolaï, devenue vicomtesse de Léautaud. Etablie à Busagny, près de Pontoise, madame de Léautaud confia à son amie d'enfance les inquiétudes que lui causaient, dans sa position nouvelle, les souvenirs compromettants d'une correspondance romanesque engagée autrefois avec un M. Félix Clavé, jeune Espagnol à la figure romantique, dont le père dirigeait, à Paris, un établissement d'instruction. Marie Cappelle avait eu le tort de servir d'intermédiaire à cette petite intrigue de jeune fille, et madame de Léautaud réclama de nouveau cet intermédiaire pour conjurer le danger d'une indiscrétion. C'est que madame de Léautaud croyait avoir reconnu son romanesque Espagnol dans un comparse de l'Opéra. Marie Cappelle ne croyait pas au danger ; elle avait reçu de M. Clavé une lettre qui semblait prouver qu'il était à Alger, occupé dans une entreprise de spéculation colonisatrice, alors que madame de Léautaud pensait le reconnaître sur les planches.

Que se passa-t-il alors entre les deux amies, et quels moyens employa-t-on pour conjurer l'abus possible de relations ébauchées, de lettres échangées ? C'est ce que nous dira la suite de cette histoire.

Vers la fin de 1838, Marie Cappelle perdit son grand-père. Sa santé, déjà mauvaise, s'altérait de plus en plus après chacun de ces coups qui la frappaient. Ses parents, ses amis pensèrent à la marier. Employa-t-on, pour lui trouver un mari, l'intermédiaire d'un célèbre agent matrimonial, M. Foy ? L'accusation l'a dit plus tard, Marie Cappelle l'a nié, rien ne le prouve. Quant à celui qui devait lui donner son nom, il semble incontestable qu'il s'adressa à cet agent. Marie Cappelle avait à peu près 100,000 francs de fortune, elle appartenait à une famille distinguée, elle était elle-même un modèle de distinction. Malgré quelques légèretés d'esprit et de caractère, elle était douce, aimante, aimée. Etait-elle laide ? Elle l'a dit, il est vrai : coquetterie de femme d'esprit. Sans être positivement belle, elle était vraiment remarquable. Ses traits un peu forts, ses yeux noirs pleins d'expression, son visage pâle, ses longs cheveux noirs lissés en épais bandeaux et réunis en opulente couronne sur le haut de la tête, sa démarche élégante et majestueuse à la fois, son sourire enchanteur, tantôt mutin, tantôt mélancolique, sa voix harmonieuse et sympathique : tout en elle attirait. Son imagination mobile, un peu romanesque, sa distinction native, ses habitudes d'élégance, la sortaient du commun, et, après l'avoir entendue, on la trouvait décidément belle.

C'est à cette jeune fille élevée dans le monde le plus brillant que fut présenté M. Charles-Joseph Pouch Lafarge.

M. Lafarge avait vingt-huit ans, une famille honorable. Il s'annonçait comme possédant une usine, un haut-fourneau, deux cent mille francs en fonds de terre à l'abri des chances de la spéculation, et trente à trente-cinq mille francs de revenu sur sa forge. Il était laid à la vérité : taille et figure industrielles, mais c'était un beau parti. Veuf, au reste, mais plein d'attentions, de respect et d'amour.

Le mariage se décida en cinq jours. M. Lafarge avait hâte d'emmener sa femme dans son habitation du Limousin, dans son château du Glandier, dont un plan coquet avait été présenté à la future épouse. Il y avait dans ce pittoresque domaine du Limousin parc, rivière, chevaux de selle et de trait, mines disposées comme pour le plaisir de l'œil dans un jardin d'opéra, société nombreuse et choisie. On disposerait une salle de bains pour madame. Elle régnerait en souveraine sur une famille empressée à lui plaire, sur tout un monde de domestiques et de mineurs dévoués. Marie Cappelle se laissa aller à ces promesses de bonheur et s'y livra sans défiance.

Le mariage célébré, on partit pour le Glandier. A peine les époux étaient-ils arrivés à la première étape de leur voyage, que déjà une première scène annonçait quels contrastes regrettables existaient entre ces deux natures si diverses. A Orléans, où un accès de fièvre arrêtait sa femme, M. Lafarge ordonna quand il pouvait prier. Exclu de la chambre de sa femme pendant qu'elle était au bain, il s'emporta en jurements grossiers, en menaces. Au Glandier, il ferait marcher autrement cette petite *bégueule* et mettrait un terme à ses *singeries*. Le reste du voyage se passa pour Marie dans ces surprises douloureuses, entremêlées de tendresses brutales, de prises de possession publiques par des baisers bruyants. Tout cela n'était pas bien grave sans doute, mais tout cela n'était pas fait pour séduire une jeune fille habituée à des façons de faire et de dire plus délicates.

On arrive enfin au *château* par des chemins affreux, défoncés, par un temps orageux et sombre qui prédisposait à de douloureuses sensations les nerfs irrités de Marie. Des *nerfs* ! chose inconnue dans le Limousin.

Ce Glandier si coquet, cette demeure féodale élégamment appropriée aux travaux de l'industrie moderne, elle le voyait enfin. Au fond d'un chemin creux, quelques toits enfumés sortant du brouillard, une petite allée de peupliers, une route noire, froide et humide, un escalier de pierres brutes, et, pour salon, une grande chambre démeublée : voilà par quels côtés l'habitation conjugale se révéla à la jeune femme.

Quand madame Lafarge se vit installée dans une maison sale, triste, froide, dans une vaste chambre à alcôve ornée de cinq chaises et décorée d'un papier jaune douteux, elle se crut la plus malheureuse des créatures. Non qu'elle se sentit trompée, qu'elle devinât un piège d'argent ; mais ses délicatesses de Parisienne se révoltaient contre cette vie un peu primitive. L'homme et la maison lui parurent odieux, impossibles ; sa tête se monta, et elle courut s'enfermer pour écrire une folle lettre dont le seul résultat espéré devait être de la séparer à la fois de cette maison et de cet homme.

Voici cette lettre qui porte la date du 15 août 1839 :

« Charles, je viens vous demander pardon à genoux ! je vous ai indignement trompé ; je ne vous aime pas, et j'en aime un autre ! Mon Dieu ! j'ai tant souffert ! laissez-moi mourir, je vous l'estime de tout mon cœur ; dites-moi : « Meurs, et je te pardonnerai, » et je n'existerai plus demain. Ma tête se brise, viendrez-vous à mon aide ? Ecoutez-moi, par pitié écoutez-moi : il s'appelle Charles aussi ; il est beau, il est noble, il a été élevé près de moi ; nous nous sommes aimés depuis que nous pouvons nous aimer. Il y a un an, une autre femme m'enleva son cœur ; je crus que j'allais en mourir. Par dépit, je voulus me marier. Hélas! je vous vis, j'ignorais les mystères du mariage, j'avais tressailli de bonheur en serrant ta main. Malheureuse! je crus qu'un baiser sur le front seul te serait dû, que vous seriez bon comme un père. Comprenez-vous ce que j'ai souffert dans ces trois jours? Comprenez-vous que si vous ne me sauvez pas, il faut que je meure? Tenez, je vais vous avouer tout : Je vous estime de toute mon âme, je vous vénère ; mais les habitudes, l'éducation, ont mis entre nous une barrière immense. A la place de ces doux mots d'amour, de triviales douceurs, de ces épanchements d'esprit, rien que les sens qui parlent en vous, qui se révoltent en moi. Et puis, il se repent ; je l'ai vu à Orléans, vous dîniez ; il était sur un balcon vis-à-vis du mien. Ici même, il est caché à Uzerches; mais je serai adultère malgré moi, malgré vous, si vous ne me sauvez pas. Charles, que j'offense si terriblement, arrachez-moi à vous et à lui. Ce soir, dites-moi que vous y consentez ; ayez-moi deux chevaux, dites le chemin de Brives; je prendrai le courrier de Bordeaux, je m'embarquerai pour Smyrne. Je vous laisserai ma fortune ; Dieu permettra qu'elle vous prospère, vous le méritez ; moi, je vivrai du produit de mon travail ou de mes leçons. Je vous prie de ne me laisser jamais soupçonner que j'existe ; si vous le voulez, je jetterai mon manteau dans l'un de vos précipices, et tout sera fini ; si vous voulez, je prendrai de l'arsenic, j'en ai ; tout sera dit. Vous avez été si bon que je puis, en vous refusant mon affection, vous donner ma vie ; mais recevoir vos caresses, jamais! Au nom de l'honneur de votre mère, ne me refusez pas. Au nom de Dieu, pardonnez-moi. J'attends votre réponse comme un criminel attend son arrêt. Oh! hélas! si je ne l'aimais pas plus que la vie, j'aurais pu vous aimer à force de vous estimer ; comme cela, vos caresses me dégoûtent. Tuez-moi, je le mérite ; et, cependant, j'espère en vous : faites passer un papier sous ma porte ce soir ; sinon, demain, je serai morte. Ne vous occupez pas de moi ; j'irai à pied jusqu'à Brives, s'il le faut. Restez ici à jamais. Votre mère si tendre, votre sœur si douce, tout cela m'accable ; je me fais horreur à moi-même ! Oh ! soyez généreux. Sauvez-moi de me donner la mort ! A qui me confier, si ce n'est à vous? M'adresserai-je à lui? Jamais ! Je ne serai pas à vous, je ne serai pas à lui, je suis morte pour les affections. Soyez bonhomme ; vous ne m'aimez pas encore, pardonnez-moi. Les chevaux feraient découvrir nos traces, ayez-moi deux sales costumes de vos paysannes. Pardon ! que Dieu vous récompense du mal que je vous fais! »

« Je n'emporterai que quelques bijoux de mes amies, comme souvenir du reste de ce que j'ai ; vous m'enverrez à Smyrne ce que vous daignez permettre que je conserve de votre main. Tout est à vous.

« Ne m'accusez pas de fausseté : depuis lundi, depuis l'heure où je sus que je serai autre chose qu'une sœur, que mes tantes m'apprirent ce que c'était que de se donner à un homme, je jurai de mourir; je pris du poison en trop petite dose; encore, à Orléans, je le vomis hier; le pistolet armé, c'est moi qui le gardai sur ma tempe pendant les cahots, et j'eus peur. Aujourd'hui, tout dépend de vous; je ne reculerai plus.

« Sauvez-moi, soyez le bon ange de la pauvre orpheline, ou bien tuez-la, ou dites-lui de se tuer. Écrivez-moi, car, sans votre parole d'honneur, et je crois en vous, sans elle écrite, je n'ouvrirai pas ma porte. « Signé : MARIE. »

Cette lettre insensée jeta dans le désespoir les habitants du Glandier, madame Lafarge mère, madame Buffières, sœur de M. Lafarge, M. Buffières, son beau-frère. Il s'ensuivit entre les époux une scène de violences et de larmes, dans laquelle M. Lafarge laissa voir un attachement véritable et une douleur sincère. Vaincue par ces tendresses, Marie se reprit à sa position nouvelle, à ses devoirs nouveaux qu'elle avait un instant méconnus. Elle avoua ses folles inventions, promit d'oublier ses dégoûts. Elle y réussit bientôt, en quelques jours, plus vite sans doute que ces honnêtes provinciaux n'oublièrent cette explosion romanesque, inouïe. Après une nouvelle scène, provoquée par l'excitation du vin chez M. Lafarge, dans un repas à Uzerches, tout rentra dans le calme. Malgré quelques petits froissements causés par la présence d'une femme de chambre favorite de Marie, Clémentine Servat, fille légère et frivole, véritable grisette au cœur excellent et à la tête folle ; malgré les ongles *en deuil* de M. Lafarge et la grosse joie des réunions de famille, Marie s'habitua bien vite à l'idée de vivre au Glandier. Dès le 22 août, elle écrivait à M. Garat : « J'ai adopté ma position, bien qu'elle se trouve extérieurement fort déplaisante. Mais avec de la force, de la patience et l'amour de mon mari, je puis en sortir... Charles m'adore, et moi, je suis profondément touchée de cette vénération affectueuse qui me suit. »

Trois jours après, elle écrivait à madame de Montbreton :

« Le malheur de cette vie est qu'on y rêve avant de vivre, et que rien n'est triste comme la déception. Enfin, si l'arrivée me serra fortement le cœur, je suis plus forte maintenant, et je m'institue gaiement le Robinson de mon petit domaine. Lorsque je sens une larme qui coule froide sur mes joues, alors que, seule dans une grande chambre déserte, je pense à ceux que j'aime, je mets vite un chapeau, et je vais admirer les plus belles prairies, les sites les plus délicieux qui m'entourent, qui sont à moi, avec leur verdure et leurs torrents. J'ai de petites montagnes, des vallées, une rivière, et pas une bonne chaise, pas une table, rien de ce que les hommes ont fait. Tout me vient directement de la main de Dieu.

« Charles est l'homme le plus correspondant à ce qui m'entoure, cachant sous une enveloppe sauvage et inculte un noble cœur, m'aimant par-dessus tout, et mettant toutes ses pensées à me rendre heureuse. Il m'adore, me révère. Sa mère est une excellente femme, qui se mettrait au feu pour son fils, qui m'accable de caresses, qui a de l'esprit et de l'éducation étouffés sous les soins minutieux du ménage. Tout cela doit me donner joies et peines. Vous comprenez, n'est-ce pas? »

Marie se mit à bouleverser gaiement la vieille maison, afin de la rendre habitable, excitant par là, sans le savoir, les surprises jalouses de parents minutieux, immobilisés dans leurs habitudes limousines. Mais enfin, on l'aimait, on l'admirait ; il n'y avait pas jusqu'à la forge qui ne rentrât en grâce auprès de la belle Parisienne. Elle assistait aux coulées, au grand enthousiasme des forgerons.

M. Lafarge, de son côté, initiait sa femme à la connaissance de ses affaires, des affaires de la fabrication, mais non des comptes et des marchés. Il avait fait, disait-il, une découverte importante pour la fabrication du fer. Il y avait là une source de bénéfices énormes. Marie Cappelle se prit d'enthousiasme pour ce procédé : elle suivit les expériences ; son imagination trouvait là un aliment, un mirage.

Le fait est que M. Lafarge désirait trouver dans la dot d'une seconde épouse les moyens de donner à son industrie plus de développement, et aussi, avant tout peut-être, de faire face à des embarras cachés assez graves. Pour cela, il fallait escompter la fortune de sa nouvelle femme ; il fallait aussi que les intérêts des deux époux fussent parfaitement identiques. Deux testaments furent échangés entre eux.

Quel fut celui des deux qui parla le premier de faire un testament en faveur de l'autre? On ne saurait le dire. L'accusation n'a pu prouver que madame Lafarge ait ouvert cette idée. Marie Cappelle n'a pu affirmer elle-même que son mari l'ait eue le premier, et ce n'est que plus tard, dans ses *Mémoires*, qu'elle a fait précéder son testament par celui de M. Lafarge. Elle a toujours répondu, au reste, qu'elle croyait avoir copié les formules de son testament sur celles du testament de M. Lafarge. Quoi qu'il en soit, il est certain que M. Lafarge, en possession du testament qui lui assurait la fortune de sa femme, se hâta de faire secrètement des dispositions nouvelles en faveur de sa mère et de sa belle-sœur. Quant au testament de madame Lafarge, confié par elle à sa belle-mère, il fut décacheté par celle-ci, indiscrétion coupable, qui avait pour but de s'assurer des dispositions qu'il contenait.

Du moment où on eut conçu, au Glandier, l'idée d'emprunter de l'argent à Villers-Hellon, madame Lafarge, persuadée, d'ailleurs, de la bonté du procédé de fabrication, fut chargée de préparer sa famille à cet emprunt par des éloges pompeux de la découverte. Elle acceptait aveuglément les espérances chiffrées de M. Lafarge. Celui-ci s'empressa de partir pour Paris, afin d'y poursuivre à la fois l'obtention du brevet pour son procédé et la réalisation de l'emprunt.

Pendant cette absence, une correspondance affectueuse, pleine de vives tendresses, fut échangée entre les époux. Un même intérêt les réunissait dans des démarches indiquées par l'une auprès de sa famille riche et puissante, accomplies par l'autre avec activité. L'affaire du brevet fut terminée le 14 décembre ; quant à l'emprunt, comme il était difficile à réaliser, madame Lafarge envoya à son mari une procuration illimitée pour la vente de ses biens. Mais ce n'étaient pas là les seules occupations de M. Lafarge : à l'insu de sa femme et de sa propre famille, il avait fait venir du Glandier un commis du nom de Denis, homme d'une probité douteuse, qu'il employait à récolter des signatures fictives pour des effets nombreux qu'il négociait secrètement.

Cependant, au Glandier, on s'occupait à préparer à l'absent d'agréables surprises. Madame Lafarge fit venir une demoiselle Brun, qui fut chargée de faire son portrait, qu'elle voulait envoyer à Paris. Le portrait à peine terminé fut placé dans une boîte, avec des gâteaux qu'avait faits madame Lafarge mère. La lettre d'envoi, écrite par Marie, engageait M. Lafarge à manger un gâteau le 18 décembre au soir, au jour et à l'heure où on en ferait autant au Glandier.

Partie d'Uzerches le 16 décembre, la caisse fut reçue le 18, et M. Lafarge cassa un très-petit morceau de croûte et le mangea. Pendant la nuit et pendant la journée du lendemain, il fut en proie à des coliques et à des vomissements.

M. Lafarge revint au Glandier le 5 janvier 1840, fatigué et souffrant.

La veille de son départ de Paris pour le Glandier, M. Lafarge avait reçu d'un notaire de Soissons vingt-cinq mille francs, empruntés avec la procuration de sa femme. A Uzerches, la valise fut déposée quelque temps dans une maison de confiance ; une personne vigoureuse eut de la peine à la porter, et M. Lafarge déclara qu'elle renfermait trente mille francs. Cet argent fut plus tard introuvable, et les parents de M. Lafarge dirent qu'il n'avait rapporté que trois à quatre mille francs.

M. Lafarge s'était mis au lit ; il avait des vomissements violents. Son beau-frère chercha à rassurer madame Lafarge, disant que ce n'était là qu'une simple indisposition, et qu'il était dans les habitudes de son mari de s'exagérer la plus légère souffrance. Mais madame Lafarge mère avait des idées sinistres : elle craignait que son fils n'eût été empoisonné à Paris par ses ennemis ; elle racontait à sa belle-fille la mort de son propre mari, qui, dans un dîner, avait été empoisonné par un rival dans un morceau de nougat, et avait eu les mêmes symptômes que ceux qui faisaient souffrir son fils. Marie Lafarge fit part de ses inquiétudes et de ses soupçons à M. Bardou, médecin de la maison. Celui-ci rit de ces craintes chimériques, assura qu'il n'y avait pas un seul symptôme qui pût donner de la consistance à des idées si graves ; que la maladie de M. Lafarge n'était autre chose qu'une angine et une inflammation d'estomac ; que l'affection qui avait amené la mort de son père avait été naturelle ; qu'il l'avait soigné lui-même, et que l'imagination égarée de madame Lafarge mère avait pu seule soupçonner un crime.

M. Bardou, qui diagnostiquait un *volvulus* et qui voulait arrêter les vomissements en agissant sur l'arrière-gorge, apporta un peu d'alun, qu'il mêla avec du sucre et qu'il souffla dans la gorge du malade. Cette préparation produisit sur M. Lafarge une sensation de brûlure dont il se plaignit, avec quelque exagération peut-être.

Le malade était devenu très-irritable ; il se plaignait des rats, et déjà madame Lafarge, qui avait eu elle-même ses habits et son linge détériorés par ces hôtes incommodes, avait fait acheter de l'arsenic chez M. Eyssartier, pharmacien, le 12 décembre. La lettre de demande était ainsi conçue :

« Je suis dévorée par les rats, monsieur. Déjà j'ai essayé du plâtre, de la noix vomique pour m'en débarrasser, rien n'y fait. Voulez-vous ou pouvez-vous me confier quelque peu d'arsenic? Vous pouvez compter sur ma prudence ; c'est pour mettre dans un cabinet où il n'y a que du linge.

« Je voudrais bien avoir quelque peu de tilleul et de fleur d'orange.

« Veuillez recevoir, etc.

« Marie Lafarge du Glandier.

« Je voudrais un quart d'amandes douces. »

Le 5 janvier, elle en fit redemander encore par cette seconde lettre :

« Mon domestique ayant sottement manipulé une mort aux rats, il m'en a fait une pâte si compacte, si pourrie, que M. Bardou m'a refait une petite ordonnance que je vous envoie, monsieur, afin de mettre votre conscience à l'abri et ne pas vous laisser croire que je veuille, pour le moins, empoisonner tout le Limousin.

« Je voudrais bien avoir quelques onces de gomme arabique en poudre; je voudrais aussi, monsieur, que vous ayez la bonté de m'envoyer le montant de ma petite dette, qui doit être assez grossie.

« Veuillez recevoir, etc.

« Voudriez-vous aussi m'envoyer de la tisane de fleurs de mauve, quelques racines de guimauve et du bouillon blanc? — Mon mari est un peu souffrant d'un commencement d'angine; mais M. Bardou m'assure que la fatigue de la route y est pour beaucoup, et que le mieux ne peut tarder à venir avec le repos.

« MARIE LAFARGE. »

M. Lafarge, cependant, ne se remettait pas; son état empirait, au contraire. Des vomissements violents et fréquents le fatiguaient. Tout un monde de parents et de serviteurs s'agitait autour de lui. Sa mère passa plusieurs nuits de suite auprès de son lit. Madame Lafarge le soignait également avec tendresse, bien que très-souffrante elle-même de maux d'estomac et de vomissements continuels.

Le meilleur accord ne régnait pas entre la belle-mère et la bru : une discussion s'aigrissait bien vite entre elles. Après quelques nuits passées par madame Lafarge mère au chevet de son fils, Marie Cappelle ayant insisté pour qu'elle se retirât et prît du repos, madame Lafarge s'y refusa, et quelques mots vifs furent échangés.

La maladie de M. Lafarge prenait un caractère plus sérieux; il fallut consulter, ainsi que l'avait demandé M. Bardou : un autre médecin, M. Massenat, vint le 10 et pensa que les vomissements étaient le résultat du mouvement spasmodique de l'estomac. Il s'agissait alors de provoquer le travail de la digestion. On lui fit prendre un peu de lait de poule, qu'il ne garda pas, et un peu de pain trempé dans du vin qui passa bien.

Les inquiétudes conçues tout d'abord par madame Lafarge mère avaient pris un singulier caractère de soupçon contre sa belle-fille. On épiait ses démarches, on commentait ses paroles. Les parents, les gens de la maison qui étaient placés le plus avant dans l'intimité de la mère, se joignirent à elle dans ces recherches anxieuses. La demoiselle Brun se rappela que, s'étant approchée d'une commode, elle y avait remarqué une légère traînée de poudre blanche, et aperçu dans le tiroir un petit pot contenant une substance semblable. On se rappela encore que Marie prenait souvent, soit dans une boîte, soit, disait la demoiselle Brun, dans le petit pot, une poudre blanche qu'elle mêlait à ses remèdes et à ceux de M. Lafarge. Cette poudre blanche était-elle bien de la gomme, comme l'avait affirmé madame Lafarge?

Le 10 janvier, Denis apporta à madame Lafarge un paquet contenant soixante-quatre grammes d'arsenic : cela faisait un assez gros volume. Au bout de quelque temps, celle-ci se rendit auprès du lit de son mari; elle avait le paquet dans sa poche. M. Lafarge se plaignit des rats qui trépignaient bruyamment au-dessus de sa tête, et il exprima même la crainte qu'ils ne vinssent boire dans sa tisane. — Soyez tranquille, dit-elle, j'ai dans ma poche de quoi détruire une armée de rats.

M. Lafarge gronda amicalement sa femme d'avoir mis une substance aussi dangereuse à côté de son mouchoir. Elle lui donna le paquet, qui était enveloppé d'un double papier. M. Lafarge le déploya, fit appeler Clémentine, la femme de chambre de madame Lafarge, et le lui remit pour qu'elle en fît de la mort aux rats.

Le lendemain, 11 janvier, M. Bardou, souffrant lui-même, allait sortir, quand madame Lafarge mère et madame Buffières lui présentèrent, d'un air mystérieux, un lait de poule sur lequel se trouvait un peu de poudre blanche. Sans examiner beaucoup ce quelque chose de pulvérulent qui troublait à peine un des flocons albumineux de la liqueur, M. Bardou dit : « Ce sera peut-être de la chaux qui se sera détachée en petite quantité des parois d'une cloison. » Les femmes restées seules cherchèrent à reproduire le même effet avec de la chaux ou des cendres, et ne purent y parvenir.

Le 12, c'était un dimanche, la demoiselle Brun voulut savoir si la poudre du petit pot qui était dans la commode était de l'arsenic; elle en prit une petite quantité et la porta dans la chambre de madame Lafarge mère, où se trouvait encore madame Buffières; on en prit un peu avec un canif, on en mit sur des charbons ardents, et il sembla à ces femmes que la fumée exhalait une odeur d'ail. Elles trouvèrent la même odeur à la poussière blanche qui tapissait le fond d'un vase ayant contenu de l'eau panée. — Ah! malheureuse! je lui en ai donné! s'écria la sœur de M. Lafarge.

La demoiselle Brun prétendit encore que, tandis qu'elle travaillait près de la cheminée, elle avait vu Marie Cappelle prendre le verre qui contenait l'eau rougie panée, se diriger vers une commode dont elle ouvrit le tiroir supérieur, et alors elle entendit le bruit occasionné par le contact de la cuiller avec un vase qu'elle supposa placé dans l'intérieur de la commode. Il lui parut aussi que Marie Cappelle mêlait une substance quelconque à la boisson destinée à M. Lafarge. Cette opération faite, madame Lafarge se serait approchée du lit de son mari et lui aurait présenté une cuillerée du breuvage, et M. Lafarge, après avoir bu, se serait écrié : « Ah! Marie, que me donnes-tu là, ça me brûle. — Ce n'est pas étonnant, aurait répondu Marie Cappelle en s'adressant à la demoiselle Brun, on lui donne du vin, et il a une inflammation. »

Madame Lafarge mère se rappela de son côté que, dans une autre circonstance, pendant qu'elle était occupée à donner des soins à son fils, elle aurait aperçu sa bru mêlant une poudre blanche à une potion destinée à son fils. Et comme elle aurait demandé à Marie Cappelle quelle était la substance qu'elle venait de mêler à la potion, celle-ci aurait répondu que c'était de la gomme, et en même temps, elle se serait empressée d'essuyer la cuiller avec soin et de la replacer sur la cheminée. Madame Lafarge se rappelait avoir remarqué sur cette cuiller une substance blanche semblable à celle qu'on avait aperçue dans le lait de poule.

Le 13, au milieu de la nuit, Denis fut détaché près de M. Jules Lespinasse, médecin à Lubersac, pour l'avertir des soupçons qu'on avait formés au Glandier. M. Lespinasse partit immédiatement et arriva avec Denis jusqu'au lit du malade. Pendant la route, le commis lui avait parlé d'achats fréquents d'arsenic, faits sur les instances de Marie Cappelle, et pour lesquels on lui aurait recommandé le secret. M. Lespinasse envoya chercher du contre-poison, du peroxyde de fer, et, après qu'on eut éloigné Marie Cappelle, les assistants, madame Lafarge mère, madame Buffières, mademoiselle Brun lui racontèrent leurs soupçons, leurs remarques, lui montrèrent de la poudre blanche qu'à l'odeur il crut reconnaître pour de l'arsenic.

Plus de doute ! Madame Lafarge mère, madame Buffières, le médecin, résolurent de prévenir le malade, à qui le pharmacien Eyssartier, consulté sur la poudre blanche, avait déjà fait dire de ne prendre de remède que de la main de personnes sûres.

A cette révélation, M. Lafarge répondit : « Quoi ! vous croyez : faites des recherches, tâchez de découvrir ; je poursuivrai. » Madame Lafarge mère, de son côté, se précipita sur son fils, l'arrosa de ses larmes, et comme Marie Cappelle, pâle, les mains jointes, des larmes dans les yeux, était appuyée près du chevet et comme absorbée dans ses réflexions, — Dieu ! qu'est-ce que je vois ! s'écria madame Lafarge mère avec un sentiment d'horreur.

La fille Brun s'étant approchée de M. Lafarge, celui-ci, raconta-t-elle plus tard, respira dans sa main, et, après avoir flairé, dit que son souffle sentait l'ail. Peu après, il vomit dans sa cuvette et répéta que cela sentait l'ail.

A partir de ce moment, M. Lafarge parut voir sa femme avec peine et terreur. Le 14 janvier, à six heures du matin, il rendit le dernier soupir.

M. Lafarge mort, il fut hautement admis dans l'habitation du Glandier qu'il avait été empoisonné par sa femme. Il se passa même à ce sujet une scène étrange. Près du cadavre encore chaud, madame Lafarge mère, après avoir, d'un commun accord avec sa fille et son gendre, écarté Marie Cappelle, fit venir un serrurier, fit forcer devant elle un secrétaire à secret qui renfermait les papiers de madame Lafarge, et s'en empara.

Les rumeurs cependant étaient arrivées aux oreilles de la justice. Le 15 janvier, vingt-quatre heures après le décès de M. Lafarge, M. le procureur du roi se transporta au Glandier pour faire procéder à l'autopsie. Il fut rencontré en route par le médecin, M. Bardou, qui n'avait pas revu le malade depuis quatre jours. « Empoisonné ! » s'écria M. Bardou ; c'est impossible, on vous aura trompé. Il serait bien malheureux que *quelque enthousiaste de cette famille* allât la lancer dans une affaire terrible, peut-être inconsidérément. »

Quant aux autres médecins, ils n'avaient pas même un doute : l'empoisonnement leur paraissait certain.

Le 16, l'autopsie fut pratiquée et ne donna aucune indication positive. Les désordres observés dans le cadavre pouvaient aussi bien avoir pour cause une maladie naturelle que l'ingestion d'une substance toxique. L'estomac, les intestins, les digestions, les substances suspectes furent placés dans des bouteilles qu'on négligea de sceller, et le tout fut porté à Brives dans un panier. Une analyse fut ordonnée, et quatre médecins, parmi lesquels étaient ceux qui avaient soigné M. Lafarge, furent chargés d'y procéder dans l'officine de M. Lafosse, pharmacien.

Les vases qui contenaient les substances à expérimenter furent remis aux quatre experts, MM. Tournadon, Bardou, Massenat et Lespinasse ; par le juge d'instruction et par son greffier, sans sceaux ni cachets, dans des vases ouverts ou recouverts d'une mauvaise toile. Aucune des précautions prises en pareil cas n'avait été observée. Plus tard, quand on voulut passer à des contre-expertises, il y eut des confusions d'étiquettes et des vases introuvables. Dans l'intervalle des opérations, les matières furent laissées, sans sceau ni cachet, dans une chambre qui ne fermait pas à clef. L'avocat général traita ces précautions oubliées de vaines formalités ; mais Mᵉ Paillet put s'écrier avec raison : — Ce ne sont pas de vaines formalités que celles que la loi a placées sur le chemin de l'échafaud.

Le lait de poule, traité par l'acide hydrosulfurique et par quelques gouttes d'acide hydrochlorique, donna un précipité jaune serin, floconneux, très-soluble dans l'ammoniaque pure. La poussière déposée au fond du vase, desséchée et introduite avec un mélange de parties égales de carbonate de potasse et de charbon dans un tube de verre chauffé jusqu'au rouge, laissa déposer des granulations brillantes. Une autre partie de cette poussière brûla avec une odeur alliacée. Cette vapeur blanche, d'odeur suspecte, ayant été recueillie sur une lame de cuivre décapée, prit une coloration verte sous l'influence d'une goutte de dissolution de deuto-sulfate de cuivre ammoniacal.

L'eau panée, traitée de même, donna un précipité floconneux et jaune, un précipité vert et des points brillants.

Même précipité jaune serin pour résultat de l'analyse de l'eau sucrée.

L'analyse d'une partie du liquide contenu dans l'estomac, et d'une eau dans laquelle on avait fait bouillir une portion de l'estomac, donna des résultats à peu près semblables. Ces deux liquides réunis, chauffés dans un matras avec addition d'acide nitrique, puis saturés avec du carbonate de potasse et additionnés d'un excès d'acide sulfurique et de quelques gouttes d'acide hydrochlorique, formèrent un précipité floconneux d'un jaune serin.

La bière, l'eau de gomme, le sucre en poudre et le liquide provenant du vomissement ne donnèrent aucune trace d'arsenic.

Quant au précipité floconneux, jaune serin, soluble dans l'ammoniaque, les experts y reconnurent sans hésitation l'arsenic, de même que dans les granulations brillantes.

Le rapport des médecins experts, à la date du 19 janvier, se terminait par les conclusions suivantes :

1° Que le lait de poule contenait une grande quantité d'acide arsénieux ; 2° que l'eau sucrée contenait aussi de l'acide arsénieux ; 3° que la bière, l'eau de gomme et le sucre en poudre ne contenaient aucune matière vénéneuse ; 4° que les liquides vomis ne contenaient pas d'acide arsénieux, du moins sensible à l'action des réactifs ; 5° que les liquides contenus dans l'estomac et ce dernier organe offraient de l'acide arsénieux ; 6° que la mort du nommé Charles-Joseph-Pouch Lafarge était le résultat de l'empoisonnement occasionné par l'absorption de l'acide arsénieux.

Que faisait cependant Marie Lafarge, pendant que la justice cherchait dans les restes de son mari les traces d'un crime ? Malade, accablée de douleur, elle protestait de son innocence en présence de quelques serviteurs dévoués et d'une jeune fille de la famille Lafarge, mademoiselle Emma Pontier, qui se refusait à la croire coupable. Elle faisait rechercher par sa femme de chambre, Clémentine Servat, l'arsenic qu'elle lui avait confié. Cette fille avouait qu'effrayée d'avoir à manipuler une pareille substance, elle l'avait déposée dans un vieux chapeau, dans la chambre de M. Lafarge. Ce paquet ne se retrouva que plus tard, enfoui dans le jardin par un domestique effrayé, et il se trouva ne contenir qu'une substance inoffensive, du bi-carbonate de soude.

Pendant les huit jours qui suivirent la mort de son mari, soupçonnée hautement, madame Lafarge ne songea pas à se dérober à une accusation imminente. M. Charles Lalande, avocat à Brives, voulut ménager sa fuite : elle s'y refusa. Elle fit plus encore.

M. Lafarge avait passé à un M. Antoine Roch 30,000 francs de billets faux, ou, si l'on veut, souscrits par des souscripteurs imaginaires. Quelques jours avant la mort de son mari, madame Lafarge s'engagea pour la valeur de tous ces effets, et, après la mort de son mari, elle en répondit légalement, ne voulant pas, dit-elle, que la mémoire de son mari fût souillée. Ainsi, cette femme que l'on supposait avoir empoisonné son mari pour recouvrer sa liberté, au lieu de songer à ressaisir et à réaliser ses apports dotaux, contractait, sans y être contrainte, des engagements qui n'avaient d'autre but que d'éviter le déshonneur au nom de son mari.

Le 25 janvier seulement, madame Lafarge fut écrouée à la maison d'arrêt de Brives, et une longue instruction fut entamée.

Tout à coup, pendant que l'accusation d'empoisonnement se poursuivait, une autre prévention fut soulevée contre madame Lafarge. On lui reprocha d'avoir dérobé les diamants de mademoiselle de Nicolaï, vicomtesse de Léautaud, pendant son séjour à Buzagny, près Pontoise, au mois de juin 1839.

La famille de madame de Léautaud joignait à sa

Madame Lafarge.

plainte, comme renseignement moral, de nombreuses allégations de soustractions misérables attribuées à Marie Cappelle ; cet ensemble de faits insaisissables, qui ne prenaient un corps que par leur multiplicité même, devait rendre une justification bien difficile, pour ne pas dire impossible. Madame de Montbreton, sœur de madame de Léautaud, se chargea en partie de cette instruction particulière, dont le résultat, un peu exagéré peut-être, devait représenter comme essentiellement et depuis longtemps corrompue cette jeune fille qui avait vécu dans l'intimité de sa famille. C'étaient une tabatière prise chez M. Garat, des boutons de turquoise, de l'argent, un billet de banque ; c'étaient des chiffons dérobés au carton des marchandes.

La justice accéléra l'instruction relative aux diamants. La prévenue devait être interrogée. Ses amis, ses défenseurs attendaient avec anxiété sa réponse. Voici celle qu'elle fit :

— Ces diamants m'ont été envoyés par *un parent dont je ne sais pas le nom*, qui demeure *je ne sais où*, à Toulouse, je crois : ils me sont arrivés par une voie *que je ne connais pas.*

Et, pressée par le juge d'instruction, elle termine :

— Mais la personne de qui je tiens ces diamants ne restera pas longtemps sans venir me justifier.

A la lecture de cette incroyable réponse, les amis et les défenseurs furent atterrés. Ils coururent à la prison, où ils trouvèrent Marie Cappelle heureuse, triomphante, disait-elle, d'avoir sauvé par *sa bêtise* la vérité qu'elle ne voulait pas, qu'elle ne pouvait pas dire.

Cette vérité, elle dut l'avouer cependant quand Me Théodore Bac et Me Lachaud, ses défenseurs, lui eurent fait comprendre quels préjugés fâcheux cette affaire des diamants ferait naître au seuil de l'affaire criminelle. Si madame Lafarge avait fait cette étrange réponse, c'est qu'elle attendait, dit-elle, de jour en jour que madame de Léautaud fît un aveu qui, sans doute, coûterait à sa réputation d'épouse, mais qui devenait nécessaire en présence des conséquences terribles que pourrait avoir son silence.

Selon madame Lafarge, pendant son séjour à Busagny, madame de Léautaud, obsédée par ces craintes dont nous avons déjà parlé, et que lui inspiraient des relations compromettantes avec M. Félix Clavé, avait résolu d'acheter le silence de cet homme en lui procurant une somme d'argent par la vente de quelques vieux diamants de famille et avait prié Marie Cappelle de servir d'intermédiaire à cette transaction secrète. On s'arrangea de manière à rendre vraisemblable le vol de ces diamants, en les abandonnant pendant quelques heures sur une table. Lorsque le prétendu vol eut été constaté, Marie Cappelle les emporta, non sans avoir, dit-elle, insisté plus d'une fois pour les rendre. N'étant pas en position d'opérer la vente avant son mariage, Madame Lafarge prit avec elle ces diamants en se rendant au Glandier. Elle fit seulement monter, pour son propre usage, quelques perles que madame de Léautaud lui avait données en payement d'une dette de 180 francs.

Promenade en forêt.

Plus tard, la famille Lafarge ayant eu connaissance de ce dépôt, Marie Lafarge aurait écrit à madame de Léautaud, que n'ayant pas d'argent, elle désirait vendre ces bijoux, et en placer le montant à 10 pour 100 sur la forge, au profit de son amie.

Ces aveux faits, les défenseurs reconnurent tout le danger d'une position semblable. Toutefois Me Bac, sans compter beaucoup sur le succès d'une semblable démarche, courut à Paris, demanda une entrevue à madame de Léautaud et lui présenta une lettre de Marie Cappelle, dans laquelle celle-ci la suppliait de sacrifier l'intérêt de l'épouse à l'intérêt d'une pauvre femme accusée de crimes horribles.

« Marie, disait cette lettre, que Dieu ne vous rende pas tout le mal que vous m'avez fait! Hélas! je vous sais bonne, mais vous êtes faible. Vous vous êtes dit que, condamnée pour un crime atroce, je pouvais aussi subir une accusation infâme. Je me suis tue : j'ai remis à votre honneur le soin de mon honneur! Vous n'avez pas parlé. Le jour de la justice est arrivé. Marie! au nom de votre conscience, de votre passé, sauvez-moi! Sans doute il est mal de tendre la main à la reconnaissance, mais il est des positions qui ordonnent dans le cœur l'oubli, et je ne sais pour quel front est la rougeur. Voudriez-vous avoir ma mort à vous reprocher? Oh! je ne survivrai pas à un doute; je saurai mourir; mais devant le prêtre qui me délira de mes péchés, devant mes amis, devant le Christ, je dirai que je meurs votre victime, que je suis innocente, que je veux la réhabilitation pour mon tombeau, pour ma mémoire que je léguerai au cœur de mes amis. Quand je serai morte, Marie, on me plaindra, on me vengera; votre faiblesse sera un crime et un déshonneur... Il n'y a qu'une chose à faire maintenant : il faut reconnaître par un billet signé de votre main, daté du mois de juin, que vous déclarez m'avoir confié vos diamants en dépôt avec autorisation de les vendre si je le jugeais convenable. Cela arrêtera l'affaire. Vous expliquerez ainsi que vous l'entendrez votre conduite à votre mari, et toutes vos lettres vous seront renvoyées, et le plus profond secret garantira votre honneur et votre repos.

« Adieu ! Croyez-le bien, Marie, pour vous sauver j'ai été martyre deux mois. Vous m'avez oubliée. Je pourrais vous donner ma vie; mais ma réputation, le cœur de mes amis, l'honneur de mes sœurs... Jamais ! »

La démarche fut inutile, et Me Lachaud échoua également dans une démarche semblable.

Les débats correctionnels s'ouvrirent à Brives le 9 juillet.

Il faut bien le dire, la marche judiciaire qui consistait à faire précéder l'affaire criminelle par l'affaire correctionnelle, étonna l'opinion. Tous les esprits non prévenus se demandaient si l'accusation ne s'exposait pas à faire soupçonner son impartialité; s'il ne serait pas possible de dire que l'on voulait flétrir l'accusée en police correctionnelle afin de la livrer sans défense à la cour d'assises. On parla, à tort sans doute, de grandes influences qui pesaient sur le parquet de Limoges et qui ne lui permettaient pas de changer cet ordre fâcheux de la procédure.

Il n'y avait plus qu'une chose à faire dans l'intérêt de l'accusée, décliner le débat. Madame Lafarge appelait de tous ses vœux une discussion immédiate, mais il lui fallut céder à ses conseils.

La marche était évidemment insolite, et la défense disait que le ministère public n'était inspiré que par le désir et l'espoir de conquérir d'abord une condamnation flétrissante qui pût devenir comme la préface du procès criminel. Pour s'opposer à une pareille combinaison, elle dut se décider à demander au tribunal de Brives un sursis jusqu'après le jugement du procès criminel. Le tribunal refusa le sursis par cette raison qu'aucun texte de loi n'enchaînait sa compétence. Madame Lafarge en appela, et un nouveau sursis fut demandé jusqu'au jugement de l'appel, dont la nature était suspensive. Nouveau refus. Second appel, suivi d'un débat essentiellement incomplet, puisqu'il ne pouvait être contradictoire.

Ce fut un triste et émouvant spectacle que celui de ces audiences inutiles, préface de si dramatiques débats. La tenue du public fut déplorable. Un sentiment de curiosité honteuse, une passion affichée de scandale avaient ameuté dans le prétoire une foule de femmes élégantes, avides d'assister à cette passe d'armes qui devait se terminer au moins par un déshonneur. La salle d'audience avait été décorée comme pour un spectacle; les riches toilettes des spectatrices accusaient des députations du grand monde oisif de Paris et des châteaux. Le vrai public, celui que la loi réclame, n'était pas là; celui-là était, en général, favorable à Marie Cappelle dont la beauté touchante et l'esprit romanesque attiraient les sympathies qui se donnent sans réflexion. Dans sa prison de Brives, comme partout, Marie Cappelle avait pris sur ceux qui l'entouraient un véritable empire. Sa grâce attractive avait transformé les grossiers habitants de la prison : ces malheureux déshérités devenaient pour elle respectueux, polis, prévenants. Jusqu'à dix heures du matin, la cour, autrefois bruyante, restait calme et silencieuse. *La madame* dormait.

Pendant le cours du procès, un incident singulier vint réveiller d'autres souvenirs de la jeunesse de Marie Cappelle et augmenter encore l'auréole romanesque de cette femme étrange. Un jeune homme, fils d'un pharmacien de Montmédy, se donna volontairement la mort dans cette ville. Il se trouva qu'il avait connu Marie Cappelle en 1837 et avait entretenu avec elle une correspondance amoureuse sans importance. Déjà affaibli par la maladie, ce jeune homme perdit tout à fait la tête en apprenant par les journaux les accusations terribles qui pesaient sur la femme qu'il avait aimée, et dans un accès de délire il se donna la mort.

Le 6 août, Marie Lafarge fut transférée à Tulle. Le 13 août, le tribunal correctionnel de Tulle s'occupa des appels interjetés au nom de l'accusée et tendant à faire déclarer nuls :

1° Le jugement du tribunal de Brives qui faisait passer l'affaire correctionnelle avant l'affaire criminelle, et qui refusait le sursis demandé par la défense pour cause d'impossibilité de produire à temps les témoins ;

2° Le jugement prononcé par défaut à la suite du premier, malgré l'appel immédiatement formulé par madame Lafarge pour cause d'incompétence.

Un troisième appel *à minimâ* était intervenu sur ce second jugement de la part du ministère public.

Les débats montrèrent toute la famille de Léautaud, qui à elle seule composait presque tous les témoins sérieux du procès, réunie dans une accusation unanime contre Marie Cappelle. Mais il se produisit, soit dans cette audience, soit plus tard, un incident inattendu.

Un M. Clavé, officier d'administration des hôpitaux militaires à Alger, déposa, après une déclaration spontanée, du fait suivant : Il avait, vers le mois de novembre ou décembre 1839, reçu une boîte à son adresse. Mais, doutant si elle était effectivement pour lui, il chercha, avant de l'ouvrir, s'il y avait à Alger quelqu'un qui portât son nom. Il découvrit, à l'hôtel de la Régence, M. Félix Clavé, qui reconnut la boîte comme lui étant adressée par madame la comtesse de Léautaud, et comme contenant des couleurs.

Si le fait de la boîte était vrai, madame de Léautaud avait donc caché la vérité en disant que, depuis 1836, elle avait cessé toute relation avec M. Clavé. Ce renseignement sembla si grave à la défense, qu'elle le garda silencieusement pour s'en servir au besoin et se contenta de faire citer devant la cour d'assises le témoin Clavé.

Plus tard, au mois d'octobre, pendant les débats criminels, M. Clavé, l'homonyme, écrivit d'Afrique. Il s'indignait dans ses lettres d'avoir été éloigné d'Alger au moment du procès. Il demandait à venir déposer de la véracité de ce qu'il avait déclaré une première fois. Il disait que toutes les explications qu'on avait données de la part de madame de Léautaud sur la boîte étaient fausses, et qu'il s'engageait à le prouver.

« J'ai les mains pleines de preuves, avait dit Me Coralli, avocat de la partie civile, je démontrerai l'impossibilité des allégations du témoin Clavé. » Le moment étant venu de fournir ces preuves, Me Coralli annonça un certificat de débarquement au port de Toulon, constatant que M. Félix Clavé était rentré en France vers la fin d'avril 1839.

Il produisit encore le témoignage d'un M. Perrin, ancien associé de M. Félix Clavé, qui déposait qu'un M. Decroizille, autre associé de M. Clavé, lui aurait dit : Je puis certifier que la boîte venait de la part de madame de *Larochefoucault*, pour être remise à M. de Larochefoucault fils, officier à l'armée d'Afrique.

Ce qui ressortait de tout cela, c'est que M. Clavé l'homonyme avait bien pu se tromper sur la date de l'arrivée à Alger de la boîte, mais que le fait même de la boîte était désormais prouvé. M. Clavé, l'homonyme, persévéra dans son dire relativement au nom de madame de Léautaud. Il semblait dès lors naturel de s'assurer si, en effet, M. Félix Clavé avait servi d'intermédiaire à madame de Larochefoucault. On négligea de le faire. Des témoins furent mandés d'Alger, mais on ne jugea pas à propos de recevoir la déposition de madame de Larochefoucault, qui habitait un château dans le Périgord, à dix lieues de Tulle.

Mᵉ Bac, dans sa réplique à Mᵉ Coralli, s'attacha à justifier le système de madame Lafarge des accusations de perfidie dont il avait été l'objet. Il raconta les circonstances qui l'avaient forcée à dévoiler un secret qu'elle s'obstinait à garder renfermé en elle-même ; puis, abordant de nouveau la question de droit, il soutint qu'on devait accorder à Marie Cappelle le débat contradictoire, à armes égales, devant le jury, et non le débat correctionnel, qui n'offrait pas les mêmes garanties à sa cliente.

Le 14 août, le tribunal correctionnel de Tulle cassa le jugement par défaut du tribunal de Brives, déclara que l'appel était suspensif et que c'était à tort qu'on avait procédé à l'examen du fond, et renvoya l'affaire au 20 septembre suivant.

M. le procureur général de Limoges ne partagea pas l'opinion favorable à la défense qu'avait exprimée le procureur du roi de Tulle, et il ordonna à son subordonné de se pourvoir en cassation contre la dernière décision. L'affaire fut donc indéfiniment ajournée ; car elle ne pouvait être reprise qu'après l'examen du pourvoi, et dès lors après le jugement de l'affaire criminelle.

Le procès criminel nous occupera seul maintenant. Sa gravité domine et fait disparaître l'accusation de vol dont nous avons dû seulement indiquer le caractère général et les principales péripéties.

Mᵉ Paillet avait été chargé à Paris de la défense de madame Lafarge par sa famille ; mais, ne pouvant suffire de si loin aux embarras de cette vaste affaire, il demanda qu'on lui adjoignît des avocats du pays. Ce furent M. Bac, avocat à Limoges, et un peu plus tard M. Lachaud, avocat à Tulle, qui désigna l'accusée. Pour ne pas scinder la défense, Mᵉ Paillet fut chargé de plaider seul. C'était une lourde tâche. On redoutait les préventions dans le département de la Corrèze. On aurait affaire à un jury illettré, rempli de préjugés contre la *Parisienne* et intéressé en quelque sorte à défendre l'honneur du Limousin. Le procureur du roi, considéré comme favorable à l'accusée, avait été changé par le procureur général de Limoges, et l'accusation avait été confiée à un avocat général d'un talent passionné, M. Decous. Les défenseurs voulaient demander à la cour de cassation que le procès criminel fût renvoyé devant une autre cour d'assises. Madame Lafarge ne fut pas de cet avis. — Innocente, disait-elle, elle ne pouvait comprendre un choix entre des juges, et toutes les préventions devaient céder à l'évidence des faits.

Il fallait d'abord fixer nettement la position financière de M. Lafarge au moment de sa mort. Plus cette situation serait trouvée fâcheuse, plus facilement on arriverait à faire toucher du doigt les moyens employés par lui pour la pallier. On parlait de faux.

Le moyen le plus simple pour jeter la lumière dans ces ténèbres d'argent, c'était de faire déclarer la faillite. Or, la succession Lafarge devait près de cent mille francs à la veuve, et une simple requête au tribunal de commerce de Brives eût suffi. Madame Lafarge se refusa, dit-on, à flétrir le nom qu'elle portait.

Longtemps avant l'ouverture des débats criminels, indiquée pour le 2 septembre, la défense protesta que ses craintes de partialité n'étaient que trop fondées. C'est le 3 août que l'acte d'accusation fut signé à Limoges ; le 10 seulement, la notification en fut faite à madame Lafarge, et dès le 4, c'est-à-dire avant même que cet acte n'eût d'existence légale, il paraissait à Paris dans la *Gazette des Tribunaux*. Pour conserver à cette affaire son caractère véritable, il nous faut donc placer ici, avant l'heure de la lecture à l'audience, ce document remarquablement étudié, mais qui affecte la forme d'un ardent réquisitoire.

L'acte d'accusation, prenant à leur début les relations des époux Lafarge, représentait d'abord Pouch-Lafarge comme possédant « une fortune immobilière considérable ; » au moral « bon, généreux, chéri de ceux qui l'environnaient, susceptible lui-même de sentiments exaltés. » Le mariage célébré, Marie Cappelle installée au Glandier, le ministère public, négligeant les premiers froissements du voyage conjugal, introduit brusquement la lettre écrite par madame Lafarge à son mari, « lettre étrange où le dévergondage de la pensée ne le cède qu'au cynisme des expressions avec lesquelles, s'y flétrissant elle-même, elle révèle à son époux toutes les mauvaises passions dont elle était agitée. »

L'orage passé, « Marie Cappelle n'eut plus le même éloignement pour son mari. Bientôt même elle parut avoir pour lui une vive amitié. Ce changement si prompt excita bien quelque surprise ; on fut peu disposé à croire à la sincérité de ces nouveaux sentiments. »

Marie Cappelle habituée à son mari, intéressée aux travaux de Lafarge par les espérances qu'ouvre le procédé nouveau de coulée, l'acte d'accusation raconte ainsi l'affaire du testament et les terribles conséquences qui, à ses yeux, en découlent :

« Un jour, l'accusée parut éprouver une indisposition assez grave. Son mari s'empressa de lui prodiguer les soins les plus affectueux. Elle en parut touchée et reconnaissante, à ce point qu'elle manifesta l'intention de faire un testament en sa faveur. A son tour, Lafarge se hâta de lui donner la même preuve d'amitié. Il lui remit un testament par lequel il disposait, envers elle, de tout ce qu'il laisserait à son décès. Aussitôt Marie Cappelle transmit cette pièce à M. Legros, notaire à Soissons. Ce fait s'accomplit le 28 octobre 1839.

« Dès lors, l'accusée ne songea plus qu'à donner la mort à celui qui l'environnait ainsi de témoignages de son affection.

« La découverte dont Lafarge l'avait entretenue ne pouvait être utilisée qu'à deux conditions : il lui fallait obtenir un brevet d'invention et se procurer les capitaux nécessaires au développement de son industrie.

« Mû par cette pensée, Lafarge partit pour Paris au milieu du mois de novembre. Il n'en revint que le

3 janvier pour expirer, le 14, victime d'un horrible empoisonnement.

« Pendant son séjour à Paris, la correspondance la plus tendre s'établit entre les époux. Chaque jour apportait à Marie Cappelle une lettre ; elle-même adressait à son mari des lettres pleines des expressions de l'amour le plus passionné. Elle lui peignait tout son chagrin d'être éloignée de lui, elle appelait de ses vœux le moment où devait cesser cette douloureuse séparation. En même temps elle l'entretenait avec soin de l'objet de son voyage, elle lui indiquait les démarches à faire pour obtenir les résultats qu'il s'en était promis; elle le pressait d'agir et se montrait impatiente d'obtenir ce brevet qu'il était allé solliciter.

« Cette correspondance fut continuée, dans ces termes, jusque vers le milieu du mois de décembre.

« A cette époque, il devint certain que Lafarge allait obtenir le brevet tant désiré et auquel on attachait de si magnifiques espérances.

« Ce fut alors que Marie Cappelle pensa que le moment était venu d'accomplir son horrible projet.

« Le 15 décembre, sous le prétexte de détruire les rats qui l'incommodaient, elle fit acheter de l'arsenic chez le sieur Eyssartier. »

Ici se place dans l'acte d'accusation la scène des gâteaux sympathiques, « singulière fantaisie. » Le document fait remarquer que Marie Cappelle exprima à sa belle-mère le désir qu'un billet écrit de sa main, et par lequel elle annonçait à son fils que c'était elle-même qui avait fait les gâteaux, fût mis dans la caisse. Puis vient la substitution d'un gâteau unique aux petits gâteaux, et l'indisposition du 18 décembre qui, dans le système de l'accusation, est l'effet du petit morceau de croûte goûté par Lafarge. L'attitude de l'accusée pendant cette indisposition lointaine aurait été significative. « Marie Cappelle exprimait au Glandier des craintes singulières et de bien étranges préoccupations. Une lettre de son mari lui avait appris qu'il éprouvait une violente migraine, et cette nouvelle paraissait lui causer les plus vives inquiétudes. Elle disait qu'elle ne voulait pas en parler à sa belle-mère, ajoutant que si son mari devenait plus malade, elle s'empresserait, sous un prétexte qu'elle indiquait, d'aller à Paris pour le soigner.

« Elle envoyait à Uzerches pour savoir s'il y avait des lettres à son adresse. Elle y exprimait la crainte d'en recevoir une qui portât un cachet noir.

« Un jour, ce qu'elle ne faisait jamais, elle quitta la table pour aller au-devant de celui qui portait les lettres, impatiente de s'assurer s'il y en avait une qui vînt confirmer les sinistres pressentiments dont elle se disait tourmentée.

« Tels sont ces premiers faits, qui seront pour le jury l'objet des plus graves méditations. »

Lafarge revient de Paris, il est souffrant, il se met au lit ; sa femme l'invite à manger quelques truffes, et il est pris de coliques, de vomissements, « et dès lors se manifestent, pour ne plus cesser, les symptômes de l'empoisonnement. » Marie Cappelle supporte impatiemment que d'autres personnes donnent des soins à son mari. Elle cherche à éloigner de l'appartement de ce malheureux tous les membres de sa famille. Les douleurs s'aggravent, elle se livre à des soins étranges et à d'étonnantes préoccupations. Elle charge le sieur Denis d'acheter de l'arsenic et lui recommande le secret. Ses manœuvres attirent les soupçons de la famille, et Lafarge, averti, exige que le pharmacien Eyssartier soit prévenu. Celui-ci reconnaît la présence de l'arsenic dans le reste du lait de poule, et se contente de recommander que Lafarge n'accepte de boisson que des personnes auxquelles il pourra accorder toute sa confiance. L'empoisonnement n'en avait pas moins été continué, et la fille Brun aurait vu Marie Cappelle mêler aux boissons du malade une poudre blanche que les experts auraient reconnue pour être de l'arsenic, comme ils auraient également reconnu la présence de ce minéral dans le reste du lait de poule soumis à leur analyse. « Marie Cappelle affectait de faire habituellement usage de gomme, » afin de pouvoir donner le change. « Ce n'était pas seulement dans les boissons du malheureux Lafarge que l'arsenic était mêlé avec une audace inconcevable, » Marie Cappelle aurait saupoudré d'arsenic le morceau de flanelle destiné à frictionner son mari. La flanelle, analysée plus tard, contenait de l'acide arsénieux.

« C'est ainsi que le malheureux Lafarge, livré à des douleurs atroces, périssait victime d'un horrible empoisonnement, en présence de sa mère, de sa sœur, des médecins, qui, tous effrayés des ravages de cette maladie cruelle, stupéfaits de ses horribles phénomènes, luttant contre le soupçon qui envahissait leurs âmes, laissaient pourtant consommer le crime, parce que leur raison, leur cœur, une sorte de pudeur même reculaient épouvantés devant la vraisemblance et à la vue des liens sacrés qui unissaient l'empoisonneuse et la victime. (Soupçonnant le crime qui se commettait, ils n'avaient pas le courage de repousser les mains de l'empoisonneuse.) »

Un médecin, M. Lespinasse, est appelé : il révèle à Lafarge la cause de sa mort. Ce fut alors au sein de la famille une douleur déchirante. Marie Cappelle devient un objet d'horreur pour les siens; le malade lui dit : « Tu me fais mal, va-t'en, » et, quand sa femme lui présente à boire, il témoigne par ses gestes et par un sourire sardonique du sentiment dont son âme est remplie. Dès ce moment, Marie Cappelle ne reparut plus dans la chambre de son mari.

Tels sont les faits principaux sur lesquels se fonde l'accusation. Il en est encore un qui, à ses yeux, tendait à prouver de plus en plus la culpabilité de l'accusée. « Les 12 décembre 1839, 5 et 10 janvier 1840, elle s'était fait remettre de l'arsenic : elle ne l'a pas nié, seulement elle a toujours soutenu qu'il avait été employé, ou devait l'être, à faire une pâte destinée à détruire les rats.

« Cependant une partie de cette pâte a été retrouvée ; on a recherché quelle était la substance dont elle se composait, et il a été vérifié qu'elle ne contenait point d'acide arsénieux. L'instruction a encore constaté que l'arsenic qui fut apporté le 10 janvier à Marie Cappelle parut avoir été remis par elle à Clémentine Servat, sa femme de chambre, pour qu'elle préparât de la pâte pour les rats. Il en résulte aussi qu'en lui remettant le paquet qui semblait le contenir, elle lui avait recommandé de prendre les plus grandes précautions, lui signalant cette substance comme extrêmement dangereuse, à ce point que cette fille en fut effrayée et n'osa pas en faire l'usage qui lui avait été prescrit. Cependant le paquet remis à Clémentine Servat fut, après la mort de Lafarge, enfoui dans le jardin, où il a été trouvé depuis, et l'examen de la substance qu'il contenait a démontré qu'elle n'était autre que du bi-carbonate de soude. Qu'est alors devenu l'arsenic acheté les 5 et 10 janvier?

« Le jury appréciera si la mort de Lafarge, les souffrances cruelles qui l'ont précédée, sa longue et douloureuse agonie, la présence du poison dans les entrailles de ce malheureux, ne sont pas une preuve éclatante de la destination qu'il a reçue. »

En conséquence, Marie-Fortunée Cappelle, veuve Lafarge, était accusée d'avoir, dans les mois de décembre 1839 et janvier 1840, attenté à la vie de Charles-Joseph Pouch Lafarge, son mari, par l'effet de substances susceptibles de donner la mort, et qui l'avaient effectivement occasionnée, crime prévu et puni par les articles 301 et 302 du Code pénal.

Le 2 septembre arriva enfin. La ville de Tulle était envahie depuis plusieurs jours par de nombreux étrangers. Tous les hôtels étaient remplis, soit par les curieux, soit par les témoins assignés en grand nombre. Il n'était pas jusqu'aux auberges ordinairement habitées par les bouviers qui ne fussent occupées par des hôtes élégants. Les maisons bourgeoises n'avaient plus de chambres à offrir aux derniers venus, et plusieurs furent forcés de s'en retourner.

Dès cinq heures du matin, les curieux commençaient à stationner aux alentours du palais de justice. Les portes ne devant s'ouvrir qu'à sept heures et demie, pour les billets de faveur comme pour la foule, les dames les plus élégantes, les stagiaires en robe se pressaient déjà sur la place. La salle fut remplie en quelques secondes : il ne resta pas même une place pour les témoins.

De nombreuses et bruyantes conversations s'engagèrent entre les favorisés de l'audience. Des discussions inconvenantes s'établirent entre les partisans et les détracteurs de l'accusée. On commentait hautement les indiscrétions, ou plutôt les inventions malséantes du journal de la localité.

Au-dessus de la porte d'entrée, on avait construit une tribune pour les dames. La salle, qui contenait près de trois mille personnes, avait un peu l'air d'une salle de spectacle.

Une vive rumeur s'éleva dans l'assemblée lorsque, pâle d'une pâleur que relevaient encore de longs cheveux noirs et des vêtements de deuil, l'accusée parut enfin. Le spectacle commençait. Madame Lafarge était entrée les yeux baissés : quand elle entendit ces clameurs déplacées, elle les releva, et le feu de ses regards resplendit dans la salle ; malgré les longues tortures de la captivité, ils avaient conservé toute leur vivacité.

Pendant la longue lecture de l'acte d'accusation, l'accusée resta dans un calme parfait. Ses traits nobles et mélancoliquement expressifs, sur lesquels l'avide curiosité de l'auditoire cherchait à lire les émotions intérieures, ne manifestèrent aucun trouble. Deux fois seulement, aux passages les plus affirmatifs, elle leva les yeux au ciel. Une petite toux sèche et presque continuelle paraissait la fatiguer beaucoup : elle tenait à la main un flacon de sels auquel elle avait de temps en temps recours.

Une nouvelle surprise devait être ménagée à la défense. L'affaire des diamants avait été mêlée, dans l'acte d'accusation, à l'affaire d'empoisonnement. Les témoins du procès correctionnel étaient assignés en cour d'assises. Le tribunal de Tulle ayant reconnu, par son jugement du 14 août, que madame Lafarge ne serait en mesure de se défendre sur la prévention de vol qu'au 20 septembre, et lui ayant accordé un sursis jusqu'à ce jour pour assigner ses témoins à décharge, entamer le 2 septembre devant la cour d'assises un débat qui ne devait être entamé que le 20 devant le tribunal de Tulle, c'était, aux yeux des avocats de l'accusée, violer le droit sacré de la défense.

Ce n'est pas tout. Il est d'usage qu'avant les interrogatoires, le ministère public fasse, pour éclairer le jury, une analyse sommaire du procès, et cette analyse, on le comprend, doit être simple, claire, impartiale, calme comme la justice elle-même. M. Decous fit un réquisitoire menaçant, décisif.

Non content d'introduire dans le procès d'empoisonnement une accusation extérieure et prématurée, M. Decous le fit encore avec un accent de violence passionnée qui parut étrange. L'empoisonnement lui-même lui paraissait moins grave en quelque sorte que l'accusation portée par la prévenue contre madame de Léautaud. Voici cette partie du second acte d'accusation que M. Decous appelait du nom d'*exposé des faits* :

« Je voudrais, messieurs, pouvoir borner ma tâche à cet exposé déjà si long ; je voudrais qu'il n'entrât pas dans la nécessité de mes devoirs d'appeler maintenant votre attention sur d'autres faits, d'imprimer au front de *cette femme* d'autre ignominie que celle qui résulte de la présente accusation. Eh ! messieurs, pourquoi ne l'a-t-elle voulu elle-même ? Au lieu de se raidir contre l'évidence, au lieu d'*irriter la justice*, si jamais la justice pouvait être irritée, par un système de défense qui à lui seul est un crime, si elle avait avoué le vol de diamants qui lui a été reproché, j'éprouverais, en rappelant ce renseignement de moralité, un sentiment douloureux. Je n'ajouterais rien ; mais indépendamment des inspirations du devoir et du sentiment de justice qui m'anime ici, il y a un sentiment d'honneur et de probité auquel je dois aussi obéir et comme homme et comme magistrat. Je le sais, entre le vol et l'empoisonnement il n'y a pas de liens nécessaires, mais je vous dirai pourquoi l'accusation s'en empare aujourd'hui.

« Voyez en effet, messieurs, comme cette nature est déplorablement mauvaise. Il y avait dans l'intimité de cette femme une jeune fille : c'était son amie, l'amie de son enfance, celle dont elle avait constamment reçu les caresses et les témoignages de la plus vive affection ; c'était la fille de M. le marquis de Nicolaï. Eh bien ! *elle l'a volée*!.. On l'a accusée de ce vol ; on lui a montré des preuves plus claires que le jour ; que pouvait-elle faire ?.. Il fallait avouer ; il fallait dire aux juges : « Je ne sais à quelle déplorable fascination j'ai obéi. » C'était là l'aveu d'une faute, d'un délit ; mais enfin, que pouviez-vous faire ? vous étiez courbée sous le poids d'une accusation d'empoisonnement. Qu'avez-vous fait cependant, Marie Cappelle! *Il n'y a pas d'exemple d'une pareille conduite dans les annales de la justice ; il n'y a pas d'exemple d'une entreprise aussi hardie, aussi téméraire*. Ah ! je voudrais pouvoir penser que ce n'est pas vous qui l'avez conçue, qu'elle n'est pas née dans votre âme, que ce sont des conseils funestes qui vous ont entraînée dans cette voie de mensonge et de diffamation!.. Mais je ne le puis, car enfin ces faits sont consignés dans vos interrogatoires. Ce récit, mensonge bizarre! cette défense, qui consiste à dire que vous avez reçu ces diamants des mains de madame de Léautaud, vous l'avez signée!.. Elle existe, cette *affreuse épître* adressée à cette jeune dame, et dans laquelle, à côté de la prière, vous employez la menace ; vous lui rappelez les faits comme si elle avait pu les oublier, et vous cotez une à une les circonstances à l'aide desquelles vous voulez la déshonorer en public (que dis-je en public ?), aux yeux de la France tout entière. Ah ! *vous me faites horreur*, Marie Capelle, et j'éprouverais moins d'émotion si je n'avais à poursuivre en vous que l'accusée d'empoisonnement. Mais ce dernier fait, je dois le dire, il révèle en vous *une monstruosité*, un état anormal, exceptionnel, qui ne ressemble à aucun autre au monde. »

Était-ce bien à une prévenue qu'on adressait un pareil langage au seuil d'un procès terrible? N'était-ce pas plutôt à une condamnée que parlait ainsi la justice vengeresse, *irritée?*

Mais ces incroyables paroles pâlissent devant l'avertissement significatif adressé aux jurés qui termine l'exposé de M. Decous :

« Un mot encore en finissant : cette cause est grave, c'est la plus grave peut-être de toutes celles qui occuperont les cours d'assises du royaume dans l'espace de longues années. Vous avez juré d'accomplir religieusement votre devoir. Vous êtes hommes d'honneur. Jurés de la Corrèze, que je ne connais pas, dont je ne suis pas connu, mais vers lesquels m'attire le sentiment que j'ai voué aux lieux qui m'ont vu naître, soyez fidèles à votre serment. Ne communiquez avec personne, je vous en conjure, ne subissez en dehors de cette enceinte aucune impression qui puisse faire violence à vos convictions, altérer la pureté de votre verdict. Je vous le demande, car avant tout je vous demande d'être justes. Vous ne le seriez pas, si vous souffriez les sollicitations de personnes qui entreprendraient de sauver à tout prix une femme *qui ne peut être sauvée.* »

Ces mots terribles retentirent dans l'auditoire et dans le cœur des jurés comme le glas funèbre des dernières heures, comme le bruit sourd de la hache du bourreau. Les gens calmes et de sang-froid se demandèrent à quoi bon ce procès, si l'arrêt était rendu d'avance, si la prévenue était dès ce moment convaincue et condamnée.

En face de la prétention de l'accusation, qui appelait à être entendus dans le procès des témoins relatifs au vol de diamants, c'est-à-dire à une autre affaire, sans connexité avec celle-ci, déférée à une autre juridiction, actuellement pendante, la défense ne pouvait rester impassible. Me Paillet prit des conclusions tendantes à écarter ces témoins.

« Il ne suffisait pas au ministère public, ajouta l'avocat, d'avoir eu cette double lecture de l'arrêt de renvoi et de l'acte d'accusation, où les faits étaient groupés avec art, toujours dans un sens hostile à l'accusée, sans contre-poids, sans contradiction possible. Non, cela ne lui a pas suffi ; et au lieu de cet exposé simple du sujet de l'accusation, comme dit la loi, qu'elle autorise mais qu'elle ne prescrit même pas, c'est l'accusation tout entière, qu'il a développée, rembrunie, passionnée avec le prestige des réponses oratoires qui lui sont familières. Et pourtant l'heure de la défense n'est pas encore venue... mais elle viendra, et nous aurons notre tour. Patience donc, puisqu'il le faut ! »

Et cette assignation donnée aux époux de Léautaud et à la famille de Nicolaï, ce témoignage demandé à la partie civile du procès correctionnel, n'était-ce pas une illégalité, comme les retards calculés du procès criminel, comme l'écart hors du fait incriminé? N'était-ce pas une illégalité aussi, ce tableau si étrangement partial dans lequel contrastaient les éloges prodigués à une noble famille avec les paroles si dures et si flétrissantes qu'on avait fait tomber sur la tête de l'accusée?

A ces reproches, l'avocat général répondit par des récriminations. Selon lui, on n'avait cherché à empêcher le procès correctionnel, par des *ruses*, par des *cavillations* (le mot adressé à la défense, pour être peu usité, n'en était pas de meilleure compagnie), que parce qu'on sentait quelle grave répercussion l'affaire des diamants devait avoir sur le procès criminel. M. Decous soutint que le ministère public était juge de la composition de sa liste de témoins et, s'appuyant sur un arrêt de cassation de 1836, qui avait décidé que des témoins entendus dans une affaire criminelle suivie d'un acquittement pouvaient être entendus de nouveau devant le jury dans une autre affaire intentée contre l'accusé acquitté, conclut au rejet des conclusions.

La Cour adopta l'avis du ministère public et ordonna l'audition des témoins.

Le long interrogatoire de l'accusée ne saurait présenter au lecteur que les mille dénégations partielles relatives aux mille détails de l'accusation. Nous n'en extrairons que les circonstances les plus remarquables, les réponses les plus importantes.

La lettre du 15 août, cette folle lettre que M. Decous avait présentée comme la base du procès, fut expliquée ainsi par l'accusée:

« J'étais tellement désespérée de ma position, je désirais tant que M. Lafarge me laissât partir, que j'ai dit les choses les plus inconcevables du monde et les plus fausses pour obtenir... Je vous prie d'avoir de l'indulgence. Je suis partie le lendemain de mon mariage ; je quittais ma famille, je me trouvais isolée de tout le monde. A Orléans, j'eus avec mon mari une scène extrêmement désagréable... ; ensuite, pendant toute la route, j'ai été extrêmement malheureuse. Arrivée au Glandier, au lieu de cette charmante maison de campagne dont on m'avait leurrée, j'ai trouvé une maison délabrée, ruinée. Je me suis vue seule, enfermée dans une grande chambre qui devait être la mienne pour toujours. Voyez-vous, j'ai perdu la tête... j'avais une idée de voyage dans l'Orient... J'ai pensé à tout cela... le contraste... mon imagination s'est montée... Je me suis trouvée si malheureuse que j'aurais donné tout au monde pour en sortir. »

Le président demande à l'accusée quelles sont les circonstances qui ont amené le grand changement qui s'est manifesté en elle et dans ses relations avec M. Lafarge, après les premières scènes de violence.

R. « M. Lafarge m'avait comblée de preuves d'affection, il était aussi bon pour moi qu'il était possible. Cela m'a touchée, je n'ai pas pu faire autrement que de... (l'accusée hésite quelques instants sur le mot) ... de remplir mes devoirs, de rendre la vie plus heureuse à M. Lafarge. Je me suis ensuite occupée de ma maison. Le Glandier n'a plus occupé qu'une faible part dans ma vie. Peu à peu je me suis senti de l'affection, de l'estime pour M. Lafarge, et j'ai désiré de le rendre heureux. »

Les précautions, fort naturelles du reste, qu'avait prises madame Lafarge dans les lettres par lesquelles elle demandait de l'arsenic aux pharmaciens paraissent extraordinaires au président. Madame Lafarge répond que « rien n'est plus bête, mais qu'il n'y a pas d'explication à donner. »

Elle nie avoir essuyé avec soin la cuiller pour en faire disparaître le résidu blanchâtre; elle nie avoir recommandé le secret à Denis lors du troisième achat d'arsenic. La substance blanchâtre qu'elle a mêlée à toutes les boissons du malade, c'est de la gomme. Si elle a eu des vomissements après avoir goûté une de ces boissons très-étendue d'eau, c'est qu'elle en avait presque tous les jours. Elle nie avoir jamais eu en sa possession un petit pot pareil à celui dans lequel aurait été la poudre blanche : d'ailleurs, elle n'habitait plus la chambre dans un meuble de laquelle on aurait trouvé le petit pot.

Relativement au papier enterré qui aurait dû contenir de l'arsenic et qui se trouva ne contenir que du bi-carbonate de soude, l'accusée dit : « J'ai reçu de M. Denis un papier que je croyais contenir de l'arsenic; je l'ai remis à ma domestique, et lorsque j'ai appris que ce papier avait été enterré, j'ai compris que c'était ce qu'il y avait de plus dangereux dans ce procès. Maintenant, je demande ce qu'on y voit : cela ne m'inquiète plus. . . . . »

Et quant à cet étonnant contraste de la mort aux rats qui ne contient pas d'arsenic et des liquides qui en contiennent, « si je pouvais l'expliquer, je serais reconnue innocente, je saurais d'où vient la cause : mais je ne puis l'expliquer, et voilà pourquoi je suis ici. »

Toutes ces réponses ont été faites par madame Lafarge avec un ton de décence et de simplicité parfaite. Sa voix est faible : on sent qu'elle souffre et se fatigue, mais ses mots sont nettement articulés, ses réponses précises, faciles, élégantes.

A l'audience du 4, l'interrogatoire, qui devait porter sur l'affaire des diamants, est ajourné par suite de l'état de souffrance visible de l'accusée. Mais le ministère public soulève un incident fâcheux. Parlant de bruits qui auraient fait des progrès dans l'opinion publique, il dit avoir fait citer un témoin dans la prévision « d'une accusation monstrueuse qui, disait-on, devait imputer à un des membres de la famille Lafarge l'empoisonnement du défunt. » M. l'avocat général montre Me Coralli prêt à répondre « dans le cas où on aurait la témérité de porter la lutte sur ce terrain. »

Me Paillet répond justement à cette étrange accusation par hypothèse, que si quelqu'un dans la cause a le droit de se plaindre du bruit répandu, c'est l'accusée.

Puis se déroule la longue série des témoignages, parmi lesquels il nous faut nécessairement choisir les points saillants, les incidents remarquables. Nous grouperons d'abord les dépositions qui chargent l'accusée.

Lorsque madame Lafarge mère fut entendue, la vue de cette pauvre femme de soixante-trois ans, navrée de douleur, racontant avec prévention peut-être, mais assurément avec une désolation légitime les péripéties de ce fatal mariage et de cette mort suspecte, produisit un effet profond sur l'assistance. Près d'elle, sur le banc des accusés, était celle qu'elle avait quelque temps appelée sa fille; en face d'elle, était cette caisse hideuse dans laquelle étaient dispersés les restes déshonorés de son fils.

La défense ne pouvait sans observation laisser produire ce témoignage dramatique, quand la loi interdit expressément d'entendre les ascendants et les descendants des accusés. Madame veuve Lafarge ne fut entendue qu'à titre de simple renseignement.

La déposition de madame veuve Lafarge ne fut et ne pouvait être qu'une répétition émue, vivante, terrible de l'acte d'accusation. Toutes les pensées, tous les actes de sa bru, depuis le premier jour jusqu'au dernier, furent naturellement interprétés par elle dans le sens de la culpabilité la plus évidente. L'affliction de la mère donna à ses soupçons comme un corps visible aux yeux des auditeurs, et un frémissement général accueillit ce tableau simple et terrible de la mort de son fils :

« Dans les derniers moments, Charles ne pouvait plus regarder sa femme. Celle-ci s'étant approchée de son lit, il la regarda avec des yeux... (le témoin jette devant elle des regards où se peint l'effroi) en disant : Huum ! huum ! huum ! par trois fois, avec un grand soupir du fond du cœur.

« Je n'ai plus voulu quitter mon pauvre Charles. Il m'a demandée jusqu'au dernier moment. (Ici le témoin, succombant sous le poids de son émotion, s'arrête et pleure.) Enfin il s'est écrié : « Allez, allez chercher... » Il n'a plus rien dit. »

Ici la pauvre mère penche sa tête sur ses deux mains, et, appuyée sur la balustrade, reste longtemps étouffée par les sanglots. L'émotion est profonde. Cinq minutes d'un respectueux silence suivent cette déposition.

La déposition suivante était naturellement attendue comme une des plus graves.

Anna Brun dépose de tous les soupçons, de toutes les remarques échangés entre elle et les membres de la famille Lafarge. Dans tout le cours de sa déposition, ce témoin s'arrête souvent pour se recueillir, et paraît avoir beaucoup de peine à rassembler ses souvenirs. Elle s'arrête souvent au milieu de phrases commencées, dont elle cherche péniblement la fin. Elle soutient que madame Lafarge a été chercher une petite boîte pour y emballer les gâteaux; qu'elle lui a dit qu'elle pensait bien que sa sœur ne se dérangerait pas pour assister au souper sympathique; que Denis ayant apporté l'arsenic, le 10 janvier, madame Lafarge a déposé le paquet d'une manière indifférente sur la cheminée, mais qu'ensuite elle, Anna Brun, ayant ouvert le buvard de madame Lafarge, y trouva le paquet. Que ce fût le paquet de Denis, elle n'en fut pas sûre. Quoi qu'il en soit, le lendemain matin, étant couchée dans la même chambre que madame Lafarge, elle aurait entendu celle-ci demander son buvard, l'aurait vue prendre de la poudre blanche dans un papier déchiré, en verser dans un lait de poule destiné à M. Lafarge, et remuer avec le doigt.

« On ouvrit la porte, continue le témoin, et elle replaça aussitôt le bol. C'était madame Lafarge mère qui entrait; elle sortit aussitôt. Je demandai à Marie si l'on avait mis quelque chose dans le lait de poule pour calmer M. Lafarge. « On y a mis, me dit-elle, de la fleur d'oranger. — Mais madame, lui dis-je, vous y avez mis autre chose. » Elle ne répondit rien. Il est vrai que j'avais fait ma question sur un ton un peu moins haut. Je crus que le mélange était parfaitement innocent, et qu'on voulait faire prendre, par surprise, à M. Lafarge un remède qu'il avait refusé, présenté autrement. »

Après ces faits, et bien qu'elle n'ait pas encore de soupçons, Anna Brun regarde le lait de poule, y remarque des globules blancs. Le médecin pense que c'est de la chaux ou des cendres : on cherche à imiter cette poussière; on n'y réussit pas. « Ces dames s'inquiétèrent et en serra le résidu. » Puis, c'est un bruit de cuiller dans un tiroir, à la suite duquel madame Lafarge donne à son mari un verre d'eau rougi qui lui brûle la gorge. Cela n'inquiète pas mademoiselle Brun, mais elle n'en remarque pas moins une poudre blanche sur une panade, une traînée blanche sur une commode, un petit pot dans un tiroir qui contient une poudre qui pique la langue et qui ne poisse pas comme la gomme. « Je le fis remarquer à madame Marie, qui dit que c'était de la gomme. Du reste, ajouta-t-elle, je vais boire. Elle remplit le verre, et je crois qu'elle but. »

A tous ces détails et aux conséquences qu'on en tire, l'accusée répond qu'elle a l'habitude d'écrire tous les matins dans son lit; qu'il n'est pas probable qu'elle ait fait de semblables opérations devant un témoin, ni qu'elle eût laissé une poudre compromettante placée dans un tiroir à peignes qui ne fermait pas à clef.

M. l'avocat général : Sans doute, les circonstances sont fort extraordinaires; mais l'accusée n'est-elle pas une femme extraordinaire? Le peu de mystère dont elle s'entourait, c'était de la confiance; elle ne croyait pas qu'on pût la soupçonner; c'était de l'audace. Ces faits, d'ailleurs, sont certains, et c'est par l'audace de l'accusée qu'ils s'expliquent.

Me Paillet constate que, d'après cette déclaration, le lait de poule empoisonné aurait traîné quatre heures sans que madame Lafarge le suivît, le surveillât; que le petit pot n'aurait disparu qu'après deux jours passés à attendre une main qui le voulût prendre; qu'on l'aurait placé dans le seul tiroir banal de la commode. Pour faire juger des sentiments de la fille Brun, l'avocat donne connaissance d'une lettre adressée par elle à la prisonnière, dans laquelle elle la menace de faire argent de sa ressemblance si on ne lui paye pas le portrait commencé.

Une des dépositions les plus importantes à la charge de l'accusée fut celle du sieur Denis Barbier, ancien commis de la forge du Glandier. Ce Denis témoigna de ses soupçons hâtifs, nés de fréquents achats d'arsenic faits par son intermédiaire, sur la demande de madame Lafarge. Celle-ci lui aurait dit : « Nous préparerons cette mort aux rats tous les deux... Il est inutile de parler de cela à ma belle-mère; elle est si minutieuse! »

Sur les interpellations de Me Paillet, ce témoin avoue qu'il cachait au Glandier son véritable nom de Barbier pour faire plaisir à M. Lafarge qui l'employait, sous ce nom, à fabriquer des effets de complaisance et à lui procurer des effets de commerce souscrits, à raison de vingt-cinq centimes, par des écrivains publics.

A propos des soupçons d'empoisonnement, ce témoin se contredit à quelques minutes de distance, en affirmant qu'il a dit de son propre mouvement à madame Lafarge mère avoir remis de l'arsenic à sa bru, et, quelques instants après, qu'il l'a avoué sur les questions de cette dame.

On lui demande d'où sont nés dans son esprit les soupçons d'empoisonnement; il répond qu'ils datent de la lettre du 15 août. On s'étonne qu'ayant conçu ces soupçons, il ait rapporté 64 grammes d'arsenic lorsqu'on ne lui fixait pas la quantité nécessaire; il répond qu'il en fallait bien pour vingt sous pour détruire tous les rats du Glandier. On demande encore à ce témoin qui, selon l'accusation, fait preuve d'une grande sincérité, s'il a manifesté de la haine pour l'accusée; il jure que non, *sur l'honneur*.

A une des audiences suivantes, un témoin demande à être entendu; ce témoin bénévole, inconnu des parties intéressées dans le procès, loge depuis quelques jours avec un sieur Catrufeaux, témoin assigné. Celui-ci, lui montrant en plaisantant « la ménagerie des témoins, » lui a signalé comme particulièrement *féroce* un homme qui s'est trouvé être le sieur Denis. Denis aurait dit au sieur Catrufeaux, en présence de son ami, et en parlant de madame Lafarge : « Ah! la gredine! elle l'a nourri pendant quinze jours de poison! Ne savez-vous donc pas ce qu'elle a fait pendant qu'elle était au château de son père? Un paysan s'étant absenté, et voulant rentrer le soir, mademoiselle fit lever le pont-levis, afin de faire noyer le paysan dans les fossés, ce qui arriva effectivement. Ne connaissez-vous pas aussi l'histoire du pierrot et du serin?... Ah! la scélérate! quand j'y serai, elle n'aura pas les yeux comme elle les a maintenant! » « Quand, dit le témoin, j'ai entendu ce misérable protester de son impartialité, je n'ai pu maîtriser mon indignation. »

M. Catrufeaux, peintre à Paris, atteste la vérité de ces propos tenus par Denis sans aucune provocation. Me Paillet frappe dans ses mains avec un geste de stupeur. « Le voilà donc, s'écrie-t-il, ce témoin qui est venu à cette barre donner des démentis sous la foi du serment! Non content de venir ici mentir lui-même à la face de la justice, il se promène tout le jour à la porte de cette audience, semant partout, offrant à qui veut l'entendre, le poison de ses paroles! »

On recherche le témoin Denis, il ne peut être retrouvé.

Dans le courant des autres interrogatoires, d'autres témoins achèveront de faire apprécier la moralité de ce Denis. Jean Bardou, domestique au Glandier, attestera que Denis lui a dit, quelques jours après la mort de M. Lafarge, qu'il « voudrait voir madame sciée en quatre morceaux. » « Est-ce que madame lui avait fait du mal? demande le président. — R. Jamais. C'était une bonne maîtresse, je n'en ai jamais vu de meilleure. — D. Il était donc bien persuadé que madame était coupable? — R. Oh! oui; il m'a dit qu'elle l'avait empoisonné pendant quinze jours. — D. Que savez-vous encore? — R. Quand Denis est arrivé de Paris, il a dit : « Je suis le maître à présent, moi! Je vous mettrai à la porte. »

Un autre cultivateur du Glandier, Montezon, fait une déposition semblable, et deux autres domestiques répètent ces propos avec des variantes sans importance.

Une des plus intéressantes figures de témoin fut celle d'Emma Pontier, jeune et charmante enfant qui, seule dans la famille Lafarge, ne partagea pas les soupçons de tous les autres parents, et qui garda à l'accusée l'affection tendre et profonde qu'elle lui avait vouée tout d'abord. Son témoignage se trouvera mêlé aux débats qui s'ouvriront sur les expertises médico-légales.

Interrogée sur la scène d'Orléans, la fille *Clémentine Servat*, femme de chambre de madame Lafarge, la raconte ainsi : « Madame était au bain, monsieur voulut entrer de force, et frappa violemment à la porte. Je lui dis : « On n'entre jamais dans la chambre d'une femme, lorsqu'elle se baigne. » Il me répondit : « Au Glandier, ça ne se passera pas comme ça. Je la ferai aller d'une drôle de manière. »

M. *l'avocat général* : C'était une impatience bien légitime.

M. *Coinchon de Beaufort*, père de la première femme de M. Lafarge, actuellement en procès avec la famille Lafarge, dépose que son gendre a rendu sa fille passablement malheureuse : qu'il n'avait fait son premier mariage que parce qu'il était perdu de dettes; que M. Lafarge était violent, peu loyal en affaires, et en proie à des accès effrayants d'une maladie nerveuse.

M. *Dufour*, curé de Villers-Hellon, a toujours connu Marie Cappelle pour une personne religieuse, aimante, secourable et désintéressée. Elle avait hérité de toutes les vertus de sa mère, et toute la commune attesterait volontiers son innocence.

M. l'avocat général : Et comment concilier ces vertus si touchantes avec l'étrange lettre que madame Lafarge écrivit à son mari le jour de son arrivée au Glandier?

Le Curé : Je ne sais si je puis ici vous donner ma pensée avec les formes un peu triviales qu'elle prit alors dans mon esprit, et qu'elle employa pour se reproduire... Je dis : « un chien qui aboie est moins dangereux que le chien qui vous attaque sans crier. »

On l'aura déjà compris, quel que fût dans cette affaire l'intérêt dramatique attaché aux incidents et aux personnes, l'intérêt véritable était dans le point de fait, dans la recherche du corps du délit. M. Lafarge était-il mort empoisonné? Telle était la question véritable. Déjà une première expertise avait répondu affirmativement à cette redoutable question. Mais qui ne sent que cette réponse était insuffisante pour former la conviction des juges? L'autorité manquait aux experts, et leur analyse avait été faite dans des conditions par trop imparfaites.

Dans le courant du mois de juin, M. Massenat, le

Le Glandier.

médecin de Brives, eut avec M. Orfila une entrevue dans laquelle il lui parla de cette première analyse et lui en soumit les conclusions. Un mois après, le 30 juillet, alors qu'on faisait intervenir le nom de M. Orfila dans les expériences faites à l'occasion du procès, M. Orfila lui écrivit une lettre par laquelle il se déclarait entièrement étranger aux faits du procès. Quelques jours après, le 17 août, M° Paillet voulut, lui aussi, s'éclairer auprès de l'illustre savant, et lui posa quelques questions auxquelles M. Orfila répondit par la lettre suivante :

« Paris, le 20 août 1840.

« Monsieur,

« Vous me demandez par votre lettre du 17 de ce mois s'il suffit, pour affirmer qu'une liqueur recueillie dans le canal digestif d'un cadavre, ou préparée en faisant bouillir dans l'eau distillée une partie de ce canal, contient de l'acide arsénieux, d'obtenir avec elle et l'acide sulfurique « un précipité jaune, floconneux, soluble dans l'ammoniaque. » Non, monsieur; tous les médecins légistes prescrivent de réduire par un procédé quelconque le précipité jaune, et d'en retirer « l'arsenic métallique. » J'ai longuement insisté dans mes ouvrages sur la nécessité de recourir à cette extraction, et j'ai vivement blâmé ceux qui, ayant négligé de le faire, concluraient cependant à la présence d'un composé arsenical dans les flocons jaunes dont il s'agit.

« En 1830, Barruel et moi nous avons exposé dans le tome troisième des *Annales d'hygiène* une affaire judiciaire dans laquelle vous trouverez la solution de la question que vous m'adressez. Des experts, qu'il est inutile de nommer, élevaient de graves soupçons d'empoisonnement, par cela seul qu'ils avaient obtenu, en traitant certains liquides par l'acide sulfurique, un précipité jaune, floconneux, soluble dans l'ammoniaque. Nous reconnûmes que cette prétendue préparation arsenicale jaune ne contenait pas un atome d'arsenic, lorsqu'on cherchait à la réduire, et qu'elle n'était autre chose qu'une matière animale contenue dans la bile. M. Chevallier vient d'insérer dans le dernier numéro du *Journal de chimie médicale* une note dans laquelle il annonce avoir trouvé deux fois, depuis 1830, une substance analogue.

« Agréez, monsieur, l'assurance de ma considération distinguée.

« ORFILA. »

Cette déclaration si importante infirmait complétement les résultats de la première analyse. Une contre-expertise devenait nécessaire. D'un commun accord il dut y avoir une nouvelle opération chimique, faite par des chimistes plus sérieux. La moitié des matières organiques et des substances suspectes fut confiée à MM. Dubois père et fils et Dupuytren. Le 5 septembre, ces messieurs déclarèrent unanimement que les substances et liquides qui leur avaient été soumis, traités d'après les méthodes les plus récentes, et en particulier par l'appareil de Marsh, ne leur avaient pas donné les moindres taches métalliques. Leur opinion fut donc que ces matières ne contenaient pas une parcelle d'arsenic.

A ces conclusions, qui produisirent dans l'auditoire l'effet d'une commotion électrique, on vit madame Lafarge lever les yeux au ciel en joignant les mains avec une ferveur reconnaissante, et M⁵ Lachaud saisit convulsivement une de ces mains que lui abandonna l'accusée. De son côté, M⁵ Paillet, ému jusqu'aux larmes, s'écriait : « Et huit mois de prévention ! » Toute la famille de madame Lafarge était en pleurs. L'accusée, succombant à son émotion, dut être emportée de la salle.

L'émotion passée, il fallut revenir sur ces conclusions foudroyantes pour l'accusation. « Expliquez-nous donc cette contradiction avec les résultats de la première expertise, dit le président. — Il n'y a pas de contradiction, » répondit M. Dubois, qui laissa entendre avec les ménagements les plus grands qu'il y avait eu seulement insuffisance dans les procédés de la première expertise, précipitation fâcheuse, et ignorance des progrès de la toxicologie.

L'accusation n'abandonna pas la partie. « Il y avait, dit-elle, des différences notables entre les deux expertises ; par conséquent, l'opinion des seconds experts ne pouvait être admissible. Il devenait donc nécessaire, à ses yeux, de procéder à une expertise nouvelle et d'exhumer le corps de Lafarge. » La Cour ordonna ces deux opérations, malgré l'opposition de la défense.

L'audience du 5 produisit dans la population de Tulle une réaction complète.

Le 8, au matin, on procéda à l'exhumation des restes de M. Lafarge. Après avoir répandu des flots de chlorure autour de la tombe, on découvrit le cercueil, qui contenait un cadavre dans un état hideux de décomposition. On mit cette pâte humaine dans des pots de faïence qui furent apportés au palais de justice. Six fourneaux rangés en cercle et chauffés par un immense brasier toujours rouge ne suffirent pas à absorber les exhalaisons putrides qui se répandirent dans la salle d'audience. C'est autour de ce brasier dévorant que les chimistes s'acquittèrent de leur pénible tâche.

Le 9, M. Dupuytren vint confirmer, au nom de ses collègues, les résultats de la seconde expertise. Traitées par les procédés les plus savants et les plus rigoureux, les matières remises aux experts n'avaient laissé apparaître aucune tache arsenicale.

A cette déclaration, des applaudissements prolongés se firent entendre dans l'auditoire. Madame Lafarge se pencha souriante vers son défenseur, qui, moins maître de son émotion, sentit des larmes inonder son visage. L'accusation était désappointée : elle eut le tort de le laisser voir d'une façon regrettable. « Et depuis quand, s'écria M. l'avocat général, le sanctuaire de la justice est-il devenu une arène pour les mauvaises passions ? *Pense-t-on donc qu'il ne reste plus de ressources à l'accusation ?* Pense-t-on donc qu'il ne lui reste encore à remplir une grande et solennelle mission ? Prenez-y garde, l'accusée aurait peut-être à vous reprocher une mesure qui prolongerait son anxiété en reculant l'époque de la solution de cette affaire. »

Après ce résultat, qui semblait devoir être décisif, la Cour délibéra longtemps pour savoir si elle ordonnerait une expertise nouvelle. Il fut question de renvoyer l'affaire à une autre session. M⁵ Paillet, appelé dans la chambre du conseil, s'opposa vivement à un renvoi, et, comme la Cour paraissait disposée à ce délai, il s'écria : Madame Lafarge est mourante. Au lieu d'un cadavre, vous en aurez deux !

Il fut alors décidé que MM. Orfila, Devergie et Chevallier seraient mandés à Tulle pour procéder à une expertise nouvelle. A l'audience du 10, M. l'avocat général prit la parole. Son attitude était essentiellement modifiée. Il dit que jusque-là il avait été profondément convaincu de la culpabilité de l'accusée, que le doute ne lui semblait pas possible. Les expertises ont ébranlé cette conviction. Cependant il n'a pas hésité à entourer la justice d'une nouvelle lumière ; car dans cette affaire, où tout était solennel, il fallait que cette femme fût bien aux yeux de tous proclamée non coupable ; l'accusation la première serait heureuse de le reconnaître.

« L'accusation, répondit M⁵ Paillet, vient de faire elle-même son oraison funèbre. » Le défenseur protesta une dernière fois contre la nécessité d'une expertise nouvelle, qu'on n'eût certainement pas accordée si, le résultat étant défavorable, l'accusée l'avait demandée. « Acceptons, puisqu'on le veut, dit M⁵ Paillet, une expertise de plus. Puissent les forces physiques de l'accusée, puissent les nôtres y suffire !... »

Tout n'était pas fini cependant pour la seconde expertise. Outre les matières organiques, elle avait encore à analyser les substances ou remèdes suspects.

Quant au lait de poule, M. Dubois déclare qu'il contient une quantité considérable d'acide arsénieux. Dans ce qui reste au fond du verre il y a de quoi empoisonner au moins dix personnes. Il y a de l'arsenic en petite quantité dans l'eau gommée, dans l'eau panée et dans la gomme remise par Emma Pouthier au médecin Fleignat. Le paquet de poudre de M. Lespinasse est de l'arsenic pur.

Le fait remarquable de cette expertise, c'est l'arsenic trouvé dans la gomme remise par Emma Pouthier. On décide que la boîte spontanément remise par madame Lafarge à cette jeune personne sera également analysée. L'accusée elle-même provoque cette mesure, et les experts y trouvent encore de l'arsenic. L'accusation avait supposé une substitution adroite faite dans le but de préparer une justification. M. l'avocat général obsédé de ses adjurations cette timide et sincère personne pour lui faire avouer qu'elle a voulu sauver madame Lafarge en faisant disparaître cette boîte. La naïveté loyale de ce témoin l'emporte sur les soupçons de l'accusation quand la déclaration des experts fait crouler l'hypothèse de M. l'avocat général.

Me Paillet fait remarquer que l'on cherche une diversion et il insiste sur ces faits étranges : les experts de Brives, qui avaient trouvé du poison là où il n'y en avait pas, n'en ont pas trouvé dans cette boîte qui en contenait. De là la supposition gratuite faite par l'accusation de la substitution d'une poudre innocente au poison. Si on n'eût pas trouvé d'arsenic, l'accusation triomphait et suspectait le témoignage d'Emma Pouthier. Au lieu de cela, on apprend qu'en livrant la boîte empoisonnée madame Lafarge ignorait qu'elle contînt de l'arsenic. Ce n'est donc pas elle qui a versé le poison, et alors où est la main coupable ?

M. l'avocat général : La défense revient sur les soupçons monstrueux qu'elle a déjà lancés. Qu'elle articule donc les faits, qu'elle accuse si elle doit accuser. Désormais il est acquis que la substitution de la boîte n'a pas eu lieu. Cela prouve seulement que Marie Cappelle a opéré avec une audace incroyable.

Me Paillet : Madame Lafarge vous répond : « Je ne veux accuser personne ; l'accusation fait trop de mal. » Non, notre mission n'est pas d'accuser, nous n'avons qu'à nous défendre. Nous exposerons les faits, nous tâcherons de les éclaircir ; nous ferons ressortir les mystères étranges qui nous apparaissent dans les obscurités de ce débat. La conscience du jury fera le reste.

Avec M. Orfila, le ministère public appelait deux savants que recommandait la spécialité de leurs travaux, MM. Devergie et Chevallier. M. Orfila, en leur absence, prit sur lui d'amener M. de Bussy, son préparateur ordinaire, et M. Ollivier (d'Angers), médecin plutôt que chimiste et toxicologue. L'expertise allait donc être confiée réellement à un seul homme. Mais cet homme, la défense elle-même l'avouait, c'était le prince de la science, l'homme dont les travaux avaient fait faire à la toxicologie les progrès les plus sérieux. Aussi, depuis le jour où l'intervention de M. Orfila fut réclamée, les débats languirent. On sentait que le procès tout entier dépendait désormais de l'opinion qui serait exprimée par l'illustre doyen de la faculté de médecine de Paris.

M. Orfila et ses deux collègues arrivèrent le 13 à Tulle. Le soir même de ce jour ils commencèrent leurs analyses, qu'ils poursuivirent pendant une partie de la nuit et qu'ils terminèrent dans la soirée du 14. A cinq heures les experts furent introduits. Chacun cherchait anxieusement à lire dans leurs yeux, dans leur attitude, les résultats si impatiemment attendus. M. Orfila prit la parole.

A ce moment un orage éclatait sur la ville de Tulle. L'obscurité mystérieuse tout à coup étendue dans la salle n'était dissipée que par les lueurs intermittentes des éclairs. La foudre grondait sourdement et, au milieu de ce dramatique appareil de la nature, la voix grave, habile, un peu emphatique du célèbre chimiste, déroulait ses arrêts funèbres.

« Je vais, dit l'illustre savant, diviser ce que j'ai à dire en quatre parties :

« 1o Je démontrerai qu'il *existe de l'arsenic dans le corps de Lafarge.* »

A cette première déclaration, si explicite, si inattendue, l'auditoire tressaille, madame Lafarge pâlit visiblement et porte la main à son cœur ; une anxiété profonde domine l'assemblée. M. Orfila poursuit :

« 2o Que cet arsenic ne provient pas des réactifs avec lesquels nous avons opéré, ni de la terre qui entourait le cercueil.

« 3o Je montrerai que l'arsenic, retiré par nous, ne vient pas de cette portion arsenicale qui existe naturellement dans le corps de l'homme.

« 4o Enfin, je ferai voir qu'il n'est pas impossible d'expliquer la diversité des résultats et des opinions dans les expertises qui ont été antérieurement faites, comparées avec la nôtre. »

Il existe de l'arsenic dans le corps de Lafarge. Oui, car une partie de l'estomac, les liquides qui y ont été trouvés et la matière des vomissements, soumis ensemble à la carbonisation par l'acide nitrique, puis, introduits dans l'appareil de Marsh, en ont donné une quantité peu considérable.

Une seconde expérience faite avec une partie du thorax, de l'abdomen, du foie, du cœur, du canal intestinal et du cerveau, a encore fourni une petite quantité d'arsenic.

La portion solide, non dissoute par la décoction dans les deux expériences précédentes, a été incinérée et a fourni une quantité très-notable d'arsenic.

Les chairs musculaires, une portion du suaire dans lequel le cadavre était enveloppé, les terres prises au-dessus et au-dessous du cercueil n'en ont pas donné.

L'arsenic ne vient pas des réactifs employés ; non, car ces réactifs avaient déjà été employés par les experts de Tulle, et ces experts n'ont pas trouvé d'arsenic. L'acide nitrique a été distillé sur du nitrate d'argent, il ne contenait donc pas d'arsenic. Les terres du tombeau n'en contenaient pas, on l'a vu, et d'ailleurs le cercueil était en bon état.

L'arsenic trouvé venait-il de cette portion arsenicale qui se trouve naturellement dans le corps de l'homme ?

« Il est, dit M. Orfila, reconnu aujourd'hui par mes expériences qui remontent à dix-huit mois qu'il existe naturellement dans les os de l'homme et de beaucoup d'autres espèces d'animaux une infiniment petite quantité d'arsenic, mais il est également reconnu que, par les moyens dont nous pouvons disposer actuellement, jamais on ne retire la moindre trace d'arsenic, ni de l'estomac, ni du foie, ni de la rate, ni des reins, ni du cœur, ni du poumon de l'homme. Or, nous avons opéré non sur les os, mais sur les organes intérieurs. Ce que nous avons retiré n'est donc pas de l'arsenic normal. »

Enfin, si des résultats divers ont été obtenus dans les diverses expériences, c'est qu'il y avait eu ici des accidents, un tube cassé par exemple ; là, une portion de matière trop minime soumise à l'expérimentation. Et puis, relativement à la seconde expertise, les difficultés étaient grandes. MM. Dubois père et fils, et Dupuytren, non-seulement agissaient sur une portion de matières trois fois moindre que celle soumise à la dernière série d'expériences, mais encore, ajoutait M. Orfila, l'appareil de Marsh est un appareil de fraîche date ; il n'a pas encore été parfaitement étudié par tout le monde, et même ceux qui l'ont étudié éprouvent tous les jours des embarras nouveaux pour s'en servir. Ainsi aujourd'hui même, au moment où nous venions de retirer l'arsenic d'un liquide qui en contenait, tout-à-coup, quoique certains que l'arsenic y était encore, nous avons cessé d'en obtenir, et il devait cependant en fournir. Cela tient à ce que la flamme est un peu trop forte, à ce que l'assiette de porcelaine est trop rapprochée ou trop éloignée, à ce qu'une porte ouverte détourne la flamme et la rejette d'un autre côté, etc., etc.

« Il n'est donc pas extraordinaire que quand on a opéré sur des quantités aussi minimes, on ne soit pas arrivé à un résultat. Je me plais à rendre justice au talent et à l'habileté des expérimentateurs qui ont opéré, mais il est évident qu'ils ont agi sur trop peu de matières, et en second lieu que l'appareil de Marsh a été employé avec une flamme un peu trop forte, et que la petite quantité d'arsenic existant a été volatilisée.

« Je ne vois rien là qui ne puisse concorder avec le résultat que nous venons d'obtenir. »

Les seconds expérimentateurs n'ont pas, d'ailleurs, incinéré le résidu des matières solides, résultat de la coction des viscères, et c'est dans ce résidu carbonisé que vient d'être trouvée la plus grande quantité d'arsenic.

« Je l'avoue, ajoute l'illustre savant, le procédé suivi par ces messieurs est indiqué par certains auteurs ; s'il n'est pas le meilleur, ce n'est pas la faute de ceux qui ont expérimenté. Dans cette matière, il y a eu des progrès depuis quelque temps ; ainsi, on ne se préoccupait pas suffisamment de cette pensée que les matières animales mélangées avec l'arsenic retiennent fortement le poison et s'en débarrassent difficilement par l'ébullition ; c'est ce qui a fait que, dans beaucoup de circonstances, les matières vénéneuses ont échappé aux experts. »

Ainsi donc tout était changé. Cette femme que la science venait d'absoudre, la science la condamnait. Cette innocence d'hier, acclamée par l'auditoire de Tulle, par l'Europe tout entière attentive à ces débats, devenait la culpabilité d'aujourd'hui. Il y avait la science de la veille et la science du lendemain. Revirement effroyable qui consternait tous les cœurs et étonnait toutes les intelligences émues de voir que la vie et l'honneur pussent tenir à si peu de chose, au *non* d'hier, au *oui* d'aujourd'hui !

Le jour même où fut fait le rapport de M. Orfila, les cheveux de madame Lafarge blanchirent en partie. A partir de ce jour, des crises violentes bouleversèrent ses traits, altérèrent définitivement sa santé déjà si éprouvée. Il fallut la porter dans un fauteuil pour qu'elle pût arriver aux dernières audiences.

Les plaidoiries étaient terminées ; on croyait tout fini, et on attendait l'arrêt avec une anxiété douloureuse, quand il surgit un nouvel incident. Me Coraly vint tout à coup annoncer une intervention de la part de madame Lafarge mère, qui se constituait partie civile pour réclamer trente mille francs de dommages-intérêts applicables aux créanciers du défunt.

C'était un scandale inutile ; l'effet en fut pénible. On se rappela alors qu'un témoin avait déposé que le père de M. Buffières, demandant à un créancier, avant le procès, un délai pour le payement d'une obligation, avait ajouté : « Encore quelque temps, Marie Cappelle sera condamnée, et , avec les dommages-intérêts que nous obtiendrons , nous vous payerons. »

A l'audience du 17 septembre, M. l'avocat général Decous prend la parole.

« Messieurs les jurés, dit-il, le temps nous presse, nous devons tous désirer le terme de ces débats. L'action de la justice est lente. Elle l'est surtout lorsque dans cette enceinte il lui faut lutter contre des obstacles qu'elle ne peut prévoir, lorsqu'il lui faut lutter contre une accusée placée au sommet de l'échelle sociale, qui trouve en elle des ressources et au dehors des sympathies et des dévouements, lorsque ce n'est pas un de ces accusés sur lesquels l'action de la justice s'appesantit sans peine, parce qu'elle ne rencontre pas de résistance. Ici, au contraire, vous avez vu toutes les passions tumultueuses faire cortége à l'accusée jusque dans cette enceinte, et déborder malgré la majesté de votre audience par de scandaleux témoignages d'intérêt. Nous avons hâte d'en finir. Après un pareil débat, et la fatigue du corps et la fatigue de l'intelligence finissent par abattre les courages : mais lorsque nous accomplissons une mission si grande, si importante, lorsque nous avons mission de réprimer un crime qui effraye l'humanité, nous aurons du courage, de la fermeté.

« Vous aussi, messieurs les jurés, quel que soit le débordement de ces passions mauvaises qui se sont agitées autour de vous, le retentissement de ces protestations si extraordinaires qui ont entouré l'accusée pendant ces longs débats, vous aussi vous ne faillirez pas à votre mission, vous comprendrez que la France entière a les yeux sur vous, que c'est là une question d'honneur, de dignité, de moralité, qui sera jugée par l'Europe.

« Oh ! vous ne voudrez pas, j'en suis convaincu, j'en ai pour garant votre attitude dans ces débats ; vous ne voudrez pas qu'on dise que la balance de la justice a faibli dans vos mains. »

Arrivant à l'accusation, M. l'avocat général rappelle par quelles phases diverses elle a passé, établie d'abord sur des faits évidents, puis ramenée à l'état de doute, puis enfin devenue plus éclatante que le jour par suite de la dernière expertise.

« Aujourd'hui, la science a parlé, elle a dit son dernier mot, et ce mot a été un arrêt, et ce mot a été une condamnation, et ce mot, vous avez vu quelle impression profonde et lugubre il a produite dans cette enceinte.

« Mais, dira-t-on, l'arsenic s'est trouvé dans le corps de Lafarge en petite quantité, à la quantité d'un demi-milligramme, peut-être. Que m'importe ? ai-je besoin de revenir sur ces explications si positives qui nous ont été données. Nier un fait acquis aujourd'hui, ce serait se révolter contre les arrêts de la science.

« Lafarge est mort empoisonné. Mais qui l'a empoisonné ? Qui, si ce n'est cette femme, l'auteur de la lettre affreuse des premiers jours du mariage, où déjà les mots de crime et d'empoisonnement se trouvent sous la plume de l'accusée ? Après la réconciliation, Lafarge est déjà condamné à l'avance. La cupidité sera bien l'ignoble accessoire du crime, mais le but de l'assassin sera de se débarrasser des caresses d'un homme qu'elle déteste. »

Dans l'affaire du testament de Lafarge, dans les lettres passionnées échangées entre les deux époux, M. l'avocat général voit, malgré la mauvaise situation financière de Lafarge dont il n'a pas à s'occuper, ici amour sincère, là mensonge et combinaison infernale.

Puis vient l'arsenic acheté, le gâteau envoyé à Paris, la mort aux rats du Glandier qui ne contient pas d'arsenic. Le corps du délit eût-il manqué, aux yeux de l'accusation, ce sont là des preuves suffisantes et, appuyée sur ce fait, elle eût élevé la question subsidiaire de tentative d'empoisonnement.

Lafarge revient au Glandier, on l'empoisonne encore, on l'empoisonne toujours. Qui donc ?

« Irez-vous dire, Marie Cappelle, que c'est la mère de Lafarge qui a versé le poison ? Ah ! si jamais une pareille pensée pouvait être la vôtre, craignez l'indignation du jury ; prenez garde que ce nouveau crime ne pousse le jury à des sévérités qui ne sont peut-être pas dans son cœur. Il y a eu empoisonnement, et l'empoisonneuse est ici, sur ce banc, devant vous ! Oui, Marie Cappelle, c'est vous qui avez empoisonné votre mari ; qui, quinze jours, l'avez nourri de poison ; c'est vous qui avez acheté le poison, beaucoup de poison. Si vous n'êtes pas coupable, il ne suffit pas de nous dire que vous avez la conviction de votre innocence, montrez-nous celui qui a substitué le gâteau et sa boîte aux gâteaux qu'on vous a apportés; montrez-nous l'emploi fait de ces énormes quantités d'arsenic achetées par vous. »

M. l'avocat général rappelle ensuite les témoignages directs, celui si positif de mademoiselle Brun, celui de « cette pauvre petite Emma Pouthier, si naïve, si pure, si suave nature, qui a eu le malheur d'être un jour en contact avec cette femme, qui le regrettera toute sa vie, et qui a été à ce point fascinée, qu'elle est venue ici déguiser la vérité. Vous l'avez vue devant vous cette parfaite nature de jeune fille, si pleine de bons sentiments, de candeur, de naïveté, de vertu, sous le poids du charme, refuser sa bouche si pure à l'expression de la vérité ; quelques efforts de plus, vous l'avez vu encore, je la lui arrachais, mais il fallait lui arracher cette vérité au milieu des larmes. Ah ! loin de moi la pensée de prendre contre elle des réquisitions ; elle a heureusement enfin échappé au contact de cette malheureuse ; elle est rentrée dans le sein d'une honnête famille ; elle regrettera un jour son erreur, mais, devant vous, elle n'a pas dit la vérité. Elle voulait faire disparaître les traces du crime, les preuves qui pouvaient convaincre la criminelle ; elle a été près de Marie Cappelle lui demander l'arsenic qu'elle pouvait avoir, les lettres qu'elle pouvait désirer cacher. »

« J'aurais pu, dit en terminant M. l'avocat général, faire appel à de bien justes émotions ; j'ai préféré m'adresser à votre raison ; je finirai comme j'ai commencé. L'accusation, comme elle s'est présentée à moi, n'était pas seulement une question de criminalité, c'était une question d'égalité devant la loi. Voulez-vous qu'elle soit égale pour tous, la justice ? Voulez-vous qu'on ait partout cette conviction que la justice est un niveau qui pèse également sur toutes les têtes, ou voulez-vous qu'on dise que le jury s'est montré faible et lâche contre une femme comme celle-ci, et se relève fort et courageux quand il s'agit d'anéantir un être faible ? C'est à vous de choisir. Mais, je le déclare, je ne veux ni pour vous ni pour moi d'une semblable solidarité. Nous ne pouvons en avoir ensemble une que pour la justice et l'honneur : c'est la seule que j'accepte ; c'est la seule, je n'en doute pas, que vous accepterez aussi. »

Après ce réquisitoire, l'audience est suspendue et n'est reprise que dans la soirée. On apporte dans un fauteuil madame Lafarge, pâle, encore amaigrie, les traits convulsés. Sa vue excite une sensation pénible et prolongée.

M⁰ Paillet a la parole.

« Messieurs, dit le défenseur, après huit mois de captivité, de douleurs et de résignation, madame Lafarge peut enfin faire entendre devant ses juges une voix amie. Et le premier reproche qu'elle rencontre dans cette enceinte, est de se présenter à vous protégée par des influences étrangères qu'on n'a pas même signalées. Etranges préoccupations du ministère public ! étranges démentis donnés à l'évidence et à la notoriété des faits ! Qui ne le sait, au contraire? Tandis que madame Lafarge gémissait dans le silence, quelle activité déployée contre elle au dehors ! Que de mauvaises passions soulevées contre elle ! Que de faits mensongers, calomnieux, romanesques, parcourant la France d'un bout à l'autre avec la rapidité de l'éclair, accueillis, commentés par la légèreté ou la malveillance ! Que d'outrages prodigués à une femme captive, souffrante, qui ne pouvait se défendre ! Hélas ! messieurs, pourquoi faut-il que la justice elle-même, dont les formes graves et nobles sont tout à la fois notre sécurité et notre admiration, se soit écartée dans cette occurrence de ses traditions constantes, comme pour donner à la prévention un aliment nouveau? Vous parlerai-je de ces communications précoces et indiscrètes, de ces pièces les plus hostiles du procès livrées à qui les a voulues, de cet acte d'accusation à édition double, inondant la France et l'Europe, mais inconnu d'une seule personne, de l'accusée? »

Un mouvement d'adhésion, immédiatement réprimé, se fait sentir dans l'auditoire.

« Vous parlez d'influences !.. C'est moi qui vous en reproche, c'est moi qui les dénonce à tous les esprits justes et impartiaux. Voilà pourtant, messieurs les jurés, comment on est parvenu à composer cette prévention qui vous enveloppe, qui vous poursuit jusque dans cette enceinte.

« La prévention, l'ennemie la plus dangereuse de la justice et de la vérité ! La prévention, que l'un de nos plus grands magistrats, procureur général aussi, d'Aguesseau, appelait l'erreur de la vertu, et, si nous osons le dire, *le crime des gens de bien.* Puis, il ajoutait, écoutez :

« Etre exempt de toute acception de personnes,
« c'est une vertu plus rare qu'on ne le pense ; mais ce
« n'est pas encore assez pour le magistrat. »

« Ceux qu'il appelait magistrats alors, dit en s'interrompant M⁰ Paillet, sont nos jurés d'aujourd'hui. Continuons avec Montesquieu :

« Les causes portent, même avec elles, leur pré-
« vention ; nous en sommes frappés, selon que le pre-
« mier coup d'œil leur est contraire ou favorable, et
« souvent nous en jugeons comme des personnes, par
« la seule physionomie.

« Qui croirait que cette première impression pût
« décider quelquefois de la vie et de la mort, et pou-
« vons-nous assez déplorer ici les tristes et funestes
« effets de la prévention, d'un amas fatal de circon-
« stances qu'on dirait que la fortune a rassemblées
« pour faire périr un malheureux ? Une foule de té-
« moins muets, et par là plus redoutables, semblent
« déposer contre l'innocence. Le juge se prévient, son
« indignation s'allume et son zèle le séduit. Moins
« juge qu'accusateur, il ne voit plus que ce qui sert
« à condamner, et il sacrifie aux raisonnements de
« l'homme celui qu'il aurait sauvé s'il n'avait admis
« que les preuves de la loi. Un événement imprévu
« fait quelquefois éclater dans la suite l'innocence
« accablée sous le poids des conjectures, et dément
« ces indices trompeurs dont la fausse lumière avait
« ébloui l'esprit du magistrat. La vérité sort du nuage
« de la vraisemblance, mais elle ne sort que trop tard :
« le sang de l'innocence demande vengeance contre
« la prévention de son juge, et le magistrat est réduit
« à pleurer toute sa vie un malheur que son repentir
« ne peut plus réparer. »

« D'Aguesseau avait-il donc deviné le procès Lafarge ? »

Après cet exorde, M° Paillet entre dans la cause.

Et d'abord, quelle était la position de Marie Cappelle et de Lafarge avant le mariage. Quant à Marie Cappelle, le défenseur retrace sa vie ; nous l'avons déjà fait nous-même. Il insiste sur la douceur de son caractère, sur ses agréments personnels, surtout sur sa moralité. Aux témoignages qui se sont déjà produits dans le procès sur les vertus de Marie Cappelle, le défenseur ajoute des lettres émanées de personnages éminents qui l'ont vue naître et grandir.

C'est d'abord M. le marquis de Mornay, gendre du maréchal Soult, ami de son père, qui écrit le 26 août 1840 :

« ... Je n'hésiterai pas à proclamer aujourd'hui plus que jamais les droits que mademoiselle Cappelle s'était acquis à l'estime publique et à l'affection de tout ce qui l'entourait, tant par son dévouement et sa tendresse pour les siens, que par les sentiments d'humanité et de générosité dont elle a donné plus d'une preuve. Tant de nobles qualités doivent être jusqu'à ce moment, pour des hommes impartiaux, une garantie contre les horribles soupçons qui s'élèvent aujourd'hui contre elle... »

C'est ensuite madame la vicomtesse de Montesquiou, l'une des personnes les plus recommandables du département de l'Aisne, par sa position, son caractère et ses vertus. Elle a écrit, le 6 août, au défenseur : « ... J'ai pu observer de bonne heure mademoiselle Cappelle et j'ai constamment reconnu chez elle des sentiments de douceur, d'extrême bonté pour tous ceux qui avaient recours à elle. Sa mère lui avait appris dès son enfance à se faire aimer de ce qui l'entourait, à soigner les pauvres dans leurs maladies, à les aider dans leurs besoins avec une charité sans ostentation qu'on lui a toujours vu exercer depuis. J'avoue que toutes ses bonnes et nobles qualités ont fait encore plus d'impression sur moi que l'argument de son esprit, et le témoignage que je leur rends aujourd'hui ne sera certainement démenti par aucun habitant de ce pays, où elle a reçu mille preuves d'un attachement tout personnel.

« A la mort de son grand-père, vers la fin de 1838, la santé de Marie Cappelle, déjà mauvaise, s'étant altérée de plus en plus, je l'ai demandée à sa famille, dans l'espoir que nos soins et notre amitié pourraient adoucir l'amertume de si justes regrets ; elle a été avec nous près d'un mois, traitée en enfant de la maison ; vous comprendrez que je ne parle de cette circonstance que pour mieux indiquer encore la nature des sentiments qu'elle nous inspirait ; l'hiver suivant, et tout le temps qui s'est écoulé jusqu'à son mariage, nos relations sont restées ce qu'elles étaient précédemment ; depuis cette époque, nous ne nous sommes pas revues. J'ai seulement reçu deux lettres de madame Lafarge dans lesquelles, aussi bien que dans tout autre échange de procédés que nous avons eu ensemble, je puis affirmer que je n'ai jamais rien trouvé qui ne fût propre à justifier mon affection pour elle... »

Madame la comtesse de Valence, belle-mère du maréchal Gérard, a répondu de son côté, le 30 juin :

« ... Je n'ai rien à dire que de favorable sur elle, et tout ce que j'en connais me fait repousser avec un profond étonnement toutes les affreuses inculpations qui pèsent sur son compte. Tant que la loi ne l'aura pas jugée, je la croirai innocente, et elle aura toute ma pitié et tout mon intérêt, car il n'a pu qu'augmenter pour elle en la voyant si malheureuse.

« ... C'est à Paris, chez ses tantes que je la vis davantage. Je la trouvai ce qu'elle est en effet, douce, bonne, aimable, du plus charmant caractère, et se faisant aimer de tout le monde. Je l'aimais d'abord en souvenir de sa grand'mère et de sa mère, ensuite pour elle. Je ne vis en elle que de nobles sentiments, et je peux dire avec une entière vérité que je n'eus pas le plus léger reproche à lui faire. Elle me parut toujours bonne, sensible, d'un caractère aimant, désintéressée et d'une inaltérable douceur ; ce qui, joint à de charmants talents, rendait sa société aussi agréable qu'attachante... »

Cette lettre si touchante est confirmée de tous points par le témoignage du maréchal Gérard lui-même :

« J'ai reçu, monsieur, la lettre que vous m'avez fait l'honneur de m'écrire, et dans laquelle vous faites un appel à mes souvenirs en faveur de la jeune et malheureuse femme dont vous soutenez la cause avec une si infatigable persévérance.

« Lié, depuis bien des années, avec la famille de Marie Cappelle, ce n'est pas sans éprouver les sentiments les plus pénibles que j'ai appris les affreuses accusations qui, depuis plusieurs mois, n'ont cessé de s'accumuler sur la tête de cette infortunée ; j'ai déploré bien vivement le malheur d'une existence si cruellement accablée, et j'ai, comme tous ses amis, fondé des espérances consolantes sur la conviction que vous n'avez cessé de conserver de son innocence. S'il s'agit de rendre hommage aux aimables qualités de Marie Cappelle, si c'est ce témoignage que vous invoquez de moi, je le porterai sans hésitation, et je dirai en toute sincérité que cette jeune personne, que j'ai vue pendant quelque temps qu'elle a passé après la mort de sa mère chez ma belle-mère, madame de Valence, possédait tous les charmes de caractère qui font le bonheur d'un intérieur de famille. Je l'ai connue constamment douce, obligeante, égale et empressée à rendre service à tout le monde. Il est à ma connaissance que, quelques mois plus tard, elle alla demeurer dans une terre près de Villers-Cotterets, chez M. Collard, son grand-père, et qu'elle soigna ce vieillard jusqu'à sa mort avec le plus tendre dévouement. Je sais qu'elle était aimée des nombreux amis de sa famille, et que l'attachement des domestiques lui était acquis.

« Je fais les vœux les plus vifs pour que vos efforts soient couronnés d'un plein succès, et que les débats qui vont s'ouvrir amènent la justification complète de celle dont vous avez embrassé la défense, et viennent consoler sa famille affligée.

« Recevez, monsieur, l'assurance de ma considération distinguée.

« Maréchal GÉRARD.

« Ce 7 août 1840. »

Voilà quelle était la jeune fille dont Lafarge demanda la main. Veuf, il se présentait comme riche : il évaluait entre 30 et 40,000 fr. son revenu annuel ; il transformait le Glandier en un château de plaisance ; il fixait à 80,000 fr. ses apports mobiliers. Et cependant il en était réduit aux plus déplorables expédients, aux billets faux.

Quels furent les sentiments avec lesquels Marie Cappelle accueillit ce projet d'union ? Le ministère public a dit qu'elle avait eu hâte de terminer ce mariage, c'est le contraire qui est la vérité. Qu'on lise la lettre suivante, écrite par Marie Cappelle, la veille de son mariage, à M. Elmore, ancien ami de la famille :

« Je veux vous écrire une grande nouvelle, mon cher monsieur Elmore, une nouvelle que je ne crois guère, qui m'étonne plus qu'elle ne vous étonnera. Enfin, moi si difficile, si réfléchissante aux mauvais côtés de toute chose, je me marie en poste.

« Mercredi, je vois un monsieur chez Musard ; je lui plais, et il ne me plaît pas beaucoup. Jeudi, il se fait présenter chez ma tante ; il se montre si soigneux, si bon, que je le trouve mieux. Vendredi, il me demande officiellement. Samedi, je ne dis pas oui, mais je ne dis pas non, et dimanche, aujourd'hui, les bans sont publiés !...

« J'étouffe de mille sentiments divers. C'est fini... Voici les détails que je puis vous donner : M. Lafarge a vingt-huit ans, une assez laide figure, une tournure et des manières très-sauvages, mais de belles dents, un air de bonhomie, réputation excellente; il est maître de forges, a ses propriétés dans le Limousin, à 130 lieues de Paris, une belle fortune, un joli château, autant que je puis en juger par un plan qu'il m'a donné. Il revient tous les ans à Paris pour ses affaires. Du reste, il m'adore, ce qui me semble assez doux ; il aime les chevaux. Le haras de Pompadour est à une demi-lieue du Glandier, et c'est à cause de belles courses qui ont lieu le 17 août qu'il désire cette excessive presse qui me fera marier avant cette époque... »

Veut-on surprendre les sentiments de Marie Cappelle dans une lettre d'un sens plus intime encore ? Elle écrit, le 30 juillet 1839, à Ursule Durand, une de ces vieilles *mies* de la patriarcale famille des Cappelle :

« Ma bonne Ursule, je viens t'embrasser ainsi que ma sœur, et je suis sûre que vous êtes bien heureuses toutes deux de mon bonheur. Mon mari n'est pas très-beau, mais parfaitement bon ; il m'adore, et me comble déjà de soins et d'attentions délicates. Comme il y a de grandes fêtes près de chez lui, des courses de chevaux, des bals, etc., il m'a demandé en grâce de me marier le 12, ce que j'ai promis... N'oublie pas mon chapeau de cheval. Mon mari futur adore monter à cheval, il a deux chevaux de selle et deux de voiture. Il me donne un délicieux habit vert. (Cet habit fut mangé par les rats du Glandier et détermina un des achats d'arsenic.)

« J'ai le dessin de mon petit château qui est charmant ; il y a de belles mines dans le jardin, une rivière qui passe sous les fenêtres ; c'est à peu près grand comme Villers-Hellon.

« M. Lafarge aime à recevoir du monde chez lui, il en a très-souvent ; vous viendrez me voir, je l'espère bien. Ce sera un voyage très-sain pour la santé de Valentine, et rien ne me rendra plus heureuse que cette possibilité de recevoir ceux qui m'ont si bien reçue. Ma bonne Marie aura de l'excellent café qui l'attendra : je me brouille avec elle si elle ne vient pas bientôt.

« On m'a déjà donné un délicieux piano de Pleyel, qui est dans le salon de ma tante, et qui va partir pour Glandier, afin de me recevoir. N'est-ce pas une aimable attention ? Sachant que j'aime les bains, il a écrit sur-le-champ pour que je trouve une salle de bains toute prête, qui fasse mon cabinet de toilette : il en est de tout ainsi ; je ne puis former un désir qui ne soit accompli ou promis. C'est le contraire de tous les mariages ; chaque jour nous découvre quelque chose de mieux en caractère, fortune, etc. Je n'ai pas perdu pour attendre. »

Ce sont là des minuties peut-être, mais qui montrent jusqu'à l'évidence que Marie Cappelle acceptait sans arrière-pensée son nouvel avenir, qu'il n'y avait pas dans son cœur la trace la plus légère d'un amour contrarié.

Le mariage s'est accompli : la défense arrive à cette fameuse lettre du 15 août, représentée par l'accusation comme une œuvre infernale, où toutes les mauvaises passions sont renfermées. La lettre est étrange, c'est vrai, mais les assertions romanesques qui y abondent sont démenties par les faits. C'est un acte de démence accidentel et fugitif, qui s'explique par les circonstances. Quelques jours après, le 21 août, madame Lafarge écrira à Mme la baronne Garat, sa tante, et, après lui avoir confié ses déceptions *limousines*, elle ajoutera : « Je demeurai bouleversée pendant vingt-quatre heures. Alors je me secouai, je regardai autour de moi ; j'étais mariée, j'avais adopté cette position ; elle se trouvait extérieurement fort déplaisante, mais avec de la force, de la patience, et l'amour de mon mari, je pouvais en sortir. Aussi, je pris mon parti de bonne grâce.... »

Et voilà madame Lafarge qui s'arrange dans sa vie nouvelle, qui fait des projets, qui s'habitue à tout avec une bonne grâce sans arrière-pensée. Mille petits détails cités par Me Paillet le prouvent. La lettre du 15 août, cette base de l'accusation, est donc à jamais effacée ; et, suivant pas à pas le nouveau ménage, le défenseur trouve partout des preuves évidentes que la paix et l'amitié la plus sincère y règnent désormais.

Le 2 septembre, elle écrit à madame Garat :

« Charles voit par mes yeux, sent ce que je sens, enfin n'est plus guère lui-même, ce qu'il avoue très-gentiment vingt fois par jour. Je ne puis t'exprimer combien il m'aime. Rien n'est doux comme de pouvoir s'appuyer ainsi sur l'amour d'un être plus fort que soi, qui vous protége sans vous dominer. Nous avons été à Tulle pour deux jours ; la préfette, sœur d'Odilon Barrot, a été charmante pour moi. Je ne puis te dire combien on m'a témoigné d'indulgence ; on me choie, on me fête ; je fais des frais de mon côté, et j'ai réussi au delà de mes vœux ; mon mari est ravi de cela, sa famille est toute fière et heureuse ; enfin, ils m'appellent leur bénédiction, et je saurais assez les aimer pour tout ce qu'ils me témoignent d'affection, de soins, de bonheur. »

A M. Elmore, le 2 octobre :

« ....Toute ma nouvelle famille est parfaite pour moi ; on m'accable de prévenances et de soins... Enfin, je suis, grâce à Dieu, chez moi, aimée, tranquille, heureuse. »

A madame Garat, le... octobre :

« Je suis toujours une heureuse et gâtée personne ; Charles me fait la cour assidue d'un prétendant, m'accable de tendresse, de soins, d'adoration..... Vraiment, je remercie Dieu du fond de mon âme, et du Charles qu'il m'a donné, et de la vie qu'il a ouverte devant moi. Seules vous me manquez... Adieu, ma chère petite tante ; je t'écris comme un chat, et je t'aime comme un chien. »

La lecture de ces derniers mots excite une vive hilarité dans l'auditoire. Seule, madame Lafarge est insensible à tout ce qui se passe autour d'elle, absorbée, privée de mouvement.

« Est-ce de l'hypocrisie, tout cela ! s'écrie Me Paillet, est-ce un rôle habilement, patiemment joué ? Mais, quand elle s'adresse à des tiers, à des indifférents, sera-t-elle hypocrite pour le seul bonheur de l'être ?

Le 22 décembre, elle écrit à M. de Sahune, conservateur des forêts de la couronne, en lui demandant de hâter par son influence l'affaire du brevet d'où dépend le prompt retour de son mari : « M. Lafarge, lui dit-elle, m'entoure de la plus vive et délicate affection, il devine mes désirs pour les réaliser... enfin, monsieur, je suis une heureuse femme... »

Et toutes les réponses saisies au Glandier, écrites de la main des personnes les plus recommandables, amies de la famille Cappelle, prouvent que madame Lafarge se disait à tous et toujours parfaitement heureuse. Et elle aurait dissimulé, trahi pendant six mois !

Puis Me Paillet montre par des lettres nombreuses Lafarge poussant incessamment sa femme à des démarches, à des recherches d'influences relativement au brevet. Si donc madame Lafarge s'occupe souvent d'affaires, elle n'est que l'écho de son mari.

Vient l'affaire des gâteaux. Me Paillet cherche à établir que la substitution au Glandier d'un seul gâteau empoisonné aux gâteaux innocents a été impossible. Les témoignages le prouvent, et jusqu'aux réticences d'Anna Brun. Et qui l'aurait fait au Glandier? Madame Lafarge? On sait bien que ce n'est pas possible. Avait-elle donc un complice? Qu'on le montre. La substitution a pu être faite au dehors. La caisse, fermée au départ avec des petits crochets, arrive fermée avec des clous; les objets n'y sont plus dans leur disposition primitive. Et puis, combinaison machiavélique! madame Lafarge fait écrire la lettre d'envoi par sa belle-mère; mais c'est là tout justement ce que devait éviter l'empoisonneuse, et faire que l'on n'annonçât pas *des* gâteaux quand on n'en envoyait qu'un seul. Et quelle adresse à envoyer un *gros gâteau* empoisonné, afin que Lafarge ne puisse pas s'empoisonner seul?

Ce *gros gâteau*, l'empoisonneuse lui écrira de le manger à onze heures du soir, quand il rentre fatigué, après un dîner en ville; toute la sympathie du monde ne fera pas qu'il le mange tout entier, et voilà la pièce de conviction qui reste sur la table, et madame de Violaine, cette sœur chérie de madame Lafarge, elle est peut-être là! le 3 décembre, Lafarge écrit au Glandier qu'elle va revenir à Paris, et madame Lafarge s'exposerait à empoisonner sa sœur!

« Le brevet est obtenu, dit l'accusation, Lafarge doit mourir. » Erreur ! c'est le 14 que les gâteaux partent du Glandier, et, le 15 décembre, Lafarge n'a encore qu'un certificat de demande; le 20, il ne l'a pas encore, ce brevet. L'empoisonneuse voulait donc tuer aussi le brevet? encore une base de l'accusation qui s'écroule.

Pendant l'indisposition de Lafarge à Paris, sa femme est inquiète. Qu'aurait-on dit, si elle fût restée impassible? C'est une femme étrange, peut-être, exceptionnelle, exagérée, soit ; mais assassin !

Le 18 septembre, Me Paillet discute les témoignages, celui de la mère de Lafarge, qu'on n'aurait pas dû entendre, qui a violé le secret d'un testament, qui, à côté du cadavre encore chaud de son fils, s'est froidement emparée de tous les papiers; celui d'Anne Brun, jeune fille au tempérament hystérique dont l'imagination est plus sûre que la mémoire; celui d'un Denis, l'homme aux faux billets, aux voyages mystérieux, à la haine atroce.

L'empoisonnement au Glandier, où en sont les preuves? Est-ce le lait de poule voyageur, dont rien ne garantit l'authenticité, que l'empoisonneuse aurait laissé sortir de ses mains avec tant de sang-froid?

Est-ce ce petit pot à l'arsenic, si prudemment placé sous la main de tout le monde, où l'on puise devant témoins?

Nous abrégeons tous ces détails déjà connus du lecteur, pour arriver à la conclusion de Me Paillet. L'empoisonnement, s'il existe, n'a pu être commis par madame Lafarge, elle n'y avait aucun intérêt de passion ou de cupidité; elle y avait tous les intérêts contraires.

« Le voilà, dit en terminant Me Paillet, le voilà ce procès auquel la position sociale de l'accusée, les circonstances bizarres de la lettre du 15 août, les échos empoisonnés de la prévention, une publicité longtemps hostile, avaient donné un retentissement inaccoutumé !

«J'ai voulu l'examiner, le passer au creuset de la logique et de la froide raison, avec cette bonne foi qui est l'âme de mon ministère. Qu'est-il arrivé? C'est que ces preuves graves, vues de loin et en masse, se sont affaiblies et effacées à mesure que nous nous en sommes approchés, comme s'effacent les montagnes dont on s'approche. Qui vous retiendrait encore? Comment hésiteriez-vous à dire avec moi, dans la sincérité de vos consciences : Non, cette femme n'est pas coupable, car elle ne peut pas l'être.

« Cette déclaration, c'est tout ce que vous pouvez faire pour elle; ce que vous ne pouvez pas, c'est de faire refleurir désormais cette existence flétrie pour toujours; ce que vous ne pourriez jamais, c'est de faire que cette femme ne soit pas la plus malheureuse entre toutes les femmes de la terre. Je vous le demande: fut-il jamais destinée plus lamentable que la sienne?

« Orpheline, elle avait au moins dans le nom glorieux que son père lui avait légué, dans son patrimoine, modeste sans doute, mais suffisant, dans une famille honorable s'il en fut, dans une éducation distinguée, dans des grâces personnelles, l'espoir d'un heureux avenir. Lafarge parut... A Dieu ne plaise que je vienne encore affliger sa mémoire par des reproches même légitimes; l'accusée elle-même les désavouerait.

« Vous savez comment il a obtenu sa main ; vous savez dans quel état était sa position. Lafarge parut, et bientôt, grâce à ce fatal mariage, honneur, fortune, illusions, espérances, santé même, oui, santé! tout s'est évanoui pour elle, et évanoui sans retour!

« Voilà, messieurs, tout ce que vous ne lui rendrez pas. Mais ce que vous pouvez, ah! faites-le, du moins faites-le. Hâtez-vous de rendre à la tendresse et aux soins de sa famille ce que la lente agonie de la prison nous a laissé de cette jeune femme, naguère encore si brillante et si digne d'envie, réduite maintenant à ce déplorable état, qui doit être pour ses ennemis eux-mêmes un objet de douleur et de pitié.

« Courage pourtant, courage, pauvre Marie ! j'ai espoir que la Providence, qui vous a si miraculeusement soutenue dans ces longues épreuves, ne vous abandonnera pas désormais. Non, vous vivrez pour votre famille, qui vous aime tant ; pour vos amis nombreux; vous vivrez pour vos juges eux-mêmes ; vous vivrez comme un témoignage glorieux pour la justice humaine, quand elle est confiée à des mains pures, à des esprits éclairés, à des âmes sensibles et compatissantes !!! »

Voilà quelle fut cette admirable plaidoirie de deux jours, l'un des plus beaux titres de gloire de Me Paillet. A l'issue de l'audience, reportée à demi mourante dans sa chambre, madame Lafarge écrivit à son défenseur ces deux lignes :

« Mon noble sauveur, je vous envoie ce que j'ai de plus précieux au monde, la croix d'honneur de mon père. »

Après ces émouvants débats, le lecteur s'intéresserait médiocrement à la courte discussion qui s'établit entre Me Bac et M. l'avocat général sur l'affaire des diamants. Hâtons-nous de dire le dernier mot du procès criminel.

Tout est fini. Le président demande au ministère public et aux défenseurs s'ils n'ont rien à ajouter. Sur leurs réponses négatives, il fait la même demande à l'accusée.

Madame Lafarge, se relevant avec peine de son fauteuil, et d'une voix faible : Monsieur le président, je suis innocente, je vous le jure. (Sensation prolongée.)

M. le président. Je n'ai pas entendu...

Me Bac. L'accusée a dit : Je suis innocente, je vous le jure. (Mouvement. Les larmes s'échappent des yeux d'un grand nombre d'assistants.)

M. le président résume les débats. Il rappelle ensuite aux jurés les dispositions légales, remet à leur chef la question à résoudre, qui est ainsi conçue :

« Marie Cappelle, veuve du sieur Pouch Lafarge, « est-elle coupable d'avoir, en décembre et janvier « derniers, donné la mort à son mari à l'aide de sub- « stances susceptibles de donner la mort, et qui l'ont « donnée en effet ? »

On emporte l'accusée. La Cour se retire. A sept heures trois quarts le jury entre dans la salle des délibérations. Après une heure il en sort. Un silence de mort règne dans la salle. Le chef du jury fait la déclaration suivante :

« Oui, à la majorité, l'accusée est coupable. » (Mou-

Madame Lafarge dans sa prison.

vement général dans l'auditoire, exclamations dans la tribune des dames.)

« Oui, à la majorité, il y a des circonstances atténuantes en faveur de l'accusée. »

La foule immense qui s'est entassée dans le prétoire reste morne et silencieuse. Le président ordonne d'introduire l'accusée : Me Paillet, le visage inondé de sueur et la voix éteinte, vient annoncer que l'état de madame Lafarge rend sa présence impossible. La Cour ordonne que la sommation par huissier soit faite conformément à la loi de septembre, et, après une délibération d'une heure, prononce un arrêt qui condamne Marie Cappelle, veuve Lafarge, AUX TRAVAUX FORCÉS A PERPÉTUITÉ ET A L'EXPOSITION SUR LA PLACE PUBLIQUE DE TULLE.

Il fallut faire connaître à Marie Cappelle le verdict et l'arrêt. Me Lachaud quitta l'audience chargé de cette mission pénible. Il entra dans la cellule de Marie Cappelle, lui tendit la main sans parler et attacha sur elle un de ces longs regards pleins d'une immense pitié, qui disent ce que ne sauraient dire des paroles... Elle comprit, et, se levant par un mouvement fébrile : « Je veux aller à l'audience, s'écria-t-elle ; je veux crier encore une fois mon innocence, jeter mon mépris à ces hommes prévenus qu'on a effrayés. Je suis forte, je descendrai. »

Mais cet effort violent avait usé ses forces, elle retomba épuisée et perdit connaissance.

Nous l'avons dit, nous n'avons pas à discuter cet arrêt : il nous aura été permis, toutefois, de signaler la passion singulière de l'accusation, les circonstances mystérieuses et inexpliquées de la cause, les divergences étranges des expertises, les préventions des hommes appelés à prononcer sur le sort de l'accusée.

Un M. Brindel, devenu chef définitif du jury, aurait déclaré hautement avant de se rendre à Tulle, « que les débats ne lui enlèveraient pas la persuasion de la culpabilité de madame Lafarge, et qu'il la condamnerait si le sort l'appelait à faire partie du jury du jugement. »

Un autre juré, M. Terrioux, n'aurait pas craint de dire en plein café, pendant les débats : « Je désire que les chimistes de Paris trouvent du poison dans le corps de Lafarge. »

Un autre, le sieur Plazanet, aurait dit en pleine foire, avec des paroles injurieuses pour l'accusée : « Si je suis appelé à la juger, rien ne pourra m'empêcher de la condamner. »

Le sieur Dunsol, autre juré, aurait dit pendant l'expertise suprême : « M. Orfila ne trouvera rien, et elle n'en sera pas moins condamnée. »

Enfin, quand M. Orfila eut trouvé les taches d'arsenic, un autre juré, M. Chambon, écrivit à un parent éloigné de Tulle et le consulta sur ce qu'il avait à faire. « Il faut, répondit le parent, vous en rapporter à la décision de M. Orfila, juge suprême dans cette affaire. »

Étaient-ce là, put dire la défense, des jurés probes et libres?

Quant à l'intelligence des jurés limousins, les partisans de madame Lafarge faisaient circuler ce mot d'un d'entre eux sur l'honorable bâtonnier Me Paillet : « Ce n'est pas étonnant qu'il plaide comme ça, c'est le premier *bâtoniste* de Paris. »

Ce qui frappa surtout l'opinion publique, ce fut le résultat si horriblement inattendu de la quatrième expertise.

La même question de médecine légale se représenta plus tard dans un autre procès, celui de madame Lacoste. L'accusation était identique; un des plus célèbres chimistes de Paris avait été nommé expert dans cette affaire comme dans celle de madame Lafarge. Un des jurés adressa à ce chimiste, M. Chevallier, la question suivante : « La quantité de poison retrouvée est-elle équivalente à celle qui a servi de base dans l'affaire Lafarge? — Je ne puis répondre à la question ainsi posée, répondit M. Chevallier; ce qu'on a déclaré *poison retrouvé* dans le corps de M. Lafarge était *impondérable*, et par conséquent *hors des conditions voulues* pour établir un terme de comparaison. »

Un mouvement de surprise longtemps prolongé accueillit ces paroles. « Un moment, dit un journal d'Auch (c'est dans cette ville qu'avaient lieu les débats), on aurait pu croire que ce n'était pas madame Lacoste, mais Marie Cappelle que l'on jugeait, tant ce souvenir, éveillé d'une façon si inattendue, dominait l'auditoire et la justice elle-même. »

Madame Lacoste, on le sait, fut acquittée. « Mon ombre l'avait défendue, » dit Marie Cappelle dans ses *Heures de prison*.

Si l'opinion publique protesta contre les conclusions si absolues de M. Orfila, la science elle-même les accusa. Pendant qu'il en était temps encore, la défense avait eu l'idée d'en appeler aux lumières d'un savant célèbre, M. Raspail.

Le jeudi 17 septembre, à onze heures du soir, Me Babeau-Laribière, jeune avocat de Limoges, parti de Tulle trente-six heures auparavant, apporta à M. Raspail une invitation de Me Bac, et une lettre de l'accusée. Voici cette dernière pièce, appel suprême à un défenseur inconnu :

« Je suis innocente et bien malheureuse, monsieur! Je souffre et j'appelle à mon aide votre science, votre cœur.

« Des expériences chimiques m'avaient rendu une partie de cette opinion qui me torture depuis huit mois. M. Orfila est arrivé, et je suis retombée dans l'abîme.

« J'espère en vous, monsieur; prêtez à la pauvre calomniée l'appui de votre science; venez me sauver alors que tout m'abandonne.

« MARIE LAFARGE. »

Il était bien tard, le procès marchait si vite! M. Raspail fit des objections : son nom porterait malheur; ses anciens débats avec M. Orfila porteraient ombrage à l'accusation; la Cour ne lui permettrait pas même de dire son avis.

— Il faut que je reparte, avec ou sans vous, dans une heure, s'écria Me Babeau-Laribière; si vous ne venez pas, elle est condamnée; si vous venez, il y a mille chances contre une qu'elle sera acquittée. Le jury semble n'attendre qu'une réfutation du rapport; votre refus vous rendrait coupable d'une erreur judiciaire.

A deux heures du matin, le vendredi 18 septembre, le jeune avocat et l'illustre savant brûlaient le pavé sur la route d'Orléans. Le lendemain 19, à quatre heures et demie, la chaise de poste traversait Limoges; la fièvre brûlait M. Raspail, il fallut s'arrêter quelques heures. A onze heures et demie, on arrivait à Tulle : les habitants de l'hôtel se ruèrent, les larmes aux yeux sur la voiture, proférant ces terribles paroles :

— Malheureux! vous l'avez tuée... condamnée aux travaux forcés à perpétuité!... Elle a compté jusqu'aux minutes, jusqu'aux secondes; la dernière a sonné par cet arrêt pire qu'un arrêt de mort : ne vous en consolez jamais, c'est votre faute!

On sait si c'était leur faute : ils avaient parcouru cent vingt lieues en quarante heures, par des chemins de montagnes, par un temps affreux; la voiture avait cassé en route.

Laissons maintenant M. Raspail raconter lui-même les incidents qui suivirent cette course dévorante, inutile; on y trouvera l'opinion si grave de cet homme illustre, dont le caractère est incontestablement honorable, a pu avoir ses défauts, mais dont la conscience ne saurait être plus suspecte que la science :

« Marie Cappelle me fit demander le lendemain matin; la permission m'en fut pas refusée; chacun dans le palais de justice, jusqu'au geôlier, paraissait franchement s'intéresser à son sort. Sa famille ne la quittait pas d'une minute, des visages bienveillants circulaient autour du palais, pour en savoir des nouvelles. Je ne manquai pas d'introducteurs. Je fus conduit, de main en main, jusqu'à la porte de son cabanon, sur le palier duquel je fis un instant antichambre; il se passait dans l'intérieur une de ces scènes attendrissantes, dont j'ai eu l'occasion d'être si souvent témoin dans ma vie de prisonnier. Marie Cappelle désirait me parler seul à seul, et n'ayant là à sa disposition qu'une chambre, force était bien de congédier sa famille et même la *sœur chérie*, pour me servir de ses expressions. J'aurais désiré, moi, dire devant tous ce que j'avais à lui dire; mais la volonté d'une condamnée est la volonté sacrée de l'article de mort; on s'y soumet sans émettre la moindre réflexion contraire.

« Je la trouvai malade, dans son lit, derrière deux rideaux de toile à carreaux bleus et blancs, qui servent à couper sa chambre en deux pièces, dont la première est occupée par celle qui la servait dans le temps de sa prospérité, et qui n'a pas voulu la quitter prisonnière et sans ressource. L'exemple de fidélité au malheur, que donne à tout le pays cette bonne fille, semble avoir porté bonheur à Marie Cappelle; elle a perdu fort peu d'amis dans son infortune : que

Dieu lui conserve un brin de santé ! car elle a, dans l'âme et dans l'esprit, de quoi se réhabiliter, seule même et abandonnée, auprès de l'opinion publique, qu'elle m'a paru jalouse de reconquérir encore plus vivement que sa liberté.

« J'étais ému (à mon âge étayant une petite fille à élever, mon émotion n'est pas suspecte) ; je fis tous mes efforts pour rester froid comme un chimiste, et je terminai mon entrevue par quelques mots relatifs au sentiment religieux, que Marie Cappelle me sembla posséder sans exagération et sans hypocrisie. Ses amis intimes m'ont confirmé dans cette opinion.

« Les larmes suffoquaient la malade, je dus me retirer. Elle m'a fait dire dans la journée que ma visite lui avait rendu l'espoir qu'elle croyait avoir perdu depuis la veille, et avait ajouté une consolation de plus aux consolations que lui prodiguent ses amis.

« En sortant du palais de justice, étourdi et ébloui, tel qu'on sort presque toujours de la visite d'un prisonnier, je me demandais si c'était bien madame Lafarge à qui je venais de parler ; et maintenant, à cent vingt lieues de distance, ce mot-là a de la peine à me revenir dans l'esprit ; il me semble encore que je n'ai eu devant les yeux que Marie Cappelle.

« Madame Lafarge, telle que je l'ai vue sur son grabat de prison, est une femme que la douleur dévore, sans trop avoir altéré la régularité des formes qui durent en faire une belle jeune fille, lorsqu'elle jouissait de sa fortune et de la santé. Sans l'animation de sa physionomie, on s'apercevrait que ses traits manquent un peu de régularité ; on n'en a pas le temps, car l'expression ne tarde pas à venir effacer ce léger défaut d'harmonie ; et son regard, tel qu'on le devine à travers ses larmes, n'a rien perdu de cette magie qui paraît avoir tant fasciné de fois ses amis comme ses ennemis. On ne cite plus, dans toute la salle d'audience, que M. l'avocat général qui soit resté durement sévère envers madame Lafarge ; il paraît pourtant que ce magistrat, qui vient de donner à cette épreuve des gages d'une aussi sauvage intégrité, se faisait en cela une grande violence, car, au prononcé de la peine, l'homme a chez lui repris la place du juge ; on l'a vu attendri.

« Le teint de madame Lafarge n'est pas livide ; il est pâle. Ses cheveux noirs en bandeau, et sa coiffe de nuit, de calicot ordinaire, me rappelaient la lettre de mise officielle des prisonnières de Versailles, qui venaient si souvent, sous ma fenêtre, me remercier de quelques bons services, en chantant et en dansant, comme on chante et comme on danse sous les yeux des guichetiers.

« Madame Lafarge, dans sa prison, n'est plus que la fille du peuple, abandonnée des hommes entre les mains de la loi. Je n'étais point dépaysé en sa présence. Ses amis m'ont assuré que, depuis sa captivité, elle est toujours de même, et qu'avant elle avait le même goût de la simplicité.

« Sa conversation, douce et caressante, conserve dans le malheur et dans l'humiliation ce reflet de bonté et ce je ne sais quoi d'harmonieux et de sympathique qui rendait Marie Cappelle si intéressante à l'époque de sa prospérité. Il est difficile de rencontrer une femme du monde qui sache mieux se placer au niveau des personnes qui lui parlent, et ne mettre dans ses réponses que tout juste la dose d'esprit dont fait preuve son interlocuteur. Elle cherche à plaire à tous, et jamais à effacer personne. Elle cause de toutes choses avec le même intérêt et le même avantage. Elle est d'une force supérieure sur le piano ; douée d'un beau timbre de voix, elle chante avec une rare méthode ; elle connaît plus d'une science, explique et traduit Gœthe à livre ouvert, possède plusieurs langues, improvise les vers italiens avec autant de grâce et de pureté de style que les vers français. Marie Cappelle était une plante exotique au sein des bonnes et simples vertus de ménage de l'éducation limousine : elle y a trouvé la mort... »

Après ce portrait si charmant et dessiné sur le vif, M. Raspail aborde la question chimique.

Laissons de côté les récriminations du savant contre M. Orfila : elles ont un caractère trop personnel et portent évidemment la trace d'une irritation que nous n'avons pas à discuter. Arrivons à la discussion de l'expertise.

« J'ai vu au greffe, dit M. Raspail, les trois assiettes obtenues par M. Orfila ; j'en ai pris la description et même la mesure, et puis j'ai consulté quelques experts sur la manière dont on avait opéré.

« Les deux premières assiettes obtenues l'ont été par l'acide nitrique ; mais les taches qu'elles renferment sont si peu caractérisées et si petites, elles ont donné aux réactifs des indications si équivoques, que je me garderais bien de prononcer si elles soient des taches d'arsenic ; elles ne sont ni pondérables ni déterminables ; je dirai là-dessus ultérieurement mon dernier mot.

« Une condamnation d'après ces deux assiettes seules serait une fatalité déplorable ; et tôt ou tard la justice ne manquerait pas d'éprouver des regrets bien amers, pour avoir prêté l'oreille à un aussi faux système.

« Quant à la troisième assiette, à la vue et d'après les renseignements analytiques que j'ai puisés dans la conversation des experts du pays, je dois déclarer que l'on peut prononcer que les taches qui la couvrent sont de nature arsenicale. Mais ne préjugez pas trop vite : j'ai de bien graves choses à révéler à ce sujet.

« Les taches des deux premières assiettes sont petites, d'un jaune qui tient du gris ; chacune d'elles n'est qu'un souffle.

« Les taches de la troisième sont larges et gorge de pigeon, bleues et miroitantes sur le centre, jaunes violettes sur le bord. Mais.... écoutez bien.... elles n'ont été ainsi obtenues que par *l'emploi du nitrate de potasse que M. Orfila avait eu la précaution d'apporter de Paris*. Sur l'observation que lui en firent les experts, notamment ceux de Limoges, à savoir, que ce nitrate de potasse n'était peut-être pas pur, M. Orfila répondit qu'il en avait constaté la pureté. Mais comme MM. les chimistes insistaient et demandaient à en opérer l'analyse, M. Orfila, poussé jusque dans ses derniers retranchements, avoua que, si cette expérience leur *paraissait douteuse, il était disposé à l'abandonner.*

« Alors, répondit M. de Bussy, il faudrait aussi abandonner les deux premières assiettes ; car, à elles seules, elles ne sauraient constituer la base d'une accusation d'empoisonnement. »

« Dans le rapport de M. Orfila, vous ne trouvez rien de tout cela ; mais de tout cela, j'en ai la preuve orale ; qu'il ose me démentir légalement !

« Ces aveux ont paru aux auditeurs si graves et si extraordinaires, que j'ai été autorisé à les publier.

« Je dis à MM. les chimistes de qui je tiens ces révélations, qu'il fallait pousser plus loin notre enquête, et je demandai à ces messieurs où il me serait loisible d'éprouver les réactifs laissés à Tulle par M. Orfila, et d'en faire l'analyse, assisté d'un officier judiciaire.

« Voici ce qui m'a été répondu : M. Orfila a laissé entre les mains de M. Bories, pharmacien, tous ses réactifs, à l'exception de :

Sa potasse,
Son zinc,
Et le nitrate de potasse au moyen duquel il a obtenu les taches de la troisième assiette.

« Ces réactifs ne valaient que 50 centimes. Il a positivement refusé de nous en faire cadeau ! »

« Quand l'accusation fulmine contre la défense, on l'écoute : pourquoi fermerait-on la bouche à la défense quand elle signale un vice de forme dans les procédés de l'accusation ?

« Eh bien ! je veux et je prétends, au nom de la loi, qu'on m'écoute ; et la justice m'écoutera si l'arrêt est cassé, et l'opinion publique m'approuvera en tout état de cause.

« J'aurai rempli mon devoir, au risque de toutes les tribulations dont on paie un devoir accompli sous nos institutions actuelles. Que m'importe ! Mon sommeil, à moi, ne sera troublé par aucun fantôme chargé de fers, ni stigmatisé à toujours par un nitrate de potasse suspect de mensonge.

« Voulez-vous que je vous rende toute ma pensée ? Supposez que, dans l'intérêt de la défense, j'eusse suivi le procédé de M. Orfila ; que, traitant la foule des réactifs provenant des pharmacies du pays, de ce joli mot de *foule ignorante*, qui lui est échappé dans une autre occasion, j'eusse apporté tout exprès de Paris le nitrate de potasse, seul habile à faire trouver du poison, là où nul autre réactif n'en aurait décelé un atome, qu'aurait dit M. l'avocat général ? Le voici :

— « Nous requérons de la Cour que l'expert de la défense dépose, séance tenante, le flacon de nitrate de potasse qu'il a rapporté de Paris, à l'effet de le soumettre au contrôle des experts entendus dans cette enceinte. »

« Et si j'avais refusé d'obtempérer aux conclusions, qu'aurait ajouté l'accusation ?

« Elle aurait demandé acte de mon refus et l'insertion au procès-verbal, à l'effet de pouvoir exercer, s'il y avait lieu, des poursuites contre moi, en qualité de suspect de faux témoignage.

« Personne ne contestera la justesse de ces suppositions.

« Rien de semblable n'a été suivi à l'égard de M. Orfila ; et sur cette seule opération, qu'on aurait suspectée de ma part, qu'on a acceptée sans observation de la part de M. Orfila, *Marie Cappelle a dû être vouée à l'infamie.*

« Le jury a cru que l'impondérable quantité d'arsenic qu'il étalait sur ces assiettes signifiait nécessairement un empoisonnement par l'arsenic : une quantité que M. Orfila a évaluée à un demi-milligramme, et que j'estime, moi, à moins d'un centième de milligramme.

« Or, si le jury avait pu comprendre d'abord que cette quantité était trop minime pour signifier un empoisonnement, ensuite que cette quantité pouvait provenir du réactif apporté tout exprès de Paris par l'expert de l'accusation elle-même, le jury n'aurait pas pu condamner Marie Cappelle coupable d'empoisonnement par l'arsenic, car toutes les probabilités morales disparaissent devant l'absence du corps du délit. »

Le lecteur nous saura gré d'avoir retranché de cette lettre les déplorables récriminations du savant contre Me Paillet, cet avocat de tant de cœur et de conscience. C'est là la partie périssable de la lettre de M. Raspail à M. le docteur Fabre, rédacteur en chef de la *Gazette des Hôpitaux*. En remerciant le savant de son honorable intervention, Marie Cappelle combattit avec chaleur les injustes préventions de M. Raspail contre l'éminent avocat, dont la mort a été considérée comme un deuil public (*).

Voici la lettre éloquente de la condamnée :

A M. RASPAIL.

« Tulle, 1er octobre.

« J'ai lu avec une grande reconnaissance, Monsieur, les pages éloquentes que vous avez consacrées à la pauvre prisonnière ; et il m'est bien précieux de joindre à la conviction de votre science celle si touchante de votre cœur.

« Quelques lignes seulement m'ont fait souffrir ; je veux vous le dire franchement, afin d'ôter à votre pensée d'injustes préventions.

« Vous n'avez pas vu Me Paillet, et j'en suis désolée ; car vous auriez compris qu'à côté des opinions qui pouvaient vous faire étrangers l'un à l'autre, il y avait un caractère, une loyauté qui devait vous rendre frères.

« Je n'ai pas seulement trouvé en lui une belle éloquence, mais bien aussi un noble dévouement, et je lui dois de sages conseils pour ma défense, de tristes larmes pour mon malheur.

« Oh ! je vous en prie, Monsieur, ne vous séparez pas de ce puissant appui de mon innocence ; laissez-moi m'appuyer sur deux vaillants champions, sur deux nobles cœurs : Dieu vous le rendra, et votre jeune fille sera la joie et l'orgueil de votre avenir.

« Adieu, Monsieur. J'attends avec bien de l'impatience votre mémoire, et, forte de mon innocence et de votre participation, j'ose espérer encore.

« Recevez l'assurance de ma profonde considération.

« MARIE CAPPELLE. »

Le 28 septembre, à onze heures et demie du soir, le greffier qui se rendit auprès du lit de madame Lafarge, pour lui donner communication de l'arrêt rendu contre elle, la trouva dans l'état le plus alarmant, incapable même de comprendre la lecture qui lui fut faite. L'affection nerveuse qui s'était développée chez elle avec tant de violence, se compliquait de battements précipités du cœur, qui faisaient craindre une hypertrophie, et d'indications assez marquées d'une phthisie commençante.

Les défenseurs formèrent un pourvoi en cassation et, le 29, MMes Paillet et Desmont partirent pour Paris.

MMes Daverne et Lanvin, avocats à la Cour de cassation, furent chargés de soutenir le pourvoi. Ils préparèrent un mémoire, les moyens de cassation étaient nombreux, ils paraissaient irrésistibles. Pendant les mois d'octobre et de novembre, on se reprit à l'espérance. Déjà on se préoccupait de la cour d'assises devant laquelle l'affaire serait de nouveau renvoyée.

Un nouveau motif d'espoir se joignit bientôt aux autres. La Cour de cassation prononça sur le pourvoi formé par M. le procureur général de Limoges, contre le jugement du tribunal correctionnel de Tulle qui an-

---

* Dans son étrange ignorance des choses les plus notoires, M. Raspail appelait Me Paillet un *jeune avoué sans expérience*.

nulait le jugement du tribunal de Brives, relatif aux diamants. Le procureur général succomba dans son pourvoi, et la Cour, sur les conclusions conformes d'un de ses avocats généraux, reconnut le bien jugé du tribunal de Tulle.

C'est sur cette impression favorable qu'arriva le 10 décembre, jour fixé pour l'arrêt de cassation. A Paris, comme à Tulle, une foule immense encombrait les vastes salles et les abords du palais de justice. Les parents, les amis de l'accusée, des notabilités nombreuses composaient l'auditoire. Le procureur général portait lui-même la parole.

« Hélas! s'écria M⁰ Daverne, pourquoi le rôle réservé à la défense aux pieds de cette Cour est-il si restreint? Pourquoi la mission que vous avez reçue de la loi vous interdit-elle, messieurs, de pénétrer les lugubres mystères du Glandier, d'y porter le flambeau de votre haute et impartiale justice? La voix qui a touché si vivement l'auditoire de la Corrèze (M⁰ Paillet était présent), et qui a trouvé de l'écho dans la France entière, cette voix eût infailliblement fléchi le cœur des juges auxquels elle s'adressait, s'ils n'eussent pas été placés par une tactique aussi barbare qu'illégale, sous l'empire de préventions irrésistibles; cette voix éloquente s'élèverait en ce moment à votre barre, et le triomphe de la juste cause à laquelle elle s'est noblement consacrée serait bientôt proclamé à la face du pays.

« Mais ici les scènes dramatiques de Tulle ne se reproduiront pas; ici, la lutte si animée entre l'accusation et la défense ne peut se renouveler. Point d'appel aux passions, point de place aux mouvements oratoires. »

Les moyens indiqués au pourvoi étaient surtout tirés de la publicité prématurée donnée à l'acte d'accusation; de l'audition des témoins produits par le ministère public relativement au vol des diamants; de la rédaction tardive et fautive d'un procès-verbal; des préventions hautement manifestées par les jurés.

Nous l'avons dit, une énorme affluence avait envahi le palais de justice. Mais Paris n'eut pas les dramatiques péripéties qui avaient été données en spectacle à Tulle : seulement, la longueur inusitée des délibérations de la Cour suprême prouva combien les esprits y étaient partagés. Après un réquisitoire de M. le procureur général Dupin, qui repoussa tous les moyens de cassation, la Cour renvoya le prononcé de l'arrêt à l'audience du lendemain. Le 11, après huit heures et demie de délibération, le pourvoi fut rejeté.

La justice humaine avait dit son dernier mot. Madame Lafarge était bien définitivement condamnée. Ses partisans ne renoncèrent pas encore à convaincre sinon la justice, au moins l'opinion publique. Denis, le sinistre témoin de Tulle, l'homme aux allures inexpliquées, aux faux billets, avait tenu des propos singuliers pendant et même après le procès. On voulut le poursuivre en faux témoignage devant la cour de Limoges. La plainte ne fut pas acceptée. On essaya de reproduire l'accusation par un biais, en poursuivant cet homme en dommages-intérêts devant le tribunal civil. Madame Lafarge présenta sa requête : mais on n'y fit pas droit. Elle était morte civilement.

Des amis et des parents de madame Lafarge ont prétendu avoir vu rôder à Montpellier, autour de la Maison centrale, qui contenait la condamnée, cette sombre et mystérieuse figure.

Il arriva pour madame Lafarge ce qui était déjà arrivé lors du célèbre procès Laroncière (voyez le compte rendu que nous avons publié de cette émouvante affaire dans nos premières livraisons de *Drames judiciaires*); des légistes, des jurisconsultes, des philosophes en entreprirent à nouveau la discussion.

Deux éminents magistrats prussiens, conseillers à la cour criminelle de Berlin, MM. Temme et Noerner, ont étudié le procès Lafarge d'après la législation prussienne, et ont conclu à un acquittement complet, faute de preuves. Voici les passages les plus importants de ce remarquable mémoire (*Le procès Lafarge examiné d'après la législation criminelle de Prusse*, in-8⁰ de 225 pages, traduit de l'allemand sur la seconde édition) :

« Il nous est impossible de nous défendre d'une sensation pénible toutes les fois que l'image de ce Denis Barbier se présente à nous.

« La défense le présente comme un homme faux, dépravé et qui ose se vanter de sa dépravation. Il avait aidé Lafarge à commettre ses fourberies ; peut-être même l'y avait-il excité : si celui-ci était découvert, Denis partageait son sort. Il était arrivé à Paris quelques jours avant l'envoi du gâteau et il y était en secret. Au Glandier même, on ne savait pas qu'il fût à Paris. Lafarge n'osait pas le dire. Ses manœuvres ne couraient donc aucun risque d'être découvertes. Et que faisait-il à Paris? dans quel but y était-il venu ? Personne n'a pu percer ce mystère.

« La supposition d'un crime pourrait être fort naturelle, quand il s'agit d'un pareil homme. Ne pouvait-il donc pas avoir de l'intérêt à écarter un des témoins de sa coupable conduite ? et le seul témoin qu'il eût intérêt à écarter n'était-il pas ce même Lafarge, qui l'avait fait venir en secret à Paris? N'a-t-il pas pu apporter le poison, au moment même de l'envoi du gâteau? Ne pouvait-il pas l'introduire dans ce gâteau même ? La lettre qui annonçait l'envoi du gâteau y était arrivée avant la caisse. Lafarge voyait Denis, qui a pu apprendre de son maître la prochaine arrivée du gâteau. Plus tard, lorsque Lafarge est allé chercher le gâteau, la caisse avait déjà été ouverte.

« Que l'on ajoute à cela qu'il était *impossible* que l'accusée eût envoyé le gâteau empoisonné. On ajoute encore cette exclamation de Denis attestée par des témoins, dans laquelle il disait avec une joie grossière et fanfaronne : « Maintenant, je serai le maître ici ! »

« Ce même Denis était retourné au Glandier trois jours avant son maître. Il y était pendant tout le temps de l'empoisonnement. Il a eu du poison en sa possession, dans les circonstances les plus suspectes, et il s'est embarrassé à ce sujet dans des mensonges palpables.

« Il a remis à l'accusée un paquet qui s'est trouvé plus tard ne point contenir de poison. Il a eu continuellement un libre accès près du malade. Il dirigeait par des discours pleins de méchanceté, par des mensonges évidents, le soupçon de l'empoisonnement contre l'accusée. Il cherchait sans aucun motif à se justifier, disant, lorsqu'on ne le lui demandait pas, qu'il n'était point l'empoisonneur.

« Nous ne voulons point accuser Denis ; mais nous dirons que nous aurions trouvé, de la part de l'avocat général, une accusation contre lui beaucoup plus fondée que contre madame Lafarge. »

Le mémoire des deux magistrats prussiens conclut ainsi qu'il suit :

« Nous avons sous les yeux un fait d'empoisonnement qui est demeuré dans une complète incertitude. — Il est impossible de prouver que Lafarge soit mort empoisonné. — Il existe des soupçons ; mais ils sont d'une part si éloignés, et de l'autre si mal établis, qu'on ne saurait fonder sur eux une condamnation. — Nous avons, en outre, des preuves complétement insuffisantes en ce qui regarde les personnes. Là, même, il n'y a que des soupçons, et ces soupçons ne se fondent que sur les dépositions de deux personnes dont le caractère nous a paru peu moral et la véracité au moins douteuse, et d'une parente prévenue, absolument indigne de toute croyance. En revanche, nous possédons un grand nombre de conjectures favorables à l'accusée. — Enfin, nous avons des motifs de soupçon, dont quelques-uns sont très-graves, contre d'autres personnes. — Dans ces circonstances, un acquittement absolu devait nécessairement s'ensuivre, faute de preuves. — Un acquittement provisoire n'eût même pas été justifié par la législation prussienne; car il eût laissé subsister contre l'accusée une prévention que l'instruction n'a point confirmée. — A la vérité, les juges de Tulle ont jugé. Puissent-ils ne se faire aucun reproche en descendant au fond de leur conscience, qui déjà s'est exprimée par l'admission de circonstances atténuantes. — Les jurés représentent le peuple tout entier, qui seul possède le droit de juger. Mais les spectateurs des assises de Tulle faisaient aussi partie du peuple. Ceux-ci n'ont cessé de donner des marques de leur foi à l'innocence de l'accusée; nous n'avons pas trouvé dans les journaux une seule exclamation qui pût donner à penser qu'ils la regardaient comme coupable. Ils ont pourtant vu et entendu les mêmes choses que les jurés. D'où a pu venir cette opposition si complète entre les uns et les autres? Qu'est-ce qui a pu produire une telle impression sur les douze jurés seulement? Veuille le temps éclaircir le mystère qui, après le jugement, obscurcit encore la vérité et les procédures auxquelles il a donné lieu! »

Avons-nous besoin de dire qu'en rapportant ces réflexions, nous ne saurions avoir un instant la pensée de nous élever contre la chose jugée? Mais notre récit eût été incomplet si nous n'avions fait connaître ces mouvements de l'opinion en faveur de la triste héroïne du Glandier.

L'exposition publique fut épargnée à madame Lafarge. Dès les derniers jours d'octobre, on avait ordonné son transfèrement à la maison centrale de Montpellier. Ce ne fut pas sans regrets que la malheureuse femme quitta cette chambre de la prison de Tulle où elle avait tant souffert.

Dans cette chambre, un nom était gravé sur le mur, celui d'un pauvre paysan des environs de Saint-Flour, qui, soixante ans auparavant, y était entré sous le coup d'une accusation capitale. Il n'en était sorti que pour monter sur l'échafaud, en expiation d'un crime qu'il n'avait pas commis. Similitude étrange, cet innocent se nommait Capel. Marie Cappelle grava son nom sous ce nom!

Sur la route de Tulle à Montpellier, Marie Cappelle fut en butte à de nouvelles et poignantes émotions.

A Argentac, la curiosité indiscrète de quelques habitants ameuta contre la captive la population tout entière. On voulut voir l'héroïne du drame du Glandier, et déjà des cris de mort retentissaient, quand un geste hardi de Marie Cappelle rejeta le voile qui couvrait sa figure, et elle dit aux femmes qui s'acharnaient autour de la voiture : — Que vous ai-je fait? que me voulez-vous?

Cette population impressionnable passa en un instant d'un excès à l'autre, et les démonstrations d'une pitié sympathique, presque affectueuse, remplacèrent les menaces de mort.

Le 11 octobre 1841, Marie Cappelle était installée dans une cellule de la maison de Montpellier. Elle devait y passer plus de neuf ans dans de continuelles souffrances d'esprit et de corps, aggravées pour elle par sa nature et par ses habitudes.

Une chambre trop petite donnant sur une cour de prison triste et vide; pour tous meubles une chaise et un petit lit de fer, pauvrement recouvert d'une courte-pointe d'étoupe et de draps de grosse toile, qui suffisaient à peine pour border le matelas : voilà quels furent les premiers supplices de la délicate captive... Et puis, elle ignorait absolument ces mille petits riens qui composent la vie de ménage : elle était incapable de se servir elle-même. « Mon bois fume, disait-elle, et ne brûle pas ; mon eau se renverse et ne chauffe pas. Quand mon lait bout, c'est qu'il s'enfuit. » Cette incapacité féminine, elle la mettait au compte de son intelligence trop active et trop haute pour descendre à d'infimes détails. « Vivre pour vivre, quel néant! »

Ces petites misères ne durèrent que peu de jours. Bientôt madame Lafarge eut tout un mobilier dans sa cellule : lit, fauteuil, chaise, étagère, petite table à écrire, commode avec lavabo, glaces et flacons. Les permissions de visite furent accordées à tous ceux qui s'intéressaient à la condamnée; les brochures nouvelles arrivèrent sur sa table de travail et une prisonnière fut chargée de la servir.

Marie Cappelle n'en trouvait pas moins mille raisons de se plaindre, tandis que les journaux de l'opposition établissaient de singuliers parallèles entre sa position et celle des condamnés politiques au mont Saint-Michel. Cette polémique fit scandale, et un ordre ministériel fit retirer à la condamnée tous les objets de luxe qu'on lui avait accordés sur les sollicitations un peu imprudentes et exagérées de ses partisans. Il fut même prescrit de la revêtir du costume réglementaire, mais elle préféra rester continuellement couchée.

Cette première révolte se renouvela lorsque le directeur de la prison lui conseilla de retrancher des lettres, qu'elle écrivait à ses parents et amis, les protestations d'innocence et les appels dont elle les remplissait. Elle se décida à ne plus écrire, malgré les sages conseils de l'homme de bien qui lui recommandait le vrai courage et qui lui disait en ami de ne pas engager une lutte inutile avec *l'irrévocable*. On lui permit des livres, mais non tous, et elle se refusa à lire les livres permis pour protester contre l'ordre qui arrêtait les autres à la porte.

Ces luttes inégales se renouvelèrent plus d'une fois pendant neuf ans : nous ne devions pas les passer sous silence. Ce sont des traits de caractère.

— Faites-vous oublier, disait en vain l'excellent directeur de la maison centrale, M. Chapput. — Faites la morte, disait le préfet, M. Rouleaux-Dugage, vous ne revivrez qu'à cette condition.

Mais l'imprudente se laissait emporter par quelque bouffée de vanité. Elle répondait aux curieux hommages que le monde faisait parvenir dans sa prison. Son nom courait les journaux et le *règlement* se trouvait chaque jour pris en faute.

Condition spécialement douloureuse que celle de l'intelligence d'élite réduite à cette servitude de tous les instants, dévorée par un besoin incessamment comprimé d'expansion et de réaction morale ! Innocent ou coupable, l'être supérieur est, en pareil cas, mille fois plus puni que la brute. Qui pourrait dépeindre, en effet, l'activité d'esprit de madame Lafarge au milieu de ses douleurs ?

En quinze mois, durée des procès qu'elle avait eus à subir, elle avait reçu plus de six mille lettres, dont quelques-unes, cinq ou six peut-être, contenaient des injures ; les autres, et un grand nombre étaient signées de noms honorables, étaient remplies de consolations affectueuses, de témoignages enthousiastes de sympathie, de déclarations passionnées, de demandes en mariage. Celui-ci lui offrait des moyens d'évasion ; celui-là lui assurait une retraite dorée dans un pays lointain. Toutes les langues servaient à cette correspondance qu'un bureau tout entier eût eu peine à dépouiller. A presque toutes elle avait répondu !

Parmi les vers qui lui furent adressés, car la poésie fut souvent de la partie, la pièce qui paraît avoir été la plus chère à Marie Cappelle, celle qu'elle a transcrite avec le plus de soin de sa main, consiste dans les quelques strophes suivantes :

. . . .

Ainsi, pauvre martyr, redressez votre tête,
Levez vos yeux au ciel, lui seul vous entendra.
Vos larmes, vos douleurs, pour lui c'est une fête !
Pardonnez-leur, madame, et Dieu vous recevra.

Les palmes du martyr sont toujours les plus belles.
Ainsi Dieu l'a voulu... Ses anges dans le ciel
Ont tressailli de joie et vous gardent deux ailes
Pour monter avec eux aux pieds de l'Éternel.

Quand vous serez assise au trône de la gloire,
Si dans sa volonté, le Dieu qui vous attend,
De vos jours douloureux vous laisse la mémoire,
Baissez vos yeux à terre et cherchez un instant :

Aux pieds du crucifix, à genoux sur la pierre,
Où loin des yeux méchants vos cendres dormiront,
Vous verrez un ami pleurer une prière,
Vous lirez ses regrets aux rides de son front.

Il n'oubliera jamais vos souffrances, madame,
Il vous le dit souvent, il le jure aujourd'hui.
Votre malheur a pris la moitié de son âme ;
Quand vous serez là-haut, souvenez-vous de lui !

* * *

Elle était poète elle-même. Les vers suivants ont été improvisés par Marie Cappelle dans sa prison et écrits sur un album, à la demande d'une de ses jeunes amies.

Sur ton album, douce Flavie,
Tu veux que j'écrive des vers ;
Ne sais-tu pas, gentille amie,
Que ma voix mourante et flétrie
N'a plus d'écho dans l'univers ?

Ne sais-tu pas, belle imprudente,
Que si ma paupière mourante
Tachait de pleurs ces feuillets blancs,
Mes larmes, brûlant chaque page,
Y traceraient un noir présage
En hiéroglyphes sanglants ?

Ne cherche donc plus dans mon âme
Ces rayons de céleste flamme,
Joyeux soleils de jours meilleurs ;
L'esprit meurt quand le cœur succombe,
Et déjà je suis dans la tombe,
Dans la tombe de mes malheurs.

MARIE CAPPELLE, veuve LAFARGE.

Nous n'aurions pas tout dit sur cette femme étrange, si nous passions sous silence ses titres littéraires. Ils ont, et il fallait s'y attendre, un caractère de personnalité qui en fait le véritable intérêt. Mais on peut y signaler encore des qualités sérieuses d'esprit et de style, une originalité de manière que l'on chercherait en vain chez plus d'un écrivain de profession. L'un de ces ouvrages est intitulé *Mémoires*, l'autre *Heures de prison*.

Écrasée par la justice humaine, Marie Cappelle n'était pas encore usée par ce long désespoir de la prison qui ronge et détruit une à une toutes les forces de l'organisation la plus puissante, lorsqu'elle composa ses *Mémoires*. Elle les écrivit dans l'espace de cinq semaines, entre le jugement de Tulle et l'arrêt de Paris. Elle voulut s'inscrire en faux contre le jugement qui lui prenait sa vie entière et qui confisquait son honneur avec sa liberté. Mais elle ne fit pas un mémoire justificatif, un plaidoyer ; elle se contenta de raconter à sa manière, finement, vivement, dramatiquement, malicieusement, les incidents divers qui avaient donné naissance à ce procès terrible. Il faut lire ces *Mémoires* (Paris, A. René et Cie, 1841) pour apprécier la verve, l'originalité, l'ironie piquante dont elle les a remplis. Ces qualités même furent un danger pour la condamnée de Tulle : plus d'un portrait tracé sur le vif souleva des colères et nourrit des rancunes.

Il fut fait des *Mémoires* une excellente traduction en Angleterre. La presse britannique, tout en respectant la chose jugée, leur fut généralement favorable. La partie littéraire de l'ouvrage eut surtout beaucoup de succès à Londres. Marie Cappelle fit, pour cette édition, une préface à l'adresse des dames anglaises. La voici :

« Allez, ô mes pensées, vers cette île libre et belle qui a eu des sympathies pour le malheur, qui aura des croyances pour la vérité ! Allez ! portez mes actions de grâces et mes bénédictions aux nobles filles de l'Angleterre qui ont mêlé des larmes à mes larmes ; à ces femmes qui sont assez vertueuses pour croire à la vertu, qui sont assez fortes pour absoudre hautement une pauvre réprouvée. »

Les *Heures de prison* respirent un sentiment moins vif, mais plus résigné. A l'exception de quelques détails un peu trop minutieux qui se rapportent aux mille piqûres d'amour-propre, aux mille incommodités de la vie de prison, le ton général en est doux, mélancoliquement religieux, parfois vraiment élevé. Nous y notons des passages exclusivement pittoresques, des *vues*, des espèces d'aquarelles parfaitement réussies, prises sur nature pendant le voyage de Tulle à Montpellier et qui, chez une femme malade et si cruellement éprouvée, dénotent une singulière liberté d'esprit, une rare fraîcheur d'impressions.

Écoutez, par exemple, ce joli morceau.

« La ligne du Cantal, un peu trop grasse de contours, semble dessinée par le génie de l'utilité, tant ses pentes sont admirablement disposées pour fournir à tous les besoins de sa population. Le gazon aromatique et menu, qui plaît aux brebis frugales, rampe sur les pics dénudés par l'ardeur du soleil et la violence des vents. Le chêne vigoureux et robuste drapé d'une mante de verdure les mamelons inférieurs et fait l'aumône de ses glands à d'autres troupeaux voraces et gloutons. Les châtaigniers empruntent aux terrains fertiles la fécule sucrée qui gonflera leur coque, et sur la lisière des vallons tapissés de gras pâturages se groupent d'énormes noyers. Enfin, pour servir de dôme à ce luxuriant paysage, un ciel d'un bleu franc, dont la nuance un peu criarde pècherait par un excès de fraîcheur; un soleil plutôt serein que radieux, plutôt vivifiant que brûlant, un horizon légèrement ouaté de nuages nacrés, qui ne font pas rêver aux orages, mais qui annoncent la pluie salubre et féconde.

« Passé Argentac, le pays devient sauvage. La route court et se traîne, roule et se déroule sur les flancs tantôt escarpés, tantôt massifs de la montagne. C'est à peine si, d'un relais à l'autre, on rencontre quelque gai compagnon, le sac de cuir blanc sur l'épaule, le bâton ferré à la main; mais à chaque crevasse de rocher se penche la digitale alpestre qui agite au-dessus du chemin ses clochettes de pourpre niellées d'or. Des génisses paresseuses gravissent en beuglant les pentes douces des pâturages. D'innombrables troupeaux tachent de fauve et de blanc les sommets plus écartés et moins fertiles. Çà et là, sous les châtaigniers, quelques sangliers domestiques labourent le sol en grognant, et, couchée à l'ombre d'une haie, une chevrette blanche mordille, en se jouant, les tiges souples de la clématite bleue et les jeunes pousses du sureau. »

Pour ne rien exagérer, malgré les privations, malgré l'excès de sa douleur morale, la vie de prison eut ses consolations pour madame Lafarge. Dès son arrivée à Montpellier, elle avait vu accourir dans sa cellule un vieillard qu'elle ne connaissait pas. Cet homme, un des habitants de la ville, c'était M. Collard, son grand-oncle, frère de son aïeul. M. Collard eut bientôt accordé à Marie Cappelle la pitié sympathique qu'elle inspirait à tous ceux qui l'approchaient. Dans les premiers moments, ses visites, ainsi que celles de ses amis et de ses autres parents, rencontrèrent quelques obstacles. Mais, lorsque son état de maladie s'aggrava, il lui fut permis de s'entourer à toute heure de tous ces dévouements. La fille de M. Collard, charmante personne, s'appliqua pendant onze ans à adoucir les souffrances de l'infortunée. La femme de chambre Clémentine Servat était venue réclamer l'honneur de servir sa maîtresse, et il ne tint pas à elle qu'on lui accordât cette faveur. M⁰ Lachaud, un des défenseurs de Tulle, parvenu depuis à une si haute réputation dans le barreau français, s'était senti attiré à Montpellier par cette grande infortune et voulait se consacrer pour toujours au soin de l'adoucir. Ce n'est que sur les instances de madame Lafarge elle-même qu'il renonça au projet de se faire inscrire au tableau des avocats de la ville. Enfin, chacun des médecins appelés auprès de la prisonnière devint son ami dévoué.

A partir de 1848, madame Lafarge dépérit visiblement. A cette époque, quatre professeurs de la faculté de médecine de Montpellier furent chargés de la visiter et de signer une consultation sur son état. Ils conclurent à la mise en liberté : c'était, selon eux, la seule chance de guérison. La consultation fut considérée comme non avenue.

Le 21 février 1851, sa translation fut accordée. Il lui fut permis de se rendre à la maison de santé de Saint-Remy, où les soins du directeur, M. de Chabran, parvinrent à prolonger quelque temps cette existence qui s'éteignait. Enfin, M. Collard ayant adressé une supplique au président de la république, Louis-Napoléon accorda la grâce de la condamnée. L'*irrévocable* avait lâché sa proie.

Le 1ᵉʳ juin 1852, Marie Cappelle se retrouva libre, mais condamnée à mort par un arrêt plus irrévocable que celui des hommes. Elle vécut encore quelques mois, si cela peut s'appeler vivre, et, le 7 novembre 1852, elle rendit le dernier soupir aux eaux d'Ussat.

Sa dépouille mortelle repose dans le petit cimetière d'Ornolac. Une simple croix s'élève sur cette tombe qui renferme celle que Dieu a jugée après les hommes. Le passant curieux vient visiter le monument modeste qui, pour lui, contient une énigme terrible. Les paysans du village, qui connurent et aimèrent la pauvre malade, viennent prier au pied de cette croix, emblème de la justice dernière et de la miséricorde infinie !

LES DRAMES JUDICIAIRES, CAUSES CÉLÈBRES DE TOUS LES PEUPLES
Sont publiés par livraisons de 16 pages, ornées de gravures.

Livraisons publiées :

1ʳᵉ livraison. — LA RONCIÈRE.
2ᵐᵉ — FUALDÈS.
3ᵐᵉ — LESURQUES.
4ᵐᵉ et 5ᵐᵉ — LACENAIRE.
6ᵐᵉ — PAPAVOINE.
7ᵐᵉ et 8ᵐᵉ — Mᵐᵉ LAFARGE.

Paraîtront successivement :

VERGER.
SOUFFLARD et LESAGE.
DE PRASLIN.

Paris. — Impr. Walder, rue Bonaparte, 44.

VERGER.

Ouverture de la Neuvaine de Sainte-Geneviève à l'église Saint-Étienne-du-Mont.

Qui ne se rappelle ce jour terrible, succédant à trois jours de luttes détestables, où, dans Paris inondé de sang, couvert de ruines, toute une population écoutait, anxieuse, les derniers bruits du canon, les derniers échos de la guerre civile?

Tout à coup, lorsque circulait déjà dans les rues ce mot consolant : *c'est fini*, une rumeur nouvelle s'éleva : « Monseigneur l'archevêque est assassiné. »

Après tant de malheurs publics et privés, ce dernier malheur produisit dans tous les cœurs une impression funèbre. Ce sang, qui devait être *le dernier versé*, ce sang de la victime expiatoire et volontaire, fut comme le prix du rachat pour les vainqueurs et pour les vaincus, et une même douleur indignée réunit dans un même sentiment les esprits les plus opposés. Mais, au moins, le coup qui frappa Mgr Affre ne fut revendiqué par personne, et il sembla qu'il eût succombé avec la guerre civile elle-même.

A huit ans de distance, le 3 janvier 1857, cette même rumeur lugubre circulait dans Paris : « Monseigneur l'archevêque est assassiné. » Mais cette fois, Paris était tout entier aux fêtes de l'année nouvelle : mille boutiques en plein vent se disputaient les acheteurs, les théâtres allaient s'emplir, et une foule élégante se pressait déjà aux portes du théâtre de la Gaîté, où l'Empereur avait fait annoncer sa visite.

Mgr Sibour, successeur de Mgr Affre, au siège archiépiscopal de Paris, était aimé de tous, vénéré de tous, pour sa simplicité affectueuse, pour sa charité vraiment évangélique, pour son esprit vraiment libéral et tolérant. On lui savait gré, dans les partis les plus opposés, de cet esprit de modération conciliatrice qu'il avait déployé dans les fonctions si délicates de son saint ministère. On se rappelait avec reconnaissance les efforts qu'il avait tentés avec bonheur pour pacifier les querelles religieuses, cette *Fête des Écoles*, instituée par lui dans le but d'attirer doucement à la foi les raisons les plus rebelles, et de réunir sous une même bannière les partisans de la liberté progressive et ceux de la religion immuable.

Aussi, la nouvelle fatale trouva-t-elle tout d'abord bien des incrédules. Qui avait pu commettre un crime aussi atroce? Était-ce une vengeance particulière? Mais Mgr Sibour n'avait pas d'ennemis. On apprit bientôt que l'assassin était un prêtre, et ce fut un sujet de consternation nouvelle. C'était un prêtre, en effet; on ajouta bientôt c'est un fou.

C'eût été une consolation suprême que la démence de l'homme capable d'accomplir un forfait de ce genre. Le ministère sacré du prêtre est, aux yeux de l'opinion publique, d'un ordre si élevé, qu'il semble à quelques-uns que les misères et les crimes de l'humanité ne doivent jamais monter assez haut pour l'atteindre. D'autres, trop vivement frappés de la faute d'un seul homme, en reportent trop légèrement la responsabilité à l'ordre tout entier, oubliant, pour un seul qui s'égare, les vertus infinies de tous ceux qui passent, ignorés, en faisant le bien.

Il y a, dans cette comparaison indiquée par le bon sens le plus vulgaire entre la foule innombrable des prêtres dignes de leur sacré caractère et les quelques individualités retentissantes qui le déshonorent, quelque chose qui nous rassure au moment où nous commençons le récit de ce drame sanglant. Et d'ailleurs, l'assassin de Mgr Sibour fut-il un prêtre? On va le voir.

Le samedi 3 janvier 1857, jour de la fête de Sainte-Geneviève, patronne de Paris, s'ouvraient les exercices de la neuvaine qui se célèbre annuellement à l'église Saint-Étienne-du-Mont en l'honneur de la sainte. Monseigneur l'archevêque de Paris avait annoncé qu'il présiderait, selon l'usage, à ces cérémonies qui attirent, non-seulement de nombreux fidèles de la population parisienne, mais même, comme aux temps du moyen âge, des pèlerins venus des points les plus éloignés de la France. Le temps était froid et pluvieux. Mgr Sibour, indisposé le matin même, avait un moment renoncé à l'idée de se rendre à l'église. Dans l'après-midi, cependant, se sentant mieux, il fit annoncer sa visite et se disposa à sortir. Pendant qu'on préparait tout pour son départ, Monseigneur cherchait quelques papiers en présence de M. l'abbé Cutolli, son secrétaire particulier. Par un hasard étrange, sa main rencontra un paquet cacheté. — Ceci est mon testament, dit-il en montrant le paquet à M. Cutolli, vous voyez où je le mets.

Monseigneur arriva quelques minutes après à Saint-Étienne-du-Mont. Circonstance bizarre et saisissante, Mgr Affre, le jour de sa mort, avait officié dans cette même église!

Malgré le mauvais temps, la foule se pressait dans l'église trop étroite pour ce concours de fidèles. Monseigneur prit place dans le banc d'œuvre pour écouter un sermon prêché par Mgr Lacarrière, ancien évêque de la Basse-Terre (Guadeloupe). Le sermon achevé, Mgr Sibour se rendit dans la sacristie pour revêtir ses habits sacerdotaux. La procession commença. Mgr l'archevêque, qui devait donner la bénédiction aux fidèles, était précédé de M. l'abbé Dufour, vicaire de Saint-Étienne-du-Mont. M. l'abbé Surat, grand-vicaire, et M. l'abbé Cutolli, qui devaient entourer l'archevêque et tenir les bords de sa chape afin d'en alléger le poids, suivaient presque, incessamment rejetés en arrière par la foule.

La procession avait dépassé la chapelle gothique consacrée à la patronne de Paris et on allait rentrer au chœur pour le Salut. Monseigneur se trouvait déjà en deçà de la grille devant l'orgue, lorsque M. l'abbé Dufour passa entre la première et la deuxième colonne, devant un homme pâle, vêtu de noir, qui se tenait debout au milieu des nombreux fidèles agenouillés. M. l'abbé Dufour fit signe à cet homme de s'incliner : cet homme obéit.

Tout à coup l'homme pâle et vêtu de noir se relève et se dresse derrière Monseigneur; de sa main gauche, il saisit le bras gauche de l'archevêque qui tient la crosse épiscopale, par un brusque mouvement il fait faire un demi-tour au vénérable vieillard, et sa main droite brandit un large couteau. Deux personnes seulement ont aperçu ce mouvement rapide et cette arme étincelante : une receveuse de chaises, qui s'écrie épouvantée et se recule par un sentiment instinctif de conservation, et une pieuse dame d'Écouen, Mme Mérard, marchande de bois, qui se précipite courageusement sur le bras armé levé contre le prélat. L'arme affilée la blesse légèrement à la main gauche, la douleur lui fait lâcher le bras du meurtrier, et celui-ci, libre de diriger son coup, frappe Monseigneur de bas en haut, entre les côtes, dans la direction du cœur, et, tenant toujours le poignard homicide qu'il a retiré de la blessure, s'écrie : *Pas de déesses! à bas les déesses!*

Tout cela s'est fait avec la rapidité de l'éclair. M. Surat, voyant frapper l'archevêque, et pensant que le prélat a reçu seulement un coup d'une main sacrilège, ne peut maîtriser son indignation et frappe à la figure l'individu qui chancelle en répétant son inexplicable cri : *Pas de déesses! à bas les déesses!*

Un tumulte inexprimable éclate dans l'église, les chaises sont renversées autour du théâtre de la lutte, on ne sait pas encore ce qui se passe, les uns croient à un accident, les autres s'écrient : « On a insulté l'archevêque. » M. Surat, M. Dufour, s'empressent autour de Monseigneur, cherchent à le rassurer : ils le voient pâlir, ils n'imaginent que l'émotion bien naturelle causée par l'outrage. Mais il y a dans les yeux du prélat une expression d'indicible douleur : ces yeux qui s'éteignent semblent s'attacher sur le criminel, ses lèvres murmurent : « Oh! mon Dieu! mon Dieu! le malheureux! », et tout à coup, son corps que soutenait seulement le poids de la chape s'affaisse violemment en arrière et retentit sur les dalles.

On se précipite, on relève Monseigneur, on le transporte dans la sacristie, on cherche à le faire revenir de ce qu'on pense être un évanouissement passager. La syncope persiste, on apporte un matelas, on y étend le corps et un médecin est appelé. C'est alors seulement que l'horrible vérité éclate, le médecin a soulevé la chape et l'étole et reconnu une plaie large et profonde entre la cinquième et la sixième côte. Le sang s'en échappe avec abondance; les paupières du mourant frémissent encore, mais déjà le pouls et la voix ont disparu, M. l'abbé Surat donne au prélat l'absolution dernière. Monseigneur est mort.

Cependant, tandis qu'on ignore encore dans l'église le crime affreux qui vient d'y être commis, tandis que M. Borries, curé de Saint-Étienne-du-Mont, cherche à rassurer les fidèles; un assistant qui a compris ce qui s'est passé a saisi l'assassin par derrière, un sergent de ville le désarme et l'arrête. On le conduit, au milieu de la foule saisie d'horreur, au poste de la mairie du XIIe arrondissement.

M. Piétri, préfet de police, M. de Cordoën, procureur impérial, M. le substitut Moignon et M. le juge d'instruction Treilhard s'y rendent en toute hâte et procèdent à un premier interrogatoire. L'assassin est un homme de taille moyenne, assez mince, pâle, d'une physionomie assez distinguée. Son front est dégagé, intelligent, garni de cheveux châtains peu abondants. Ses yeux au regard fuyant n'ont pas d'expression; son costume est noir, très-simple et propre, son allure est celle d'un séminariste en bourgeois.

On l'interroge, il répond avec calme. Cet homme se nomme Jean-Louis Verger; il est âgé de trente ans, il est né à Neuilly-sur-Seine le 20 août 1826. Il est prêtre interdit.

— Pourquoi, lui demande-t-on, avez-vous commis ce meurtre? Aviez-vous quelque sujet de haine personnelle contre l'archevêque? — Ce n'est point, répond-il, la personne de Mgr l'archevêque que j'ai voulu frapper, mais en sa personne le dogme de l'Immaculée Conception. — D. Que signifie ce cri que vous avez proféré : « *Pas de déesses! à bas les déesses!* » — R. J'entendais protester contre l'Immaculée Conception et contre la confrérie des Génovéfaines.

L'assassin avoue, au reste, qu'il a prémédité son crime, qu'il est venu à l'église Saint-Étienne-du-Mont avec l'intention bien arrêtée de frapper le prélat. Il donne sur cet acte horrible des détails précis avec un calme qui laisse douter s'il a la conscience de l'énormité de son acte.

On lui demande s'il a porté plusieurs coups à Mgr Sibour : Non, répond-il, un seul ; j'avais frappé au cœur, je savais que le coup était mortel.

Un moment cependant, vers la fin de l'interrogatoire, comme on lui représente le grandeur d'un tel forfait, il semble la comprendre. Quelques larmes mouillent ses yeux et il s'écrie : « Oui, c'est affreux. »

Conduit à la prison de Mazas, Verger a bientôt retrouvé son calme. — Voulez-vous me donner à manger ? dit-il, je suis à jeun depuis ce matin. — Pourquoi n'avez-vous pas mangé ? — Parce que je ne voulais pas que la main me tremblât. — Comment, vous qui êtes prêtre, avez-vous pu commettre un crime semblable ? — La faute en est au célibat des prêtres ? Pourquoi ne voulez-vous pas que les prêtres se marient comme les autres hommes ?

Est-ce un fou ? Est-ce un fanatique ? On hésite encore. Un fou : mais, sauf quelques moments d'exaltation qui se produisent au retour de certaines idées, ses pensées se déduisent claires et logiques. Un fanatique : mais, sous les questions de dogme, sous les divagations impies, se révèle à chaque instant une irritation profonde causée par des motifs d'intérêt personnel et de vanité froissée. L'instruction commence et recueille sur Verger des renseignements nombreux qui jettent quelque jour sur ses paroles et sur ses actes.

Fils d'un tailleur de Neuilly-sur-Seine, Verger reçut les premiers éléments d'instruction d'un sieur Jacquemot, instituteur à l'école d'enseignement mutuel de Neuilly. De bonne heure, il se fit remarquer par ses dispositions naturelles pour l'étude et par sa grande piété. A l'époque de sa première communion, sa ferveur attira particulièrement l'attention de la marquise de Rochefort, en religion sœur Mélanie, supérieure des Filles de Saint-Vincent-de-Paul établies à Neuilly.

La sœur Mélanie se fit présenter cet enfant, et, persuadée qu'il offrait tous les signes d'une véritable vocation pour l'état ecclésiastique, voulut pourvoir aux frais de son éducation religieuse. Elle le fit entrer, le 1er avril 1841 (il avait alors quatorze ans), au petit séminaire Saint-Nicolas-du-Chardonnet, situé rue Saint-Victor, et dirigé par l'abbé Dupanloup, ancien chef du catéchisme de Saint-Sulpice, aujourd'hui évêque d'Orléans. Les registres de cette maison religieuse constatent qu'il en fut congédié, en 1844, « pour faute où la probité était compromise. » Il s'agissait d'un vol de 60 fr. Verger, qui avait eu, à la succursale de Gentilly, le premier prix de sagesse et le premier prix d'instruction religieuse, a prétendu qu'il était innocent de cette soustraction, qu'il avait eu 60 fr. en sa possession, mais que cette somme lui aurait été donnée par la marquise de Rochefort pour acheter des livres d'étude et de dévotion. Le jeune séminariste aurait, au lieu de *Vies des Saints*, acheté un *Racine* et un *Voltaire*. Ces livres, trouvés entre ses mains, auraient motivé son expulsion.

Du petit séminaire, Verger passa dans une institution particulière, de là dans le grand séminaire de Meaux. Il reçut les ordres mineurs, le diaconat et enfin la prêtrise. Peu de temps après, Verger fut envoyé pour desservir la paroisse de Guercheville (Seine-et-Marne). Là commencèrent à se manifester chez Verger les premiers symptômes d'une irritabilité singulière et les étranges fantaisies d'un esprit inquiet, d'une personnalité remuante et difficile. Il eut avec ses paroissiens de fréquentes altercations. On lui refusait, à ce qu'il prétendait, des honoraires qui lui étaient dus. « Ces gaillards-là, écrivait-il, m'eussent volontiers payé à coups de bâton. » Les choses en vinrent au point qu'il fut appelé devant le procureur impérial de Fontainebleau, et qu'on fut obligé de lui retirer cette cure.

Il passa, en qualité de premier vicaire, dans la commune de Jouarre ; mais son humeur indisciplinée ne tarda guère à le mettre au plus mal avec le curé, qui n'eut pas de plus grand désir que de se voir délivré d'un aussi fâcheux auxiliaire. Verger fut nommé à la cure de Bailly-Carois. Dans cette nouvelle position, il ne resta pas longtemps tranquille. Il fit un procès au voiturier de Coulommiers, qui avait transporté les meubles de sa domestique. Ayant perdu ce procès, il déménagea furtivement pour échapper aux effets de sa condamnation.

A la suite de cette scandaleuse affaire, Verger fit d'inutiles efforts pour être admis parmi le clergé du diocèse de Paris. De guerre lasse, il se rendit à Londres, et se fit recevoir au nombre des ecclésiastiques français appelés à seconder Mgr Wiseman. A son retour d'Angleterre, et sur la recommandation toujours bienveillante, malgré tant de fautes commises, de la bonne sœur Mélanie, Verger fut accueilli par M. l'abbé Legrand, curé de Saint-Germain-l'Auxerrois, qui avait connu Verger à Neuilly lorsqu'il était lui-même curé de cette commune. M. l'abbé Legrand consentit à l'attacher à son église en qualité de prêtre habitué. Ceci se passait en 1852.

En entrant à Saint-Germain-l'Auxerrois, Verger était chargé de dettes. M. l'abbé Legrand lui avança une somme de 800 fr. pour se libérer, et poussa la bonté jusqu'à lui donner une chambre dans son presbytère, afin d'épargner des dépenses au jeune prêtre. Il le fit admettre en qualité de porte-croix au service de la chapelle des Tuileries. Infatué de cette position, dont il s'exagérait ridiculement l'importance, Verger se crut sur le chemin d'une haute fortune : mais, bientôt trompé dans ses espérances de grandeur, le malheureux se retourna contre son bienfaiteur, se répandit contre lui en honteuses calomnies et rédigea contre M. l'abbé Legrand d'odieuses dénonciations dont le résultat naturel fut de faire chasser le dénonciateur de l'église Saint-Germain-l'Auxerrois et du diocèse de Paris.

Frappé ainsi, au mois d'août 1855, d'un retrait de pouvoir qu'il s'était attiré par son inqualifiable conduite, Verger resta sept mois encore à Paris, fatiguant l'archevêché et le parquet de ses réclamations désespérées, de ses calomnies réitérées contre M. l'abbé Legrand. Il alla jusqu'à écrire à ce dernier des lettres menaçantes dans lesquelles il faisait entrevoir la pensée d'en appeler au scandale, si on ne lui rouvrait les portes de Saint-Germain-l'Auxerrois, avec un traitement qu'il fixait lui-même au chiffre de 2,300 fr.

Il y eut cependant comme une éclaircie dans la vie orageuse de ce malheureux. Dans le courant du mois de novembre, il fit un retour sur lui-même et alla chercher, dans une retraite de quelque temps, à Montivilliers (Seine-Inférieure), des inspirations plus salutaires. Le 7 décembre 1855, il écrivait à M. l'abbé Vervorst, à Auteuil :

« Je suis, monsieur le supérieur, depuis plus de
« quinze jours dans la localité d'où j'ai l'honneur de
« vous écrire. Je n'y ai connu comme ecclésiastique
« que mon confesseur. Ma retraite m'a fait re-
« couvrer quelque calme et me laisse assez de loisir
« pour suivre les deux conseils que vous me donniez
« dernièrement : c'est-à-dire que je me suis complète-
« ment effacé, et que dans le silence du recueillement,

« j'ai examiné ma conscience, avoué mes fautes, et
« pris la résolution, malgré l'immense difficulté des
« circonstances, d'être plus que jamais fidèle à mes
« devoirs comme prêtre. Je me suis interdit tout retour
« sur ce qui vient de se passer; j'en ai fait part à
« Mgr l'archevêque de Paris.
« *P. S.* M. l'abbé Neveu, premier vicaire à Monti-
« villiers, est l'ecclésiastique qui m'a dirigé dans mes
« exercices (de retraite); c'est chez lui que vous aurez
« la bonté de m'adresser votre réponse. Prière de met-
« tre simplement sur l'adresse : M. Verger (au lieu de
« M. l'abbé).
« Recevez, etc. »

Verger était alors, non pas comme on l'a dit, interdit, mais seulement frappé d'un retrait de pouvoirs dans la circonscription du diocèse de Paris, et l'autorité ecclésiastique avait demandé qu'il fût éloigné de la capitale en vertu de la loi du 9 juillet 1852. Mais cette loi, qui n'est applicable qu'aux individus nés hors du département, ne put être invoquée contre lui.

Bientôt, un nouveau scandale attira l'attention de l'autorité. Le 3 février 1856, Verger alla se placer dans l'église de la Madeleine, portant sur la poitrine une petite pancarte sur laquelle étaient écrits en latin ces mots de l'Évangile : « J'ai froid, et ils ne m'ont pas vêtu ; j'ai faim, et ils ne m'ont pas donné à manger. » A la suite, et en français, était écrite cette phrase : « Je ne suis ni suspendu ni interdit, et pourtant on me laisse mourir de faim. » Verger fut arrêté et mené chez M. Mettetal, chef de division à la préfecture de police, et un médecin, M. le docteur Lasseigne, fut appelé à assister à l'entretien qu'il devait avoir avec ce magistrat, afin de donner son opinion sur la question de savoir si Verger était fou ou ne l'était pas. La conférence fut longue, elle dura deux heures, et très-approfondie. L'impression fut que l'accusé n'était pas aliéné, mais que c'était un homme singulièrement dangereux. S'il est aliéné, pensa le médecin, la folie ne peut être qu'épileptique ; mais rien dans les renseignements que donna Verger n'établissait l'épilepsie. Le médecin s'efforça d'ouvrir à son esprit des directions dans lesquelles il pût le suivre. Il raconta qu'il avait été élevé au Petit-Séminaire de Paris, mais que, ne voulant pas recevoir l'éducation gratuitement, il était entré dans celui de Meaux, où le prix de la pension était peu élevé. Ensuite il avait été attaché à Saint-Germain-l'Auxerrois. Verger fit alors certaines allusions. La médecine ne connaît pas les ménagements d'expression. Le docteur lui parla en termes très-clairs et très-crus. Verger déclara qu'on lui avait dit de ces choses qu'un homme comprend, mais qu'on ne s'était pas porté à des actes compromettants. Il ajouta que le jeune clergé avait été assez longtemps opprimé ; qu'il était temps qu'il eût sa revanche. Il dit aussi qu'il ne s'était pas fait prêtre pour souffrir et pâtir. M. Lasseigne insista longtemps. Il voulait savoir s'il se prétendait en butte à des persécutions : cette sorte de délire lui avait paru possible.

Le résultat fut qu'on n'avait pas affaire à un fou, mais à un homme dangereux : aussi, à partir de ce jour, Verger fut placé sous la surveillance spéciale d'un agent. Cette surveillance se prolongea jusqu'au jour où l'autorité diocésaine crut pouvoir pardonner.

En effet, de guerre lasse, et touché de cette misère, bien qu'elle affectât des formes insolentes, Mgr Sibour consentit à intervenir en faveur de Verger. Il fit écrire par M. l'abbé Bautain à Mgr l'évêque de Meaux, qui n'avait pas cessé d'être son supérieur ecclésiastique. Sur cette haute considération, Mgr l'évêque de Meaux consentit, bien qu'avec répugnance, à donner à Verger la cure de Serris, paroisse du canton de Crécy (Seine-et-Marne).

Là encore, Verger se montra incorrigible, toujours dominé du besoin de contredire, d'insulter. Du 12 mars au 12 décembre 1856, trois nouveaux scandales attirèrent sur lui l'attention des autorités civiles et ecclésiastiques.

Ce fut d'abord la rédaction d'un libelle injurieux contre un arrêt de la cour d'assises de Melun. Cette cour avait à juger, le 15 novembre, un mari accusé d'empoisonnement sur sa femme, le nommé Lamy, épicier, qui fut condamné aux travaux forcés à perpétuité. Verger ne connaissait pas cet homme ; à peine connaissait-il les faits du procès : mais il n'en imagina pas moins de faire la leçon à la magistrature, de recommencer l'instruction pour son propre compte, de se répandre en déclamations injurieuses contre les juges, contre le ministère public, contre le jury. Il adressa à M. le préfet de Seine-et-Marne un écrit insultant contre l'institution du jury et lui demanda l'autorisation de l'imprimer. Il avait donné à cet écrit le titre de *Colin-Maillard*, pour indiquer l'aveuglement de la justice. Il n'est pas besoin de dire que cette autorisation lui fut refusée. Alors il colporta une lettre pleine des plus grossières invectives contre la justice humaine. Le ministère public s'émut ; Mgr de Meaux fut averti du scandale. Verger n'en persista pas moins dans ses attaques. Appelé enfin devant M. Armet de Lisle, procureur impérial, celui-ci l'interrogea, haussa les épaules et le congédia en disant : — Allez, vous êtes un fou.

Ce n'est pas tout. Après la justice, c'est à la religion que Verger va s'attaquer. Le saint-père vient de proclamer à Rome un dogme nouveau, depuis longtemps accepté à l'avance par l'instinct religieux des peuples catholiques. Un homme proteste du haut de sa raison offensée contre ce dogme descendu du trône de saint Pierre. Cet homme, c'est Verger, c'est un prêtre qui, dans sa chaire de village, s'élève contre le souverain pontife.

Enfin, dans des écrits qu'il cherche à faire imprimer, soit en France, soit à l'étranger, Verger se livre à des diatribes violentes contre l'autorité et la discipline ecclésiastiques. C'est ainsi que déjà, au moment même où Monseigneur Sibour intercédait pour lui auprès de Monseigneur de Meaux, Verger avait fait en Belgique une rapide excursion pour y faire imprimer un libelle diffamatoire sur les mœurs du clergé.

Il fallut mettre fin à ces scandales. Le 12 décembre, le prêtre révolté apprit qu'il venait d'être frappé d'interdiction. Quelques jours après, le 25 décembre, dit l'acte d'accusation, mais, en réalité, ce fut plus tôt sans doute, Verger quitta Serris pour se rendre à Paris. Il y venait demander à son métropolitain la levée de l'interdiction prononcée. Le 26 décembre, un propriétaire qui l'avait connu à Paris, M. Legentil, eut occasion de voir Verger et de lui exprimer son opinion personnelle sur la justice de son interdiction et sur l'inutilité d'une démarche à cet égard. C'est à la suite de cet entretien que Verger aurait, d'après son affirmation, conçu le détestable projet de tuer Monseigneur l'archevêque. On verra plus tard que cette pensée fatale l'avait déjà depuis longtemps préoccupé.

Tel est l'homme que montra l'instruction.

Dans les perquisitions faites aux différents domiciles qu'il avait habités peu de temps avant l'assassinat, on trouva de nombreux écrits qui traitaient de différents points de doctrine ecclésiastique, notamment du mariage des prêtres, dont il cherchait à établir la légitimité et la nécessité. Il suivait, on le voit par ces papiers, avec une grande assiduité les débats judiciaires, prenait des notes et s'exaltait lorsqu'il trouvait dans les plaidoyers ou dans les circonstances de la cause des arguments à l'appui de ses idées. Esprit absolu, comme tous les esprits faux, il ne mettait rien au-dessus de la théocratie et du pouvoir clérical; il prétendait que la justice ne devait pas se mêler des affaires du clergé. Cependant, par une étrange contradiction, il ne cessait d'attaquer, dans la personne du souverain pontife, la source du pouvoir religieux.

Quant à sa carrière ecclésiastique antérieure aux premiers scandales que nous avons signalés, les notes recueillies par l'instruction la montrent presque de tous points irréprochable. Sauf l'affaire des 60 francs, Verger y est partout signalé de la façon la plus honorable. La lettre du 22 juin 1846, qui le propose à M. le supérieur du Grand-Séminaire de Meaux, contient ces expressions : « Mon désir a toujours été de me préparer, parmi mes élèves, des collaborateurs... Celui-ci est du diocèse de Paris; j'espère obtenir des dimissoires en temps opportun, à la condition qu'on me laissera le sujet. Pour la pension, il n'y aura pas d'embarras, je m'en chargerai au besoin. »

Le 1er octobre suivant, Verger arrivait au Grand-Séminaire, muni d'une nouvelle lettre du même ecclésiastique, dans laquelle le digne protecteur le représentait comme un *excellent jeune homme*.

En octobre 1847, Verger apportait, à la fin des vacances, le certificat ordinaire du vénérable curé de sa paroisse natale : ce document était conçu dans les termes les plus flatteurs. Il en est de même aux mois d'octobre 1848 et 1849 : Verger produit des lettres testimoniales dans chacune desquelles son protecteur, chez lequel il avait passé ses vacances, loue sa piété, sa vie exemplaire, fait concevoir sur son compte les meilleures espérances.

Muni de son excorporation du diocèse de Paris, Verger reçut à Meaux, le 8 avril 1848, la tonsure et les ordres mineurs; le 24 mars 1849, le sous-diaconat; le 22 décembre 1849, le diaconat, et le 17 mai 1850, huit jours avant qu'il ne reçût la prêtrise avec dispense d'âge, M. le curé de Neuilly priait M. le supérieur du Grand-Séminaire, si les règlements ne s'y opposaient pas, de lui envoyer, aussitôt après l'ordination, *le bon Verger*, qu'il regardait *comme un de ses enfants* (Lettres annexées au procès-verbal d'enquête, faite au séminaire le 5 janvier 1857, par M. le juge d'instruction du tribunal de Meaux).

Il faut dire pourtant que dès 1849, les rapports de Verger, devenu professeur de septième et surveillant des récréations au Séminaire, étaient déjà devenus assez difficiles avec les élèves. Il y eut quelques démêlés, quelques traces d'un caractère irascible.

Dans le cours de son Grand-Séminaire, Verger a constamment obtenu le n° 5 pour note de conduite, piété, régularité, caractère, application au travail; les n°s 4 et 5 pour note de succès dans les études.

Ces notes sont données d'après une échelle qui varie de 3 à 6, le 3 indiquant le degré inférieur et le 6 le degré supérieur.

Les compositions annonçaient une imagination ordinaire, et *plus de prétention que de fonds*.

Le sujet, disent les notes, était communément taciturne et peu communicatif, mais on ne remarquait point en lui d'excentricités. Il était d'une très-grande timidité, avait un air de douceur et des manières polies qui plaisaient à tous, et prévenaient avantageusement en sa faveur.

A une époque de ses vacances, il eut des embarras d'argent et les exposa à son supérieur qui le rassura, en promettant de pourvoir à tout. Verger répondit au bienfait par la lettre suivante, qui porte un caractère de reconnaissance touchante, mais qui déjà révèle une plaie secrète :

« 5 septembre 1848.

« Monsieur le supérieur,

« S'il y a des moments difficiles dans la vie, il y en a d'autres dont la douceur est inexprimable; tel est celui que vous me faites goûter depuis la lettre que vous avez bien voulu m'adresser. Je vous en remercie, monsieur le supérieur, et c'est pour longtemps, je l'espère, que je conserverai le souvenir de votre charité! Elle me servira à l'avenir de leçon et sera pour moi une preuve de plus que la défiance envers la divine Providence est un grand mal.

« Je vous renouvelle, monsieur le supérieur, l'assurance de mon respect et de ma reconnaissance.

« L. VERGER. »

A peine chargé de la cure de Guercheville, il dépeint ainsi à ce digne supérieur la situation de son esprit au moment de son entrée en possession du sacré ministère :

« Guercheville, 7 juin 1850.

« Monsieur le supérieur,

« Je suis fort content de ma nouvelle position; seulement, il n'y a pas lieu de se le dissimuler, il ne faut pas être paresseux. Grâce à Dieu, j'espère bientôt me mettre en mesure de répondre à tous mes devoirs, car jusqu'à présent je n'ai fait que courir de côté et d'autre, et de pourvoir au plus pressé.

« Je donne aujourd'hui, dans une lettre à Monseigneur, beaucoup de petits détails sur mon arrivée dans mes paroisses; je puis dire que partout j'ai été fort bien accueilli. J'ai quitté le séminaire avec bien du regret; je croyais un instant que j'en serais inconsolable, mais je suis remis de cette perte, et me voici à l'œuvre de bon cœur. En quittant Meaux, j'ai emporté la bénédiction de Monseigneur. J'ai confiance que Dieu bénira mes efforts, et que le nouveau pasteur et l'ancien peuple de Guercheville s'entendront bien pour procurer la gloire de Dieu et leur propre salut.

« Veuillez, monsieur le supérieur, agréer les sentiments respectueux avec lesquels j'ai l'honneur d'être votre très-humble et très-obéissant serviteur,

« L. VERGER,

« Curé de Guercheville. »

Voilà quel était Verger lorsqu'il obéissait encore à l'ordre et à la règle, lorsqu'il était encore digne du nom de prêtre.

En cinq jours l'instruction judiciaire fut terminée. Les pièces en furent transmises, le 8 janvier, au parquet du procureur général. L'opinion publique instruisait de son côté cette cause extraordinaire; on recueillait avec avidité, de la bouche de tous ceux qui s'étaient trouvés en rapport avec Verger, des détails sur cet inexplicable caractère.

C'est ainsi que fut rendue publique une lettre écrite par Verger, au moment où ses excentricités coupables allaient attirer sur lui les sévérités de l'autorité ecclésiastique. Cette lettre était adressée au rédacteur en chef d'un journal mystique, intitulé *le Rosier de Marie*. L'infatuation du sentiment personnel, la haine aveugle de toute opinion contraire à la sienne, y éclatent à chaque ligne en menaces et en injures :

« Serris, 30 novembre 1856.

« Monsieur le rédacteur,

« Je souffre horriblement chaque fois que je lis votre feuille (*Le Rosier de Marie*).

« Oui, jusqu'à présent j'ai pu me contenir, — mais aujourd'hui, c'est par trop d'impudence... Je n'y tiens plus! et je me déclare :

« Quoi! vous osez m'envoyer, à moi, que vous appelez votre frère, et à tous les prêtres, un *avis* avec cette prière *devise* :

Maria, adveniat regnum tuum!!!

« Vous délirez, monsieur l'abbé; et, avec toute l'apparence d'un sainte nitouche, vous pervertissez une foule d'âmes candides.

« Vous ne connaissez pas l'abbé Verger, le prêtre *mendiant* de la porte de la *Madeleine?* » Parlez de moi à n'importe qui du clergé de Paris, et vous serez au courant... Je déchirerai bientôt... ah! oui, bientôt! à la face de toute l'Église et de tout homme qui se sent vivre, votre journal *blasphématoire*... Je le déchirerai feuille par feuille, phrase par phrase, syllabe par syllabe...

« Vous êtes un *indigne imposteur!* (Dites-le bien à toute la cabale maristique, jésuitique, ultra-montaniste, etc.). Vous osez bien, *vous tous!* Moi aussi!... *J'ose!!!* C'est moi, abbé Verger! qui vous dis cela. Et vous me verrez... Mieux que cela : Vous me sentirez... quand votre tour sera venu.

« J'ai en ce moment une affaire trop pesante sur les bras pour m'en distraire une seule minute. Dès que j'en connaîtrai l'issue, je m'occuperai de vous. A bientôt...

« Votre tout dévoué *hors du cœur de* Marie.

« L'abbé L. Verger,
« Curé de Serris (Seine-et-Marne). »

Ceux qui pouvaient approcher Verger dans sa prison étaient curieusement interrogés. Il s'y montrait calme, vantard, discuteur. Sa grande préoccupation n'était pas la juste terreur des conséquences de son crime, mais le désir de se dresser un piédestal aux yeux de l'opinion publique, de *poser*, de faire de l'effet : traiter avec toutes les supériorités hiérarchiques de puissance à puissance, pérorer sur les questions de dogme, avancer froidement de vieilles hérésies qu'il donnait comme les productions de son cerveau, mêler à toutes ces divagations dogmatiques les questions les plus étroites d'intérêt personnel, calomnier grossièrement tous ceux qu'il avait pu connaître dans sa carrière ecclésiastique, et surtout paperasser, écrire sans cesse, sur tout, à propos de tout; tels étaient les traits principaux de son attitude.

Transporté quelques jours après à la Conciergerie, dans la même cellule qu'avait occupée le régicide Pianori, Verger parut très-heureux des attentions bienveillantes que lui témoignaient M. Léveillé, directeur de la prison, et M. Ragaly, l'un des greffiers. Il semblait n'avoir pas conscience de sa position terrible et parlait de l'avenir avec sang-froid. C'est ainsi qu'il réclamait des vêtements plus chauds *pour passer l'hiver*. Quand on lui annonçait quelque visite, quelque démarche de curiosité, sa figure rayonnait : « Ma cause est une nouvelle cause célèbre, disait-il, on en parlera longtemps. »

Sur sa demande, son frère se présenta à la prison, accompagné d'un photographe, pour faire son portrait. L'autorité se refusa à laisser reproduire les traits de l'assassin, et Verger parut vivement contrarié de ce refus.

Toutes ces paroles, toutes ces actions, semblaient révéler chez ce malheureux cette incroyable fatuité du crime qui s'empare de quelques intelligences perverses. Ce n'était pas assez de ce qu'il avait fait, il laissait entrevoir ce qu'il aurait voulu faire, et parlait du désir qu'il avait eu de se rendre à Rome, de façon à laisser supposer le regret monstrueux de n'avoir pu frapper une autre et plus illustre tête.

On chercha à lui faire comprendre combien il s'abusait sur la situation des esprits à son égard. L'opinion publique, révoltée de tant de cynisme, venait d'être remuée douloureusement encore par les dernières conséquences du crime. Deux cérémonies religieuses avaient tristement rappelé la perte que venait de faire l'Église.

Une chapelle ardente avait été élevée dans une des quatre grandes salles, au rez-de-chaussée du palais archiépiscopal. Dans ces salles, tendues de noir, étaient fixés, de distance en distance, des écussons aux armes de la famille de l'illustre victime. La devise de ces écussons résumait toute une vie employée à faire le bien : *Major autem horum est charitas*, la charité est plus que tout.

Sous un dais en velours noir, supporté par des colonnes argentées, et sur un vaste lit de velours noir et de satin violet, était exposé, dans ses habits sacerdotaux, le corps du vénérable prélat. Son visage découvert avait cette expression de calme et de sérénité que la mort foudroyante rend d'ordinaire aux traits : on y lisait encore cette bonté simple et cette douceur intelligente que reproduit si bien la gravure que nous donnons à nos lecteurs. Une foule innombrable se pressait au pied du trône funèbre, et des milliers de fidèles venaient tour à tour, silencieux et recueillis, s'agenouiller devant le nouveau martyr et faire toucher à sa blessure des médailles et des chapelets. Ces sombres tentures, ces cierges aux lueurs vacillantes, ces prêtres récitant à voix basse l'office des morts, cette foule émue, ce pasteur endormi dans la mort, tout cela remplissait les cœurs d'une douleur respectueuse et attendrie.

C'est le 10 janvier que les honneurs funèbres furent rendus à Monseigneur Sibour. Malgré la pluie qui tombait, fine et glacée, les rues étaient bordées d'un peuple immense, et l'église métropolitaine, entièrement tendue de draperies noires bordées de lames d'argent, n'avait pu contenir dans son immense vaisseau qu'une faible partie des fidèles accourus à ce triste spectacle.

Au moment où le char funèbre arriva devant l'église, au bruit solennel du bourdon et des canons placés dans les jardins de l'Archevêché, Verger entrait à la Conciergerie.

Ce fut encore une évocation du crime que la touchante cérémonie de la réconciliation de l'église Saint-Étienne-du-Mont, accomplie par Monseigneur Bonnechose, évêque d'Évreux. La victime était ensevelie, le sang répandu était lavé par les prières et les bénédictions des ministres, mais la justice des hommes n'était pas encore satisfaite.

Le 9 janvier, le rapport fut présenté à la chambre des mises en accusation par M. l'avocat général Sallé. La chambre prononça immédiatement l'arrêt par lequel elle renvoyait Verger devant la Cour d'assises de la Seine. Ce même jour, à quatre heures, Verger reçut notification de cet arrêt : il avait, dès lors, cinq jours pour se pourvoir en cassation contre cette décision. Le jour de sa comparution fut fixé au samedi 17, et M. le président Bonniot de Salignac lui nomma d'office pour défenseur un avocat connu pour son beau talent, Me Nogent Saint-Laurens. Par une exception à peu près sans exemple à Paris, M. le premier président Delangle devait présider l'audience. M. le procureur général Vaïsse occuperait le siège du ministère public, assisté de M. l'avocat général Barbier.

Mᵉ Nogent Saint-Laurens trouva, à la Conciergerie, l'accusé assis devant une table et feuilletant avec ardeur les pièces de procédure qui lui avaient été signifiées. Verger se leva, fit quelques pas au-devant de son défenseur et lui indiqua un siége. Son attitude, ses traits respiraient la placidité, ne trahissaient aucune émotion. Il remercia Mᵉ Nogent Saint-Laurens d'avoir accepté sa défense, et ajouta : « C'est une véritable satisfaction, Monsieur, que de me voir assisté par un avocat que j'ai déjà eu tant de plaisir à entendre à Melun. » Verger manifesta l'intention de se défendre lui-même. Il dit que l'examen de toutes les pièces et la préparation de sa défense nécessitaient un temps plus long que celui qui lui était donné, et qu'il ne croyait pas pouvoir être prêt pour le 17 janvier, jour fixé pour les débats de l'affaire. Verger déclara donc que, dans le but d'ajourner le jour de l'audience, il avait l'intention de se pourvoir contre l'arrêt de la chambre des mises en accusation, qui l'avait renvoyé devant la Cour d'assises.

Le 14 janvier, Verger informa officiellement de sa résolution le directeur de la Conciergerie, et, après qu'il eut vu libeller et qu'il eut signé l'acte constatant sa déclaration de pourvoi, il se remit, avec une activité fiévreuse, à réunir, à classer, à rédiger ses moyens de défense. Le lendemain 15, la Cour de cassation (chambre criminelle), présidée par M. Laplagne-Barris, fut saisie du pourvoi. Aucun avocat n'ayant été choisi par Verger, et la Cour étant dans l'usage de n'en pas désigner d'office pour les pourvois relatifs aux arrêts de mise en accusation, personne ne se présenta pour soutenir ce pourvoi. La Cour, au rapport de M. le conseiller Bresson, et sur les conclusions conformes de M. Renault d'Ubexi, avocat général, attendu que la procédure avait été régulière, que le fait était qualifié crime par la loi et que la Cour d'assises était compétente pour statuer, rejeta le pourvoi. Par suite de cette décision, l'affaire fut maintenue au rôle des assises pour le samedi 17 janvier.

M. le premier président Delangle se rendit, accompagné de M. Chevé, premier greffier, à la Conciergerie. Lecture fut donnée à Verger de l'arrêt de la Cour de cassation qui rejetait son pourvoi, et il lui fut annoncé que les débats de la Cour d'assises auraient lieu le 17 janvier. Verger sollicita de M. le premier président la fixation de l'audience à un jour plus éloigné ; il lui fut répondu que l'affaire devait être et serait jugée le 17 janvier.

Verger n'insista pas et déclara qu'il serait prêt.

Le 17, jour indiqué pour l'audience, dès six heures du matin, malgré le froid et l'obscurité, une foule immense se pressait aux abords du Palais-de-Justice. Depuis les affaires si émouvantes de Laroncière et de Donon-Cadot, nous ne nous souvenons pas d'avoir vu pareille affluence. Des centaines d'avocats en robes assiégent l'escalier principal de la cour du Mai. Des milliers d'habits noirs s'agitent dans les escaliers, dans les cours, dans la rue de la Barillerie. Le plus grand nombre des places a été réservé, et les déceptions seront nombreuses, car personne n'entrera sans être muni d'un billet signé par M. le premier président. Quelques fauteuils sont disposés au bas de la Cour. A neuf heures, lorsque les portes s'ouvrent, la salle est envahie en un clin d'œil. Sur les fauteuils ou sur des banquettes placées dans l'hémicycle, prennent place M. Lucien Murat, M. le marquis de La Rochejaquelein, M. le prince de Beaufremont, des magistrats, de hauts fonctionnaires, quelques étrangers, parmi lesquels on remarque des membres de l'ambassade ottomane.

A dix heures moins quelques minutes, un huissier apporte les pièces à conviction. Ce sont les vêtements sacerdotaux que portait le prélat, c'est le poignard qui l'a frappé. Tous les yeux se fixent avec terreur sur cette arme effroyable. C'est un couteau de luxe, à lame damasquinée, dit *catalan*, à manche de corne de cerf lisse, un peu courbé, finissant en pointe à son extrémité, fermant par un ressort qui ne cède que lorsqu'il est fortement soulevé. La lame est d'une longueur extraordinaire : elle n'a pas moins de 19 centimètres de longueur sur 3 centimètres de largeur dans la moitié de la longueur du côté du manche ; l'autre moitié forme un angle aigu ayant la pointe pour sommet. L'arme tout entière mesure, ouverte, plus de 43 centimètres. La trempe en est excellente. Le coup a été porté avec tant de violence que la partie de la lame formant angle aigu, c'est-à-dire environ 10 centimètres, a pénétré dans la blessure. L'acier est terni par places et on reconnaît en frémissant le sang de la victime.

A côté de l'arme homicide, sont les habits pontificaux que portait Monseigneur le jour de sa mort : une large tache de sang souille la chape.

A dix heures vingt minutes l'accusé est introduit. Tous les yeux se portent sur lui avec une curiosité avide : l'impression générale est celle du désappointement. On avait attendu le fanatique au regard sombre, à l'allure féroce, ou le fou aux traits égarés ; on voit entrer un jeune homme assez insignifiant, à la figure intelligente, vêtu strictement de noir : une cravate noire sans col de chemise fait ressortir l'extrême pâleur de son teint. L'ensemble est celui d'un étudiant en théologie. Rien ne dénote chez lui l'auteur d'un crime aussi lâche que féroce. Verger entre calme, il jette un regard rapide sur l'auditoire et concentre toute son attention sur une liasse de notes qu'il met en ordre. Il passe fréquemment sa langue sur ses lèvres légèrement contractées : c'est le seul signe visible de ses émotions intérieures.

L'huissier audiencier annonce la Cour. M. le président Delangle s'assied au fauteuil de la présidence : à ses côtés prennent place M. Bonniot de Solignace et un second assesseur, M. de Quevauvilliers. M. le procureur général Vaïsse, assisté de M. l'avocat général Barbier, prend place au siège du ministère public.

L'audience est ouverte. Les questions d'usage sont faites à l'accusé : il y répond d'une voix lente, mais sonore, bien timbrée ; il y a quelque affectation dans la manière dont il prononce certains mots, entre autres son nom propre.

M. le greffier en chef lui donne lecture de l'acte d'accusation. Ce document raconte le crime et les antécédents de Verger. Nous n'avons pas à revenir sur ces détails déjà connus du lecteur d'une façon plus complète. Nous y remarquons seulement les passages suivants relatifs à la préméditation :

« Verger lui-même déclare qu'à partir de ce moment (après l'interdiction) il a nourri dans son cœur le projet d'une atroce vengeance. Les idées d'assassinat lui étaient au surplus familières. Il a raconté dans un de ses interrogatoires que l'année dernière, après son renvoi de Saint-Germain-l'Auxerrois, il avait acheté une hache avec laquelle il avait eu tour à tour l'intention de frapper l'archevêque et M. l'abbé Legrand. »

L'acte d'accusation se termine ainsi :

« Si en présence de ces faits et de ce langage, il pouvait exister encore quelques doutes sur l'intention longuement préméditée qui a dirigé le bras de l'assassin et sur la responsabilité pénale qui doit peser sur lui, quelques-unes des pièces saisies, tant à Paris chez son frère, où il résidait au moment du crime, que dans son domicile personnel à Paris, viendraient jeter sur ces questions le jour le plus éclatant et le plus lugubre à la fois.

« Le jour de son crime, et en vue des conséquences qu'il savait y être attachées, Verger a écrit de sa main un testament par lequel il institue son frère son légataire universel, et une procuration contenant pour ce même frère pleins pouvoirs de toucher les mandats qui lui seraient adressés dans le courant de janvier 1857.

« A côté de ce témoignage d'une si parfaite tranquillité d'esprit, au moment de commettre un si grand crime, il faut placer une dernière preuve de la longue préparation dans laquelle l'accusé a mûri son détestable projet, l'abandonnant ou le reprenant tour à tour, suivant que les choses étaient ou non au gré de ses desseins.

« Le 31 janvier 1856, Verger a tracé de sa main et signé de son nom un écrit qui a été retrouvé dans ses papiers. Ce jour avait sans doute été marqué par lui pour l'assassinat qui ne s'est accompli que près d'un an plus tard, car l'écrit dont il s'agit se termine ainsi :
« Seul j'ai prémé-
« dité, j'ai nourri, j'ai
« porté le coup qui
« vient d'atteindre
« l'archevêque de Pa-
« ris. »

L'accusé a écouté cette lecture avec une grande attention, mais non sans donner quelques marques d'impatience. A la première interpellation de M. le président, il agite en l'air quelques feuillets écrits et dit :
« Monsieur le prési-
« dent, je… »

M. le président l'interrompant. — Vous allez entendre les charges qui seront produites contre vous. Huissier, faites l'appel des témoins.

Monseigneur Sibour.

Les témoins à charge sont au nombre de dix-huit. Après l'appel, et quand ils se sont retirés dans leurs chambres respectives, M. le président dit à l'accusé :
— Maintenant, Verger, levez-vous.

Verger. — Monsieur le président, j'aurais une observation à présenter à Messieurs les membres du jury, avant de procéder à quoi que ce soit, sur la manière dont l'instruction a été faite à mon égard. Si vous me le permettez, j'en serai très-reconnaissant.

M. le président. — Vous avez la parole.

Verger se recueille, regarde l'auditoire, et se pose comme un prêtre en chaire. « Il y a dix-neuf siècles, dit-il, une parole fort grave était adressée à l'humanité par un homme, qui était plus qu'un homme, par Jésus-Christ, homme et Dieu à la fois. Cette parole est celle-ci : *Pax vobis, pax omnibus* (paix à vous, paix à tous). De nos jours, un autre homme, que vous aimez, que vous vénérez, et que j'aime et vénère avec vous, a répété cette parole et a dit : *L'empire c'est la paix*. Il faut, Messieurs, bien comprendre le sens de ce grand mot : *L'empire, c'est la paix*.

M. le président. — Vous avez demandé la parole pour présenter une simple observation et ceci est de la défense.

Verger. — Je vais arriver à mon observation, j'y arrive naturellement ; j'ai seulement eu l'intention d'appeler vos esprits sur le sens de ces deux grandes paroles prononcées à dix-neuf siècles de distance : l'empire du sabre, c'est la guerre ; l'empire moral, c'est la paix. — Messieurs les jurés, vous avez entendu tout à l'heure M. le greffier vous donner des détails les plus circonstanciés sur l'événement dont je suis responsable vis-à-vis de Dieu, vis-à-vis de la société, vis-à-vis de moi-même. Les membres du barreau ont eu à leur disposition tous les documents, afin de m'accuser, de me noircir, de me montrer comme un criminel devant la société ; eh bien ! je dois vous dire qu'il n'en a pas été de même à mon égard. Depuis que je suis dans ma prison, il m'a été impossible de produire la moindre preuve. Sans doute les armes que je me suis forgées dans ma prison sont terribles, écrasantes, mais celles que j'avais préparées avant le délit ou le crime, comme on veut l'appeler, sont également formidables. (Jusqu'alors, Verger a eu plutôt l'attitude satisfaite d'un orateur que celle d'un accusé : mais il s'anime, ses gestes se multiplient, son calme fait place à une sorte d'ivresse, et ses regards, plus souvent portés vers le public que vers la Cour ou les jurés, indiquent une préoccupation de personnalité qui semble l'emporter chez lui sur la conscience de son forfait.) Parmi les papiers qui ont été saisis chez moi, il y en a quelques-uns qui démontreraient jusqu'à quel point j'ai été victime de manœuvres abominables ; car, messieurs, il faut que vous sachiez que c'est l'inquisition papale qui m'a amené ici. Or, il y a parmi ces papiers des lettres émanées de mes ennemis eux-mêmes, et qu'il faut lire ici ; une partie seulement de ces lettres a été remise à mon honorable défenseur, je demande que toutes ces pièces soient tenues à ma disposition ; elles me serviront à établir qu'on a voulu me forcer à renoncer à ma foi ; or, un prêtre sans foi n'est pas un prêtre. Dans ma prison, ma personne est en sûreté, eh bien ! mes papiers le seront aussi. — De plus, messieurs les jurés, il a été exercé une violence morale à mon égard, par rapport aux témoins que je voulais faire entendre. On a autorisé l'audition d'un seul de ces témoins sur soixante. Dès lors je me suis cru dans le droit de faire un rapport de ce qui s'était passé, au ministre de la justice, en le priant de transmettre ma lettre à S. M. l'Empereur. Dans cette lettre je lui disais :

« Excellence, M. l'avocat-général, pour mon affaire, « refuse de faire citer tous les témoins dont je lui ai « remis la liste. Je considère ce refus comme une at-« teinte à mon droit, comme une violence à mon égard. « J'ai l'honneur de déclarer à votre Excellence que je « ne répondrai absolument rien à l'interrogatoire de « M. le président, ou que si je parle ce ne sera que « pour faire connaître la résistance qu'on oppose à ma « demande.

« Si on veut épargner la honte à mes ennemis, j'en « suis fâché; quant à moi, je ne les crains pas, qu'ils « viennent tous.

« Ah! justice humaine, la justice divine t'atteindra; « mille fois malheur à toi! »

« Vous comprenez, messieurs les jurés, ceci est grave, très-grave. J'ai besoin de mes preuves. Elles sont de deux sortes; les premières sont verbales, ce sont mes témoins dont je demande l'audition; les secondes sont écrites, ce sont mes écrits, mes papiers dont je réclame la production; et, pour qu'il soit fait droit à ma demande, je vous conjure de faire renvoyer l'affaire à huitaine, afin que j'aie le temps d'assigner mes témoins et de produire mes preuves. »

M. le président (aux jurés). — Il est important, messieurs les jurés, que vous sachiez au juste comment les choses se sont passées. Verger s'était pourvu contre l'arrêt de la chambre des mises en accusation qui le

Réconciliation de l'église Saint-Étienne-du-Mont.

renvoyait devant la Cour d'assises; son pourvoi a été rejeté jeudi dernier. Aussitôt je me suis transporté près de lui, et lui ai demandé s'il croyait avoir le temps nécessaire pour la préparation de sa défense, ou si, au contraire, il pensait avoir besoin d'un temps plus long, et après avoir exprimé un moment le désir de voir ajourner le jour des débats, il a consenti à sa fixation à aujourd'hui. (A Verger.) Voyons, est-ce vrai? — *Verger.* Monsieur le président... — *M. le président.* Oui ou non, est-ce vrai? — *Verger.* Il y a du vrai et du faux. — *M. le président* (d'un ton sévère). Comment, il y a du faux !... — *Verger* (se contenant encore). Oui il y a du faux. Je m'explique. Vous m'avez dit qu'il fallait que ma défense fût entière et libre, mais qu'elle devait reposer sur des faits, et seulement sur ceux qui se rattachent à la mort de Monseigneur. Et moi j'ajoutai alors : et sur les circonstances qui ont amené ces faits. Or, pour les circonstances, il faut que j'aie les lettres de mes ennemis, la bande de l'inquisition papale.

M. le président aux jurés. — Il faut, messieurs les jurés, qu'il soit bien établi qu'aucun refus n'a été opposé aux demandes légitimes de l'accusé. De quoi s'agit-il dans ce débat? de savoir si l'accusé est coupable de l'attentat commis sur Mgr l'archevêque. Il demande à faire entendre des témoins. Quels témoins? est-ce ceux qui se rapportent aux faits mêmes de l'accusation? en aucune façon. Ce que voulait l'accusé, c'était se faire accusateur, c'était se jeter dans la voie de la calomnie et du scandale en attaquant des réputations honorables. Était-ce là de la liberté? de la défense? N'était-ce pas plutôt la licence de la défense?

Verger, vivement. — La liberté doit être entière

M. le président. — Le ministère public, qui a des

devoirs devant la loi et la société, devait-il s'associer à ces tentatives de scandales, à ces déplorables caprices? Il ne l'a pas pensé, et c'est pourquoi il a refusé à l'accusé l'audition qu'il réclamait. — *Verger.* On devait respecter ma demande... — *M. le président.* Ce n'eût plus été du respect pour la défense; M. le procureur général a pris connaissance de la liste des témoins dressée par l'accusé, et il a autorisé la citation de trois témoins dont le témoignage se rapportait au fait même de l'accusation. Faire plus, c'eût été aller au delà du droit et au delà du vœu de la loi. Du reste, accusé, consultez votre honorable défenseur lui-même, il vous dira où commence et où finit le droit de la défense. — *Verger.* C'est inutile; je vais répondre pour mon défenseur. Hier, à deux heures, j'ai reçu du ministère de la justice l'autorisation, et cela, notez bien, contrairement à l'avis de M. le procureur général, l'autorisation de faire venir tous mes témoins, mais à la seule condition que ces témoins seraient cités à mes frais. Je n'avais plus alors le temps suffisant.

Mᵉ Nogent Saint-Laurens. — L'accusé m'avait parlé d'une liste de témoins qu'il voulait dresser : je lui dis alors que, selon le droit qu'il tenait de la loi, M. le procureur général ferait sans nul doute un choix sur cette liste. Hier soir seulement, je fus prévenu des intentions de l'accusé; il n'était plus temps de faire droit à cette réclamation tardive, puisqu'on était en dehors des délais de notification. En ce moment, et en présence de l'insistance de l'accusé, je demanderai quelques minutes pour m'entretenir avec Verger et lui faire comprendre quel est, dans cette circonstance, son véritable intérêt.

Le défenseur se penche vers l'accusé et lui adresse quelques paroles à voix basse; mais Verger ne le voit pas, ne l'entend pas, il s'exalte de plus en plus et poursuit son idée fixe d'accusation calomnieuse.

Cependant M. le procureur général a saisi cet instant de calme pour adresser aux jurés quelques paroles : « Il ne faut pas donner à cet incident, Messieurs, plus de portée qu'il ne mérite. Personne pourra-t-il croire que la justice veut apporter des entraves à la défense? Il faut bien que vous sachiez, Messieurs, qu'il ne s'agissait pas au fond de faire entendre des témoins nécessaires à la défense, mais de répandre dans cette enceinte d'affreuses calomnies... Je n'en veux d'autres preuves que cet odieux libelle que nous avons sous les yeux... — *Verger* interrompt avec fureur : Lisez, lisez... lisons, Messieurs... — *M. le procureur général.* C'est un épouvantable ramassis d'inventions monstrueuses... — *Verger* de même : Eh bien! lisons-le, lisons, lisons... lisons... — *M. le président* avec douceur : Verger, vous avez rappelé tout à l'heure les paroles du Christ... — *Verger* avec une exaltation toujours croissante : Oh! oui, j'en appelle au Christ, à sa miséricorde, à sa bonté. — *M. le président.* Eh bien! vous qui proclamiez la nécessité de la paix, tâchez donc qu'elle se fasse dans votre esprit... — *Verger.* Qu'on lise... (Se tournant vers le public.) Peuple, lisez... — *M. le président.* Taisez-vous. (Aux jurés.) Voilà l'homme... vous le connaissez maintenant... le voilà presque jugé...

M. le procureur général. — Faire droit à la demande de l'accusé, c'eût été se prêter à la plus abominable manœuvre. Au surplus, eussions-nous autorisé la citation de ces témoins, la plupart ne seraient pas venus, et il aurait fallu retirer la parole aux autres dès le premier mot. Pouvions-nous permettre à l'assassin, après avoir enfoncé le poignard dans le sein du vénérable prélat, de s'armer d'un autre poignard, celui de la calomnie, et de le diriger contre les membres du clergé de France? Voilà la vérité sur cet incident : le bon sens en fera justice.

Le délai que l'accusé réclame aujourd'hui n'a pas d'autre but que de renouveler une tentative dans laquelle il a échoué. Il est donc inutile de le lui accorder. Les débats seront entiers.

Parmi les soixante témoins qu'il voulait faire entendre, nous en avons choisi trois dont les dépositions se rapportent à ce fait; aller plus loin, c'eût été se prêter à un abus, nous ne pouvons y consentir.

Verger s'adressant au public, avec véhémence. — Peuple, la défense n'est pas libre... — *M. le président.* Qu'entendez-vous par une défense libre? — *Verger,* avec quelque hésitation. J'entends l'affranchissement de tout lien... — *M. le président.* Comment, de tout lien? — *Verger.* Oui, il y a les liens physiques : ce sont les verrous, les grilles, les gendarmes, ceux-là, je m'en ris; il y a des liens moraux, qui consistent dans des interpellations comme les vôtres. — *M. le président.* Ainsi, votre prétention est que votre défense n'est pas libre, parce qu'on a refusé de citer ici vos témoins. — *Verger* s'animant. Oui, ma vie a traversé les existences de toutes ces personnes, il faut donc que ma vie soit expliquée avec la vie de ces personnes; je maintiens donc ma réclamation. — *M. le président.* Voyons, refusez-vous le débat? — *Verger.* Je ne refuse pas le débat, mais je demande mes témoins, je les demande, il me les faut... Mes témoins, sans quoi je refuse... — *M. le président.* Répondez aux questions... — *Verger.* Non... mes témoins! — *M. le président.* La parole est au défenseur.

Mᵉ Nogent Saint-Laurens. — Je ne puis m'associer d'une manière absolue à la demande qui vient d'être exprimée par ce malheureux, mais je l'engage à la modération. Si, dans le cours des débats, la nécessité d'entendre quelques témoins se manifeste, je me joindrai à lui pour demander à M. le président d'ordonner leur comparution en vertu de son pouvoir discrétionnaire.

Verger. — Honorable défenseur, je ne puis vous accorder ce que vous demandez. J'insiste pour que tous mes témoins soient entendus. Je n'en excepte pas un. Je maintiens ma volonté, et j'exige qu'elle soit exécutée.

La Cour se retire pour délibérer sur l'incident. Verger se calme un peu. Il demande un verre d'eau qu'il boit avec avidité. L'auditoire, profondément ému de cette scène scandaleuse, se livre à des conversations animées. On s'étonne de ces fureurs illogiques, de cette passion d'énergumène; on se demande si cet homme, qui n'est pas un fou, ne cherche pas à dissimuler, par ces récriminations bizarres, l'horreur de son crime, ou si vraiment l'ivresse de l'orgueil et de la personnalité lui en dérobent à lui-même l'énormité.

Après quelques minutes de délibération, la Cour rentre avec un arrêt par lequel : considérant que la demande en sursis n'est basée que sur la prétendue nécessité de citer certains témoins, que la déposition de ces témoins n'aurait aucun rapport avec le fait déféré au jury par l'acte d'accusation, et ne devrait pas servir non plus à établir la moralité et les bons antécédents de l'accusé, ordonne qu'il sera passé outre aux débats.

Verger s'écrie qu'il proteste : on n'en entend pas moins les premiers témoins, la loueuse de chaises de Saint-Étienne-du-Mont, le sergent de ville qui a arrêté Verger, le sieur Picault, le coutelier qui a vendu le couteau quinze francs. A la déposition du sergent de ville, Verger répond en récriminant contre quelques violences trop naturelles des premiers moments de l'arrestation : — « J'ai été horriblement maltraité, mon gilet a été déchiré (il se retourne vers le public et montre deux petites déchirures); j'ai été frappé dans la partie postérieure et ailleurs... Une pareille arrestation n'est pas *morale*. » (Rires et murmures dans l'auditoire.)

L'insignifiante déposition de l'huissier de l'église est une occasion pour Verger de redresser avec sang-froid quelques circonstances du meurtre; seulement, trait constant de caractère, sa conclusion est une insulte pour le témoin : — « Quand j'ai frappé Monseigneur, je tournais le dos à l'autel; j'étais face à face avec l'archevêque et je n'étais pas, comme il l'a dit, en face de la Sainte-Vierge ou de sainte Geneviève. Ainsi, ce témoin est faux. »

A la déposition de la loueuse de chaises, il répond : « Le témoignage de madame est nul dans ses conséquences; il n'est pas permis, d'après la doctrine de Notre-Seigneur Jésus-Christ, de rien recevoir dans les lieux saints. Or, j'ai remis dix centimes à madame pour entrer dans la nef. C'est une simonie. J'espère que madame s'en souviendra et que cela profitera à son âme. »

On lui présente le couteau; il le regarde avec calme et déclare le reconnaître.

M. l'abbé *Hanicle*, curé de Saint-Séverin, raconte l'histoire d'une lettre insultante, exaltée, qu'il reçut de Verger, un soir, après un sermon. Il s'informa, par pitié pour cette âme égarée qui s'insurgeait contre toutes les institutions religieuses, non avec démence, mais avec une logique malsaine; on lui répondit (ici le vénérable prêtre hésite à prononcer le mot) que l'auteur de cette lettre, un prêtre interdit, était une vraie *canaille*.

Verger, avec cynisme. — J'accepte ce mot jusqu'à preuve du contraire... Je suis l'ennemi juré du sacerdoce actuel comme Jésus-Christ était l'ennemi juré du sacerdoce qui vivait autour de lui. Je hais les prélats de nos jours comme il haïssait les pharisiens! Je suis l'ennemi de tout ce qui est pharisaïque, de tout ce qui est hypocrite.

Et l'accusé, s'écoutant parler avec complaisance, veut faire donner lecture d'un écrit sur ces idées, auquel il travaillait lors de son arrestation. M. le président s'y refuse, et Verger, s'adressant à l'auditoire, s'écrie : — Voyez, auditoire!... on me refuse... et pourtant on m'accuse... entendez-le bien!

M. le président. — Vous n'êtes pas ici pour entreprendre la glorification de vos doctrines personnelles. — R. Je ne me glorifie pas, je suis plein de douleur. — Montrez-la donc votre douleur. — Oui, monsieur le président, par mon énergie, par la force de Dieu. — Par votre humilité. — Non, par mon énergie !

M. *Legentil* raconte quelques faits ignorés de la vie de Verger. Il l'a connu à Paris; il manifestait l'intention de se marier, il réclamait une pension, il avait la prétention de faire subvenir à ses besoins par son évêque.

Le débat rencontre sur sa route l'affaire du procès de Melun. Verger veut introduire une discussion sur l'empoisonnement dont il a contesté l'existence. M. le président l'arrête en cherchant à le faire rentrer dans la cause. Verger s'écrie de nouveau : « On veut me faire violence, on veut m'empêcher de parler. Oui, j'ai battu à plate couture, j'ai *bousculé* magistrats et procureur impérial. » M. le président s'oppose encore à ces divagations. « On m'interrompt toujours, j'aime mieux la guillotine... J'aime mieux la mort que l'insulte à Dieu. » — D. Ainsi, vous vous croyez plus sage que la justice elle-même? — R. Oui. — D. Que le jury? — R. Oui, oui. Qu'on lise mon *Colin-Maillard*... Oui, *Colin-Maillard*, car vous avez tous les yeux bandés... Peuple, demandez-en la lecture. Demandez-le à mon frère, il vous le procurera.

M. *Bautain*, vicaire général, dépose de l'obligeante intervention en faveur de Verger de M. le curé de Saint-Germain-l'Auxerrois qui, prévenu pour lui par une sœur de charité... — *Verger.* Par ma gentillesse... — *M. Bautain.* Mais plus tard M. Legrand dut signaler quelques soupçons touchant les mœurs de l'accusé. — *Verger* (avec fureur). Vous êtes un scélérat. Oui, un scélérat, je le dis au nom de la société. (Rumeurs indignées dans l'auditoire.) — *M. le président.* Je vais vous faire mettre à la porte si vous ne vous taisez de suite. — *M. Bautain* raconte les faits déjà connus de l'interdiction. — *Verger*, les yeux en feu, s'écrie : « Je dois dire à M. le promoteur que c'est lui, avec M. le curé de Saint-Germain-l'Auxerrois, qui ont juré ma perte. M. l'abbé Legrand, ennuyé de me voir rester dans sa paroisse, à cause des amitiés secrètes et des propositions qu'il m'avait faites, a cherché à se débarrasser de moi... Il s'agit de la vérité, il faut savoir l'entendre avec patience. — *M. le président.* Ce n'est pas, ce me semble, la patience qui nous manque. (On rit.) — *Verger.* Je vous demande pardon ; si vous aviez eu plus de patience, je serais plus calme; mais vous ne voulez voir que le meurtre, le poignard et l'échafaud... Moi, je vois autre chose; vous ne voulez pas réfléchir que, moi, je travaille à ce résultat depuis quinze ans.

M. *Parent-Duchatelet* a donné l'hospitalité à Verger, et en a reçu, à la date du 31 janvier 1856, la lettre suivante :

« M. Parent-Duchatelet m'a donné l'hospitalité depuis mon retour de Montivilliers. Je l'en remercie cordialement. Je remercie également toutes les excellentes personnes qui l'entourent et qui m'ont prodigué leurs soins. Je déclare M. Parent et toute autre personne de sa maison complètement en dehors de mes affaires. Il n'y a pris aucune part, ni directe, ni indirecte. Seul, j'ai prémédité, j'ai porté le coup qui vient d'atteindre l'archevêque de Paris. »

Verger est appelé à s'expliquer sur cette lettre qui prouve la longue préméditation du crime. « J'ai, dit-il, écrit cette lettre au moment où, l'année dernière, poussé à bout par l'inquisition papale, et après être resté huit mois sur le pavé, Monseigneur se indignait de ma présence, et il avait raison. Il n'y avait plus pour moi qu'un moyen : ou de me noyer ou de me tirer un coup de pistolet, ce qui eût fort réjoui mes ennemis, ou de faire ce que j'ai fait. J'ai dû avoir cette énergie, cette pensée que Dieu donne à tout homme. Dieu donne à tout homme un droit souverain, quand pendant huit mois un tribunal, civil ou ecclésiastique, lui a refusé la justice. M. le procureur impérial a reçu mes déclarations; le préfet a reçu mes déclarations; le chef du cabinet de la préfecture a reçu mes déclarations; j'ai dit à ce dernier lui-même, brandissant mes deux mains au-dessus de son bureau : S'il faut en finir avec l'archevêque, j'en finirai avec lui; s'il faut armer ma main, je l'armerai; s'il faut faire descendre sa tête, je la ferai descendre! Voilà les terribles choses que j'ai dites. Il me répondit : « C'est terrible, ce que vous dites là. » Arrêtez-moi, lui dis-je. On ne m'a pas arrêté. (L'instruction a prouvé la fausseté de cette dernière assertion de Verger.) — *M. le président* (avec douleur). Voilà une doctrine abominable. — *Verger* (avec exaltation). Mensonge! mille fois mensonge au président! anathème! malédiction au président? — *M. le président.* On ne peut qu'avoir pitié d'une pareille exaltation d'un homme qui ose justifier son crime conçu un an avant de l'exécuter. — *Verger.* Mensonge! mensonge! Jésus-Christ qui êtes là, qui voyez ce magistrat, anathème contre lui! — *M. le président.* Taisez-vous, de pareils blasphèmes sont plus abominables dans votre bouche que dans toute autre encore.

M. l'abbé *Millaud*, supérieur du séminaire de Saint-Nicolas-du-Chardonnet, donne quelques renseignements sur les antécédents de Verger. Malgré des notes matériellement bonnes, M. Dupanloup avait deviné le monstrueux avenir de cet homme : il avait dit, avec une rare sagacité : Voilà un jeune homme qui déshonorera l'état ecclésiastique.

Le témoin *Prévost*, tailleur, a travaillé pour Verger qui ne l'a jamais payé. La sœur du témoin a épousé le frère de Verger, qui s'écrie : Il est mon beau-frère. — *Prévost :* Je ne tiens pas à la parenté; j'ai fait tout ce que j'ai pu pour empêcher ce mariage.

M. Montandon, ministre protestant, a reçu la visite de Verger, qui lui a paru vouloir embrasser le protestantisme, par cette seule raison qu'il avait à se plaindre de ses supérieurs. — *Verger* (d'un air capable) : Je venais seulement prendre des informations, et comme j'ai reconnu qu'il y avait aussi des difficultés chez les protestants, j'ai renoncé à mon projet. Pour moi, les protestants et les catholiques sont également dans l'erreur.

M. Sibon, vicaire de Saint-Germain-l'Auxerrois, a protégé et secouru Verger, bien que celui-ci eût un caractère un peu sournois. Il raconte très-simplement qu'il a admis Verger dans la vie intime de sa famille, qu'il a cherché à lui rendre le calme et la dignité, aidé dans cette œuvre par une de ses parentes... — *Verger* (avec insolence) : Dites donc votre mère. (Cette audacieuse ingratitude soulève un mouvement de dégoût dans l'auditoire.) — *M. Sibon* continue avec calme : Je ne m'étonnais que d'une seule chose, c'est qu'avec sa manie singulière d'injurier et de calomnier ses bienfaiteurs, Verger ne m'eût pas encore insulté. Cela ne manqua pas. Craignant d'être compromis par lui, je dus refuser de le recevoir, et, pour se venger, il m'écrivit que si je ne le recevais chez moi, il souillerait la tombe encore toute fraîche de la parente que je pleurais. (Indignation profonde.) Je vous perdrai, me disait-il; je n'en refusai pas moins de le recevoir. Plus tard, apprenant qu'il mourait de faim, je lui envoyai secrètement, et sous un autre nom que le mien, des secours, songeant par cet acte à vénérer les mânes de ma chère parente. — *Verger* (avec ironie) : Les mânes! Vous entendez, c'est du paganisme! paganisme! Les mânes! on ne dit pas les mânes... Il n'y a de vrai dans tout cela que nos entretiens sur la conduite indigne de M. le curé de Saint-Germain-l'Auxerrois, et ce qu'il m'avait raconté sur les évêques d'Evreux et de Soissons... — *M. le président :* Taisez-vous ; vous ne faites que diffamer. — *Verger :* Suis-je libre, messieurs les jurés? — *M. le président :* Vous n'êtes pas libre de diffamer.

M. Legrand, curé de Saint-Germain-l'Auxerrois, rend compte de ses efforts malheureux pour dominer cet indomptable caractère. Lorsqu'il fut obligé de réduire, pour Verger, l'exercice du saint ministère, Verger fit circuler contre lui des circulaires autographiées. Le 6 août 1855, Verger fit une démarche de repentir et écrivit une lettre dans laquelle il faisait amende honorable de ses erreurs, reconnaissait la sincérité de la bienveillance de son supérieur, le droit qu'il avait eu de l'exclure, l'indulgence de la punition. Cette lettre, dont M. le Président fait donner lecture, se terminait ainsi : « Ah! monsieur le curé, je vous en prie, recevez de moi mille pardons; aux pieds de Dieu, tout se répare bien. »

Ici, Verger, qui a espéré la lecture de son infâme circulaire, est vivement blessé dans son déplorable orgueil, en entendant la lecture publique de cette lettre accusatrice : « Monsieur le président, s'écrie-t-il avec une fureur haineuse, que lisez-vous là? Ce n'est pas la circulaire... Messieurs les jurés, vous répondez de moi... Monsieur le président, vous ne faites pas votre devoir... Jurés, protestez pour moi. — *M. le président.* Taisez-vous. — *Verger.* Ah! misérable! misérable!

On lit la circulaire calomnieuse; la voici :

« Monsieur,

« J'ai l'honneur de vous soumettre la lettre suivante, que je viens d'adresser à M. le curé de Saint-Germain-l'Auxerrois.

« Monsieur le curé,

« Depuis que je suis l'un des prêtres de votre pa-
« roisse, j'ai eu souvent à me plaindre de vos procédés
« à mon égard; les propositions outrageantes que vous
« m'avez faites dès les premiers temps de mon arrivée
« ont été la source de nos luttes sans nombre. Mainte-
« nant que c'est une certitude pour moi que vous vou-
« lez consommer mon déshonneur, je préfère m'isoler
« et m'abstenir de toutes fonctions sacrées.

« J'avais la douleur d'être, Monsieur le curé, l'un de
« vos infortunés prêtres. « L'abbé Verger. »

Verger (se tournant vers le témoin). Oui, j'ai eu souvent à me plaindre des propositions outrageantes que vous m'avez faites... (Mouvement d'indignation dans l'auditoire.) — *M. le président.* Accusé, taisez-vous ou je vous fais mettre à la porte. — *Verger.* Je n'ai pas peur de mourir... J'affronterai la mort. Qu'on me conduise à la guillotine! — *M. le président.* Encore une fois, taisez-vous! — *Verger* (au comble de l'exaltation). Allez voir la chambre qu'il m'avait mis... Elle y est dans son presbytère. Allez-y, vous la verrez. — *M. le président* (se couvrant). L'audience est suspendue. Gendarmes, emmenez l'accusé. — *Verger* (se débattant). Je lutterai contre vous tous. Les gendarmes m'entraînent. Verger, au moment de sortir, s'écrie : Peuple, défendez-moi!

Une grande partie de l'auditoire se lève et répond :
— Non! non! canaille! — assassin!

L'audience reste suspendue pendant un quart d'heure au milieu de la plus vive agitation.

A la reprise de l'audience, après quelques témoignages sans importance, M. le président demande à Verger s'il n'est pas vrai que Monseigneur de Paris soit intervenu pour lui auprès de Monseigneur de Meaux. — *Verger.* Non, ce n'est pas vrai. — D. Les lettres sont là cependant? — R. Les lettres existent, qu'importe? On ne veut pas les lire à cause des contradictions qu'elles contiennent. (S'exaltant peu à peu.) Il faut tout lire ou rien. C'est une affaire de quinze jours ou d'un mois. J'ai bien passé quinze ans à l'étudier, moi. Lisez-les donc, ces lettres, votre salut social et éternel y est attaché.

M. le président fait voir à l'accusé une lettre de sa propre main, dans laquelle il écrit à Monseigneur de Meaux que Monseigneur de Paris l'envoie dans son diocèse. Verger, apercevant le visa du greffier, s'écrie:
— Il y a une signature autre que la mienne. C'est un faux... D'ailleurs, ceci prouve ma soumission aveugle. Ah! misérable...

L'audition de deux témoins à décharge n'a apporté

aucun fait en faveur de l'accusé. M. le procureur général se lève et dit :

« Messieurs les jurés, nous n'avons pas de réquisitoire à prononcer. Le magistrat lui-même n'est pas maître de ses émotions...

Verger. Vous tremblez, monsieur l'avocat général! — *M. le procureur général.* Nous éprouvons un invincible dégoût à nous trouver devant un pareil adversaire... — *Verger* (avec violence). Adversaire... oui adversaire. — *M. le président.* Voulez-vous bien vous taire! et laisser parler M. le procureur général. — *Verger.* Non, je ne veux pas qu'il parle; je veux qu'on lise mes papiers... je veux qu'on recommence... — *M. le président.* Quoi? — *Verger.* Tout ce qu'on a fait ici. — *M. le procureur général.* Il faut pourtant que les formalités judiciaires s'accomplissent, et en présence des clameurs... — *Verger.* Je m'y oppose... je lui retire la parole... — *M. le procureur général :* de l'accusé. — *Verger.* Non, non... plutôt la guillotine. — *M. le procureur général.* Nous requérons l'application des art. 9 et 10 de la loi du 9 septembre 1835. — *Verger.* Je me moque... Je me moque de tout, excepté de Jésus-Christ. (Rumeurs.) — *M. le président.* La Cour va se retirer et va délibérer. — *Verger.* Oui, retirez-vous, allez-vous-en.

Après quelques minutes, la Cour rend un arrêt qui, conformément à la loi de septembre, considérant que l'accusé a déclaré ne vouloir point laisser parler M. le procureur général; que, par ses clameurs et ses outrages, il met obstacle au cours de la justice, ordonne qu'il sera reconduit en prison et qu'il sera passé outre aux débats en son absence.

Les gendarmes emmènent Verger, qui proteste encore l'écume aux lèvres.

Le calme s'est rétabli, mais le tribunal est, comme l'auditoire, sous le coup d'une émotion profonde et pénible. Il faut en finir : ces deux choses saintes, la religion et la justice ont été trop longtemps insultées; ce n'est plus par des paroles qu'il faut les défendre et les venger. M. le procureur général renonce à prononcer un réquisitoire.

« Ce que chacun éprouve ici, dit-il, c'est le besoin de voir finir cette scène de scandale et de deuil. Si je supprime le discours dans lequel j'aurais rendu hommage aux vertus de l'éminent prélat tombé sous les coups de l'assassin, cette suppression aura l'avantage d'abréger quelque chose de cet appareil des Cours d'assises, où de grands criminels comme Verger viennent chercher un dernier triomphe. Qu'aurions-nous d'ailleurs à prouver? Que l'accusé n'est pas fou? Il vous en a donné lui-même la preuve. C'est une nature perverse, féroce, ambitieuse, un être que l'enfer a vomi. Son esprit a été perverti par l'orgueil, et son existence vouée au mal ne pouvait se terminer que par le crime. Ce crime, il l'a commis avec une volonté complète. Il vous a dit lui-même : « C'a été pour moi l'affaire de quinze années ! » Il a commis ce crime, il l'a exécuté avec préméditation. Je ne puis mettre en doute que vos réponses ne soient affirmatives sur la culpabilité. A quoi bon retenir votre attention sur ces tristes débats et retarder votre sentence? Il ne s'agit pas d'un crime privé. Ce n'est pas l'homme privé que ce misérable a immolé, c'est la religion, c'est la société tout entière qu'il a voulu frapper, parce que la vaine ambition de cet être indigne, qui n'en a justifié aucune, n'avait pas été satisfaite. L'expiation, quelque terrible et ignominieuse qu'elle soit, ne sera pas à la hauteur d'un pareil crime. Il en est venu, après avoir eu toutes les ambitions, à rêver la célébrité de l'échafaud, et si, du haut de cet ignominieux piédestal, il s'écriait, comme il l'a fait ici : « Peuple, défends-moi ! » on lui répondrait, comme on l'a déjà fait en votre présence, par ce cri unanime, qui doit encore retentir à ses oreilles : « Assassin ! assassin ! »

« Nous venons de remplir notre devoir, messieurs les jurés; c'est maintenant à vous de remplir le vôtre. »

Après ce court et énergique appel à l'inévitable verdict du jury, M° Nogent Saint-Laurens prend la parole. Tout le monde a compris à l'avance combien la tâche du défenseur est difficile : aussi, est-ce sans étonnement qu'on remarque une certaine hésitation, je ne sais quel trouble secret dans la parole ordinairement si nette et si incisive de l'éloquent avocat. Il semble que la défense veuille se faire pardonner à l'avance sa tentative impossible, en proclamant dès ses premiers mots, ces grands principes d'ordre et de respect que le meurtrier a si scandaleusement méconnus. Et, quand l'avocat cherche dans la démence de l'accusé la seule excuse possible de son forfait, on comprend que sa conviction n'est pas inébranlable, et qu'il entrevoit plutôt une espérance qu'une certitude.

« Messieurs, dit M° Nogent Saint-Laurens, je ne puis imiter la concision de M. le procureur général; mais, rassurez-vous, je saurai être bref en accomplissant la mission sacrée que la Cour a bien voulu me confier. C'est d'elle et de la loi que je tiens cette mission, que j'ai dû accepter et que je viens remplir devant vous.

« L'art. 294 du Code d'instruction criminelle est ainsi conçu : « L'accusé sera interpellé de déclarer le choix qu'il aura fait d'un conseil pour l'aider dans sa défense, sinon le juge lui en désignera un sur-le-champ à peine de nullité de tout ce qui suivra. »

« Ainsi, c'est à peine de nullité.... Dans notre pays de civilisation, de philosophie et d'humanité, le principe de la défense est absolu, inévitable. La désignation par le juge est impérative pour le défenseur. Le barreau n'a jamais failli à ce devoir impérieux et pénible. Si je n'avais des comparaisons à redouter, je vous citerais de grands noms dans notre ordre qui, tour à tour, ont dû venir donner l'assistance là où la conscience publique semblait tracer le vide et l'abandon. La loi a été suivie comme toujours. Soldat de la défense, j'ai été choisi pour ce poste de péril judiciaire. J'y viens, j'y reste, le cœur gonflé d'amertume et de tristesse.

« Ce deuil immense qui couvre Paris, cette douleur publique, la défense ne les troublera pas. Elle viendra d'abord s'unir à l'accusation et s'agenouiller avec elle sur la tombe du martyr. Ah! pourquoi faut-il que notre pays soit ainsi troublé?... D'où vient cela?... Que faut-il en penser?... Pourquoi faut-il qu'un forfait trouble ainsi la sécurité publique?... Pourquoi, dans ces sérénités, l'éclair orageux d'un crime inouï?... Nul ne pourra le dire avec précision; nul n'a le secret de ces effrayants contrastes. Ce sont là des mouvements individuels qui n'engagent en rien l'esprit d'un temps et l'honneur d'une société.

« Ainsi donc, c'est trop vrai : le crime épouvantable est commis; Monseigneur de Paris est mort... C'est à l'église de Saint-Étienne-du-Mont... Le vénérable prélat conduisait la procession ; il marchait vers l'autel... on le frappe... il tombe... Mais rien n'est interrompu dans sa pure destinée... Si son corps est tombé sur la terre, son âme s'est envolée vers le ciel où l'attendent les félicités suprêmes. Donc, sur le fait, pas de discussion. Alors, que me faut-il dans la défense?...

« Il en est qui s'écrieront : « La défense !... Vous êtes la défense?... Pourquoi êtes-vous là?... Qu'y venez-vous faire?... C'est une profanation... » A ceux-là je répondrai : : « Je suis ici malgré moi, je suis ici pour la loi qui est au-dessus de toutes les émotions, de toutes les indignations... je témoigne par ma présence du respect que l'on porte à la loi... »

« Il en est d'autres qui me diraient volontiers : « Vous êtes la défense, ne vous inquiétez pas des clameurs qui vous environnent. Portez-vous en avant, soyez résolu, soyez énergique, pas d'hésitations, pas de tremblements. » A ceux-là je répondrais : « Vous avez une impatience et une ardeur dangereuses. La défense est un principe absolu qui doit apparaître partout, mais la défense a des bornes, des limites que la conscience et l'honneur placent devant elle... Mélangée à cette grande chose que l'on appelle la justice, la défense doit en garder le niveau et la dignité. Elle ne peut prendre sa course comme un cheval emporté; elle doit garder le frein de l'honneur, de la vertu, de la modération, de la conscience!

« Ces idées sont vraies, je les observerai sans souci, sans inquiétude, sans scrupule; je resterai dans la réserve, dans la modération, et c'est dans ces sentiments de réserve et de modération que la défense peut espérer quelque force et quelque utilité.

« Je l'avouerai sans détour, quand j'ai dû songer à cette affaire, quand j'ai voulu combiner quelques idées, je ne trouvais que le vide et le néant. Découragé, triste, malheureux, ne trouvant rien en moi, je me pris à écouter les autres, et souvent j'ai entendu les autres qui disaient : « Il est fou !... C'est un acte insensé !... » Il est fou !... Serait-ce vrai?... Voyons : Devant ce forfait, il serait consolant de trouver un fou au lieu d'un homme raisonnable. Il serait consolant de dire qu'aucune volonté humaine, libre et éclairée, n'a pu concevoir un acte pareil, et que cet acte est né d'un vertige et d'un délire. Si c'était la vérité, vous le diriez, et vous apporteriez un grand soulagement dans l'opinion publique, car tous, tant que nous sommes, nous éprouvons une honte douloureuse à songer qu'un semblable criminel est un homme qui pense, combine et agit comme nous pouvons le faire. Nous nous prenons à mépriser, à exécrer la raison si elle peut produire de semblables résultats.

Après avoir exposé ces considérations générales, le défenseur cherche s'il y a au procès des preuves de la démence de l'accusé. Or ces preuves, on les trouve partout, dans les faits, dans les écrits de l'accusé, dans les témoignages extérieurs recueillis sur lui!

« Dans les faits! ces preuves résultent de la manière dont il a accompli son forfait, en plein jour, dans une église pleine de fidèles! Dans cet assassinat, commis pour se venger d'une interdiction sur un prélat, qui ne l'avait pas prononcée! Et puis, le cri qu'il pousse n'a aucun rapport avec cette interdiction; il se rapporte au dogme de l'Immaculée Conception, à ce dogme qui respire une douce et sainte mysticité, qui constitue une de ces croyances que les âmes gardent comme un parfum précieux.

« Dans les écrits de l'accusé, vous avez entendu son testament, cette lettre à M. Parent-Duchatelet, comment ne concluriez-vous pas à la folie?

« Ainsi, ni précautions préliminaires, ni mobiles, ni intérêt au crime. Partout vous ne trouverez que les combinaisons d'un fou, les aspirations et les actes d'un aliéné.

« Mais, dit-on, il a raisonné son crime! sans doute, il a les apparences d'un esprit lucide. Sa folie n'est pas continue, je l'accorde; mais, dit M. Calmeil, l'un des hommes les plus compétents sur ce sujet : « L'homme peut, sans cesser de jouir de la faculté de coordonner ses idées, de juger sainement des qualités, des rapports d'un certain nombre d'objets extérieurs, obéir sciemment, à son insu, à un vice partiel du jugement, à une aberration de la sensibilité physique, à une lésion des qualités affectives des sentiments instinctifs, et manifester une série d'idées extravagantes, des sensations, des antipathies étranges, se porter à des actes qui ne supposent plus l'empire de la raison. »

« Eh bien! de toutes les folies, la plus dangereuse peut-être est celle qui est causée par les idées religieuses.

« Voyons enfin les témoignages extérieurs! Qu'il me soit permis ici de donner quelques détails bien courts, du reste, sur la personne de l'accusé. Vous savez combien la folie est héréditaire. Eh bien! sa mère, atteinte d'un accès d'aliénation mentale, s'est précipitée dans un puits : il avait des frères et des sœurs; l'un d'eux, jeune encore, a trouvé la mort en se jetant dans la Seine. Voilà ce qu'on trouve dans sa famille.

« Plus tard, que se passe-t-il? Il est amené devant M. le procureur impérial de Melun. Cet honorable magistrat refuse de le poursuivre, en disant : « C'est un fou! » Ses supérieurs ecclésiastiques eux-mêmes partagent cette opinion. Je n'en veux d'autre preuve que cette lettre écrite par Monseigneur de Meaux, le 12 décembre 1856, c'est-à-dire quinze jours environ avant le crime, dans laquelle il est dit :

« Nous croyons que vous avez besoin d'être soigné dans une maison de santé, et si vous y consentez, je vais m'entendre pour cela avec M. le préfet.... »

Parmi les papiers saisis chez lui, et que vous connaissez en partie, il est une lettre qui a une haute signification. Elle est adressée à M. Emile de Girardin, qu'il ne connaissait pas, qu'il n'avait jamais vu, et à qui il écrivait ce qui suit, le 6 février 1856 :

« Monsieur Girardin,

« En vérité, monsieur, vous êtes le plus insolent personnage que j'aie jamais rencontré. Personne, peut-être, ne vous en a jamais dit autant. Recevez, monsieur, cette leçon d'un jeune prêtre qui apprend tous les jours à vivre davantage à l'école de l'infortune. Restons ce que nous sommes. Ne posons jamais! Car c'est au moment où nous voulons nous faire valoir que nous devenons méprisables.

« Votre tout dévoué, »

« Signé : l'abbé Verger. »

Il a été plus loin encore. Les tables tournantes, il en attribue l'invention au clergé! Ecoutez là-dessus ce qu'il dit dans un écrit trouvé chez lui, et daté du jour même où il accomplissait son crime :

« J'ai oublié de parler des loteries et des tables tournantes. L'une et l'autre sont de l'invention du clergé, ou, du moins, il en profite largement. Ce qu'il y a de plus triste, c'est que le gouvernement permet que ses fonctionnaires s'immiscent à ces tripotages, à des remises sans fin, quand la collecte n'a pas satisfait les espérances. Est-ce digne? Qui paie et qui attend?... Le pauvre!..., etc. Anathème! »

« Enfin, si on examine les dépositions reçues dans l'instruction et les témoignages reçus aux débats, on y trouve des raisons graves de conclure à la folie.

« Tout est dit, messieurs les jurés. J'ai essayé de faire mon devoir. Vous allez faire le vôtre... Sous les douleurs qui vous oppressent, sous l'indignation qui vous excite peut-être, vous allez saisir le sentiment calme et froid de la justice. Si vous alliez pencher vers la folie, si quelque voix intérieure, douce et pénétrante, vous disait qu'il n'y a là ni intelligence ni volonté... Ah!

n'y résistez pas... Cette voix, c'est la victime, c'est le martyr, c'est Monseigneur de Paris, c'est lui qui est au ciel, c'est lui qui vous exhorte, qui vous conseille, qui laisse tomber dans vos âmes la miséricordieuse émanation de la vérité!...

« Mon esprit se rattache à cette idée, qui est mon espoir et ma consolation... Monseigneur de Paris n'a pu être frappé que par un aliéné...

« Non, tant de douceur, tant de charité, tant de vertu, toutes ces qualités de l'âme, du cœur, de l'intelligence, qui distinguaient Monseigneur, non, tout cela n'a pas été méconnu par un être raisonnable...

« La raison humaine n'est pas souillée par cette exécrable action. L'aliénation seule en portera la responsabilité dans les siècles à venir! »

C'était là, peut-être, tout ce qu'on pouvait dire. Après la plaidoirie, M. le premier président Delangle résuma les débats avec une remarquable impartialité :

« Vous l'avez vu, Messieurs les jurés, dit-il, vous l'avez entendu, vous avez pu apprécier ce qu'est cette nature et quel est le crime dont la société vous demande la réparation.

« M. le procureur général a pensé qu'après les émotions de cette audience, il ne lui restait qu'à conclure à l'application de la loi. Que vous eût-il appris, en effet? L'accusé vous a lui-même tout révélé.

« Le défenseur, Messieurs (et qu'il me soit d'abord permis de rendre hommage à son dévouement et à son talent), s'est montré digne de cette noble profession qui assure une défense à toutes les causes, même à celles qu'on ne peut accepter qu'avec répugnance. Il s'est livré à l'examen des faits et des écrits de l'accusé, il s'est demandé s'il était possible qu'un homme sain d'esprit ait pu commettre un tel crime. Il a rappelé les faits dont l'église Saint-Étienne-du-Mont a été le théâtre, et notamment le cri qu'il aurait poussé en frappant Monseigneur, et il a conclu que l'homme que vous avez à juger ne jouit pas d'une raison complète.

« Messieurs, il serait à désirer que ces paroles du défenseur pussent trouver croyance dans vos esprits. Oui, cela serait bon pour la morale publique que ce crime odieux pût être attribué à la folie.

« Mais vous aurez à vous demander, après avoir entendu les témoins, après avoir recueilli les détails si savants, si précis qui vous ont été fournis par le médecin que vous avez entendu, si cette défense, la seule qui fût possible dans cette affaire, peut se concilier avec les faits que les débats vous ont fait connaître; vous vous demanderez si, au contraire, vous n'avez pas à juger la nature la plus détestablement perverse.

« Vous vous rappellerez ces débats, l'attitude de l'accusé, ses injures à la justice, aux jurés dont il avait besoin, et vous vous demanderez si tout est dit quand on a prononcé le mot de folie !

« Vous n'oublierez pas que la préoccupation de l'accusé a été de se dresser un piédestal, de se poser en vengeur des querelles d'autrui, en réformateur des dogmes religieux et de la discipline du clergé : voilà les points sur lesquels se portera votre attention, et vous vous souviendrez que cet homme a été poussé au crime par un orgueil indomptable qui l'a perdu, qui est né de l'absence de tout respect pour ses supérieurs, qui est le mal de notre époque, et qui conduit fatalement au crime les ambitions des esprits inquiets et toujours en rivalité contre l'ordre établi et contre les lois.

« Si vous trouvez dans le procès les preuves de la folie, comme il n'y a pas de crime sans intention, vous devez acquitter Verger

« Si, au contraire, il résulte de ce que vous avez entendu, des paroles de l'accusé, de ses écarts, de ses violences, qu'il a réfléchi, qu'il a voulu le crime qu'il a commis, qu'il a voulu frapper la tête du clergé de Paris, oh ! alors, vous aurez un devoir terrible à remplir? Remplissez-le, Messieurs les jurés, et que la répression soit par vous élevée à la hauteur du crime que l'accusé a commis. »

Après ce résumé, M. le président donne lecture des questions soumises à MM. les jurés, qui se retirent pour délibérer. Vingt minutes après, ils rapportent une déclaration affirmative, à la majorité, sur les trois questions d'homicide volontaire, de préméditation et de guet-apens. La Cour, sur les réquisitions de M. le procureur-général, rend un arrêt qui condamne Jean-Louis Verger à la peine de mort et ordonne que l'arrêt sera lu à l'accusé dans sa prison.

Brisé par sa lutte de la Cour d'assises, Verger était redevenu plus calme. Il écouta le procès-verbal des débats, les bras croisés, taciturne, murmurant seulement de fois à autre : « Quelle justice! quelle justice! » Mais, aux considérants de l'arrêt, sa figure s'empourpra et, aux derniers mots *la peine de mort*, un frisson parcourut ses membres et, d'une voix altérée, il s'écria : « Je vous chasse!... je vous chasse!... je vous méprise!... » Puis, il retomba dans son accablement.

Le lendemain, cependant, il s'empressa de faire savoir qu'il entendait se pourvoir en cassation et adresser à l'Empereur une demande en grâce. Son père vint le visiter : l'entrevue fut très-calme : « Tout n'est pas fini, dit-il,.. non, tout n'est pas fini. » Une inquiétude secrète agitait cependant le condamné, malgré sa tranquillité apparente : il mangeait peu, dormait mal et il reçut avec plaisir la visite de M. l'abbé Nottelet, aumônier de la Conciergerie. Sa plus grande privation était de ne pouvoir écrire, car on l'avait, selon l'usage, revêtu de la camisole de force.

Le 19 à quatre heures, on procéda à la translation de Verger de la prison de la Conciergerie à celle de la Roquette. Lorsqu'il monta dans le lugubre panier à salade, il était morne, abattu; pendant le trajet, il manifesta à plusieurs reprises la crainte qu'on ne le conduisit au supplice. Ses gardiens eurent beau chercher à le rassurer, il ne se calma que lorsqu'il vit sa nouvelle prison.

Pendant les quelques jours de délai que lui laissait son pourvoi, Verger se reprit bientôt à l'espérance. Il avait obtenu qu'on lui laissât la main droite libre, et il en profitait pour écrire incessamment. L'orgueil reprenait le dessus : à certains moments, il se croyait un héros et racontait complaisamment son crime. « Quand j'eus frappé *ce pauvre Monseigneur*, disait-il, ce ne fut pas des remords que j'éprouvai, ce fut comme un grand apaisement... mon âme se détendit, je laissai tomber les bras le long du corps, comme l'ouvrier qui a fini sa tâche. »

Il paraissait compter beaucoup sur la demande en grâce et rêver tout au plus *un noble exil*.

Mais, à mesure que les jours s'écoulaient, cette assurance vaniteuse tombait à vue d'œil : il calculait avec une émotion évidente le moment où serait jugé son pourvoi en cassation. C'est le 29 que la Cour suprême fut appelée à l'examiner.

Le siége du ministère public est occupé par M. le procureur général de Royer. Le rapport est fait par M. le conseiller Legagneur, qui examine les moyens produits à l'appui du pourvoi. La parole est donnée à Me Achille Morin.

Devant la Cour suprême, l'avocat n'avait rien à dire sur le crime, il n'avait à discuter que le droit seul

Sur le crime, il se contente de s'écrier avec tous : Ah! c'est épouvantable. Puis, après avoir développé quelques considérations sur l'état mental de Verger, sans pouvoir poser de conclusion à cet égard, il passe à l'examen des trois moyens de cassation sur lesquels se fonde le pourvoi.

Le premier moyen est relatif à la composition de la Cour d'assises. Selon Mᵉ Morin, la prise de possession du siège présidentiel de la Cour d'assises par M. le premier président était soumise à des conditions qui n'ont pas été observées.

Le deuxième moyen était tiré de l'extrême abbréviation des délais, qui n'auraient pas été suffisants pour la défense. Mᵉ Morin précise les dates. Le 9 janvier, mise en accusation; le 10 janvier, acte d'accusation; les 9 et 10 janvier, significations; le 10 janvier, interrogatoire; le 14 janvier, pourvoi contre l'arrêt renvoyant aux assises; le 15, rejet; le 17, débat et condamnation.

A cette précipitation patente, l'avocat oppose la sage lenteur avec laquelle doit procéder la justice des hommes, malheureusement exposée à de si déplorables erreurs. La loi accorde un délai de cinq jours à l'accusé pour préparer sa défense, et ce délai, qui ne peut être restreint, ne doit commencer à courir que du jour de l'arrêt de renvoi prononcé par la chambre des mises en accusation.

C'est là, du moins, la marche ordinaire des choses quand l'accusé garde le silence. Mais, s'il s'est pourvu en cassation, le délai ne doit alors courir qu'à partir de la décision de la Cour suprême. Ce délai ne pouvait donc compter pour Verger, qu'à partir du rejet de son pourvoi contre la décision de la chambre des mises en accusation, et non, comme on l'a fait à tort selon l'avocat, à partir du jour où l'arrêt de renvoi a été prononcé par la chambre des mises en accusation.

Le troisième moyen était le plus grave aux yeux de la défense. Il reposait sur ce que l'expulsion de Verger n'aurait dû avoir lieu que pendant la durée des débats. On eût dû, après la clôture des débats par M. le président et lorsque le jury eut fait connaître sa délibération, faire rentrer Verger pour l'interpeller, aux termes de la loi, sur la question de savoir s'il avait quelque chose à dire sur l'application de la peine.

Mᵉ Morin examine ensuite les significations faites à Verger, et il trouve qu'elles sont toutes tardives, parce qu'elles ont été faites après la condamnation.

« Je demande la cassation, dit en terminant l'habile défenseur, je la demande au nom des principes, qui ne pourraient être sacrifiés sans danger pour l'avenir; je la demande au nom de la justice, éminemment intéressée à une épreuve nouvelle, qui permettra de s'assurer si le crime qui a ensanglanté l'église de Saint-Étienne-du-Mont est l'œuvre d'un assassin ou d'un aliéné ! »

Après cette remarquable plaidoirie, M. le procureur général de Royer prend la parole :

Après avoir montré par les faits l'étendue du crime, M. le procureur général examine les trois moyens présentés à l'appui du pourvoi.

Sur le premier, il pense que le premier président de la Cour impériale peut présider la Cour d'assises, comme toutes les autres chambres de la Cour, à tout moment, lorsqu'il le juge utile. C'est un droit permanent qu'il tient de la loi.

Sur le deuxième moyen, M. le procureur général dit que le délai de cinq jours, accordé à l'accusé, compte du jour de son interrogatoire, et lui est accordé tout à la fois pour le pourvoi et pour préparer sa défense. En ce qui concerne le refus fait à l'accusé de lui accorder un sursis pour qu'il pût faire assigner des témoins, M. le procureur général dit que l'appréciation qui a été faite par la Cour d'assises est le résultat de son pouvoir discrétionnaire et souverain, qui, par suite, ne saurait donner ouverture à cassation.

M. de Royer repousse également le troisième moyen. Selon lui, l'expulsion conservait toute sa force jusqu'à la fin de l'affaire, et il n'y avait, par conséquent, aucune nécessité légale à faire revenir l'accusé ou à lui faire des sommations.

A six heures, le pourvoi de Verger était rejeté par la Cour. En même temps, l'Empereur faisait appel à une commission de médecins pour constater, une fois de plus, d'après les faits du procès, l'état mental du condamné. Le rapport de M. le docteur Conneau conclut que Verger jouissait du libre exercice de sa raison.

L'ordre d'exécution fut donné pour le lendemain, 30, par M. le procureur général. L'échafaud fut dressé pendant la nuit sur la place de la Roquette. A sept heures un quart du matin, M. l'abbé Hugon, aumônier des prisons, entra dans la cellule de Verger. Après une nuit très-agitée, celui-ci avait fini par s'endormir. M. l'abbé Hugon, que Verger avait obstinément refusé de voir jusque-là, lui annonça que le moment fatal était arrivé et qu'il ne lui restait plus qu'à se réfugier dans la miséricorde divine : — « Mais ce n'est pas possible, s'écria Verger, c'est une trahison; je ne veux pas finir ainsi... Monsieur le directeur, je demande une heure ou deux pour écrire à l'Empereur. » Et comme le directeur répondait que les ordres étaient formels : « Non, c'est impossible, une heure, une seule. » Les assistants, navrés, gardaient le silence : M. l'abbé Hugon, seul cherchait à ramener doucement le condamné : « Non, s'écria Verger, livide de fureur, non, pas de prêtres, pas de reliques... je n'irai pas à l'échafaud, vous ne m'aurez qu'en pièces. » Et ses traits s'hébétaient, son œil était atone, l'instinct de conservation vivait seul dans ce malheureux, qui, roulé dans ses couvertures, cramponné à son lit, luttait contre les gardiens en rugissant : « Au meurtre! au secours! à l'assassin ! »

On le porta dans l'avant-greffe et on procéda à la toilette. Lorsque se fit sentir dans ses cheveux le froid de l'acier, une réaction profonde se fit en lui; un abattement complet succéda à ces violences, il regarda autour de lui, reconnut l'abbé Hugon que n'avaient pas lassé ses insultes, et, après un moment de recueillement, il consentit à recevoir les derniers secours spirituels. A partir de ce moment, bien que son abattement physique s'accrût visiblement, la conscience morale était revenue chez lui. Dans quelques paroles entrecoupées il déplora son crime, et, soutenu par le digne aumônier et par l'exécuteur, il marcha en chancelant vers l'échafaud. Pendant le court trajet, il répétait distinctement : « Agneau de Dieu, ayez pitié de moi... Jésus Marie... amende honorable... mon pays... France que j'ai tant aimée...» Au pied de l'échafaud, un dernier tressaillement de terreur s'empare de lui, mais il se redresse et s'écrie : « Vive Jésus-Christ! » On le soutient, il monte. Le vénérable abbé Hugon monte avec lui : tous deux se mettent à genoux; l'aumônier aide Verger à se relever, Verger se jette dans les bras de son confesseur et l'embrasse avec effusion. Quelques secondes après, un coup sourd retentit au milieu du silence funèbre que gardent les dix mille spectateurs de cette solennelle expiation.

SOUFFLARD ET LESAGE.

ASSASSINAT DE LA DAME RENAULT, AU TEMPLE.

Au Temple.

Qui ne se rappelle le succès de ce roman célèbre, les *Mystères de Paris?* c'était en 1842 : le roman-feuilleton régnait alors et trônait au rez-de-chaussée de tous les journaux. On se disputait, on s'arrachait les grands faiseurs, les maréchaux littéraires. Qui avait Dumas, qui Balzac, qui Soulié : le journal *les Débats*, feuille grave s'il en fut, céda à la contagion de l'exemple, et du premier coup trouva le roman-phénix, les *Mystères de Paris*.

Le roman-feuilleton de M. Eugène Sue conquit tous les suffrages. Il fut avidement lu dans les salons comme dans les antichambres, dans les ateliers comme dans les boutiques. Il y avait là, croyait-on, la peinture vraie de tout un Paris inconnu, gangrené, lépreux, attrayant à force d'horreur. Tous ces gens-là parlaient leur vraie langue et grouillaient, immondes, dans une mare empestée de vices et de crimes. Un archi-millionnaire allemand, traversait toute cette boue sanglante en cherchant sa fille, qu'il finissait par retrouver dans un bouge infâme, et jetait sur toutes ces hontes brutalement dévoilées un vernis de philanthropie raisonneuse et fantaisiste. L'assassin dépravé y était représenté par le *maître d'école*, l'assassin sensible et vertueux par le *chourineur*. La prostituée, décorée du doux nom de *Fleur-de-Marie*, y apparaissait sous l'auréole mystique de la victime innocente.

Tout le monde parla bientôt cette langue et s'intéressa à ces personnages, à ces *héros* de façon nouvelle. Ce fut là le premier grand triomphe de cette étrange théorie littéraire qui a nom le *réalisme*, et qui prétend ne chercher ses éléments que dans la *réalité*. Copier la nature, même dans ses horreurs, tel est son but. Elle oublie seulement que le *laid* qu'elle nous montre au microscope est tout simplement un idéal renversé, pris dans la contre-partie de l'idéal jusqu'alors cherché par les écrivains. Si une part d'invention se mêle à ces détails révoltants, si l'imagination vient les transfigurer, où sera la *réalité*? Où sera aussi l'instruction, la moralité de l'œuvre? Vous aurez chatouillé les plus mauvais instincts de curiosité, et, comme le lecteur sait bien qu'il n'y a rien de vrai dans tout cela, aucune leçon ne sortira pour lui de cette lecture. L'idéal du vice et du crime salit et abaisse l'âme qui s'arrête à le contempler.

La *réalité*, au contraire, a ses enseignements inévitables, et porte avec soi la leçon. A la place de ces bandits imaginaires, mettez leurs prototypes réels, et vous sentirez instinctivement en écoutant le récit de leur vie immonde, l'horreur qu'inspire le crime *vrai*.

Voici, par exemple, le récit simple et vrai des méfaits d'une bande de scélérats de la pire étoffe. Ceci se passe en 1838, quatre ans avant les *Mystères de Paris*. L'auteur du roman a largement puisé dans les détails de cette affaire; mais combien la réalité ne l'emporte-t-elle pas sur l'œuvre de l'imagination ! Seulement, le *chourineur* n'est ici sujet à aucun accès de sensiblerie. La *Fleur-de-Marie* ne manque pas au procès Soufflard : mais, sous le masque trompeur de la blonde et douce vierge, elle cache une dépravation complète. Le célèbre *Tortillard* s'y rencontre sous les traits du petit Vollard, jeune élève dressé d'avance pour le bagne.

Enfin, deux péripéties terribles terminent cette hideuse épopée, dont les deux héros cherchent dans le suicide un refuge contre la justice humaine.

Le procès Soufflard a donc l'intérêt du plus terrible des romans, mais il laisse au lecteur l'enseignement des conséquences inévitables d'une corruption première et des châtiments nécessaires suspendus sur le crime.

On y trouvera, dans leur crudité cynique, les mœurs, les ressources, les habitudes de langage, les indications spéciales de caractère et de tempérament de cette tourbe hideuse qui s'abat sur la société comme sur une proie qui lui appartient, qui ignore le travail, qui vit du crime et qui finit par en mourir.

Pendant l'année 1836 et une grande partie de l'année 1837, un grand nombre de vols, exécutés avec adresse et bonheur, avaient éveillé les inquiétudes de la population parisienne, et dérouté les recherches de la police. On soupçonnait vaguement l'existence d'une de ces associations monstrueuses de malfaiteurs, qui s'organisaient alors avec la plus grande facilité dans Paris. Car, même après la loi de 1832, qui avait tenté une première réforme du mode de surveillance prononcé par le code de 1810, il y avait encore, en 1838, quatre à cinq mille libérés dans Paris, condamnés pour la plupart sous l'empire de l'ancienne loi, c'est-à-dire qui pouvaient rendre la surveillance illusoire par le payement d'un cautionnement. Le vol fournissait des ressources à l'impôt prélevé sur le voleur, et trop souvent la liberté ainsi achetée ne servait qu'à préparer de nouveaux crimes.

Tout-à-coup, le 5 juin 1838, un horrible assassinat commis dans le quartier du Temple, mit sur la trace de l'association hideuse qui avait su échapper jusque-là aux actives investigations de la justice.

Il y avait alors, au marché du Temple, une famille depuis longtemps connue dans le commerce des matelas et des fournitures de lit. Le sieur Renault avait une place aux étalages du marché, et l'occupait avec sa jeune fille âgée de quinze ans, tandis que sa femme se tenait dans le magasin faisant partie de leur logement, rue du Temple n° 91. De l'étalage au magasin, on se renvoyait les chalands qui n'avaient pas conclu de marché ou qui n'avaient pas trouvé de marchandises à leur convenance.

Estimé de tous, le couple Renault avait une certaine réputation de richesse.

La maison de la rue du Temple avait son entrée par une allée, gardée par un portier. Le logement et le magasin de la famille Renault étaient au troisième. La porte d'entrée fermait à trois serrures, et ouvrait dans un couloir étroit long et obscur.

Le 5 juin, le sieur Renault s'était proposé de conduire sa femme et sa fille à la promenade dans l'après-midi. Vers trois heures, il envoie sa fille au logement pour aider sa femme à s'habiller. Quelques instants auparavant, deux hommes étaient montés: ces deux hommes étaient de ces malfaiteurs qui ne reculent pas devant l'assassinat pour commettre un vol.

La petite Renault trouva la porte du pallier fermée, et joignant comme si elle eût été fermée aux trois serrures qui la protégeaient d'ordinaire en l'absence des maîtres. Sa mère était donc sortie?

La jeune fille n'a rien entendu. Elle redescend, elle s'enquiert auprès du portier, elle retourne auprès de son père qui lui donne une clef pour frapper et se mieux faire entendre. Puis elle remonte l'escalier. Arrivée au troisième étage, et séparée seulement par quatre marches du pallier où demeure sa mère, elle se croise avec un homme vêtu d'une redingote bleue, et elle entend celui-ci dire à un autre homme qui sort en ce moment de chez sa mère : « Fermez la porte. » Ce second individu qui vient à elle, et qu'éclaire en plein la lumière d'une fenêtre de l'escalier, est vêtu d'une redingote marron brune. « Me voilà, messieurs, dit la jeune Elisa Renault, ne fermez point. » Mais déjà la porte est fermée et les deux hommes descendent à la hâte.

Quelques marches plus rapidement montées, quelques secondes de moins, et la pauvre enfant se trouvait à la porte au moment où le premier des assassins allait en sortir. Elle voyait le sang répandu, le cadavre de sa mère, elle était entraînée dans la chambre, et sans doute la justice y eût trouvé deux cadavres !

L'enfant, étonnée, laissa passer ces deux hommes et frappa à la porte. Il n'y avait plus là personne pour lui répondre. Elle frappa encore, impatiente et instinctivement inquiète. Puis, tout-à-coup, sur le pallier, elle voit du sang. Elle s'écrie, elle descend avec horreur, passe devant le portier et jette dans la rue des regards effarés. La portière lui demande ce qu'elle a: « J'ai frappé, dit-elle, ma mère ne m'a pas répondu. J'ai vu du sang, si elle était assassinée! »

On court chercher M. Renault, il arrive, et, comme la porte est toujours fermée, il s'empare d'une hachette de maçon et enfonce la porte. A peine entré, il voit sa malheureuse femme étendue, baignée dans son sang. « Ah ! mon Dieu, s'écrie-t-il, » et il se précipite sur elle. « Elle est encore chaude! » s'écrie le malheureux. La dame Renault avait cessé de vivre.

Dans le trouble horrible du premier moment, on ne s'aperçut pas qu'un vol considérable venait d'être commis.

On releva le cadavre étendu sur le carreau, la face contre terre et nageant dans le sang. La victime n'avait pas moins de dix-sept blessures à la main, au cou, à l'abdomen. Celles de la main étaient profondes et avaient dû être faites par un homme vigoureux. Un coup porté à la tempe avait glissé sur le temporal et déchiré la joue. Une blessure au ventre était assez grave, mais n'avait pas produit d'épanchement; une autre à la gorge avait pénétré jusque dans le larynx. Mais, parmi les blessures du cou, une, plus affreuse que les autres, avait pénétré jusqu'à la sixième vertèbre, déchiré la moëlle épinière et causé instantanément la mort. La lutte avait dû être terrible : car la dame Renault était très-forte et vigoureusement constituée.

Le magasin, la plupart des meubles étaient souillés de sang. On en voyait de larges plaques à la porte du couloir et qui paraissaient provenir de mains sanglantes qui auraient cherché à l'ouvrir. Il y en avait dans le couloir, à terre et sur le lit de sangle, près de la porte du pallier. Près du cadavre, était un traversin ensanglanté, et sur le comptoir, un matelas également maculé de sang. Dans la chambre à coucher, les rideaux du lit et le drap de dessus, rougis par places, attestaient le passage des assassins, qui s'y étaient essuyé les mains. Le secrétaire était ouvert, et les tiroirs étaient pêle-mêle sur le carreau, et on y avait pris un sac contenant 720 fr. en or et 400 fr. environ en pièces de cinq francs, 100 fr. en menue monnaie et de l'argenterie pour une valeur de 400 fr. environ.

C'est dans l'intervalle des deux voyages de la jeune Renault que les deux assassins avaient commis leur crime.

Suivons-les après qu'ils ont réussi à descendre l'escalier sans éveiller les soupçons de la pauvre enfant.

Tous deux remontent la rue du Temple vers le boulevard, d'abord au pas accéléré, puis en courant. Cent pas plus loin que le n° 91, ils rencontrent une femme venant en sens contraire, du côté du faubourg du Temple. Cette femme, la dame Aubert, entend tomber par terre quelque chose dont le son ressemble à celui de l'argenterie. Elle regarde : de l'autre côté de la rue, près des bains Turcs, un passant crie aux deux hommes : « Vous perdez votre argenterie, venez donc la ramasser. » Alors, le plus petit des deux revient sur ses pas, après un moment d'hésitation, ramasse une cuiller qui est tombée, la met dans une des poches de derrière de sa redingote, relève ses basques et reprend sa course. Il rejoint son camarade, et ils courent ensemble jusqu'à la rue Notre-Dame-de-Nazareth. Arrivés là, ils ralentissent le pas, et ils entrent dans la rue. En les voyant, un commissionnaire dit tout haut : « Ce sont sans doute des filous ; j'ai bonne envie de les agrafer. »

Un peu plus bas, un enfant qui s'est croisé avec les deux hommes et qui les a toisés de ce coup-d'œil observateur du gamin de Paris, dit à la dame Aubert qu'il rencontre quelques pas plus loin : « Avez-vous vu ces deux hommes ? Le plus petit est couvert de sang. » Et, disant cela, il montre le devant de sa poitrine, au-dessous du menton. Comme le plus petit des deux individus portait une boîte plate, d'où passait quelque chose de blanc, ressemblant à de la dentelle, la dame Aubert pensa qu'il venait de voler des cartons chez quelque marchand de nouveautés.

Arrivés devant le n° 13 de la rue Notre-Dame-de-Nazareth, les deux assassins se consultèrent un moment, regardèrent s'ils étaient suivis, et le plus petit ouvrit brusquement la porte d'un café tenu par la dame Rollin. Le plus grand passa rapidement devant le comptoir, en disant d'un ton grossier : « Deux verres d'eau sucrée. » Ils allèrent s'asseoir à la table la plus éloignée de l'entrée, dans un coin obscur formé par la cage d'un escalier. Puis, tous deux s'accoudèrent sur la table, tournant la face à la rue et se mirent à causer tout bas. Près d'eux, il y avait une cloison vitrée derrière laquelle travaillait une lingère. Cette jeune fille fut frappée de la pâleur et de l'expression sinistre de celui de ces deux hommes qui lui faisait face. « Voyez donc, dit-elle à la limonadière, voyez donc cet homme, on dirait qu'il vient de faire un mauvais coup. » Les deux misérables s'aperçurent de cet examen : ils se levèrent précipitamment, frappèrent sur la table et l'un d'eux paya. Puis ils disparurent.

Quand ils furent sortis, on s'aperçut qu'ils avaient laissé intact le sucre de leurs verres d'eau et qu'ils avaient vidé le contenu de la carafe sous la table. Ils n'étaient entrés là que pour faire disparaître les taches de sang qu'ils avaient aux mains.

Qui étaient-ils ?

Les premiers soupçons de la police se portèrent sur deux forçats libérés qui avaient subi en même temps leur peine au bagne de Toulon, les nommés Lesage et Soufflard. Leur signalement se rapportait avec celui que s'accordaient à donner des témoins nombreux. On arrêta, dès les premiers moments, une trentaine de forçats libérés qui, tous, avaient eu des relations avec ces deux hommes, et tout en cherchant à découvrir les assassins de la rue du Temple, on se trouva avoir mis la main sur une vaste association de malfaiteurs.

Voici de quels éléments elle se composait et par quels actes coupables elle avait signalé son existence.

C'est d'abord Lesage. Il a été condamné une première fois, le 24 juin 1829, à un mois de prison ; puis, le 28 décembre 1830, à sept ans de travaux forcés ; en 1831, à vingt ans. Il a été libéré le 11 janvier 1838.

C'est ensuite Soufflard.

A seize ans, Soufflard est condamné à un an, pour vol, le 24 juin 1831. En 1834, il est condamné pour vol à cinq ans de travaux-forcés ; sa peine est commuée en trois ans de prison. Une nouvelle condamnation l'envoie au bagne, où il fait le désespoir des gardes-chiourme.

Un troisième bandit, Micaud, complète le comité exécutif de l'association.

Micaud a débuté de bonne heure dans la bohême criminelle : jeune encore, il est resté vingt mois dans une maison de correction ; en 1830, il a été condamné à sept ans de réclusion par contumace, puis à cinq ans de travaux forcés pour vol. A Toulon, où il est entré le 1er novembre 1831, il s'est fait remarquer parmi les incorrigibles, parmi ceux qu'en langage du lieu on appelle les *pratiques*.

Ces trois hommes sont unis par les liens ignobles de leur passé criminel. On les a presque toujours vus travailler ensemble. Ainsi, le 26 juillet 1830 nous montre Lesage et Soufflard profitant des émotions publiques pour casser une porte de compagnie : confondus avec les prisonniers du premier jour de la révolution, ils sont mis en liberté. Déjà, en 1832, Lesage, Soufflard et Micaud sont les célébrités du bagne de Toulon. Rien de plus dangereux que ce trio effronté, disent les notes de chiourme. Lesage surtout causait une véritable terreur. Un vol était-il commis, un complot était-il soupçonné, on renonçait à faire une enquête. On allait droit à ces trois hommes, et on leur donnait une heure pour rendre les objets dérobés, ou pour dévoiler leurs projets et leurs moyens d'exécution. Un seul homme put prendre quelque empire sur le plus féroce des trois, sur Lesage ; c'était un Bédouin, sorte d'hercule sauvage, qui fut donné à Lesage comme compagnon de chaîne et qui, dans un jour de colère, lui mangea une oreille.

Autour de cet horrible trio, gravitent un certain nombre de criminels secondaires. C'est la femme Vollard, sœur de Lesage, sorte de paysanne abrutie, porteuse de pain, journalière ou revendeuse de haillons à ses heures, mais dont la profession véritable est de rechercher des *affaires*, c'est-à-dire de préparer et d'indiquer des crimes, ou, en style de bagne, de *nourrir des poupards*.

Sous la tutelle immonde de cette mégère, type de la *Chouette* des *Mystères de Paris*, croît et s'élève son fils, ce petit Vollard, dont Soufflard, qui se connaissait en perversité, a dit déjà : *Ce môme là ira loin*. Ce gamin de tant d'espérance ne tardera pas à réaliser les prédictions de Soufflard. Déjà passé maître dans le vol des chiens, dans le vol aux étalages, le petit Vollard gagnera ses éperons pendant le procès que nous racontons, en dérobant des chaussettes chez un bonnetier. Arrêté, malgré sa finesse, il est traduit devant la 7e chambre de police correctionnelle, il fut acquitté, comme âgé de moins de seize ans ; mais le Tribunal ordonna qu'il serait détenu jusqu'à l'âge de vingt ans dans une maison de correction.

La figure la plus curieuse peut-être de cette ténébreuse association, c'est celle de la fille Alliette.

Eugénie Alliette, dite *la Biche*, avait une réputation parmi les femmes perdues de Paris. Sa figure gracieuse et empreinte d'une grande douceur, sa mise recherchée, ses beaux cheveux blonds, sa voix harmonieuse donnaient l'idée d'une distinction native : elle avait, en effet, reçu quelque instruction et avait même été sous-maîtresse dans un pensionnat. Mais le vice avait corrompu l'âme, tout en respectant l'enveloppe. Eugénie, devenue la fille Alliette, était tombée, par degrés, jusque dans les bas-fonds de la prostitution parisienne. Depuis longtemps elle n'avait plus pour amants que des voleurs ou des assassins, elle vivait de leur vie, partageant leurs dangers et leurs honteuses ressources, et sa bouche rose et fraîche ne s'ouvrait que pour laisser passage à l'ignoble argot des bagnes.

A cette galerie de coquins émérites, ajoutons quelques figures secondaires.

Voici Leviel : caché sous le nom de *Naturel*, plus tard sous celui de *Hardel*, nom d'une prostituée, il a loué une chambre au Gros-Caillou. Là, il reçoit de nombreuses visites de gens à l'allure suspecte, qui s'annoncent la nuit par un coup de sifflet. A peine âgé de quinze ans, Leviel est arrêté une première fois : c'est en 1815. En 1816, il est condamné à trois mois de prison. Le 21 juillet 1817, il est arrêté de nouveau. Le 10 septembre 1819, il est condamné à dix ans de travaux forcés. Le 12 mars 1830, autre condamnation à sept ans de travaux forcés. C'est un chevronné du bagne.

Calmel est, parmi ces bandits de naissance et d'éducation, un type assez étrange. Il a été condamné deux fois à dix ans de travaux forcés ; c'est le voleur éloquent et hypocritement philosophe. En relevant le dossier de sa seconde condamnation (13 mars 1827), nous rencontrons de ce beau discur l'allocution suivante adressée aux juges.

« Messieurs les juges, il y a ici une grande distinction à faire ; il y a ici des coupables et des innocents. Je suis venu des galères pour dire la vérité ; je ne veux plus rien avoir sur la conscience. Malheureux que je suis, la vérité sortira de ma bouche comme de l'enfant qui vient de naître... D'abord j'ai repoussé le crime avec indignation, car, messieurs, jusqu'à ce fatal jour, je rebutai toujours le crime. Enfin, je fus ébranlé par la fatalité et la fragilité. Je me laissai séduire par de belles espérances, malheureux que je suis... Peut-être ne voudrez-vous pas me croire, malheureux que je suis ? Et cependant ma conscience est pure, maintenant ; j'ai dit la vérité. Je suis plus tranquille, je connais la profondeur de l'abîme. Ma vie est perdue, je n'ai plus de nom, je n'ai plus de famille, mais c'est égal, j'ai dit la vérité. Plût au ciel que mon crime et ma peine fassent trembler ceux qui voudraient être criminels !... Si vous saviez comme nous sommes malheureux ; si vous saviez ce que c'est que les galères ! »

Cette éloquence, perdue pour le jury, a fait une réputation à Calmel ; c'est le prédicateur de la troupe.

Voyons maintenant l'association à l'œuvre.

Le 5 février 1836, un sieur Pellerin, rue des Abattoirs, près la barrière de Fontainebleau, est volé de 1,300 fr. en espèces, de 20,000 fr. en valeurs et de bijoux. Lemeunier, le menuisier de la bande, a fabriqué pour ce vol une échelle de cordes faite avec des cordes de réverbère : il avait été menuisier dans la maison. Leviel et Micaud ont exécuté ce vol.

Le 20, on dérobe à un peintre demeurant rue des Boulangers, M. Lamotte, 2,460 fr., des bijoux et de l'argenterie. La fille Alliette est allée en reconnaissance : elle a pris des renseignements chez une fileuse, voisine du volé. Le vol a été combiné chez un marchand de vin de la rue Saint-Victor entre cette fille, Micaud, Lemeunier et Leviel. Le partage s'est fait chez un sieur Mouton, limonadier sur le quai Saint-Michel, au milieu de dépenses folles et de scènes crapuleuses. La concubine de Leviel, la fille Hardel, y assistait ivre-morte.

Le 11 mars, M. Dutour, balancier de la rue Saint-Martin, reconnaissait qu'on s'était introduit, le soir, dans son appartement, à l'aide de fausses clefs, et qu'on lui avait volé 500 fr., des bijoux et des effets.

Le 1er avril, Soufflard et Micaud se présentèrent chez une marchande de chaises de la rue Saint-André-des-Arcs, la veuve Hannon. Ils marchandèrent des chaises, mais se montrèrent beaucoup plus préoccupés d'inspecter les lieux que d'acheter. Le lendemain, ils revinrent encore et cherchaient à se faire montrer d'autres chaises, placées dans une chambre au premier. Le 5, la veuve rentra à huit heures du soir, aperçut dans sa chambre de la lumière, y monta et crut s'être trompée. Les deux bandits dévalisaient la chambre à ce moment, et quelques instants auparavant, Soufflard disait à Micaud : — Si elle rentrait cependant, il faudrait bien la *buter*.

Les deux voleurs réussirent à s'échapper, emportant 1500 francs et quelques bijoux.

Le 24 juin, quatre individus à mines suspectes, entrèrent chez un sieur Colas, marchand de vin à la barrière de Fontainebleau. Un d'eux sortit d'abord, puis un autre. Le marchand de vin eut des soupçons et s'adressant à ceux qui étaient restés : — Ah çà, dit-il, où est donc votre camarade ? — Il est dehors, répondirent les hommes. Le marchand de vin sortit pour s'en assurer et ne le vit pas. — Ah ! dirent ces individus d'un air ironique, s'il n'est pas dehors, c'est peut-être qu'il est dedans. Quand ces hommes furent partis, le marchand de vin reconnut qu'on avait forcé la porte de sa chambre et qu'on lui avait pris un sac de sous et de pièces de six liards.

On retrouve encore là Soufflard, Leviel et Micaud.

Le 12 novembre 1837, pendant la nuit, M. Laroche, bijoutier, rue Racine, fut volé d'objets d'or et d'argent, montant à 7,000 fr. environ. Le vol avait été commis à l'aide de fausses clefs. Le 27 du même mois, un sieur Serpinet, blanchisseur à Bel-Air, fut volé d'une somme de 500 francs, et de plusieurs objets de prix. Micaud, Soufflard et Leviel étaient les héros de ces deux faits.

Le 12 décembre de la même année, la bande se transporte à Neuilly, chez le général Dupont : ils font sauter les serrures et s'emparent d'une grande quantité d'effets mobiliers.

Puis, le vol de banlieue réussissant à souhait, c'est Ivry qu'on exploite. Lemeunier a travaillé, comme menuisier, à une fenêtre, chez les époux Aubertin : la bande s'y transporte et y fait rafle de 1600 francs et d'effets précieux.

Voilà, non pas un récit, mais une rapide esquisse des hauts-faits de la bande.

Au mois d'avril 1838, la justice mit la main sur Soufflard, Micaud et la fille Alliette, mais sans soupçonner l'importance de sa capture. Il ne s'agissait que d'une inculpation de vol et de détention d'armes prohibées. Soufflard, arrivé du bagne dans le plus profond dénuement, avait été accueilli, habillé et soutenu par Micaud, qui vivait avec la fille Alliette dans une aisance suspecte. Micaud était jaloux, et tenait sa maîtresse en chartre privée. Celle-ci, peu faite à l'esclavage et à la fidélité, se vengea de ce Bartholo de bagne, en lui donnant pour rival son camarade Soufflard, voleur plus intelligent d'ailleurs et plus audacieux, homme supérieur, en un mot aux yeux d'une prostituée de cette classe. De là une haine terrible de Micaud contre Soufflard, haine ridicule et basse qu'attisait encore la fatuité victorieuse de son rival, mais que la lâcheté rendait prudente et qui, d'ailleurs, n'empêchait pas les *affaires* entreprises en commun. Des menaces bavardes, des achats de couteaux-poignards et de pistolets pour des duels imaginaires, donnèrent l'éveil à la police sur les habitudes de ces deux hommes.

Après une instruction inutile, Micaud, Alliette et Soufflard sortirent de prison à la fin de mai et au commencement de juin 1838. Lesage, de son côté, avait, le 26 mai, quitté la Force où il avait été écroué pour rupture de ban ; à peine sorti de prison, il disait à qui voulait l'entendre qu'il cherchait une *affaire*, qu'il tuerait un homme pour cent sous, mais qu'il lui fallait pour cela un camarade comme Soufflard.

Soufflard, mis en liberté le 1er juin, s'empressa d'aller voir Lesage. Celui-ci tenait son *affaire* : sa sœur, la femme Vollard, l'avait indiquée. Déjà même on avait sondé le terrain.

Quinze jours environ avant le crime, la femme Vollard vint offrir des langes à la dame Renault ; puis Micaud et un autre de la bande allèrent en reconnaissance. La femme Vollard n'entra pas avec eux, mais elle monta à l'étage supérieur et s'assura qu'il n'était pas possible de prendre d'empreinte de la serrure. Comme la dame Renault ne sortait jamais, il fut reconnu qu'il n'y avait pas d'autre moyen de la voler que de l'assassiner. Alors la femme Vollard dit à ses deux complices : « Attendons, quand mon frère sera sorti, on lui fera son affaire. »

Lesage sorti, il fallut attendre Soufflard, car ni Micaud, ni les autres n'osaient commettre un assassinat en plein jour.

Soufflard sortit le 1er juin : le 5, la dame Renault était assassinée.

Ce sera maintenant une lutte de ruse entre la police et les deux dangereux malfaiteurs.

Le jour même de l'assassinat, Lesage s'est fait couper les favoris chez un barbier de la rue des Carmes. Le barbier s'est étonné de son air *effarouché* : il a répondu que quelqu'un l'attendait, et, en effet, une femme Bicherelle faisait faction devant la porte. Il s'est également empressé d'engager au Mont-de-Piété la redingote brune qu'il portait rue du Temple et de dégager une autre redingote tête-de-nègre, afin de se déguiser.

Le soir, rassuré sans doute par cette précaution qui doit le rendre méconnaissable, on le verra escroquant un militaire au moyen d'une ruse grossière qui consiste à vendre un secret pour simuler une maladie, en vue de la libération du service.

A la Préfecture de police, on attendait patiemment que Lesage se livrât lui-même. On ne se trompait pas.

Lesage était en retard de trois jours pour retirer sa passe à la Préfecture de police. Le 7 juin, lui et sa sœur, la femme Vollard, détachèrent pour aller la chercher un forçat libéré, le nommé Champenois. A la Préfecture, où déjà on recherchait Lesage, on dit à l'émissaire : « On ne peut délivrer la passe qu'à la personne même. On va vous donner quelqu'un qui ira avec vous. » Champenois qui savait ce qui attendait Lesage, hésita ; mais quand on lui parla de le retenir, il s'exécuta de bonne grâce et prit, avec les agents, le chemin de la barrière de Fontainebleau. Lesage attendait, dans un cabaret, l'issue de la démarche. Lesage avait flairé les agents : il n'était plus là. Ce fut alors une Odyssée de cabarets, de la barrière Fontainebleau à la barrière Saint-Jacques, de la barrière Saint-Jacques à l'hospice Cochin. La police, patiente et prudente, suivait les traces et laissait Lesage se rassurer. Au cabaret de l'hospice Cochin, celui-ci disparut encore subitement, en s'écriant : — Voilà la *rousse* (la police), et alla se réfugier dans un cabaret près du pont Saint-Michel.

C'est là qu'il fut arrêté, en compagnie de la femme Bicherelle, qui lui avait donné asile depuis sa mise en liberté, et de sa sœur, la femme Vollard.

A peine arrivé à la Force, Lesage s'empressa de demander Soufflard, qu'il savait fort bien être en liberté. Il fallait faire croire qu'il ne l'avait pas vu pendant ces derniers jours. Examiné par des médecins, Lesage fut trouvé porteur d'une coupure au pouce de la main droite, et d'égratignures récentes. Il invoqua un alibi, qui fut trouvé impossible, et, parmi plus de trente forçats libérés, confronté avec les témoins, il fut seul, non pas reconnu formellement, mais assimilé par sa tournure et par ses traits à l'un des auteurs de l'assassinat.

Soufflard fut plus difficile à prendre. Il avait, avant le crime, loué et garni un premier logement, rue des Noyers, sous le nom de Gaillard, pseudonyme aimé des voleurs depuis Lacenaire (*Voyez* le procès de ce dernier dans nos séries précédentes). Il avait, rue de Seine, un autre logement, un autre mobilier ; enfin, un garni sous un faux nom complétait ses moyens de sécurité. Dans ce dernier refuge, rue Dauphine, il demeurait avec Eugénie Alliette. Il payait religieusement son cautionnement.

Aussitôt que Soufflard apprit l'arrestation de Lesage, il paya bien vite son loyer rue des Noyers et fit transporter ses malles rue d'Orléans-Saint-Marcel. Pendant qu'on le recherchait vainement, les preuves s'accumulaient contre les deux assassins et contre leurs complices. Une perquisition opérée chez la sœur de Lesage avait fait découvrir l'engagement à la date du 6 juin, sous le nom de Vollard, d'une redingote brune reconnue pour être celle que portait l'assassin. Quelques jours après, à la fin de juin, une fille Ramelet, prostituée, déclarait que Micaud lui avait raconté les circonstances de l'assassinat et du vol commis rue du Temple, au milieu de récriminations jalouses contre Soufflard et la fille Alliette. Le 2 juillet, on arrêta Micaud, qui protesta de son innocence et parut rempli de terreur à la pensée qu'on pourrait rattacher son nom à celui des auteurs du crime. Mais, le 7 juillet, le juge d'instruction recevait une lettre dans laquelle on lui signalait Soufflard comme l'un des assassins. Cette lettre était de Micaud, qui avait à peine déguisé son écriture.

Malgré les dénégations postérieures et les tergiversations continuelles de ce misérable, la justice était désormais certaine de la culpabilité de Soufflard. Il fallait l'arrêter. Le 10 juillet, des agents dépistèrent son nouveau domicile, s'y transportèrent le soir et y trouvèrent la fille Alliette. Ils s'assurèrent de cette fille et établirent une souricière.

Deux agents, dont le nommé Milon, gardèrent à vue Alliette ; un autre, Balestrino, resta dans la rue, sans chapeau et en bras de chemise, pour ne pas éveiller les soupçons de Soufflard. Alliette paraissait très inquiète : « Dans tous les cas disait-elle pour sonder les agents, il ne peut pas être condamné à grand'chose ; il n'y a que les fausses clefs. » Sur les dix heures et demie, elle se mit à pleurer, puis elle essaya de la séduction : « Si vous voulez me laisser aller, dit-elle... je vous accorderai... tout ce que vous voudrez ; cela m'est arrivé avec d'autres un peu plus huppés que vous. »

Les agents imposèrent silence à cette malheureuse. Sur les onze heures, un coup de sifflet se fit entendre, et la voix de Soufflard cria : « Biche, est-tu là ? » La fille Alliette empêchée par les agents ne répondit pas. Un deuxième coup retentit, Alliette parut à la fenêtre, mais Soufflard ne put s'apercevoir que ses mains étaient retenues. Soufflard monta sans crainte et fut saisi. Il se débattit violemment et frappa un des agents d'un coup de tourne-vis qu'il tenait à la main. Sur le chemin de la Préfecture, il s'écria plusieurs fois : « Si j'avais bien fait, un de vous aurait sauté le pas, j'en aurais *buté* un. » Un agent déclara qu'il aurait dit : » Vous serez bien fier de faire mettre demain dans les journaux que vous avez arrêté l'un des assassins de la femme Renault. «Puis, revenant à lui, il dit rapidement à la fille Alliette qu'on conduisait avec lui « Tu sais le *boniment* à faire, et que nous n'avons pas de blanchisseuse. » La fille Alliette avait saisi le moment de la lutte pour jeter dans la cour un paquet de fausses clefs dans un foulard.

L'instruction marcha dès lors rapidement. Les formalités nombreuses nécessitées par les confrontations causaient, dans le quartier populeux du Temple, de véritables émeutes : Toute la nation laborieuse des marchands se sentait atteinte dans la personne de la dame Renault. Lorsqu'il s'agit de confronter Soufflard, on le déposa mystérieusement dans un corps de garde voisin, jusqu'à ce que tout fût prêt. Mais le bruit s'en répandit aussitôt et des masses indignées se rassemblèrent autour du poste et de la maison fatale. Alors le commissaire de police brusqua l'opération et fit amener Soufflard. A sa vue le portier, qui n'avait pas été prévenu, pâlit et tomba de frayeur. Il venait de reconnaître dans Soufflard l'un des individus qu'il avait vu monter le jour de l'assassinat.

Après une longue instruction, la Chambre du conseil prononça, le 26 novembre, sur le sort des quarante-six individus inculpés. La chambre déclara :

1° Qu'il n'y avait *aucune charge* contre trente inculpés, parmi lesquels un Soumagnac dit *Magny* (1).

2° Qu'il n'y avait pas *charges suffisantes* contre Champenois, femme Bicherelle, fille Dorion, Lemeunier et femme Lemeunier ;

3° Qu'il y avait charges suffisantes : contre Louis Simon Lesage, dit *Jean Victor*, dit le *vieillard*, âgé de trente-huit ans, fileur de coton, et contre Jean Victor Soufflard, dit *Frotté Jean Victor*, dit *Gaillard Victor*, dit *Alliette Victor*, âgé de trente trois ans, ébéniste, accusés d'avoir commis le crime d'assassinat et de vol, sur la personne de la femme Renault ;

Contre Jeanne Lesage, veuve Vollard, âgée de quarante deux ans, journalière ; et contre Eugénie Alliette, dite *Eugénie Villers*, âgée de vingt-quatre ans, brodeuse, de s'être rendues leurs complices ;

Contre Alphonse-André Micaud, âgé de vingt-six ans, commis-voyageur, de s'être rendu complice du vol commis par Soufflard et Lesage ;

En conséquence, Lesage, Soufflard, Micaud, la femme Vollard et la fille Alliette étaient renvoyés devant la Chambre des mises en accusation.

A côté de l'accusation d'assassinat, vint se placer, pendant l'instruction, une accusation de quatorze vols commis avec circonstances aggravantes, à diverses époques, par les accusés d'assassinat et par huit autres inculpés, les nommés Levieil, Bicherelle, Guérard, Marchal, Calmel, Lemeunier, Piednoir et femme Hardel.

L'audience du 8 mars 1839, vit enfin s'ouvrir les débats sur cette affaire qui, depuis si longtemps, préoccupait l'attention publique.

Les accusés sont introduits. Soufflard, principal objet de la curiosité générale, est pâle, d'une pâleur mate et sinistre, qui contraste avec la vivacité de ses yeux, doués de cette mobilité inquiète et inquiétante qui, dans une foule, signale à l'agent de police le repris de justice émérite. Sa figure porte l'empreinte d'une douceur hypocrite, derrière laquelle on devine une résolution effrayante. Il a d'épaisses moustaches. Ses vêtements sont propres et presque recherchés. Lesage a les traits durs et communs ; sa mise est celle d'un ouvrier ; il paraît embarrassé de sa contenance ; c'est, en somme, un bandit trivial et grossier. La fille Alliette est mise avec recherche, bien que sa toilette soit celle d'une grisette. Elle porte un bonnet blanc à rubans bleus, sous lequel se réunissent coquettement les touffes de ses cheveux blonds. Micaud a une figure longue, niaise, effarée, la tête pointue d'un talapoin siamois.

Le siège du ministère public est occupé par M. le procureur général Franck-Carré, qui est assisté de M. Boucly, et qui a voulu lui-même porter la parole dans cette affaire, dont il a constamment dirigé l'instruction. Au banc de la défense, sont : M⁰ˢ Nogent de Saint-Laurens et Foissac pour Soufflard ; Comte, pour Lesage ; Rivolet, pour la femme Vollard ; Duez jeune, pour Eugénie Alliette ; Porte, pour Micaud.

Après la lecture de l'acte d'accusation, dont on connaît déjà tous les éléments, on passe aux interrogatoires et aux dépositions concernant la longue série des vols commis par l'association. Le lecteur comprendra que nous ne résumions de ces interminables débats que les faits principaux et les dépositions faites pour jeter la lumière sur les habitudes des accusés.

Par exemple, un sieur *Gontier* vient déposer sur le vol du peintre Lamette. Ce témoin rappelle, par sa risible solennité, le type populaire de Prud'homme d'Henri Monnier. La majesté de son attitude et de ses paroles contraste avec son costume d'un goût suranné. Il porte un habit noir étriqué, râpé, à queue de morue. Un bonnet de soie noire, rougi par le temps, couvre son chef. Le témoin décline avec emphase ses noms, prénoms et sa profession de quincaillier, et il ajoute :

« Messieurs, je me trouvais un jour dans le café du sieur Mouton, où se trouvaient deux hommes et deux femmes qui se livraient à des libations copieuses, et qui, si je puis le dire, *profanaient l'or et l'argent* (Hilarité générale). Parmi les femmes, se trouvait une femme que je reconnus pour une marchande de pommes. J'étais à peine entré qu'elle m'apostropha en me disant : « Tiens, mon ancienne pratique ; je ne vous vends donc plus rien ? — Ces petits achats-là, lui dis-je, ça ne me regarde pas. »

» Il y avait aussi là une fille publique qu'on appelle *la Mauricaude*. Le café présentait un pêle-mêle tout-à-fait dégoûtant. La femme Hardel était ivre-morte et étendue sur un banc. Levieil criait tout haut, du ton canaille d'un homme qui a bu (ici le témoin quitte le ton solennel pour faire parler son personnage un ton de circonstance) : « Moi, je m'appelle Charles Levieil, j'ai beaucoup de mobilier... Moi, j'ai de l'argent, de quoi meubler quatre cafés comme ça. » Puis, se tournant vers la fille Hardel, qui ne bougeait pas de dessus sa banquette, il continuait : « Vous voyez bien, cette *voirie*-là, cette s...-là, elle a cependant plus de 600 francs sur elle. » Ce disant, il fouilla dans la poche de cette femme, et fit voir à ses partners, à quelques fractions près, ce qu'elle avait d'argent. Mouton fit ensuite la remarque que cette fille avait des *valeurs*, des valenciennes, etc. Voyant l'argent étalé sur la table, lesdits partners se disaient avec étonnement : « C'est pourtant vrai ! »

» Il était une heure et un quart quand les hommes prirent le parti de s'en aller, sans s'embarrasser de la femme. Réfléchissant qu'ils la laissaient dans une position vraiment *inconvenante*, je me mis en devoir de courir après eux. Je leur dis : « Vous vous intéressez à cette femme... c'est votre cousine (ils me l'avaient dit) ; il ne faut pas la laisser là ; c'est *immoral*. » Comme ils rentraient au café, passait un fiacre. « Cocher où allez-vous ? — Quai de Grève, conduire quelqu'un. — Revenez, mon ami, on vous attend, et l'on vous payera pour faire une course. » Il revint en effet, et nous transportâmes la femme dans le fiacre, où l'on la déposa dans une position tout-à-fait *dépravée*. « Où veux-tu aller ? lui crièrent les autres à diverses reprises. — Au Gros-Caillou, » répondit-elle.

» Je monte, réfléchissant à ma situation qui devenait tant soit peu difficile. J'étais en route pour le Gros-Caillou, à une heure et demie, avec des gens que je ne connaissais pas. Enfin, la voiture s'arrête, je descends pour aider la femme. J'étais à peine par terre, un peu suffoqué, car tout ça me tournait sur le cœur, que l'on

---

(1) Pour Soumagnac, dit *Magny*, nous renvoyons les lecteurs des drames judiciaires au procès si émouvant de Lacenaire. Il y verra ce qu'était Soumagnac dit *Magny*.

des hommes dit au cocher : « Je te paye, va où je t'ai dit. » Je n'en voulais pas au cocher, vu'que ce n'était pas sa faute, mais je n'étais pas trop content de me trouver, à pareille heure, tout seul au Gros-Caillou. »

La fille *Hardel* est interrogée sur les vols. Comment se fait-il qu'elle eût tant d'or sur elle et huit bagues aux doigts ? — R. Ça provenait d'un cheval que j'avais vendu. Quant aux bagues (avec dignité), elles provenaient de mon travail.

Levieil. — On trouve étonnant qu'elle ait beaucoup d'argent sur elle ; c'est son habitude ; c'est son genre... mauvais genre ! (rires).

Calmel, en 1839 comme en 1827, pose en moraliste et en philosophe. Il se plaint des *injustices* dont il a été victime ; mais sa plainte est résignée : — « Je suis innocent, dit-il, comme lorsque j'ai été condamné à vingt ans de travaux forcés. Micaud m'accuse, il parle de religion. Qu'il écoute sa conscience, elle lui dit que je ne suis pas coupable... Une peine méritée, *on doit raser l'homme*. Mais la mort serait moindre pour moi que les vingt ans auxquels j'ai été condamné injustement. »

Calmel se rassied en poussant un soupir et en levant les yeux au ciel, en homme qui s'attend à une *injustice* nouvelle.

On passe à l'interrogatoire des accusés principaux, pour le fait d'assassinat.

M. le Président : — Accusé Soufflard, lorsque vous avez été libéré, vous êtes venu à Paris, bien qu'une autre résidence vous eût été assignée. Quelles ressources aviez-vous pour subvenir à vos besoins ? — R. J'avais 2,600 fr. à moi, en sortant du bagne. — D. Les renseignements transmis démontrent qu'au lieu de 2,600 fr. que vous annoncez, vous n'aviez alors que 19 fr. 35 c. C'est un peu plus vraisemblable. Comment voudriez-vous faire croire qu'un forçat, dont tout le temps est consacré à des travaux obligés, ait pu amasser une pareille somme. — R. Je vais vous dire, monsieur le Président ; j'avais une place dans la salle des modèles qui me rapportait beaucoup d'argent. — D. Vous mentez. A votre arrivée à Paris, c'est Micaud qui vous a procuré des vêtements. Pourquoi aviez-vous plusieurs logements et plusieurs mobiliers sous de faux noms ? — R. C'est que je devais plus que le loyer ne valait, et je n'avais rien de mieux à faire que de le laisser. — D. C'était le vol qui vous procurait des ressources et qui nécessitait ces précautions. On vous entendait toujours limer chez vous ? — R. Je nettoyais mes meubles. — D. Ce n'était jamais que la nuit que vous travailliez. Vous faisiez des fausses clefs. On en a trouvé un paquet chez vous, au moment de votre arrestation. — R. Je les ai trouvées sur la place Scipion, dans des démolitions. Je les emportai pour savoir ce que c'était et pour les vendre. — D. Que pouviez-vous retirer de quatre fausses clefs. — R. C'était un échantillon que j'emportais pour vendre le tout (on rit). — D. Parmi les clefs trouvées chez vous, trois ouvraient l'allée de la porte de la veuve Vessay. — R. Cela tient à ce qu'il n'y a pas de garniture à l'intérieur de la serrure. — D. Il paraît que vous avez beaucoup d'habitude. Vous savez que Micaud vous dénonce formellement ? — R. Oui, monsieur, mais c'est un mensonge.

M. le Président à Lesage : — Votre idée de venir à Paris ne cachait-elle pas le projet d'y commettre des crimes ? — R. J'avais l'intention de travailler. — D. Ce qui semblerait prouver que vous aviez une autre résolution, ce sont les propos tenus par vous en prison : « Il me faut de l'argent à tout prix ; j'ai une *escarpe* à faire. » Dans l'instruction, vous n'avez pas nié cela tout à fait ; vous avez avoué avoir parlé d'une affaire de *carouble*, c'est-à-dire d'un vol avec fausses clefs. — *Lesage* d'un ton dégagé : D'un vol, ah ! oui, à la bonne heure. — D. Il paraîtrait que vous auriez, en sortant de prison, tenu des propos plus significatifs encore ; vous auriez dit : « Je suis arrivé à jouer *le grand jeu* ; j'ai besoin de Soufflard... Pour 5 francs je lucrais bien quelqu'un. » — R. C'est un coup de police ; je n'ai jamais dit ça. — D. Pourquoi, si vous n'étiez pas coupable, avez-vous pris la fuite du cabaret de Guérin ? — R. On m'a dit : Voilà *la rousse*. Je ne me suis pas *ensauvé*, seulement je me suis en allé (on rit). Je n'avais rien à me reprocher, rien à craindre ; mais, enfin, on me reprochait d'avoir *fait une affaire*. Si j'avais craint quelque chose, je ne serais pas venu fréquenter un cabaret où il n'y a que des agents de police et des indicateurs : je ne serais pas venu me fourrer dans la gueule du loup.

Lesage a voulu se créer un alibi. A l'heure du crime, dit-il, il montait aux tours de Notre-Dame. Il a donné les détails les plus circonstanciés du sonneur qui lui a ouvert, sur deux enfants qui mangeaient la soupe. Or, ce jour-là, ce sont deux femmes qui ont fait le service des tours et personne n'y mangeait de soupe à l'heure indiquée.

On passe à l'interrogatoire de Micaud.

M. le Président : — Micaud, vous n'êtes pas accusé d'avoir pris part à l'assassinat de la femme Renault, mais vous êtes accusé d'avoir donné des indications pour commettre le vol projeté. Convenez-vous de ce fait ?... (Micaud garde le silence). Voyons, parlez, il faut vous expliquer.

Micaud avec hésitation : — Non, monsieur. — D. Mais vous avez avoué dans l'instruction votre visite en commun chez la femme Renault. Si tous ces faits ne sont pas vrais, pourquoi les avez-vous déclarés ? (Micaud baisse la tête et se tait obstinément). — D. Comment, si vous n'aviez pas été chez la femme Renault, auriez-vous pu indiquer aussi bien que vous l'avez fait les altres de la maison ? — R. Je n'ai rien à dire. — D. N'est-ce pas vous qui avez écrit au commissaire de police une lettre dans laquelle Soufflard est désigné comme l'un des assassins de la rue du Temple ? — R. Ce n'est pas moi. — D. L'expert a reconnu cependant entre votre écriture et celle de la lettre une grande similitude. — R. Je le nie.

On relit à Micaud ses anciens interrogatoires et, alors seulement, il se décide à avouer qu'il a été chez la dame Renault.

D. — Micaud, vous avez parlé de l'assassinat à la fille Ramelet : vous lui en avez raconté les détails. Vous avez dit que vous n'aviez pas voulu être de l'affaire, parce que la dame Renault *était trop douce à parler*. Vous avez raconté qu'on l'avait fait monter sur une chaise pour prendre de la toile à matelas, et qu'alors on s'était jeté sur elle, par derrière, et qu'on l'avait assassinée.

Micaud : — Je n'ai pas parlé du fait, parce que, voyez-vous, je ne le crois pas possible. L'assassinat... non, je n'y crois pas.

M. le Président : — Il n'est cependant que trop réel.

Micaud : — Je veux bien ; mais vous direz tout ce que vous voudrez, je n'y peux pas croire.

M. le Procureur général : — Ainsi, Micaud, voilà que vous niez tout... Vous êtes en contradiction avec les déclarations que vous avez faites dans l'instruction et à cette audience. Vous êtes convenu que vous aviez été, avant l'assassinat, dans la maison de la dame Renault. Réfléchissez à vos dénégations. Voyons, y avez-vous été ? — *Micaud*, d'un air résigné : Eh bien ! oui, j'y suis allé !

La femme *Vollard*, interrogée, nie avoir connu Soufflard et Alliette : c'est à peine si elle sait ce que c'est que Micaud.

La fille *Alliette* ne sait pas ce qu'on veut dire : elle

n'a jamais entendu parler de vols; elle croyait que Micaud vendait de la porcelaine et jouait au billard pour gagner de l'argent. Quant à Soufflard, elle savait qu'il avait des ressources et qu'il devait prendre, avec elle, un fonds de liqueurs. Si, après le crime, elle a dégagé des effets du Mont-de-Piété, si elle a payé en or son logement, c'est qu'un monsieur inconnu l'a accostée dans la rue, et lui a remis un sac de dragées dans lequel il y avait des pièces d'or.

Mais toutes ces dénégations vont tomber bientôt devant de nombreux témoignages, devant des confrontations saisissantes.

Voici d'abord un témoin qui vient charger Lesage. En langage de voleur, cet homme est un *mouton*, un *indicateur*, un faux frère.

Emmanuel Lévi, voleur libéré, a vu Lesage au moment où celui-ci allait être mis en liberté à la Préfecture

Le témoin Goutier.

de police. Lesage lui a dit : « Il me faut de l'argent à tout prix ; je connais une bonne affaire, mais il faut pour cela un homme solide. Je vais voir Soufflard, c'est mon homme. J'aurai de l'argent, quand je devrais me faire couper le cou. »

Lesage regarde le témoin des pieds à la tête, hausse les épaules, et, avec un sourire indéfinissable où se peignent la rage et le mépris : — « Et vous écoutez des gueux comme ça! et vous allez croire ce que vous raconte un tel particulier! Cet homme là, il est comme moi, flétri. C'est un conte qu'il fait pour *éduire* la justice en erreur. C'est *un coup monté* pour avoir son séjour. Pas mal comme ça! Connu, ces couleurs là ! Il a dit : je l'aurai, et ça ne lui a pas manqué. Il voulait, au contraire, me donner une fausse clef. Je lui dis :

« Garde ta clef; tu sais bien que je ne *fais* plus dans ce genre là. J'ai un autre *truc moins chaud* que le *caroublage*. J'escroque les militaires : c'est plus sûr et moins trompeur ; assez de *pré* comme ça. »

Et Lesage ajoute avec complaisance et en hasardant un sourire : — On est voleur, monsieur le Président, mais pas assassin.

Lévi : — Je ne crains pas tout ce que *monsieur* Lesage peut dire. Je n'ai plus, Dieu merci! rien à démêler avec la justice. Si j'ai le *condé* (liberté) de rester à Paris, c'est que j'ai deux ans de travail et de bonne conduite et que je soutiens ma mère.

Lesage finement : — Sa mère, de quoi? honnête homme comme moi, qui a *fauché le pré*!

Vient ensuite un témoignage plus grave, celui de l'agent qui a dépisté toute cette bande de coquins.

Le témoin *Milon*, inspecteur de brigade de sûreté, est un type curieux d'agent de police. Il a trente ans environ, il est vigoureusement constitué. Sa figure est fine et se termine en une sorte de museau pointu : son petit œil pétille de malice. La nature semble l'avoir formé à souhait pour son rôle. Il rend compte d'une entrevue qui l'a mis sur les traces des assassins. « Le 1er juin, dit-il, j'étais sur le quai. Je vis plusieurs *indicateurs* (gens qui renseignent les agents à prix d'argent), et nous accostâmes Lesage qui passait. Nous allâmes ensemble chez un marchand de liqueurs de la rue de la Bucherie. On but sept ou huit *tournées*, coup sur coup, ce qui fit monter les têtes. Moi, qui voulais garder la mienne, je pris de l'orgeat et je me mis dans un coin pour ne pas les gêner de causer, et tout en tâchant de profiter de ce qui se dirait. Lesage devint expansif. Il témoigna tout son regret de ne pas avoir le sou pour rendre *la réciproque*. « Mais, ajouta-t-il en s'échauffant, patience! patience ! ça ne durera pas toujours comme ça. Je suis décidé à *jouer le grand jeu*. Je veux *faire une affaire*. Mais, avant tout, il me faut Soufflard. Il n'y a pas d'hommes sûrs aujourd'hui pour les *affaires* : il n'y a que Soufflard. »

Ce même Milon a confondu les mensonges de la femme Vollard. Il assistait M. Jennesson, commissaire de police, dans une perquisition chez cette femme. « Méfiez-vous, lui dit-il, c'est une femme *qui a du vice*. Elle ne vous dira rien ; si vous le permettez, je l'interrogerai moi-même. » Et le voilà furetant : il remarque une chemise récemment lavée et qui n'a pas été repassée : « Voilà, dit-il à la femme Vollard, une chemise qui vous a donné du mal à laver ; votre frère s'est battu, et il y avait après du sang et de la boue. » La femme Vollard répondit vivement : « Non pas, il n'y avait ni boue, ni sang. »

Milon trouva dans un vieux bas une reconnaissance du Mont-de-Piété, qui constatait l'engagement d'une redingote : la femme Vollard dit que c'était celle de son mari ; mais Milon avait vu portée sur la reconnaissance la couleur de la redingote de Lesage : « Vous êtes une menteuse, lui dit-il, c'est celle de votre frère. »

On passe à la série des confrontations et des expertises.

M. le président donne l'ordre de faire revêtir à Soufflard et à Lesage les deux redingotes qu'ils sont présumés avoir portées le jour du crime. Les redingotes endossées, on fait coiffer les deux accusés de chapeaux et on les amène au milieu de l'enceinte. On les place tour-à-tour devant les époux *Toussaint*, portiers de la maison de la rue du Temple, dans la position où ils devaient se trouver en entrant dans la maison. Ce n'est pas sans terreur que le couple passe près des accusés. Tous deux reconnaissent la redingote brune (Soufflard) et croient seulement reconnaître la redingote bleue (Lesage).

Elisa Renault est appelée pour une confrontation semblable. Un assez long temps se passe sans qu'elle paraisse. On apprend que cette jeune fille a éprouvé, au moment d'entrer, une si vive émotion qu'elle en a perdu connaissance. Elle entre enfin, appuyée sur le bras d'une amie. Elle est d'une taille élevée, souple et bien prise pour son âge. Sa pâleur est extrême. Sa figure candide et pleine de douceur appartient à peine à la première adolescence ; ses traits gracieux s'encadrent dans un bandeau de cheveux bruns simplement lissés. Elle est entièrement vêtue de noir.

Elle répond aux premières questions du président d'une voix fraîche et sonore, un peu tremblée par l'effet de l'émotion. Mais, tout-à-coup, M. le président lui dit : « Retournez-vous, mademoiselle, regardez ces deux hommes. Les reconnaissez-vous ? »

Elisa Renault se retourne et est aussitôt saisie d'un tourne un moment la tête, puis, par un effort prodigieux que trahissent les muscles de sa face, il reporte froidement des yeux calmes sur cette scène déchirante. Soufflard, lui, s'est penché sur la barre : il tient ses yeux baissés et cherche à se dérober à l'examen. La femme Vollard a porté la main à son visage, comme pour dissimuler, sous une apparente et hypocrite émotion, l'impassibilité de son regard. Micaud paraît anéanti.

Cependant, la jeune fille est revenue à elle. Elle raconte la terrible scène, et, quand M. le président lui dit, en lui montrant Lesage : — Reconnaissez-vous celui-là : — Oui, oui, c'est lui, c'est bien lui, (Lesage tressaille, mais il a bien vite repris son sang-froid et regarde le témoin fixement.)

M. le président fait lever Soufflard. Elisa Renault le reconnaît à sa tournure. On fait prononcer à haute voix à Soufflard ces mots : *Fermez la porte.*

Avant le crime. — Au cabaret.

spasme violent. Elle tombe éperdue dans les bras de sa compagne et de son père, qui s'est élancé pour la soutenir, et, de sa poitrine haletante s'échappent avec effort des sons inarticulés et des sanglots déchirants. On s'empresse de lui donner des soins : les médecins présents à l'audience lui font respirer des sels, on dégage sa tête, on lui fait respirer un peu d'air frais et la crise nerveuse se calme peu à peu.

Cet incident a produit sur l'auditoire et sur messieurs les jurés une émotion profonde. Au banc des accusés, l'impression a été plus grande encore. Aux premiers sanglots de la malheureuse enfant, Lesage a changé de couleur ; le sang a monté à ses joues et à ses yeux. Mais cette impression a disparu, rapide comme l'éclair. La pâleur s'empare de nouveau de ses traits. On voit qu'il se force à regarder fixement le témoin, il dé-

Soufflard : *Fermez la porte.*

Elisa Renault : *C'est bien cela, c'est son son de voix ; seulement son accent était plus agité.*

Si le témoin n'a pas reconnu Lesage à une première confrontation, c'est que l'absence de favoris le déguisait.

Lors d'une autre confrontation faite quelques instants après, comme Lesage et Soufflard sont amenés en face de la cour, dans la direction du siége réservé qu'occupe, après sa déposition, l'intéressante jeune fille, Elisa Renault qui les voit venir à elle, se précipite, effrayée, dans les bras de son père, et s'écrie involontairement : *Oh ! là là, Oh ! là là ! Ah ! mon Dieu ! au secours !*

Une sensation pénible agite l'auditoire et les accusés s'éloignent de la jeune fille.

Les confrontations continuent. La demoiselle *Sau*

lieux, la lingère du café Rollin, reconnaît parfaitement Lesage. « C'est bien lui, il avait seulement, le jour du crime, les traits moins *foncés*. Il était très-pâle. » Madame *Rollin* reconnaît également Lesage.

Une demoiselle *Bourgeois*, marchande au Temple, dont la place est à côté de celle des époux Renault, à vu, la veille du crime, trois individus dans l'escalier des Renault. Dans Lesage elle reconnaît un des trois.

La dame *Piot*, marchande de vin rue Phélippeaux, a vu entrer dans sa boutique, vers deux heures un quart, à l'heure où les maçons prennent leur repas, deux hommes et deux femmes qui se sont fait servir une bouteille de vin. Ces individus paraissaient attendre quelque chose ; l'un des deux hommes sortit plusieurs fois : l'une des deux femmes portait un paquet de langes. Les hommes avaient, l'un une redingote brune, l'autre une redingote bleue. Ils dessinèrent sur la nappe avec une plume. (On fait passer cette nappe aux jurés · elle porte sur un des coins, en caractères grossiers, les noms *Hortense* et *Marie*, et un dessin informe représentant une tête et un buste de femme.) La dame Piot et son garçon marchand de vin reconnaissent positivement Lesage et croient seulement reconnaître la femme Vollard et Soufflard.

Une dame *Hochstetter*, balancière rue Beaubourg, était chez madame Renault quand deux hommes sont venus marchander des couvertures pour un hôtel garni : ils se sont retirés en disant : « Adieu, madame, nous nous reverrons!.. » Le témoin passe en revue les accusés et désignant Soufflard, dit d'une voix brève et émue : « En voilà un. » Soufflard s'écrie avec fureur : — En voilà un de témoin acheté ; c'est un coup de police.

Madame *Barberet*, tenant un restaurant rue Saint-André-des-Arcs, a vu, le 5 juin vers midi, entrer deux hommes et deux femmes, qui se sont fait servir à déjeuner. L'une des femmes avait la tournure d'une paysanne, était coiffée d'un mouchoir et portait des sabots ; elle paraissait être la parente d'un des déjeuners. L'autre était très-bien mise, elle avait une robe de soie noire. Celle-là parlait haut, commandait le déjeuner. Des deux hommes, l'un avait une redingote marron, l'autre une redingote bleue. L'un de ces deux hommes est bien Lesage.

D. — Lesage, vous convenez avoir été dans ce cabaret, le 5 juin? — R. Oui Monsieur. — D. Avec qui étiez-vous? — R. Avec un individu et deux femmes publiques. — D. Quel est cet individu? — R. (avec indifférence) Oh ! je ne le connais pas… C'est un homme que j'avais vu quelquefois à la Force. Je lui ai parlé, parce qu'il avait été comme moi *dans la peine*. — D. Où aviez-vous trouvé ces femmes? — R. Rue Dauphine, je crois.

Le témoin reconnaît parfaitement la fille Alliette pour la femme en robe de soie ; elle croit seulement reconnaître la femme Vollard. La fille Alliette nie énergiquement.

Un voleur, récemment condamné aux travaux forcés, *Loringer*, est entendu sans prêter serment. Le 7 juin, Lesage l'a traîné de cabaret en cabaret et à payé partout. Loringer a été lui-même victime d'un vol.

Lesage s'écrie : — Ce n'est pas moi qui l'a commis. N'est-ce pas Loringer que je t'en ai parlé?

M. le *Président*, : Vous connaissez donc bien le témoin pour le tutoyer ainsi. — R. Moi, pas du tout (On rit).

MM. *Barruel*, *Chevallier* et *Ollivier d'Angers*, déclarent que le sang trouvé sur la redingote de Lesage provient de ressaut, et ne peut être attribué à un saignement au nez ; ils constatent une identité parfaite, quant à la largeur, entre un couteau qu'on leur a représenté, et les blessures de la femme Renault.

On entend M. *Auchard*, commissaire de police, relativement à la lettre anonyme qu'un expert a reconnu pour être de l'écriture de Micaud. Ce témoin, qui était informé de la jalousie dont Micaud était possédé contre Soufflard, à deviné l'auteur de la lettre. Sa déposition nous revèle un trait de mœurs bon à noter et rappelle, en passant, un des hauts faits du petit Vollard.

Vollard avait *trouvé* un magnifique chien de chasse : on les arrête tous deux, l'un traînant l'autre, et on les amène devant M Anchard. — A qui est ce chien? — A madame Eugénie Villers. On fait venir cette Eugénie, qui se dit couturière. M. Anchard lui regarde les mains ; les doigts ne portent aucune trace de piqûres. — Vous n'êtes pas couturière, dit le magistrat, vous êtes fille publique. Et comme la prétendue Villers répond qu'elle est entretenue par un étudiant du nom de Micaud, M. Anchard reconnaît qu'il a devant lui Eugénie Alliette.

M le *Procureur général* fait à Micaud et à quelques témoins des questions sur la passion jalouse que celui-ci ressentait pour la fille Alliette. Il cherche à comprendre comment ces fureur jalouses pouvaient s'allier à tant d'habileté et de présence d'esprit, mises au service du vol. Micaud répond : — J'avais dépensé tout mon argent, j'avais perdu l'esprit, je ne tenais plus à rien.

Zéphir Gilet, employé aux Madelonnettes, raconte une tentative de suicide de Micaud : — Il était jaloux, il faisait plusieurs *symétries* de se tuer ; comme je voyais qu'il faisait des simulacres, nous lui avons mis la camisole de force. Un jour, on l'a trouvé suspendu par sa cravate à la porte des lieux d'aisance.

A mesure que les débats s'avancent, Soufflard et Lesage perdent de leur assurance. Une sombre irritation s'est emparée de ce dernier, qui donne plusieurs fois des signes de faiblesse et de désespoir. Avant l'une des dernières audiences, on a trouvé sur lui un couteau. Il a déclaré qu'il voulait *buter* Micaud sur le banc des accusés. La curiosité publique n'a pas été lassée par huit audiences successives. Le nombre des banquettes des privilégiés a été tellement augmenté, à la dernière audience du 15 mars, que le banc inférieur de MM. les jurés disparaît derrière cinq rangs pressés de dames élégantes. On remarque dans l'auditoire plusieurs célébrités artistiques et littéraires, entre autres M. Victor Hugo, M. Lablache et Rubini ; Mlle Plessy, du Théâtre-Français.

M. Franck-Carré termine ainsi son réquisitoire :

» Un crime odieux a été commis ; une femme a été assassinée sur son foyer, au milieu d'un voisinage ami, presque sous les yeux de ses proches. Vainement, dans cette lutte si cruellement inégale, elle a opposé une résistance désespérée ; vainement ses cris ont imploré du secours. Elle est tombée misérablement sous les coups des meurtriers, et son cadavre, couvert d'horribles blessures, atteste à la fois et la férocité des assassins et les tortures de la victime.

» Sa fille, déjà orpheline, l'appelait encore, et les assassins fuyaient couverts de son sang et chargés de ses dépouilles.

» Mais on les avait vus… On ne savait pas encore le meurtre et on devinait les meurtriers. Leurs traits se gravaient dans la mémoire des témoins effrayés, et, tout d'abord signalés, ils devaient être un jour reconnus. Ils le sont maintenant, messieurs. Les impressions qu'ils renouvellent, la terreur qu'ils inspirent, les dénoncent et les accusent. A leur approche, les cœurs défaillent et les sanglots éclatent ; et si l'un deux aperçoit à l'improviste la fille de la victime, l'épouvante le frappe à son tour, et le tressaillement de ses membres vient trahir le secret de ses angoisses et de son crime.

» ... Messieurs, nous vous demandons justice, au nom de la société tout entière si justement émue ; nous la demandons au nom de toutes les lois divines et humaines! Il faut que la peine frappe les coupables, et qu'un grand et salutaire exemple vienne tout à la fois accroître la sécurité des honnêtes gens, et redoubler l'effroi dans l'âme des pervers. »

Après une défense très-décolorée de Lesage, M° Nogent Saint-Laurens entreprend la tâche difficile de défendre Soufflard. Il prononce un plaidoyer brillant et habile. C'est sur les révélations de Micaud que portent surtout ses efforts.

« Micaud, dit-il, aimait une femme qui l'avait trahi pour un autre, Eugénie Alliette, qui le délaissait pour Soufflard, et son amour résistait à la trahison. Messieurs, c'est là la passion la plus vive et la plus déchirante qui puisse se révéler chez l'homme. Micaud trahi, abandonné, ne pouvait oublier cette femme ; vainement il cherchait à briser ses souvenirs, à arracher cette passion de son cœur, avec toute la force de sa raison et toute l'exaltation de son désespoir. . Cette femme le poursuivait toujours, il ne pouvait l'oublier et ses infidélités ne faisaient qu'aigrir ses douleurs... il devint comme un insensé... il exécra Soufflard, il le dénonça... Son égarement était devenu une vengeance! Et que l'on ne vienne pas nous dire que l'amour de Micaud pour Alliette n'est que feinte et comédie ; que l'on ne nous dise pas cela parce que Micaud courait les maisons de prostitution. Non, il cherchait à s'étourdir, voilà tout... Vous le savez, Messieurs, aux maladies violentes il faut des remèdes violents, et Micaud appliquait la débauche aux passions brûlantes qui dévoraient son âme.

» Il est une dernière considération que je ne puis passer sous silence, car, selon nous, elle explique Micaud, elle révèle tout entier. Certes, Micaud a retourné plusieurs fois contre lui l'accusation dont il a frappé les autres. Oui, Micaud s'oublie, il se perd ; l'égoïsme, ce sentiment universel que plusieurs philosophes ont appelé le grand mobile des actions humaines, l'égoïsme s'est évanoui dans son âme. Oh! quand l'homme atteint cette étrange extrémité, quand sa douleur brise ce sentiment invétéré, naturel, inébranlable... l'égoïsme! cet homme a dépassé le désespoir, il est près de la folie. Tel est Micaud, et vous ne pouvez accepter sa dénonciation quant à Soufflard ; car, entre Soufflard et Micaud, il y a une haine brûlante, une passion brisée, une vengeance accomplie. »

Après les autres plaidoiries qui, pas plus que celle de l'éloquent avocat, n'ont pu affaiblir la conviction des jurés, les accusés sont interpellés pour dire s'ils ont quelque chose à ajouter à leur défense (audience du 19 mars).

Lesage, qui affecte l'impassibilité, mais dont les traits pâles et tirés, trahissent une inquiétude profonde, prend la parole et discute les faits qui le concernent.

« On prétend que je suis un voleur de profession. J'ai été sept ans militaire dans le 35°, et certes je n'y ai jamais passé pour assassin, comme on veut bien le dire. J'ai passé toujours pour un bambocheur, soit; pour un ivrogne, je le sais, c'est effectif. Au bagne comme ailleurs, c'était la même chose; mais, voyez-vous, un ivrogne et un assassin, c'est deux. »

Soufflard raconte è sa manière son histoire depuis sa sortie du bagne. Il dit que, sachant Micaud à son aise, et *marié*, il s'est dit : « Voilà pour moi un pied à terre. » Micaud lui a bien prêté quelques effets et a refusé d'accepter de l'argent. « C'est là, dit-il, que je connus la fille Alliette : elle commença à me conter ses misères. Micaud la tenait toujours à la chaîne, il ne la laissait jamais sortir ; il la renfermait chaque fois qu'il allait en visite. Le soir, il l'emmenait, mais jamais dans le jour. J'ai dit à Micaud, ajoute Soufflard, qu'il avait parfaitement tort. Je lui dis: « Mon cher, tu n'y es pas ; si tu veux te faire aimer par *une dame*, ce n'est pas du tout là la manière dont on agit. »

— Pour vous donner une idée, ajoute Soufflard, de la jalousie de Micaud, il allait jusqu'à mettre un M sous les souliers d'Alliette, avec de la craie, quand il sortait ; de manière que si l'M était effacé, il voyait qu'elle avait sorti. Je suis donc resté avec Micaud dans une espèce de discorde. C'est après les bontés, les douceurs qu'elle a vu que je portais à son sort, qu'il s'est trouvé que j'ai eu des relations en cachette avec Alliette.

Soufflard dit cela d'un air fat en regardant Micaud : celui-ci serre les poings par un mouvement convulsif.

— Un jour que nous étions au secret, continue Soufflard, Micaud a vu qu'Alliette m'avait envoyé 5 fr. et ne lui envoyait rien. Il en a été tout *esbrouffé*. Je vous dis tout ça pour vous montrer la *vindication* que Micaud peut avoir contre moi.

Puis, Soufflard discute chaleureusement et assez habilement les charges qui pèsent contre lui. Il rappelle son dénûment quand il aurait dû avoir de l'argent; il dit que le portier avait intérêt à le reconnaître, sous peine de perdre sa place. — « On aurait dit : Voilà un joli portier qui voit passer un particulier et qui ne le reconnaît pas... Et il m'a reconnu, le portier! Je n'ai donc que le portier qui pèse sur moi. »

Et l'inculpé excipe de son alibi prétendu. D'ailleurs, « on n'a point trouvé de somme chez moi ; Alliette avait ses châles au Mont. Nous couchions sans draps l'un et l'autre avec un matelas, une paillasse et une pauvre couverture. C'est là de la peine, de la misère; ce n'est pas un homme qui se procure des douceurs en volant. Je suis donc innocent. Il n'y a sur moi que les déclarations d'un simple portier... Si j'avais été le criminel, j'aurais été *anéanti* de quelque objet; je n'aurais pas été dans la plus complète misère.

« Reste à dire : c'est un forçat! Mais faut-il, parce que je suis un forçat, que le sang versé rejaillisse sur moi. »

Après cette défense, prononcée avec une animation toujours croissante, Soufflard se rassied brusquement et retombe accablé.

Les débats sont clos après douze audiences. La Cour se retire pour délibérer. Les cent cinquante-sept réponses du jury sont presque toutes affirmatives. Les inculpés sont ramenés à l'audience pour entendre la lecture du verdict. Une visite minutieuse a été pratiquée sur eux selon l'usage. Après la lecture du verdict, la Cour se retire pour délibérer sur l'application de la peine. La délibération se prolonge une demi-heure. Soufflard, pendant ce temps, tient un mouchoir sur sa bouche.

Après une demi-heure de délibération, la Cour rentre en séance, et M. le président donne lecture d'un arrêt qui condamne : La fille Alliette, à six ans de réclusion sans exposition ; Lemeunier, à sept ans de réclusion avec exposition ; Micaud, à huit ans de réclusion avec exposition ; (Soufflard, en entendant cette partie de l'arrêt, fait un geste de désappointement haineux) ; Marchal, à cinq ans de travaux-forcés sans exposition ; la femme Vollard, à dix ans de travaux-forcés sans exposition ; Levieil, à vingt ans de travaux-forcés avec exposition ; Lesage et Soufflard, à la peine de mort.

Pendant le prononcé de l'arrêt, on vit Soufflard remettre tout à coup son mouchoir dans sa poche, baisser à demi la tête et agiter ses lèvres.

Quelques instants après, les condamnés quittèrent l'audience. Arrivé dans le couloir extérieur qui règne derrière le banc des accusés, Souffiard s'arrêta : « J'ai soif, s'écria-t-il, j'ai soif ; donnez-moi de l'eau. » Et comme on le poussait pour le faire avancer, il se cramponna et répéta d'une voix rugissante : « J'ai soif. »

Un gendarme se détacha de l'escorte, puisa un verre d'eau à une fontaine qui se trouvait dans le couloir, et sur laquelle Souffiard jetait des regards désespérés. Le gendarme présenta l'eau au condamné, qui l'avala d'un trait.

Puis, les condamnés descendirent. Un silence sinistre régnait durant ce trajet, et on n'entendait que le pas mesuré des gendarmes, des gardiens de la Conciergerie et des soldats du poste de service, désignés pour prendre les factions dans les cellules de chacun des condamnés à mort. Une fois seulement, Souffiard qui ouvrait la marche, se retourna en entendant un sanglot échappé à la fille Alliette. Puis, il haussa les épaules et hâta le pas.

On arriva au guichet de la Conciergerie : là, les gardiens s'emparèrent de Souffiard et de Lesage, pour leur mettre la camisole de force. Lesage s'abandonna sans résistance ; mais Souffiard, sortant de la morne impassibilité dans laquelle il paraissait plongé, entra tout à coup dans un violent accès de fureur, accablant de ses imprécations le Tribunal, la police, les jurés, mais surtout Micaud, qui aurait, dit-il, à répondre de sa mort.

On le contint, mais un des chefs du service de sûreté s'aperçut que les traits de Souffiard étaient horriblement altérés : son teint était livide, ses yeux injectés de sang étaient entourés d'un cercle bleuâtre, ses lèvres blanches et convulsivement serrées rejetaient une écume épaisse : « Ah ! mon Dieu, s'écria-t-il, Souffiard, vous vous êtes empoisonné ! — Oui, eh bien oui ! s'écrie Souffiard d'une voix courte et sourde ; oui, je me suis empoisonné ? »

Et tout à coup il tomba en proie à d'atroces convulsions dont il avait eu, jusque-là, la force de dominer les épouvantables étreintes.

« Malheureux, dit le chef du service de sûreté, comment avez-vous pu vous empoisonner ? Ne compromettez pas par votre silence les gardiens dont vous avez été entouré. Quel poison avez-vous pris ? — Je ne le dirai pas, non, je ne le dirai pas ; on me donnerait du contre-poison. »

On courut en hâte chercher du lait et on en présenta une tasse à Souffiard. Il la saisit par un mouvement instinctif, car sa gorge était en feu ; mais il s'arrêta un instant, puis, souriant d'un sourire horrible : « Il est trop tard, dit-il, le coup est fait ; ça a touché au cœur. » Et il but.

Un interne de l'Hôtel-Dieu arriva à la hâte ; son premier soin fut de faire administrer un vomitif au condamné. Aussitôt des vomissements se déclarèrent, et les matières rejetées, soumises à l'action du feu, exhalèrent une forte odeur d'ail. C'était avec une quantité énorme d'arsenic que Souffiard s'était empoisonné. Le poison avait été pris évidemment pendant le prononcé de l'arrêt.

On avait cru un moment au vert-de-gris, sur le propos d'un prisonnier. « Il aura fait son poison lui-même, avait dit cet homme. Nous apprenons de ces secrets-là dans les prisons. On laisse se rouiller un gros sou dans l'urine et cela fait du bon vert-de-gris (1). »

On ne put savoir comment Souffiard s'était procuré le poison : on pensa qu'il l'avait reçu à l'audience même.

Il était onze heures du soir. Un médecin des prisons

(1) Un des assassins de Fualdès, Baucal, s'empoisonna par ce moyen. *Voyez* le procès Fualdès dans nos livraisons précédentes.

fut appelé, soigna Souffiard et veilla pendant toute la nuit, que le malheureux passa au milieu de convulsions aiguës et d'atroces souffrances. Sur le matin, le vénérable abbé Montès vint administrer au condamné les derniers secours de la religion. Souffiard l'écouta sans le repousser, mais en l'interrompant de temps à autre pour lancer quelque horrible malédiction contre Micaud. Cette haine survivait à toutes les autres passions dans cet homme condamné par la justice et par lui-même.

A onze heures un quart, Souffiard fut emporté par une dernière convulsion : il s'était roidi et relevé sur son lit de douleur, il retomba foudroyé.

L'autopsie du corps de Souffiard, pratiquée par les docteurs Ollivier d'Angers, West et Bois de Loury, démontra que la quantité d'arsenic absorbé eût pu suffire à empoisonner cent personnes.

La fille Alliette, informée que Souffiard venait de mettre fin à ses jours, dit avec indifférence : — « C'est un *comtois qu'on me bat* (un mensonge qu'on me fait) ; je ne *couperai* (croirai) que quand je l'aurai vu. »

Amenée dans la cellule, la même qui avait renfermé Lacenaire, elle dit froidement en voyant le cadavre : — « C'est bien. Il est mort. Je ne lui aurais pas cru tant de résolution. »

Quant à Lesage, après avoir par sa contenance dans les débats révélé une véritable faiblesse, il changea tout à coup d'attitude après sa condamnation. Il protestait encore, sans trop d'énergie, de son innocence ; mais il semblait supporter son sort avec résignation et ne témoignait guère d'autre inquiétude que celle de manquer des petites sommes nécessaires pour se procurer du tabac et un supplément de vin.

On lui apprit le suicide de Souffiard et on lui fit observer que, se donner la mort dans cette position, c'était à peu-près se reconnaître coupable. — Je le sais bien, dit-il, et c'est ce qui me fâche. La cour de cassation va être frappée, comme le public de cette idée-là, et ce sera moi qui paierai pour lui... Mais ça ne m'empêchera pas *d'y monter* courageusement. »

Du reste, hors l'assassinat de la femme Renault, Lesage avouait tous les faits coupables de sa vie. Ainsi, il racontait qu'au bagne il avait volé l'aumônier, et qu'il avait réussi à faire sortir en ville et à faire vendre aux receleurs tous les ornements d'église. Parvenu à s'évader de Toulon, il avait commis un assassinat dans le trajet, aux environs d'Avalon. Il n'en taisait les circonstances que pour ne pas compromettre ses complices. « C'était ça, disait-il, un bon tour d'*escarpe*, et, l'affaire terminée, je me jetai vivement dans la première voiture pour accourir à Paris avec l'argenterie, les bijoux, l'or et les effets. » Il donnait complaisamment des détails sur les vols nombreux commis par lui à Paris, et sa voix s'animait à ces récits ignobles, sa figure s'illuminait d'une joie crapuleuse au souvenir de ses débauches.

Toutefois, il paraissait redouter la mort.

Le 25 avril, au moment où sonnait la cloche du soir, à six heures et demie, pour le départ des ouvriers libres, profitant du mouvement qui avait lieu dans les ateliers et aux guichets extérieurs, Lesage prépara tout pour son suicide. Comme son attitude avait éloigné toute idée d'une tentative semblable, la surveillance s'était un peu relâchée à son égard ; il avait pu se procurer un foulard, et sa camisole de force était attachée lâche. Il monta sur le tabouret, s'accrocha au barreau de la persienne du cabanon, passa à son cou le foulard en nœud coulant et repoussa le tabouret. Quand on rentra, à sept heures, dans le cabanon, Lesage n'existait plus.

MONTCHARMONT LE BRACONNIER.

Les sauvages de la civilisation ne sont pas tous dans les villes. Si l'écume de nos cités produit des scélérats comme Soufflard et Lesage, comme Lacenaire et Avril, héros de bagne, toujours prêts à tuer un homme pour cent sous, la vie de désordre a d'autres effets dans les campagnes : mais elle mène au même but, à l'échafaud.

La poésie a, de tout temps, eu des chants pour le bohémien de la plaine et des bois; pour le libre chasseur qui se rit des lois et qui compte, pour remplir son carnier, sur son pied rapide et sur son coup-d'œil infaillible.

> En vain les gardes font la ronde,
> J'ai bon repaire et trois fusils.

Rien de plus poétique, en effet, que cette vie aventureuse, indépendante... dans les chansons de Béranger.

> Pauvres oiseaux que Dieu bénit,
> Au fond des bois pend notre nid.

Bohémiens, contrebandiers, braconniers, c'est tout un : pour tous ces protestants de la grande route, le poète a des tendresses infinies et des pitiés éloquentes. Volontiers dirait-il d'eux tous :

> Si la loi les condamne,
> Le peuple les absout.

Chose étrange, cette constante déification du désordre, cette immorale vénération pour la révolte! Pour le lâche assassin qui, embusqué derrière un tronc d'arbre, tue sans pitié l'instrument de la loi : admiration et sympathie; pour l'honnête et courageux gendarme, pour le garde dévoué, qui s'avancent la poitrine ouverte et le fusil désarmé et qui reçoivent sans riposter le plomb homicide : dédains et colères.

A ces injustices de l'opinion, il n'y a qu'une réponse : la vérité des faits. Il faut montrer une fois ce qu'est, après tout, cette vie de ruses coupables ou de révoltes meurtrières; comment et par quelle pente un honnête cultivateur se laissera entraîner vers cette existence de sauvage, et où le mènent cette violation des lois sociales, ce mépris du devoir.

Le plus tristement célèbre parmi ces insurgés de village, celui dont la vie et la mort ont laissé en France les plus dramatiques souvenirs, c'est assurément Claude Montcharmont.

Il était né, en 1822, d'une honnête et laborieuse famille de cultivateurs, à Saint-Prix-sous-Beuvray (Saône-et-Loire). Doué d'une intelligence vive et d'une constitution robuste, le jeune Montcharmont n'annonça pas plus qu'un autre enfant des penchants vicieux ; il avait seulement des accès de paresse et de vagabondage. Il disparaissait quelquefois des journées entières du logis paternel, et on le retrouvait, avec quelque camarade entraîné par lui, soit à la lisière d'un bois, tendant quelque collet de crin sur les passées de lapin, soit dans quelque cour de ferme, maraudant œufs et poules.

Mais il sembla que Montcharmont dût devenir avec l'âge un honnête et laborieux ouvrier. Il apprit l'état de maréchal-ferrant, en 1844, il s'établit dans sa commune natale. Tout alla bien d'abord et sa boutique était convenablement achalandée. Mais, de temps en temps, la passion de la chasse lui faisait négliger le travail.

Rien n'était perdu, cependant, quand, malheureusement pour lui, arriva la révolution de 1848. C'était le temps des clubs de village, des révoltes ouvertes contre toute autorité : c'était le temps des paresses phraseuses et de la licence hautement professée.

Montcharmont ne vit dans ce relâchement général de toute discipline, qu'un encouragement à ses goûts de paresse vagabonde et un affranchissement de la loi. Il passa son temps à la chasse, braconnant audacieusement sur les propriétés les mieux gardées.

Il fut pris en flagrant délit par un garde-champêtre, qui ne croyait pas que tout fût permis en république. Montcharmont conçut contre ce garde et contre le maire de Saint-Prix, une inimitié violente, qui se traduisit en plaintes, en dénonciations, en calomnies, en hostilités bruyantes ou couvertes. Le club de Saint-Prix retentit de ses récriminations intéressées. Rien n'y fit. Le gouvernement provisoire ne jugea pas à propos de destituer le maire, parce qu'il avait déclaré procès-verbal au braconnier.

En 1849, ce fut bien pis encore. On refusa à Montcharmont un permis de chasse : il n'avait pas acquitté les droits de ses condamnations antérieures. Montcharmont cria à l'injustice et chassa sans permis. De nouvelles condamnations vinrent l'atteindre; il s'entêta dans cette révolte insensée, malgré ses parents, malgré ses amis. La chasse défendue était devenue pour lui plus qu'une passion, un besoin.

Dès lors, plus de travail, la vie des bois, des alertes continuelles, la vie de la bête fauve traquée par les chasseurs. Le 25 juillet 1850, on le condamne à huit jours d'emprisonnement; le 29 août suivant, à quinze.

Son irritation s'en accrut. Un jour, il rencontra le garde-champêtre. Tous deux étaient sous bois, seuls, en présence. Montcharmont avait son fusil. Ses petits yeux gris-bleu, mobiles et perçants, étincelèrent de rage à la vue de cet homme, son ennemi. — « Eh bien! lui dit-il, vas-tu encore me déclarer procès-verbal? — Oui, si je te trouve en contravention. — Ah! gueux, brigand, faussaire... Prends garde à toi, vois-tu. Je ne tiens pas à la vie. Pars d'ici, ou je m'en vais te le faire voir quelque chose. »

Le garde haussa les épaules, acheva de couper son bois et alla un peu plus loin. Le braconnier revint à lui; il tenait son fusil armé et amorcé. A cinq pas, il dit au garde : — « Commence par f... le camp bien vite, ou je te brûle la cervelle. » Et, comme le garde ne bougeait pas : — « Pars de là, la rage s'est emparée de moi... je vais faire un meurtre. »

Le garde, brave père de famille, était sans armes : il avait affaire à un furieux; il crut prudent de quitter la place. Mais il porta plainte, et Montcharmont fut condamné par défaut, le 29 septembre, à six mois d'emprisonnement.

A partir de ce jour, on ne le revit plus que par échappées à son domicile. Il y apparaissait, le soir ou le matin, pour chercher des aliments, du plomb, de la poudre ou de l'argent.

Un soir, la nuit faite, Montcharmont entra tout-à-coup chez un de ses camarades, François Lordet. Il lui raconta ses transes de tous les instants : « Vous feriez bien mieux, lui dit Lordet, de vous soumettre, plutôt que de mener comme ça une vie inquiète. — Oh! dit le braconnier, je ne serai pas commode à prendre. Je chasserai toujours, et tant plus on me fera des procès-verbaux, tant plus je serai content. — Il faudra bien cependant que ça ait une fin. Vous ne voudriez pas faire de mal à ceux qui voudraient vous arrêter? — Bah! le tout est de commencer. »

Et il murmura de sourdes menaces de mort et d'incendie.

Ces menaces ne devaient que trop tôt se réaliser.

Le 7 novembre, quatre gendarmes de la brigade d'Autun étaient appelés par leur service à la commune de Saint-Prix. Arrivés à la Grande-Verrière, deux d'entre eux, Emery et Brouet, prirent le chemin de la Petite-Chaux, hameau qu'habitait Montcharmont père.

Après avoir fait des recherches infructueuses, ils rejoignaient leurs camarades, lorsqu'un homme, portant un fusil double et un carnier, traversa le chemin en courant. C'était Montcharmont qui, ayant aperçu les gendarmes, fuyait vers le bois, sa retraite ordinaire.

Emery le reconnut, et les deux gendarmes mirent leurs chevaux au galop. Ils allaient atteindre Montcharmont, quand celui-ci cria : « N'approchez pas, ou je vous tue. » Et, reculant vivement de deux pas, il arma son fusil. « Ne tire pas, » criait Emery, mais déjà deux coups de feu avaient retenti et le braconnier prenait sa course vers le bois.

Bien que blessé à l'épaule droite et à la main gauche, l'un des gendarmes, Brouet, continua sa poursuite. Mais peu à peu ses membres s'engourdirent, il s'arrêta, paralysé par la douleur, et retournant son cheval, il vit le malheureux Emery chanceler et tomber. Il courut à lui, lui parla ; Emery ne put qu'agiter la main, ouvrir une dernière fois les yeux, et il rendit le dernier soupir.

Le 9 novembre, à sept heures du soir, le garde champêtre de la commune de Saint-Prix, François Gauthey, était chez lui, debout, coupant du pain pour la soupe. Sa femme et ses enfants l'entouraient. Tout à coup la porte s'ouvre lentement, un canon de fusil brille dans la chambre, Gauthey se retourne, une détonation retentit et le malheureux garde tombe mort. Il avait été frappé au cou comme le gendarme Emery.

L'assassin avait ajouté aux grains de fonte de l'arme meurtrière une balle de plomb, qu'on retrouva à quelque distance du cadavre, aplatie et déformée.

Malgré la nuit, malgré sa fuite rapide, l'assassin avait été reconnu. La veuve et les enfants du garde signalaient Montcharmont à sa taille, à sa casquette. Quel autre, d'ailleurs, eût pu commettre ce crime ?

On avait entendu, on avait vu fuir le meurtrier dans la direction d'un ermitage situé en face de la maison du garde. Le lendemain matin, on trouva sur ce terrain, et dans d'autres propriétés contiguës, une double empreinte de pas, les uns réguliers et se dirigeant de la campagne vers le théâtre du crime, les autres plus espacés et suivant une direction inverse.

Ces traces avaient été évidemment laissées par l'assassin.

Le soir même de l'assassinat, quelques instants après, Montcharmont se présentait au moulin de Saint-Prix, portant un fusil, l'air égaré : il y réclama vivement une somme de 2 fr. qui lui était due. Vainement on lui offrit à souper, il s'empressa de partir après avoir reçu la somme réclamée.

C'est dans le voisinage de ce moulin que commençait et que venait se perdre la double trace de pas remarquée sur le sol.

Ce fut une terreur véritable dans le pays. Les uns n'osaient plus sortir, les autres quittaient à la hâte le département. Ceux-ci accueillaient l'assassin par crainte et par lâcheté, lui fournissaient des renseignements et le nourrissaient. Le braconnier s'était changé en bandit : le bois de Glux était devenu un maquis.

Pendant quelque temps, grâce à sa connaissance parfaite des localités, Montcharmont échappa aux poursuites de l'autorité. Mais il se lassa le premier de cette vie errante et sauvage. L'hiver venait d'ailleurs. Montcharmont partit une nuit pour Sennecey ; il y arriva le 4 décembre, et chercha à s'y faire passer pour un domestique qui allait à Lyon pour y trouver une place. Il fut reconnu et arrêté.

Il ne put nier l'évidence de ses crimes. Au reste, s'il manifestait quelque regret de la mort du gendarme, on sentait que la mort du malheureux Gauthey n'avait pas assouvi la rancune de son assassin.

Le procès s'ouvrit à Châlon-sur-Saône, le 29 mars 1851. Les débats vont nous montrer cette nature sauvage et rusée sous un nouvel aspect.

Montcharmont a vingt-neuf ans. Sa figure est empreinte d'une sorte de bonhomie fausse. Il porte une barbiche blonde : ses traits sont assez fins, son teint est frais. Sans la mobilité anxieuse de sa physionomie, il serait impossible de deviner dans ce paysan le bandit qui a jeté la terreur dans toute une contrée. Sa taille est petite, ses épaules carrées indiquent une force de corps peu ordinaire. Toutes ses réponses dénotent la terreur du châtiment, mais non la conscience de la faute.

Le premier témoin entendu est le gendarme *Brouet*. Sa figure est encore pâle et accuse de récentes souffrances. Sur sa poitrine, brille la croix de la Légion-d'Honneur, juste récompense de son calme courage.

Le témoin raconte simplement les faits, la rencontre de Montcharmont, ses menaces aussitôt suivies d'effet, la mort de son camarade.

M. le Président à Montcharmont : Qu'avez-vous à répondre ?

Montcharmont : — Mon cher Monsieur, j'ai entendu un grand bruit d'armes et de chevaux... je me suis cru p rdu... un grand trouble m'a pris... j'ai crié : « Je me rends à vous. » Les coups sont partis... Ah ! mon cher Monsieur, les gendarmes sont mes amis, je n'aurais pas voulu les tuer. Que j'ai du regret de ce brave gendarme Emery ! c'était un camarade, il avait trinqué avec moi, il m'avait donné de bons conseils !...

M. le Président. — Cependant vous avez fait des menaces, vous avez dit qu'on ne vous aurait pas facilement, qu'il n'y avait que le premier pas qui coûtait.

Montcharmont. — Mon cher Monsieur, je ne me rappelle pas avoir tenu ce propos. Je parle devant vous comme devant Dieu.

D. — Vous avez encore tué le garde-champêtre Gauthey, deux jours après. — R. Mon cher Monsieur, les témoins le sauront mieux que moi ; après cet affreux attentat contre le gendarme, j'étais mort, je n'étais qu'un cadavre. Je ne savais ce que je faisais, *parole d'honneur*.

M. le Président sévèrement. — Vous n'avez plus d'honneur.

Montcharmont. — C'est vrai, mon cher Monsieur. On m'avait excité à tuer le garde Gauthey. On m'avait dit : « Tu es perdu maintenant, il vaut autant tuer tes ennemis. »

D. — Qui vous a tenu de semblables propos. — R. C'est le monde, mon cher Monsieur. — D. Qui ?

Montcharmont ne répond rien.

D. — Vous ne vous repentez pas de la mort de Gauthey, vous l'avez témoigné plus d'une fois ? — R. Je ne pouvais pas, mon cher Monsieur, en avoir autant de chagrin que de ce bon gendarme Emery. Oh ! les gendarmes, mon cher Monsieur, je n'aurais pas tiré sur eux s'ils m'avaient dit un mot. — D. Mais le malheureux Emery a crié : « Ne tire pas, » mais il n'avait pas achevé que vous les blessiez tous deux. — R. Ça se peut bien, mon cher Monsieur, mais je ne l'ai pas entendu.

D. Pourquoi ne vous repentez-vous pas d'avoir eu la barbarie d'assassiner le garde au milieu de ses jeunes enfants ? — R. Mon cher Monsieur, je ne dis pas que je ne m'en repens pas, mais j'en ai moins de regrets que de ces braves gens de gendarmes. Le garde, c'est lui la cause de tous mes maux. Dieu pourrait plutôt me pardonner sa mort que celle du gendarme Emery.

M. le Président. — Que dites-vous là, malheureux ? Montcharmont baisse la tête et murmure quelques paroles inintelligibles.

M. le Président. — Vous en vouliez au garde parce qu'il vous faisait des procès-verbaux lorsqu'il vous trouvait en contravention. C'est pourquoi vous aviez aussi menacé un garde-forestier qui avait verbalisé contre vous. Vous avez même fait dire à son père qu'il fallait qu'il vous donnât 300 fr. s'il voulait sauver la vie de son fils.

Montcharmont : — Je ne pense pas, mon cher Monsieur, je n'avais pas besoin d'argent. Lorsqu'on m'a arrêté, j'avais 115 fr.

D — Vous aviez aussi un pistolet. Qu'en vouliez-vous faire ? — R. Mon cher Monsieur, je ne voyageais que la nuit et dans les bois ; c'était pour faire peur aux loups et autres animaux, si j'en trouvais. — D. Prétendez-vous n'avoir point menacé M. Dessertenne de la mort de son fils. — R. Je ne sais, mon cher Monsieur... Ma langue courait, je ne savais ce que je disais..... j'étais mort, à cette époque, je n'étais plus qu'un cadavre.....

On étale sur la table des pièces à conviction deux manteaux de gendarme, un habit de gendarme, déchirés, ensanglantés ; le col du malheureux Emery, percé d'un large trou ; les habits du garde champêtre et sa chemise ensanglantée. Un mouvement d'horreur se produit dans l'assemblée. Montcharmont se fait petit et n'ose lever les yeux.

Des enfants viennent déposer. Ils ont entendu Montcharmont crier aux gendarmes : « Si vous approchez de moi, je vous tue ! » ils l'ont vu se reculer précipitamment et armer son fusil.

Montcharmont se lève et s'écrie : — C'est faux, c'est fabuleux, ils n'ont pu me voir armer mon fusil...

François Lordet raconte la visite nocturne de Montcharmont, les propos menaçants qu'il a tenus. — Je ne suis pas sûr, dit le témoin, qu'il m'ait dit formellement : « Je tuerai... Je brûlerai. » Mais son langage le faisait assez comprendre,

Montcharmont semble en proie à une vive agitation. La déposition du gendarme l'avait laissé calme, celle-ci le trouble profondément.

Meuriant, brigadier forestier, dit que quelques jours avant le meurtre du garde champêtre, il a rencontré l'accusé, qui a manifesté une profonde irritation contre Gauthey et Doreau. Il a dit : je leur tirerai dessus avec ce fusil-là.

Montcharmont avec animation : — C'est faux, c'est chose fabuleuse.

Meuriant : On m'a même dit qu'il m'avait couché en joue.

Adolphe Philippot rapporte qu'un jour qu'il était à la pêche avec son beau-frère, Montcharmont vint à eux, armé d'un fusil double. Ils l'invitèrent à pêcher avec eux ; Montcharmont refusa et leur dit même des grossièretés. Le dernier voulut aller vers lui, mais Montcharmont arma son fusil et lui cria : « N'approchez pas, ou je vous tue. »

Moncharmont : — Ah ! mon cher Monsieur, ce sont eux qui ont tué ma chienne. M. Adolphe, vous que je portais sur mon cœur, vous avez tué ma chienne, une chienne que j'aimais tant (il pleure à chaudes larmes).

M. le Président : Avez-vous vu tuer votre chienne ?

Montcharmont : — Mon cher Monsieur, j'étais à cent pas du bois, je les ai aperçus.

M. le Président : — Accusé, je dois vous faire remarquer que, du caractère dont vous êtes, si vous aviez vu tuer votre chienne, vous n'auriez pas attendu si longtemps pour aller trouver ceux qui l'auraient tuée — Témoin, avez-vous tué la chienne de Montcharmont ?

Le témoin : — Non, Monsieur le président.

M. le Procureur de la république : — M. Philippot, au nom du serment que vous venez de prêter, je vous adjure de dire si vous avez tué la chienne de l'inculpé. — R. Non, Monsieur, je le jure.

M. le Président au témoin : — N'avez-vous pas été obligé de quitter le pays ? — R. Oui, Monsieur, nous avons quitté le pays, mon beau-frère et moi. On nous avait avertis de prendre garde à nous. Nous avons été absents pendant trois semaines.

Une femme, vêtue de noir, s'avance au pied de la Cour. Ses traits altérés, sa démarche, tout annonce qu'elle est en proie à une douleur poignante. Ses yeux se portent sur Montcharmont et s'en détournent avec horreur. Celui-ci l'aperçoit et baisse la tête d'un air gêné et confus ; mais ses yeux restent secs. Cette femme, c'est Françoise Pinard, la malheureuse veuve de Gauthey.

Elle raconte l'horrible scène du 9 novembre.

C'était dans la soirée, dit-elle : sur mes genoux était ma petite fille ; mon pauvre homme était près de la pétrissoire. A côté de lui étaient nos enfants. Il coupait du pain pour faire la soupe. Tout-à-coup notre porte s'ouvre doucement... je regarde... mon pauvre homme tourne la tête..... un coup de fusil part... il tombe... je pose ma petite..., je cours vers lui .. je l'appelle... il dit : « Mon Dieu, je suis tué... » Je n'ai pas eu d'autres mots... les voisins sont accourus...

M. le Président : — Montcharmont, vous avez eu la barbarie de tuer un père de famille, au milieu de ses enfants ?

Montcharmont : — Mon cher Monsieur, je n'ai rien à dire... c'est peut-être... je n'en sais rien. Je n'étais plus dans ce monde, j'étais mort, je n'étais qu'un cadavre...

D. — Vous avez certainement dit que, quant à Gauthey, vous ne vous repentiez pas de lui avoir donné la mort. — R. Oui, mon cher Monsieur.

Trois petits enfants, une fille et deux garçons, dont l'aîné a dix ans, viennent successivement déposer. Ils sont aussi vêtus de noir ; ce sont les orphelins. La petite fille dit : — J'ai entendu un coup, et papa est tombé.

L'auditoire est vivement ému. On entend des sanglots : des hommes même, ne peuvent retenir leurs larmes. Montcharmont ne pleure pas, il baisse la tête, comme un loup pris au piège, et, quand le Président l'interpelle, il répond par son inévitable refrain : — J'étais mort, je n'étais qu'un cadavre.

Plusieurs voisins du garde racontent le spectacle émouvant qui s'est offert à leurs regards, lorsqu'ils ont pénétré dans la demeure de Gauthey, baigné dans son sang, entouré de sa femme pleurant, de sa petite fille.

D'autres rapportent qu'ils ont rencontré Montcharmont après son crime, et qu'il leur a dit : « Si vous annoncez que vous m'avez vu, je vous mettrai le feu sur la tête ! » ou : « Je vous brûlerai la cervelle. » A un autre, qui voulait s'approcher de l'assassin, il a crié : « Je n'ai plus d'amis ; si tu avances, je te tue ! » et, ce disant, il le mettait en joue.

Jean Duployer dépose que Montcharmont lui a dit de prévenir M. Pierre Dessertenne, de Saint-Prix, qu'il en voulait à son fils, et que, pour éviter sa vengeance, il eût à lui envoyer 300 fr.

M. le Président : — Vous entendez.

Montcharmont : — Hélas! mon cher Monsieur, j'ai bien pu dire cela pour former *une petite terreur;* car, voyez-vous, le fils de M. Dessertenne était du complot pour assassiner ma chienne. (Il se prend à pleurer). Et puis... j'étais mort, je n'étais plus qu'un cadavre.

Un autre témoin rapporte qu'il a rencontré l'accusé dans les bois de Glux, et qu'il lui a dit : « Passe, je ne t'en veux pas; d'autres plus *messieurs* que toi y passeront, » et il désignait le maire de la commune.

Après les plaidoiries et le réquisitoire, les jurés se retirent, et, au bout d'un quart d'heure, rendent un verdict affirmatif sur toutes les questions.

On introduit l'accusé. Il promène çà et là des yeux inquiets. Le greffier donne lecture de la décision ; il a compris et il s'écrie : Oh! mon Dieu! » Ses jambes flageolent, il chancelle, tombe sur le banc et cache sa tête dans ses mains.

La Cour prononce la peine de mort.

Montcharmont est atterré. Il ne cesse de répéter d'une voix dolente : «Eh! mon Dieu! oh! mon Dieu!» Deux gendarmes le soulèvent et le soutiennent pour l'emmener.

Quelques instants après, des cris déchirants se font entendre dans la salle des Pas-Perdus. C'est la mère du condamné qui a appris la décision terrible. « Mon pauvre enfant est perdu, » crie la malheureuse femme, dont cet enfant indigne d'elle a brisé le cœur.

Ce sauvage rusé et cruel montra, après sa condamnation, une crainte de la mort, une soif de conservation qui ne se retrouvent au même degré que dans la bête féroce.

Les quarante jours qui s'écoulèrent pour lui entre l'arrêt et l'exécution, furent quarante jours d'agonie bestiale. L'effrayante image du supplice qui l'attendait le poursuivait sans relâche : à chaque moment, il croyait voir se dresser devant lui l'échafaud sur lequel il allait perdre sa tête.

La nuit, il faisait sans doute des rêves affreux, des rêves de couperet sanglant et de tête séparée du tronc, car il se réveillait avec des hurlements fauves. Le jour, il pleurait, il gémissait, il écrivait à ses amis, à tous ceux qu'il croyait pouvoir lui venir en aide. Des personnes charitables le visitaient, le consolaient, l'exhortaient à la résignation et au repentir : « Mais c'est ce couteau, disait-il, c'est cette planche criminelle que je vois toujours! »

Le 10 mai avait été fixé pour l'exécution. L'échafaud fut dressé dans la nuit.

A cinq heures un quart, l'aumônier de la prison vint annoncer au condamné qu'il allait paraître devant Dieu. A cette nouvelle, Montcharmont pousse des cris déchirants, se tord sur son lit et refuse de se lever. En vain le vénérable ecclésiastique lui prodigue les consolations de la religion. L'instinct de la conservation semble seul survivre chez Montcharmont : il ne veut rien entendre. Il se ramasse, comme pour lutter contre un ennemi.

A force de prières, l'aumônier le décide à se confesser : Montcharmont se calme un peu et demande un second prêtre. On se rend à ses désirs et on envoie chercher un vicaire à Saint-Pierre.

Mais le moment de la lugubre toilette est venu. Deux exécuteurs veulent pénétrer dans la cellule : la porte résiste; Montcharmont s'est barricadé. On parvient à vaincre cet obstacle; mais le malheureux refuse de s'habiller. Il pleure, il crie; ses hurlements, entendus au dehors, vont glacer d'effroi les spectateurs rassemblés près des portes de la maison d'arrêt. Enfin, après de longs efforts, on parvient à l'habiller à peu près, et à lui lier les pieds et les mains.

Le condamné fut ensuite hissé sur la charrette et on le mena jusqu'au pied de l'échafaud. Mais, lorsqu'on l'en eût fait descendre et qu'on voulut lui faire gravir l'escalier fatal, il parvint à accrocher ses pieds aux marches en bois et, de ses larges et robustes épaules, à se retenir avec une vigueur surhumaine. Des deux exécuteurs, l'un était âgé, l'autre de faible complexion; ils voulurent l'enlever, leurs efforts furent vains. Alors commença une lutte horrible. Montcharmont, dont les forces étaient décuplées par le désespoir, ramassé sur lui-même, l'œil fixe et concentré dans sa résistance, faisait corps avec l'obstacle et ne cédait pas une ligne de terrain. Il appelait à son secours, hurlait, invoquait le nom de son père et de sa mère, et embrassait convulsivement le Christ, que lui présentait le digne aumônier, en l'excitant à la résignation.

Parmi ses cris effroyables, on distinguait cette phrase qui revenait de temps en temps : «Eh! mon Dieu! faites-moi mourir de la mort de ceux que j'ai tués! »

Cette lutte désespérée, cette effrayante agonie durèrent trente-cinq minutes. La foule, silencieuse, par respect pour la loi, souffrait horriblement de ce spectacle atroce. Les deux exécuteurs, haletants, couverts de sueur, étaient à bout de forces : le commissaire, délégué pour assister à l'exécution, ancien et brave soldat, mais nouveau dans ses fonctions et mal aguerri encore, perdit la tête, et on renonça à vaincre la résistance du condamné.

On le ramena à la maison d'arrêt; il voulut faire le trajet à pied. Ses épaules nues et ensanglantées témoignaient suffisamment de l'énergie de ses efforts suprêmes. Réintégré dans sa cellule, Montcharmont fut gardé à vue; il ne cessait de faire entendre des cris lamentables.

L'instrument du supplice resta dressé toute la journée. A quatre heures et demie du soir, arriva l'exécuteur de Dijon, mandé par le procureur de la République. Montcharmont fut lié de nouveau, mais, cette fois, de manière à ne pouvoir faire aucun mouvement. Pendant ce temps, la troupe de ligne et la gendarmerie faisaient évacuer la place Ronde, sur laquelle stationnait toujours une foule énorme.

A cinq heures, Montcharmont fut ramené sur la charrette. Arrivé au pied de l'échafaud, il déposa une suprême confession dans le sein du prêtre qui ne l'avait pas quitté. Puis, les exécuteurs s'emparèrent de lui et le portèrent sur la plate-forme. Là, se retournant vers les assistants, il s'écria : « Amis, priez Dieu de me faire grâce! » Il venait d'achever, et de baiser le crucifix... Sa tête tombait, et la mort mettait fin à ses longues tortures.

Cette mort, entourée de si effroyables circonstances, servit de prétexte aux violentes attaques du journal *l'Evénement*. M. Charles Hugo, fils de l'illustre poète, prit à partie, non les bourreaux maladroits, mais les magistrats et la loi elle-même, la loi qui, pendant une heure, s'était *colletée avec le bourreau*. « Vos guillotines, disait-il, sont aussi mal faites que vos lois. »

Les violences cherchées de cet article, les assimilations odieuses qu'il renfermait, motivèrent la saisie du journal et des poursuites dirigées contre le gérant, M. Erdan, et contre M. Charles Hugo. M. Victor Hugo voulut défendre lui-même son fils, et recommença l'article dans une plaidoirie toute brodée de métaphores à effet et de théories bruyantes. On comptait sur une condamnation, et le poète-tribun avait à l'avance assigné à son fils une place glorieuse parmi les Béranger, les Lamennais et les Lesurques. M. Charles Hugo fut condamné à six mois de prison, à cinquante francs d'amende et aux dépens.

Paris.—Imp. de H. Carion, rue Bonaparte, 64.

DE PRASLIN.

Château de Vaux-Praslin.

Il est, dans la vie des sociétés, des heures néfastes où tout est ruine et décadence, heures qui semblent marquées par la Providence pour confondre les plus sûres prévisions de la sagesse humaine et pour saper par toutes leurs bases les établissements les plus solides. A ces moments terribles, tout vacille à la fois : l'ordre des saisons semble changer pour répandre sur les peuples les fléaux de la misère et de la faim, ces mauvaises conseillères; le même vertige semble aussi s'emparer de l'ordre moral. La corruption s'établit insolemment aux sources mêmes de la vie sociale, et des crimes hideux, partage ordinaire des malheureux dépravés par l'ignorance et par l'indigence vicieuse, éclatent tout à coup dans les rangs les plus élevés, flétrissent les existences les plus considérables, les maisons les plus opulentes, les plus honorées.

Au milieu des épreuves qu'eut à subir la société française, en 1847, l'assassinat de madame la duchesse de Praslin ne fut ni le moins grave ni le moins significatif. Les esprits calmes et justes virent avec horreur un tel crime, mais n'en accusèrent que les passions détestables de la nature humaine, identique à elle-même dans les conditions les plus hautes comme dans les plus infimes. L'esprit de parti y vit un nouveau prétexte à des accusations passionnées contre un ordre de choses qui n'avait supprimé ni le vice ni le crime. Un pair de France assassin de sa femme, c'était une bonne fortune pour les animosités politiques.

Pour nous, qui racontons et étudions ces misères humaines, notre point de vue est placé plus haut. Nous ne voyons dans ce drame domestique autre chose qu'un enseignement moral. Le lecteur y surprendra les secrets instructifs d'une passion désordonnée et verra comment, sur cette pente dangereuse du devoir méconnu, les intelligences les plus cultivées se laissent entraîner rapidement jusqu'au crime, un dernière et châtiment suprême du désordre. Ceux-là aussi qui, en comptant ces souillures imposées de temps en temps aux fortunes les plus enviables, auraient ressenti nous ne savons quelle satisfaction secrète et mauvaise, ceux-là pourront reconnaître, en voyant se dérouler à leurs yeux l'histoire intérieure d'une de ces familles placées si haut au-dessus du vulgaire, combien de douleurs ignorées rachètent ces privilèges si enviés du nom, des fonctions éminentes et des richesses.

Le 17 août 1847, madame la duchesse de Choiseul-Praslin, fille unique du maréchal comte Sébastiani, avait quitté avec son mari et sa famille le magnifique château de Vaux-Praslin, près Melun, pour revenir à Paris, en vue d'une excursion aux bains de mer de Dieppe. Toute la famille descendit à l'hôtel Sébastiani, sa demeure ordinaire à Paris.

L'hôtel Sébastiani donne d'un côté sur le faubourg St-Honoré, n° 55, de l'autre sur l'avenue Gabriel dans les Champs-Élysées. Cet hôtel ne présente sur le faubourg St-Honoré qu'une façade très-exiguë qui se compose de la porte d'entrée soutenue par deux colonnes, et d'un petit logement attenant à droite et servant de loge au concierge. Après avoir franchi la porte, on suit une longue avenue, au bout de laquelle se développe la façade de l'hôtel sur les jardins qui s'étendent dans la direction des Champs-Élysées.

Venus ensemble par le chemin de fer de Corbeil, le duc et la duchesse se séparèrent en arrivant à Paris. Le duc alla faire ses visites, accompagné de ses filles : madame de Praslin se fit conduire à l'hôtel avec ses fils, et y arriva vers les neuf heures et demie du soir. Le duc ne rentra que vers les onze heures, conduisit ses filles dans leur appartement et redescendit dans le sien, situé au rez-de-chaussée et séparé par un vestibule de celui de la duchesse.

A minuit, tout dormait dans l'hôtel.

A quatre heures et demie du matin, des cris affreux se firent entendre : ils semblaient venir de la chambre de madame de Praslin. Un passant les compara à ceux d'un fou en proie à un accès de fureur. Quelques instants après, des bruits de sonnette irréguliers, désespérés, réveillèrent à la fois Auguste Charpentier, valet de chambre du duc, et madame Leclerc, femme de chambre de la duchesse. Tous deux s'habillèrent à la hâte et descendirent. Ils voulurent pénétrer chez madame de Praslin par une antichambre précédant son cabinet de toilette et dont la porte se trouvait au bas du grand escalier. La serrure n'était fermée qu'au pêne et à un tour, mais la porte résista : elle était retenue, contre l'habitude, par un verrou intérieur. Des cris rauques, déchirants, des bruits sourds se faisaient entendre, et les domestiques effrayés croyaient distinguer dans la chambre de la duchesse comme une course effarée, ralentie par instants et entremêlée de coups mats. Ils cherchèrent à enfoncer la porte et, ne pouvant y parvenir, ils coururent pour entrer par le grand salon. La porte de communication entre cette pièce et la chambre où se passaient ces bruits inquiétants était également fermée par un verrou intérieur; ils y frappèrent, en criant : *Madame! Madame!* Rien ne répondit. Ils prêtèrent de nouveau l'oreille et perçurent distinctement des râlements qui paraissaient venir du fond de la chambre. Évidemment un meurtre venait de se commettre.

Les deux domestiques sortirent dans le jardin : les croisées de la chambre et du boudoir de madame la duchesse de Praslin étaient exactement fermées et assujetties, comme d'ordinaire, par des volets et des barres de fer à l'intérieur. Mais, arrivés à l'extrémité de l'hôtel, ils virent ouverte la porte d'un escalier en bois donnant dans l'antichambre qui séparait l'appartement du duc de celui de la duchesse. La porte du cabinet de toilette et celles communiquant de ce cabinet avec la chambre de la duchesse étaient ouvertes. Le valet de chambre se hasarda à y pénétrer. L'obscurité était profonde, on n'y entendait aucun bruit, mais on y sentait une odeur de sang.

Le valet de chambre sortit, alarmé de plus en plus, et courut chez le valet de chambre de la duchesse d'Orléans, Merville, dont la femme tenait la lingerie de l'hôtel.

« Il est arrivé un malheur, » dit Charpentier, « on assassine madame. » Merville se jeta à bas du lit, s'arma d'une grosse canne, donna une épée à Charpentier, se munit d'une lampe, et tous deux, pénétrant dans la chambre par l'issue qui était restée ouverte, trouvèrent la duchesse renversée à terre, la tête appuyée sur une causeuse, vêtue seulement d'une chemise et baignant dans son sang. Cet horrible spectacle les frappa d'une telle frayeur qu'ils se sauvèrent dans la cour, et là, comme ils se consultaient en regardant la sinistre façade, ils virent une colonne de fumée sortir de la cheminée de l'appartement de M. de Praslin. Cela leur sembla extraordinaire, à cette heure et dans cette saison. Les fenêtres de l'appartement du duc étaient encore fermées. Cela leur rappela que, malgré tous ces bruits, le duc n'avait pas encore paru.

En quelques minutes, l'alarme fut dans la maison. Charpentier, Merville, le portier Briffard et quelques autres personnes se réunirent, et, se sentant en force, revinrent dans le grand salon, pour le traverser et faire le tour par le jardin, seule voie qui fût ouverte. A ce moment, le duc ouvrit la porte de communication de ce salon à la chambre à coucher de sa femme; il était vêtu d'une robe de chambre grise, ses traits étaient égarés; il frappait de ses mains le mur et sa tête, répétant : « Qu'est-ce qu'il y a? qu'est-ce qu'il y a ? » Et, comme il reculait, et que la fenêtre ouverte par un des gens laissait pénétrer le jour dans la chambre, tous les domestiques virent ce corps renversé, les jambes ployées sous les cuisses, marbré de sang et de plaies béantes. « Ah ! mon Dieu ! mon Dieu ! s'écria alors M. de Praslin, quel malheur! quel malheur! qui a pu faire cela? du secours ! du secours ! un médecin ! »

La femme du portier Briffard courut à la duchesse : elle respirait encore. On apporta de l'eau pour laver les plaies, effrayantes à voir. La femme de Merville soutenait le corps : « Ah ! mon Dieu ! Euphémie, qu'allons-nous devenir? lui dit M. de Praslin, qu'allons-nous devenir ? Vit-elle encore ? » A ce moment, madame de Praslin rendait le dernier soupir.

Un médecin arriva. On réclama ses secours, il n'était plus temps. Alors, le duc qui était sorti rentra dans la chambre, s'approcha du cadavre, porta les mains sur les épaules sanglantes en disant: « Ah ! pauvre femme ! pauvre femme ! quel est le monstre qui a fait cela ? » Et, apercevant un bonnet ensanglanté dans la chambre : « Oh ! quelle horreur ! quelle horreur ! » Et il alla se jeter sur le lit, désespéré, s'arrachant les cheveux, criant avec sanglots : « Pauvres enfants ! qui leur apprendra cela? Ils n'ont plus de mère. Pauvre maréchal ! qui lui dira cela ? »

Quelques minutes après, arrivèrent MM. Truy et Bruzelin, commissaires de police, qui procédèrent à une première enquête.

Un premier examen du corps, fait par les docteurs Cannet, Simon et Reymond, constata que le corps déjà froid et décoloré portait, en arrière de la tête, depuis le haut de la région occipitale jusqu'en bas du cou, cinq plaies transversales de six à dix centimètres d'étendue, pénétrant jusqu'à l'os : celle du cou atteignait les vertèbres; au front, et à la partie supérieure latérale droite de la tête, huit plaies pénétrant toutes jusqu'à l'os, de deux à cinq centimètres, dont l'une contuse; à la partie antérieure du cou, du côté gauche, deux plaies transversales dirigées d'avant en arrière et du haut en bas, présentant deux centimètres de profondeur sur deux et demi de largeur; autour, plusieurs piqûres moins profondes, toutes dirigées dans le même sens ; à droite, au-dessous de la mâchoire inférieure, une plaie dirigée de haut en bas, de sept centimètres, laissant à découvert l'artère carotide et montrant la veine jugulaire coupée, par laquelle s'échappait encore abondamment un sang noir. La main gauche portait, au-dessus du poignet, trois petites plaies peu profondes; au dos de la main, une plaie large, se continuant jusque dans la paume, et ouvrant l'articulation du pouce; en dedans des doigts, d'autres plaies, opposées à celles du pouce, indiquaient que la main avait dû saisir un instrument à double tranchant. La main droite portait, au pouce et à l'intérieur des doigts, des incisions présentant le même caractère et révélant les mêmes efforts de la victime.

Les lésions du crâne paraissaient résulter de coups assénés avec une extrême violence, et à l'aide d'un instrument très-tranchant. On remarquait à la face des excoriations nombreuses, dont la forme représentait exactement l'empreinte des ongles, et qui, groupées autour de la bouche, prouvaient que l'assassin avait cherché à étouffer les cris de la victime. Il y avait donc eu une lutte violente.

L'état de la chambre où le crime avait été commis ne laissait, du reste, aucun doute à cet égard.

Cette pièce, éclairée par une seule fenêtre sur le jardin, avait vingt et un pieds de profondeur sur dix-huit de largeur. Le lit occupait la partie du fond, près de la muraille; il y avait un cordon de sonnette au milieu. Ce lit était élevé sur une estrade et entouré de rideaux.

Les matelas en étaient bouleversés et, sur le traversin, se voyait une large tache de sang. Les rideaux de mousseline brodée étaient également souillés de sang. L'oreiller était, dans toute sa largeur, couvert de taches très-étendues et très-colorées.

Quatre portes s'ouvraient dans la chambre, l'une communiquant avec le grand salon, l'autre avec le boudoir, les deux dernières avec le cabinet de toilette.

La porte du salon, sur la face qui regardait la chambre à coucher, était souillée par des taches nombreuses, dans lesquelles on reconnaissait l'empreinte de doigts ensanglantés, principalement autour de la serrure et du verrou.

Sur la porte du boudoir, une petite tache existait au niveau de la serrure intérieure.

Du côté de cette porte, le tapis était taché en plusieurs endroits, et, à terre étaient dispersées des touffes de cheveux arrachés.

Si, en s'éloignant du lit, on faisait le tour de la chambre, en commençant par le côté de la cheminée, on trouvait en premier lieu, sur le bord du marbre de la cheminée et sur celui du marbre blanc qui recouvrait un petit meuble placé entre la cheminée et la petite porte d'entrée, une couche de sang étendue en nappe, et provenant du contact d'une main ensanglantée: de plus, chacun des marbres était ponctué de petites taches ayant l'apparence du granit et provenant du jaillissement. Le chambranle droit était taché par le sang qui s'était écoulé le long des bords du marbre.

Sur la cheminée étaient placés deux candélabres revêtus d'un étui en percaline et une pendule recouverte d'un globe de verre. Deux cordons de sonnette, terminés par de gros glands en soie, pendaient de chaque côté. Les franges de ces cordons étaient fortement tachées, et celui de droite avait été tiré en dedans du candélabre, dont l'étoffe était souillée par des taches de mains sanglantes. Sur le candélabre de gauche, sur le globe de la pendule, sur le montant de la porte du boudoir, sur cette porte elle-même, sur le panneau qui séparait de la fenêtre, étaient en grand nombre des taches ponctuées et disséminées. Un reste de pain, placé sur le marbre, et qui avait servi au repas du soir de la duchesse, était rougi.

Une causeuse, placée près de la cheminée et de la porte du boudoir, et sur laquelle avait été trouvé le cadavre, était en quelque sorte traversée par le sang. La housse en étoffe perse qui la recouvrait n'offrait plus qu'une seule nuance, celle du sang qui l'imprégnait et dont une partie était coagulée à la surface. Des cheveux adhéraient à cette housse ensanglantée et se mêlaient aux caillots desséchés.

Un petit guéridon en bois de rose était renversé au milieu de la chambre. Le plateau en était comme moucheté par de petites taches de sang. De ce guéridon avait glissé à terre, dans la lutte, un livre intitulé: *Mrs Armytage*, dont la couverture verte était maculée de sang: c'avait été la dernière lecture de la duchesse.

Quels étaient les assassins? Ils n'avaient pu pénétrer évidemment que par la porte de l'escalier de bois donnant sur le jardin. Leur présence semblait n'avoir laissé d'autres traces qu'un pistolet chargé, maculé de sang sur le canon, et à la crosse duquel étaient restés fixés des cheveux et un fragment de peau de la victime. On crut voir aussi des marques accusatrices de leur passage dans des traces de sang empreintes sur la porte du corridor, en face de celle conduisant au jardin.

Après ces premières constatations, les commissaires de police reçurent la déclaration de M. de Praslin.

M. de Praslin expliqua, avec une émotion qui sembla bien naturelle en présence d'un aussi affreux malheur, que le pistolet trouvé avait été apporté par lui-même, au moment où il avait entendu crier; que les traces de sang pouvaient avoir été produites par lui, après qu'il eut relevé de terre le corps de sa femme, et lorsqu'il retournait à son appartement, la tête perdue, les mains couvertes de sang.

Cependant la victime était trop illustre pour que l'émotion ne fût pas grande. Mme la duchesse de Choiseul-Praslin était fille unique du maréchal Sébastiani, nièce du duc de Coigny et du lieutenant général Tiburce Sébastiani, femme d'un pair de France. M. le préfet de police, M. le procureur général, M. le procureur du roi Boucly, et M. Aristide Broussais, juge d'instruction, se transportèrent vers les huit heures sur le théâtre du crime. Quelques instants auparavant, l'oncle de la victime, le général Sébastiani, alors commandant de la première division militaire, était arrivé à l'hôtel. A la vue de cette effroyable boucherie, il perdit connaissance, et Auguste Charpentier courut chercher un verre d'eau dans la chambre du duc. Cette chambre, dans laquelle on n'avait pas encore pénétré, était dans un singulier désordre. La cheminée était encombrée de cendres et de fragments récemment brûlés: un broc était placé au milieu de la pièce; le valet de chambre, croyant y trouver de l'eau, voulut en prendre, et le duc lui dit de ne pas y toucher, que cette eau était sale, et il s'empressa de la vider par la fenêtre du jardin.

Le premier soin des autorités judiciaires fut de consigner tous les gens de l'hôtel: « On ferait bien mieux, dit le valet de chambre Auguste Charpentier, de faire perquisition dans la chambre de M. le duc. » On examina, en effet, les vêtements du duc, et on trouva dans sa robe de chambre divers objets tachés de sang, et dans la cheminée, des débris de papiers brûlés et d'un foulard de nuit consumé. La robe de chambre avait été récemment lavée à certaines places. On saisit tous ces objets. D'étranges soupçons se faisaient jour dans l'esprit des magistrats.

M. Aristide Broussais interrogea M. de Praslin.

Après avoir raconté l'arrivée à Paris, le duc rendit compte de ce qui s'était passé, selon, lui, à l'hôtel :

« Je n'ai pas vu, dit-il, Mme la duchesse en arrivant : elle était déjà rentrée dans ses appartements. Moi, de mon côté, je suis immédiatement rentré dans ma chambre à coucher, après avoir conduit mes filles à leur appartement, sis au second étage de l'hôtel. Je me suis couché, et je me suis immédiatement endormi, sans réclamer les soins d'un valet de chambre, dont je n'ai pas l'habitude de me servir. Ce matin, à une heure que je ne puis indiquer, mais lorsqu'il commençait déjà à faire jour, j'ai été réveillé par des cris confus ; mais comme on en entend souvent dans les Champs-Elysées, je ne me suis pas effrayé, et même je ne me suis pas levé de suite. Un instant après, j'ai entendu aller et venir dans le jardin, et je suis sorti de mon lit ; j'ai passé ma robe de chambre et je me suis dirigé du côté de la chambre de Mme de Praslin. Arrivé à la troisième porte de ma chambre, qui se trouve au bas des degrés du petit corridor qui la précède, j'ai entendu des cris confus ; je crois que l'on criait à l'assassin, et, sans aller plus loin, je suis remonté dans ma chambre, je suis entré dans mon cabinet de travail, et j'ai pris dans mon secrétaire un pistolet d'arçon chargé, dont je me suis armé. Je suis descendu alors dans la chambre de Mme de Praslin, dans laquelle je suis entré en traversant son cabinet de toilette. Il y régnait une obscurité et un silence profonds. J'ai appelé madame par son nom de Fanny, et elle ne m'a pas répondu. Je suis alors sorti dans le cabinet de toilette, et j'y allumai une bougie avec des allumettes qui s'y trouvaient, comme d'habitude, sous la pendule de cette pièce. Je suis alors rentré *seul* dans la chambre de Mme la duchesse, et je l'ai trouvée assise à terre, la tête appuyée sur un canapé placé entre la cheminée et la croisée. Je suis allé à elle : elle avait la figure couverte de sang qui lui coulait abondamment de plaies à la tête et au cou. Il ne me vint pas à l'idée d'appeler mes gens, le temps m'aurait d'ailleurs manqué, car j'avais à peine essayé de soulever la tête à madame et de lui porter quelques secours, que j'ai entendu frapper à la porte de la chambre de madame, communiquant avec le salon. Je suis allé ouvrir le verrou qui la retenait à l'intérieur, et j'y ai trouvé le sieur Merville, mon domestique Auguste et plusieurs autres personnes armées de bâtons, que je ne puis désigner. Auguste Charpentier s'était déjà introduit dans la chambre de sa maîtresse avant moi, par la porte du cabinet de toilette. C'est dans les soins que j'ai cherché à donner à Mme la duchesse que je me suis souillé de sang. Après l'entrée de ces personnes, j'ai causé avec elles environ vingt minutes ou une demi-heure. J'ai touché plusieurs fois le corps de Mme de Praslin, et enfin, comme j'avais la tête perdue, je suis rentré dans ma chambre, où je me suis nettoyé les mains d'abord dans une cuvette, et ce n'est que plus tard que j'ai cherché à faire disparaître avec de l'eau la tache de sang que j'avais sur la poitrine au côté gauche de ma robe de chambre, pour ne pas effrayer mes enfants à qui j'allais apprendre le malheur qui venait de leur enlever leur mère. Le courage m'a manqué pour le leur dire. Très-promptement après, M. le général Sébastiani, oncle de Mme la duchesse,

est arrivé, et il était encore avec moi, lorsque M. Bruzelin, commissaire de police, est arrivé. Mon premier soin avait été de recommander qu'on allât chercher le commissaire de police et un médecin. »

M. Aristide Broussais : M. le duc, quel usage avez-vous fait du pistolet dont vous étiez armé ? — R. Au moment où j'ai voulu porter des secours à madame, je l'ai jeté à terre, sans savoir où je le posais, mais très-près de madame la duchesse ; puis, je l'ai repris, et, dans un mouvement nerveux, j'ai frappé à terre avec la crosse, et je l'ai, en définitive, abandonné à une place que, dans mon trouble, je ne saurais déterminer. — D. La croisée de la chambre de madame la duchesse était-elle ouverte ? — R. Non. — D. Avez-vous remarqué que d'autres portes donnant dans cette chambre, autres que celles du cabinet de madame la duchesse, fussent ouvertes ? — R. La porte du grand salon était fermée, j'en ai la certitude, parce que j'ai été obligé d'aller l'ouvrir, mais je ne peux dire si la porte du boudoir était fermée à clef. Ce sont les seules portes, avec celles du cabinet de toilette et de deux petits cabinets sans issue, qui donnent dans cette chambre. — D. Comment se fait-il, M. le duc, que, dans votre cheminée se soient trouvés les débris d'un foulard consumé qui vous avait servi de coiffure de nuit ? — R. Hier soir, j'ai pris dans ma commode ce foulard pour me coiffer : au moment de me mettre au lit et de m'en servir, j'ai trouvé ce foulard en très-mauvais état, et je l'ai jeté dans la cheminée, où se trouvaient une assez grande quantité de papiers. C'est ce matin que ces papiers ont pris feu au moment où j'avais jeté dans cette cheminée une allumette, dont je m'étais servi pour je ne sais plus quel usage. — D. Pardon, M. le duc, mais au moment où vous êtes rentré dans votre chambre, après avoir passé une demi-heure au moins dans la chambre de madame, vous ne deviez plus avoir besoin de lumière pour vous diriger dans votre chambre et vaquer aux soins de votre personne. Et puis, se trouvait sur votre table de nuit un foulard préparé et ne paraissant pas avoir servi depuis qu'il avait été blanchi. Veuillez donc nous donner des explications sur ces deux circonstances. — R. Je ne peux expliquer comment il se fait que j'aie voulu avoir de la lumière, ni pour quel usage. Je sens bien que ce défaut d'explication peut élever une charge grave en présence des papiers et du foulard brûlés. Quant au second foulard trouvé sur ma table de nuit, et qui n'a pas servi, il avait été préparé à l'avance, soit par mon valet de chambre, soit par la femme du portier ou une autre femme de la maison. Je ne l'avais pas aperçu lorsque j'ai voulu me mettre au lit, ce qui m'a fait prendre dans ma commode un foulard déchiré. Je n'en ai pas pris d'autre et j'ai couché sans fichu de nuit. Quant au mouvement qui m'a porté à jeter dans la cheminée le foulard trouvé en mauvais état, il peut s'expliquer par mon caractère pour ceux qui me connaissent. Il m'est impossible de fournir des explications plus précises. — D. A quelle cause, M. le duc, pouvez-vous attribuer l'assassinat de madame la duchesse ? Aurait-elle eu, soit dans sa maison, soit à l'extérieur, des inimitiés de nature à faire commettre un si grand crime ? — R. Je ne connaissais pas d'ennemis à madame la duchesse. Je ne peux m'expliquer le crime horrible commis sur sa personne que par la circonstance d'un vol que l'on aura voulu commettre dans son hôtel. Les malfaiteurs auront peut-être ignoré le retour de madame de Praslin, ils auront été surpris de trouver madame la duchesse dans sa chambre et alors ils l'auront assassinée. — D. D'où vient, M. le duc, le cordon vert trouvé passé dans la bretelle de votre pantalon, et pour quelle cause aviez-vous ce cordon sur vous ? — R. Ce cordon est celui d'une poudrière ou d'un sac à plomb, mais je ne peux dire comment il se fait que je l'eusse sur moi. — D. Et d'où provenaient cinq bouts de corde, dont trois défilés, et un bout de cordon blanc, tachés de sang, qu'on a trouvés ce matin dans une poche de votre robe de chambre? — R. Tout cela était bien dans ma robe de chambre, mais j'ignore comment cela s'y trouvait. Si ce cordon est taché de sang, c'est que j'aurai porté mes mains ensanglantées dans ma poche. — D. Il faut bien que je vous fasse observer, M. le duc, qu'en entrant dans la chambre de madame de Praslin nous avons remarqué sur une table un pistolet d'arçon amorcé, auquel se trouvent plusieurs taches de sang sur le canon et sur la baguette, et à la crosse duquel adhèrent par du sang quelques cheveux et un petit morceau de peau ou de chair : ce doit être là le pistolet dont vous vous êtes armé lorsque vous avez quitté la chambre. Nous vous prions de vous expliquer sur ces circonstances, qui nous paraissent élever contre vous les charges les plus graves et vous désigner vous-même comme l'auteur de l'assassinat.

Le duc baisse un moment la tête et la prend dans ses deux mains avec un mouvement de fatigue et de désespoir. Comme il se tait, M. le procureur du roi Boucly se penche vers lui et lui dit : « Je vous adjure, M. le duc, de vous expliquer avec la sincérité qui convient à votre position et à votre nom. » M. de Praslin garde encore un instant le silence, puis, relevant la tête : « Si mon attention, dit-il avec effort, n'avait pas été détournée par M. le procureur du roi, je vous aurais répondu que je ne nie pas que le pistolet trouvé dans la chambre de madame de Praslin soit celui dont je me suis armé ce matin pour aller à son secours ; mais je nie formellement l'avoir frappée avec cette arme ni avec une autre arme ; quant à l'adhérence des cheveux et de la peau à la crosse du pistolet, si cette circonstance existe réellement, il m'est impossible de l'expliquer. »

La conviction des magistrats était déjà formée : c'était M. de Praslin qui avait assassiné sa femme. Il était impossible qu'un autre l'eût fait, toutes les présomptions se réunissaient contre lui. Et cependant c'était chose si grave que de l'accuser d'un pareil crime, qu'on hésitait encore. On continua les perquisitions, on accumula les preuves; on saisit chez le duc un couteau au manche taché de sang, un couteau poignard, un yatagan, un couteau de chasse, une calotte de tête constellée de gouttelettes de sang. On examina les mains de M. de Praslin et on y reconnut quelques excoriations légères. Alors M. le juge d'instruction se décida à faire procéder à une visite du corps du duc.

On trouva au bras droit une ecchymose récente, semblable à l'impression d'un doigt ; à la main droite, une déchirure paraissant résulter de morsure; à l'index de cette main, une excoriation, attribuée par le duc à une brûlure, mais contre toute évidence ; à la main gauche, plusieurs déchirures paraissant faites par des coups d'ongle ; à la jambe gauche, une forte contusion.

En même temps, on s'assurait qu'aucune trace d'effraction ou d'escalade n'existait dans l'hôtel.

Pendant qu'avaient lieu ces enquêtes matérielles, une enquête morale établissait qu'une mésintelligence assez profonde existait entre le duc et la duchesse, surtout depuis l'entrée dans la maison de Praslin, d'une demoiselle Deluzy, appelée, en 1841, à remplir les fonctions de gouvernante près des neuf enfants du duc. Cette gouvernante avait dû partir environ deux mois avant le crime, et son départ, longtemps et vainement réclamé par la duchesse, avait été enfin exigé par le maréchal Sébastiani. La rumeur publique parlait de scandales intimes, d'adultère, de ménage désuni par les manœuvres d'une intrigante.

L'instruction se porta de ce côté. Et d'abord, dans la soirée du 18 et pendant toute la journée du 19, on procéda à l'interrogatoire des gens de la maison.

Auguste Charpentier, premier témoin interrogé, a entendu parler de relations adultères entre son maître et mademoiselle Deluzy. Il croit savoir que, depuis le départ de cette demoiselle, M. de Praslin a été la voir à chacun de ses voyages à Paris. Le 9 août, mademoiselle Deluzy a reconduit M. le duc jusqu'au chemin de fer : elle pleurait en embrassant les enfants.

Sur les indications de ce témoin, on trouve, dans une petite descente de cave située au-dessous de la chambre du duc donnant sur le jardin, des fragments brûlés d'étoffes, dont quelques-uns identiquement semblables à ceux déjà saisis dans la cheminée de la chambre à coucher du duc. On y découvre encore des débris d'une chemise en toile, avec un bouton de nacre encore entier, et deux morceaux de boutons en or. Un peu plus bas, un fragment plat de gaîne de poignard, brisée dans sa partie moyenne.

Euphémie Desforges Merville, femme de charge, chargée de la lingerie chez le maréchal Sébastiani et chez le duc de Praslin, a été élevée depuis l'enfance avec madame la duchesse de Praslin. Elle n'a jamais quitté madame et son père, et, depuis 1824 jusqu'à 1841, elle a servi de femme de chambre à la duchesse. Pendant ces dix-sept années, elle a vu régner entre sa maîtresse et le duc un accord convenable; quelquefois, cependant, elle a vu pleurer madame, et elle a attribué ces larmes à des moments de vivacité de son mari. Il la contrariait quelquefois, mais ne la maltraitait jamais. Depuis l'entrée de mademoiselle Deluzy dans la maison, les choses devinrent beaucoup plus graves et beaucoup plus blessantes pour madame. Il était de notoriété pour ses domestiques qu'on cherchait à détacher ses enfants d'elle. Madame ne s'est jamais plainte au témoin de ces mauvais procédés ; mais elle pleurait bien souvent quand elle était seule, et sa femme de chambre a trouvé plus d'une fois des mouchoirs baignés de larmes. L'opinion générale était que madame n'était pas heureuse, qu'elle avait perdu le cœur de son mari, et que ce dernier avait des relations adultères avec mademoiselle Deluzy. « Dès le premier moment, ajoute le témoin, j'ai pensé que c'était M. le duc qui venait d'assassiner sa femme. Je ne l'ai pas dit, mais je l'ai pensé, oui, je l'ai pensé. »

Briffard, concierge de l'hôtel, aux gages du maréchal, mais placé sur la recommandation du duc, a quelquefois entendu parler du peu d'accord qui existait entre les époux, mais il n'a jamais cherché à approfondir ces bruits. La femme *Briffard* répond, mais sans garder la même discrétion. Elle a entendu parler de mauvaise intelligence, mais elle n'a jamais voulu approfondir ces bruits. « Je n'ai cependant pas, dit-elle, ignoré qu'on attribuait le mal à la funeste influence de mademoiselle Deluzy, avec laquelle, disait-on, M. le duc avait des relations adultères. Je n'ai vu par moi-même aucun fait pouvant établir ces relations. Tout ce que je sais, c'est que c'était une mauvaise femme, pour laquelle je me suis toujours senti de la répulsion. Un jour seulement elle me dit, comme si elle en faisait un reproche à madame la duchesse, que cette dernière n'avait pas versé une larme lors du départ de sa fille aînée pour l'Italie, où elle se rendait avec son mari. Je lui répondis que les personnes qui ne pleurent pas souffrent quelquefois davantage que les personnes qui pleurent facilement. En voyant ce grand crime, ma pensée fut qu'il avait été commis par cette horrible femme qui avait été gouvernante des enfants. Je la croyais encore cachée dans un cabinet et qu'elle allait apparaître. »

Déjà on avait fait rechercher la demoiselle Deluzy, et on ne l'avait pas trouvée dans la pension de .a dame Lemaire, où elle s'était retirée après son départ de l'hôtel Sébastiani. On l'arrêta chez un M. Rémy, professeur de littérature, qui lui avait appris la fatale nouvelle.

Le juge d'instruction procède à son interrogatoire.

Mademoiselle *Deluzy-Desportes* (Henriette), âgée de trente cinq ans, avait été antérieurement institutrice chez lady Hislop, à Charlstown, près de Londres. Le 1er mars 1841, elle était entrée chez M. de Praslin, en qualité de gouvernante des enfants, aux appointements de 2,000 francs, la table et le logement.

Telles furent ses premières réponses.

D. — Depuis bien longtemps vous aviez de graves torts à vous reprocher envers madame la duchesse ; vous n'aviez point pour elle les égards et la déférence que vous auriez dû avoir, et vous avez cherché à aliéner d'elle l'affection de son mari et celle de ses enfants?

R. — Non, monsieur, jamais, jamais ! Quand je suis entrée dans la maison de M. le duc de Praslin, les choses étaient déjà sur un pied très-fâcheux. M. le duc voulait seul diriger l'éducation de ses enfants, et c'est madame la duchesse qui me le dit elle-même. J'eus à cet égard une longue conversation avec elle, dans laquelle elle me dit que ce serait à M. le duc seul que j'aurais à rendre compte. M. le duc m'en dit autant, et ils venaient d'avoir trois ou quatre gouvernantes successives avec lesquelles madame de Praslin n'avait pu s'accorder. M. de Praslin me dit que je mangerais seule avec les enfants, que je vivrais seule avec eux dans une partie de l'hôtel, et qu'ils ne feraient que voir leur mère. Je répondis à M. le duc qu'il m'était impossible d'agréer ces propositions, et que je n'entrerais pas. Il fut alors convenu que nous mangerions avec les parents, mais que les enfants resteraient sous ma tutelle et sous ma direction exclusive. L'ancienne gouvernante que je remplaçais et qui restait dans la maison, me créa des difficultés de toute nature, près de madame la duchesse surtout, et c'est une de celles qui, depuis, a prétendu que j'éloignais les enfants de leur mère... Quelque temps après, madame de Praslin voulut concourir aux lectures et à la direction des études de ses enfants. Les résultats ne furent pas heureux et M. le duc fut très-mécontent : madame s'abstint à l'avenir. On nous établit alors à Praslin où, à l'exception des repas, nous vécûmes complètement à part. Je n'ai jamais cherché, dans cette position extraordinaire, à éloigner les enfants de leur mère, mais il existait entre M. le duc et madame la duchesse des causes de dissension qu'il n'était pas en mon pouvoir de faire cesser. J'ai peut-être grand tort d'accepter cette position, mais je n'ai jamais cherché à blesser volontairement madame de Praslin. Si quelquefois je lui ai répondu avec vivacité, c'est que j'avais été blessée moi-même d'une façon cruelle.

D. — Quels étaient les motifs de dissension dont vous parlez, et qui auraient existé entre M. le duc et madame la duchesse ?

R. — C'était, de la part de madame la duchesse, le désir de dominer ses enfants et surtout son mari, et, de la part de M. de Praslin, une résistance prononcée, mais accompagnée de beaucoup de douceur.

D. — Il est certain que, dans ces derniers mois surtout, madame de Praslin avait conçu contre vous une jalousie très-vive, et qu'elle ne doutait pas des relations intimes qu'elle supposait exister entre vous et son mari ?

R. — Jamais ! non, monsieur, jamais, madame la duchesse ne m'a pas exprimé à moi-même de semblables sentiments ; elle a pu le dire à d'autres.

D. — Où avez-vous passé la nuit du 17 au 18 août ? — R. Je l'ai passée dans ma chambre, faisant partie du local de la pension de la dame Lemaire. — D. D'autres personnes couchent-elles avec vous dans cette chambre ? — R. Non, monsieur ; mais je suis entourée de voisines qui peuvent entendre le moindre bruit et le moindre mouvement que j'y fais.

D. — Vous avez dû apprendre que de très-graves indices se réunissent pour accuser M. de Praslin d'avoir donné la mort à sa femme ?

R. — Oh ! non ! non ! messieurs, dites-moi que cela n'est pas. C'est impossible ; lui ! lui qui ne pouvait pas voir souffrir un de ses enfants ; non ! Ne me dites pas qu'il y a des indices, qu'ils sont graves. Dites-moi que c'est un soupçon qui ne se justifiera pas, non, non ! c'est impossible.

Et mademoiselle Deluzy, arrivée au paroxysme de l'exaltation, joint ses mains et tombe à genoux devant M. le procureur du roi en s'écriant : « Oh ! dites-le-moi, monsieur, je vous en prie. Mon Dieu ! vous me le diriez que je ne le croirais pas : ma conscience me dit qu'il ne l'a pas fait. Mais s'il l'avait fait, grand Dieu ! oh ! mais c'est moi, c'est moi qui serais coupable ; moi qui aimais tant ses enfants, moi qui les adorais ; j'ai été lâche, je n'ai pas su me résigner à mon sort, je leur ai écrit des lettres, des lettres que vous pourrez voir. Je disais que je ne pouvais plus vivre, que je me trouvais en face de la misère, car je suis une pauvre enfant abandonné, sans ressources, sans autre appui qu'un vieux grand-père qui est dur, qui me menaçait de me priver du peu qu'il faisait pour moi. J'ai été effrayée de l'avenir qui pouvait m'attendre. Oh ! que j'ai eu tort ! j'aurais dû leur dire que je me faisais à ma situation, que je pouvais être heureuse dans ma petite chambre, de m'oublier et d'aimer leur mère ; mais je n'en ai rien fait. Quand j'ai quitté la maison, j'ai poussé le désespoir jusqu'à vouloir mourir. J'avais un flacon de laudanum, je l'ai bu ; on m'a rappelée à la vie malheureusement, et la vie était bien triste pour moi. J'avais été pendant six années si heureuse dans cette maison, au milieu de ces enfants qui m'étaient abandonnés et que j'aimais plus que la vie ! La vie m'était insupportable sans eux, et je l'ai dit, c'est mon crime, c'est moi qui suis coupable ; dites-le, monsieur, écrivez-le : il aura demandé cette malheureuse lettre de réhabilitation, elle l'aura refusée, et alors, oh ! c'est moi, c'est moi qui suis coupable ; écrivez-le. »

D. — Une pareille exaltation ne paraît pas pouvoir appartenir aux sentiments qui pouvaient exister entre les enfants et vous. Est-ce bien à l'adresse de ces enfants, et de ces enfants seuls, que vous adressiez les lettres de désespoir dont vous avez parlé?

R. — Oui, monsieur; l'exaltation peut appartenir à tous les sentiments : ne le comprenez-vous pas? Et puis je ne voudrais pas répondre qu'à force de voir M. de Praslin, si bon pour moi, si généreux, il ne se soit pas mêlé à l'affection que j'éprouvais pour ses enfants une tendresse, une vive tendresse pour leur père; mais jamais, jamais je n'ai porté dans cette maison le trouble et l'adultère; je ne l'aurais pas fait par respect pour les enfants : j'aurais cru souiller le front de mes filles si je les avais embrassées après être devenue coupable. Est-ce qu'on ne comprend pas qu'on puisse aimer honnêtement? Je sens que j'ai tort de me servir de ce mot *mes filles*, que je n'ai employé que depuis que je leur écris. Je disais *mes enfants* quelquefois en parlant à toute cette petite bande.

D. — Cette exaltation, ce sentiment de tendresse était donc partagé par M. de Praslin?

R. — Non, M. de Praslin n'avait pour moi aucune tendresse ni exaltation de tendresse; mais les enfants étaient malheureux; ils souffraient dans leur santé, leur mère les rudoyait.

D. — Mais si l'on était amené à penser que M. de Praslin est l'auteur du crime, on ne pourrait jamais croire qu'il l'eût commis pour défendre ses enfants contre les mauvais traitements de leur mère?

R. — Non, monsieur; ce ne serait pas là le motif; ce qui l'exaltait, ce qui l'emportait hors de lui-même, c'est la crainte d'un procès en séparation dont madame la duchesse le menaçait sans cesse. Il y voyait pour ses enfants un grand malheur, la ruine de leur avenir, et il était disposé à tout faire pour l'éviter... M. le duc m'avait priée, dans cette crainte, de me soumettre en tout et pour tout à madame, et je le lui avais promis, aurais-je dû me sacrifier de toute manière. Quand la liberté est venue ainsi, je n'ai pas eu le courage de le faire, et j'ai demandé cette malheureuse lettre de réhabilitation qui aura tout perdu.

D. — Ainsi nous voilà bien loin de ce qui semble résulter de vos premières réponses sur la nature des sentiments qui éloignaient de vous madame de Praslin. Il ne s'agit plus maintenant de soupçons jaloux, dissipés aussi vite qu'ils naissaient, et qui n'auraient laissé derrière eux aucun ressentiment; il s'agit, au contraire, du trouble le plus grave qui puisse être apporté dans un ménage, puisqu'il en résultait un projet de séparation judiciaire. Votre départ n'a pas été le résultat d'une première manifestation de jalousie. Vous étiez soutenue par le mari contre la femme; il y a fallu l'intervention de M. le maréchal.

R. — Ces ressentiments ne se sont manifestés qu'au dernier moment : j'ignorais à quel degré de gravité ils avaient porté. M. de Praslin ne m'a jamais témoigné que de l'amitié et de l'estime, et je proteste, pour dire le mot, qu'il n'a jamais été mon amant.

D. — Cependant il y a un mois que vous avez quitté la maison. Dans l'intervalle viennent se placer les lettres que vous reconnaissez vous-même avoir eu le tort d'écrire. Dans l'intervalle se placent aussi plusieurs visites que M. de Praslin vous a faites, trois au moins. Pour hier même, vous aviez été invitée à vous présenter à sa maison pour demander une lettre à madame la duchesse, et c'est hier matin que madame la duchesse a péri assassinée.

R. — Je ne puis que persister dans mes précédentes réponses. Il n'y a eu rien de coupable dans le passé entre M. de Praslin et moi, et il n'y avait pour l'avenir aucun projet coupable. Madame de Praslin serait morte naturellement, et M. de Praslin m'eût offert sa main, que par intérêt pour ses enfants je n'aurais jamais consenti à une mésalliance dont les conséquences seraient retombées sur eux. Jamais non plus je n'aurais eu l'idée d'une autre liaison. Si M. de Praslin m'eût aimée, j'aurais pu lui sacrifier ma réputation, ma vie ; mais je n'aurais pas voulu qu'il en coûtât un cheveu à sa femme. Je dis la vérité, vous devez me croire, messieurs; n'y a-t-il pas dans la nature un accent qui porte avec lui la conviction? vous devez le sentir ; non, jamais, jamais!

D. — Les quatre commencements de lettres que nous vous représentons ne sont-ils pas de votre main?

— R. Oui, monsieur. — D. L'une de ces lettres présente dans la phrase un sens qui n'est pas terminé, c'est celle qui commence ainsi : « Vous ne me parlez pas de votre père, j'espère qu'il est bien et continue à avoir du courage. Il me semble que je serais moins malheureuse si j'étais sûre de souffrir.... » Veuillez achever votre pensée.

R. — Il est probable que je voulais terminer cette phrase par le mot *seule* ou par les mots *pour vous tous*. Je me suis arrêtée, je ne puis vous dire pourquoi : j'ai peut-être pensé qu'il valait mieux que je ne parlasse pas à ces demoiselles de leur père.

D. — Vous avez eu raison, mais précisément parce que la lettre contenait l'expression d'un sentiment partagé dont ses filles ne devaient pas être les confidentes.

R. — Ce sentiment n'était autre qu'une affection exprimée peut-être plus vivement qu'il n'était éprouvé, mais qui n'avait rien que d'honnête : c'était le résultat de six années de vie en commun.

Toutes ces réponses, faites avec une convenance parfaite et une remarquable intelligence, dévoilaient cependant un long drame de famille, dont les derniers incidents jetaient une lumière terrible sur l'événement fatal qui paraissait en être la conséquence.

Il fallait cependant prendre un parti. Le crime était commis, l'assassin était désigné par tous, mais cet assassin était revêtu de la plus haute dignité, couvert de l'inviolable privilège de la pairie. Les magistrats eurent le tort de croire que le flagrant délit ne leur donnait pas le droit d'arrêter M. de Praslin. On se contenta de le faire garder à vue dans son hôtel par M. Allard et quelques agents; et, comme le roi Louis-Philippe était alors à Eu, on lui expédia une estafette réclamant la convocation de la chambre des pairs en haute cour de justice par une ordonnance spéciale.

Mais déjà était intervenu, dans la situation de M. de Praslin, un changement profond qui parut dès les premiers moments, nécessiter moins de sévérité dans la surveillance exercée à son égard.

Lorsque fut opérée, dans un cabinet attenant à la chambre à coucher du duc, la visite corporelle dont nous avons parlé, rien n'indiquait chez M. de Praslin le moindre trouble, la moindre souffrance physique. Sa pâleur pouvait s'expliquer parfaitement par les émotions de cette terrible journée. Mais, resté seul dans sa chambre, il fut bientôt pris de vomissements assez forts. On envoya chercher M. Reymond, médecin, qui lui trouva le pouls très-faible.

Dans la nuit et dans la matinée du 19, les vomissements reparurent. Le docteur Louis, appelé, crut à une attaque de choléra. Dans la journée, à la suite d'un bain qui ne fit qu'aggraver l'état du malade, des évacuations involontaires se produisirent, suivies de soif ardente et d'une extrême prostration. On dut, pour faire passer M. de Praslin d'une chambre à une autre, le porter sur un fauteuil.

M. Andral fut appelé le 20 août. Le malade était mieux, son intelligence était nette; mais les accidents antérieurs, la petitesse du pouls, l'irrégularité des mouvements du cœur, le froid glacial des extrémités firent naître chez l'habile praticien le soupçon d'un empoisonnement.

Cependant l'ordonnance portant convocation de la cour des pairs était parvenue à Paris du palais d'Eu, le vendredi 20 août dans la journée. Elle ne put être publiée que le samedi matin 21, dans la partie officielle du *Moniteur*. Une fois saisi de cette ordonnance, M. le président Pasquier ne tarda pas à faire cesser la situation anormale dans laquelle on se trouvait depuis trois jours, en décernant contre le duc de Praslin un mandat de dépôt.

Des raisons de sûreté publique empêchèrent seules, pendant la journée du vendredi, la mise à exécution de ce mandat. L'exaspération produite dans les esprits par l'atrocité du crime était telle que de nombreux rassemblements s'étaient formés autour de l'hôtel de Praslin.

Le 21, vers cinq heures du matin, on vint chercher M. de Praslin et on le conduisit à la maison de justice du Luxembourg, près la cour des pairs. La faiblesse de l'accusé était si grande qu'il fallut le porter sur un fauteuil et le soutenir pour le descendre et le monter. Au moment où il allait quitter l'hôtel Sébastiani, on trouva dans une poche de sa robe de chambre un petit flacon contenant un mélange de laudanum et d'acide arsénieux.

Le mandat de dépôt une fois exécuté, M. le chancelier de France, président de la cour des pairs, as-

Rassemblements devant l'hôtel Sébastiani.

sisté d'une commission de six membres de la cour, MM. le duc Decazes, le comte de Pontécoulant, le comte de Saint-Aulaire, Cousin, Laplagne-Barris et Vincent-Saint-Laurent, se transporta auprès de l'accusé, qui déclara se nommer Charles-Laure-Hugues-Théobald duc de Choiseul-Praslin, pair de France, âgé de quarante-trois ans, né à Paris.

M. le chancelier Pasquier continua l'interrogatoire, malgré l'état de faiblesse évident du malade.

D. — Vous savez le crime affreux qui vous est imputé; vous savez toutes les circonstances qui ont été mises sous vos yeux et qui ne permettent pas l'apparence d'un doute; je vous engage à abréger la fatigue que vous paraissez ressentir, en avouant, car vous ne pouvez pas nier. *Vous n'oseriez pas nier?*

R. — La question est bien précise, mais je n'ai pas la force de répondre; elle demanderait de bien longues explications.

D. — Vous dites qu'il faudrait de longues explications pour répondre, mais non; il suffit d'un *oui* ou d'un *non*. — R. Il faut une grande force d'esprit pour répondre un oui ou un non, une force immense que je n'ai pas.

D. — Il n'y aurait pas besoin d'entrer dans de grandes explications pour répondre à la question que je viens de vous poser.

R. — Je répète qu'il faudrait une force d'esprit que je n'ai pas pour y répondre.

D. — A quelle heure avez-vous quitté vos enfants la veille du crime?

R. — Il pouvait être dix heures et demie, onze heures moins un quart.

D. — Qu'avez-vous fait en les quittant?

R. — Je suis descendu dans ma chambre et je me suis couché tout de suite.

D. — Avez-vous dormi?

R. — (Le duc pousse un soupir et répond :) Oui.
D. — Votre résolution était-elle arrêtée quand vous vous êtes couché?
R. — Non; d'abord je ne sais pas si cela peut s'appeler une résolution.
D. — Quand vous vous êtes réveillé, quelle a été votre première pensée?
R. — Il me semble que j'ai été réveillé par des cris dans la maison, et que je me suis précipité dans la chambre de madame de Praslin.
Ici le duc ajoute en soupirant : — Je demanderais que vous me rendissiez la vie, que vous interrompissiez cet interrogatoire.
D. — Quand vous êtes entré dans la chambre de madame de Praslin, vous ne pouviez pas ignorer que toutes les issues autour de vous étaient fermées; que vous seul pouviez y entrer. R. — J'ignorais cela.
D. — Vous êtes entré plusieurs fois ce matin-là dans la chambre de madame de Praslin; la première fois que vous y êtes entré, elle était couchée?
R. — Non; elle était malheureusement étendue par terre?
D. — N'était-elle pas étendue à la place où vous l'auriez frappée pour la dernière fois?
R. — Comment m'adressez-vous une pareille question?
D. — Parce que vous ne m'avez pas répondu tout d'abord. D'où viennent les égratignures que j'aperçois à vos mains?
R. — Je me les étais faites la veille en quittant

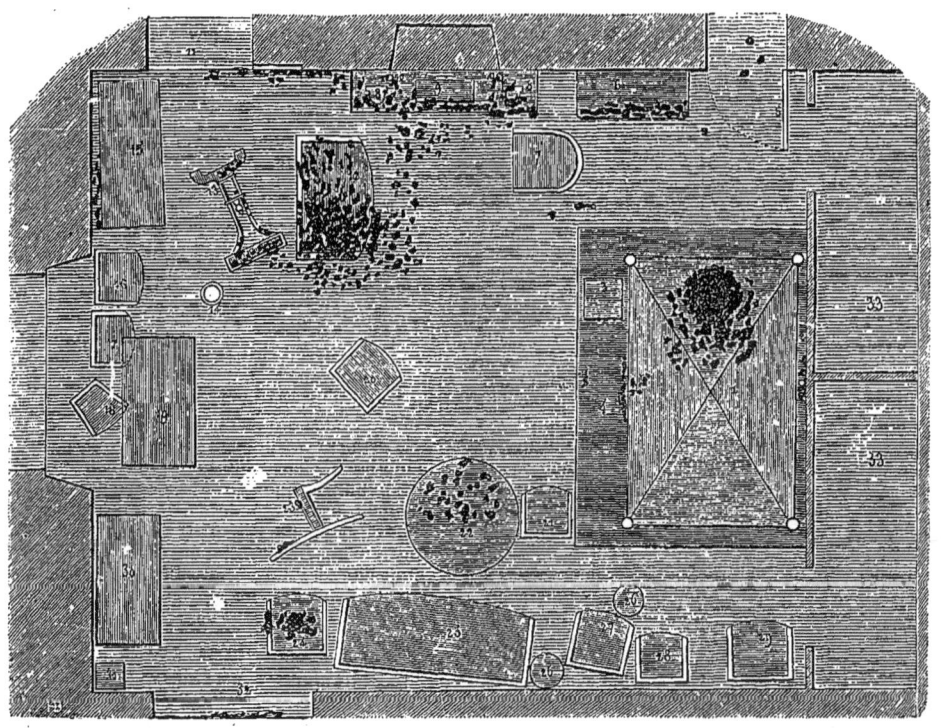

La chambre à coucher après le meurtre

1. Lit. — 2. Cordon de sonnette — 3. Table de nuit. — 4. Estrade. — 5. Porte du cabinet de toilette. — 6. Secrétaire. — 7. Fauteuil. — 8.-8. Candélabres. — 9. Pendules. — 10.-10. Cordons de sonnette. — 11. Porte du boudoir. — 12. Causeuse. — 13. Curvion renversé. — 14. Assiette renversée. — 15. Commode. — 16, 17, 18. Chaises. — 19. Table. — 20. Chaise basse. — 21. Fauteuil. — 22. Table. — 23. Chaise renversée. — 24. Chaise basse. — 25. Canapé. — 26.-26. Faux traversins. — 27. Fauteuil. — 28. Chaise. — 29. Fauteuil. — 30. Buffet. — 31. Socle. — 32. Porte du grand salon. — 33. Cabinet.

Praslin, en faisant mes paquets avec madame de Praslin.
D. — D'où vous vient cette morsure que j'aperçois à votre pouce? — R. Ce n'en est pas une.
D. — Les médecins qui vous ont visité ont déclaré que c'était une morsure.
R. — Épargnez-moi, ma faiblesse est extrême.
D. — Vous avez dû éprouver un moment bien pénible, quand vous avez vu en entrant dans votre chambre que vous étiez couvert de ce sang que vous aviez versé, et vous vous êtes efforcé de le laver?
R. — On a bien mal interprété ce sang : je n'ai pas voulu paraître devant mes enfants avec le sang de leur mère.
D. — Vous êtes bien malheureux d'avoir commis ce crime?
L'accusé ne répond pas : il paraît absorbé.

D. — N'avez-vous pas reçu de mauvais conseil qui vous auraient poussé à ce crime?
R. — Je n'ai pas reçu de conseils : on ne donne pas de conseils pour une chose semblable.
D. — N'êtes-vous pas dévoré de remords, et ne serait-ce pas pour vous une sorte de soulagement d'avoir dit la vérité? — R. La force me manque complétement aujourd'hui.
D. — Vous parlez sans cesse de votre faiblesse; je vous ai demandé tout à l'heure de me répondre seulement par oui ou par non.
R. — Si quelqu'un pouvait me tâter le pouls, il jugerait bien de ma faiblesse.
D. — Vous avez eu tout à l'heure assez de force pour répondre à un assez grand nombre de questions de détail que je vous ai adressées; la force ne vous a pas manqué pour cela.

Le duc ne répond pas.

D. — Votre silence répond pour vous que vous êtes coupable.

R. — Vous êtes venu ici avec la conviction que j'étais coupable, je ne puis pas la changer.

D. — Vous pourriez la changer si vous nous donniez des raisons pour croire le contraire, si vous expliquez autrement ce qui ne peut s'expliquer que par votre criminalité?

R. — Je ne crois pas pouvoir changer cette conviction dans votre esprit.

Le prévenu, après un silence, dit qu'il est au-dessus de ses forces de continuer.

D. — Quand vous avez commis cette affreuse action, pensiez-vous à vos enfants?

R. — Le crime, je ne l'ai pas commis; quant à mes enfants, c'est chez moi une préoccupation constante.

D. — Osez-vous dire affirmativement que vous n'avez pas commis ce crime?

Le duc met sa tête dans ses mains et reste quelques instants sans parler, puis il dit : Je ne puis pas répondre à une pareille question.

D. — M. de Praslin, vous êtes dans un état de supplice, et, comme je vous disais tout à l'heure, vous pourriez peut-être adoucir ce supplice en me répondant.

Le prévenu ne répond pas et demande en grâce que son interrogatoire soit interrompu et remis à un autre jour. Son état de faiblesse est devenu si évident, qu'il faut bien se résoudre à obtempérer à cette demande.

Pendant toute la durée de cet interrogatoire, quoiqu'un aveu explicite ne fût pas sorti de la bouche de l'inculpé, l'absence de toutes dénégations formelles, alors que l'option entre un *oui* ou un *non* lui était formellement donnée, pouvait bien passer pour un aveu.

L'interrogatoire ne put se prolonger plus longtemps : l'état de faiblesse de M. de Praslin rendait l'insistance impossible. Il fut immédiatement reporté dans son lit, qu'il ne quitta pas depuis. Dès le soir même, les symptômes devinrent infiniment plus graves, et toutes les apparences de l'empoisonnement se produisirent clairement.

La cour des pairs s'était cependant formée en chambre du conseil (séance secrète), et M. le procureur général Delangle, accompagné de M. Bresson faisant fonction d'avocat général, donna lecture du réquisitoire suivant :

« Nous, procureur général du roi près la cour des pairs ;

« Vu l'ordonnance du roi en date du 19 août présent mois ;

« Vu l'article 29 de la charte constitutionnelle ;

« Attendu qu'il s'élève des indices graves contre Charles-Laure-Hugues-Théobald duc de Choiseul-Praslin, pair de France, d'être auteur ou complice de l'assassinat commis, dans la nuit du 17 au 18 présent mois, sur la personne de madame la duchesse de Praslin ;

« Crime prévu par les articles 296, 297 et 302 du code pénal;

« Requérons qu'il plaise à la cour nous donner acte du contenu au présent réquisitoire contre Charles-Laure-Hugues-Théobald duc de Choiseul-Praslin, pair de France, du crime commis sur la duchesse de Praslin, dans la nuit du 17 au 18 août présent mois, et, par voie de connexité contre tous auteurs et complices du crime, lesquels, à raison de la qualité de la personne susnommée, seront soumis à la juridiction de la cour des pairs ;

« Ordonner que, par M. le chancelier de la cour, et par ceux de MM. les pairs qu'il lui plaira commettre, il sera procédé à la continuation de l'instruction commencée, pour, ladite instruction terminée, être par le procureur général requis, et par la cour statué ce qu'il appartiendra ;

« Ordonner que les pièces à conviction, la procédure et les actes d'instruction déjà faite seront apportés au greffier de la cour. »

A la suite de ce réquisitoire, M. le président demande si la cour entend l'autoriser à continuer et à poursuivre jusqu'à son terme l'instruction déjà commencée.

La question de l'autorisation et la marche déjà suivie soulevaient une grave question constitutionnelle qui fut l'objet de débats sérieux. Nous n'avons pas à nous en occuper ici. L'inviolabilité de la pairie est, à la fois, un sujet suranné et qui échappe, on le comprend facilement, au cadre de nos récits. Qu'il nous suffise de dire que la marche suivie par M. le président fut couverte par un assentiment presque général de la cour. Les explications fournies par M. le président lui-même nous intéressent davantage au point de vue du procès. Il exposa que, selon lui, lorsque les indices recueillis dès les premiers moments de l'instruction avaient conduit les magistrats à fixer leurs soupçons sur l'auteur présumé du crime, ils s'étaient trompés en se laissant arrêter par le respect que leur inspiraient les prérogatives de la pairie. Ils s'étaient trompés en n'osant pas le faire appréhender au corps. Le flagrant délit leur donnait des pouvoirs exceptionnels et leur premier devoir eût été de mettre la main sur celui que la clameur publique désignait comme coupable. « Qui osera prétendre, disait fortement M. le président, qu'un pair qui se trouverait inculpé de crime dans une province éloignée de la capitale ne pourrait être provisoirement arrêté par les magistrats ordinaires? qu'il pourrait rester en liberté et se préparer impunément des moyens de fuite? »

L'instruction fut donc activement continuée. L'interrogatoire de mademoiselle Deluzy en fut l'incident le plus remarquable.

La prévenue répond d'abord à diverses questions préliminaires qu'elle a été attachée six ans et trois mois à l'éducation des enfants de M. de Praslin, qu'elle a été bien accueillie dans la maison. Les enfants se sont tout de suite attachés à elle, et madame la duchesse de Praslin a témoigné tout d'abord sa satisfaction de ses soins.

D. — A cette époque, la bonne intelligence la plus complète ne régnait-elle pas entre M. et madame de Praslin?

R. — Non, monsieur; la gouvernante que j'ai remplacée m'avait avertie qu'il y avait souvent des difficultés entre M. et Mme de Praslin ; elle m'avait engagée à la plus grande circonspection envers eux.

D. — Avez-vous, en effet, gardé cette circonspection?

R. — Pendant longtemps cela n'a pas été nécessaire, car je vivais avec les enfants, isolée dans la maison; je ne voyais rien.

D. — A quelle époque cette situation-là a-t-elle cessé d'exister?

R. — Quand les filles ont commencé à grandir, le père s'est plus rapproché d'elles, davantage et forcément de moi, puisque je ne les quittais pas; Madame de Praslin se tenait à l'écart, parce qu'elle allait beaucoup dans le monde à Paris et vivait chez son père ; et, à la campagne, elle se retirait beaucoup chez elle, dans son appartement ; elle s'y faisait même servir ses repas souvent. Je supposais que cela provenait de rapports entre elle et M. de Praslin que je ne connaissais pas.

D. — Ne vous efforciez-vous pas cependant, comme il semble que c'était votre devoir, de rapprocher autant que possible, de cœur et d'esprit, les filles de leur mère ?

R. — J'ai essayé plusieurs fois de m'entendre avec madame de Praslin à ce sujet, mais elle n'a jamais voulu me faire part de ses intentions sur ses enfants. Elle m'a dit qu'elle n'approuvait pas la direction donnée par M. de Praslin aux études et à l'éducation, mais qu'elle avait promis de lui laisser entièrement la direction de ses enfants aussi longtemps qu'ils seraient en éducation. Jamais elle ne me fit une question sur le moral ou sur l'esprit d'aucune de ses filles ; jamais elle ne me donna une instruction qui les concernât, en quoi que ce soit, excepté des détails de toilette ; jamais elle ne chercha à attirer ses filles auprès d'elle ; elle leur parlait très-rarement. Quand nous étions seules, la conversation roulait ordinairement entre elle et moi sur des questions de littérature auxquelles les enfants, par leur âge et le degré où elles en étaient dans leurs études, ne pouvaient pas encore prendre part. Les conversations fatiguaient les enfants et leur faisaient désirer d'être seules avec moi, qui me mettais alors plus à leur portée. Elles craignaient beaucoup leur mère, mais elles étaient toujours soumises et respectueuses devant elle.

D. — Est-ce que vous ne vous êtes pas aperçue plus d'une fois que cette situation de madame la duchesse de Praslin à l'égard de ses enfants, cet isolement presque complet où elle était tenue de tout ce qui les concernait, lui étaient fort pénibles et étaient un sujet de dissentiment entre elle et M. de Praslin ?

R. — Je crois, au contraire, dans mon âme et conscience, que madame de Praslin, beaucoup plus préoccupée, à cette époque-là, de ses sentiments pour son mari que de ceux que lui inspiraient de jeunes enfants qu'elle voyait à peine, éloignait leur présence quand leur père était présent, afin de rester avec lui, et se tenait volontairement dans l'éloignement de ses enfants quand M. de Praslin n'était pas là, afin de s'en faire une arme contre lui, dans les reproches qu'elle lui adressait sur la manière dont il gouvernait leur intérieur. Jamais madame de Praslin ne voulut, à la campagne, faire une promenade en commun dans les commencements ; depuis, elle a changé. Quand M. de Praslin jouait avec ses enfants et ne répondait que d'une manière brève aux questions qu'elle lui adressait sans cesse pour attirer son attention sur elle, elle quittait habituellement la chambre, en témoignant d'une manière visible son irritation jalouse de l'attention que ses enfants donnaient à M. de Praslin plutôt qu'à elle ; les enfants, de bonne heure, se sont aperçus de ce sentiment, en ont conçu une sorte d'irritation contre leur mère, ont affecté, avec l'innocente malice qu'ont les enfants, de braver ce sentiment, en témoignant encore plus de tendresse à leur père, en l'entourant sans cesse ; et moi, qui voyais le mal réel que produisait chez des enfants cette espèce de lutte, je n'avais pas cependant toujours le pouvoir d'en empêcher les résultats. Plus tard même, l'excessive tendresse que m'inspiraient mes élèves m'empêcha d'être complètement impartiale dans ces questions qui se renouvelaient tous les jours, et je ne pouvais chercher à ramener à madame de Praslin ceux qu'elle éloignait volontairement, ou du moins bien imprudemment.

D. — Dans tout ce que vous venez de dire, vous cherchez très-évidemment à déverser tous les torts sur madame de Praslin ; cependant la catastrophe épouvantable qui a terminé sa vie devrait sans doute vous rendre plus circonspecte dans votre manière de la juger. A la manière dont vous en parlez, il est permis de douter que vous ayez fait tout ce qu'il était de votre devoir de faire pour terminer une situation si fâcheuse, et pour ramener à leur mère des enfants à l'amour desquels elle avait tant de droits, des enfants sur lesquels vous exerciez un empire presque absolu ; les témoignages de cet empire sont écrits de leurs mains et de la vôtre ; il est donc permis de croire que vous avez été loin, très-loin, de vous comporter, dans ces malheureuses circonstances, comme vous auriez dû le faire.

R. — Je voudrais, pour tout au monde, qu'on ne m'accusât pas de manquer de respect à la mémoire de madame de Praslin ; mais vous me demandez la vérité ; je dois vous la dire tout entière. Je n'accuse pas son cœur, je n'accuse pas ses sentiments, mais son caractère, qui par moments irritable et difficile, qui la rendait incapable de conduire tant d'enfants, d'âge, d'esprit, de caractère complétement opposés. Elle n'avait pas non plus dans sa tendresse pour eux l'abandon, la facilité qui gagnent le cœur de la jeunesse : irritable dans les petites circonstances où il eût fallu de l'indulgence, elle se montrait, au contraire, comme par compensation de cette rigueur inutile, trop faible lorsque les circonstances eussent exigé la sévérité d'une mère. Ce sont les raisons qui avaient porté M. de Praslin à exiger une éducation complétement isolée ; mais, malheureusement, ses habitudes casanières, et le plaisir qu'il trouvait dans la société de ses filles, le firent se relâcher peu à peu, pour lui, de cette mesure d'isolement. Madame de Praslin en fut irritée ; car jusque-là elle s'était soumise, sans aucune peine apparente, à l'ordre de choses établi. Dès mon entrée dans la maison, elle m'avait annoncé que les choses iraient ainsi, et que, jusqu'à l'âge où ses filles entreraient dans le monde, elle s'abstiendrait.

D. — Il résulte de ce que vous venez de dire que l'autorité, qui a disparu entièrement entre les mains de madame de Praslin, est passée dans les vôtres, et que, de plus, l'affection qui était due par les enfants à leur mère s'est reportée sur vous. En supposant que vous n'y ayez pas travaillé, il est impossible que vous ne vous en soyez pas aperçue, et il était de votre devoir d'empêcher un tel résultat, qui permet de vous attribuer en grande partie plusieurs des funestes résultats qui en sont provenus.

R. — Je ne me suis jamais dit : « Je retirerai à cette mère l'affection de ses enfants pour la porter à moi ; » mais je les ai aimés, je me suis dévouée à eux. Leurs plaisirs ont été mes plaisirs, leurs peines ont été mes peines. Pendant six ans, jours et nuits, j'ai veillé sur eux avec une sollicitude qui ne s'est pas démentie. Ces enfants m'ont aimée avec tout l'entraînement de leur âge, et moi avec toute l'affection que l'on peut ressentir au mien. J'étais sans famille, sans amis ; tous mes sentiments se sont concentrés sur des devoirs qui m'étaient faciles.

D. — Est-ce qu'il n'est pas venu un moment où vous vous êtes aperçue que vous étiez devenue, entre

M. et Mme de Praslin, un sujet de dissension, une pierre d'achoppement; et n'avez-vous pas fait alors tout ce qui était en vous pour changer un état de choses si fâcheux, soit au prix des sacrifices qui pouvaient être imposés à votre amour-propre, soit par tous les moyens que vous deviez employer auprès des enfants pour les replacer auprès de leur mère dans les sentiments qu'ils n'auraient jamais dû cesser de lui porter, et qu'il était de votre devoir d'entretenir?

R. — Quant à ce qui m'est personnel dans l'éloignement qui existait entre M. et Mme de Praslin, je l'ai d'abord jugé de peu de conséquence, par la facilité avec laquelle je la voyais concevoir les mêmes impressions à l'égard de toutes les personnes en rapport avec son mari. Plus tard, quand ces circonstances semblèrent prendre quelque gravité aux yeux du monde, je m'en expliquai avec elle clairement, sans détour; elle eut l'air alors de prendre cette susceptibilité comme un grand excès d'amour-propre, dans la position secondaire où je me trouvais vis-à-vis d'elle et de M. de Praslin; blessée de me voir repoussée dans une confiance que je croyais honorable pour moi, je m'abstins de revenir sur ce sujet. Quant aux enfants, je le dis encore, est-ce qu'une mère ne pouvait pas les ramener à elle, si elle l'avait voulu?

D. — Vous avez dit, en commençant que M. de Praslin avait fini par vivre principalement avec vous et ses enfants?

R. — M. de Praslin ne vivait pas principalement avec moi et ses enfants; seulement, à la campagne, de longues promenades, et, à la ville, les habitudes de madame de Praslin, qui ne quittait le salon de son père que pour se rendre dans le monde, faisaient qu'au moment des récréations, dans l'été, aux longues soirées d'hiver, M. de Praslin se promenait avec nous ou passait ses soirées dans le cercle de la salle d'étude. Les enfants n'étaient admis que peu d'instants chez leur grand-père; et jamais madame de Praslin ne nous demanda de passer nos soirées dans son salon.

D. — Dans votre système de réponses aux questions qui vous sont adressées, tout le blâme est toujours jeté sur madame la duchesse de Praslin; à elle seule tous les torts, et ce langage, dans votre bouche, est bien pénible à entendre pour les personnes qui, il n'y a qu'un moment encore, entendaient la lecture des lettres de cette excellente personne, de ces deux lettres surtout, à vous adressées, l'une à une époque du jour de l'an, où elle vous offre généreusement l'oubli de tous les dissentiments qui ont existé entre vous et elle; elle aurait pu dire le pardon, mais elle ne prononce pas ce mot; l'autre, écrite au moment où vous êtes sortie de chez elle, où elle vous assure de sa bienveillance, où elle vous promet sa protection la plus efficace; tout cela encore au moment où elle vous assurait une pension de 1.500 francs, pour prix des soins que vous aviez donnés à ses enfants?

R. — Vous m'aviez interrogée sur la marche suivie à l'égard des enfants de M. de Praslin dans l'éducation; j'ai tâché de rendre mes explications aussi claires que possible. Quant à ce qui m'est personnel, la conduite de madame de Praslin a été, comme elle était avec tous ceux qu'elle connaissait, et même qu'elle aimait le mieux, très-inégale et souvent incompréhensible. J'ai eu beaucoup à souffrir souvent dans mon amour-propre, dans tous mes sentiments; d'autres fois, j'ai été traitée par elle avec intérêt et affection. Souvent, une heure après m'avoir reproché avec aigreur l'influence que j'exerçais dans la famille, elle me faisait appeler pour m'engager à servir de cette influence un dessein ou un désir qu'elle avait. Souvent, après une cruelle blessure, elle me faisait un riche cadeau, et même, dans les derniers jours de mon séjour chez elle, alors qu'elle avait refusé de se trouver avec moi-même aux repas, qu'aux yeux de toute la maison j'étais classée plutôt que renvoyée honorablement, madame de Praslin, m'ayant rencontrée par hasard, se montra tout à coup bienveillante, comme dans les meilleurs jours, et, bien plus, m'envoya des livres pour me distraire.

D. — Cela témoigne encore des bontés que je vous disais tout à l'heure de madame de Praslin, bontés qui se reproduisaient si souvent, et qui sont surtout si remarquables quand elles viennent à la suite de ses plus grands déplaisirs.

R. — Mais ces bontés ne sont-elles pas une preuve que ces déplaisirs étaient causés plutôt par une irritation de caractère dont elle n'était pas maîtresse, que par des faits qu'elle crût graves?

D. — Cette irritation de caractère n'était, hélas! que trop fondée, et vous en avez donné vous-même une preuve bien fâcheuse après votre sortie de chez Mme de Praslin; n'avez-vous pas, par votre correspondance avec M. de Praslin et avec ses filles, entretenu, autant qu'il dépendait de vous, les sentiments de dépit, de colère, d'irritation qui existaient en eux contre madame de Praslin, à l'occasion de votre sortie? Même en leur donnant courage pour supporter leur malheur et le vôtre, n'y avait-il pas dans votre langage un terrible encouragement à conserver les sentiments qui ne régnaient que trop dans tous les cœurs, et dont l'explosion, dans celui de M. de Praslin, a eu un si affreux dénoûment?

R. — Oh! je vous jure qu'il n'y avait dans ces lettres ni art ni arrière-pensée; j'étais désolée et j'exprimais mon désespoir avec trop de chaleur, trop d'entraînement. Oh! je me le reproche maintenant; mais, encore une fois, ce n'était pas pour les éloigner de leur mère. Les choses en étaient venues à ce point que, moi, je n'y pouvais rien: madame de Praslin seule pouvait. Je sens maintenant, je sens trop tard, que j'aurais dû m'éloigner, laisser le temps aux sentiments de ces enfants de se calmer; mais, je n'ai pas cherché à augmenter le mal; j'ai seulement laissé voir tout ce que je souffrais; au contraire, je leur ai prêché la soumission. Ce qui a été bien malheureux, c'est que tout à coup on a voulu rompre pour ces jeunes filles des liens de six années. Si madame de Praslin avait voulu s'expliquer avec moi, prendre sous sa direction notre correspondance, la permettre, nous promettre que nous pourrions nous revoir de temps en temps, leurs sentiments et les miens ne se seraient pas exaltés.

D. — A la fin de toutes vos réponses se trouve toujours un tort pour madame de Praslin.

La demoiselle *Deluzy* dit en pleurant: — Je voudrais ne pouvoir pas dire ce que j'ai été obligée de dire; elle est morte: je voudrais pouvoir racheter sa vie au prix de la mienne; oui, au prix de la mienne, non pas même au prix de la mienne, mais au prix des tortures les plus horribles. Qui a vu, comme moi, pendant six années, chaque repli de cette existence, chaque détail minutieux? qui peut dire cette versatilité extraordinaire, incompréhensible, qui faisait passer madame de Praslin de la colère à la gaieté, du dédain à la douceur, de l'ironie à la bienveillance? Je vous assure que je sens mon rôle bien pénible. Oh! nulle part, nulle part, excepté devant vous, je n'aurais proféré d'autres paroles que celles du respect, de la vénération et du regret. Oh! je ne me défends pas, mais je tâche d'éclairer.

Mademoiselle *Deluzy* raconte ensuite que, depuis sa sortie de chez M. de Praslin, elle l'a vu trois fois : une fois avec sa seconde fille et son plus jeune fils ; la seconde fois seul, il la fit mander à la porte ; la troisième, le 17 août, avec trois de ses filles et son plus jeune garçon. Le jour où il vint seul, il lui proposa de monter en voiture avec lui, parce qu'ils avaient à causer. Le sujet de la conversation fut la direction que l'on donnerait à l'éducation de la troisième fille, mademoiselle Marie, dont madame de Praslin s'était chargée. Mademoiselle Deluzy désapprouva cette direction, selon elle, impraticable avec un enfant, et engagea M. de Praslin à laisser l'enfant se reposer, jouir de la campagne, et à lui faire suivre ensuite, au couvent, avec ses sœurs, un cours d'études plus régulier.

D. — Dans la dernière visite que vous a faite M. de Praslin, avec ses trois filles et son plus jeune fils, que s'est-il passé entre vous, lui et eux?

R. — Quand M. de Praslin arriva avec les enfants, ces dernières étaient très-émues ; ce ne fut d'abord que larmes et embrassements ; ensuite, gênée par la présence des enfants, je dis cependant sommairement à M. de Praslin que madame Lemaire, directrice de l'établissement où j'étais depuis un mois, désirait me donner chez elle un emploi ; mais quelques propos défavorables à ma réputation lui étant parvenus, elle demandait que madame de Praslin voulût bien lui écrire une lettre qui pût lui servir de témoignage en ma faveur. M. de Praslin vit madame Lemaire. Lorsqu'il revint de cet entretien, je lui dis qu'il ne fallait pas trop se préoccuper de cette exigence, madame Lemaire lui donnant peut-être plus d'importance afin de m'engager à accepter les conditions que je n'avais pas l'air d'être disposée à accepter. M. de Praslin me quitta quelques moments après, pressé, afin d'éviter à ses enfants des reproches de leur mère, à cause de la visite qu'ils m'avaient faite, et nos dernières paroles furent : «A demain, à demain!» car nous devions nous retrouver à midi tous, et il avait été convenu que je ferais, à deux heures, une démarche de conciliation et de déférence auprès de madame de Praslin.

D. — M. de Praslin vous avait-il donné l'assurance ou l'espérance d'obtenir de madame de Praslin cette lettre qui était demandée en votre faveur?

R. — Il avait dit à madame Lemaire qu'il craignait que ce ne fût difficile à obtenir. Madame de Praslin désirait vivement que je passasse à l'étranger.

D. — Lorsque M. de Praslin vous a quittée, avez-vous remarqué en lui une surexcitation extraordinaire?

R. — Non, monsieur, mais seulement il me dit : « J'en suis fâché pour vous. Je joue un fâcheux rôle dans cette affaire. » Mais il paraissait calme...

D. — Avez-vous jamais entendu sortir de la bouche de M. de Praslin quelque chose qui ait pu vous faire croire qu'il était dans le cas de se porter à de si fâcheuses extrémités ?

R. — Sur tout ce que j'ai de plus sacré au monde, jamais, jamais ! Je ne sais s'il m'est permis de dire ici quelques faits que je connais seule et qui prouvent que la violence n'était pas du côté de M. de Praslin. Plusieurs fois, j'ai entendu madame de Praslin menacer d'attenter elle-même à ses jours : une fois, au Vaudreuil, elle voulut se frapper ; en la désarmant, M. de Praslin se fit une blessure à la main ; une autre fois, à Dieppe, à la suite d'une explication entre elle et son mari, dont je ne fus pas témoin, mais que nous entendîmes, les enfants et moi, de la chambre où nous nous trouvions, elle s'enfuit dans la rue en menaçant d'aller se jeter à la mer, et par cette étrange inconséquence de caractère dont je parlais tout à l'heure, M. de Praslin la retrouva à minuit dans une boutique faisant des achats et parfaitement calme. Toujours, dans ces occasions fréquentes, multipliées, M. de Praslin s'est montré calme, impassible, plein de douceur.

D. — Eh bien ! est-ce que cette démonstration de ces extrémités auxquelles madame de Praslin a été tentée de se porter n'était pas pour vous une démonstration des profonds chagrins qu'elle ressentait, et si vous avez pu, si vous avez dû nous dire que vous étiez pour quelque chose dans ses chagrins, combien cette pensée n'a-t-elle pas été lourde pour vous ! combien ne doit-elle pas l'être encore plus aujourd'hui !

R. — La première démonstration de madame de Praslin était antérieure au temps où j'entrai chez elle ; M. de Praslin me l'avait racontée comme avertissement des ménagements qu'il fallait avoir pour elle. Les autres démonstrations étaient suivies bien peu de temps après, et souvent immédiatement, de tant de calme et quelquefois même de gaieté, que je les regardais bien plutôt comme l'effervescence d'une imagination exaltée que comme le produit d'un malheur réel.

D. — Avez-vous eu connaissance d'un projet de séparation que voulait provoquer madame de Praslin ?

R. — Oui, monsieur. M. l'abbé Gallard, qui le premier vint, comme l'interprète de M. de Praslin, m'ordonner de quitter la maison, me parla d'un grand scandale dans le cas où je refuserais, comme si j'avais pu refuser ; et M. Riant, le notaire de madame de Praslin, que j'allai trouver pour tâcher de connaître les causes de cette rigueur inattendue, me dit aussi que, mal conseillée, sans doute, elle avait conçu ce projet de séparation ; mais je crois que M. de Praslin n'y attachait que momentanément quelque importance.

D. — M. de Praslin ne vous a-t-il jamais parlé lui-même de ce projet de séparation ?

R. — Quand M. de Praslin vint m'annoncer que ses démarches auprès du maréchal et de madame de Praslin, pour prolonger mon séjour dans la maison jusqu'au mariage de sa seconde fille, avaient été inutiles, je me mis à pleurer amèrement, et il me dit : « Cédez, je vous en supplie, avec bonne grâce, et sans irriter madame de Praslin, car le scandale dont on vous a parlé ne peut être qu'un procès en séparation, et alors je perdrais mes filles. »

D. — C'est à une époque voisine de celle à laquelle vous avez quitté la maison que s'est faite apparemment la demande dont vous parlez?

R. — C'est, en effet, un mois environ avant ma sortie, et c'est à cette époque que madame de Praslin s'est mise à dîner seule dans sa chambre. M. de Praslin, faisant quelques observations à madame de Praslin sur cette séquestration d'avec ses enfants, elle répondit : « Non, je serais trop embarrassée vis-à-vis de mademoiselle Deluzy ; je préfère ne la voir qu'au moment où elle sortira de la maison. »

D. — Il est question dans votre correspondance des calomnies dont vous avez été l'objet. Expliquez-vous sur ces calomnies.

R. — M. Gallard et M. Riant me dirent bien qu'une impression défavorable à mon caractère avait été produite dans le monde sur mes rapports avec M. de Praslin. Depuis que j'étais sortie de la maison, une sorte de fatalité me poursuivait, et plusieurs personnes répétèrent ces calomnies à madame Lemaire.

Ce long et intéressant interrogatoire n'avait évidemment rien mis en lumière sur une complicité positive. Restait l'influence morale de la situation étrange que révélaient ces réponses. D'ailleurs, les recherches faites à l'hôtel Sébastiani et à Vaux-Praslin avaient fait toucher du doigt la plaie secrète de cette famille. On avait trouvé un certain nombre de lettres de madame la duchesse de Praslin et de mademoiselle Deluzy elle-même, qui indiquaient toutes les phases de ce drame domestique. La passion la plus sainte, la jalousie la plus légitime, le désespoir le plus navrant éclataient à chaque ligne dans les lettres de madame de Praslin. On y voyait s'amonceler peu à peu cet orage qui devait finir par un horrible coup de tonnerre.

« Ces lettres, a dit M. Pasquier, écrites à celui-là même qui était si indigne de les recevoir, ces écrits, reste si précieux des émanations d'une des plus belles âmes que Dieu ait créées pour l'honneur de tous les temps, de tous les âges, donneraient, si le duc ne s'était pas jugé lui-même, à tous ceux qui prendraient le soin de les lire, le moyen et le droit de le juger dans leur conscience..... Leur recueil, éternel monument de la perversité d'un des plus grands coupables qui aient jamais vécu, inspirerait en même temps cette consolante réflexion, qu'à côté des délires les plus furieux des hommes les plus pervers, la Providence a souvent placé dans tous les rangs, dans toutes les classes, les plus angéliques vertus, voulant ainsi accorder à l'humanité une sorte de droit de détourner quelquefois les yeux des perversités qui la désolent, et peut-être encore celui de demander pour elles un peu de miséricorde. »

Mais les événements emportent notre récit, et nous ne reviendrons sur ces lettres si dramatiques que lorsque tout sera consommé dans cette tragique affaire.

Le 22, sur les premiers soupçons plausibles d'un empoisonnement volontaire, M. Chevallier avait été chargé d'examiner les liquides et vomissements saisis à l'hôtel Sébastiani : il n'y trouva aucune substance toxique.

Le 23, MM. le baron Pasquier, premier chirurgien du roi, Ambroise Tardieu et Chevallier, examinèrent le pistolet, une lame de poignard brisée, son manche et sa gaîne, objets saisis chez le duc. Ils constatèrent sur les différentes parties du poignard des traces de sang. Cette arme (un poignard corse, à double tranchant) rendait parfaitement raison des plaies qui avaient occasionné la mort de madame de Praslin. Le pistolet avait dû servir à produire les plaies contuses, et la substance qui adhérait à la crosse était bien du cuir chevelu.

Le 22, l'état du malade empirant, on avait provoqué des déjections alvines afin d'examiner les matières. L'empoisonnement était presque certain. Le malade présentait tous les signes d'une violente inflammation du tube digestif. La langue était d'un rouge intense, la soif inextinguible, la respiration difficile. L'intelligence persistait.

Le 24 au matin, l'état du malade était désespéré. M. le chancelier Pasquier fit appeler M. le curé de Saint-Jacques-du-Haut-Pas et M. l'abbé Bourgoin. Le mourant reçut les secours religieux et parut un peu soulagé.

A la prière de la famille, le grand référendaire se rendit aussi près de ce lit de douleur. M. de Praslin lui avoua s'être empoisonné au moment où il s'était aperçu que les soupçons se tournaient contre lui. « Mais, dit le grand référendaire, un suicide, M. le duc, en présence d'une telle accusation, c'est un aveu. » M. de Praslin garda le silence ; puis, il repoussa avec vivacité la pensée qu'il eût confié à qui que ce fût le projet de son crime. Et, comme il interrompait ces protestations par les plaintes déchirantes que lui arrachait la douleur : « Les souffrances de l'âme, lui dit le grand référendaire, ne sont-elles pas encore plus cuisantes en vous que celles du corps, et ne vous inspirent-elles pas le besoin d'essayer de les adoucir par l'expression du repentir que vous devez avoir au fond du cœur? Votre famille aime à croire que vous ne vous êtes porté à un crime aussi barbare que dans un moment de rage insensée, que vous déplorez, sans doute, amèrement. »

Levant alors les yeux et les mains au ciel, le malheureux s'écria, d'une voix altérée, mais retentissante : « Oh! oui, je le déplore ! »

Le grand référendaire prit occasion de ce mouvement pour dire à M. de Praslin que, dans ce moment suprême, pour satisfaire à la fois à la justice de Dieu et à celle des hommes, il était à désirer que l'expression de son repentir fût aussi publique que l'avait été son crime, et qu'un aveu complet expliquât, du moins, s'il était possible, le délire qui l'avait entraîné. Pour recevoir cet aveu, s'il était disposé à le faire, le grand référendaire lui offrit de prévenir aussitôt le chancelier, ou même de constater lui-même ses déclarations suprêmes. A ces paroles, le mourant parut en proie à une lutte intérieure et, après quelques moments d'hésitation, il répondit : « Je suis trop fatigué, trop souffrant aujourd'hui... dites à M. le chancelier que je le prie de ne venir que demain. »

Le trouble d'esprit du malheureux était trop visible, son état de souffrance trop grave pour qu'il fût possible d'insister. Les médecins avaient déclaré que tout espoir était perdu, et, en effet, sur les quatre heures et demie, M. de Praslin expira.

L'analyse chimique, faite par MM. Orfila et Ambroise Tardieu, constata la présence d'une grande quantité d'arsenic. Rappelons, à ce propos, ce que disait M. Orfila lors des expertises du procès Lafarge : « Les symptômes de l'empoisonnement par l'arsenic varient à l'infini : l'un, après avoir pris de l'arsenic, ne meurt que longtemps après ; l'autre tombe comme foudroyé, et je citerai le condamné Soufflard, qui est mort sur-le-champ avec les symptômes du choléra asiatique. » (*Voyez* nos livraisons *Lafarge* et *Soufflard*.)

Le lundi 30 avril, la cour, réunie en séance secrète, reçut communication d'un rapport fait par M. le chancelier sur l'état de l'instruction.

Le rapport était complètement affirmatif sur la question de culpabilité du suicidé. « La présomption, dit M. Pasquier, n'était malheureusement que trop fondée. Il s'est jugé et condamné lui-même. Il a succombé sept jours et demi après le moment où il avait, avec une atroce barbarie, immolé la plus innocente, la plus pure, la plus intéressante des victimes. Ce peu de jours, cependant, a suffi pour que l'instruction commencée par les juges ordinaires, et poursuivie ensuite au nom de la cour des pairs, mit complètement à nu la culpabilité et les horribles circonstances qui se sont accumulées pour la démontrer chaque instant de plus en plus...

« Il n'y a pas une seule pièce qui n'arrive au même but, qui ne produise, avec plus ou moins d'évidence, la démonstration du véritable auteur d'un des plus horribles forfaits qui se rencontrent dans l'histoire des grands criminels. La duchesse de Praslin a été assassinée par son mari, à qui elle avait donné dix enfants, dont neuf sont encore vivants, à qui elle avait apporté, avec les dons de la nature, ceux de l'esprit le plus cultivé, de l'âme la plus élevée, du cœur le plus aimant. Son illustre origine ne le cédait en rien à celle de son mari. Je ne parlerai pas de la magnifique fortune qu'elle était venue ajouter à la sienne, fortune dont elle était digne de toutes manières, par l'emploi qu'elle en savait faire, quand les moyens lui en étaient laissés, par les actes de charité que lui inspiraient sans cesse les principes de la sainte religion dont elle était pénétrée.

« Elle a donc succombé, cet ange de bonté… Les paroles me manqueraient si je voulais rendre devant vous les sentiments qui m'ont été inspirés par les découvertes que j'ai dû faire dans le cours des recherches si déchirantes qu'il m'était ordonné d'accomplir. »

La mort du coupable avait éteint à son égard les poursuites de la justice. « Et cependant, ajoutait M. le chancelier, il eût été à souhaiter que la réparation fût aussi éclatante que l'attentat. L'égalité devant la loi devait, dans une pareille affaire, être plus hautement réclamée que jamais. »

« Il ne manque pas, disait M. Pasquier, de personnes qui seraient tentées de croire que le désir qu'un tel coupable ne pût être atteint par l'ignominie de la peine qui devait lui être infligée, comme si l'ignominie dépendait de la peine, comme si elle n'était pas la suite, la conséquence inévitable du crime lui-même, aussitôt qu'il est constaté; que le désir, dis-je, que cette ignominie lui fût épargnée a pu inspirer la pensée de lui fournir les moyens d'y échapper en se donnant la mort de ses propres mains, et en évitant ainsi de la recevoir par celles de l'exécuteur des hautes-œuvres de la justice. »

A ces soupçons de l'opinion, on avait répondu par les recherches les plus approfondies, les plus minutieuses. Une enquête consciencieuse avait été faite sur les causes, sur les moyens, sur les circonstances et sur le temps du suicide. En voici les résultats :

Et d'abord, on avait l'aveu fait par M. de Praslin lui-même à M. le grand référendaire dans la matinée du 24, après la visite des médecins qui venaient de pronostiquer sa mort prochaine. M. de Praslin avait dit qu'il avait apporté l'arsenic de Praslin où il en avait toujours pour la destruction des animaux nuisibles, et qu'il en avait fait usage sur sa personne dans la journée du 18. Il se voyait alors sous le coup des investigations de la justice. Les plans qu'il avait conçus et sur lesquels reposait sans doute son espérance de parvenir à dissimuler suffisamment le crime, avaient tous été déjoués. Se voyant écrasé par les apparences qui allaient bien vite se changer en évidence pour tous les yeux, il avait pris presque aussitôt la résolution d'user du poison dont il s'était muni. Il croyait, sans doute, que l'effet du toxique serait beaucoup plus prompt qu'il ne le fut en réalité.

Il dut s'empoisonner dans la journée du mercredi 18, un peu plus tôt, un peu plus tard, mais enfin, de telle façon que les vomissements et les déjections produits par l'absorption, vu la dose, commencèrent à dix heures du soir ce jour-là, de manière à exciter l'attention. Le reste de la nuit, la journée du lendemain furent mauvais. Les évacuations avaient cessé à la fin de la journée du jeudi 19, mais une grande faiblesse y succéda. Le reste de la journée et la nuit suivante se passent encore péniblement; on ne soupçonne pas la véritable cause du malaise, et le traitement fait fausse route. Le vendredi 20, l'état de M. de Praslin semble s'améliorer, et cette amélioration trompe le docteur Andral. Mais, une fois transféré au Luxembourg, après cet interrogatoire où le silence même de l'accusé pouvait être considéré comme une preuve suffisante, de nouveaux interrogatoires devinrent impossibles, et on ne put obtenir du mourant que quelques mots sans suite.

Donc, quant à M. de Praslin, tout était avéré, tout était consommé, et la justice des hommes n'avait plus rien à prétendre sur lui. Il restait à statuer sur la demoiselle Deluzy. Un réquisitoire de M. le procureur général demanda le renvoi de l'affaire concernant cette autre inculpée devant le tribunal de première instance de Paris, pour la continuation de l'instruction commencée.

Il fut fait immédiatement droit au réquisitoire par un arrêt de la cour.

Les éléments de cette instruction, ils étaient tous dans cette correspondance, saisie soit à Paris, soit à Vaux-Praslin, et qui, nous l'avons dit, déroulait une à une toutes les douleurs de ce drame intime. Racontons-le donc, avec le récit des acteurs eux-mêmes, et surtout de l'infortunée victime.

C'est au mois d'octobre 1824 que madame de Praslin avait épousé le marquis de Praslin (le duc, son père, vivait encore à cette époque); c'est le 1er mars 1841 que mademoiselle Deluzy-Desportes entra comme gouvernante dans la maison. Dans cet intervalle de dix-sept années, rempli par les premiers bonheurs du ménage et par les joies plus sérieuses de la maternité, madame de Praslin avait donné à son mari dix enfants, dont neuf avaient vécu. Si nous pouvons surprendre, pendant cette période, dans les secrètes confidences faites par madame de Praslin, dans ses mémoires de jeune femme, quelques traces de passion jalouse, quelques nuages dans ce ciel bleu, rien n'indique jusqu'alors une cause de douleurs sérieuses.

Mais, à partir de cette époque, le ciel s'assombrit. M. de Praslin, devenu par la mort de son père et propriétaire de Vaux-Praslin, va passer dans cette demeure seigneuriale l'été qu'on passait auparavant au Vaudreuil, propriété de sa femme.

M. de Praslin prenait plaisir à restaurer ce château historique de Vaux, témoin des magnificences plus que royales du surintendant Fouquet. Il avait fait rétablir dans son état primitif la salle des gardes, vaste rotonde, à voûte cintrée, de près de quatre-vingts pieds d'élévation. Mais toutes ces splendeurs, il semblait ne les rapporter qu'à lui-même et en exclure madame de Praslin que déjà il traitait en étrangère. Son affection de dix-sept ans avait disparu en quelques jours, et il signifia tout à coup à la mère de ses neuf enfants que chacun des époux aurait désormais son appartement, son pavillon particulier. Madame de Praslin fut également invitée à ne plus s'occuper de l'éducation de ses enfants.

C'est à cette époque que se place cette première lettre, lettre éloquente, passionnée, diffuse, et verbeuse comme le véritable amour : c'est le Cantique des Cantiques de l'épouse délaissée. Elle a été chassée du lit et du cœur de celui qu'elle aime, et, cependant elle n'a jamais trahi ses devoirs. Si elle est coupable, c'est de jalousie, d'emportement, c'est-à-dire d'amour. Et ce fut là, en effet, le grand crime de madame de Praslin. Elle aimait trop, elle disait trop son amour, elle en faisait trop un droit. L'amour le plus légitime a ses secrets, ses habiletés, ses coquetteries. Madame de Praslin ne sut être que la femme chrétienne, la moitié du cœur et du corps. Corse par son père, Coigny par sa mère, elle avait les hauteurs et les rudesses de ses deux origines. Sa vertu était âpre, autant qu'elle était noble et complète.

« Ah! pourquoi, mon bien-aimé, te refuser à épancher ton âme dans la mienne? Tu retranches de notre vie tout le charme de l'affection. Crois-tu donc, ou plutôt veux-tu t'efforcer à croire que l'indépendance c'est l'isolement? Tu dis que je suis exigeante parce que je désire partager toutes tes peines; tu ne veux pas que je m'aperçoive lorsque tu en as; mais tu veux donc être pour moi un étranger, et pour cela ne faut-il pas que tu me deviennes complètement indifférent? Que de temps pour arriver à cette insouciance pour la personne que l'on aime le plus! Crois-tu donc que ce serait possible, que mon cœur ne serait pas brisé avant d'en arriver là? Tu es affligé toi-même de me voir triste, et tu en sais la cause; tu sais les consolations que tu pourrais me donner, et cependant tu en es peiné! Eh bien! moi, je te vois souffrir, être triste; je sais qu'il y a dans mon cœur des trésors d'amour pour calmer et adoucir en toi tous les chagrins, et tu me repousses! Ne suis-je pas la compagne de ta vie, la moitié de toi-même, celle qui doit consoler et partager tous tes chagrins comme tes plaisirs? Si tu étais malade, de qui accepterais-tu tous les soins? n'est-ce pas ma main que tu voudrais pour te soigner? Eh bien! les chagrins sont les maladies de l'âme, de l'esprit; pourquoi me rejeter? Qui peut les adoucir, si ce n'est celle que Dieu a mise près de toi pour consoler, adoucir tes peines, partager ta vie entière? Ce n'est pas un cœur comme le tien qui ne comprend pas les jouissances, les besoins d'un cœur aimé, où tout se confond et s'adoucit. C'est la violence de mes manières qui t'a inspiré cette répugnance à t'épancher dans mon sein. Tu ne dirais jamais à un homme que sa femme ne doit pas être la compagne, la moitié de son cœur, comme de son corps. Tu comprends ce bonheur, tu en sens le besoin, mais tu as peur de mes manières soupçonneuses, dominantes.

« Crois-moi, Théobald, quatre mois de douleur et de repentir m'ont bien corrigée; c'est pour adoucir, consoler, et non irriter, critiquer, que je réclame ta confiance. Ah! je te jure, je ne chercherai plus jamais à prendre de l'ascendant sur toi; je reconnais trop bien la supériorité de ton caractère, de ta raison : je ne veux plus que partager ta vie, pour l'embellir et verser du baume sur toutes tes plaies. Tu as quitté ma chambre parce que tu crains que je ne cherche à prendre de l'ascendant sur toi, mon ami : je te le jure au nom de mon amour, du tien, sur tout ce qu'il y a de plus sacré et de plus cher pour moi, je ne demande que ton amour, ta confiance, comme tu as la mienne; je me laisserai conduire en tout par toi; je ne te tourmenterai plus de ma jalousie; je ne m'arrogerai jamais le droit de reproche ni de conseil. Je me repens trop, je souffre trop de mes fautes pour y retomber.

« Nous sommes bien jeunes, Théobald, ne nous condamne pas à l'isolement tous deux. Quoi! nous nous aimons, nous sommes purs tous deux, et nous vivrions séparés l'un de l'autre de cœur et d'esprit. Oh! ne laisse pas opprimer ton cœur par un peu d'amour-propre, je jure que je n'aspire qu'à ta tendresse, ton intimité et ta confiance; je serai la moitié aimante, mais passive de ta vie. Mon ami, la confiance est le mariage des âmes, les épanchements en sont les caresses, et l'union, le bonheur et la vertu en sont les fruits. Va, crois-moi, jamais je n'abuserai de ta bonté, de ta tendresse; tes épanchements seront reçus dans mon cœur avec la même tendresse et le même mystère que tes caresses.

« Reprends ta Fanny; essaye-la encore quelque temps avec affection, confiance; tu verras que tu seras plus heureux que tu ne peux l'être dans l'isolement. Tu cherches des distractions, mais es-tu réellement heureux? Oh! non, mon ami, tu ne l'es pas avec un cœur comme le tien et la vie que nous menons. Ta femme, elle n'a pas d'autre bonheur, d'autre affection, d'autre famille, d'autre appui que toi. Oh! ne sois pas sourd à ses prières, à ses serments, à ses repentirs, car elle t'aime, et sa vie ne sera plus qu'amour et reconnaissance pour toi.

« Tu la repousses comme une coupable; elle n'ose pas se présenter à tes yeux, t'ouvrir son cœur, te couvrir de caresses, t'adresser ses prières. Tu l'as chassée de ton lit et de ton cœur; ferais-tu davantage, si elle n'était pas fidèle? Elle pleure jour et nuit; elle attend à la porte et n'ose entrer, car demain tu le lui reprocherais peut-être. Mon ami, au nom de tant de souvenirs qui te sont chers, que tu m'as si souvent dit d'invoquer, dans le cas où tu m'en voudrais sérieusement, oh! ne me repousse plus; rends-moi ta confiance, ton amour; consens à recevoir les soins, les consolations de cette femme qui ne vit que pour t'aimer. Oh! je n'en abuserai jamais. Mon bien-aimé, de quoi m'en veux-tu, si ce n'est de mes soupçons et de mes emportements? Y en a-t-il jamais eu qu'une caresse n'ait fait cesser à l'instant? Ne cède pas à ton irritation, au ressentiment; ne sois pas inflexible. Mon cœur se brise. Théobald, pitié! pitié pour celle qui t'aime! Fie-toi à moi pour ton bonheur, comme je m'en fie à toi pour le mien. Oh! ne refuse pas, je t'en conjure; tu verras que je ne serai jamais ni exigeante, ni impérieuse, ni soupçonneuse, si tu es confiant, si tu me rends cette douce intimité. Je veux tes chagrins, ton cœur; je te promets le bonheur. Mon bien-aimé, mon ami, oh! crois-moi; si tu savais avec quel bonheur j'ai entendu ton père, ce soir, te donner des éloges, s'étonner de tout ce que tu peux quand tu le veux; oh! j'étais heureuse et fière; mais moi je ne m'en étonnais pas, car il y a longtemps que je suis tout ce que tu vaux. Ta femme est trop fière, trop heureuse de tes succès; elle t'aime trop, mon ami, pour ne pas mériter de partager tes chagrins, toutes tes préoccupations. Théobald, je ne vis que par toi, de toi : oh! fais que je vive pour toi. Plus mes offenses ont été grandes, plus il est digne d'un cœur comme le tien de les pardonner. Oui, mon amour, mon dévoûment, mon repentir sont dignes de ton pardon. Oh! ne brise pas ce cœur qui ne respire que pour toi. Ami! ami! toi qui m'as tant aimée, pardonne; sois sûr que tu ne te repentiras pas de ta confiance, de ta bonté. Crois-tu donc que, lorsque tu me confieras tes peines, la tête appuyée sur mon cœur, tes mains dans les miennes, mes lèvres sur ton front, tu ne les sentiras pas moins amères que dans la solitude? lorsque j'adoucirai les ennuis par des paroles d'amour et d'intérêt, crois-tu donc que tu ne seras pas plus heureux que maintenant? Oh! ne sacrifie pas ton bonheur et le mien à une vaine crainte que mon caractère abusera de ta bonté; non, non, je ne ferai que partager et adoucir dorénavant toutes tes sensations; seras-tu moins homme, si tu as une amie qui te console, qui partage avec toi tous les ennuis et les plaisirs de la vie, sans d'autre vœu que celui de ton affection? Tes moindres désirs seront des volontés pour moi; je serai la volonté, le guide et la raison de notre union, et j'en serai la douceur, la consolation et la tendresse. Cette union de nos cœurs sera un doux mystère de l'amour entre nous. Oh ! nous serions si heureux si tu voulais essayer ; tu verrais quelle douce gaieté remplacerait le chagrin qui me dévore. Tu serais toujours sûr de retrouver chez toi un visage serein et un cœur joyeux de te revoir et d'être le dépositaire de tes impressions, et, quand tu voudrais m'emmener, une compagne heureuse de te suivre partout. M'as-tu jamais vue, en aucun temps, préférer aucun plaisir au bonheur d'être près de toi ? et cependant tu as été peut-être plus jaloux que moi au fond. Dieu sait jusques où vont tes soupçons à cet égard, en ce moment; car je ne sais à quel motif attribuer tes chagrins secrets. Dans quelle angoisse je vis ! Mon bien aimé, nous pouvons encore être si heureux ; laisse-toi toucher, essaie d'être confiant avec moi, tu verras que tu ne trouveras que douceur et consolation, que jamais je n'essaierai de t'imposer mes idées. Tu veux faire un essai, je ne puis croire que tu veuilles m'abandonner ainsi pour toujours, nous priver des plus doux sentiments du bonheur ; mais la vie est si courte, mon bien-aimé, et il y a déjà si longtemps que nous sommes désunis, séparés ! Bientôt je n'oserai plus faire des avances sans cesse repoussées, comme mes caresses ; il n'est pas dans ton caractère de faire les premiers pas, l'habitude sera prise ; ta femme te craindra trop pour essayer encore, et la vie se passera ainsi, et tu ne seras pas heureux et ta femme mourra de douleur. Oh ! reviens, reviens, à elle ! »

A ces cris de la passion vraie, à ces sublimes doléances de l'amour conjugal, sans doute aura succédé

La chambre après le meurtre.

quelque réconciliation obtenue au prix de ces saintes larmes et de ces humbles promesses. Le soleil, un soleil d'orage, a reparu dans la demeure troublée. L'épouse, heureuse de ce retour acheté si cher, semble chercher à faire excuser son bonheur. Elle demande pardon pour sa passion jalouse, comme si cette passion n'était pas légitime et sacrée.

« Cher Théobald, je ne te demande que ton amour : je me laisserai conduire par toi ; tu seras mon guide; plus de jalousie ; je ne m'arrogerai jamais le droit de reproche ni de conseil. Je me repens trop, je souffre trop de mes fautes pour y retomber. Nous sommes bien jeunes, Théobald ; ne nous condamne pas à l'isolement tous les deux. Quoi ! nous nous aimons, nous sommes purs, et nous vivrions séparés l'un de l'autre de cœur et d'esprit ! Ah ! ne laisse pas opprimer ton cœur par un peu d'amour-propre. Je te jure que je n'aspire qu'à ta tendresse et à ta confiance ; je serai la moitié aimante, mais passive de ta vie. Mon ami, la confiance est le mariage des âmes, les épanchements en sont les caresses, et l'union et le bonheur en sont les fruits... Cette union de nos cœurs sera un doux mystère de l'amour entre nous. La vie est si courte, mon bien-aimé, et il y a déjà si longtemps que nous sommes séparés !... »

Mais l'embellie n'a duré que quelques jours ; quelques jours, et, depuis trois ans déjà, la séparation des corps a précédé celle des âmes. Bientôt revient le triste cortège des soupçons trop bien fondés, des jalousies dont la cause est là, vivante, sous les yeux. Madame de Praslin voudrait n'y pas croire, mais le monde, mais les domestiques eux-mêmes ont deviné le scandale, et la fierté de l'épouse outragée se révolte. Elle trouve, pour se plaindre, des amertumes trop vives, des indignations trop bruyantes, comme elle avait trouvé, pour ramener celui qui s'éloignait d'elle, des accents trop plaintifs, une dévotion trop humiliée.

Le 20 mai 1841 marque une triste date dans ce roman du ménage. Les mots durs ont été prononcés, ces mots que n'oublie, ni celle qui les a subis, ni celui-là surtout qui a été assez malheureux pour les dire. Madame de Praslin, le cœur brisé, se retire chez elle et écrit à son mari. Sa vie est en deuil désormais; un mot cruel, décisif, lui défend l'avenir, et cependant son amour est *encore trop chaud dans son cœur* pour qu'elle accepte, aux yeux des étrangers, la comédie de l'amitié sans nuages :

« Ne vous étonnez pas, mon cher Théobald, de ma crainte de me trouver seule avec vous. Nous sommes séparés pour toujours, vous l'avez dit; la journée d'hier vivra dans mon cœur par un bien pénible souvenir. Hier soir, vous avez pu juger que j'en comprenais tout le sérieux, puisque devant les personnes qui sont le motif de cette séparation, ma conduite a été telle qu'elle pouvait l'être si nous eussions été très-unis. Oui, je vous le jure, devant le monde, vous serez toujours content de moi; les efforts que j'ai faits hier bien naturellement après cette cruelle journée, vous en seront les meilleures preuves.

» Tant que j'ai conservé l'espoir d'un rapprochement, d'une réconciliation, et j'en avais beaucoup dernièrement, j'étais continuellement dans l'alternative de joie et de crainte qui me poussait à des boutades d'emportement et d'aigreur; maintenant que le sacrifice est consommé, soyez tranquille; devant les enfants, les gens, la famille, le monde, jamais rien ne pourra vous accuser d'avoir détruit mon bonheur.

» Oh! quand j'ai dit toi, ce n'est pas toi que mon cœur accuse; mais me trouver seule avec vous, mon ami, c'est au-dessus de mes forces; j'ai besoin de pleurer dans la solitude, de m'y recueillir, de m'y reposer pour prendre l'énergie nécessaire pour cacher aux yeux de tous mon malheur; mes illusions sont encore trop près, mes habitudes d'épanchement avec celui que j'aime trop récentes, pour que je puisse prendre encore l'habitude d'une réserve froide et affectueuse vis-à-vis de vous, qui seule peut convenir dorénavant à nos positions. Maintenant, mon cœur débordera toujours : il faut que le temps calme les expressions de la douleur et lui donne la force de l'habitude. Alors, soyez-en sûr, mon ami, au lieu de vous fuir, vous serez encore, comme toujours par le passé, la personne avec laquelle je préférerai de me trouver. Aujourd'hui, mon amour est encore trop chaud dans mon cœur; c'est un deuil que ma vie intérieure désormais. Les sentiments qu'il me fait éprouver seront toujours les mêmes, mais le temps en adoucira les formes.

» Ne m'en voulez donc pas, mon ami, si je vous fuis: je sens que je le dois, pour ne pas empoisonner votre vie. Devant le monde, vous serez le tien, oh! je serai bien plus à mon aise : il me sera libre, et même convenable, d'être vis-à-vis de vous affectueuse, empressée, causante; ces moments-là seront mes moments de consolation, de bonheur, de joie pure; oh! donnez m'en souvent, mon ami, j'en serai bien reconnaissante; je reprendrai des éclairs de gaieté par les illusions qu'ils me causeront.

» Certes, après ce qui s'était passé dans la matinée, la société d'hier au soir n'avait rien que de pénible pour moi. Eh bien! vous l'avez vu, je paraissais heureuse, je l'étais presque; je me disais : Si nous étions bien unis, il faudrait faire cela, dire cela, je le faisais, et cette illusion me faisait du bien. Seule avec vous, je dois toujours être sur mes gardes, en présence de la triste réalité : nous sommes séparés et, quoiqu'il y ait trois ans que nous vivions comme si nous l'étions, il restait l'espérance: hier l'a tuée.

» Pour être vis-à-vis de vous, mon ami, comme je dois l'être dorénavant, il faut travailler à oublier le passé, et surtout mes espérances. Le temps et l'habitude de l'isolement peuvent seuls m'apprendre à détacher, dans ma pensée, Théobald de M. de Praslin, que le premier ne doit vivre que comme un mystère dans mon souvenir ou bien devant le monde, et que, seule avec vous, ou dans vos pensées et dans vos habitudes, je ne suis plus qu'avec M. de Praslin.

» Ah! croyez-moi, je voudrais être certaine que vous serez heureux au prix de tout ce que j'ai souffert et de ce que je vais souffrir maintenant sans avenir. Venez sans crainte au Vaudreuil, restez beaucoup chez vous avec vos enfants; vous ne me trouverez jamais sur votre chemin. Je cherchais depuis longtemps toutes les occasions de faire renaître mes espérances, je les fuirai; il m'en coûte trop pour les perdre.

» Adieu! Oh! que ce mot renferme de douleurs, maintenant, que je ne prévoyais pas! Adieu! et cependant tu m'aimais! Adieu! là haut, nous nous retrouverons; ne refuse pas cette dernière prière, le seul rendez-vous que je te donnerai désormais. Que cette idée t'occupe quelquefois; je t'aime toujours.

» Sébastiani-Praslin. »

A cet adieu sublime, cri du cœur que jamais écrivain ne trouva plus passionné, plus émouvant, succède une vie de douleurs cachées, de cris étouffés, de désespoirs solitaires. Le soir, après une journée de souffrances déguisées au monde qui les pressent, l'épouse se retire dans sa chambre que ne visite plus l'époux. Elle se dédommage, par des explosions de colère et de douleur, par des cris inarticulés, de la longue et pénible comédie du jour. Elle trempe de ses larmes son oreiller qu'elle mord pour étouffer ses gémissements et, si elle veut enfin retrouver un sommeil nécessaire, il lui faut le demander à l'opium, qu'elle boit en secret et dont elle frotte sa poitrine haletante et ses tempes fatiguées.

Puis, elle ouvre le livre à fermoir, le confident secret de ses chagrins, et, en face de Dieu et d'elle-même, elle raconte le mal qui la tue, heureuse encore de converser ainsi, par la pensée, avec l'époux qui l'abandonne.

De cet album mystérieux, les premières pages ont été arrachées : Voici ce que contiennent les autres :

« Deux fois déjà les pages de ce livre ont été couvertes des douleurs amères de mon cœur; je les ai brûlées dans un moment d'espoir, pour effacer tout témoignage de mes souffrances et ne plus t'offrir que les pensées du bonheur de ton retour.

» Deux années se sont écoulées, mes espérances sont maintenant anéanties pour cette vie, et j'éprouve le triste besoin que tu connaisses bien un cœur qui avait concentré en toi tous ses plus tendres sentiments, qui reposait en toi avec tant de confiance ses espérances de bonheur.

» Je sens que l'indifférence seule ne t'aurait pas conduit, ayant un bon cœur, à traiter ainsi une personne qui t'aime d'une manière qui ne t'a jamais inspiré de doutes. Il faut de l'aversion pour m'avoir ôté vis-à-vis de toi tous les droits d'une femme, il fallait plus encore, il fallait du mépris pour m'arracher mes enfants.

» Mes enfants! peux-tu croire que je les corromprais : mais tu sais bien que mon cœur et ma vie sont purs ; et tu sais bien qu'il y a peu de mères, quelque coupables qu'elles aient pu être, qui soient capables d'un tel crime. Crois-tu donc que je ne les aime pas, grand Dieu ! mais tu crois donc que je n'ai pas d'âme, que je suis pire que les bêtes de proie. Mais tu dois bien savoir que je t'aime trop pour ne pas aimer tes enfants, quand ce ne serait point par d'autres raisons.

» Oui, j'ai été longtemps indolente, incapable, mais j'étais toujours grosse. Et maintenant que je sais, car tout me le prouve, que tu n'as plus aucune affection pour moi, tu me retires aussi mes enfants pour les donner, sans restriction, tous, à une jeune personne légère, qui n'a pas d'idées religieuses et que tu connais depuis huit mois.

» J'ai cru, autrefois, occuper la première place dans ton cœur, mais j'ai vu que je me trompais et je me suis résignée. Puis, j'ai appris que tu estimais bien au-dessus de mon affection l'indépendance ; je me suis soumise après, je l'avoue, de cruelles luttes ; puis, la mort de ton bon, excellent père, m'a fait comprendre que je ne devais venir qu'en quatrième ligne, après lui. Je le pleure trop sincèrement, ce bon père, pour ne pas approuver ce sentiment. Oh ! combien je serais heureuse, si je pouvais encore avoir l'illusion d'occuper cette quatrième place dans ton cœur. »

Bientôt, les seules consolations qui restaient à la femme affligée vont lui être retirées une à une. Une sorte de triste convention avait réglé l'attitude apparente des époux. M. de Praslin viola ce traité de bienséance ; sa femme le lui reproche dans cette lettre dont la date se rapporte au 25 janvier 1842 :

« Jusqu'à cette année, je pouvais compter tous les soirs, à quelques heures que tu rentrasses, que tu viendrais me voir ; j'avais même l'autorisation d'aller chez toi à toute heure de la nuit. Maintenant jamais je ne dois me permettre d'aller te chercher ; tu passes presque toutes les soirées dans ton appartement, j'ignore si c'est seul ; on y porte le thé, et je ne te vois plus.

» Ah ! mon cher Théobald, sont-ce là tes promesses. Tu m'avais dit : « Si tu ne viens jamais chez moi, je serai sans cesse chez toi ; et, par la suite, je te permettrai de venir chez moi ; puis, nous ne nous quitterons plus. » J'ai tenu ma promesse, mais toi ! « Ne me demande rien de ce que je fais, et je te dirai tout. » Voilà des années que j'ignore ta vie et tes relations, et que je ne t'ai fait une seule question, ni que je ne fais aucune démarche pour m'assurer de ce qui m'intéresse tant, et tu n'as jamais été touché de ma confiance et de ma discrétion ; tu ne m'as jamais daigné rassurer ni éclairer.

» Tu m'as dit : « Laisse-moi gouverner seul les enfants, et je t'entretiendrai de tout ce qui les concerne, je te consulterai, et je me tiendrai vis-à-vis des gouvernantes dans l'attitude la plus convenable. »

» Ah ! combien tu es loin d'avoir tenu ces dernières promesses. »

Que fait-il ? que devient-il ? Continuelles appréhensions, soupçon de toutes les heures ! Il se cache, donc il est coupable. Il a loué un petit appartement en ville, et il a dit faussement qu'il allait au cercle. Ces sorties mystérieuses, cet abaissement de l'homme dont elle porte le nom, révoltent le grand cœur de Mme de Praslin. Elle ne veut pas descendre jusqu'à l'espionnage, mais pourquoi se cache-t-il ?

M. de Praslin a eu un retour de bonté, d'affection conjugale. Quel mystère recouvre encore cette subite fantaisie de réconciliation affectueuse. La pauvre femme en est réduite à suspecter jusqu'à l'amour.

« Hier soir, tu m'as comblée de caresses, à ma grande surprise, je dois l'avouer ; tu m'as fait les plus tendres, les plus douces promesses. Ce soir, je t'ai tourmenté pour que tu allasses te distraire au spectacle, tu m'as dit qu'il était trop tard ; puis, tu allais prendre une petite voiture pour sortir tous les soirs, comme si nous n'en avions pas une à tes ordres ; tu as l'air de craindre que je ne sache où tu vas ; et, dans le fait, quel monde fréquente-tu donc ? quels hommes, quelles femmes vois-tu donc ?

» Tu viens de sortir à pied, à dix heures : chez quelle espèce de relation peux-tu aller à cette heure-là à pied, encore crotté du retour de la chambre, et lorsqu'on n'a ni sa mère, ni ses sœurs, ni son père à Paris ? Tu m'en veux de mon humeur inégale : mais si tu te mettais à ma place, tu comprendrais bien vite ce que c'est que cette vie remplie d'incertitudes, d'alternatives de bonheur et de doute, de soupçons. Et qui donc n'en aurait pas, au milieu de tous ces mystères qui entourent ta vie ? Mon bien cher Théobald, ce n'est pas vivre, je t'assure. Faudra-t-il donc rester toujours dans cette ignorance complète de tout ce qui te concerne ? »

A la suite d'explications nouvelles, M. de Praslin a laissé entrevoir sa pensée. On pourrait être heureux en se faisant des concessions mutuelles. Des concessions ! mais c'est l'abandon de ses droits et de ses devoirs qu'on demande à Mme de Praslin ! Que ferait-on de plus si elle était coupable ? On demande qu'elle ferme les yeux, qu'elle *se prête* à une vie que sa position d'épouse et de mère lui rend intolérable. Elle commence à comprendre cette triste transaction qu'on réclame d'elle, et le petit album des douleurs reçoit cette confidence (1er mai 1842) :

« Il est évident que Théobald me fait des avances très-grandes pour lui, il m'a montré même de la véritable tendresse et un désir réel de changer notre manière de vivre. Mais veut-il vraiment, comme il me le dit, adopter, si je m'y prête (ce sont ses expressions), une vie tout-à-fait intime, et me rendre ma position naturelle comme femme et comme mère ? Nous entendons-nous à cet égard ? Comprend-il très-positivement que je ne puis être heureuse sans avoir sa confiance illimitée, ni me contenter à moins de rentrer en possession de ma place de maîtresse de maison, et surtout de surveillance et de direction de mes enfants ? Admettra-t-il jamais cela ? Osera-t-il jamais le signifier à Mlle D. ? J'en doute ; car elle lui mettra le marché à la main : « Optez entre elle et moi ; » elle l'emportera ! »

Le 12 mai 1842, madame de Praslin a eu une longue explication avec mademoiselle Deluzy. Elle écrit à son mari quelles impressions elle en a retirées :

« Je vois que ce n'est pas pour elle une condition *sine quâ non* de n'avoir affaire qu'à toi. Je vois qu'elle resterait même si tout rentrait dans l'ordre ; cela m'a fait du bien. Je vois qu'elle n'a pas, comme je le craignais (et comme je lui ai avoué franchement), l'horrible pensée de m'enlever mes enfants pour s'emparer entièrement d'eux. Elle m'a dit que tu lui avais dit et que tu répétais sans cesse aux enfants que ma santé me mettait hors d'état de m'en occuper. Oh ! pourquoi ne m'as-tu pas dit toi-même que tu avais pris ce prétexte, qui empêchait les enfants de m'accuser et te donnait la possibilité d'un retour ? Que de larmes, que d'aigreurs, que de douleurs, que d'emportements tu m'aurais épargnés ! Mais quelle profonde aversion il faut que tu aies conçue pour moi, pour continuer le genre de vie que nous menons!... Je ne suis plus qu'une étrangère dans la maison, près de toi, de mes enfants!... Oh! tu es dur pour moi, mon cher Théobald... »

Dix jours après, le 22 mai, la désunion a encore fait des progrès. Madame de Praslin écrit sur son album :

« Tout est fini! nous sommes brouillés sans retour, sans ressources. Oh! il est plus que dur, il est cruel pour moi! Comment a-t-il pu arriver à cet excès d'aversion pour moi, dont il connaissait l'amour si pur, si tendre, si dévoué? Quelles infâmes influences ont dû s'exercer sur son cœur autrefois si bon, si affectueux, si droit, si honnête? Il s'excuse en se disant à lui-même certainement, comme à moi, que mon caractère est devenu odieux, difficile. Mais à qui la faute? n'avait-il pas froissé tous mes sentiments, tous mes principes?... Oui, je suis folle, folle furieuse par moments, mais c'est ta faute, Théobald... La vue de ce perron par lequel je suis montée le jour de mon mariage, si pleine de joie, d'amour, d'espérances si confiantes, tout ce côté du château que j'ai habité lorsque tu m'aimais, que tu ne me quittais pas, tout cela me rend folle... Depuis que tu ne veux plus avoir d'enfants, tu te crois dégagé de tous sentiments affectueux, de tous soins, de tous égards. Je n'étais donc qu'une machine? Mais moi, j'avais mis tout mon cœur, toutes mes espérances, tout mon bonheur dans notre union; c'était l'histoire de ma vie... Tant de souvenirs, tant de liens chéris, tant d'enfants! il me semblait que nous n'étions qu'un, que nous devions vivre et penser à deux. Loin, comme les autres femmes, de redouter la vieillesse, je jouissais d'avance du bonheur que nous aurions à nous être aimés depuis si longtemps, à causer ensemble de nos vieux souvenirs, à revivre dans nos enfants, à quitter ensemble pour un meilleur monde celui-ci. Hélas! pourquoi n'es-tu pas plus religieux?... Mon Dieu! comme les chagrins rendent superstitieux, j'en suis honteuse. Dimanche matin, en me levant, le jour de ton arrivée, j'ai aperçu une énorme araignée : cela m'a effrayée... Dans ce moment, en écrivant, je détourne les yeux, et je vois une petite araignée; mes larmes se sont arrêtées et j'ai senti une émotion de joie, comme s'il me venait un motif d'espoir. Que l'esprit de l'homme est faible! et cependant c'est bien en vous seul, ô mon Dieu! que mon cœur a remis ses espérances. Mais ne serait-il pas possible que quelquefois vous envoyiez des signes sensibles de votre volonté? Oh! sauvez-le, et, s'il se peut, rendez-le-moi, mon Dieu! »

Que s'est-il donc passé? Des scènes sans nom, des colères sans importance apparente, mais qui révèlent tous les orages intérieurs depuis longtemps amassés.

« Aujourd'hui, me sentant révoltée de te trouver sortant d'un tête-à-tête, encore avec mademoiselle D., j'ai cru faire un coup de maître en m'enfuyant sans rien dire, pensant éviter ainsi toute espèce de scène, et marquer doucement mon improbation. Mon Dieu! que j'étais loin de soupçonner la fureur où il a mis ma malencontreuse douceur! Certes, aucune violence ne l'aurait pu pousser plus loin que de me poursuivre dans les escaliers avec des injures et des gestes insultants, de venir ensuite briser chez moi mon vase de Saxe, et m'enlever deux cadeaux auxquels je tenais tant; tu me les avais donnés lorsque je croyais que tu m'aimais, mon petit plateau rose et mes petits vases d'émail; pourvu que tu ne les aies pas donnés à elle!

» L'autre jour, pour me punir de mon obstination à entrer chez toi, où elle entre tant qu'elle veut, tu es venu briser toutes mes ombrelles; aujourd'hui, parce que je fuis sans mot dire, pour éviter une scène, tu brises mes objets les plus précieux, tu me voles les souvenirs d'un amour qui a été tout mon bonheur. Tu m'as déjà fait brûler les lettres, seuls restes de cette tendresse; tu m'as arraché mes enfants, tu m'as condamnée à toutes les douleurs pour la vie présente, sans me laisser d'espoir pour un meilleur avenir, et tu m'enlèves mon passé! Oh! mon Dieu, je l'aimais trop! vous avez voulu me punir : vous avez frappé juste; je pouvais tout perdre avec courage, avec résignation, avec joie, tant que son affection me restait! Dans l'amertume de ma douleur, je sens la preuve de votre amour par la grandeur de l'épreuve : frappez, frappez, mon Dieu, et donnez-moi la force de supporter en ce monde tout ce qu'il vous plaira..... Est-il donc vrai, ô mon Dieu, qu'il ne m'aime plus du tout?... Quelquefois il me prend des doutes : je me figure que cela est un plan arrêté dans l'intention de me corriger; mais en réfléchissant il faut bien se rappeler que cela dure depuis cinq ans, qu'il m'a ôté mes droits de femme et de mère... J'ai de très-grands défauts : je souffre trop pour ne pas le savoir; mais je suis convaincue qu'il ne suppose pas les vices que je n'ai pas. Ce matin, en causant, madame Dolomieu, avant cette scène affreuse, a imaginé de me dire : « Votre mari a un tendre dévouement pour vous, n'est-ce pas? » J'ai louvoyé et n'ai pu prendre sur moi de dire une chose que je ne pense plus, je le vois bien, puisque je n'ose plus m'en glorifier... »

« Il ne m'a pas dit un mot de regret sur tout ce qu'il m'a cassé : il sourit quand je lui en parle. J'ai bien envie de croire qu'il y avait de la feinte colère un peu là dedans. Il est bien évident qu'il aurait envie de nous réconcilier. Jamais je n'ai si bien cru à sa bonne volonté à cet égard. Le laissera-t-on faire?... »

« Avec tout cela il ne m'a pas rendu les porcelaines qu'il m'a prises. Qu'en a-t-il fait? les a-t-il toujours? Au fond, je le crois. Me les rendra-t-il? Il y a un monde là-dessous. »

Au milieu de ces scènes intimes, une nouvelle douleur vient mordre le cœur de Mme de Praslin. Elle sent s'affaiblir l'estime si haute qu'elle faisait de l'homme auquel elle a uni sa vie. Elle voit s'amoindrir et s'abaisser son idole; la passion des premières années n'a plus assez d'illusions pour couvrir la triste réalité, et l'homme choisi entre tous, n'est plus à ses yeux, qu'un être vulgaire et grossier :

« Quelle triste influence s'exerce sur lui! Comme il est changé. Lui qui était si sincère, sans cesse je le surprends faisant mille mensonges; lui qui était si pur, il passe sa vie dans les sociétés les plus mystérieuses; ses manières si dignes sont devenues de mauvais goût; son langage gracieux et qui sentait si bien la bonne compagnie, ne donne que trop l'idée des personnes avec lesquelles il passe sa vie. Ses idées sont devenues futiles; il devient cassant, ironique, dédaigneux, irritable, ennuyé, wittiless, sans regret de l'avoir été. Non-seulement il ne m'a jamais témoigné un regret de tout ce qu'il m'a détruit par fureur, mais encore il trouve tout cela tout naturel, il en plaisante, il en ricane. Ah! tu n'es plus toi, tu n'es plus celui que j'aimais. Quoi! tu es dominé à ce point d'oublier que tu as encore des devoirs vis-à-vis de moi! tu ne songes pas que ces enfants que j'ai passé les plus belles années de ma vie à mettre au monde sans un mot de plainte (lorsque tant de femmes en veulent à leurs maris pour deux ou trois grossesses), j'ai, moi aussi, des droits sur eux; qu'en me privant de ta tendresse, tu devais au moins partager la leur avec moi. Après avoir épuisé ma vie à renouveler ta race, à t'assurer les jouissances du cœur en t'entourant de famille, il faut que moi, leur pauvre mère, je sois repoussée par toi, insultée par celle à qui tu donnes le prix de mon sang, les entrailles de mon cœur! Oh! mon agonie est cruelle! Quelquefois il me semble que j'ai tant souffert que je cesse de t'aimer. Je ne t'en veux pas, je te pardonne; je suis convaincue que ce n'est pas ta faute tout à fait, tu es faible; mais j'ai tant souffert, je me suis fiée à toi si longtemps en vain! »

Parfois, elle se demande si ce n'est pas elle qui a tort, si elle n'a pas méconnu ce caractère si facile à dominer, si elle n'a pas failli à ses devoirs en n'exerçant pas sur lui la légitime influence de sa nature plus haute et mieux trempée :

« Pourquoi t'ai-je si longtemps regardé comme un être trop supérieur? Puisqu'il te fallait une domination féminine, pourquoi n'ai-je pas essayé de prendre au moins de l'influence sur toi? tu serais aussi plus heureux, car la vie que tu mènes ne doit pas être une jouissance sans quelques remords, en songeant aux supplices qu'il me faut endurer. »

Alors elle cherchera à reprendre la place que son droit sacré lui assigne; mais elle ignore les manéges puissants de la coquetterie permise : encore moins connaît-elle les secrets qui assurent à la femme perdue la domination sur un cœur esclave :

« Ne crois pas que je sois assez folle pour me figurer que des prières, des lettres, des scènes puissent me rendre ton affection et ta confiance... Au point où nous en sommes, je veux du moins pouvoir me dire, si la mort nous surprend : Il saura que mon cœur et ma raison étaient autres qu'il ne les croyait. J'éprouve donc le besoin de te faire ma profession de foi sur ma manière d'envisager la vie. Sans estime, l'affection d'un mari pour sa femme est nulle; la confiance prouve cette estime, et le degré de la confiance est la mesure de l'affection. Le but de la vie d'une femme est d'être l'amie, la compagne, la consolation de son mari, d'élever ses enfants, de diriger l'intérieur du ménage. Ce sont là les trois missions de la femme sur la terre. Si elle ne les remplit pas, elle a manqué sa vie, elle est un être inutile et méprisable, comme l'homme qui n'a d'autre occupation que de boire, fumer, jouer ou monter à cheval. Il y a des épouses coupables qui ont bien élevé leurs enfants, car le cœur d'une mère se sanctifie et s'épure par l'amour de ses enfants. Oui, Théobald, celle qu'on ne trouve pas digne de s'occuper d'eux, c'est qu'on la regarde comme une créature corrompue. J'ai cru longtemps qu'entraîné par ton goût pour l'indépendance, poussé par de mauvais conseils, éloigné par ma jalousie (à laquelle franchement tu donnais beau jeu par ton abandon), j'ai cru longtemps que si, pour tous ces motifs, tu me repoussais en dehors de ta vie et de tes plaisirs, tu avais assez bien jugé mon cœur pour me revenir dans tes chagrins et tes souffrances. Mais lorsque je t'ai vu, souffrant, me bannir, moi seule, de la chambre, lorsque j'ai vu que tu me fuyais dans la douleur, que tu m'enlevais tous mes enfants pour les donner à une inconnue légère, évaporée, intrigante, alors j'ai enfin ouvert les yeux; j'ai reconnu que dans ton cœur il n'y avait pour moi qu'aversion tempérée quelquefois par la pitié que tu ne saurais refuser à ma triste existence et à mon amour. Ah! tu m'as dit avant-hier un mot bien dur qui m'a percé le cœur : tu m'as dit que puisque je ne partageais aucun de tes intérêts, je n'avais plus de droit à tes chagrins. Tu l'as voulu, nous ne pouvons plus être que des étrangers l'un pour l'autre. Adieu donc, sois heureux, tu peux l'être encore; tu as des enfants, moi je n'ai plus rien : ta haine m'a tout retiré; l'indifférence n'aurait pas fait tout cela...

» Théobald, Théobald! ne te suffisait-il pas, pour me punir de ma jalousie, de mener cette vie qui me déchire le cœur, qui a toutes les apparences de l'infidélité? Fallait-il encore m'enlever la tendresse et la confiance de mes enfants? Tu cèdes, sans le savoir, à une influence qui t'enveloppe de tous côtés. Je meurs de chagrin; j'ai passé depuis cinq années presque toutes mes nuits à pleurer dans des convulsions de désespoir, et bien souvent je mettais l'oreiller sur ma bouche pour étouffer mes cris... Hélas! mon caractère s'aigrit, mes forces diminuent, mon esprit s'éteint. Songe à la douleur où t'a jeté la perte de ton père; eh bien, moi, j'ai perdu mon mari, mes enfants; je suis près d'eux, et il ne m'est point permis d'en jouir. Il faudrait que je fusse bien comédienne pour me montrer aimable et gaie dans une douleur si amère. Le calme que j'obtiens n'est dû qu'à l'opium et aux efforts violents que je fais pour dissimuler mes angoisses devant le monde. Que de fois ai-je dû fuir le salon pour dérober à tous les yeux les sanglots que je n'avais plus la force d'étouffer!... »

Quatre mois après, nouvelle explosion de douleur: mais, cette fois, c'est moins la femme qui se plaint, que la mère :

« Paris, le 15 septembre 1842.

« Vous êtes bien loin de vous douter, Théobald, j'en suis convaincue, de votre dureté vis-à-vis de moi et de ce qu'elle me fait souffrir! C'est une mort bien lente, mais bien, bien douloureuse, je vous assure, que celle qu'amène le chagrin. Oh! Théobald, combien je vous aimerais, combien j'aimerais nos enfants! je n'ai plus rien en ce monde; de notre union il ne me reste plus que votre nom. Je vis seule, abandonnée, méprisée, et j'ai un mari et neuf enfants!...Une autre, devant mes yeux, jouit de tous ces biens les plus chers, et vous voulez que je le trouve naturel? Eh bien! oui, je le dis, de tous mes supplices, le plus grand qu'on pût m'imposer est la vie que je mène. Mon Dieu! quel crime ne punirait-on pas par de semblables angoisses! Vous ne m'aimez plus, vous m'abandonnez... Quoique de toutes les peines ce soit la plus cuisante, pour moi qui n'ai jamais cessé de vous aimer avec tant d'ardeur, je le comprends; mais m'arracher mes enfants, donner près d'eux, et près de vous, ma place à une autre... Oh! non, vous n'en aviez pas le droit, Théobald! Abandonner mes enfants à une écervelée sans pudeur, sans principes, sans tact, pouvez-vous être assez faible et aveugle? »

« Mademoiselle D. règne sans partage; on n'a jamais vu de position de gouvernante plus scandaleuse. C'est un grand malheur, un grand mal même, car toutes ces habitudes si intimes et si familières montrent que c'est une personne qui se croit le droit de se mettre au-dessus de toutes les bienséances. Chez elle, tout cela est vanité, goût de domination et de plaisir; songe qu'une intimité fraternelle, je le crois, est d'une haute inconvenance à vos âges. Quel exemple à donner à des jeunes personnes que de leur montrer qu'on croit tout simple, à vingt-huit ans, d'aller et de venir à toute heure, en tout costume, dans la chambre d'un homme qui en a trente-sept, de le recevoir chez soi en robe de chambre, de se ménager des tête-à-tête pendant des soirées entières, de se commander des ameublements, de demander des voyages, des parties de plaisir, etc. ! Elle a rompu ses amies afin de se donner un relief plus grand et d'accaparer davantage ta société; elle trouve toujours moyen de se débarrasser des enfants. N'a-t-elle pas eu le front de me dire : « Je regrette, madame, qu'il ne me soit pas possible de servir de médiateur entre vous et M. de Praslin ; mais, dans votre intérêt, je vous engage à faire attention à votre manière d'être avec moi. Je conçois qu'il vous soit pénible d'être séparée de vos enfants ; mais, d'après la résolution de M. le duc à cet égard, je sens qu'il faut qu'il ait des raisons graves pour avoir pris un semblable parti. » Est-il possible que ta femme, qui a toujours été pure, qui n'a jamais aimé que tes enfants et toi surtout, soit contrainte à s'entendre ainsi insultée par une gouvernante que tu connais à peine ! Il faudrait donc que je parusse approuver ce qui est blâmable pour obtenir qu'elle te permette d'être mieux pour moi ; c'est bien alors que je serais méprisable d'acheter un plaisir, un bonheur même, par une lâcheté. Je ne le dis pas, comme tu parais toujours l'entendre, que mademoiselle D. soit ta maîtresse dans toute la force de l'expression. Cette supposition te révolte, et tu ne vois pas qu'aux yeux de tous, ses relations familières avec toi, son empire absolu dans la maison et mon isolement sont établis comme si elle l'était ouvertement. Ne sens-tu donc pas ma douleur de voir mes enfants arrachés de leur mère, pour être livrés complètement à une personne qui ne comprend pas que la bonne conduite et la vertu ont des formes extérieures qui ne doivent jamais ressembler à celles du vice? Comment ne pas me désoler de les voir aux mains d'une personne qui m'avoue son mépris par ce que j'ai dit plus haut, et qui établit son empire en me laissant haïr et repousser par mon mari ? »

A cette première crise succédera, chaque année, une crise semblable. Un nouveau printemps ramène la duchesse de Praslin et elle s'y sent encore condamnée à l'isolement.

Lettre sans date trouvée à Praslin.

« Lorsque je suis arrivée ici, j'espérais avoir quelques instants de distraction et de trêve ; mais l'illusion n'a pas duré longtemps. Le marche-pied de la voiture n'était pas achevé de baisser, que j'avais lu dans votre air glacial, dédaigneux et mécontent, dans l'expression contrariée des regards de mes enfants, dans les petits yeux verts qui apparaissaient derrière votre épaule, que j'allais être soumise à tous les traitements les plus humiliants, à la vie la plus pénible, à supporter le spectacle des choses les plus inconvenantes, pour ne pas me servir du mot propre. Croyez-le bien, Théobald, si je lutte encore, c'est parce que je suis fortement consciencieuse, qu'il est de mon devoir de ne pas renoncer pour obtenir une paix et une tranquillité factices ; de ne pas donner par mon silence une apparence de consentement tacite à un état de choses qui regarde mes enfants, et que je désapprouve vivement, parce que je le crois fermement détestable, fâcheux pour le présent, pernicieux, dangereux dans l'avenir. Tu as beau faire, beau me détester, je suis leur mère à eux et aux enfants que tu donnes aux premières venues. Je sais fort bien que tu es le maître, tu peux tout sur moi ; mais il est une chose dans laquelle les droits d'une femme sont presque égaux à ceux d'un mari, tu l'oublies entièrement. Ne sais-tu donc pas que les lois, si je les invoquais, décideraient en ma faveur? tu sais que je ne le ferai jamais, mais est-ce une raison pour en abuser? Tu te crois obligé à céder en toutes choses, afin de conserver mademoiselle D... à tout prix. Tu la crois inremplaçable près de toi, près de mes enfants ; toi qui crois si simple, si facile de remplacer une mère, pourquoi crois-tu donc si prodigieusement impossible de remplacer une gouvernante ? Si tu l'avais voulu, elle aurait pu être une bonne gouvernante ; mais tu as dénaturé ses fonctions, et qui brille au second s'éclipse au premier. Comment la tête ne lui tournerait-elle pas celle à laquelle ta conduite dit tous les jours plus clairement que les paroles encore : « J'ai une femme, mais je préfère votre société, vos soins ; mes enfants ont une mère, mais vous que je connais à peine, qui êtes plus jeune, j'ai plus de confiance en vos principes, votre expérience, vos soins, votre dévouement, vos lumières, votre jugement, votre tendresse, pour leur tenir lieu de tout. Prenez la place, commandez, ordonnez, celle qui doit être la mère de mes enfants doit être souveraine chez moi.

» Théobald, cela est logique, mais tu pars d'un point faux et dangereux. Toi-même, tu n'as pas le droit de me condamner à cette ignominieuse mort civile ; tu ne le peux qu'en me laissant soupçonner d'une conduite et de vices infâmes, et par mes enfants encore ! Oh ! je suis bien punie de t'avoir tant aimé, préféré même à eux : mais n'étais-je pas déjà assez punie d'avoir perdu sans retour, sans espoir, le seul vrai bonheur pour moi, ton affection ! Mais voir mes enfants conduits dans une voie de principes faux et légers, habitués à trouver naturelles et convenables des manières inconsidérées, des positions fausses, inconvenantes ! Si tu veux y réfléchir toi-même, tu sentiras qu'en mettant à part tous mes sentiments personnels de joie et de bonheur intérieur anéantis, je dois cruellement souffrir de voir mes nombreux enfants dans une direction si pernicieuse pour leur conduite à venir. Demande-toi franchement ce que tu sentirais, ce que tu ferais vis-à-vis de quelqu'un qui t'ôterait à la fois une femme que tu aimerais avec ardeur et tes enfants, pour leur donner ces impressions fausses et dangereuses. Lorsque j'ai eu la faiblesse, par un excès d'amour pour toi, de te faire un immense sacrifice en t'abandonnant mes enfants, me figurant, dans un coupable aveuglement, que ce sacrifice, plus il était grand, me rendrait ton affection, entraînée par les promesses à cet égard, j'ai commis, j'en conviens, une grande faute ; j'aurais dû mourir avant d'y renoncer, et j'ai fait un bien faux calcul ; car ce sacrifice, fait dans l'intérêt de mon amour, t'a donné une mauvaise opinion de mes principes et de mon jugement, de mon cœur, je le conçois ; cependant, je dois ajouter, pour ma justification, que ma tendresse confondait tous nos droits en un seul. Je me croyais une portion de toi-même ; il me semblait que tout devait être commun entre nous, et partagé et supporté à deux.

» Maintenant tu as établi une séparation complète entre nous ; nous ne sommes plus que des étrangers l'un pour l'autre. Je me suis longtemps bercé d'illusions de retour, d'épreuves, que sais-je, moi ? de toutes les possibilités en ce monde, pour me figurer que c'était un temps à passer, que tu m'aimais et que tu me reviendrais, que tous les mystères se dérouleraient par toi d'une manière naturelle et satisfaisante ; enfin, tous les rêves de bonheur à venir, je les ai faits longtemps avec confiance, puis longtemps avec espérance; maintenant.... mais n'en parlons plus, il ne s'agit plus de bonheur. Mais puisqu'il faut renoncer à toi dont j'espérais le retour avec celui de mes enfants, il faut au moins que je sache à quoi m'en tenir; ma vie n'est pas supportable; elle est douloureuse, honteuse pour moi, et, ne t'y trompe pas, trop fâcheuse pour l'avenir des enfants. Les choses ne peuvent durer ainsi plus longtemps. Ainsi, réfléchis; mais songe que je te supplie en grâce de me donner enfin une position convenable et un intérêt dans la vie. Oh! que tu es faible! Tu en es arrivé à un point que tu n'oserais faire une course avec ta femme et tes enfants, sans cette personne pour laquelle tu me reprends ce que tu m'avais donné dans les premiers jours de notre mariage; tu es tellement sous son joug, que tu n'oserais rien entreprendre sans elle : tu trouverais inconvenant de la quitter un moment, et ta femme, la mère de neuf enfants, doit vivre et mourir seule! »

Il est des jours, cependant, où la pauvre délaissée s'interroge : elle se demande si elle n'est pas coupable la première, si elle a bien fait ce qu'il fallait faire pour ramener celui qu'elle aime : elle croit, l'infortunée, que l'amour appelle l'amour, que la femme qui s'humilie, qui implore, peut régner encore sur un cœur. Elle s'agenouille, elle demande pardon :

« Cher Théobald, je me fais plus de reproches que tu ne peux t'imaginer; je suis dans un état de découragement que je ne puis t'exprimer. Je sens, je vois, je sais tout ce que je devrais faire pour te rendre heureux; je le désire plus vivement que tu ne peux te le figurer ; je ne songe même plus à ramener les choses sur un pied qui serait mon bonheur personnel ; c'est le tien seul que je veux, que je souhaite ; j'en forme les plus fermes résolutions, mais un état d'exaspération que je ne puis contenir m'emporte à faire des choses que je blâme moi-même, et, permets-moi de le dire, je suis aigre et méchante par les mêmes motifs qui te faisaient rire et chanter il y a quelque temps quand tu me voyais pleurer ; et, malheureusement, je le vois, j'aggrave tous les jours mes torts, et cependant ils sont bien plus maintenant dans la forme que dans le fond. Si tu savais comme je suis profondément affligée de te rendre ainsi malheureux! Mais, en vérité, je n'ai plus ma tête et je ne me connais plus. Tout m'amusait, me plaisait ; autrefois, tu le sais, j'aimais à rester et le monde me plaisait ; cependant le spectacle, une fête comme aujourd'hui me charmait. Eh bien! tout me coûte, me pèse, m'attriste, me déplaît, parce que je suis mal avec toi, et pour toujours, je commence à le craindre, à moins que tu n'aies pitié de moi. Je suis dans un état trop violent pour qu'il puisse durer. Oh! je tâcherai de me calmer; mais, si tu savais ce que je souffre, tu m'en voudrais moins. Je sens qu'en ce moment j'ai des droits à ta pitié et pas autre chose; mais je te sais si bon que je m'y confie en pleine assurance. Un peu de patience, je t'en conjure, pendant un peu de temps encore, avant de me repousser et désespérer de l'avenir de ton bonheur. Bientôt je serai calme, résignée, je te le promets ; maintenant je suis dans un état trop violent pour être jugée pour toujours. »

Cet abaissement si touchant n'a eu aucun effet. Madame de Praslin veut essayer de l'absence; sa dignité se révolte de cette situation humiliée qui lui est faite :

« Ne crois pas, mon cher Théobald, que je ne sente pas mes torts, lorsque je me suis échappée à te dire trop violemment ce que j'éprouvais et ce qui me désole. Quelque juste et légitime que soit mon chagrin, je devrais ou le taire, ou t'exprimer avec plus de calme les inquiétudes vives et naturelles qu'il fait naître en moi pour nos enfants. Au point où en sont les choses, je t'assure qu'il vaudrait mieux nous séparer sans bruit, sans éclat, sans en parler à personne. Le temps arrange bien des choses : il finira par t'ouvrir les yeux sur la triste et déplorable influence à qui tu as laissé prendre tant d'ascendant sur toi, tant d'autorité sur nos enfants et ta maison. Jusque-là, laisse-moi attendre en paix dans la solitude. Depuis des années, j'ai fait de vains efforts pour paraître calme et résignée à un état de choses que je crois fermement aussi pernicieux à nos filles aînées qu'il est pénible pour moi. J'ai longtemps cru à ton affection, et cette pensée me soutenait pour attendre en souffrant; maintenant mon illusion a cessé : je vois que je n'ai jamais su occuper dans ton cœur la place que j'ambitionnais et que je croyais y avoir. Tu as été si longtemps si parfaitement bon pour moi, que j'ai cru que tu m'aimais comme je t'aimais et qu'un jour tu me reviendrais. Cette illusion est détruite. Puisque je n'ai pas su gagner ton affection autrefois, je ne le puis plus espérer maintenant que tant de chagrins m'ont, je le sais bien, aigri le caractère. Mon cœur est toujours le même, tout à toi et en toi et nos enfants; mais je vois que je ne suis rien, ni pour toi, ni pour mes enfants. Tu as annulé ma vie, tu me contrains à n'être que spectateur, lorsque je devrais être le second chef de la famille. Je vois sous mes yeux mille choses qui froissent mes principes et mes affections. Je suis visiblement à charge à toi et à une partie de mes enfants, extérieurement du moins, car tu es bien loin de connaître le fond de leur pensée. Enfin, ma vie, tu l'as rendue inutile ici, tu me fais sentir que je suis de trop et seulement soufferte. Je sais que je ne puis rien pour changer quoi que ce soit dans tes déterminations. Je ne te demande donc que de faire nos arrangements pour qu'au moins je ne sois pas contrainte à assister à des choses que je ne saurais m'empêcher de blâmer dans le fond de mon cœur. Tu m'as prouvé de toutes les manières que tu n'avais ni estime ni amitié pour moi, que tu désirais que mes enfants partageassent tes sentiments. Je ne te demande rien que de te laisser vivre en paix de la vie que tu t'es arrangée, sans en être le spectateur forcé. Je souffre trop ici, privée de tout dans le lieu que j'aimais, au milieu de ceux que je chéris et qu'une intrigante m'arrache. Tu ne saurais comprendre pourquoi ma triste vie doit servir d'assaisonnement à tes plaisirs. Fais ce que tu veux, mais, par grâce, ne m'y force pas à en être témoin. Si des eaux sont ordonnées à Aline, accorde-moi ta confiance pour l'y conduire. Ah! si tu me permettais de consacrer ma vie à ceux de mes enfants qui te procurent le moins de joie, à ceux que la nature a le moins bien traités, ce serait beaucoup pour moi. Si tu savais combien tu me fais souffrir! Je ne te demande que la grâce de m'éloigner dans la solitude, et, depuis un an, tu n'as pas eu le temps d'y penser! Tu ris de mes souffrances, et moi je te le dis devant Dieu, il n'y a pas de plus cruelles tortures que la vie que je mène en attendant. Tu me contraindras à fuir : ne vaudrait-il pas mieux s'arranger sans se brouiller? Certes, rien ne me froissera plus dans ce que tu décideras que ce que je vois ici. Ah! que de fois je t'ai vu te laisser tromper et fasciner par des intrigantes! »

A ces légitimes révoltes, M. de Praslin n'a répondu que par des récriminations, des ripostes cruelles, des projets d'abandon. La femme reparait, non pas l'amante des premiers jours, mais la femme mûrie par le malheur, forte de ses dures expériences et qui sait ce que vaut ce bonheur du devoir que son mari brûle de fouler aux pieds :

« Mon cher Théobald,

» Je ne puis réellement plus avoir d'illusion; je sens que ma tête se perd. Au nom de tes enfants, aie pitié de leur mère, ne m'excite pas malgré moi, lorsque je suis déjà au désespoir. Pourquoi, si tu veux me fuir, mettre tout le monde dans la confidence? n'est-ce pas déjà assez pour moi d'être isolée, abandonnée ? Crois-tu que ce soit là du bonheur pour une personne qui t'aime, lorsque, après avoir passé mes nuits et mes matinées dans le chagrin, je parviens à prendre sur moi pour être calme ? Eprouves-tu un secret plaisir à parler, devant tout le monde, sans cesse, de projets qui doivent m'être d'autant plus pénibles si je t'aime et si je sens qu'ils sont une punition ? Pourquoi me désoler sans cesse par une affectation continuelle de cachoteries pour des riens vis-à-vis de moi ? Tu dis, mon ami, que tu veux me quitter longtemps pour m'aimer encore davantage peut-être, pour perdre l'habitude des querelles ; ne sens-tu donc pas que plus je souffrirai, plus malheureusement mon caractère s'aigrira ? Je sens que la bonté me ramènerait, mais, je te le jure, la douleur me fait perdre la tête. Pourquoi chercher toujours les sujets les plus douloureux pour moi ? Théobald, réfléchis toi-même, mon ami; trouverais-tu bien aimable, bien tendre un mari qui ne parlerait que d'abandon et qui affecterait des mystères de tout ? Que tu le fasses quand j'ai été aigre ou méchante, je le conçois; mais qu'avais-je fait ce matin, mon ami, pour choisir tous les sujets les plus pé-

nibles? La plaie de mon cœur est au vif, mon ami. Si quelquefois je parviens, en vue de te ramener, à engourdir mes souffrances, pourquoi venir y verser toi-même des irritants? Mon ami, tu es si bon, tu me comprendras, j'en suis sûre; une fois emportée, hélas ! je ne sais plus m'arrêter; par pitié, ne m'excite pas à te déplaire. Tu es poussé à bout, dis-tu, mon ami; si, lorsque tu voudras me revenir après être calmée, dis-tu, par un long abandon, crois-tu que si tu me trouvais habituée à cette indépendance, aigrie, dégoûtée par cet abandon, me refusant, comme tu le fais maintenant, à tout accommodement, crois-tu que tu ne souffrirais pas cruellement ?

» Il y a déjà maintenant, mon ami, des barrières infranchissables entre nous; à moins d'événements, maintenant, à moins d'une véritable maladie de l'un de nous, il n'est plus possible sans ridicule, sans inconvenance, sans une espèce d'aveu de reconciliation, et par conséquent de brouille à laquelle on attacherait des idées fâcheuses, que, quelque droit que nous puissions avoir, nous habitions la même chambre; bientôt il en sera de même des lettres, une fois l'habitude perdue; il faut la continuer pour qu'on ait l'air d'être en bonne intelligence, de même pour sortir, etc. Je fais ta part belle, tu le vois ; je ne te demande plus que de ne pas toucher certains projets d'abandon, et d'éviter les affectations de cachoterie ; si nous redevenons bons amis, tu me taquineras tant que tu voudras; d'ici là, non, je t'en prie..... »

Quelque temps encore, et la plaie s'envenime, l'irritation s'accroît de part et d'autre, les insultes viennent atteindre la femme et la mère, et madame de Praslin se souvient de son sang, de ses droits. Elle comprend qu'il lui faut quitter ce foyer où se perd sa double dignité de mère et d'épouse. Les trois lettres suivantes marquent le développement de cette crise nouvelle :

Lettre au crayon, de madame la duchesse de Praslin, à son mari, trouvée à Praslin dans le secrétaire du duc.

« Vous avez un talent rare et précieux pour empoisonner tout. Tant que votre conduite n'a influé que sur le malheur de ma vie, j'ai dû me taire, je l'ai fait. Si vous prétendez avec vos demi-mots entrecoupés, vos menaces, faire entendre que je n'approuve pas publiquement que, dans la maison, tout soit sur la conduite d'une personne que je méprise et qui ne mérite pas plus votre confiance que la mienne, vous avez raison, car je trouve que c'est un scandale ignominieux que la présence d'une femme près de jeunes personnes et qui s'affiche comme elle le fait. Je sais très-bien que vous avez d'autres liaisons, que ce n'est pas elle qui occupe votre vie, mais elle en a l'attitude ; c'est là ce que j'ai le droit de réprouver. Je n'ai aucune prétention de m'immiscer dans votre conduite et vos affections particulières ; mais, ni les menaces, ni les mauvais traitements ne m'empêcheront de vous répéter, comme j'en ai le droit, que vous vous trompez en mettant nos enfants dans les mains d'une femme qui ne tient pas à sa réputation et qui ne se respecte pas elle-même. Si, par vos menaces, vous entendez me parler d'une séparation, vous devez vous rappeler que vous n'avez pas l'initiative ; vous m'avez traitée depuis des années sans estime, sans égards. Vous êtes libre, mais vous élevez mes enfants dans l'éloignement, le mépris de leur mère. Vous les abandonnez à une femme qui vous cajole et dont les principes sont corrompus. Je vous trouve un peu singulier, je l'avoue, de vous exaspérer lorsqu'une fois par hasard je cherche à me sauver de cette odieuse vie que je mène. Vous cherchez à mon voyage de grands pré-

Je suis leur mère à ces enfants..... (Page 22.)

textes ; tant que j'ai eu un mari, des enfants, une maison, j'étais heureuse et ne songeais pas à m'éloigner. Maintenant que vous m'avez tout enlevé, j'avoue que je songe à me sauver de cet enfer, car, sachez-le bien, il n'y a pas d'expression pour les chagrins que j'endure. »

» Vous ne serez pas étonné, Monsieur, qu'après une pareille insulte, je ne consente jamais à ce que la personne, à la mauvaise conduite de laquelle je la dois, reste sous le même toit que moi. Vous êtes dans un aveuglement complet sur son compte ; pour votre propre compte, vous êtes certainement libre de faire ce qui vous convient, mais vous ne l'êtes pas de faire élever mes filles par une personne que je méprise, comme sa honteuse conduite le mérite. Depuis longtemps, je sollicite une explication de vous, j'ai fait tout ce que j'ai pu pour l'obtenir, vous me la refusez ; je vous demande donc, pour éviter de plus grands scandales, l'autorisation de faire un voyage. Durant ce temps, vous réfléchirez au parti que vous jugerez convenable de prendre. Je ne resterai certainement pas à Paris ; j'irai de suite en Basse-Normandie ; on dira que j'ai besoin de bains de mer, ce que ce vous voudrez ; mais, sous aucun prétexte, je ne resterai ici dans une semblable position, ni dans le monde. Un jour viendra, Théobald, où vous rentrerez en vous-même, et vous sentirez combien vous avez été injuste et cruel envers la mère de vos enfants, pour complaire à une écervelée qui ne respecte rien. Voici les papiers que vous m'aviez confiés ; j'ai la note explicative de ce qu'ils contiennent, je vais la copier au net pour vous l'envoyer. Je partirai, si vous le jugez convenable, après-demain ; voyez si vous pouvez me prêter une voiture; je ne passerai pas par Paris. Vous m'avez traitée comme une coupable, je ne le méritais pas. Que Dieu vous pardonne ! »

« Chaque jour apporte une nouvelle douleur à ma triste vie. On m'a calomniée près de toi ; sans cela, quelque amère que fût ta haine pour mes emportements de jalousie, aurais-tu pris sur toi de m'arracher mes enfants? Quel que fût ton abandon, je t'aimais assez pour croire à un retour et même à la tendresse, à la fidélité. Mais maintenant que tu m'as arraché tous mes enfants pour les donner à une évaporée que tu connaissais à peine, maintenant que tu lui as donné tous mes devoirs à remplir, toutes mes joies et toute mon autorité ; qui a le droit de disposer de mes biens les plus chers, mes enfants ; qui est la compagne de mon mari ; qui a conquis le droit d'entrer à toute heure, en toutes circonstances, dans cet appartement où moi, ta femme, je n'ai pas le droit d'entrer, lors même que tu es malade?... Oh ! sous un masque de légèreté et d'inconséquence, il y a bien de l'intrigue et du manque de pudeur dans cette personne qui n'a pas de sentiments religieux, et sans eux la vertu des femmes n'est qu'un sable mouvant. Cette personne, contenue, aurait pu faire une bonne gouvernante pour l'instruction des enfants, mais en avoir fait leur mère! vivante encore, me condamner à me voir remplacée ! Que Dieu te pardonne ; comme chrétienne, je te pardonne ; mais tu me fais trop souffrir : tu as brisé nos derniers liens. Tu n'as que de la haine et du mépris pour moi. N'était-ce donc pas assez de m'avoir abandonnée, de l'être créé un intérieur, des joies, des intérêts que j'ignorais ? fallait-il donc encore m'arracher mes enfants et me remplacer à mes propres yeux ?...

» Quelle vie, hélas ! quel avenir ! Femme et mère, je dois vivre et mourir seule. Dieu seul peut amener un changement à notre existence par une espèce de miracle ; ta volonté ne suffit plus.

» Ta fierté ne se plierait jamais à revenir sur ce que tu as fait et à me donner une part dans ta vie : tu n'oserais plus retirer à mademoiselle D. l'autorité absolue que tu lui as donnée sur les enfants et dans la maison, et, sans cela, je sens vaines toutes les promesses que je ferais d'être heureuse et contente.

» Non, j'en suis certaine, tu ne te fais pas une juste idée de mes chagrins et de leur amertume; la haine la plus féroce ne les infligerait pas. Tu m'en veux, je le conçois, de te parler avec cet emportement de ceux qui m'ont fait tant de mal ; je me le reproche souvent, mais ce sont des cris que la douleur arrache à mon cœur.

» Va, si ma vie n'était pas bouleversée par le succès de leurs menées, je n'aurais même pas la pensée de leur en vouloir ni d'y songer. Un jour viendra où nous serons toujours séparés en cette vie, et nos dernières années se seront donc passées dans l'isolement et la rancune ! Oh ! qu'après moi du moins tu ne maudisses pas ma mémoire! Théobald, je t'ai toujours aimé, je n'ai jamais aimé que toi, je t'aime encore ! je souffre, mais je t'aime encore ! J'ai voulu être ta compagne, ton amie de tous les instants, partager toutes tes occupations, tes intérêts et tes douleurs, et m'occuper ensemble de nos chers enfants, voilà comme je comprenais le mariage, l'amour, l'amitié. Hélas ! se peut-il donc que tu m'aimerais mieux préférant cette vie sans devoirs que tu m'as faite, et si je préférais le monde à mon mari et à mes enfants... »

« En quittant des lieux où j'ai été si heureuse et où j'ai tant souffert, où je croyais vivre toujours, où je laisse tout ce que j'ai de plus cher au monde, tous ces objets sur la tendresse desquels j'avais fondé toutes mes espérances de bonheur, mon cœur se brise, Théobald ; mais il le faut, une mère doit à ses enfants de ne pas se laisser traîner comme une coupable, surtout lorsque rien dans sa conduite n'a jamais justifié l'éloignement dans lequel ils sont élevés d'elle. Lorsque je n'y serai plus, peut-être enfin tes yeux s'ouvriront-ils et comprendras-tu que celle qui a fondé sa domination absolue en te brouillant avec la mère de tes enfants, en les habituant à fuir leur mère, n'était pas digne de les élever. Tu es craint l'influence de ta femme, qui t'a toujours aimé par dessus tout, et tu es le jouet de tous les caprices de cette femme sans principes, sans délicatesse !

» Je ne te demandais qu'à rester ce que je devais être naturellement, ta femme, ta compagne, la mère de nos enfants ; elle t'a poussé à te séparer de moi, à lui donner ma place près de toi, près de mes enfants, dans la maison, et tu lui as cédé ; je te demandais de ne lui accorder que les égards dus dans toutes les maisons à une gouvernante, tu as trouvé que ce n'était pas assez. Elle t'a poussé à me maltraiter, à me chasser de chez moi, à me priver de mes enfants, à m'ôter toute autorité sur eux et dans la maison, et tu lui as cédé sur tout. D'un regard, d'un signe, elle te fait agir, tu lui obéis. Tu crains qu'en voyant mes enfants, je ne les indispose contre elle, que je ne la démasque, et l'idée ne t'est jamais venue qu'il était bien plus fâcheux pour des enfants d'être sans cesse avec une personne qui leur dit du mal de leur mère, qui les pousse à s'en moquer, à douter de son affection, de son intelligence, de sa réputation.

» Oh ! quand j'avais tant de confiance en toi, tant de tendresse que je te remettais tous mes droits, pour tenir tout de toi, même la tendresse de mes enfants, oh ! que j'étais loin de te savoir si faible, si facile à aveugler. Cette faiblesse, qui fait mon malheur, l'excuse à mes yeux ; sans cet incroyable aveuglement, tu n'aurais pas osé, tu ne serais pas si cruel pour moi.

» Adieu, Théobald ; si un sentiment de fausse honte t'empêche de jamais réparer tes torts vis-à-vis de moi, Dieu m'est témoin que je pars le cœur brisé ; mais sans t'en vouloir, et en faisant des vœux pour ton bonheur. Je sais que, quels que puissent être un jour tes sentiments à mon égard, tes idées de dignité ne te permettront jamais d'être bien pour moi ; c'est donc seulement pour l'intérêt de mes enfants que je te supplie d'ouvrir les yeux ; ils sont en si mauvaises mains !

» Adieu, adieu ! pitié pour mes pauvres enfants, si mal dirigés ! »

L'année 1846 marque encore une éclaircie dans les orages intérieurs. Au premier jour de cette année, madame de Praslin fait une démarche touchante de réconciliation et d'oubli auprès de celle qui la torture. Elle envoie à mademoiselle Deluzy un bracelet et cette lettre, empreinte d'un sentiment vraiment sublime :

« Paris, 1er janvier 1846.

« S'il est défendu de se coucher sans s'être réconcilié avec son prochain, il me semble qu'une nouvelle année doit, à plus forte raison, mettre fin à tous les dissentiments et faire oublier tous les griefs. C'est donc de bon cœur que je vous tends la main, mademoiselle, et vous demande d'oublier, pour bien vivre désormais ensemble, tous les moments pénibles que j'ai pu vous occasionner, et vous promets aussi de passer une éponge sur les motifs qui, en me blessant, m'y avaient excitée.

» Chacun a ses torts en ce monde, et je suis bien tentée de croire que c'est trop heureux : cela doit rendre plus indulgent mutuellement et faciliter les réconciliations. Je suis bien convaincue de votre attachement sincère et tendre pour mes enfants, et, croyez-moi, personne n'est disposée plus que moi à la reconnaissance et à l'affection pour les personnes qui se consacrent à eux, si je ne suis pas blessée au cœur par la pensée qu'on les détache de moi ; vous le savez comme moi, c'est l'habitude qui attache, et surtout les enfants ; en ne voyant pas leur mère, elle perd sa place dans leur cœur, comme dans leur vie ; ils finissent par douter de son affection, bien heureux si plus tard leur estime et leur confiance n'en sont pas ébranlées.

» Certes, ce n'est pas là votre but ; car vous devez sentir qu'il serait un jour aussi pernicieux pour les enfants qu'il est douloureux pour la mère de détruire les liens les plus sacrés. De picoteries en picoteries, on arrive à faire des choses qui sont en commençant bien loin de la pensée. Si, au lieu de s'exciter sur les défauts qu'on se reconnaît mutuellement, on les ménageait réciproquement, je crois que chacun en ce monde ferait un bon marché. Il ne s'agit que d'être bon cocher et de faire le tour des tas de pierres, au lieu de passer dessus; pour ma part, je confesse que j'accroche souvent.

» J'avais, depuis longtemps, formé le projet de vous écrire pour tout renouveler avec l'année ; c'est donc avec un double plaisir que j'ai reçu votre charmant ouvrage ce soir, puisqu'il m'a donné la preuve que vous étiez aussi disposée à mettre fin à un état de choses qui, j'en ai la conviction, ne peut être que fâcheux pour les enfants, vous mettre vous-même dans une position souvent fausse et désagréable, et, moi, me placer dans une position bien cruelle pour moi, qui vis si isolée depuis quelque temps des affections les plus chères, au milieu desquelles j'étais si heureuse ! J'envisageais avec tant d'ardeur le moment où mes filles seraient grandes, et, je l'avoue, je souffre bien de les voir ce qu'elles sont pour moi.

» Mais en voici bien long pour dire qu'il faut que nous tâchions de perdre un faux pli pour en prendre un autre, et vous prier de recevoir et de porter ce gage d'une nouvelle alliance à laquelle j'espère que vous consentirez.

» Sébastiani-Praslin. »

Quelques mois après, mademoiselle Deluzy est à Turin, auprès de la fille aînée de madame de Praslin, mariée dans cette ville. Madame de Praslin répond ainsi à une lettre de mademoiselle Deluzy :

«Praslin, 25 août 1846.

« Je ne veux pas différer un moment, mademoiselle, à vous remercier de votre aimable lettre, qui m'a fait un vif plaisir, et que, loin de le trouver trop longue, j'aurais voulue plus du double. Je l'ai eue ce soir, et, en vérité, je ne vous cacherai point qu'il était temps que les lettres m'arrivassent ; car ma tête et mon cœur s'en allaient grand train à la suite de ce long silence.

» Il paraît que tout le monde s'en apercevait, car figurez-vous que c'est le facteur qui, à sept heures du soir, spontanément et de sa propre inspiration, m'a apporté votre lettre et celle de Berthe. Louis faisait une course dans Melun qui l'avait attardé pour passer à la poste ; on a cru que je n'enverrais plus aujourd'hui, et notre pauvre piéton se trouvant au bureau, et apercevant le timbre de Torino, oubliant sa fatigue de la journée, au lieu de se reposer, a repris ses jambes à son cou, et, toujours courant, a apporté en triomphe les lettres à Praslin.

» Vous voyez qu'il est bon d'avoir des amis partout, et cela vous donne aussi la mesure de l'anxiété où l'on me voyait. Enfin, *All is well that ends well.*

» Pauvre Louise aura reçu une lettre bien maussade de moi par l'entremise de madame Garnesion ; j'espère qu'elle m'excusera.

» Ce matin, nous avons entendu la messe à la chapelle pour la Saint-Louis. Mes petites sont charmantes pour moi, et depuis huit heures et demie du matin jusqu'à neuf heures et demie du soir, nous ne nous quittons pas. Le soir, je leur lis des pièces de Molière qui les ravissent. L'intelligence de Marie se développe beaucoup. Je suis heureuse, comme vous pouvez vous l'imaginer, du bonheur d'Isabelle, mais je suis bien étonnée que vous ne trouviez pas de changement dans ses manières ; il y en a cependant un bien remarquable dans ses lettres, à la fois si soignées maintenant et si expansives.

» Je vous remercie mille fois des détails que vous me donnez. Je compte bien sur votre obligeance pour continuer à me donner quelques directions et renseignements.

» Mes petites se faisaient une fête de la distribution des prix chez les sœurs, et moi de les y conduire, mais il faut y renoncer. Le curé de Crisenoy me l'a fort conseillé ; il y a une espèce d'épidémie à Maincy, et la mortalité sur les enfants et les vieillards est très-considérable, tandis qu'à Moisenay, c'est sur les femmes qu'elle sévit.

» Nous vivons complètement enfermés à Praslin, mais non renfermés, je vous assure. Quand il fait beau, le moins que nous passons dans le parc, c'est quatre heures. Nous faisons très-bon ménage dans notre solitude, mes chères petites et moi.

» Voici une lettre dont je suis honteuse et que certainement je ne relirai pas, car je sens que je n'aurais ni le courage de l'envoyer, ni de la recommencer à l'heure qu'il est, et, demain, avec l'arrivée des Breteuil, après-demain, avec celle des Praslin, je n'aurais pas une minute pour vous remercier et vous prier de continuer à être assez bonne pour m'écrire bien des détails, et soyez sûre que ce que vous trouverez trop ne sera pas assez pour moi.

» Le conseil général est le 14, je pense bien que M. de Praslin le brûlera, sa place, je n'y manquerais pas. Vous dites que Louise et Berthe parlent de moi souvent avec Isabelle ; c'est peut-être pour me faire plaisir que vous me l'écrivez ; en tout cas, vous avez complètement réussi, car j'en ai pleuré de joie.

» Encore une fois, ma chère mademoiselle, merci du fond du cœur de votre lettre qui, j'espère bien, ne sera pas la dernière.

» Sébastiani-Praslin. »

Madame de Praslin a été elle-même en Italie : à son retour, elle a eu avec son mari une explication presque amicale, et il a été convenu que l'ordre intérieur serait rétabli dans la maison. Cependant, rien ne se fait, les torts s'aggravent. Une nouvelle crise va éclater, crise suprême et terrible.

Lettre trouvée dans le secrétaire du duc de Praslin, à Praslin.

« Paris, le 15 janvier 1847.

» Mon cher Théobald,

» J'ai attendu jusqu'à ce moment le résultat des promesses que vous m'aviez renouvelées, à mon retour d'Italie, de changer l'organisation de notre intérieur ; vous semblez l'avoir oublié, et je me vois obligée de vous dire que je ne pense pas devoir retourner à Praslin sans y rentrer pour y exercer mes droits, et remplir mes devoirs de mère et de maîtresse de maison dans toute leur étendue. Le régime des gouvernantes nous a toujours fort mal réussi ; il est temps, dans l'intérêt de nos enfants et de la dignité de notre intérieur, d'y renoncer.

» Tant que mes filles ne seront pas mariées, j'habiterai partout au milieu d'elles, j'assisterai à toutes leurs occupations, je les accompagnerai partout. Tous mes plans sont faits, et quand vous y aurez réfléchi, vous trouverez certainement autant de motifs de confiance dans l'éducation de nos filles dans les soins d'une mère que dans ceux d'une gouvernante. Des maîtres suppléeront aussi facilement à Praslin qu'à Paris, aux leçons d'une gouvernante qui, d'ailleurs, a toujours eu recours à leur aide. J'ai tout prévu, tout s'arrangera facilement.

» Mon père, je le sais, a fait offrir à mademoiselle D... une pension honorable et viagère. En se rendant avec ce moyen en Angleterre, ses talents et des protections lui procureront une position convenable plus facilement qu'à Paris.

» Vous vous inquiéteriez à tort du chagrin qu'éprouveront nos filles ; il sera beaucoup plus court et beaucoup moins profond que vous vous le figurez : j'ai des raisons certaines de n'en pas douter. Depuis longtemps vous vous êtes exprimé sur le compte de mademoiselle D... de manière à ne pas laisser douter que vous aviez les yeux ouverts sur une grande partie, au moins, de ses graves inconvénients. Ce qui peut assurer le mieux d'une manière honorable sa retraite, c'est une pension de mon père, garantie par moi, et son voyage en Angleterre qui expliquera d'une manière favorable son brusque départ.

» Par délicatesse, j'ai d'abord cherché un appui dans votre famille pour vous ouvrir les yeux ; après en avoir attendu en vain, des années, le résultat, je dois enfin me soumettre au désir légitime de mon père de vous parler au nom des véritables intérêts de nos enfants. Lorsque vous, mon appui naturel, m'avez fait défaut, je dois me laisser guider par mon père. Je ne doute pas que, les premiers ennuis passés, vous ne vous applaudissiez d'une crise qui ramènera l'ordre naturel dans notre maison.

» S'il entre dans vos arrangements que mademoiselle D... retourne à Praslin pour y chercher ses effets, j'attendrai pour y aller qu'elle en soit revenue. Si on doit seulement les lui envoyer à Paris, je partirai dès que vous voudrez pour Praslin. Après tous les bruits qui ont couru, je lui ai montré assez de bienveillance pour la réhabiliter, comme vous me l'avez indiqué, autant qu'il dépendait de moi, pour la faire sortir honorablement.

» J'ai rempli ma tâche ; l'intérêt de mes enfants, celui de leur établissement ne me permettent pas de prolonger plus longtemps, par résignation, un état de choses fâcheux pour tous.

» Que la crainte des récriminations sur ces moments pénibles ne vous préoccupe pas. Il entrera dans mes vues autant que dans les vôtres de n'y pas revenir. Mon silence sur des antécédents presque analogues vous en est un sûr garant. La première condition de la vie de famille, c'est la paix, la bonne entente ; c'est mon but, et il s'obtiendra facilement lorsqu'on ne cherchera pas à éloigner des enfants de leur mère et à régner par la division.

» Ce n'est pas sans de mûres réflexions, ni sans l'assurance que je suivrais l'avis de mon père, que je me suis décidée à prendre une résolution aussi sérieuse. Ce serait avec l'assentiment, j'en suis certaine, de mon oncle de Coigny, qui est pour moi le représentant de ma mère, si je n'avais pas évité jusqu'à présent de l'entretenir de si tristes détails. Mes vues sont que tout s'arrange entre mon père, vous et moi, sans y faire intervenir d'autres conseillers.

» Vous m'avez souvent exprimé, mon cher Théobald, le désir de voir les choses prendre une autre face, parce que vous sentiez bien les inconvénients de notre intérieur ; mais vous reculiez toujours. Maintenant je compte sur votre concours, comme dans tout ce qui touche au bonheur de nos enfants.

» Fanny SÉBASTIANI-PRASLIN. »

Après la lettre, les confidences intimes au petit journal.

Le cœur et le corps sont brisés. La douleur est si grande qu'elle se fait résignée. Madame de Praslin, l'épouse chrétienne, attend et désire presque la mort ; mais elle ne trouve plus, seule avec elle-même, les violences et les récriminations qu'elle s'est si souvent reprochées :

« La mort vient à pas lents, mais elle arrive ; si tu savais combien je suis brisée par la douleur ! Tu ne le crois pas, j'en suis certaine : serais-tu aussi dur, si tu savais combien je suis profondément malheureuse ? Tu m'en veux d'être soupçonneuse, de ne pas me montrer gaie et de belle humeur. Quoi ! je n'ai plus de mari, plus d'enfants, je vois ma place prise près d'eux, et je pourrais plaisanter et rire ! Mais j'ai une âme, et cette âme, froissée dans ses affections, souffre cruellement. Qu'est-ce que l'indépendance, le luxe, la fortune, toutes ces vaines choses ? Ce qu'il me faut, c'est mon mari, mes enfants, leur présence, leur affection ; que me fait le reste ? J'aimais la toilette quand je sortais avec toi, le spectacle avec toi ! Le monde me plaisait aussi ; j'aimais les curiosités et les belles choses quand nous vivions ensemble à la maison ; mais tout cela, loin de toi, m'est indifférent et me pèse. Dans mon isolement, tout m'est souffrance.

» Si tu savais ce que j'éprouve quand je vois des femmes avec leurs maris, quand elles me parlent de leur intérieur.

» Tu me dis de former dehors des amitiés ; et de quel droit, moi, repoussée comme indigne, loin de mon mari et de mes enfants, irais-je demander l'amitié de personnes qui vivent au milieu d'un cercle de devoirs et d'affections naturelles ? Elles me diraient : « Que venez-vous chercher quand vous avez un mari et des enfants ? » Quand on me parle de toi et d'eux, je souffre comme l'aveugle à qui on aurait crevé les yeux et auquel on viendrait parler de la lumière et des beautés de la nature.

» Cher bon Théobald, ne me maudis pas quand je serai morte, car je vous aimais bien tous, mes pauvres chers bienaimés. Hélas ! si tu avais eu plus de principes religieux, j'aurais été moins jalouse. Faudra-t-il donc que je meure pour que tu me pardonnes! »

Et, après avoir épanché son âme, elle retourne à Dieu, son seul consolateur; elle ouvre le saint livre, et elle tombe sur ces mots du chapitre II de l'Ecclésiaste :

« Mon fils, lorsque vous vous engagerez au service de Dieu, préparez votre âme à la tentation et à l'épreuve, et demeurez ferme dans la justice et dans la crainte du Seigneur. Tenez votre âme humiliée, et attendez dans la patience. »

La leçon sublime a rafraîchi son cœur, et elle trouve ces accents vraiment admirables de pardon résigné :

« Mais, mon Dieu! arrachez-moi, s'il le faut, tout ce qui est bonheur, l'affection de tous ceux que j'aime, et réunissez-nous un jour dans votre sein. Sauvez-nous, mon Dieu! donnez-nous le bonheur éternel, et faites de nous ce que vous voudrez en cette vie. Mon Dieu! c'est là, vous le savez, le fond de mon cœur; je veux ce que vous voulez, mais donnez-moi la force et la résignation pour le supporter. »

Dans le courant du mois de juin, le maréchal Sébastiani apprit à quel point en étaient arrivées les choses. Le scandale avait dépassé toute mesure. Le maréchal dut intervenir. Une explication des plus vives s'ensuivit, à la suite de laquelle le duc, la duchesse et les enfants cessèrent d'aller prendre leurs repas chez le maréchal comme ils le faisaient auparavant.

Dans les scènes intimes, le duc de Praslin fut dur pour le vieux maréchal, qui s'en plaignit d'une façon très-touchante et très-noble dans la lettre qui suit :

« Monsieur le duc,

» Vous m'avez déchiré le cœur. Vous avez attribué à mon insensibilité d'avoir fermé ma maison à vous, à vos enfants.

» Vous êtes obligé de me rendre justice. J'ai tout fait pour éviter cette séparation qui vous coûte tant. J'ai pris sur moi tout l'odieux de fermer les yeux, d'avoir l'air de ne pas croire à tout ce que les journaux avaient répandu dans le public, à tout ce qu'on se disait dans Paris, et, pour prix d'une conduite aussi généreuse, vous venez de m'adresser les reproches les plus sanglants, les plus immérités. Je n'ai jamais parlé de mademoiselle Deluzy avec personne. Je suis prêt à lui donner tous les témoignages qui sont dans son intérêt; mais soyez juste, et ne me demandez pas des choses impossibles. Je ne vois pas ma fille pour ne pas vous indisposer contre elle. Vous êtes le premier à me priver d'être avec mes petits enfants.

» Je ne mérite pas d'être traité ainsi.

» Voyez les intérêts de ces jeunes personnes et écoutez-les. Vous ai-je jamais rien fait qui puisse m'attirer un pareil traitement? Mais vous êtes hors de vous-même et je vous excuse. Ecoutez votre cœur, qui est bon, et qui doit me rendre justice.

» H. Sébastiani.

» Lorsque vous serez vieux comme je le suis, vous vous ferez des reproches d'avoir été dur envers moi. »

Le maréchal avait cependant résolu de faire cesser à tout prix la situation déplorable de sa fille. Madame de Praslin parlait d'un procès en séparation : il fallait éviter cet éclat.

La cause apparente ou réelle du mal était mademoiselle Deluzy. Le maréchal lui envoya son notaire, M. Riant, qui la prévint des suites que pourrait avoir sa persistance à rester dans la maison du duc, et M. l'abbé Gallard, qui parla sévèrement, et intima à la gouvernante l'ordre de quitter une maison où elle était une pierre d'achoppement et une occasion de scandale.

Cette fois, il fallait s'exécuter. Mademoiselle Deluzy comprit que tout était fini pour elle.

On agissait, au reste, avec une délicatesse infinie envers celle qu'à tort ou à raison, on considérait comme la cause première de toutes ces douleurs domestiques. Le maréchal Sébastiani assurait à mademoiselle Deluzy une pension de 1500 francs, que lui garantissait madame de Praslin. On demandait seulement un éloignement sérieux. Si, par exemple, mademoiselle Deluzy voulait aller en Angleterre, on lui donnerait tous les moyens de s'y assurer une existence honorable. Voici les deux lettres échangées, à ce sujet, les 18 et 19 juin 1847, c'est-à-dire au lendemain du départ de la gouvernante, entre celle-ci et madame de Praslin :

« Madame la duchesse,

« J'aurais voulu vous exprimer de vive voix les sentiments qui m'animent, mais je sens que, dans les circonstances présentes, ce serait une tâche au-dessus de mes forces. Permettez-moi de remettre à une époque plus calme et plus heureuse les remerciments que j'ai besoin de vous adresser moi-même, pour la générosité avec laquelle vous remerciez de faibles services. Au moment de quitter des enfants auxquels j'avais voué la plus vive tendresse, je trouve dans le témoignage de votre satisfaction une puissante consolation.

» J'accepte avec reconnaissance les offres de recommandation que vous voulez bien me faire, et je m'empresserai, madame, d'y avoir recours aussitôt que les circonstances le rendront opportun pour moi. La santé de mon grand-père, très-chancelante depuis plusieurs mois, me fait un devoir de me rapprocher de lui en ce moment.

» Je vous demanderai la permission de vous mettre, plus tard, au courant des démarches que je croirai devoir faire, et je vous prie, madame, de vouloir bien agréer l'assurance de mon profond respect.

» H. Deluzy. »

Réponse de madame de Praslin.

« 19 juin 1847.

« Mademoiselle,

» Je regrette vivement que vous soyez souffrante et que, dans cet état, vous ayez pris la fatigue de m'écrire pour une chose que vos soins pour mes enfants ont rendue si naturelle. Si des circonstances graves pour leurs intérêts ont précipité un événement que je regardais, il y a peu de jours encore, comme devant être assez éloigné, ne doutez pas que je n'en cherche que plus le zèle à saisir toutes les occasions de vous être utile, et que je serai heureuse que vous m'en indiquiez les moyens.

» J'ai entendu dire que vous vouliez aller voir lady

Hislop ; dans ce cas, je vous offrirais une lettre pour lady Tancarville, qui s'efforcera, j'en suis certaine, de seconder vivement lady Hislop dans toutes ses démarches pour faire réussir vos projets. S'il vous était agréable aussi d'avoir des lettres pour madame de Flahaut et miss Elphinston, disposez entièrement de moi.

» Je me suis rappelé que vous m'avez demandé de me prêter un livre en arrivant à Praslin ; j'espère que vous ne me refuserez pas d'accepter ce petit souvenir, que j'aurai grand plaisir à vous offrir.

» Je tiens à répéter, mademoiselle, que je saisirai avec empressement toutes les occasions qui se présenteront et celles que vous voudrez bien m'offrir de vous être utile en toutes circonstances.

» S. PRASLIN. »

La victoire est gagnée : triste victoire, grosse d'un dénouement effroyable. Madame de Praslin sent un malheur suspendu sur sa tête : son mari a fait entendre de sourdes menaces. « Vous avez gâté toute ma vie par cet acte, » lui a-t-il dit avec une fureur mal contenue. Le confident des pensées intimes de madame de Praslin contient les lignes suivantes, à la date du 17 juin 1847, à la veille du départ pour Vaux-Praslin :

« J'ai besoin de me répéter à toutes heures que j'ai accompli un devoir sacré vis-à-vis de mes filles en consentant enfin à joindre mes efforts à ceux de mon père pour renvoyer cette femme. Il m'en a bien coûté. Je hais l'éclat, mais enfin tout le monde me disait, et ma conscience aussi, que c'était mon devoir.

» Mon Dieu ! *quel sera l'avenir ?* Comme il est irrité. On dirait, en vérité, qu'il n'est pas le coupable. Peut-on s'aveugler à ce point ! Mon Dieu ! ne lui ouvrirez-vous donc pas les yeux. .? »

« Il était las de cette femme depuis longtemps, mais *il en a peur;* c'est pour cela qu'il ne la renvoyait pas ; c'est évident. Maintenant qu'on vient à son secours, son amour-propre se révolte ; c'est là son seul regret en ce moment, et en lui montrant de la douleur qu'il ne sent pas, il espère la calmer.

« Comme il était pressé hier d'aller à Praslin, et de couper court de suite ! Oui, comme on me l'a dit, je lui ai rendu, à lui aussi, un réel service ; mais pour moi, *jamais il ne me pardonnera. Il se vengera sur moi,* jour par jour, heure par heure, minute par minute, de lui avoir rendu ce service, d'avoir eu raison quand il avait tort. L'abîme se creusera les jours plus profond entre nous ; plus il y réfléchira, plus il se sentira coupable, plus il m'en voudra, plus il appesantira sa vengeance sur moi. « *L'avenir m'effraie ; je tremble* en y songeant. »

On sait le reste.

Un mois après, madame de Praslin confiait, une dernière fois, au papier, l'expression de ses secrètes amertumes. Trente-cinq jours avant sa mort cruelle, elle résumait ainsi, dans un regard suprême, sa douloureuse existence de femme et de mère :

Pièce trouvée, cachetée, à Paris, dans le secrétaire de madame la duchesse de Praslin, avec une enveloppe portant pour suscription :

MES IMPRESSIONS.

« 13 juillet 1847.

« Il y a longtemps que je n'ai écrit, et cependant rien n'est changé depuis

» Elle doit partir, dit-on, lorsque nous irons à Praslin, et, en attendant, son empire s'exerce toujours plus absolu. Père et enfants, elle tient tout en chartre privée : je comprends assez son jeu, si elle a décidément toute honte bue ; mais lui, je ne peux m'expliquer sa conduite.

» Il crie à la calomnie, mais il convient que les apparences étaient mauvaises, et ces apparences, tous les jours il les rend plus fâcheuses ; il donne plus de matière à toutes les interprétations scandaleuses. Il prétend qu'on calomnie ses relations, et il affiche publiquement rupture entre lui et mon père à cause d'elle ; il rompt avec nous, et il ne la quitte pas. Il n'y a pas de caractère d'homme plus énigmatique.

» Est-ce excès de corruption ? est-ce excès de faiblesse ? Excès de faiblesse, est-il possible que cela puisse aller jusqu'à fouler aux pieds à ce point les intérêts de ses enfants ? Comment, il aurait donc si peur de cette femme qu'il n'ose pas, tant qu'elle est dans la maison, rendre des enfants à leur mère, avoir des égards pour sa femme ? Qui lui a donné cet empire sur lui ? cela n'est pas naturel : il faut qu'elle ait un moyen de lui en imposer par des menaces.

» Pauvre homme ! je le plains réellement. Quelle vie il mène ! quel avenir il se prépare, s'il se laisse ainsi dominer et tirailler par des intrigantes à quarante-deux ans ! Que sera-ce en vieillissant !

» Comme il m'aimait, cependant ! Il faut qu'il soit bien changé par toutes ces mauvaises espèces ; car, en voyant ce qu'il est maintenant, je ne puis me rendre compte de ce qui m'avait inspiré cet amour si passionné : ce n'est plus le même homme : comme il s'est éteint l'esprit, rétréci le cœur ! Comme il est devenu soucieux, ennuyé, irritable. Rien ne l'anime, rien ne l'intéresse, rien ne l'exalte ; tous les sentiments généreux, passionnés, enthousiastes, n'ont pas l'air de vibrer dans son cœur, dans son esprit. Position, fortune, il avait tout ce qui pouvait lui donner une existence utile, brillante, heureuse, honorable. Tout est galvanisé : il ne s'intéresse à rien, ni pour son pays, ni pour ses enfants ; il tient compagnie à des gouvernantes, il est leur cavalier servant, jusqu'à ce qu'il devienne leur esclave.

» En vérité, je crois qu'il ne tenait plus à garder mademoiselle D... (qu'il n'aime plus depuis dix-huit mois ou deux ans) que parce qu'il a peur qu'elle ne lui rende la vie trop dure une fois hors d'ici. Mon Dieu ! quelle existence ! Ce qu'il y a de curieux, c'est que je suis sûre qu'il croit fermement que c'est par amour pour lui pour moi que je voulais le départ de mademoiselle D... Il ne veut pas comprendre que mon mobile est et sera toujours maintenant mes enfants. Il croit que c'est du dépit amoureux que j'ai, et cela lui plaît : c'est singulier. Mais je ne doute pas que s'il n'avait pas cru mon amour inextinguible, il aurait agi avec plus de ménagements, il aurait été moins indigne pour moi. Quelle illusion ! quel excès d'amour-propre ! Il est peut-être possible de conserver de l'amour au fond du cœur pour un homme qui vous traite comme il m'a traitée, si d'un autre côté cet homme excite notre admiration, s'élève à nos yeux par de grandes actions, par de grandes œuvres ; un homme terre-à-terre, un homme ordinaire, mais on ne l'aime que s'il est bon, que s'il est juste, consciencieux, s'il vous rend la vie douce. Il n'est pas nécessaire de faire de grandes choses, mais il faut savoir les sentir, les admirer, s'y intéresser.

» Je ne puis dire à quel point cet esprit de dénigrement et d'ennui de toutes choses, cette impossibilité de prendre à rien vivement, m'a totalement découragée de lui. Je le croyais si différent : oh ! il devait l'être ; je n'aurais pu l'aimer s'il avait toujours été ce qu'il est. Certainement il y avait de l'étoffe dans son cœur, dans son intelligence ; mais le défaut de principes fermes, de morale et de religion, et sa paresse d'esprit ont laissé prendre le dessus aux passions matérielles ; et, avec tout cela, vouloir élever ses filles !

» Comme il s'est laissé isoler ! il n'a pas un ami sérieux, réel ; il n'a de liaisons que celles que les plaisirs font naître, et qui deviennent des chaînes à cause de sa faiblesse lorsqu'il voudrait s'en détacher. C'est affreux ! il traîne comme des boulets après lui l'exigence des femmes avec lesquelles il a eu des rapports.

» Comme les hommes sont bizarres, cependant ! il m'a toujours sacrifiée, opprimée, blâmée, humiliée, maltraitée, abandonnée pour des personnes qu'il n'aimait pas. Moi, je n'ai aimé que lui, et avec une passion inouïe, une ardeur qui m'étonne ; et maintenant, je ne sais, mais peut-être au fond de son cœur, me préfère-t-il à ces femmes qu'il méprise et qu'il craint ; et moi, moi, je suis bien désenchantée de lui.

» Il sera toujours mal pour moi maintenant, il sent trop bien l'étendue de ses torts ; il est rancuneux et ne saurait comprendre que je puisse pardonner et oublier. Mon mérite ne serait pas si grand qu'il croit ; il peut être jalouse que lorsque j'aime ; et puis je pardonne facilement, et depuis que mes sentiments sont changés, je ne lui en veux plus qu'en raison du tort qu'il fait à mes enfants.

» Notre position est bizarre et bien triste : pendant qu'il a couru les plaisirs, moi j'en ai été complétement sevrée ; il a eu des jouissances et pas d'amour ; mon amour, à moi, s'est éteint dans les larmes, et je n'ai... Enfin, ce qui s'est usé chez l'un s'est peut-être conservé chez l'autre, et réciproquement...

» Comment tout cela finira-t-il ? Je ne crois pas que ce soit jamais par une complète réconciliation, comme ce serait désirable pour mes enfants. Il me fuira toujours parce qu'il se sent des torts, et moi je ne le chercherai guère et que par devoir pour mes enfants. Un sentiment de pudeur m'empêchera toujours de faire des avances à un homme, même mon mari, lorsque je doute de son amour pour lui, et que je sens que d'autres idées, tant d'années comprimées, me pousseraient plus vite que mon cœur dans ses bras.

« Mon Dieu ! vous seul savez ce que j'ai souffert de privations de cœur et de tous genres ; si je n'ai pas succombé aux tentations, gloire à vous, Seigneur ! vous êtes mon appui, ma force, oh ! ne m'abandonnez pas maintenant, car sans vous je succomberais, Mon Dieu ! mon Dieu ! soutenez-moi, dirigez-moi, j'ai peur de l'avenir, des menaces qu'il m'a faites, des difficultés qui s'élèveront tous les jours ; mais vous serez là, mon Dieu, et j'en ai la confiance, vous soutiendrez la pauvre mère à qui vous avez donné la force de lutter pour ses enfants. Seigneur, secourez-moi ! »

Quelques mots encore sur les derniers incidents de ce drame de famille.

Le maréchal Sébastiani, qui était parti malade pour la Suisse, revint en toute hâte à Paris. Frappé de ce coup terrible, il lui fallut partager sa douleur avec la duchesse douairière de Praslin, pauvre femme affligée d'une cécité complète, à qui il fallut bien apprendre ces deux morts, mais sans lui révéler l'épouvantable connexité de ces pertes simultanées.

La duchesse de Praslin fut inhumée dans les caveaux du château de Vaux, récemment restaurés par les soins de son mari. Ce fut une solennité touchante, car la duchesse était adorée dans ces campagnes.

La bienfaisance de madame de Praslin était grande : son nom était béni des malheureux et des pauvres. Son carnet de dépenses de toilette renfermait, à chaque page, des mentions comme celle-ci : « Donné 100 fr. à la femme T... pour l'aider à payer le remplacement de son fils... Envoyé à D..., dont la femme est récemment accouchée, la somme de 50 fr. » Les ecclésiastiques de Vaux, de Vaudreuil et de Paris, distribuaient secrètement pour elle de nombreuses aumônes.

Quant à M. de Praslin, il fut inhumé furtivement, dans la nuit du 26 août.

Des groupes animés avaient stationné dans le voisinage du Luxembourg jusqu'à une heure assez avancée de la soirée. A minuit et demi, lorsque le quartier fut rendu au repos et au silence, un fourgon de poste de l'entreprise des pompes funèbres fut introduit par la grille de la rue de Fleurus dans le jardin du Luxembourg, qu'il traversa dans sa largeur pour s'arrêter devant la porte intérieure de la prison de la Cour des pairs. Le cercueil, qui contenait les restes du coupable, y fut placé, et le triste cortège se mit en marche, par la rue de Vaugirard et la barrière du Maine, sous la protection d'une brigade de sergents de ville.

La nuit était sombre et pluvieuse : à peine si quelques rares voitures de maraîchers sillonnaient la route. On arriva ainsi au cimetière du Sud, où les fossoyeurs avaient creusé une tombe sans savoir à quel hôte elle était destinée.

Le matin, les visiteurs du cimetière purent voir dans la partie la plus reculée de l'enclos qu'ombragent des platanes et des tilleuls, une fosse toute fraîche, sur laquelle ne s'élevait pas même la croix noire des pauvres. C'était là le convoi funèbre, c'était la dernière demeure d'un pair de France, d'un Choiseul-Praslin !

Quant à mademoiselle Deluzy-Desportes, après une longue instruction, M. le procureur du roi conclut à une ordonnance de non-lieu, attendu qu'aucune charge ne s'élevait contre l'inculpée sur une participation quelconque dans le crime.

Conformément à ce réquisitoire, la chambre du conseil déclara qu'il n'y avait lieu à suivre, et mademoiselle Deluzy-Desportes fut mise en liberté le **17 novembre**.

Tel est ce drame lugubre dont les péripéties touchent par leurs côtés divers et par leur triste retentissement, à la politique, à la vie de famille, à l'histoire judiciaire de la France.

A ce dernier point de vue, nous ne pouvions le passer sous silence : mais, et le lecteur ne s'y sera pas trompé, nous nous sommes placé, en le racontant, au-dessus des mauvaises et périssables inspirations de l'esprit de parti. Il nous était donc facile d'échapper à l'écueil ordinaire d'un semblable récit, et notre but était trop haut pour qu'on pût soupçonner ici la recherche d'un scandale.

Les familles les plus illustres, comme les plus humbles et les plus ignorées, partagent le triste privilége de l'humanité, et sont comptables à l'opinion et à l'histoire des erreurs et des crimes de leurs membres. Mais qui osera prétendre aujourd'hui que les fils soient solidaires des fautes paternelles?

L'acte insensé de M. de Choiseul-Praslin fut la déplorable conséquence d'une vie mal prise, d'un de-

Sur le chemin du cimetière.

voir méconnu : à ces hauteurs de la société, l'oubli du devoir a, plus encore qu'en bas, des conséquences terribles.

Mais n'oublions pas que, malgré les injustes suspicions de l'opinion, le procès de M. de Praslin fut un éclatant témoignage du respect de tous pour le grand principe de l'égalité devant la loi. Et n'oublions pas surtout que, si ce funeste exemple fut donné dans une des premières familles de France, il servit au moins, contraste rassurant pour la dignité humaine, à mettre dans la lumière la plus pure et la plus éclatante, les vertus sublimes de l'illustre morte qui repose dans la crypte consacrée de Vaux-le-Vicomte.

Paris. — Typographie de Firmin Didot frères, fils et Cie, 56, rue Jacob.

DAMIENS. — LOUVEL.
DAMIENS.

Damiens dans sa prison.

Si l'attentat contre la vie d'un homme soulève et révolte tous les cœurs contre le meurtrier, l'attentat contre la vie d'un roi produit une impression plus profonde encore, et plus générale. Il s'agit ici, en effet, d'un intérêt plus présent et plus visible, sinon moins haut, que celui de la vie humaine : c'est l'intérêt d'un pays tout entier, celui des sociétés elles-mêmes, qui est mis en question ; c'est l'autorité, dans la personne de son représentant suprême, qui se sent frappée par le poignard de l'assassin. A ce point de vue, le régicide est le plus grand des crimes.

Ce sera donc, pensons-nous, une étude morale d'une gravité sérieuse, que celle des mobiles divers qui ont pu pousser des hommes différents, à des époques diverses, à ce crime que la conscience publique assimila longtemps, et avec raison, au plus énorme de tous les crimes, au parricide. Frapper le père ou frapper le roi, ce fut longtemps un seul et même forfait pour la justice des nations.

Damiens et Louvel, ces deux régicides de natures si opposées, même dans leurs ressemblances, seront pour nous les premiers sujets de cette étude.

Le dix-huitième siècle avait déjà fourni la première moitié de sa carrière, remplie par la fin misérable d'un grand règne, par les désordres et les hontes d'une régence, par les commencements assez tristes d'un règne nouveau. Louis XV se faisait vieux lui-même, bien qu'il n'eût pas encore tout à fait cinquante ans. Mais la satiété, le dégoût de toutes choses, l'ennui vieillissaient ce roi et ce règne, et l'hôte couronné de Versailles ne retrouvait un peu d'activité et de goût que dans les fêtes intimes de Trianon, ou dans les caquetages sans dignité des boudoirs de Bellevue et de Babiole.

Madame de Pompadour nouait déjà les funestes intrigues de ces alliances de coteries qui devaient bientôt humilier la France à Rosbach. L'insubordination et l'indiscipline étaient partout : favoris contre favorites, parlement contre clergé, jansénistes contre molinistes, tout était en lutte. Les impôts s'alourdissaient, le mécontentement gagnait les esprits, et les idées nouvelles fermentaient dans cette dissolution générale de toutes choses.

C'est dans cette situation de la France et de la monarchie que se passa l'événement que nous allons raconter.

C'était le 5 janvier 1757 : il était cinq heures trois quarts du soir. La nuit était sombre et froide. Le roi se disposait à retourner à Trianon pour voir Mesdames, et une voiture l'attendait à l'entrée de la voûte. Louis XV, suivi de quelques courtisans et du Dauphin, descendit l'escalier, et à la lueur incertaine de quelques lanternes, se dirigea vers la voiture. Sous la voûte, assez mal éclairée, étaient un assez grand nombre de courtisans et d'oisifs, strictement enveloppés dans leurs redingotes ou embossés dans leurs manteaux, car le froid redoublait.

Le roi passa au milieu de cette haie, et, appuyé sur le comte de Brienne, grand-écuyer, et sur le marquis de Beringhen, premier écuyer, s'apprêta à monter dans la voiture.

A ce moment, se faisait le mouvement ordinaire d'une haie de spectateurs qui se replie sur l'objet de la curiosité générale. Tout à coup, d'un petit enfoncement au bas de l'escalier, sortit un homme, boutonné comme les autres dans une grande redingote, qui, jouant des coudes, heurta en passant le Dauphin et le duc d'Ayen, capitaine des gardes du corps de service, et perçant les gardes du corps et les Cent Suisses, s'approcha du roi qu'il frappa au côté droit.

— « On m'a donné un furieux coup de poing, » s'écria Louis XV, et, passant sa main sous sa veste, il l'en retira ensanglantée. « Je suis blessé, » dit le roi; et, comme il se retournait, il vit à deux pas de lui, immobile, un homme qui avait son chapeau sur la tête.— « C'est cet homme-là qui m'a frappé; qu'on l'arrête, et qu'on ne lui fasse point de mal. »

Le roi remonta aussitôt dans son appartement; on le mit au lit, les médecins accoururent. L'arme était-elle empoisonnée? on le craignit, on exprima trop haut cette crainte devant l'auguste malade, à qui l'effroi eut bientôt donné la fièvre. La reine, le Dauphin pleuraient à son chevet; madame de Pompadour n'était pas là; on l'avait écartée, c'était donc qu'il y avait danger de mort. Le roi demanda un confesseur.

Cependant les valets de pied du roi et les gardes du corps s'étaient précipités sur l'homme. On le conduisit dans une salle basse. On le fouilla : il avait encore sur lui l'arme homicide, un couteau à deux lames : l'une assez large, l'autre, en forme de canif. Aucune de ces lames n'était ensanglantée.

Mais l'homme ne nia pas que ce fût lui qui avait frappé le roi. Il reconnut s'être servi de la lame en forme de canif, longue d'environ cinq pouces, et avoir eu le temps de l'essuyer avant de la remettre en poche. Il était, au reste, évident qu'il n'avait pas voulu se sauver, ce qu'il eût pu faire, sans doute, dans la confusion du premier moment, s'il s'était rejeté dans la foule, et s'il n'avait pas gardé son chapeau sur sa tête.

Ses premières paroles, entre les mains des gardes du corps, furent : — « Qu'on prenne garde à Mgr le Dauphin ! Que Mgr le Dauphin ne sorte pas de la journée ! » Et comme on lui demandait quels étaient ses complices : — « Ils sont bien loin, on ne les trouverait plus ; si je les déclarais, tout serait fini. »

C'était appeler la torture : on la lui fit subir, dans l'espoir de lui arracher un aveu. On le tenailla aux chevilles avec des pinces rougies au feu ; la douleur ne lui arracha que des déclarations vagues, sans aucune désignation de complices réels. Le grand prévôt de l'hôtel fit cesser ces tourments inutiles, veilla à ce qu'on enfermât le criminel en lieu sûr, et Leclerc de Brillet, un des lieutenants du prévôt de l'hôtel, commença l'interrogatoire. Le soir même, le substitut du procureur général, Mallet, rendit plainte, et l'information commença.

La chambre royale était, pendant ces premières séances, un théâtre de confusion et d'agitations désespérées. Le roi, se croyant frappé à mort, avait fait demander un confesseur. Son confesseur ordinaire, ses aumôniers étaient absents. On se procura, à grand'peine, un pauvre chapelain qu'on amena tout effrayé au chevet royal. Le chapelain s'excusa, allégua son ignorance, peu habitué à absoudre les rois ; il fallut bon gré mal gré qu'il écoutât son auguste pénitent.

Un appareil avait été mis sur la blessure. Le lendemain on le leva, pensant trouver une plaie, qu'on redoutait de voir envenimée. Il n'y avait qu'une large saignée ; la lame avait quelque peu pénétré dans les chairs, c'était une simple coupure que quelques heures suffirent à cicatriser.

Revenus de cette alarme, on s'inquiéta de l'action plus que de ses résultats. Cet homme était-il un Ravaillac, un Jacques Clément? à quel ennemi fallait-il attribuer ce crime?

Voici ce que l'information apprit sur son compte.

Cet homme se nommait Robert-François Damiens.

Il était né au hameau de la Thieuloy, dépendant de la paroisse de Mouchy-le-Breton, dans le diocèse d'Arras, à une lieue et demie de Saint-Pol (aujourd'hui département du Pas-de-Calais). Son extrait baptismal, tiré des registres de cette paroisse, le fait naître le 9 janvier 1715, de Pierre-Joseph Damiens et de Marie-Catherine Guillemant, sa femme.

Pierre-Joseph Damiens avait été fermier à Orlincourt. Il y avait mal fait ses affaires, et était allé se fixer à la Thieuloy : il y servait dans une ferme en qualité de *ménager*, nous dirions aujourd'hui garçon de charrue. Pierre-Joseph perdit sa femme et resta veuf avec dix enfants, dont, en 1753, il ne restait que quatre vivants, trois garçons et une fille.

La fille, Marie-Catherine, avait épousé un charpentier de Saint-Omer, Charles Chollet, mort en 1755. Des trois garçons, l'un, Antoine-Joseph, peigneur de laine, était marié et établi à Saint-Omer; l'autre, Louis, était domestique à Paris; le troisième était Robert-François, que nous n'appellerons plus désormais que de son nom patronymique de Damiens.

A l'époque de la mort de sa mère, vers 1731, Damiens était entré en service, à la Thieuloy, chez un nommé Petit. Il n'y était resté que peu de temps, et son grand-oncle maternel, Jacques-Louis Guillemant, cabaretier à Béthune, l'avait pris avec lui.

Tous ces détails de famille ne sont pas inutiles : ils nous montrent dans quel milieu de vie et d'éducation avait grandi l'auteur de cette tentative maladroite et peu sérieuse de régicide.

C'était, au reste, un assez mauvais sujet que Damiens. Dans le pays, il passait pour un paresseux; un indocile; son esprit inquiet ne lui permettait pas de rester en place. Il avait à peu près seize ans quand il entra chez son grand-oncle de Béthune, et celui-ci lui fit apprendre à lire et à écrire. Mais cet essai d'instruction n'eut pas beaucoup de succès, et il fallut bientôt lui chercher un état. On le plaça en apprentissage chez le serrurier Beauvente, à Béthune. Il n'y fut pas plutôt qu'il s'y déplut : il recourut, pour se délivrer du travail régulier, à la ressource ordinaire des sujets incorrigibles, au racoleur. Damiens s'engagea. Le service militaire ne s'accordait guère avec ses habitudes d'indépendance ; il fut bientôt aux regrets de son incartade, et son grand-oncle, le prenant en pitié, le racheta moyennant quatre cents livres.

Revenu dans le cabaret de Béthune, Damiens y rapporta son humeur changeante et son indocilité. Un beau matin, il jeta son tablier, plaça au bout d'un bâton le sac qui contenait son mince bagage, et partit pour Arras. Jamais, depuis lors jusqu'à sa mort, arrivée en 1747, le père Guillemant n'entendit parler de son neveu.

Damiens chercha quelque temps condition à Arras : il trouva à l'abbaye de Saint-Waast une place de marmiton. Son apprentissage de la cuisine ne fut pas plus long que les autres.

En 1733, c'est-à-dire après tant d'essais si vite abandonnés en l'espace de deux ans, il voulut tâter encore du service militaire, mais cette fois comme valet d'armée. Il s'attacha au service d'un officier suisse, du nom de Dubas, et assista de loin au siége de Philisbourg. De là, il passa au service d'un comte de Raymond, qu'il accompagna en Bavière. Mais, au retour, il était déjà dégoûté de ce nouveau maître, et il se refusa à le suivre dans ses terres de l'Angoumois.

Damiens était enfin arrivé à Paris. Paris lui plut, il voulut y rester. Il avait, dans la capitale, un sien parent, du nom de Jean-François Neveu, maître-d'hôtel au collége de Louis-le-Grand. Cette rencontre réveilla les goûts de Damiens, qui obtint au collége un emploi de valet de réfectoire. Il y resta quinze mois : c'était beaucoup pour lui. Un jour, qu'il s'était attiré une punition, il refusa de s'y soumettre, et fut renvoyé.

Le voilà derechef, pendant un an, essayant de conditions diverses, ne se plaisant et ne se tenant à aucune. Au bout de ce temps, il demanda à rentrer en grâce à Louis-le-Grand. On l'y admit pour le service des chambres particulières, de celle, entre autres, qu'occupaient le fils de M. Bronot, notaire, et les enfants de M. Belouse, négociant à Marseille.

Cela dura quinze mois environ. Mais, de jour en jour, se développait davantage chez Damiens un caractère sombre, taciturne, irritable, impatient du joug et de la remontrance.

En 1738, il avait eu l'occasion de faire la connaissance d'une servante lorraine, qui était en place chez la comtesse de Crussol, dans le cloître Saint-Étienne-des-Grès. Cette fille, Élisabeth Molerienne, lui plut et il l'épousa à Saint-Benoît, au commencement de 1739. Il en eut un fils, mort jeune, et une fille qui fut élevée près de sa mère, et qui, à l'époque du crime, gagnait sa vie à enluminer des images pour les marchands d'estampes du quartier Saint-Jacques.

Une fois marié, Damiens ne pouvait rester au collége. Il établit sa femme dans une petite chambre du quartier Saint-Étienne-des-Grès ; elle y resta jusqu'au mois de septembre 1756, époque à laquelle elle entra comme cuisinière chez une dame Ripaudelly, rue du Cimetière-Saint-Nicolas-des-Champs.

Lui, cependant, avait recommencé à courir les places et à les quitter. Son humeur violente se dessinait de plus en plus. Son tempérament sanguin et mélancolique à la fois, le poussait à des colères subites, effrayantes, longtemps ruminées avant leur explosion soudaine.

Après avoir passé quelque temps chez un sieur de la Bourdonnaye, il entra au service d'une dame de Verneuil-Saintreuse, rue Grange-Batelière. Cette dame aimait à faire tirer des horoscopes, et, pensant se connaître elle-même en divination, regarda un jour les lignes de la main de Damiens : « Vous finirez mal, Robert, lui dit-elle, je vois là une ligne brisée qui me dit que vous serez rompu vif. » La servante, nécromancienne, à l'imitation de sa maîtresse, fit à Damiens la même prédiction, que leur avait inspirée sans doute le caractère de ce sombre et colérique valet. Un autre jour, madame de Saintreuse s'amusa à jeter, du haut de l'escalier, un panier rempli de bûches, et dit à Damiens de les ramasser : « Savez-vous ce que cela veut dire, Robert, dit la maîtresse ? Cela veut dire que vous serez brûlé vif un jour. »

Ces plaisanteries sinistres firent sur le mélancolique Damiens une impression profonde, et il semble que sa superstitieuse maîtresse les prit au sérieux elle-même, car, au bout de six mois, elle le renvoya.

Le 4 juillet 1756, nous le retrouvons entrant, comme domestique, chez un négociant de Saint-Pétersbourg, le sieur Jean Michel, demeurant à Paris, rue des Bourdonnais, chez un marchand fripier du nom de Desprez. Deux jours après, le 6 juillet, le sieur Michel eut à sortir, et recommanda à Damiens de l'attendre. Quand il rentra, Damiens avait disparu. Le négociant soupçonna quelque tour de laquais, courut à une armoire dans laquelle il avait placé son portefeuille. Les cordons qui en liaient les deux bouts avaient été arrachés, et on en avait extrait deux cent quarante louis d'or. Le sieur Michel alla porter plainte contre le domestique infidèle.

C'était bien Damiens, en effet, qui avait fait le coup, et déjà il roulait en poste sur la route d'Arras.

Chemin faisant, il alla, près du village d'Hermanville, visiter deux de ses tantes, les femmes Platel, et le 8 juillet, il alla présenter, à Arras, une requête contre ses parents maternels, avec lesquels il avait quelques discussions d'intérêt. Ce même jour, il partit pour Saint-Omer, où il arriva le 10.

Il avait là, on se le rappelle, un frère peigneur de laine. Le pauvre Antoine-Joseph ne pouvait lui offrir un gîte convenable, Damiens alla se loger chez la veuve Collet, sa sœur. Le 11, il alla à Arcq voir son père, qui était portier de la prévôté dépendant de l'abbaye de Saint-Bertin. Entre autres emplettes, faites dans ces petits voyages, on trouve qu'il acheta des couteaux.

Par un premier bon mouvement, en voyant la gêne de sa sœur, Damiens lui avait donné cinquante-quatre livres et trois cents livres à son frère, pour qu'il pût acheter des laines et travailler à son compte.

Mais on n'allait pas trop tôt apprendre la source des *économies* de Damiens. Le 14 juillet, une lettre du frère Louis arriva de Paris. Ce fut un coup de foudre pour l'honnête famille. Louis instruisait Joseph-Antoine du vol commis chez le négociant Michel et des poursuites dirigées contre Damiens. Joseph-Antoine prit son frère à part, lui lut la fatale lettre et lui dit en pleurant : « Tu vois où tu t'es mis, Robert, et ce qui t'en va arriver. Vois-tu, garçon, bien volé ne profite pas. Il faut rendre, et bien vite. Le tout est d'éviter qu'on ne te mette à mal. Allons-nous-en de ce pas chez M. Fenès : c'est le curé de Sainte-Marguerite, un digne homme, de bon conseil. Il te dira ce qu'il faut faire. »

Damiens haussa les épaules, envoya les prêtres à tous les diables, jura, s'emporta et traita son frère d'imbécile. L'orage se formait cependant, et Damiens comprit que, dans quelques jours, on allait le traquer à Saint-Omer. La nuit, comme il ruminait ces pensées inquiètes, la fièvre le prit, le sang lui monta au cerveau et il résolut d'en finir. Il avala donc d'un coup une énorme quantité d'émétique. La dose était tellement forte, que l'estomac l'eut bientôt expulsée, et, en quelques heures, Damiens fut sur pied, affaibli, mais la tête dégagée par cette évacuation formidable.

Il s'obstinait pourtant à ne pas restituer, et il se contenta de se cacher. Il partit avec sa sœur pour Dunkerque. Il y était encore, le 26 juillet, quand accourut, pâle, effaré, le pauvre Joseph-Antoine, qui venait apprendre à Damiens qu'on le cherchait à Saint-Omer, que son signalement était arrivé. Les deux frères partirent précipitamment pour Saint-Venant; la sœur repartit seule pour Saint-Omer.

A Saint-Venant, Joseph-Antoine chercha à faire entrer son frère dans la maison du Bon-Fils; mais cette maison, bien que dirigée par des religieux, était une sorte de maison de force, et relevait du juge de la ville. Il fallut chercher un autre asile. Les deux frères allèrent prendre gîte dans un faubourg d'Ypres, chez l'aubergiste Jacques Ventolle, à l'enseigne du *Petit-Poperingue*. Quand le pauvre peigneur de laine vit son frère installé là, il courut à Saint-Omer chercher les hardes de Damiens, et il le rejoignit le 31 chez Ventolle.

Le 1er août, nouvel asile, à Zutnoland, chez Pierre Roland Pael, cabaretier, à quelques portées de fusil de Poperingue. C'est là que Joseph-Antoine laissa son frère, caché sous le nom de Pierre Guillemant. Damiens resta là huit jours, passant sa vie dans sa chambre, taciturne, morose, se levant tard et jouant tristement quelques parties de cartes dans la salle enfumée du cabaret, avec des grenadiers des troupes de la reine de Hongrie. Le sang le tourmentait toujours, et il prit le parti de se faire saigner. Le lendemain, comme il ne descendait pas, l'hôtesse monta dans sa chambre et le trouva baigné dans son sang, mais les yeux ouverts et le regard calme. Il répondit à ses questions que ses bandes s'étaient déliées. On le raccommoda, et il descendit, toujours soucieux, faire sa partie de cartes.

Le 9 août, le cabaret de Zutnoland lui étant devenu insupportable, il retourna à Poperingue, et descendit à l'auberge de Jacobus Masselin, qu'il quitta au bout de quatre jours, pour partager la chambre d'un tisseur de bas au métier, Nicolas Playoust, chez une mercière de Poperingue, Pétronille Hameau. Pendant quinze jours, cet homme prêta à Damiens la moitié de son lit. Damiens lui cachait son nom, et Nicolas ne l'appelait que *Monsieur*. Le tisseur eut bientôt remarqué que son camarade de lit ne ressemblait pas à un autre. *Monsieur* avait toujours l'air inquiet, troublé: il parlait tout seul, la nuit comme le jour; il se mettait en colère sans motif. Playoust décida que *Monsieur* avait reçu sur la tête un coup de marteau de *Martin et Martine*, les carillonneurs automates de Cambrai, patrons naturels de tous les *toqués de Flandre*.

Il était, au reste, évident pour le brave tisseur que son compagnon de chambre avait quelque chose sur la conscience, et il résolut de se débarrasser de cet hôte incommode qui lui répétait de temps en temps: — « Mademoiselle Henriette m'a toujours prédit que je ferais un mauvais coup. »

Cette Henriette, c'était la femme de chambre de madame de Verneuil-Saintreuse.

Un jour, Nicolas Playoust étant allé se promener avec *Monsieur*, celui-ci lui dit, en s'escrimant (racontait le bonhomme) : — « Si je retourne en France (Poperingue appartenait à la Hollande), oui, j'y retournerai, et si je meurs, *le plus grand de la terre mourra aussi*, et vous en entendrez parler. » Et, en rentrant, Damiens voulut faire écrire à Playoust une lettre qui commençait par ces mots : — « Mademoiselle Henriette me l'a toujours bien prédit que je ferais un malheur... »

Le 10 septembre, au matin, le bourgmestre fit appeler l'inconnu, le *monsieur*, en chambre, sans doute pour lui demander des renseignements plus précis sur son nom et sur ses antécédents. Damiens se montra fort troublé. — « Si vous n'avez rien sur la conscience, lui dit l'honnête Playoust, vous pouvez y aller en sûreté : monsieur le bourgmestre ne vous mangera pas. »

Une heure après, Damiens quittait la chambre de Playoust et Poperingue, sans même emporter ses hardes. Il se dirigea vers Nedouchez, en Artois. Le 12, il était à Cœur-Joyeux, près Saint-Omer. Il alla faire, à Arcq, une visite à son père, et le pria de faire venir en secret son frère et sa sœur. Joseph-Antoine et la veuve Collet arrivèrent en hâte. Damiens ne les mandait que pour leur reprendre l'argent qu'il leur avait donné sur le vol de son maître. Mais ces braves gens avaient été conter la chose au curé de Sainte-Marguerite, et l'abbé Fenès leur avait conseillé de restituer ce qu'ils avaient en leur possession, ce qu'ils s'empressèrent de faire.

A cette nouvelle, Damiens entra dans une terrible colère et accabla ses parents d'injures et de menaces. Puis, il alla demander asile à un de ses cousins, Taillis, fermier à Fiès. Il resta là jusqu'à la fin d'octobre, toujours rêveur, taciturne, marmottant des paroles inintelligibles, et roulant parfois des yeux égarés. Vers la mi-octobre, un homme à cheval, se disant le cousin du *monsieur*, vint à Poperingue avec deux lettres, l'une pour Pétronille Hameau, l'autre pour Nicolas Playoust. Le *Monsieur*, renonçant à l'incognito, réclamait ses effets et signait Damiens. — « Qu'est-ce qu'il a donc mangé, votre cousin, dit Playoust au messager? quand il était ici avec moi, on aurait juré qu'il avait fait ou qu'il voulait faire un mauvais coup. — Oh! dit le messager, je crois qu'il a tué un domestique à coups de couteau dans Paris. »

Le 3 novembre, Damiens quitta Fiès et se rendit à Austreville, chez un autre de ses cousins qui portait le même nom que lui. Son air égaré, ses paroles décousues, ses sourdes menaces effrayèrent tellement la cousine, que la bonne femme se mit au lit et se fit saigner le lendemain.

Après quelques jours de vagabondage, Damiens arriva, le 19, à Villers-Châtat, chez un de ses parents du nom de Beaucourt. Il y resta deux nuits et laissa encore là une impression de crainte. Il s'échauffa surtout à parler contre les ecclésiastiques. Le 21, il partit pour Arras, et fit demander si on avait vraiment le signalement d'un homme nommé Damiens et si on le recherchait.

Il me semble que la justice ne s'inquiétait guère de Damiens, car il alla se loger à l'auberge du *Lion-d'Or* dans Arras, et, pendant la première semaine de décembre, il s'occupa activement, et sans se cacher davantage, d'arranger ses affaires.

Puis, il retomba dans ses paresses taciturnes, passant sa vie à l'estaminet, à jouer et à boire, mais le tout sans se mettre en frais de conversation. Ces apathies étaient ordinairement chez lui les préludes d'une crise violente. Le 20, il fut obligé de se faire saigner et il recommanda au chirurgien de lui faire une grande ouverture. Ses nuits étaient agitées, sans sommeil, pleines, sans doute, de visions sinistres. Il eut, pour dormir, recours à l'opium.

Le 21 décembre, il alla à la Falesque, près d'Arras, faire visite à son parent, le fermier Neveu. Là, il tint les propos d'un homme désespéré, disant que le royaume était perdu, que sa femme et sa fille allaient mourir de faim. Quelque temps auparavant, il avait eu occasion de revoir le frère de ce fermier, ce même Jean-François Neveu qu'il avait connu maître d'hôtel à Louis-le-Grand, retiré aujourd'hui dans son pays natal. Damiens reprit avec Neveu les anciens discours de collége, se mit à fronder sur les matières du temps, parlant avec irritation du clergé et exaltant le parlement. Un ami de Neveu, mesureur de blé, rapporta aussi que Damiens lui avait tenu, sur le marché, des discours de désespéré. Il lui avait dit, en se promenant avec lui, et sans le moindre à-propos visible : — « Tout est perdu, voilà le royaume culbuté ; pour moi, je suis perdu à tout jamais ; voilà une mauvaise affaire que j'ai sur mon compte, et l'on parlera de moi. — Retire-toi, mon enfant, répondit le mesureur de blé ; tu es fou, je ne veux plus te parler. Je prie Dieu de t'inspirer de meilleurs sentiments. »

Revenu à Arras le 23 décembre, Damiens quitte le *Lion-d'Or* pour l'*Écu-de-France*, hôtel d'où partaient les voitures pour Paris. Il retint une place sous le nom de Breval. Le 28 il partit pour Paris.

Dans la soirée, Louis, ce frère de Damiens qui était domestique à Paris, rue Simon-le-Franc, vit venir un commissionnaire qui lui dit qu'une personne l'attendait dans un cabaret de la rue Beaubourg. Louis y alla, et fut fort étonné d'y trouver son frère.

— « C'est mal à toi, Robert, dit Louis, d'être venu ici après ce que tu as fait. Tu n'es pas en sûreté à Paris. » Damiens éluda la réponse, et dit : — « Je viens te voir, j'ai fini mes affaires... » — « Que viens-tu faire ici malheureux ? » — « Je reviens à Paris pour les affaires du parlement. J'ai appris à Arras que Messieurs du parlement ont donné leur démission, et c'est cela qui m'a fait revenir... »

Surpris d'une pareille réponse, et de la chaleur que son frère avait mise à la faire, Louis le regarda entre les deux yeux et lui dit : — « Eh ! qu'est-ce que cela peux te faire, et en quoi les affaires de Messieurs du parlement te regardent-elles ? » — « C'est bon, c'est bon, reprit Damiens. Indique-moi toujours une auberge où je puisse loger en sûreté. Nous verrons après. »

Louis, inquiet de cette exaltation singulière, et craignant de se compromettre, refusa de s'occuper de trouver un gîte à son frère. Damiens pâlit de colère et murmura : — « Si j'avais su, j'aurais pris un pot-de-chambre, et j'aurais été tout droit à Versailles. » — « Et quoi faire à Versailles ? n'as-tu pas envie de voir le roi et de lui parler pour Messieurs du parlement ? Sa Majesté t'y attend peut-être ! » — « C'est mon idée, j'ai envie d'y aller, et j'irai. »

Et comme les deux frères se quittaient, Damiens regarda Louis plus amicalement qu'il ne l'avait fait jusqu'alors, et le prenant dans ses bras : — « Tiens, Louis, embrassons-nous ; c'est peut-être la dernière fois que je te vois. » — « Ma foi, Robert, répondit Louis, s'il faut être vrai, je ne te dis pas à revoir, et je ne souhaite pas d'avoir de tes nouvelles. »

Le soir, Damiens arriva chez madame Ripaudelly, rue du Cimetière-Saint-Nicolas-des-Champs. C'est là que sa femme et sa fille étaient en service. Il resta avec elles jusqu'au 3 janvier. Ce jour-là, c'était un lundi, il partit à quatre heures du soir, et se rendit dans un cabaret de la rue de l'Université, peu éloigné du bureau des voitures de la cour. Il y soupa, et vers les onze heures et demie, il prit une chaise. Il arriva à Versailles à trois heures du matin.

Il n'y avait pas de maisons ouvertes à cette heure, Damiens paya le cocher, but avec lui un verre de ratafia, et s'endormit paisiblement dans le bureau. Le matin venu, il se fit conduire par un garçon à l'auberge de la dame Fortier, rue Satory. Selon son habitude, il resta au lit jusque dans l'après-midi. A deux heures, il sortit, se promena dans le parc et dans les cours, alla boire dans quelques cabarets, et ne rentra à l'auberge que vers les onze heures du soir. — « C'est fort ennuyeux, dit-il à son hôtesse. Le roi va encore à Trianon jusqu'à samedi prochain ; il n'y a pas moyen de terminer ses affaires ici. »

Le lendemain 5, c'était un mercredi, il faisait un froid rigoureux. Damiens pria madame Fortier de lui envoyer chercher un chirurgien. — « Un chirurgien, et pourquoi faire ? dit en riant l'hôtesse ; vous n'avez pas la figure d'un malade. » — « J'ai besoin de me faire saigner. » — « De ce temps-ci, vous plaisantez ; buvez un verre de vin de plus, ça vous réchauffera davantage. »

Damiens n'insista pas. Le coup fait, il s'écria plus tard : — « Si elle m'avait laissé faire, je n'aurais pas frappé le roi. »

Malgré le froid, Damiens sortit vers les deux heures ; il rôda quelque temps dans les cours du château. Sur les cinq heures trois quarts, comme le roi allait retourner à Trianon, Damiens se cacha dans un petit enfoncement, au bas de l'escalier, près de la voûte.

C'est de là qu'il s'était élancé sur le roi.

Les premières réponses de Damiens avaient égaré la justice ; il ne savait pas trop lui-même alors ce qu'il disait ; mais quand il fut revenu des émotions de la première heure, et remis de ses souffrances, il commença à laisser voir un caractère original, une personnalité curieuse. Cet homme grossier et sans culture parlait des choses du temps, de la politique, de la religion, sinon en partisan sérieux, au moins en mécontent convaincu. Il laissait percer contre le clergé des rancunes tenaces. Au milieu de ses récriminations confuses contre le gouvernement, il était difficile de démêler un système, une idée suivie, mais on saisissait une animation très-vive et très-sincère contre toutes les autorités établies, et une disposition constante à prophétiser des malheurs si on ne suivait ses avis.

Le 9 janvier, Damiens remit à un officier une lettre pour le roi ; en voici la copie textuelle :

« SIRE,

« Je suis bien fâché d'avoir eu le malheur de vous
« approcher ; mais si vous ne prenez pas le parti de
« votre peuple, avant qu'il soit quelques années d'ici,
« vous et monsieur le Dauphin et quelques autres péri-
« riront. Il serait fâcheux qu'un aussi bon prince, par
« la trop grande bonté qu'il a pour les ecclésiasti-
« ques, *dont* il accorde toute sa confiance, ne soit pas
« sûr de sa vie ; et si vous n'avez pas la bonté d'y re-
« médier sous peu de temps, il arrivera de très-grands
« malheurs, votre royaume n'étant pas en sûreté. Par
« malheur pour vous, que vos sujets vous ont donné

« leur démission, l'affaire ne provenant que de leur
« part. Et si vous n'avez pas la bonté pour votre peu-
« ple, d'ordonner qu'on leur donne les sacrements à
« l'article de la mort, les ayant refusés depuis votre
« lit de justice, dont le Châtelet a fait vendre les meu-
« bles du prêtre qui s'est sauvé, je vous réitère que
« votre vie n'est pas en sûreté; sur l'avis qui est très-
« vrai, je prends la liberté de vous informer par l'of-
« ficier porteur de la présente, auquel j'ai mis toute
« ma confiance. L'archevêque de Paris est la cause de
« tout le trouble par les sacrements qu'il a fait refu-
« ser. Après le crime cruel que je viens de commettre
« contre votre personne sacrée, l'aveu sincère que je
« prends la liberté de vous faire me fait espérer la
« clémence des bontés de Votre Majesté.

« DAMIENS.

« J'oublie à avoir l'honneur de représenter à Votre
« Majesté que, malgré les ordres que vous avez don-
« nés, en disant que l'on ne me fasse pas de mal, cela
« n'a pas empêché que monseigneur le garde des
« sceaux a fait chauffer deux pinces dans la salle des
« gardes, me tenant lui-même, et ordonné à deux
« gardes de me brûler les jambes; ce qui fut exécuté,
« en leur promettant récompense, en leur disant à ces
« deux gardes d'aller chercher deux fagots, et de les
« mettre dans le feu, afin de m'y faire jeter dedans,
« et que, sans M. Leclerc, qui a empêché leur projet,
« je n'aurais pas pu avoir l'honneur de vous écrire
« ce que dessus.

« DAMIENS. »

Au dos de l'original de cette lettre est écrit :

« Paraphé, *ne varietur*, suivant et au désir de l'interrogatoire du nommé François Damiens, en date
du 9 janvier 1757, à Versailles, le roi y étant.

« DAMIENS. — LECLERC DU BRILLET. — DUVOIGNE. »

A cette lettre était jointe la note suivante :

« Messieurs CHAGRANGE, *seconde*; BAISSE DE LISSE;
DE LA GUIONYE; CLÉMENT; LAMBERT; *Le Président*
DE RIEUX BONNAINVILLIERS; *Président* DU MASSY et
presque tous.

« Il faut qu'il remette son parlement, et qu'il le
« soutienne avec promesse de ne rien faire aux ci-
« dessus et compagnie.

« DAMIENS. »

On avait, dès les premiers jours de l'information,
décrété d'arrestation les parents de Damiens qui habitaient Paris, et on faisait rechercher, dans les différents endroits où avait habité l'assassin, les personnes
qui s'étaient trouvées en rapport avec lui. Le 15 janvier, le roi, par lettres patentes, ordonna l'instruction du procès en la grand'chambre du parlement,
la procédure de la prévôté de Versailles validée au
préalable. Le 17, les lettres patentes furent apportées
en la grand'chambre et enregistrées. L'instruction du
procès fut confiée à Remi-Charles de Maupeou, premier président, à Mathieu-François Molé, second président, aux conseillers Sever et Denis-Louis Pasquier,
ces deux derniers nommés rapporteurs.

Le 17, l'ordre fut donné de transférer Damiens à la
Conciergerie de Paris. Un gros détachement du régiment des gardes françaises fut commandé pour l'escorter; des piquets de soldats furent échelonnés sur
la route, et il fut expressément défendu de se mettre
aux fenêtres, dans les rues de Versailles ou des villages étagés sur la route, pour voir passer ce grand
criminel. Damiens, tout brisé de sa torture, fut placé
sur un matelas dans une large voiture à quatre chevaux, et le sinistre cortége arriva à Paris dans la nuit
du 18. A deux heures du matin, l'assassin était écroué
dans la tour de Montgommery, dans cette même chambre de la Conciergerie où avait été renfermé Ravaillac.

Des précautions extraordinaires furent prises pour
la garde du régicide. A l'extérieur, comme si on avait
craint un mouvement du dehors, on avait établi en
diagonale une forte palissade qui prenait de l'escalier
du Mai à un autre escalier, et dans laquelle s'ouvraient deux poternes. Au bout de la palissade, un
corps de garde de cent hommes, relevés toutes les
vingt-quatre heures, fournissait une garde pour
l'intérieur, des sentinelles nombreuses et des patrouilles multipliées. Dans le bas de la tour de Montgommery était un autre petit corps de garde. De
distance en distance, sur l'escalier de la tour, des
sentinelles étaient placées au-dessous et au-dessus du
premier étage où était située la chambre de Damiens.

Cette chambre historique mérite une description
particulière. Elle était ronde, avait douze pieds en
tous sens, et n'était éclairée que par deux meurtrières
de huit pouces de large sur trois pieds de haut. Ces
étroites ouvertures étaient, par surcroît de précaution, garnie d'une double rangée de barreaux de fer,
et n'étaient fermées que par des châssis postiches de
papier huilé. Il n'y avait dans la chambre aucun
moyen de faire du feu; mais le corps de garde placé
au-dessous et fortement échauffé, y entretenait une
température assez élevée, que rendaient encore plus
supportable, malgré le froid rigoureux, les lumières
nombreuses continuellement allumées dans la cellule.
Il avait même fallu remplacer les puantes chandelles
qui y viciaient l'air respirable par des bougies.

C'est là qu'était couché Damiens, car ses blessures
ne lui eussent pas permis de se tenir debout. On
avait disposé à six pouces du sol une estrade mate-
lassée, dont le dossier à crémaillère s'élevait et s'a-
baissait à volonté. Sur ce lit de camp, on avait attaché
le prisonnier au moyen de bandes de cuir de Hongrie,
larges et épaisses, qui s'attachaient à onze anneaux
scellés dans le sol. L'assemblage de ces courroies prenait et fixait les épaules, enlaçait les bras et ne laissait aux mains de liberté que pour porter les aliments
à la bouche. La curieuse gravure que nous donnons
ici, et qui est le *fac-simile* d'une estampe du temps,
montre les complications cruellement ingénieuses de
ce système de liens, qui semble imaginé par un geôlier de Lilliput, cherchant à prévenir une évasion de
Gulliver.

Le régicide, ainsi ficelé et empaqueté, resta soixante-
six jours dans cette position atroce, veillé du reste
jour et nuit par quatre sergents des gardes, pris
parmi douze sous-officiers choisis qui se relevaient
de quatre heures en quatre heures, et dont le corps
de garde était établi dans la chambre au-dessus.

Damiens, au reste, était attentivement soigné par
le médecin et le chirurgien ordinaire du parlement,
Boyer et Foubert, qui le visitaient trois fois par jour
et faisaient tous les matins un rapport au premier
président. Un officier de la bouche ordonnait et faisait apprêter la nourriture, d'après les prescriptions
quotidiennes du médecin; un chirurgien, qui couchait dans la prison, avait charge d'examiner et d'essayer tous les aliments. Pour éviter que les membres

ne contractassent aucune chaleur inflammatoire, ou ne s'écorchassent dans la position de gêne où on les tenait d'habitude, on avait étendu au-dessous un large tapis de peau. Enfin, quatre soldats infirmiers complétaient le service, et veillaient le prisonnier pendant les rares moments où on le levait pour des besoins indispensables.

Les interrogatoires commencèrent le 18 janvier, pour ne se clore que le 17 mars suivant; il y eut plusieurs séances de quatre à sept heures. Les réponses du prisonnier ne mirent sur la trace d'aucune complicité sérieuse. L'instruction ne trouva rien non plus. Plusieurs fois on crut être sur la trace d'un complot, et ce complot imaginaire s'évanouissait toujours.

La rumeur publique fit, par exemple, connaître un fait qui parut tout d'abord assez grave. Un inconnu aurait, dans les derniers jours de décembre 1756, averti le comte de Zaluski, grand référendaire de Pologne, qu'il avait à lui faire des révélations de grande conséquence, touchant la sûreté du royaume et la personne du roi. Le grand référendaire aurait méprisé cet avis, et, la veille même du crime, c'est-à-dire le 4 janvier 1757, ce même inconnu serait de nouveau venu demander au grand référendaire s'il avait averti qui de droit, ajoutant qu'il n'y avait pas de temps à perdre, et qu'on pourrait bien se repentir de ne pas l'avoir écouté.

Tout cela était vrai, et le 5 janvier, quand le bruit de l'assassinat se répandit, le comte de Zaluski, se reprochant sa négligence, crut de son devoir de raconter au moins ce qui lui était arrivé. On alla à la source de cet avis étrange, et les juges cherchèrent à en découvrir l'auteur. On pensa enfin à un vieil abbé de la chapelle, dont c'était la manie de colporter ses visions sans fondement et ses prédictions sinistres. Déjà, plus d'une fois, il avait mis l'autorité sur le qui-vive par des imaginations de ce genre, et on avait fini par n'en plus tenir compte. L'abbé fut mandé et confronté avec le grand référendaire par le prince de Conti. Le comte de Zaluski reconnut aussitôt son donneur d'avis.

Il n'y avait donc rien de sérieux dans tout cela.

L'instruction suivie du côté de la famille et des connaissances de Damiens ne fournit, pour l'explication du crime, d'autres faits que ceux que nous avons rapportés. On retrouva seulement, dès le 22 janvier, dans la maison Ripaudelly, où la femme de Damiens était en service, un sac caché sous le manteau de la cheminée et contenant 1,206 livres en louis et doubles louis. C'était Damiens qui, dans sa dernière visite, avait caché là cette somme, à l'insu de sa femme et de sa fille. Cet argent était le reste du vol fait à Michel.

L'instruction en bon chemin, on s'occupa de régler le procès à l'extraordinaire, c'est-à-dire d'ordonner le récolement et la confrontation des témoins. L'ordonnance intervint le 17 février, les princes et pairs, les quatre maîtres des requêtes, les présidents honoraires et les conseillers de la grand'chambre ayant, au préalable, entendu communication de toutes les procédures faites.

Les récolements et confrontations furent achevés le 17 mars. Puis, les procédures ayant été communiquées au procureur général, qui donna ses conclusions définitives cachetées, on s'ajourna pour procéder à la visite du procès, c'est-à-dire à la lecture, qui prit trois séances, de la totalité des pièces et procédures.

Toutes ces formalités remplies, les conclusions furent ouvertes le 26 mars. Le procureur général y concluait contre Robert-François Damiens aux peines ordinairement prononcées contre les régicides, et à la question préalable.

Déjà on avait longuement délibéré sur l'espèce de question qu'il y aurait lieu d'appliquer à Damiens. On sait que, jusqu'à la déclaration royale du 15 février 1788, par laquelle Louis XVI abolit la torture préparatoire, la question était donnée aux malheureux qui refusaient d'avouer les circonstances ou les complices de leur crime.

Le genre de torture ordinairement appliquée au parlement était la *question des brodequins*. Ce fut celui qu'on choisit en cette occasion, comme étant le moins dangereux pour la vie.

La question des brodequins était cependant quelque chose d'horrible. Les jambes du patient étaient emboîtées dans quatre planches épaisses, solidement liées par des cordes. Deux étaient appliquées en dedans, deux autres en dehors. Puis, les planches et les jambes ne formant plus qu'un tout, on poussait un coin entre les deux planches du dedans et on le chassait avec violence. Ce coin écartait les planches, forçait les cordes déjà très-serrées, et le contre-coup luxait les jambes du patient, avec d'indicibles douleurs. La question ordinaire se composait de quatre coins ainsi enfoncés; la question extraordinaire de huit.

Cette fois, la science se fit complice du bourreau : médecins et chirurgiens donnèrent leur avis sur les moyens les plus propres à rendre la douleur plus vive, sans attaquer les sources de la vie ou même sans ôter le sentiment à la victime.

La religion, seule, parut au milieu de ce funèbre appareil comme consolatrice. Le curé Guéret, de la paroisse de Saint-Paul, docteur en Sorbonne, fut chargé d'assister Damiens.

C'est le 26 mars que Damiens parut devant ses juges. Les longues souffrances de la prison ne l'avaient point abattu. Cet homme, d'une constitution remarquablement vigoureuse, n'avait rien perdu de son énergie. Il regarda les magistrats avec fermeté, répondit avec lucidité et présence d'esprit, fit même quelques plaisanteries. Après un interrogatoire de quatre heures, dans lequel aucun fait nouveau ne fut mis en lumière, et où l'accusé persista à dire qu'il n'avait voulu qu'effrayer le roi, non le tuer, qu'il n'avait commis cette action que pour engager le monarque à changer de système de gouvernement, l'arrêt suivant fut rendu :

« La Cour, les princes et les pairs y séant... faisant
« droit sur l'accusation contre ledit Robert-François
« Damiens dûment atteint et convaincu du crime de
« lèse-majesté divine et humaine au premier chef,
« pour le très-méchant, très-abominable et très-dé-
« testable parricide commis sur la personne du roi;
« et pour réparation, condamne ledit Damiens à faire
« amende honorable devant la principale porte de
« l'église de Paris, où il sera mené et conduit dans
« un tombereau, nu, en chemise, tenant une torche
« de cire ardente du poids de deux livres; et là, à ge-
« noux, dire et déclarer que, méchamment et prodi-
« toirement, il a commis ledit très-méchant, très-
« abominable parricide, et blessé le roi d'un coup de
« couteau dans le côté droit, dont il se repent et de-
« mande pardon à Dieu, au roi, à la justice; ce fait,
« mené et conduit dans ledit tombereau à la place de
« Grève, et, sur un échafaud qui y sera dressé, tenaillé
« aux mamelles, bras, cuisses et gras des jambes, sa
« main droite tenant en icelle le couteau dont il a
« commis ledit parricide, brûlée de feu de soufre,

« et sur les endroits où il sera tenaillé, jeté du plomb
« fondu, de l'huile bouillante, de la poix-résine brû-
« lante, de la cire et du soufre fondus ensemble, et en-
« suite son corps tiré et démembré à quatre chevaux,
« et ses membres et corps consumés au feu, réduits
« en cendres, et ses cendres jetées au vent. Déclare
« tous ses biens, meubles et immeubles, en quelques
« lieux qu'ils soient situés, confisqués au roi. Ordonne
« qu'avant ladite exécution, ledit Damiens sera appli-
« qué à la question ordinaire et extraordinaire, pour
« avoir révélation de ses complices. Ordonne que la
« maison où il est né sera démolie, celui à qui elle
« appartient préalablement indemnisé, sans que sur
« le fonds de ladite maison puisse à l'avenir être fait
« autre bâtiment... Fait en parlement, la grand'cham-
« bre assemblée, le 26 mars 1757.

« RICHARD. »

Le surlendemain 28 (le lendemain était un dimanche), Damiens fut transporté dans la chambre de la question. Le greffier Lebreton lui fit lecture de l'arrêt, qu'il écouta avec attention, se contentant de dire avec sang-froid : — « La journée sera chaude. »

L'interrogatoire qui précéda la torture ne tira à Damiens que des récriminations vagues contre l'archevêque, le refus des sacrements. La *mauvaise conduite* de l'archevêque lui avait, dit-il, inspiré depuis trois ans, son projet de frapper le roi. Après une heure et demie de ces questions inutiles, Damiens fut lié sur la sellette; ses jambes furent placées dans les brodequins, les cordes ayant été serrées plus fort qu'on ne l'avait jamais fait auparavant. Le malheureux jeta des cris effroyables, et le cœur parut lui manquer. Mais le médecin et le chirurgien déclarèrent que ce n'était rien. Revenu à lui, Damiens demanda à boire un peu de vin, disant : — « Il faut ici de la force. »

Interrogé sur l'existence de ses complices, il répondit pendant ses premières douleurs :
— « Ce coquin d'archevêque. »

Puis, quand on eut laissé passer l'engourdissement de la ligature, qui eût pu endormir la sensibilité, on appliqua le premier coin. Damiens jeta des cris, mais, dit le procès-verbal, « sans emportement et sans aucune parole indécente. »

A ce premier coin, interrogé qui l'avait engagé à commettre son crime, il répondit que c'était « d'avoir entendu parler le monde, et qu'on lui avait dit que d'assassiner le roi ferait finir tout cela. » Il nomma, pour la première fois, comme auteur de ces propos, un certain Gauthier, homme d'affaires. Le procès de ce Gauthier n'aboutit à aucune révélation sérieuse.

Au quatrième coin, le patient s'écrie : « Seigneur ! Messieurs ! »

Au cinquième coin, premier de l'extraordinaire, il répond qu'il avait cru faire une œuvre méritoire pour le ciel; que c'étaient tous les prêtres qui le disaient, mais il ne peut nommer aucun prêtre.

Le huitième coin, quatrième de l'extraordinaire, ne lui arrache que deux exclamations de douleur : — « Seigneur ! mon Dieu ! » Mais il persiste à dire qu'il a été seul à concevoir le crime.

La vie de Damiens était en danger; la question avait duré une heure et demie : il fallut renoncer à lui arracher des aveux et on le détacha, puis on l'étendit, brisé, sur un matelas. On le descendit dans la chapelle de la Conciergerie, où il reçut les secours de la religion. Les prières chantées et la bénédiction du Saint-Sacrement donnée, le condamné fut mené à la porte de la Conciergerie, et là, en présence du peuple convoqué *à cri* par l'exécuteur de la haute-justice, il fut donné lecture de l'arrêt de la Cour.

De là, on le conduisit dans un tombereau à la porte principale de l'église Notre-Dame, et on l'en fit descendre pour l'amende honorable.

Le dernier acte de ce drame sinistre devait avoir pour théâtre la place de Grève. Sur cette place, on avait palissadé un espace de cent pieds en carré, n'ayant qu'une étroite issue du côté de l'Hôtel de ville. Le guet à pied entourait cette palissade; le guet à cheval garnissait la place aux Veaux. Des corps de garde de gardes françaises étaient établis de distance en distance, sur le chemin du Palais et à toutes les avenues de la place. Un déploiement considérable de forces assurait la tranquillité publique.

Arrivé à l'hôtel de ville où s'étaient rendus les commissaires et les docteurs, Damiens répéta une dernière fois qu'il n'y avait ni complot, ni complices, qu'il n'avait rien à déclarer; seulement pour la décharge de sa conscience, il demanda pardon à Mgr l'archevêque de ses insultes, et recommanda, bien inutilement, à la pitié des juges sa famille innocente.

Alors, Damiens fut conduit sur l'échafaud et déshabillé. On le vit regarder ses membres avec attention et considérer avec fermeté le peuple dont les masses profondes entouraient le lieu du supplice. L'échafaud était à peu près à trois pieds et demi de terre, de huit à neuf pieds de long et de large. On y attacha le patient et on lui fixa les bras et les cuisses au moyen de cercles de fer.

La main droite fut brûlée sur un réchaud, tenant le couteau parricide. La douleur tira au condamné un cri surhumain, qui retentit dans toutes les poitrines. Mais, ce tribut payé, il regarda curieusement brûler sa main sans renouveler ses cris et sans proférer aucune imprécation.

Puis, on le tenailla aux mamelles, aux bras, aux cuisses, au gras des jambes, et, sur chacun de ces endroits, on jeta un mélange ardent de plomb fondu, d'huile bouillante, de poix et de soufre. A chaque tenaillement, le malheureux criait : — « Mon Dieu ! la force, la force ! Seigneur ! mon Dieu ! ayez pitié ! Seigneur ! mon Dieu ! que je souffre ! Seigneur ! mon Dieu ! donnez-moi la patience ! »

Mais, chaque tenaillement fini, il cessait de crier et regardait la plaie.

On lia ensuite, très-serré, les jambes, les cuisses et les bras, afin de procéder à l'écartèlement. Les cordes qui mordaient dans les plaies vives et ardentes, arrachaient au patient des hurlements de douleur. Les chevaux furent attachés. C'étaient des chevaux jeunes et vigoureux, tirant mal d'ensemble. Pendant une heure, ils tirèrent sur les membres sans pouvoir les détacher. Les cris féroces du supplicié accompagnaient horriblement les cris des exécuteurs excitant l'attelage. Il fallut se décider, enfin, à couper les nerfs principaux : car la nuit approchait. Les bras et les cuisses à moitié coupés, le tirage recommença et on vit se détacher une cuisse et un bras. Damiens les regarda partir. La seconde cuisse se détacha : il conservait encore un reste de connaissance. Quand le dernier bras céda aux efforts des chevaux, le malheureux rendit le dernier soupir.

Ce spectacle de souffrances inouïes, digne d'une tribu de Peaux-Rouges, a laissé dans la mémoire du peuple des souvenirs ineffaçables. On dit encore aujourd'hui *un supplice de Damiens*.

Les tortures de Damiens causèrent plus d'émotion que n'en avait causé son crime. Louis XV n'était déjà plus *le Bien-Aimé*.

LOUVEL.

Derniers moments du duc de Berry.

Après le régicide hypocondriaque, au tempérament pléthorique, à l'âme grossière et basse, qui tourne contre les puissants du jour un couteau frénétique, voici le régicide systématique, le fanatique calme et raisonneur, âme honnête, égarée par la plus implacable des passions, la passion politique. L'indignité d'un Damiens, ses instincts vulgaires, ses habitudes honteuses font de son crime un accident sans portée. La probité sauvage d'un Louvel, sa foi déplorable, mais profonde, en une sorte de mission intérieure, son patriotisme aveugle en font le régicide complet, l'incarnation d'une secte que la civilisation moderne aura bientôt fait disparaître.

La vertu violente du citoyen, qui supprime, au profit d'une conviction politique, les devoirs les plus clairs et les plus sacrés de l'être moral et sociable, a pu passer pour grandeur héroïque : mais, désormais, dans nos sociétés chrétiennes, le meurtre ne saurait avoir d'excuse ; l'homme ne saurait, pour si pure que soit son intention, s'arroger un droit sur la vie de l'homme. Aristogiton, Brutus et Louvel ne sont plus que des assassins.

Le 13 février 1820, par un jour de carnaval, on était au mardi gras, le duc de Berry, second fils de *Monsieur* (depuis Charles X) sortait de l'Opéra, par la petite porte, vers onze heures du soir. Le prince présentait la main à la duchesse, sa femme, pour monter en voiture, quand un homme, se coulant entre le mur et un factionnaire qui présentait les armes, saisit le prince par l'épaule gauche, le frappa au côté droit et s'enfuit.

Le prince ne crut d'abord qu'à une violente secousse ; mais il porta la main à son côté, sentit le manche de l'arme enfoncée dans la blessure et s'écria : —« Je suis mort, on m'a assassiné ; venez, ma femme.» Et il arracha l'arme : un jet de sang s'échappa de la blessure, et le prince tomba dans les bras du comte de Mesnard.

A ce cri, MM. de Choiseul et de Clermont, aides de camp du prince, et le garde royal de faction, Desbiez, voyant un homme courir à toutes jambes dans la rue de Richelieu, vers le boulevard, coururent sur ses pas. Les illuminations de la rue le montrèrent, quelques secondes après, renversant dans sa fuite un garçon limonadier, Paulmier, qui passait près de l'arcade Colbert. Ce garçon, ne sachant pas ce qui venait de se passer, courut après l'homme qui venait de renverser le plateau et les bavaroises que Paulmier portait à l'Opéra. L'homme fut arrêté et conduit au corps-de-garde.

La duchesse, éperdue, sauta à bas de la voiture, arracha sa ceinture et chercha à bander la plaie d'où le sang s'échappait en abondance. Deux médecins arrivèrent et pratiquèrent, au bras, une saignée qui fut insuffisante à soulager le blessé. On le porta dans un petit salon, attenant à la loge du théâtre.

Le docteur Bougon arriva en toute hâte. C'était un

vieil ami de Gand. Le prince le reconnut et, lui serrant la main : — « Adieu, mon cher Bougon, je suis frappé à mort. »

A une heure du matin, Dupuytren accourut. Le blessé ne parlait déjà plus.

Madame la duchesse de Berry suivait avec anxiété tous les mouvements du célèbre chirurgien. Elle eut une lueur d'espoir et, se penchant vers son mari : — « Je vous en prie, mon cher Ferdinand, dites où vous souffrez. » Le prince, entendant cette voix amie, rouvrit les yeux, prit la main de la duchesse et la posa sur sa poitrine. — « C'est là, mon ami, dit-elle ? — Oui, j'étouffe. »

Dupuytren examina la plaie et décida qu'il fallait la débrider pour ouvrir au sang une plus large issue. Quand la main de l'illustre chirurgien approcha le scalpel, le prince trouva encore la force de dire : — « Non, laissez, puisque je dois mourir. »

L'opération fut faite, et procura quelque calme au blessé. Sa poitrine, moins oppressée, lui permit d'adresser quelques paroles de consolation et de bienveillance à toute cette famille en larmes qui l'entourait. Le duc d'Orléans était au bal de l'Opéra : il n'avait pas quitté le blessé. Le duc et la duchesse d'Angoulême étaient accourus les premiers. Monsieur, navré de douleur, cachait sa figure dans ses mains.

Dans un de ses moments de calme, le duc de Berry dit tout bas au duc d'Angoulême : — « Faites-moi donc voir *l'homme*... Que lui ai-je fait ?... Je l'ai offensé peut-être, sans le savoir... Non. — Alors, c'est un fou ; il lui faut faire grâce... Promettez-moi de la demander au roi. »

A cinq heures du matin, le roi arriva. Le duc de Berry éprouvait des successions de vives douleurs et de défaillances ; dans une de ces intermittences, il reconnut le roi, et lui dit : — « Mon oncle, grâce pour *l'homme*. — Mon neveu, répondit Louis XVIII, vous n'êtes pas aussi mal que vous pensez ; nous en reparlerons. — Grâce pour la vie de *l'homme*, répéta le prince, pour que je meure tranquille ; cela adoucira mes derniers moments. »

Et, comme la duchesse éclatait en sanglots : — « Ménagez-vous, mon amie, dit le prince, pour l'enfant que vous portez dans votre sein. »

Le prince baissant visiblement, Monseigneur de Latil, son aumônier, évêque d'Amyclée, le confessa, et le curé de Saint-Roch lui donna l'extrême onction.

A six heures trente-cinq minutes, Charles-Ferdinand de Bourbon, duc de Berry, expira. En lui s'éteignait, on le croyait du moins, la dernière espérance de la branche aînée des Bourbons.

L'auteur de ce crime si grand, si irrémédiable en apparence, ne fit aucune difficulté de s'avouer coupable. Il déclara, avec calme, se nommer Louis-Pierre Louvel, né à Versailles, le 7 octobre 1783, de Jean-Pierre Louvel et de Françoise Moutier, sa seconde femme, tous deux marchands merciers, exerçant la profession d'ouvrier sellier aux écuries du roi, place du Carrousel. Interrogé sur les motifs de son crime, il répondit qu'il avait voulu « délivrer son pays de ses plus cruels ennemis..., » qu'il méditait ce projet depuis 1814, et qu'il avait souvent suivi le prince dans ses chasses pour le frapper.

M. Anglès, préfet de police, fit mettre les menottes à l'assassin ; on le conduisit au ministère de l'intérieur, où il fut interrogé pendant toute la journée du lendemain. A sept heures du soir, on l'écroua à la Conciergerie.

On l'avait revêtu de la camisole de force, dans la crainte qu'il n'attentât à ses jours. Il sourit de cette précaution, et, comme le gardien enlevait les cordons de ses souliers, dans la même pensée de précaution, il haussa dédaigneusement les épaules.

Du ton le plus calme, il raconta son histoire à l'officier de police qui le gardait à vue.

« J'ai conçu mon projet en 1814. La première pensée m'en est venue à l'esprit, pendant que je faisais faction sur les remparts de Metz, où je servais comme garde national. Depuis quelques semaines, nous étions bloqués par les étrangers, quand j'appris par les journaux, que je lisais alors, mais que je ne lis plus depuis (leur contenu me fait mal) que les Bourbons revenaient en France et allaient monter sur le trône. Dès ce moment, je jurai leur mort ; car, à mes yeux, le plus grand crime qu'un Français puisse commettre, c'est de rentrer dans sa patrie avec l'aide des ennemis. D'ailleurs, les Bourbons avaient déjà porté les armes contre la France, et je ne pouvais le leur pardonner. Je rendais service à mon pays en les frappant, et j'étais prêt à affronter tous les supplices pour accomplir mon dessein.

J'ai attendu l'occasion six années entières, épiant l'instant favorable, le manquant quelquefois par hasard, quelquefois par faiblesse ; mais enfin le coup est fait, et vous me verrez aussi tranquille sur l'échafaud que je le suis ici, que je l'étais en faisant mon métier de sellier, que je l'ai toujours été. »

De ces premières conversations et des interrogatoires si fréquents de Louvel, ressortent les circonstances suivantes de sa vie, très-simple d'ailleurs et fort peu romanesque.

Il avait perdu sa mère à deux ans, son père à douze. Une sœur aînée, du premier lit, Thérèse, l'avait élevé et l'avait fait entrer, vers l'âge de douze ans, à *l'institution des enfants de la patrie* (la *Pitié*) à Versailles. Là, il avait reçu gratuitement l'instruction élémentaire, telle qu'on la comprenait alors. Il avait appris à lire dans la *Constitution* de 1791, dans la *Déclaration des droits de l'homme*, et les hymnes emphatiques des théophilanthropes lui avaient servi de catéchisme.

Mis en apprentissage chez un sellier de Montfort-l'Amaury, puis, repris par sa sœur qu'inquiétait sa constitution débile, il l'avait aidée jusqu'à seize ans dans son petit commerce de mercerie. Les seuls plaisirs de la petite famille consistaient dans les hymnes chantés, le décadi, dans le temple des théophilanthropes. A cet âge, Thérèse, se fiant à la fermeté précoce de son caractère, l'avait envoyé en apprentissage à Paris.

C'avait été, jusqu'alors, un enfant gai, ouvert, doux, sobre et rangé que Louvel. Abandonné à lui-même, placé en présence de la vie laborieuse et responsable, il exagéra ses bonnes qualités dans la solitude. Il achetait à l'avance plusieurs pains de quatre livres, parce que, disait-il, on mange moins de pain quand il est dur ; obligeant, au reste, mais peu liant et taciturne.

A dix-huit ans, devenu un habile ouvrier, il commença son tour de France. Il revint momentanément à Paris, pour satisfaire à la loi de la conscription. Vers 1806, il entra dans un régiment du train d'artillerie de la garde impériale, mais, au bout de six mois, la faiblesse extrême de sa constitution et une hernie très-douloureuse lui firent obtenir son congé.

En 1814, Louvel se trouvait à Metz. La chute de l'Empereur, dont la grande figure s'identifiait à ses yeux avec celle de la patrie, lui fit verser des larmes de rage. Les trahisons, les lâchetés sans nombre qui accompagnent toutes les grandes convulsions politiques, soulevèrent chez lui une indignation et un dégoût profonds. C'est alors que vinrent, pour la première fois, à son esprit ces funestes idées de meurtre. Il voulut frapper Louis XVIII, et se rendit pour cela à pied à Calais. Il voulut assassiner le duc de Valmy, pour avoir adhéré à la déchéance, puis le comte d'Artois.

De Calais, il vint à Paris : il y vit les Bourbons fêtés, l'étranger accueilli avec enthousiasme, les maisons pavoisées de blanc. Il lut *les mauvais papiers* qui calomniaient et conspuaient l'idole adorée de la veille. Tout cela le souleva et il suivit, de Fontainebleau jusqu'à l'île d'Elbe, les traces de son empereur tombé. Le maître sellier des écuries impériales, Vincent, l'employa de septembre à novembre. Napoléon ne remarqua pas même ce dévouement silencieux et sauvage.

Les réformes économiques apportées à la maison de l'Empereur firent congédier Louvel, qui partit pour Livourne et de là pour Chambéry, où il se mit à travailler pour gagner de quoi accomplir son projet; car désormais l'assassinat politique était logé dans son cerveau et implanté à l'état d'idée fixe.

Il était à Chambéry depuis près de trois mois, travaillant chez un maître sellier, quand un matin, le 7 juin 1815, la femme de son patron apporta dans l'atelier un journal qui annonçait le débarquement de l'Empereur au golfe de Juan.

A cette nouvelle, l'ouvrier taciturne se lève, accroche, sans mot dire, à un clou son tablier de travail, et part, par une pluie battante, abandonnant tout, hardes, outils, argent.

On savait son culte pour l'Empereur, mais on ne soupçonnait rien de ses idées solitaires.

Louvel courut à Lyon, se mit à la suite de l'Empereur, sous les ordres du maître sellier Vincent, et fut admis dans le train des équipages qui suivit Napoléon de Paris à Waterloo. Il assista à la défaite suprême, et revint à Paris. De là, il partit de lui-même, et sans ordre, pour accompagner les équipages de Napoléon. Ces voitures restèrent à la Rochelle, et là Louvel fit fabriquer avec soin par un coutelier l'arme qui devait, pensait-il, délivrer la France du dernier des Bourbons.

Revenu à Versailles, à la fin de 1815, il se montra plus sombre, plus insociable que jamais. A Paris, où il se fixa ensuite, il entra aux écuries du roi, toujours possédé de son idée fixe, mais ne la confiant à personne, s'en nourrissant en secret, cherchant des occasions de l'accomplir. Il n'y avait plus pour lui de politique; il ne lisait plus les journaux; son cerveau s'était arrêté à la capitulation de Paris.

Une seule affection vivait dans son cœur, celle qu'il portait à sa sœur aînée, cette Thérèse qui lui avait servi de mère, et à une sœur plus jeune, Martiale, ouvrière en corsets, douce et honnête jeune fille dont le seul plaisir était une promenade du dimanche avec son frère.

Toutes ces déclarations furent confirmées par une longue et minutieuse instruction.

Le 15 février, vers midi, on vint chercher Louvel à la Conciergerie, pour le conduire au Louvre. Là, dans une salle basse, tendue de noir, était un lit, entouré d'évêques et de grands officiers de la couronne. On amena le meurtrier devant ce lit, dont on tira brusquement le drap. Ce drap recouvrait le cadavre du prince, encore couvert de la chemise sanglante, pâle, et la plaie béante au côté. « Reconnaissez-vous, lui dit-on, cette blessure et le poignard qui l'a faite? — Oui, répondit Louvel sans émotion visible. — Avez-vous des complices? — Aucun. »

Cette impassibilité frappa les assistants d'une sorte de terreur. Un évêque, hors de lui, s'écria : « Je reconnais cet homme; c'est un malfaiteur, il a voulu m'assassiner, il y a deux ans. » Louvel regarda le prélat tranquillement, ne répondit pas, et se retira avec son escorte.

Rentré dans sa prison, il dit à l'officier de service :

« Ce matin, ils m'ont infligé un rude spectacle; ils m'ont mené au Louvre, en présence du cadavre du duc de Berry. J'étais bien vivement ému, mais je l'ai caché à leurs yeux. Je ne connaissais point le prince, et je ne lui en voulais point personnellement: mais il était de ceux qui ont porté les armes contre la France et ramené l'étranger. Je ne me repens point de ce que j'ai fait; cependant c'est une action horrible que celle d'un homme qui se jette sur un autre pour le poignarder sans défense et par derrière. Je sais bien que c'est un crime, c'est du patriotisme mal conçu, insensé si l'on veut; mais on aurait tort de croire que c'est une lâcheté. Si on savait quelle force d'esprit il faut au moment de l'exécution, on penserait bien autrement. Ils veulent me faire commettre un second crime, en tâchant de me forcer à désigner des complices, quand je n'en ai pas.

« J'ai vu parmi eux un évêque en grand costume, la croix sur la poitrine, de tournure assez ridicule, qui a prétendu que j'avais voulu le tuer. Je vous demande dans quel but et que m'importait sa vie? Je n'ai point répondu à cet homme, car son accusation ne méritait point qu'on la réfutât. »

Puis, après un silence :

« Les grands ont tort, surtout quand ils se sentent quelque péché sur la conscience, de prendre aussi peu de précautions qu'ils le font. Les princes d'Allemagne sont, à cet égard, plus prudents que les nôtres. Quand ils montent en voiture, les soldats, au lieu de leur présenter les armes, comme chez nous, tournent le dos; et ils ont bien raison, car personne ne peut approcher sans qu'ils le voient venir. J'ai encore fait une remarque : quand le prince est entré à l'Opéra, vers huit heures, les domestiques ont crié au cocher, et de manière à ce que j'ai parfaitement entendu : « Revenez à onze heures moins un quart. » C'était une imprudence et j'en ai tiré parti. »

Une ordonnance royale avait constitué la chambre des pairs en cour de justice pour procéder au jugement du coupable. Le 23 mars, Louvel fut interrogé: il répondit ce qu'on sait.

Il s'était préparé avec soin pour cet interrogatoire, voulant bien faire comprendre aux commissaires de la chambre, MM. Bastard de l'Étang et Séguier, la nature et le but de son acte. L'instruction, en effet, s'égarait, comme toujours, à la recherche de complices introuvables, et les arrestations inutiles se multipliaient. — « Ces messieurs veulent faire mon affaire plus grande qu'elle n'est, » disait Louvel, quand on voulait voir derrière sa main l'Angleterre, l'Autriche, l'Espagne, ou, absurdité plus grande encore, le petit roi de Rome. Il paraissait pressé d'en finir, très-poli d'ailleurs et très-convenable dans toutes ses réponses.

Une seule fois, pendant sa longue captivité, il s'emporta en expressions inconvenantes, à propos d'un bruit qui l'empêchait de dormir. Rarement on le vit pleurer, et quand il lui prenait quelque faiblesse morale, il récitait l'*Hymne du théophilanthrope* :

Père de l'univers, suprême intelligence...

Le 19 mai, on lui apprit que la cour lui donnait, d'office, pour défenseurs MM^{es} Archambault et Bonnet; il remercia, en disant : — « Tous les avocats de Paris n'y feraient rien. »

Quand on lui lut l'acte d'accusation, rédigé par M. le procureur général Bellart, il trouva cette pièce bien faite, et surtout admirablement calligraphiée.

Le 24 mai, c'était le jour où on lui lut l'acte d'accusation, il dit au greffier : — « Voilà aujourd'hui précisément cent jours que je suis détenu; il serait dur de rester ici encore aussi longtemps. Maintenant, j'attends mes avocats, ils ne peuvent tarder à venir me voir; il est singulier que tous les deux soient bâtonniers de leur ordre, l'un entrant et l'autre sortant. »

Le surlendemain, on lui communiqua les pièces de la procédure. Il les parcourut avec grande attention, feuilletant les dossiers à l'aide de ses lèvres, car ses mains étaient emprisonnées dans la camisole de force.

Il y trouva les dépositions de ses sœurs, et s'attendrit en recevant ainsi de leurs nouvelles. — « Cette pauvre Martiale! Oh! comme elle a dû pleurer! Et ma bonne Thérèse, eût-elle jamais pensé que son petit Louis ferait un coup pareil! La bonne femme est bien innocente de tout cela; elle doit être bien malheureuse, elle qui m'aimait tant et qui m'avait toujours si bien instruit! »

Il disposa toutes ces pièces avec l'ordre minutieux qu'il mettait à toutes choses, souriant lorsqu'il rencontrait quelque déposition emphatiquement absurde, faite par un bruyant défenseur du trône et de l'autel; ému lorsque lui tombait sous les yeux quelque récit exact et touchant, comme celui de madame de Béthizy, dame d'honneur de la duchesse de Berry. Il s'attarda dans ces lectures et les reprit le lendemain, au petit jour.

Le 26, on lui annonça la visite de ses avocats. Il prit du linge propre et s'habilla le plus décemment qu'il lui fut possible. Sa préoccupation constante était de ne pas être pris pour un malotru.

Il descendit dans la pièce où l'attendaient ses conseils. Il les remercia d'abord avec une politesse un peu étudiée.

« Au reste, Messieurs, ajouta-t-il, je m'en rapporte parfaitement à vous. Vous aurez, je crois, bien peu de choses à dire. Mon acte d'accusation est fort bien fait, et vous en serez contents, à ce que je pense.

« Mon affaire ne peut plus guère se prolonger. Lundi, on me mettra en jugement; mardi, je serai condamné; et mercredi, tout pourra être terminé.

« Je suis très-curieux de savoir comment vous pourrez me défendre. Vous avez vu mes interrogatoires; je n'ai rien à y changer. Dans tous les cas, la seule chose que je vous demande, c'est de ne point me contredire. J'ai dit tout ce qui a été. Je me confie à votre talent : mais je vous prie seulement de faire remarquer aux juges que je n'ai été mu par aucun intérêt particulier, et que l'amour du pays, entendu comme je l'entendais, m'a seul poussé au crime dont je suis coupable. »

— « Il est encore temps, dit Me Archambault, de révéler le nom de vos complices; l'instant suprême approche, et vous devez songer au compte que vous aurez bientôt à rendre. »

— « J'ai toujours dit et je répète que je n'ai point eu de complices; j'ai conçu mon projet seul, de même que je l'ai exécuté seul. Du jour où ma résolution a été définitivement prise, j'ai évité toute liaison d'intimité où, sans le vouloir, j'aurais pu trahir mon secret. Si, durant mes voyages, j'ai toujours paru solitaire et taciturne, ce devait être naturellement le caractère d'un homme dont la vie, sans cesse errante et occupée, ne souffrait guère d'affection solide et sédentaire.

« Plus tard, j'ai été fixé à Paris; mon projet m'occupait tout entier, et il ne devait plus dans ma vie y avoir place pour autre chose. Je me suis même éloigné des femmes, quoique je les aimasse; et, à vrai dire, à l'exception de mes sœurs, je n'ai jamais bien aimé personne, si ce n'est Florimont, garçon sellier dans le train d'artillerie; mais il y a bien des années. Il était de l'ex-garde. A Metz, je me suis lié aussi avec Dumont, qui avait suivi Bonaparte en Égypte, et qui me racontait des choses bien intéressantes de ses campagnes; mais le second, pas plus que l'autre, n'a jamais rien su de mon projet, et vous avez vu leurs dépositions.

« Ainsi ne me demandez plus si j'ai des complices, car j'ai déjà répondu bien des fois à cette question. Vous vous trompez tous; si j'avais été homme à recevoir de l'argent, si j'étais homme à dénoncer ceux qui m'auraient soudoyé, je n'aurais pas eu le courage de faire ce que j'ai fait. J'étais si loin de donner mon secret à personne, que pas une seule fois je ne me suis laissé aller à dire du mal des Bourbons. C'eût été une imprudence bien inutile. »

— « Mais, au moins, dit M. Bonnet, vous devez vous repentir du forfait que vous avez commis? »

— « Non, Monsieur, je n'ai pas plus de repentir que de complices. J'ai médité mon crime bien longtemps, vous le savez. Lorsque je comptais l'exécuter, je mettais cette redingote légère que vous me voyez, et ces souliers fins que je porte, afin de fuir plus aisément. Je m'étais fait faire aussi une petite livrée de la maison du roi, avec laquelle je pouvais sans peine approcher de la famille royale. Si, le soir où j'ai frappé le prince, j'avais pu réussir à m'échapper, je serais retourné me coucher à mon logement habituel aux écuries du roi, où certes personne ne m'aurait soupçonné, et j'aurais continué mon projet sur quelque autre membre de la famille. Peut-être me serais-je arrêté après Monsieur; car, pour le roi, je ne pense pas qu'il ait porté les armes contre la France, et je n'en voulais qu'à ceux qui s'étaient rendus coupables de ce crime. Et, aujourd'hui, la seule chose que je regrette, c'est d'avoir été si tôt pris. »

— « Les journaux, peut-être, vous auront tourné la tête. »

— « Les journaux! Je ne les lis plus depuis 1814. Ils n'avaient rien à m'apprendre sur les Bourbons. Ma décision était arrêtée quand j'ai quitté Metz, il y a six ans.

« Depuis cette époque, j'ai bien des fois hésité. Je repoussais cette idée autant que je le pouvais, je craignais toujours de commettre une action injuste; mais j'avais beau me débattre, mes réflexions me ramenaient sans cesse à mon projet.

« J'ai suivi quatre années de suite le duc de Berry aux spectacles où je présumais qu'il devait aller, aux chasses, aux promenades publiques, dans les églises. J'ai trouvé plusieurs fois de bonnes occasions : mais le courage me manquait toujours; en 1817, en 1818 et 1819, j'étais trop faible, et je renonçais plus d'une fois à mon projet. Mais bientôt j'étais dominé par un sentiment plus fort que moi.

« Je me rappelle surtout mes pensées, un jour que je me promenais au bois de Boulogne, en attendant le prince. J'avais des frémissements de rage en songeant aux Bourbons : je les voyais revenant avec l'étranger, et j'en avais horreur; puis mes pensées prenaient un autre cours : je me croyais injuste envers eux, et je me reprochais mes desseins; mais aussitôt ma colère revenait.

« Pendant plus d'une heure, je restai dans ces alternatives, et je n'étais pas encore fixé quand le prince vint à passer, et ce jour-là il fut sauvé.

« Le 13 février, non plus, je n'ai point été sans irrésolution, quoique deux ou trois jours auparavant j'eusse été, pour me fortifier, voir au Père-Lachaise les tombeaux de Lannes, de Masséna et des autres guerriers...

« Après avoir vu le bœuf gras dans la journée, je rentrai chez moi prendre un second poignard, et j'allai dîner, selon mon habitude, dans un restaurant où depuis longtemps j'étais abonné. A huit heures, j'étais à l'Opéra, et j'aurais tué le prince quand il entra; mais le courage me manqua dans cet instant. J'entendis le rendez-vous donné pour onze heures moins un quart; mais cependant je me retirai, bien résolu à aller me coucher. Dans le Palais-Royal, mes pensées me revinrent plus fortes que jamais. Je songeai qu'à la fin du mois je devais retourner à Versailles, et qu'alors mon projet serait ajourné pour longtemps. Je me mis à réfléchir, et je me dis : Si j'ai raison, pourquoi le courage me manque-t-il? Si j'ai tort, pourquoi ces idées ne me quittent-elles pas?

« Je me décidai alors pour le soir même. Il n'était

Louvel.

guère que neuf heures, et en attendant l'heure indiquée, je me promenai du Palais-Royal à l'Opéra, sans que ma résolution faillît, si ce n'est de loin en loin, et toujours pour peu d'instants.

« A onze heures, j'étais à la porte de l'Opéra; je me plaçai près d'un cabriolet qui suivait la voiture du prince, et me tenant à la tête du cheval, je semblais être un domestique. Je restai là un quart d'heure à peu près. Mais dès que le prince parut, je retrouvai toutes mes forces. Je me précipitai un poignard à la main, et en préparant un autre dans le cas où j'aurais manqué mon premier coup. Cependant, à l'instant où je frappai, je perdis ma présence d'esprit, je laissai le poignard dans la plaie; mais j'en avais gratté le manche de peur qu'on ne le reconnût.

« Voilà, Monsieur, comment j'ai pris ma résolution et comment je l'ai exécutée. Les journaux ne m'auraient guère servi pour cela. »

— « Vous savez que ce sont les pairs qui doivent vous juger. Voudriez-vous avoir d'autres juges? »

— « Non, Messieurs, les juges m'importent assez peu; mon sort est fixé. J'ai vu, d'ailleurs, les noms de tous les pairs au bas de l'acte d'accusation; ils sont deux cent huit, je les ai comptés. Je les accepte tous pour juges. Ainsi, Messieurs, vous voyez ce que vous avez à dire; ne parlez ni de repentir ni d'indulgence surtout; car, je le déclare, la grâce demandée par le duc de Berry, si on me l'accordait, me ferait plus de peine que la mort. »

Le 1er juin, il dit à ses gardiens : « Il y a cinq ans, à pareil jour, je me mettais en route pour Waterloo. Nous étions gais alors, et nous ne doutions pas de la victoire; mais la trahison nous a vaincus. Nous partions aux cris de *Vive l'Empereur!* En vingt jours, tout a été fini...

« Il fait bien frais aujourd'hui pour un jour de

Fête-Dieu; je suis tout souffrant; mais j'espère que je serai bientôt transféré au Luxembourg. Je voudrais bien savoir où ils me mettront. Je ne crois pas qu'il y ait de cachot au Luxembourg. Une chambre serait tout aussi bonne qu'une prison. Je ne veux pas me sauver, il y a trop longtemps qu'on me fait attendre.

« Quand je paraîtrai devant les pairs, je voudrais bien être un peu mieux que je ne suis aujourd'hui. Je serais bien fâché de me troubler devant eux, et de ne point dire les choses comme je le veux. Mais il est possible, tout en gardant mon sang-froid, que le changement d'air et de lieu m'ôtent mes forces. En tous cas, ils verront bien qui je suis. »

L'arrêt de mise en accusation avait été porté le 25 mai et, le 5 juin, le procès s'ouvrit, sous la présidence de M. le chancelier Dambray.

On amena Louvel à la barre. Il était vêtu d'une rédingote bleue, très-propre, boutonnée jusqu'au cou ; cravate noire soigneusement nouée. Son teint était très-pâle ; sa figure ovale, à traits réguliers, assez délicats ; taille moyenne, cheveux et sourcils châtains-bruns, le front presque chauve ; des yeux bleus, petits, enfoncés, vifs, à éclat rapide ; physionomie froide; ensemble plus distingué que sa profession, révélée seulement par les marques anciennes d'anneaux aux oreilles ; en somme, quelque chose de mieux qu'un ouvrier endimanché.

L'interrogatoire public n'apprit rien de nouveau ; nous en rapportons les parties saillantes.

Le Président. Est-ce vous qui avez assassiné S. A. R. le duc de Berry ?

Louvel. Oui, Monsieur.

D. Reconnaissez-vous le poignard avec lequel vous l'avez frappé ? — R. (Après l'avoir examiné entre les mains de l'huissier.) Oui, Monsieur. — D. Reconnaissez-vous cet autre stylet dont vous étiez porteur? — R. Oui, Monsieur. — D. Où avez-vous fait fabriquer le poignard ? — R. A la Rochelle. (Le président annonce que le coutelier indiqué par Louvel est le premier témoin qui sera entendu.) — D. Pour quel motif avez-vous fait faire le poignard?—R. Pour détruire la vie de celui dont le retour avait fait le malheur de la patrie.—D. Aviez-vous quelque motif particulier d'inimitié contre le duc de Berry? vous avait-il causé quelque préjudice ? vous a-t-il fait quelque injure à vous ou à quelqu'un des vôtres ?—R. Non.—D. Pourquoi donc avez-vous fait choix du prince le moins rapproché du roi ? — R. C'était la souche. — D. Depuis combien de temps aviez-vous formé le projet de le tuer ? — R. Depuis 1814. — D. Vous avez dit qu'en 1814 vous aviez eu l'intention de commettre ce crime sur le roi ? — R. Oui : *Je suis été* à Calais pour essayer de tuer un prince ou le roi. — D. Vous saviez bien cependant avec quel enthousiasme le roi avait été reçu à Paris. Qui vouliez-vous frapper en supposant que vous ne l'eussiez pas rencontré ? — R. Ce que j'aurais rencontré à droite ou à gauche... quelqu'un de sa famille... de ceux qui étaient revenus en France avec les armées étrangères. — D. Vous ne nous dites pas qu'en 1814 vous êtes venu de Metz à Paris ; qu'ensuite vous avez été à Fontainebleau, et que vous avez fait un voyage à l'île d'Elbe. Pourquoi êtes-vous revenu à Paris ? — R. Parce que je... je voulais me distraire des idées qui me poursuivaient... Je me demandais si j'avais tort... J'étais affligé des malheurs de l'entrée des étrangers... Je cherchais à voyager pour me distraire. — D. Après être resté deux mois à Fontainebleau, vous êtes allé à l'île d'Elbe ; qu'alliez-vous y faire ? était-ce pour y chercher les moyens d'exécuter votre projet ? — R. J'aurais eu tort d'y aller ; j'aurais dû rester en France, pour exécuter mon horrible projet en 1814 : j'ai bien fait d'aller à l'île d'Elbe. — D. Avez-vous eu quelque rapport avec Napoléon ? — R. Jamais. — D. Pourquoi donc, en quittant l'île d'Elbe pour revenir à Paris, avez-vous été vous établir à Chambéry jusqu'au retour de Napoléon ?—R. J'étais ouvrier, je n'avais que mon travail, je ne pouvais pas faire 5 ou 600 lieues sans m'arrêter. — D. Comment se fait-il qu'aussitôt le retour de Bonaparte, vous avez été employé dans sa maison ? — R. Je n'avais qu'à me faire soldat, ou prendre un état, et quoique je n'aie jamais aimé servir, j'ai trouvé une place dans les écuries, je l'ai prise. — D. Comment, ayant obtenu de servir le roi, n'avez-vous pas abandonné le projet funeste que vous aviez médité ? — R. Je n'ai pas pu... — D. N'est-ce pas à des doctrines, à des écrits, qu'il faut attribuer ces pensées ? — R. Non. — D. N'avez-vous jamais parlé de votre projet à personne ? — R. Non, Monsieur.—D. Si vous n'aviez pas été égaré par votre fanatisme politique pour Bonaparte, comment n'auriez-vous pas été retenu par l'honneur, par la religion? Vous n'avez donc aucune religion ? — Celle de tous les hommes... Vous savez ma vie ; vous avez entendu les personnes qui ont déposé contre moi. — D. De quelle religion êtes-vous ? — R. Je suis né en 1783; je suis catholique, je crois du moins... tantôt théophilantrope, tantôt catholique. — D. Si vous avez le malheur de ne pas croire à la justice divine, du moins deviez-vous craindre la justice des hommes et le châtiment de votre crime. — R. C'est si peu de chose... Il ne faut voir en moi qu'un Français qui se sacrifie. — D. Si vous aviez fait le sacrifice de votre vie, pourquoi vous êtes-vous sauvé ? — R. Ce n'était peut-être pas pour longtemps. — D. Personne n'était là pour favoriser votre évasion?—R. Personne. — D. Il n'y avait là aucun de vos amis pour couvrir votre fuite ? — R. Du tout. — D. Qu'auriez-vous fait si vous vous étiez sauvé ? — R. J'en voulais à tous les hommes qui avaient porté les armes contre leur patrie. — D. Vous connaissez les derniers moments de S. A. R. le duc de Berry ? — R. Oui, Monsieur. — D. Vous avez entendu les cris douloureux du prince qui, au moment de mourir du coup que vous lui avez porté, vous pardonnait, priait pour vous : cela ne vous a-t-il pas touché ? — R. Pardonnez-moi. — D. Ne voulez-vous pas revenir à cette religion qui lui a inspiré de si beaux sentiments ! — R. La religion n'est pas un remède au crime que j'ai commis.

M. DE LALLY-TOLLENDAL. Quelles étaient les lectures habituelles de l'accusé ? — R. Les droits de l'homme, la constitution. — D. Laquelle ? — R. Je ne me rappelle pas. — D. Vous ne lisiez pas de journaux ? — R. Non. — D. Pas de pamphlets ? — R. Non.

M. DESÈZE. On a demandé à l'accusé ce qu'il eût fait s'il s'était sauvé ? Il a répondu qu'il aurait tué le duc d'Angoulême. On lui a demandé pourquoi. Il a répondu qu'il y était obligé, et que s'il y était obligé, c'était pour empêcher que des personnes ne fussent soupçonnées. Quelles étaient ces personnes ? — R. Suivant moi, si j'avais eu le malheur de m'évader, car ç'aurait été un malheur, la police et le gouvernement auraient fait des recherches qui auraient fait mettre en prison huit ou dix mille personnes, peut-être cinquante mille. J'aurais gémi de voir des gens étrangers, lorsque j'étais le seul coupable, inquiétés : c'est bien naturel ; et comme j'en voulais à tous ceux qui avaient porté les armes contre la France, qui avaient trahi la nation, en les y faisant tous passer je serais venu à bout de me faire découvrir. — D. Cependant vous avez tenté de vous enfuir après le crime commis? — R. J'ai peut-être changé d'idée.

M. Bellart. Quelles étaient vos idées à cette époque? Vouliez-vous assassiner tous les princes de la famille royale? — R. Tous les Français qui avaient nui à la patrie. — D. Quoi! tous les princes de la famille royale? (L'accusé fait un signe affirmatif.)

M. Dubouchage. Quelles personnes enfin craignez-vous de compromettre? — R. Comme je vous l'ai dit, les recherches de la police auraient inquiété bien du monde; on aurait fait des recherches si je m'étais sauvé. Je l'ignore, moi, je ne sais rien dans mon cachot; mais j'ai vu dans le procès, à propos d'un bouquet et d'un propos, qu'il y a eu des gens arrêtés. Si je m'étais échappé, on aurait recherché tout ce qui aurait eu l'air de complicité, et il y a tant de choses qui ont l'air de se rapporter à ça.

M. Dubouchage. J'insiste pour que l'accusé réponde par oui ou par non. Connaissez-vous les personnes que vous craignez de compromettre? — R. Je ne sais pas, moi; on aurait fait des recherches si je m'étais sauvé.

M. de Lally-Tollendal. Je prie M. le président d'adjurer Louvel de déclarer s'il a eu des complices, s'il n'a fait part de ses desseins à personne? — R. Non.

Le Président. Vous n'avez jamais fait part de votre projet à personne? — R. Jamais, je n'en ai parlé à personne.

Le Président. Tout à l'heure vous avez parlé de votre crime. Vous reconnaissez donc que c'est un crime que vous avez commis? — R. Oui, c'est une chose horrible que d'aller derrière un autre pour le poignarder. Je reconnais que c'est un horrible crime...

Un pair demanda à Louvel ce que signifiaient ces mots qu'il avait prononcés : « Ce n'est point une *commission* si facile à exécuter, que de tuer un prince. » — Je n'ai, dit Louvel, été commissionné par personne. Je n'attachais pas à ce mot cette importance et cette acception. » Un autre pair l'interrogea sur ces mots : *mon parti*. « Je ne suis pas orateur, » répondit-il. — « Vous avez dit *l'horrible projet*, » fit observer M. de Montmorency, « vous éprouvez donc pour votre crime un sentiment d'horreur. Dites alors qui vous y a poussé. — *Louvel* : Sans doute, un homme qui en tue un autre, ça ne peut passer pour une vertu. C'est un crime. J'y ai été porté pour l'intérêt de la France, et je me suis sacrifié pour elle. »

Les témoins entendus n'ajoutèrent rien aux faits de la cause. La séance fut remise au 6 juin. Ramené dans la chambre qui lui avait été préparée au Luxembourg, Louvel dit au grand référendaire, marquis de Prémonville : « Depuis que je suis en prison, j'ai toujours couché sur de très-gros draps. Je voudrais bien, pour la dernière nuit, en avoir de fins. » On obtempéra à cette demande. Il soupa de bon appétit et s'endormit paisiblement.

Le lendemain, 6 juin, le procureur général prononça un très-court réquisitoire; les aveux de l'accusé avaient singulièrement facilité sa tâche. Me Bonnet plaida la démence avec talent et convenance : c'était la seule plaidoirie possible. Puis, Louvel, tirant quelques feuillets écrits de sa main avec le plus grand soin, lut, à voix assez basse, mais d'un ton très-calme, le petit discours qui suit :

« J'ai aujourd'hui à rougir d'un crime que j'ai commis seul. J'ai la consolation de croire, en mourant, que je n'ai point déshonoré ma nation ni ma famille. Il ne faut voir en moi qu'un Français dévoué à se sacrifier pour détruire, suivant mon système, une partie des hommes qui ont pris les armes contre ma patrie. Je suis accusé d'avoir ôté la vie à un prince : je suis seul coupable; mais parmi les hommes qui occupent le gouvernement, il y en a d'aussi coupables que moi. Ils ont, suivant moi, reconnu des crimes pour des vertus; les plus mauvais gouvernements que la France a eus ont toujours puni les hommes qui l'ont trahie ou qui ont porté les armes contre la nation.

« Suivant mon système, lorsque les armées étrangères menacent, les partis dans l'intérieur doivent cesser de se rivaliser pour combattre, pour faire cause commune contre les ennemis de tous les Français. Les Français qui ne se rallient pas sont coupables. Suivant moi, le Français qui est obligé de sortir de France par l'injustice du gouvernement, si ce même Français se met à porter les armes pour les armées étrangères contre la France, alors il est coupable. Il ne peut rentrer dans la qualité de citoyen français.

« Selon moi, je ne peux m'empêcher de croire que si la bataille de Waterloo a été si fatale à la France, c'est qu'il y avait à Gand et à Bruxelles des Français qui ont porté dans les armées la trahison, et qui ont donné des secours aux ennemis.

« Suivant moi et selon mon système, la mort de Louis XVI était nécessaire, parce que la nation y a consenti... Si c'était une poignée d'intrigants qui se fût portée aux Tuileries, et qui lui eût ôté la vie sur le moment, c'eût été différent; mais comme Louis XVI et sa famille sont restés longtemps en arrestation, on ne peut pas concevoir que ce ne soit pas de l'aveu de la nation; de sorte que s'il n'y avait eu que quelques hommes, il n'aurait pas péri; la nation entière s'y serait opposée. Aujourd'hui ils prétendent être les maîtres de la nation; mais, suivant moi, les Bourbons sont coupables, et la nation serait déshonorée si elle se laissait gouverner par eux. »

Après les répliques, Louvel fut emmené, et, à deux heures et demie, le chancelier prononça l'arrêt qui condamnait le régicide à la peine de mort.

On reconduit Louvel à la Conciergerie pendant la délibération de la cour. Une heure après, M. Cauchy fils, secrétaire de la chambre, et M. Sajou, huissier, vinrent lui donner lecture de l'arrêt. Il l'entendit, assis sur le pied de son lit, de l'air le plus calme. — « Voulez-vous qu'on fasse venir un prêtre? » lui dit M. Cauchy. — « Non, Monsieur, je vous remercie. A quoi me servirait un prêtre? Me fera-t-il aller au paradis? J'aurais presque envie d'y aller cependant, car j'y retrouverais peut-être le prince de Condé, qui, lui aussi, a porté les armes contre la France! » Et, comme M. Cauchy insistait : — « Soit, envoyez-moi le prêtre; je le recevrai avec plaisir, il me tiendra compagnie. »

Louvel écrivit ensuite plusieurs lettres à sa famille; puis, il reçut le vénérable abbé Montès. Cet homme de bien réussit à entamer la rude écorce de ce cœur. « C'est un excellent homme, dit le condamné; j'ai craint que ma résistance ne lui causât trop de peine, et sa bonté m'a tellement ému, que je suis tombé à ses genoux, pour lui faire l'aveu de quelques peccadilles. »

Arrêtons-nous un instant sur ce côté peu connu de la froide et roide nature de Louvel.

Avant le jugement, on avait envoyé dans sa prison un jeune prêtre. La figure et les manières du confesseur qu'il n'avait pas fait appeler, plurent au régicide. La franchise et la bonté brillaient sur les traits du ministre de la religion. Louvel avoua qu'il avait été un instant sur le point de céder et de recourir à son ministère, non pour faire quelque grande révélation, comme on s'y attendait sans doute, mais « afin de s'éprouver lui-même, et de savoir ce que les secours religieux produiraient sur son esprit. » Il résista à la tentation. On aurait dit, ajouta-t-il : « Voyez-vous, Louvel s'est confessé ; il s'est amendé ; il a tout avoué. »

On a vu quel avait été le malheur de sa jeunesse, abandonnée sans direction morale et religieuse, nourrie pour toute doctrine des phrases creuses et sonores des *réformateurs* de 93. Sous un fonds d'honnêteté native et de droiture enfermée dans les lignes d'une logique carrée, courte, absolue, cette âme ne recélait aucune notion claire et élevée de devoir et de respect. Son seul idéal était la patrie : encore, le rétrécissait-il à la taille de ses souvenirs et de ses préférences, n'imaginant pas qu'on pût aimer la France autrement qu'à sa manière.

Cette ignorance de sauvage, obstinément arrêtée à la religion vide et niaise des déistes du Comité de salut public et des théophilanthropes de La Réveillère-Lépeaux, avait fermé pour toujours à Louvel toute issue vers la vérité.

Aux écuries du roi, il avait souvent des discussions avec ses compagnons sur les idées religieuses. Un jour, un ouvrier, craignant que Louvel ne fût pas même baptisé, lui apporta un catéchisme. « C'est se moquer d'un homme de mon âge, répondit Louvel, que de lui proposer l'instruction destinée à un bambin de dix ans. »

Et cependant l'ouvrier avait raison. Ce qu'il fallait à cet enfant vieilli, c'était le catéchisme.

De sept heures du matin à six heures du soir, Louvel attendit impatiemment l'heure de l'exécution, deux fois retardée. Enfin, arriva la charrette, escortée de gendarmes et de cuirassiers de la garde. Louvel avait pris quelque nourriture pour entretenir ses forces physiques. Il avait une tenue calme, digne, un peu compassée. On lui permit de garder son chapeau, sa tête étant dégarnie de cheveux sur le devant. Il monta dans la charrette, très-pâle, mais très-maître de lui. Ses regards parcoururent la foule immense avec un sang-froid sans forfanterie.

Au pied de l'échafaud, l'abbé Montès lui dit : « Mon fils, il est temps encore de désarmer le Seigneur par un repentir sincère. — *Hâtons-nous*, répondit-il, *j'en suis fâché ; mais on m'attend là haut.* »

Il monta, un peu chancelant, mais l'œil assuré ; il regarda la foule, pendant qu'on l'attachait, et sa tête tomba. Il était six heures cinq minutes.

Un philosophe honnête homme a, dans une sérieuse étude sur Louvel, essayé d'incarner dans cet assassin la France populaire, animée d'un patriotisme sincère, exclusif, qui ne connaissent pas les classes élevées et les classes moyennes. M. Barthélemy Saint-Hilaire a vu dans l'ouvrier régicide la personnification de « l'homme du peuple laborieux, honnête, vertueux, indépendant, soigneux de sa dignité, amant passionné de la patrie, ennemi irrévocable des Bourbons auxquels il ne pardonnera jamais ni Gand ni Coblentz. » Louvel est donc « excusable pour ses vertus, si jamais, à quelque titre que ce soit, patriotisme ou tout autre, le meurtre pouvait être excusé. »

Cette identification malheureuse, cette excuse immorale ne sauraient être admises. Le bon sens et l'histoire s'accordent pour condamner ces fanatiques, isolés comme leur crime. Qu'adviendrait-il de la société, si on pouvait essayer la réhabilitation de tout forcené à qui il pourra convenir de traduire le chef d'une nation devant sa conscience, et qui s'en fera, à la fois, le juge et le bourreau.

Qu'on le remarque, d'ailleurs, ces horribles dévouements de la passion politique n'ont jamais atteint leur but. Le stoïcien Junius Brutus n'aura frappé César que pour voir triompher à Philippes cet Octave qui s'élève lentement à l'empire.

Il en fut ainsi pour la France en 1820. L'assassin de la place Louvois croyait avoir coupé, d'un coup de poignard, la vieille souche des Bourbons, et déjà vivait, dans le sein de la duchesse de Berry, ce rejeton inespéré qu'on appela *l'enfant du miracle*. La mort du fils de Marie-Thérèse de Savoie n'eut d'autre résultat que celui d'exaspérer la réaction royaliste. Les introuvables triomphèrent de ce crime qui semblait justifier leurs préventions contre l'esprit de liberté ; Louis XVIII dut céder aux obsessions de ces fidèles, plus royalistes que le roi, et, selon l'énergique expression de Châteaubriand, M. le comte Decazes glissa dans le sang du duc de Berry.

Fontaine de la place Louvois,
élevée sur l'emplacement de l'ancien Opéra.

Paris. — Typographie de Firmin Didot frères, fils et Cie, 56, rue Jacob.

DE BOCARMÉ.

EMPOISONNEMENT DE GUSTAVE FOUGNIES.

De Bocarmé terrassant Fougnies.

Le procès Lafarge[1], si dramatique, si rempli de poignants détails, de doutes émouvants, de péripéties saisissantes, a eu son pendant en Belgique, et le drame de Bitremont a passionné la curiosité publique comme le drame du Glandier.

Mais ici que de différences. Une femme est accusée aussi du plus lâche des crimes, et si la victime n'est pas son époux, elle est son frère; mais c'est de concert avec son mari que l'accusation lui reproche d'avoir versé le poison. Le mobile n'est pas le même : c'est, ici, la spéculation la plus odieuse sur la fortune d'un malheureux parent. Ici encore, des désordres de conduite, une ruine inévitable; mais, selon la logique ordinaire des passions humaines, c'est l'assassin qui veut conjurer par un crime sa ruine méritée. Enfin, pas de doute sur le fait même : les expertises n'auront pas ici à dégager un inconnu terrible; le poison seul restera un mystère, car ce ne sera pas le vulgaire arsenic, mais bien une conquête nouvelle de la science, un agent redoutable, employé pour la première fois contre la vie humaine, qui tue comme la foudre.

Ajoutez à ces données d'intérêt suprême, un beau nom traîné dans les plus honteuses débauches, dans les plus dégradantes dissipations, et les enseignements ordinaires du devoir méconnu conduisant fatalement au crime, et vous aurez tout ce drame de Bitremont.

Et d'abord, esquissons le théâtre du drame.

1. Voyez nos livraisons antérieures.

Le château de Bitremont s'élevait, car il a disparu depuis de la calme et honnête contrée qu'il déshonorait de ses souvenirs, près du petit village de Bury, à six lieues de Mons, dans une plaine fertile, au milieu de grasses prairies. Une vaste pièce d'eau, une sorte d'étang, s'étendait en avant de la façade principale, et la grande avenue s'y prolongeait par une chaussée. A la tête de pont de cette chaussée, s'avançaient, comme deux sentinelles, deux tourelles qui rappelaient les souvenirs belliqueux du moyen âge. Un pont-levis complétait cet ensemble féodal, que ne déparait pas trop le château lui-même, respectable débris du XVe siècle, restauré et augmenté à une époque plus rapprochée.

Vers le milieu du XVIIe siècle, Bitremont appartenait aux comtes de Mérode, un des noms les plus illustres et les plus justement honorés de la Belgique. Il fut acquis par Robert Visart, écuyer, seigneur de Solleilleval, gentilhomme d'origine anglaise et souche des Bocarmé.

Des princes, des savants furent les hôtes de ce château historique, et un membre de la famille impériale de France, M. Pierre Bonaparte, y habita quelque temps.

Les légendes du château ne rappelaient pas seulement des souvenirs historiques : des traditions sinistres y étaient aussi attachées. On parlait vaguement de crimes commis dans ses murs et dont aurait été témoin un salon, inhabité depuis, et nommé le *Salon abandonné*. On arrivait à ce salon par l'*Escalier des*

Revenants. Il y avait encore une porte mystérieuse fermée à cinq serrures et qui, disait-on, faisait, quand on l'ouvrait, retentir le glas prolongé d'un tam-tam invisible.

Rien de plus bourgeois cependant que ce château féodal, depuis que les Visart de Bocarmé, comtes de Bury, en étaient devenus possesseurs. Grand nom, petite fortune.

La famille de Bocarmé s'était illustrée, au XVIIIe siècle, par des services militaires rendus à l'Autriche, et elle avait été, en récompense, ennoblie par l'impératrice Marie-Thérèse, en 1753. La noblesse des comtes de Bury et de Bocarmé remontait même plus haut, mais leurs titres s'étaient perdus pendant la guerre de Sept-Ans, et ils furent, à vrai dire, seulement renouvelés par Marie-Thérèse, le 5 septembre 1753, pour récompenser Louis Visart, capitaine au régiment de Prié, de l'infanterie wallonne. L'un des derniers comtes de Bocarmé avait été lieutenant-gouverneur de la ville et de la châtellenie d'Ath, place forte située entre Mons et Leuze.

L'avant-dernier comte de Bocarmé, père du héros déplorable de cette sinistre histoire, le comte Julien de Bocarmé fut, quelque temps après la guerre européenne de 1815, nommé inspecteur-général des domaines à Java; il y emmena sa femme, née marquise de Chasteleer, et nièce du général de ce nom, femme de vertus éminentes et d'une intelligence supérieure.

Pendant la traversée, presque en vue de Java, un fils leur naquit. Ce fils, Hippolyte de Bocarmé, fut nourri à Java du lait d'une de ces métisses au sang ardent, aux passions violentes, qui, sous un ciel de feu, se multiplient dans les habitations coloniales comme les fleurs empoisonnées du climat s'épanouissent dans les serres-chaudes. Il eut pour amis d'enfance les fils de ces féroces Malais dont les prôs agiles écument la mer des Indes. On dit que, suivant les usages mystérieux de sa race, sa nourrice malaise lui fit manger un cœur de lion, pour en faire un homme de courage.

Après quelques années de séjour à Java, le comte Julien revint en Belgique. Mais il avait goûté de la vie sauvage, il se déplut bientôt en Europe, et le jeune Hippolyte fut emmené en Amérique par son père qui venait d'acheter une importante concession dans l'Arkansas, au pied des Montagnes-Rocheuses. Les premiers rudiments d'une éducation et d'une instruction mal dirigées dans la colonie hollandaise, ne furent guère développés par cette vie de *squatter*. Il fallait déblayer, la hache à la main, le sol de l'établissement futur; semer, le fusil au poing et l'oreille aux aguets; la flèche empoisonnée ou le tomahawk des Peaux-Rouges menaçaient l'imprudent qui s'aventurait à quelque distance du quartier-général de la colonie. Belle et libre vie que celle de ces hommes de la civilisation dans le Nouveau-Monde, si vous la regardez à travers le prisme amusant des romans de Fenimore Cooper; mais vue de près, la réalité n'est pas des plus attrayantes. L'énergie de l'homme se double et se trempe dans ces luttes incessantes contre l'homme et contre la nature; mais le sens moral s'oblitère facilement dans cette vie d'attaque et de défense, et Bas-de-Cuir, héros de la forêt et de la prairie, pourrait bien n'être dans nos villes qu'un dangereux coquin.

Hippolyte de Bocarmé retrempa dans cette existence aventureuse sa constitution débile; mais il n'y gagna de vertus que celles de l'Indien : la patience, le sang-froid et la ruse.

En 1839, M. de Bornstett avait été frappé de l'étrangeté de caractère de ce jeune sauvage. Il disait de son séjour dans les forêts vierges de l'Arkansas :

« Nous couchions sur les peaux des animaux tués et leur chair faisait notre nourriture. Un vieux serviteur et une servante négresse furent pendant deux ans les seuls êtres humains qui franchirent le seuil des cabanes que nous avions nous-mêmes construites. »

Revenu en Europe, le jeune comte de Bocarmé y apporta les allures violentes du colon américain. Deux passions partageaient sa vie : l'amour de l'or et les désirs des sens. Pour satisfaire à ces deux passions, rien ne l'arrêtait. Son imagination déréglée lui faisait convoiter toutes les femmes, et, pour ses rêves de fortune, il cherchait dans les sciences agricoles et industrielles mille moyens mal étudiés d'acquérir la richesse.

Tel était, en 1843, le propriétaire de Bitremont.

Dans ce pays d'honnêtes cultivateurs, d'esprits pratiques, de laborieux courages, les excentricités du comte, ses inventions agricoles, presque toujours malheureuses, avaient donné de lui une triste opinion. Il faisait peindre en blanc ses voitures pour faciliter, disait-il, la réfraction des rayons solaires. Il semait au mois d'août; il plantait ses pommes de terre à cinq pieds de profondeur. Ces hérésies lui avaient valu, dans le pays, les surnoms de *fin-fou*, de *sot-comte*.

Un reproche plus grave, aux yeux de cette population religieuse, c'était l'impiété patente, affichée du comte. Jamais on ne l'avait vu aller à la messe, et, depuis qu'il habitait le château, la chapelle n'en avait jamais été ouverte à un ministre du culte.

Le comte avait encore un autre surnom dans le pays : C'est un *losse*, disaient les paysans; ce qui veut dire non pas tout à fait un fripon, mais un homme de mauvaise foi. Si une discussion s'élevait entre lui et quelque fournisseur au sujet d'un reçu, le comte demandait à revoir la quittance et l'escamotait s'il était possible.

Hippolyte de Bocarmé avait distingué, dans la petite ville de Peruwelz, une jeune fille élégante et remplie de distinction naturelle. C'était Lydie Fougnies.

Son père, Nicolas-François-Joseph Fougnies, né en 1776, avait longtemps habité Mons : il y avait exercé la profession d'épicier. Il épousa à Cambrai une demoiselle Tabary, qui mourut au commencement de l'année 1837, pendant l'instance d'un procès en séparation; car les époux Fougnies ne vivaient pas en bonne intelligence, et la femme avait dû chercher un asile dans sa famille.

De ce mariage étaient nés deux enfants, Gustave Fougnies et sa sœur aînée Lydie, née le 3 novembre 1818. Depuis longtemps, le père était retiré à Peruwelz, et s'y occupait de l'administration de ses propriétés.

Lydie, à vingt-quatre ans, avait, outre la grâce et la beauté des traits, une instruction peu ordinaire, plus d'imagination que de sensibilité, plus de dispositions pour le plaisir et pour le luxe, que pour les soins obscurs du ménage. D'une conduite irréprochable d'ailleurs, elle se complaisait aux inventions, alors assez mal réglées, de la littérature romanesque. Elle avait même écrit son roman, et la Société des Sciences, des Arts et des Lettres du Hainaut, accepta l'envoi de ce livre, *Adeline Helney*, tout en accompagnant ses éloges d'une critique d'ailleurs toute littéraire.

La recherche d'un homme comme le comte Hippolyte ne pouvait que flatter les penchants de la jeune fille.

L'amour de l'ostentation et la manie des distinctions nobiliaires semblaient héréditaires dans sa famille. Fougnies, l'aïeul, avait, dès les premières années de la révolution française, acheté les fiefs de la Garenne et du Bois, dépendances de la commune de Wiers, et, de ce chef, il prétendit, après 1815, au titre de baron, il signa : Baron François Fougnies du Bois.

Mais c'était une couronne de bon aloi qui surmontait l'écusson des Bocarmé, et, bien que Lydie ne ressentît pour le comte aucune sympathie sérieuse, elle accepta l'offre de sa main. Une certaine sécheresse de cœur déparait les vertus toutes négatives de la jeune fille, et on l'avait vue, aux premiers jours de la séparation conjugale qui l'avait privée de sa mère, refuser à cette mère un regard et un baiser.

Quant au comte, il ne vit dans ce mariage qu'un moyen de relever sa fortune. Les Fougnies passaient pour riches : le père était d'une assez mauvaise santé; le frère de Lydie paraissait condamné à l'avance.

C'était un enfant chétif et malingre que Gustave. Sa voix grêle, sa figure efféminée annonçaient une complexion délicate. Un accident fit de lui un invalide; une chute de cheval lui occasionna au genou droit un mal incurable. Le père, qui était boiteux (on le surnommait *le cron Fougnies*), ne recula devant aucune dépense pour éviter à son fils une semblable disgrâce. Mais le mal fut plus fort que la science, et, non-seulement il fallut renoncer à une guérison, mais il fallut, après plusieurs années de souffrances, se décider à l'amputation. La cicatrisation ne fut jamais complète et la santé de Gustave resta très-chancelante; il ne vivait qu'à force de régime.

Il y avait donc là des *espérances*. Le mariage se fit le 5 juin 1843. Le comte Julien promettait à son fils une pension annuelle de 2,400 francs. Avec la dot, la position financière d'Hippolyte de Bocarmé serait largement améliorée. Mais les déceptions ne se firent pas attendre.

La fortune de Fougnies père était de beaucoup moindre que ne l'avait pensé le comte : celui-ci ne reçut, au lieu de dot liquide et palpable, qu'une pension de 2,000 francs. Lydie Fougnies possédait, il est vrai, quelques immeubles près de Cambrai : mais le produit en était des plus médiocres.

Et cependant il fallait continuer à mener haute vie, à occuper un château : il fallait augmenter un domestique déjà nombreux.

Le 4 mai 1846, Fougnies père mourut, laissant à sa fille environ 75,000 francs, grevés, il est vrai, de dettes nombreuses. Mais enfin, avec ses biens particuliers, madame de Bocarmé réunissait alors dans l'apport conjugal une somme d'environ 95,000 francs. Avec la pension servie par le comte Julien, le ménage avait près de 7,000 livres de rente.

C'eût été assez sans les habitudes de luxe des deux époux, sans les folies agricoles et surtout sans les débauches du mari. A peine marié, celui-ci avait installé l'adultère au foyer conjugal. Les servantes du château devenaient tour à tour les rivales de la comtesse, et une de ces filles eut du comte un enfant que M. de Bocarmé ne rougit pas d'admettre sous le même toit que ses enfants légitimes.

En 1848, madame de Bocarmé, de concert avec son frère, fit enlever l'enfant du château, et on l'envoya à Bruxelles. Mais des menaces furent faites à Gustave, et comme on lui dit qu'il aurait affaire à la justice, il fit rapporter l'enfant. Cet acte d'autorité avait rendu furieux le comte : il avait cherché partout cet enfant, comme une louve qui a perdu ses petits, et, après un voyage inutile à la découverte, il était revenu, à Bitremont, et il s'y était passé une scène de violence dans laquelle madame de Bocarmé fut indignement maltraitée.

Le fils de l'adultère fut réintégré quelque temps au domicile conjugal.

Telle était la vie à Bitremont : au milieu de ces désordres, l'héritage de Fougnies père disparaissait rapidement. Les dettes s'accumulaient, les essais agricoles ne réparaient rien et ne faisaient qu'élargir la brèche. Et Gustave Fougnies ne mourait pas. Il avait, au contraire, formé, depuis 1846, des projets de mariage.

Gustave avait acheté, en 1850, le château de Grandmetz, situé à deux lieues de Bury, à quatre lieues et demie de Tournay, et à sept lieues et demie de Mons, dans le canton de Leuze. Ce château appartenait aux comtes de Dudzeele. C'est avec une demoiselle de Dudzeele que Gustave avait projeté une union, que des rapports calomnieux vinrent une première fois entraver. L'achat de Grandmetz fut l'occasion d'un rapprochement qui, à la fin d'octobre, amena une détermination décisive.

Lydie Fougnies, elle, était de mœurs irréprochables, mais légère, inconséquente; elle dépensait beaucoup, elle n'avait ni ordre, ni soin; elle ne calculait pas, contente de jouer à la grande dame et de se faire servir en comtesse. On ne l'aimait pas plus dans le pays que son mari lui-même. Elle est *grande et fière*, disait-on.

Ainsi, les immeubles de la succession Fougnies, les petites propriétés de Cambrai, tout fut successivement aliéné. Les dettes criardes s'accumulèrent, grossirent, et le train de maison ne diminua pas. On en vint à des expédients honteux, à des départs qui ressemblaient à des fuites; à quelques-uns, on nia, on opposa la prescription. Un créancier se présentait-il, on se cachait, ou, ce qui était plus féodal, on faisait lever le pont-levis. Madame était pour les moyens de vaudeville : elle était à sa toilette, ou bien, elle n'avait que de l'or; Monsieur allait facilement jusqu'au drame : si le créancier insistait, il levait le pied ou la canne, et il fallait lui arracher des mains le pauvre diable.

Le projet de mariage, formé, abandonné, repris, allait cependant aboutir. Déjà on fixait le jour des fiançailles, et Gustave faisait porter son mobilier à Grandmetz; déjà il y habitait et il avait abandonné sa maison de Peruwelz à son oncle Alexandre François.

Le comte de Bocarmé ne put voir sans une sourde rage s'écrouler ainsi ses honteuses espérances. L'héritage de Fougnies lui échappait, et pourtant il n'avait jamais été si nécessaire.

Au commencement de 1850, quatre ans après la mort de Fougnies père, le comte avait déjà vendu des biens de sa femme pour 90,000 francs environ, et il était réduit à une telle pénurie, qu'il était forcé de mettre au mont-de-piété, pour 400 francs, les diamants de sa femme; il y avait, en outre, 100,000 francs de dettes.

Au mois d'octobre, Bocarmé conduisit sa femme chez un avocat de Bruxelles, et ils lui demandèrent si, à l'aide d'une vente simulée à un tiers, il ne serait pas possible de frustrer leurs créanciers. La personne que Bocarmé voulait supposer n'était autre que Célestine Legrain, sa maîtresse. Mais, comme cette fille était sans fortune, l'avocat répondit que la vente ne serait pas considérée comme sérieuse.

Le comte s'irritait peu à peu contre l'obstacle de ce mariage qui, à ses yeux, menaçait de le frustrer. La comtesse, de son côté, parlait avec mépris de la demoiselle Dudzeele et de sa mère. Bientôt des lettres anonymes furent envoyées à Grandmetz. Une de ces lettres, adressées à Gustave Fougnies, était ainsi conçue :

« Monsieur,

« Si vous êtes désireux d'avoir de la progéniture, vous êtes sûr de n'être pas trompé dans vos désirs, car mademoiselle D... a déjà donné des preuves de sa fécondité. Si vous voulez vous convaincre que ce ne sont pas des calomnies, je puis vous en donner des preuves.

« Voyez si vous voulez confier votre honneur à une personne qui cherche une dupe et qui, dit-on, l'a trouvée. »

En même temps, une lettre, signée celle-là du nom de Lydie Fougnies, disait :

« ..... J'ai vu l'enfant; il est dans un faubourg de Bruxelles; il est reconnu par la mère seule; c'est donc un enfant naturel, un héritier naturel : ouvrez le Code. Je vous dirai le reste une autre fois. »

Et une autre lettre de Lydie Fougnies :

« Le curé de Grandmetz et Simon attendent vos écus pour être payés. Prenez donc des renseignements... »

C'étaient là des calomnies misérables. Le mariage n'en fut pas moins arrêté pour le 21 novembre. On parut s'y résigner à Bitremont, mais on se réserva de protester par l'attitude. Le 18 novembre, on y parla vaguement d'un voyage en Allemagne, dont le but serait de ne pas assister au mariage de Gustave.

Toutefois, il y avait à régler des intérêts communs entre Fougnies et les époux Bocarmé. Ceux-ci firent demander une entrevue à Gustave : il s'agissait aussi d'une procuration à lui remettre pour gérer les affaires de Bitremont pendant une absence.

Le 20, à dix heures du matin, Gustave Fougnies arriva dans sa voiture à Bitremont. Ce n'est pas sans inquiétude qu'on l'avait vu partir à Grandmetz. Lui-même se défiait des hôtes de Bitremont, et ses défiances allaient jusqu'à la crainte d'un empoisonnement. Plusieurs fois, à Peruwelz, il avait fait enfouir des viandes envoyées en cadeau par son beau-frère.

Gustave déjeuna avec le comte et la comtesse; après le déjeuner, il parcourut le château, remettant au dîner la discussion d'affaires. Le dîner devait avoir lieu à trois heures.

Les habitudes de la maison furent changées ce jour-là d'une façon remarquable. C'était le cocher qui servait ordinairement à table. Dans la matinée, la comtesse envoya ce domestique, Gilles Vandenberghe, à Grandmetz, avec une lettre pour les dames de Dudzeele. Il semblait qu'il n'y eût aucune urgence à ce message, puisque la lettre n'avait d'autre but que de demander à ces dames le prix qu'elles assignaient à leur mobilier de culture. La commission devant éloigner Gilles pour quatre ou cinq heures, Emerence Bricourt, femme de chambre de la comtesse, fut avertie qu'elle le remplacerait dans son service.

Madame de Bocarmé prévint aussi la gouvernante des enfants que, ce jour-là, elle dînerait dans sa chambre, parce qu'on attendait un notaire avec qui on devait causer d'affaires. Les deux filles de M. de Bocarmé, Mathilde et Eugénie, soupaient habituellement à la cuisine avec les bonnes : ce jour-là, il fut décidé qu'elles souperaient dans la chambre des bonnes. L'institutrice, Marie Pale, dînait tous les jours à la table des maîtres, avec Gonzalès, le troisième enfant; on la pria de dîner dans sa chambre. Ordinairement aussi, on amenait les enfants dans la salle à manger au moment du dessert : madame de Bocarmé recommanda qu'on ne le fît pas. Avant le dîner, elle recommanda encore à la femme de chambre de service de se retirer après le dessert.

Pendant le dîner, Gilles rentra. La comtesse, avertie, lui donna l'ordre de conduire jusqu'à la route de Leuze une fille Maës, cuisinière, qui ne couchait pas au château. Gilles avait dans sa poche la clef de la remise dans laquelle avait été placé le tilbury de Gustave Fougnies.

Quelque temps après, une femme demanda à parler à la comtesse. Il s'agissait d'un malade à qui madame de Bocarmé avait promis des secours. « Qu'avez-vous à vous mêler de cela? dit brutalement le comte. Vous n'avez pas à vous mêler de ces gens-là. » Gustave Fougnies intervint, et il s'ensuivit une courte altercation qui s'apaisa quand Gustave, indigné, eut manifesté l'intention de partir. La comtesse, pour en finir, renia l'acte de charité qu'elle avait voulu faire.

Il se faisait tard, la nuit commençait à tomber. Gustave avait déjà manifesté l'intention de se retirer, et le comte avait ordonné d'atteler : mais la voiture était sous clef, il fallut attendre. Quand Gilles rentra, le comte alla lui dire d'atteler et revint dans la salle à manger. Un instant auparavant, Emerence était venue demander si l'on n'avait pas besoin de lumière, et, malgré l'obscurité commençante, on lui avait répondu: « Plus tard. » A ce moment, Gustave était debout, dans l'attitude d'un homme qui va prendre le coup de l'étrier et qui s'apprête à partir. Une demi-bouteille de vin de Champagne était disposée sur la table comme vin d'adieu.

Emerence partie, et le comte rentré, une des bonnes d'enfant descendit à la cuisine pour chercher le lait des enfants. Cette fille, Justine Thibaut, parvenue aux dernières marches de l'escalier, entendit une chute dans la salle à manger et des cris lamentables poussés par Gustave. Elle courut, effrayée, à la cuisine, en traversant l'office ou *été* qui séparait cette pièce du vestibule et de la salle à manger. Tout à coup elle vit la comtesse qui sortait de la salle à manger, qui entrait dans l'office et qui fermait les portes de ces deux chambres; puis, madame de Bocarmé s'arrêta, comme pour faire le guet.

Plus effrayée encore, Justine se hâta de gagner la cour par un dégagement. Elle passa contre les fenêtres de la salle à manger, et elle y entendit encore des cris étouffés, comme d'une personne qu'on *manse* (étrangle).

Justine donna l'alarme dans le quartier des enfants, et Emerence descendit pour savoir quel événement sinistre se passait en bas.

Arrivée à la porte de l'antichambre de la chambre à coucher des maîtres, Emerence y trouva le comte qui essayait d'ouvrir cette porte. « Voulez-vous de la lumière? dit-elle. — Non, » répondit M. de Bocarmé d'une voix sourde et altérée. Et, comme la lumière frappait le visage du comte, elle s'aperçut qu'il avait au front une blessure et que le sang lui coulait sous le nez. Ses traits, ainsi éclairés, avaient une expression sinistre, et Emerence se dit : « On croirait qu'il vient de faire un mauvais coup. »

En arrivant à la porte de la salle à manger, Emerence écouta : il y régnait un silence de mort. Tout à coup la comtesse parut, tenant à la main une jatte d'eau chaude. Elle marchait vite, elle avait l'air égaré. La couturière n'osa pas lui demander si elle avait besoin de ses services. Ce fut elle qui dit : « Emerence, retournez auprès des enfants. » Emerence monta, vit la comtesse entrer par l'antichambre, puis elle entendit de sourds gémissements.

Après quelques allées et venues, tout à coup les époux Bocarmé crièrent au secours, demandèrent du vinaigre; on arriva à ce bruit et on vit Gustave Fougnies étendu par terre près de la fenêtre. Le comte l'inondait de vinaigre, arrosant la bouche et le visage du malheureux, et le frottant comme on frotte un parquet. Emerence insista pour remplacer son maître dans un service qu'il paraissait entendre si peu; mais elle s'aperçut bien vite qu'elle n'avait dans les mains qu'un cadavre.

Sur l'ordre de la comtesse, on monta le corps dans la chambre d'Emerence et on alla chercher le médecin du château à Peruwelz.

Le médecin arriva : c'était M. Semet. Il était huit heures du soir; il trouva le pont-levis abaissé et se promena de chambre en chambre, dans le château, sans trouver d'abord à qui parler. Enfin, on le conduisit à la chambre d'Émerence. — C'est là qu'est le malade? dit le docteur à Gilles, qui le conduisait. — Oui, monsieur, là; dit Gilles, montrant un lit recouvert d'un drap. — Comment, là, un malade, dit le docteur; et, soulevant le drap, il découvrit le corps. Qu'est-ce que cela? mais cet homme est mort. — Gilles leva les épaules et ne répondit pas. Émerence arriva sur ces entrefaites. — Comment cela est-il arrivé, dit le docteur à cette fille. Émerence ne sut trop que dire. « Allons, Gilles, dit le docteur, allez prévenir M. le comte que je n'ai rien à faire ici. M. Gustave Fougnies est mort, et bien mort. » — « Oh! monsieur le sait bien, je le lui ai déjà dit, » repartit Gilles.

M. Semet se décida à aller trouver le comte : celui-ci était dans une chambre à deux lits, avec sa femme. — « Eh bien! dit Mme de Bocarmé, comment va-t-il? » — « Il est mort. ».

Mme de Bocarmé ne répondit rien. Le docteur la regarda, ses traits n'indiquaient aucune émotion. Le docteur sentit un vague soupçon lui traverser le cerveau : il regarda M. de Bocarmé. Le comte était entouré de pots d'eau chaude, dont il buvait de copieuses gorgées; il pria M. Semet de lui tâter le pouls, il disait avoir abondamment vomi. Il semblait étudier en lui-même quelque phénomène interne, et se préoccuper fort peu du mort.

« Voyez donc, docteur, à lui donner quelque chose pour le soulager, » dit la comtesse. M. Semet prescrivit au hasard un vomitif et se retira, non sans avoir remarqué une blessure que le comte avait à la main, et qu'il s'était faite, disait-il, en tombant avec Gustave.

Au grand étonnement des gens de la maison, le comte et la comtesse s'empressèrent de faire disparaître toutes les traces de l'événement. Les béquilles de Gustave furent d'abord lavées, puis brûlées. On recommanda à un domestique de monter verser du vinaigre dans la bouche du mort et on donna l'ordre de laver les effets du mort, ainsi qu'une partie de ceux de M. de Bocarmé.

Dans la nuit, la comtesse alla à la buanderie avec la cuisinière : elle tenait à laver ces vêtements elle-même et paraissait ne se fier à personne pour ce soin. La cuisinière fut chargée de tenir la lumière, et la comtesse se mit à tirer les vêtements de la cuve. De son côté, le comte, remis de ses vomissements, faisait brûler, dans la cuisine, beaucoup de papiers par le garde.

Le lendemain matin, le bruit de cette mort si imprévue se répandit dans le pays et donna lieu à force commentaires. La comtesse tint à l'annoncer elle-même aux dames de Dudzeele; elle dit au garde particulier de Bitremont : — Allez dire à ces *coquines* que Gustave est mort d'apoplexie.

Cependant le juge de paix de Peruwelz, averti par l'échevin de Bury, accourut à Bitremont. Il demanda à voir le cadavre et, voyant quatre griffes marquées sur le corps, il défendit de laisser entrer personne dans cette pièce; puis il alla à Tournay informer le procureur du roi. Celui-ci délégua un juge d'instruction qui s'émut fort peu de tous ces bruits; l'honorabilité de la famille l'empêchait d'y ajouter foi. Aussi, il ne jugea pas à propos de requérir des gendarmes à Tournay.

Mais, à sept heures du soir, le juge de paix de Peruwelz retourna chez le procureur du roi. — « On parle de coup de sang, lui dit-il, mais le public n'en croit rien; on pense qu'il y a eu empoisonnement. Il y a là de mauvais antécédents, une fortune délabrée; on parlait d'un mariage gênant; j'ai des inquiétudes. » Le procureur du roi n'hésita pas; il lança un réquisitoire de poursuites.

M. Heughbaert, juge d'instruction, se fit accompagner d'un médecin, M. Zoude, et tous deux se dirigèrent vers Bury. Le 22 au matin, on signala leur arrivée à Bitremont.

Esquissons rapidement, pour l'intelligence des faits, la topographie du château, dans ses parties importantes.

Le pont-levis franchi, on se trouvait dans une pièce servant de vestibule, éclairée sur la cour du château, avec laquelle elle communiquait par un escalier de quelques marches. Dans ce vestibule, aboutissait un escalier de bois en spirale, dit *le petit escalier*, et conduisant directement à la chambre que les époux occupaient au premier étage. Au-dessous de cette chambre à coucher, au rez-de-chaussée, était la salle à manger du château.

Cette pièce, carrée de forme, prenait jour par quatre fenêtres sur la façade et sur la cour : la porte était près du mur de façade. A droite, en entrant, s'ouvrait une vaste cheminée, à côté de laquelle était une armoire, dite *l'armoire aux bouteilles*. Sur le côté opposé, directement en face de la porte d'entrée, se trouvait un buffet, dit *l'armoire aux verres*. Une grande table ronde était placée au centre de la pièce.

De la salle à manger on entrait dans une vaste salle de forme oblongue, dite la *salle des colonnes* : cette salle faisait partie de l'ancien château. Elle devait son nom à huit colonnes qui régnaient tout autour et qui soutenaient un plafond dont le milieu était occupé par un enfoncement ovale. La hauteur primitive du plafond avait donc été plus considérable et avait été diminuée par l'établissement d'un second plafond. Le lecteur gardera dans sa mémoire cette importante particularité.

Après la *salle des colonnes*, venait la *salle du tapis rouge*, commençant la série des constructions en retour formant la profondeur de l'aile gauche du château. En sortant par la porte de droite, on se trouvait dans un vaste vestibule servant de cage à un escalier monumental, dit le *grand escalier*. Ce vestibule communiquait avec la pièce qui servait de laboratoire au comte.

Si l'on montait le grand escalier, on arrivait à la partie du château appelée le *quartier des enfants*. La pièce habitée par ces derniers était située au-dessus de la salle du Tapis Rouge. Plusieurs autres pièces donnaient là dans un couloir : l'une de ces pièces, la première à droite, était celle d'Émerence.

En face de cette dernière chambre, de l'autre côté du couloir, était une pièce immédiatement placée au-dessus de la salle des colonnes, c'est-à-dire au-dessus du double plafond. C'est là que, par la suite, l'instruction devait faire des découvertes importantes.

En continuant à suivre le couloir ou quartier des

enfants, on rencontrait sur la droite, à la hauteur du milieu des deux tourelles de la façade, une porte à vitraux peints. Là était le boudoir de Mme de Bocarmé et, de là, la vue s'étendait sur les fossés, sur la magnifique avenue, sur la plaine verdoyante.

Au bout de ce couloir, on retrouvait le petit escalier du premier vestibule.

Complétons cette esquisse des localités par une dernière pièce, très-importante, l'*età* ou office. Cette pièce était placée juste en face de la salle à manger, dans le vestibule d'entrée : elle précédait la cuisine.

Voilà les pièces principales de l'aile en façade et d'une partie de l'aile gauche. Le reste du carré se composait de trois autres ailes, enserrant une vaste cour. L'aile opposée à la façade comprenait les communs et les remises. Au milieu de cette aile postérieure, était un second pont par lequel les voitures sortaient du château, le pont-levis n'étant pas assez large pour leur donner passage.

Arrivés au château, MM. Heughbaert et Zoude trouvèrent M. de Bocarmé qui leur dit qu'il avait hâte de faire cesser les bruits alarmants qui commençaient à se répandre. Ils se firent conduire à l'étage supérieur, dans la pièce où était le cadavre de Fougnies.

A la première inspection, M. Zoude remarqua des désordres visibles dans la bouche, et se retournant vers le juge d'instruction : — Ceci est un cas très-grave.

— Croyez-vous à une mort violente? dit le juge. — Évidemment.

Le lit fut aussitôt amené en pleine lumière : les lèvres étaient noires, sanguinolentes ; le médecin pensa à l'injection d'un corrosif, de l'acide sulfurique, par exemple.

On procéda à d'autres perquisitions.

En entrant dans la salle à manger, M. Heughbaert vit sur le parquet des taches assez nombreuses d'un brun rougeâtre. Il crut que c'était du sang et, en y regardant de près, il s'aperçut qu'on avait lavé et gratté avec du verre. On avait versé de l'huile sur ces taches rougeâtres pour en dissimuler la nature. A la place qu'avait occupé le cadavre, le plancher avait été lavé avec de l'eau chaude et du savon.

Des traces de vomissements constatées dans la salle des Colonnes et dans la salle du Tapis-Rouge, attirèrent l'attention de la justice. Le comte avait donc passé par là immédiatement après la scène du verre de vin d'adieu. Qu'y allait-il faire?

Il répondit qu'il se rendait alors de la salle à manger dans sa chambre. Singulier chemin ! se dit le juge d'instruction. Le lecteur qui aura suivi avec attention notre description topographique du château, ne pourra s'empêcher de répéter : Singulier chemin ! Eh quoi ! il était près du petit escalier qui conduisait à cette chambre; il n'avait que quelques pas à faire, et il était allé prendre, à travers deux salles et un vestibule, le grand escalier à l'extrémité de l'aile gauche du château, pour revenir par un long couloir à l'autre bout de cette aile !

Pendant que le juge d'instruction interrogeait les époux Bocarmé, le procureur du roi, de son côté, interrogeait les domestiques. Il vit bientôt qu'ils avaient beaucoup à dire, car ils avaient peur et ne voulaient pas parler. Les bonnes d'enfants et la couturière avaient été, le matin même, demander conseil au curé de Bury. Fallait-il se taire, comme l'avait recommandé le comte? — Dites la vérité, mes enfants, répondit le digne ecclésiastique. Vous damnerez-vous pour un coupable? Elles racontèrent donc les cris entendus, les phrases accusatrices, les démarches suspectes.

On saisit une foule de papiers importants. Des titres nombreux attestaient le plus grand désordre dans la position des époux Bocarmé. Une seule créance, celle de M. Cherquefosse, notaire, montait à 60,000 francs. Les dettes criardes étaient sans nombre. On trouva aussi une pièce curieuse : c'était le bail de la maison de Gustave Fougnies fait aux époux Bocarmé, parce que Fougnies devait habiter Grandmetz. On avait donc amené Gustave à cette concession.

Tout cela était trop significatif pour qu'on ne prît pas des mesures de précaution. Les époux Bocarmé furent gardés à vue ; mais déjà, pendant les premières recherches, madame de Bocarmé avait eu le temps de faire disparaître la cravate de Gustave Fougnies.

C'est, au reste, avec les plus grands ménagements que les magistrats instructeurs procédèrent à leur mission. Bocarmé portait une grande houppelande très-large. Craignant que dans ses plis ne fût caché quelque indice du crime, ou quelque moyen de suicide, et ne voulant pas faire déshabiller brutalement Bocarmé, ils imaginèrent de faire venir un tailleur qui, en l'examinant sans qu'il s'en doutât, prît ses mesures pour confectionner une redingote à sa taille. On la présenta toute faite à Bocarmé, qui se trouva dans la nécessité de quitter son vêtement.

L'autopsie du cadavre allait, pensait-on, éclairer la justice. Elle fut ordonnée. M. Zoude y procéda. Disons d'abord quel était, après examen plus sérieux, l'état du corps. Nous réunissons ici les constatations faites le 22 novembre par M. Zoude, et le 27 sur les parties importantes conservées dans l'alcool, par un médecin chimiste, M. Stas.

Les lèvres étaient blafardes, racornies, couvertes de croûtes d'un brun grisâtre, qui apparaissaient aussi entre les interstices dentaires. La langue était tuméfiée, d'un volume double de celui qu'elle présente à l'état normal. La membrane muqueuse, sur la face supérieure, offrait à droite (dit M. Stas) un aspect noir bleuâtre, tandis que le reste était d'un gris noirâtre ; elle portait, à gauche, l'empreinte de deux coups de dent et de piqûres faites avec un instrument pointu et tranchant. Sur sa face inférieure, la muqueuse était rouge, ramollie. L'*epithelium* s'enlevait facilement. Les amygdales, surtout la gauche, au dire du médecin appelé pour la première constatation, étaient plus volumineuses et moins consistantes qu'à l'état normal. La bouche était remplie de mucosités glaireuses.

Il y avait là évidemment des traces d'un puissant caustique. Seulement les premiers médecins étaient en désaccord avec M. Stas qui signalait une altération plus profonde du côté droit. Il est vrai que M. Stas décrivait l'état d'organes déjà modifiés par suite de leur immersion de quelques jours dans l'alcool.

Quel était le poison? On l'ignorait encore. Mais l'empoisonnement était patent, et, bien que l'autopsie eût signalé des désordres sans leur assigner de cause connue, la justice ne pouvait hésiter à mettre la main sur ceux que tout accusait. Un mandat d'arrêt fut lancé, et les époux Bocarmé furent écroués à la prison de Tournay.

Arrivés au secrétariat de la maison d'arrêt, le comte et sa femme eurent, au milieu des allants et venants, une conversation rapide, inquiète. Il s'agissait beaucoup, dans ces mots échangés avec agitation, des lumières. Dirait-on qu'il y avait eu ou qu'il n'y avait pas eu de lumière dans la salle à manger ? « Vous me gênez avec vos questions sur les lumières, » finit par dire la comtesse.

Un instant après : « Soyez tranquille, dit encore la comtesse. Gilles a brûlé la cravate et le gilet de Gustave. »

Les premières déclarations des époux ne jetèrent aucune lumière sur le sinistre événement du 20 novembre.

Interrogée sur les faits de cette journée, madame de Bocarmé répondit en substance :

« Mon frère Gustave est venu vers dix heures. Il a déjeuné avec moi de chocolat et de pain. Vers trois heures, il a dîné avec nous, moi et mon mari. Il a mangé, *comme nous*, de la soupe au riz, de la poule au riz, des choux avec de la saucisse; enfin, il n'est point de mets dont il aurait mangé *lui seul*. Après le dîner, nous avons causé à nous trois près du feu.

« Vers la brune, entre cinq et six heures, j'ai quitté la salle à manger pour vaquer à diverses choses. Quinze ou vingt minutes ensuite, j'entends crier : « M. Gustave est malade! du vinaigre! de l'eau! » Je ne sais qui criait, ni où j'étais. Vite, j'ai couru chercher de l'eau de Cologne, et je suis descendue jusqu'à l'entrée de la salle à manger. Là quelqu'un m'a pris le flacon, et j'ai vu mon frère étendu à terre, la tête tournée vers le premier châssis de gauche en entrant, et mon mari lui frottait quelque chose sur la figure. Je croyais à une apoplexie, et ce tableau étant trop triste, je me suis retirée une ou deux minutes. Je crois avoir été alors appeler les laveuses, je ne pourrais dire quelles personnes étaient alors autour de mon frère... »

D. — Dites-nous quels liquides corrosifs ou quels poisons violents se trouvaient alors ou se trouvent encore maintenant chez vous?

R. — Aucun, absolument aucun, d'aucune espèce, ni liquides, ni poisons, je n'en ai jamais connu chez moi!... J'ajoute que ce fut bien une demi-heure après que je me fus retirée de la salle à manger que j'appris la mort de Gustave. Je ne sais qui me l'a dit, mais je crois que j'étais alors à la chambre de la gouvernante avec les enfants. Je ne sais pas non plus qui l'a fait transporter en haut. Toutefois, je pense que c'est moi qui ai dit de le mettre dans une chambre de la tour que j'ai désignée.

D. — Et d'où viennent les traces de taches qui nous paraissent avoir été du sang et qui se trouvent sur le parquet de la salle à manger, auprès du buffet, près de la seconde croisée?

R. — Hier, de l'huile a été épanchée en cet endroit. La cruche à l'huile y a été versée accidentellement...

De son côté, le comte de Bocarmé fit la déclaration suivante :

Après avoir raconté les premiers moments de la visite de Gustave Fougnies : « Il a déjeuné de chocolat avec madame. J'étais présent, mais je crois n'avoir rien pris. Dans l'après-midi, nous avons dîné. Il a bien mangé, il a bu du vin. Je ne puis préciser s'il a bu du café, ni ma femme non plus.

« Dans la journée, il m'a dit qu'il avait mal à la tête; je ne sais qui nous a servis à table, ni s'il n'a pas mangé de mets auxquels nous n'aurions pas touché. Je n'ai pas remarqué qu'il eût rien à la figure, soit contusions, excoriations, égratignures, blessures ou brûlures.

« Après le dîner, vers le soir, la lumière était allumée; madame, lui et moi, nous nous trouvions dans la salle à manger. Ma femme est sortie tout à coup, je ne sais pourquoi, avec la lumière, et nous a laissés à deux dans l'obscurité. Gustave était debout près du châssis, aux environs de l'étagère. Quant à moi, je me trouvais debout aussi vers le coin opposé de l'appartement.

« Tout à coup il a crié : « Hippolyte, à mon secours! aïe! » Vite, j'ai couru, et j'ai voulu le retenir dans sa chute. Une de ses béquilles s'est cassée, et moi je me suis blessé au front; je doute que ce soit arrivé avant ce moment-là : je ne puis rien préciser! Mais quand j'ai vu que les choses allaient si mal, je me suis relevé de frayeur; j'ai ouvert la porte et j'ai crié : Au secours! Je ne sais qui est venu le premier; on a apporté de la lumière et du vinaigre. Quand la lumière fut venue, je ne me rappelle pas le spectacle que présentait l'appartement; je ne saurais dire si Fougnies vivait encore, mais je le pense. »

D. — D'où proviennent les deux blessures correspondantes que vous portez au-dessus et au-dessous du médius de la main gauche, et la petite plaie à l'intérieur de l'annulaire de l'autre main, celle du pouce droit de l'indicateur et celle du front? — R. A l'exception de celle du pouce, je crois que toutes les autres proviennent de ma chute avec Gustave.

D. — Depuis votre chute, on a lavé le parquet de la salle à manger? Nous remarquons diverses taches, des raclures provenant d'un grattage, et nous en recueillons une faible quantité. Les deux blessures de la main gauche ne sont-elles pas le résultat d'une morsure humaine. — R. Je ne saurais vous préciser au juste... c'est possible... je ne m'en suis aperçu que le lendemain... c'est encore douteux...

D. — Cette morsure ne vient-elle pas de Gustave Fougnies? Comment a-t-elle été faite? — R. Si c'est une morsure d'homme, ce ne peut être que Fougnies qui me l'ait faite. Mais je ne pourrais vous dire pourquoi il m'aurait ainsi mordu. Je ne pourrais pas vous donner une explication satisfaisante là-dessus.

A partir de ce moment, le comte de Bocarmé refuse de répondre à de nouvelles questions. Interrogé de nouveau, le 4 décembre, il déclara qu'il se repentait d'avoir répondu antérieurement, et dit : « Je ne veux pas même vous dire si je n'ai jamais été repris de justice. »

Mais M. de Bocarmé n'était pas homme à garder imperturbablement cette attitude; les indiscrétions, les questions significatives ne se firent pas attendre. A M. Zoude, l'un des premiers médecins appelés, il dit sans détour que sa blessure du médius provenait d'une morsure de Gustave Fougnies. Deux jours après, il disait à la même personne : « Pensez-vous qu'un doigt pris dans une porte, pourrait être blessé ainsi? » Quelques heures avant, il disait à un autre témoin qu'il avait été mordu par un petit chien en jouant.

La justice cherchait cependant avec ardeur le corps du délit. L'habile chimiste, chargé de retrouver le poison, M. Stas, fut aidé dans ses recherches de la vérité par l'intelligence vraiment exceptionnelle de Deblicquy, domestique de M. de Bocarmé. On avait appris, dès les premiers moments de l'instruction, que le comte se livrait depuis quelques mois à des distillations, à des opérations chimiques. Deblicquy avait assisté le comte dans ces travaux mystérieux. Or, cet homme, grossier en apparence, et sans aucune éducation, avait tout vu, tout retenu, tout compris. C'est ainsi que, dans le laboratoire de l'expert, il reconnut le zinc, l'acide oxalique. A première vue, il s'écria : « Tiens! tiens! voilà la pierre infernale de M. le comte. » M. Stas lui déboucha une capsule sous le nez, et il dit aussitôt : « Ah! ah! voilà l'eau de Cologne de M. le comte. » C'était de la nicotine, et M. Stas avait eu soin de retourner toutes les étiquettes de ses produits, ignorant que ce garçon ne savait même pas lire. « C'est ça qui m'a rendu malade à Bitremont, » dit-il, en parlant de la prétendue eau de Cologne.

M. Stas, à force d'essayer des réactifs, de chercher

des poisons nouveaux, avait pensé à la nicotine, et ce n'était pas par hasard qu'il avait fait sentir ce produit à Deblicquy.

La nicotine, à qui le tabac doit ses propriétés délétères, est un alcali découvert par Cerioli de Crémone, et étudié par Vauquelin, Posselt et Riéman. Cette substance est liquide, transparente, presque incolore, d'une odeur qui rappelle faiblement celle du tabac, d'une saveur âcre et brûlante, très-soluble à l'eau et à l'éther, volatile au-dessous du point d'ébullition. Elle précipite un grand nombre de dissolutions métalliques, celles d'argent par exemple, de mercure, d'étain, d'antimoine, de manganèse, en blanc; celle de fer, en vert; celle de cobalt, en pourpre; celle d'or et de platine, en jaune. Si le tabac et ses diverses préparations produisent tous les symptômes des poisons narcotico-âcres, vomissements opiniâtres, tremblements, la nicotine, à la faible dose d'une ou deux gouttes, tue presque instantanément.

Sûr désormais de sa voie, M. Stas eut bientôt trouvé dans les restes du malheureux Fougnies le poison qui lui avait donné la mort. En même temps, l'instruction amassait des indices. Elle apprenait, par exemple, que Bocarmé avait, en 1849, cultivé des plantes vénéneuses et du tabac; qu'il s'était présenté, au mois de février 1850, sous un faux nom, chez M. Loppens, professeur de chimie à l'école industrielle de Gand, et qu'il l'avait prié de lui faire connaître les instruments propres à extraire les huiles essentielles des végétaux, surtout celle du tabac; qu'il avait, le 11 mars, acheté des instruments de distillation à un chaudronnier, le sieur Vandenberghe.

Les rapports des gens du château firent faire encore d'autres découvertes.

Il n'y avait dans tout le vaste château de Bitremont qu'un seul chat, un malheureux chat gris. M. de Bocarmé s'en empara, le porta dans le *salon abandonné*, ce mystérieux salon aux funèbres légendes, et lui fit

A Java. — La nourrice malaise.

boire sa nicotine. Le chat courut par le salon, bondit vers la porte et disparut. M. de Bocarmé, pendant plusieurs jours, demanda le chat à tous ses domestiques; le chat était mort et son bourreau le savait bien; il l'avait enterré lui-même dans le jardin.

Un jour, accompagné de sa femme, il passa, à Bruxelles, devant le magasin du libraire Tircher. Il y entra, demanda un ouvrage de chimie, y lut l'article Nicotine et, rendant le livre sans l'acheter, il sortit, l'air joyeux et satisfait, et dit à demi-voix à la comtesse : « J'ai vu. »

Mais les appareils, les instruments de distillation, ces pièces à conviction si importantes, allaient-ils manquer au procès; tout le monde les avait vus, personne ne les retrouvait.

A la fin de décembre seulement, on saisit dans une cachette placée sous la chambre d'Emerence, les cornues et les instruments dont le comte s'était servi pour ses distillations. Depuis plus d'un mois, on cherchait cette cachette dont on savait l'existence, et on ne la trouvait pas. Enfin, dans la chambre du quartier des enfants, placée, comme on l'a vu, au-dessus de la salle des Colonnes, on sonda le parquet à coups de pioche; on ouvrit les joints des feuilles, on ne trouvait rien. Tout à coup, une trappe bascula et on put pénétrer dans le double plafond de la salle des Colonnes. Là était la cachette.

Quand on en eut retiré les instruments, les appareils distillatoires, et qu'on eut acquis la certitude de leur origine et de leur usage : — Connaissez-vous, dit à Bocarmé le juge d'instruction, un certain Vandenberghe? — Ce fut un coup de foudre pour le comte. Il avoua avoir acheté des appareils à cet homme. — Lesquels? dit le juge. — J'aime mieux que vous me les nommiez vous-même, je répondrai oui ou non. — Et que sont devenus ces appareils distillatoires? — Je n'en sais rien, je les ai donnés, ou vendus, ou brisés. — Allons! il est temps que vous disiez la vérité. Ces appareils sont retrouvés. Votre alambic est à la porte de cette chambre.

Ce fut le premier coup qui ébranla les dénégations. Vinrent ensuite les lettres saisies chez M. Loppens, chez le chaudronnier, chez les divers horticulteurs auxquels s'était adressé l'apprenti chimiste de Bitremont.

Le juge d'instruction les présenta à Bocarmé.

« Voyons, monsieur le comte, ces lettres à M. Loppens, n'est-ce pas vous qui les avez écrites? » — Bocarmé répondit : « Ce n'est pas moi, je n'ai contraint personne à les écrire. » Puis, avec quelques larmes dans les yeux, il s'écria : — « Je ne vois qu'un moyen de nous tirer de là, c'est de faire intervenir le Roi. » Et il ajouta : « Quel malheur! quel malheur! »

« Oui, dit gravement et d'un ton pénétré M. Heughbaert, oui, *si vous êtes innocent*, c'est un bien grand malheur! — Et en supposant que je fusse coupable, se hasarda à dire Bocarmé, faut-il, pour un si mauvais frère, qui nous a fait tant de mauvais tours, nous faire un semblable procès! »

A chaque lettre présentée à l'accusé par le juge d'instruction, il répondait d'une façon évasive : « Je ne saurais dire qui a écrit cela, je ne pourrais préciser. » Pressé de déclarer par oui ou par non, si c'était là son écriture, ou celle de sa femme : — « Ma foi, dit-il, j'imite si bien l'écriture de ma femme que je m'y trompe souvent moi-même. Je peux vous en donner la preuve. » Et, en effet, il imita, séance tenante, et à s'y méprendre, l'écriture de la comtesse.

Très-satisfait de ce résultat, il ajouta avec la plus grande aisance : « J'imite, d'ailleurs, toutes les écritures, même la vôtre, si vous voulez, monsieur le juge d'instruction. » M. Heughbaert le prit au mot, lui remit un corps de son écriture, du papier, une plume et de l'encre; c'était le samedi soir : le lundi matin, le juge d'instruction vit une imitation qui, au premier

Dans l'Arkansas. — La forêt vierge.

abord, ressemblait à son écriture. Le juge voulut joindre cette pièce au dossier, mais Bocarmé se hâta de la jeter au feu.

Restait à faire sur la comtesse la même expérience. Elle eut lieu le 13 janvier, et ce jour-là, seulement, Mme de Bocarmé se décida à faire quelques aveux. Elle répondait jusque-là qu'elle ne savait rien des achats des livres ou d'instruments de chimie. La vue d'une lettre écrite par elle au chaudronnier de Gand la troubla profondément et lui arracha les premiers lambeaux de vérité. Jusqu'alors, elle avait été dans sa prison calme et insoucieuse : à partir de ce jour, elle devint triste et inquiète.

Le comte se refusait, cependant, à avouer; il se disait fort de son innocence; il parlait de sa mise en liberté prochaine, des influences puissantes qu'il faisait agir. « Détrompez-vous, répondait le juge, rien n'arrêtera le cours de la justice. Le roi lui-même y serait impuissant. »

« Voyons, dit un jour M. Heughbaert à Bocarmé, Gustave est mort empoisonné; qui l'a empoisonné? — Ce n'est pas moi. — Qui donc, alors? » Bocarmé prit un autre ton et dit : « Tenez, faites venir ma femme; je vous dirai devant elle comment les choses se sont passées. — Ce n'est pas possible, monsieur le comte, ce serait pour vous un moyen indirect de lui faire la leçon. Faisons une chose : écrivez votre récit, j'interrogerai votre femme là-dessus, et, si elle me répond de la même manière, je dirai que vous êtes dans la vérité. — Me promettez-vous de dire à ma femme ce que je vais vous dire?... et de me rapporter ce qu'elle aura répondu? — Oui. — Eh bien, Gustave s'est empoisonné lui-même! — Mais c'est absurde, impossible. — C'est la vérité. Enfin, j'ai votre promesse, dites cela à ma femme, vous verrez ce qu'elle vous dira. »

La comtesse, en entendant ce récit, se mit à rire : « Je savais bien, dit-elle, qu'il finirait par dire cela.

Dans la nuit du 20 novembre, il m'a dit : Quand je serais à bout de ressources, quand le poison serait découvert, je dirais que Gustave s'est empoisonné avec une fiole de nicotine prise dans l'armoire aux verres. »

Le juge rapporta au comte l'accueil fait à son récit par la comtesse. « Ah! mon Dieu! s'écria-t-il, il n'y a rien à faire avec cette femme-là! » Il parut atterré.

Ce furent alors des accusations mutuelles, vaguement formulées. « Quelle fâcheuse position! s'écriait le comte. Je ne puis dire la vérité sans accuser ma femme. — Quel malheur! disait la comtesse; je ne puis parler sans perdre mon mari. »

« Ma femme m'accable, disait le comte au gardien en chef de la maison d'arrêt de Tournay : elle se charge en me chargeant; faites-lui donc comprendre que c'est un danger pour elle. Si je dois vous dire la vérité, mon cher directeur, ajouta-t-il un jour, d'un air d'amicale confidence, c'est elle qui a versé le poison à son frère. Donnez-lui donc de bons conseils. »

Ce gardien en chef, Vandervruyssen, fut curieux de savoir comment la femme avait versé le poison. « Elle l'a, dit le comte, versé dans la bouche par deux fois; je l'ai fait sortir ensuite, afin qu'on crût que j'étais seul dans la salle à manger. »

Un soir, le comte pria le gardien de faire parvenir à sa femme un billet sur lequel, disait-il, il n'y avait que des questions oiseuses. Et il lut trois de ces questions; mais il y avait une quatrième ligne, et celle-là était significative : « Ne répondez plus, » suivi d'une croix.

Ce ne fut pas là la seule preuve d'un esprit de ruse toujours éveillé, avec lequel la candeur du juge d'instruction eut plus d'une fois le dessous.

Un jour, par exemple, il présenta à M. Heughbaert une lettre toute ouverte, et lui demanda s'il pouvait l'envoyer. Après lecture, le juge décida qu'elle pouvait partir. Le juge avait jeté la lettre sur la table : le comte la reprit et la plia ostensiblement, avec le plus grand calme. Puis, il mit l'adresse. Mais il n'y avait pas là de pains à cacheter, et le greffier se chargea de faire partir la lettre.

Comme le greffier partait : « Bonsoir, monsieur le greffier; bonsoir, monsieur le greffier, » dit le comte. Ceci étonna le juge d'instruction; ce n'était pas dans les habitudes du comte. Il n'y fit pas plus d'attention, cependant; mais le greffier eut la curiosité de lire la lettre et il trouva, dissimulé sous la première page, le billet suivant :

« Ma femme vous a fait demander d'engager Berryer; ne le faites pas et, si l'engagement est fait, suspendez-le jusqu'à nouvel ordre de ma part. Mais entretenez-la dans l'idée qu'elle l'aura. De cette recommandation dépend sa vie, ainsi que la mienne. Imaginez-vous que cette malheureuse, après avoir empoisonné son frère, ne trouve rien de mieux pour se défendre, maintenant que nous sommes tous deux en prison pour ce fait, que de mettre tout à ma charge et de m'accuser des calomnies les plus atroces. Ne répondez pas à ce billet que je glisse en fraude dans cette lettre-ci. N'oubliez pas que toutes les lettres que nous recevons sont ouvertes. Lorsque Berryer sera engagé pour venir, rendez-lui compte de ce que je vous explique dans ce billet; expliquez-lui que l'état offensif que ma femme prend à mon égard n'est que le résultat de la contrainte morale occasionnée par la position où elle se trouve, et que son but doit tendre à nous défendre tous deux indistinctement contre l'accusation, et de ne pas prendre ma femme dans l'état d'hostilité où elle se trouve à mon égard, ce qui donnerait un moyen terrible à l'accusation et nous mènerait infailliblement à l'échafaud. »

Ce billet était adressé à un M. Cros, de Paris : l'accusé s'y préoccupait évidemment du rude adversaire que pouvait lui opposer sa femme. Le tour de main, au moyen duquel le billet avait été introduit dans la lettre, sous les yeux du juge et du greffier, avait été exécuté avec le calme adresse d'un prestidigitateur émérite. Les vingt-huit lignes du billet correspondaient juste à la marge de la lettre, en sorte que la transparence ne pouvait trahir la présence de ce petit papier.

Quand le comte sut que sa ruse était découverte, il manifesta son dépit par ces mots plusieurs fois répétés : « Je regarde ce billet comme nul et non avenu; je ne veux pas qu'il soit joint aux pièces; rendez-le moi. — Je vous le rendrai, monsieur le comte, répondit le juge, quand vous nous rendrez Fougnies. »

Un autre jour, encore, la mère de l'accusé, la comtesse Ida de Bocarmé avait demandé à voir son fils. — Quelqu'un qui vous est bien cher, désire vous voir, lui dit le magistrat. — Est-ce ma mère? Je serai bien heureux de la voir. — Cela dépend de vous; je mets une condition à l'entrevue, c'est que, ni de près ni de loin, vous ne parlerez à votre mère du sujet de votre détention.

Bocarmé donna sa parole d'honneur qu'il ne ferait aucune tentative de ce genre, non plus qu'il ne chercherait à faire passer par sa mère aucun avis ou billet. La comtesse Ida, de son côté, promit la même réserve. L'entrevue eut lieu devant le directeur et le juge d'instruction. L'accusé se jeta dans les bras de sa mère : mais tout à coup, le directeur s'élança pour saisir un papier que Bocarmé cherchait à remettre à sa mère. Le comte, d'un mouvement rapide, fit passer le papier d'une main dans l'autre, le porta à sa bouche et l'avala.

La pauvre mère ignorait encore pourquoi son fils était là.

Le 13 février, eut lieu une première confrontation entre les deux époux. Madame de Bocarmé y repoussa avec indignation la complicité du crime; elle accusa son mari, hautement, obstinément, d'un meurtre prémédité.

Il fallut mettre fin à cette confrontation, tant était grande l'agitation de la comtesse. Les dénégations de madame de Bocarmé avaient été prononcées au milieu de sanglots, d'attaques nerveuses. Le juge d'instruction fut frappé de ces mouvements qu'il considéra comme naturels, et il dit : « Il y a de ces cris de l'âme qui ne peuvent être simulés. »

Mais alors le mari était donc coupable?

Le lendemain, 14, le comte se plaignit de ce que sa femme avait parlé, dit qu'elle s'était laissée entraîner dans ses déclarations. « Vous sentez bien, disait-il au directeur de la prison, qu'en m'accusant elle s'accuse elle-même; qu'on lui demandera comment elle sait ce que j'ai fait dans la salle, tandis que je dis que j'y étais seul, comme ça avait été convenu entre nous. »

Et s'épanchant de nouveau avec le directeur, il lui répétait que sa femme avait versé le poison. — Comment ça a-t-il pu se faire? lui dit le directeur, il faut faire ouvrir la bouche. — Non, il suffit qu'on ouvre la bouche comme en parlant, je connais ça; je suis chimiste; avec une goutte de ça sur la langue, on tue un homme.

Et il ajouta que sa femme aurait dit en jetant le poison pour la seconde fois : — « *Tiens!* » Il m'a sauté du poison dans la bouche, disait-il encore, et j'ai failli en mourir. J'ai pris un vomitif, et heureusement j'ai vomi beaucoup.

Il avoua également à M. Vandervruyssen, comme

au médecin, M. Zoude, que les morsures de sa main gauche avaient été faites par Gustave Fougnies; qu'il avait d'abord terrassé Gustave dans le salon, qu'il avait culbuté une chaise sur lui, qu'il était tombé sur lui, et que c'est alors que le poison avait été versé. « Monsieur le directeur, dit-il en terminant ces confidences, n'en parlez jamais, je vous en prie. »

Voilà, au moins, de quelle façon le gardien chef, décoré du titre de directeur, Flamand renforcé, traduisit les confidences du comte.

Celui-ci, cependant, lorsqu'il avait affaire à l'instruction officielle, niait toujours, refusait souvent de répondre, et en appelait au jour de l'audience publique. Mais, en même temps, il cherchait à faire revenir sa femme sur des accusations dont il comprenait l'écrasante gravité.

Un jour, par exemple, on saisit sur Bocarmé un billet qu'il tentait de faire passer à sa femme. En voici les termes :

« Ma chère femme,

« Demandez à M, le juge d'instruction la permission de me voir, et donnez-moi des nouvelles de votre santé. De quoi vous occupez-vous? Y a-t-il longtemps que vous avez vu Gonzalès? Et les deux petites filles, comment se portent-elles?

« Pourquoi avez-vous été méchante contre moi? je n'y comprends rien, et je ne sais quelle utilité vous espérez en tirer. Je ne vous ai donné aucun motif d'agir ainsi.

« Me prenez-vous pour votre ennemi? Pourquoi ne croyez-vous pas à mon amitié? Enfin, ma chère femme, comprenez bien que vos intérêts sont les miens, et lisez à la page 123, ligne 13e, en remontant dans votre Paroissien romain. Ce livre ne peut vous être suspect; il vient de N.-S. Jésus-Christ. Suivez l'avis qu'il donne : c'est une route; suivez ma route, et nous nous retrouverons sains et saufs. »

On s'empara du Paroissien, et le passage indiqué se trouva être celui-ci (saint Math., ch. 12, v. 20) :
Tout royaume divisé contre lui-même périra.
Toute maison divisée contre elle-même sera ruinée.

La comtesse ne revenait pas sur ses dires accusateurs : elle donnait chaque jour, au contraire, plus librement cours à ses amertumes et à ses rancunes conjugales. Voici, par exemple, le portrait peu flatteur qu'elle traçait de son mari :

« Il est très-irritable et de grand sang-froid tout à la fois. Quand il était irrité, il devenait fou furieux; l'écume alors lui venait à la bouche, et les yeux lui sortaient de la tête. Il n'était point sensible à l'amitié. Son père, sa mère même lui étaient à peu près indifférents. Il était cruel envers les animaux, et, quant à moi, il me traitait souvent fort durement. Souvent j'ai été battue, une fois presque jusqu'au sang. Il battait ses enfants, et son immoralité n'avait pas de limites; il corrompait ou cherchait à corrompre toutes les filles qui servaient au château. Il a eu un enfant avec une de mes femmes de chambre, et un autre avec une bonne.

« Il est hypocrite, rusé et menteur comme il y en a peu, et sait faire des histoires tellement bien qu'on les prendrait pour des vérités. »

Et un autre jour :

« C'est le plus hypocrite de la terre; on ne se fait pas une idée de son hypocrisie, car il a ce calme froid qui est trompeur. Il sait prendre à volonté un air innocent. Vous ne le connaissez pas. *C'est un homme qui ne prie pas!* Son grand-père, dans une de ses lettres, dit qu'il finira mal, qu'il n'a jamais pu parvenir à lui faire dire ses prières. »

Telles furent les découvertes faites par l'instruction, et qui motivèrent amplement un arrêt de renvoi de la Cour d'appel devant la Cour d'assises de Mons (Hainaut).

Contrairement à ce qui se passe en France en pareil cas, avant même que le procès ne fût ouvert, la presse belge discutait le crime, sans respecter la position des accusés. Des affiches de toutes les couleurs de l'arc-en-ciel tenaient en éveil la curiosité publique. On faisait circuler des portraits des accusés, des plans de la chambre où le crime avait été commis, des vues du château de Bury; on alla même, avant que le procès ne fût terminé, jusqu'à publier des scènes illustrées du crime et de la vie intime des époux Bocarmé, scandale regrettable qui trouva malheureusement des imitateurs en France.

Publications apocryphes, allégations mensongères, insinuations perfides ou dictées par une scandaleuse légèreté, rien ne manqua contre les deux accusés qui ne pouvaient se défendre encore, et dont la position eût dû inspirer le respect. La presse belge eut, pendant toute cette instruction, une attitude déplorable.

Le drame de Bitremont servait de prétexte à une lutte animée des passions politiques et des passions religieuses. Il se formait plusieurs camps. Les uns condamnaient les deux époux; les autres rejetaient sur le mari seul la responsabilité du crime; d'autres en attribuaient tout l'odieux à la femme.

Le procès s'ouvrit, le 27 mai 1851, sous la présidence de M. Lyon, conseiller.

Il est dix heures du matin, les portes s'ouvrent. La salle consacrée aux débats est petite : c'est à peine si elle peut contenir cent cinquante personnes; aussi a-t-on distribué des billets pour chaque audience, de sorte que chaque élu ne puisse satisfaire qu'une seule fois sa curiosité. Mais on a trouvé un moyen d'augmenter la publicité des débats, c'est de laisser ouvertes les trois larges portes qui s'ouvrent sur le vestibule : cette partie des assistants se tiendra debout, et on la renouvelle, non pas seulement à chaque audience, mais plusieurs fois par audience.

Sur la table des pièces à conviction, on remarque des plans des localités les plus importantes; il y a, entre autres, un plan en carton, divisé en cinq compartiments, dont l'un représente le sol de la salle à manger, tandis que les quatre autres forment, quand on les relève, les quatre côtés de cette pièce. Au milieu est une table en relief, avec tous les ustensiles du dîner, le tout de grandeur microscopique, une véritable dînette d'enfants. L'armoire aux verres et l'armoire aux bouteilles y sont figurées, et, devant la première fenêtre, on a placé une petite poupée amputée d'une jambe, étendue sur le parquet, et ayant à ses côtés de petites béquilles.

Les accusés sont introduits.

M. de Bocarmé ne ressemble guère aux portraits nombreux qui circulent; il est vrai que tous ces portraits le représentent avec une longue barbe qu'il lui avait été interdit de raser pendant sa détention, par appréhension d'un suicide. Il a obtenu de la faire raser pour paraître plus convenablement aux débats; l'opération a été faite par un *barbier assermenté*.

Il est d'une taille au-dessus de la moyenne; sa figure est légèrement marquée de petite-vérole; son teint est bistré, ses yeux abattus. L'ensemble de sa physionomie est assez expressif; les yeux sont grands, et, sans les souffrances physiques et morales d'une longue détention, ils seraient vifs; le nez est long, mais bien dessiné; les cheveux, taillés court, sont châtain foncé. Le comte est vêtu de noir. Deux gendarmes le surveillent incessamment, mais avec une extrême politesse. Ils ne lui présentent ni son chapeau, ni ses gants, sans dire : « Le chapeau de monsieur le comte, les gants de monsieur le comte. »

Madame de Bocarmé attire encore plus que son mari l'attention générale : sa figure et sa tournure sont remplies de distinction ; elle est vraiment jolie. Traits réguliers, yeux expressifs et doux, dents petites et bien rangées ; toilette simple, marquée d'un cachet de bon goût ; robe de soie noire, par-dessus et capote de satin, voile de dentelle noire, grand deuil. Sa voix est harmonieusement timbrée, douce et pénétrante ; elle chante en parlant, habitude commune à beaucoup de Belges.

Au banc de la défense sont, pour madame de Bocarmé, Mes Harmignies et Toussaint, avocats distingués du barreau belge ; pour le comte, Me de Paepe, de Mons, et Me Lachaud, de Paris.

On fait l'interminable appel des témoins. Un d'eux manque ; le président annonce qu'il se présentera à l'audience du 10 juin. Un mouvement de stupeur se produit dans la salle, et surtout au banc de la défense. Quelle sera donc la longueur des débats ?

M. de Marbaix, procureur du roi, lit l'acte d'accusation. Ce document simple, logique, où ne se sent aucune recherche d'effet, groupe les faits sans passion, sans phrases. Après le récit des faits, que le lecteur connaît déjà, M. de Marbaix ajoute :

« Les violences remarquées plus tard sur le cadavre excluaient l'idée d'une surprise ou d'un suicide. Elles prouvaient, au contraire, une lutte acharnée, et, lorsqu'on réfléchit que, pour faire avaler le poison à la victime, il fallait tout à la fois lui ouvrir la bouche et empêcher les mouvements de droite et de gauche que la tête aurait pu faire, il est presque impossible d'admettre que le crime soit l'ouvrage d'une seule personne.

« Comment concevoir, en effet, que le comte de Bocarmé, dont la main gauche, entaillée d'une double morsure, se trouvait engagée dans la bouche de Gustave, et qui n'avait pas trop de sa main droite pour lui assujétir la tête et les bras, ait encore pu de lui-même, et sans secours étranger, lui verser dans la bouche une fiole de nicotine ? Une autre personne a donc nécessairement participé à l'action, et il n'y avait que le comte et la comtesse dans la salle à manger au moment où Justine entendait la chute et les cris de Gustave... Si l'on rapproche de ces réflexions l'aveu fait au gardien par le comte, que sa femme aurait par deux fois versé la nicotine, et qu'elle en aurait même répandu sur les vêtements de son frère, cela expliquerait pourquoi la comtesse est venue, quelques instants après, se laver les mains au savon noir dans la cuisine ; pourquoi elle a fait immédiatement placer les vêtements de Gustave et ceux de son mari dans un cuvier plein d'eau ; pourquoi elle les a fait, en sa présence et jusqu'au milieu de la nuit, tordre et lessiver par la cuisinière Louise Maës. Cela expliquerait aussi pourquoi elle a fait nettoyer à l'eau chaude les béquilles de son frère, pourquoi elle les a fait brûler ensuite, ainsi que son gilet et sa cravate...

« Ces faits sont trop nombreux et trop directs pour que l'on puisse révoquer en doute sa complicité, alors surtout qu'on les rapproche des déclarations extrajudiciaires du mari, de la nature toute spéciale du crime, et des mesures que la comtesse avait prises pour en assurer l'exécution.

« La comtesse prétend, il est vrai, que si elle a passé la nuit à faire disparaître les traces du crime, c'est uniquement pour sauver son mari, le père de ses enfants. Mais il est assez difficile d'admettre cette excuse en présence d'un crime aussi odieux. Il est surtout assez difficile de l'admettre en présence des actes de violence presque journaliers dont la comtesse avait à se plaindre, et auxquels venait encore se joindre la plus profonde immoralité, puisqu'on avait vu son mari l'obliger à recueillir le fruit de l'adultère au château de Bitremont.

« Elle soutient également que si elle a concouru à préparer et faciliter l'empoisonnement, elle ne l'a fait que sur les menaces de son mari et sous l'empire d'une contrainte morale. Mais alors, pourquoi, au moins, ne pas avertir son frère, qu'un seul mot pouvait sauver ? Pourquoi profaner son cadavre ?... Pourquoi donner aux dames de Dudzeele une injurieuse qualification, lorsqu'elle chargeait un domestique de les prévenir de la mort de Gustave ? Tout cela ne dénote que trop bien une pensée commune pour atteindre un même but qui devait profiter aux deux accusés, et que l'oncle même proclamait hautement, en expliquant les motifs qui l'avaient empêché de se rendre le lendemain au château, sur l'invitation qu'il en avait reçue : « J'étais, a-t-il dit, trop indigné contre eux et leur infâme conduite, et cette indignation a sa source dans ma profonde conviction qu'ils ont fait mourir Gustave. »

On remarque, à la fin de cette lecture, que l'arrêt de Tournay et celui de la chambre des mises en accusation de Bruxelles plaçaient les deux accusés sur la même ligne, et les considéraient à la fois tous deux comme auteurs et complices, tandis que, dans l'acte d'accusation, Bocarmé était signalé comme auteur principal, et sa femme seulement comme complice.

On procède ensuite à l'interrogatoire des accusés.

Lydie-Victoire-Josèphe Fougnies, âgée de trente-deux ans ; Alfred-Julien-Gabriel-Girard-Hippolyte Visart, comte de Bocarmé, âgé de trente-deux ans : tels sont les noms et âges indiqués par les accusés, lors des premières questions d'usage.

D. — Lydie Fougnies, persistez-vous dans les réponses et dans les révélations que vous avez faites dans vos interrogatoires ? — *L'accusée*, d'une voix accentuée : Oui, monsieur.

Les réponses de Mme de Bocarmé établissent d'abord la position désespérée du ménage, à l'époque de la mort de Gustave Fougnies.

M. le président : Votre union a-t-elle été heureuse ? — R. (après quelque hésitation) : Non, monsieur. — D. A quelles occupations se livrait votre mari ? — R. La culture l'absorbait ; il a dépensé 15 ou 20,000 fr. en essais ; il en a fait sur les oiseaux, sur les mouches à miel, et puis... il dépensait de l'argent avec des filles... de mauvaises filles... — D. Il avait donc des penchants au libertinage ? — Oh ! oui, monsieur. — D. Lorsqu'il s'est occupé de plantes vénéneuses et de chimie, vous avez écrit plusieurs lettres à des fournisseurs, et vous avez signé : H. de Bury ? — R. Je mettais ce qu'il me disait. — D. Quelle raison vous donnait-il ? — R. Aucune ; je faisais ce qu'il me disait. — D. Pourquoi, lui aussi, donnait-il de faux noms ? — R. Il disait que c'était pour payer moins cher. — D. Votre mari s'est-il porté à des voies de fait pour vous forcer à signer ? — R. Quand je refusais, il me donnait des coups dans le dos. — D. Les violences que votre mari exerçait sur vous ne lui ont-elles pas valu de la part de sa mère, la comtesse Ida de Bocarmé, des reproches sévères ? — R. Oui, elle rappelait qu'il avait voulu battre son père. Elle m'a dit qu'Hippolyte ferait *un malheur* avec sa chimie... qu'il était capable de tout... qu'il ne lui manquerait plus que de le voir sur le banc des assises. — D. Quand vous écriviez ces lettres, le mot de *nicotine* ne vous a pas choquée? — R. Il me disait que c'était *pour s'amuser*, que cela ne me regardait pas. Il me disait qu'*il faisait de l'esprit*, de l'eau de Cologne. Enfin, dans les premiers jours de novembre, il m'a dit qu'il faisait de la nicotine, *pour faire l'affaire à Gustave*. (Sensation.) — D. A-t-il nommé Gustave? — R. Non, il disait *ce coquin*; je comprenais bien que c'était de mon frère qu'il parlait. — D. Ne lui avez-vous pas fait des représentations à ce sujet? — R. Plusieurs fois, ça n'a rien fait. — D. Le 20 novembre, ne vous a-t-il pas dit qu'il était décidé à se défaire de votre frère ce jour-là? — R. Il me dit : « Ce sera *quitte ou double*. » Et comme je lui faisais des représentations : « Est-ce que vous voulez que vos enfants soient dans le malheur? » — D. Il comptait sur la fortune de votre frère? — R. Oui, et sur celle de ma tante. (Mouvement.) — D. Vous n'êtes pas restée seule un instant, dans la journée, avec votre frère? — R. Non, monsieur. — *M. le président*. Vous avez déclaré le contraire.

L'interrogatoire porte ensuite sur l'empoisonnement. Ici, nous devons, pour l'intelligence des faits, concentrer dans un récit rapide tous les détails donnés par Mme de Bocarmé et noyés dans les mille demandes et réponses de l'interrogatoire.

— Mon mari est rentré, il s'est approché de Gustave, il l'a saisi et terrassé. Je m'en allais à ce moment; j'ai entendu la chute de Gustave, que mon mari avait saisi par les épaules, et le craquement des béquilles qui se cassaient. Gustave criait : « Aïe ! aïe ! pardon, Hippolyte ! » Moi, j'avais fui vers la cuisine; j'étais restée dans l'*été*; c'est de là que j'entendais les cris, et j'avais fermé la porte en me sauvant. Je l'ai rouverte quand j'ai entendu ouvrir la porte de la salle à manger. Alors j'ai vu Hippolyte qui en sortait et qui m'a crié : « Vite, vite ! donne-moi une jatte d'eau chaude dans ma chambre... » Et il est remonté. Je suis allée à la cuisine chercher de l'eau chaude ; puis, je suis redescendue pour me laver les mains avec du savon noir. Mon mari était pâle, défait, les cheveux en désordre. Il avait un tremblement qu'il a gardé jusqu'à onze heures. Il me dit qu'il avait fait un malheur, et il levait les bras en l'air comme un homme désespéré. Ses vêtements exhalaient une odeur infecte. Je suis allée ensuite demander un verre d'eau dans la chambre des enfants; mais c'était un prétexte; je voulais cacher mon trouble. Quand je suis redescendue avec Émerence, j'ai trouvé Hippolyte au bas de l'escalier ; il m'a dit : « Gustave est bien malade ! Vite, du secours ! du vinaigre. »

D. Ne vous a-t-il pas dit à voix basse : « Criez au secours. » — R. C'est possible.

Toutes ces réponses sont faites avec un calme assurance et harmonieusement débitées.

D. Gilles et Emerence vous ont trouvée au pied de l'escalier poussant des cris de détresse, et vos yeux n'avaient pas une larme? — R. *On jouait la comédie*. — D. Ah! et pourquoi? — R. Pour faire croire que Gustave était mort naturellement. — D. Et vous vous y joigniez? — R. Il ne pouvait pas la jouer tout seul. — D. Si la mort de votre frère vous eût impressionnée, vous auriez versé quelques larmes. — R. J'ai tant pleuré une fois que je n'ai plus de larmes. — D. Il fallait prévenir votre frère, un seul mot eût suffi. — On espère toujours qu'un malheur redouté n'arrivera pas. J'avais bien l'intention de le faire.

— D. Votre mari vous a-t-il dit comment il se croyait empoisonné?

— R. Je lui dis : « Malheureux! vous avez tué mon frère! je l'ai entendu crier. Vous avez été sans pitié pour lui. — Non, m'a-t-il répondu, car il me disait : « Laissez-moi aller et ma fortune est à vous, » et moi je lui ai dit : « Tais-toi, malheureux, je te laisse la vie. » — Puis, il me demanda : « Croyez-vous que les cris aient été entendus par d'autres que par vous. » — J'en suis sûre. — Ah! quel malheur! Ne me perdez pas? — Non, je ne vous perdrai pas; mais comment se fait-il que vous vous soyez empoisonné? — Gustave se débattait comme un diable, le poison est tombé sur ses habits, sur sa main; il a mis, en se défendant, son doigt dans ma bouche, et ce doigt avait du poison.

— D. Pourquoi est-ce vous qui avez donné tous les ordres pour faire disparaître les traces de l'empoisonnement? — R. Il disait qu'il valait mieux que ce fût moi.

D. Vous avez dit que vous aviez remarqué, au moment où votre mari donnait l'ordre de faire atteler le tilbury de Gustave, qu'il avait jeté sur lui un regard menaçant? — R. Oui, un regard fauve. — D. Et cela n'a pas éveillé votre attention? — R. Pardonnez-moi.

— D. Et c'est là le motif qui vous a portée à ne pas exécuter l'ordre qu'il vous donnait de faire atteler le tilbury. — R. C'est vrai.

— D. Lydie, l'absence de Gonzalès au dîner, l'absence de vos enfants au dessert, l'envoi de Gilles à Grandmetz, tous ces ordres qui éloignent les témoins du lieu du crime ne sont-ils pas l'effet d'un concert entre vous et votre mari? — R. Je ne l'ai pas fait pour ça.

Tout cela est dit sur le ton d'une conversation indifférente et de bonne compagnie. La voix traînante et douce de la comtesse n'a révélé aucune émotion intérieure appréciable.

On procède à l'interrogatoire du comte. Sa voix est flûtée, mais calme.

D. Vous vous êtes beaucoup occupé de plantes vénéneuses, de poisons? — R. J'avais vécu avec mon père aux Apanças, dans les Montagnes-Rocheuses, au milieu des Osages, avec lesquels nous faisions un trafic important de ces substances. Arrivé en Europe, j'ai voulu connaître les plantes vénéneuses de ce climat. J'en cherchais, j'en demandais partout. — D. En avez-vous acheté avant 1850? — R. Non. — D. L'ouvrier qui vous aidait dit le contraire.

Bocarmé nomme quelques horticulteurs auxquels il aurait fait des commandes de ces plantes, avant 1850, mais il n'a pas gardé de correspondance.

D. En 1850, vous en avez acheté à M. Verschaffelt, de Gand, et vous vous êtes fait passer près de lui pour l'intendant de la comtesse de Bocarmé? — R. Quand il m'a vu, il m'a pris pour le jardinier du château, et je l'ai laissé dans son erreur. — D. Pourquoi ne pas le détromper? — R. Eh ! parce que j'étais mal habillé et que je n'avais pas envie de lui dire que j'étais le comte de Bocarmé. — Dans les diverses demandes que vous faisiez, n'est-ce pas votre femme qui écrivait les lettres, et ne les signait-elle pas H. de Bury? — R. Oui, elle écrivait mieux que moi; du reste, je ne l'ai jamais contrainte. Quant à ce nom, il n'y avait pas de mal à ce qu'elle signât mon nom ou le sien. — D. N'avez-vous pas fait demander la *zangenia veneniflua* ? c'est un poison des plus redoutables. Vous étiez pressé d'avoir cette plante. Quels fruits pouviez-vous retirer de son étude? — R. Elle pouvait m'être utile pour mon commerce avec les sauvages. — D. Mais étant à Bitremont, vous ne commerciez pas avec eux? — R. C'est vrai, mais j'avais le dessein de rejoindre mon père en Amérique, et je l'aurais fait profiter de mes recherches en France. — D. Vous aviez si peu l'intention de vous rendre en Amérique, qu'à cette époque du partage fait par votre père, vous avez tout fait pour que le domaine de Bitremont vous restât. — R. Mon père a mille hectares de propriétés en Amérique. J'aurais laissé ça à Bury, à ma femme et à mes enfants.

M. le président à la comtesse. — Lydie, est-ce que vous avez connu ces projets?

Lydie. — Il ne m'en a jamais parlé.

L'interrogatoire démontre ensuite que toutes les préoccupations de Bocarmé se sont bientôt tournées vers la nicotine; que, déjà un peu chimiste, car il avait suivi un cours de chimie à Cologne, il s'est mis à la recherche d'un procédé plus puissant que celui de Berzélius pour l'extraction de cette substance vénéneuse. Les témoignages viendront, en leur lieu, révéler toutes ses démarches. Pour le moment, l'interrogatoire porte sur la quantité de nicotine extraite et sur le but de cette extraction. L'accusé s'engage dans une série de contradictions. Il a mis son résultat dans une bouteille à vin, puis dans sept fioles; puis il a vidé ces fioles le jour où il les aurait remplies; à l'entendre, son poison était renfermé, et cependant on le lui a pris; tantôt il parle de fioles et tantôt d'une bouteille.

D. Vous disiez à votre femme que vous faisiez de l'eau de Cologne? — R. Oui. — D. Ne lui avez-vous pas dit que vous étiez décidé à vous défaire de son frère? — R. C'est une infamie. Je n'aurais pas été dire cela à une sœur. — D. Mais vous le haïssiez? — R. Nullement; je ne l'aimais pas, rien de plus; il m'était indifférent.

On demande à l'accusé pourquoi, après avoir empoisonné et enterré de ses mains le chat gris, il a fait semblant de le chercher; il répond : J'en ai empoisonné bien d'autres, et ce n'est pas celui-là que j'ai enterré. — Mais tout le monde l'a reconnu quand on l'a fait déterrer. — R. Ce n'est pas celui-là.

L'accusé ne peut établir qu'il ait tué d'autres chats, ni que personne lui en ait fourni d'autres.

Jusque-là l'interrogatoire n'est, en quelque sorte, qu'une escarmouche; la bataille sérieuse va être livrée. Quel sera le système de l'accusé? Donnera-t-il, enfin, le mot de l'horrible énigme? C'est sur les accusations si précises de madame de Bocarmé que le président va appuyer, pour faire jaillir toute la vérité, s'il est possible. On s'attend à d'effroyables scènes, à des récriminations qui lèveront le voile : le comte se sacrifiera-t-il quand sa femme le perd?

D. Vous avez dit à votre femme, en parlant de Gustave : « Je lui ferai son affaire. » — R. C'est une indignité, c'est une horreur. — D. Votre femme l'a dit hier cependant? — R. Ma femme est libre de dire ce qu'elle veut. — D. Croyez-vous qu'elle veuille vous offrir ici en holocauste? — R. Ce qu'elle dit n'est pas pour m'attaquer, c'est pour se défendre. — D. Le mariage projeté par Gustave vous contrariait? — R. Non, pas précisément. — D. Mais il existait entre lui et vous une grande inimitié? — R. Non, Monsieur. — D. Cependant nous avons une lettre d'une personne que vous n'accuserez pas de mensonge; elle est de votre mère, et voici ce que j'y lis :

16 octobre.

« Je ne peux qu'approuver votre résolution (celle de ne plus venir au château de Bury), de vivre ainsi qu'il vous paraît convenable. Je ne peux que regretter les dissensions qui règnent entre vous, votre sœur et Hippolyte. »

Et plus loin :

« Il n'y a pas de plus triste spectacle que les discussions entre frère et sœur. »

D. Encore une fois, ce mariage vous contrariait? — R. Je ne le voyais pas de bon œil. — D. Qu'entendez-vous par là? — R. Je voyais qu'on spéculait sur sa fortune; j'aurais autant aimé que ce mariage ne se fît pas.

Après chaque détour de l'interrogatoire, le président revient à la révélation de madame de Bocarmé : elle affirme que son mari lui a dit : « C'est aujourd'hui que je ferai l'affaire de Gustave. » — *Bocarmé.* Je n'en suis pas surpris. — D. Comment? expliquez-vous. Croyez-vous qu'elle soit capable de rejeter par un mensonge un crime odieux sur vous? — R. Elle craint, si elle découvrait la vérité, qu'on refusât de la croire, ou plutôt qu'on la crût coupable; c'est pour cela qu'elle m'accuse, et je trouve qu'elle fait très-bien; je ne lui en veux pas.

Enfin, on le sent, le système de défense va se développer : l'attention émue des auditeurs se traduit par un redoublement de silence.

M. le président. — Voici un langage nouveau; si votre femme faisait ce que vous dites, ce serait une indignité. — *Bocarmé* avec sang-froid : Mais non. — D. Comment? elle vous sacrifierait, vous, le père de ses enfants! ce serait horrible! — R. Moi, je trouve qu'elle fait très-bien. — D. On ne se disculpe pas en accusant un innocent, on ne peut qu'aggraver sa position... Vous parlez de vérité qu'elle n'ose pas dire... Voyons, quelle est cette vérité?

L'accusé garde le silence; enfin, après une hésitation réelle ou jouée : — C'est de mettre au jour la manière dont Gustave est mort. — *M. le président.* C'est ce que la justice cherche. — *Bocarmé.* Et c'est ce qu'elle n'a pas encore trouvé.

L'accusé va donc enfin parler.

D. Vous savez qui est l'auteur de cette mort? — R. Oui, je le sais. — D. Qui? — L'accusé étend la main vers la comtesse et dit : « C'est ma femme. » (Profonde sensation.) Madame de Bocarmé regarde son mari et reste impassible.

D. Qui lui a fait commettre le crime? — R. Personne. — D. N'est-ce pas vous qui aviez distillé la nicotine? — R. C'est moi. — D. Comment a-t-elle pu l'avoir? — R. En la prenant dans l'armoire aux bouteilles. — D. Qui l'avait placée là? — R. Moi. J'en avais mis dans la cave au vin, d'où elle aura été remontée par erreur dans cette armoire. — D. A-t-on donc servi cette bouteille sur la table? — R. Non, c'est ma femme qui l'a prise dans l'armoire. Nous étions tous les trois dans la salle des Colonnes, causant du fidéi-commis. Quand Gustave l'a eu reçu, nous sommes revenus dans la salle à manger... — D. Et avez vous l'avez terrassé? Votre femme le déclare. — R. Elle fait bien de m'accuser. Je lui avais dit : « Si nous sommes arrêtés et que nous disions la vérité, on ne nous croira pas, tant c'est invraisemblable. » — D. Et Gustave a crié? — R. Sans doute. — D. Qu'avez-vous fait alors? — R. Je lui ai mis la main sur la bouche pour l'empêcher de crier, pour éviter un scandale. Mais vos questions m'empêchent de finir mon récit de ce qui s'est passé. Revenus dans la salle à manger, Gustave, avant de partir, a demandé à boire un verre de vin. Ma femme a pris une bouteille dans l'armoire et elle a rempli deux verres que nous avons portés en même temps à nos lèvres. Gustave a vidé le sien tout d'un trait, et s'est écrié : « Sacré nom! » J'allais boire l'autre verre, que j'ai posé aussitôt en disant à ma femme : « Mon Dieu, tu nous as empoisonnés! » Alors Gustave s'est mis à crier : « Hippolyte, vite, à mon secours! » Je le saisis de la main droite sur l'épaule gauche, et je mis ma main gauche devant sa bouche.

L'accusé fait la pantomime de ces deux mouvements

sur la poitrine et sur la bouche du gendarme placé près de lui : le gendarme reste impassible ; mais quand Bocarmé a retiré la main qu'il lui a mise sur la bouche, l'honnête instrument de la loi passe sa langue sur ses lèvres avec une défiance marquée.

Bocarmé continuant : — Ma femme s'est sauvée en faisant le tour de la table, et je suis tombé sur le parquet à côté de Gustave. Un moment après, j'ai entendu, en revenant à moi, le râle d'un mourant. Je me suis relevé, et je suis allé prévenir ma femme du triste résultat de son imprudence. Voilà ce qu'elle a fait, c'est un malheur et non un crime.

Tout ce récit a été fait par l'accusé avec une netteté chaleureuse.

D. Pourquoi alors votre femme ne dit-elle pas la vérité? — R. Elle n'ose pas, parce que cette vérité peut la perdre si l'on n'y croit pas, tandis que si on croit ce qu'elle dit, je suis condamné et elle est sauvée.

La comtesse. — Il n'y a pas un mot de vrai dans tout cela.

Bocarmé. — Je trouve que ma femme a raison. La vérité est tellement impossible à croire, qu'on n'y croirait pas. Son système la sauvera.

D. — Vous avez écrit au sieur Cros une lettre dans laquelle vous dites que, si votre femme persiste dans son système d'hostilité à votre égard, elle vous mènera tous deux à l'échafaud ; une imprudence ne vous eût menés qu'en police correctionnelle. — R. Eh! nous aurait-on crus? — D. Votre femme dit qu'en appelant au secours, vous jouiez tous deux la comédie ? — R. Cela rentre dans son système. — D. Vous jetiez des cris lamentables, mais sans larmes. — R. C'est possible que j'aie crié, mais pleurer, il n'y avait pas de quoi. (Sensation). — D. Votre femme vous a demandé comment vous aviez pu être empoisonné, et vous lui avez dit que Gustave s'était débattu, que le poison était tombé sur son doigt, et qu'il vous avait mis le doigt dans la bouche. — R. C'est une invention de sa façon. Du reste, elle est admirable pour les inventions ; elle passe sa vie à lire des romans. Si vous lisiez ce qu'elle écrit, vous croiriez que ce qu'elle dit est véritable. Souvent elle me faisait des histoires auxquelles je croyais de bonne foi, et, deux ou trois jours après, elle me disait : « Vous savez bien ce que je vous ai raconté? eh bien ! ce n'était pas vrai. Hein ! comme je raconte bien ! » (Rire général. Madame Bocarmé sourit.)

M. le président rappelle à l'accusé ses aveux faits au gardien de la prison de Tournay ; Bocarmé répond que cet homme a mal interprété ses paroles.

L'interrogatoire se termine par des questions relatives à la moralité de l'accusé.

D. — Vous avez connu Louise Prévost, la femme de chambre de votre femme ; vous avez eu avec elle des relations coupables ? — R. Non. — D. Vous l'avez essayé avec d'autres ? — R. Non plus. Je n'ai à me reprocher qu'une seule faute, avec Célestine Legrain. Mais cela n'a pas eu lieu tant qu'elle a été à notre service. J'ai pris une passion fort vive pour elle, à cause de l'attachement qu'elle montrait pour mes enfants. Je lui dis : « Vous ne pouvez pas rester ici, parce que je vous aime trop. Sortez de la maison ; je m'occuperai de vous placer ailleurs. » Je m'en occupai, en effet, et c'est ce qui donna lieu à nos relations. Je redoutais d'avoir un enfant ; elle me dit : « Je suis de chair et d'âme ; je vous suis dévouée ; je ferai mon devoir. »

D. — Et, quand un enfant est résulté de ces relations, n'avez-vous pas contraint votre femme à le recevoir à Bitremont? — R. Non ; mais, quand l'enfant fut sevré, j'en parlai à ma femme, et je lui dis : « Quel malheur! je voudrais tant réparer ma faute ! » — Cela vous ferait-il plaisir, dit madame de Bocarmé, que je le prisse ici? — Certainement. Et nous sommes allés le chercher ensemble.

M. le président à Lydie : — Est-ce ainsi que les choses se sont passées ? — Non. Mon mari me dit que je ne voulais pas recevoir cet enfant, il fallait nous séparer. J'ai cédé à la contrainte. — *Bocarmé,* avec étonnement : Mais je n'y conçois rien ; comment! ma femme nie ces choses-là !

L'audition des témoins commence : ils ne se bornent pas, comme en France, à dire, après la formule de serment : — Je le jure ; ils répètent, ainsi qu'il suit, la formule par membre de phrase :

« Je jure — de parler — sans haine et sans crainte — de dire toute la vérité — rien que la vérité. — Ainsi m'aident — Dieu — et les saints. »

Le premier témoin entendu est M. Heughbaert, le juge d'instruction.

Il ne saurait être oiseux de faire remarquer au lecteur français la présence, parmi les témoins, du magistrat qui a instruit le procès. Une pareille intervention serait, en France, considérée comme une énormité. On craindrait, en l'autorisant, de faire descendre l'instruction de ses hauteurs, pour l'exposer, comme les autres témoignages, aux discussions et aux attaques de la défense. Le calme et la dignité de la justice ne sauraient y gagner. D'ailleurs, n'est-ce pas faire primer et contrôler l'instruction orale de l'audience, qui doit seule former la conviction des jurés, par l'instruction écrite, qui n'a été qu'une préparation souvent bien incomplète du procès? Cette intervention, au reste, n'est pas expressément écrite dans la loi belge ; seulement, elle n'y est pas interdite et elle est passée dans les habitudes judiciaires du pays.

Invité à raconter l'attitude des accusés pendant les confrontations, le juge d'instruction le fait d'une manière saisissante et qui laisse deviner sa pensée sur la part de culpabilité de chacun d'eux :

« Je pressais M. de Bocarmé sur le compte de sa femme ; il me disait : « Je suis son mari, je ne veux pas être son accusateur. » J'ai cru voir là une accusation indirecte contre Mme de Bocarmé. Je fis venir cette dame et la mis en présence de son mari. Elle protesta contre cette accusation indirecte, et le mari, je dois le dire, protesta aussi contre l'interprétation que j'avais donnée à sa réponse.

« Qui donc a tué Gustave, dit le juge ? est-ce vous ? est-ce lui ? »

La comtesse hésite et finit par dire : « Qu'il le dise ; il le sait bien, lui. »

— Alors, pressée par moi, continue M. Heughbaert, elle me répondit avec un grand accent de vérité, avec des mouvements fébriles, et accusa formellement son mari. Celui-ci se bornait à dénier. Elle ajouta : « Si c'était moi, je le dirais de suite. Est-ce que je voulais vous laisser en prison? J'ai plus de cœur et plus d'âme que cela. » Il y avait là l'accent de la vérité ; les lèvres qui se crispent, le mouchoir qui se déchire dans les mains, les cris de l'âme, l'*habitus corporis*, en un mot, qui ne s'improvise pas. Tout cela m'a convaincu qu'elle disait vrai.

Le comte était froid et *flegme* (nous sommes en Belgique). Sa femme lui disait : « Accusez-moi, mais hardiment, franchement! dites que c'est moi qui ai empoisonné mon frère ; ça me fera plaisir ; mais alors vous m'expliquerez comment je m'y suis prise ; comment il se fait que je l'ai empoisonné, et que ce soit votre doigt qui ait été mordu ! comment il se fait que le poison ait rejailli à votre bouche, et non pas à la mienne! comment il se fait que Gustave ait crié : « Pardon, Hippolyte! » et non pas : « Pardon, ma sœur! »

Tout cela, dit M. Heughbaert, a été dit tout d'un trait.

Le lecteur n'a-t-il pas senti, dans cette partie de la déposition, cet inconvénient que nous signalions tout à l'heure, de faire intervenir l'instruction écrite devant l'instruction de l'audience. L'interprétation personnelle d'une certaine attitude, de certaines paroles, qui n'ont pu être recueillies avec une irréfragable exactitude, qui ont fait partie d'un ensemble de preuves et de recherches, vient ici contre-balancer l'attitude visible, la parole vivante : l'opinion du juge vient peser sur l'opinion du juré, et, des deux côtés, les éléments de conviction ne sont pas les mêmes.

Un incident, qui surgit à l'audience du 31 mai, fit toucher du doigt ces dangers. Le journal la Nation avait discuté assez vivement la déposition du juge, son sténographe fut expulsé. N'eût-il pas été préférable de ne pas exposer le juge à la discussion?

Léon Vandervruyssen, gardien chef de la maison d'arrêt de Tournay, répète les terribles confidences de Bocarmé, sur la manière dont il a renversé son beau-frère, lutté contre lui, dont sa femme lui a versé le poison par deux fois, en lui disant : « *Tiens!* »

Bocarmé, énergiquement : J'affirme positivement que je n'ai dit qu'une chose au témoin, c'est que ma femme avait *versé* le poison à son frère. Je n'ai pas dit un mot du reste, ni de la manière dont cela s'est fait ou a pu se faire.

M. le président, au témoin : Il vous a parlé de la force de ce poison? — R. Il m'a dit que dès qu'on en mettait une goutte sur la langue, elle était paralysée instantanément.

M. le président : Lydie Fougnies, persistez-vous à soutenir que votre mari a terrassé Gustave? — *Lydie :*

Le château de Bitremont.

Oui, monsieur le président. — D. Qu'il lui a fait prendre du poison quand il était renversé. — R. Je ne l'ai pas vu, j'étais sortie. — D. Il a dit au témoin que c'est vous qui avez versé le poison par deux fois, et qu'il vous a dit ensuite : « Sortez, laissez-moi seul! » — R. Il ne m'a pas dit un seul mot. — D. Et, à ce moment, la malheureuse victime avait déjà la langue paralysée et ne pouvait plus pousser que des cris étouffés. Voyons, parlez; voici le moment de dire la vérité.

Mme de Bocarmé ne répond pas. Toute la déposition du témoin Vandervruyssen a été, il faut le dire, faite dans un baragouin mêlé de français et de flamand, qui n'a pas toujours permis de l'interpréter clairement.

Me Lachaud prie M. le président de demander au témoin s'il n'a pas accueilli les confidences de l'accusé, en lui disant qu'il pouvait se fier à lui, que le juge d'instruction n'en saurait jamais rien.

Le témoin : Quand le comte m'a fait ses confidences, il m'a demandé le secret. Il a *renversé* la même chose au brigadier de gendarmerie et à un employé de la maison.

— Encore! s'écrie Me Lachaud. Alors ça devient tellement impossible que c'en est fabuleux. Il y a du vrai dans ce que dit M. le directeur, mais c'est la vérité accommodée, altérée par l'erreur.

Un juré demande à Mme de Bocarmé, pourquoi, puisqu'elle annonçait à tout le monde que son frère était mort d'apoplexie, elle retenait sa douleur et ses larmes devant cette mort accidentelle. — *Lydie :* Il n'était pas mort d'accident. — *M. le président :* Ce n'était que plus douloureux pour vous, s'il y avait crime et non pas accident. — *Lydie :* J'avais beaucoup de douleur, mais *je ne savais pas pleurer.*

Le comte de Bocarmé paraît très-satisfait de toute cette fin d'audience; sa figure est radieuse. Il semble croire que la journée a été excellente pour lui.

A l'audience du 31 mai, commencent les dépositions des gens du château sur l'événement du 20 novembre.

La déposition la plus grave, peut-être, c'est celle de la bonne d'enfants, *Justine Thibaut*. C'est cette fille qui a entendu les cris accusateurs de Fougnies. Aussi, a-t-on cherché à la circonvenir, à influencer son témoignage. Elle balbutie, elle parle d'une façon à peine intelligible.

D. Vous êtes descendue vers la nuit à la cuisine? — R. Oui... chercher de l'eau pour les enfants. — D. Qu'avez-vous entendu? — R. Arrivée au bas de l'escalier, j'ai entendu M. Gustave crier dans la salle à manger : *Aïe! aïe! Hippolyte, pardonne!* — D. Où êtes-vous allée ensuite? — R. A la cuisine. — D. Qu'avez-vous entendu? — R. Que Madame sortait de la salle à manger, entrait dans l'été et en fermait la porte. — D. Est-elle restée derrière la porte? — R. Non; elle s'était placée derrière une armoire. — D. Avez-vous entendu d'autres cris? — R. Oui, j'ai vu Madame dans l'été; j'ai encore entendu des cris d'une personne qu'on *mansait* (étouffait), et je suis remontée dans la chambre des enfants. Il y avait là Emerence et Virginie. Elles m'ont demandé ce que j'avais... si j'avais vu un voleur. J'ai dit que j'avais entendu crier M. Gustave. Emerence m'a dit : « C'est peut-être Monsieur qui lui panse la jambe. — Oh! non, ai-je dit, c'est autre chose que ça. » Alors Emerence a dit : « Si l'on savait ce que c'est! » Et elle est descendue; puis elle a rencontré Madame qui l'a fait remonter. — D. Combien de temps s'est-il écoulé depuis le moment où vous avez entendu les cris jusqu'à celui où Madame est entrée dans l'été? — R. Deux ou trois minutes. — D. Et quand Madame a eu fait remonter Emerence, qu'a-t-elle fait dans la chambre des enfants? — R. Elle a joué avec eux, et puis elle a demandé un verre d'eau. — D. Et pourquoi aviez-vous

Le laboratoire.

dit d'abord que les cris disaient : « Aïe! aïe! Hippolyte, *au secours!* » — R. C'est M. le comte qui m'avait dit de dire comme ça. Il m'avait dit aussi de ne pas parler que j'avais entendu *serrer* les portes. Il ajouta : « On fait de grandes choses avec des riens. »

On le voit, au dire du témoin, madame de Bocarmé était dans la salle à manger au moment où les cris étaient poussés; elle n'en sortait que deux ou trois minutes après les cris. M. le président fait remarquer cela à l'accusée, qui répond : « Cette fille était hors d'elle, elle ne se rappelle pas. » Ce n'est pas la seule contradiction qui existe entre le témoignage de Justine et les déclarations de Lydie Fougnies. Justine, par exemple, dit que Madame n'est pas entrée dans la cuisine, qu'elle est restée dans l'été, cachée derrière une armoire.

D. Quand Madame a crié au secours comment était-elle? — R. Elle avait un mouchoir devant la figure, comme quelqu'un qui pleure, mais elle ne pleurait pas.

Justine affirme également, contrairement aux déclarations de Lydie Fougnies, que c'est madame qui a dit de porter le cadavre en haut, de le déshabiller, de le frotter de vinaigre, d'en jeter dans la bouche et dans les oreilles, de bien laver tout, le corps, la salle à manger, les effets; le lendemain, elle ordonna de laver les verres avec de l'eau chaude et du savon, le parquet à l'eau chaude et au savon, ce qu'on ne faisait jamais.

Gilles Vandenberghe, cocher de Bitremont, a, sur l'ordre du comte, attaché le cheval au tilbury de Gustave Fougnies. Il était soir, il pleuvait et, comme il allait prendre les ordres du comte, celui-ci l'a reçu à la porte de la salle à manger, en se cachant la figure.

Il n'y avait pas de lumière. Un instant après, le comte lui crie : « Retournez le tilbury. » Il revient et entend crier : « Ah! quel malheur! » Il laisse là le cheval, accourt, et trouve Gustave étendu mort sur le plancher. Sur l'ordre de la comtesse, il a porté le cadavre en haut.

D. En descendant, vous avez trouvé vos maîtres dans le vestibule. Que faisaient-ils? — R. Ils criaient. — D. Avez-vous vu des larmes? — R. Aucune. — D. Ils se lamentaient sans pleurer? — R. Oui. Dans la chambre à coucher, j'ai entendu Madame dire à Monsieur tendrement : « Non, *Minoche*, non. »

D. Dans quel état était le comte quand vous avez pris le cadavre? — R. Il était blanc comme du papier, essoufflé et ne pouvant parler. Il était hors de lui-même.

D. Madame vous a-t-elle donné des ordres? — R. Oui, de déshabiller M. Gustave, de lui mettre une autre chemise et de le laver, puis de lui verser dans la bouche deux ou trois verres de vinaigre. — D. L'avez-vous fait? — R. Non, parce que je voyais que M. Gustave était mort, et que je jugeais que ça n'était pas nécessaire. — D. Vous avez dit que vous lui en aviez fait avaler? — R. Oui, je l'ai dit à Madame, mais ce n'était pas vrai. — D. Cet ordre vous avait surpris? — R. Oui, ça m'a donné des soupçons; j'ai cru qu'on voulait faire disparaître quelque chose qu'on avait donné à M. Gustave pour le faire mourir. — D. Vous avez regardé dans sa bouche? — R. Oui, elle n'était pas fermée. — La langue, comment était-elle? — R. Elle était épaisse, d'un blanc gris; c'était une langue comme d'un homme qui est gâté.

Le témoin raconte qu'il a dû aller chercher la cravate et le gilet, que Madame voulait faire brûler, et qu'il a, sur son ordre, porté les autres habits de Gustave dans la buanderie pour les faire passer à l'eau chaude. Il a aussi apporté à Madame tous les objets trouvés dans les poches du mort. Madame a dit de briser les béquilles, parce que cela lui faisait du mal de le voir.

D. Ne vous a-t-on pas dit qu'il ne fallait parler à personne de ce qui s'était passé. — R. Oui, et j'ai pensé qu'il s'était passé quelque chose qui n'était pas bien. — D. Un crime? — R. Je n'osais le croire encore. — D. Dans la nuit, le comte n'a-t-il pas fait brûler beaucoup de papiers? — R. Oui, dans la cuisine, plein une caisse.

Un autre témoin important, c'est la couturière de Bitremont, *Emerence Bricourt*. Elle n'était au château que depuis le 5 novembre. Elle a vu arriver le frère de Madame, qu'elle ne connaissait pas; elle a annoncé cette visite à Madame, puis à Monsieur, qui eût voulu se faire passer pour absent. Elle remarque en passant que Monsieur parlait toujours durement et disait à Madame de mauvaises paroles.

Emerence raconte la scène dans laquelle, le 21 novembre, le comte chercha à préparer ses gens sur les interrogatoires de la justice. N'était l'horreur du crime, cette scène serait du plus haut comique.

« Emerence, la justice pourrait bien venir ici. — Pourquoi donc, Monsieur? — Quand quelqu'un meurt d'apoplexie, on s'informe toujours. Et, si la justice vient, que direz-vous? — Ce que j'ai vu et entendu. — Et qu'avez-vous entendu? — Je vous ai entendu appeler au secours. — C'est ça, j'ai crié au secours. — Oui, mais il n'y avait plus personne. — Mais si; mais si, on m'a vu venir. Gustave est mort dans mes bras. — Mais pas du tout il n'est pas mort dans mes bras. — Je vous dis que si (se tournant vers la comtesse) : Il est pourtant mort dans ses bras, cette pauvre Emerence! »

Et, plusieurs fois dans la journée, il répéta : — « Il est pourtant mort dans ses bras, cette pauvre Emerence? » Et il s'informait avec intérêt de la santé de cette pauvre fille.

Mais continuons la scène :

« Savez-vous, Emerence, qu'il faudra jurer devant la justice. — Comment, Monsieur, jurer? je n'ai pas l'habitude de jurer. — C'est que, voyez-vous, il n'y a rien, et vous feriez une affaire de ça. C'est un homme qui est mort, voilà tout. Tâchez d'en dire le moins que vous pourrez; avec la justice, il ne faut pas en dire long.

« Et Justine? que dira Justine? elle est si bête. — Mais non, Monsieur, elle n'est pas bête; elle dit vrai. — Ah! et que dit-elle? — Qu'elle a entendu *serrer* les portes. — Dites-lui qu'elle n'aille pas dire ça. — Monsieur, faites votre commission vous-même. — Et Virginie? — Celle-là ne dira que ce que lui a dit Justine. — Et Charlotte? — Charlotte dira ce qu'on voudra. — Marie Pale? — Elle n'a rien entendu. — Et Gilles? — Oh! Gilles a vu. »

La leçon faite à Emerence, le comte entreprit l'instruction de Justine. Il la prit par les menaces, la traita d'imbécile, et lui dit que, si elle parlait, elle irait en prison et y ferait aller ses maîtres.

Disons, à propos de cette Justine, que cette pauvre fille avait raconté, avant le crime, les procédés du comte à son égard. Souvent, dans la chambre des enfants, en présence des enfants, le comte lui avait tenu, ainsi qu'à Virginie, les propos révoltants. Un jour, le comte l'avait enfermée dans sa chambre, et malgré ses cris et ses larmes elle n'eût pas échappé à ses tentatives, si un grand bruit ne s'était fait dans le château, qui dérangea le comte et permit à Justine de s'échapper.

M. Cherquefosse, notaire. — L'accusé m'a consulté sur les blessures qu'il avait à la main et m'a demandé s'il devait cacher sa main au juge : j'ai refusé de répondre à une question de cette nature. C'était le lendemain de l'événement. M. de Bocarmé m'a paru troublé, embarrassé; sa femme était d'un calme parfait, ce qui me donna la conviction qu'elle était innocente du crime, s'il y avait crime. J'ai été le conseil, depuis vingt ans, de la famille Fougnies; quatre ans avant l'événement, M. de Bocarmé père et madame Ida m'avaient prié de veiller sur le jeune ménage. J'ai cherché à le faire, mais M. de Bocarmé n'écoutait aucun conseil. Au reste, je n'ai jamais fait acte de notaire pour les époux. Si j'ai payé 60,000 francs pour eux, c'est que j'en ai reçu une lettre par laquelle Madame m'annonçait qu'elle avait remboursé au notaire Dugnolle 43,000 francs qu'elle devait.

M. le président. — Et ce n'était pas vrai?

Le témoin. — Je ne l'ai su qu'après de Bocarmé. Ce témoin fait de l'accusé l'appréciation suivante : — Il y a chez cet homme des choses extraordinaires, en bien et en mal. Hier, j'étais plein de pitié pour lui. Il y a en lui de l'homme et du sauvage. Il a des excès de pudeur singuliers : ainsi, devant le monde, il ne se mouche jamais que dans son chapeau, Il a pour ses enfants, par moments, des témoignages d'amour excessifs, et huit jours après, il les bat comme plâtre, parce qu'ils ne lisent pas à sa fantaisie. N'aurez-vous pas pitié du comte de Bocarmé? On dit qu'il m'en veut. Eh bien! s'il veut être juste, il vous dira plus de cent fois qu'il m'a appelé son seul ami.

Cette déposition, toute remplie d'une bonhomie originale, produit une assez grande sensation.

Marie-Thérèse Monjardez, journalière à Masménil, travaillait tous les jours chez les époux Bocarmé. Le

20 novembre, elle est entrée, vers cinq heures et demie, à la buanderie :

D. — Qu'avez-vous vu ? — R. Madame est arrivée en criant qu'il fallait aller autour de son frère qui se mourait dans la salle à manger. — D. Elle pleurait ? — R. Non, elle criait. — D. Elle faisait semblant de pleurer ? — R. Oui.

Le surlendemain, madame de Bocarmé a dit au témoin d'aller au grenier chercher une cravate, de la prendre et de la brûler dans la buanderie sans en rien dire à personne.

D. Êtes-vous allée chercher cette cravate ? — R. Oui, avec Virginie. Nous avons trouvé une cravate, et Virginie, après l'avoir mise dans sa poche, l'a brûlée dans la chambre des enfants. — D. C'était la cravate de M. Gustave ? — R. Oui. — D. Quand Madame vous a donné cet ordre, la justice était au château ? — R. Oui.

La comtesse a encore dit au témoin d'aller frotter une tache d'huile dans la salle à manger, mais le témoin ne sait pas d'où provenait la tache.

Une lessiveuse, *Marie Thérèse Vivier*, a vu Madame venir dire qu'il fallait aller chercher un médecin, que son frère était tombé comme d'apoplexie. Elle criait comme si elle pleurait.

D. Avez-vous remarqué des larmes ? — R. Non, aucune. — D. Elle a pris votre bras ? — R. Oui, en disant qu'elle ne pouvait pas se soutenir. — D. Vous l'avez promenée dans la cour ? — R. Oui, pendant cinq à six minutes. — D. Était-elle triste ? — R. Oui, elle faisait comme une personne désolée. — D. Mais elle ne pleurait pas ? — R. Non. — D. Où êtes-vous allée ? — R. Je suis allée, en lui donnant le bras, jusqu'à la porte de la salle à manger. Là, on m'a dit d'aller chercher de l'eau chaude et de l'eau froide pour Monsieur. Je lui en ai apporté et je l'ai trouvé qui vomissait.

Le 22, le témoin a lavé des vêtements, une chemise qu'on lui a dit être celle de M. Fougnies, et un gilet.

D. Est-ce que ces objets n'étaient pas déjà mouillés ? — R. Si. — D. La chemise n'était-elle pas déchirée ? — R. Oui, à l'épaule droite et à la poitrine. Il y avait au col une tache rougeâtre.

Marie Demoustier, autre lessiveuse, répond sans périphrases : « Madame pleurait pour se vanter; elle faisait la grimace de pleurer. »

Pierre Deblicquy, journalier, a aidé le cocher à déshabiller Fougnies. Il n'a pas remarqué que le mort eût des blessures à la figure.

D. Comment était éclairée la pièce où vous étiez ? — R. Avec une chandelle. — D. Qu'avez-vous remarqué en tirant la chemise ? — R. Rien. — D. Elle n'était pas déchirée ? — R. Nous l'avons déchirée en l'ôtant, à la poitrine. — D. Ce n'est pas vous qui avez fait la déchirure de l'épaule ? — R. Non. — D. Y avait-il des taches de sang à la chemise ? — R. J'étais effrayé. — D. Qui vous a dit de porter les habits à la buanderie ? — R. C'est Emerence, par ordre de Madame. — D. Les habits de Gustave avaient-ils une odeur très-forte ? — R. Oui, une odeur que je ne connais pas.

Le témoin a un fils qui a travaillé dix jours et douze nuits de suite avec le comte. On lui demande ce que faisait son fils.

R. Il me disait qu'il faisait de l'esprit avec le comte. (On rit). — D. Vous a-t-il recommandé de n'en pas parler ? — R. Non. — D. Est-ce que le comte ne vous a pas dit que vous aviez eu tort de dire à M. Gustave qu'il faisait de l'eau de Cologne ? — R. Le comte m'a grondé de ce que je rapportais à M. Gustave ce qui se faisait dans le château. — D. Quelles plantes vous faisait-il cultiver ? — R. Il me disait que c'étaient des plantes pour chasser les vers des enfants. —

D. Vous a-t-il dit que c'étaient des plantes dangereuses ? — R. Il me disait de ne pas en donner en place de persil à la cuisine. — D. Ça y ressemblait donc ? — R. Oui. — D. C'était de la ciguë ? — R. Oui. — D. Avez-vous cultivé du tabac ? — R. Oui, l'année dernière, aux environs de cent plants. On l'a coupé avant maturité; il y en avait une masse qu'on a portée au château. — D. Quand a-t-il commencé à cultiver des plantes vénéneuses ? — R. Au printemps de 1850.

M. le procureur du roi. — Est-ce que Madame ne vous disait pas de jeter de l'eau sur les plantes vénéneuses ? — R. Non; mais elle n'était pas contente de cette culture et elle n'aimait pas à m'y voir travailler.

D. Quelle était la réputation du comte ? — R. J'ai entendu crier quelquefois dessus : au lièvre ! ou : au m.... (Rires et chuchottements).

L'accusé, montrant les tubes de cuivre qui sont sur la table des pièces à conviction :

« Le témoin n'a-t-il jamais travaillé avec moi à ces objets-là ? — *Deblicquy*. Je n'ai jamais travaillé avec ces *manicles-là ;* je n'ai jamais vu ces serpents de cuivre. — *L'accusé*. J'affirme positivement que le témoin a travaillé avec moi. — R. Tout ce que j'en sais, c'est d'avoir apporté de l'eau. Je l'ai vu travailler.

M⁰ Harmignies au témoin. — Qui était le maître au château ? — R. Monsieur. — D. Est-ce que Madame n'avait pas son autorité ? — R. Oh !

Léopold Boël, secrétaire communal à Bury, a été appelé au château le 21 au matin, et il a trouvé dans une chambre Monsieur et Madame couchés chacun sur un lit. Deux enfants jouaient sur le lit de la mère. Madame dit : — Mon frère est mort subitement, donnez l'ordre d'inhumation. — Madame, dans ce cas, il faut que la municipalité soit informée ; je dois faire ma déclaration. — Allez donc la faire, répondit la comtesse.

D. Les époux Bocarmé avaient-ils l'air triste ? — R. Non. — D. Leur figure était comme d'habitude ? — R. Oui. — D. Cela vous a paru extraordinaire ? — R. Oui.

M. le procureur du roi demande au témoin quelle est la réputation du comte dans la commune. Le témoin répond : — C'est un homme comme un autre. On rit, et le témoin semble très-satisfait de l'effet qu'il produit. Il ajoute : — On donnait à M. le comte le surnom de *bouquin*. M. de Bocarmé, en entendant ce mot, fait ses efforts pour ne pas éclater de rire.

Joseph Mauroy, menuisier à Bury, a été chargé d'annoncer la triste nouvelle à l'oncle François, de la part des époux Bocarmé. François s'est mis à pleurer en disant : — Voilà mon bien-aimé Gustave qui est mort, malheureusement pour lui. « Il s'est mis à crier, dit Mauroy, et j'ai crié avec lui. » Le témoin a dit aux époux que François avait été affecté de cette nouvelle.

D. Cela leur a-t-il fait effet ? — R. Non. — D. Et, le matin, étaient-ils tristes ? — R. Non, Madame était gênée dans ses paroles. — D. Avez-vous vu des traces indiquant qu'ils avaient pleuré ? — R. Oui.

Ici s'ouvre la série des témoignages relatifs à la fabrication des poisons. Le plus important est celui du fils Deblicquy, l'intelligent *préparateur* de Bocarmé.

Deblicquy raconte que les premières opérations ont commencé en juillet 1850. Le comte disait qu'il voulait faire de l'eau de Cologne avec du tabac d'Amérique. Sur un gros rouleau de cent livres de tabac, il en a été employé environ la moitié. Le résultat de la première opération a été une petite fiole, pas même pleine. A la fin d'octobre et au commencement de novembre, une seconde élaboration, faite à la buanderie, avec la grande chaudière toute pleine d'huile et bouillant toujours, a duré douze nuits. Le témoin surveillait les degrés de chaleur, au moyen d'un thermomètre attaché à la cornue. Mme de Bocarmé est venue plusieurs fois, pendant la nuit, s'assurer de l'état du thermomètre. Elle demandait si ça serait bientôt fini, et ce que c'était, et le témoin lui répondit : — C'est de l'eau de Cologne.

Une fois, dans la chambre des enfants, elle dit à son mari : « Ah çà! tu nous feras de la bonne eau de Cologne? » — « Ne crains rien, répondit le comte, tu en auras de première qualité. » (Mouvement d'horreur dans l'auditoire.)

D. Et la comtesse souriait-elle en disant cela? — R. Oui, oui, monsieur. — D. Comme une personne satisfaite de ce qu'on lui promet. — R. Oui, monsieur. — D. Savait-elle que son mari employait du tabac pour faire de l'eau de Cologne? — R. Oui, monsieur. — D. Le comte recommandait-il le silence et le secret? — R. Oui, il m'avait défendu de laisser entrer personne dans la place. Il disait qu'il faisait de la fraude, que si on le savait, il serait *amendé*. — D. Tout cela vous paraissait-il étonnant? — R. J'avais jamais vu ça; je croyais que c'était de l'eau de Cologne dans mon opinion.

Le résultat de la seconde opération fut de remplir aux trois quarts deux très-petites fioles. Le comte dit à Deblicquy qu'il ne donnerait pas une fiole comme cela pour cent francs. Les fioles remplies, il les emporta, bouchées d'un bouchon de cristal, et n'en parla plus depuis.

D. Il vous a fait sentir son eau de Cologne? — R. Oui, il m'en a même versé sur les mains et sur la chemise. — D. Quelle odeur cela avait-il? — R. Ça avait l'odeur d'eau de Cologne, dans mon opinion. — D. Et ça venait-il des deux petites fioles? — R. Ah! mais non, ça venait d'une autre bouteille. — D. Mais le liquide que vous aviez distillé? — R. Oh! celui-là sentait très-mauvais, tandis que l'autre sentait bon, très-bon, dans mon opinion.

M. le président fait remarquer à l'accusé que cette déposition contredit ses assertions; qu'on ne voit pas qu'il ait pu obtenir assez de nicotine pour remplir une bouteille à vin de Champagne. L'accusé répond : — « Je me serais bien gardé de ne me servir que du témoin; je ne l'employais dans les opérations indifférentes. Je me serais méfié qu'il me *soustrayait* des matières pour faire des essais. — Deblicquy. Je n'ai jamais quitté le laboratoire. — *M. le président* à l'accusé. Quelle autre personne auriez-vous employée? — R. Une fille... qui est morte.

Me Harmignies obtient du témoin quelques réponses qui paraissent favorables à la comtesse. Elle aurait dit : « Tout ça, c'est de l'ouvrage inutile; c'est de l'eau de Cologne qui coûte cher. » A cette question : — Monsieur maltraitait-il Madame? Deblicquy répond : — Je ne l'ai pas vu, mais Madame n'était pas Madame au château.

Antoine Verschaffelt, horticulteur à Gand, a reçu des lettres signées : comtesse H. de Bury, qui lui demandaient des fleurs et des plantes, et la visite d'un envoyé de la comtesse, qui parlait très-respectueusement de Madame; il a pris cet homme pour un intendant ou un jardinier, et cet homme était bien le comte.

Pierre-Joseph Loppens a reçu de l'accusé quatre visites, tant pour informations sur la meilleure disposition à donner à un alambic, que sur la fabrication de la nicotine. Le témoin l'a renseigné, lui a indiqué les causes d'insuccès de ses premières expériences et, à la quatrième visite, l'accusé lui disait qu'il avait enfin réussi à obtenir des effets foudroyants. Pour le témoin, Bocarmé n'était que M. Bérant, à Bury.

Une série spéciale de témoignages est relative à la moralité du comte.

M. Hénaut (Eugène-Alexandre), curé de Bury, dit : — Je fréquentais fort peu le château à cause de la mauvaise réputation du comte, de son immoralité. Quant à la comtesse, je la considérais comme une femme malheureuse, pleine de courage et de résignation. J'appris, le 21 novembre, que M. Fougnies était mort subitement, et l'on ajouta que la justice se transporterait probablement au château. On ajouta encore que le comte était fort mal, et je crus qu'il était de mon devoir de me transporter au château, afin que M. le comte ne mourût pas sans sacrements comme était mort M. Fougnies. Madame vint au-devant de moi et s'écria : « Ah! monsieur le curé, quel malheur! mon frère est mort subitement; je n'ai pu vous faire appeler. » Après divers propos sur l'inhumation de son frère, je me retirai. Vers trois heures de l'après-midi, trois filles du château vinrent me trouver et me consulter sur ce qu'elles devaient dire. Je leur répondis qu'elles devaient parler dans toute la simplicité de leur cœur et ne pas damner leur âme pour le service d'autrui.

Me Toussaint. — M. le curé n'a-t-il pas remarqué que Mme la comtesse était fort émue, fort triste, bien qu'elle ne pleurât pas? — R. C'est vrai.

Le garde particulier de Bitremont, *Amand Wilbaud*, a été le messager des amours adultères du comte. C'est à lui que Bocarmé s'adressait quand il voulait avoir une jolie bonne. — Si vous la voulez jolie, M. le comte, disait cet homme, on dira que ce n'est pas une bonne d'*infant*. Le comte passait pour un *bouquin*. (L'accusé rit aux larmes. — Il n'y a pas là de quoi rire, lui dit sévèrement le président.) Nous allions à Tournay, continue le garde, pour chercher des servantes, et M. le comte me disait de ne pas l'appeler par son nom. Il y a longtemps de ça, et M. le comte n'avait pas alors le nom qu'on lui a donné depuis. S'il avait voulu, à cette époque, il était temps pour lui de rester honnête.

Cette moralité, dans cette bouche grossière, produit une impression sérieuse sur l'auditoire; l'accusé seul ne paraît pas comprendre.

C'est ce témoin que Mme de Bocarmé a envoyé à Grandmetz annoncer la mort de Gustave à *ces deux coquines* de Dudzeele : c'est ainsi au moins que Wilbaud rapporte les paroles de sa maîtresse. Mme de Bocarmé nie ce propos et paraît en proie à une vive émotion.

Quelques instants après, on peut apprécier la moralité du témoin Wilbaud et ce qu'on pensait généralement, à Bitremont, des relations de famille entre Bury et Grandmetz, par la déposition suivante :

Louis Fontaine, jardinier à Grandmetz. Quand je suis revenu du travail, on m'a dit : M. Fougnies est mort! — *Le vieil?* il y a longtemps que je le sais. — Non pas *le vieil*, mais le jeune. — Pas possible! — Voilà celui qui a apporté la nouvelle.

— Alors je vais lui parler (c'était Wilbaud); il me dit : « Il est mort, et bien mort; ça ne doit pas étonner, il était à moitié pourri; pour plaire aux dames de Dudzeele, j'aurais dû arriver avec un mouchoir sur la figure. Avec ça, j'enverrai un verre de bière en plus, et mon maître graissera sa marmite. »

Louise Prévost a été deux fois aux services des époux, comme bonne d'enfants et comme femme de chambre. — D. Le comte vous a-t-il sollicité d'avoir des liaisons avec lui? — R. Oui. — D. S'est introduit dans votre chambre? — R. Oui. — D. S'y est caché une fois? — R. Oui. — D. Qu'a-t-il fait? — R. Il s'est montré tout à coup avec une épée ou un grand sabre. —

D. Ne voulait-il pas souffler la chandelle? — R. Oui. J'ai cassé un carreau de la fenêtre; il cherchait à me pousser par les épaules vers le lit. Je me suis sauvée et j'ai été coucher avec une autre fille de la maison.

Anne Thomassen, cuisinière, a été au service des époux Bocarmé : elle dit que la comtesse paraissait aimer beaucoup son frère; quant au comte, il recherchait les filles à son service.

D. Vous a-t-il fait des propositions? — R. Oui. — D. N'y en a-t-il pas qui ont cédé? — R. Oui : Sidonie (Sylvie Dutrieux) et Nathalie; j'ai vu Sidonie sortir de la chambre de Monsieur, tenant ses souliers à la main, et j'ai pensé qu'il y avait une familiarité entre elle et Monsieur. Le comte témoignait beaucoup de tendresse à Paul, l'enfant qu'il avait eu de Célestine Legrain; cet enfant avait une bonne pour lui.

D. Qu'avez-vous répondu quand M. le comte vous a proposé d'aller coucher avec lui? — R. Je lui ai répondu qu'il avait suffisamment de sa femme; il me dit qu'il n'en voulait plus, et que j'étais une mauvaise fille.

Jeanne-Marie-Françoise Dernyseller, femme Wennepenninck a souvent vu des discussions entre Monsieur et Madame. Elle a souvent été obligée de monter des verres d'eau sucrée à Madame. « Madame me disait que Monsieur lui avait donné des reproches; Madame était grosse, et je disais à Monsieur qu'il ne devait pas se conduire ainsi. Madame m'a dit que Monsieur la frappait. »

D. Fougnies venait-il au château? — R. De temps en temps. C'était à moi ou à la cuisinière qu'il s'adressait pour avoir une soupe au lait, car il ne dînait pas à table avec le maître. Il disait qu'il ne pouvait pas manger des plats à table, qu'il avait peur du château et peur du comte. Pendant le séjour à Bitremont de madame la comtesse Ida, le témoin a entendu crier dans une chambre où les époux Bocarmé étaient renfermés; elle a été chercher madame la comtesse Ida, qui a fait ouvrir la porte, et madame de Bocarmé est sortie tout en larmes. A Bruxelles, le témoin qui a accompagné Madame a entendu Monsieur parler de coucher hors de l'hôtel, et Madame lui répondre en pleurant : « Si vous allez coucher dehors, on me prendra pour une fille. » Elle a su que le comte faisait passer dans Bruxelles la fille Célestine Legrain pour sa femme. Le témoin n'a, du reste, à reprocher à Monsieur, en dehors de ses *amourettes*, que de lui avoir retenu indûment 45 francs sur ses gages.

La fille *Françoise Eschauffaire* n'est restée que trois semaines à Bitremont; elle en est sortie parce que le comte la poursuivait de ses propositions : il lui disait qu'elle ne manquerait de rien si elle voulait l'écouter. Elle a écrit à ses parents et le comte a intercepté la lettre.

Bocarmé. — J'agissais sur le désir de ma femme.
Lydie. Ce n'est pas vrai.

La fille *Fidéline Fournier*, femme de chambre, a vu Monsieur courir après Madame, qui avait du sang à la bouche, et la renverser; elle a tiré deux fois Madame de dessous Monsieur. Madame paraissait aimer beaucoup son frère.

Madame Cherquefosse raconte la scène de violence occasionnée par l'enlèvement de l'enfant adultérin du comte et de Célestine Legrain. Elle a couru au secours de la comtesse, rudement maltraitée par son mari, et, dans son indignation, elle a dit au comte : « Une pareille conduite vous conduira dans les fers, et peut-être à l'échafaud. »

D. Quel était l'état de Madame? — R. Elle était défaite et très-émue. — D. Et le comte? — R. Il était calme et souriant. — D. Madame vous a-t-elle dit le sujet de la scène qui venait d'avoir lieu? — R. Non. Madame ne me faisait pas de confidences complètes, peut-être par bonté de caractère, peut-être aussi parce qu'elle n'aimait pas à me laisser voir sur sa couronne de comtesse une petite couronne d'épines, et de grandes épines. — D. Quel était le caractère du comte? — R. Il me paraissait tartufe et hypocrite, menteur, rusé et cruel. Je l'ai vu battre Gonzalès avec la plus grande cruauté. Quant à Madame, je l'ai toujours considérée comme un ange de douceur.

Sylvie Dutrieux (celle qu'on appelle aussi Sydonie) a été dix mois au service du comte en 1844.

D. Le comte ne vous a-t-il pas fait des propositions? — R. Oui. — D. Après beaucoup d'obsessions vous avez cédé? — R. Oui. — D. Il vous a donné de l'argent? — R. Une fois. — D. Un mouchoir et un châle? — R. J'ai eu le mouchoir, mais il ne m'a que promis le châle. Après ma sortie du château, il est venu me voir plusieurs fois à Gand, et il m'a conduite au cabaret.

Marie Vanbocquestal, cuisinière, ne parlait pas au comte parce qu'il était de mauvaise foi et sans religion. Il faisait pleurer ses enfants, et quand ils pleuraient, il les battait.

Le comte, qui a écouté avec un sang-froid souriant, la révélation de toutes ses turpitudes intimes, se révolte à ce dernier reproche. — On veut, dit-il, me faire passer pour méchant et cruel. On me reproche d'avoir battu mes enfants; l'amour de mes enfants est ma seule passion, et l'accusation n'établira jamais que j'aie été un mauvais père.

Jusqu'à présent, tous les types de domestiques qui ont comparu devant le jury ont été déplorablement vulgaires, et rien n'a expliqué les scandaleux déportements de l'accusé dans la maison conjugale. Mais voici venir *Célestine Legrain*, la mère de ce petit Paul, l'enfant adultérin installé au foyer domestique : celle-ci, du moins, est presque jolie. A peine assise sur le siége des témoins, elle est prise d'un spasme nerveux et on l'emporte sans connaissance. Quelques minutes après, elle reparaît; sa mise et sa tenue sont simples et convenables. Elle déclare avoir vingt-cinq ans et être fille de salle à Paris. Elle a été pendant dix mois au service des époux Bocarmé, et elle dit n'avoir pas remarqué de désunion entre eux.

D. Vous êtes sortie de chez Bocarmé parce que vous étiez enceinte de ses œuvres? — R. Oui. — D. C'est lui qui a payé votre logement, votre accouchement et l'éducation de l'enfant? — R. Oui. Le comte l'a fait mettre en pension chez un de mes parents, il a promis une pension de 500 francs jusqu'à l'âge de sept ans et il a remis un billet d'obligation qu'il n'a jamais payé.

D. Vous avez vu ce billet? — R. Oui. La signature du comte n'était pas sa signature ordinaire. Mon père voulait avoir le billet avant de prendre l'enfant, et le comte lui avait dit : « Il est dans les langes. » Mais ce n'était pas vrai; il l'avait dans sa poche.

D. Une fois à Bruxelles, vous avez fait des économies. Le comte, dans une des visites qu'il vous rendait, n'a-t-il pas fouillé dans votre secrétaire et n'y a-t-il pas pris un billet de 1,000 francs? — R. Non; mais il m'a dit qu'il était gêné et m'a demandé si je pouvais lui prêter de l'argent. Je lui ai prêté le billet de 1,000 francs, et il ne m'a jamais remboursée.

D. Comment êtes-vous entrée au château? — R. Il s'est présenté dans ma famille en qualité de secrétaire général de madame la comtesse de Bocarmé.

L'accusé répond qu'il était convenu avec Célestine qu'elle lui confierait ses économies, et il ajoute : —

C'était une jeune fille très-bonne, pour laquelle j'ai eu une forte passion ; cette passion m'a conduit trop loin, et il a fallu que je répare ma faute.

M. le président. — Il paraît que vous avez eu beaucoup de passions, si l'on en croit toutes ces jeunes filles.

Michel Legrain, bonnetier à Antoing, est le père de Célestine. Il raconte, d'une façon originale, la scène de la remise de l'enfant. — « C'est à Jousnay, dans la rue, qu'il me donna l'enfant, qu'un portefaix tenait dans ses bras. — Et les effets? lui dis-je. — Ils sont dans telle maison. — Et le billet? — Il est dans les langes. — Ah! que je dis, pas de billet, pas d'enfant. Alors il tira le billet de sa poche.

M. le président. — Il nie avoir signé ce billet. — R. Ah! bah! — D. Il dit que c'est vous. — R. Oh! — D. Et vous n'avez jamais rien reçu? — R. Non. Seulement l'enfant ayant été très-malade en 1849, j'ai fait prévenir M. le comte. Il est venu... Il a pleuré... et il a donné 40 francs.

Puis, voici venir une procession de témoins, petits créanciers tous mécontents du comte ; c'est un horloger, c'est un épicier, un boucher ; c'est un chapelier, chez lequel le comte a pris un chapeau neuf, qu'il a rendu sans le payer, après s'en être fait honneur. Ce sont des cuisinières renvoyées, dont il a rogné les gages : l'une a été mise à la porte parce qu'elle était trop vieille ; l'autre, parce qu'elle empêchait Monsieur de faire sa *chimique* à la cuisine et de se faire servir, à minuit, dans sa chambre à coucher, à souper par une jeune fille.

Bocarmé répond : — Pas du tout, c'est parce que cette vieille femme avait des boutons et se les grattait avec mes couteaux. (On rit, et le comte paraît enchanté de l'incident. Il ne semble pas soupçonner la gravité de sa position. L'hilarité a été à son comble, quand il a répondu que s'il poursuivait de ses recherches les filles du château, c'était seulement *pour éprouver leur vertu.*)

Quelques témoins déposent en faveur de la comtesse. *Marie Joseph Bienfait*, cuisinière à Bruxelles, et *Augustine Wagnère*, couturière à Peruwelz, ont été au service de la famille Fougnies ; elles ont toujours vu l'accusée soigneuse et affectueuse pour son frère ; elle était d'un caractère doux et facile.

Catherine Coucke, femme du directeur de la prison à Tournay, dit que, pendant les premiers mois de sa détention, la comtesse était triste, ne mangeait pas, ne pouvait pas dormir. Souvent le témoin la pressait de dire la vérité, et elle répondait toujours : « Je ne puis dire la vérité sans accuser mon mari, car c'est lui qui a empoisonné mon frère. » — « Nous étions tous trois dans la salle à manger, ajoutait-elle ; je me suis levée, et, ayant *serré* le poing, j'ai entendu crier : *Hippolyte, pardonne!* » Quand la comtesse a eu fait sa déclaration, elle pleurait beaucoup, et disait qu'elle était bien malheureuse d'avoir été obligée d'accuser son mari.

Nous sommes au 9 juin. La série des témoignages et des expertises scientifiques va s'ouvrir.

M. Alphonse Semet, docteur en médecine à Peruwelz, a été appelé le premier à Bitremont, après la mort de Fougnies. Il n'a pu, dans la demi-obscurité qui régnait autour du cadavre, constater les causes de sa mort, mais il en a soupçonné les auteurs à voir l'indifférence des époux Bocarmé.

D. Qu'a dit Madame? — R. Rien. — D. A-t-elle paru émue? — R. Non. — D. A-t-elle pleuré? — R. Non. — D. Et le comte, quel était son état? — R. Il n'était pas ému. — D. Quel effet a produit sur vous cette insensibilité? — R. J'ai soupçonné.

M. Semet a été, pendant quelques années, le médecin de Gustave Fougnies. Le caractère de Gustave était très-bizarre ; il était faible de santé et se soignait beaucoup. Plus d'une fois, il parla au témoin des craintes que lui inspirait le comte. Il lui dit qu'il ne mangeait jamais à Bury avant que son beau-frère n'eût goûté des mets servis. Il se méfiait du comte, disait-il, à raison de diverses tentatives d'empoisonnement déjà faites sur lui. M. Semet considérait ces craintes comme exagérées, d'autant plus que Fougnies parlait, sans aucun fondement, de guet-apens qui lui étaient tendus, de coups de fusil tirés sur sa voiture quand il voyageait.

M. le président à Mᵐᵉ de Bocarmé : — Vous avez entendu le témoin? quand il vous a annoncé la mort de votre frère, vous êtes restée insensible et sans larmes. Est-ce là le sentiment d'affection que vous portiez à votre frère?

Lydie : — J'étais si émue que je ne savais pleurer.

M. le président. — Vous aviez cependant beaucoup crié et fait semblant de pleurer dans la soirée.

Lydie. — Il fallait bien dissimuler. (Mouvement.)

On entend ensuite M. Stas, le professeur qui a été chargé des analyses et qui a découvert la nicotine dans le cadavre.

La déposition de l'éminent chimiste n'avait pas un intérêt profond au point de vue du fait même d'empoisonnement par la nicotine : cet empoisonnement n'était point contesté et, sur ce point, les conclusions du remarquable rapport de M. Stas étaient confirmées par les déclarations mêmes des accusés. Mais comment, dans quelle position la nicotine avait-elle été ingérée? l'ingestion avait-elle été volontaire ou forcée? Y avait-il eu une erreur possible? Le toxique était-il pur ou mélangé? Voilà les questions d'un intérêt suprême qui commandaient tout le procès, qui pouvaient en modifier profondément l'issue.

Pendant toute la lecture du remarquable rapport de M. Stas, l'accusé a révélé par son attitude le goût vif qu'il porte aux questions de chimie : on le prendrait plutôt pour un écolier studieux que pour un homme enveloppé dans une accusation terrible.

On comprendra que nous n'empruntons au rapport de M. Stas, tout hérissé de formules scientifiques, que ses conclusions. Elles sont claires, foudroyantes comme la nicotine que l'habile chimiste a extraite du cadavre et qu'il met, dans une petite fiole, sous les yeux des jurés. « Gustave, dit-il, a été empoisonné par de la nicotine, et par de la nicotine à l'état de pureté. Il a dû ingérer le poison lorsqu'il était couché. Celui qui aurait touché des lèvres le poison, n'irait pas plus loin ; la saveur de la nicotine est brûlante et on ne saurait en avaler volontairement la plus petite partie. On l'éloignerait de soi, comme on éloigne un fer rouge. S'il y a quelqu'un ici qui veuille en mettre la plus petite partie sur la langue, il verra l'effet que ça produira. »

Inutile d'ajouter que personne ne se présente.

« En extrayant la nicotine du plancher, dit encore M. Stas, il m'en est sauté une gouttelette à la joue, et, *immédiatement* (j'insiste sur ce mot), j'ai éprouvé un picotement vif qui a duré plus de trois heures, bien que j'eusse lavé ma joue de suite. »

Il y avait lieu surtout de se préoccuper de l'explication fournie par le comte de Bocarmé sur la bouteille de nicotine mélangée qui, placée par lui à la cave, aurait été montée par mégarde dans la salle à manger, et serait devenue, involontairement, une cause de mort pour le malheureux Fougnies. On demande à M. Stas si une bouteille à vin de champagne qui contiendrait de la nicotine qu'on y aurait versée à diverses époques, conserverait la couleur primitive du poison; il répond qu'elle changerait successivement de couleur, en passant du blanc jaunâtre à une couleur brun foncé. Quelle quantité de tabac, demande encore le Président, faudrait-il pour faire une bouteille semblable de nicotine : M. Stas répond qu'il ne voudrait pas, avec les instruments qu'on lui présente, et avec les procédés qu'on lui a expliqués, s'engager à faire plus qu'une petite fiole contenant 35 à 40 grammes. La proportion du tabac à la nicotine peut aller à 8 pour 100, mais non pas à l'état de nicotine pure extraite. Il y a 8 pour 100 de nicotine dans le tabac, mais on n'en obtient guère que 80 à 90 grammes sur 10 kil. de tabac. Le prix courant de commerce est de 10 francs le gramme, et, en supposant par impossible qu'on en pût trouver dans le commerce de quoi remplir une bouteille à champagne, soit 750 grammes, il y aurait là pour 7 500 fr. de nicotine.

Deblicquy a déclaré qu'on avait coupé une centaine de livres de tabac, mais non que tout eût été employé. Il a dit qu'il y avait, dans cette quantité, du tabac étranger; or, M. Stas a constaté deux faits bien remarquables : le premier, c'est que la nicotine extraite du tabac étranger a une saveur assez douce, tandis que celle extraite du tabac indigène est âcre et désagréable; le second, c'est que les taches du parquet avaient la saveur douce, tandis que les autres avaient celles de la nicotine indigène.

M° *Toussaint* demande à M. Stas si les animaux sur lesquels il a opéré ont crié. — Non, répond-il, parce que la mort a été instantanée, mais, si la quantité ingérée n'eût pas été foudroyante, ils auraient évidemment crié.

M. le président lui demande s'il y avait de l'éther dans la nicotine prise par Gustave; M. Stas répond négativement. — D. Bocarmé, vous avez dit qu'il y en avait. — R. J'ai dit qu'il pouvait y en avoir, mais qu'il a dû disparaître dans les opérations de M. Stas. — D. On vous a demandé, Bocarmé, si vous aviez mélangé de l'éther à la nicotine, et vous avez répondu, oui. Vous voulez retirer votre réponse, mais il n'est plus temps.

M. Stas ajoute en terminant, que l'éther est excessivement volatil, et qu'il a pu, après sept jours, ne pas se retrouver dans le corps de Gustave. Il répète de nouveau, avec insistance, qu'il ne comprend pas l'empoisonnement autrement que par la nicotine pure; qu'il ne peut expliquer qu'ainsi les lésions observées.

Pendant cette longue et si grave déposition, Bocarmé a paru se faire une violence extrême. Tous ses mouvements ont trahi une lutte intérieure. Il eût voulu discuter, il avait évidemment préparé des objections scientifiques, il les refoule péniblement. Il semble qu'il eût volontiers compromis le sort de son procès par amour-propre de chimiste. Il a fallu que ses défenseurs insistassent pour obtenir de lui qu'il ne sacrifiât pas son salut à sa vanité.

Quant à la comtesse, elle est de plus en plus accablée, anéantie.

Le 10 juin, à l'ouverture de l'audience, M° de Paepe cherche à détruire l'effet produit par la déposition de M. Stas. Il fait observer que cette déposition peut se diviser en deux parties : la constatation des faits scientifiques, et l'appréciation des phénomènes produits par la nicotine. Sur la première partie, l'expert chimiste a été tranchant, affirmatif, sûr de lui-même; mais, arrivé à l'appréciation des phénomènes observés, n'a-t-on pas remarqué qu'il éprouvait une émotion dont il n'a pas cherché à se défendre, une hésitation évidente.

La veille, c'est-à-dire à l'issue de l'audience du 9 juin, le savant professeur de l'école des mines, M. Vandenbrouck, a fait une leçon sur la nicotine, et là ont eu lieu des expériences sur les effets de cette substance. La défense a cru devoir faire assigner M. Vandenbrouck, malgré ses répugnances. Il n'est pas encore statué sur cette assignation, irrégulière dans la forme.

M. Zoude, le médecin de Tournay, est entendu. Il donne des détails qu'on connaît déjà sur le premier aspect du cadavre et sur l'autopsie. Interrogé par le président s'il a senti l'odeur d'éther en ouvrant le corps, il répond que cette odeur, souvent rencontrée après les morts naturelles, par suite des derniers remèdes, l'eût à coup sûr frappé.

Puis, avec une grande netteté de pensée et de parole, le médecin expose qu'à son sens la nicotine a dû être absorbée pendant que Fougnies était couché. « La cautérisation des amygdales, dit-il, l'absence de cautérisation de la partie antérieure de la bouche, sont deux preuves irréfragables du fait que j'avance. En effet, s'il avait bu étant debout, comme il aurait rejeté le liquide, il l'aurait rejeté en avant, et la partie antérieure de la bouche aurait été cautérisée. Mais en l'absorbant dans une position horizontale, on s'explique le séjour du liquide dans l'arrière-bouche, les désordres qui y sont observés et la profonde cautérisation des amygdales. J'ai donc la parfaite conviction que Fougnies était couché, et j'irais presque jusqu'à dire couché sur le côté droit quand il a ingéré le liquide. »

— Pensez-vous, demande au témoin M° *Toussaint*, qu'une personne seule aurait pu faire avaler le poison à Gustave? — R. Dans l'état où était M. Fougnies, je crois que ce n'est pas impossible, quoique assez difficile.

M° *Lachaud* à M. Zoude. — A-t-on conservé le cou ? — R. Non. — M° *Lachaud*. Tant pis. — D. Comment tant pis! Nous avons conservé tout ce qu'il était possible et intéressant de conserver. Il ne manquerait plus que de nous reprocher de n'avoir pas rapporté la jambe que le cadavre n'avait plus. (Rire général.)

Un autre médecin, *M. Félicien Marouzé*, pense, comme son collègue, que le sujet était placé dans la position horizontale quand il a ingéré le poison.

La liste des témoins est épuisée, les interrogatoires si longs, si multipliés, que nous venons de faire passer sous les yeux du lecteur, n'ont plus rien à apprendre au jury. M. de Marbaix se lève pour développer l'accusation. (11 juin.)

« Messieurs les jurés, dit en commençant M. le procureur du roi, la criminalité du fait en lui-même formant l'objet de cette accusation, ne doit pas seule fixer notre attention. Les causes de ce fait, les circonstances odieuses dans lesquelles il fut consommé, sont autant de points différents qui nécessiteront notre appréciation.

« Ce fait n'est pas le résultat d'une haine et d'une vengeance. Il faut en rechercher la cause dans un sentiment plus vil et plus méprisable, la soif de l'or; et, moins généreux en cela, si je puis me servir de cette expression en parlant de pareils êtres, moins généreux que les bandits, ils n'ont pas laissé à la victime l'alternative de la bourse ou de la vie; ils ont pris la vie d'abord, pour s'emparer ensuite de la bourse. Ce qui a précédé le crime, c'étaient des voyages, des correspondances, des leçons de chimie, des opérations clandestines. Voilà la préparation du crime.

« L'empoisonnement est le plus lâche de tous les crimes, parce que la victime n'étant pas prévenue, n'a pu se défendre. L'empoisonnement se complique d'assassinat; il est lâche, parce que la victime est attaquée par derrière; il est lâche, parce que la victime n'a pas pu se défendre; il est lâche, enfin, parce que le poison a donné une mort instantanée.

« Il est épouvantable parce qu'il a été commis dans une maison habitée par douze personnes; parce qu'il a été commis après que la victime avait mangé à la même table que les assassins, goûté au même sel. Il est horrible à raison de la qualité de parent qui unissait la victime à ses bourreaux, et il est d'autant plus horrible que, sans cette qualité, le crime n'eût pas été commis. »

Ici M. le procureur du roi raconte la découverte du forfait et en recherche les causes. Ces causes, elles sont dans les espérances déçues de Bocarmé.

« De Bocarmé n'avait de noble que le nom, que sa couronne de comte; c'était un misérable fripon, escroquant ses domestiques et ses ouvriers; hypocrite à l'excès, de mœurs dissolues, il avait un penchant marqué pour les bonnes de ses enfants, pour les femmes de chambre de sa femme. »

M. de Marbaix montre ces époux si bien assortis, descendant rapidement sur le grand chemin de la ruine, se perdant de dettes et ne relâchant rien de leurs coûteuses habitudes. Madame n'a pas d'amants, mais elle aime le luxe et ne sait pas compter; Monsieur gaspille son argent en cultures folles, et surtout en débauches. Il peuple sa maison d'enfants légitimes et adultérins; il a femme au salon et à l'office; aussi, en arrive-t-on bientôt aux plus tristes expédients, et les créanciers font le siège du château.

La position était désespérée, et les ressources attendues du côté de Gustave devenaient indispensables. Gustave était de trop; Gustave fut condamné.

La route est toute tracée. Qu'on remarque maintenant les goûts particuliers du comte pour les poisons; qu'on se rappelle ses instincts pervers, et on com-

M. de Bocarmé.

prendra les moyens que vont employer les deux époux, comme on a déjà deviné leur but.

Après avoir rappelé tout ce que les débats ont établi sur les demandes et achats de plantes vénéneuses et d'appareils chimiques, M. le procureur du roi revient sur les projets de mariage de Gustave, sur l'effet produit à Bitremont, sur les lettres anonymes adressées aux futurs. De qui seraient-elles, ces lettres, si elles n'étaient pas des accusés? Elles partent de Bitremont où on a l'habitude de contrefaire les écritures, où on est mécontent de ces éventualités de mariage, où les lettres avouées expriment les mêmes pensées, laissent entrevoir les mêmes calomnies.

Aussi, est-ce dès cet instant qu'on verra l'accusé se mettre en campagne pour s'occuper de la fabrication de poison, acheter l'éther, le papier à réactifs, le tabac, les éprouvettes, la grande cornue, pour ce travail mystérieux qui commencera le 30 octobre pour finir le 10 novembre.

On a vu, par la déposition de Deblicquy, les précautions dont le comte s'entourait, les recommandations qu'il faisait à ses gens, les propos qu'il tenait à sa femme, à qui il promettait d'excellente eau de Cologne. Et il faisait de la nicotine; et la comtesse le savait : c'est acquis au procès. Et elle savait pour qui.

Et pourquoi choisir la nicotine? Ah! c'est que le comte avait vu dans une édition d'Orfila, de 1843, qu'il n'existait pas de réactifs pour la nicotine!

Les armes prêtes, on en fait l'essai sur des animaux, des chats, des canards.

Là en était le réquisitoire, lorsque commença l'audience du 11 juin. On s'attendait, pour ce jour-là, à l'audition de M. Vandenbrouck, professeur à l'École des mines, et au compte-rendu d'expériences spéciales faites par ce savant. Mais il a fallu y renoncer, comme à la présence de M. Orfila; mais, du moins, les défenseurs apportent une longue consultation obtenue de ce prince de la science.

Cette consultation devait avoir pour objet de fixer certains points relatifs au caractère et au mode d'action de la nicotine sur l'économie animale, et de résoudre les questions suivantes :

1° Pouvait-on prouver que Gustave Fougnies eût avalé la nicotine étant couché par terre?

2° La nicotine a-t-elle une odeur assez repoussante pour qu'on ne puisse pas en avaler une certaine quantité, alors que l'on croit boire un autre liquide?

3° Un liquide contenant une forte proportion de nicotine tuerait-il instantanément comme la nicotine pure, et ne pourrait-il pas, suivant qu'il renferme une plus ou moins grande quantité de ce poison, ne déterminer la mort qu'au bout de cinq ou six minutes, tout en occasionnant sur les tissus des traces semblables à celles qui avaient été observées sur le corps de Gustave Fougnies?

Sur la première question, M. Orfila fit ressortir les dissidences entre les deux rapports des 22 et 27 novembre sur l'état du cadavre. Les premiers médecins signalaient une altération plus grande de l'amygdale de gauche; M. Stas constatait une altération plus profonde de toute la face droite de la muqueuse. A cela, M. Orfila répondait que la déglutition forcée, par surprise, d'un liquide d'une saveur aussi *atroce* que la nicotine, ne doit pas s'opérer d'une façon régulière, comme celle d'un liquide d'une saveur agréable, inoffensif. Il n'était donc pas impossible, à ses yeux, qu'un individu, après avoir pris de la nicotine étant debout, tombât presque immédiatement après sur le côté droit par l'action du tonique, comme cela a presque constamment lieu et que, dans cette position du corps, les désordres de la langue et de la bouche se manifestassent plutôt du côté droit que du côté gauche. Il n'était donc pas prouvé que Gustave Fougnies eût avalé la nicotine étant couché sur le dos, la tête tournée à droite.

Sur la seconde question, M. Orfila répondait négativement. Quand la nicotine, disait-il, est anhydre (pri-

Mme de Bocarmé.

vée d'eau), et il est assez difficile de l'obtenir dans cet état, elle a une odeur piquante qui rappelle celle du tabac; si elle contient de l'eau, son odeur est d'autant plus forte que la quantité d'eau est moins considérable. L'odeur de la nicotine *à froid* est très-faible et presque nulle, rappelant peu celle du tabac; mais, si on la chauffe et qu'on la réduise en vapeur, elle exhale une odeur forte, piquante, désagréable.

Relativement à l'action de la nicotine sur l'économie animale, il existe, disait en terminant l'illustre doyen, des différences notables quant au temps nécessaire pour terminer la mort. La nicotine anhydre a raison d'un chien en trente secondes et deux minutes; combinée avec une petite quantité d'eau, comme c'est l'ordinaire, la mort n'arrive qu'après trois ou quatre minutes; plus diluée, elle ne tue qu'après huit ou dix minutes; plus diluée encore, elle ne cause que des accidents convulsifs et tétaniques. Il est probable qu'il en serait ainsi pour l'homme.

Dans tous les cas, les traces laissées sur les tissus devraient être analogues à celles observées sur Gustave Fougnies.

Tel fut le document déposé par la défense, et sur lequel elle paraissait fonder des espérances sérieuses.

Cependant M. de Marbaix continue à échafauder sa terrible accusation. L'attention redouble lorsqu'il raconte les faits nombreux et dramatiques de la journée du 20 novembre : il les groupe, il les relie, il en forme un faisceau de preuves pour accabler les deux époux. Il se récrie sur l'absurdité de la prétendue erreur commise par la comtesse qui, croyant verser du vin, aurait versé du poison.

D'après le système de Bocarmé, la lutte eût été impossible entre lui et la victime; car, si Gustave avait bu, soit un verre de nicotine, comme l'accusé l'avait prétendu d'abord, soit même une simple gorgée, comme il l'a dit de plus, la paralysie l'eût foudroyé à l'instant même. — Mais il y a eu lutte, s'écrie M. le procureur du roi, et vous en portez la preuve écrite sur le front ! A propos de cette blessure, vous avez menti à trois ou quatre reprises différentes : à Emerence, vous avez dit que vous l'aviez avant le dîner; c'était de l'impudence, car la blessure était saignante. Émerence lui demande si ça ne serait pas le résultat d'un coup de béquille, et il répond que oui. Au juge d'instruction, il dit que c'est le résultat de sa lutte avec Gustave. A l'audience, il prétend s'être heurté le front contre la porte du salon rouge, et il ne s'aperçoit pas qu'Emerence a vu la blessure avant que, même dans son système, il allât dans le salon rouge.

Sur la morsure du médius de la main gauche, il ment encore. Ici, il dit qu'il a pu être mordu par Gustave, là, que son doigt a été pris dans une porte, ailleurs, qu'un petit chien l'a mordu en jouant. Cette morsure légère, mais qui prouve la lutte, elle a mis deux mois à guérir, et Bocarmé a voulu la soigner lui-même : c'est que le poison y avait pénétré.

La blessure du doigt annulaire, le gonflement du genou, les traces constatées sur Gustave, l'odeur semblable qu'exhalaient les vêtements de la victime et ceux de l'accusé, les déchirures de ces vêtements : tout prouve la lutte.

(Pendant que l'organe du ministère public établit cet ensemble de déductions écrasantes, Bocarmé, calme et presque souriant, se penche vers l'un de ses défenseurs, et lui donne des explications techniques.)

M. de Marbaix s'appuie ensuite sur les rapports des médecins pour établir que la nicotine a été ingérée à Gustave couché, renversé sur le parquet.

« Mais, ajoute-t-il, qu'avons-nous besoin de ces rapports? Qu'avons-nous devant nous? un accusé qui nie et l'autre qui avoue, mais qui n'avoue que dans une certaine mesure. N'est-ce pas cette accusée qui nous a révélé que, le matin même du 20 novembre, son mari lui a dit : « C'est aujourd'hui que je fais l'affaire de Gustave. »

Bocarmé nie, mais les faits de la soirée vérifient cette sinistre prédiction. On verra l'accusé près du corps de Gustave avec la grande taie de vinaigre que personne ne lui a vu prendre dans la cuisine dans la soirée du 20. « Où avez-vous pris ce vase? quand l'avez-vous pris? répondez, accusé; répondez, car cette charge vous accable. Vous ne dites rien? Eh bien! vous l'aviez pris dès le matin, préparé dès le matin, après avoir dit à votre femme que vous feriez ce jour-là l'affaire de Gustave. (Sensation profonde dans l'auditoire.)

« Et ce lampion qui éclairait la salle à manger, que personne n'y a apporté, que vous ne pouvez dire ni où, ni quand vous l'avez pris pour l'apporter sur le lieu du crime? Tout cela était préparé dès le matin, et j'en dis autant de la couverture trouvée dans le salon rouge, et qui a été descendue de la chambre de l'institutrice Marie Pale, sans qu'aucun domestique eût été chargé de cette mission. »

M. le procureur du roi relève ensuite les autres circonstances qui confirment les déclarations de Lydie Fougnies; mais il va plus loin qu'elle. Elle prétend être sortie du salon après les cris : « Pardonne, Hippolyte, pardonne! » Non, elle était dans la salle à manger, elle n'a pas fui après les premiers cris, on les entendait déjà depuis quelque temps quand elle a fui vers la cuisine. Pourquoi ne dit-elle pas la vérité, si elle est innocente? Elle nie contre l'évidence, donc elle avoue sa culpabilité, sa participation active à l'ingestion du poison.

Lydie Fougnies savait que le crime serait commis le 20 novembre, et elle n'avertit pas son frère ! « Conduite vile et méprisable, qui fait peser sur elle la complicité la plus écrasante. » Elle n'a pas, dit-elle, pensé à le prévenir! Elle a bien pensé, quand Gustave a eu rendu le dernier soupir, à visiter son portefeuille! Elle a bien pensé à faire déshabiller le cadavre, à le faire frotter de vinaigre! Elle a bien pensé à éloigner ses enfants de la cuisine, Gonzalès de sa table, les domestiques du château, Emerence de la salle à manger!

« Et cependant, ajoute M. de Marbaix d'une voix indignée, il était si facile par un mot, par un geste, d'empêcher Gustave de dîner au château. Elle ne l'a pas fait; elle a fait plus : c'est devant elle que son frère a renvoyé son propre domestique en disant qu'il dînerait à Bitremont! Et elle ne l'a pas fait! Ah! c'est qu'elle voulait laisser s'accomplir tout ce qui s'est accompli! » (Longue sensation.)

Et quand Émerence est venue offrir de la lumière, qui a refusé cette lumière qui pouvait empêcher le crime? qui s'est écrié : « Non! non, plus tard! » Et cependant on avait besoin de lumière pour lire le fidéi-commis que Gustave venait chercher à Bitremont. Il y a donc eu complicité par aide dans les faits qui ont préparé et facilité le crime.

L'accusée a-t-elle pris part aux faits qui ont suivi le crime? Oui; la victime, par ses cris, dénonce son bourreau, et la comtesse ne part que quand le crime est consommé, lorsqu'il n'y a plus chez le malheureux qu'un souffle de vie. Ici encore, et toujours, complicité. L'accusée ferme la porte de la salle à manger, celle de l'été, deux obstacles qui n'ont pas étouffé les cris, mais qui, dans sa pensée, y devaient suffire. Elle se met en vedette dans l'office, car c'est de là que peuvent arriver seulement les secours et les témoins indiscrets.

Elle a voulu fuir, dit-elle? Que ne montait-elle dans sa chambre? que ne fuyait-elle au jardin? Mais non, ce n'est pas une fuite, c'est une surveillance, une assistance. Et, en effet, quand tout est fini, elle revient pour s'assurer du succès.

Cette présence dans l'été, elle est si terriblement compromettante, qu'elle l'a niée longtemps. La voyez-vous dans cette pièce, se disant : « On assassine mon frère, on l'empoisonne, et je dois profiter de sa fortune! Veillons à ce que rien n'interrompe, ne décèle l'auteur! » Et ce ne serait pas de la complicité?

Tel fut ce réquisitoire, simple dans la forme, net, pressant, logique, plein de méthode, ne visant jamais à l'éloquence et la trouvant toujours dans la recherche sincère de la vérité.

Me de Paepe prit ensuite la parole.

« Messieurs les jurés, dit-il,

« En acceptant la tâche que nous a confiée M. de Bocarmé, nous ne nous sommes pas dissimulé la difficulté de la mission qui nous était confiée. Nous nous sommes trouvé en présence de deux accusations : l'une, s'exerçant au nom de la société, par l'organe de l'honorable magistrat que vous avez entendu; l'autre, inspirée par un étroit égoïsme, qui a répondu par des accusations à la protection dont nous n'avons cessé de la couvrir et de la protéger à cette audience, et qui a eu le triste sort de voir crouler pierre à pierre tout ce qu'elle avait échafaudé dans un intérêt exclusif d'égoïsme. »

Après ce début, Me de Paepe raconte la naissance de son client, « au milieu des tempêtes du cap de Bonne-Espérance, qui présageaient si fatalement celles qui devaient plus tard assaillir sa vie. » Il dit sa constitution maladive, ses premières années si difficiles, son éducation mal dirigée, procédant par soubresauts.

« C'est ainsi qu'il arriva à l'âge de vingt-quatre ans. Il connut alors à Peruwelz une jeune fille chez qui les qualités de l'esprit s'étaient développées aux dépens des qualités du cœur. Elle refusait à sa mère un regard de consolation que celle-ci lui demandait après avoir été chassée de la maison conjugale. A dix-sept ans elle écrit un roman où l'on voit déjà un cœur désillusionné, et, à cette audience, nous l'avons vue ce qu'elle est : son œil sans larmes a trahi un cœur sans sensibilité. »

Ici, Me de Paepe rappelle ce qu'a dit l'organe du ministère public sur la position de fortune des accusés, sur leur gêne profonde, leur mauvaise foi. Il se demande si l'évocation de ce passé peut fournir un moyen à la terrible accusation de fratricide. L'accusation a-t-elle donc besoin, pour se soutenir, de ces préventions, de ces faits extérieurs à la cause? Sans doute le défenseur fera bon marché de cette position, comme de la moralité de son client. Il n'entend pas excuser Bocarmé; mais il faut le prendre tel qu'il est, homme sauvage, poussant la prudence jusqu'à la ruse, l'indépendance jusqu'à la brusquerie, jusqu'à l'oubli de ses devoirs. « Bocarmé, c'est un Européen mal greffé sur le sauvage. »

Voilà les accusés, voyons le drame. Est-ce un crime? est-ce un malheur? Si c'est un crime, il y a là tant de stupidité, que l'imagination la plus folle se refuse à l'admettre.

« Quoi ! dans une maison habitée, en plein jour, entouré de ses domestiques, il aurait commis ce crime? Et puis, pour comble de stupidité, il aurait employé pour cela le poison qu'il aurait fait lui-même, quand il lui était si facile de s'en procurer à Gand, à Bruxelles, à Paris! Et, pour surcroît de bêtise, je ne puis parler ainsi, ce serait après avoir fait par fanfaronnade les confidences les plus imprudentes à Gustave lui-même, devant qui il a fait parade de sa science de chimiste, de son amour pour les poisons, car il a la bosse des poisons! Ah! si telle a été la combinaison de M. et de madame de Bocarmé, enfermez-les dans une maison de fous furieux, mais ne les livrez pas à l'échafaud. »

Mais le ministère public a vu là un crime. Il a d'abord invoqué des faits antérieurs, et, en première ligne, l'achat des instruments de chimie. On comprendrait encore, dit le défenseur, l'importance possible de ce fait, s'il était postérieur à la pensée de mariage chez Gustave; mais les achats sont de février, et Gustave n'a songé au mariage qu'au mois d'août.

Autre circonstance antérieure : l'emploi d'un faux nom; mais cela est encore antérieur à la pensée de mariage. Il faut reconnaître là une nouvelle preuve de l'esprit défiant, rusé, du comte de Bocarmé, un moyen de payer moins cher.

Arrivons à la nicotine, dit Me de Paepe. Oh! ceci rentre dans les habitudes d'esprit du comte; il s'occupe de poisons, il a la manie des poisons. De plus, il a intérêt à connaître les ressources que la science offre aux planteurs en leur permettant d'apprécier les diverses espèces de tabac, par la quantité de nicotine qu'ils contiennent. Or, le père du comte était planteur en Amérique.

Il s'est caché, dit-on, pour faire ces opérations? Sans doute : quand on fait des poisons, on ne saurait prendre trop de précautions, et il n'en a pas assez pris, puisque c'est ainsi qu'une bouteille de nicotine a pu donner la mort à Gustave. C'est ainsi que, faisant allusion à sa négligence, la mère de l'accusé disait : « Il fera un malheur avec sa chimie! » Mot que madame de Bocarmé a jeté dans cette affaire avec une si cruelle perfidie, comme elle l'a fait toutes les fois qu'il s'est agi d'accabler son mari.

Il n'y avait pas, a-t-on dit, sympathie entre les deux beaux-frères; il y a loin d'un défaut de sympathie à un fratricide.

On voyait à Bitremont le mariage de Gustave avec déplaisir : conclura-t-on pour cela au fratricide? D'ailleurs, ce mariage était ajourné, et un mariage rompu, c'est presque un mariage rompu. Et puis, il y avait eu réconciliation, car Fougnies devait gérer les biens du comte et de la comtesse pendant le voyage que ceux-ci devaient faire à l'époque de son mariage avec mademoiselle de Dudzeele.

« Et, dit Me de Paepe, puisque le nom de cette demoiselle est prononcé dans ce débat, qu'elle n'en sorte pas sans une parole de sympathie et de consolation, cette pauvre femme, à qui un mot léger et cruel a failli faire perdre sa réputation d'honneur à laquelle elle n'a jamais failli, cette pauvre femme qui n'a jamais connu les douceurs de l'hymen, qui aurait pleuré, elle, à la mort de son frère; car elle a versé des larmes à la nouvelle de la mort de Gustave; cette pauvre femme contre qui une autre femme sans cœur, sans larmes, a jeté un mot injuste et cruel, que je renvoie à celle qui l'a dit comme une punition et comme un remords! »

Enfin, on oppose les aveux de madame de Bocarmé. Les aveux de cette femme, qu'on n'accepte qu'avec réserve, parce que, ne consultant que son intérêt personnel, elle s'est bornée à accuser son mari! Les aveux qu'elle a renouvelés ici en les ornant des tons les plus doux de sa charmante voix, qu'elle a accompagnés de ses inflexions les plus séduisantes, quand en même temps elle lançait sur son mari des regards fauves de ses yeux secs et toujours sans larmes. Mais ces aveux, s'écrie le défenseur, ce sont autant de mensonges, il faut le déclarer pour l'honneur du cœur humain; car elle aurait pu sauver son frère par un mot, par un geste, et elle ne l'a pas fait!!!

Passant ensuite à l'examen des interrogatoires, Me de Paepe y signale à chaque pas des contradictions, des impossibilités, des mensonges, toujours précédés de précautions oratoires fort habiles, qui annoncent toujours la vérité, qu'elle finit par ne pas dire. Après avoir combattu ces diverses déclarations les unes par les autres, il se retourne vers l'accusée et lui adresse cette apostrophe :

« Ne comprenez-vous pas, malheureuse, que le fil de cette trame, si savamment, si patiemment ourdie, se brise dans vos doigts! Ne comprenez-vous pas qu'en nous accusant pour vous sauver seule, vous vous perdez avec nous, et que la route que vous nous frayez vers l'échafaud est celle que vous suivez vous-même, et que votre sort est infailliblement rivé au nôtre ! »

Cette adjuration, qui produit dans l'auditoire une sensation de terreur douloureuse, paraît écraser l'accusée qui se replie involontairement sur son banc.

Le système de l'accusée est donc, aux yeux de Me de Paepe, faux, invraisemblable : or, ce système suppose un crime; il n'y a donc pas eu crime.

Y a-t-il eu un malheur?

Forcée de choisir entre ces deux termes, madame de Bocarmé a préféré dire qu'il y avait eu un crime, et elle n'a pas songé que sa conduite n'en était que plus abominable, que son cœur se faisait d'un monstre encore plus exécrable. Mais non, c'est un malheur, et ce n'est pas d'aujourd'hui que Bocarmé le dit; dans une lettre écrite à Cros, et qui n'était pas destinée à la publicité, il disait déjà : « La malheureuse, après avoir empoisonné son frère, veut tout rejeter sur moi. »

« Ici, selon le défenseur, l'accusé ne mesurait pas ses expressions, mais il n'accusait pas sa femme. Non, car dans ses interrogatoires, il disait constamment : « C'est si douloureux d'accuser sa femme! » et il le disait en pleurant, lui, quand sa femme ne trouvait pas une larme en l'accusant. Plus tard, le 13 mars, il faisait tous ses efforts pour ramener sa femme, et elle répondait : « Non, je ne changerai pas. » Bonté, générosité d'un côté; dureté de l'autre.

La victime crie : « Aïe! au secours! Hippolyte! vite! vite! » Sont-ce là les mots d'imprécation de la victime contre son bourreau? Le mot *pardon!* n'est jeté que plus tard dans le procès, et par madame de Bocarmé.

La pensée généreuse de l'accusé, dit Mᵉ de Paepe, se révèle encore dans cette recommandation qu'il faisait à Justine et aux autres de ne pas parler de portes fermées par Madame, tandis que la pensée accusatrice de celle-ci se révèle lorsqu'elle nie ces mots : « Au secours, Hippolyte! »

Avec l'explication d'un malheur, tout s'éclaircit, les charges les plus graves disparaissent. Quel est donc celui qui, après un accident aussi terrible, ne s'empresserait de faire disparaître toutes les traces capables de donner au malheur l'apparence d'un crime? Voilà pourquoi on a lavé le parquet, lessivé ou détruit des effets.

On dit qu'il y a eu lutte. Où en sont les preuves? Les blessures respectives? Mais voilà deux hommes qui se sont empoisonnés, qui tombent l'un sur l'autre, et ils n'auraient eu ni contusions, ni égratignures, et une morsure légère eût été impossible?

Arrivant à la question scientifique du procès, l'avocat se demande si la nicotine absorbée par Gustave était pure. M. Stas l'a dit, mais il parle de la nicotine extraite, non de celle ingérée. Les effets presque foudroyants sont possibles par l'une comme par l'autre. La science dit que la victime tombera toujours sur le côté droit : or, expérience faite, sur neuf animaux empoisonnés, trois sont tombés sur le côté gauche. La science dit que les sujets frappés ne crient pas, et voilà des chiens qui hurlent, des chats qui miaulent. Les hommes feraient-ils autrement : que M. Stas en fasse l'expérience, s'il trouve quelqu'un pour s'y soumettre. (Rire général.)

Il y a eu erreur; Gustave a demandé un verre de vin; l'odeur, on le sait, n'a pu l'avertir, et il s'est passé là ce qui s'est passé si souvent dans les ingestions par méprise d'acide sulfurique, de sublimé corrosif. Cela n'est-il pas arrivé, pour cette dernière substance, à M. Thénard lui-même, qui croyait boire un verre d'eau sucrée?

On objecte l'état de la langue. Mais comment les choses se passent-elles. Quand on boit, la langue se ploie en cuiller, c'est une expérience que chacun peut faire. (Ici le défenseur prend machinalement le verre d'eau sucrée et le porte à ses lèvres; l'hilarité, qui se produit dans l'auditoire, appelle son attention et, buvant :)

« Eh bien! oui, dit-il, si l'absorption a été volontaire, le dessus seul de la langue a été humecté; si l'ingestion est forcée, toute la bouche est remplie. Or, la langue seule de Fougnies a été atteinte. »

Toute cette argumentation spécieuse, habilement déduite, a paru faire une grande impression sur les jurés. Mᵉ de Paepe termine ainsi sa plaidoirie :

« Que reste-t-il des assertions de la science, des déductions de l'accusation, des efforts faits par madame de Bocarmé pour lui venir en aide? Rien! rien! sinon pour madame de Bocarmé la honte d'avoir fait des efforts inutiles pour se sauver en perdant le père de ses enfants, pour n'aboutir qu'au doute, à ce doute qui nous sauve en dépit d'elle.

« Comtesse de Bocarmé, vous ne savez pas encore que noblesse oblige. Cette couronne qui faisait l'objet de vos convoitises, vous la repoussez aujourd'hui avec mépris. Espérez-vous donc redevenir Lydie Fougnies comme auparavant, reprendre votre nom, vos idées de jeune fille, alors que des idées d'ambition n'absorbaient pas entièrement vos pensées et votre cœur. Mais vous ne pourriez vivre avec de tels souvenirs; vous avez sacrifié les sentiments les plus généreux du cœur au désir effréné de vivre, au sauvage instinct de la conservation.

« Si Hippolyte monte sur l'échafaud dressé par vous, et par vous seule, pour le père de vos enfants, vous y monterez à ses côtés; car, s'il y a crime, il ne peut avoir été commis sans votre assentiment, et, il faut le dire, sans votre inspiration.

« En pareil cas, une sœur qui n'approuve pas, crie au fratricide, s'indigne, pleure, repousse l'assassin, encore teint du sang de son frère, encore infecté du sang de celui qu'il a tué, ou bien c'est qu'il y a une erreur fatale, et, dans ce cas, elle se jette au cou de celui que cette erreur peut perdre avec elle, et sollicite son pardon dans le baiser qu'elle donne à son pauvre *Minoche*. Choisissez!

« Et vous, messieurs les jurés, lorsque, dans le recueillement de vos consciences, vous pèserez les charges accumulées contre nous, les moyens de la défense, rappelez-vous que la société qui demande nos têtes...

M. le président, interrompant. — Mᵉ de Paepe, vous parlez de la peine prononcée par la loi.

Mᵉ de Paepe. — « Je me rétracte... que la société qui nous accuse doit prouver que nous sommes coupables, et qu'il nous suffit à nous de prouver qu'il est possible que nous soyons innocents. Si, dans ce moment suprême un doute traverse vos cœurs, acceptez-le comme une inspiration du ciel. Hommes, soyez hommes! Juges, soyez fermes! Chrétiens, soyez charitables!

« Levez les yeux vers ce Christ, dont l'image suspendue dans cette enceinte, est un protecteur éternel contre les jugements arrachés à la faiblesse du juge par les clameurs de la rue.

« Rappelez-vous que lui aussi reçut le dernier baiser d'un Judas qu'il aimait, que lui aussi but jusqu'à la lie le calice d'amertume en pardonnant à ses bourreaux; que lui aussi, enfin, fut un innocent accusé. »

Aux derniers mots de cette plaidoirie brillante, émue, logiquement tissée, malgré quelques côtés spécieux plus que solides, Bocarmé se lève et d'une voix vertement accentuée :

« Je jure sur l'honneur que je suis innocent des faits que l'on me reproche, et je remercie mes défenseurs d'avoir fait éclater la vérité. »

La parole est à Mᵉ Toussaint, défenseur de madame de Bocarmé.

L'avocat commence par flétrir énergiquement les lâches calomnies de la presse, qui, sans respect pour la position de l'accusée, a cherché à violenter le vote des jurés, à peser sur l'opinion.

On a flétri, depuis sa plus tendre adolescence, la vie de Lydie Fougnies. Mᵉ Toussaint va la refaire.

A dix-huit ans à peine, elle écrit un de ces livres de littérature sentimentale, romanesque, échos irréfléchis plus que coupables, de ces romans dont la France, dit l'honorable défenseur, inonde la Belgique. (Il eût pu ajouter que la contrefaçon belge contribuait alors largement à les répandre et à les populariser.) Mais, enfin, ce roman, ce n'était pas le roman de l'impudeur; il n'y avait rien là qui pût faire monter le rouge au front. Les témoins entendus n'ont-ils pas d'ailleurs déposé de sa pureté de jeune fille et d'épouse?

Si elle est aujourd'hui sur le banc d'ignominie, son crime n'a été que de vouloir sauver son mari, de voiler la honte domestique. Si elle n'a point averti son frère, si elle n'a pas crié au secours, si elle a fait disparaître toutes les traces du crime, c'est toujours pour sauver celui qui, quelque grands que soient ses torts envers elle, est toujours son époux, le père de ses enfants.

« O Lydie! douée de tels instincts, avec une nature si heureuse, ah! que n'as-tu eu pour mari tout autre que M. de Bocarmé? Si bonne, si douce, si dévouée pour l'homme de qui tu ne reçois que mépris et outrages, ah! tu eusses été un ange pour l'époux fidèle et tendre!...

« Mais enfin, tu étais prédestinée au malheur! De Bocarmé t'offrit un grand nom; ces titres, ces parchemins, ces blasons caressèrent ta vanité et t'éblouirent. Quelle est la femme qui eût résisté à ces séductions? On t'appela comtesse, mais hélas! cette couronne de comtesse ne fut qu'une couronne d'épines; c'est elle qui te valut tant de tourments et d'humiliations; c'est elle qui te vaut la honte de paraître aujourd'hui devant une Cour d'assises!... C'est elle qui fait peser sur ta tête, en cet instant, la plus horrible, la plus épouvantable des accusations!... »

La tâche la plus délicate de cette plaidoirie, c'était assurément d'expliquer, par les nécessités d'une légitime défense, la position prise par l'accusée dans ces débats. M⁰ Toussaint la tente et discute la question de complicité. Quand on cherche un associé pour un crime, on choisit une personne sympathique. Or, voici un témoin qui n'était au château que depuis quatorze jours, c'est Emerence, qui dit la bonté, la douceur de la comtesse, qui, le jour même du crime, la voit forcée, par la brusquerie de son mari, de renoncer à un acte de bienfaisance.

Selon le défenseur, le crime a été commis par une seule personne, celle que le cri suprême de la victime a désignée; la comtesse était absente. Mais elle n'a pas révélé! la non-révélation n'est pas un crime, et Bocarmé était le père de ses enfants. La lumière offerte par Emerence a été refusée, mais il faisait encore jour; Lydie a fermé les portes, c'est l'effet naturel de la frayeur qui la dominait. Elle a fait le guet? l'eût-elle fait, c'était pour sauver son mari. Elle n'a pas pleuré? Ah! c'est qu'on ne peut pas toujours pleurer dans ces moments solennels. « De deux douleurs, a dit un philosophe de l'antiquité, la plus violente s'empare de l'homme. »

Elle a été laver ses mains dans sa cuisine? si c'eût été pour faire disparaître le poison, ce poison eût corrodé la peau. Montrez les blessures qu'il a faites.

M⁰ Toussaint insiste sur ce combat de sentiments divers qui, selon lui, justifie l'attitude de l'accusée. Madame de Bocarmé n'a pas songer à son frère, elle a dû songer à la justice qui sait tout, qui poursuit tout; elle a tremblé pour son mari. Elle n'a eu qu'une pensée, celle de l'arracher au sort qui l'attendait. Elle a agi sur les ordres de son mari, elle a été son aide de camp, elle a obéi aveuglément à son général. Elle a fait disparaître les vêtements de son frère, de son mari, mais non les siens.

Et quel intérêt, d'ailleurs, avait-elle à cette mort? Quel fruit lui devait en revenir? Que pouvait-elle espérer de sa succession, si ce n'est un surcroît de douleurs, si ce n'est un moyen de plus pour son mari de la trahir? Cette fortune nouvelle, son mari ne l'eût-il pas dissipée comme l'autre en débauches et en orgies? N'eût-elle pas servi comme l'autre à l'entretien des concubines et des bâtards adultérins?

« Mânes de la victime, s'écrie en terminant le défenseur, je vous adjure; ô Gustave, ô mon malheureux frère, toi qui connais mon âme, toi qui sais si je t'aimais, toi qui, une heure à peine avant ta mort, élevais encore la voix pour me défendre contre les outrages, alors que j'étais condamnée à renier mon œuvre de charité, ô Gustave, ô mon frère, m'abandonneras-tu en cet instant suprême? Ah! pitié! pitié pour mes trois pauvres petits enfants! Sors de ta tombe, viens éclairer mes juges, viens prendre la défense de ta sœur et faire connaître la vérité!

« Il l'a déjà fait, Madame. Tous, nous avons déjà entendu cette révélation providentielle, ce dernier cri de la victime expirante : « Pardonne! pardonne, Hippolyte! » Ce cri, Madame, c'est votre réhabilitation. Tous ici nous avons entendu cette voix de votre frère, tous ici nous connaissons votre innocence et bientôt vos juges vont la proclamer! »

Le 14 juin, M. de Marbaix répliqua et reprit, en les tissant plus fortement encore, les solides arguments de son premier réquisitoire. Il termina par ces paroles qui produisirent une impression profonde, parce qu'elles établissaient, tout en couvrant d'un mépris insigne l'un des accusés, une distinction à son avantage :

« Sans doute, au point de vue de la moralité, il y a une grande différence entre les deux accusés. Et cependant il y a ceci à reprocher à madame de Bocarmé, c'est que la victime était son frère, c'est qu'elle n'a rien fait pour empêcher l'assassinat, c'est qu'elle n'a ni poussé un cri, ni versé une larme. C'est qu'elle a été la digne épouse de cet homme que nous pouvons appeler un empoisonneur, qui est un renégat de sa race, le déshonneur d'une illustre famille, le violateur de son blason, et surtout de cette belle devise de sa famille, que je rappelle devant vous au nom du malheureux Fougnies : « Je protège le faible. »

M⁰ Lachaud opposa à ce vigoureux résumé et surtout à la plaidoirie de M⁰ Toussaint une vive et brillante réplique.

Après quelques paroles attendries sur ces deux jeunes accusés, trente ans à peine, portant un des plus beaux noms du pays, sur ces trois pauvres enfants ignorants de la menace de malheur qui pèse sur leurs têtes, le défenseur se récrie amèrement contre ces éloges, contre ces certificats de vertu délivrés à l'accusée.

« Un ange de bonté! disait-on. Oui, sans doute, elle est innocente, comme son mari, du crime qu'on lui reproche; mais elle a commis un autre crime, crime infâme, le crime de calomnie. Elle n'a pas empoisonné son frère, mais elle assassine son mari! Elle nous perd, nous qui voulions la sauver!

« Je ne la connais pas depuis longtemps, je n'ai pas reçu ses confidences de prison, je le peux dire ce qu'elle est. Elle n'a pas reçu, et c'est en cela que je la plains, elle n'a pas reçu les bons conseils d'une mère; mais quand cette mère l'attendait comme on attend un ange, implorant de sa fille un regard et un baiser, cette fille lui refusait le baiser et le regard. Cette femme n'avait pas de cœur, elle n'avait que de l'esprit; elle avait cette coquetterie que n'ont pas les femmes qui ne sont que bonnes, et la petite bourgeoise est devenue grande dame, elle est devenue comtesse, et elle a traité rudement les vassaux qui se trouvaient sous sa main.

« Comment a-t-elle vécu avec son époux ? Elle a vécu chaste et pure épouse, je le savais ; mais elle a vécu, sinon séparée de corps avec son mari, du moins séparée d'esprit ; elle n'a pas compris le caractère étrange auquel elle avait uni le sien ; loin d'étouffer en lui les instincts sauvages, elle les a développés. De là les trois scènes de violence dont on vous a parlé, et qu'elle avait eu le tort de ne pas savoir éviter. De là aussi ces scènes ridicules de créanciers éconduits, cette dilapidation de la fortune au profit de la châtelaine. Des créanciers! est-ce qu'on connaît cela dans l'Arkansas?

« De là aussi ces actes de lubricité qu'on a reprochés au comte avec raison, mais avec trop de sévérité peut-être. On a parlé de prostituées. Qu'a-t-on vu à l'audience? deux filles qui ont avoué avoir cédé à ses instances. Eh bien! oui, il faisait des propositions malhonnêtes à des filles jolies ou laides, plus souvent laides que jolies. Et l'une de ces filles, est-ce qu'elle n'est pas profondément touchante? cette pauvre Célestine Legrain, qui est venue ici, non pas le cœur sec. Elle n'a qu'un enfant, elle ; elle n'est pas la femme légitime, elle ; mais elle est venue en pleurant, en jetant sur le père de son enfant un regard d'angoisse. Ah ! celle-là, elle élève son enfant, elle l'aime, elle en aime le père ; c'est une bonne mère. Et l'accusé, lui, est-il un mauvais père ? non, ce sauvage tient avant tout à ses enfants. »

Me Lachaud expose ensuite à grands traits les deux systèmes relatifs à la fatale journée du 20 novembre : pour l'accusation, un crime ; pour la défense, un malheur. Le premier système suppose la stupidité des accusés, l'impossibilité de l'impunité, la certitude de la perte, perte de l'honneur, de la vie peut-être, assurément de cette fortune qui serait cependant le mobile du crime. Dans le système de la défense, au contraire, tout est simple, naturel. Il y aurait donc eu, selon le défenseur, ordonnance de non lieu, si Mme de Bocarmé ne s'était faite l'auxiliaire de l'accusation.

C'était là le point délicat de l'affaire. Me Lachaud s'attache à relever, avec de grandes habiletés de parole, tout ce qu'il y avait à ses yeux d'astucieux, de perfide, dans les réponses de la comtesse au juge d'instruction ; tout ce qu'il y avait de finesse assassine dans la comédie jouée devant ce magistrat par cette comédienne hors ligne. Voyez quel effet puissant elle a produit sur M. Heughbaert! Comme elle l'a convaincu, non pas de son innocence, mais de sa sincérité. Cette femme-là était plus forte que le juge ; et cela se comprend : ce magistrat a du cœur, elle n'en a pas ; elle devait le tromper, elle l'a trompé.

Et à l'audience, quelle habile comédie ! Comme elle savait éluder les questions embarrassantes, ou y répondre par un mot ! Comme il a fallu que nous vissions sa main frémir sur la barre, son gant froissé avec rage, pour comprendre que les remords travaillaient son âme et agitaient son cœur! Il a fallu que M. le président lui dise : « Votre mémoire ne vous fait jamais défaut que sur des circonstances importantes. » Et alors, elle a pleuré, elle qui ne pleure pas ; c'est la première fois que nous la voyons pleurer ! Ah ! c'est qu'elle pleurait de peur!

Après la discussion des faits, Me Lachaud aborda la question scientifique. Il fit remarquer que si la nicotine était connue, c'était la première fois qu'elle figurait dans une affaire d'empoisonnement ; que Gustave Fougnies était le premier qui eût succombé à l'action de ce toxique. Il s'autorisa de cette réflexion pour inviter le jury à se tenir en garde, non pas contre les déductions de la science, mais contre les déductions des savants qui ne pouvaient encore assez connaître cette substance, et qui devaient attendre de nouveaux faits, de nouvelles études, avant d'asseoir leur jugement avec quelque apparence de certitude.

Le premier point controversable, c'était la question soulevée par M. Stas, à savoir si Gustave avait été empoisonné couché et renversé par terre. Selon Me Lachaud, les désordres constatés sur la langue établissaient la violence du poison, mais n'établissaient pas que le poison eût été ingéré lorsque le sujet était couché. Gustave était donc debout. On ne peut pas nier davantage qu'il ait pu crier. M. Orfila l'affirme d'animaux, en 1843, dans son Traité de toxicologie. Gustave a-t-il pu marcher? M. Stas dit non, et il s'appuie sur l'exemple d'animaux auxquels il a attaché les quatre pattes ; mauvais moyen pour les voir marcher. « J'ai vu, dit Me Lachaud, courir un chien, courir un chat, voltiger un pigeon. Mes yeux valent mieux que la science. »

De même aussi, la nicotine pure, extraite du corps, ne prouve pas qu'elle ait été ingérée pure, mais seulement que l'opération d'extraction a été bien faite.

Après toute cette discussion, qui a toujours été très-large et très-élevée, Me Lachaud termine ainsi sa belle plaidoirie :

« J'ai répondu à tout ; j'ai suivi l'accusation pas à pas, et j'ai établi que l'admettre, c'est admettre l'impossible, l'absurde, l'horrible. Et maintenant, les préventions qui nous ont accueillis se sont dissipées, l'indignation s'est remplacée par la pitié. On se dira qu'il y a eu à Bitremont une épouvantable catastrophe, mais qu'il n'y a pas eu un crime ; et nous sortirons d'ici, non-seulement acquittés par tous, mais justifiés dans l'opinion publique. Les accusés reprendront leur vie, que votre acquittement, cependant, ne pourra leur refaire belle et heureuse, car telle est l'injustice des préjugés qu'on croit à la justice, mais qu'on ne veut pas soumettre les préventions à ses arrêts. Non, en leur rendant leur liberté, vous ne leur rendrez pas le bonheur.

« Celui-ci, il succombera sous le souvenir de cette horrible accusation et sous le souvenir plus affreux encore des dénonciations de sa femme ! Celle-là, elle succombera sous le poids des remords que ses souvenirs éveilleront en elle.

« On vous parlait tout à l'heure de l'opinion publique, de sa pression et des attaques qu'elle dirigerait contre un verdict d'acquittement. Quoi ! c'est le ministère public qui s'occupe de cela? Et qui donc oserait s'élever contre un verdict du jury? Est-ce que, s'il avait quelqu'un assez osé pour le faire, vous ne sauriez pas, monsieur le procureur du roi, le poursuivre et le rappeler au respect des décisions de la justice? N'écoutez pas cette voix, n'écoutez pas le monde, messieurs les jurés, faites votre devoir comme il convient à des hommes de cœur et d'intelligence. Ne pensez qu'à la mission qui vous est donnée : je ne demande pas grâce, mais justice.

« Je ne veux pas vous faire pleurer ; je ne veux pas vous parler de cette famille désolée, je ne veux pas vous dire les angoisses, les douleurs de cette famille qu'on veut déshonorer ; je ne veux pas vous parler de ces pauvres enfants qu'on veut faire orphelins. Ce serait de la sensibilité, et je ne veux que de la logique, comme l'accusation, qui vous a dit qu'elle ne voulait que cela.

« Vous-mêmes, vous ne devez vouloir que de la discussion et c'est de la discussion que j'ai fait devant vous. Ou je me trompe fort, Messieurs les jurés, ou à l'heure qu'il est, la pitié est revenue dans vos cœurs, car le crime a disparu. »

L'audience est levée sur cette plaidoirie magnifique : mais une audience du soir est annoncée, et tout dit que ce sera la dernière.

C'est M° Harmignies qui va parler le dernier.

S'adressant à la fois au ministère public et aux défenseurs du comte, l'avocat repousse les attaques parties des deux côtés contre sa cliente : « Et l'on a appelé cela de la générosité ! De la générosité ! et l'on nous accuse d'un crime mille fois plus odieux que l'assassinat, d'une accusation calomnieuse, d'une accusation portée dans le désir de sauver notre vie ! Cette générosité, je n'en veux pas, défenseurs de M. de Bocarmé; je la méprise, je la repousse comme homme et comme avocat.

« Et vous, qui parlez de pardon, c'est nous qui vous offrons le nôtre. Oui, comte de Bocarmé, c'est nous qui vous pardonnons le mal que vous nous avez fait, l'horrible position où vous nous avez placé. »

Après cet exorde, le défenseur repousse l'idée de toute préméditation de la part de la comtesse de Bocarmé. Selon lui, au contraire, elle a veillé toute la journée sur Gustave pour empêcher son mari d'exécuter le fatal projet qu'il avait annoncé le matin et dont elle n'avait pu le détourner. Il la justifie du reproche qu'on lui a fait d'avoir éloigné les domestiques et les enfants, en soutenant que cette précaution n'aurait un sens que si le crime s'était commis pendant le repas.

Les plaidoiries sont terminées : tout est dit pour l'accusation comme pour la défense. A la question d'usage : Avez-vous quelque chose à ajouter, Lydie Fougnies répond : Non. Le comte de Bocarmé dit, d'un ton calme et énergique : « Je suis innocent du crime qu'on m'impute. Je suis calme : Dieu m'a jugé et j'attends avec confiance la décision de Messieurs les jurés. »

M. le président donne lecture des questions dans lesquelles chacun des accusés est désigné à la fois comme auteur et comme complice.

MM. les jurés se retirent; les accusés sont emmenés, et aussitôt, les langues se délient, les conversations animées, bruyantes s'établissent : on discute avec ardeur, on se passionne, on s'instruit à nouveau sur le procès. Chacun des accusés a ses partisans : ceux du comte font circuler une lettre de la comtesse, signée et timbrée de la poste, datée de Bury, le 20 juillet 1849, et commençant ainsi :

« Monsieur Parent,

« L'album que vous m'avez envoyé m'est arrivé tout souillé. Veuillez m'inscrire au nombre de vos souscripteurs pour la collection des plantes utiles et des plantes *vénéneuses* du globe; surtout que ce soit sur papier de chine, parce que les couleurs ressortent mieux.

« LYDIE FOUGNIES,
« Comtesse de Bury. »

Mais, au milieu de ces agitations de l'auditoire, un coup de sonnette a retenti. L'anxiété curieuse produit un profond silence, et le chef du jury donne lecture du verdict.

La première question, relative à Bocarmé, est résolue affirmativement. Les questions relatives à la comtesse sont résolues négativement.

Les accusés sont ramenés. Bocarmé est pâle, mais sa contenance est ferme, son regard tranquille. Il écoute sans émotion le *oui* qui le condamne, et laisse échapper un sourire triomphant quand M. le président prononce l'acquittement de sa femme. Celle-ci s'empresse de quitter le banc où elle est assise, et s'éloigne sans même jeter un regard sur son mari. Cette indifférence excite de violents murmures dans l'auditoire.

M. le président prononce l'arrêt qui condamne Alfred-Julien-Gabriel-Gérard, comte Visart de Bocarmé, à la peine de mort, et qui ordonne l'exécution sur la place publique de Mons.

Le calme du comte ne se démentit pas après l'arrêt : « Du moins, ma femme est acquittée, dit-il, elle sera là pour ses enfants. » Il adresse des remercîments chaleureux à M° Harmignies, défenseur de sa femme : « J'ai gagné la moitié de ma cause, lui dit-il, puisqu'elle est acquittée. »

Une entrevue eut lieu entre les époux sur la demande du comte. Il s'agissait de régler les affaires de la communauté. Quelques jours avant la fin des débats, les époux Bocarmé avaient contracté un emprunt destiné aux remboursements devenus nécessaires par suite de la publicité donnée à leur position financière. Le comte voulut garantir cet emprunt par la vente d'une grande partie des biens dépendants du château.

Le 3 juillet, la comtesse se rendit à Romnay. Elle y fut accueillie par des huées publiques et par des démonstrations passionnées de mépris et de dégoût. Un revirement d'opinion se faisait en faveur du comte. L'entrevue eut lieu par suite d'une opposition faite à la vente par madame de Bocarmé, qui prétendait révoquer les pouvoirs donnés par elle. Ce scandale fut inutile; la révocation n'ayant aucun effet sans le concours du mari. La vente s'accomplit le 7 juillet.

Une semaine après, le 14 juillet, la Cour de cassation de Belgique avait à prononcer sur le pourvoi de Bocarmé. M. Van Meenen présidait la Cour; M. Van Wegaerden fit le rapport sur les dix moyens de cassation invoqués; Mᵉˢ Dolez et de Paepe assistaient l'accusé. On connaît le dernier, par sa brillante et vigoureuse plaidoirie de Mons; le premier était, comme M. de Paepe, un des avocats les plus distingués du barreau belge, un de ceux dont le talent se rapprochait le plus des habitudes et du génie particulier à la France.

Nous n'insisterons pas sur la longue discussion entamée par les défenseurs, à propos des divers moyens portant sur des violations du droit de défense, sur la présence dans le jury d'un membre ayant siégé précédemment, etc. — Le sixième moyen invoqué parut le plus grave et fournit à M° Dolez une nerveuse argumentation. Il représentait l'accusé comme ayant reçu la signification de l'arrêt de la Chambre des mises en accusation, à Mons, trois quarts d'heure seulement avant son interrogatoire par le président, au lieu de l'avoir reçu avant de quitter Tournay.

« Lorsque la presse, dit M° Dolez, manquant à sa mission, avait accumulé maintes assertions contre lui, l'avait condamné avant de l'entendre, on le transporte, ou plutôt on l'enlève jusqu'au lieu où l'on va, à huit heures du matin, c'est-à-dire trois quarts d'heure seulement avant l'interrogatoire que lui fait subir M. le président des assises. On ne tient pas compte de tout ce qu'il y a d'illégal et d'inconvenant dans cette brusque mise en état par un jugement de prison qui aurait dû être précédée de la communication officielle d'actes si importants. On ne lui a pas même donné le temps matériel de lire cet acte d'accusation, l'arme la plus terrible du procès; celle qui va répandre dans le public la prévention et l'indignation contre lui, celle contre laquelle il ne peut lutter encore, mais qui doit au moins l'avertir de se mettre en garde, d'user de tous ses moyens. Tandis que l'instruction et l'accusation ont pu réunir à leur aise toutes leurs ressources, combiner leur plan, l'accusé est mis dans l'impossibilité absolue de prendre connaissance de si formidables attaques; il ne peut réfléchir, se concerter avec lui-même, déterminer ce qu'il dira, ce qu'il taira, car il a certainement le droit de se taire... Et pourtant, malgré cette véritable surprise, cette étrange précipitation, précédée et entourée de flagrantes irrégularités, il a fallu qu'il répondît, car on se serait armé contre lui de son silence et de son refus...

« Jusqu'à ce moment redoutable du premier interrogatoire devant la Cour d'assises, l'accusé, aux termes de la loi, n'a pu voir son avocat, recevoir des conseils. Il faut donc, qu'abandonné à ses propres inspirations, à la suite de tant de tortures et d'angoisses, il comparaisse seul devant le magistrat qui dirigera plus tard les débats, et qui, lui, a pu prendre une entière connaissance de l'affaire sous toutes les formes. Et c'est alors que, trois quarts d'heure seulement avant son interrogatoire, on lui remet les actes qu'il ne peut examiner ni méditer!... C'est là un oubli de tous les devoirs, on a méconnu la légitimité du droit de la défense! »

Après deux audiences entièrement consacrées aux plaidoiries, M. l'avocat général Delebecque repoussa, dans un mémoire écrit, remarquable de concision lumineuse, les dix moyens invoqués. Sur le sixième, il répondit que l'accusé aurait dû protester contre ce changement de prison qui, au reste, n'avait pas aggravé sa position. C'est vingt-quatre heures au plus tard, dit la loi belge, que l'accusé doit être interrogé, après son arrivée dans la maison de justice. Donc, si Bocarmé a été interrogé trois quarts d'heures après, la loi n'en avait été que mieux observée, et on aurait pu même ne lui signifier les actes que cinq minutes avant l'interrogatoire.

Le 16 juillet, après deux heures de délibération, la Cour rejeta le pourvoi.

On espérait une grâce. Ce dernier espoir fut trompé.

La décision qui ordonna que la justice eût son libre cours fut prise à l'unanimité par le conseil des ministres. La nature du crime, ses horribles circonstances, la position sociale du condamné ne permettaient pas à la clémence royale d'intervenir. Si la calme et religieuse résignation du condamné pouvait, au dernier moment, éveiller en sa faveur la pitié publique, il n'en fallait pas moins pour ce grand crime une solennelle expiation.

Le vendredi 19 juillet, le condamné fut averti du rejet de son pourvoi et de son recours en grâce : il avait jusqu'au lendemain pour se préparer à la mort. Il demanda un confesseur et on amena auprès de lui monseigneur Parcet, irlandais, archevêque de Cincinnati, en Amérique. Ce fut une grande joie pour le comte que d'entendre, une fois encore, cet idiome des jours meilleurs. Après avoir écrit à tous les membres de sa famille, il se livra, avec sérénité, à l'accomplissement de ses devoirs. Le lendemain, il marcha à la mort avec une modeste assurance, et reçut avec une résignation sincère les dernières consolations du ministre de Dieu.

Depuis le jour de l'exécution, la pauvre mère du condamné, la comtesse Ida, s'était retirée dans l'hôtel de Russie, où elle ne recevait que Me de Paepe, le prince de Rheina-Wolback, son parent, et deux amis dévoués. Le 20 juillet, elle adressa au roi une lettre dans laquelle elle se plaignait avec une vive douleur de l'incertitude où l'avait laissée le ministre de l'intérieur, qui n'avait pas trouvé la force de lui avouer que tout espoir était impossible... « Mon fils, y disait-elle, n'eût pas douté de ma tendresse; et j'aurais pu lui apprendre comment on meurt en chrétien. »

Le 21 juillet, une scène touchante impressionnait vivement les nombreux voyageurs groupés dans la salle d'attente du chemin de fer de Bruxelles à Cologne. Madame la comtesse Ida de Bocarmé allait reprendre la route d'Italie. Avant son départ, elle avait témoigné le regret de n'avoir pas eu le bonheur d'une entrevue avec l'archevêque de Cincinnati, auquel elle avait écrit pour lui exprimer toute sa gratitude de mère et de chrétienne des soins suprêmes que le digne prélat avait prodigués à son fils.

Au moment où la comtesse allait partir, l'archevêque, qui se rendait à Anvers pour s'embarquer le lendemain pour l'Amérique, entra dans la salle d'attente. Il fut reconnu et on l'indiqua à la malheureuse mère, qui se précipita à ses pieds et, d'une voix entrecoupée de sanglots, le remercia de sa providentielle assistance. « Je vous eusse reconnue à vos larmes, » dit le prélat attendri, et il lui donna sa bénédiction.

Les spectateurs de cette scène émouvante s'étaient spontanément découverts et s'étaient respectueusement écartés, pour laisser toute liberté à l'entretien d'une mère infortunée et du ministre de la religion qui pardonne et qui console.

En quittant le digne archevêque, la comtesse Ida fit à haute voix le vœu de consacrer, jusqu'à sa mort, le travail de ses mains à la décoration des chapelles que le courageux apôtre allait élever parmi les peuplades sauvages au milieu desquelles était né Hippolyte de Bocarmé.

LÉOTADE.

Le cimetière Saint-Aubin — Le cadavre.

Parmi les causes d'erreur qui peuvent obscurcir le jugement des hommes, il faut placer au premier rang, même au-dessus du fanatisme politique, le fanatisme religieux. Toute passion aveuglément sympathique ou hostile à la religion, fausse la raison humaine, la tourne et lui masque la vérité. Fanatisme d'amour ou de haine, fanatisme d'obéissance ou de révolte, c'est tout un. Qu'un fait se produise, dont les circonstances réveillent ces passions contraires, et vous verrez, des deux parts, les esprits les plus sains, les plus justes, s'obstiner à ne regarder qu'un côté des choses, se refuser à voir tout ce qui ne donne pas raison à leurs préventions inébranlables.

C'est ce qui est arrivé dans l'affaire du frère Léotade. Ce procès célèbre réunissait, pour ainsi dire, toutes les circonstances défavorables à la recherche de la vérité. Le lieu, le temps, les hommes, tout appelait la passion, tout repoussait l'examen impartial. C'est à Toulouse que le crime avait été commis, et Toulouse était, alors plus encore qu'aujourd'hui, un foyer de passions religieuses. La passion religieuse y dominait tout, imprimait son caractère aux convictions politiques, divisait la ville en deux armées ennemies; l'intolérance seule était commune aux deux partis. Les vieilles haines de blancs et de bleus, de protestants et de catholiques, s'exaspéraient encore au contre-coup de l'agitation politique qui s'emparait de la France. On était en 1847; la campagne des banquets était commencée.

Enfin, pour achever de réunir dans une seule cause tous les éléments de trouble pour la raison, l'innocence et la pureté la plus parfaites, souillées lâchement dans la personne d'une enfant, réclamaient une juste vengeance, et la magistrature désignait à la loi, comme coupables, ces frères des Écoles chrétiennes, dont le nom est synonyme de pureté et de dévouement.

Dix ans écoulés ont calmé bien des passions, redressé bien des erreurs, et on s'étonne aujourd'hui au souvenir de ces récriminations violentes échangées sur la tombe d'une malheureuse enfant. Que le frère Léotade ait été ou non coupable du crime qui lui fut imputé, en quoi cela touche-t-il l'Institut fondé par le vénérable abbé de La Salle? Sommes-nous encore au temps où l'opinion anti-religieuse rendait le clergé catholique responsable des égarements horribles d'un Mingrat, d'un Contrafatto, d'un Delacollonge? L'habit ecclésiastique est-il déshonoré, parce qu'un Verger l'a revêtu? Non, sans doute. *Les Frères*, comme les nomme simplement la reconnaissance du peuple, ont continué à donner à nos enfants l'instruction première; humbles et dévoués comme toujours, ils ont laissé passer le flot des colères, sûrs de désarmer les passions à force d'abnégation et de charité. Et, si Léotade fut coupable, qui oserait leur reprocher son crime?

Mais Léotade fut-il coupable? Voilà une question que les passions opposées tranchaient sans appel, il y a dix ans, de deux façons bien différentes. Pour les uns, il n'était pas possible d'élever un doute sur son crime; pour les autres, son innocence éclatait comme le soleil. Nous avons rencontré, en rassemblant les éléments de cette cause, quelques-uns de ces fanatiques, et nous avons cherché en vain dans leurs paroles autre chose que ces sentiments opposés tout à fait instinctifs : Léotade n'a été condamné que parce qu'il était frère ; — Léotade était coupable puisqu'il était frère.

De pareils raisonnements font sourire, et cependant le lecteur verra qu'ils dominèrent tout le procès. Adversaires des frères, partisans de l'Institut, avocats, jurés, magistrats eux-mêmes, ont obéi, sans le savoir, à ces préventions hostiles ou favorables.

Quant à nous, qui n'avons pas à prendre parti, et qui racontons ces faits sans amour et sans haine, notre opinion mûrement conçue peut être formulée ainsi : le frère Léotade ne serait pas condamné aujourd'hui.

Cette vérité ressort évidemment de la conclusion même du procès de 1848. Un homme est accusé du plus épouvantable des crimes, d'un lâche assassinat sur la personne d'une enfant, qu'ont souillée ses violences. Pas un doute ne s'élève en sa faveur dans l'esprit des magistrats. Procureur général, juge d'instruction, président de cour, conseillers, tous affirment, dès la première heure, la culpabilité de cet homme. Une révolution démocratique éclate à la fin du procès, lorsque vont commencer les plaidoiries. Le sentiment hostile à l'accusé s'en accroît d'autant et ses chances diminuent. Tous les témoins qui lui pourraient être favorables sont enveloppés dans une réprobation systématique ; et cependant cet homme n'est pas condamné à mort. Pourquoi cette hésitation finale après cette longue et imperturbable certitude ?

Cela veut dire qu'un élément transitoire s'est mêlé à ces débats, que des passions périssables ont dominé ce jugement : car, le lecteur impartial le reconnaîtra sans peine, Léotade fut condamné *sans preuves*. Est-ce à dire qu'il n'était pas coupable? Ce n'est pas nous qui oserions l'affirmer. Mais ce qu'on peut tenir pour certain, c'est qu'il ne serait pas condamné aujourd'hui. Des passions sympathiques à la religion ont accusé de cette condamnation la magistrature ; on a cherché à réhabiliter la mémoire du frère mort sur les bancs d'un bagne, et on a essayé de placer le nom de Léotade à côté de ces noms qui font juger la justice humaine : CALAS, LESURQUES ! Efforts inutiles. La justice humaine peut se tromper, elle ne réhabilite personne. C'est l'opinion qui réhabilite ! Elle seule peut briser les arrêts iniques ; c'est la cour de cassation des siècles. Calas et Lesurques ont été absous par ce tribunal vraiment souverain ; Léotade peut-il l'être? Nous ne le pensons pas. La justice humaine est chose tellement respectable, qu'il faut, pour infirmer ses sentences, ou que ce qui était crime ne le soit plus, ou qu'une grave erreur de fait ait été commise dans la cause.

Ici, rien de semblable. Seulement, au fond de ce procès reste un doute terrible, et ce doute, en d'autres temps, en d'autres lieux, avec d'autres hommes, c'était un acquittement. Voilà ce que prouvera, selon nous, l'exposé de cette cause.

Quant aux magistrats dont les efforts ont amené ce résultat terrible d'une condamnation sans preuves, faut-il les accuser eux-mêmes, comme on l'a fait? faut-il suspecter leur impartialité, leur liberté? A Dieu ne plaise ! Nous croyons même savoir que ces deux hommes éminents, M. Doms, procureur général, et M. de Labaume, président de la cour d'assises de Toulouse, loin de partager les passions haineuses d'un parti contre la religion et ses ministres, sont tous deux sincèrement religieux. La cause d'erreur qui a pu les aveugler n'était pas dans leur conscience, mais dans leur jugement. Ils ont manifestement cédé à la prévention ambiante ; ils se sont laissé entraîner à une lutte prétendue contre on ne sait quel pouvoir invisible ; ils ont combattu des chimères et placé les intérêts de la magistrature avant ceux de la justice elle-même : mais ils ont cru loyalement, fermement. Erreur d'honnêtes gens. Leur conviction est devenue si impérieuse, si aveugle, qu'elle a été jusqu'à nier la possibilité de l'erreur et que l'un deux, effaçant de l'histoire toutes ces tristes sentences qui font la honte et la confusion de la raison humaine, a été jusqu'à dire que « la justice divine est l'*auxiliaire* de la justice humaine » et que Dieu sanctionne inévitablement les arrêts portés par les hommes !

Si donc Léotade fut innocent, qu'on accuse de sa condamnation et de sa mort les passions, les préventions, les défaillances de la raison humaine : mais qu'on n'en accuse pas la magistrature.

Et maintenant exposons simplement les faits :

Le 16 avril 1847, vers six heures et demie du matin, le concierge et le fossoyeur du cimetière Saint-Aubin, à Toulouse, aperçurent à l'angle de jonction du mur du jardin des frères et de celui du cimetière, donnant sur la rue Riquet, un corps qui leur parut être celui d'une femme endormie. Mais, arrivés tout auprès, ils reconnurent que c'était le cadavre d'une jeune fille, reposant sur ses genoux, sur l'extrémité de ses pieds et sur ses coudes, la face contre terre, les pieds étaient dirigés du côté du jardin des frères. Au pied du mur de la rue Riquet et dans l'intérieur du cimetière, étaient placés trois piquets : au sommet de l'un de ces piquets, on remarquait un mouchoir fond bleu, à pastilles blanches, suspendu par son centre, dont les extrémités, encore nouées, se dirigeaient du côté de la tête du cadavre.

Le fossoyeur, voulant examiner de plus près le cadavre, lui imprima un mouvement de rotation, en le prenant par l'épaule gauche : il prétendit plus tard qu'il n'avait, par là, modifié que la situation de la face ; mais cette assertion, trop facilement admise, ne put être prouvée. Quoi qu'il en soit, on alla chercher la justice. Vers huit heures elle arriva ; mais déjà une foule de curieux avaient piétiné le sol autour du cadavre et se hissaient sur les murs du cimetière pour repaître leurs yeux de ce spectacle.

Le cadavre fut bientôt reconnu pour être celui d'une jeune ouvrière, Cécile Combettes, née le 5 novembre 1832, âgée par conséquent de moins de quinze ans. Son père, Bernard Combettes, travaillait à la fabrique de limes de M. Talabot ; sa mère, Marie Terrisse, était allumeuse de réverbères. Quant à Cécile, elle travaillait comme brocheuse, en apprentissage, chez un sieur Conte, relieur, rue Peyrolières.

La veille, 15 avril, Conte, qui avait la pratique des frères des écoles chrétiennes de Toulouse, avait dû livrer à l'Institut une certaine quantité de livres reliés. Vers neuf heures, il fit placer la plus grande partie des livres dans une grande corbeille, et quelques autres dans une corbeille très-petite. Une ouvrière âgée, Marion Roumagnac, fut chargée de la grande corbeille ; Cécile eut à porter la petite. Conte avait insisté pour que ce fût Cécile, et non une autre ouvrière, qui vînt avec lui. Comme elle était absente, il l'avait attendue.

Arrivés à la porte du noviciat des frères, dans la rue Riquet, Conte sonna ; on ouvrit, les deux corbeilles furent déposées dans le vestibule, et, sur l'ordre de Conte, Marion Roumagnac retourna au magasin. Quant à Cécile, Conte lui remit son parapluie et lui dit de l'attendre pour porter les corbeilles vides. Les deux corbeilles de livres furent montées dans la procure du frère directeur par Conte, aidé du portier. La vérification et la discussion des prix furent assez longues. Quand Conte descendit, il était plus de dix heures et quart. Cécile n'était plus là. Le portier dit : « Elle sera peut-être sortie pendant que je parlais à quelqu'un, ou peut-être sera-t-elle allée au pensionnat. » Le parapluie était encore contre le mur. Conte exprima l'opinion que la petite s'était ennuyée de l'attendre et sortit.

Vers une heure, Cécile n'avait pas reparu. Conte, occupé de préparatifs pour un voyage à Auch, ne s'en occupa guère. La dame Conte et une femme Baylac, tante de Cécile, allèrent la demander au noviciat; le portier ne put affirmer qu'elle fût sortie, mais, les femmes ne pouvant circuler dans l'établissement qu'à de très-rares exceptions et sur permission expresse, on ne dut pas faire de recherches. Le jour et la nuit se passèrent ainsi : le lendemain matin, on ne retrouvait de Cécile qu'un cadavre.

Le premier soin des magistrats fut de faire reconnaître par des médecins experts le genre de mort de la pauvre enfant.

Les médecins, décrivant d'abord l'état extérieur du cadavre, constatèrent l'état d'impuberté de Cécile.

La face était onctueuse, gonflée, les paupières tuméfiées, la gauche surtout, le nez un peu écrasé.

La bouche ni le cou ne présentaient aucune marque de strangulation ni d'asphyxie.

Au-dessus de l'extrémité du sourcil gauche, on remarquait une dépression; de la terre sèche était incrustée à la surface du derme; en cet endroit, la peau était violacée. La joue gauche présentait une raclure et de la terre incrustée. Les lobules des oreilles étaient déchirés, et la surface de ces déchirures était couverte d'un caillot de sang desséché.

Les poignets présentaient des ecchymoses, et portaient la trace d'une forte contraction. Sur la face dorsale de la main droite, existaient six petites contusions de forme arrondie. Sur la première phalange de l'annulaire gauche, existaient des empreintes d'ongle. Ces violences avaient eu pour but de favoriser un viol.

Telle était la perturbation qu'avait provoquée dans l'organisme de Cécile l'attentat commis sur sa personne, qu'une évacuation complète en avait été la suite. Des matières fécales étaient répandues sur ses vêtements, et sur plusieurs parties de son corps, et notamment dans la région inférieure du ventre.

Ces circonstances, rapprochées des déchirures observées sur l'organe qui avait plus particulièrement été le siége de l'attentat, déterminèrent chez les experts cette conclusion, « que le viol a été consommé « sur la victime, et que les ecchymoses de la face et « les traces de constriction signalées au poignet font « présumer que le viol a été précédé ou suivi de con- « tusions reçues pendant la vie. »

Après avoir ainsi examiné l'état extérieur du cadavre, les médecins procédèrent à son autopsie, afin d'explorer, à la vue des désordres intérieurs, les véritables causes de la mort de Cécile Combettes.

L'estomac fixa d'abord l'attention des médecins. Ils constatèrent « que les follicules étaient dévelop- « pés comme dans le premier travail de la digestion. »

L'estomac contenait environ cent grammes de matières pultacées. On y trouvait du pain plus ou moins délayé, mais « parfaitement reconnaissable. » En le dégageant des matières auxquelles il était mêlé, on trouvait pour résidu « de la mie de pain, sur la dé- « termination de laquelle il était impossible de se mé- « prendre. »

Les matières retirées du duodenum et du jejunum avaient à peu près le même aspect que les précédentes : « Les fragments de pain étaient plus petits « et moins abondants : par le lavage on séparait « d'un liquide composé en partie de pulpes de pois « déjà profondément altérés par la digestion. »

Les mêmes opérations faites pour les matières contenues dans l'iléon avaient donné pour résultat quelques fragments de pois.

Les experts conclurent qu'ils avaient reconnu dans l'estomac « l'indice d'un travail de digestion en acti- « vité, et faisant supposer une injection d'aliments « ne remontant pas à plus de trois heures. Dans le « premier segment de l'intestin grêle, l'indice de ce « même travail dénotait qu'au moins une ou deux « heures avaient dû s'écouler depuis l'ingestion des « matières que l'estomac renfermait. Enfin, dans le « second segment, nous avons trouvé que les ma- « tières n'avaient pas eu le temps d'y arriver, et que « celles que l'iléon renfermait, provenaient d'un re- « pas antérieur, peut-être de celui de la veille. »

Le col disséqué n'a fait que confirmer les appréciations fournies par l'examen extérieur. Les médecins en conclurent que : « évidemment Cécile Com- « bette n'a pas succombé à une asphyxie, évidem- « ment elle n'a été ni étranglée, ni étouffée. »

La tête présentait à l'intérieur de nombreuses lésions.

« Dans l'épaisseur du muscle masseter, du côté « gauche, au niveau de son attache au maxillaire « inférieur et en avant de ce muscle, nous avons « trouvé une infiltration et un épanchement de sang « coagulé.

« Sur le dos du nez, à la jonction des cartilages « avec les os propres existait une ecchymose oblon- « gue de douze millimètres de hauteur sur six de « largeur.

« La tempe gauche était déprimée, bleuâtre, et « paraissait amincie par une sorte d'aplatissement. « Au-dessous, les tissus étaient infiltrés de sang. Cet « épanchement s'étendait jusque dans l'épaisseur des « deux paupières de l'œil gauche, dont nous avons « déjà signalé la tuméfaction. »

Les médecins constatèrent, qu'indépendamment de cette large ecchymose sur la tempe gauche et les paupières, « il en existait une *dixaine* d'autres dis- « séminées sur toute la surface de la boîte crânienne, « depuis les arcades sourcilières jusqu'à l'angle su- « périeur de l'occipital d'une tempe à l'autre. »

Ces ecchymoses étaient de forme et de volume variables : l'une d'elles située au sinciput, et plus étendue à droite qu'à gauche, avait cinq à six centimètres de diamètre.

Les os du crâne étaient, à leur niveau, d'un rouge livide ; leurs vaisseaux capillaires étaient injectés, et cette injection se remarquait surtout au niveau des sutures sagittales et frontales.

Vers son angle antérieur et inférieur, le pariétal droit était fracturé dans l'étendue de quatre centimètres.

Les médecins recherchèrent ensuite l'état du cerveau : ils constatèrent d'abord qu'après avoir enlevé la dure-mère à la base, on trouvait sur le côté gauche de l'occipital une seconde fracture sinueuse, étendue du golfe de la veine jugulaire à la partie moyenne du sinus latéral : cette fracture intéressait toute l'épaisseur de l'os. Après avoir enlevé la dure-mère, on trouvait la surface du cerveau fortement infiltrée de sang. Une vaste ecchymose occupait toute la partie antérieure de l'hémisphère gauche. Il en résultait une grande tache d'un rouge brun qui résistait au lavage et occupait tous les tissus sous-arachnoïdiens jusqu'à la surface du cerveau. Des plaques de la même couleur se remarquaient sur l'autre hémisphère. La même congestion existait dans les ventricules latéraux, qui contenaient de la sérosité fortement colorée de rouge.

Ces désordres si graves, ces lésions si nombreuses, avaient conduit les médecins à conclure « qu'évidem-« ment ils étaient le résultat de contusions reçues « pendant la vie, et que la mort avait dû en être la « conséquence presque immédiate. »

L'examen des organes de la génération avait confirmé cette opinion, que Cécile était impubère : les explorations intérieures de ces organes conduisirent les médecins à conclure « que Cécile Combettes était, « non-seulement vierge, mais qu'elle n'avait aucun « des signes de la nubilité.... »

Les médecins pensèrent que ces désordres pouvaient être la conséquence d'un viol accompli dans les conditions ordinaires de ce crime.

Ainsi, Cécile avait été victime d'un viol. La mort n'avait pas été la conséquence du viol : elle était le résultat de violences graves, nombreuses et répétées sur la tête. Le meurtre avait donc été commis pour assurer l'impunité du viol et pour étouffer la voix d'un témoin accusateur.

La rumeur publique avait, tout d'abord, dirigé les soupçons des magistrats sur l'établissement des frères de la doctrine chrétienne. La victime était au pied du mur des frères : donc ils étaient coupables. Aussitôt que Cécile fut reconnue et qu'on sut qu'elle avait disparu, après être entrée au noviciat, l'instruction fut frappée de cette idée que le crime n'avait pu être commis que là. Elle exprima dès lors cette opinion, qui constitue tout un système de prévention : « Qu'il « n'y avait pas à accuser de ce viol et de cet assassinat « le libertinage et la débauche, que la continence condensée d'un religieux avait seule pu s'en rendre coupable. » Pourquoi cette absolution du vice ? Pourquoi cette condamnation anticipée de la continence ? On ne saurait le dire. Ce fut pour l'instruction une conviction irrésistible.

Les vêtements de la victime avaient été soigneusement examinés. On y avait remarqué, outre les matières fécales, des mucosités mêlées de sang. La chemise et les bas portaient, mais en traces imperceptibles, des souillures appartenant plus particulièrement aux accidents du vice. Et, chose étrange, les organes offensés par l'assassin, déchirés avec une violence sauvage, ne portaient pas ces souillures spéciales : la pauvre enfant avait été plutôt mutilée que violée. Était-ce donc là l'indice d'une passion aveugle, irrésistible, qui ne voit que le but et s'assouvit coûte que coûte ? Cette continence condensée s'était arrêtée au seuil même du plaisir infâme pour lequel elle avait tout oublié !

Mais ne discutons pas avec l'accusation. Simple rapporteur, contentons-nous de raconter. Toutefois, comme Léotade, s'il a été condamné sans preuves, a dû succomber à un assemblage de présomptions bien nombreuses et bien graves, comme la défense a été, dans cette affaire, placée en face de l'accusation dans une situation d'inégalité flagrante, notre impartialité nous engage à développer tour à tour le système de l'accusation et la discussion extraofficielle appuyée sur les enquêtes de l'opinion favorable à l'accusé.

Ici une esquisse du quartier Saint-Aubin et de l'établissement des frères de la doctrine chrétienne est absolument nécessaire à l'intelligence de la cause. Selon qu'on l'aura mieux comprise, on pourra mieux se rendre compte de l'accusation et de la défense.

Le quartier Saint-Aubin se compose des rues Riquet, Caraman, de l'Etoile et de la Colombette, cette dernière avoisinant la rue des Sept-Troubadours. C'est dans les rues de l'Etoile, Riquet et Caraman, qu'est enclavé l'établissement des frères.

Cet établissement se divise en deux parties. La première, plus spécialement nommée la Communauté, comprend réellement trois Communautés particulières : 1° La Communauté des frères employés aux classes gratuites de la ville; 2° La Communauté des frères étudiant pour l'obtention de brevets, appelée plus spécialement Ecole normale; 3° Le Noviciat. Chacune de ces communautés a son directeur.

La seconde partie est le Pensionnat, ayant également son directeur indépendant. Le Pensionnat confronte avec le cimetière Saint-Aubin, avec la caserne Lignières et la rue Caraman. Les deux communautés ont un jardin commun, séparé du cimetière à l'ouest et au nord par un mur en pisé, faisant angle avec le mur de la rue Riquet; à l'autre extrémité, à l'est, cinquante pas au plus séparent le mur du canal du Midi.

Au bout et à gauche d'un couloir, qui aboutit au jardin, est un bâtiment qui sert d'écurie, et au-dessus duquel se trouvent la chambre des domestiques et une grange fermée. A la suite de l'écurie, est une autre grange découverte. Ces granges et écurie sont communes aux deux parties, le Pensionnat et le Noviciat, que sépare dans tout leur développement la rue Caraman, mais que relie un tunnel passant sous cette rue. Le Noviciat confronte : au nord, à la rue Caraman; à l'ouest, à la rue Riquet et à la rue de l'Etoile.

La population de l'établissement tout entier, en y comprenant les pensionnaires, est d'environ cinq cents personnes.

Nous reviendrons avec plus de détails sur cette esquisse des localités, lorsque l'accusation et la défense chercheront à y renfermer ou à en éloigner la perpétration du crime. Fidèle à notre système d'impartialité, nous avons fait dessiner, pour les mettre en regard sous les yeux du lecteur, le plan de la défense comme le plan de l'accusation.

Voilà donc le périmètre dans lequel il fallait de toute nécessité localiser l'assassinat; ou dans les rues qui entourent l'Institut, rues dont la plupart des maisons sont habitées par une population suspecte, adonnée à la débauche ; ou dans l'Institut même.

Partant de cette idée préconçue, exclusive, qui domina tout le procès, et en détermina l'issue, l'instruction dirigea les enquêtes dans le sens de sa prévention initiale. Une prévention plus naturelle peut-être désignait aux magistrats les repaires du vice qui entouraient les bâtiments de l'Institut; aucune descente ne fut faite dans ces maisons dangereuses, si souvent signalées par des scènes de débauche et de violence. M. Aumont et M. Dubosc, commissaires de police, se contentèrent de se présenter au seuil de chacune des maisons des rues de l'Etoile, Riquet et Caraman, demandant si, la veille, on n'aurait pas vu passer une jeune personne dont ils donnèrent le signalement. Les réponses furent négatives.

Six jours après seulement le 22 avril, on se décida, non pas à faire des visites domiciliaires, un peu tardives, dans ces maisons suspectes que la police respecte peu d'ordinaire, mais à examiner si dans ces rues il n'existait pas « quelque maison construite de manière à avoir pu être le théâtre du crime. »

Que pouvait signifier cette phrase étrange du mandat de perquisition ? Quelles conditions de construction spéciale signalent donc les maisons où peut se commettre un assassinat suivi de viol ? Et la maison des frères était-elle bâtie selon ces conditions absolues, machinée providentiellement pour un meurtre de ce genre ? La suite des faits le dira. Contentons-nous ici de suivre dans sa marche persistante l'opinion préconçue, désormais immuable qui dirige l'instruction et donne un sens préventif à toutes ses démarches. On nous fera bien l'honneur de croire que si la prévention s'était attachée, dès l'origine, sans plus de preuves, à une de ces maisons suspectes, et qu'elle l'eût déclarée le théâtre du crime, « à raison de sa construction et de ses habitants, » nous élèverions les mêmes objections contre son idée fixe. Et cependant, combien, en pareil cas, les probabilités ne seraient-elles pas plus fortes ! Mais, aux yeux de l'homme calme et de bon sens, que sont des probabilités quand il s'agit de preuves ?

Quoi qu'il en soit, le procès-verbal rédigé par les deux commissaires porte que : « Il résulte que dans le quartier que nous avons visité, *il n'y a aucune mauvaise maison*, et que nous n'en avons trouvé aucune dont la disposition puisse faire penser que le crime y a été commis. »

On pouvait prévoir la seconde réponse du procès-verbal, en l'absence d'un type architectural spécialement approprié au crime ; quant au certificat de moralité délivré en masse par les deux commissaires aux maisons des rues de l'Étoile, Riquet et Caraman, les habitants durent en sourire.

Si les perquisitions faites dans le quartier avaient été peu sérieuses, il n'en fut pas de même dans l'établissement des frères. On vérifia le jardin, les granges, l'écurie. On explora la cave, les greniers, les salles, les dortoirs. On fit vider les latrines, fouiller les cendres, les ordures. Au jardin, on devait trouver des traces nombreuses, s'il était vrai qu'un malfaiteur eût, la nuit, transporté le cadavre de la victime, disposé une échelle pour le monter, et l'eût jeté par-dessus le mur dans le cimetière. Il pleuvait depuis quinze jours, la terre était très-molle.

Suivons l'instruction dans ces premières recherches, et assistons au développement des présomptions qui vont, d'abord localiser le crime, ensuite en désigner l'auteur.

Et d'abord, le juge d'instruction se demanda si le cadavre avait pu être apporté et déposé dans le lieu où il se trouvait. Le mur du cimetière fut examiné : l'instruction n'y trouva « aucune lésion, aucun désordre » qui se prêtassent à cette hypothèse. Une brèche existait au point où le mur joint l'oratoire (voyez le plan de l'accusation, chiffre 1), situé dans le cimetière. Mais l'instruction pensa que cette brèche, déjà élargie par les curieux qui l'avaient escaladée ou qui s'y étaient appuyés, ne pouvait se prêter à la supposition que le corps de la victime eût pu la traverser, pour être ensuite transporté et placé au point où on l'avait découvert. Le terrain au pied du mur était garni d'herbes, humide, et ne portait pas les empreintes qu'on y eût remarquées si le meurtrier avait traversé et foulé cette partie du sol.

Vers l'angle de jonction du mur de la rue Riquet et du jardin des frères (plan de l'accusation, lettre Y), l'instruction constata sur le parement extérieur du mur du jardin des frères, et par conséquent du côté du cimetière, une surface de terre fraîchement tombée ; cette terre, ou plutôt cette poussière de moisissure, garnissait les aspérités du mur. Une certaine portion de cette croûte verdâtre avait été enlevée par le frottement de l'extrémité des branches de cyprès formant le couronnement du mur de la rue Riquet ; ces branches en s'affaissant, rencontraient la paroi du mur du jardin des frères du côté du cimetière, et, en raclant le mur, en avaient pu détacher la croûte en question.

Du côté de la rue Riquet, le mur ne présentait aucune empreinte ni aucun accident notable ; mais, du côté du jardin des frères, et tout à fait à l'extrémité de ce mur, à cinquante centimètres au-dessous de son couronnement, l'instruction découvrit une touffe d'herbes qui paraissait affaissée « comme si une main se fût appuyée sur ce point. » Un peu plus haut, et auprès du couronnement, il y avait quelques tiges de seneçon couchées.

Les deux murs étaient construits en terre, mais leur couronnement n'était pas fait de la même manière : celui de la rue Riquet reposait sur des branches de cyprès. Le mur du jardin des frères était couvert de plantes abondantes, de graminées et de plantes grasses de seneçon. Auprès de l'angle de jonction des deux murs, l'instruction remarqua quelques tiges de seneçon couchées et un peu fanées.

Cependant les experts commis à l'examen du cadavre avaient trouvé dans ses cheveux : 1° des parcelles de feuilles de cyprès ; 2° un pétale de fleur ; 3° un faisceau de filasse, long de trois centimètres, formé de quelques brins, et paraissant avoir été détaché d'une corde. Il y avait aussi quelques parcelles de terre.

Rapprochant ces parcelles de terre de la croûte moisie détachée du mur, les experts dirent qu'il leur paraissait *rationnel* d'admettre que les parcelles provenaient de la déchirure du mur. Quant au pétale, ils cherchèrent s'il existait sur le mur du jardin des frères une fleur portant des pétales semblables, et ils trouvèrent sur le couronnement du mur plusieurs pieds de géranium ayant des pétales semblables, entre autres, à l'angle des deux murs, un pied de géranium dont une des fleurs, entièrement épanouie, avait perdu tous les pétales de sa corolle.

Poursuivant ses investigations, l'instruction remarqua que le couronnement du mur de la rue Riquet présentait les dispositions d'un comble de forme prismatique et triangulaire, reposant sur une couche de branches de cyprès, formant une sorte d'avancement qui dépassait d'environ trente centimètres le niveau du mur, à l'angle touchant le mur des frères ; ces branches formaient en haut l'angle de jonction des deux murs, de telle sorte qu'un corps jeté par-dessus, en suivant l'angle, devait à son passage les affaisser. Les experts simulèrent avec la main cet affaissement, en suivant de l'œil son effet, soit sur le couronnement de terre du mur de la rue Riquet, soit sur le mur du jardin des frères. Ils découvrirent alors successivement deux cassures sur le mur de la rue Riquet : c'était le soir du 16 avril ; les cassures leur *parurent* fraîches ; le lendemain, quoique le temps fût resté pluvieux, ces cassures étaient sèches. L'instruction en conclut qu'elles étaient récentes.

L'instruction se représentait donc, dans ce mouvement d'affaissement des branches, l'extrémité des plus voisines de l'angle allant racler contre la paroi du mur des frères, et croyait voir que l'ablation de la croûte moisie avait pu être produite par ce mécanisme. Elle trouvait un nouveau témoignage du passage d'un objet volumineux par-dessus le mur du jardin des frères dans ce fait que, sur ce mur, et à l'angle de jonction avec celui de la rue Riquet, il y avait une petite plante presque entièrement arrachée, néanmoins restée encore fraîche, quoiqu'elle ne tint plus au sol où elle avait végété, que par deux filaments du chevelu de sa racine; et tout à fait au haut de la jonction des deux murs, était une petite branche de cyprès qui attestait, par sa cassure récente, qu'elle venait d'être séparée des autres branches.

Passant à l'examen de la toiture de l'orangerie (plan de l'accusation, lettre T), l'instruction reconnut que cette toiture faisait une saillie assez considérable sur le mur de la rue Riquet. Un intervalle assez grand existait entre le sommet de ce mur et la toiture des bâtiments. Au-dessous de cette toiture, il y avait un tuyau de gouttière en fer-blanc descendant obliquement sur le couronnement du mur. A trente centimètres de l'avancement de la toiture, était un piquet en sapin qui, malgré sa mobilité, ne paraissait pas avoir été ébranlé. Cette double circonstance de la présence de la gouttière et du piquet, formait sur ce point un obstacle au passage d'un corps lourd et volumineux. L'absence sur cette partie de toute espèce de dégradation, de tout affaissement de plantes, semblait être exclusive de l'idée que le cadavre ou tout autre corps pesant eût pu prendre un point d'appui sur cette partie du mur.

L'instruction conclut donc à la possibilité du jet d'un cadavre par-dessus le mur des frères. La vue des lieux, la position du cadavre, les obstacles signalés sur le mur de la rue Riquet, lui parurent exclusifs de la possibilité que le cadavre eût été jeté du côté de la rue Riquet. Quelques circonstances fortifièrent pour elle cette opinion.

La joue gauche de Cécile était souillée de terre, de manière à indiquer que cette partie de la face avait *fortement* raclé contre une paroi en terre; la partie gauche des vêtements, particulièrement l'épaule, présentait le même accident. La projection du cadavre du côté de la rue Riquet, en dirigeant les pieds du côté du jardin des frères, n'aurait pu produire ces diverses empreintes à la place où elles avaient été remarquées. Le pétale de fleur trouvé dans les cheveux de Cécile, et qui, selon l'instruction, ne pouvait provenir que du mur du jardin, eût été inexplicable dans cette hypothèse, puisque les pieds, et non la tête, auraient froissé le mur du jardin.

Enfin, ce qui ajoutait pour l'instruction aux impossibilités que nous venons de signaler, c'était l'existence d'un réverbère élevé sur le mur de l'orangerie des frères, et qui projetait la lumière contre la paroi du mur de la rue Riquet, et précisément à l'endroit où aurait dû se placer le meurtrier pour jeter le cadavre dans le cimetière (plan de l'accusation, lettre V). Puis, à une faible distance de ce réverbère, se trouvait la caserne Lignières, et au devant un factionnaire (plan de l'accusation, lettre X). Il s'ensuivait, selon le magistrat instructeur, que pour admettre l'hypothèse que le corps eût été jeté par-dessus le mur de la rue Riquet, il eût fallu supposer que la personne qui portait ce cadavre, pouvant choisir tout autre lieu obscur, écarté, comme par exemple la brèche qui existait dans l'impasse et à l'angle de l'Oratoire, aurait préféré venir se placer sous la lumière d'un réverbère, presque sous l'œil d'un factionnaire, et à un point où le mur plus élevé eût exigé des moyens d'ascension qui auraient multiplié les chances de surprise.

L'instruction en inférait que ce n'était pas de ce côté que le corps avait pu être jeté dans le cimetière. Elle alla plus loin : par voie d'exclusion, elle conclut que c'était de l'intérieur du jardin des frères qu'il avait été jeté. On sait les présomptions qui lui parurent donner à cette conclusion le caractère d'une certitude. Nous conservons à ces *présomptions* leur nom véritable, bien que l'acte d'accusation les ait nommées plus tard « des preuves directes et affirmatives. » Ces présomptions, c'étaient les quelques tiges de seneçon fanées et couchées, les deux touffes d'herbe légèrement affaissées, la petite plante pendant à sa racine, et la fleur de géranium manquant de pétales. « Témoignages *irrécusables*, dira l'accusation, que le corps a passé par le sommet de ce mur, et qu'en y passant, il a froissé ces plantes et ces herbes. »

Arrêtons-nous à ce premier degré de l'instruction et de l'accusation, qui tend à localiser dans le jardin des frères le fait de la projection du cadavre. Si l'instruction a cédé à quelque prévention, si elle a négligé les objections, fermé les yeux sur les difficultés de fait, sur les impossibilités matérielles, laissons à son tour parler l'opinion favorable à la défense.

Nous avons déjà constaté deux objections sérieuses de cette opinion. D'abord, une instruction qui recherche simplement la découverte de la vérité ne procède pas par opinions conçues *à priori*; or, poser au début de l'instruction le principe contestable qui attribue exclusivement le viol et l'assassinat à la *continence condensée* d'un frère, c'est s'exposer à ne plus voir tous les faits qui détruiraient ou infirmeraient la supposition du magistrat. Puis, comme premier indice de cette disposition morale, l'instruction tourne tous ses efforts vers l'Institut des frères, et ne fait dans tout un quartier suspect aucune perquisition sérieuse.

Voilà deux objections de tendance : passons aux objections de fait.

Replaçons-nous avec les magistrats et les curieux en face de ce cadavre dont on recherche l'origine. Un fait remarquable, dont les magistrats ne tiennent aucun compte, c'est l'arrangement et la position du cadavre. Les vêtements sont dans un arrangement parfait, ramassés à l'intérieur des cuisses, en sens inverse de leur position naturelle; le corps est accroupi sur les genoux, les bras fléchis, les autres membres pliés et pressés, la face contre terre, les pieds en l'air, reposant sur la pointe des souliers. Est-ce ainsi que s'arrange un corps qu'on jette du haut d'un mur? Le bon sens le plus vulgaire répond : Non, ce corps s'épatera et retombera en désordre sur l'un ou l'autre côté. Tandis que la partie inintelligente et passionnée de la population s'écrie que le corps vient de chez les frères, puisqu'il est au pied de leur mur, quelques hommes calmes et sensés remarquent la contradiction matérielle que nous venons de signaler. Parmi eux est un honorable magistrat, M. Milhès, faisant les fonctions de maire de Toulouse. « Le linge est bien arrangé, dit-il, il semble que le corps ait été déposé et qu'on ait étendu les vêtements avec la main. » Un architecte distingué, qui dirigeait alors les travaux de l'église Saint-Aubin, M. Delor, remarque que « les vêtements ne présentent aucun désordre, que la position n'a rien d'irrégulier, ce qui lui fait penser que le cadavre n'a pu être jeté du haut du mur. » (Procédure écrite.)

L'ordre naît-il jamais du désordre, et la position

dans laquelle fut trouvé le cadavre pourrait-elle jamais naître d'une projection? Les lois physiques s'y opposent. L'objection était puissante. L'instruction la négligea.

Seconde objection de fait. Il a plu pendant la nuit, de nombreux témoins en déposent; or, le cadavre est entièrement sec, sec dans toutes ses parties. En admettant, par impossible, ce fait d'une projection qui arrange les vêtements et les membres d'un corps, il faut donc admettre aussi que le transport de ce corps dans un jardin, pendant la pluie, que son contact avec le sol mouillé du jardin pendant les allées et venues du meurtrier, la pose d'une échelle, etc., que son hissement sur un mur mouillé; son passage sur des herbes humides, que rien de tout cela n'a mouillé ce cadavre?

Ce n'est pas tout. Non-seulement il a plu pendant la nuit, mais il pleut depuis quinze jours. Le sol du cimetière est détrempé, et un poids d'au moins 30 kilogrammes tombera du haut d'un mur de 2 mètres 85 centimètres, sans produire aucune dépression sur cette terre si peu résistante! Or, lorsqu'on enleva le cadavre, la terre qu'il recouvrait n'était ni foulée, ni égratignée! Encore une loi physique en contradiction éclatante avec les données de l'accusation; encore une objection négligée.

Enfin, le cadavre était à vingt et un centimètres du mur, et ce mur a, du côté du cimetière, un couronnement de vingt-cinq centimètres, et vous admettez la projection? Mais elle est physiquement impossible. Un corps projeté par-dessus un obstacle décrit une parabole et ne se rapproche pas du pied de l'obstacle par une courbe rentrante. Le corps était à vingt et un centimètres du pied du mur; il n'en est donc point tombé.

L'opinion favorable aux frères avait donc quelque droit de conclure de son côté : le cadavre n'a pu être projeté par-dessus le mur des frères. L'état d'accroupissement dans lequel il a été trouvé, l'arrangement parfait de la siccité de toutes ses parties, la compression des membres prouvent qu'il a été apporté là dans une enveloppe quelconque où il avait été comprimé tout chaud.

Aussi verra-t-on un autre témoin de la première heure, M. Plassan jeune, pharmacien, déclarer qu'il lui a paru « impossible que le cadavre de Cécile ait pu être jeté par-dessus le mur du jardin des frères; un pareil acte aurait nécessairement laissé des traces qui n'existaient pas, et le cadavre était sec. » (Procédure écrite.)

Si le cadavre n'avait pas été jeté, s'il avait été apporté, par où avait-il été apporté? Ici, l'opinion favorable aux frères était en demeure d'indiquer une voie possible. Or, l'instruction déclarait *péremptoirement*, sans admettre de doute possible, « qu'aucune lésion, aucun désordre n'existant sur le mur de clôture du cimetière, le cadavre n'avait pu être apporté et déposé; que la brèche de ce mur excluait l'idée qu'on eût pu franchir le mur avec ce corps... »

On eût aimé à voir l'instruction et l'accusation s'arrêter plus sérieusement sur ce point si important, interroger plus mûrement toutes les issues de ce cimetière, tous les moyens d'y pénétrer. Elles ne le firent pas. Les partisans des frères l'avaient fait à leur place.

Deux faits étaient de notoriété publique dans Toulouse. La porte du cimetière (plan de la défense, lettre P) s'ouvrait sans clef, avec un instrument quelconque, par un tour de main connu de beaucoup de personnes, car le cimetière servait de passage pendant le jour. En second lieu, le concierge, en cette saison, ne couchait pas dans sa loge. Rien n'avait donc été plus facile que de s'introduire pendant la nuit dans le cimetière. Encore une objection péremptoirement mise de côté par l'accusation.

Nous avons mis en présence, avec la plus scrupuleuse impartialité, les deux opinions contraires sur ce premier point de l'instruction : *l'origine* du cadavre. Nous arrivons maintenant à la question de la *localisation* du crime dans l'institut. Ici encore, nous donnerons d'abord la parole à l'accusation.

Le juge d'instruction, un brigadier de gendarmerie, et, plus tard, le procureur du roi et des experts se transportèrent dans la maison des frères. Là, dit l'accusation, le juge d'instruction constata, au pied de ce même mur et dans l'intérieur du jardin des frères, l'empreinte des pieds d'une échelle. Le magistrat interpella les frères directeurs présents à cette opération, leur demandant s'ils pouvaient expliquer la cause de ces empreintes : ils déclarèrent ne pouvoir fournir à cet égard aucune explication.

Plusieurs échelles prises dans l'établissement furent successivement appliquées aux empreintes : le juge d'instruction constata « qu'une seule échelle se rapportait, par l'écartement de ses branches, à l'écartement des deux empreintes : les branches de ladite échelle étaient, à leurs extrémités inférieures, de forme carrée à arêtes très-vives. Lesdites empreintes étaient aussi de forme carrée à arêtes *moins vives*, sans qu'il fût possible, néanmoins de constater si cette échelle était celle qui avait produit lesdites empreintes, *vu l'état du sol sur lequel ces empreintes étaient faites, par suite de l'intempérie de la saison.* »

Ou cette dernière phrase n'a pas de sens, ou elle établit invinciblement que le sol est détrempé et spongieux : observation de la plus grande importance, que le lecteur devra ne pas perdre de vue.

Conclusion de l'instruction : il y a eu là une échelle appliquée, et on ne peut rendre raison de l'usage auquel elle a servi.

Poursuivons. Au pied du mur, presque à l'angle formé avec l'orangerie, le brigadier de gendarmerie saisit un morceau de corde fraîchement coupée. L'instruction rapproche par la pensée ce bout de corde des brins de filasse que l'on sait.

Enfin, à l'angle de jonction du mur et de l'orangerie, *mais dans l'intérieur du jardin*, le brigadier de gendarmerie trouva des empreintes de pas, dans la matinée du 16 avril. Les frères interpellés et, parmi eux, le frère jardinier ne purent en rendre compte. Un des frères directeurs dit : « Des frères auront entendu la rumeur, se seront approchés et auront imprimé ces pas. » Quelques jours après, le 19 avril, le frère jardinier déclara spontanément que c'était lui qui avait fait les empreintes. Le brigadier s'étonna de ce souvenir tardif et objecta que les empreintes étaient faites avec des souliers, tandis que le frère jardinier avait des sabots. Le frère jardinier affirma avoir, le 16 comme le 19, revendiqué les traces de pas : le brigadier soutint le contraire et, à partir de ce moment, l'instruction soupçonna de la part des frères une vaste conspiration tendant à lui dérober les preuves du crime.

Pour le moment, l'instruction a obtenu, à l'intérieur du jardin des frères, un bout de corde, des empreintes de pas et une empreinte d'échelle qu'elle n'a pu appliquer avec certitude à une des échelles trouvées dans l'institut. De ces découvertes, elle conclut qu'elle a trouvé la juste place d'où le corps a dû être jeté dans le cimetière. Et, en effet, dit-elle, au point où le mur de l'orangerie rencontre celui du jardin, le meurtrier, abrité par la saillie que fait sur le mur du jardin le mur latéral de l'orangerie, aura pu braver tout regard importun. Placé au centre d'un vaste terrain inhabité, il aura pu prendre à son aise toutes ses précautions. Il aura essayé, sans doute, de faire tomber le cadavre au pied du mur de la rue Riquet, pour égarer les soupçons sur les maisons de cette rue. Mais la terre incrustée dans la joue de Cécile, mais la boue de ses vêtements, mais le pétale, mais les herbes froissées, mais les empreintes d'échelle à l'intérieur, mais les traces de pas *presque* au même point, mais les débris de corde, tout cela raconte le passage du corps du jardin des frères dans le cimetière.

Nous avons dû scrupuleusement montrer l'enchaînement de ces déductions. Le lecteur impartial en aura remarqué le caractère. L'instruction a procédé par une conviction préconçue ; aussi, se contente-t-elle de tous les faits qui lui paraissent justifier sa prévention : elle admet tout ce qui donne gain de cause à sa théorie initiale ; elle admet même un *presque*. C'est en toute loyauté, bien entendu, qu'elle argumente de cette façon ; mais il n'en est pas moins étrange de voir la justice, que la mythologie nous représentait aveugle, se faire ainsi borgne et ne regarder que d'un œil. Eh quoi ! pas une objection ! pas une difficulté ! Tout va de soi, rien ne gêne le système ! Mais si l'opinion ramasse ces objections, met en lumière ces difficultés, l'accusation va se donner le mauvais rôle. Une seule objection grave qu'elle aura négligée va renverser tout son échafaudage.

C'est ce qui arriva, et les objections ne manquèrent pas.

Frère Léotade.

Vous avez, dit-on, trouvé une empreinte d'échelle dans le jardin des frères : cela paraît vous suffire, et vous ne discutez en aucune façon la possibilité ou l'impossibilité de l'escalade avec cette échelle. Vous n'avez pas l'instrument de l'escalade, au moins en avez-vous la trace : vous ne demandez rien de plus. Que diriez-vous d'un juge qui condamnerait un homme comme assassin, parce qu'il se serait trouvé avoir un couteau dans sa poche ? Mais s'en est-il servi de ce couteau ? s'adapte-t-il aux blessures, ce couteau ? qu'importe ! il avait un couteau. Ce n'est pas raisonner cela. Raisonnons donc.

Quelle est la première parole du juge d'instruction, en présence de ces empreintes d'échelle : — « Ce ne sont pas évidemment des empreintes d'échelle. » (Procès-verbal du 16 avril.) Le brigadier Coumès croit, lui, que c'est une empreinte d'échelle, mais, dit-il, « cette empreinte est légère. » Le doute a été possible sur la question de savoir si c'est là ou non une empreinte d'échelle ; en tout cas, cette empreinte est légère. Or, vous l'avouez vous-mêmes, le sol du jardin est détrempé par de longues pluies, et cette légère empreinte serait celle d'une échelle sur laquelle serait monté un homme portant un cadavre ! Mais vous n'avez donc jamais marché sur une plate-bande ? Mais vous ne savez donc pas qu'après de longues pluies une échelle, en pareil cas, se fût inévitablement enfoncée jusqu'au dessus du premier échelon ? Décidément les lois de la pesanteur n'existent pas pour vous.

Voilà l'objection de l'échelle : elle est grave et l'accusation aurait dû peut-être en tenir compte. Et encore elle n'a pas retrouvé une seule échelle dont elle osât affirmer que c'était là l'empreinte. Ce n'est pas tout, cette échelle était éloignée de 1 mètre 5 centimètres de la ligne où gisait le cadavre. Et vous n'y prenez pas garde ! Aurez-vous le droit, après cela, de compter l'empreinte d'échelle parmi ces présomptions que vous appelez des preuves ?

Après la discussion de l'empreinte d'échelle, vient la discussion des traces de pas. Ici encore, l'accusation prêtait le flanc à des objections sérieuses.

Qu'avait donc trouvé le brigadier Coumès, dans le jardin des frères, vers huit heures du matin ? sans doute des traces de piétinements nombreux, traces abondant autour de l'empreinte prétendue d'échelle, traces dessinant les allées et venues du meurtrier ? Non, le brigadier Coumès a vu deux ou trois empreintes de souliers, la pointe tournée du côté du mur en paillebard. Ces empreintes, le frère jardinier les revendique comme siennes ; il les a faites en se rendant à l'angle du jardin (plan de la défense BB) pour satisfaire un léger besoin naturel. Mais supposons encore qu'on n'en puisse trouver l'auteur, que prouveront-elles ces traces ? Elles ne sont pas même sur la ligne de la projection prétendue du cadavre. Et puis, encore une fois, quand elles seraient dans cette ligne, trois empreintes de souliers sont incompatibles avec les piétinements nécessaires à l'œuvre criminelle. Enfin, puisqu'on a attaché tant d'importance à ces deux ou trois empreintes de souliers, pourquoi ne pas les avoir isolées, mesurées, conser-

L'arrivée au parloir.

vées, comme l'empreinte d'échelle. C'est ce qu'on fait toujours en pareil cas, lorsqu'on veut conclure de l'empreinte à l'homme.

Et ici, continue l'opinion sympathique à la défense, à toutes ces impossibilités que l'on néglige, joignons toutes les improbabilités qu'on persiste à ne pas voir. Ce cadavre qui a pu être apporté d'ailleurs, qui n'a pu être jeté de là haut, dont le transport n'a laissé dans ce sol humide aucune empreinte, vous signalez son passage sur une certaine partie du mur, au moyen de quelques plantes froissées ; mais ces plantes froissées sont séparées par un intervalle, au milieu duquel d'autres plantes formant groupe sont restées intactes. Une petite plante était à demi-déracinée sur la ligne de l'angle, celles du couronnement étaient intactes. Qu'est-ce donc qu'un corps solide, pesant ici et non là sur les points de son parcours.

Autre objection : en suivant la ligne du frôlement des plantes, le cadavre n'eût pu être jeté à partir du mur de l'orangerie (plan de la défense, lettre M), au lieu où il a été trouvé (lettre R). D'abord les échelles de l'Institut, ces échelles dont pas une ne s'applique à l'empreinte prétendue, sont toutes plus basses que le mur de clôture et ne servent qu'à l'intérieur. Avec ces échelles de hauteur insuffisante, la projection en ligne droite était bien difficile, la projection oblique impossible. Pour faire parcourir au fardeau soixante-dix centimètres, distance de l'angle du jardin (BB de la défense) à l'angle intérieur du cimetière (GG de la défense), on eût été invinciblement empêché par la muraille de l'orangerie ; et de plus, dans cette longueur de soixante-dix centimètres, *toutes* les plantes eussent été froissées, aplaties, dans les derniers centimètres surtout, qui n'ont cependant révélé aucun frottement.

Autre objection, plus grave encore : en supposant

la projection, le cadavre eût reposé sur la ligne extérieure du mur de la rue Riquet (lettre HH de la défense), et tombait naturellement dans cette rue (F. ibid.); ce n'est que par un mouvement oblique, au moyen de grands efforts, qu'on eût pu le jeter dans le cimetière. Or, que dit l'accusation? Si le cadavre vient de chez les frères, ils auront essayé de le faire tomber au pied du mur de la rue Riquet, pour détourner les soupçons sur cette rue. Leur intérêt était que la victime ne tombât pas dans le cimetière. Eh bien! il a fallu, dans le système de la projection, des efforts presque impossibles pour l'empêcher de tomber dans la rue Riquet!

Mais, dira-t-on à l'opinion qui absout l'Institut des frères, comment expliquez-vous après tout ces plantes froissées, cette légère cassure, ces raclures légères? Lisez les procès-verbaux, répond-elle; et comment n'en avez-vous pas tenu compte? Lisez-les, et vous verrez qu'au premier moment de la découverte du corps, des curieux en grand nombre ont escaladé les murs et y ont appuyé les mains; vous verrez qu'un des témoins, Victor Faure, oncle de Cécile Combettes, a le 16 avril au matin, apposé une échelle tout près de l'angle, sur le mur de la rue Riquet et qu'il s'est aidé des mains pour mieux voir. Interrogez les ouvriers de Raymond, l'entrepreneur du cimetière, et ils vous diront que l'un d'eux a, trois ou quatre jours auparavant, posé une échelle contre le mur des frères, pour y planter un piquet.

Voilà les objections. Nous eussions manqué à notre devoir de rapporteur impartial, si nous les avions négligées, comme l'accusation crut devoir le faire.

Au point où nous sommes arrivés, l'accusation a donc, à raison ou à tort, déterminé *l'origine* du cadavre, le mode dont on s'est servi pour s'en défaire, et localisé cet acte dans le jardin des frères. Il lui restera à trouver, dans l'établissement des frères, le lieu où a pu être commis le crime, à en trouver des preuves incontestables, enfin, à découvrir le criminel.

Ici, pour respecter l'ordre des faits et des idées, replaçons-nous à ces premières heures du 16 avril, quand les présomptions de l'instruction ne venaient encore que d'éclore, quand la théorie de la *continence condensée* n'était qu'à l'état de germe. A ce moment, les soupçons de l'instruction s'étaient arrêtés sur le relieur Conte, patron de Cécile Combettes. Il était naturel de penser à ce Conte, homme d'une immoralité notoire, qui marié à une honnête femme, avait débauché sa belle-sœur, enfant de quinze ans, l'avait rendue mère et avait exercé sur elle de honteuses violences. Une triste preuve de ces scandales a figuré au procès: il nous serait donc impossible de passer sous silence cet élément d'appréciation morale. Cette preuve, c'est une lettre écrite en 1842 par cette pauvre fille, Thérèse Maître, la victime des brutalités de Conte. Un honnête homme la recherchait alors en mariage; voici ce qu'elle lui répondit:

« Monsieur,

« Votre demande vaut bien une réponse; mais puisqu'il faut vous le dire, je vais vous faire un récit de mes malheurs et de ma vie passée; je ne craindrai pas de parler, mais ce sont de ces choses, de ces choses que l'on ne peut dire sans rougir, car ma main tremble d'avance de penser qu'il faut qu'elle trace sur ce papier, des aveux que j'avais juré d'emmener avec moi dans la tombe. Je tremble! les forces me manquent... ce n'est plus timidité qu'il me faut, c'est du courage.

« Je vais commencer par vous en faire un faible détail, c'est-à-dire un abrégé; mais cet abrégé dira peu et renfermera beaucoup; car dans cinq ans il s'est passé bien des choses.

« Du courage et commençons.

« J'avais quinze ans lorsque ma sœur s'est mariée. Au bout d'un an de mariage, mon beau-frère se prit d'amour pour moi (ce n'était plus ni amour, ni amitié, c'était passion, l'homme le plus passionné qui puisse exister); il me disait de ces paroles que tous les hommes disent, et que les femmes ont assez de faiblesse pour y ajouter foi. Cependant, croyant qu'il le faisait par plaisanterie, je m'amusais à y répondre de même. Lorsque ces paroles devinrent plus sérieuses, et qu'il s'avisa d'avoir de vilains attachements et de vilaines propositions envers moi, je finis par lui dire que, si cela continuait, je m'en plaindrais à maman; il resta quelques jours tranquille; ce fut à recommencer par ses belles paroles, par ses manières, de me demander pardon lorsqu'il me fâchait; je finis par avoir de l'amitié pour lui, mais cependant je lui cachais autant que possible.

« Quatre ans s'écoulèrent toujours de la même manière; je ne voulais pas le compromettre, et je me compromettais moi-même, lorsque, enfin, il résolut de se venger.

« Un jour que j'étais seule, accroupie devant le feu, ne me méfiant pas de lui, il me prit par derrière et me fit tomber (il n'en fallait pas beaucoup); il me mit une main sur la bouche, un genou sur l'estomac en me tenant serrée; puis avec l'autre main il me martyrisa; il n'y fut qu'avec la main, il ne put pas autrement; il ne pouvait pas, parce que, dans le même moment, on vint le demander à la boutique, il me laissa dans cette position; il eut bientôt fini avec qui le demandait; il revint me trouver en me disant qu'il avait deux pistolets, et que, si je disais la moindre des choses, il se vengerait; je crus ce qu'il me disait et je n'en dis rien; cependant il ne me laissa tranquille que quelque temps. (Je vois ai dit que ce n'était que passion chez lui). Il me menaçait toujours, puis ses menaces devinrent plus douces; il recommença la même chose; je ne lui faisais plus de reproches (je l'aimais).

« Me voyant aventurée, je m'abandonnai à ce qu'il voulut; les suites en devinrent fâcheuses jusqu'au point que je devins enceinte. Il fallut en avertir ma sœur; lui se chargea de la commission (sans dire cependant que c'était lui), il en fut autant de maman. Pensez: lorsqu'une mère sut que sa fille était déshonorée, elle se jetait partout; elle voulait me battre; on l'en empêchait toujours. Lorsqu'elle se mit dans l'idée de vouloir me faire prendre de l'opium pour m'empoisonner, elle le confia à mon oncle. Lui, dans un état d'ivresse (puis ne voulant pas se compromettre), le dit à mon séducteur; lui, sachant cela, me garda chez lui pendant six mois, soi-disant pour cacher ma honte dont il était l'auteur.

« Je fis la boude à maman, mais ça ne dura pas longtemps. Une mère est toujours mère.

« J'avais résolu de garder l'enfant avec moi; mais, lui, craignant que l'enfant ne lui ressemblât, ne le voulut pas. Le temps arriva; il fallut aller chez une sage-femme. L'enfant né, j'eus le plaisir de le voir couché avec moi. Cela ne dura pas longtemps. Au bout de vingt-quatre heures, je vis la pauvre victime s'éloigner de moi pour ne le revoir jamais. Ce n'est pas sans avoir versé des larmes que l'on me le sortit d'auprès de moi, mon intention étant de le reprendre au bout d'un an. Qu'il aurait été doux pour moi de m'entendre nommer du doux nom de mère!... Le bonheur que je me proposais s'est évanoui. Mon pauvre fils n'a vécu que onze jours. Revenue avec ma famille, tout était pardonné ; mais ce mauvais sujet voulait revenir à la charge encore pour mon malheur; lorsque je lui dis que c'était fini, qu'il avait agi trop lâchement envers moi, alors, voyant que je ne voulais plus l'écouter, il divulgua tout à sa femme ; non-seulement à elle, mais à tous ceux qui ont voulu le savoir. Tout en me décriant à moi, il s'est acquis une mauvaise réputation, car on ne peut le voir à aucun endroit.

« J'avais oublié de vous dire que, lorsque je ne voulais pas consentir à ce qu'il voulait, il me donnait des coups; je ne les méritais pas, bien loin de là ; car quand il me faisait la boude, j'étais la première à revenir, et lui me battait toujours. J'ai bien souffert, mais aussi il est bien payé de retour. Il ne lui reste plus de moi que la haine et le mépris. Il cherchait à me faire arriver toute la peine possible, jusques à aller dire que je voulais lui faire empoisonner sa femme. C'est égal, ceux qui me méprisaient alors, viennent au-devant de moi à grands coups de chapeaux ; mais moi, toujours fière, je détourne la tête. Tout ce que je vous dis, je vous en demande le secret ; c'est à vous seul à qui je l'ai confié ; car il a dit bien des choses, et moi, je n'ai jamais rien dit. »

Tel était l'homme dont les démarches dans la journée du 15 avril parurent tout d'abord suspectes. Il avait emmené avec lui inutilement la petite Cécile, car tous les livres eussent pu tenir dans la même corbeille ; il avait tenu à emmener cette ouvrière-là spécialement, et il l'avait attendue, refusant d'en prendre une autre; il s'était montré triste et préoccupé de la disparition de Cécile, mais il n'avait fait aucune recherche, avait couru la ville avec son oncle pour un achat de roues dont il n'avait pas besoin et, le soir, il avait pris la diligence d'Auch, où il allait faire un voyage inutile, puisqu'il s'agissait d'y payer un mandat de 115 francs, à échéance de cinq jours de là. Revenu à Toulouse le 17, son premier soin était de s'informer auprès d'agents de police du sort de Cécile et, comme ils l'ignoraient, de s'écrier : « Quoi qu'il en soit, je suis innocent! » Conte arrêté, déclara que la jeune fille avait dû être entraînée dans un mauvais lieu; le lendemain seulement, instruit sans doute par la rumeur publique de la théorie de l'instruction, il provoqua un nouvel interrogatoire pour dire qu'en arrivant au Noviciat, il avait vu les frères Léotade et Jubrien dans le vestibule. Il indiqua même le costume des deux frères, ce qui n'était pas difficile. Ces deux frères étaient économes dans deux parties différentes de l'Institut ; leurs fonctions leur permettaient d'être au vestibule ; Conte le savait. Les deux frères économes, interrogés sur cette déclaration, qui pour eux n'avait pas encore d'importance, répondirent : « Je ne crois pas avoir été là à cette heure, » ou « je ne me le rappelle pas. » Plus tard, seulement, quand des soupçons graves eurent forcé leurs souvenirs à la précision, ils dirent : « je n'y étais pas. » Cette hésitation première sera, pour l'instruction, une preuve de mensonge. Vingt-sept témoins prouveront le contraire, mais Conte seul sera cru. Il affirmera qu'il a vu dans ce vestibule un monsieur et deux dames, qui n'ont existé que dans son imagination, et sera cru. Il affirmera qu'il n'y a pas vu trois frères et deux visiteurs qui y étaient, et il sera cru. Et cependant ce vestibule n'a que 7^m de long sur 2^m 38 c. de large ; et cependant Marion Roumagnac n'a pas vu les deux frères désignés, tous deux économes et connus dans la ville.

Conte déclarera que les deux frères Léotade et Jubrien étaient placés entre la porte intérieure de la cour et celle du parloir ; or, il n'y avait pas là place pour deux personnes. Les deux frères ont été vus par plusieurs personnes à toutes les heures de la matinée, mais Conte sera cru.

Ce qui fit, aux yeux de l'instruction et de l'accusation, la valeur des déclarations de Conte, ce fut justement ce qui, dans d'autres dispositions d'esprit, aurait pu les infirmer. Conte appuya son dire par des protestations excessives, tandis que les deux frères hésitaient, selon leurs habitudes de prudence et de soumission, ou n'affirmaient que simplement. L'accusation se montra aussitôt convaincue par ces « formules de serment les plus respectables et les plus solennelles (*acte d'accusation*), » qui auraient pu, tout au contraire, inspirer une légitime défiance.

Conte, confronté avec les deux frères, déclara avec force serments, avec « une conscience pure et sans tache, » que son affirmation était vraie; il alla jusqu'à se précipiter à genoux, en prenant Dieu à témoin ; il affirma aussi nettement qu'en montant à la procure, les deux frères étaient encore au vestibule ; mais ce fait se trouvant en désaccord avec l'instruction, il se hâta d'exprimer un doute. Quant aux deux frères, ils dirent qu'ils n'étaient pas à cette heure dans le vestibule, mais, avec la réserve naturelle à des religieux, ils ne jurèrent pas et n'attestèrent pas Dieu. Toute affirmation précipitée peut devenir un mensonge.

La piste est indiquée par Conte ; il a signalé deux frères économes, à qui leurs occupations permettaient plus qu'à d'autres de se trouver au vestibule ; le 23 avril, il précise ses accusations : frère Jubrien a pu entraîner la petite dans la pièce où sont les livres en feuilles ; frère Léotade a pu lui dire de venir chercher des lapins à l'écurie ; frère Luc avait promis une image à Cécile, et frère Luc couche seul, loin des dortoirs, au rez-de-chaussée, près du passage qui conduit au tunnel et au jardin, et dont il a la clef. Le 26, Conte arrête ses soupçons sur Léotade, et lui impute des actions et des paroles immorales.

Ce frère Léotade, de son nom Louis Bonafous, né à Montclar (Aveyron), était connu dans la Communauté pour la régularité de sa vie, pour la pureté de ses mœurs. Il était en ce moment en convalescence d'une longue maladie et portait encore un vésicatoire. Il ne connaissait pas Cécile et lui était inconnu, bien qu'en sa qualité d'économe, il eût des relations d'affaires avec Conte. C'est sur ce frère que se portèrent plus spécialement les soupçons de l'instruction : mais frère Jubrien et Marion Roumagnac furent également arrêtés : le premier, parce que Conte avait prétendu l'avoir vu dans le vestibule ; la seconde, parce qu'elle n'avait vu dans ce vestibule, ni frère Jubrien, ni frère Léotade. Cette pauvre femme, veuve, de mœurs excellentes, fut tenue au secret le plus rigoureux ; ses enfants, privés de leur mère, furent envoyés à l'hôpital, et elle-même soumise à des interrogatoires incessants, par cette seule raison que sa réponse contrariait, sans qu'elle le sût, l'affirmation de Conte, base de toute l'accusation. Marion Roumagnac persista simplement dans sa déclaration première, jusqu'au jour où il fallut bien reconnaître sa bonne foi.

Si le coupable était dans l'Institut, il fallait se rendre compte de la manière dont le crime avait pu être commis, du lieu où il avait pu être commis.

Voici sur quels indices l'accusation crut pouvoir établir la localisation du crime dans une partie de l'établissement des frères, et arrêter définitivement ses soupçons sur le frère Léotade. Entre les plis de la chemise et la peau du ventre, on avait trouvé deux petites tiges de fourrage, une paille de froment tachée de sang, une plume. Un brin de paille adhérait à la boue blanchâtre qui souillait un côté des vêtements de Cécile et une partie de ses souliers. Ces fétus *paraissaient* être du trèfle (rapport des experts) : or il y avait du trèfle et du froment dans les granges des frères. C'était donc dans ces granges qu'avait été commis l'attentat. L'instruction s'arrêta à ces rapprochements, sans tenir compte des objections que soulevait son système. La boue blanchâtre, par exemple, qui s'était séchée sur une partie des vêtements de Cécile, comment la rapporter aux granges. Et si, avant de se dessécher, elle avait déterminé l'adhésion de quelques pailles imperceptibles, n'était-ce pas une présomption suffisante pour penser qu'un corps humide de déjections, de sang et de boue, qu'on eût terrassé et caché après le crime dans des amas de foin, en eût retenu une quantité tout autre ?

Autre indice : Les médecins avaient extrait, des matières fécales dont la robe était salie, un certain nombre de graines, que l'expertise prit d'abord pour des graines de trèfle, et qui se trouvèrent ensuite être des graines de figue, de l'espèce la plus commune. Or, les 18 et 21 avril, on avait visité sans résultat cent quatre-vingt-six frères et novices ; cette humiliation, à laquelle le frère supérieur Floride se soumit le premier pour l'exemple, et qui ne fut pas même épargnée à des vieillards et à des adolescents, n'avait constaté, le 18, pour les frères arrêtés, Léotade et Jubrien, qu' « un état de virilité qui n'excluait pas le viol, » mais qui n'en signalait aucune trace. Nous ne pouvons arrêter la pudeur de nos lecteurs sur ces détails délicats, mais nous laissons à leur bon sens à conclure. Aucune excoriation, et la victime n'était pas même pubère ! et les désordres étaient effrayants ! et les organes avaient été affreusement déchirés, sans que le viol fût consommé !

Mais, à force de recherches, on avait, parmi tout le linge sale de l'établissement, trouvé au noviciat une chemise portant le n° 562, sur laquelle étaient des taches, *présentant les caractères* de la matière fécale et d'autres *ressemblant* à une excrétion suspecte. A une de ces taches, placée *à l'intérieur*, adhéraient quelques graines qui furent reconnues pour être de figues. Ces graines, parfaitement identiques à toutes celles de la figue commune, aliment très-vulgaire à Toulouse, étaient naturellement semblables à celles des déjections de la victime. Donc, selon l'accusation, pas de doute possible. La chemise n° 562 s'était trouvée en contact avec la victime. Il y avait bien là encore des difficultés, des impossibilités. La chemise était souillée à l'extérieur et *à l'intérieur*, aux manches, dans le dos, comme une chemise de malade qu'on aurait roulée après une déjection involontaire, et non comme celle d'un assassin qui se serait déshabillé exprès pour mettre ce linge, dans ses parties les plus opposées, en contact avec un cadavre souillé. Les graines (il y en avait cinq imperceptibles) se trouvaient dans la partie postérieure et interne de la chemise, ce qui décelait suffisamment leur origine et repoussait la possibilité d'un contact. Ce n'est pas tout : cette chemise appartenait au Noviciat, dont la population et l'administration n'ont aucun rapport avec le Pensionnat dont Léotade était l'économe ; chaque établissement a son linge et ses marques ; celui du Noviciat est seul numéroté. Qu'importe, dit l'accusation ? En cherchant dans le trousseau de clefs de Léotade, on trouve que celle d'une armoire de la cuisine du Pensionnat peut ouvrir la pièce au linge sale du Noviciat ; il aura donc été là se débarrasser de sa chemise souillée et en revêtir une autre, de celles qu'il n'a pas le droit de porter. Pour qui connaît l'ordre rigoureux qui préside à la vie des frères, une telle démarche eût été à peu près impossible. Il résultait des registres de la communauté que cette chemise avait appartenu au novice Charles-Albert, sorti de l'établissement, et qu'elle n'avait cessé de faire partie du linge du Noviciat. Et encore Léotade avait été trouvé, dès la première visite, revêtu, selon la règle, d'une chemise du Pensionnat. Que si, malgré ces impossibilités, on conservait des doutes, il était naturel d'interroger et de confronter les frères lingers des deux établissements : on ne le fit pas. Ce qu'on ne remarqua pas non plus, c'est que les taches des vêtements de la victime étaient mêlées de matières fécales et de sang, tandis que la chemise suspecte ne présentait pas un atome de sang. Il n'y avait donc aucune connexité supposable entre cette chemise n° 562 et le crime.

Un dernier indice, grave selon l'accusation, c'est que, dans ses interrogatoires multipliés, Léotade a dit une première fois que sa culotte et son caleçon du 15, quittés par lui vers le 25 avril, seront trouvés sur une tablette du linge sale ; or on n'y trouve que la culotte et point de caleçon. Qu'a-t-il donc fait du caleçon ? Je l'aurai gardé, dit-il.

Vous l'avez fait disparaître, répond l'accusation. Mais, si Léotade avait été coupable, qui le forçait à dire : J'ai changé de caleçon ? Il pouvait répondre : Je l'ai gardé, ou je l'ai mis au linge sale. Les caleçons avaient été blanchis depuis lors. La preuve échappait. Ce souvenir inexact démontrait-il un crime, quand tant de circonstances réunies en affirmaient l'impossibilité ?

Car, maintenant que le crime est localisé dans la grange, qu'il est personnifié dans Léotade, voyons comment l'accusation s'expliqua qu'il eût pu être commis chez les frères, et par un frère.

Selon l'accusation, Cécile a disparu presque au moment où Conte montait chez le directeur ; elle a dû entrer dans la cour et se diriger vers le tunnel. C'était un jeudi, jour où la communication du Noviciat avec le jardin est solitaire, les novices étant retenus dans leurs salles d'exercice jusqu'à onze heures. Deux frères seulement étaient, l'un au jardin, l'autre au petit calvaire adossé au mur du cimetière. Les lieux favorables au crime étaient isolés : c'étaient les granges, l'écurie, la chambre des domestiques, fréquentées par Léotade. Il y aura attiré Cécile pour lui montrer des lapins ou des pigeons. Voilà les présomptions du juge instructeur : elles laissent de côté bien des difficultés. D'abord Léotade ne connaissait pas cette jeune fille, et il l'eût attirée si facilement, sous un prétexte, dans une partie de l'établissement interdite aux femmes. Il n'a eu pour la décider et pour la soustraire aux regards que le moment infiniment court pendant lequel le frère portier a accompagné Conte jusqu'à la procure, distante de vingt-deux mètres. Il a fallu qu'il le fît sans être vu des personnes qui remplissaient le vestibule ; qu'il l'entraînât jusqu'au tunnel, à vingt-huit mètres de là. Elle aurait consenti à descendre dans ce tunnel, à remonter vingt-deux marches, à parcourir un long corridor, à entrer dans l'écurie, à monter un escalier étroit et obscur et à entrer dans une grange, le tout sans observation, avec un inconnu. Quant au criminel, il eût compté trouver ouverte l'écurie dont les domestiques avaient presque toujours la clef; il n'eût rencontré personne un jeudi, jour de vacances, jour de visites, d'allées et venues continuelles, quoi qu'en dise l'accusation. Un seul frère rencontré, Léotade était signalé comme violant la règle. Il aurait donc traversé une cour éclairée par cent quatorze fenêtres, d'où pas un œil ne l'eût aperçu. C'était impossible : mais admettons qu'il eût réussi. Il a attiré la jeune fille dans la grange : il la dompte, lui convalescent, embarrassé par sa soutane; elle résiste, et elle ne crie pas ! Car si elle a crié, ce n'est pas dans la grange, où tout bruit eût été entendu, soit du jardinier, soit du factionnaire de la caserne Lignières; des expériences d'acoustique l'ont victorieusement établi. Or, elle a crié : car les médecins déclarent qu'il n'y a eu ni compression de la gorge, ni strangulation.

Cependant, malgré ces impossibilités flagrantes, il l'a violée, il l'a tuée. Que va-t-il faire? Cacher ce corps humide de sang et de déjections dans le fourrage, dont il ne gardera que d'imperceptibles traces. Et de là, calme comme un assassin vieilli dans le crime, il ira réciter son chapelet, dîner à la table commune. Il se rendra en ville, il ne cherchera pas un prétexte facile pour garder à vue cette preuve horrible, que des domestiques pourront surprendre en prenant du fourrage. La nuit venue, il faudra se débarrasser du cadavre. Pour cela, Léotade a dû tromper la surveillance du directeur, dans la chambre duquel il est couché; celle d'un frère Esdras, septuagénaire au sommeil léger; il lui a fallu traverser un long corridor, où donne une infirmerie toujours ouverte et éclairée, descendre le grand escalier qui conduit aux dortoirs, ouvrir deux portes. Quant à celle de la grange, il n'y faut pas penser : trois domestiques couchent dans la chambre qui la précède. Il a donc fallu qu'il escaladât la grange par la fenêtre du jardin. Mais cette fenêtre est bouchée par une meule de foin : l'accusation n'y prend pas garde. Mais elle est trop étroite pour que deux corps puissent y passer : qu'importe! Et vous devinez les mille autres difficultés de cette nuit terrible! Et vous vous rappelez les faibles traces du jardin détrempé !

Si, contrairement à notre habitude, nous avons apporté dans cet exposé des faits tous les éléments de discussion, ce n'est pas assurément pour prendre parti dans la question; c'est d'abord pour faire comprendre comment a pu naître et grandir cette accusation qui, si nous l'avions montrée toute faite, eût paru incompréhensible; c'est ensuite parce qu'il y a eu, dans tout le cours de ce procès, une prévention si visible, une telle inégalité entre l'accusation et la défense, que l'histoire impartiale doit rétablir l'équilibre.

Nous aurons occasion de revenir sur l'accusation, d'abord avec les interrogatoires qui la développent et la précisent, ensuite avec le réquisitoire et le résumé qui ne fut qu'un réquisitoire géminé. Alors, nous ne serons plus en face d'un document vide et creux comme l'acte d'accusation primitif, et nous ferons connaître au lecteur le système définitif des présomptions et des déductions accusatrices. La cause parlera d'elle-même, et nous n'aurons plus qu'à raconter. Mais, jusqu'à présent, l'accusation s'est cramponnée à quelques indices, sans admettre aucune objection, sans voir aucune impossibilité.

La prévention, même chez les esprits les plus honorables, se fait arme de tout. Léotade a parlé du crime dans Toulouse, il a exprimé des soupçons sur la moralité de Conte : c'est qu'il voulait détourner ceux de la justice. Il a changé de lit, trois jours après le crime, et repris sa place dans le dortoir commun. C'est parce qu'un frère Luc, qui couchait seul, s'est effrayé. Non : c'est une mesure disciplinaire du directeur.

Et la prévention ne s'arrêta pas là.

Sous le coup de soupçons aussi graves, les frères de Toulouse avaient fait ce qu'eussent fait, dans des circonstances semblables, tous particuliers qui se respectent. Un crime avait été commis chez eux, disait-on; ils cherchèrent de leur côté par qui, où, comment il avait pu être commis. Les impossibilités qu'ils connaissaient mieux que personne, et que négligeait l'accusation, ne les empêchèrent pas d'écouter les dires les plus divers, de recueillir les indices. On fit venir un jeune homme de Lavaur, Vidal, qui croyait avoir vu sortir la jeune fille; on rechercha qui avait pu être dans le vestibule à l'heure indiquée. C'est une contre-enquête ! s'écrièrent les magistrats; on veut embarrasser l'action de la justice. Et, comme il arrive toujours, des personnes étrangères à l'Institut, ayant, par excès de zèle, donné des renseignements favorables aux frères, renseignements qui se trouvèrent faux, on en fit un crime aux frères eux-mêmes. En vain le vénérable directeur de l'Institut général, le frère Philippe, avait-il hautement conjuré ses frères de Toulouse de se prêter à toutes les investigations, de dévoiler le misérable, s'il se cachait parmi eux; en vain le caractère et la haute intelligence des frères directeurs repoussait tout soupçon de complicité morale : la magistrature crut à un complot, à une connivence infâme; elle y crut dans toute la sincérité de ses convictions, et cette opinion malheureuse domina tout le procès, comme la théorie de la « continence condensée » avait dominé l'instruction naissante.

Le 30 juillet, le tribunal de première instance de Toulouse statua en chambre du conseil. Marion Roumagnac fut mise en liberté : Conte et les frères Jubrien et Léotade furent renvoyés devant la chambre d'accusation.

L'opinion publique instruisait de son côté l'affaire, mais à l'aide de ses seules passions. Les sympathies affluaient autour des frères, de la part de tout ce que Toulouse renfermait de gens honorables; l'opinion populaire, excitée par d'aveugles ressentiments contre la religion et ses ministres, se prononçait contre eux. Des journaux affirmaient le crime au début de l'instruction. Les funérailles de la pauvre victime, auxquelles assista la population tout entière, et qu'accompagna tout le clergé, surexcitèrent encore les esprits.

Le 6 août, la cour royale statua sur l'information et renvoya le frère Léotade devant la cour d'assises de la Haute-Garonne, mettant en liberté Conte et Jubrien. Léotade se pourvut contre l'arrêt : Léotade avait subi le secret le plus rigoureux, le plus absolu pendant plus de cent jours; aucune communication ne lui avait été permise, pas même avec son défenseur : et, pendant ces mois d'effrayante solitude, des interrogatoires multipliés avaient épié dans ses paroles les moindres contradictions de fait. M*e* Béchard plaida l'illégalité de la mesure : elle était légale, puisqu'un arrêt l'a consacrée. Mais n'est-ce pas le cas de dire avec les jurisconsultes : *Summum jus, summa injuria;* l'excès du droit, c'est l'injustice? N'est-il pas permis, en présence de cette torture morale, consacrée par notre législation, d'admirer les procédés tutélaires de la législation anglaise, qui permet au prévenu de ne pas répondre avant l'heure; qui, bien plus, l'y engage!

Un arrêt de la cour de cassation, en date du 19 décembre, rejeta le pourvoi. Le réquisitoire de M. le procureur général Dupin avait, de nouveau, consacré les soupçons élevés contre les frères : leur digne supérieur, frère Philippe, protesta hautement, mais inutilement, contre une prétendue règle de l'Institut qui aurait enjoint aux frères de ne rien révéler.

C'est dans ces circonstances que, le 7 février 1848, s'ouvrirent à Toulouse, sous la présidence de M. de Labaume, les débats de l'affaire.

Louis Bonafous, en religion frère Léotade, est introduit. Sa figure est calme et sereine. Sa physionomie est très-caractérisée. Ses yeux noirs et ses larges sourcils impriment à ses traits une certaine dureté ; mais, sous ces traits grossiers, brille l'intelligence et une bonté naïve. Sa force musculaire est grande, mais on sent qu'elle a été affaiblie par une maladie récente et par les rigueurs du secret. Mes Gase et Saint-Gresse l'assistent. Me Joly se présente comme avocat de la partie civile, représentée par Bernard Combettes, père de la victime.

M. le Président : Accusé, levez-vous. Le frère Léotade se lève.

M. le Président : Comme l'accusé a la voix très-faible, nous engageons toutes les personnes qui sont dans l'auditoire à garder le plus profond silence. (M. de Labaume dira tout-à-l'heure : l'accusé ne donne pas à sa voix tout le développement qu'il peut lui donner.)

Les premières paroles de M. le Président ne sont pas, comme d'usage, consacrées aux questions de forme ; elles renferment déjà toute une conviction de la culpabilité de celui qu'il interroge, une protestation contre toutes les réponses qui vont être faites et qui ne doivent être que des mensonges. M. le Président gardera pendant tout le cours des débats cette attitude d'incrédulité hostile et systématique, qui passe par-dessus la tête de l'accusé pour s'adresser à la Communauté dont il est membre. Evidemment M. de Labaume est en garde, dès la première heure, contre l'ennemi imaginaire, dont chaque parole, chaque action est une conception machiavélique. La loyauté de l'honorable magistrat, profondément indignée de cette hypothétique perversité des frères, expliquera pour le lecteur les duretés continuelles de ces interrogatoires, la sourde irritation des paroles, l'amère ironie des objections, toutes les fois que M. le Président se trouve en face de l'accusé ou de tout autre frère.

— Accusé, dit M. le Président, avant que les débats développent devant vous les charges qu'énumère l'acte d'accusation, nous croyons qu'il convient de vous interroger sur les contradictions et les tergiversations qui se sont fait remarquer dans vos premiers interrogatoires. Nous allons donc faire appel à votre sincérité, réfléchissez avant de répondre. Songez que vos réponses auront une grande influence sur vos destinées ; qu'elles soient nettes, précises, sincères. Connaissiez-vous Cécile Combettes ?

L'Accusé : Non, je ne l'ai jamais vue, ni connue.

D. Alliez-vous chez Conte ? — R. Quelquefois, pour mes commissions de la maison, mais jamais je n'ai vu d'ouvrière chez lui, « du moins c'est tout autant que je me rappelle. »

Ici, un premier incident de l'interrogatoire : c'est la première fois que se produit à l'audience cette formule qui, aux yeux du Président, est tout un système et il ne la laissera pas passer sans la flétrir. M. le Président n'a pas encore compris et ne comprendra pas un seul instant, pendant toute cette affaire, que ces formules dubitatives sont essentiellement appropriées aux habitudes de la vie dans les communautés. L'affirmation tranchante, la présomption d'infaillibilité, même en ce qui touche des faits, ne sont pas de mise auprès de ces pauvres cénobites qui soumettent continuellement leur jugement à celui de leurs supérieurs. Leur humilité fait bon marché du sens personnel. Nous n'avons pas à juger ces conditions de la vie monastique, mais une intelligence aussi noble et aussi élevée que celle de M. de Labaume eût pu sans doute faire la part des milieux différents et ne pas attacher à chacune de ces humbles réserves une signification de mensonge et de réticence.

— D. Tenez (dit M. le Président à l'accusé), vous avez déjà introduit cette réserve dans vos interrogatoires ; déjà vous avez dit souvent : « C'est tout autant que je me rappelle. » Pas d'équivoque : Vous avez vu ou vous n'avez pas vu d'ouvrière chez Conte ? Vous connaissiez ou vous ne connaissiez pas Cécile Combettes ? — R. Non, je ne la connaissais pas. — D. Est-il vrai que, peu de jours avant la perpétration du crime, vous avez été chez Conte ? — R. Je ne me le rappelle pas. — D. Je vais vous rappeler l'objet de votre visite. Cela fixera vos souvenirs. Vous alliez demander à Conte un portefeuille ou un carnet ? — R. Je vous demande pardon ; je me souviens maintenant.

D. Ce jour-là, n'avez-vous pas dit à Conte : vous m'enverrez le carnet par la petite ? — R. N'ayant aucune connaissance de cette jeune fille, je ne pouvais pas dire cela à Conte.

D. Ce mot, si vous l'aviez dit, impliquerait une chose, c'est que vous saviez que Conte avait des ouvrières, il impliquerait autre chose encore : c'est que vous connaissiez l'une de ces ouvrières particulièrement, puisque vous l'appeliez de ce nom familier. Vous dites donc que vous n'avez pas prononcé ce mot ? — R. Jamais je n'avais vu d'ouvrière chez Conte.

M. le Président passe à l'emploi du temps du frère Léotade pendant la journée du 15 avril. L'accusé énumère les mille occupations de cette journée qui commence par une messe que suit un déjeuner. Vers 9 heures, il a été à la couture, a délivré des objets aux élèves, a écrit une lettre à son supérieur-général à Paris, pour rendre son compte de conscience. Vers 9 heures et demie, il est allé à la cuisine et y est resté à peu près jusqu'à 10 heures, et il a vu le pain. Vers 10 heures, il a vu le directeur au Pensionnat et lui a remis la lettre. Puis, vers 10 heures et demie, il a été donner à manger aux oiseaux, chercher du bois à la cave ; il s'est rendu au chapelet vers 11 heures. Ensuite on a dîné ; après la récréation qui a suivi le dîner, il est sorti en ville ; en rentrant, il a donné à manger aux oiseaux, a fait ses exercices et a été se coucher.

M. le Président, pendant cette énumération des détails infinis qui constituent l'existence sans cesse occupée d'un frère, insiste sur les quarts d'heure pendant lesquels il n'aperçoit pas d'occupation suffisamment justifiée, sur les différences qui existent entre les divers interrogatoires à ce sujet. A-t-il été à la cuisine deux fois ; a-t-il vu celui-ci ou celui-là ; pourquoi a-t-il parlé de telle rencontre ou de telle occupation à un certain jour, tandis qu'un autre jour il les a oubliées. L'accusé pourrait répondre que celui-là serait bien admirablement organisé qui pourrait à distance, sans se tromper d'une figure ou d'une minute, dire tout ce qu'il a fait et vu un certain jour, qui n'a marqué plus que les autres dans son existence que depuis qu'il s'est écoulé! Et, à ce propos, nous sera-t-il permis de nous étonner un peu des étonnements des juges d'instruction, des procureurs et des présidents, lorsqu'un accusé ne trouve pas, vivantes et fidèlement conservées dans sa mémoire, toutes les circonstances de son existence à un moment donné. Que si on interrogeait ainsi l'interrogateur, peut-être trouverait-on à dire à ses réponses. Ce qui nous surprend encore plus par fois, c'est l'imperturbable assurance avec laquelle, après des années écoulées, certains témoins dépeignent dans leurs plus minutieux détails les hommes et les choses. Nous avouons humblement qu'en pareil cas, nos défiances s'attacheraient plutôt à l'assurance qu'à l'hésitation.

Interrogé sur des contradictions de détail, frère Léotade n'en appela pas à la nature humaine; il répondit avec une naïveté très-maladroite : — « C'est que M. le procureur-général me traitait fort mal, comme un esclave, et je n'avais pas toute la liberté de mes souvenirs. Ce n'est que plus tard, quand j'ai trouvé un père dans M. le président, que j'ai pu retrouver les faits dans ma mémoire. J'ai été fort maltraité d'abord. »

Ici, l'accusé avait tort trois fois : d'abord, il disait là de ces choses qui, fussent-elles vraies, ne doivent jamais être dites ; puis, il attribuait au procureur-général des procédés d'instruction qui sont écrits dans nos codes et dans nos habitudes judiciaires, dont on peut désirer la réforme, surtout quand on les compare aux procédés plus humains de la législation anglaise, mais qu'il faut respecter tant qu'ils n'ont pas disparu; enfin, il opposait sans le vouloir le procureur-général au président, et ce dernier ne pouvait voir dans cette comparaison de procédés qu'une indigne manœuvre. Le frère Léotade, par cette réponse, confirmait innocemment M. de Labaume dans ses appréciations systématiques et le poussait à faire taire sa bienveillance et sa bonté naturelles.

— Je n'accepte pas cette déviation des débats, répondit M. le Président, et pour mon compte particulier, ces compliments sur ma mansuétude, ni les reproches adressés à l'impartialité de M. le procureur-général. C'est d'ailleurs la première fois que vous parlez en ces termes. J'en appelle à vos souvenirs, et sortez de ces allégations de tortures qui sont peut-être un système de votre défense ; car vous ne sauriez préciser ces mauvais traitements.

L'accusé : J'ai été maltraité. On me faisait pleurer au secret.

M. le Président : Je ne vous ai jamais vu aussi attendri... J'ai, au contraire, remarqué en vous des mouvements d'impatience et des manières qui blessaient *ma dignité de magistrat*.

Le lecteur remarquera cette dernière expression, qui reviendra plus d'une fois dans le cours de ces débats : évidemment, la dignité de l'éminent magistrat n'était pas en cause dans les *manières* d'un humble frère accusé de crime : c'est ici un des mille indices de la lutte intérieure que soutient le magistrat contre l'ennemi puissant que son imagination s'est forgé. Selon M. de Labaume, ces imputations calomnieuses de violences sont des inspirations du dehors et elles n'ont été exprimées par Léotade qu'après les communications qu'on a su établir avec lui, malgré le secret le plus rigoureux.

M. le Président discute ensuite le fait de la lettre de conscience qui, selon lui, aurait dû être faite le 14 et dont, à raison de ses fonctions, Léotade était dispensé.

L'accusé : Je n'ai aucune connaissance de cela. Je ne sais pas s'il y a une règle sur ce point. Je ne connais que la lettre de nos règles et je ne les interprète pas.

L'interrogatoire porte ensuite sur les habits que l'accusé portait le 15 avril. — Vous avez répondu, le 3 mai, dit M. le Président, que vous n'aviez sur vous à ce moment, parmi les habits du 15 avril, que les bas et la soutane. On fit alors des recherches pour trouver la culotte et le caleçon que vous portiez le 15 avril. Ce caleçon, suivant vous, était dans la couture; on ne l'y trouva pas, ni ailleurs. Et jamais sur ce point vous n'avez donné des explications raisonnables. — R. Je me souviens maintenant que, le 3 mai, je n'avais pas quitté mon caleçon du 15 avril. — D. C'est une nouvelle version. Pourquoi n'avez-vous pas dit cela au juge d'instruction? — R. J'étais tellement troublé que je ne pouvais répondre. — D. Plus tard, c'est sans provocation, de vous-même, que vous dites que vous aviez le caleçon sur vous. Devant le juge d'instruction, vous déclarez aussi que votre culotte peut être tachée de sang, soit derrière, soit devant. Et vous donnez pour cause de ce double épanchement, une maladie antérieure. A quelle époque fixez-vous votre guérison? — R. Au jour des cendres, le premier jour de carême. Je n'étais pas tout à fait guéri, mais c'est le jour de ma première sortie. — D. Avez-vous eu ce jour-là une hémorragie ? —R. Je l'avais encore ; c'était le dernier reste de ma grande maladie. — D. Aviez-vous fait confidence à quelqu'un de ces symptômes. — R. Oui, je l'avais dit au frère Inglebère. — D. Il se présente ici *une erreur grave*. Lorsque vous avez été interrogé, vous avez déclaré ne l'avoir dit qu'au médecin. — R. Le cher frère était là, quand je l'ai dit au médecin.

Voici encore un exemple de la précipitation avec laquelle l'honorable Président constate des contradictions et des erreurs. Il oublie que les frères sont rarement isolés, que la règle les réunit deux par deux en presque toutes circonstances, et qu'une consultation a dû nécessairement avoir un témoin. Le Président passe légèrement sur cette *erreur grave* : l'accusation la retiendra.

Le Président demande à l'accusé s'il était sujet aux hémorroïdes, l'accusé ne répond pas ; s'il perdait du sang, l'accusé dit oui. Aussitôt, le Président s'empresse de conclure : « Voici une nouvelle assertion qui se produit. Vous avez toujours attribué ce double épanchement à votre ancienne maladie, jamais à cette dernière circonstance. »

Le Président ne paraît pas soupçonner que, pour le frère Léotade, ce mot *hémorroïdes* n'a pas de sens. Mais il résulte de l'incident, pour l'accusation, *une assertion nouvelle*.

Autre assertion nouvelle. Léotade dit pour la première fois, selon M. le Président, qu'il avait acheté pour Conte de Slapins qu'il lui a donnés. Personne ne savait la portée de cet incident nouveau. Mais cet incident amène le Président à rappeler des paroles ordurières que Conte avait prêtées à Léotade : celui-ci s'écrie : — Jamais parole pareille n'est sortie de ma bouche.

Le président le loue de repousser ainsi de pareilles grossièretés, mais il se hâte d'ajouter ce correctif : j'aime mieux ce démenti dans votre bouche que les dénégations évasives dont vous avez usé jusqu'ici.

On arrive à la chemise n° 562. Qu'avez-vous fait, dit le président, de la chemise que vous portiez le 15 avril? — R. Je l'ai remise au frère infirmier. — D. Où cela? — R. Sur la porte de l'infirmerie. — D. Etes-vous bien sûr du lieu? — R. Ou près de la porte de l'infirmerie. Je ne me le rappelle pas bien. — D. Quel jour? — R. Dans la semaine qui a suivi celle du 15 avril. — D. Vous n'avez donc pas changé de chemise le dimanche 18? — R. Non. — D. Vous persistez à dire que vous avez refusé ce jour-là une chemise parce qu'elle était trop petite d'emmanchure et qu'elle vous gênait pour votre vésicatoire? — R. Oui.

Arrive la question de la présence dans le vestibule du Noviciat, au moment de l'arrivée de Conte avec son apprentie et son ouvrière.

— D. Etiez-vous dans le vestibule à 9 heures et quelques minutes, causant avec le frère Jubrien? — R. Non, Monsieur. Je ne suis pas sorti ce matin-là du Pensionnat. Je n'ai point paru dans la Communauté. — D. Cependant Conte est bien affirmatif. Il dit l'heure, le lieu, votre position, votre costume. Lorsque, dans l'instruction vous avez entendu Conte donner ces détails si précis, vous avez dit : « C'est bien possible, je ne me rappelle pas. » Et puis vous niez. On interpelle le frère Jubrien. Sa déposition s'accorde avec la vôtre et ses dénégations suivent la même progression. Plus tard, cette assertion de Conte prit une importance énorme à cause de vos énergiques dénégations. On vous interpelle, et vous déclarez que vous n'avez pas paru à la Communauté dans la matinée du 15 avril. Vous ajoutez que vous n'avez pas vu Jubrien dans la même journée. Des confrontations nombreuses eurent lieu. Reste à l'accusation à savoir si vous n'avez pas été dans le Noviciat dans la matinée du 15 avril.

L'accusé, avec force : Je proteste, je protesterai jusqu'au lit de mort. Conte a menti.

C'est la première fois que l'accusé est sorti de son calme résigné; il est quelque temps à se remettre de l'émotion qu'il éprouve.

On passe à un autre ordre de faits. M. le président engage encore une fois l'accusé à être « complet, net et sincère. » Chacune de ces recommandations, qui scindent l'interrogatoire, signifie évidemment dans la pensée du président : « Vous avez menti jusqu'à présent, vous mentez encore. »

Léotade a-t-il décidément parlé à frère Jubrien, le 15, au Noviciat? Il affirme que non; le 16, il lui a parlé. Mais est-ce dans le couloir ou en dehors. Léotade ne se le rappelle pas.

D. Vous devez vous rappeler cependant si vous avez pris par le dedans ou par le dehors. — R. Je ne puis me souvenir de cela. — D. Réfléchissez bien à l'embarras où vous vous mettez en ayant tant de mémoire pour certains faits, et si peu pour d'autres.

Evidemment, un homme qui ne se rappelle pas si, dix mois auparavant, à un certain jour, à propos d'une démarche insignifiante, il a ou non passé dans un couloir, ne peut être qu'un coupable.

M. le président demande à l'accusé s'il n'avait pas une clef qui ouvrait la porte du linge sale. — R. Je ne sais pas. — D. C'est singulier; parmi les clefs trouvées sur vous, il y en avait une qui ouvrait la porte du linge sale. On présente cette clef à Léotade, qui la reconnaît pour être celle de l'armoire de la cuisine.

M. le président : Il y a ici une chose importante à faire remarquer. Le procès-verbal du juge d'instruction porte que cette clef qui ouvre la porte du linge sale du Noviciat, n'ouvre pas la porte du linge sale du Pensionnat.

Une discussion confuse s'engage ensuite sur l'heure et sur le jour où Léotade aurait fait monter des barriques à vin de la cave et vu le frère Jubrien. Puis, on passe aux faits postérieurs au 15 avril.

D. Lorsque M. Estévenet (un médecin expert) vous parla de pas marqués dans le jardin, ne lui avez-vous pas dit que ces traces vous appartenaient? — R. Je ne me le rappelle pas. — D. Est-ce une dénégation positive? — R. Eh bien! oui. — D. Etes-vous bien sûr que cela ne soit pas vrai? — R. Très-sûr. — D. Ainsi, dans les cas où vous dites : je ne me le rappelle pas, cela veut dire : ce n'est pas vrai; si c'était vrai, vous en rappelleriez-vous? — R. Peut-être. — D. Dites donc oui ou non. — R. Eh bien! il n'est pas vrai que j'aie dit à M. Estévenet que les traces de pas m'appartenaient.

L'accusé raconte ensuite comment il a appris l'événement du 15, par la conversation d'un gendarme avec le portier de la maison; comment, entre 7 heures et demie et 8 heures, il est sorti avec le frère Jubrien, et, dans la foule, a appris quelques détails de plus. — C'est, dit M. le président, la première fois que vous le dites. — « J'ai, dit l'accusé, entendu raconter dans la foule que *des polissons avaient tué cette fille comme ça.* » Ici la voix de Léotade baisse sensiblement et son embarras est visible; il ne peut se décider à exprimer la manière dont a péri la jeune ouvrière. M. le président se méprend sur la cause de cet embarras et dit ironiquement : — « Mais savez-vous que ce fait est toute une révélation. Comment! vous avez entendu des jeunes gens dire que c'étaient des polissons qui avaient tué cette fille et vous ne dites rien dans l'instruction d'un fait aussi important? »

Il est plus que probable que si Léotade avait rapporté dans l'instruction cet écho des mille bruits qui naissent autour d'un événement mystérieux, on aurait vu dans ce souvenir une machiavélique invention destinée à faire prendre le change.

On arrive à la visite chez Conte. Qu'allait y faire Léotade? Faire arranger un portefeuille, livré cinq à six jours auparavant. Mme Conte lui dit : mon mari est absent. On parla de l'affaire. L'accusé ne sait lequel des deux a entamé ce chapitre.

D. N'avez-vous pas dit à Mme Conte : « Qu'est-ce que c'est que cette fille dont vous parlez? » — R. Je ne me le rappelle pas.

D. Ce n'est donc ni oui ni non? — R. Je ne m'en rappelle pas (1).

D. Vous avez exprimé une opinion sur la conduite de Conte. Vous avez dit qu'il avait eu tort de partir pour Auch? — R. Non, Monsieur le président.

D. Ensuite vous allâtes chez Lajus? — R. Oui.

D. Qu'alliez-vous y faire? — R. J'allais payer une facture de confitures.

D. Vous n'avez pas conversé avec Lajus? — R. Je vous demande pardon. J'ai conversé longtemps avec lui. Il a d'abord été question d'un homme qui, en se faisant passer pour frère de notre Communauté, avait acheté une métairie à M. Lajus père, et qui avait ensuite disparu. Nous nous sommes un peu égayés en parlant de cet homme.

D. Vous vous êtes égayés... c'est bien... et puis n'avez-vous pas dit que vous veniez de chez Conte... qu'il vous semblait singulier qu'il se fût rendu la veille à la commune. Enfin n'est-ce pas là que vous avez parlé des mauvais antécédents de Conte? — R. Oh! non, j'en suis bien sûr.

D. Mais si l'on vous démontrait plus tard que vous êtes dans l'erreur, vous ne parleriez sans doute plus aussi affirmativement? — R. Je n'ai pas parlé ce jour-là des antécédents de Conte. C'était plus tard.

(1) Nous respectons, ainsi que toutes les autres, cette faute de langage que commettent à l'envi M. le président, l'accusé et les témoins.

D. De sorte que votre mémoire peut faire cette division à propos des deux conversations qui ont eu lieu sur le même sujet à quelques jours d'intervalle : tel jour j'ai traité telles parties du sujet, tel jour j'ai traité telles autres? — R. C'est le 19 avril, trois jours après, que j'ai parlé à M. Lajus des antécédents de Conte pour la première fois.

D. Comment s'est engagée la conversation? — R. Je ne m'en rappelle pas.

D. Cela serait-il venu de lui ou de vous? — R. Je ne m'en rappelle pas.

D. Comment connaissiez-vous les antécédents de Conte? — R. J'avais entendu parler des antécédents de Conte dans la ville.

D. N'est-ce pas dans la Communauté? — R. Peut-être dans la Communauté.

Tel est le premier interrogatoire public subi par l'accusé. Nous ne voulons pas insister sur la façon sommaire, et peu rassurante pour l'accusé, dont il fut conduit; nous devons seulement ne pas oublier un incident qui montre l'attitude prise, dès le premier instant, vis-à-vis de la défense. Il est un usage tutélaire, consacré par la tradition immémoriale de nos cours criminelles, qui consiste à identifier le défenseur et l'accusé. Par une fiction touchante, le conseil donné à l'homme qui se défend d'une accusation est considéré comme faisant partie de cet homme lui-même. A chaque instant il lui est permis d'éclairer sa marche, d'assurer ses pas. C'est une seconde conscience, plus expérimentée que la première ; le terrain est si glissant, même pour l'innocence ! Comment donc s'indigner, s'offenser de communications incessantes

Cécile Combettes.

entre cette conscience auxiliaire et celle de l'accusé ? Ce serait ne rien comprendre aux nécessités, aux libertés de la défense.

Or, lorsque M. le président demande à l'accusé comment il a été conduit à parler au confiseur Lajus des antécédents de Conte, Me Gasc ayant dit quelques mots à voix basse à Léotade, M. le président s'écrie : — « L'interrogatoire n'est pas possible ainsi. Personne ne doit s'interposer entre moi et l'accusé. »

— Me Gasc : « Je ne m'interpose pas. »

M. le président qui a entendu : « Je ne m'oppose pas, » insiste et dit : « Personne ici n'a le droit de s'opposer à quoi que ce soit. »

— Me Gasc : « Je disais à l'accusé de ne rien cacher de ce qu'il avait fait. »

— M. le président : « Je ne demande pas autre chose. Toutes facilités ont été données à la défense

pour conférer avec l'accusé. Vous pourriez choisir pour lui donner des conseils un autre moment que celui où j'interroge. Ce que j'ai entendu, je l'ai bien entendu. »

Ou ces dernières paroles n'ont pas de sens, ou elles sont un démenti à l'explication que Me Gasc a donnée de sa conversation avec l'accusé. M. le Président, qui, au reste, a tout droit dans le fond, sinon dans la forme, de veiller à la sincérité de l'interrogatoire, se défie de la défense, comme de tout le reste. Tout est complot à l'idée fixe. Ah ! si quelqu'un de nos Berryer, de nos Marie, de nos Dufaure, s'était vu en butte à de semblables insinuations, comme il eût, à juste titre, revendiqué l'autorité et la dignité de la défense ! Mais, encore une fois, ces explosions de susceptibilité inquiète, cette chasse éternelle aux fantômes sont, chez le magistrat, l'erreur de l'esprit, non de la conscience. Plus il est honnête et sincère, plus il se fait soupçonneux, incrédule. Chacun de ses mots, chacun de ses actes à le même nom : Prévention.

Les premiers témoins entendus sont *Raspaud* dit *Lafatigue*, fossoyeur du cimetière, et *Lévêque*, concierge du cimetière. Chacun a vu le cadavre le premier et l'a touché seul, mais sans le déranger. Raspaud, seulement, aurait fait faire un demi-tour à la tête, sans que le reste bougeât. Le docteur Estévenet déclare que c'est impossible : si le cadavre eût été touché, il eût perdu sa rigidité.

Le cimetière était fermé quand ces deux hommes, Raspaud et Lévêque, s'y sont rendus, mais il y avait dedans des ouvriers qui travaillaient à l'église. Raspaud affirme que, pendant que Lévêque alla chercher la police, des curieux se rassemblèrent autour du cadavre, mais à distance, et que pas un ne vint par le mur; *Lévêque*, revenant avec la police, a vu plusieurs curieux sur le paillebart du mur de la rue Riquet. Un commissaire de police, M. *Lamarle*, affirme, en effet, que lorsque, vers 7 heures et demie, il arriva au cimetière, des curieux entouraient le cadavre et que d'autres étaient montés sur une partie du mur de la rue Riquet. On ne fit évacuer le mur que vers 8 heures, et on eut beaucoup de peine à faire descendre.

M. le président : Les curieux avaient dû piétiner le terrain autour du cimetière. — *M. Lamarle* : Oui, et c'est précisément le reproche que je leur faisais ; ils m'empêchaient ainsi d'arriver à découvrir les traces des assassins.

Les faits les plus clairs qui ressortent de ces dépositions, c'est que, pendant une heure et demie, des curieux ont piétiné autour du cadavre, montés sur les murs, et que le cadavre est resté neuf heures à la place où on l'avait trouvé, avant l'arrivée des médecins.

Le commissaire de police *Aumont* a dit à un rédacteur de *l'Emancipation*, M. Janot, que le crime n'avait pas dû être commis chez les frères, puisqu'on avait vu Cécile sortir de leur maison dans la matinée du 15. Interrogé sur ce propos, M. Aumont dit qu'il n'a pas été affirmatif. Le président se refuse à une confrontation du témoin avec M. Janot.

M. Janot, rédacteur de *l'Emancipation*, appelé, le 21 avril, devant le juge d'instruction, avait déposé en ces termes : — « J'ai dit qu'on avait vu sortir Cécile du Noviciat, d'après les renseignements que m'a donnés à moi-même M. Aumont, commissaire de police, que j'allai consulter à la permanence, pour ne rien hasarder sur le compte de l'établissement et dans l'intérêt de la vérité. (Procès-verbal, n° 48). » M. Aumont ne fut pas entendu que ce fait dans la procédure écrite. M. de Labaume refuse la confrontation à l'audience. « Je ne crois pas, dit-il, qu'il soit utile jusqu'à présent de contrôler le témoignage d'un fonctionnaire public. »

Le docteur *Estévenet* rapporte, sur l'état du corps et sur les résultats de l'autopsie, les observations que nous avons déjà consignées. Sur la demande de M. le président, il appuie sur la signification de certaines lésions; celles du crâne, par exemple, lui ont paru le résultat de violences exercées pendant la vie. A son sens, le cadavre aurait pu être projeté du haut du mur sans laisser d'empreinte sur le terrain, la tête ayant pu porter sur la paroi et amortir la chute. (Il n'y a pas de savant qui puisse faire croire à un homme de bon sens qu'un corps jeté du haut d'un mur, ne pesât-il que soixante livres, ne fera aucune empreinte sur une terre déjà meuble et amollie par quinze jours de pluie.) Selon M. Estévenet, la projection n'a pas dû entraîner nécessairement de fracture à la tête ni à l'épaule.

Interrogé sur la nature du corps contondant qui expliquerait les blessures du crâne, le docteur Estévenet exclut le poing, le bâton, et admettrait plus volontiers un marteau, le choc violent contre un mur ou la projection d'un lieu élevé.

Quant aux désordres du viol, ils sont d'une nature extraordinaire, et dénotent l'énorme inégalité qui existait entre l'agresseur et la victime.

Une discussion s'engage à propos des traces de pas du jardin : le docteur croit, mais sans pouvoir fixer de jour, que Léotade lui a dit, pendant une des explorations : — « C'est probablement nous qui avons fait ces empreintes. »

L'accusé nie que ce soit lui qui ait tenu ce propos.

Léotade déclare avoir dit au directeur Estévenet qu'il n'avait pas changé de chemise, et que sa culotte était déchirée. Le témoin ne se le rappelle pas.

Deux médecins, les docteurs *Gaussail* et *Ressayre*, rendent compte de la visite corporelle qu'ils auraient faite, le 20 avril, sur la personne de Léotade. L'accusé nie que cette visite ait été faite sur lui un autre jour que le 18, et par un autre médecin que le docteur Estévenet. Le défenseur de Léotade insiste, et M. le président le tance pour ses contradictions assez fréquentes. -- M° Gasc, lui dit-il, vous me forcez trop souvent à vous accepter pour contradicteur.

M° *Gasc*. Il me semble pourtant que je n'abuse pas des droits de la défense.

M. le président. Peut-être.

Il faut bien le dire, à l'audience suivante, les médecins eux-mêmes reconnaîtront, et le président sera forcé d'admettre que Léotade n'a été, en effet, visité que le 18 et par un seul médecin. M° Gasc avait donc raison de contredire. Et d'ailleurs, n'est-ce pas là le droit naturel, le devoir de la défense?

De toute la discussion des trois médecins sur les résultats de cette visite, discussion dont l'autorité s'affaiblit beaucoup par la constatation de cette erreur, il ressort que la visite corporelle n'a prouvé, ni que l'état de l'accusé fût affirmatif, ni qu'il fût exclusif du crime. Quand on pense aux étranges disproportions, aux désordres graves indiqués par l'autopsie, est-il possible de croire que le criminel ne portât, après moins de trois jours, aucune déchirure, aucune excoriation accusatrice?

A l'audience suivante (10 février) l'incroyable erreur des deux médecins qui s'imaginaient avoir visité Léotade est enfin découverte. Il y a cependant eu un rapport officiel qui fixe cette visite au 20 et avec le concours des trois docteurs. La visite prétendue du 20 n'a eu lieu pour Léotade que le 18, et par un seul médecin, c'est-à-dire qu'elle n'a pas présenté de garanties sérieuses. Pour la première fois, M. le président adresse ses sévérités à d'autres qu'à l'accusé ou à ses défenseurs.

« Ce qui s'est passé, dit-il, nous autoriserait à douter même du 18 ; des abus pareils appellent quelquefois une répression sévère, toujours une sévère admonition. Il est bon que vous sachiez que de tels procédés, au début d'une procédure, peuvent compromettre la liberté d'un innocent ou égarer la justice. »

Mais bientôt M. le président croit avoir à sévir, et cette fois, c'est contre les frères ; on lui a rapporté à la fin de l'audience précédente, que des frères ont violé la salle des témoins en escaladant une fenêtre. Il eût été possible sans doute de vérifier le fait dans l'intervalle. On ne l'a pas fait. M. le président s'émeut, interrompt les débats, pour punir cet abus grave. Il se trouve que, tout simplement, les témoins ayant été avertis de se retirer, les avoués de la Cour ont appelé à eux, pour une signification d'acte, deux témoins, le supérieur des frères et un autre frère; ils les ont fait monter dans leur salle par les croisées de la cour, au moyen d'une chaise. Aucune règle n'a été violée; on passe sur l'incident.

Ignace-Martial Coumès, brigadier de gendarmerie, rend compte des perquisitions par lui faites dans le jardin des frères. Selon lui, le frère jardinier n'aurait, le 16 avril, revendiqué comme siennes que des empreintes de pas se dirigeant vers l'oratoire; quelques jours après seulement, il se serait également attribué des traces *nombreuses* existant devant l'orangerie et allant à l'angle du mur. L'accusation et la défense attachent à ces empreintes une grande importance. Les pas marqués devant l'orangerie conduisaient directement de la grange à l'angle du mur, du haut duquel, suivant l'accusation, le cadavre aurait été projeté dans le cimetière. L'orangerie est un bâtiment situé entre la rue Riquet et le jardin des frères. L'oratoire est un autre bâtiment du jardin, mais placé contre la partie du mur du cimetière qui va du côté du canal, en face de l'issue principale du jardin, donnant sur le noviciat. Donc, le bâtiment du noviciat fait suite à la grange, dans une direction parallèle à l'oratoire. L'intérêt s'attache aux empreintes placées devant l'orangerie, car, selon l'accusation, c'est devant l'orangerie que l'accusé aurait dû passer, portant le cadavre, pour le jeter par-dessus le mur qui fait l'angle du cimetière et de l'oratoire par la rue Riquet.

C'est pourquoi M⁰ Gasc fait remarquer la contradiction qui existe entre la présente déclaration parlant de pas *nombreux* devant l'orangerie et le procès-verbal du 16, où il n'est question que de deux ou trois pas. — *M. le procureur-général :* «Le procès-verbal a été rédigé par M. le commissaire de police.» — *M⁰ Gasc :* «Et M. le juge d'instruction écrit le même jour, en présence du témoin, que les traces de souliers qu'on apercevait étaient faibles, et le témoin ne réclame pas. Vous ne voyez pas là une contradiction?»

Cette contradiction manifeste du brigadier Coumès est sans doute appréciée à un autre point de vue par M. le président, car s'adressant à la défense : — « Il faudra, dit-il, que toutes les fois qu'il plaira à MM. les défenseurs de faire une plaidoirie, le président fasse un résumé. »

Et, comme M⁰ Gasc veut faire une remarque touchant les empreintes : — « Permettez, dit M. le président, ne discutons pas... il y a 190 témoins... bornons-nous aux questions propres à éclairer le débat.»

Il semble que toute cette attitude révèle, chez le président, une disposition instinctive à s'identifier avec l'accusation, une irritation involontaire ressentie toutes les fois que l'accusation rencontre une contradiction devant elle, une propension à ne voir de questions propres à éclairer le débat que dans celles qui paraissent venir à l'appui de l'accusation.

Le premier des témoins appartenant à l'Institut va être entendu; c'est ici qu'avec la meilleure foi du monde, M. de Labaume va faire éclater tout un système d'intimidation, traduisant à l'avance en mensonge, en conspiration machiavélique contre la vérité, toute hésitation, toute erreur, tout oubli d'un détail. Mise incessamment dans la confidence des préoccupations du président, par un geste, par un sourire, par une inflexion de voix, la partie mauvaise du public l'aidera de ses rires et de ses rumeurs incrédules dans cette contrainte morale exercée sur des consciences timorées, peu habituées à cet appareil, à ces formes spéciales, aux affirmations catégoriques qu'on exige d'elles.

Le témoin qui s'avance (4ᵉ audience, 10 février) est le jardinier de la communauté, *Roch Laffite*, en religion *frère Lorien*, vieillard majestueux, à la couronne de cheveux blancs. C'est ce témoin qui a revendiqué les empreintes de pas faites au fond du jardin. Aux nombreuses interrogations qui lui sont faites, il répond en substance : que, le 16 avril, il s'est rendu au jardin vers sept heures trois quarts; qu'on avait pu y entrer avant lui, la porte n'étant pas fermée à clef; que, pendant qu'il était au jardin depuis quelques minutes, des frères y sont arrivés. Ici, le président insiste longuement pour mettre le frère Lorien en contradiction avec lui-même, parce que sa mémoire ne lui a pas rappelé assez vite s'il y avait quatre frères ou cinq.

C'est avant l'arrivée de ces frères que Lorien a dû satisfaire un besoin à l'angle du mur; dans ses allées et venues, il a marché sur une plate-bande, ce dont le président s'étonne fort de la part d'un jardinier! Et puis, satisfaire un besoin le long d'un mur, lorsqu'en face il y a des latrines! Est-ce croyable? Il a été reconnu d'ailleurs que ce coin était propre.

Il semble qu'ici le président confonde deux genres de nécessités dont les traces sont très différentes. Si, comme cela est évident, il ne s'agit que d'un peu d'urine épanchée au long d'un mur, quelle trace en pouvait-il rester sur une terre profondément humectée par la pluie?

Le frère jardinier ne saurait préciser au juste l'heure à laquelle il a vu le brigadier. Forcé de répondre, il dit : « Eh bien! ça pouvait être à huit heures et quelques minutes. » Contradiction! Le brigadier soutient qu'il est arrivé à sept heures vingt minutes au plus, et qu'à huit heures tout était terminé.

Or, le commissaire de police Lamarle a dit que le concierge du cimetière est venu le chercher vers sept heures, qu'il est allé au cimetière entre sept heures et sept heures et demie. L'acte d'accusation dit : A huit heures, M. le juge d'instruction arrive sur les lieux. Tout n'était donc pas fini à huit heures, et le brigadier se trompe. Mais, aux yeux de M. le président, le brigadier ne saurait se tromper; c'est le témoin qui trompe.

Autre contradiction. Le frère Lorien a-t-il revendiqué, le 16 ou le 18, les empreintes faites devant l'orangerie? Devant le juge d'instruction, il a nié avoir fait une seconde déclaration le 18.

Frère Lorien : — «Ce jour-là, on m'a fait, pour ainsi dire, perdre l'esprit. Quand une fois j'ai dit la vérité, si on me tracasse trop, je me trouble et je perds l'esprit.» — *M. le président :* « Il ne faut jamais perdre l'esprit. »

Le grand argument du gendarme, argument adopté par l'accusation, pour ne pas attribuer les empreintes à frère Lorien, c'est que celui-ci avait des sabots, tandis que les empreintes étaient celles de souliers. Le frère explique que les vendredis, jours de communion, il laisse ses sabots dans l'orangerie et prend des souliers pour aller à la chapelle, afin d'y faire moins de bruit. Naturellement, il a repris ses sabots pour travailler au jardin. M. le président s'étonne que cette explication vienne si tard, et le frère Lorien soutient que, devant le juge d'instruction, le brigadier ne lui a pas parlé de sabots. Coumès insistant et affirmant qu'il a fait l'objection des sabots, M. le président menace le frère Lorien de prendre contre lui des mesures sévères.

A l'audience suivante (5e, 16 février), M. le président objecte au frère Lorien que le frère Léotade aurait, le 16 avril, dit au docteur Estévenet, en parlant de ces empreintes : — C'est nous qui les avons faites. Le docteur, entendu, croit que par ce *nous*, Léotade désignait lui-même et le frère jardinier; mais il ne saurait l'affirmer. Le brigadier, rappelé, ne peut dire si c'est le 18, le 19, ou le 20 que Lorien a revendiqué les traces de l'orangerie; mais il affirme que ce n'est pas le 16. Ces hésitations, ces incertitudes, bien naturelles chez des témoins, n'étonnent jamais M. le président quand elles viennent d'autres que des frères. Mais, au milieu des incertitudes du brigadier, il y a une affirmation, celle de la revendication après coup faite par Lorien des empreintes de l'orangerie, revendication toute spontanée selon Coumès. Frère Lorien la nie formellement; déjà pareille discussion a eu lieu devant le juge d'instruction, et elle avait laissé dans l'esprit du frère jardinier une confusion complète. Il paraît en être arrivé à croire aujourd'hui qu'il a tenu le propos le 16 et non un autre jour. Un conseiller, M. Vialas, pousse le frère Lorien de questions et lui fait faire, le plus naïvement du monde, à quelques secondes de distance, les réponses les plus contradictoires. Le vieillard, qui ne paraît pas avoir la tête bien solide, dit, comme on le lui fait dire, qu'il a entendu ou qu'il n'a pas entendu, quand le frère directeur du pensionnat a attribué les empreintes à quelques frères curieux. Il semble qu'une conversation calme, bienveillante, sans prévention, débrouillerait ces souvenirs qui s'enchevêtrent sous l'action troublante d'un sévère interrogatoire; M. le président croit devoir s'écrier avec une solennité menaçante :

— « L'incident est assez grave pour que le président, qui a un devoir rigoureux à remplir, prenne sur le temps de l'audience pour se recueillir. »

Après une suspension dramatique de l'audience, frère Lorien, qui n'a cessé de dire ses prières avec le plus grand calme, est interpellé de nouveau sur sa seconde conversation avec le brigadier; il persiste dans sa déclaration : il signe, sans hésitation, un procès-verbal, dans lequel il ne reconnaît pourtant pas toutes ses paroles. Alors, M. le procureur général prononce un réquisitoire ayant pour objet l'arrestation de frère Lorien. Les considérants de ce réquisitoire rappellent les obstacles que la justice aurait rencontrés dans les investigations de la part de l'institut. M. le procureur général s'indigne de ce que les frères n'aient pas partagé la conviction de la magistrature dans la localisation du crime, et voit là *une preuve de non sincérité !* Les témoins obéissent donc à des intérêts de corps. Mais la justice ne faiblira pas dans ce danger; elle ne succombera pas dans la lutte. « On saura si, au dix-neuvième siècle, il y a encore une force plus grande que celle des magistrats... On saura si nous vivons dans un temps où la société civile est une société purement de convention, ou s'il y en a une autre qui a ses lois, ses mœurs, qui a des devoirs autres que ceux des citoyens. »

Me Gasc répond que ce sont là des doctrines déplorables; qu'il ne saurait être permis de personnifier ainsi la justice en lutte avec la défense, et qu'en tout cas tout le monde est parfaitement persuadé que la justice triomphera, soit que l'accusé succombe, soit qu'il triomphe. Vains efforts ! La magistrature a sa conviction faite. Procureur général, président, conseillers paraissent croire que l'honneur de la justice est engagé dans la condamnation d'un frère, dont la culpabilité n'est pas douteuse à leurs yeux. Dès les premiers pas faits dans ce procès, l'attitude de la magistrature infirme à l'avance tout témoignage favorable à l'accusé.

L'appel fait par Me Gasc à la sagesse, à la prudence est couvert par une tirade emphatique de Me Joly, qui réclame l'arrestation de frère Lorien, au nom de Cécile et de sa famille. — « Derrière le masque d'une douleur privée, s'écrie Me Saint-Gresse, c'est la corporation qu'on veut atteindre. Cette question serait tranchée dès à présent, si l'arrestation du témoin était ordonnée. »

M. le président impose silence à la défense. — « Je ne laisserai pas continuer, dit-il. — Me *Saint-Gresse :* « Si je ne puis pas présenter une observation, je dois m'asseoir. » Puis, le président fait une dernière admonestation au frère Lorien, en lui rappelant qu' « un grand drame commence sur ce banc *qui peut finir au bagne ;* » que ses déclarations, à lui frère Lorien, sont contradictoires avec celles des agents de la loi. Il termine ainsi, en présence des déclarations persistantes du frère jardinier : — « Ce Dieu devant lequel vous venez de jurer, est le même que celui que vous invoquez au pied des autels. *Le respectez-vous ?* — *Frère Lorien* simplement : « Je le respecte. »

M. le président ordonne l'arrestation de frère Lorien.

Le lecteur a remarqué peut-être que l'interrogatoire a complètement dévié de sa route. L'accusation s'écarte ici et se préoccupe de quelques empreintes de pas, faites ou non par celui-ci ou par celui-là, et elle oublie, elle oubliera jusqu'à la fin la question véritable, celle de la valeur des empreintes. Qu'importe que les deux ou trois pas en question aient été marqués par le frère Lorien ou par tout autre frère, si ces empreintes, 1° n'étaient pas sur la ligne de la projection prétendue du cadavre ; 2° si elles ne correspondaient pas avec les piétinements nombreux et les traces d'échelle sans lesquels l'acte supposé par l'accusation n'aurait pu s'accomplir. Là était la question à éclaircir. Là était la gravité des empreintes. Sans cette connexité, les empreintes devenaient insignifiantes, quel qu'en fût l'auteur. L'accusation, l'interrogatoire laissèrent de côté cette base d'appréciation. Si la défense avait eu plus d'autorité dans ces débats, elle arrêtait peut-être l'accusation devant cet obstacle.

A l'audience suivante (12 février), le grave incident du 11 a laissé une émotion profonde dans le public. On commente avec chaleur une parole malheureuse échappée à Me Joly. L'avocat a dit que, « si, depuis le commencement de l'instruction, la Communauté avait eu intérêt à chercher le coupable hors de ses murs, elle l'aurait trouvé à l'aide des influences et des moyens puissants dont elle dispose. » Nous n'insistons pas sur l'exagération puérile des moyens d'action de la Communauté ; mais qu'on réfléchisse à la façon dont eût été accueillie une enquête extérieure faite par les frères, quand la seule qu'ils eussent le droit de faire, dans leur propre habitation, a été interprétée comme on sait. La magistrature seule pouvait chercher de coupables ailleurs que dans l'institut; elle ne l'a pas fait, elle n'a pas admis un moment que son devoir fût de le faire.

Comme, en matière aussi grave, il y aurait une coupable légèreté à taxer au hasard l'instruction, non pas de mauvais vouloir bien entendu, mais de négligence et de prévention, il nous faut apporter des preuves. On sait déjà combien avaient été sommaires les investigations faites hors de l'Institut. Voici un autre fait plus grave.

Le bruit courut, pendant que s'instruisait le procès,

qu'un sieur Marcenat, chaudronnier ambulant, avait fait à Carcassonne et à Limoux des déclarations propres à faire connaître le lieu où aurait été commis le crime. Les frères informèrent de ce bruit M. le président de Labaume, et, sur leur insistance, des commissions rogatoires durent être envoyées aux juges d'instruction de Carcassonne et de Limoux, pour entendre des dépositions sur ce propos.

Le 15 novembre 1847, le sieur Pierre Lancet, âgé de 24 ans, ferblantier à Carcassonne, déposa comme il suit : — « Ayant demandé à Marcenat s'il y avait quelque chose de nouveau à Toulouse, il me fit part des bruits contradictoires qui circulaient dans le public au sujet du crime dont vous venez de me parler; il me dit que certaines personnes attribuaient ce crime aux frères, mais que cela n'était pas exact; qu'à côté de l'établissement de ces derniers, se trouve une maison qui communique avec celle des Frères, où deux personnes d'un sexe différent étaient dans l'habitude de se rendre; qu'elles s'y trouvaient au moment où le crime aurait été commis; que pendant qu'elles causaient, un grand bruit s'était fait entendre dans une pièce voisine; l'une d'elles dit à l'autre : je crois que l'on s'assassine, il faut nous retirer; que la femme sortit la première, et qu'au moment où l'homme allait la suivre, quelqu'un l'enferma à la clef; qu'après l'avoir laissé là pendant plusieurs heures, un *relieur* et deux autres personnes ouvrirent la porte, le conduisirent dans une chambre voisine, lui firent poser la main droite sur le cadavre de Cécile Combettes, l'obligèrent à jurer de ne rien dire de ce qu'il venait de voir, et lui firent observer que s'il venait à parler, un sort pareil à celui de Cécile Combettes l'attendait. Marcenat ajouta que l'homme dont il venait de parler lui était connu, mais qu'il ne le désignerait pas afin de ne pas se compromettre. »

Le ferblantier Lancet fut interrogé sur la valeur qu'il attachait à ce propos étrange : «Croyez-vous, lui dit-on, que l'intention de ce Marcenat fut d'éclairer ou d'égarer la justice?» — « Je ne sais, répondit Lancet, mais tout ce que je puis assurer, c'est qu'il me parla de cela que sur la demande que je lui fis s'il n'y avait rien de nouveau à Toulouse, et qu'au moment où il me quitta, il parut fâché de m'avoir fait cette révélation. Il m'annonça qu'il allait se rendre de nouveau à Toulouse; mais je sais qu'après avoir vu le sieur Rivière, chaudronnier à Carcassonne, il se rendit au contraire à Limoux, où il est resté sept à huit jours. J'ignore où il est allé ensuite. »

A Limoux, le 16 novembre, le juge d'instruction, M. Alexis Laserre, recevait la déposition suivante du sieur Jean-Baptiste Trible, âgé de 30 ans, marchand de parapluies, né à Murat (Cantal) — « J'ai connu un sieur Marcenat, chaudronnier, lorsqu'il habitait à Limoux; j'ignore le lieu de sa naissance et son domicile actuel. Je ne l'ai point vu depuis le mois dernier, époque à laquelle il a quitté Limoux. Marcenat m'a parlé du viol de Cécile Combettes chez le sieur Delsol, chaudronnier à Limoux, et en présence de ce dernier. Les frères, a-t-il dit, ne sont pas les assassins de Cécile Combettes. L'on prétend que cette jeune fille fut enlevée avant d'entrer dans l'établissement des frères, et qu'elle fut conduite dans une *maison de rendez-vous*. Dans cette même maison, se trouvait un homme et une femme qui avaient des relations. Ces deux individus ayant entendu des cris d'alarmes, jugèrent à propos de se retirer; la femme partit la première; l'homme en descendant l'escalier, quelque temps après, fut arrêté par deux ou trois personnes qui le firent entrer dans une chambre où Cécile Combettes venait d'être assassinée, et lui firent jurer, sur le cadavre de la victime, de ne jamais parler de ce qu'il avait vu ou entendu. Marcenat ne fit pas connaître les personnes qui le lui avaient raconté. »

On demanda au témoin Trible si cette déclaration lui avait paru spontanée, naturelle, sincère; il répondit que Marcenat n'avait fait cette déclaration que sur la demande que lui, Trible, lui avait faite de lui dire ce qui se passait à Toulouse au sujet des frères : — « Ce fut, dit Trible, en répondant à ma question, que Marcenat nous fit le récit que je viens de vous rapporter. Il ne me parut point que celui-ci cherchât à égarer ou à éclairer l'opinion sur cette affaire, ni qu'il fût bien aise d'en parler. »

Après ces deux déclarations, identiques sur le fond, Marcenat avait quitté le pays. Les frères avaient, dès la première nouvelle de propos aussi graves, fait des démarches nombreuses pour retrouver cet individu. Mais leurs moyens d'action étant naturellement très-limités, ils s'adressèrent à M. le président des assises et le supplièrent de faire retrouver cet homme. Trois mois devaient s'écouler encore avant l'ouverture des assises : cette recherche ne devait apporter aucun obstacle au développement du procès, elle pouvait en éclairer le mystère d'une lumière inattendue.

Il fallut renoncer à cette espérance. La veille même du jour où la première de ces deux révélations si graves allait être faite, et sans attendre le résultat des commissions rogatoires, M. de Labaume répondit ainsi qu'il suit aux instances du frère directeur Floride.

Toulouse, 14 novembre 1847.

« Cher frère Floride,

« Je ne puis mettre des magistrats *dont les moments sont précieux*, à la recherche d'un chaudronnier ambulant, qui a fait même, d'après vous, en très-peu de temps, quatre résidences successives, à Toulouse, à Carcassonne, à Limoux et à Agde. Ses habitudes nomades ne laissant *aucune espérance* de le trouver dans le département du Cantal, que vous me signalez comme lieu de sa naissance, *je renonce à le poursuivre* sur la foi de telles indications; et pour que l'accusé ne néglige pas de l'amener aux débats, sur la foi de mes démarches, je vous donne avis de cette résolution, comptant que l'intérêt bien légitime que vous lui portez vous engagera à l'en instruire,

« Veuillez agréer, cher Frère, l'assurance de mes sentiments bien distingués,

« Le président de la cour d'assises,
« Charles de LABAUME. »

Nous voudrions ici prémunir le lecteur contre l'impression plus instinctive que réfléchie qui lui ferait voir dans cette réponse un déni de justice. Ce serait, pensons-nous, mal comprendre la lettre de M. de Labaume, que d'y voir le refus d'une démarche dont le résultat eût pu être le salut de l'accusé. L'ironie transparente des paroles de cette lettre lui donne son sens véritable. Non, M. de Labaume, le magistrat intègre n'eût jamais refusé de chercher la lumière. Dans toute autre cause, il eût employé tous ses efforts pour rechercher le chaudronnier ambulant; s'il ne le fit pas dans celle-ci, c'est qu'il ne crut pas un instant à l'existence du chaudronnier. Vous avez inventé un chaudronnier; c'est à vous de le trouver. Voilà ce que signifie sa lettre. Il n'y a donc pas là déni de justice; il n'y a que ce qui est dans tout le procès : prévention; car il est bien entendu qu'un chaudronnier ambulant n'est jamais introuvable. La police eût aisément dépisté cet homme, si on l'avait mis sur sa trace; ces gens-là ont une clientèle, un rayon d'affaires limité ; ou, si elle n'avait pas pu le trouver, c'eût été la preuve qu'il n'existait pas. Mais ce Marcenat existait évidemment. Supposons un instant que les témoins Lancet, Trible et Delsol fussent des témoins subornés par les frères; mais Rivière, témoin indifférent, à qui Marcenat n'avait rien révélé, connaissait Marcenat; à Carcassonne, à Limoux, à Agde, plusieurs autres personnes connaissaient Marcenat : Marcenat n'était donc pas un mythe.

Mais quelle valeur fallait-il attacher à ces déclarations? Ici, la justice n'avait pas, semble-t-il, à se prononcer à l'avance. Il fallait pour savoir que penser de ces propos étranges, appeler ces témoins, trouver ce Marcenat, le mettre en demeure de prouver ses dires; et, encore une fois, un chaudronnier ambulant, dont on sait le lieu de naissance et les passages habituels, pouvait être retrouvé bien vite. Qu'il eût été compromis dans un complot contre la sûreté de l'État, qu'il eût seulement été convaincu d'un vol important, et il est probable que sous moins de quinze jours il eût été amené par la gendarmerie à Toulouse. Il ne s'agissait que d'un rayon de trois ou quatre départements au plus.

En tous cas, des présomptions sérieuses donnaient valeur aux paroles de Marcenat. Il avait parlé de l'assassinat à plusieurs témoins, il n'en avait pas parlé à d'autres. Il en avait parlé de lui-même, comme d'une chose qui lui pesait. A part quelques modifications de détail, son récit avait un singulier caractère d'uniformité et de réalité. Veut-on douter, à cause de l'incident du serment, à cause de l'allure théâtrale des assassins. Mais nous sommes dans le midi, et le procès Fualdès nous a familiarisés avec ces serments sur un cadavre.

Et puis, encore une fois, il ne s'agissait pas de juger la déclaration à l'avance; il fallait l'évoquer au procès. Si donc l'instruction ne le fit pas, ce n'est pas à ses intentions qu'il faut s'en prendre, mais à l'opinion préconçue, à la prévention. Le crime n'avait pu être commis que par un frère, et chez les frères. A quoi bon égarer la justice dans des recherches extérieures? Du moment où le prétendu chaudronnier déplaçait le crime, il n'y avait pas à s'occuper de ses dires. Ce chaudronnier était une invention des frères, ses auditeurs des créatures des frères. A la congrégation de chercher et de trouver cet homme; elle a des moyens puissants d'action, qu'elle en use; nous n'allons pas perdre *un temps précieux* à faire la chasse aux fantômes.

Voilà le sens de la lettre de M. de Labaume. On peut regretter que la recherche ait été refusée; l'accusation prêtera le flanc une fois de plus. Mais on ne saurait accuser l'impartialité de la magistrature. Il n'y a ici en cause que la rectitude de son jugement.

Mais revenons à l'audience.

Le frère Lorien est introduit entre deux gendarmes; il paraît heureux de cette humiliation qu'on lui impose.

Marie Terrisse, femme Combettes, mère de la victime, est entendue. La déposition de cette pauvre femme est touchante par son émotion et par sa simplicité. Elle a cru, sans savoir pourquoi, que le coupable était parmi les frères. Diverses personnes sont venues lui parler de son malheur, plaider auprès d'elle la cause des frères; elle a cru voir en elles des émissaires de la Communauté.

Guillaumette Gesta, jeune ouvrière de 22 ans, amie de Cécile, n'a jamais vu le Conte ait caressé ou agacé la victime. Elle n'a jamais vu de frères chez Conte. Elle a été quelquefois dans l'Institut, mais elle n'a jamais vu la porte du noviciat ouverte, et on ne la laissait pas aller plus loin que le vestibule.

Madeleine Sabathié est un de ces témoins qui, moitié zèle mal compris pour la religion, moitié désir de se donner une passagère importance, ont pris part dans le procès et y ont apporté, pendant l'instruction, le concours spontané de leur opinion et de leur imagination. Elle dit, avec une volubilité toute méridionale et avec de grandes protestations de sincérité, que, le 15 avril, elle a vu la fille Combettes assise contre le mur, qui lui a dit : « J'attends mon maître. » Elle se reposait là parce qu'il pleuvait. Au bout de cinq ou six minutes, un homme est venu du côté des frères; il avait un burnous couleur capucin, une casquette et un parapluie; ils s'en sont allés ensemble.

Les détails que donne cette femme sur le costume de Cécile sont d'une évidente inexactitude. Selon elle, Cécile était bien proprette; elle avait au cou une médaille et un collier, une chaîne blanche; son panier était à côté d'elle, sur l'appui de la porte. Dans ses premières dépositions, Madeleine Sabathié allait jusqu'à dire que Cécile avait un fichu ou mousseline de laine bien joli; elle se rétracte maintenant.

Le long interrogatoire de Madeleine sur l'emploi de la matinée où elle aurait fait cette rencontre, la fait tomber dans des contradictions nombreuses ; M. le président l'y attire ironiquement et habilement, mais peut-être un peu aux dépens de cette dignité de magistrat qui ne doit connaître ni les détours, ni les impatiences. Cette femme de ménage, qui a été offrir quatre francs à la mère de Cécile, pour se poser devant elle en protectrice, paraît se changer dans l'esprit de M. de Labaume en un émissaire soudoyé des frères : là est peut-être l'excès. Aussi, annonce-t-il à cette commère bavarde et importante que sa position est grave et qu'il ajourne contre elle des mesures sérieuses. Si l'instruction avait mieux compris ces natures triviales, vantardes, bruyantes, elle aurait pressenti le peu d'importance des paroles de Madeleine, par ce seul fait. Un bourgeois lui dit : — « Vous ne savez rien, vous voulez paraître savoir ; vous passerez pour un faux témoin. — Ah ! c'est ainsi, répond Madeleine, eh bien ! j'en sais bien davantage. Je sais que le crime a été commis dans une maison de la rue Riquet. »

Avec plus de connaissance des hommes, plus de calme e moins de prévention, il eût été facile en dix mots de prouver à Madeleine Sabathié qu'elle ne pouvait pas être à dix heures à la porte des frères; qu'elle n'avait pas vu Cécile ce jour-là, et on l'eût renvoyée avec une admonestation, au lieu de la faire remettre solennellement aux mains des inspecteurs de police.

Il n'est pas jusqu'à d'insignifiantes erreurs, échappées à des témoins parfaitement honorables, qui ne confirment pour le président l'existence d'un vaste complot de faux témoignages. Un capitaine de douanes en retraite, M. Séguin, croit avoir parlé des frères, le 16 avril, avec une autre personne ; il se trouve que c'est le 17. Ce témoin est sympathique aux frères; aussi reçoit-il une dure admonestation, tandis que le témoin *Bompierre*, qui a élevé, un des premiers, des soupçons contre la Communauté, reçoit des éloges pour « la fermeté de son caractère. »

Ce système, si hautement adopté par M. le président, autorise M. le procureur général à dire dans ses réquisitions pour l'arrestation de Madeleine Sabathié, que « son témoignage n'est point une de ces excroissances qui naissent spontanément dans un milieu impur, » et qu'il y a affinité entre le faux témoignage du frère Lorien et celui de cette femme.

Après ce nouveau coup de théâtre, la Cour, MM. les jurés, les avocats, les témoins et l'accusé, se transportent sur les lieux où a été découvert le cadavre. Mᵉ Gasc montre la brèche du mur qui tient à l'oratoire, et par laquelle une escalade eût été très-facile. Le brigadier de gendarmerie désigne le point du mur de la rue Riquet où se montraient les curieux. Puis, on se transporte chez les frères : Léotade y donne, avec une grave simplicité, des détails sur sa maladie, sur son changement de chambre. Les frères qui, malgré cette visite solennelle, vaquent à leurs occupations habituelles, saluent amicalement leur frère accusé. Au jardin, on examine les empreintes d'échelle conservées sous une planche ; frère Lorien, qui, malgré son arrestation, a toujours conservé son expression calme et souriante, ne laisse apercevoir un peu d'émotion qu'à la vue de ses plates-bandes écrasées par les visiteurs.

A la suite de cette visite un peu tardive, l'audience continue (14 février). Un nouveau témoin est entendu : c'est le frère portier du noviciat, Anglade, en religion *frère Lactenus*. On devine à l'avance l'allure de l'interrogatoire : toutes les paroles de ce témoin seront naturellement suspectes.

Lactenus a aidé Conte à monter les livres ; quand il est redescendu, il n'a pas remarqué si la jeune fille était encore là. Il était pressé, on sonnait souvent ; c'était jour de foire. Il se rappelle que l'aumônier a sonné d'abord, Conte ensuite ; il ne saurait dire qui sonna le troisième. — « N'est-ce pas, dit M. le président, parce que si vous me l'indiquiez, je pourrais l'appeler en témoignage ? » Les contradictions s'obtiennent facilement sur les petits détails. Lactenus a-t-il tenu la porte entre-bâillée ou ouverte d'un battant ? A-t-il ouvert à l'aumônier avec ou sans clef ? Des cinq personnes qui étaient dans le parloir, qui se tenait sur la porte ? Le frère portier a oublié ou confond, ce qui ne saurait surprendre. Il croit, sans l'affirmer, que la petite a pu passer derrière l'aumônier. Aussitôt M. le président s'écrie : — « C'est une pitié ! Je demande où s'arrêtera ce scandale ? »

L'exclamation était prête à s'échapper ; elle n'attendait que la première occasion favorable. Et, pourrait-on en faire reproche au président ? Il y a, selon lui, un vaste complot de mensonge, et c'est frère Lactenus qui « tient le secret de cette grande affaire. » Le nœud de cette difficulté nouvelle est bien compliqué. Un jour de foire, dans un parloir rempli de monde, un portier a-t-il pu ne pas voir en redescendant une enfant de quatorze ans, grande comme on l'est à douze, et derrière ces soutanes, la petite a-t-elle pu passer en sortant sans qu'on la vît ? Le frère portier, dans ses occupations multiples, a cru voir un instant l'enfant assise sur une chaise : il mentait, selon M. le président, les cinq frères devaient cacher la petite. Ce qu'il y a de certain, c'est qu'au premier moment Lactenus a répondu naturellement, quand on l'a interrogé sur Cécile : — « Je ne l'ai pas vue sortir. » Plus tard, rassemblant ses souvenirs confus, il aurait dit : — « Il est possible qu'elle soit sortie sans que je m'en sois aperçu. » Telle est en substance la contradiction scandaleuse, tel est le mensonge de frère Lactenus.

Après cet incident, l'interrogatoire en soulève un autre. M. le procureur général questionne Léotade sur son changement de chambre, et lui demande combien de jours il resta dans la petite pièce du dortoir Saint-Louis, où on le transporta le 17 avril. La question est nouvelle pour l'accusé : il cherche dans sa mémoire. L'attitude peu bienveillante qu'on lui témoigne lui fait craindre de donner un chiffre inexact ; il demande à réfléchir. — « Encore une réponse évasive, s'écrie le procureur général, toujours des détours ! Vous demandez à réfléchir, je ne puis vous en laisser le temps. *Je tiens la réponse faite*, et demain je ne renouvellerai pas la question. »

L'incident est d'autant plus curieux à noter, que la réponse a au fond moins d'importance. Mᵉ Gasc s'adresse à l'indulgence du président. « Vous voulez obtenir d'un accusé, dit-il, ce que vous n'exigez pas d'un témoin. » Le président répond que « la différence est grande. Le témoin est souvent pris à l'improviste ; l'accusé a toujours eu connaissance de la procédure. »

Marie Roumagnac, dite Marion, fait une déposition sans intérêt (15 février). Elle confirme cependant, sans le savoir, la déclaration du frère Lactenus. Lorsque Conte est rentré à la maison, dit-elle, il a dit à sa femme qu'il avait demandé Cécile au portier, et que celui-ci avait répondu : « Il y avait là deux hommes et une fille. *La petite a pu passer sans que je m'en sois aperçu.* » Or, cette formule, M. le président l'avait signalée comme inventée postérieurement par Lactenus, pour les besoins de la cause. M. le président laisse passer sans mot dire cette preuve de l'erreur dans laquelle il est tombé.

Marion n'a vu dans le vestibule que le frère portier, assertion qui contredit celle de Conte.

Madeleine Sabathié est ramenée sur sa demande. Cette femme avoue, comme il était facile de s'y attendre, comme il eût été facile de l'obtenir sans tant d'appareil, qu'elle n'a pas vu Cécile le 15 avril, et que c'est par zèle religieux qu'elle a inventé sa rencontre. Mais M. le président espérait mieux, un aveu, par exemple, de la complicité des frères. « Il faut que nous démasquions, dit-il, ceux qui vous ont encouragée. » — « On ne m'a pas poussée, » répond cette femme. — « Allons, dit M. le président avec désappointement, ce n'est qu'une demi-révélation. La mesure tient toujours. »

Quant aux frères, ils ont été, comme bien d'autres, les dupes des vanteries de Madeleine. Elle est allée leur annoncer qu'elle avait vu la petite, et ils lui ont répondu : — « C'est bien heureux que vous l'ayez vue. Nous voudrions qu'il y eût beaucoup de gens comme vous. »

Conte est introduit. La présence de ce témoin excite un vif mouvement de curiosité. A peine est-il en place, qu'il s'écrie : — « Oh ! je jure de ne dire que la vérité. » — « Point de phrases, lui dit avec raison M. le président, le serment seulement. »

Avant de faire sa déposition, le témoin insiste pour montrer un plan qu'il a fait du vestibule, avec les personnages qui s'y trouvaient. Ce plan, Conte y tient beaucoup ; il l'a déjà colporté par la ville, en refaisant à sa manière l'acte d'accusation ; il cherchera à en tirer parti plus tard, en le montrant dans les foires. M. le président est forcé de s'interposer et de faire remettre en poche ce plan qui a déjà fait scandale. Conte rapporte les faits déjà connus. Quand il arrive à la présence des deux frères dans le vestibule, on lui fait remarquer que, dans son premier interrogatoire, il n'en a pas parlé. « C'est, dit-il, qu'on ne me l'a pas demandé. Mais j'affirme qu'ils y étaient : c'étaient les frères Léotade et Jubrien. »

Interrogé sur les habitudes de Léotade, Conte lui en impute de déplorables, et il est à remarquer que ce témoin est le seul qui cherche à flétrir l'accusé par des insinuations de ce genre. Il l'aurait trouvé à l'écurie dans une position singulière, et le témoin fait un geste obscène. Une autre fois, il l'aurait vu dans la même position, et Léotade lui aurait dit : J'ai manqué de vous montrer.....

On lui demande si Léotade lui a dit d'envoyer son carnet par *la petite* ou *une petite* : il ne saurait dire lequel des deux.

M. le président ne pouvait passer sous silence les antécédents déplorables de Conte. Celui-ci répond hardiment : « Je n'ai qu'une faute à me reprocher. J'ai eu des relations avec ma belle-sœur; *mais il n'y a pas eu d'enfants.* » On sait déjà que c'est un effronté mensonge.

Léotade oppose à ce témoignage qu'il n'était pas et ne pouvait pas être dans le vestibule à neuf heures et un quart. « C'est un menteur, » dit-il avec une certaine animation en regardant Conte. « Ma vie entière vient repousser la possibilité des choses dont parle ce monsieur... Dès mon enfance, je fus remarqué par ma bonne conduite... Dans mon village, sur cinquante enfants, je fus le seul choisi pour faire ma première communion, et je n'ai pas dû cette distinction à ma naissance ou à mon intelligence, mais à ma sagesse. Quand je partis de chez moi, j'avais une réputation de bonne conduite et de religion, qui m'avait attiré les bonnes dispositions de tout le monde. J'avais déjà des idées religieuses; mais il fallait travailler, parce que ma mère n'était pas riche. Je par-

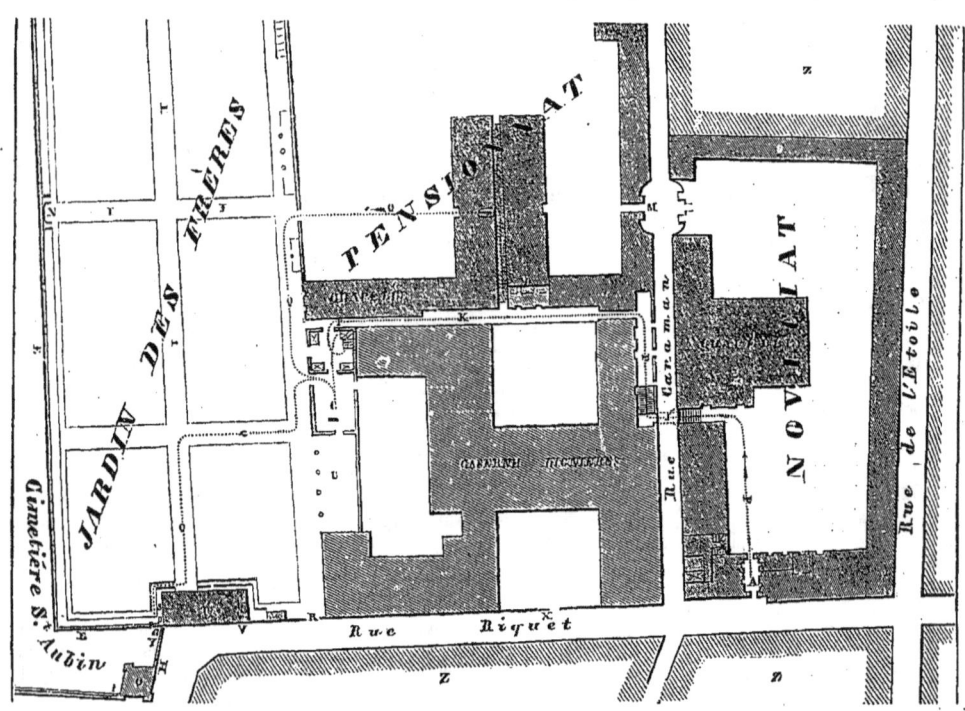

A Entrée et vestibule du Noviciat sur la rue Riquet. — B Angle du jardin près de l'Orangerie. — C Grange au-dessus de l'écurie. — D Dortoir où était couché Léotade, à côté du Directeur. — E.E. Mur en pisé commun au Pensionnat et au cimetière Saint-Aubin. — F Brèche. — G Angle du cimetière Saint-Aubin vers la rue Riquet. — H Mur du cimetière sur la rue Riquet. — I Allées sablées. — J Tunnel sous la rue Caraman, servant de voie de communication entre le Noviciat et le Pensionnat. — K Long corridor à la suite du tunnel, conduisant au jardin. — L Entrée du Pensionnat par le tunnel. — M Entrée du Pensionnat sur la rue Caraman. — N Petit oratoire dans le jardin. — O Oratoire du cimetière. — P.P. Chemin par lequel, selon l'accusation, Léotade aurait conduit Cécile à la grange, entrant par l'écurie et traversant la chambre des domestiques. — Q Q. Trajet qu'aurait parcouru Léotade pour enlever le cadavre de la grange et le projeter dans le cimetière. — R Entrée du Pensionnat sur la rue Riquet. — S Empreintes de pas. — T Orangerie. — U Grange ou hangar découvert. — V Réverbère placé sur le mur de l'Orangerie. — X Factionnaire. — Y Lieu où a été trouvé le cadavre. — Z Propriétés appartenant à divers. — 1 Brèche au mur, près de l'Oratoire.

tis pour Montpellier, où un brave monsieur, un tailleur, me conseilla d'apprendre son état; c'est ce que je fis, et je m'adonnai au travail... Plus tard, je suis revenu chez moi; mais mes premières idées ne m'avaient pas quitté... Je fus assidu aux sermons des missionnaires, dont j'admirais le caractère, et dont j'enviais le sort heureux.

« Je perdis alors ma pauvre mère, et comme j'avais toujours eu l'espoir de pouvoir entrer en religion, je m'adressai au curé de chez moi, qui s'intéressa à moi, me dit qu'il s'occuperait avec plaisir de ma vocation. Il s'en occupa sérieusement, et fit tant d'instance, qu'il finit par obtenir mon admission chez les frères de Toulouse. Je partis avec bonheur et j'y terminai mon noviciat. Je fus bientôt envoyé à Mirepoix, où je suis resté trois ans; je suis resté quelque temps à Bordeaux, et enfin je fus appelé à Toulouse, où je revins malgré moi. Partout où j'ai été, on peut prendre des renseignements sur moi, et on verra quelle vie j'ai menée. A Toulouse, ce n'est qu'à ma bonne conduite et à ma sagesse que je dus la charge de pourvoyeur du pensionnat dont je fus honoré. Voilà l'existence que j'ai menée, et je ne crois pas qu'on puisse y voir des antécédents qui plaident contre moi. Et maintenant je ne change pas, quoique je sois dans ma prison. Je prie le bon Dieu sans cesse (l'accusé se tourne du côté de MM. les jurés), et je le prierai pour vous, quelle que soit votre décision;

vous pouvez m'envoyer à la mort, et je serai toujours le même à votre égard, vous serez toujours l'objet de mes prières. J'attends avec confiance ce qui peut m'arriver, et j'accepterais la mort avec joie, comme ces missionnaires qui meurent pour Dieu et la religion dans les pays lointains! »

C'est la première fois que Léotade se défend avec tant de chaleur, et ce n'est pas tant l'accusation de crime, que l'imputation d'immoralité, hautement repoussée d'ailleurs par tous ses antécédents, qui a pu le faire sortir de sa calme réserve.

Le point essentiel est la présence, affirmée par Conte, des frères Léotade et Jubrien dans le vestibule, à son arrivée, le 15 avril. Conte, interrogé, persiste à dire qu'il les a vus ; il s'écrie : — « Je jure, devant Dieu et devant les hommes, qu'ils y étaient tous deux. » Si l'affirmation doit prouver la vérité, si l'hésitation prouve nécessairement le mensonge, comme on a paru jusqu'alors le croire, Léotade seul a menti, car il a répondu d'abord dans l'instruction : — « Je n'étais pas dans le vestibule, » puis, « Je ne me souviens pas. » Quant à Conte, il est certain, il ne saurait douter. Il affirme, il proteste, il atteste, donc il dit vrai.

« Les témoins montreront si c'est lui ou moi qui ment, » répond avec calme Léotade. — « Accusé, dit M. le président, les témoignages ne se comptent

DÉTAILS DU PLAN GÉNÉRAL (*page 24, en regard*) : IMPOSSIBILITÉS SELON LA DÉFENSE.

La Grange.

A Porte d'entrée de l'écurie donnant sur le jardin des Frères. — *B* Porte de communication de la grange avec la chambre des domestiques. — *C.C.* Ouvertures de la grange sur la cour de la caserne Lignières. — *D* Lieu où le crime aurait été consommé. — *E* Monceau de fourrage derrière lequel le cadavre aurait été enfoui. — *F* Jardin des Frères. — *G* Cour de la caserne Lignières dans laquelle il y a un factionnaire.

La pose du Cadavre.

AA Brèche hors la ligne de projection. — *BB* Angle supérieur interne formé par le mur de l'orangerie et le mur du cimetière. — *C.C* Jardin des Frères. — *D.D* Cimetière Saint-Aubin. — *EE* Rue Riquet. — *F* Lieu où serait tombé le cadavre dans la rue Riquet. — *GG* Angle supérieur externe formé par le mur du cimetière et le mur de la rue Riquet. — *M* Orangerie. — *R* Lieu où a été trouvé le cadavre. — *S* Empreintes de pas dans le jardin des Frères.

NOTA. L'entrée du cimetière, lettre *P* de la défense (voir texte, page 7), est située dans l'impasse, en deçà de la brèche *I*, et de l'oratoire du cimetière (voir le plan général).

pas, ils se pèsent. Peut-être qu'en raison des circonstances dans lesquelles un homme dépose, la justice préférera sa parole à la vôtre, entourée de plusieurs témoignages. » — *Léotade* : « Celui-là sera jugé plus tard par celui qui nous juge tous. » — *M. le président* : « La justice divine est *l'auxiliaire de la justice humaine*, et si vous étiez frappé par les hommes, *vous trouveriez dans l'autre monde la sanction de la sentence prononcée*. »

Voilà assurément une doctrine nouvelle : Dieu est l'auxiliaire du magistrat. Il ne reste à la Divinité qu'à ratifier les jugements humains. C'est aller loin, peut-être, que d'affirmer que la justice divine a sanctionné le jugement qui frappa Calas et Lesurques et tant d'autres innocents : celui-là, par exemple, qu'une révélation du vrai coupable, au lit de mort, arrachait récemment au bagne où l'avait envoyé la justice humaine. C'est une admirable confiance dans la raison humaine, que de proclamer ainsi son infaillibilité.

Le lecteur comprendra mieux, après l'énonciation d'une pareille doctrine, l'assurance imperturbable de l'accusation dans son système initial. Ce qu'elle a vu, dès la première heure, doit être comme elle l'a vu. Tout ce qui contredira son opinion ne pourra être qu'erreur ou mensonge. La doctrine inattendue de M. de Labaume est la plus haute justification de son impartialité. Il n'est pas partial, puisqu'il se croit infaillible. Plus il est honnête homme, plus l'infatuation de son sens personnel lui cachera tout ce qui pourrait infirmer les décisions de son jugement.

Mᵉ Gasc veut insister sur ce fait grave que, les premiers jours, Conte n'a parlé à personne de la présence de Léotade et de Jubrien. *M. le président* s'oppose vivement à ces questions. — *Me Gasc* : « Je voudrais que le témoin répondît. » — *M. le président* : « Nous sommes juges de l'utilité des questions. » — *Me Gasc* : « Le droit de la défense et celui de M. le président... » — *M. le président*, avec hauteur : « Il y a, entre nos deux positions, une légère nuance. » — *Me Gasc* : « J'ai une question à adresser... je vous prie de la faire, Monsieur le président. » — *M. le président* : « Pas de questions inutiles dans ces débats dont nous ne voyons pas le terme. »

Ce conflit se reproduira chaque fois que la défense ouvrira la bouche, et se terminera nécessairement à son désavantage.

Antoine Bajon, en religion *frère Liéfroy*, directeur des écoles communales, n'a appris que vers les cinq heures du soir la disparition de la petite. Il n'a pas cru qu'elle eût pu entrer au pensionnat, les femmes n'y étant jamais reçues. Il y a, au reste, le sait, trois autres directeurs, et c'est le directeur du noviciat qui est le premier.

M. le président fait observer que cependant le juge d'instruction l'a considéré comme directeur supérieur. — *Frère Liéfroy* : « S'il l'a compris ainsi, ce n'est pas ma faute, c'est la sienne. » — *M. le président* : « Prenez garde, témoin, et ne sortez jamais de la réserve qui convient à votre robe et au respect que vous devez à la Cour. » — *Le témoin* : « Pardon, M. le président. »

Le président insiste pour trouver dans le frère Liéfroy le directeur supérieur du noviciat. Celui-ci décline cet honneur. S'il a signé le premier, c'est qu'il était là le premier. Mais, lui dit-on, qui indique les heures des exercices ? La règle, répond-il. Le président paraît ne pas comprendre cette institution où chacun commande le moins qu'il peut, et met toute sa gloire à obéir. Que ne lisait-il la vie de l'abbé de Lasalle, le saint fondateur de l'ordre ?

L'audience du 16 février voit accuser le *frère Lorien* de nouveaux mensonges. *Marie Terrisse*, femme Baylac, tante de Cécile, est venue chez les frères, et a vu que le frère Lorien portait des sabots. Le frère hésite à le reconnaître, avec d'autant plus de raison que la visite de Marie Terrisse est du 16, et que l'accusation en infère, par confusion de dates, que Lorien portait des sabots le 15. On l'emmène pour le reconduire en prison. « La présence de ce témoin souille les débats, » s'écrie M. le procureur général.

Jean Rudel, coiffeur à Lavaur, est venu visiter les frères avec Vidal, le 15, à neuf heures du matin. Ils ont fait demander les frères Laphien, Janissien et Navarre (ce sont bien ceux qu'a indiqués le frère portier). Le témoin n'a vu personne dans le vestibule, et il n'a pas entendu sonner pendant qu'il était là. Or, Vidal avait vu, lui, dit-il plus tard, une femme sortir en passant derrière lui. Rudel s'en étonna, s'étant trouvé plus près de la porte que Vidal.

Ce *Vidal*, imprimeur, âgé de 18 ans, est interrogé à son tour. Pour résumer à l'avance en quelques mots sa déposition finale, il avoue qu'il n'a pas vu sortir cette petite. Quel était son mobile ? On accusait les frères, cela lui a fait de la peine. Il a fait part aux frères de cette invention, la leur donnant comme une réalité. Puisque vous avez vu sortir cette petite, lui ont dit les frères, il faut le dire. Notons que du témoignage très-sincère de Rudel, témoignage accepté par l'accusation, il ressort que Vidal n'a pas dit : *Il me semble que j'ai vu sortir la petite, mais je l'ai vue sortir.* Pressé de questions, menacé d'une arrestation imminente, Vidal est amené à dire : —

« Frère Floride m'a dit : Puisqu'il vous a *semblé* l'avoir vue sortir, vous pouvez dire que vous l'avez vue. »

Dans cette démarche l'accusation voit un fait de subornation. Il était à remarquer peut-être que Vidal était complétement étranger à la congrégation, complétement inconnu à l'Institut ; qu'il n'y était venu que pour accompagner son camarade Rudel qui, lui, au contraire, avait des lettres de recommandation pour les frères. Que si les frères directeurs avaient eu l'idée coupable de suborner un de ces deux témoins, c'est à Rudel qu'ils eussent pu s'adresser de préférence. Mais, autre réflexion plus naturelle encore : si un vaste système de mensonge avait été organisé, quels instruments plus dociles pouvaient avoir les directeurs que les frères eux-mêmes. Or, les quatre frères Navarre, Laphien, Janissien et Lignaux, qui étaient présents au vestibule, déclarent qu'ils n'ont pas vu sortir Cécile Combettes.

Il y a plus, ce n'est pas à Toulouse, dans une première entrevue avec les frères, que Vidal a parlé pour la première fois de ce qu'il a cru voir. Le 17 avril, mandé chez les frères avec Rudel, il dit qu'il n'a rien vu. Revenu à Lavaur, il dit à plusieurs témoins qu'il a vu sortir une petite, qu'il s'est rangé pour la laisser passer. Quelle que fût la valeur du propos, il était donc tout spontané et on cherche vainement l'intérêt de Vidal dans un mensonge, puisque, dans une première entrevue avec les frères, il n'avait pas parlé de sa vision, pour ne pas être appelé en justice. Arrivé à Lavaur, il croit pouvoir parler, et il en dit plus peut-être qu'il n'en a vu : c'est l'ordinaire vanterie de celui qui a assisté à quelque chose.

Écoutons cependant les divers témoins de Lavaur, qui nous racontent les propos de Vidal revenu de Toulouse.

Crouzade de Lavaur, dépose : — « Je vis Rudel et Vidal à leur retour de Toulouse ; Rudel me dit : je n'ai pas vu la petite ; mais voilà Vidal qui l'a vue. Alors Vidal reprit : Oh ! moi je l'ai vue, je me suis serré pour laisser passer une jeune demoiselle. Elle avait un mouchoir bleu à pastilles blanches. »

Gasc de Lavaur fait une déclaration semblable, et un sieur *Dumon* de Lavaur ajoute avoir appris d'un nommé Faure que Rudel lui avait dit qu'ils avaient été avec Vidal au cimetière pour voir si celui-ci reconnaîtrait dans la morte la petite qu'il avait vue.

Une déposition plus importante encore est celle du sieur de *Boussac-Rivals* : — « J'ai vu, dit-il, Vidal à Lavaur, et comme il était question de l'événement, il me dit qu'il avait vu une jeune fille appuyée sur l'arc-boutant de la porte ; or, comme j'aime à préciser les choses, je lui demandai dans quelle attitude, et il l'indiqua par des gestes. Il ajouta un instant après : J'ai fait un pas en arrière pour la laisser passer. Et l'avez-vous vue sortir, lui demandai-je ? *Oh! non, me* répondit-il, *je ne l'ai pas vu sortir, mais je suis persuadé qu'elle est sortie.* Il me définit son costume, et parla d'un mouchoir à pastilles blanches et d'une robe de Castres. Vidal avait un tel caractère de vérité dans ses assertions, que je l'ai cru sincère et que je le crois encore. »

Où tout cela se passa-t-il ? est-ce chez les frères, à Toulouse ? Non, c'est à Lavaur, sur la promenade, au café ; Vidal est devenu un personnage ; il a vu quelque chose. S'il s'est tu chez les frères, parce que là il craignait d'être appelé en justice, il croit pouvoir parler à Lavaur, et il parle ; toutefois, s'il rencontre un interlocuteur sérieux, comme M. de Boussac-Rivals, il n'affirme plus qu'il a vu sortir Cécile, mais seulement qu'il s'est rangé pour la laisser passer.

Dans tout cela, où est l'inspiration extérieure, la suggestion? Évidemment, exacts ou non, les propos de Vidal sont des plus spontanés. Comment donc l'accusation a-t-elle supposé la subornation? Le voici : il y a des frères à Lavaur; leur directeur entend parler d'un ouvrier imprimeur qui s'en va répétant partout qu'il a vu sortir Cécile. Il en informe l'Institut de Toulouse. Peut-on blâmer les frères de rechercher ce témoignage qui se cache, et qui peut-être va faire éclater la vérité? Non, sans doute, et cependant ce n'est pas sur la demande des frères de Toulouse que Vidal est recherché. Le frère Auricule, directeur de Lavaur, prend la voie la plus légale et avertit de l'incident le président du tribunal de Lavaur et le substitut du procureur du roi près ce tribunal. Vidal est amené à Toulouse par le frère directeur et par le substitut. Le 24 avril, il affirme aux frères de Toulouse qu'il a vu sortir Cécile. Le frère Floride s'étonne que Vidal n'ait pas déclaré cela dès le principe, et Vidal explique son silence par la peur de la justice. Mais le frère Floride se défie de ce témoignage, adjure Vidal de ne dire que la vérité, et pour mieux apprécier les affirmations de Vidal, on se rend au vestibule, on se rend compte des diverses places occupées par les personnages du 15 avril, et on croit pouvoir admettre cet heureux témoignage qui va donner une preuve de plus en faveur de l'Institut. C'est alors que, selon Vidal, le frère Floride aurait dit : — Puisqu'il vous a semblé l'avoir vu sortir, vous pouvez dire que vous l'avez vue.

C'en est assez, et M. le président conclut : — « C'est la limite extrême entre l'immoralité et la subornation. » Mais M. le président voudrait prouver que l'inventeur officieux d'un mensonge tout spontané n'a été que l'écho d'excitations secrètes. Enfin, Vidal parle d'une séance des frères dans la bibliothèque, séance dans laquelle on s'est entendu pour ne pas introduire de contradictions dans les réponses. Et il a résolu de dire comme les autres. Cette séance, ainsi interprétée par Vidal, n'était qu'une des phases de l'enquête intérieure faite par les frères entre eux. Vidal, toujours sous le coup d'une arrestation, donne à cette scène un caractère de machination, et il ajoute ce détail, qui témoigne cependant chez les frères d'honorables scrupules. Le frère Floride l'avait engagé à dîner, mais il s'est ravisé et lui a dit : Puisque vous devez paraître devant le juge d'instruction, vous ne pouvez dîner ici. Et il lui a donné 2 francs pour dîner ailleurs. Si c'est là de la corruption, l'ouvrier imprimeur était facile à corrompre.

L'essentiel de cette déposition, et on ne voit pas que l'accusation l'ait remarqué, c'est que Vidal n'a pas parlé à Lavaur sous l'inspiration des frères, puisqu'il y a dit tout le contraire de ce qu'il avait dit à l'Institut. Il faudrait pour qu'il y ait eu subornation, ou seulement suggestion, que Vidal ait, immédiatement après son entrevue avec le frère Floride et la scène du vestibule, changé de langage. Quel besoin avaient les frères de Toulouse de suggérer une réponse à Vidal, puisque celle qu'il va faire est la plus favorable qu'on puisse attendre.

Mais, après tout, l'accusation a raison, puisque Vidal se rétracte dans l'audience de février? L'accusation a raison de croire à la suggestion, puisque cette suggestion, Vidal la raconte?

Non, l'accusation ne saurait être fondée à accepter si vite et sans discussion une rétractation ainsi obtenue. Vidal a tenu deux langages différents, le 17 avril chez les frères de Toulouse, et les jours suivants à Lavaur; pourquoi cela? Parce qu'il avait peur de paraître en justice. Eh! bien, il y est aujourd'hui, en justice. Et il a vu arrêter à l'audience frère Lorien, Madeleine Sabathié. Il comprend ce qu'il va lui arriver s'il persiste, et il ne persiste pas. Le rôle de l'accusation, en pareil cas, ce n'est pas d'accepter avec empressement celle des deux paroles qui convient à sa conviction intime, c'est de peser, de discuter, de soupçonner d'un côté tout aussi bien que de l'autre. Or, quelque opinion qu'on ait sur l'issue de ce procès, il y a une chose qu'un lecteur impartial a vu et verra jusqu'au bout de cette affaire, c'est que les soupçons de l'instruction, de l'accusation, des interrogatoires, ne se portent jamais que d'un côté ; c'est que la confiance de l'instruction, de l'accusation, des interrogatoires, ne s'accordent jamais qu'à un seul ordre de personnes ou d'idées.

Si l'interrogatoire avait eu ces salutaires défiances, il aurait conclu peut-être, avec un homme parfaitement honorable et désintéressé, M. de Boussac-Rivals, propriétaire à Lavaur : — « Je crois qu'il disait alors la vérité et qu'il ment aujourd'hui. » Cela est d'autant plus probable, que si la crainte d'une arrestation a pu faire rétracter Vidal, elle n'a pu lui faire avouer une suggestion qui n'existe pas. Au reste, nous retrouverons Vidal dans la suite de ces interrogatoires, et il donnera lui-même la mesure de la valeur qu'il faut attacher à ses paroles.

Quoi qu'il en soit, avec des efforts visibles, Vidal a été amené à dire à cette audience du 16 février, qu'on lui avait donné des instructions. L'accusation a, de ce côté, partie gagnée.

Faut-il redire encore une déconvenue de la défense? Pendant cet interrogatoire, M° Gasc a demandé à adresser une question à Vidal. — « Permettez, M° Gasc, » s'écrie M. le président. — M° Gasc : « Je le permets » (c'est une des formules ordinaires du langage méridional). — M. le président, qui croit voir une insulte dans cette réponse : « C'est vous qui allez le permettre. » — M° Gasc : « Certainement. — Ah! c'est intolérable, » s'écrie le président, et il se lève brusquement, en proie à une irritation difficile à décrire, se retire avec la Cour et ne rentre, au bout d'un quart d'heure, que pour menacer le défenseur de mesures disciplinaires, s'il lui arrive encore de prendre la parole sans qu'on la lui accorde. — M° Gasc, se levant tout ému : « Voulez-vous m'accorder la parole, Monsieur le président ? — M. le président : Non, Monsieur. »

Je ne sais si on reconnaîtra l'attitude d'un esprit calme, indulgent et modéré ; mais c'est assurément celle d'une conviction impérieuse et d'une susceptibilité bien éveillée.

Encore un frère témoin, *Navarre Antoine*, en religion *Marie Lieber*. Celui-là aussi va se trouver, dès les premiers mots, menacé d'arrestation. Vidal avait dit d'abord l'avoir vu sur le seuil, pendant que les frères causaient entre eux dans le parloir ; il s'est dédit ensuite et a prétendu qu'on lui avait suggéré cet incident. Navarre dit, en effet, avoir vu Vidal sous le vestibule et dans une procure où il y avait des livres. Le frère *Liéfroy* est interrogé à son tour sur ce qui se serait passé dans cette procure, sur ce que M. le président appelle une représentation où chacun avait son rôle, où on répétait ses dépositions. Le frère directeur se rappelle difficilement qui était dans cette procure, et dit n'avoir fait la leçon à personne. Comme, à ce moment, une certaine agitation se fait remarquer dans l'auditoire, devenu de plus en plus hostile aux frères, M. le président s'associe à cette agitation par des paroles peut-être regrettables. La dignité de la justice n'a rien à gagner sans doute à prendre un point d'appui dans ces émotions extérieures. — « Tenez, s'écrie M. le président, j'ai peine à contenir l'indignation de ce public... »

L'interrogatoire repris sur un ton plus calme, il se trouve que Vidal ne peut affirmer avoir vu le frère Liéfroy dans la procure, pas plus que ce dernier ne peut affirmer qu'il y a vu ou non Vidal. « S'il fallait le jurer, dit le frère directeur, je ne le pourrais pas. — *M. le président* : J'aime ce scrupule... *mais j'ai peine à y croire*. — *Frère Liéfroy* : C'est fâcheux qu'on ne croie pas aux gens de religion. — *M. le président*, avec force : Nous ne sommes pas impies. Nous avons de la religion autant que vous... *plus que vous*... car nous ne donnons pas de pareils scandales. »

Jean Cazeneuve, en religion *frère Irlide*, dépose avec un accent d'évidente sincérité : C'est le directeur qui a pensé, au premier soupçon, à faire conserver les empreintes du jardin ; c'est lui qui a remis au brigadier un bout de corde trouvé dans le jardin ; il a autorisé le changement de lit de Léotade et du frère Luc, à cause des terreurs vagues de ce dernier. Il rétablit en ces termes fort simples la scène de la procure, transformée en une sorte de conspiration contre la justice. — « On parla, dit-il, de l'entrevue de Vidal, de Rudel et des trois frères. Vidal dit qu'il avait vu sortir la jeune fille. Il descendit sur les lieux et indiqua comment il était placé. Je lui dis : Il faut être bien certain avant de parler. — Il me répondit : C'est une chose sûre pour moi. Il fut question de produire ce témoin dans notre intérêt. Je m'y opposai, et le frère Floride fut de mon avis. Vidal parla spontanément. »

M. le président : « Prenez bien garde ! Il y a ici des contradictions graves. La personne que vous faites parler a fait des révélations à la justice, et il serait à désirer que les membres de la Communauté fissent mieux leur devoir. »

Frère Irlide, d'une voix haute et grave : « Croyez bien que la Communauté des frères, et les directeurs surtout, demandent que le jour se fasse. Nous sommes dans un état de suspicion qui nous chagrine, et l'affaire de la Communauté est bien plus grave que l'affaire criminelle. Dans l'acte d'accusation, on nous accuse d'avoir ourdi un système de mensonge et de faux témoignages, pour empêcher la découverte de la vérité ; M. le procureur général a dit qu'il avait les mains pleines de preuves. Eh bien ! je l'ai défié de prouver notre complicité à ce système. »

M. le procureur général, avec véhémence : «Et nous avons accepté ce défi ! (Se reprenant et d'un ton plus calme) : Ce n'est pas une lutte que nous engageons avec vous, nous ne voulons que dévoiler des faits graves qui appellent des juges. »

Frère Irlide : «Et nous nous défendons contre des accusations que M. le procureur général n'aurait pas dû diriger contre nous. » — *M. le procureur général* : « Je vous dispense de m'indiquer mes devoirs. — Eh bien ! nous nous défendons dans l'intérêt de notre Communauté, dans l'intérêt de nos églises, dans un intérêt de morale publique. Je le répète, je défie de prouver que les frères de la doctrine chrétienne sont des suborneurs ! »

M. le président se rejette sur quelques hésitations de mémoire du frère directeur, pour faire suspecter sa moralité. « Cela, dit-il, s'accorde assez mal avec la manière dont vous accueillez des soupçons que bien des détails justifient. » Mais le frère ne répond pas à cette dernière attaque, et s'adressant à M. d'Oms, avec une modestie pleine de finesse : — « Si j'ai, dit-il, mis un peu de chaleur dans ma réponse, j'en fais mes excuses à M. le procureur général. Je ne veux dire que la vérité. »

Il est évident que, pour la première fois, le système de vaste complicité s'est heurté à une conscience, à un caractère et à une intelligence d'une trempe supérieure. Le frère Irlide est jeune encore ; sa figure belle, intelligente et grave, son langage cultivé, tout en lui annonce l'homme qui s'est détaché volontairement du monde, mais qui pourrait y briller aux premiers rangs. Avec ce témoin, l'accusation n'a pas eu le dessus. En vain cherche-t-elle à trouver une contradiction nouvelle et à faire avouer à Vidal qu'il n'a pas la pensée première de son invention : Vidal en revendique l'initiative, et affirme qu'il n'y a eu auprès de lui, de la part des frères, « aucune sollicitation. »

Auguste Amilhau, en religion *frère Floride*, est le visiteur général de l'ordre. Sa figure à la fois humble et austère est empreinte d'un caractère évangélique. Le témoin rappelle sa protestation contre le procès-verbal du commissaire de police qui déclarait, contre l'évidence, que les pieds de l'échelle s'adaptaient *parfaitement* aux empreintes. On y substitua *semblent s'adapter*, et le frère signa, mais à regret, puis adressa contre ce procès-verbal une protestation qu'on refusa d'accepter ! On arriva à l'incident de la procure. Le frère directeur croit être sûr que ce n'est pas dans la procure que Vidal a pu être interrogé, mais dans le vestibule. Il est en contradiction avec Vidal et une partie de la déposition de frère Irlide. L'accusation en conclut qu'il ment. — *Frère Floride* : « J'ai répondu tout autant que je puis me rappeler. » — *M. le procureur général* : « C'est la formule adoptée. »

Claussade, en religion *frère Laphien*, déclare en effet que Vidal est venu dans la procure aux livres. L'essentiel de l'incident, et l'accusation le laisse un peu de côté, c'est que la prétendue scène de rôles répétés n'a été qu'une enquête intérieure sur un fait apporté spontanément par Vidal, et que les frères directeurs n'ont pas consenti à accepter à leur avantage.

Mais que devient au milieu de tout cela l'accusé Léotade ? Depuis plusieurs audiences, c'est à peine s'il est question de lui au procès. L'accusation passe incessamment par-dessus sa tête et s'adresse à la Congrégation. Voici cependant que nous y revenons à l'audience du 16 février.

Le frère *Irlide* est rappelé. Il dépose que, le 15 avril, le compte de conscience s'est fait au pensionnat, et que Léotade lui a remis le sien ; qu'il a vu trois fois l'accusé dans cette journée : la première fois quand il a remis ce compte, la seconde fois quand il l'a envoyé chercher du bois à la cave, la troisième le soir. Il n'a rien vu en lui d'extraordinaire. Léotade a toujours été d'une régularité exemplaire. On lui a confié d'abord la lingerie où on est en rapport avec les mères et les sœurs des élèves et les filles de service ; Léotade a toujours montré la plus grande réserve vis-à-vis des personnes de son sexe.

L'abbé Perlès, prêtre espagnol réfugié, professeur de théologie morale, étranger présentement à l'Institut des frères, et qui n'a paru, le 15 avril, au parloir qu'en qualité de visiteur, est interrogé sur l'heure de son arrivée au noviciat. Dans l'instruction, il a dit être venu au noviciat entre huit et neuf heures ; il pense aujourd'hui qu'il était plus de neuf heures, d'après l'examen des souvenirs de tous ceux qu'il y a vus ; mais il n'avait pas de montre et ne saurait préciser. M. le président trouve très-grave cette contradiction, à laquelle l'abbé Perlès n'attache pas d'importance, se contentant de répéter naïvement : Je n'avais pas de montre. M. le président s'irrite de cette réponse répétée, et dit au témoin : « N'ajoutez pas le ridicule à vos réticences. » L'abbé est évidemment tout entier à son scrupule et ne comprend pas bien l'irritation de M. le président. L'abbé est-il entré ou non dans le vestibule? Il croit y avoir fait un pas ou deux; l'accusation le nie; Rudel ne l'a pas vu. Cette discussion n'aboutit à aucun résultat.

Crouzat, musicien, a donné des leçons au fils de Conte. Il a vu ce dernier faire un jour, dans la cuisine, des agaceries indécentes à Cécile Combettes; il la tenait entre ses jambes et la pressait contre son sein en lui disant : « Oh ! comme tu es jolie !.... N'est-ce pas qu'elle est bien jolie ! » Cécile se défendait. A cette même époque, Mme Conte se plaignit de ces caresses, et Conte dit : « Moi, je suis privilégié... j'ai toute la confiance de Cécile... Je suis le bourgeois... je suis le chef de la troupe. » Il y eut, à ce propos, une rixe entre Mme Conte et son mari. C'était à l'heure du dîner. Conte frappa sa femme, lui disant qu'il ne voulait plus d'elle. Mme Conte riposta, lui lui jeta des fourchettes et des cuillers à la tête, et Crouzat fut même égratigné. Mme Conte se sauva dans la rue et, à travers les vitres, montra le poing à son mari.... Elle dit à Crouzat : « Si vous saviez ce que ce méchant homme me fait souffrir !... Cette canaille-là a quelque chose dans la tête; il a peur que je ne dévoile ses vices. » Après cette scène, Conte sortit avec Crouzat et lui dit : « Je veux en finir, et lui prouver si je suis une canaille ! » Il était très-pâle, et serra la main de Crouzat, en ajoutant, avec une expression désespérée : « C'est pour la dernière fois. » Crouzat fit ce qu'il put pour le calmer. Conte, alors, lui témoigna de l'aversion pour sa femme. Il raconta à Crouzat qu'il avait dû un jour la frapper dans le lit; il ajouta : « Je ne puis vivre ainsi ; je ferai un malheur. » La belle-sœur de Conte dit à Crouzat, le 16 avril : « Il faut que Conte soit pour quelque chose dans ce crime. » Crouzat ajoute qu'il a vu, la veille des Rameaux, Conte très-irrité contre frère Irlide. Il était rouge de colère et lui dit : « Ça se gâte beaucoup chez les frères. Il n'y a pas un sou à gagner. L'an dernier, ils m'ont fait perdre 100 francs. »

Cette déposition de Crouzat est infirmée à l'avance, aux yeux du président, par ce fait que ce témoin est professeur de musique dans l'établissement des frères. C'est lui aussi qui, comme natif de Lavaur, aurait fait venir de cette ville, à la demande des frères, Vidal et Rudel. On sait déjà le contraire.

M. le président s'étonne qu'assistant à une scène de brutalité, il ne soit pas intervenu. Crouzat répond, comme il l'avait fait déjà dans l'instruction, qu'on exagère en voyant là de la brutalité ou de la violence; c'était une plaisanterie inconvenante. Il raconta cette scène aux frères, qui l'engagèrent à n'en rien dire, parce que cela blessait la charité ; mais il en avait parlé à bien d'autres, et Léotade vit là un fait assez grave pour qu'on ne gardât pas le silence. Dans l'esprit de Crouzat, il n'y a donc, dans la scène de la cuisine, rien de flétrissant pour l'honneur de la victime, mais seulement une présomption nouvelle de l'immoralité de Conte. Ce n'est pas ainsi que le comprend M. le procureur général, car il s'écrie : — « Ce n'est pas assez d'avoir violé Cécile ; il faut encore qu'elle soit profanée par des calomnies ! »

Crouzat ne paraît cependant pas entrer le moins du monde dans la prétendue conspiration des frères contre la justice; car il a été le premier à signaler l'hésitation de Vidal, à propos du malheureux mensonge, officieusement inventé par ce témoin; la parole de Vidal lui a paru *louche*.

Mais Crouzat est professeur chez les frères; son témoignage ne saurait avoir de valeur aux yeux de l'accusation. Conte est rappelé : naturellement, il repousse avec force les assertions de Crouzat, et Mme Conte se joint à lui ; elle ajoute même, après quelque hésitation, que Crouzat a jeté une fois des boulettes de papier à Cécile et qu'elle lui a dit : « N'ayez donc pas de familiarités avec cette enfant. » Une ouvrière, *Guillaumette Gesta*, confirme ce fait et ajoute : — « M. Crouzat disait quelquefois : Cécilou est bien gentille, Cécilou est bien charmante, et elle riait. Quelquefois elle disait : M. Crouzat arrive, nous allons rire. Cependant, en honnête fille, Crouzat ayant voulu la faire asseoir un jour chez lui, elle ne le voulut pas, craignant de faire parler d'elle. «Une autre ouvrière de Conte témoigne dans les mêmes termes. *Crouzat*, montrant Conte : — « Voilà le souffleur qui souffle. »

Voilà tout l'incident. Quelques réflexions qu'il puisse faire naître dans un esprit impartial, il n'en résultera, ni que Conte soit un modèle de moralité, ni que Crouzat soit un témoin bien sérieux, ni que sa déposition ait pu ou voulu un instant flétrir la mémoire de Cécile Combettes. Aussi, la scène dramatique qui suit semble-t-elle à distance un peu théâtrale. La femme *Baylac*, tante de Cécile, s'écrie, en se trouvant mal : — « On outrage notre pauvre enfant qui était un ange ! » La femme Combettes pousse des cris et M. le président clôt l'incident par ces paroles : — « Faire peser des doutes sur la moralité de cette enfant, c'est presque outrager la population de Toulouse tout entière qui croit à sa vertu. On veut briser cette couronne d'innocence virginale qui a été posée sur le cercueil de la malheureuse enfant ! »

On comprend quel effet devront produire sur le jury ces mises en scène assurément fortuites. Et puis, voilà une fois de plus la population de Toulouse évoquée, engagée dans le procès, identifiée avec l'accusation ; voilà une fois de plus, par la signification donnée au témoignage de Crouzat, les frères placés d'un côté, et de l'autre cette douce victime que, contre toute évidence, on les accuse de vouloir outrager (17 février.)

Ici se place un important témoignage et éclate, une fois de plus, l'inégalité des situations faites aux divers témoins.

Jean Evrard, âgé de 16 ans, clerc d'avoué, à Lavaur, rapporte que Vidal, en revenant de Toulouse, lui a dit avoir vu *à travers une lucarne* du vestibule de l'Institut deux frères parler avec la petite. Evrard insista, dit-il, pour que ce fait fût révélé à la justice. Le propos était tenu sérieusement.

M. le président. Il n'y a pas de lucarne donnant du parloir sur le vestibule, mais une donnant du parloir sur la cour. Croyez-vous que Vidal mentait ?

R. Il n'est pas menteur.

D. Il l'est bien un peu ?

R. Il ne l'a jamais été avec moi.

Vidal est rappelé et nie le fait. Evrard a, dit-il, inventé ce mensonge, mais il s'est rétracté depuis. Et, en effet, Évrard s'était rétracté. M. le procureur du roi de Lavaur, cherchant à découvrir la vérité sur ce propos si grave, a adjuré Évrard de la dire, et Évrard, après avoir soutenu son premier dire, est revenu de lui-même trouver M. le procureur du roi et lui a dit : « Tout ce que je vous ai dit est un mensonge. — Retirez-vous, » lui répondit l'honorable magistrat; «réfléchissez bien à cette déclaration nouvelle ; pesez la gravité du propos, la gravité de la déclaration, et revenez demain me parler selon votre conscience.

Le lendemain, Évrard revint. Il avait encore changé de dire : — « Tout est vrai, M. le procureur du roi, dit-il; Vidal m'a tenu ce propos; la fille Raman, la couturière, l'a bien entendu. »

Avec un peu de prévention, un peu de légèreté, M. le procureur du roi de Lavaur eût accepté cette version définitive. Il ne le fit pas. Il chercha à la contrôler et fit venir la couturière. La fille Raman n'avait jamais entendu parler de chose semblable. — « Voyons, Évrard, » dit le magistrat, « pourquoi avez-vous changé votre déclaration ? — C'est, » répondit Évrard, « parce que Lambert m'avait menacé. (Ce Lambert était un compositeur de l'imprimerie de Lavaur). — Réfléchissez bien, Évrard, dit le procureur, vous pourrez être appelé devant la Cour, et il faudra bien dire la vérité. — Oh! maintenant, je suis fixé, » s'écrie Évrard.

Aujourd'hui, Évrard est devant la Cour, et il soutient son propos. Voyons comment ce témoin suspect, avec ses tergiversations incessantes, va être accueilli par les magistrats.

Évrard, avons-nous dit, affirme à nouveau que Vidal lui a dit avoir vu la fille parler avec deux frères à travers une lucarne. S'il s'est rétracté, c'est parce que Lambert l'a traité de polisson et l'a menacé.

M. le président. « Voyons, Évrard, dégagé de toute influence du dehors, et sous la foi du serment que vous avez prêté, dites-nous franchement, sincèrement si Vidal a tenu ce propos?

R. Oui, je le répète.

Vidal. C'est faux! Il n'y a aucun témoin qui puisse dire que je l'aie dit.

D. Prenez garde, voici un mot dangereux... Vous ne semblez nier que parce qu'il n'y avait pas de témoin. »

C'est alors que M. le procureur du roi de Lavaur raconte les honteuses tergiversations d'Évrard. Mais Évrard affirme avec redoublement de serment, et M. le président, d'ordinaire peu crédule, conclut en ces termes : « *L'insistance d'Évrard donne quelque poids à sa déposition.* » C'est aussi l'opinion de M. le procureur général.

Et cependant Évrard a menti, il a inventé le propos de la lucarne, placé par lui dans la bouche de Vidal; un témoignage irrécusable vient le confondre. C'est celui de M. Lafont, architecte expert, qui déclare que « non-seulement il n'y a point de lucarne qui donne du parloir dans le vestibule, mais qu'il n'y a dans le parloir qu'une croisée fermée par un abat-jour *qui empêche de rien voir dans l'intérieur du noviciat.* »

Évrard a donc menti, son faux témoignage n'appelle contre lui aucune mesure sévère, pas même une admonestation. Il se retire libre des débats.

Changeons de témoin : l'attitude ne sera plus la même.

Pierre Arragon, en religion *frère Jubrien,* déclare que, le 15 avril, il n'était pas dans le parloir; il ne saurait se rappeler si, ce jour-là, il a vu ou non Léotade; il a bien jaugé avec lui des barriques à vin, mais il ne se rappelle d'une façon certaine l'avoir vu que le 16 au matin. Est-ce la nuit? est-ce le jour qu'il a jaugé ces barriques? Frère Jubrien ne se le rappelle pas, et l'exprime son incertitude par cette naïveté « Si c'était la nuit, je ne l'ai pas vu le jour. » M. le président croit voir une indécente plaisanterie dans cette involontaire lapalissade, et s'écrie : — « Ah! vous voulez faire de l'esprit. »

Frère Jubrien, simplement: « Mon langage n'est pas élégant... Je ne sais pas ce qu'il faut... »

M. le président. « Savez-vous ce qu'il faut?.. Parler avec sincérité... *Vous voulez passer pour des hommes saints,* soyez-le... ne répondez pas à mes questions par des jeux de mots qui ne conviennent pas à votre caractère. »

L'accusé se rappelle, lui, avoir eu avec Jubrien, dans la soirée du jeudi, ce qu'il appelle la conversation pour le vin. — « Pardonnez-moi, ajoute-t-il, je parle peut-être avec trop de *simplicité* (ce mot signifie grossièreté, trivialité, dans sa bouche). — Non, » répond M. le procureur général, « vous avez toujours répondu avec beaucoup de finesse et de dextérité. La simplicité est la dernière des choses que nous ayons remarquées en vous. »

Ainsi, toujours l'interprétation et la prévention accompagneront chaque parole, chaque geste de l'accusé ou des autres frères. La conscience du jury ne sera pas un moment abandonnée à elle-même, et quand le commentaire accusateur n'aura pas précédé, il se hâtera de suivre. Quant aux témoins de l'Institut, quand même leurs habitudes et leur caractère leur eussent permis d'affirmer par serment des faits incertains, il est permis de croire que, sûrs à l'avance que toute affirmation venant d'eux sera regardée comme mensongère et interprétée de la façon qui leur sera le plus contraire, ils ont compris la nécessité de redoubler de réserve. Et cette réserve elle-même sera interprétée à crime : telle est la fatalité de certaines positions; il serait injuste d'en accuser personne.

Un autre incident s'est élevé à propos de la lettre de conscience (17 février). Jubrien ne l'avait pas faite depuis longtemps, à cause de ses occupations; M. le président en tire cette conclusion, dont on sent la portée contre Léotade, que les pourvoyeurs en sont dispensés par la règle. (On sait que la règle toujours suivie depuis l'abbé de Lasalle n'en a jamais dispensé personne). M. le procureur général trouve, dans un des interrogatoires de l'instruction, que Jubrien s'est dit dispensé de la règle comme pourvoyeur.

— *Jubrien,* étonné : « Etait-ce bien écrit ainsi ? »

Le frère a encore involontairement soulevé un orage. — « Depuis quand, s'écrie M. le président, vous permettez-vous de pareilles insolences ? N'avez-vous fait vœu d'humilité que pour respecter ce que les autres ne respectent pas, et pour fouler aux pieds ce que tout le monde respecte? Si M. le procureur général juge à propos de requérir, la Cour a compris l'outrage. »

M. le procureur général ne juge pas à propos de répondre à cet appel. Frère Jubrien est ahuri ; M. le président lui demande si son « interruption insolente » porte sur la forme ou sur le fond. » Le frère répond : — « Je n'ai pas l'éducation nécessaire pour parler en pareil endroit. Je n'ai jamais voulu insulter des magistrats respectables ; je voulais seulement dire que j'étais dispensé par mes occupations et non par la règle. » — *M. le président :* « Vous avez cru échapper à la difficulté de votre position par une insolence et par une grossièreté. »

Conte prétend avoir salué Jubrien, le 15 avril, dans le vestibule et dit que celui-ci ne lui a pas rendu son salut : *Jubrien* sourit de pitié à ce détail improbable. *Conte* soutient également avoir parlé à un autre frère, *Julien,* qui se serait rangé pour le laisser passer; celui-ci ne l'a pas vu. M. le président s'en rapporte à la déclaration de Conte, parce que « Conte affirme plus convenablement, » et frère Julien, qui veut répondre, est rappelé à l'humilité. Même scène avec le frère *Ibonciem,* novice de cinquante-deux ans, ancien canonnier, qui se rappelle avoir été au jardin avec un visiteur, à six heures et demie du matin, le

16 avril, et qui a dû par conséquent y laisser des traces. Ce frère, dont la parole rude et franche regimbe contre les soupçons dont on entoure son témoignage, a vu une femme au parloir et ne l'a pas regardée ; il ne peut dire si c'est la petite aux livres. Ce témoin, ainsi que M⁰ *Gasc* lui-même, qui veut intervenir, est menacé à son tour des rigueurs d'un réquisitoire.

Lajus, confiseur, parle d'un entretien qu'il aurait eu avec l'accusé sur Conte : il croit devoir en fixer la date au 16 ; *Léotade* le reporte au 19. Il avait été question dans cette conversation des antécédents déplorables de Conte. Lajus déclare, du reste, qu'il n'a été fait auprès de lui, bien que l'accusation le soupçonne, aucune démarche de la part des frères pour lui faire modifier sa déposition.

Frère *Léopardin*, cuisinier des frères, a vu quatre fois l'accusé dans la matinée du 15 avril, la dernière vers neuf heures un quart ; cette dernière assertion, qui n'avait pas été produite dans l'instruction, attire sur le témoin des menaces de mesures rigoureuses.

Lacour, tailleur chez les frères, a vu l'accusé dans la matinée du 15, entre neuf et onze heures : dans une première déposition, il avait dit entre neuf et dix.

Nous nous sommes un instant rapprochés de Léotade. L'interrogatoire va s'en éloigner encore et s'égarer dans une accusation de tendance contre la congrégation.

Les témoins *Bayle* et *Vidal*, anciens frères, sont interrogés sur la nature de l'obéissance passive exigée des membres de l'Institut. M. le président pense qu'elle doit aller jusqu'à mentir à la justice. Les témoins déclarent le contraire.

Il serait trop long de suivre dans tous ses détails ce long interrogatoire où chaque frère est, dès les premiers mots de sa déposition, accusé de complicité et de parti pris ; toute déposition d'ouvrier ou de bourgeois, qui semble contenir quelque fait à la charge de l'accusé, est, au contraire, hautement considérée comme loyale. Ce n'est pas un système pour l'accusation, c'est une certitude préventive qui, toute sincère qu'elle soit, jette une étrange inégalité dans l'appréciation des témoignages. Si, par contre, une déposition extérieure aux frères se produit de fois à autre, et que cette déposition soit favorable à la congrégation, ou seulement défavorable à Conte, le témoin est vertement tancé. C'est ce qui arrive, par exemple, à *Marie Duprat*, ménagère de vingt-huit ans, voisine et amie de Cécile, jeune femme de mœurs irréprochables, estimée de tous ceux qui la connaissent. Elle dépose que, dix à douze jours avant l'événement, Cécile est venue la trouver. Elle paraissait chagrine et lui dit : — « Il y a un polisson qui m'ennuie bien et depuis longtemps. » Marie lui demanda qui ce pouvait être : — « C'est Conte, mon maître, » répondit-elle après une assez longue hésitation et une répugnance visible... « C'est indigne ; si je l'écoutais, je serais une mauvaise fille !... Il me poursuit le soir, et il m'accompagne... Enfin, qu'est-ce qu'il t'a fait ? — Il me met les mains aux endroits les plus indécents. — A ta place, je le prendrais à l'endroit le plus sensible... et je lui arracherais les yeux... Et pourquoi ne pas le dire à ta mère ? Pourquoi y restes-tu ? — Je n'ose pas le dire à ma mère; je m'en irai quand mon apprentissage sera fini. » Conte lui disait aussi : — « Oh ! tu es si jolie, que tu te feras enlever. » Un jour, sous un réverbère de la Daurade, elle montra à Marie trois bleus sur son bras, que Conte lui avait faits en la tourmentant.

Cette déposition, faite avec un grand accent de vérité, par une personne honnête et simplement pieuse, devait être, ce semble, d'un grand poids dans le procès, d'un poids un peu plus grand, par exemple, que celle d'Évrard, le menteur reconnu. Les esprits impartiaux et calmes la pesèrent, alors qu'une réaction commençait à se faire dans la partie saine du public, en présence des présomptions si vagues accumulées contre l'accusé. On se demandait si la justice, qui avait eu assurément le droit de suspecter l'Institut, de suspecter un frère, qui n'avait encore trouvé contre ce frère que des probabilités sans base solide, n'avait pas aussi le droit, le devoir peut-être, de suspecter d'autres que les frères, de regarder ailleurs que dans l'Institut. Soupçon n'est pas preuve, et la justice soupçonne d'ordinaire plus de prévenus qu'elle ne trouvera de coupables.

Or, un instant, elle avait soupçonné Conte. Et à bon droit sans doute, car les démarches premières de cet homme étaient de nature à le désigner aux investigations. Les débats venaient raviver, non dans l'esprit de la magistrature, mais dans une partie de l'opinion publique, ces soupçons d'abord abandonnés. On se posait ce dilemme, assurément erroné : « Ou Léotade est coupable, ou Conte est auteur ou complice du crime. » Cette opinion ayant été sérieusement discutée, voyons sur quoi elle s'appuyait, et pourquoi elle ne put se faire jour à l'audience.

Nous l'avons dit, Conte était parti pour Auch, le soir même du crime, sans motif plausible. Celui qu'il invoqua, la nécessité d'aller payer aux frères d'Auch un billet de 115 francs, n'était pas sérieux, ce billet n'étant qu'à échéance du 20. Il avait ajouté qu'il allait aussi chez les frères d'Auch pour des fournitures, et il ne leur avait fait aucune fourniture. Il dit encore qu'il ne reçut pas d'eux tout l'argent qu'il espérait, et il n'avait pas un centime à en recevoir. Il dit encore qu'ayant à payer à Toulouse, il avait tiré deux billets, l'un sur la maison d'Auch, l'autre sur celle de Perpignan : c'était faux. Conte dut se rétracter sur ces derniers points, et s'en tenir à cette unique et singulière explication, d'un voyage fait le 15, pour payer un billet à échéance du 20. De compte fait, la démarche du voyage impliquait trois mensonges avérés et une absurdité suspecte.

Ce n'est pas tout. L'attitude de Conte avant le voyage était plus suspecte encore ; les singularités, les contradictions, les mensonges y abondaient. On a vu que, bien que préoccupé et triste, il ne fit aucune démarche sérieuse pour retrouver la petite ; à la permanence, il ne parle pas de son voyage ; dans un autre endroit, il ne parle à deux agents de sa connaissance : — « Je vous quitte, parce que je vais partir pour Auch. » Revenu chez lui, il vit le père de Cécile, et selon lui Combettes lui serra la main, en lui disant : — « Vous pouvez partir pour Auch, l'enfant se trouvera. » Nouveau mensonge : Combettes dit expressément dans sa déposition (procédure écrite) : — « Conte me dit qu'il allait partir pour Auch. — Quoi ! lui dis-je, vous discontinuez vos recherches ? Cependant, je vous avais confié ma fille ! Conte ne me répondit : — Vous pouvez vous retirer, mes affaires passent avant les vôtres ; je vais partir. — Je me plaignis de cette conduite et j'en fus outré. »

Et quelles étaient ses affaires si pressantes ? On sait déjà le motif du voyage d'Auch ; voyons le motif des courses diverses faites par Conte avant son départ. L'instruction y soupçonna tout d'abord la pensée de se créer des *alibi*, et elle découvrit dans ses assertions le sujet des mensonges nouveaux.

Écoutons Conte raconter l'emploi de son temps après sa sortie de l'Institut. Il alla d'abord, dit-il, chez son oncle Maître, rue de l'Etoile, et il l'emmena pour déjeuner. En passant, vers les dix heures et demie, ils allèrent aux messageries d'Auch prendre une place.

Mensonge. *Pradines* et *Wals*, tous deux employés à la diligence d'Auch, affirment que la place à la diligence n'a été prise que le soir; *du moins je le crois*, ajoutent-ils en honnêtes gens qui respectent le serment et hésitent devant la possibilité d'une erreur. Cette réserve, on le voit, se retrouve chez d'autres que chez les frères. La croyance des deux employés concorde, au reste, d'une façon éclatante avec celle du garde-magasin des messageries. Conte et son oncle Maître ont déclaré qu'en prenant la place au bureau, *le matin*, ils ont vu cet homme, Fauré, et lui ont demandé s'il n'aurait pas des roues à leur céder. Fauré ne les a vu ni l'un ni l'autre (procédure écrite).

Conte est rentré chez lui, dit-il, à onze heures pour déjeuner. Il ne supposait pas qu'il pût être arrivé quelque chose à Cécile et un de ses ouvriers, Reynières, dépose (procédure écrite) que Conte répondit à sa femme qui lui demandait où était Cécile : — « Est-ce qu'elle n'est pas là haut? — Non. — Elle se sera arrêtée avec une connaissance. »

Mais un sieur Dandré, appelé par Conte pour témoigner de la réalité de ce déjeuner de onze heures, dit de son côté que Conte a paru peiné, navré de cette disparition. Puis, voici Lacombe, autre ouvrier de Conte, qui a assisté aussi à ce déjeuner, et qui n'y a pas vu Dandré. Contradictions singulières, qui valaient la peine d'être éclaircies : car, que devenait le déjeuner, l'*alibi* de onze heures?

Après le déjeuner, Conte se met avec Maître à la recherche de roues. Il va à Saint-Cyprien, chez un sieur Molinier. D'après Lacombe, Conte n'en serait revenu qu'à trois heures et demie; d'après Conte lui-même, à trois heures; d'après Reynières, à une heure. Molinier déclare que Conte et Maître sont venus chez lui avant midi, et en sont partis avant une heure. Voilà donc près de deux heures dont on ne peut rendre aucun compte.

Et encore, cet achat de roues, qui s'oppose à des recherches bien légitimes, la nécessité en était pressante, sans doute? Non : ces roues devaient servir à un chariot *à faire*, et Conte ne les acheta même pas. Le juge d'instruction avait donc bien raison de dire à Conte, le 10 mai : (procédure écrite.) — « Votre journée du 15 avril s'est passée en courses multipliées, toutes étrangères à vos occupations habituelles. » Et dans les réponses de Conte, on signalait bien des tergiversations singulières. Tantôt, l'idée de cet achat de roues lui était venue à l'esprit en sortant de chez les frères; tantôt, il n'avait été chez Maître que pour voir des panneaux de noyer, et n'avait pensé aux roues que pendant le déjeuner.

Cependant la famille de Cécile s'est inquiétée de sa disparition; on est venu la réclamer à Conte. La femme Baylac lui dit qu'il faut qu'il la retrouve, que le commissaire central dit que c'est son affaire. Conte va sans doute aller bien vite à la police? Non : il répond qu'il a ses affaires, qu'il n'a pas trouvé de roues à Saint-Cyprien, et qu'il va en chercher aux Minimes. Il va aux Minimes, il en revient à quatre heures et demie, sans avoir acheté de roues. Il est triste, disent deux témoins; Cécile n'a pas reparu. L'idée d'un malheur est dans tous les esprits. Que va faire Conte? Il sort, seul cette fois. Il va à la police, sans doute? Non; il va de magasin en magasin acheter une paire de souliers. Il rentre chez lui au bout d'une heure : Combettes père et la femme Daylac l'entraînent enfin à la mairie; les parents de Cécile soupçonnent les frères, ils voudraient que Conte fît faire bien vite une perquisition dans leur établissement. Mais Conte, qui plus tard trouvera tant de raisons d'accuser les frères, détourne deux agents qu'on lui donne d'une visite à l'Institut et les mène dans une maison de la rue de l'Etoile, qu'il déclare suspecte, et qui ne l'est pas.

A sept heures, il est de retour chez lui; la voiture d'Auch ne part qu'à neuf heures, et cependant il se hâte de faire ses apprêts pour ce voyage si peu nécessaire; sa présence serait indispensable pour retrouver Cécile, et il part, malgré les justes représentations de ceux qui l'entourent. A Auch, où il n'a rien à faire, il est triste, il ne peut manger, il se lamente sur le sort de Cécile « qui a sans doute été entraînée dans un mauvais lieu. « Et de retour à Toulouse, aux portes de la ville, à la vue de deux agents, lui à qui on ne parle pas, lui qui ne sait pas même qu'un crime a été commis, il s'écrie : — « *Quand on est innocent, on ne craint pas de se montrer à découvert.* »

Voilà l'ensemble, assurément formidable, des singularités, des tergiversations, des mensonges, qui avaient constitué la masse des indices sur lesquels s'établirent les premiers soupçons. Un arrêt de non-lieu avait effacé tout cela; l'opinion devait respecter cet arrêt. Elle ne le fit pas assez peut-être, et par cette raison, plus ou moins valable, que l'accusation oubliait tout ce qui eût dû, de cette procédure inutile, rester au moins à la charge du caractère de Conte. Cet homme était devenu, pour ainsi dire, l'accusateur de Léotade et des frères; sur sa déposition reposait tout le procès : or, méritait-il la confiance qu'on lui accordait sans marchander. L'homme aux mensonges incessants devait-il être cru sur parole, par cette seule raison qu'il affirmait avec insistance et avec serment.

Mais, depuis l'ouverture des débats, cet homme avait-il au moins effacé l'impression défavorable de cette procédure? Non, tout ce qu'on avait appris de lui, tout ce qu'on avait entendu sortir de sa bouche, appelait la suspicion sur sa conduite et sur ses paroles. L'enquête morale ouverte sur sa vie y avait révélé un crime de famille, une subornation opérée avec violence sur une pauvre enfant sans défense, sur une parente confiée à sa garde. Cette jeune fille, il l'avait rendue mère et l'avait séparée de son enfant, triste fruit de l'adultère, mort quelques jours après loin de sa mère, cet enfant dont tout à l'heure, au procès, Conte, parlant au tribunal, osait nier la naissance. Attentat à la pudeur avec menaces et sévices, adultère prolongé sous le toit conjugal, voilà ce que révélait la touchante victime. Conte lui-même, après une longue dissimulation, s'était vanté lâchement de son infamie.

Et c'est la parole de cet homme qui servait de point de départ à l'accusation, qui lui apportait ses témoignages les plus positifs, ses préventions les plus graves!

Au moins, cet homme n'avait pas été pris, à l'audience, en flagrant délit de mensonge? On a déjà vu, on va voir encore le contraire.

Conte, l'homme taré, accusait Léotade de propos et de gestes obscènes, dont lui seul eût été le témoin. Il donnait, par exemple, d'ignobles détails sur un jeune poulain auquel, en sa présence, Léotade aurait fait des attouchements. Il prétendait que ce frère pourvoyeur lui aurait proposé de voler une corneille pour lui en faire présent. La vie entière de Léotade repoussait ces allégations, surtout si un seul témoin les apportait, si ce témoin était Conte. Mais,

Paris. — Typographie de FIRMIN DIDOT frères, fils et Cie, 56, rue Jacob.

enfin, ce témoin unique et si peu croyable ne démontrerait pas lui-même son mensonge? Conte le fit. A l'audience du 18 février, un domestique, *Lamorelle*, vient déclarer que dans l'écurie il n'y avait qu'une jument et une mule. Conte, rappelé, troublé par cette preuve inattendue, divague, prétend qu'il a vu là un poulain, un petit âne et une ânesse, puis finit par dire : — « Je ne sais pas si c'était un mâle ou une femelle ; c'était une bête jeune, je ne sais pas autre chose. » Or, dans la procédure écrite et à une des audiences précédentes, Conte a affirmé que Léotade *manipulait l'organe d'un poulain à l'état de nature.* » Conte a donc menti ; il a menti au procès public, il a menti à l'instruction ; il a menti toujours et partout. Et comment son témoignage pourra-t-il maintenant servir de clef de voûte à l'accusation?

L'accusation n'en croira pas moins Conte, sur sa seule affirmation ; elle n'en écartera pas moins toutes les preuves de son immoralité, de sa fausseté. Il a prétendu avoir été ramené au bien par le frère Floride ; le frère Floride repousse cette allégation comme un mensonge ; l'interrogatoire coupe court à cet incident. M. Alazar, libraire, vient donner connaissance de la lettre écrite à lui-même par la belle-sœur de Conte, sa victime ; la défense veut faire des questions sur cet incident, M. le procureur général lui-même

Au Bagne.

comprend qu'il ne faut pas repousser la lumière sur ce point si grave, il se joint aux avocats : — « On veut aujourd'hui, dit-il, représenter Conte comme seul coupable ; il est attaqué, lui, simple témoin, d'une manière peu commune ; *il faut qu'il vienne s'expliquer.* » Mais M. le président s'interpose : — « Il me semble qu'il s'est déjà clairement expliqué, dit-il, et qu'*il ne pourra que se répéter. Vous n'entendrez pas Conte de nouveau.* » Même scène, quand le frère directeur d'Auch rapporte l'inexplicable conduite et la tristesse singulière de Conte pendant son voyage sans motif. M. le président l'arrête : — « *Ces débats sont inutiles.* » Et déjà M. de Labaume a dit en parlant à Conte : — « Il faut que MM. les jurés sachent que vous êtes dépourvu d'intérêt dans la question. » Et, plus tard, invoquant le témoignage de Conte, M. d'Oms dira de cet homme qu'il est *loyal et probe.*

Tout ceci expliquera au lecteur la position de Conte aux débats, quand une honnête fille, reconnue pour telle par tout le monde, *Marie Duprat*, vient imprudemment rapporter les confidences que Cécile lui a faites sur les poursuites honteuses de son maître. — « Est-il possible, s'écrie M. le procureur général, que l'on vienne ici *diffamer encore la mémoire* de cette pauvre enfant. Cette déposition porte l'empreinte du mensonge. » Aujourd'hui, à distance, loin de ces émotions de l'audience, de la rue, de la presse qui enveloppaient alors tous les esprits, on croit rêver quand on entend traiter de diffamation le naïf récit des confidences d'une pure jeune fille qui repoussait des attaques indignes contre sa vertu. En quoi ces plaintes vertueuses de Cécile pouvaient-elles diffamer son honneur? M. le président comprit l'excès et discuta la déposition au lieu de la flétrir ; reconnaissant la naïveté et la piété de Marie Duprat, il lui objecta seulement qu'elle n'aurait pas dû garder pour elle un semblable secret et laisser Cécile exposée à un pareil danger; elle m'avait bien recommandé le secret, répond le témoin. Mais pourquoi Cécile n'aurait-elle pas fait cette confidence à sa mère, à une de ses camarades d'atelier, plutôt qu'à Marie Duprat? Qui s'étonnera de ces délicates pudeurs de jeune fille?

La mère de Cécile et Conte interviennent, la première pour nier avec sanglots. Douleur respectable! Mais enfin, les parents de Cécile sont partie civile au procès, on leur a fait espérer une grosse somme, et toute déposition qui pourra détourner l'accusation de Léotade et de la congrégation responsable, menace la réparation pécuniaire qu'on s'est promise.

Conclusion de l'incident : M. le président renvoie Marie Duprat en lui disant qu'on ne peut la faire arrêter puisque Cécile n'est pas là pour la démentir, mais que sa mémoire seule l'accuse.

Après Marie Duprat, *Madeleine Guillot*, couturière, enfant de quatorze ans et demi, qui a fait sa première communion avec Cécile, dépose que, dans une promenade, la victime lui a dit : — « Conte me tracasse; il me dit : Comme tu es jolie !... je t'enlèverai. Je lui ai répondu : Je sortirai bientôt de chez vous. Oh! mais, m'a répondu Conte, tu seras enlevée avant que tu t'en ailles. »

M. le président trouve quelques différences de date dans les diverses déclarations de la jeune fille, ce qui, à ses yeux, en détruit toute l'importance.

Une autre jeune fille, *Louise Carrière*, qui n'a reçu de Cécile aucune confidence de ce genre, sait seulement que, peu de jours avant sa mort, Cécile avait de tristes pressentiments, parlait de mort. Son apprentissage allait finir.

Un certain *Lambert*, ex-professeur, âgé de soixante ans, est de ceux qui, comme Madeleine Sabathié, se sont ingéré, par zèle religieux mal entendu, de faire par Toulouse leurs contre-enquêtes individuelles. Ce bonhomme a été pris par les parents de Cécile pour un émissaire des frères, et il se trouve à l'audience que ce n'est qu'une sorte de Prudhomme naïvement exalté.

Victor Fauré, allumeur de réverbères, a vu, dans la nuit du 15 au 16, à une heure après minuit, un homme à gros favoris et à grands cheveux; puis, dans la rue Colombettes, trois hommes avec de grands chapeaux. Cette révélation reste sans importance.

La fin de l'incident Vidal en a une plus grande. Le témoin, on le sait, a persisté, malgré l'insistance prolongée des interrogatoires, à déclarer que s'il a dit avoir vu sortir une jeune fille, c'est que *c'est une idée qui lui est venue*, mais qui ne lui a pas été suggérée. Rappelé une dernière fois, il dit toujours, malgré les menaces de mesures sévères, qu'il lui a *semblé*, qu'il ne lui *semble* plus. L'accusation n'est pas satisfaite; il faut que Vidal affirme encore qu'il n'a pas vu l'aumônier et sa soutane dans le vestibule, qu'il n'a pas vu Navarre à la porte du parloir. Pressé de questions, Vidal dit enfin qu'il ne les a pas vus. Mais alors on lui a donc suggéré de le dire? Oui, le 24 avril, cela a été convenu avec les frères. Enfin, l'aveu de la suggestion éclate. Il y a bien là, peut-être, une difficulté que l'accusation ne voit pas. Le 24 avril, huit jours après le crime, pouvait-on se douter à l'Institut de la tournure que prendraient les débats encore en germe? Pouvait-on prévoir l'importance future qu'il y aurait à ce que le frère Navarre et l'aumônier eussent été à telle ou telle place? Il y avait là de quoi y regarder de près. Mais M. le président se hâte de conclure qu'on a suborné le témoin. Tout à coup, il devient évident que Vidal a répondu tout ce qu'on a voulu, qu'il a menti sur tous les points, offrant le mensonge à l'interrogatoire qui recherchait trop absolument peut-être une certaine vérité. — « Il m'a semblé, dit-il, dès le commencement, que j'avais vu sortir Cécile, qui était appuyée sur l'arc-boutant de la porte; mais *en pensant*, j'ai vu que *cette fille était plus grande que Cécile.* »

Mais il avait donc vu une fille? Il a dit le contraire. S'il a vu une fille, quelle autre que Cécile? Il n'en est pas venu d'autre à l'Institut le 15 avril : on le sait. Et ce n'est pas tout : il dit maintenant que cette fille était plus grande que Cécile; le malheureux *n'avait jamais vu Cécile*. Ainsi, cet aveu du 16 février, arraché par les insistances de l'interrogatoire, c'était un parjure. Vidal a voulu échapper aux sévérités de l'audience, et il a répondu en trompant le président qui, involontairement, lui indiquait la façon de répondre pour ne pas être inquiété. On a traité ses réponses *d'illusions*, de *demi-révélations;* le malheureux à *complété* ses réponses. Encore, ne l'a-t-il pas fait tout d'une pièce : pour l'aumônier, pour Navarre, cinq fois, six fois, il répond : *il me semble que je les ai vus.* Mais, enfin, il sent que l'orage va éclater, et il répond : *Je ne les ai pas vus.* Et, après cette scène et ce parjure, il sort de l'audience anéanti, malade.

La déposition de Vidal restera-t-elle au procès?

Une dernière déposition, celle du jardinier *Antoine Massip*, est encore significative. Cet homme s'est aperçu, le matin du 16 avril, qu'il y avait des choux foulés à l'angle de son jardin, placé en face du cimetière. Dès le premier moment, et lorsqu'il a su qu'il y avait un cadavre dans le cimetière, Massip a été déclarer le fait à un officier de police, qui l'a repoussé comme insignifiant. M. le procureur général et M. le président en jugent de même : Massip a-t-il vu des empreintes de pied? Il n'en a pas cherché, les choux étaient foulés, voilà tout ce qu'il peut dire. M. le président clôt l'incident en s'écriant : — « Je ne vois pas l'importance qu'on attache à cette déposition. Je suis étonné de voir appuyer sur ce point. — Mᵉ Gasc avec tristesse : *Moi, je ne m'étonne plus de rien; je vois tant de choses depuis quelques jours!* »

Et nous voici, cependant, arrivés au 24 février. Les débats vont être clos. Eh! quoi, dira le lecteur, mais Léotade, qu'est-il devenu au milieu de tous ces incidents étrangers à la cause? De la congrégation, il en a été question souvent; mais Léotade? N'est-ce pas lui l'accusé? Nous cachez-vous la partie la plus importante des audiences, la discussion des présomptions accusatrices?

Un seul instant, à l'audience du 22 février, il a paru qu'on allait rentrer dans le procès. L'interrogatoire porte un moment sur la seule partie vraiment réelle de l'affaire. M. *Boissonneau*, commissaire central à Toulouse, rapporte qu'il a le 16, appliqué une échelle contre le mur des frères, et qu'il y a monté. Cette ascension d'un moment, faite *sans fardeau, sans précipitation, sans inquiétude, une seule fois,* a laissé une empreinte plus profonde que celle trouvée sur le terrain. Ce fait si grave passe inaperçu. Le président n'insiste que sur ce fait que l'inspecteur de police Tarride a été, sans ordres, inscrire son nom sur la soi-disant échelle aux empreintes et qu'il a pu se tromper d'échelle. On pourrait en inférer que l'échelle et ses empreintes n'ont plus de place au procès; mais M. le président laisse entendre que l'inspecteur de police a pu agir ainsi par complaisance pour les frères.

Le juge d'instruction, M. *Caubet,* avoue que pour lui ces empreintes d'échelle n'eurent d'abord aucune importance. M⁰ Gase lui demande ce qu'il a entendu par ce mot significatif inscrit au procès-verbal : *empreintes faibles.* Le juge d'instruction répond : par *empreintes faibles,* j'ai entendu *des empreintes superposées, résultant d'un piétinement ayant pour but d'effacer les traces que l'échelle aurait laissées sur la plate-bande!* Nous laissons au lecteur à penser comment aurait été accueilli un frère qui aurait risqué une traduction semblable.

Il est encore prouvé par les débats que le linge saisi chez les frères n'a été ni scellé, ni cacheté; qu'il y a des dissidences graves entre les divers procès-verbaux relatifs à cette saisie; que le sac ouvert à tout le monde, est sorti de la communauté sans être accompagné d'un officier de police judiciaire; que le juge d'instruction ne s'est pas assuré de l'identité du paquet, et que ce paquet a été porté du noviciat au cimetière par un homme sans caractère.

Une déposition intéressante est celle du juge d'instruction, racontant ses impressions touchant l'attitude de Léotade pendant ses nombreux interrogatoires au secret. Le témoin a cru remarquer des différences nombreuses dans cette attitude, selon l'importance des faits. Chaque fois qu'il arrivait dans la prison, il trouvait l'accusé agenouillé, priant avec ferveur, et comme plongé dans une extase mystique. Ce récit de M. Caubet jette un jour singulier sur les souffrances de ce secret absolu, de ces interrogations incessantes frappant lentement comme la goutte d'eau qui creuse la pierre; de ce secret que des criminalistes célèbres, MM. Béranger et Dupin aîné entre autres, ont considéré comme *une torture morale substituée à la torture physique.* M. Caubet raconte franchement ses procédés pendant ces cent cinq jours de séquestration imposée à Léotade. Il lui adressait incessamment des exhortations qu'il croyait propres à amener quelques révélations. Il lui disait : « C'est un crime affreux et qui ne peut s'expliquer que par une violence inusitée, et produit par une exaspération qui tient à la folie. Voyons : on conçoit presque cet état de démence ; *avouez* que vous avez cédé à un entraînement qui vous ôtait toute votre raison, que vous n'étiez plus maître de vous. Si vous êtes coupable, votre situation est affreuse, les remords doivent vous déchirer... *Avouez! avouez!* et vous retrouverez, même après un aussi grand crime, quelque tranquillité... » Le juge d'instruction faisait même luire aux yeux du malheureux le mirage du pardon : — « *Avouez!* vous pouvez vous attirer ainsi l'indulgence des juges! » Et ainsi, pendant cent cinq jours de solitude. Supposez un innocent, n'est-ce pas à le rendre fou? Le juge d'instruction ne constate que le résultat suivant chez Leotade : « Il m'écoutait avec une grande attention, un certain abattement, et il s'écriait : Je comprends bien que cela excuse le viol, mais la mort! mais la mort! (voulant dire que rien ne pouvait excuser l'assassinat de la victime). Qui sait, répondait le juge d'instruction, si l'auteur de ce crime a tué la jeune fille? Elle a pu se précipiter contre les murs. Et il finit par me dire qu'il n'était pas coupable... *J'ai espéré un instant,* j'ai cru que Léotade était sur le point de me faire un aveu. »

Voilà le secret, « l'horrible secret, s'écrie M. Dupin dans ses *Observations sur la justice criminelle,* le secret, qui ne figure nulle part sur la liste des peines consacrées par la loi. La loi qui consacrerait la mise au secret absolu, serait une loi immorale et qui ne pourrait subsister... La raison est une émanation de la Divinité; les hommes n'ont pu se donner réciproquement le droit de se rendre fou. Le secret, qui trop souvent entraine ce résultat funeste, n'est donc pas seulement une peine *illégale,* c'est encore une peine *contraire à la morale et à la religion.* »

Nous n'ajouterons rien à ces paroles éloquentes. Les débats sont clos. Nous n'avons plus rien à dire au lecteur; nous lui avons montré comment fut faite l'instruction, dans quel esprit furent conduits les interrogatoires; c'est à lui de décider si le caractère sacré de l'accusé y fut respecté comme le veulent et la morale et la loi; c'est à lui de décider si la recherche de la vérité y fut toujours dégagée de l'esprit de parti, des préjugés extérieurs, de la prévention; c'est à lui de décider si les jurés eurent les éléments suffisants pour prononcer en toute liberté de conscience, en toute connaissance de la cause. Laissons maintenant parler le procès, et surtout l'accusation, car le peu d'autorité laissée à la défense, nous a conduit, comme malgré nous, à faire parler la défense avant son heure.

Le 25 février, M⁰ Joly, avocat de la partie civile, prit la parole.

Dès les premières paroles de M⁰ Joly, il fut facile de deviner que l'honorable avocat regardait ailleurs que dans le procès. Ses préoccupations étaient à Paris : sa parole s'en ressentit, embarrassée ou violente. Il s'agissait de prouver que Léotade avait violé et assassiné une jeune fille : l'avocat s'attacha à ce qu'il appelait *la question sociale,* demandant, sans beaucoup d'à-propos peut-être, si la France avait traversé cinquante-cinq ans de révolution pour arriver à la négation de l'égalité devant la loi; s'il était vrai qu'il se trouvât dans l'État une puissance aussi forte que l'État lui-même; s'il était vrai que la justice dût rester impuissante.

« Eh! quoi, s'écria l'avocat, on entendra profaner la mémoire de cette enfant chérie. On verra organiser un système de corruption, de subornation, de mensonge. A l'aide de ces moyens, une lutte s'établira? A l'aide de quelles manœuvres! Vous le savez! Pour moi, je les connais ces manœuvres! Elles ne sont pas nouvelles! J'ai retrouvé là l'esprit de corps religieux qui vise à une indépendance coupable, qui veut mettre l'État dans l'Église! Je les connais ces hommes! Ils arrivent de haut et de loin! Leurs doctrines ont été combattues par les parlements, vaincues par les ordonnances de *nos* rois, abattues par les principes de 92. Ces doctrines, elles doivent conduire à la domination, et de la domination à la fortune. »

Pour qui n'eût pas eu le secret de ces mouvements d'éloquence, il aurait pu paraître bizarre de plaider la cause de l'égalité civile et de l'indépendance de l'État, contre une communauté assise tout entière sur ces bancs de la justice commune, mise en suspicion et passablement mal menée par la magistrature. Mais, pour qui sait lire et comprendre, la pensée de M⁰ Joly est absente; sa mémoire seule est en jeu, et elle récite évidemment un article de quelque feuille libérale de 1829 contre les manœuvres de Saint-Acheul et les envahissements des fils de Loyola! Les « ordonnances de *nos* rois » restituent à cette plaidoirie attardée sa date réelle.

La vérité, c'est que, tandis que la parole de M⁰ Joly retentissait dans le prétoire, son oreille inquiète écoutait les bruits venus de Paris. Que faisait-on là-bas? Une révolution, ou une émeute? Le tribun anxieux se substituait à l'avocat.

C'est ce qui explique pourquoi, déclarant en dix mots que le crime a été commis dans la communauté, qu' « il n'y a pas de contestation possible, » l'avocat se jeta dans une longue monographie de « la corporation d'Ignace de Loyola, » n'oubliant ni l'opinion d'Antoine Arnaud, ni l'obéissance passive, ni le *perinde ac cadaver*. On ne s'attendait guère à voir Ignace de Loyola dans cette affaire, et l'orateur, s'apercevant enfin de sa longue digression, crut rentrer dans la cause en disant : « Les ignorantins sont les agents subalternes des jésuites. »

Après cette proposition vraiment originale, M⁰ Joly essaya de discuter les témoignages. Il y aurait de notre part quelque cruauté à reproduire cette discussion prétendue, qui ne fut qu'une série d'apostrophes, d'exclamations, d'objurgations, d'injures : —
« C'est misérable... c'est honteux... c'est infernal... c'est infâme... Tout est confondu, brisé, anéanti... Que vous reste-t-il donc? Rien... Ah! si... si... Il vous reste les prétendues agaceries de Conte, la déposition de Crouzat, celle de Marie Duprat... Allons! allons! ce système infâme est jugé par ses œuvres. »

Nous ferons grâce à nos lecteurs des discussions confuses, et toujours dénouées par des affirmations péremptoires, à l'aide desquelles M⁰ Joly prétendit établir que Cécile n'a pu sortir de la communauté ; qu'elle a dû mourir à dix heures, pendant que Conte était encore chez le frère directeur ; que le corps n'a pu venir que du jardin des frères. Mais il nous faut bien, quoique à regret, montrer de quelle façon l'avocat de la partie civile prouva la localisation.

« Et sur cette jeune fille, quels ravages! ils sont tels qu'ils supposent la présence non d'un seul, mais de deux coupables. Ces ravages sont la preuve que le crime a été commis dans un lieu obscur, *inaccessible*, où la peur, le saisissement, auront eu raison de la pudeur de cette malheureuse enfant!

« Elle n'a eu ni la force, ni le temps d'appeler! La lutte a amené une prostration forte ! Le sang a été refoulé vers le cœur! La jeune victime n'a pu ni crier, ni se plaindre, et c'est alors qu'on a eu raison d'elle. Et quand la violence a commis le premier crime, le deuxième est devenu inévitable... Qu'on ne nous dise pas que le lieu n'était pas assez solitaire, il l'a été trop...

« Est-ce que l'état du cerveau de la victime ne vient pas à l'appui de mon argument! La mort a dû être prompte. Ce coup de massue, ce coup d'un poing vigoureux..., il lui a martelé le crâne... Ce coup a suffi pour lui donner la mort... La main était violente... Elle était passionnée... Une syncope a eu lieu; la violence a facilité le viol, et lorsque toute cette digestion hâtée a produit les désordres que vous savez, est venue la nécessité du meurtre ! »

Voilà, conclut M⁰ Joly, les *preuves* de la localisation : il y ajouta la chemise n° 562 et les graines de figue, et s'arrêta tout à coup. Le courrier de Paris venait d'arriver. Le président prononça le renvoi au lendemain, sur la demande de M⁰ Joly, « soit à cause de sa fatigue, soit à cause de ses préoccupations. »

Le lendemain, Toulouse, comme la France tout entière, se réveillait en république. M⁰ Joly était commissaire de la Haute-Garonne.

Le 28 février, la cause fut renvoyée à une autre session, « attendu que l'état des esprits ne permettait pas d'attendre des magistrats et des membres du jury cette attention, ce calme et cette indépendance de toute préoccupation, qui sont les meilleures garanties d'une bonne justice. »

En effet, la prévention, qui jusque-là s'était contentée de paroles, se produisait désormais par des actes. Dans la nuit du 25 au 26 février, une foule hurlante assiégeait avec menaces l'établissement des frères, escaladait et brisait les murs de clôture, dévastait les jardins, profanait et enlevait le Christ du calvaire, et le directeur de l'établissement recevait de la mairie provisoire l'ordre de renvoyer les enfants dans leurs familles. Un poste de 78 hommes dut occuper l'Institut et le pensionnat.

En présence d'un aussi déplorable renvoi, suivi bientôt d'une ordonnance de M. le premier président de la Cour d'appel, fixant la tenue des assises extraordinaires au 13 mars, et indiquant pour le 16 mars la cause du frère Léotade, l'accusé déclara pourvoi, pour cause de suspicion légitime. Il fondait son pourvoi sur le péril qu'il y avait pour lui, ou de se voir sacrifier, par un jury frappé de terreur, à l'émeute demandant sa tête, ou de tomber, quoique innocent et acquitté, entre les mains de furieux, contre lesquels la force armée avait peine à défendre l'établissement des frères.

La demande en renvoi vint, le 10 mars, à la Cour de cassation. M. le procureur général Dupin y rappela sa constante doctrine en matière de renvois. On peut la résumer ainsi :

— « Il est à désirer pour l'exemple, que justice soit faite sur le lieu même où le crime a été commis. C'est sur leur propre terrain qu'il faut atteindre les coupables, pour effrayer ceux qui seraient tentés de les imiter, et rassurer la contrée. L'assassin du maréchal Brune a été condamné à Riom; il eût mieux valu qu'il eût pu l'être dans Avignon, sur le lieu même où cet épouvantable forfait a été commis, à la face de ceux qui en avaient été les féroces complices ou les lâches spectateurs! C'est à Nîmes que j'aurais voulu voir punir Truphainy et Trestaillon ! »

Dans l'espèce, ajoutait M. Dupin, quelque menace particulière était-elle suspendue sur la ville de Toulouse? non, tout permettait de croire que l'ordre n'y serait pas troublé. La suspension des débats n'avait eu pour cause qu'un honorable scrupule des magistrats. « L'agitation produite subitement par ces nouvelles était tout à fait étrangère au procès ; mais elle était vive, universelle; elle s'emparait fortement des esprits, et ne leur laissait plus le calme qu'exige la poursuite d'un jugement criminel... Mais, du reste, à Toulouse comme ailleurs, l'adhésion au nouveau gouvernement a été pacifique, unanime. La République n'a pas rencontré de rivaux; elle s'est établie partout sur la seule annonce que le peuple avait repris la couronne, et que, cette fois, il l'avait gardée. »

Analysant les émotions qui s'étaient produites à Toulouse à l'occasion de ce procès, M. Dupin y voyait, d'un côté des gens demandant justice, de l'autre des personnes exprimant un vif intérêt pour l'accusé. Mais on n'avait pas vu qu'aucun trouble ait été apporté à l'exercice de la justice, qu'aucune menace eût été suspendue sur l'accusé, sur les témoins, sur les jurés.

Et d'ailleurs, disait fort spirituellement M. le procureur général, sans croire par là sans doute ajouter une grande autorité à ses principes, « quel est le lieu qui ne soit maintenant agité dans ses opinions. *Usque adeo totis turbatur agris* (tout n'est-il pas trouble partout).... Dans quel lieu envoyer un tel procès, sans qu'il y produise par lui-même une vive agitation? »

M. Dupin termina par quelques arguments plus sérieux que celui-là.

« A Toulouse, dit-il, le plus grand effet a été produit. On y a vu le cadavre de Cécile Combettes ; la population a suivi ses obsèques ; déjà l'accusé et les témoins ont paru devant le public sans molestations, sans insultes...

« A Toulouse se trouvent, dans l'intérêt de la justice, des avantages qu'on ne retrouverait pas ailleurs. Par exemple, l'inspection des lieux où l'on a vu que la cour et les jurés avaient jugé nécessaire de se transporter ; le nombre de témoins qu'il importe de ne pas arracher à leur domicile dans les circonstances actuelles ; un couvent dont plusieurs membres sont incessamment appelés en témoignage, et qu'il faudrait donc transporter ailleurs pour les avoir sous la main ; enfin, à chaque instant, à propos d'une rencontre, d'une conversation, d'une circonstance de localité, des gens de la ville appelés en vertu du pouvoir discrétionnaire ; comment faire, si l'on jugeait au loin ?

« Ajoutons que l'affaire a été dirigée jusqu'ici par deux magistrats éminents, qui ne pourraient être remplacés ailleurs que bien difficilement pour conduire le fil de l'accusation à travers le dédale de faits si compliqués et de témoignages parfois si mystérieux. N'est-ce pas pour leur enlever la connaissance et la direction de l'affaire qu'on a déjà tenté deux pourvois, l'un contre l'arrêt d'accusation, l'autre contre l'arrêt sur la responsabilité civile ? Celui-ci a encore le même but. »

La cour jugea qu'il n'y avait pas de cause de suspicion, et rejeta la demande en renvoi.

Et, en effet, M. le procureur général Dupin avait raison : les causes de suspicion légitime n'étaient pas plus à Toulouse qu'ailleurs ; elles étaient partout.

Lorsque se rouvrirent les débats de la session nouvelle, un sous-entendu singulier domina le procès nouveau. On s'accordait à dire que le premier procès devait être considéré comme nul, et non avenu ; mais c'était demander à la nature humaine plus qu'elle ne peut donner. M. le président lui-même se laissait aller à dire aux nouveaux jurés : « Nul d'entre vous n'a pris assez peu de part aux émotions du pays, pour ignorer les détails de cette affaire. Nous ne pensons pas qu'elle doive avoir devant vous les développements que rendrait indispensables la situation dans laquelle vos collègues étaient placés. Pour eux, tout était neuf, tout était à explorer ; pour vous, *nous devons considérer une grande partie de la tâche comme remplie.* »

M⁰ Saint-Gresse protesta justement et avec force contre cette doctrine toute nouvelle en matière de renvois, et dit que la défense ne serait possible qu'à la condition de faire table rase de tous les souvenirs, de toutes les impressions nées d'un autre débat. « La défense ne sera possible, ajoute-t-il, qu'autant que MM. les jurés seront éclairés *et non entraînés et séduits*, qu'autant que les témoins contraires à l'accusation ne seront pas *intimidés par la menace de la prison, insultés ou déconsidérés par le ridicule.* Nous ne voulons pas faire ici de récriminations rétrospectives ; mais c'est pour nous un devoir de déclarer que, si la défense doit être *un simulacre ou une vaine comédie, comme elle l'a été dans une autre session,* alors que notre présence matérielle sur ce banc laisserait croire qu'il y a une défense réelle, nous croirions devoir déserter ce banc, où nous enchaîne une responsabilité immense, où se discute la tête d'un homme, et ne pas nous associer à ce qu'on a appelé dans une autre audience, *une victoire.* »

M. le président déclara que la défense n'avait été « ni gênée, ni amoindrie, » et, le 17 mars, les témoignages commencèrent à être entendus. Nous ne rentrerons pas dans le détail de ces audiences ; c'est l'épreuve affaiblie de celles du premier procès. Remarquons seulement que la défense ne put obtenir cette fois le transport sur les lieux : l'accusation ne considérait-elle pas la tâche du jury nouveau comme déjà presque remplie par l'ancien ?

Le 28 mars, M. Rumeau prit la parole pour la partie civile. Escobar, Loyola, le *perinde ac cadaver* firent encore les frais de cette plaidoirie, dont l'auteur manifesta hautement son mépris pour toutes les congrégations.

Puis, M. le procureur général prit la parole.

« Messieurs les jurés, dit-il,

« Deux graves questions partagent cette cause et sollicitent votre examen. Vous avez à vous demander dans quel lieu a été accompli le double forfait qui a frappé une pauvre famille dans l'objet de ses plus chères affections, et vous avez ensuite à rechercher quel est l'auteur de ce crime.

« Il semble que de ces deux questions, la première devrait être résolue sans discussion. Qu'importe, en effet, le lieu où le crime a été commis. Pourquoi le contester, quel intérêt s'attache à le dénier ?

« La démonstration du lieu où le crime a été commis n'implique pas nécessairement la culpabilité de l'accusé : elle circonscrit, sans les fixer, les recherches de la justice.

« Et cependant la question de savoir dans quel lieu le crime a été commis semble être la question principale du procès. C'est pour échapper à sa solution que tant d'efforts ont été réunis. Tristes et déplorables conséquences des préjugés et de l'aveuglement ! On a vu depuis neuf mois une corporation religieuse qui doit aux lois civiles, aux pouvoirs séculiers la paisible existence dont elle jouit, se soulever contre leur action et lancer à la justice un défi que la justice a dû accepter.

« La religion a été confondue avec les passions humaines qu'elle réprouve. Et, au grand scandale de la moralité et de la religion elle-même, on a vu des hommes puiser dans les règles de ces associations, le droit d'égarer la justice par leurs réticences et de la tromper par d'indignes dissimulations.

« Cette situation est grave. Nous répétons qu'à nos yeux elle est la plus grave qui se soit encore produite.

« C'est un spectacle auquel la magistrature est habituée, que celui des réticences, des dissimulations que les soins de famille produisent en faveur d'un accusé. Nous devons même quelquefois nous attendre à ces dépositions complaisantes que l'affection et l'intérêt inspirent.

« C'est là sans doute un grand scandale : mais ce mal n'est que partiel.

« Une épreuve plus redoutable était réservée à la justice, dans l'organisation intérieure d'une communauté religieuse qui, forte de son unité, puissante par sa discipline, obéit comme un seul homme à la volonté qui la pousse. De sorte que, lorsque le magistrat recherche l'auteur d'un crime commis dans l'intérieur d'une communauté religieuse, il ne rencontre que des témoins d'une vie commune, soumis à la même influence, et qui, au lieu de se former une opinion par un examen personnel, acceptent sans contrôle les convictions qu'on leur impose.

« Avant d'entrer dans l'examen de la partie judiciaire de cette cause, il convient que vous méditiez avec soin sur le milieu où vous allez chercher la vérité.

« Ces longs débats vous ont initiés aux règles, aux

mœurs et aux habitudes de la corporation des frères de la Doctrine chrétienne.

« Nul d'entre vous ne prendrait au sérieux celui qui les représenterait comme des hommes simples d'esprit. Vous avez pu constater que, dans un certain ordre d'idées, l'habileté, la finesse et la dextérité ne leur manquent pas.

« Il est douloureux d'en faire l'aveu, mais vous avez pu acquérir cette triste conviction, que les habitudes du couvent, telles du moins qu'elles se sont révélées à nous, retranchent l'homme de la société, l'isolent de sa famille, et créent pour lui d'autres affections. En plongeant dans ce milieu, l'homme s'y transforme, les devoirs les plus sacrés du citoyen s'effacent devant les prétendus devoirs du religieux.

« Comment expliquer autrement cette facilité avec laquelle des hommes revêtus d'un caractère, jusqu'ici respecté, sont venus devant la justice affirmer le mensonge avec une imperturbable assurance.

« A voir leur attitude devant nous, on aurait dit que, pour eux, la majesté de ce prétoire cachait une solennelle déception, et que la justice, en poursuivant un grand crime, sans se préoccuper de la condition du coupable, préparait à la religion de douloureuses épreuves.

« Aussi, Messieurs, voyez cette résistance aveugle et systématique à la lumière qui a éclaté de toutes parts. Ces débats, si pleins d'enseignements pour tous, ont été muets pour les membres de la communauté : les choses sont pour eux au même point où elles étaient le 15 avril. Et vous avez entendu naguère les deux supérieurs de cette maison vous dire que leurs investigations personnelles les avaient convaincus que c'était hors de leur établissement qu'il fallait chercher le coupable ; à leurs yeux, les enquêtes auxquelles ils se sont livrés sont bien autrement décisives que les investigations des magistrats ; et au moment même où dans l'une de vos audiences, un jeune témoin rappelait les influences séductrices auxquelles il avait été soumis, son appel devant un conciliabule, auquel assistaient les directeurs même de l'établissement, l'un de ces directeurs se plaignait qu'on élevât le plus léger soupçon sur sa sincérité.

« Vous avez donc à vous préoccuper d'une cause d'un caractère tout particulier.

« Dans les faits qui vont se dérouler sous vos yeux, vous aurez à tenir compte des obsessions faites auprès de certains témoins ; des moyens d'influence mis en pratique pour provoquer des témoignages que la justice ne saurait accepter. »

Ici, M. le procureur général entre dans la discussion et examine ces deux questions : 1° Dans quel lieu le crime a-t-il été commis ? Quel en est l'auteur ? Il pense d'abord que le crime n'a pu être commis que chez les frères, que le cadavre n'a pu venir que de l'Institut. Personne n'a vu sortir Cécile ; tous ceux qui l'ont dit ou l'ont insinué ont menti. L'enquête faite par-devant Vidal et Rudel a fasciné le premier. On lui a dit : « Puisqu'il vous semble avoir vu, vous pouvez dire que vous avez vu. » Morale jésuitique, comédie scandaleuse, dans laquelle on concertait et on préparait des témoignages pour tromper la justice. En vain a-t-on voulu nier la première réunion dans la procure, si grave, puisque dans cette pièce rien ne peut éveiller les souvenirs. La maison des frères a donc été un foyer de conspiration contre la justice, et la justice, à moins d'abdiquer, ne pouvait accepter une seule déposition émanée d'un témoin attaché par un lien quelconque à la communauté.

On ne fait pas d'ailleurs tant d'efforts pour démontrer une vérité. Si Cécile fût sortie de la maison, on n'aurait pas eu besoin d'avoir recours aux faux témoignages ; le fait eût été facilement attesté. Et cependant on a séduit Vidal, on a séduit Madeleine Sabathié. La défense abandonne en vain cette dernière, l'accusation ne l'abandonne pas.

« On dira que cette femme a trouvé en elle-même, sans instigateur, la pensée de rendre un faux témoignage pour rendre service à la religion.

« S'il en était ainsi, il faudrait profondément gémir, qu'il existât encore en France une ville où les véritables intérêts de la religion fussent à ce point méconnus, qu'on pût croire que c'est les servir que de dérober un grand coupable au glaive de la loi. Il ne faudrait pas cependant s'en étonner, lorsqu'on voit que le nom de Dieu est lui-même associé aux indignes passions qu'on a soulevées contre la justice.

« Non ; quoi qu'on fasse, Dieu n'est point complice des passions humaines. Il ne descendra pas sur ces autels où l'appellent des invocations profanatrices. Il bénit au contraire l'œuvre de la justice, parce qu'il en est la source. Il donne aux magistrats la force nécessaire pour démasquer l'intrigue et confondre le mensonge qui le compromettent en l'associant à leurs vues ; sa religion est l'une de ses plus augustes institutions.

« La défense abandonne Madeleine Sabathié. Quelle ingratitude ! Eh bien, nous, nous ne l'abandonnons pas. La déposition de Madeleine a été inspirée à la même heure que celle de Vidal. »

Le témoignage de Madeleine est sorti de ce tribunal occulte où se recrutaient les preuves de la sortie de Cécile. Et ce témoignage prouve : 1° Que Cécile n'est pas sortie ; 2° Que ceux qui avaient suborné la femme Sabathié savaient que Cécile n'était pas sortie.

« Trois ordres de preuves, continue M. le procureur général, conduisent à cette conclusion, que c'est dans l'établissement des frères de la Doctrine chrétienne que Cécile Combettes a trouvé la mort. Nous avons dit que le premier ordre de preuves se puisait dans des faits exclusifs ; d'où résulte cette conclusion, qu'il est impossible que le cadavre pût être porté du dehors ou jeté par-dessus le mur de la rue Riquet ; d'où encore cette conséquence, qu'il venait nécessairement du jardin des frères.

« Le deuxième ordre de preuves ressort de ce fait que, le 15 avril, entre six heures et neuf heures un quart, Cécile Combettes est entrée dans l'établissement des frères de la Doctrine chrétienne, et qu'elle n'en est pas sortie. Non-seulement on ne l'a pas vue sortir, on ne l'a pas rencontrée ; mais des efforts énergiques avaient été faits pour donner le change à la justice, et nous avons rappelé cet ensemble de faux témoignages, qui commencent à Vidal pour se continuer à Madeleine Sabathié, et qui constituent tout un système.

« La troisième série de preuves est celle des preuves affirmatives, relatives à des faits reconnus, évidents, qui conduisent à cette conclusion que c'est dans l'établissement des frères que se trouve le meurtrier de Cécile.

« Vous n'avez pas perdu de vue, MM. les jurés, les rapports et les déclarations des experts. Sur le mur, soit du côté du cimetière, soit du côté du jardin, ils ont remarqué des incidents dont il est important de se souvenir. Ils ont reconnu dans le cimetière les branches de cyprès affaissées, cassées ; ils ont reconnu deux cassures au sommet de ce mur. Ces cassures étaient récentes, car elles étaient fraîches le 16, et quoiqu'il eût plu, elles étaient desséchées. Répondant à l'avance à cette idée que ces cassures auraient pu être faites par un ouvrier qui serait monté sur le mur à l'aide d'une échelle, les experts ont affirmé que la cause devait être toute différente. Vous n'avez pas oublié que les branches de cyprès présentaient des cassures récentes; les experts constatent en outre une croûte verdâtre, détachée et correspondant à celle du mur, enlevée en outre récemment; les débris se retrouvent sur le corps et les vêtements de Cécile Combettes.

« Maintenant, du côté du cimetière, près du couronnement, toujours près du mur des frères, on remarque une touffe d'herbes froissée, comme si une main y avait passé; les branches de cyprès froissées, les tiges de géranium qui n'existent que sur le mur des frères, ont convaincu les experts que le cadavre ne pouvait venir que de ce côté-là. De l'autre côté du mur, dans le jardin des frères, on a trouvé des empreintes d'échelles, des pas, un piétinement, et enfin un morceau de corde. Voilà les indices accablants qui ont été constatés. Il est impossible de contester les empreintes d'échelle. On voudra vainement arguer de la confusion des deux échelles. On a beaucoup équivoqué à ce sujet; l'accusation, elle, ne fera que cette question: les empreintes remarquées au pied du mur, sont-elles ou ne sont-elles pas des traces de pied d'échelle? La réponse n'est pas douteuse. Non; nous allons plus loin, nous soutenons que c'est l'échelle qui est devant nous qui a fait les traces. Parce qu'elle n'a pas été saisie, vous n'avez pas une arme victorieuse. Elle est restée entre vos mains, et n'a pas pu être modifiée.

« On vous a dit que cette échelle avait servi à couper des arbres; cet argument tombe de lui-même. Vous voyez l'objet, et vous êtes bien convaincus que ce n'est pas une échelle pareille dont on se sert pour tailler les arbres. Elle est trop grande : et d'ailleurs, tous les arbres qui existent dans cette partie du jardin, sont de très-petite venue. Tous les témoignages sortis de la maison, et qui ont été combinés sous l'autorité des supérieurs, n'ont jamais affirmé que ces traces ne fussent pas des traces d'échelle. Nous ne chercherons pas à combattre l'opinion du frère Floride, dont l'intérêt à dissimuler le coupable se fait jour à chaque pas. Et ne croyez pas que ce soit là une disposition particulière, c'est la règle générale de l'ordre, c'est l'esprit qui le dirige. Tenez, à ce sujet, je vais vous dire ce qui s'est passé à Nancy.

« Là, les frères de la Doctrine chrétienne ont un établissement, auquel un jardin est adhérent. Un frère, attaché à la maison, se rendait dans une partie de ce jardin, et cherchait à y attirer des jeunes filles, des enfants de huit à neuf ans, en leur offrant des fruits et des images. Ces jeunes enfants revinrent chez leurs parents avec ces cadeaux, qui éveillèrent leur curiosité. Ils les interrogèrent et finirent par obtenir l'aveu des actes dont ces images et ces fruits étaient la récompense. Le frère de la Doctrine s'était porté sur ces enfants à des outrages, à des obscénités.

« Les mères se transportèrent à l'établissement, et se plaignirent au directeur. Savez-vous quelle fut sa réponse? La voici : Nous laissons quelquefois des soutanes dans le jardin, et un étranger a pu s'en vêtir pour faire soupçonner les frères! (Mouvement.)

« Oui, voilà ce qu'il répondit, au lieu de faire des recherches et de livrer à la justice le membre qui entachait toute une corporation! Les magistrats ne pouvant être satisfaits d'une pareille réponse, font comparaître tous les frères; mais le coupable ne fut pas reconnu. La justice ne put obtenir satisfaction; mais le directeur, pressé par les magistrats, dit : Nous connaissons le nom du frère, et nous l'avons fait partir. Et on va prononcer un jugement par contumace! Comment voulez-vous que nous ayons confiance devant un système qui vient de se dérouler devant nous, quand nous y reconnaissons le même esprit, le même sentiment, la même succession de moyens, de subterfuges.

« L'explication du frère Floride ne peut donc être d'aucun poids dans la situation. Ce sont bien des traces d'échelle, tout le monde l'a constaté; les experts et les membres même de la Communauté. »

M. le procureur général examine ensuite les dépositions contraires du frère Lorien et celle de Coumès; la première lui paraît présenter les caractères du faux témoignage. Passant aux constatations des expertises, il admet comme prouvées l'importance des fragments de fourrage, leur identité parfaite avec le fourrage des frères, la parfaite identité des graines de figue. La chemise n° 562 présentait des taches qui ne ressemblaient pas à celles du corps de la victime, mais qui pouvaient être identiques et produites par application. De l'état de l'estomac, le réquisitoire conclut à placer la mort entre neuf heures et un quart et dix heures, c'est-à-dire dans un moment bien rapproché de celui où Cécile est entrée dans l'établissement, et lorsque la boue de ses souliers était encore humide.

« Un fait de la localisation du crime se puise encore dans la manière dont il a été commis. Les phénomènes constatés par l'expertise, les désordres inouïs, les déchirures violentes, prouvent que le viol a été commis dans des conditions extraordinaires. L'état de la tête, la compression de la tempe gauche, les ecchymoses de la figure, indiquent la violence. L'opinion des médecins n'écarte nullement l'emploi d'un bâillon, pour étouffer les cris. Toutes ces preuves établissent sans conteste que c'est le crime d'un seul homme! le viol n'a pas été consommé : les excoriations ..... sont les marques glorieuses de la pudeur de Cécile; les blessures de la tête sont la preuve du silence obligé. Cécile connaissait son assassin, et l'assassin ne pouvait quitter Toulouse.

« La chasteté de Cécile plane victorieuse sur tous les incidents qui ont accompagné l'exécution du crime.

« Les lésions constatées à l'extérieur du cadavre, poursuit M. le procureur-général, les déchirures de l'organe, l'absence dans l'intérieur ..... de la matière que le viol aurait dû y déposer, s'il eût été consommé, la manière dont le meurtre a été accompli, conduisent l'esprit à cette triple conséquence:

« 1° Que le double crime auquel a succombé Cécile est imprévu, et qu'il n'a été commis que par une seule personne;

« 2° Que le coupable était connu de Cécile;

« 3° Qu'il présente le caractère de passions exceptionnelles, et qui attestent par leur ravage même, le lieu où elles ont fait explosion.

« Si le crime eût été prémédité ou seulement prévu, Cécile eût été attirée dans un lieu où sa résistance eût été vaincue sans efforts; mais les lésions qu'elle porte à la tête, les déchirures qu'elle a sur les mains, indiquent les tressaillements de la victime et les luttes qu'elle a soutenues contre son ravisseur.

« Si plusieurs personnes eussent concouru à ce crime, le viol eût été consommé. Les pollutions répandues sur la chemise, sur les bas et jusque sur le fichu de Cécile, témoignent de l'impuissance du ravisseur à contenir la victime. Les lacérations ..... ce sont les glorieuses cicatrices de la pudeur victorieuse.

« Le nombre, comme la nature des lésions faites à la

tête, les meurtrissures de l'œil, de la tempe, disent que le meurtrier n'a trouvé sous sa main aucun instrument pour donner la mort à Cécile, et que dans sa rage et son désespoir, il a dû la frapper du poing ou heurter sa tête contre le mur.

« Le meurtre n'est pas l'accessoire ordinaire et indifférent du viol. Il aggrave trop ce dernier crime pour être commis hors du cas d'une nécessité absolue.

« Si Cécile eût été attirée dans une maison suspecte, livrée aux étreintes d'un ravisseur inconnu, qui aurait pu, après le crime, quitter Toulouse, elle vivrait encore et viendrait rendre témoignage de l'attentat et du lieu où elle l'aurait subi. Le profanateur dont Cécile eût vu les traits pour la première fois, n'aurait pas ajouté au premier crime le meurtre inutile qui l'aggrave.

« Ce crime a donc été commis par un homme que Cécile connaissait, qui a redouté la parole accusatrice de cette jeune fille et pour qui le meurtre est devenu une impérieuse nécessité.

« Ajoutons que les désordres, que nous venons de rappeler, sont autant de témoins qui disent le lieu où cet exécrable forfait a été commis, et la nature des passions qui se sont ruées sur la victime.

« Lorsque le viol s'allie à la débauche, il laisse après lui des traces qui attestent l'expérience de celui qui l'a consommé. Les premiers pas sont toujours mal assurés ; l'inhabileté se trahit toujours. Quand les sens en délire débutent par le viol, ils se révèlent par des symptômes.

« Le magistrat qui voit se dérouler chaque jour sous ses yeux le tableau dégoûtant de la dépravation humaine, reconnaîtra à des signes certains les atteintes portées à la pudeur. Il suivra la débauche à la trace des souillures qu'elle laisse après elle. Il discernera, par les ravages qu'elle provoque, l'explosion de ces passions, qui, comme les esclaves révoltés, se vengent un jour de leur long asservissement.

« Il faut donc que nous ayons le courage de vous dire : non, Cécile n'a pas été étouffée dans les bras d'un libertin ou dans les étreintes d'un débauché, mais elle a succombé sous l'impulsion de ces passions qui provoquent le délire, et poussent au désespoir.

« Mais ici je m'arrête, je descends au fond de ma conscience pour lui demander si, en rattachant ce crime à des passions qu'une règle respectée a comprimées, je ne profane pas cette règle, et si, à mon insu, ma parole ne se fait pas l'écho de cette opinion qui veut faire retomber sur la plus magnifique des institutions du catholicisme, quelques désordres exceptionnels.

« Il n'en coûte rien à mes convictions, ou plutôt c'est un hommage solennel que j'aime à leur rendre, en proclamant que de toutes les institutions que le catholicisme a fondées, je n'en connais pas qui mérite plus de vénération que le célibat des prêtres. Cette institution ne doit pas vivre seulement, objet de notre respect et de notre foi, mais la plus haute philosophie l'approuve et la sanctionne.

« Parmi les vertus qui rayonnent aux yeux de l'humanité, et qu'admirent ceux-là mêmes qui les profanent, je n'en connais pas de plus sublime que la chasteté. Un orateur chrétien a dit de cette vertu, que c'était une fleur si belle et si pure que les cieux s'entr'ouvrent pour assister à sa germination, et que Dieu lui-même semble tendre la main pour la cueillir.

« Telle est la condition de notre nature infirme et bornée, que nous sommes impuissants à comprendre les grandes vertus, si elles ne se réalisent sous nos yeux par des types visibles. De même que le soldat personnifie le courage et l'abnégation de la vie, le prêtre résigné au célibat est pour la société le symbole vivant de la chasteté. Réduite à l'état d'abstraction, condamnée à vivre dans le domaine d'une adoration spéculative, cette vertu ne projetterait plus sur l'humanité qu'un lointain éclat, et le mot comme la chose qu'il exprime auraient bientôt disparu.

« Mais précisément parce que la chasteté est une vertu, elle suppose un combat, et le combat lui-même suppose des alternatives de victoires et de défaites.

« S'il n'y avait pas de défaite, on ne croirait pas à la lutte, et si on ne croyait pas à la lutte, on cesserait de glorifier la victoire, et la continence des sens, au lieu d'être une vertu, serait à peine un mérite.

« L'antiquité païenne elle-même a honoré le prêtre :
Qui toujours garda la chasteté.
« *Quique sacerdotis casti, dum vita manebat.* »

« Si la chasteté est une vertu si méritoire, c'est qu'elle suppose la compression absolue des sens. On ne doit plus alors s'étonner que, lorsqu'elles échappent à la main qui les contient, les passions victorieuses se vengent par le désordre de leur long esclavage.

« Aussi, Messieurs, c'est une vérité constatée par l'expérience, que la révolte des sens chez les hommes qui ont accepté la loi absolue de la chasteté, se manifeste par des ravages qui ne se rencontrent pas habituellement dans les autres conditions de la société.

« Plus la continence est absolue et prolongée, plus l'explosion est terrible lorsque les sens ont brisé le joug qui les asservit.

« Je pourrais, évoquant des souvenirs contemporains, rappelant des noms douloureusement célèbres, vous démontrer par des exemples récents que, dans ces conditions, les attentats à la pudeur présentent ce double caractère, qu'ils se rencontrent chez des hommes dont la vie a été, intérieurement du moins, chaste et pure, et que presque toujours ils ont été couronnés par le meurtre de la victime : et que le meurtre lui-même présente un caractère d'atrocité exceptionnelle.

« On comprend, en effet, que le religieux, que le prêtre qui succombe devant une accusation imprévue, alors que peut-être la victoire lui est restée dix fois, est moins épouvanté de l'infamie du meurtre, que de l'ignominie du viol : et qu'à ses yeux le meurtre, au lieu d'aggraver un crime, qui dans sa condition les dépasse tous, n'est plus qu'une chance réservée à l'impunité. La vue de l'échafaud l'épouvante moins que le regard de la victime qu'il a profanée. »

Était-il impossible à Cécile de parcourir le chemin du vestibule aux granges sans être aperçue ? Non, c'était un jeudi, jour d'exercice, le passage était désert. D'ailleurs, l'eût-on vue, qui le dirait ? En résumé, les témoins de l'accusation, ce sont la plume, semblable à celle du traversin du domestique, les détritus de fourrage et de chaume. Mais les impossibilités de conduire Cécile aux granges sous tant d'yeux ouverts au jardin et ailleurs, de se débarrasser du cadavre, M. le procureur général s'en occupe peu. Cécile était connue, ou bien il n'y avait personne aux fenêtres, ou encore on n'aura pas voulu dire qu'on l'avait vue. Et d'ailleurs, pourquoi chercher ? Cécile n'est pas sortie de la Communauté. Mais elle a dû crier, et on ne l'a pas entendue ? C'est qu'elle n'a pas crié, ou qu'on n'a pas voulu avouer qu'on ait entendu ses cris. Le cadavre a été caché dans les granges solitaires où le crime avait été commis : mais, dit-on, les vêtements eussent porté bien d'autres traces de fourrage ? C'est qu'on l'aura mise dans un sac ou derrière les tas de fourrage. Et d'ailleurs les efforts faits pour dissimuler la vérité devant la justice, n'en supposent-ils pas bien d'autres pour dissimuler le crime.

Après cette discussion, tout autrement habile que l'acte d'accusation un peu creux de la première heure, M. le procureur général conclut en ces termes :

« Ou nous avons été entraîné à une étrange illusion, ou nous avons porté jusqu'au dernier degré de certitude la démonstration du lieu où le crime a été commis.

« La controverse n'est plus possible ; ce n'est plus une question dont la solution se prête encore au doute : c'est l'évidence même que nous avons exposée sous vos yeux.

« C'est donc dans la maison des frères, au milieu de ceux qui l'habitent, que nous devons rechercher et saisir le profanateur et le meurtrier de Cécile Combettes.

« Arrivons à ce point : la localisation du crime étant établie, nous nous demandons pourquoi ces luttes? Pourquoi résister encore à l'évidence? Pourquoi soutenir, dans l'intérêt si mal entendu de la Communauté, que ce n'est pas dans l'enceinte de ses murs qu'il faut rechercher le coupable?

« Est-ce que, si le coupable est découvert parmi les membres d'un Institut justement honoré, la considération de cet Institut sera atteinte? Loin de là, elle se rehaussera par tous les efforts qui auront été faits

La Confession dernière.

pour livrer le coupable à la justice : l'ignominie d'un individu ne réagit sur le corps auquel il appartient, que tout autant que ce corps mal inspiré couvre de sa protection le membre qui l'a déshonoré. Les noms à jamais exécrés des Mingrat et des Delacollonge n'ont pas terni la réputation de pureté qui entoure à juste titre le clergé français.

« Serait-ce qu'un crime de la nature de celui auquel a succombé Cécile ne puisse être imputé à des hommes consacrés aux pieuses méditations d'une vie ascétique, et que les modestes insignes du frère de la Doctrine chrétienne soient une égide qui défende le cœur contre l'invasion des passions qui le bouleversent?

« Mais pour affirmer cette infaillibilité, il faudrait donner un démenti aux faits les plus incontestables,

nier la nature humaine avec ses tristes conditions de fragilité, et dire qu'il est des institutions assez puissantes, non-seulement pour corriger l'homme et l'armer contre les mauvais instincts qui l'enchaînent, mais assez efficaces pour le transformer et l'élever jusqu'à l'idéal de la perfection.

« Qui oserait sérieusement soutenir que, dans le sein d'une communauté religieuse, composée de plus de deux cents membres de tout âge, de toute condition, de tempéraments et d'éducations divers, dont les uns sont entrés dans la vie ascétique assez tard pour avoir payé le tribut aux exigences des passions, dont les autres y sont entrés trop tôt pour les avoir calmées; qui oserait dire que sur ce nombre il ne se trouvera pas un seul religieux qui, après avoir longtemps lutté, succombera un jour devant une occasion d'autant plus dangereuse qu'elle n'était pas prévue?

« Eh quoi! dans le sein du clergé, où le lévite n'est appelé à se vêtir des insignes du sacerdoce qu'après une longue épreuve, et où la vie, sans cesse partagée entre les plus sublimes contemplations et les plus nobles devoirs, semble dérober le cœur aux orages qui le bouleversent, dans le clergé ainsi constitué, ainsi éprouvé, d'éclatantes déchéances sont venues prouver que la perfection n'est pas possible dans ce monde. Et vous voudriez garantir l'infaillibilité d'hommes qui n'ont pas encore été retrempés dans ces grandes épreuves!

« Je concevrais, à la rigueur, que, si les membres de l'Institut des frères étaient séparés du monde par les murs impénétrables d'un monastère; si le bruit, si les séductions d'une société corrompue n'arrivaient pas jusqu'à eux, on pût affirmer leur impeccabilité.

« Mais vous savez, aussi bien que moi, que les écueils sont semés dans cette ville sur les pas des frères de la Doctrine chrétienne. Ils ne sont pas seulement ce qu'avait espéré l'immortel fondateur : les instituteurs des enfants du peuple. Leur vocation pour l'enseignement s'est trouvée à l'étroit dans ces obscures demeures où se pressaient en foule, pour entendre la simple et persuasive parole, les enfants du pauvre. Ils ont formé, à grands frais, ce magnifique établissement, et ouvert des écoles où des professeurs instruits distribuent un enseignement élevé.

« Cette situation leur impose des obligations qui les mettent sans cesse en rapport avec le monde et souvent expose à de terribles épreuves ces âmes pures et chastes que les séductions d'une société élégante disputent sans cesse aux austérités de la vie ascétique.

« Lorsque ces humbles et modestes religieux parcourent les rues et les places publiques de cette élégante cité, pour aller remplir leur pieuse mission, oserez-vous répondre que leurs sens incessamment provoqués ne seront pas quelquefois rebelles à la règle qui veut les asservir? Et lorsque vous appelez tous les jours le combat et la lutte, oserez-vous tous les jours garantir la victoire? Croyez-vous que, si modeste et si réservé que soit le frère de la Doctrine chrétienne, il dépose toujours au seuil du couvent les impressions qui, à son insu, auront pénétré dans son âme? Et lorsqu'il se retrouve dans la solitude de la cellule, a-t-il, comme le prêtre, les austères devoirs du sacerdoce pour lutter contre l'ennemi intérieur : son âme peut-elle s'élancer dans ces régions éthérées, où plus près de Dieu elle se sent plus forte contre le monde? Non, Messieurs, telle n'est pas la condition du frère de la Doctrine chrétienne. Il passe dans la même journée, du milieu qui le provoque, sous la règle qui l'asservit : et on peut dire que son âme est le théâtre agité d'une lutte incessante.

« Dans cette situation, où les instincts deviennent bientôt des désirs, et où les désirs se transforment en passions, et où les passions elles-mêmes se renouvellent et se rajeunissent quand l'obstacle qui les comprime reste immuable, que faut-il pour amener une de ces catastrophes, qui sont comme l'explosion de la lave qui déchire les flancs du volcan, fatigués un jour de la contenir? — Ce qu'il faut : — la plus faible des étincelles pour allumer le plus vaste incendie. — Un incident, une occasion, une rencontre fatale auront suffi pour faire déchoir une vertu jusque-là victorieuse.

« Voilà le secret de ce drame qui depuis près d'un an émeut et remue si profondément notre société. »

Mais quel est le coupable?

« Au moment où notre devoir nous appelle à rechercher le coupable dans le sein d'une Communauté religieuse, nous devons étudier l'attitude que cette Communauté, ou plutôt quelques-uns de ses membres, ont prise à l'égard de la justice.

« Cette étude est indispensable pour apprécier la valeur des preuves qui accusent le frère Léotade.

« Selon que vous serez convaincus que les supérieurs de la Communauté ont prêté à la justice un concours sérieux, complet, sans arrière-pensée; ou que vous croirez qu'une action occulte et habilement combinée a fait disparaître les preuves que l'information a rencontrées, et préparé par son influence des mensonges et des réticences, vous apprécierez différemment les preuves qui existent et celles qui manquent.

« Si vous étiez convaincus que les supérieurs de l'Institut des frères n'ont pas cessé d'être animés du désir réel de livrer à la justice le coupable qui était dans leurs rangs, vous serez surpris que le crime, ayant été commis en plein jour, il ne se trouve pas dans l'intérieur de la Communauté un seul témoin qui puisse raconter une circonstance précise et qui se rattache directement au crime.

« Mais si vous pensez, au contraire, que ce concours extérieur et apparent offert à la justice, n'était qu'un stratagème employé pour mieux contre-miner son action, vous ne serez pas surpris que les preuves directes fassent défaut. La force des preuves que la justice aura produites vous fera deviner celles qui auront été dérobées à votre conscience.

« Nous comprenons tout ce qu'a de délicat cette partie de notre tâche.

« Notre amour pour la justice, le désir que nous éprouvons d'obtenir le châtiment d'un exécrable forfait, ne nous rendra pas injustes envers un Institut dont la société retire chaque jour de si grands avantages.

« Nous irons plus loin encore : nous ne partageons pas les craintes qu'inspirent quelquefois les corporations religieuses. Nous ne pensons pas que, dans l'état de nos mœurs et de nos institutions, les corporations religieuses puissent renouveler de nos jours les dangers qui furent conjurés, il y a un siècle, par le patriotisme de nos immortels devanciers.

« Mais conclure de là que les corporations religieuses ne puissent, dans certains cas, et en vertu même de la discipline et des constitutions, exposer les pouvoirs séculiers à de véritables périls, ce serait, Messieurs, fermer les yeux à la lumière et méconnaître les graves enseignements qui découlent de ce procès.

« Je ne viens pas prétendre que des religieux aient accepté de gaieté de cœur une odieuse solidarité avec le crime, en célant le coupable. Je ne veux pas dire que le viol et l'assassinat aient inspiré à des membres d'une Communauté religieuse, un intérêt puissant à ce point qu'ils aient cru faire une chose licite et honnête en conspirant l'impunité du coupable.

« Mais je soutiens, qu'entraînés par des préjugés que deux révolutions n'ont pas complètement déracinés, ils ont voulu disputer aux pouvoirs séculiers un coupable, parce qu'il était revêtu des insignes d'un ordre religieux.

« Dans les discussions sérieuses, il ne faut rien exagérer; il ne faut pas surtout transformer en vices personnels, les défauts inhérents à certaines institutions. Mais il ne faut pas davantage se faire une arme de cette exagération pour soutenir que les défauts sont impossibles.

« Sans doute, si je venais soutenir devant vous que des hommes consacrés aux devoirs de la vie religieuse, imbus, par conséquent, de toutes les vertus que cette vie inspire, se sont soudainement pervertis au point d'éprouver je ne sais quelle sympathie pour un homme souillé d'un double forfait : votre cœur, comme votre raison, se soulèveraient contre une pareille thèse.

« Mais si les hommes, pris isolément, doivent être étudiés d'après les données générales des cœurs humains, les hommes réunis en société veulent être appréciés d'après le caractère et l'esprit des institutions qui les régissent.

« Personne ne contestera que le milieu dans lequel nous vivons n'exerce une incontestable influence sur nos perceptions, et ne modifie même d'une manière sensible les jugements que nous portons et sur les hommes et sur les choses.

« Je me plais à croire que cette situation n'altère pas au fond du cœur ces sentiments qui sont de tous les lieux et de tous les temps.

« Qui pourrait méconnaître qu'une corporation religieuse ne forme une véritable société au sein de la grande société civile.

« Comme cette dernière, la société religieuse a ses lois, sa discipline, ses mœurs et même sa juridiction.

« Sans doute, les pouvoirs séculiers exercent sur cette société leur contrôle ; mais ce contrôle, qui ne peut s'attacher qu'à la loi écrite, est sans influence sur l'élément le plus fort de la société, sur celui qui en forme en définitive le lien, je veux parler des habitudes et des mœurs.

« On ne peut se dissimuler que dans ce milieu ainsi organisé, l'homme n'y apprenne des devoirs qui contrarient souvent ceux que la société inspire.

« Je crois, Messieurs, qu'il est utile à cette cause que vous étudiiez l'organisation de la Communauté des frères ; et vous comprendrez alors que les erreurs, les réticences et les dissimulations de plusieurs d'entre eux ne sont en définitive que les erreurs, les réticences et la dissimulation d'un seul ; vous comprendrez alors que le concours de plusieurs témoins sur un fait, ne vaut pas plus qu'un seul témoignage : et que dans cette situation, si on admet un intérêt, un motif qui détermine une fausse déposition, on s'expliquera sans peine qu'elle en ait engendré plusieurs.

« Dès qu'il a revêtu les insignes de l'Institut, le frère de la Doctrine chrétienne ne s'appartient plus. Le lien de famille n'est pas moins rompu que le lien social.

« Tout ce qui distingue l'homme dans la société et même dans la famille, disparaît devant la nouvelle société ou la nouvelle famille dans laquelle il entre.

« Il se dépouille d'abord de son nom : et vous avez pu juger par ceux qui ont été prononcés dans ce débat, s'ils se fixent facilement dans la mémoire. On dirait une véritable affectation à prendre ou à donner des noms qui, par leur étrangeté, disent combien la métamorphose est profonde.

« L'uniformité du costume, la confusion dans les vêtements, témoignent que toute individualité disparaît dans le corps qui l'absorbe.

« Une résignation complète, une soumission absolue aux ordres, aux désirs du supérieur constitue une société qui résume au plus haut degré le type du pouvoir absolu.

« Le supérieur d'une Communauté religieuse ne domine pas seulement les actions des membres qui la composent : il dispose même de leur volonté, et jusqu'à un certain point, il est maître de leurs sentiments et de leurs convictions.

« Pour créer dans le sein d'une Communauté religieuse une opinion, une croyance sur un événement, il ne faut pas tant d'efforts que pour faire accepter dans la société civile la vérité la plus manifeste : il suffit d'un mot, d'une parole.

« Le jour où le supérieur des frères a déclaré, au sein de la Communauté, que Cécile était sortie, qu'elle avait trouvé la mort hors de l'établissement, et que son cadavre avait été porté aux pieds du mur du jardin, dans le but de faire accuser la Communauté, ce jour, l'opinion des frères a été faite. Et il n'en est pas un seul qui, sans avoir rien vu, rien examiné par lui-même, n'ait la profonde et intime conviction que la méchanceté seule a pu accumuler auprès de la maison les preuves accusatrices qu'il y a recueillies.

« Les arrêts les plus solennels de la justice ne modifieront jamais ces convictions qui ont toute l'énergie d'un acte de foi.

« Lorsque tous les esprits sont fortement empreints de cette idée, que le crime a été commis à l'extérieur, vous comprenez aussitôt avec quelle ferveur sont acceptés les plus futiles indices qui caressent cette opinion, et avec quelle énergie sont repoussées les preuves les plus éclatantes qui la combattent. Il est dans la nature de l'esprit humain de dédaigner un fait dont la conséquence est d'avance condamnée par une conviction arrêtée.

« Étant données cette disposition des esprits, cette croyance d'abord imposée, et qui se fortifie ensuite dans les conversations et dans les entretiens, vous pouvez calculer avec quelle facilité on fait disparaître de la mémoire d'un témoin le souvenir d'un fait qui blesse ses convictions personnelles.

« Lorsque la justice recherche les traces d'un crime commis au sein de la société, elle a pour auxiliaires des témoins isolés entre eux, qui souvent ne se connaissent pas, et qui, agités par des intérêts, des passions, des instincts divers, ne sont pas soumis à une influence unique.

« Mais quand le crime est commis dans le sein d'une Communauté religieuse, la justice se trouve en face de témoins soumis à une seule action, obéissant à une seule impulsion. De sorte qu'au lieu d'avoir la garantie de témoignages distincts qui se contrôlent les uns les autres, le magistrat est en face d'un témoin unique. Et si ce témoin est accessible à des préjugés, à des erreurs qui lui font désirer que l'auteur d'un grand crime ne soit pas reconnu au sein de la Communauté, la justice sera exactement dans la même position que si la vérité dépendait d'un seul témoin, et que si ce témoin fût soumis aux influences si nombreuses qui peuvent égarer ou pervertir son témoignage.

« Mais en admettant comme vraies toutes ces considérations, et elles ne nous paraissent pas susceptibles d'être contestées, on nous demandera quel intérêt pouvaient avoir les supérieurs de la Communauté ou le supérieur du pensionnat Saint-Joseph à soustraire le coupable à la justice.

« Les frères directeurs n'ont-ils pas, à toutes les phases de l'information, protesté du désir qu'ils avaient d'aider la justice dans son œuvre réparatrice ? N'ont-ils pas proclamé qu'ils n'eussent pas hésité un seul instant à livrer le coupable s'ils l'eussent connu, et à séparer du corps le membre qui le déshonorait.

« L'intérêt que les supérieurs avaient à céler le crime et à dérober le coupable à l'action des lois, n'était pas un intérêt purement humain. Ce n'était pas la personne du coupable qui excitait leur sympathie.

« Un intérêt d'un autre ordre, et qui à leurs yeux prenait le caractère d'un intérêt religieux, a déterminé leur résistance à l'action de la justice.

« On ne saurait dénier, qu'aux yeux de quelques personnes, dont l'ignorance fait absoudre les intentions, la religion n'occupe qu'une place insuffisante dans nos institutions modernes. Et parmi les conquêtes que les pouvoirs civils ont faites, il n'en est pas qui soient l'objet de plus vifs regrets que celles qui, faisant de l'égalité devant la loi le dogme de notre société moderne, ont aboli les juridictions spéciales et exceptionnelles, et soumis le religieux, comme tout autre citoyen, au pouvoir du juge séculier.

« Je ne redoute pas que cette grande et puissante conquête de notre révolution puisse être sérieusement compromise. Je ne crains pas qu'il s'élève dans notre société moderne une seule prétention qui revendique le retour vers les juridictions ecclésiastiques.

« Mais je ne saurais ignorer qu'il est des esprits rebelles aux innovations même les mieux justifiées et qui déplorent comme l'un des plus grands malheurs que la religion ait pu subir la chute de ces tribunaux ecclésiastiques qui punissaient sans éclat, et épargnaient ainsi à la religion le spectacle de l'un de ses membres placés sous la main du pouvoir séculier.

« Ce serait, Messieurs, fermer les yeux à la lumière, que de nier que, de nos jours encore, il existe des hommes honorables par leur caractère, qui déplorent de bonne foi comme un scandale pour la religion, qu'un religieux soit traduit devant un tribunal séculier.

« De là à tenter un grand effort pour épargner à la religion, mal comprise selon nous, le douloureux spectacle d'un frère de la Doctrine chrétienne, se débattant devant une cour d'assises, sous une accusation de viol et de meurtre, il n'y a qu'un pas.

« Cette disposition, dont on trouve encore certains esprits imbus, se développe et s'affermit avec plus de force au sein des corporations religieuses.

« Elle y trouve un auxiliaire puissant dans le lien même qui unit ses membres entre eux.

« Seriez-vous surpris, Messieurs, si dans le sein de la corporation des frères il se fût trouvé un de ces hommes tels que les institutions religieuses savent les tremper, d'un esprit plus énergique qu'éclairé et qui, en présence du crime accompli, à la vue du cadavre caché dans le noviciat, se soit dit : « Faire disparaître « les traces d'un crime, sauver un coupable, est un « acte que la loi positive n'interdit pas.

« Cette loi qui ne fait pas au citoyen une obligation « de dénoncer un assassin, même quand cet assassin « lui est étranger, ne saurait imposer cette obligation « au fils contre son père, au père contre son fils.

« Or, ne sommes-nous pas frères en religion; ne « sommes-nous pas les membres d'une même famille? « Les liens de la famille religieuse sont-ils moins sa« crés, moins respectables que ceux de la famille na« turelle ?

« Si un frère découvrait dans son domicile les « preuves d'un crime commis par son frère, lui re« procherait-on de les faire disparaître?

« L'assassin de Cécile est un grand coupable que « nous devons réserver pour les châtiments dont la « loi religieuse frappe les criminels; mais enfin il est « membre de notre famille, et nous devons le sauver; « et en le sauvant, nous épargnons à la religion la « douleur de voir une maison, asile de tant de vertus, « compromise aux yeux du monde. »

« Ces idées ne sont plus de notre temps: la raison les réprouve et la justice du pays les condamne : mais soyez convaincus qu'elles expliquent, sans la justifier, l'attitude qu'ont prise les supérieurs des frères, et la lutte qu'ils ont soutenue contre la justice.

« A ce point de vue erroné, le but qu'on veut atteindre sanctifie les moyens qu'on emploie; la conscience elle-même se crée d'autres devoirs : les réticences, les dissimulations, le mensonge lui-même trouveront dans le for intérieur une règle qui les absout.

« Les pouvoirs séculiers de la société devraient, en échange de la protection qu'ils accordent aux corporations religieuses, en obtenir un concours plus complet, lorsque de rares circonstances le provoquent.

« Ce concours a-t-il existé dans cette cause ? Avons-nous le droit d'affirmer qu'un concert, formé dans le sein de la Communauté des frères, n'a cessé de dérober à la justice les preuves du crime qu'elle poursuivait.

« Cette question était bien téméraire au commencement de ce débat : maintenant elle est malheureusement résolue.

« Peut-il s'élever dans les esprits le moindre doute, qu'une pensée directrice, qui a son siège dans la Communauté, n'ait organisé un plan de résistance contre l'action de la justice? Comment pourrait-on en douter en voyant se produire dans ce prétoire ces faux témoins qui ambitionnent, comme un martyre, les rigueurs de nos lois?

« Ces faux témoignages ne se sont pas produits dans l'intérêt personnel d'un accusé : ce ne sont pas les sympathies que le frère Léotade trouvait autour de lui qui ont inspiré ces parjures. C'est le caractère dont il est revêtu qui, transformant tous les devoirs, dénaturant toutes les obligations, a couvert d'une absolution anticipée le mensonge ourdi pour arracher au glaive de la justice séculière un accusé revêtu des insignes d'un ordre religieux.

« Ces débats ont mis au grand jour cette pensée directrice qui, dès le premier jour, dès les premiers moments où le crime a été commis, a combiné les moyens de lutter contre la justice.

« Qu'il y ait eu dans le sein de la Communauté des frères une conspiration ourdie contre la justice, c'est une vérité que les débats ont mise en évidence.

« Faudra-t-il rappeler qu'à peine un indice accusateur est révélé, aussitôt on s'efforce de le faire disparaître.

« Ainsi, le 16 avril, le lendemain du crime, deux faits graves viennent fixer notre attention.

« Des traces de pas sont constatées au pied du mur qui sépare le jardin du lieu où gît le cadavre.

« Léotade, qui croit devancer la révélation d'un fait accusateur c'est l'infirmer, déclare que c'est lui qui a fait ces traces en allant le matin au jardin, attiré par la rumeur qui l'appelait vers le cimetière.

« Le frère Lorien, spontanément interpellé sur ces traces au moment où elles sont découvertes, garde le silence.

« A ce moment, l'impulsion n'était pas encore complètement donnée. Si la pensée de dérober le crime à la justice était arrêtée, l'exécution en était encore indécise.

« Mais trois jours après, le système de résistance est décidé. Léotade, contre qui vont s'élever de si graves présomptions, ne doit pas accepter la responsabilité de ces empreintes. Le frère Lorien, au contraire, que son âge abrite contre le soupçon, est chargé de soutenir un parjure glorifié à l'avance comme un acte méritoire.

« Ce témoin a été pour vous comme pour nous le sujet des plus amères réflexions. Nous avons pu juger à quel point les institutions claustrales, mal conçues dans leur principe, exagérées et perverties dans leur application, peuvent transformer la nature humaine.

Le frère Lorien a été retranché de la société, de la famille, je dirais presque de l'humanité, à ce point qu'il a accepté la perspective du châtiment réservé au faux témoignage, moins comme une peine que comme un glorieux martyr.

« A côté du frère Lorien, je devrais placer le frère Jubrien, qui, moins placide que son frère en religion, laisse s'échapper parfois ces passions haineuses, qui se trahissent sous les dehors d'une humilité affectée, et qui aiment à s'adresser de préférence à la société séculière dans ce qu'elle a de plus auguste et de plus vénéré.

« Nous reviendrons plus tard sur cette pensée. Mais nous pouvons dire, d'hores et déjà, que Jubrien a été, dès la première fois, le confident discret et dévoué de la pensée de la Communauté. Il la connaissait tout entière, lorsque le 16 avril au matin, il allait sous le plus futile prétexte, chez Conte, dans l'espoir de combiner avec lui les moyens d'éloigner les premiers indices qui allaient appeler la justice dans l'intérieur de l'établissement. Il la connaissait aussi, et il savait que toutes les précautions étaient prises pour que la justice vint se briser contre le mutisme et le silence, lorsqu'il déclarait, quelques jours après le crime : *On ne saura rien, si ce n'est dans l'éternité.*

« La pensée d'un complot ne se révèle-t-elle pas encore, lorsque le directeur Irlide, sous le plus misérable des prétextes, enlève, deux jours après le crime, l'accusé de la chambre où il couchait, pour le reléguer dans un arrière-dortoir, dont l'isolement témoignait de l'horreur que sa présence imposait.

« Ce fait, qui a une grande valeur au point de vue de la culpabilité de Léotade, présente une grave signification au point de vue de la participation personnelle du directeur Irlide aux combinaisons préparées contre la justice.

« Déplacer Léotade du lit qu'il occupait le 15, et d'où il pouvait descendre dans le jardin, pour le transporter dans un dortoir d'où il ne pouvait sortir pendant la nuit, c'est révéler que celui qui a provoqué ce changement, non-seulement connaissait le crime, mais était encore initié à tous les moyens employés pour faire disparaître le cadavre.

« Le faux témoignage de la femme Sabathié, les agents qui l'ont provoqué, leurs relations connues avec la maison des frères, révèlent encore cette pensée coupable, qui a recours au mensonge et au parjure pour faire croire à la justice que Cécile est sortie.

« Ce conciliabule, tenu le 24 avril, dans la procure des livres du noviciat, présidé par le frère Floride, entouré lui-même des frères Irlide et Auricule, directeurs de Toulouse et de Lavaur, pour préparer une scène qui doit être jouée devant la justice, et où chaque témoin reçoit un rôle convenu à l'avance, sera-t-il, pour les yeux les moins clairvoyants, une preuve suffisante d'un complot pratiqué contre les lois pour assurer l'impunité d'un grand crime ?

« Ce serait sans doute un grand scandale que d'avoir combiné de faux témoignages pour donner le change à la justice et lui faire chercher le crime hors des lieux où il avait été commis. Mais enfin ces combinaisons n'allaient encore qu'à préparer l'impunité du crime.

« Un plus grand scandale encore était réservé à la justice. Il y avait un homme qui depuis onze ans vivait dans l'intimité de cette maison ; objet d'un accueil hospitalier, il y trouvait tout à la fois les charmes d'une bienveillance qui l'honorait et une juste rémunération pour son travail. Tout à coup une calomnie atroce s'ourdit mystérieusement ; une confidence acceptée dans un jour d'abandon devient le texte d'une accusation, devant laquelle les magistrats eux-mêmes s'arrêtent pleins d'hésitation. Et si la providence n'eût réservé à ce malheureux père de famille le moyen de prouver l'impossibilité matérielle de sa coopération au crime, la justice, égarée par de faux témoignages, serait peut-être à la veille de consacrer une sanglante erreur. Et, comme s'il était dans la destinée de ce mémorable débat d'avoir révélé les passions les plus odieuses, il fallait encore que, pour sauver une maison religieuse de l'accusation d'avoir recélé un grand coupable, on vint profaner par la calomnie la mémoire de la pauvre victime. On a trouvé d'indignes et sacriléges témoins, plus féroces que le meurtrier de Cécile, et qui viennent renouveler sur le cœur de la mère l'assassinat de sa fille !

« Nous avons donc le droit de l'affirmer : un complot a été ourdi contre la justice, et dès lors quelle confiance pourraient vous inspirer des témoins liés par leurs devoirs, ou par leurs intérêts à la Communauté des frères ?

« Un seul faux témoignage constaté dans le sein de la Communauté les confirme tous, parce qu'ils ont la même cause.

« Les rigueurs appesanties sur Conte, les faveurs accordées à Crouzat, prouvent qu'ils savent punir la vérité qui leur nuit, et récompenser le mensonge qui les sert.

« Au point de vue de la culpabilité de Léotade, vous avez à vous adresser cette première question : Quelle influence peut exercer la question de la localisation du crime, et en quoi cette question peut faire conclure à la culpabilité de Léotade ? La démonstration du lieu dans lequel le crime a été commis est entourée d'une telle évidence qu'il est impossible d'admettre qu'elle ait été ignorée de la maison.

« Si les directeurs n'avaient rien découvert et que plus tard, à côté des preuves retrouvées par la justice, ils n'eussent apporté aucune preuve contraire, on ne pourrait pas dire que les directeurs eussent connu le criminel.

« Aussi, en présence du nombre de preuves, de dénégations obstinées, quand on s'est attaché aux indices les plus futiles et les plus dérisoires, on doit arriver à cette conséquence que les directeurs connaissaient le lieu du crime et le coupable.

« Il serait impossible d'admettre qu'ils laissassent la justice s'égarer sur le compte d'un accusé non coupable. Tous les efforts faits pour créer à Léotade des alibis mensongers, n'eussent pas été faits pour dérober à la justice un innocent. Un innocent n'a rien à craindre dans nos institutions modernes. Quand vous voyez de cette efforts inouïs, mensongers, faits pour dérober un homme au glaive de la loi, il y a de la part de ceux qui agissent ainsi, la forte présomption qu'ils connaissent non-seulement le lieu du crime, mais qu'ils connaissent le coupable, et que ce coupable est celui que vous avez sous les yeux.

« On n'a pas besoin de mensonges, on n'a pas besoin de faux témoignages pour sauver un innocent devant la justice. Nous abordons le fait le plus essentiel ; le voici : lorsque Conte et Cécile sont entrés dans le vestibule, Jubrien et Léotade y étaient-ils également ? C'est là le point capital de ce grand procès. L'accusation et la défense, je crois pouvoir le dire, sont d'accord sur ce point : l'une par son affirmation, l'autre par les moyens employés pour la dénégation. »

M. le procureur général accepte, comme parfaitement sincère et désintéressé, le témoignage de Conte, puis il insiste sur les tergiversations des frères, glisse légèrement sur le témoignage de Marion Roumagnac et fait ressortir les faux témoignages en faveur des frères, parmi lesquels il place celui de Marie Duprat. Il tient pour non avenus tous les témoignages qui rendent de l'emploi du temps de Léotade un compte incompatible avec l'accusation, et ne voit que subornation et concert dans les dispositions favorables à l'accusé.

« Je suppose, dit-il, que le cadavre ait été trouvé dans un bois solitaire, dans un sentier qui conduit à la maison d'un homme qui a été vu avec la victime la veille. Est-ce que cet homme ne serait pas responsable de la vie de cette jeune fille vis-à-vis de la société? Eh bien! vous, Léotade, vous étiez avec Cécile le 15 avril, vous étiez à côté d'elle, et vous êtes le seul qui n'en donniez aucun renseignement. Nous trouvons son cadavre près de votre maison, dans votre sentier à vous, et nous sommes en droit de vous demander aujourd'hui : Qu'avez-vous fait de Cécile? C'est vous qui l'avez tuée! (Mouvement.)

« Vous possédez maintenant tous les éléments du premier acte de ce drame : et nous pouvons les résumer en quelques mots.

« Léotade s'est trouvé seul dans le vestibule de la Communauté avec Cécile : qui dira ce que la vue de cette jeune fille, ce que son regard chaste et modeste a dû réveiller de secrètes et vagues agitations dans un cœur sevré des douces et tendres affections de la famille ?

« Qui sait si cette jeune enfant, qui allait devenir un martyr dans le ciel et qui était déjà un ange sur la terre, ne se sera pas montrée d'abord sous les traits d'une apparition virginale : et si son image n'a pas pénétré dans le cœur d'un religieux par le seul côté qui lui soit accessible.

« Les passions qui doivent bouleverser le cœur de l'homme n'y pénètrent jamais qu'à la suite de celles qui le séduisent. C'est sans doute la perfection de la vie ascétique de prévoir les orages dans les signes lointains qui les prédisent. Mais il ne faut pas s'étonner si quelques cœurs moins méfiants se laissent plus facilement aborder.

« Léotade entraînant Cécile sur ses pas, Cécile suivant Léotade sans défiance, ce n'était pas là le premier acte du crime qui allait s'accomplir. Léotade ne cherchait pas à ce moment cette jeune fille pour la profaner et l'immoler; il ne voyait en elle qu'une enfant dont la jeunesse et l'innocence le soumettaient au charme d'une séduction qu'il redoutait d'autant moins que l'objet en était plus pur. L'attirer dans la direction du pensionnat, lui faire traverser la cour, le tunnel, sous les plus futiles prétextes; rien n'aura été plus facile. Arrivés devant la porte de l'écurie, Léotade engage Cécile à le suivre dans la chambre où il va lui montrer des pigeons; c'est ici, c'est dans ce lieu écarté que les pensées du religieux se transforment. Cette plume trouvée sur les vêtements de Cécile, et qui présente une complète analogie avec celle renfermée dans le traversin placé sur un des lits des domestiques, semble dire que peut-être une première tentative a été faite dans cette chambre.

« Cécile a résisté sans doute, mais les persécutions dont elle a été l'objet n'ont peut-être pas eu un caractère assez déterminé pour alarmer sa pudeur.

« Élevée par sa vertueuse famille dans le respect de tout ce qui touche à la religion, son innocence n'aura pas suspecté les premières caresses d'un homme dont le costume même éloigne toute méfiance. Elle n'aura compris le danger que courait sa pudeur que lorsqu'il n'était plus temps de le conjurer.

« Mais les sens enflammés du religieux s'exaltent par les obstacles et débordent par la résistance. La digue qui les contenait a cédé. Et alors, oubliant toute retenue et même toute prudence, il entraîne Cécile quelques pas plus loin; et c'est dans ce grenier, sur ce tas de trèfle, placé entre deux tas de paille qui emplissent le grenier jusqu'à la charpente, que s'accomplit le dernier sacrifice.

« Cécile est renversée; ses jupons relevés sur sa figure étouffent sa voix. Ses deux frêles poignets retenus par la main vigoureuse de Léotade portent les traces d'une constriction qui atteste la lutte. Le poignet droit déchiré nous dit qu'il a été pressé contre des tiges de fourrage desséchées. Une empreinte d'ongle sur l'annulaire gauche, ses oreilles déchirées vous racontent la lutte et les tressaillements de la victime.

« Et tandis que d'une main, dont la force est décuplée par l'exaltation, il contient Cécile renversée, de l'autre il déchire les organes pour s'y frayer un passage. Mais la nature impatiente s'épuise dans un effort que la surexcitation a fait avorter. Les vêtements pollués de Cécile témoignent qu'elle est restée vierge, et que sa pudeur est sortie victorieuse des étreintes de son ravisseur.

« Mais les sens assouvis vous laissent pénétrer dans l'âme du coupable un rayon qui éclaire la profondeur de l'abîme qu'il a creusé sous ses pas. Son exaltation se transforme. Cette jeune fille qui l'a séduit en lui apparaissant sous les traits d'un ange, n'est plus à ses yeux que le démon qui l'a tenté; et il se venge sur elle des impures jouissances qu'il lui a arrachées !..... »

Et ici, après cette mise en scène qui donne un corps à l'hypothèse et qui doit faire sur l'esprit des jurés une si grande impression par la réalité apparente du récit, M. le procureur général pose une troisième fois cette théorie de la *continence condensée* qui est la pensée initiale, fondamentale, favorite de l'accusation :

« Ce crime, nous ne saurions trop le répéter, n'est pas l'œuvre de la dépravation. Des habitudes de débauche et de libertinage ne sauraient l'expliquer.

« Le délire des sens contenus a produit le viol : le remords qui grondait au cœur du coupable a provoqué le meurtre.

« Mais ce n'est là qu'un transport passager qui s'allie avec une vie chaste et contenue.

« J'irai même plus loin : je ne craindrai pas d'avancer qu'un crime, auquel la réflexion a eu si peu de part, qu'il n'embrasse à peine quelques minutes entre la pensée qui l'a préparé et le dernier acte qui l'a consommé, se concilie avec des sentiments religieux et des pratiques de piété, un instant mises en oubli. Si les sens révoltés ont étouffé la voix de la conscience, s'ils ont comprimé la nature et les sentiments religieux de Léotade, les sens apaisés ont laissé réagir les instincts religieux, qui, victorieux à leur tour de la pression qui les a un instant asservis, débordent et envahissent le cœur heureux de les contenir.

« C'est la gloire de la religion d'avoir des consolations pour toutes les douleurs, et des remèdes pour toutes les misères. L'atrocité d'un crime peut effrayer la justice des hommes, elle ne fait jamais reculer la justice divine, et il n'est pas de forfait si énorme qu'elle ne puisse absoudre et pardonner; et telle est sa miséricorde infinie qu'elle console dans la mesure où on a souffert.

« Léotade sortant de ces lieux, confus par la honte, agité par le remords, que va-t-il faire?

« Le scélérat qui a préludé au crime par le vice, et chez qui les plus horribles forfaits ne sont que la consécration logique d'une vie de désordre, ne trouve au fond de son cœur qu'un remords qui le déchire, et devant ses yeux que le spectacle du supplice qui l'épouvante ; et comme il n'a pas écouté la voix de la religion quand elle le retenait sur la pente où il s'engageait, il ne peut plus l'entendre au fond de l'abîme où il s'est précipité.

« Il en est bien autrement de l'homme qui a invoqué les consolations religieuses dans toutes les épreuves de la vie, et pour qui le crime n'est qu'un terrible accident. C'est la gloire de la religion de ne pas abandonner dans les épreuves les plus extrêmes de la vie ceux qui ont invoqué son appui dans des jours moins difficiles. Mère tendre et dévouée, il lui suffit de surprendre au fond du cœur le plus agité une pensée de regret pour tendre une main amie et secourable à l'enfant qui s'égare ou au fils qui se perd.

« Dans cette situation, le remords qui suit le forfait est moins un supplice que Dieu envoie au coupable qu'une consolation que sa miséricorde lui prépare. Le premier mouvement de l'homme que le crime a souillé, sera de chercher un cœur ami pour y verser le secret qui l'oppresse.

« Si telle est la propension ordinaire du cœur humain, combien elle doit être plus vive chez le religieux ! »

De là une théorie toute nouvelle qui voit dans le remords du religieux une absolution facile de son crime et qui fait complice de ce crime la Communauté tout entière pour qui ce frère coupable n'est qu'un pénitent régénéré.

Ici, il nous faut citer encore, car on ne croirait pas qu'une théorie semblable eût pu être présentée comme admise par des chrétiens.

« Ce n'est rien exagérer que de supposer que les directeurs, avec cette connaissance profonde qu'ils ont des hommes placés sous leur surveillance, n'aient surpris le trouble qui agitait Léotade. Si parmi ces directeurs il s'en trouve un qui soit l'objet d'une confiance plus intime, croyez-vous qu'il lui aura été difficile d'obtenir un aveu sollicité par la promesse que le crime ne serait pas dénoncé ?

« Croyez-vous que cet aveu n'aura pas été facilement obtenu, lorsqu'on aura représenté à Léotade que c'était le seul moyen de se sauver contre les poursuites de la justice, et qu'au milieu de ses frères il ne s'élèverait pas une voix pour l'accuser ?

« La position de Léotade devant vous prend alors un autre aspect.

« Ce n'est pas un coupable ordinaire, que les agitations du remords, la crainte d'un terrible châtiment livrent à la justice, indécis et incertain dans ses attitudes, parce qu'il craint des révélations inattendues de la part des témoins : c'est un accusé que les épreuves de la vie monastique ont armé pour soutenir une grande lutte contre la justice séculière. On a placé sur sa tête l'honneur, — l'honneur tel qu'ils l'ont compris, — de la Communauté. Qu'il demeure inébranlable dans le combat : derrière lui, sont ses frères qui le soutiennent. Et peut-être que ses juges abusés confondront la sécurité d'un coupable avec la sérénité d'un innocent.

« Ce n'est donc rien exagérer que d'affirmer que dans les conditions où s'est trouvé Léotade, l'ÉNORMITÉ MÊME DE SON CRIME PEUT LUI DONNER LA RÉSIGNATION APPARENTE DE L'INNOCENCE QUI AFFRONTE LE MARTYRE. »

« Si les directeurs de l'établissement eussent loyalement concouru à la découverte du crime ; s'il était vrai qu'ils eussent prêté à la justice une coopération active, sans arrière-pensée, la culpabilité de Léotade serait inexplicable. On ne comprendrait pas qu'un homme souillé d'un double et horrible forfait ait pu, dans la journée qui a suivi son crime, se livrer à ses occupations habituelles sans laisser percer sur ses traits une agitation, un trouble accusateurs.

« Mais tout s'explique, s'il est démontré que dès l'instant où le crime a été connu, une pensée directrice s'est interposée pour préparer à la justice un grand échec.

« On conçoit qu'à ce point de vue la position de Léotade se modifie.

« Léotade seul, isolé, bourrelé par le remords qui vient l'envahir, aurait trahi sa culpabilité. Ce n'est pas avec ses propres forces qu'il aurait surmonté cette émotion et présenté à tous les regards un visage calme et serein.

« Mais la pensée de soustraire Léotade à l'action de la justice a commencé aussitôt que le crime a été connu ; et dans ce but il a dû être retrempé pour la grande épreuve à laquelle on le destinait.

« Rien n'est moins surprenant que de rencontrer Léotade à 11 heures à la chapelle, plus tard au réfectoire et dans l'après-midi se livrant à ses courses habituelles.

« S'il eût dérogé à ses habitudes, s'il se fût enseveli dans l'isolement, il eût rendu toute la Communauté confidente de ses crimes. Une détermination tardive prise par le directeur a pu, relevant le courage abattu de Léotade, lui offrir en expiation ce que la religion elle-même réserve au repentir qui suit le crime. Fort des encouragements amis qu'il trouvait autour de lui, il a pu se faire illusion par le soin qu'il apportait à se multiplier dans plusieurs endroits à la fois.

« Ainsi, en admettant comme sérieuses les dépositions qui ont été produites pour nous faire suivre Léotade dans ses démarches dans la matinée et dans la journée ; en concédant que ces témoins soient fidèles dans le souvenir, on ne peut rien induire en faveur de la non-culpabilité de l'accusé. »

C'est ainsi qu'avec une habileté suprême le réquisitoire se débarrasse des difficultés que rencontre l'accusation à chaque pas, et qu'il peut conclure à la fois contre Léotade et contre la Communauté dont il fait partie :

« Cette rébellion de l'esprit monacal contre nos institutions et nos lois, cette révolte d'une société religieuse contre la société civile, cette insulte faite à notre civilisation, vous imposent, Messieurs, de grands et nobles devoirs ; les plus grands qui vous aient jamais été départis, les plus nobles qui vous soient réservés dans le cours de la magistrature populaire dont vous êtes temporairement investis.

« Vous n'avez pas seulement à venger la société contre un grand crime, à faire tomber sur la tête d'un grand coupable une expiation méritée, vous aurez mieux que tout cela à faire : les pouvoirs séculiers de la société mis en question, la justice du pays niée dans son principe, combattue dans son action, profanée dans ses plus augustes manifestations : voilà, Messieurs, les grands intérêts placés sous votre sauvegarde.

« Votre verdict si impatiemment attendu nous apprendra bientôt si les stratagèmes de l'intrigue, si les perfides combinaisons ourdies au sein d'une corporation religieuse doivent prévaloir sur l'action régulière de la justice.

« Ce n'est pas seulement la justice outragée qui se place sous votre égide, ce n'est pas non plus les plus saintes lois de la morale méconnues qui appellent une éclatante réparation. La religion elle-même, indignement profanée par les passions impies auxquelles elle reste mêlée, sollicite une réparation.

« Elle l'obtiendra, j'en ai l'entière confiance, car votre sagesse ne confondra pas les intérêts légitimes de la religion avec les calculs ambitieux de quelques hommes qui abritent sous son voile respecté leurs coupables passions. »

Après ce réquisitoire, M⁰ Gasc prend la parole :

« Messieurs les jurés, dit-il, j'ai bien écouté pour bien comprendre ce que j'ai entendu. L'accusation s'est gravée dans mon esprit, et j'ai enfin atteint ce moment que j'attendais si impatiemment, celui de défendre un innocent.

« Que mes premières paroles soient des paroles de respect pour la victime. Son corps pollué n'a pas été souillé. Elle a emporté sa virginité dans la tombe. Sa pureté a revêtu l'immortalité!

« Cécile, nous avons prié pour toi, et maintenant prie pour nous !

« Éclaire nos esprits, dirige aussi nos consciences et ne laisse pas commettre une erreur à la justice !...

« Nous avons des souvenirs terribles qui pèsent sur nous dans cette cité. Un innocent a succombé devant la plus terrible des accusations.

« Un père a été accusé d'avoir immolé son fils.

« Le cadavre de cet enfant fut trouvé pendu dans la maison paternelle, et l'on a accusé un père d'avoir donné la mort à son fils. Mais il fallait étayer une aussi affreuse accusation, et on y parvint.

« Le père vivait dans la religion réformée, et son fils voulait embrasser la religion catholique. De là, on soupçonna un désaccord; vite des scènes supposées, et de suppositions en suppositions on arriva à jeter la justice dans une de ses plus graves erreurs.

« Mais quand l'innocent eut été injustement con-

Toulon.

damné, et quand le bourreau eut broyé son corps, quand le bûcher eut consumé son cadavre, l'opinion publique fit un retour sur elle-même : elle supputa les indices, les présomptions, les charges; les publicistes les plus distingués, le premier écrivain du siècle, réunirent leur éloquence et leurs efforts pour faire triompher l'innocence de ce martyr.

« La sentence inique de Toulouse fut annulée, et l'arrêt du conseil royal réhabilita la mémoire du condamné et imprima la flétrissure au front des juges.

« Aujourd'hui, le cadavre d'une fille devient l'indice de l'accusation portée contre nous. On dit qu'introduite dans notre Communauté, Cécile n'est pas sortie..., et cependant les traces du double crime qui a été commis n'ont pas été trouvées. La position du corps dans le cimetière exclut jusqu'à la pensée d'une projection quelconque d'où qu'elle provienne. Les causes de ce viol, de ce meurtre, sont hypothétiques. C'est à une fureur claustrale qu'il faudrait l'attribuer, et la raison se refuse à l'admettre.

« Si, en 1761, le fanatisme religieux poussait à l'accusation contre Calas, aujourd'hui c'est l'esprit fanatique qu'on appelle pour éclairer la justice. Nous assistons à une véritable lutte; ceux qui nous jugent ici ne seront pas désarmés. Ils ne s'inclinent que devant l'évidence de la raison. Mon silence serait pris pour un acquiescement aux injures dont nous sommes devenus la victime. La France sortait d'une longue agitation, c'était en 1802. La première pensée qui a été conçue par le grand génie de Napoléon, fut de songer à l'éducation de la jeunesse et au rétablissement des frères de la Doctrine chrétienne.

« Cet appel s'adressait à cette seule et utile institution.

« Qu'y a-t-il donc de commun entre la modeste institution à laquelle appartient Léotade, et cette congrégation superbe, qui a marqué sur les premières scènes du monde? Quel rapport entre l'humble insti-

Paris. — Typographie de Firmin Didot frères fils et Cⁱᵉ, 56, rue Jacob.

tution du vénérable de Lasalle avec l'orgueilleuse corporation de Loyola? Cette affinité est impossible, et je la repousse.

« Je défendrai cette institution pour Léotade, et dans l'intérêt de Léotade ; ce n'est pas dans ce moment d'égalité que je puis la laisser accabler, elle qui n'a rendu que des services au peuple, et qui en rendra encore sous le gouvernement du peuple ! »

Après cet exorde, M⁰ Gasc montra l'accusation poursuivant la Communauté tout entière pour arriver à frapper Léotade et forçant la défense à justifier la Communauté pour justifier Léotade lui-même. Nous l'avons dit, les nécessités de l'exposition et de la discussion nous ont forcé à anticiper sur la défense ; il est donc juste que nous n'y revenions pas ici. M⁰ Gasc présenta l'une après l'autre toutes les objections qui naissaient devant les pas de l'accusation et dont elle n'avait pas tenu compte ; il mit en lumière toutes les impossibilités de son système. Il constata les funestes préventions que nous avons signalées et déplora l'inégalité profonde qui avait pesé sur tout un côté des témoignages. Nous n'y reviendrons pas ; nous ne pouvons cacher cependant au lecteur que, même dans la plaidoirie finale, la défense ne put jouir de cette autorité, de cette liberté d'allures qui lui avaient été refusées pendant les audiences. Plus d'une fois, la voix du président intervint au milieu de discussions légitimes, indispensables, celle par exemple relative à la position du cadavre ; elle arrêta encore l'avocat, sous prétexte qu'il rappelait des faits appartenant à la session précédente, enfermant ainsi la défense dans un cercle de convention, qu'avait pu franchir en toute liberté le réquisitoire et que M. le président avait complaisamment élargi pour les jurés. Si M⁰ Gasc rappelle les sévérités exceptionnelles du secret, si, avec des jurisconsultes éminents, il les nomme tortures, le procureur général s'écrie : « Il n'y a pas de bonne foi chez vous, M⁰ Gasc. »

Tel fut, jusqu'au dernier moment, le rôle effacé de la défense.

M. le procureur général n'ayant pas jugé à propos de répliquer, M⁰ Saint-Gresse ne prit pas la parole. La réplique de l'accusation devait trouver sa place dans le résumé du président qui, nous l'avons dit déjà, ne fut qu'un nouveau réquisitoire. Tout en montrant, comme sa position l'y obligeait, les arguments des deux parties, M. de Labaume sut mettre en lumière les éléments de conviction qui lui appartenaient au moins autant qu'à l'accusation elle-même. Nous citerons ce seul mot significatif, à propos des preuves exclusives : « On n'a pas le droit d'exiger beaucoup de la défense, mais on peut prétendre à obtenir d'elle une supposition raisonnable.... » Ce ton ironique et agressif n'est pas d'ordinaire celui des résumés. Mais rien n'avait été ordinaire dans cette cause.

Lorsque le président demanda, selon l'usage, à l'accusé s'il avait quelque chose à ajouter pour sa défense, Léotade dit simplement : « Je ne voudrais pas prolonger ce débat. Mais je déclare que je n'ai pas dit de mensonges devant la justice. Il n'y a que de la sincérité dans mes paroles. S'il y a eu quelques contrariétés dans ma déposition, c'est à cause du secret que j'ai subi. Ah ! Messieurs, si vous saviez ce que c'est que le secret ! J'ai vu encore hier une scène qui m'a fait beaucoup de mal. J'ai vu un homme qu'on faisait sortir du secret, pour entendre la sainte messe. C'était affreux ; il était maigre comme un squelette. Comme il avait dû souffrir ! Maintenant, que la justice me juge comme elle le voudra. Je suis innocent ! »

Quatre questions furent posées au jury en une première série, dans la forme suivante : 1° Bonafous (Louis), en religion frère Léotade, est-il coupable d'avoir, le 15 avril dernier, commis le crime de viol sur la personne de Cécile Combettes ? 2° (Question relative à l'âge de la victime) ; 3° .... est-il coupable d'avoir, le...., commis volontairement un homicide sur....? 4° Le susdit homicide volontaire a-t-il été commis pour assurer l'impunité à l'auteur du susdit crime de viol?

Sur la première question, le jury répondit : Non.

Quatre autres questions (dont les trois dernières sans modifications) formèrent une seconde série. La première question était celle-ci : Ledit Bonafous est-il coupable d'avoir, le...., commis une *tentative* de viol sur...., laquelle tentative, manifestée par un commencement d'exécution, n'a été suspendue ou n'a manqué son effet que par des circonstances indépendantes de la volonté de son auteur. Sur cette question nouvelle, comme sur les trois autres, le jury répondit : Oui, à la majorité de plus de neuf voix, et reconnut en faveur de Léotade des circonstances atténuantes.

Le seul effet visible produit sur la figure de l'accusé, à l'audition de ce verdict, fut une coloration rapide, bientôt suivie d'un retour à sa pâleur ordinaire. Il baissa les yeux, tint les bras croisés sur sa soutane et resta dans une immobilité parfaite pendant que le président prononçait l'arrêt qui le condamnait à la peine des travaux forcés à perpétuité et à l'exposition publique (4 avril).

Le 14 avril, la Cour statua sur l'affaire civile. Elle condamna Léotade à 12,000 francs de dommages intérêts, et rejeta la demande de la partie civile en ce qui concernait la responsabilité de la Communauté des frères, sur le motif que l'assignation avait été irrégulièrement donnée aux directeurs de la Communauté de Toulouse, alors qu'elle devait être donnée à Paris, en la personne du frère Philippe, directeur général de l'Institut.

Le pourvoi en cassation fut rejeté et Léotade n'eut plus qu'à subir sa peine. Si la manière dont un condamné subit l'arrêt de la justice humaine peut donner quelque indice sur l'état de sa conscience, on peut douter que la conscience de cet homme fût souillée par un crime. Jamais le bagne de Toulon n'avait vu pareil spectacle ; jamais plus de simplicité dans la résignation, jamais plus de piété et plus de charité n'avaient édifié les témoins nombreux de cette agonie qui dura dix-neuf mois. Tout brisé qu'il était du secret de Toulouse, Léotade fut au bagne un modèle de soumission, de courage et de vertus. Ce n'est pas seulement sur les visiteurs que sa vie et sa mort firent cette impression, ce fut encore sur les gardiens, sur les forçats eux-mêmes, si bons juges en vertu, si difficiles à tromper. Officiers du bagne, sœurs de charité, procureur de la république, l'aumônier Marin, tous ceux qui le virent et l'observèrent crurent à son innocence. Qu'on la suppose un instant cette innocence, et qu'on juge l'homme qui, confondu avec des forçats, rivé aux durs travaux du Mourillon, n'a pour ses juges eux-mêmes que des paroles de paix et de pardon. Il proteste de son innocence, mais il ne maudit personne, excepté, peut-être, une seule fois, Conte, lorsqu'on lui rapporte que cet homme s'en va par les campagnes, montrant dans les foires *le théâtre du crime de Léotade*.

Le 14 juillet 1848, Léotade écrivait à M. Planet :

« Quoique dans les fers pour toute ma vie, je n'ai aucune rancune contre personne. »

Le 3 décembre, il envoie à M. Martin ses souhaits de bonne année et lui dit : « Nous aurons le bonheur de nous revoir dans ce lieu où il n'y aura ni médisants, ni calomniateurs. Prions.... que Dieu me fasse la grâce de retirer le fruit de mes chaînes et de toutes les tortures qu'on m'a fait souffrir à Toulouse. »

Quelques-uns des frères laissaient, dans leurs lettres à Léotade, percer quelques doutes sur son innocence : cette pensée torturait le condamné. « S'il en était ainsi, écrivait-il au frère Floride, le 12 septembre 1848, vous êtes des malheureux de faire la moindre chose pour moi ; car le brigand de monstre dénaturé ne mérite point qu'on lui témoigne la moindre sympathie, si ce n'est de conjurer le Seigneur de lui donner assez de force et de courage pour ne pas porter avec lui dans la tombe un cruel et monstrueux secret... Ah ! le brigand de scélérat ! (dit-il encore en parlant du vrai coupable) quels doivent être ses remords ! Après avoir mutilé une pauvre et innocente victime, il en a laissé condamner une seconde à finir ses jours dans les fers ! Oh ! le monstre dénaturé ! s'il voyait quelles sont les souffrances physiques et morales que souffre un pauvre condamné, et surtout les lourdes chaînes dont je suis attaché, quels seraient alors ses repentirs ! Mais hélas ! le malheureux, il a déjà étouffé ses remords et ses repentirs. Mais il viendra un jour de vengeance, où Dieu lui dira, comme à Caïn : rends-moi compte de ces victimes que as immolées ! Et alors, que deviendra-t-il ? Où se cachera-t-il ? Oh non ! on ne dira plus alors à Léotade : ACCUSÉ, LEVEZ-VOUS ! »

Ce fut la dernière explosion du désespoir. Le frère Floride lui ayant reproché doucement ces expressions de colère, peu convenables à une âme chrétienne, Léotade les regretta humblement et n'exprima plus, à partir de ce jour, que la résignation la plus touchante et le pardon le plus absolu.

Et maintenant, que l'on rapproche cette lettre de l'étrange théorie qui avance que *l'énormité même du crime* chez un religieux *peut lui donner la résignation apparente de l'innocence qui affronte le martyre !*

La santé physique de Léotade s'affaiblissait de plus en plus, à mesure que s'augmentait sa tranquillité morale. Au milieu de ses souffrances, il accomplissait avec ponctualité ses devoirs religieux, y joignant tous les jours une prière spéciale pour MM. d'Oms et de Labaume. Les forçats respectaient ces pratiques dont leur instinct leur révélait la sincérité. *Silence,* disaient-ils autour de son lit de douleur, *le frère prie !*

En mars 1849, l'état de Léotade s'aggrava au point qu'il fallut lui donner le viatique : se croyant au seuil de la mort, il protesta énergiquement de son innocence. A peine rétabli, il se dévoua à soigner les malades et à les préparer à la mort. Il réussit à en ramener plusieurs à la religion.

Le choléra était venu s'abattre sur le bagne de Toulon, comme sur le reste de la France. Le frère Léotade s'employa courageusement à soigner ses compagnons de chaîne et à les consoler par ses pieuses exhortations. Apôtre improvisé, on le vit un jour conduire à sa suite trente forçats à la sainte table : « Je vous assure, écrivait-il le lendemain au frère Adaucte, que le jour de l'Assomption a été pour moi un jour de joie et de bonheur. »

Cette conduite avait nécessairement attiré sur Léotade des adoucissements et des faveurs spéciales : ce *scandale* fut dénoncé amèrement par *la Démocratie pacifique du Var,* et Léotade fut renvoyé aux grands travaux du Mourillon.

Il ne survécut pas longtemps à ces fatigues. Le 26 janvier 1850, à sept heures et demie du soir, il succomba.

L'aumônier du bagne, M. l'abbé Marin, a raconté ses derniers moments. Léotade avait fait demander le commissaire de la république près les tribunaux maritimes ; il fit devant lui la déclaration suivante :

« Sur le point de paraître devant Dieu, j'ai voulu déclarer une dernière fois devant vous, ce que j'ai déjà déclaré devant mes juges : que je suis innocent et que j'ignore complètement comment et par qui a été commis le double crime pour lequel je suis condamné. »

Le commissaire de la république, dit M. l'abbé Marin, trouva d'énergiques paroles pour effrayer le moribond, s'il osait mentir aux hommes en face du tribunal de Dieu. L'aumônier renchérit encore sur l'énergie de ce langage, annonça à Léotade sa mort prochaine et lui parla « comme jamais prêtre n'a parlé à un mourant. » Léotade répondit : « Je sais que je vais mourir, et voilà pourquoi je me plais à répéter que je suis innocent ; à la mort, on dit la vérité. Je vais à celui qui récompense l'épreuve et répare l'injustice. Si j'ai tenu à proclamer une dernière fois mon innocence, ce n'est pas pour moi, c'est pour la consolation de ma famille et pour l'honneur de mon Institut. »

Devant le saint viatique, il persista encore ; il répéta ces déclarations devant le commissaire du bagne et devant le procureur de la république.

Enfin, Léotade somma l'ecclésiastique de révéler publiquement sa confession et cette confession était encore une protestation d'innocence. L'abbé Marin termine sa relation par ces mots : « En présence de tels faits, n'est-il pas permis de se demander si le condamné Léotade n'aurait pas été victime d'une de ces erreurs judiciaires que la justice divine peut seule se promettre d'éviter toujours ? »

Ce fut l'opinion de plusieurs, celle entre autres de M. Jean-Michel Cazeneuve, avocat près la Cour d'appel de Toulouse, qui, en 1850, fit paraître une *Relation historique de la procédure et des débats dans la cause du frère Léotade,* et plus tard, comme procureur fondé de François Bonafous, frère de Léotade, un *Abrégé historique* et une *Démonstration de l'innocence de Léotade.* Ce dernier mémoire donna lieu à une plainte de la part de MM. d'Oms et de Labaume, et il renfermait, en effet, des expressions qui dépassaient le droit de discussion et qui arrivaient à l'injure. M. Cazeneuve fut condamné à trois mois de prison et à mille francs d'amende.

Nous l'avons dit, vouloir démontrer l'innocence de Léotade, tenter sa réhabilitation, c'est demander l'impossible. Juré, nous eussions pu, pour notre part, ne pas nous sentir suffisamment libre ou informé, nous aurions pu réagir par une déclaration de non-culpabilité contre les préventions et les préjugés qui obscurcissaient cette cause. Mais nous ne nous sentirions pas pour cela le droit d'affirmer l'innocence de Léotade. Cette innocence, l'opinion générale n'y croit pas : il est, nous le savons, une autre opinion plus sérieuse, plus dégagée de l'influence des passions et des idées transitoires ; celle-là parlera à son heure et nous n'avons pas eu d'autre pensée que celle de lui préparer ses éléments de conviction.

Messieurs les souscripteurs-abonnés aux Causes célèbres et au Musée universel jouiront d'une remise de quarante pour cent sur les *prix portés* au présent Catalogue.

HISTOIRE
DE LA FAMILLE BONAPARTE

Depuis 1815 jusqu'à nos jours (décembre 1848), par F. Wouters, deuxième édition, 1 vol. grand in-8º raisin de 450 pages, orné de 14 portraits et de 16 fac-simile des membres les plus illustres de la famille impériale.

Prix, broché : 9 fr.

Cette histoire, qui embrasse tout le temps de l'exil de la famille impériale, a été écrite sur des documents authentiques et officiels. Publiée avant l'inauguration de la seconde ère napoléonienne, elle se distingue autant par son impartialité que par son exactitude.

ESPAGNE PITTORESQUE
ARTISTIQUE ET MONUMENTALE

Mœurs, usages et costumes, par MM. Manuel de Cuendias et V. de Féréal, 1 vol. grand in-8º, orné de 50 planches à part, vues et monuments à deux teintes et costumes coloriés; du portrait de la reine Isabelle, et de 100 vignettes dans le texte, par C. Nanteuil.

Prix, broché : 20 fr.

L'*Espagne* est un de ces beaux ouvrages, imprimés à la presse à bras, sur papier de luxe, qui deviennent de plus en plus rares, et que l'invasion de la fabrication à bon marché ne permet plus de reproduire dans les mêmes conditions. Il ne reste de toute l'édition qu'un petit nombre d'exemplaires.

STATISTIQUE GÉNÉRALE, MÉTHODIQUE ET COMPLÈTE
DE LA FRANCE

Comparée aux grandes puissances de l'Europe, par J.-H. Schnitzler, auteur de la Statistique de la Russie, directeur de l'Encyclopédie des Gens du Monde, etc., 4 vol. in-8º, enrichis de nombreux tableaux statistiques.

Prix, broché : 20 fr.

Couronné par l'Académie des sciences morales et politiques, cet ouvrage, qui résume et complète les nombreux travaux officiels, est le meilleur guide pour les commissions de statistique créées par le gouvernement.

LA RUSSIE ANCIENNE ET MODERNE
HISTOIRE, DESCRIPTION, MŒURS

Par J.-H. Schnitzler, auteur de l'Histoire intime, et de la Statistique de la Russie, 1 vol. grand in-8º jésus, illustré de 16 magnifiques gravures, avec carte.

Prix, broché : 6 fr.

Les travaux littéraires de M. Schnitzler sur la Russie font autorité dans le monde savant. Personne n'ignore les nombreux emprunts que M. de Lamartine a faits aux ouvrages de M. Schnitzler pour la rédaction de son Histoire de Russie.

POMPEÏA
DÉCRITE ET DESSINÉE

Par Ernest Breton, de la Société impériale des Antiquaires de France, etc.; suivie d'une notice sur Herculanum; 1 vol. grand in-8º jésus, accompagné d'un plan général de Pompéia et orné de 10 planches tirées à part à deux teintes et de 150 têtes de pages, vignettes et plans dans le texte.

Prix, reliure, toile dorée, plaque : 16 fr.

ÉPITRES ET ÉVANGILES
DES DIMANCHES ET FÊTES DE L'ANNÉE

Par M. l'abbé A.-F. James, un beau volume in-8º, de 700 pages, orné de 40 planches à part avec cadre en couleur et de 5 à 600 vignettes dans le texte, gravées par Andrew, Best et Leloir.

Prix, broché : 12 fr.

Le même ouvrage orné de 85 gravures imprimées en camaïeu, encadrées d'or, demi-reliure chagrin tranche dorée. 30 fr.

Édition tirée à 100 exemplaires.

Le texte a été imprimé par Duverger, à la presse à bras, et les gravures, en camaïeu, par M. Silberman, de Strasbourg. Ces dernières figuraient à la grande Exposition universelle.

LA VIE DE JÉSUS-CHRIST
D'APRÈS LES LIVRES SAINTS

Magnifique album-livre grand in-8º, raisin, orné de 40 planches imprimées à part, avec cadre en couleur, et de 110 vignettes, têtes de pages, lettres ornées.

Prix, broché : 5 fr.

LE LIVRE D'OR DES PETITS ENFANTS
ALPHABET ET LECTURE EN IMAGES

Un beau vol. in-18 de 144 pages, orné de 450 gravures, d'après les dessins de Catenacci, Gerard Séguin, etc.

Prix, cartonnage élégant, couverture dorée : 2 fr.

ON VEND SÉPARÉMENT :

Alphabet illustré, scènes enfantines, 36 pages in-18, 100 gravures, lettres ornées, animaux . . . . . . 20 cent.

Le Livre d'Or des Petits Enfants est un véritable chef-d'œuvre d'élégance et de typographie.

LE PATER DE FÉNELON

Par S. Henri Berthoud, rédacteur en chef du *Musée des Familles*, deuxième édition, 1 vol. in-12, orné de 8 gravures et portrait.

Prix, broché : 1 fr. 50 c.

Rien n'égale le charme et l'intérêt qui s'attachent à la lecture de ce petit ouvrage, dont la réimpression a eu lieu à la demande de plusieurs maisons d'éducation. C'est l'Oraison dominicale mise en action pour servir d'instruction et d'exemple aux enfants de toutes les classes, riches et pauvres.

L'ABBÉ DE LA SALLE
ET L'INSTITUT DES FRÈRES DES ÉCOLES CHRÉTIENNES

Depuis son origine, par Ch. Durozoir, professeur de l'Université, 1 vol. grand in-18, de 200 pages, avec portrait sur acier.

Prix, broché : 1 fr.

PAUL ET VIRGINIE
SUIVI DE LA CHAUMIÈRE INDIENNE

Par Bernardin de Saint-Pierre; un beau vol. in-12 (format Charpentier), orné de 75 gravures (illustration de l'édition Masson fils).

Prix, broché : 3 fr.

NOIRS ET BLANCS
SCÈNES D'ESCLAVAGE

D'après Mme H. Beecher-Stowe, 1 vol. in-12, orné de 25 gravures représentant les scènes principales de la Cabane de l'Oncle Tom.

Prix, broché : 2 fr.

PARIS—ILLUSTRATIONS—1848

Album-Histoire des hommes et des choses en 1848; journées de février et de juin; événements du 15 mai. Portraits des principaux personnages : 32 gravures avec texte historique et explicatif.

Prix, broché : 1 fr.

TABLEAUX HISTORIQUES
DES PRINCIPAUX ÉVÉNEMENTS DE LA RÉVOLUTION DE FÉVRIER 1848

12 Planches grand in-8º à deux teintes, avec texte historique et explicatif.

Prix, broché : 2 fr.

UNE LIVRAISON
TOUS LES QUINZE JOURS.

20 centimes la livraison.

LEBRUN ET C^(ie), ÉDITEURS
8, RUE DES SAINTS-PÈRES, 8.

LOUIS XVI.

Adieux de Louis XVI à sa famille.

En admettant dans notre cadre le grand procès politique par lequel la République française inaugura son existence, et qui se termina par la condamnation du chef de la famille royale et de plusieurs de ses membres, nous n'avons pas la prétention de refaire une fois de plus l'histoire de la Révolution en France. Nous nous bornerons, pour rester dans les conditions générales de notre œuvre, à redire les circonstances de l'épisode judiciaire.

Toutefois, ce procès n'ayant été au fond que la conclusion d'une lutte inégale entre la monarchie expirante et l'esprit des temps nouveaux, il nous faudra bien rappeler les principaux incidents qui précédèrent la défaite de la monarchie et l'immolation de son chef. Nous le ferons le plus succinctement possible, et nous n'insisterons particulièrement que sur les faits qui serviront de prétexte à l'assassinat juridique.

Sur ce crime politique du 21 janvier 1793, nous serons sobre de réflexions. La conscience générale a donné aujourd'hui à cet acte son nom véritable, et à mesure que les acteurs se sont reculés dans la perspective historique, avec les passions qui les animèrent, le nombre a diminué de ces hommes qui, avec la meilleure foi possible, croyaient naguère encore à la légalité, ou à la nécessité de la condamnation de Louis XVI. L'esprit moderne a fait son stage de morale politique, et il est définitivement reconnu aujourd'hui que la suppression violente d'un adversaire, même lorsqu'on la déguise sous les apparences de la légalité, est tout à la fois un crime et une faute.

Ce fut si bien un crime, qu'on ne put s'arrêter dans le crime; ce fut si bien une faute, que les conséquences en pèsent encore sur la démocratie.

Si la liberté ne put s'asseoir et se calmer que sous le despotisme militaire, si la France échangea les mirages de l'égalité pour les illusions de la gloire, ce fut le crime de ces hommes qui ensanglantèrent la Révolution à ses premiers pas. Ils mirent à découvert tout ce que la nation, à l'aurore de la civilisation moderne, recélait d'instincts grossiers et méchants, d'inaptitude à la liberté, d'ignorance et de passions brutales; ils se firent les adorateurs du mal, les courtisans des vengeances ignobles; ils calomnièrent la liberté, et grâce à eux, à eux seuls peut-être, cette forme de gouvernement qu'ils voulurent identifier de force avec la liberté elle-même, la République, est restée jusqu'à présent impossible en France.

Il est presque inutile, après plus de soixante années écoulées, après tant d'enseignements donnés par l'histoire, d'ajouter que celui qui raconte ce procès ne ressent pour la victime et pour ceux qui s'intitulèrent ses juges, ni zèle exclusif, ni horreur systématique. La passion politique n'est plus de mise en ces récits, et si nous évoquons aujourd'hui tous ces noms autour desquels s'agitaient naguère tant de récriminations violentes, ce n'est plus comme alors pour les désigner à l'admiration ou au mépris. La plupart des acteurs de ce drame sanglant ont disparu de la scène et ne sont plus justiciables que de l'histoire. En dresser la liste, ce n'est plus ouvrir des tables de proscription, ni même réveiller des haines aujourd'hui bien éteintes. La part des hommes est plus petite qu'on ne le pense dans ces grands événements, et si quelque leçon ressort de ce récit impartial, ce sera peut-être celle-ci : Les vainqueurs comme les vaincus furent emportés par la force brutale des faits et par la force supérieure des idées. Le dernier mot de bien des grandeurs apparentes et de bien des crimes détestables est plus souvent dans la faiblesse de l'homme que dans sa force.

Louis-Auguste de France, duc de Berri, qui régna sous le nom de Louis XVI, était le troisième fils du dauphin Louis de France, fils lui-même de Louis XV et de Marie Leczinska.

Parmi les sept autres enfants nés du second mariage du fils de Louis XV avec la princesse Marie-Josèphe de Saxe, trois moururent en bas âge ; le quatrième, Louis-Stanislas-Xavier de France, comte de Provence, régna sous le nom de Louis XVIII ; le cinquième, Charles-Philippe de France, comte d'Artois, régna sous le nom de Charles X ; le septième, Marie-Adélaïde-Clotilde-Xavière de France, dite madame Clotilde, épousa, en 1775, Charles-Emmanuel-Ferdinand de Sardaigne, et mourut en 1802 ; le huitième, Philippine-Marie-Hélène-Élisabeth de France, connue sous le nom de madame Élisabeth, était le 3 mai 1764.

Celui qui devait porter le nom de Louis XVI était né le 23 août 1754.

L'enfance du duc de Berri fut difficile et triste. Sa santé força sa gouvernante, la comtesse de Marsan (une Rohan), de s'éloigner de la cour, et de l'élever dans la saine solitude de Bellevue. L'institutrice, femme de cœur et de tête, développa chez son élève les germes de bonté simple et de droiture qui déjà faisaient le fonds de son caractère.

A six ans, le jeune prince passa sous la direction du duc de la Vauguyon, mais sans échapper un seul instant à la sollicitude éclairée de son père le dauphin. L'enfant était timide, triste, défiant de lui-même ; il n'annonçait aucune de ces qualités brillantes qui faisaient alors le mérite le plus goûté chez les princes, et par lesquelles se distinguèrent de bonne heure ses frères, les comtes de Provence et d'Artois. Le duc de Berri sentait son infériorité, il en souffrait. Comme un courtisan le complimentait un jour sur la précocité de son intelligence : « Vous vous trompez, répondit-il ; ce n'est pas moi qui ai de l'esprit, c'est mon frère de Provence. »

Le duc de Berri avait pourtant quelque chose de mieux que l'esprit, il avait un jugement sain, un cœur aimant et loyal ; mais ces qualités généreuses n'éclataient que dans l'intimité de ceux qu'il aimait et par qui il se sentait aimé : hors de ce cercle étroit, il se repliait et se ramenait en lui-même, impuissant à feindre, ignorant de ces petits charlatanismes qui font si facilement aux princes une réputation d'amabilité. C'était une pierre précieuse à laquelle manquaient la taille et la monture.

Le 25 septembre 1765, le duc de Berri perdit son père, et devint, par cette mort, l'héritier direct du trône.

L'éducation du nouveau dauphin n'en fut que plus sérieusement dirigée. Cette éducation, théorique et pratique à la fois, très-libérale comme nous dirions aujourd'hui, embrassait la connaissance des langues mortes et vivantes, l'histoire, les mathématiques, la géographie, les arts mécaniques. La mémoire de Louis était vaste et sûre ; à quinze ans il savait passablement l'allemand, parfaitement l'italien et l'anglais. Il dressait une carte comme le meilleur géographe, et déployait une adresse et un esprit d'invention remarquables dans les arts mécaniques, la menuiserie surtout et la serrurerie.

On sait tous les sarcasmes que ces derniers talents lui valurent à la cour et dans l'opinion publique ; l'histoire les a trop légèrement répétés. On avait reproché au dauphin, son père, de faire de la musique ; on lui reprocha de faire des serrures. Le grand Frédéric jouait excellemment de la flûte, et l'empereur Nicolas Ier de Russie était de première force sur le tambour. L'histoire ne leur a jamais imputé ces talents à ridicule, et il est permis de croire que si Louis XVI avait déployé sur le trône cette énergie qui s'accorde rarement avec les dons plus humains de la douceur et de la bonté, eût-il été le plus redouté des tyrans, la postérité s'extasierait devant ses serrures comme devant la varlope du terrible charpentier de Saardam.

Mais si tout fut tenté pour cultiver la solide intelligence de Louis, rien ne fut fait pour développer en lui cette énergie que semblait lui avoir refusée la nature. Le siècle était aux grandes luttes, et l'épée de la France dormait depuis trop longtemps dans le fourreau. Il fallait faire de Louis XVI un soldat ; on en fit un savant et un sage.

Le 16 mai 1770, la politique du duc de Choiseul choisit pour épouse au dauphin Marie-Antoinette-Josèphe-Jeanne de Lorraine, archiduchesse d'Autriche, fille de François de Lorraine et de l'impératrice Marie-Thérèse.

La jeune dauphine, qui n'avait pas encore atteint sa quinzième année (elle était née le 2 novembre 1755), réunissait dans sa personne tous ces dons éclatants qui manquaient au futur roi de France, la majesté, la beauté, la grâce. Malgré les sinistres présages de cette fête du 31 mai, qui couvrit de cadavres la place Louis XV et attrista le premier jour de ce mariage, *l'Autrichienne*, avec sa taille élégante, avec ses beaux yeux bleus tout brillants d'esprit et de bonté, avec ses cheveux blonds soyeux, avec la grâce simple et digne à la fois de sa démarche, et l'ingénieuse sensibilité de ses paroles, devint aussitôt l'idole de la France.

Élevée à Vienne dans l'ignorance du luxe efféminé de Versailles, la dauphine apportait en France l'habitude de la vie de famille et un éloignement marqué pour la représentation. D'ailleurs, les scandales de la cour de Louis XV ne permettaient pas au dauphin de conduire celle qui portait son nom au milieu des fêtes que présidait une favorite indigne, entourée de ses créatures. Marie-Antoinette s'habitua aux charmes paisibles de cet isolement nécessaire. Plus tard, elle porta la peine de ces goûts si bien justifiés d'abord par une position difficile. Devenue reine, elle crut pouvoir échapper à la royauté. Elle s'imagina qu'une reine de France pouvait avoir des amis sans faire des jaloux, échapper à l'esclavage de la cour dans une libre et douce intimité, sans provoquer des calomnies impitoyables.

L'heure des devoirs et des épreuves n'arriva que trop tôt pour ce couple si peu désireux de régner. Le 10 mai 1774, Louis XV succombait à la maladie triste fruit de ses débauches. L'annonce de cette mort fut un sujet d'effroi pour le dauphin ; il fallait régner : « Oh! mon Dieu, s'écria-t-il, c'est régner trop jeune. Mon Dieu, protégez-moi, aidez mon insuffisance. »

Le bon sens de Louis XVI lui montrait tous les périls, toutes les difficultés de ce règne. On lui laissait la royauté avilie, désarmée : la couronne, si brillante sous Louis XIV, était, comme avait dit Maupeou, *tombée dans le greffe*. L'arbitraire avait fait son temps et le moment était venu où toute une partie de la nation, oubliée jusque-là, asservie et pressurée par les classes à privilèges, allait réclamer ses droits. L'opinion publique était née : le discussion s'attaquait à tout, ébranlait tout, et la philosophie trouvait des partisans nombreux parmi ceux-là même dont elle menaçait les droits surannés. On était las du désordre, du gaspillage : les finances de la France étaient profondément atteintes et, malgré le zèle des économistes et des écrivains à systèmes, la science financière était encore à naître. On était las de la débauche, et les mœurs de toute la nation officielle étaient incurablement corrompues. Le clergé avait discrédité la religion par ses exemples ; la noblesse avait fait oublier ses services par ses fautes ; les classes moyennes avaient plus d'aspirations ambitieuses et jalouses que d'intelligence, et la masse de la nation était encore en proie à une brutale ignorance.

Tel était le royaume que recevait Louis XVI des mains de Louis XV. Succession terrible, en effet, et bien faite pour épouvanter le légataire. Il fallait une main de fer pour administrer ce dangereux héritage, il fallait une foi puissante en soi-même, une volonté tenace, l'esprit de suite, le coup d'œil. Louis XVI n'avait qu'un jugement droit, un cœur loyal. C'est pour cela qu'il ne s'est pas trouvé à la hauteur de sa tâche. Il est dans les impénétrables vues de la Providence, que les fautes des pères soient punies dans leurs enfants et que les innocents payent pour les coupables.

Vu d'ensemble cependant, et sans parti pris, le règne de Louis XVI, c'est-à-dire la période de ce règne qui peut véritablement lui être attribuée, présente le spectacle des plus louables efforts et des progrès les plus féconds. Dressons le bilan de ce règne, dont la première pensée fut la remise du droit de joyeux avènement.

Abolition des corvées, converties en un impôt proportionnel aux fortunes ; fixation de l'imposition jusqu'alors arbitraire de la taille ; édit sur les serfs, qui donna le coup de grâce à la féodalité ; abolition de la question préparatoire ; rappel des parlements ; respect tout nouveau de la liberté individuelle ; probité inconnue jusqu'alors dans l'administration des finances publiques ; sollicitude constante et pratique pour l'amélioration matérielle et morale des classes souffrantes ; introduction définitive de la tolérance parmi les principes de gouvernement ; partage volontaire de la souveraineté avec la nation ; abandon sincère d'un grand nombre des prérogatives royales : Voilà quels furent les actes libres du règne de Louis XVI. Ces actes là constituent en partie la révolution légale, et il y aurait une criante injustice à dater, comme on le fait trop souvent, du 5 mai 1789 l'affranchissement de la France et l'inauguration des grands principes de la démocratie moderne.

Comment toutes ces mesures excellentes, comment toutes ces intentions si pures n'aboutirent-elles qu'à une catastrophe ? C'est l'histoire ordinaire des réformateurs qui se laissent mener au lieu de conduire. Louis XVI n'était pas de taille à contenir ou à diriger une révolution.

Car c'était une révolution véritable et la substitution d'un ordre nouveau au vieil ordre monarchique. Il eût fallu retenir dans leur marche ascendante les classes dont on favorisait l'avènement et peser énergiquement sur celles qui se refusaient à descendre du haut de leurs privilèges. La royauté se laissa écraser entre ces deux forces contraires. Elle ne sut pas forcer les privilégiés à contribuer pour leur part aux dépenses publiques ; d'où la nécessité d'augmenter les tailles, les capitations, de pressurer et de mécontenter involontairement le peuple, qu'irritaient à la fois les abus et les réformes. De là ces combinaisons aléatoires, ces emprunts, ces banqueroutes qui devaient aboutir à la convocation d'une assemblée des notables, ou enfin à celle des états généraux, pour aviser aux moyens de combler un déficit dont ne s'inquiéterait guère aujourd'hui le plus petit des états de second ordre.

Ce déficit, qui était de quarante millions à l'avénement de Louis XVI, la guerre d'Amérique l'avait porté à cinquante-six millions. Ainsi toujours ce roi malheureux devait être puni pour le bien qu'il faisait, comme pour le mal qu'il n'avait pas fait ou qu'il ne pouvait empêcher de faire.

Si la politique extérieure du gouvernement de Louis XVI fut trop souvent, comme sa politique intérieure, empreinte de faiblesse et d'irrésolution, est-ce bien au roi qu'il faut s'en prendre. Il avait hérité d'une France affaiblie, désarmée ; il eut la noble envie d'effacer la trace de nos revers, de laver nos hontes récentes, de relever notre état militaire et maritime. Mais elle était trop profonde, cette plaie qu'il n'avait pas faite et qu'il ne lui fut pas donné de guérir ! Son règne fut le règne des bonnes intentions, des projets trop vastes et trop lourds pour les forces d'un malade. Il eut la velléité de s'attaquer à la puissance anglaise dans l'Inde, de former un établissement d'influence dans la Méditerranée, de secourir l'indépendance américaine ; là où n'échoua pas cette politique généreuse, elle lui prépara des difficultés nouvelles.

Lorsque s'ouvrirent, le 5 mai 1789, ces états généraux, accueillis comme un remède souverain à tous les maux de la France, la Révolution était déjà faite dans les idées ; elle était formulée tout entière dans les cahiers dont le dépouillement fut présenté, le 27 juillet, à l'Assemblée nationale. Mais il restait à la faire passer dans les faits, et c'était là le difficile. Les prétentions contraires des trois ordres, la résistance aveugle des privilégiés, l'impatiente audace de ceux qui demandaient leur part de droits politiques rendirent bientôt toute conciliation impossible entre les représentants du passé et les représentants de l'avenir. Dès le 15 juin, le tiers état s'était constitué de sa propre autorité, et avait pris le titre d'Assemblée nationale. Un pouvoir nouveau était né dans l'État ; le conflit commençait, et les conflits de pouvoirs ne se terminent jamais que par la destruction violente du plus faible ou le plus fort.

L'énergie de l'attaque manqua, comme d'ordinaire, à la défense. Louis XVI, plein de droiture et d'intentions loyales, se vit incessamment tiraillé entre les tentatives peu réfléchies de réformes et les essais impuissants d'autorité. Ses ministres, et à leur tête Necker, n'avaient qu'une médiocre intelligence de la situation nouvelle et pas un d'eux ne sut donner à l'irrésolution naturelle du monarque la base solide qui lui manquait.

Ce malheureux prince, entouré tantôt par les réformateurs chimériques, par les esprits à systèmes, tantôt par les privilégiés de la cour, décidés à une résistance hautaine et absolue, passionné pour le bien, mais ignorant des moyens propres à le réaliser, devait perdre lambeau par lambeau cette autorité que la force seule eût pu préserver des atteintes. La force lui répugnait.

On lui en conseillait l'emploi, cependant. La trahison s'était introduite dans sa famille, et un prince, le duc d'Orléans, préparait sourdement la ruine de cette monarchie dont, malgré le juste mépris que lui valaient ses vices, il osait convoiter l'héritage. La noblesse, infatuée de sa supériorité traditionnelle, n'avait pas conscience de son abâtardissement et, à Versailles même, le comité Polignac conspirait, au nom des privilèges surannés de l'aristocratie, comme à l'Assemblée nationale la bourgeoisie conspirait au nom de ses droits contestés.

L'opinion publique, qui n'en était pas encore arrivée à ce degré d'injustice d'accuser les intentions de Louis, avait pris pour but de ses défiances et pour victime de ses calomnies, la jeune reine Marie-Antoinette, que ses intimités de Trianon avaient exposée aux traits de la malignité. On connaissait l'influence de cette adorable princesse sur le cœur si bon et si faible de son époux, et peut-être, en des temps meilleurs, Marie-Antoinette en avait-elle usé trop ouvertement pour sa tranquillité future. Elle avait eu des créatures, des amis politiques, et par conséquent des ennemis. La déplorable affaire du *collier* avait fourni un odieux prétexte à ces hostilités mortelles, et il avait fallu que la royauté donnât ce dangereux spectacle d'une reine de France justifiée !

Elles sont tombées aujourd'hui devant le mépris de l'histoire, ces honteuses calomnies qui s'acharnaient alors après l'*Autrichienne*, et la correspondance de Mirabeau avec le comte de La Marck nous l'a montrée ce qu'elle était réellement, épouse dévouée, femme supérieure, vraiment française. Nous savons aujourd'hui combien sa noble intelligence répugnait aux affaires, aux intrigues politiques, combien elle aimait ce pays dont elle partageait le trône. Nous savons aussi sa gaieté naturelle, sa frivolité, qui, chez une femme aussi intelligente, n'était qu'une grâce de plus. Mais alors, la calomnie seule avait la parole ; les masses ignorantes accueillaient avidement les accusations qui satisfaisaient leurs instincts jaloux ; les habiles de la conspiration bourgeoise favorisaient ces haines aveugles, parce qu'ils sentaient chez la reine cette fermeté, cette décision que personne n'avait autour d'elle. « Le roi n'a qu'un seul homme, disait Mirabeau, c'est sa femme. »

Ainsi tout conspirait contre Louis, ses amis comme ses ennemis, ses appuis naturels comme ses adversaires avoués ou secrets.

L'Assemblée nationale présentait, dans sa composition, la même confusion que la cour. On y retrouvait la faction déguisée du duc d'Orléans ; un clergé supérieur entêté de ses privilèges, ou plutôt de leurs abus ; un clergé inférieur ardent à escalader les hautes dignités, qui jusque-là lui restaient interdites ; un parti de philosophes, outrant, jusqu'à la haine de toute religion, l'adoration de la raison humaine ; des politiques, des économistes, des financiers, esprits plus spéculatifs que pratiques, hâtant de tous leurs vœux la dissolution de la société, pour préparer l'avènement de leurs théories confuses ; des avocats en grand nombre, avides de briller sur un théâtre plus large qu'un bailliage de province, tout rongés d'ambitions secrètes, tout prêts à parler de tout ; un certain nombre d'hommes avides de nouveautés, par pur amour des nouveautés même ; enfin, et c'est toujours là le moins grand nombre, quelques honnêtes gens, convaincus, sincèrement amis de leur pays et de l'humanité, appelant de leurs vœux une régénération, sans soupçonner les honteux désordres par lesquels il la faudrait payer.

Au-dessous de cette élite de la nation, qu'on se représente la nation elle-même, lasse de servitude et de misère, émancipée par le désir avant de l'être par l'intelligence, plus avide que digne de liberté, plus jalouse des supériorités qu'amie de l'égalité véritable.

Si Louis XVI ne fut pas un instant à la hauteur d'une situation semblable, il est juste de dire que personne n'y put plus que lui.

Du jour où les députés du tiers eurent décrété leur toute-puissance et leur inviolabilité ; du jour où, par la voix de Mirabeau, la scission fut proclamée entre la Révolution et la monarchie, l'issue du conflit peut être déjà jugée. Louis XVI, quoi qu'il fasse, est condamné à l'avance.

Celui qui, de sa voix puissante, venait de sonner le glas de la royauté, celui-là fut à la fois le représentant le plus vrai et le juge le plus sévère de cette Révolution. Personne mieux que lui ne comprit la grande, la juste, l'inévitable révolution des principes ; personne ne flétrit plus énergiquement la basse, l'inique, la sanglante Révolution qu'il ne fit qu'entrevoir, et dont il fut la Cassandre impuissante. Mirabeau fut le seul peut-être à cette époque qui eût la complète intelligence de cette Révolution, qu'il chercha à enrayer, tout en l'affirmant, tout en appelant, tout en préparant son inévitable triomphe. Il fut le plus grand politique de son siècle ; il ne lui manqua que le sens moral. Celui-là comprenait combien peu la forme républicaine convenait à la France ; mais il eût voulu régler la monarchie, la soumettre aux lois, et garantir par elles la liberté et l'égalité de tous les citoyens. Il voulait un gouvernement à l'anglaise, mais en tenant compte, seul entre tous, des différences profondes des deux pays. Cet *apôtre*, comme il se nomme lui-même, de la démocratie monarchique, était malheureusement perdu de vices : ce fut là le secret de son impuissance.

Or, dès les premiers jours du conflit, Mirabeau disait déjà : « Tout est perdu ; le roi et la reine y périront, et, vous le verrez, la *populace* battra leurs cadavres. » Il n'y a, on le voit, que les grands esprits, que les vrais politiques qui sachent et osent nommer de son nom véritable cette écume du peuple dont les crimes sont trop souvent imputés au peuple lui-même. Mirabeau et M. Thiers appellent cette écume *populace* ; les tribuns de bas étage, les flatteurs des tyrans de la rue, la décorent du nom de *peuple*.

La populace, dont les misères publiques et un secret instinct des prochaines curées avait grossi la masse à Paris dans des proportions effrayantes, commençait à s'agiter, à se reconnaître, à s'organiser. Quand le pouvoir est discuté, disputé, il n'y a plus de pouvoir et il y en a partout. Les clubs s'ouvrirent, et toutes les passions s'y concentrèrent pour une explosion prochaine. Un orage s'amassait dans ces bas-fonds, et le roi, comprenant quel appui cette effervescence pouvait trouver contre le trône dans l'hostilité déclarée de l'Assemblée, appela quelques régiments à Versailles. Déjà des émeutes, des incendies, des pillages ne justifiaient que trop ces précautions.

L'Assemblée protesta contre ces mouvements de troupes, qu'elle disait dirigés contre elle-même. On contestait à Louis le droit de se défendre.

La prise si facile de la Bastille, ce fantôme de citadelle défendu par quelques invalides, et les massacres qui suivirent cette victoire, furent le premier signal de la seconde révolution, la révolution de la populace et de la rue, la révolution parisienne, la révolution sanglante. Tout abandonna le roi, même ses troupes; tout tourna contre lui, même l'imprudent dévouement de ses officiers fidèles, même sa trop confiante bonté; car, sur une réconciliation avec l'Assemblée, provoquée par ses démarches confiantes, Louis XVI s'empressa de se désarmer en envoyant ses troupes à la frontière, et d'armer ses ennemis en plaçant ses gardes nationales sous le commandement du marquis de La Fayette.

Lafayette, cœur loyal, esprit faux, vaniteux, politique incapable, que l'impitoyable Mirabeau surnommait si bien *Gilles-César*! Il n'est pas de révolution qui ne trouve, pour la précipiter et la fausser, des honnêtes gens comme Lafayette, Necker et Bailly.

Le pouvoir législatif, l'armée avaient échappé à la royauté. Une fois encore on crut tout fini quand tout commençait. La Révolution, une fois de plus, se proclama elle-même. On fit, en haut comme en bas, litière des priviléges et des traditions, et la nuit du 4 août vit cette pompeuse et inutile renonciation à tous les priviléges, que Mirabeau appela si justement une *orgie* d'égalité.

Imprudente, comme la société qu'elle remplaçait, la société nouvelle avait décrété l'anarchie. Elle décora le roi du titre de *Restaurateur de la liberté*, et déjà ce roi n'avait plus de la royauté que le nom.

Puis, l'Assemblée s'imagina clore la Révolution en la formulant dans une vague déclaration des droits de l'homme et dans une constitution qui réservait au roi l'apparence du pouvoir exécutif.

La populace, cependant, n'avait pas déposé les armes; tandis que les théoriciens de constitutions discutaient à vide, on pendait dans les rues; les tribuns, pour conserver sous leur main cette milice prête à tout faire, imaginaient des complots, exploitaient les terreurs de la multitude, organisaient par toute la France l'insurrection contre un ennemi invisible. On brûlait les châteaux, on égorgeait les aristocrates, on inventait les suspects. Le désordre enfantait le désordre, la misère augmentait la misère. L'Assemblée décrétait des impôts que personne ne payait, et le déficit qui avait servi de prétexte à la Révolution, se creusait tous les jours davantage.

C'est alors que la royauté se vit abandonnée par ses derniers défenseurs. Les plus dévoués, le comte d'Artois, le prince de Condé, voyant qu'il n'y avait plus de réconciliation possible entre la révolution triomphante et la royauté condamnée, cherchèrent un point d'appui hors de la France. Ce fut une faute, les partisans de la légitimité en conviennent aujourd'hui.

Quand, entraînée par un élan chevaleresque, la noblesse française passa la frontière, à la suite de M. le comte d'Artois, les hommes vraiment attachés à la royauté et le roi lui-même déplorèrent cette marche à contre-courant de l'opinion publique. C'était, non-seulement froisser un légitime sentiment de patriotisme et de fierté nationale, c'était encore en-

treprendre sur l'indépendance de sa monarchie. C'était forcer la main au roi et ébranler ce trône qu'on prétendait sauver. C'est ainsi que l'émigration fut jugée par un des plus grands hommes de guerre et par un des esprits politiques les plus élevés du temps, M. le marquis de Bouillé, cet homme qui n'est connu à beaucoup de gens que par une calomnie immortalisée dans un couplet de *la Marseillaise*. « La première preuve de fidélité offerte au roi, ne saurait être, disait cet homme éminent, de transporter la monarchie, la patrie, les droits, les devoirs même au delà des frontières. » (*Essai sur la vie du marquis François-Claude-Amour de Bouillé...* par son petit-fils René de Bouillé.)

Cette ombre de roi qui vivait à Versailles, gênait la Révolution; il fallait le tenir sous la main, en attendant qu'on pût s'en défaire. Un repas offert par les gardes-du-corps au régiment de Flandre, et dans lequel ces derniers serviteurs de la monarchie exagérèrent jusqu'à l'imprudence leurs démonstrations de dévouement, servit de prétexte à la conspiration parisienne. Les clubs dénoncèrent un complot de la cour, pour dissoudre l'Assemblée et pour mettre Paris à la raison, et pendant que l'Assemblée tremblait, attendant à chaque minute l'attaque d'une armée imaginaire, l'armée véritable, l'armée des clubs, entraînant à sa tête l'impuissant La Fayette, allait attaquer Versailles.

Quelques officiers, quelques soldats héroïques, couvrirent de leur corps les membres de la famille royale et périrent en les défendant contre une bande de forcenés qui s'annonçaient comme porteurs d'une supplique. Louis XVI fut ramené prisonnier dans Paris, et Paris crut que le pain ne lui manquerait plus, parce qu'on gardait à vue son monarque. Bailly fit, sur cette scène ignoble et terrible, le joli mot qu'on connaît : « Henri IV avait reconquis son peuple; ici, le peuple a reconquis son roi. »

Ainsi *reconquis*, Louis XVI, avec sa bonne foi sans limites, crut naïvement à un retour de légalité, à une ère de confiance nouvelle et réciproque. Et cependant, dans ces hideuses journées des 5 et 6 octobre, il avait fait son premier pas vers l'échafaud. Ceux qui connaissaient les auteurs du complot populaire, ceux qui ne s'aveuglaient pas sur l'impitoyable logique des événements, ne voyaient pour le roi et pour sa famille, qu'une seule porte de salut : quitter Paris, Paris, où se multipliaient les exécutions sommaires, Paris, où le peuple prenait le goût du sang.

L'Assemblée, cependant, remaniait la France du passé et continuait, au milieu des désordres de toute espèce, la révolution pacifique, la révolution des cahiers. Son œuvre, aujourd'hui toute française, détruisait si radicalement la France de la veille, qu'il est bien permis de comprendre que le royal représentant de cette France condamnée, n'acceptât qu'avec réserve ces innovations profondes. Roi sincèrement pieux, la constitution civile du clergé excitait ses répugnances. Il céda pourtant, comme toujours.

Plusieurs mois se passèrent, pendant lesquels Louis XVI assistait impuissant à la Révolution, s'entendant disputer, non plus même le pouvoir exécutif, mais le *veto* suspensif, cette parodie du pouvoir. Plus éclairés sur l'inévitable terminaison de la comédie constitutionnelle, les amis de Louis XVI, les émigrés qui se rassemblaient en nombre dans l'électorat de Trèves, conjuraient le roi de chercher son salut dans la fuite; c'était le seul parti raisonnable à prendre. Le marquis de Bouillé commandait en Lorraine un corps d'armée important. On résolut de faire partir le roi pour Montmédy, place forte de la Lorraine, que cette armée pourrait couvrir.

La mort de Mirabeau hâta l'exécution de ce plan, auquel Louis XVI refusa longtemps de souscrire. Mirabeau avait mis son génie au service de la monarchie que ses passions avaient contribué à perdre. Cet étrange, ce dernier appui du trône, lui manqua le 2 avril 1791, jour où Mirabeau emporta dans la mort le peu qui restait de la royauté en France.

Dans la nuit du 21 juin, le roi se décida à échapper à ses ennemis. Tout était prêt, tout pouvait réussir peut-être. Mais l'obstination de la reine à partir tous ensemble, nécessita l'emploi d'une voiture énorme, à l'aspect insolite; et les habitudes de représentation et d'étiquette, les conflits de domestiques, les niaises revendications de priviléges d'emploi, les imprudences causées par l'habitude du confortable, tout devait trahir le royal fugitif. La lenteur du voyage trompa et lassa les escortes apostées par Bouillé, et Louis XVI, reconnu par le fils d'un maître de poste, fut arrêté à Varennes et reconduit à Paris.

C'était le second pas fait vers l'échafaud.

La fuite à Varennes était une faute, du moment où le succès ne l'avait pas couronnée. Une fois à Montmédy, le roi qui n'avait pas même voulu prendre une route plus sûre et plus facile, mais qui l'eût fait sortir un instant du territoire français, eût pu reprendre sa liberté d'action, montrer ses intentions loyales, accepter de la Révolution ce qui était acceptable et en contenir les excès. Arrêté dans sa fuite, Louis pouvait, devait être accusé d'avoir voulu fomenter la guerre civile et la guerre étrangère.

La captivité du monarque et de sa famille n'en devint que plus étroite. Ses ennemis ne cachaient plus leurs projets. Un parti avoué tenait pour la République, et ce parti comptait des représentants distingués dans l'Assemblée législative qui venait de succéder à la Constituante. Le roi, toujours partisan de la légalité, s'en tenait à la Constitution qu'il avait jurée et travaillait à la faire respecter, dans la mesure de son indépendance. Les membres de sa famille et de la noblesse, qui s'étaient réfugiés à l'étranger, condamnaient cette loyauté et lui donnaient le nom de faiblesse. Ils ameutaient contre la France révoltée, l'Europe indignée du dangereux spectacle que donnait au monde cette Révolution triomphante, et, quand ils excitaient les rois à prendre les armes pour sauver un roi, Louis XVI, mieux inspiré par sa loyauté et par son patriotisme, repoussait de toute son énergie un appel aux armes étrangères.

Comme le chef d'accusation le plus important contre le roi sera d'avoir appelé de ses vœux l'envahissement de la France, il est bon de répondre, une fois pour toutes, à cette calomnie par une preuve décisive. Voici ce qu'écrivait alors Louis XVI à Monsieur et au comte d'Artois. (Voir aux Archives de l'empire, série historique, section des rois, carton K, pièce 163):

A Monsieur et au comte d'Artois.

« Vous êtes instruits sans doute que j'ai accepté la Constitution, et vous connaissez les raisons que j'en ai données à l'Assemblée; mais elles ne doivent pas suffire pour vous, je veux vous faire connaître tous mes motifs.

« L'état de la France est tel, qu'elle touche peut-être à une dissolution totale, et qui ne sera qu'accélérée si l'on veut porter des remèdes violents à tous les maux qui l'accablent. L'esprit de parti qui la divise, et l'anéantissement de toutes les autorités, sont les causes de tous ses malheurs. Il faut donc faire cesser les divisions et rétablir l'autorité du gouvernement. Mais pour cela, il n'y a que deux moyens : la force ou la réunion.

« La force ne peut être employée que par des armées étrangères, et ce moyen n'est que la ressource de la guerre. Un roi peut-il se permettre de la porter dans ses États? et le remède n'est-il pas pire que le mal? Je sais qu'on se flatte de réunir des forces immenses qui, en ne laissant pas la possibilité de la résistance, empêcheraient la guerre. Mais a-t-on bien réfléchi à l'état du royaume, et à l'intérêt de tous ceux qui ont aujourd'hui de l'autorité? Tous les chefs, c'est-à-dire ceux qui sont en possession d'émouvoir le peuple, croiront avoir trop à craindre pour se rendre à discrétion; jamais ils ne pourront se persuader qu'ils obtiendront l'oubli ou le pardon de leurs fautes.... Qui peut dire combien de malheurs en seront la suite?

« Je sais que les rois se sont toujours fait honneur de regagner par la force ce qu'on voulait leur arracher : que de craindre alors les malheurs de la guerre, s'appelle faiblesse. Mais j'avoue que ces reproches m'affectent moins que le malheur du peuple, et mon cœur se soulève en pensant aux horreurs dont je serais la cause. Je sais combien la noblesse et le clergé souffrent de la Révolution; tous les sacrifices qu'ils avaient si généreusement proposés n'ont été payés que par la destruction de leur fortune et de leur existence. Sans doute on ne saurait être plus malheureux, et l'avoir moins mérité; mais pour des crimes commis, faut-il en commettre d'autres? Moi aussi j'ai souffert; mais je me sens le courage de souffrir encore plutôt que de faire partager mes malheurs au peuple.

« Qui peut d'ailleurs se flatter de réparer tant d'injustices? On compte beaucoup sur les succès de la guerre. En effet, des gardes nationales et des régiments sans officiers ne doivent pas résister à des troupes bien disciplinées et à l'élite de la noblesse; mais ces troupes étrangères ne pourront pas se fixer dans le royaume, et lorsqu'elles n'y seront plus, comment gouvernera-t-on si l'insubordination recommence? Et comment l'éviter, si l'esprit de la nation n'est pas changé? Je sais qu'on se flatte, parmi mes sujets émigrés, d'un grand changement dans les esprits; j'ai cru longtemps qu'il se préparait, mais je suis détrompé aujourd'hui. La nation aime la Constitution, parce que ce mot ne rappelle à la classe inférieure du peuple que l'indépendance où il vit depuis deux ans, et à la classe au-dessus l'égalité. Ils blâment volontiers tel ou tel décret en particulier, mais ce n'est pas là ce qu'ils appellent la Constitution. Le bas peuple voit que l'on compte avec lui; le bourgeois ne voit rien au-dessus. L'amour-propre est satisfait; cette nouvelle jouissance a fait oublier toutes les autres. Ils n'attendaient que la fin de la Constitution pour être parfaitement heureux; le retarder était à leurs yeux le plus grand crime, parce que tous les bonheurs devaient arriver avec elle. Le temps leur apprendra combien ils se sont trompés; mais leur erreur n'en est pas moins profonde. Si l'on entreprenait aujourd'hui de la renverser, ils n'en conserveraient l'idée que comme celle du plus grand moyen de bonheur, et lorsque les troupes qui l'auraient renversée seraient hors du royaume, on pourrait avec cette chimère les remuer sans cesse, et le gouvernement se trouverait dans un système opposé à l'esprit public, et sans moyens pour le contenir. On ne gouverne jamais une nation contre ses habitudes; cette maxime est aussi vraie à Constantinople que dans une république.

« D'ailleurs cette aristocratie qui serait l'appui et la ressource de la royauté, est-elle bien unie dans un même esprit? n'a-t-elle pas ses partis et des opinions diverses?

« J'y ai bien pensé, et j'ai vu que la guerre ne présentait d'autres avantages que des horreurs et toujours de la discorde. J'ai donc cru qu'il fallait éloigner cette idée, et j'ai cru devoir essayer encore les seuls moyens qui me restaient : la réunion de ma volonté aux principes de la Constitution. Je sens toutes les difficultés de gouverner ainsi une grande nation, je dirai même que j'en sens l'impossibilité ; mais l'obstacle que j'y aurais mis aurait porté la guerre que je voulais éviter, et aurait empêché le peuple de bien juger cette Constitution, parce qu'il n'aurait vu que mon opposition constante.

« J'ai donc préféré la paix à la guerre, parce qu'elle m'a paru à la fois plus vertueuse et plus utile. Je me suis réuni au peuple, parce que c'était le seul moyen de le ramener, et, entre deux systèmes, j'ai préféré celui qui ne m'accusait ni devant mon peuple, ni devant ma conscience. En prenant ce parti, serais-je encore exposé aux reproches d'une partie de mes sujets, dont les malheurs m'occupent plus que leurs injustices. Je plains la noblesse, le clergé, toutes les victimes de la Révolution ; mais lorsque mon devoir se combine avec leurs intérêts, ne dois-je en attendre que des sentiments indignes d'eux et de moi? Leur estime m'est chère, parce qu'elle est le droit le plus ancien et le plus beau de ma couronne, et je me voudrais du mal à moi-même, si jamais j'avais pu penser qu'étant auprès de mes frères, ils pussent oublier leurs devoirs et leur roi. Ils honorent trop la vertu pour ne pas estimer les sacrifices que je lui fais.

« Votre attachement pour moi et votre sagesse doivent vous faire renoncer à des idées dangereuses que je n'adopte pas. Vous seriez bien injustes si vous ne pensiez pas combien je suis occupé de votre position. Le courage de cette noblesse, qui mérite un grand intérêt, serait sans doute mieux entendu, si elle rentrait en France pour augmenter la force des gens de bien, au lieu de servir les factieux par sa réunion et par ses menaces.

« Je finissais cette lettre dans le moment où j'ai reçu celle que vous m'avez envoyée. Je l'avais vue imprimée avant de la recevoir, et elle s'est répandue partout en même temps. Vous ne sauriez croire combien cette marche m'a peiné ; je l'étais déjà bien d'avoir vu le comte d'Artois aller à cette conférence de Pilnitz sans mon consentement. Je ne vous ferai aucun reproche, mon cœur ne peut pas se déclarer à vous en faire ; je vous ferai seulement remarquer qu'en agissant sans moi, il contrairait mes démarches, comme je déconcerte les siennes. Vous me dites que l'esprit public est revenu, et vous voulez en juger mieux que moi qui en éprouve tous les malheurs. Je vous ai déjà dit que le peuple supportait toutes ses privations, parce qu'on l'a toujours flatté qu'elles finiraient avec la Constitution. Il n'y a que deux jours qu'elle est achevée, et vous voulez que son esprit soit changé ! J'ai le courage de l'accepter pour donner à la nation le temps de connaître ce bonheur dont on l'a flattée, et vous voulez que je renonce à cette utile expérience ! Les factieux l'ont empêchée de bien juger leur ouvrage, en lui parlant sans cesse des obstacles que je mettais à son exécution. Au lieu de leur enlever cette dernière ressource, faut-il servir leur fureur, en me faisant accuser de porter la guerre dans mon royaume? Vous vous flattez de leur donner le change, en déclarant que vous marchez malgré moi. Mais comment les persuader, lorsque cette déclaration de l'empereur et du roi de Prusse est motivée sur votre demande? Pourra-t-on jamais croire que mes frères n'exécutent pas mes ordres? Ainsi, vous allez me montrer à la nation, acceptant d'une main, et sollicitant les puissances étrangères de l'autre? Quel homme vertueux peut estimer une pareille conduite? Et croyez-vous me servir en m'ôtant l'estime des gens de bien? J'espère que vous reviendrez à des idées plus sages. Pensez que la victoire n'est rien, si l'on ne peut ensuite gouverner, et que cependant on ne gouverne pas un grand royaume contre son esprit dominant. Je ne vous parle pas de ma position personnelle ; on peut être peu occupé hors de France, mais moi je suis occupé de celle de mes frères ; et dans cette déclaration, ce qui me peine davantage, c'est le mal qu'on peut leur faire. Comment pourrais-je empêcher l'assemblée de rendre un décret pour faire rentrer Monsieur, comme le premier appelé à la régence? Je conçois qu'on ne compte plus ni mes peines, ni mes embarras, ni mes chagrins ; mais vous devez m'éviter ceux qui vous touchent, parce qu'ils seront toujours les plus pénibles de tous. »

Cette lettre admirable de bon sens et d'honnêteté, ce serait la meilleure justification de Louis XVI, s'il était nécessaire de justifier la victime et d'absoudre le martyr.

L'émigration se refusait à abandonner le roi aux périls trop évidents qui le menaçaient ; ses chefs se refusaient à venir livrer leur tête aux orateurs des clubs ; on déclarait à Coblentz que le roi n'était plus libre, et on se fondait sur cette captivité trop réelle pour lui désobéir. C'est alors que les princes et les nobles émigrés espéraient une prompte intervention de l'Europe, mais l'Europe ne se pressait pas d'intervenir. Ce fut la révolution qui lui déclara la guerre (21 avril 1792). En même temps, l'Assemblée législative lançait deux décrets, l'un contre les émigrés, l'autre contre les prêtres non assermentés, déclarés réfractaires.

Louis XVI avait pu accepter loyalement, bien qu'avec répugnance, la Constitution qu'on avait faite contre lui ; sa dignité de roi et sa foi de chrétien ne lui permirent pas de sanctionner ces nouvelles mesures. Il pouvait essayer de contenir l'émigration par ses conseils, et ne pouvait frapper d'ostracisme les derniers amis de son trône. Il pouvait laisser, en gémissant, profaner, par une comédie honteuse, la religion de la France et de ses pères ; il ne pouvait en persécuter les fidèles ministres. Le conflit s'exaspéra encore par cette première application du veto suspensif. La garde constitutionnelle du roi lui fut retirée, et l'Assemblée ordonna la formation d'un camp de 20,000 hommes autour de Paris. En vain, Paris, effrayé enfin par cette menace qui lui rappelait la sauvage invasion des Marseillais et des fédérés, protesta contre cette mesure et invoqua contre elle le veto royal.

En refusant sa sanction aux décrets, Louis savait qu'il se livrait à ses ennemis. Il accepta tranquillement son sort et fit à sa conscience le sacrifice de sa vie. « Je m'attends à la mort, » dit-il à Dumouriez, qui le conjurait avec larmes d'écarter son veto.

La violence ne devait pas tarder à briser ce veto, arme dérisoire qu'on avait laissée à la royauté, à la condition qu'elle oubliât de s'en servir. Le 20 juin, jour anniversaire de la fuite à Varennes, l'armée des clubs, conduite par Santerre, une créature du duc d'Orléans, envahit l'Assemblée législative et bientôt les Tuileries.

Le prétexte était une pétition, comme toujours. Mais, une fois dans le palais, dont la garde n'avait opposé aucune résistance, ces furieux poussèrent des cris de mort. Louis XVI n'eut que le temps de faire mettre en sûreté sa femme et ses enfants, et ordonna qu'on ouvrît la porte, en disant : « Le roi de France ne craint pas les Français. »

Les massacreurs des clubs entrèrent en criant : A mort ! Conduisons-le à l'Assemblée ! Quelques amis fidèles faisaient au roi un rempart de leurs corps; une femme était près de lui, sa sœur, madame Elisabeth, qui n'avait pas voulu le quitter. — « C'est l'Autrichienne, crièrent les forcenés ; à mort l'Autrichienne ! » Par une pieuse fraude, la sainte femme ne les démentit pas et se contenta de détourner tranquillement le fer d'une pique qu'un de ces misérables appuyait sur sa poitrine, en lui disant : « Prenez garde, Monsieur, vous pourriez blesser quelqu'un. »

Étonnés par ce sang-froid, par la digne attitude du roi, les factieux parlèrent de présenter leur pétition : « Ce n'est ni le temps ni la forme convenables pour présenter une demande, » dit Louis. Un des clubistes leva son bâton sur le roi ; un honnête homme, un parisien du nom de Cannelle le saisit et lui fit crier

Marie-Antoinette.

de force : Vive le roi ! D'autres, cependant, présentaient à Louis des verres pleins de vin, lui demandaient de trinquer à la nation. Louis accepta un des verres, malgré ses serviteurs effrayés qui redoutaient pour lui le poison. « N'ayez pas peur, » criait un des factieux. « Voyez, dit Louis, en lui prenant la main, qu'il appuya sur son cœur, voyez s'il bat plus vite. »

L'émeute était vaincue. Elle se contenta de défiler devant le roi et d'accabler de ses ignobles injures la reine, qu'on n'avait pu empêcher de venir partager les dangers de son époux. Cette horrible scène dura plus de trois heures ; Pétion, le maire de Paris, accourut quand tout était fini. C'était encore une conspiration manquée.

Louis XVI dénonça solennellement à la nation cette tentative odieuse de lui arracher, par la violence, la sanction des deux décrets. Les honnêtes gens se rendirent à ce loyal appel, une réaction se fit en faveur du roi dans la conscience publique : il ne fallait qu'un peu d'énergie pour diriger cet esprit salutaire; l'énergie manqua au roi, comme au chef désigné de cette réaction constitutionnelle, La Fayette.

Le roi était toujours l'homme hésitant, scrupuleux, irrésolu, que dépeignait si bien l'énergique Marie-Antoinette :

« Vous connaissez la personne à laquelle j'ai à faire. Au moment où on la croit persuadée, un mot, un raisonnement, la fait changer sans qu'elle sans doute... Quel que soit le malheur qui me poursuit, je puis céder aux circonstances, mais jamais je ne consentirai à rien d'indigne de moi ; c'est dans le malheur qu'on sent davantage ce qu'on est. Mon sang coule dans les veines de mon fils, et j'espère qu'un jour il se montrera digne de Marie-Thérèse. »

Il faut peut-être, au reste, expliquer d'une façon plus digne de Louis ces irrésolutions mortelles. En montant sur le trône, il était effrayé de sa tâche, il ne se sentait pas la foi monarchique. En 1792, abreuvé de dégoûts, il était las de la royauté. « La Providence s'est trompée en faisant de lui un roi, » disait l'honnête La Marck. Louis se sentait condamné, et il acceptait le sacrifice, et déjà tendait la tête à ses bourreaux. « Il m'est assez égal, disait-il à Bertrand de Moleville, d'être assassiné deux mois plus tôt ou deux mois plus tard. »

Bertrand de Moleville, de Montmorin, Malouet, de Narbonne, Mme de Staël faisaient des plans pour l'évasion du roi ; mais celui-ci, toujours scrupuleux jusqu'à l'excès, ne voulait pas s'éloigner de Paris de plus de vingt lieues : c'était la distance fixée par la Constitution qu'il avait jurée.

Mais les ennemis du roi veillaient, et leur décision devait aider ses scrupules. Le parti d'Orléans et les jacobins fixèrent au 10 août le jour d'une insurrection nouvelle. Le complot se tramait ouvertement dans les clubs, et le roi demanda à Pétion de garantir la sûreté de sa personne. Les meneurs des clubs, les Danton, les Marat, les Collot-d'Herbois, les Tallien, les

Louis XVI.

Billaud-Varennes ne laissèrent pas le temps d'organiser la défense. Ils assassinèrent Mandat, le commandant de la garde nationale, s'emparèrent de la municipalité et lancèrent l'insurrection contre les Tuileries.

Quel était le sens de cette conspiration du 10 août ? S'agissait-il, comme le croyaient les plus honnêtes parmi ses auteurs, de sauver la France d'un péril suprême ?

La nécessité de purger la France de ses ennemis intérieurs, au moment où elle allait combattre l'ennemi du dehors, a paru à quelques hommes de bonne foi une excuse suffisante pour les crimes dont l'affreuse série s'est ouverte en 1792. Mais on oublie que l'Europe, malgré toutes les instigations de l'émigration, n'avait montré aucun empressement à intervenir dans les affaires intérieures de la France ; la révolution, tant qu'elle resta pacifique, eut même, on peut le dire, plus d'amis que d'ennemis dans les cours étrangères. Les doctrines encyclopédiques, tant qu'elles ne se traduisirent pas en atrocités condamnables, avaient des partisans couronnés, et l'Europe, d'ailleurs, divisée comme elle l'était, n'était guère préparée à l'offensive. La déclaration de Pilnitz, ne fut, au vrai, qu'une revendication de la liberté d'action du roi de France, dans le sens constitutionnel du régime nouveau.

Mais l'esprit défiant et agressif de la Révolution française devait forcer l'Europe à accepter une lutte dont elle ne se souciait pas. Girondins et montagnards, pressés de consommer la ruine de la monarchie, égarèrent d'un commun accord le patriotisme de la nation, et lui persuadèrent aisément que son salut unique était dans la guerre. Il n'y eut pas jusqu'aux partisans maladroits de la monarchie expirante, qui ne poussassent à la rupture, dans l'espérance de délivrer la royauté.

De tous ces fauteurs de violence, les girondins furent assurément les plus aveugles et les plus coupables. Ils ne surent pas comprendre que la guerre c'était la surexcitation redoutable de toutes les passions violentes, et ces représentants des classes moyennes attisèrent imprudemment l'incendie qui devait les dévorer. Doués de talents plus brillants et plus bruyants que solides, dépourvus presque tous d'esprit pratique et de foi politique, ces beaux parleurs de la Gironde furent les premiers qui, par entraînement irréfléchi, par ambition, parlèrent de République et mirent la hache dans le trône. La grandeur héroïque de leur mort a voilé leurs fautes, et cette petite coterie, qui égara la Révolution à ses premiers pas, a trompé l'opinion sur sa valeur réelle par l'éclat de son martyre.

Ce furent les girondins qui donnèrent aux démagogues de la rue, aux pourvoyeurs de la lanterne, l'appui d'un parti fertile en éloquence. Camille Desmoulins, Danton, Marat trouvèrent dans Brissot, dans Louvet, dans Condorcet lui-même des complices pour la sinistre comédie du 10 août. Ce furent les girondins qui aidèrent à persuader au peuple que le roi et la reine, prisonniers dans les Tuileries, allaient donner le signal d'égorger toute la population parisienne. Le peuple crut : que ne croit pas le peuple ? On lui faisait bien accroire que les Tuileries contenaient un régiment de prêtres, un parc de trois cents canons dissimulé dans les caves et une communication secrète avec Vincennes !

La Gironde avait même fourni en partie l'armée des assassins : Barbaroux et les Marseillais étaient arrivés à Paris ; les faubouriens feraient le reste. Quant à la bourgeoisie girondine, elle pouvait bien commander l'insurrection et le meurtre ou les laisser faire ; mais elle ne s'en mêlait pas autrement. Les républicains de la classe moyenne avaient toujours les mains propres, et le bon ton régnait dans le salon de madame Roland.

Les massacreurs poussés par la Gironde et conduits par la Montagne ne devaient pas trouver aux Tuileries une résistance bien sérieuse ; aussi, l'*audacieux* Danton n'eut pas besoin d'exciter leur courage. On savait que la plupart des défenseurs étaient gagnés à l'insurrection, et les canonniers déchargeaient ostensiblement leurs canons. Louis XVI, averti et entraîné par Rœderer, fut conduit à l'Assemblée.

« Messieurs, dit-il en arrivant au milieu de ses ennemis, je viens pour éviter un grand crime, et je pense que je ne puis être plus en sûreté qu'au milieu des représentants de la nation. — Sire, répondit froidement Vergniaud, qui présidait, l'Assemblée connaît ses devoirs ; elle a juré de mourir à son poste, en maintenant les droits du peuple et ceux des autorités constituées. »

Mais c'était un trop cruel reproche que la présence de cet honnête homme, de ce roi vaincu, venant chercher un refuge au milieu de ses assassins. Chabot, le capucin défroqué, le comprit et réclama contre la présence du roi, qu'on relégua dans la loge du Logographe.

Et cependant l'Assemblée prêtait l'oreille, on savait ce qui devait se faire aux Tuileries. On attendait. Tout à coup, un bruit d'artillerie se fait entendre. Vergniaud, Roland, Brissot tressaillent d'une joie secrète. Les Marseillais et les faubouriens sont à la besogne ; la royauté tombe et les girondins seront ministres.

Au premier bruit d'artillerie le roi joignit les mains et s'écria : « Mon Dieu ! j'avais défendu de tirer. » On lui demande hypocritement de réitérer l'ordre. Louis XVI s'empresse d'envoyer un officier suisse pour faire cesser le feu.

Ce feu était celui des Suisses qui, au nombre de huit cents, renforcés par deux ou trois cents gentilshommes dévoués, étaient attaqués par trente mille hommes bien armés et munis d'artillerie. Un moment, les agresseurs reculèrent, balayés par ces soldats fidèles ; mais les assassins étaient en trop grand nombre. Ils osèrent enfin s'élancer à l'assaut et la troupe imperceptible fut aisément massacrée. Si l'histoire n'était pas là pour le dire, on ne pourrait s'imaginer les lâches terreurs qui agitaient l'Assemblée pendant cette lutte d'une poignée d'hommes contre une armée ; on ne pourrait croire que, lorsqu'arriva l'inévitable nouvelle de la boucherie consommée, les représentants de la France s'écrièrent à l'envi : Victoire !

Noble victoire, en effet, mais de qui, et pour qui ? Les girondins s'en attribuèrent les bénéfices et Vergniaud s'empressa, bien qu'en tremblant visiblement, de proposer et de faire décréter, en présence de Louis XVI, la suspension du chef du pouvoir exécutif. La royauté n'existait plus qu'en droit ; on la supprimait en fait. La France ne voulait pas de la république, mais on saurait bien la lui faire accepter. Et d'ailleurs, tout n'était-il pas pour le mieux, puisque les girondins avaient le gouvernement ? Il est vrai que le démagogue Danton s'établissait en même temps à la chancellerie et que les hommes du 10 août s'apprêtaient à monter, bas fonds du jacobinisme, à l'assaut de l'Assemblée et de la municipalité parisienne. Il y parut bientôt. A dater de ce jour, l'Assemblée n'exista plus que de nom et reçut tous les jours, au bout des piques ensanglantées, les ordres du peuple du 10 août. La Constitution de 1791 périssait avec la royauté. L'Assemblée traîna honteusement, du 10 août au 2 septembre, son impuissance et ses misères, occupée à l'œuvre immonde de réhabiliter tout ce qu'elle avait flétri, et de condamner tout ce qu'elle avait approuvé.

Louis, dont on ne tarda pas à prononcer la déchéance, fut conduit tout d'abord dans l'ancien couvent des Feuillants. On lui avait laissé le premier jour quelques amis ; on l'isola bientôt. La famille royale, au moins, était avec lui ; mais les captifs manquaient de tout, et il fallut qu'une ambassadrice d'Angleterre donnât à la reine de France le linge nécessaire pour la couvrir. Quelques jours après, la commune de Paris, désormais reine de France, désignait le Temple pour prison de la famille royale. Le peuple, dit spirituellement M. de Falloux, regrettait la Bastille.

Cette tour du Temple, ancien asile féodal conservé au cœur de Paris, avait servi de refuge à Philippe-le-Bel contre l'insurrection ; l'ordre de Malte en avait fait sa forteresse et plus tard, sous Louis XIV, Vendôme et son frère le grand prieur y avaient établi un petit cénacle de beaux esprits, que présidaient La Fare et Chaulieu.

C'est là que le roi et sa famille furent conduits, au milieu des huées, des exécrations et des menaces populaires. Si Louis XV, au milieu des transports qu'excitait autrefois le rétablissement de sa santé, avait pu s'écrier : « *Qu'ai-je donc fait pour être aimé ainsi ?* » le pauvre Louis XVI avait bien le droit de s'écrier à son tour : « Qu'ai-je donc fait pour être tant haï? »

Le palais du Temple contenait des appartements assez vastes et commodes; la famille captive s'y installa. Mais le procureur de la commune, Manuel, s'empressa de l'en déloger et de lui assigner pour habitation la tour de l'ordre.

« On envoya, dit M. de Falloux d'après les relations de Hue, de Cléry et de l'abbé Edgeworth, les deux valets de chambre du roi, Hue et Chamolly pour préparer les lits; un municipal portant une lanterne les précédait; ils baissèrent la tête sous une porte étroite et basse, montèrent un escalier tournant, et entrèrent dans une chambre pourvue de trois chaises et d'un lit malpropre, sur lequel le municipal jeta une paire de draps. M. Hue ne pouvant cacher son mécontentement, le municipal lui répondit : « Ton maître était accoutumé aux dorures: eh bien! il verra comment on loge les assassins du peuple. » Le roi entra bientôt; il ne témoigna ni surprise ni humeur; il regarda quelques gravures restées sur la muraille et dont les sujets ne lui convenaient pas; il les ôta lui-même en disant : « Je ne veux pas laisser cela sous les yeux de ma fille, » puis il se mit en prières. Les factionnaires, posés à sa porte, étaient relevés d'heure en heure, et chaque jour on changeait les municipaux de garde. »

Le lendemain, on priva le roi des derniers serviteurs qu'on lui avait laissés, à l'exception de Hue. Des municipaux furent chargés de surveiller toutes ses démarches, d'écouter toutes ses paroles. Toute nouvelle du dehors fut arrêtée et les prisonniers ne purent savoir désormais les coups nouveaux qu'on leur réservait que par les menaces ignobles charbonnées sur les murs par leurs geôliers. Une nuit, on réveilla le roi en sursaut pour lui arracher *ses armes* : la Commune entendait par là l'épée que Louis XVI avait gardée; le roi la donna avec une résignation douloureuse.

Ce n'était pas seulement le roi de France, c'étaient encore les nobles, même les plus inoffensifs, c'étaient les prêtres, c'étaient tous bourgeois riches et soupçonnés de dévouement à la monarchie, que la prison dévorait par centaines. La Commune faisait arrêter tous les suspects, et ce mot était élastique. En dehors du conseil général de la Commune, un comité de surveillance dépassait en furie dictatoriale la Commune elle-même. C'est par les soins de ce comité, composé des plus féroces et des plus corrompus, que les prisons avaient été remplies; aucun contrôle n'était exercé sur ces arrestations que n'autorisait aucun mandat; la fortune des citoyens était à la merci de ces hommes, comme leur liberté, et ils en profitèrent pour faire main basse sur les richesses de leurs victimes.

Mais un pareil état de choses ne pouvait durer; les républicains honnêtes sommaient le comité de surveillance de rendre ses comptes : on parlait de vols honteux, de déprédations inouïes. Il fallait faire taire ces bruits gênants. Les Danton, les Collot-d'Herbois, les Billaud-Varennes, les Tallien ne trouvèrent, pour détourner l'orage, qu'un coup de main plus sanglant encore que celui du 10 août.

L'Europe, obstinément provoquée par la Révolution française, avait enfin franchi nos frontières; emportés par un élan magnifique, des milliers de volontaires qui n'avaient pas à discuter les causes de la guerre, couraient défendre la patrie en danger. L'armée prussienne avait pris Longwy, le 24 août; le 30, elle investissait Verdun. Lille était menacée; le duc de Brunswick parlait hautement de ne s'arrêter qu'à Paris.

Rien de plus facile que de persuader au peuple, comme on l'avait fait au 10 août, que, du fond de sa prison, Louis XVI remuait l'Europe et la lançait sur la France; que ces nobles, ces prêtres, ces riches, entassés dans les cachots du Luxembourg et de l'Abbaye, conspiraient victorieusement l'asservissement du pays. Paris, en proie à la terreur que lui causaient les succès de l'ennemi, était prêt à tout croire: Danton se chargea de lui persuader qu'il fallait *faire peur* aux ennemis du dedans, pour pouvoir résister à l'ennemi du dehors.

On a fait à Danton, sur la foi de Danton lui-même, l'honneur d'une combinaison effroyable, mais puissante, qui ne va à rien moins qu'à couvrir d'un vernis de fanatisme patriotique les lâches cruautés dont il fut le promoteur. L'histoire a définitivement démasqué ce misérable. Et des publicistes éminents, M. de Carné entre autres, ont restitué aux massacres de septembre leur sens véritable, « un calcul d'escrocs et un coup de main de voleurs. » (Louis de Carné, *La bourgeoisie et la Révolution française*.)

Ce calcul consistait à faire disparaître les victimes, pour anéantir en même temps la trace des vols nombreux commis par le comité de surveillance, et que l'arrêté du 10 mai 1793 formula de la façon suivante : « Vols, dilapidations de dépôts, bris de scellés, fausses déclarations et autres infidélités. » Danton, il est vrai, fut dépassé lui-même dans l'exécution de cette trame infernale et, peut-être même, selon son habitude vantarde, s'attribua-t-il plus tard une part plus grande que n'avait été réellement la sienne dans la perpétration du crime du 2 septembre. Ce Danton, que M. Mignet appelle *un révolutionnaire gigantesque*, n'était qu'un fanfaron d'audace et de crime.

Regardez-y de près, et vous les verrez se rapetisser ainsi presque tous, ces hommes que le méprisable Barrère a peints d'un mot en disant : *Nous paraîtrons des colosses*. Oui, on les a crus grands parce qu'ils n'ont reculé devant aucune violence. Et cependant, qui l'ignore? l'esprit de destruction est inséparable de l'esprit de faiblesse. Ils furent bien petits, ces hommes, car ils ne surent pas comprendre que tuer l'autorité, c'était frapper du même coup la liberté; leur montre, comme disait Mirabeau, fit du bruit, mais ne marqua pas l'heure : le grand ressort y manquait. Leurs crimes, sans cesse accumulés, ne furent que la conséquence de leurs haines naturelles, de leurs jalousies féroces, de leurs terreurs défiantes. Beaucoup de ces prétendus géants eussent été, dans un ordre de chose régulier, des citoyens médiocres et utiles, baillis, procureurs, avocats inconnus. Ils ont masqué leur impuissance sous une perpétuelle emphase. Leur langage soufflé, gonflé, tendu, ne les sauverait pas aujourd'hui du ridicule, s'ils n'avaient été si complètement odieux. L'illusion sur leur compte a été produite par la grandeur des événements et des résultats, par l'admirable élan de la nation; la guerre et ses grandeurs ont créé leur prestige, et il n'a pas tenu à eux cependant que la guerre ne fût une série de désastres. Heureusement, l'âme de la France s'était réfugiée dans les camps; là, au moins, la guillotine n'était pas en permanence. On fait honneur aux terroristes d'avoir sauvé la France du fédéralisme; il ne fallait pour cela ni Carrier, ni noyades, et l'instinct de l'unité qui ne s'est jamais endormi en France, suffisait à la tâche. Qu'ont-ils donc fait, ces héros de la terreur, sinon habituer la France à la haine de la liberté? Leurs crimes ont manqué de grandeur; ils ont déshonoré la France en la personnifiant dans leurs noms détestés. La peur les a grandis et l'échafaud les a surfaits. L'histoire impitoyable les ramène à leur taille véritable, et il se trouve que ces bandits grandioses n'étaient que des lâches, quand ils n'étaient pas des voleurs!

Sans doute, quelques-uns d'entre eux échappent, par leur bonne foi de sophistes et par leur fanatique courage à ce jugement sévère; sans doute il en fut parmi eux de vraiment dévoués à cette liberté qu'ils comprenaient si mal, et le timide et haineux Robespierre poussa la probité jusqu'au scrupule. Mais les Danton, mais les Barrère, les Chabot, les Bazire, les Fouquier-Tainville? consultez, je ne dis pas les récits plus ou moins sincères, mais les archives du temps, mais les écrits dus à des publicistes respectables (par exemple la *Notice sur M. de Noyan*, par M. le comte de Sainte-Aulaire), et vous verrez à quel prix ces usuriers de guillotine vendaient la vie aux aristocrates, et combien d'innocents marchandèrent, à prix d'argent et d'honneur, une grâce qu'on oubliait ensuite de payer.

Qu'on ne s'étonne donc pas de rencontrer une friponnerie aux abois sous la prétendue combinaison patriotique des massacreurs de septembre.

Le 1er septembre, dans la nuit, on apprit à Paris la prise de Verdun; ce fut le signal pour les égorgeurs. Trois cents assassins, soudoyés par la Commune, se précipitèrent sur les prisonniers des Carmes, de l'Abbaye, de la Conciergerie, de la Force. Ces misérables, parodiant les formes vénérées de la justice, se firent tout à la fois juges et bourreaux, et la force armée, la population, le ministère, l'Assemblée elle-même, assistèrent, impuissants et consternés, à cette hideuse boucherie. La Révolution sanglante, la Révolution de 91 était victorieuse; elle allait régner sur les ruines de toutes les institutions. Dès ce jour, la terreur devenait un procédé de gouvernement.

Les prisonniers du Temple avaient ignoré jusque-là ce qui se passait à Paris et en France. Le 2 septembre, l'ex-capucin Mathieu se chargea de leur apprendre, avec d'effroyables menaces, les massacres que consommait *le peuple*. Louis XVI apprit en même temps, par la bouche de ce forcené, les crimes dont l'accusaient ses ennemis. Il avait fait assassiner les patriotes au 10 août; il avait fait tirer sur le peuple avec des balles mâchées; il avait fait marcher les Prussiens contre nos frontières. En entendant ces imputations extravagantes, Louis leva les mains au ciel, et s'écria : « J'ai tout fait pour le bonheur du peuple : il ne me reste rien à faire. » Le lendemain, comme la famille royale était réunie pour le dîner, on entendit retentir tout à coup le bruit du tambour et des hurlements sauvages : c'était la tête de la princesse de Lamballe que les égorgeurs patentés de la Commune venaient promener sur une pique sous les fenêtres du *tyran*. Cléry, le fidèle serviteur, avait été s'informer des causes de ces bruits menaçants; il aperçut sanglante, mais belle encore dans la mort, la tête de cette femme charmante et frivole, qui avait payé de sa vie l'amitié de la reine. Le peuple, la foule au moins que le capucin défroqué décorait de ce nom, avait voulu forcer les portes de la prison; les municipaux s'y opposèrent : ils permirent seulement à six des assassins de faire le tour de la prison à l'intérieur avec leur hideux trophée. Quand cette députation entra, un des guichetiers, Rocher, l'accueillit avec des cris de joie et de triomphe.

Cléry, cependant, était remonté, pâle, tremblant; mais il voulait cacher la cause de son trouble et ménager la sensibilité de la reine. Un des municipaux dit alors brutalement au roi : « On fait courir le bruit que vous et votre famille n'êtes plus dans la tour; on demande que vous paraissiez à la fenêtre, mais nous ne le souffrirons pas. » Était-ce un reste de pitié qui se cachait sous ces formes grossières? On peut en douter; car les délégués des égorgeurs ayant insisté, avec des menaces et des injures qui se faisaient entendre plus distinctement à chaque minute, cet homme ajouta, s'adressant à la reine : « On veut vous cacher la tête de la Lamballe, que l'on vous apportait pour vous faire voir comment le peuple se venge de ses tyrans. Je vous conseille de paraître, si vous ne voulez pas que le peuple monte ici. » La pauvre reine tomba évanouie; et, pendant que la courageuse sœur du roi prodiguait ses soins à l'infortunée, Louis dit au municipal avec une énergie indignée : « Nous nous attendons à tout, monsieur; mais vous auriez pu vous dispenser d'apprendre à la reine ce malheur affreux. »

L'alliance des girondins et des montagnards, réunis provisoirement dans la pensée commune de faire disparaître la monarchie et le monarque, avait excité les fureurs et les défiances de la populace, par une révélation prétendue qui démontrait, disait-on, la complicité du roi dans l'invasion étrangère. Le *Moniteur* du 1er septembre contenait ces quelques lignes, qui sont comme le premier paragraphe de l'acte d'accusation contre Louis XVI :

« M....., agent du comité de surveillance de la commission chargée d'arrêter M. de Septeuil, premier valet de chambre de Louis XVI, a découvert enfin, après beaucoup de recherches, les registres secrets et les portefeuilles de la liste civile. Il a trouvé dans ces derniers des reçus pour des sommes considérables envoyées à M. d'Artois, à *Monsieur*, à La Fayette, à Bouillé. Les reçus de ce dernier montent, dit-on, à cinq millions. »

Le 16 septembre, Gohier fit à l'Assemblée nationale un rapport sur les papiers inventoriés dans les bureaux de la liste civile. Ce rapport peut être considéré comme le premier acte de la procédure. Nous en retrouverons la substance dans le rapport général *énonciatif des crimes du ci-devant roi*, qui servit de base au procès.

Cependant, au Temple, les terreurs du 2 septembre avaient fait place à une douleur résignée. Quand Marie-Antoinette pleurait, en embrassant ses enfants, le roi lui disait, en leur montrant le ciel : « Nos yeux ne nous ont point été donnés pour pleurer, mais pour regarder le ciel, d'où coule la source de toutes nos consolations, et d'où nous les attendons. » Ces paroles chrétiennes ramenaient le calme dans la famille captive jusqu'à ce que quelque nouvelle scène de brutalité renouvelât les alarmes de la reine. C'est ainsi qu'un jour le guichetier Rocher, entendant un grand bruit d'armes autour du Temple, entra comme un furieux dans la chambre où les prisonniers étaient réunis, et, brandissant un sabre sur la tête du roi, s'écria : « S'ils viennent, je te tue. » Ce malheureux se figurait que les Prussiens étaient aux portes du Temple, et qu'ils assiégeaient les portes pour délivrer les captifs. Il s'agissait tout simplement de quelques patrouilles qui s'étaient croisées et embarrassées dans leur marche. Ce fait en dit plus que toutes les phrases sur l'état de l'opinion et sur les terreurs sauvages de cette population imbécile à laquelle on représentait les prisonniers du Temple comme des ennemis puissants et cruels.

Cependant l'Assemblée législative venait d'achever

sa triste carrière, et la Convention lui succéda le 20 septembre. L'Assemblée nouvelle semblait appartenir à l'opinion girondine ; Pétion la présidait ; Condorcet, Brissot, [Rabaut-Saint-Étienne, Vergniaud, Camus, Lassource, en étaient les secrétaires. La bourgeoisie républicaine y était représentée par de brillants orateurs. Mais la minorité des montagnards, fanatiques de liberté et d'égalité, ou politiques préparés à toutes les audaces pour gouverner au nom du peuple, s'apprêtait à engager la lutte en s'appuyant sur la Commune de Paris et sur le club des Jacobins. En révolution, le succès est toujours à ceux qui vont au bout des idées et qui ne reculent devant aucune violence.

C'est sur le roi détrôné qu'allait s'engager cette lutte des partis. Dès la première séance, et d'un commun accord, girondins et montagnards décrétèrent l'abolition de la royauté et proclamèrent la république. Des crieurs apostés autour de la prison du Temple, hurlèrent le décret de la Convention, de façon à ce que le royal captif pût en entendre les termes. Hébert, celui qui s'illustra sous le nom du *Père Duchesne*, et Destournelles, ministre plus tard des contributions publiques, étaient de garde au Temple ce jour-là. Ils épièrent sur la figure de Louis XVI l'effet de cette nouvelle et significative mesure. Le roi lisait ; il ne détourna seulement pas les yeux de son livre, et ses traits n'exprimèrent aucune émotion. Ne s'attendait-il pas à tout ?

Un coup plus terrible fut l'ordre de séparer les membres de la famille royale. Le 29 septembre, il fut donné lecture au roi, d'un arrêté de la Commune, qui ordonnait sa translation dans la grande tour. La séparation fut déchirante : se reverrait-on ce monde. Le soir, sur les supplications de la reine en pleurs, l'officier municipal consentit à une entrevue des femmes et des enfants avec le roi. Marie-Antoinette et la sœur de Louis XVI attendrissaient leurs bourreaux eux-mêmes. Le féroce Simon, l'ignoble geôlier de l'enfant royal, ne put s'empêcher de dire : « Je crois en vérité que ces femmes me feraient pleurer. » Et, comme s'il avait eu honte de cette sensibilité d'un moment, il se tourna vers la reine, et lui dit : « Quand vous assassiniez le peuple au 10 août, vous ne pleuriez point. » — « Le peuple est bien trompé sur nos sentiments, » répondit doucement la reine. La Commune permit que la famille se réunit aux heures des repas ; mais, vers la fin d'octobre, par un retour de cruauté, on arracha le dauphin à Marie-Antoinette et on le remit au roi.

Nous passons sous silence une foule d'autres tortures morales et physiques ; des fenêtres garnies de barreaux énormes et d'abat-jour qui arrêtaient l'air et la lumière ; des gravures représentant des exécutions menaçantes et des placards portant en gros caractères la déclaration des droits de l'homme ; des journaux mis sur la table du roi, mais seulement lorsqu'ils contenaient contre la famille royale des injures ou des menaces ; des visites corporelles, dans lesquelles on enlevait aux prisonniers les moindres objets à leur usage ou les plus innocents souvenirs. Le 7 octobre, Manuel, ancien procureur de la Commune, devenu membre de la Convention, fit solennellement dépouiller les habits du roi de la décoration de Saint-Louis. En rendant compte de sa mission à la Convention, Manuel s'exprima ainsi : — « Vous n'êtes plus roi, lui ai-je dit, voilà une belle occasion de devenir bon citoyen. Il ne m'a pas paru affecté : j'ai dit à son valet de chambre de lui ôter ses décorations, et s'il a mis un habit royal à son lever, il se couchera avec la robe de chambre d'un citoyen. Il est coupable, je le sais, mais comme il n'a pas été reconnu tel par la loi, nous ne lui avons promis les égards dus à un prisonnier. » Ces égards, on les connaît.

Le 6 novembre, fut présenté à la Convention, le rapport fait par Dufriche-Valazé, député de l'Orne, au nom de la Commission extraordinaire des Vingt-Quatre, *sur les crimes du ci-devant roi*.

Les preuves de ces *crimes* étaient tirées des papiers recueillis par le comité de surveillance de la Commune de Paris, et le rapport se contentait, pour toute garantie relativement à la sincérité de ces pièces et à la fidélité de leur garde, de la confiance que la commission des Vingt-Quatre professait pour le comité lui-même.

Tout en regrettant de ne pouvoir offrir à la Convention plus de preuves des *noirceurs de l'homme dont il s'agit*, de *l'ennemi commun*, de cet homme *fallacieux* qui avait porté si loin *l'art de tromper naturel aux rois*, Valazé apportait quelques lettres prises, disait-il, dans le portefeuille de Septeuil, et prouvant, selon lui, la complicité de Louis XVI dans les machinations de *l'infâme Bouillé ;* ses intelligences avec la cour de Berlin ; ses largesses faites à des ennemis de la France ; ses accaparements de blé, de sucre et de café ; ses armements de séides. « Et il se disait le roi des Français ! s'écrie le rapport... Oui, sans doute, il l'était, car un roi n'est qu'un tyran. »

Le rapport imputait à Louis XVI la responsabilité de l'agression dans les événements du 10 août, ajoutant par une contradiction qui ne devait pas être remarquée, que, sans l'insurrection du 10 août, le roi eût rétabli sa tyrannie.

Les crimes *prouvés*, le rapport concluait à ce que Louis fût puni comme tout autre citoyen ; car l'inviolabilité ne pouvait couvrir pour lui une conspiration contre les lois, et sa déchéance ne pouvait plus être considérée comme un châtiment, puisque la royauté n'existait plus en France. C'était, au reste, toutes les hypocrisies de sensibilité habituelles aux orateurs du temps, que Valazé indiquait sa pensée régicide. « Je n'examinerai point, disait-il, quelle doit être la nature de cette peine, je ne sent point une tâche qui me soit imposée, *et mon cœur repousse les alarmes que cette idée lui inspire.* »

Ce rapport fut le second acte de la procédure ; mais le rapport final, celui de Lindet, mériterait plus spécialement l'analyse par son importance, et l'accusation pouvait être considérée comme sérieuse.

Le lendemain, 7 novembre, Mailhe, député de la Haute-Garonne, fit, au nom du Comité de législation, un rapport qui peut être considéré comme le troisième acte de la procédure. Ce rapport soulevait les questions suivantes : Louis est-il jugeable ? Par qui doit-il être jugé ?

Sur la première question, le rapport concluait à la fois contre le roi et contre la Constitution de 1791.

« J'ouvre cette Constitution, disait le rapport, qui avait consacré le despotisme sous le nom de royauté héréditaire ; j'y trouve que *la personne du roi était inviolable et sacrée* ; j'y trouve que, *si le roi ne prêtait pas le serment prescrit, ou si, après l'avoir prêté, il le rétractait ; que, s'il se mettait à la tête d'une armée et en dirigeait les forces contre la nation, ou s'il ne s'opposait pas, par un acte formel, à une telle entreprise qui s'exécuterait en son nom ; que si, étant sorti du royaume, il n'y rentrait pas après une invitation du corps législatif et dans un délai déterminé, il serait censé,* dans chacun de ces cas, *avoir abdiqué la royauté.* J'y trouve qu'*après l'abdication expresse ou légale, le roi devait être dans la classe des citoyens, et qu'il pourrait être accusé et jugé comme eux pour les actes postérieurs à son abdication.* »

Cela voulait-il dire que le roi, pour peu qu'il fût assez adroit pour éviter les cas de déchéance, « pourrait impunément s'abandonner aux passions les plus féroces? » Cela voulait-il dire, qu'après avoir « clandestinement appelé *à son secours* les hordes de brigands étrangers, après avoir fait verser le sang de plusieurs milliers de citoyens, » il en serait quitte pour la déchéance. Inviolable comme roi pour les faits administratifs, le serait-il comme individu pour les faits personnels? Le rapport repoussait cette inviolabilité comme une fiction à laquelle le roi avait renoncé lui-même par ses complots. Il avait violé la loi, or, il ne peut y avoir infraction à la loi sans responsabilité.

Mais par qui pouvait-il être jugé? par le Corps législatif? Non, les termes de la Constitution le défendaient. Mais le Corps législatif, après la digue opposée le 10 août au torrent des trahisons (encore un aveu du complot du 10 août, qu'on va cependant imputer comme crime à Louis), après la suspension du roi, le Corps législatif avait remis ses pouvoirs entre les mains de la nation, et celle-ci avait choisi la Convention pour organe de ses volontés souveraines. L'inviolabilité royale ne liait donc plus la nation, ni par conséquent la Convention, déléguée de la nation elle-même.

Que si on objectait les termes de la déclaration des droits, portant que « nul ne peut être puni qu'en vertu d'une loi établie et promulguée antérieurement au délit, et légalement appliquée; » que si on demandait où était la loi qui pouvait être appliquée à Louis; le rapport répondait : c'est celle qui frappe les fonctionnaires particuliers, les traîtres et les conspirateurs.

Le rapport de Mailhe se heurtait ici à l'obstacle évident d'une rétroactivité monstrueuse; il le tournait ainsi : — « En vain, dira-t-on que ces lois, venant à la suite et en exécution de l'acte constitutionnel, n'étaient pas applicables aux crimes d'un roi que cet acte déclarait inviolable. Sans doute elles ne pouvaient pas être appliquées par les autorités que la Constitution avait placées au-dessous du roi; mais cette prérogative royale était évidemment nulle devant la nation. »

Après avoir ainsi établi d'une façon sommaire, et prouvé par l'exemple *des Celtes nos ancêtres* le droit imprescriptible de la nation de se faire justice à elle-même, Mailhe, déclarant hautement et à l'avance Louis coupable de tous les crimes dont on l'accusait, concluait à faire juger le ci-devant roi par la Convention elle-même, comme représentant entièrement et parfaitement la république française. Récuser le tribunal de la Convention, ce serait récuser la nation elle-même. Et, par suite de ce raisonnement, le comité repoussait la pensée d'une ratification de la sentence par les citoyens réunis en assemblées primaires. La nation, ainsi réunie dans ses comices, pourrait-elle voir, entendre l'accusé, prendre connaissance des pièces? Évidemment, ce serait impossible, et d'ailleurs la nation, c'était la Convention.

Quant à Marie-Antoinette, le rapport de Mailhe ne s'en occupait pas. « D'où lui serait venu, disait-il, le droit de faire confondre sa cause avec celle de Louis XVI? » Sa tête n'était pas inviolable ni sacrée. Quand on s'occuperait d'elle, il y aurait lieu à examiner s'il fallait la décréter d'accusation; mais ce n'est que devant les tribunaux ordinaires que le décret pourrait être renvoyé.

Quant à Louis-Charles, cet enfant n'était *pas encore coupable;* il n'avait pas eu *le temps de partager les iniquités des Bourbons.* Il y aurait cependant *à balancer ses doctrines avec l'intérêt de la République!*

Le rapport de Mailhe se terminait par le projet suivant de décret :

1° Louis XVI peut être jugé. 2° Il sera jugé par la Convention nationale. 3° Trois commissaires pris dans l'Assemblée, et nommés par appel nominal à la pluralité absolue des suffrages, seront chargés de recueillir toutes les pièces, renseignements et preuves relatifs aux délits imputés à Louis XVI, et en présenteront le résultat à l'Assemblée. 4° Les commissaires termineront le rapport par un acte énonciatif des délits dont Louis XVI se trouvera prévenu. 5° Ce rapport des commissaires, les pièces sur lesquelles il sera établi, et l'acte énonciatif des délits seront imprimés et distribués. 6° Huit jours après la distribution, la discussion sera ouverte sur l'acte énonciatif des délits, qui sera adopté ou rejeté par l'appel nominal et à la majorité absolue des voix. 7° Si cet acte est adopté, il sera communiqué à Louis XVI et à ses défenseurs, s'il juge à propos d'en choisir. 8° Il sera également remis à Louis XVI une copie collationnée du rapport des commissaires et de toutes les pièces. 9° Les originaux de ces mêmes pièces, si Louis XVI en demande la communication, seront portés au Temple, et ensuite rapportés aux Archives nationales par douze commissaires de l'Assemblée, qui ne pourront s'en dessaisir ni les perdre de vue. 10° Les originaux ne seront tirés des Archives nationales qu'après qu'il en aura été fait des copies collationnées qui ne pourront être déplacées. 11° La Convention nationale fixera le jour auquel Louis XVI comparaîtra devant elle. 12° Louis XVI, soit par lui, soit par ses conseils, présentera sa défense par écrit, et signée de sa main. 13° Louis XVI et ses conseils pourront néanmoins fournir, s'ils le jugent à propos, des défenses verbales qui seront recueillies par les secrétaires de l'Assemblée, et ensuite présentées à la signature de Louis XVI. 14° Après que Louis XVI aura fourni sa défense, ou que les délais qui lui auront été accordés pour la fournir seront expirés, la Convention nationale portera son jugement par appel nominal.

Il serait injuste de juger Mailhe par ce rapport. Les déclamations, les atrocités de langage, les contradictions impudentes qui s'y pressent ne sont pas son ouvrage. Mailhe était un républicain honnête et convaincu, de mœurs douces et irréprochables; il n'est ici que l'organe de la commission et son rapport est l'écho des meneurs des comités. Mailhe, comme tant d'autres, s'est déshonoré par faiblesse. La plupart des crimes de la révolution sont l'ouvrage de la peur.

La discussion s'ouvrit aussitôt sur le rapport, et Morisson, député de la Vendée, prit le premier la parole.

« Citoyens, dit l'orateur, je sens comme vous une plénitude de la plus forte indignation, lorsque je rassemble dans mon esprit les crimes, les perfidies et les atrocités dont Louis XVI s'est rendu coupable. La première de toutes mes affections, la plus naturelle sans doute, est de voir ce monstre sanguinaire expier ses forfaits dans les plus cruels tourments. »

Malgré cet exorde en jargon du moment, assaisonné du pathos ayant cours, Morisson constatait l'absence d'une loi positive pouvant être appliquée à Louis, et, au contraire, l'existence d'une exception positive en sa faveur, d'un article de la constitution portant l'inviolabilité de la personne royale. Toute l'argumentation de Morisson, parlementaire à l'anglaise, qui affectait la roideur de logique et de légalité, roule sur cette opposition dans laquelle il se complaît : Louis XVI a trahi, mais il ne peut être jugé ; Louis XVI a fait égorger des milliers de citoyens, mais il n'y a pas de loi contre lui.

La véritable logique, la logique des révolutions, qui méprise le sophisme gourmé et va droit au but, parla immédiatement après par la bouche de *Saint-Just.*

Le comité, dit Saint-Just, veut qu'on juge Louis en citoyen ; Morisson admet son inviolabilité ; erreur des deux côtés. Louis n'est pas un citoyen ; c'est un ennemi ; il ne s'agit pas de le juger, mais de le combattre. Agir autrement, ce serait assurer au roi l'impunité, « *fixer trop longtemps les yeux sur lui*, ou laisser sur son jugement *une tache de sévérité excessive.* »

Voilà la logique, voilà le vrai mot de la situation. Il s'agit d'un *ennemi* à faire disparaître et il n'y a pas lieu à discuter s'il peut être jugé, à moins que juger ne signifie condamner. Saint-Just pose simplement et sincèrement la question dès le premier mot, et il a le droit de s'étonner qu'on fasse tant de bruit du châtiment d'un roi. La France est-elle donc moins avancée que Rome, lorsque César tombait sous les poignards? Qu'on tue Louis XVI, au lieu de discuter : voilà la question.

Et Saint-Just démasque avec justesse et finesse les rhéteurs, les subtils qui jouent autour de la question. — « Chacun, dit-il très-bien, rapproche le procès du roi de ses vices particuliers ; les uns semblent craindre de porter plus tard la peine de leur courage ; les autres n'ont point renoncé à la monarchie. Ceux-ci craignent un exemple de vertu qui serait un lien d'esprit public et d'unité dans la République. »

Quelle République voulait-on donc établir avec toutes ces faiblesses! On voulait être républicain, et on sentait la hache trembler dans ses mains. La conclusion véritable, la seule conclusion logique était celle-ci : *massacrer, exterminer* le roi, et non pas même le juger. Il s'agissait bien des crimes de son administration : avoir été roi, c'était là son crime. Or, « juger, c'est appliquer la loi. Une loi est un rapport de justice. Quel rapport de justice y a-t-il donc entre l'humanité et les rois ? »

Avec la même netteté, avec la même logique, Saint-Just repoussait à l'avance la sanction du peuple, sauf le cas où Louis serait déclaré innocent. Car « le peuple ne peut effacer le crime de la tyrannie ; » le droit des hommes contre la tyrannie est personnel et la souveraineté ne saurait obliger un seul citoyen au pardon. Que le tribunal prononçât l'absolution du roi, que la nation ratifiât la sentence, et chaque citoyen resterait libre de se transformer en Brutus et de tuer le roi.

Avec *Faucher*, nous retombons dans les sous-entendus, dans les contradictions, dans les lâchetés de parole et de conscience. Le roi « a mérité plus que la mort, » il faut condamner le tyran déchu « au long supplice de la vie au milieu d'un peuple libre. » Aucune loi du droit positif n'est applicable à Louis, et le droit naturel repousse la peine de mort. Ici Faucher se relève et donne à l'acte qu'on médite son nom véritable ; ce sera, dit-il, « un crime national, une sanglante infamie, qui ferait horreur à toute la terre. » A ces mots, les murmures éclatent et Faucher se hâte de quitter la tribune sans achever son discours. On l'y rappelle, pour qu'il ne soit pas dit que la tribune n'est pas libre ; il y reparaît et conclut, en quelques mots troublés, à ce que Louis ne soit pas mis en jugement.

Après l'honnête homme timide, voici le phraseur ampoulé, se drapant en *républicain farouche*. Robert vient refaire le discours de Saint-Just, en l'émaillant de tirades à effet et de prosopopées bruyantes.

Telle fut cette première séance du 13 novembre.

Pendant les jours suivants, la discussion fut remise. On s'occupait, au ministère de l'intérieur, de classer les papiers trouvés dans une armoire secrète aux Tuileries, et dans lesquels étaient exposés en détail les moyens par lesquels la cour cherchait à détourner les attaques dont elle était l'objet. C'est ce qu'on appelait la conspiration des Tuileries. Mais la Commune s'impatientait et les sections signifièrent à la Convention, le 2 décembre, qu'elle eût à hâter le procès. La discussion fut reprise et, le 4, l'Assemblée décréta, sur la proposition de Pétion, que Louis serait jugé, et jugé par la Convention nationale.

Le 10, Lindet lut, au nom d'une commission de vingt et un membres, un rapport qui représentait chacun des actes du ci-devant roi comme un crime de conspiration contre la nation. Ce rapport avait laissé de côté les prétendus accaparements de numéraire, de grains, les compagnies de famine ; les subornations de régiments ; les invitations à la désertion ; les démarches faites pour pousser le Grand-Turc à prendre les armes contre la France ; les listes de proscription dressées contre les citoyens: Marat, Barbaroux, Rewbell, vinrent, à l'envi, combler ces lacunes. Plusieurs de ces amendements furent introduits et l'acte d'accusation fut adopté.

Le 11 décembre était le jour choisi pour la comparution de Louis XVI à la barre de la Convention. Chambon, nouveau maire, Chaumette, procureur de la Commune, Colombeau, secrétaire greffier, et Santerre, commandant de la garde nationale, vinrent signifier au prisonnier le décret qui traduisait Louis *Capet* à la barre de la Convention. — « Capet n'est pas mon nom, dit le roi ; un de mes ancêtres l'a porté, mais ce n'est pas celui de ma famille. » Et il ajouta : « Je vais vous suivre, non pour obéir à la Convention, mais parce que mes ennemis ont la force en main. »

Une voiture reçut le roi et l'amena dans la cour des Feuillants. Barrère présidait l'Assemblée : Il lui recommanda l'impassibilité qui convient à des juges. Manuel, pour poser en Spartiate, demanda que « comme la Convention n'est pas condamnée à ne « s'occuper aujourd'hui que d'un roi, on s'occupât « d'un objet important, dussions-nous faire attendre Louis à son arrivée. » Cette fière motion fut admise et on discuta, pour donner au tyran une leçon d'humilité, quelques articles exceptionnels à la loi des émigrés.

Après cette parodie de dignité, Louis XVI fut introduit. Le roi vaincu promena sur cette assemblée ennemie un regard où il fut impossible de découvrir un sentiment que celui d'une sorte de curiosité. Un silence profond se fit, et Barrère prit la parole :

« Louis, dit-il, la nation française vous accuse. L'Assemblée nationale a décrété, le 3 décembre, que vous seriez jugé par elle ; le 6 décembre, elle a décrété que vous seriez traduit à la barre. On va vous lire l'acte énonciatif des délits qui vous sont imputés. — Vous pouvez vous asseoir. »

L'acte d'accusation lu en entier, l'interrogatoire commença. Aucune des questions qu'il renferme n'avait été communiquée à l'avance au roi. Il y répondit, comme on va le voir avec une netteté et une dignité remarquables.

Le Président. Louis, le peuple français vous accuse d'avoir commis une multitude de crimes pour établir votre tyrannie, en détruisant sa liberté. Vous avez, le 20 juin 1789, attenté à la souveraineté du peuple, en suspendant les assemblées de ses représentants, et en les repoussant, par la violence, du lieu de leurs séances. La preuve en est dans le procès-verbal dressé au Jeu de paume de Versailles, par les membres de l'Assemblée constituante. Le 23 juin vous avez voulu dicter des lois à la nation ; vous avez entouré de troupes ses représentants, vous leur avez présenté deux déclarations royales éversives de toute liberté, et vous leur avez ordonné de se séparer. Vos déclarations et les procès-verbaux de l'Assemblée constatent ces attentats. Qu'avez-vous à répondre ?

Louis. Il n'existait pas de lois qui m'en empêchassent.

Le Président. Vous avez fait marcher une armée contre les citoyens de Paris. Vos satellites ont fait couler le sang de plusieurs d'entre eux, et vous n'avez éloigné cette armée que lorsque la prise de la Bastille et l'insurrection générale vous ont appris que le peuple était victorieux. Les discours que vous avez tenus les 9, 12 et 14 juillet, aux diverses députations de l'Assemblée constituante, font connaître quelles étaient vos intentions, et les massacres des Tuileries déposent contre vous. Qu'avez-vous à répondre ?

Louis. J'étais le maître de faire marcher des troupes dans ce temps-là ; mais je n'ai jamais eu l'intention de répandre le sang.

Le Président. Après ces événements, et malgré les promesses que vous aviez faites, le 10 dans l'Assemblée, et le 17, dans l'hôtel de ville de Paris, vous avez persisté dans vos projets contre la liberté nationale ; vous avez longtemps éludé de faire exécuter les décrets du 11 août, concernant l'abolition de la servitude personnelle, du régime féodal et de la dîme. Vous avez longtemps refusé de reconnaître la déclaration des droits de l'homme ; vous avez augmenté du double le nombre de vos gardes-du-corps, et appelé le régiment de Flandres à Versailles ; vous avez permis que dans des orgies faites sous vos yeux, la cocarde nationale fût foulée aux pieds, que la cocarde blanche arborée, et la nation blasphémée. Enfin, vous avez nécessité une nouvelle insurrection, occasionné la mort de plusieurs citoyens, et ce n'est qu'après la défaite de vos gardes, que vous avez changé de langage, et renouvelé des promesses perfides. Les preuves de ces faits sont dans vos observations du 18 septembre, sur les décrets du 11 août, dans les procès-verbaux de l'Assemblée constituante, dans les événements de Versailles, des 5 et 6 octobre, et dans le discours que vous avez tenu le même jour à une députation de l'Assemblée constituante, lorsque vous lui dîtes, que *vous vouliez vous éclairer de ses conseils, et ne jamais vous séparer d'elle.* Qu'avez-vous à répondre ?

Louis. J'ai fait les observations que j'ai crues justes sur les deux premiers objets. Quant à la cocarde, cela est faux : cela ne s'est pas passé devant moi.

Le Président. Vous aviez prêté, à la fédération du 14 juillet, un serment que vous n'avez pas tenu. Bientôt vous avez essayé de corrompre l'esprit public à l'aide de *Talon,* qui agissait dans Paris, et de Mirabeau, qui devait imprimer un mouvement contre-révolutionnaire aux provinces. Qu'avez-vous à répondre ?

Louis. Je ne me rappelle pas ce qui s'est passé dans ce temps-là, mais le tout est antérieur à l'acceptation que j'ai faite de la Constitution.

Le Président. Vous avez répandu des millions pour effectuer cette corruption, et vous avez voulu faire de la popularité même, un moyen d'asservir le peuple. Ces faits résultent d'un mémoire de Talon, que vous avez apostillé de votre main, et d'une lettre que Laporte vous écrivait le 19 avril, dans laquelle vous rapportant une conversation qu'il avait eue avec Rivarol, il vous disait que les millions que l'on vous avait engagé à répandre n'avaient rien produit. Dès longtemps vous aviez médité un projet de fuite. Il vous fut remis, le 23 février, un mémoire qui vous en indiquait les moyens, et vous l'apostillâtes. Qu'avez-vous à répondre ?

Louis Je n'avais pas de plus grand plaisir que de donner à ceux qui avaient besoin : cela ne tient à aucun projet.

Le Président. Le 28, une multitude de nobles et de militaires se répandirent dans vos appartements, au château des Tuileries, pour favoriser cette fuite : vous voulûtes, le 18 avril, quitter Paris pour vous rendre à Saint-Cloud. Qu'avez-vous à répondre ?

Louis. Cette accusation est absurde.

Le Président. Mais la résistance des citoyens vous fit sentir que la défiance était grande : vous cherchâtes à la dissiper, en communiquant à l'Assemblée constituante une lettre que vous adressiez aux agents de la nation auprès des puissances étrangères, pour leur annoncer que vous aviez accepté librement les articles constitutionnels qui vous avaient été présentés ; et cependant, le 21, vous preniez la fuite avec un faux passe-port : vous laissiez une déclaration contre les mêmes articles constitutionnels ; vous ordonniez aux ministres de ne signer aucun des actes émanés de l'Assemblée nationale, et vous défendiez à celui de la justice, de remettre les sceaux de l'Etat. L'argent du peuple était prodigué pour assurer le succès de cette trahison, et la force publique devait la protéger, sous les ordres de Bouillé, qui naguère avait été chargé de diriger le massacre de Nancy, et à qui vous aviez écrit à ce sujet, *de soigner sa popularité, parce qu'elle vous serait utile.* Ces faits sont prouvés par le mémoire du 23 février, apostillé de votre main ; par votre déclaration du 20 juin, tout entière de votre écriture ; par votre lettre du 4 septembre 1790 à Bouillé ; et par une note de celui-ci, dans laquelle il vous rend compte de l'emploi de 993,000 livres données par vous, et employées en partie à la corruption des troupes qui devaient vous escorter. Qu'avez-vous à répondre ?

Louis. Je n'ai aucune connaissance du mémoire du 23 février. Quant à ce qui est relatif à mon voyage de Varennes, je m'en réfère à ce que j'ai dit aux commissaires de l'Assemblée constituante, dans ce temps-là.

Le Président. Après votre arrestation à Varennes, l'exercice du pouvoir exécutif fut un moment suspendu dans vos mains, et vous conspirâtes encore. Le 17 juillet, le sang des citoyens fut versé au champ de Mars. Une lettre de votre main, écrite en 1790, à La Fayette, prouve qu'il existait une coalition criminelle entre vous et La Fayette, à laquelle Mirabeau avait accédé. La révision commença sous ces auspices cruels ; tous les genres de corruption furent employés. Vous avez payé des libelles, des pamphlets, des journaux destinés à pervertir l'opinion publique, à discréditer les assignats, et à soutenir la cause des émigrés. Les registres de Septeuil indiquent quelles sommes énormes ont été employées à ces manœuvres liberticides. Qu'avez-vous à répondre ?

Louis. Ce qui s'est passé le 17 juillet, ne peut aucunement me regarder ; pour le reste, je n'en ai aucune connaissance.

Le Président. Vous avez paru accepter la Constitution, le 14 septembre ; vos discours annonçaient la volonté de la maintenir, et vous travailliez à la renverser avant même qu'elle fût achevée.

Une convention avait été faite à Pilnitz, le 24 juillet, entre Léopold d'Autriche et Frédéric-Guillaume de Brandebourg, qui s'étaient engagés à relever en France le trône de la monarchie absolue ; et vous vous êtes tû sur cette convention jusqu'au moment où elle a été connue de l'Europe entière. Qu'avez-vous à répondre ?

Louis. Je l'ai fait connaître sitôt qu'elle est venue à ma connaissance ; au reste, tout ce qui a trait à cet objet, par la Constitution, regarde le ministre.

Le Président. Arles avait levé l'étendard de la révolte ; vous l'avez favorisé par l'envoi de trois commissaires civils, qui se sont occupés, non à réprimer les contre-révolutionnaires, mais à justifier leurs attentats. Qu'avez-vous à répondre ?

Louis. Les instructions qu'avaient les commissaires doivent prouver ce dont ils étaient chargés, et je n'en connaissais aucun quand les ministres me les ont proposés.

Le Président. Avignon et le comtat Venaissin avaient été réunis à la France ; vous n'avez fait exécuter le décret qu'après un mois, et pendant ce temps la guerre

Louis XVI au pied de l'échafaud.

civile a désolé ce pays. Les commissaires que vous y avez successivement envoyés ont achevé de le dévaster. Qu'avez-vous à répondre ?

Louis. Je ne me souviens pas quel délai a été mis dans l'exécution ; au reste, ce fait ne peut me regarder personnellement : ce sont ceux qui ont été envoyés et ceux qui les ont envoyés que cela regarde.

Le Président. Nîmes, Montauban, Mende, Jalès avaient éprouvé de grandes agitations dès les premiers jours de liberté ; vous n'avez rien fait pour étouffer ce germe de contre-révolution jusqu'au moment où la conspiration de Saillant a éclaté. Qu'avez-vous à répondre ?

Louis. J'ai donné pour cela tous les ordres que les ministres m'ont proposés.

Le Président. Vous avez envoyé vingt-deux bataillons contre les Marseillais, qui marchaient pour réduire les contre-révolutionnaires arlésiens. Qu'avez-vous à répondre ?

Louis. Il faudrait que j'eusse les pièces pour répondre juste à cela.

Le Président. Vous avez donné le commandement du Midi à Witgenstein, qui vous écrivait, le 21 avril 1792, après qu'il eut été rappelé : « Quelques instants de « plus, et je rappelais pour toujours autour du trône « de Votre Majesté des milliers de Français redevenus « dignes des vœux qu'elle forme pour leur bonheur. » Qu'avez-vous à répondre ?

Louis. Cette lettre est postérieure à son rappel. Il n'a pas été employé depuis. Je ne me souviens pas de la lettre.

Le Président. Vous avez payé vos ci-devant gardes-du-corps, à Coblentz : les registres de Septeuil en font foi ; et plusieurs ordres signés de vous constatent que vous avez fait passer des sommes considérables à Bouillé, Rochefort, La Vauguyon, Choiseul-Beaupré, Hamilton et la femme Polignac. Qu'avez-vous à répondre ?

Louis. D'abord que je sus que mes gardes-du-corps se formaient de l'autre côté du Rhin, j'ai défendu qu'ils touchassent aucun payement ; pour le reste je ne m'en souviens nullement.

Le Président. Vos frères, ennemis de l'Etat, ont rallié les émigrés sous leurs drapeaux ; ils ont levé des régiments, fait des emprunts et contracté des alliances en votre nom ; vous ne les avez désavoués qu'au moment où vous avez été bien certain que vous ne pouviez plus nuire à leurs projets. Votre intelligence avec eux est prouvée par un billet écrit de la main de Louis-Stanislas-Xavier, souscrit par vos deux frères, et ainsi conçu :

« . . . Je vous ai écrit, mais c'était par la poste, et je n'ai rien pu dire. Nous sommes ici deux qui n'en font qu'un ; mêmes sentiments, mêmes principes, même ardeur pour vous servir. Nous gardons le silence, mais c'est que, le rompant trop tôt, nous vous compromettrions ; mais nous parlerons dès que nous serons sûrs de l'appui général, et ce moment est proche. Si l'on nous parle de la part de ces gens-là, nous n'écouterons rien ; si c'est de la vôtre, nous écouterons, mais nous irons droit notre chemin. Ainsi, si l'on veut que vous nous fassiez dire quelque chose, ne vous gênez pas. Soyez tranquille sur votre sûreté ; nous n'existons que pour vous servir ; nous y travaillons avec ardeur, et tout va bien. Nos ennemis même ont trop d'intérêt à votre conservation pour commettre un crime inutile et qui achèverait de les perdre. Adieu.

« L.-S.-XAVIER et CHARLES-PHILIPPE. »

Qu'avez-vous à répondre ?

Louis. J'ai désavoué toutes les démarches de mes frères, suivant que la Constitution me le prescrivait, aussitôt que j'en ai eu connaissance. Je n'ai aucune connaissance de ce billet.

Le Président. L'armée de ligne, qui devait être portée au pied de guerre, n'était forte que de cent mille hommes à la fin de décembre ; vous aviez ainsi négligé de pourvoir à la sûreté extérieure de l'Etat. Narbonne, votre agent, avait ordonné une levée de cinquante mille hommes ; mais il arrêta le recrutement à vingt-six mille, en assurant que tout était prêt. Rien ne l'était pourtant. Après lui, Servan proposa de former auprès de Paris un camp de vingt mille hommes ; l'Assemblée législative le décréta ; vous refusâtes votre sanction. Qu'avez-vous à répondre ?

Louis. J'avais donné aux ministres tous les ordres qui pouvaient accélérer l'augmentation de l'armée. Au mois de décembre dernier les états ont été mis sous les yeux de l'Assemblée. S'ils se sont trompés, ce n'est pas ma faute.

Le Président. Un élan de patriotisme fit partir de tous côtés des citoyens pour Paris ; vous fîtes une proclamation qui tendait à les arrêter dans leur marche. Cependant nos armées étaient dépourvues de soldats. Dumouriez, successeur de Servan, avait déclaré que la Nation n'avait ni armes, ni munitions, ni subsistances, et que les places étaient hors de défense. Vous avez attendu d'être pressé par une réquisition faite au ministre Lajard, à qui l'Assemblée législative demandait d'indiquer quels étaient ses moyens de pourvoir à la sûreté extérieure de l'Etat, pour proposer par un message la levée de quarante-deux bataillons.

Vous avez donné mission aux commandants des troupes de désorganiser l'armée, de pousser des régiments entiers à la désertion, et de leur faire passer le Rhin, pour les mettre à la disposition de vos frères et de Léopold d'Autriche, avec lequel vous étiez d'intelligence ; le fait est prouvé par la lettre de Toulongeon, commandant dans la Franche-Comté. Qu'avez-vous à répondre ?

Louis. Je n'en ai aucune connaissance ; il n'y a pas le mot de vrai dans cette accusation.

Le Président. Vous avez chargé vos agents diplomatiques de favoriser la coalition des puissances étrangères et de vos frères contre la France, et particulièrement de cimenter la paix entre la Turquie et l'Autriche, pour dispenser celle-ci de garnir ses frontières du côté de la Turquie, et lui procurer par là un plus grand nombre de troupes contre la France. Une lettre de Choiseul-Gouffier, ambassadeur à Constantinople, établit le fait. Qu'avez-vous à répondre ?

Louis. M. Choiseul n'a pas dit la vérité ; cela n'a jamais existé.

Le Président. Les Prussiens s'avançaient vers nos frontières. On interpella, le 8 juillet, votre ministre de rendre compte de l'état de nos relations politiques avec la Prusse. Vous répondîtes, le 10, que cinquante mille Prussiens marchaient contre nous, et que vous donniez avis au Corps législatif des actes formels de ces hostilités imminentes, aux termes de la Constitution. Qu'avez-vous à répondre ?

Louis. Ce n'est qu'à cette époque-là que j'en ai eu connaissance ; toute la correspondance passait par les ministres.

Le Président. Vous avez confié le département de la guerre à Dabancourt, neveu de Calonne, et tel a été le succès de votre conspiration que les places de Longwy et de Verdun ont été livrées aussitôt que les ennemis ont paru. Qu'avez-vous à répondre ?

Louis. J'ignorais que M. Dabancourt fût neveu de M. Calonne. Ce n'est pas moi qui ai dégarni les places ; je ne me serais pas permis une pareille chose ; je n'en ai aucune connaissance, si elles l'ont été.

Le Président. Vous avez détruit notre marine. Une foule d'officiers de ce corps étaient émigrés ; à peine en restait-il pour faire le service des ports ; cependant Bertrand accordait tous les jours des passeports ; et lorsque le Corps législatif vous exposa, le 8 mars, sa conduite coupable, vous répondîtes que vous étiez satisfait de ses services. Qu'avez-vous à répondre ?

Louis. J'ai fait ce que j'ai pu pour retenir les officiers. Quant à M. Bertrand, comme l'Assemblée nationale ne portait contre lui aucun grief qui pût le faire mettre en état d'accusation, je n'ai pas cru devoir le changer.

Le Président. Vous avez favorisé dans les colonies le maintien du gouvernement absolu ; vos agents y ont partout fomenté le trouble et la contre-révolution, qui s'y est opérée à la même époque où il se devait s'effectuer en France, ce qui indique assez que votre main conduisait cette trame. Qu'avez-vous à répondre ?

Louis. S'il y a de mes agents dans les colonies, ils n'ont pas dit vrai ; je n'ai eu aucun rapport à ce que vous venez de me dire.

Le Président. L'intérieur de l'Etat était agité par les fanatiques ; vous vous en êtes déclaré le protecteur en manifestant l'intention évidente de recouvrer par eux votre ancienne puissance. Qu'avez-vous à répondre ?

Louis. Je ne peux pas répondre à cela ; je n'ai aucune connaissance de ce projet.

Le Président. Le Corps législatif avait rendu, le 29 janvier, un décret contre les prêtres factieux; vous en avez suspendu l'exécution. Qu'avez-vous à répondre?

Louis. La Constitution me laissait la sanction libre des décrets.

Le Président. Les troubles s'étaient accrus; le ministre déclara qu'il ne connaissait dans les lois existantes aucun moyen d'atteindre les coupables. Le Corps législatif rendit un nouveau décret; vous en suspendîtes l'exécution. Qu'avez-vous à répondre?

Même réponse que la précédente.

Le Président. L'incivisme de la garde que la Constitution vous avait donnée en avait nécessité le licenciement. Le lendemain vous lui avez écrit une lettre de satisfaction; vous avez continué de la solder. Ce fait est prouvé par les comptes du trésorier de la liste civile. Qu'avez-vous à répondre?

Louis. Je n'ai continué que jusqu'à ce qu'elle pût être recréée, comme le décret le portait.

Le Président. Vous avez retenu auprès de vous les gardes suisses: la Constitution vous le défendait, et l'Assemblée législative en avait expressément ordonné le départ. Qu'avez-vous à répondre?

Louis. J'ai exécuté tous les décrets qui ont été rendus à cet égard.

Le Président. Vous avez eu, dans Paris, des compagnies particulières, chargées d'y opérer des mouvements utiles à vos projets de contre-révolution. Dangremont et Gilles étaient deux de vos agents; ils étaient salariés par la liste civile: les quittances de Gilles, chargé de l'organisation d'une compagnie de soixante hommes, vous seront présentées. Qu'avez-vous à répondre?

Louis. Je n'ai aucune connaissance des projets qu'on leur prête; jamais idée de contre-révolution n'est entrée dans ma tête.

Le Président. Vous avez voulu, par des sommes considérables, suborner plusieurs membres des Assemblées constituante et législative. Des lettres de Saint-Léon et d'autres attestent la réalité de ces faits. Qu'avez-vous à répondre?

Louis. Il y a plusieurs personnes qui se sont présentées avec des projets pareils, mais je les ai éloignées.

Le Président. Quels sont ceux qui vous ont présenté ces projets?

Louis. Ils étaient si vagues que je ne m'en rappelle pas dans ce moment.

Le Président. Quels sont ceux à qui vous avez promis ou donné de l'argent?

Louis. Aucun.

Le Président. Vous avez laissé avilir la nation française en Allemagne, en Italie, en Espagne, puisque vous n'avez rien fait pour exiger la réparation des mauvais traitements que les Français ont éprouvés dans ces pays. Qu'avez-vous à répondre?

Louis. La correspondance diplomatique doit prouver le contraire; au reste, cela regardait le ministre.

Le Président. Vous avez fait, le 10 août, la revue des Suisses, à cinq heures du matin, et les Suisses ont tiré les premiers sur les citoyens. Qu'avez-vous à répondre?

Louis. J'ai été voir toutes les troupes qui étaient rassemblées chez moi ce jour-là; les autorités constituées étaient chez moi, le département, le maire et la municipalité; j'avais fait prier même une députation de l'Assemblée nationale d'y venir, et je me suis ensuite rendu dans son sein avec ma famille.

Le Président. Pourquoi aviez-vous rassemblé des troupes dans le château?

Louis. Toutes les autorités constituées l'ont vu: le château était menacé, et, comme j'étais une autorité constituée, je devais me défendre.

Le Président. Pourquoi avez-vous mandé au château le maire de Paris, dans la nuit du 9 au 10 août?

Louis. Sur les bruits qui se répandaient.

Le Président. Vous avez fait couler le sang des Français. Qu'avez-vous à répondre?

Louis. Non, Monsieur, ce n'est pas moi.

Le Président. Vous avez autorisé Septeuil à faire un commerce considérable de grains, sucre et café, à Hambourg; ce fait est prouvé par Septeuil. Qu'avez-vous à répondre?

Louis. Je n'ai aucune connaissance de ce que vous dites.

Le Président. Pourquoi avez-vous mis le *veto* sur le décret qui ordonnait la formation d'un camp de vingt mille hommes?

Louis. La Constitution me donnait la libre sanction des décrets, et dès ce temps-là même j'ai demandé la réunion d'un camp à Soissons.

Le Président, à l'Assemblée. Les questions sont épuisées.

A Louis Capet. Louis, avez-vous quelque chose à ajouter?

Louis. Je demande communication des accusations que je viens d'entendre et des pièces qui y sont jointes, et la faculté de choisir un conseil pour me défendre.

Valazé, assis auprès de la barre, énonce et présente à Louis Capet les pièces suivantes : « Mémoire de Laporte, qui établit entre Louis Capet, Mirabeau et quelques autres, des projets contre-révolutionnaires. »

Louis. Je ne le reconnais pas.

Valazé. Lettre de Louis Capet, datée du 29 juin 1790, établissant ses rapports avec Mirabeau et Lafayette, pour opérer une révolution dans la Constitution.

Louis. Je me réserve d'expliquer ce qui y est contenu.

Valazé lit la lettre.

Louis. Ce n'est qu'un projet; il n'y est aucunement question de contre-révolution; la lettre n'a pas dû être envoyée.

Valazé. Lettre de Laporte à Louis Capet, du 22 avril, relative à des entretiens au sujet des Jacobins, et au président du comité des finances et au comité des domaines. Elle est datée de la main de Louis Capet.

Louis. Je ne la connais pas.

Valazé. Lettre de Laporte, du jeudi matin 3 mars, apostillée de la main de Louis Capet, 3 mars 1791, indicative d'une prétendue rupture entre Mirabeau et les Jacobins.

Louis. Je ne la reconnais pas.

Valazé. Lettre de Laporte, sans date, de sa main, mais apostillée de celle de Louis Capet, contenant des détails sur les derniers moments de Mirabeau, sur les soins qu'on a pris pour dérober à la connaissance des hommes des papiers d'un grand intérêt dont Mirabeau était dépositaire.

Louis. Je ne reconnais pas plus que les autres.

Valazé. Projet de constitution ou de révision, signé Lafayette, adressé à Louis Capet, 6 avril 1790, apostillé d'une ligne de sa main.

Louis. Ces choses-là ont été effacées par la Constitution.

Valazé. Connaissez-vous cette écriture?

Louis. Non.

Valazé. Votre apostille?

Louis. Non.

Valazé. Lettre de Laporte, du 19 avril, apostillée par Louis Capet, 19 avril 1791, faisant mention d'un entretien avec Rivarol.

Louis. Je ne la connais pas.

Valazé. Lettre de Laporte, apostillée, 16 avril 1791, dans laquelle on paraît se plaindre de Mirabeau, de l'abbé Périgord, d'André de Beaumetz, qui ne semblent pas reconnaissants des sacrifices qu'on a faits pour eux.

Louis. Je ne la connais pas non plus.

Valazé. Lettre de Laporte, du 23 février 1791, apostillée et datée de la main de Louis Capet, énonciative d'un mémoire qui y est joint, relatif aux moyens de le populariser.

Louis. Je ne connais aucune de ces deux pièces.

Valazé. Plusieurs pièces sans signature trouvées au château des Tuileries, dans la baie qui était close dans les murs du palais, relatives aux dépenses à faire pour gagner cette popularité.

Le Président. Avant l'interrogatoire à ce sujet, je demande à faire une question préliminaire.

Avez-vous fait construire une armoire avec une porte de fer au château des Tuileries, et y avez-vous fait renfermer des papiers?

Louis. Je n'en ai aucune connaissance.

Valazé. Voici un journal de la main de Louis Capet, portant les pensions qu'il a accordées sur sa cassette depuis 1776 jusqu'en 1792, parmi lesquelles on remarque des gratifications accordées à Acloque pour son faubourg.

Louis. Je reconnais celui-là; mais ce sont des charités que j'ai faites.

Valazé. Divers états de sommes payées aux compagnies écossaises de Noailles-Grammont et Montmorency-Luxembourg, au 1er juillet 1791.

Louis. Ceci est antérieur au temps où j'ai défendu de les payer.

Le Président. Louis, où aviez-vous déposé ces pièces reconnues par vous?

Louis. Chez mon trésorier.

Valazé. Reconnaissez-vous cet état des pensions des gardes-du-corps, cent-suisses et gardes du roi pour 1791?

Louis. Je ne le reconnais pas.

Valazé. Plusieurs pièces relatives à la conjuration du camp de Jalès, dont les originaux sont déposés au secrétariat du département de l'Ardèche.

Louis. Je n'en ai nulle connaissance.

Valazé. Lettre de Fouillé, datée de Mayence, portant compte de 993,000 livres reçues de Louis Capet.

Louis. Je ne la connais pas.

Valazé. Ordonnance de payement de 16,800 livres, signée Louis; au dos, signée de Bonnières, avec une lettre et un billet du même.

Louis. Je ne les reconnais pas.

Valazé. Deux pièces relatives à un don fait à la femme Polignac, et aux nommés La Vauguyon et Choiseul.

Louis. Pas plus que les autres.

Valazé. Billet signé des deux frères du ci-devant roi, cité dans l'acte énonciatif.

Louis. Je ne le connais pas.

Valazé. Pièces contenant l'affaire de Choiseul-Gouffier, à Constantinople.

Louis. Je n'en ai pas connaissance.

Valazé. Lettre du ci-devant roi à l'évêque de Clermont, avec la réponse de celui-ci, du 26 avril 1791.

Louis. Je ne la connais pas.

Le Président. Vous ne reconnaissez pas votre écriture et votre signature?

Louis. Non.

Le Président. Le cachet est aux armes de France.

Louis. Beaucoup de monde l'avait.

Valazé. Reconnaissez-vous cet état des sommes payées à Gilles?

Louis. Je ne le connais pas.

Valazé. Mémoire pour décharger la liste civile des pensions militaires; lettre de Dufresne-Saint-Léon, qui y est relative.

Louis. Je ne connais aucune de ces pièces.

Le Président. Je vous invite à vous retirer dans la salle des conférences. — L'Assemblée va prendre une délibération.

Louis. J'ai demandé un conseil.

Tout cet interrogatoire fut soutenu par le roi avec une fermeté digne; ce n'était pas à ses accusateurs qu'il parlait, c'était à la France; ce n'était pas à ceux qui se faisaient à la fois accusateurs, témoins et juges, et dont la plupart étaient parties au procès, c'était à la postérité, à l'histoire. C'est pour la même raison que Louis XVI demanda des défenseurs, bien qu'il se sentît condamné à l'avance.

Le 12 décembre, un décret de la Convention autorisa le roi à prendre un conseil, malgré l'opposition de quelques membres de la Montagne, qui, avec Marat, voulaient qu'on supprimât « la chicane du palais. » Louis choisit Target, avocat, l'un des principaux rédacteurs de la Constitution et membre de l'Académie française : Target déclina cette noble mission. De tous les courages, le courage civil est le plus rare en France ; Napoléon 1er s'honora plus tard en punissant cette lâcheté : il effaça le nom de Target sur la liste des membres de la Cour de cassation.

Quand on apprit à la Convention le refus de Target, les honnêtes gens de l'Assemblée ne purent contenir l'expression de leur mépris pour cet homme; mais les *purs* triomphèrent : ils croyaient déjà la procédure simplifiée, et, quand on proposa de nommer au roi des défenseurs d'office, Tallien s'écria : « C'est à Capet à s'arranger pour trouver des conseils qui acceptent. »

Louis XVI avait désigné Tronchet, à défaut de Target; Tronchet accepta cette tâche périlleuse. Plusieurs membres de l'ancienne magistrature réclamèrent l'honneur de cette défense, et on vit Sourdat, Huet, Guillaume, Lavaux, se disputer avec Cazalès, Lally-Tolendal, Malouet et Necker, le poste dangereux de conseiller du roi-martyr. Dès le 11 décembre l'ancien ministre Chrétien-Guillaume Lamoignon de Malesherbes avait écrit la lettre suivante au président de la Convention :

« Citoyen Président,

« J'ignore si la Convention donnera à Louis XVI un conseil pour le défendre, et si elle lui en laisse le choix ; dans ce cas-là, je désire que Louis XVI sache que, s'il me choisit pour cette fonction, je suis prêt à m'y dévouer. Je ne vous demande pas de faire part à la Convention de mon offre, car je suis bien éloigné de me croire un personnage assez important pour qu'elle s'occupe de moi; mais j'ai été appelé deux fois au conseil de celui qui fut mon maître, dans le temps que cette fonction était ambitionnée par tout le monde. Je lui dois le même service lorsque c'est une fonction que bien des gens trouvent dangereuse. Si je connaissais un moyen possible pour lui faire connaître mes dispositions, je ne prendrais pas la liberté de m'adresser à vous. J'ai pensé que, dans la place que vous occupez, vous aurez plus de moyens que personne pour lui faire passer cet avis.

« LAMOIGNON DE MALESHERBES. »

Malesherbes était alors âgé de soixante-douze ans. Ministre de l'intérieur, il avait poursuivi, ainsi que Turgot, son ami, avec plus de zèle et de conviction que de prudence, la réalisation des plus sages réformes; il avait, lui aussi, contribué à l'affaiblissement de cette monarchie qu'il voulait essayer de sauver. Cette lettre admirable était l'expression des remords d'un honnête homme, qui s'est trompé en croyant faire le bien et qui réclame l'expiation de son erreur. « Turgot et moi, écrivait-il, nous étions d'honnêtes gens, très-instruits, passionnés pour le bien. Qui n'aurait dit qu'on ne pouvait mieux faire que de nous choisir? Cependant, ne connaissant les hommes que par les livres, manquant d'habileté pour les affaires, nous avons mal administré...; et, sans le vouloir, sans le savoir, nous avons donné l'impulsion à la Révolution. »

Louis XVI accepta le dévouement de son ancien serviteur. Le roi avait eu un instant la pensée de décliner la compétence du tribunal. « Ne serait-il pas possible, écrivait-il à Malesherbes, d'ennoblir mes derniers moments? L'Assemblée nationale renferme dans son sein les dévastateurs de ma monarchie, mes dénonciateurs, mes juges, et probablement mes bourreaux! On n'éclaire pas de pareils hommes; on ne les rend pas justes; on peut encore moins les attendrir. Ne vaudrait-il pas mieux mettre quelque nerf dans ma défense, dont la faiblesse ne me sauvera pas? J'imagine qu'il faudrait l'adresser, non à la Convention, mais à la France entière, qui jugerait mes juges, et me rendrait dans le cœur de mes peuples une place que je n'ai jamais mérité de perdre. Alors mon rôle, à moi, se bornerait à ne point reconnaître la compétence du tribunal où la force me ferait comparaître. Je garderais un silence plein de dignité, et, en me condamnant, les hommes qui se disent mes juges ne seraient plus que mes assassins. »

Il semble que ce fût là en effet la conduite la plus digne, et le bon sens de Louis XVI l'inspirait bien, comme toujours; mais, comme toujours aussi, il ne sut pas vouloir et donna carte blanche à ses défenseurs, qui conservaient encore quelques illusions. Malesherbes, surtout, caressait la chimère d'un simple bannissement et il espérait quelque coup de théâtre favorable, par exemple un mouvement monarchique à Paris. « Ils me feront périr, répondait Louis, mais n'importe; ce sera gagner ma cause que de laisser une mémoire sans tache. Tâchez de revoir ces sujets fidèles, et déclarez-leur que je les remercie du zèle qu'ils me témoignent; mais toute tentative exposerait leurs jours et ne sauverait pas les miens. Quand l'usage de la force pouvait me conserver le trône et la vie, j'ai refusé de m'en servir. Voudrais-je aujourd'hui faire couler pour moi le sang français! J'ai médité presque toute ma vie la fatale histoire de Charles Ier, et je ne me suis jamais accoutumé à l'idée d'un roi qui prend les armes contre ses sujets. »

Malesherbes était trop âgé pour supporter seul, avec Tronchet, les fatigues de cette défense; les deux conseils obtinrent de la Convention l'adjonction de Romain Desèze, jeune et brillant avocat du barreau de Bordeaux, qui prépara, en grande partie, et se chargea de prononcer le plaidoyer.

Du 16 au 26 décembre seulement, Louis put conférer avec ses conseils, auxquels pendant plusieurs jours on refusa communication des pièces de l'accusation. « S'il fallait communiquer à Louis Capet toutes les pièces, s'écriait Legendre (17 décembre), le jugement ne serait pas terminé dans six mois. » Les défenseurs reçurent pourtant communication d'un certain nombre de pièces pendant les jours suivants; mais il leur fallut insister et réclamer chaque fois des décrets spéciaux de la Convention.

Cependant l'Assemblée se livrait aux discussions les plus orageuses. La Montagne, organe des clubs, réclamait hautement la tête du roi, et donnait ce spectacle, inouï jusqu'alors, de juges proclamant à l'avance la condamnation d'un accusé. Les commissaires délégués par la Convention à l'armée du Mont-Blanc et à l'armée du Rhin, Jagot, Grégoire, Hérault, Simon, Hossmann, Rewbell, Merlin de Thionville, envoyaient à l'avance leur verdict sanguinaire, résultat, disaient-ils, de « la lecture réfléchie des pièces imprimées, » et osaient demander, « au nom de leurs braves frères d'armes, » la mort du tyran.

La majorité girondine, abandonnée à elle-même, n'eût pas souillé par un régicide la Convention nationale; mais au-dessus du procès de Louis XVI se poursuivait le grand procès de la Révolution. La bourgeoisie girondine se fût contentée peut-être d'une déchéance qui lui assurait l'héritage de la monarchie; mais la faction jacobine poussait tout à bout pour déplacer la souveraineté et pour régner au nom de la populace. L'humanité n'était plus permise à la Gironde; elle eût été accusée de complicité avec la monarchie si elle avait sauvé la tête du roi. C'est en ce sens seulement que M. de Lamartine a pu dire que la Gironde condamna Louis pour se sauver elle-même; mais il eût été plus juste de dire que, pour les Girondins, le supplice de Louis fut un suicide. Les Jacobins ne pouvaient triompher que par la violence: il leur fallait la guerre avec l'Europe, la guerre avec la France elle-même, pour justifier leur terrible pouvoir. L'ordre intérieur, la paix au dehors ne leur laissaient aucune chance de succès. C'est pour cela qu'ils avaient résolu d'effrayer l'Europe et de brûler les vaisseaux de la démagogie.

Quand commença le procès de Louis XVI, l'état de l'Europe était-il menaçant pour la France? La situation commandait-elle impérieusement de jeter un défi sanglant aux princes étrangers? Non, la victoire et la paix étaient assurées à la naissante république. Dumouriez était vainqueur en Belgique, Custine en Allemagne, Montesquiou en Savoie. En quelques mois la France s'était reconquise elle-même, avait repoussé et battu l'Autriche et la Prusse, occupé Francfort et Mayence, envahi la Belgique et réuni la Savoie. Ces succès étaient dus, non pas à *l'audace* des égorgeurs de Paris, mais au génie de nos capitaines, à l'enthousiasme patriotique de nos soldats. Si, quelques mois après, l'Europe tout entière a juré à la République une haine à mort, si la Belgique est perdue, si le midi de la France, est menacé, si nos frontières du Rhin sont entamées, si l'Angleterre nous chasse de la mer, si la guerre civile éclate à l'intérieur, tous ces désastres, toutes ces haines, dont l'effet ne sera différé que par des miracles de patriotisme et d'énergie, une seule cause les aura attirés sur la France: l'assassinat de Louis XVI.

Mais le règne de la violence aura été inauguré, la dictature sera devenue nécessaire; les Jacobins l'exerceront au nom de ceux qu'ils appellent le peuple, et la Gironde tout entière aura monté les marches de l'échafaud encore rouges du sang d'un roi. Le 21 janvier 1793 aura préparé et rendu possible le 31 mai 1793. Quatre mois seulement entre le crime et l'expiation!

Cette lutte engagée pour le pouvoir entre la Gironde et la Montagne explique toutes les atrocités de parole qui déshonorèrent, pendant ce court procès de

Louis XVI, tant d'hommes éminents, qui, en d'autres temps, eussent été des hommes honnêtes et des citoyens utiles. Les Girondins condamnèrent le roi par faiblesse, par intérêt personnel mal entendu. En temps de révolution, il y a un mot qui rend compte de presque toutes les violences, et ce mot, c'est *la peur!*

C'est à la peur qu'il faut attribuer, dans ce procès de Louis XVI, les déclamations mortelles des Girondins, et nous verrons bientôt que les plus politiques d'entre eux, disons aussi les plus honnêtes, firent, pour sauver la royale victime, des efforts qu'un peu plus d'énergie eût rendus peut-être efficaces.

Mais la Commune était là, menaçante, prête à confondre avec le monarque accusé tous ceux qui prendraient sa défense, tous ceux même qui montreraient quelque reste d'humanité, quelque respect pour les formes de la justice. Le conseil général de la Commune vint, le 13 décembre, demander à la Convention que les conseils de Louis fussent *fouillés jusque dans les endroits les plus secrets*, qu'ils fussent considérés comme prisonniers jusqu'à la fin du procès. Ces propositions sauvages réveillèrent un moment l'honnêteté indignée de la plupart des membres de la majorité; mais cette majorité timide n'osa pas flétrir ces barbaries inutiles. Laurent Lecointre ayant demandé qu'on laissât l'accusé communiquer avec sa femme et ses enfants, Marat, Robespierre, Léonard Bourdon s'y opposèrent, par cette raison qu'il serait dangereux de permettre à Louis de voir ses complice. La proposition de Lecointre fut néanmoins adoptée; mais Tallien s'écria avec fureur : « Vous avez beau le vouloir; si le corps municipal ne le veut pas, cela ne sera pas. » Tallien fut censuré; mais la majorité se repentit bientôt de cette énergie passagère, et Lecointre revint sur sa proposition, la limitant aux seuls enfants du roi, sur l'affirmation de Rewbell, qui prétendit que la femme et la sœur de Louis étaient impliquées dans la procédure. C'était un mensonge. L'Assemblée décréta donc que Louis pourrait voir ses enfants, mais que ceux-ci ne pourraient dès lors, jusqu'au jugement définitif, communiquer avec leur mère, ni avec leur tante. Louis préféra se refuser cette consolation suprême à séparer ses enfants de leur mère.

Cependant, à partir du 15, un certain nombre de pièces avaient été communiquées aux défenseurs. L'audience étant indiquée pour le 26, le temps manquait pour préparer une défense sérieuse, et les conseils proposaient de demander un délai; le roi s'y refusa. Malesherbes, Tronchet et Desèze firent des efforts surhumains; Louis les aida dans leurs travaux avec le plus grand calme, malgré sa conviction profonde de l'inutilité de cette défense. Le 24 au soir, Desèze était prêt. Le roi fit une dernière lecture du plaidoyer et en retrancha la péroraison, morceau d'un pathétique achevé, ainsi que tous les passages où le défenseur se livrait à des mouvements de sensibilité qui semblaient faire appel à la pitié plus qu'à la raison.

Le lendemain, 25, Louis XVI écrivit son testament, pièce sublime de simplicité et d'honnêteté, et qui devait être son plaidoyer véritable au tribunal de la postérité. Le voici :

TESTAMENT DE LOUIS XVI.

Au nom de la très-sainte Trinité, du Père, du Fils, du Saint-Esprit, aujourd'hui, vingt-cinquième jour de décembre 1792, moi, Louis, XVI° du nom, roi de France, étant, depuis quatre mois, enfermé avec ma famille dans la tour du Temple, à Paris, par ceux qui étaient mes sujets, et privé de toutes communications quelconques, même, depuis le 10 du courant, avec ma famille; de plus, impliqué dans un procès dont il est impossible de prévoir l'issue, à cause des passions des hommes, et dont on ne trouve aucun prétexte ni moyen dans aucune loi existante, n'ayant que Dieu pour témoin de mes pensées, et auquel je puisse m'adresser,

Je déclare ici, en sa présence, mes dernières volontés et mes sentiments.

Je laisse mon âme à Dieu, mon Créateur; je le prie de la recevoir dans sa miséricorde, de ne pas la juger d'après ses mérites, mais par ceux de Notre-Seigneur Jésus-Christ, qui s'est offert en sacrifice à Dieu son Père pour nous autres hommes, quelque endurcis que nous fussions, et moi le premier.

Je meurs dans l'union de notre sainte mère l'Eglise catholique, apostolique et romaine, qui tient ses pouvoirs par une succession non interrompue, de saint Pierre, auquel Jésus-Christ les avait confiés. Je crois fermement et je confesse tout ce qui est contenu dans le Symbole et les Commandements de Dieu et de l'Eglise, les sacrements et les mystères, tels que l'Eglise catholique les enseigne et les a toujours enseignés. Je n'ai jamais prétendu me rendre juge dans les différentes manières d'expliquer les dogmes qui déchirent l'Eglise de Jésus-Christ, mais je m'en suis rapporté et m'en rapporterai toujours, si Dieu m'accorde la vie, aux décisions que les supérieurs ecclésiastiques, unis à la sainte Eglise catholique, donnent et donneront, conformément à la discipline de l'Eglise suivie depuis Jésus-Christ.

Je plains de tout mon cœur nos frères qui peuvent être dans l'erreur, mais je ne prétends pas les juger, et je ne les aime pas moins tous en Jésus-Christ, suivant ce que la charité chrétienne nous enseigne, et je prie Dieu de me pardonner tous mes péchés; j'ai cherché à les connaître scrupuleusement, à les détester et à m'humilier en sa présence. Ne pouvant me servir du ministère d'un prêtre catholique, je prie Dieu de recevoir la confession que je lui en ai faite, et surtout le repentir profond que j'ai d'avoir mis mon nom (quoique cela fût contre ma volonté) à des actes qui peuvent être contraires à la discipline et à la croyance de l'Eglise catholique, à laquelle je suis toujours resté sincèrement uni de cœur. Je prie Dieu de recevoir la ferme résolution où je suis, s'il m'accorde la vie, de me servir, aussitôt que je le pourrai, du ministère d'un prêtre catholique pour m'accuser de tous mes péchés et recevoir le sacrement de Pénitence.

Je prie tous ceux que je pourrais avoir offensés par inadvertance (car je ne me rappelle pas avoir fait sciemment aucune offense à personne), ou ceux à qui j'aurais pu avoir donné de mauvais exemples ou des scandales, de me pardonner le mal qu'ils croient que je peux leur avoir fait.

Je prie tous ceux qui ont de la charité d'unir leurs prières aux miennes pour obtenir de Dieu le pardon de mes péchés.

Je pardonne de tout mon cœur à ceux qui se sont faits mes ennemis, sans que je leur en aie donné aucun sujet, et je prie Dieu de leur pardonner, de même qu'à ceux qui, par un faux zèle ou par un zèle mal entendu, m'ont fait beaucoup de mal.

Je recommande à Dieu ma femme et mes enfants, ma sœur, mes tantes, mes frères, et tous ceux qui me sont attachés par les liens du sang ou par quelque autre manière que ce puisse être. Je prie Dieu particulièrement de jeter des yeux de miséricorde sur ma femme, mes enfants et ma sœur, qui souffrent depuis longtemps avec moi, de les soutenir par sa grâce, s'ils viennent à me perdre, et tant qu'ils resteront dans ce monde périssable.

Je recommande mes enfants à ma femme; je n'ai jamais douté de sa tendresse maternelle pour eux; je lui recommande surtout d'en faire de bons chrétiens et d'honnêtes hommes, de ne leur faire regarder les grandeurs de ce monde-ci (s'ils sont condamnés à les éprouver) que comme des biens dangereux et périssables, et de tourner leurs regards vers la seule gloire solide et durable de l'éternité. Je prie ma sœur de vouloir bien continuer sa tendresse à mes enfants, et de leur tenir lieu de mère s'ils avaient le malheur de perdre la leur.

Je prie ma femme de me pardonner tous les maux qu'elle souffre pour moi et les chagrins que je pourrais lui avoir donnés dans le cours de notre union, comme elle peut être sûre que je ne garde rien contre elle, si elle croyait avoir quelque chose à se reprocher.

Je recommande bien vivement à mes enfants, après ce qu'ils doivent à Dieu, qui doit marcher avant tout, de rester toujours unis entre eux, soumis et obéissants à leur mère, et reconnaissants de tous les soins et des peines qu'elle se donne pour eux, et, en mémoire de moi, je les prie de regarder ma sœur comme une seconde mère.

Je recommande à mon fils, s'il avait le malheur de devenir roi, de songer qu'il se doit tout entier au bonheur de ses concitoyens; qu'il doit oublier toutes les haines et tous les ressentiments, et nommément tout ce qui a rapport aux malheurs et aux chagrins que j'éprouve; qu'il ne peut faire le bonheur des peuples qu'en régnant suivant les lois; mais en même temps qu'un roi ne peut se faire respecter et faire le bien qui est dans son cœur qu'autant qu'il a l'autorité nécessaire, et qu'autrement, étant lié dans ses opérations et n'inspirant point de respect, il est plus nuisible qu'utile.

Je recommande à mon fils d'avoir soin de toutes les personnes qui m'étaient attachées, autant que les circonstances où il se trouvera lui en donneront les facultés; de songer que c'est une dette sacrée que j'ai contractée envers les enfants ou les parents de ceux qui ont péri pour moi, et ensuite de ceux qui sont malheureux pour moi. Je sais qu'il y a plusieurs personnes, de celles qui m'étaient attachées, qui ne se sont pas conduites envers moi comme elles le devaient, et qui ont même montré de l'ingratitude; mais je leur pardonne (souvent dans les moments de trouble et d'effervescence on n'est pas le maître de soi), et je prie mon fils, s'il en trouve l'occasion, de ne songer qu'à leur malheur.

Je voudrais pouvoir témoigner ici ma reconnaissance à ceux qui m'ont montré un attachement véritable et désintéressé; d'un côté, si j'étais sensiblement touché de l'ingratitude et de la déloyauté de ceux à qui je n'avais jamais témoigné que des bontés, à eux, à leurs parents ou amis, de l'autre j'ai eu de la consolation à voir l'attachement et l'intérêt gratuit que beaucoup de personnes m'ont montrés. Je les prie de recevoir mes remerciements.

Dans la situation où sont encore les choses, je craindrais de les compromettre si je parlais plus explicitement; mais je recommande plus spécialement à mon fils de chercher les occasions de pouvoir les reconnaître.

Je croirais calomnier cependant les sentiments de la nation si je ne recommandais ouvertement à mon fils MM. de Chamilly et Hue, que leur véritable attachement pour moi avait portés à s'enfermer avec moi dans ce triste séjour, et qui ont pensé en être les malheureuses victimes. Je lui recommande aussi Cléry, des soins duquel j'ai eu tout lieu de me louer depuis qu'il est avec moi; comme c'est lui qui est resté avec moi jusqu'à la fin, je prie MM. de la Commune de lui remettre mes hardes, mes livres, ma montre, ma bourse, et les autres petits effets qui ont été déposés au conseil de la Commune.

Je pardonne encore très-volontiers à ceux qui me gardaient les mauvais traitements et les gênes dont ils ont cru devoir user envers moi. J'ai trouvé quelques âmes sensibles et compatissantes : que celles-là jouissent dans leur cœur de la tranquillité que doit leur donner leur façon de penser.

Je prie MM. de Malesherbes, Tronchet et Desèze, de recevoir ici tous mes remerciements et l'expression de ma sensibilité pour tous les soins et les peines qu'ils se sont donnés pour moi.

Je finis en déclarant devant Dieu, et prêt à paraître devant lui, que je ne me reproche aucun des crimes qui sont avancés contre moi.

Fait double à la tour du Temple, le 25 décembre 1792.

Signé : Louis.

Le 26 décembre, le roi fut, pour la seconde fois, amené à la barre de la Convention. Il pleuvait; un vent froid fouettait la pluie dans la voiture. « Ne pourrait-on pas fermer cette glace? » dit Louis. « Non, répondit un de ses surveillants, cela pourrait causer de l'inquiétude au peuple. » Chambon, Chaumette et Colombeau étaient dans l'intérieur de la voiture avec le roi; deux cents hommes de cavalerie précédaient et suivaient. Une double haie d'hommes armés se formait sur le boulevard depuis le Temple jusqu'à la salle de l'Assemblée. Une artillerie nombreuse avait pris position à l'avance sur le chemin. La voiture partit du Temple à dix heures; un quart d'heure après, Louis arrivait à la Convention. Il fut conduit par le cloître et par le passage des Feuillants dans la salle des conférences, où l'attendaient ses conseils. La *dignité* de la Convention ne lui permettait pas d'être aux ordres d'un roi; Louis dut attendre pendant vingt-trois minutes. Il se promenait patiemment, et ses défenseurs le suivaient en causant avec lui. Comme ils employaient, pour parler au roi, les mots de Sire et de Majesté, le conventionnel Treilhard s'écria : « Qui vous rend si hardis de prononcer ici les noms que la Convention a proscrits? — Mépris pour vous et mépris pour la vie! » répondit Malesherbes. Noble vieillard, il avait fait à l'avance le sacrifice de sa vie : il devait être puni de son dévouement et monter avec les siens sur l'échafaud, un an après son roi.

Quant au farouche amant d'égalité, le républicain Treilhard, il devait un jour se faire appeler M. le comte, et prendre place aux conseils d'une autre majesté!

Louis XVI fut enfin introduit, et Desèze lut avec chaleur la plaidoirie suivante :

Citoyens représentants de la nation,

Il est donc enfin arrivé ce moment où Louis, accusé au nom du peuple français, peut se faire entendre au milieu de ce peuple lui-même! Il est arrivé ce moment où, entouré des conseils que l'humanité et la loi lui ont donnés, il peut présenter à la nation une défense que son cœur avoue, et développer devant elle les intentions qui l'ont toujours animé! Déjà le silence même qui m'environne m'avertit que le jour de la justice a succédé aux jours de colère et de prévention; que cet acte solennel n'est point une vaine forme; que le temple de la liberté est aussi celui de l'impartialité que la loi commande, et que l'homme, quel qu'il soit, qui se trouve réduit à la condition humiliante d'accusé est toujours sûr d'appeler sur lui l'attention et l'intérêt de ceux même qui le poursuivent.

Je dis l'homme quel qu'il soit, car Louis n'est plus en effet qu'un homme, et un homme accusé. Il n'exerce plus de prestige; il ne peut plus rien; il ne peut plus imprimer de crainte; il ne peut plus offrir d'espérances : c'est donc le moment où vous lui devez non-seulement le plus de justice, mais j'oserai dire le plus de faveur. Toute la sensibilité que peut faire naître un malheur sans terme, il a droit de vous l'inspirer; et si, comme l'a dit un républicain célèbre, les infortunes des rois ont, pour ceux qui ont vécu dans des gouvernements monarchiques, quelque chose de bien plus attendrissant et de bien plus sacré que les infortunes des autres hommes, sans doute que la destinée de celui qui a occupé le trône le plus brillant de l'univers doit exciter un intérêt plus vif encore; cet intérêt doit même s'accroître à mesure que la décision que vous allez prononcer sur son sort s'avance. Jusqu'ici vous n'avez entendu que les réponses qu'il vous a faites. Vous l'avez appelé au milieu de vous : il y est venu; il y est venu avec calme, avec courage, avec dignité; il y est venu plein du sentiment de son innocence. Fort de ses intentions, dont aucune puissance humaine ne peut lui ravir le consolant témoignage, et appuyé en quelque sorte sur sa vie entière, il vous a manifesté son âme; il a voulu que vous connaissiez, et la nation par vous, tout ce qu'il a fait; il vous a révélé jusqu'à ses pensées. Mais, en vous répondant au moment même où vous l'appeliez, en discutant sans préparation et sans

Le Temple.

examen des inculpations qu'il ne prévoyait pas, en improvisant, pour ainsi dire, une justification qu'il était bien loin même d'imaginer pouvoir vous donner, Louis n'a pu que vous dire son innocence; il n'a pu vous la démontrer, il n'a pu vous en produire des preuves. Moi, citoyens, je vous les apporte; je les apporte à ce peuple au nom duquel on l'accuse. Je voudrais pouvoir être entendu, dans ce moment, de la France entière; je voudrais que cette enceinte pût s'agrandir tout à coup pour la recevoir. Je sais qu'en parlant aux représentants de la nation je parle à la nation elle-même; mais il est permis sans doute à Louis de regretter qu'une multitude immense de citoyens ait reçu l'impression des inculpations dont il est l'objet, et qu'ils ne soient pas aujourd'hui à portée d'apprécier les réponses qui les détruisent. Ce qui lui importe le plus, c'est de prouver qu'il n'est point coupable; c'est là son seul vœu, sa seule pensée. Louis sait bien que l'Europe attend avec inquiétude le jugement que vous allez rendre; mais il ne s'occupe que de la France. Il sait que la postérité recueillera un jour toutes les pièces de cette grande discussion qui s'est élevée entre une nation et un homme; mais Louis ne songe qu'à ses contemporains, il n'aspire non plus qu'à les détromper. Nous n'aspirons non plus nous-mêmes qu'à le défendre; nous ne voulons que le justifier. Nous oublions, comme lui, l'Europe qui nous écoute; nous oublions la postérité, dont l'opinion déjà se prépare; nous ne voulons voir que le moment actuel; nous ne sommes occupés que du sort de Louis, et nous croirons avoir rempli toute notre tâche quand nous aurons démontré qu'il est innocent.

Je ne dois pas d'ailleurs, Citoyens, vous dissimuler, et ç'a été pour nous une profonde douleur, que le temps nous a manqué à tous, mais surtout à moi, pour la combinaison de cette défense. Les matériaux les plus vastes étaient dans nos mains et nous avons pu à peine y jeter les yeux; il nous a fallu employer à classer les pièces que la commission nous a opposées les moments qui nous étaient accordés pour les discuter. La nécessité des communications avec l'accusé m'a ravi encore une grande partie de ceux qui étaient destinés à la rédaction; et dans une cause qui, pour son importance, pour sa solennité, son éclat, son retentissement dans les siècles, si je puis m'exprimer ainsi, aurait mérité plusieurs mois de méditations et d'efforts, je n'ai pas eu seulement huit jours. Je vous supplie donc, Citoyens, de m'entendre avec l'indulgence que notre respect même pour votre décret, et le désir de vous obéir, doivent vous inspirer. Que la cause de Louis ne souffre pas des omissions forcées de ses défenseurs; que votre justice aide notre zèle, et qu'on puisse dire, suivant la magnifique expression de l'orateur de Rome, que vous avez *travaillé* en quelque sorte vous-mêmes, avec moi, à la justification que je vous présente.

J'ai une grande carrière à parcourir; mais je vais en abréger l'étendue en la divisant.

Si je n'avais à répondre ici qu'à des juges, je ne leur présenterais que des principes, et je me contenterais de leur dire que, depuis que la nation a aboli la royauté, il n'y a plus rien à prononcer sur Louis; mais je parle aussi au peuple lui-même, et Louis a trop à cœur de détruire les préventions qu'on lui a inspirées pour ne pas s'imposer une tâche surabondante, et ne pas se faire un devoir de discuter tous les faits qu'on lui a imputés.

Je poserai donc d'abord les principes, et je discuterai ensuite les faits que l'accusation énonce.

Principes relatifs à l'inviolabilité prononcée par la Constitution.

J'ai à examiner ici les principes sous deux points de vue :

Sous le point de vue où il se trouvait placé avant l'abolition de la royauté,

« J'en appelle à toutes les mères! »

Et sous celui où il se trouve placé depuis que cette abolition a été prononcée.

En entrant dans cette discussion, je trouve d'abord le décret par lequel la Convention nationale a décidé que Louis serait jugé par elle, et je n'ignore pas l'abus que quelques esprits plus ardents peut-être que réfléchis ont prétendu faire de ce décret.

Je sais qu'ils ont supposé que, par cette prononciation, la Convention avait ôté d'avance à Louis l'inviolabilité dont la Constitution l'a couvert.

Je sais qu'ils ont dit que Louis ne pourrait plus employer cette inviolabilité, dans sa défense, comme moyen.

Mais c'est là une erreur que la plus simple observation suffit pour faire disparaître.

Qu'a prononcé en effet la Convention?

En décrétant que Louis serait jugé par elle, tout ce qu'elle a décidé, c'est qu'elle se constituait juge de l'accusation qu'elle-même avait intentée contre lui; mais, en même temps qu'elle se constituait juge de cette accusation, la Convention a ordonné que Louis serait entendu, et on sent qu'il était bien impossible qu'elle le jugeât avant de l'entendre.

Si donc Louis a dû être entendu avant d'être jugé, il a donc le droit de se défendre de l'accusation dont il est l'objet par tous les moyens qui lui paraissent les plus propres à la repousser; ce droit est celui de tous les accusés, il leur appartient par leur qualité même d'accusés. Il ne dépend pas du juge de ravir à l'accusé un seul de ses moyens de défense; il ne peut que les apprécier dans son jugement.

La Convention n'a donc plus elle-même que cette faculté à l'égard de Louis : elle appréciera sa défense quand il la lui aura présentée; mais elle ne peut d'avance ni l'affaiblir ni la préjuger. Si Louis se trompe dans les principes qu'il croit important pour lui de faire valoir, ce sera à la Convention à les écarter dans sa décision; mais jusque-là il est nécessaire qu'elle 'entende. La justice le veut ainsi que la loi.

Voici donc les principes que je pose et que je réclame:

Les nations sont souveraines.

Elles sont libres de se donner la forme de gouvernement qui leur paraît la plus convenable.

Elles peuvent même, lorsqu'elles ont reconnu les vices de celle qu'elles ont essayée, en adopter une nouvelle pour changer leur sort.

Je ne conteste pas ce droit des nations: il est imprescriptible, il est écrit dans notre acte constitutionnel; et on n'a peut-être pas oublié que c'est aux efforts de l'un des conseils même de Louis, membre alors de l'Assemblée constituante, que la France doit de voir cette maxime fondamentale placée au nombre de ses propres lois.

Mais une grande nation ne peut exercer elle-même sa souveraineté; il faut nécessairement qu'elle la délègue.

La nécessité de cette délégation la conduit ou à se donner un roi, ou à se former en république.

En 1789, dans cette première époque de la révolution qui a changé tout à coup la forme du gouvernement sous laquelle nous existions depuis tant de siècles, la nation assemblée a déclaré aux mandataires qu'elle avait choisis, qu'elle voulait un gouvernement monarchique.

Le gouvernement monarchique exigeait nécessairement l'inviolabilité de son chef.

Les représentants du peuple français avaient pensé que, dans un pays où le roi était chargé seul de l'exécution de la loi, il avait besoin, pour que son action n'éprouvât pas d'obstacle, ou les surmontât, de toutes les forces de l'opinion; qu'il fallait qu'il pût imprimer le respect qui fait aimer l'obéissance que la loi commande; qu'il contînt dans leurs limites toutes les autorités secondaires qui ne tendent qu'à s'en écarter ou à les franchir; qu'il réprimât ou qu'il prévînt toutes les passions qui s'efforcent de contrarier le bien général; qu'il surveillât avec inquiétude toutes les parties de l'ordre public; en un mot qu'il tînt sans cesse dans sa main tous les ressorts du gouvernement constamment tendus, et qu'il ne souffrît pas qu'un seul pût se relâcher.

Ils avaient pensé que, pour remplir de si grands devoirs, il fallait donc que le monarque jouît d'une grande puissance, et que, pour que cette puissance eût toute la liberté de son exercice, il fallait qu'il fût inviolable.

Les représentants de la nation savaient d'ailleurs que ce n'était pas pour les rois que les nations créaient l'inviolabilité, mais pour elles-mêmes; que c'était pour leur propre tranquillité, pour leur propre bonheur, et parce que dans les gouvernements monarchiques la tranquillité serait sans cesse troublée si le chef du pouvoir suprême n'opposait pas sans cesse l'inflexibilité de la loi à toutes les passions ou à tous les écarts qui pourraient éluder ou violer ses dispositions.

Ils avaient regardé enfin comme un principe aussi moral que politique cette maxime d'un peuple voisin, que les fautes des rois ne peuvent jamais être personnelles, que le malheur de leur position, les séductions qui les environnent, doivent toujours faire rejeter sur des inspirations étrangères les délits mêmes qu'ils peuvent commettre, et qu'il valait mieux pour le peuple lui-même, dont l'inviolabilité était le véritable domaine, écarter d'eux toute espèce de responsabilité, et supposer plutôt leur démence que de les exposer à des attaques qui ne pourraient qu'exciter de grandes révolutions.

C'est dans ces idées que les représentants du peuple posèrent les bases de la Constitution que leur avait demandée la France.

J'ouvre donc la Constitution, et je vois, au premier chapitre *de la Royauté*, que la royauté est indivisible et déléguée héréditairement à la race régnante, et de mâle en mâle.

Ainsi je remarque d'abord que le titre qui a déféré la royauté à Louis est une délégation.

On a disputé sur le caractère de cette délégation.

On a demandé si elle était un contrat.

On a demandé surtout si elle était un contrat synallagmatique.

Mais ce n'était là qu'une question de mots.

Sans doute cette délégation n'était pas un contrat de la nature de ceux qui ne peuvent se dissoudre que par le consentement mutuel des parties; il est évident que ce n'était là qu'un mandat, une attribution de l'exercice de la souveraineté, dont la nation se réservait le principe et qu'elle ne pouvait pas aliéner, et une attribution par conséquent révocable par son essence, comme tous les mandats; mais c'était un contrat en ce sens que, tant qu'il subsistait et qu'il n'était pas révoqué, il obligeait le mandant à remplir les conditions sous lesquelles il l'avait donné, comme il obligeait le mandataire à remplir celles sous lesquelles il l'avait reçu.

Écartons donc les contestations qui ne portent que sur les termes, et posons d'abord que l'acte constitutionnel, en soumettant Louis à remplir avec fidélité la fonction auguste que la nation lui avait confiée, n'a pu le soumettre à d'autres conditions ou à d'autres peines que celles qui sont écrites dans le mandat même.

Voyons donc quelles sont ces peines ou ces conditions écrites dans le mandat.

Je passe à l'article 2, et je lis que *la personne du roi est inviolable et sacrée*, et j'observe que cette inviolabilité est posée ici d'une manière absolue; il n'y a aucune condition qui l'altère, aucune exception qui la modifie, aucune nuance qui l'affaiblisse; elle est en deux mots, et elle est entière.

Mais voici les hypothèses prévues par la Constitution, et qui, sans altérer l'inviolabilité du roi, puisqu'elles respectent son caractère de roi tant qu'il le possède, supposent des circonstances dans lesquelles il peut perdre ce caractère et cesser d'être roi.

La première de ces hypothèses est celle que pose l'article 5.

« Si, un mois après l'invitation du Corps législatif, « le roi n'a pas prêté ce serment (celui d'être fidèle « à la nation et à la loi, et de maintenir la Constitu- « tion), ou si, après l'avoir prêté, il se rétracte, *il sera « censé avoir abdiqué la royauté.* »

La nation impose ici au roi l'obligation de lui prêter serment de fidélité, et celle de tenir ce serment qu'il aura prêté.

Rétracter son serment est sans doute un crime du roi contre la nation. La Constitution a prévu ce crime; et quelle est la peine qu'elle prononce? C'est que le roi sera *censé* avoir abdiqué la royauté.

Et je m'explique mal en parlant de *peine*, car ce n'est point en effet une peine que la loi prononce, dans le sens légal de ce mot; ce n'est point un jugement qu'elle ordonne, ce n'est point une *déchéance* qu'elle établit; ce mot n'est pas une seule fois dans la loi : c'est une supposition qu'elle crée, et par laquelle

elle déclare que, dans l'hypothèse qu'elle a prévue, le roi sera présumé avoir abdiqué la royauté.

Ce n'est pas ici, Législateurs, que les mots sont indifférents.

Il est évident que c'est par respect pour le caractère du roi que la Constitution a voulu éviter de le blesser jusque dans les termes; c'est dans cet objet qu'elle a affecté de choisir les expressions dont elle s'est servie et qu'elle n'en a pas employé d'autres. Vous voyez qu'elle ne crée point de tribunal, qu'elle ne parle point de jugement, qu'elle ne prononce pas le mot de *déchéance*; elle a tout seulement devoir, pour sa sûreté, prévoir le cas où elle pourrait avoir à se plaindre des perfidies ou des attentats même du roi, et elle a dit : Si ce cas arrive, le roi sera présumé avoir consenti à la révocation du mandat que je lui avais donné, et je redeviens libre de le reprendre.

Je sais bien qu'il faut toujours déclarer cette présomption de révocation, et que, quoique la Constitution se soit tue sur le mode dans lequel cette déclaration devrait avoir lieu, c'est évidemment à la nation qu'appartient le droit de la prononcer; mais enfin ce n'est jamais là qu'une fiction à réaliser; et cette fiction réalisée n'est pas, à proprement parler, une peine, mais un fait.

Je viens de dire que la Constitution avait prévu le cas où le roi rétracterait son serment de fidélité; mais, sans rétracter ce serment, le roi pouvait le trahir, il pouvait attenter à la sûreté de la nation, il pouvait tourner contre elle le pouvoir qu'elle lui avait donné au contraire pour la défendre. La Constitution a prévu encore ce délit : que prononce-t-elle ?

Elle dit à l'article 6.

« Si le roi se met à la tête d'une armée et en di-
« rige les forces contre la nation, ou s'il ne s'oppose
« pas, par un acte formel, à une telle entreprise qui
« s'exécuterait en son nom, il sera censé avoir abdi-
« qué la royauté. »

Je vous supplie, Citoyens, de bien remarquer ici le caractère du délit prévu par la loi :

« Se mettre à la tête d'une armée, et en diriger les
« forces contre la nation. »

Certainement il ne peut pas exister de délit plus grave; celui-là seul les embrasse tous. Il suppose, dans les combinaisons qui le préparent, toutes les perfidies, toutes les machinations, toutes les trames qu'une telle entreprise exige nécessairement; il suppose, dans ses effets, toutes les horreurs, tous les fléaux, toutes les calamités qu'une guerre sanglante et intestine entraîne avec elle.... Et cependant qu'a prononcé la Constitution ? La présomption de l'abdication de la royauté.

L'article 7 prévoit le cas où le roi sortira du royaume, et où, sur l'invitation qui lui sera faite d'y rentrer, par le Corps législatif, dans l'intervalle qu'il lui fixera, il aura refusé d'obéir. Et que prononce encore ici la Constitution ? La présomption de l'abdication de la royauté.

Enfin l'article 8 (et ce dernier article est bien important) porte « qu'après l'abdication *expresse* ou
« *légale* le roi sera dans la classe des citoyens, et
« pourra être accusé et jugé comme eux *pour les
« actes postérieurs à son abdication.* »

Je n'ai pas besoin de définir l'abdication expresse.

L'abdication légale est définie elle-même par les articles que je viens de rapporter.

Il résulte donc de celui-ci que ce n'est qu'après avoir abdiqué volontairement, ou commis un des délits qui emportent la présomption de l'abdication, que le roi rentre dans la classe des citoyens.

Le roi n'était donc pas *avant* dans la classe des citoyens;

Il avait donc une existence constitutionnelle particulière, isolée, absolument distincte de celle des autres citoyens. Et d'où lui venait cette existence particulière, cette existence privilégiée, si ce n'est de la loi qui lui avait imprimé le caractère sacré d'inviolabilité, qui ne devait s'effacer pour lui qu'après son abdication expresse ou légale ?

Et observez que la loi qui dit que le roi rentre dans la classe des citoyens, après l'abdication légale, venait de faire résulter cette abdication, de quoi ? du plus grand des forfaits qu'un roi puisse commettre contre une nation, celui d'une armée dirigée contre elle pour la subjuguer ou l'asservir; et c'est après ce forfait atroce qu'elle le déclare rentré *dans la classe des citoyens*. Elle ne suppose donc pas que, même pris les armes à la main, le roi puisse perdre la vie; elle ne suppose pas seulement qu'on puisse le condamner à aucune peine; elle ne suppose pas qu'il puisse jamais en éprouver d'autre que celle de l'abdication de la royauté.

Citoyens, combien les textes de la loi constitutionnelle, ainsi rapprochés, se prêtent d'explication l'un à l'autre, et quelle lumière ils répandent sur la question que j'agite ici !

Mais je continue.

Le roi, rentré dans la classe des citoyens, peut alors être jugé comme eux.

Mais pour quels actes ?

Pour les actes *postérieurs* à son abdication.

Donc, pour les actes *antérieurs* à son abdication, il ne peut pas être jugé dans le sens qu'on attache ordinairement à ce terme.

Tout ce qu'on peut appliquer à ces actes, c'est la présomption de cette abdication elle-même.

Voilà tout ce qu'a voulu la Constitution, et on ne peut pas sortir de son texte.

Et au reste la loi est parfaitement égale ici entre le Corps législatif et le roi.

Le Corps législatif pouvait aussi trahir la nation; il pouvait abuser du pouvoir qu'elle lui confiait; il pouvait proroger ce pouvoir au delà du terme qu'elle avait fixé; il pouvait envahir sa souveraineté. La nation avait sans doute le droit de dissoudre ce corps prévaricateur; mais aucune peine n'était prononcée par la Constitution ni contre le corps, ni contre les membres.

J'applique maintenant les principes.

Louis est accusé, il est accusé au nom de la nation, il est accusé de plusieurs délits.

Ou ces délits sont prévus par l'acte constitutionnel, ou ils ne le sont pas.

S'ils ne sont pas prévus par l'acte constitutionnel, vous ne pouvez pas les juger; car alors il n'existe pas de loi qu'on puisse leur appliquer; et vous savez qu'un des droits les plus sacrés de l'homme, c'est de n'être jugé que d'après les lois promulguées antérieurement aux délits.

S'ils sont prévus par l'acte constitutionnel, alors Louis n'a encore que la présomption de l'abdication de la royauté.

Mais je vais plus loin : je dis qu'ils sont prévus par l'acte constitutionnel; car l'acte constitutionnel en a prévu un, qui est le plus atroce de tous, et dans lequel tous les autres rentrent nécessairement : c'est celui de la guerre faite à la nation en abusant contre elle de ses forces mêmes. De quelque manière qu'on veuille l'entendre, tout est là. Toutes les perfidies que Louis aurait pu commettre dans le dessein de renverser la Constitution qu'il avait promis de maintenir ne sont jamais qu'une guerre faite à la nation, et cette guerre, prise au sens figuré, est bien moins terrible que les incendies, les massacres, les dévastations qu'occasionne toujours la guerre, prise dans le sens littéral. — Eh bien! pour tous ces délits, la loi ne prononce que l'abdication présumée de la royauté.

Je sais bien qu'aujourd'hui que la nation a aboli la royauté elle-même, elle ne peut plus prononcer cette abdication.

La nation avait sans doute le droit d'abolir la royauté.

Elle a pu changer la forme du gouvernement de la France.

Mais a-t-il dépendu d'elle de changer le sort de Louis?

A-t-elle pu faire qu'il n'eût pas le droit de demander qu'on ne lui appliquât que la loi à laquelle il s'était soumis?

A-t-elle pu aller au delà du mandat par lequel il s'était lié?

Louis n'a-t-il pas le droit de vous dire:

« Quand la Convention s'est formée, j'étais le prisonnier de la nation.

« Vous pouviez prononcer alors sur mon sort « comme vous voulez le faire aujourd'hui.

« Pourquoi n'avez-vous pas prononcé?

« Vous avez aboli la royauté : je ne vous conteste « pas votre droit ; mais, si vous aviez suspendu cette « déclaration de la volonté nationale et que vous eus« siez commencé par m'accuser et par me juger, vous « ne pouviez pas m'appliquer d'autre peine que l'ab« dication présumée de la royauté.

« Pourquoi donc n'avez-vous pas commencé par là?

« Ce que vous avez fait a-t-il pu nuire au droit que « j'avais?

« Avez-vous pu vous placer ainsi vous-mêmes hors « de la Constitution et m'opposer ensuite qu'elle était « détruite?

« Quoi! vous voulez me punir; et, parce que vous « avez anéanti l'acte constitutionnel, vous voulez m'en « ôter le fruit?

« Vous voulez me punir ; et, parce que vous ne trou« vez plus de peine à laquelle vous ayez le droit de me « condamner, vous voulez en prononcer une diffé« rente de celle à laquelle je m'étais soumis.

« Vous voulez me punir ; et, parce que vous ne con« naissez pas de loi que vous puissiez m'appliquer, vous « voulez en faire une pour moi tout seul?

« Certes, il n'y a pas aujourd'hui de puissance égale « à la vôtre, mais il y en a une que vous n'avez pas : « c'est celle de n'être pas justes. »

Citoyens, je ne connais pas de réponse à cette défense. On en oppose cependant, on dit que la nation ne pouvait pas, sans aliéner sa souveraineté, renoncer au droit de punir autrement que par les peines de la Constitution les crimes commis contre elle.

Mais c'est là une équivoque qu'il est bien étonnant qu'on se soit permise. La nation a pu se donner à elle-même une loi constitutionnelle.

Elle n'a pu renoncer au droit de changer cette loi, parce que ce droit était dans l'essence de la souveraineté qui lui appartenait; mais elle ne pourrait pas dire aujourd'hui, sans soulever contre elle les réclamations de l'univers indigné : « Je ne veux pas exé« cuter la loi que je me suis donnée à moi-même, « malgré le serment solennel que j'avais fait de l'exé« cuter pendant tout le temps qu'elle subsiste« rait. »

Lui prêter ce langage, ce serait insulter à la loyauté nationale, et supposer que, de la part des représentants du peuple français, la Constitution n'a été que le plus horrible de tous les piéges.

On a dit aussi que si les délits dont Louis était accusé n'étaient pas dans l'acte constitutionnel, tout ce qu'on pouvait en conclure, c'est qu'il pouvait être jugé par les principes du droit naturel ou par ceux du droit politique.

A cette objection je réponds deux choses : la première, c'est qu'il serait bien étrange que le roi ne jouît pas lui-même du droit que la loi accorde à tout citoyen, celui de n'être jugé que d'après la loi, et de ne pouvoir être soumis à aucun jugement arbitraire; la seconde, c'est qu'il n'est pas vrai que les délits dont on accuse Louis ne soient pas dans l'acte constitutionnel.

Qu'est-ce, en effet, en masse, qu'on lui reproche? C'est d'avoir trahi la nation en coopérant de tout son pouvoir à favoriser les entreprises qu'on a pu tenter pour renverser la Constitution.

Or ce délit se place évidemment sous le second chef de l'article 6, qui concerne le cas où le roi ne s'opposera pas à une entreprise faite en son nom.

Mais, si le délit porté par le premier chef du même article, qui est celui d'une guerre faite à la nation, à la tête d'une armée, et qui est bien plus grave que le second, n'est puni lui-même que par l'abdication présumée de la royauté, comment pourrait-on imposer une peine plus forte au délit moins grave?

Je cherche les objections les plus spécieuses qu'on ait élevées; je voudrais pouvoir les parcourir toutes.

Je ne parle pas de ce qu'on a dit que *Louis avait été jugé en insurrection*.

Et la raison et le sentiment se refusent également à la discussion d'une maxime destructive de toute liberté et de toute justice, d'une maxime qui compromet la vie et l'honneur de tout citoyen, et qui est contraire à la nature même de l'insurrection.

Je n'examine point, en effet, les caractères qui peuvent distinguer les insurrections légitimes ou celles qui ne le sont pas, les insurrections nationales ou les insurrections seulement partielles; mais je dis que, par sa nature, une insurrection est une résistance subite et violente à l'oppression qu'on croit éprouver, et que, par cette raison même, elle ne peut pas être un mouvement réfléchi, ni par conséquent un jugement.

Je dis que, dans la nation qui a une loi constitutionnelle quelconque, une insurrection ne peut être qu'une réclamation à cette loi et la provocation d'un jugement fondé sur les dispositions qu'elle a consacrées.

Je dis enfin que toute Constitution, républicaine ou autre, qui ne portera pas sur cette base fondamentale, et qui donnera à l'insurrection seule, n'importe sa nature ou son but, tous les caractères qui n'appartiennent qu'à la loi elle-même, ne sera qu'un édifice de sable que le premier vent populaire aura bientôt renversé.

Je ne parle pas non plus de ce qu'on a dit, que la royauté était un crime parce que c'était une usurpation.

Le crime ici serait de la part de la nation qui aurait dit : Je t'offre la royauté; et ce serait dit à elle-même : Je te punirai de l'avoir reçue.

Mais on a objecté que Louis ne pouvait pas invoquer la loi constitutionnelle, puisque, cette loi, il l'avait violée.

D'abord on suppose qu'il l'a violée, et je prouverai bientôt le contraire.

Mais ensuite la loi constitutionnelle a prévu elle-même sa violation, et elle n'a prononcé contre cette

LOUIS XVI.

violation d'autre peine que l'abdication présumée de la royauté.

On a dit que Louis devait être jugé en ennemi.

Mais n'est-ce pas un ennemi que celui qui se met à la tête des armées contre sa propre nation? Et cependant, il faut bien le redire puisqu'on l'oublie, la Constitution a prévu ce cas et a fixé la peine.

On a dit que le roi n'était inviolable que pour chaque citoyen, mais que de peuple à roi il n'y avait plus de rapport naturel.

Mais, en ce cas, les fonctionnaires républicains ne pourraient donc pas réclamer eux-mêmes les garanties que la loi leur aurait données?

Les représentants de la nation ne seront donc plus inviolables contre le peuple pour ce qu'ils auront dit ou fait en leur qualité de représentants?.... Quel inconcevable système!

On a dit encore que, s'il n'existait pas de loi qu'on pût appliquer à Louis, c'était à la volonté du peuple à en tenir lieu.

Citoyens, voici ma réponse:

Je lis dans *Rousseau* ces paroles:

« Là où je ne vois ni la loi qu'il faut suivre, ni le
« juge qui doit prononcer, je ne peux pas m'en rap-
« porter à la volonté générale: la volonté générale ne
« peut, comme générale, prononcer ni sur un homme,
« ni sur un fait (1). »

Un tel texte n'a pas besoin d'être commenté.

J'arrête ici cette longue suite d'objections que j'ai recueillies de tous les écrits qu'on a publiés, et qui, comme on voit, ne détruisent pas mes principes.

Mais, au surplus, il me semble que, quelque chose qu'on ait dite ou qu'on puisse dire contre l'inviolabilité prononcée par l'acte constitutionnel, on ne pourra jamais en tirer que l'une ou l'autre de ces deux conséquences: ou que la loi ne doit pas être entendue dans le sens absolu qu'elle nous présente, ou qu'elle ne doit pas être exécutée.

Or, sur le premier point, je réponds qu'en 1789, lorsqu'on discuta cette loi dans l'Assemblée constituante, on proposa alors tous les doutes, toutes les objections, toutes les difficultés qu'on renouvelle aujourd'hui: c'est un fait qu'il est impossible de contester, qui est consigné dans tous les journaux d'alors, et dont la preuve est dans les mains de tout le monde; et cependant la loi fut adoptée telle qu'elle est écrite dans l'acte constitutionnel.

Donc on ne peut pas aujourd'hui l'entendre dans un autre sens que celui que cet acte lui-même présente;

Donc on ne peut plus se prêter aux distinctions par lesquelles on voudrait se permettre de changer l'intention de la loi ou la travestir;

Donc on ne peut pas restreindre l'inviolabilité absolue qu'elle prononce à une inviolabilité relative ou modifiée.

Je réponds, sur le second point, que, la loi de l'inviolabilité fût-elle déraisonnable, absurde, funeste à la liberté nationale, il faudrait toujours l'exécuter jusqu'à ce qu'elle fût révoquée, parce que la nation l'a acceptée en acceptant la Constitution, parce que, l'acceptant, elle a justifié ses représentants de l'erreur même qu'on leur reproche; et parce que, enfin, ce qui ne permet point d'objection, elle a fait serment de l'exécuter tant qu'elle existerait.

La nation peut sans doute déclarer aujourd'hui qu'elle ne veut plus du gouvernement monarchique, puisqu'il est impossible que ce gouvernement puisse subsister sans l'inviolabilité de son chef; elle peut renoncer à ce gouvernement à cause de cette inviolabilité même; mais elle ne peut pas l'effacer pour tout le temps que Louis a occupé le trône constitutionnel. Louis était inviolable tant qu'il était roi; l'abolition de la royauté ne peut rien changer à sa condition; tout ce qui en résulte, c'est qu'on ne peut plus lui appliquer que la peine d'abdication présumée de la royauté; mais par cela seul, on ne peut donc pas lui en appliquer d'autre.

Ainsi concluons de cette discussion que, là où il n'y a pas de loi que l'on puisse appliquer, il ne peut y avoir de jugement, et que, là où il ne peut y avoir de jugement, il ne peut pas y avoir de condamnation prononcée.

Je parle de condamnation; mais prenez donc garde que, si vous ôtiez à Louis l'inviolabilité de roi, vous lui devriez au moins les droits de citoyen; car vous ne pouvez pas faire que Louis cesse d'être roi quand vous déclarez vouloir le juger, et qu'il le redevienne au moment de ce jugement que vous voulez rendre.

Or, si vous vouliez juger Louis comme citoyen, je vous demanderais où sont ces formes conservatrices que tout citoyen a le droit imprescriptible de réclamer?

Je vous demanderais où est cette séparation de pouvoirs sans laquelle il ne peut pas exister de Constitution ni de liberté?

Je vous demanderais où sont ces jurés d'accusation et de jugement, espèce d'otages que la loi donne aux citoyens pour la garantie de leur sûreté et de leur innocence?

Je vous demanderais où est cette faculté si nécessaire de récusation qu'elle a placée elle-même au devant des haines ou des passions pour les écarter?

Je vous demanderais où est cette proportion de suffrages qu'elle a si sagement établie pour éloigner la condamnation ou pour l'adoucir?

Je vous demanderais où est le scrutin silencieux qui provoque le juge à se recueillir avant qu'il prononce, et qui enferme, pour ainsi dire, dans la même urne, et son opinion et le témoignage de sa conscience?

En un mot, je vous demanderais où sont toutes ces précautions religieuses que la loi a prises pour que le citoyen, même coupable, ne fût jamais frappé que par elle?

Citoyens, je vous parlerai ici avec la franchise d'un homme libre: je cherche parmi vous des juges, et je n'y vois que des accusateurs!

Vous voulez prononcer sur le sort de Louis, et c'est vous-mêmes qui l'accusez!

Vous voulez prononcer sur le sort de Louis, et vous avez déjà émis votre vœu!

Vous voulez prononcer sur le sort de Louis, et vos opinions parcourent l'Europe!

Louis sera donc le seul Français pour lequel il n'existera aucune loi ni aucune forme!

Il n'aura ni les droits de citoyen ni les prérogatives de roi! Il ne jouira ni de son ancienne condition ni de la nouvelle!

Quelle étrange et inconcevable destinée!

Voilà les principes incontestables qui dominaient toute la cause: refuser au roi le bénéfice des situations qu'on lui avait faites, c'était une injustice par trop évidente; l'accuser pour des actes antérieurs à ces situations, c'était une rétroactivité monstrueuse. On l'accusait d'avoir violé la loi, et on la violait soi-même. Voilà ce que put facilement démontrer le défenseur en discutant d'abord les faits antérieurs à l'acceptation de la Constitution, puis les faits posté-

(1) *Contrat social*, article 4.

rieurs à cette acceptation, et, parmi ces derniers, ceux qui tombaient sous la responsabilité des ministres et ceux qui étaient personnels à Louis. Cette discussion achevée avec une lucidité et une énergie admirables, l'avocat n'eut pas de peine à montrer en terminant que les actes qu'on imputait à Louis avaient été, tous sans exception, provoqués par la violence.

— Vous l'accusez pourtant.
Vous lui reprochez le sang répandu.
Vous voulez que ce sang crie vengeance contre lui !...
Contre lui qui, à cette époque-là même, n'était venu se confier à l'Assemblée nationale que pour empêcher qu'il en fût versé !
Contre lui qui de sa vie n'a donné un ordre sanguinaire !
Contre lui qui, le 6 octobre, empêcha à Versailles ses propres gardes de se défendre !
Contre lui qui, à Varennes, a préféré revenir captif plutôt que de s'exposer à occasionner la mort d'un seul homme !
Contre lui qui, le 20 juin, refusa tous les secours qui lui étaient offerts et voulut rester seul au milieu du peuple !
Vous lui imputez le sang répandu !... Ah ! il gémit autant que vous sur la fatale catastrophe qui l'a fait répandre : c'est là sa plus profonde blessure, c'est son plus affreux désespoir. Il sait bien qu'il n'en est pas l'auteur, mais qu'il en a été peut-être la triste occasion : il ne s'en consolera jamais.
Et c'est lui que vous accusez !
Français, qu'est donc devenu ce caractère national, ce caractère qui distinguait vos anciennes mœurs, ce caractère de grandeur et de loyauté ?
Mettriez-vous votre puissance à combler l'infortune d'un homme qui a eu le courage de se confier aux représentants de la nation elle-même ?
N'auriez-vous donc plus de respect pour les droits sacrés de l'asile ? Ne croiriez-vous devoir aucune pitié à l'excès du malheur, et ne regarderiez-vous pas un roi qui cesse de l'être comme une victime assez éclatante du sort pour qu'il dût vous paraître impossible d'ajouter encore à la misère de sa destinée ?
Français, la révolution qui vous régénère a développé en vous de grandes vertus; mais craignez qu'elle n'ait affaibli dans vos âmes le sentiment de l'humanité, sans lequel il ne peut y en avoir que de fausses.
Entendez d'avance l'histoire qui redira à la renommée :
Louis était monté sur le trône à vingt ans, et à vingt ans il donna sur le trône l'exemple des mœurs; il n'y porta aucune faiblesse coupable ni aucune passion corruptrice ; il y fut économe, juste, sévère ; il s'y montra toujours l'ami constant du peuple. Le peuple désirait la destruction d'un impôt désastreux qui pesait sur lui, il le détruisit. Le peuple demandait l'abolition de la servitude, il commença par l'abolir lui-même dans ses domaines. Le peuple sollicitait des réformes dans la législation criminelle pour l'adoucissement du sort des accusés, il fit ces réformes. Le peuple voulait que des milliers de Français, que la rigueur de nos usages avait privés jusqu'alors des droits qui appartiennent aux citoyens, acquissent ces droits ou les recouvrassent, il les en fit jouir par ses lois. *Le peuple voulut la liberté, et il la donna ;* il vint même au-devant de lui par ses sacrifices; et cependant c'est au nom de ce même peuple qu'on demande aujourd'hui... Citoyens, je n'achève pas... Je m'arrête devant l'histoire : songez qu'elle jugera votre jugement, et que le sien sera celui des siècles.

Ce plaidoyer achevé, Louis ajouta quelques mots.
« En vous parlant peut-être pour la dernière fois, dit-il, je vous déclare que ma conscience ne me reproche rien, et que mes défenseurs ne vous ont dit que la vérité. Je n'ai jamais craint que ma conduite fût examinée publiquement; mais mon cœur est déchiré de trouver dans l'acte d'accusation l'imputation d'avoir voulu faire répandre le sang du peuple... »

Quand le roi et ses défenseurs eurent quitté la salle, l'Assemblée, qui avait écouté « ce le plus grand calme, retrouva toutes ses fureurs. La comédie de justice était terminée, la lutte des partis recommençait. La majorité honnête, par l'organe de Manuel, de Lanjuinais, de Salles, de Réal, essaya d'obtenir un délai; elle céda devant les menaces de la Montagne et la discussion fut déclarée immédiatement ouverte, jusqu'à la prononciation du jugement. Après une multitude de discours, dont le fond invariable est, d'un côté : Louis est coupable, donc il faut le punir de mort; de l'autre : Louis est coupable, mais nous ne sommes pas ses juges ; c'est à la nation de prononcer, et sa mort serait plus dangereuse que sa vie; le 14 janvier 1793, l'Assemblée adopta la série de questions suivante : 1° Louis est-il coupable de conspiration contre la liberté publique et d'attentats contre la sûreté générale de l'Etat? 2° Le jugement qui sera rendu, soit qu'il condamne, soit qu'il absolve, sera-t-il soumis à la sanction du peuple? 3° Quelle peine infligera-t-on à Louis?

Le lendemain on procéda à l'appel nominal sur la première question; 27 votants se récusèrent comme juges, et quelques-uns demandèrent la détention ou le bannissement de l'accusé; 683 répondirent oui. Sur la seconde question, 1 se récusa, 4 refusèrent de voter, plusieurs autres mirent des conditions à leur vote affirmatif, 285 membres admirent la ratification du peuple, 424 la rejetèrent. Il ne restait plus à statuer que sur la nature de la peine : Lanjuinais s'honora en demandant que, dans ce simulacre de jugement, on observât au moins les formes, et que, puisqu'on se constituait en jury, on exigeât pour la condamnation les deux tiers des suffrages. La Convention, qui avait refusé au roi le bénéfice de la récusation et la garantie du vote secret, ne pouvait s'arrêter devant une monstruosité nouvelle. La proposition de Lanjuinais fut écartée par l'ordre du jour, et l'Assemblée décida qu'elle prononcerait à la simple majorité.

L'appel nominal commença. Les Girondins honnêtes, qui, à l'exemple de Vergniaud, avaient voté pour l'appel au peuple, n'osèrent pour la plupart se refuser ouvertement à voter la mort; mais ils imaginèrent de demander que, si la mort était votée, l'Assemblée examinât s'il était politique et utile de presser ou de retarder l'exécution. Mailhe fut chargé d'introduire cet amendement ; il s'en acquitta avec une sorte de terreur; il se refusa même, plus tard, à en expliquer le sens.

L'Assemblée était composée de 749 membres ; 15 étaient absents par commission, 7 par maladie, 1 sans cause, 5 ne vinrent pas : en tout 28 ; restaient 721 membres : majorité absolue, 361. 2 votèrent pour les fers, 286 pour la détention et le bannissement à la paix, le bannissement immédiat ou la réclusion, quelques-uns ajoutant la peine de mort conditionnelle si le territoire était envahi; 36 la mort avec sursis, soit après l'expulsion des Bourbons, soit à la paix, soit à la ratification de la Constitution; 371 la mort; 26 la mort, avec l'amendement de Mailhe, mais sans que leur vote pût dépendre du sort de l'amendement. En

LOUIS XVI.

tout, pour la mort, 397 voix; pour la détention ou la mort conditionnelle, 334.

Voici le détail des 397 votes pour la mort :

Votants pour la mort sans aucune réserve :

Ayral; Amar; Amyon; Armonville; Anthoine; Aoust; Audouin; Albitte; Azéma; Allafort.

Barbeau-Dubarran; Bousquet; Boyer-Fonfrède; Bonnier; Beaugeard; Baudran; Brisson; Bonet (de la Haute-Loire); Barthélemy; Bourdon (Léonard); Boussion; Bonneval; Bar; Boyaval; Briez; Bezard, Bourdon (de l'Oise); Billaud - Varennes ; Beauvais; Boucher; Bollet; Blancval ; Barrère ; Bentabole ; Bolot; Baudot; Boutroue; Bassal; Barras; Boileau (Jacques); Bourbotte; Beffroy; Bonnet (de l'Aude); Batellier; Bô; Barbaroux; Bayle (Moïse) ; Baille (Pierre); Bellegarde ; Brun ; Bernard; Bréard; Brival; Borie; Bazire; Berlier ; Bousquier aîné; Besson; Boisset ; Bouillerot; Bohan.

Calès; Cambon; Champigny-Clément; Chaumont; Charel; Chabot; Cavaignac; Cledel; Châteauneuf-Randon ; Choudieu ; Charles ; Charlier; Chandron-Rousseau ; Cochet; Carpentier; Coupé; Calon; Cloots ; Colombel ; Collot-d'Herbois; Carnot; Couthon ; Cassaignes ; Colin ; Casanies ; Cusset; Carra ; Chénier (M.-J.); Cornier; Cochon ; Campmas ; Charbonnier ; Clauzel; Champmartin; Courtois; Camboulas; Carrier ; Chazaud ; Crevelier ; Chambon ; Cambort ; Châles ; Crosse-Durocher.

Delmas; Descamps; Ducos cadet; Deleyre; Duval ; Dupont; Dartigoyte; Dizès; Ducos l'aîné; Delcher; Delagueulle; Delaunay l'aîné; Delacroix-Deconstant; Deville ; Drouet ; Duhem ; Desgrouas; Dubois (Julien); Danton; Desmoulins (Camille); David; Duquesnoy; Dulaure; Dupuis fils; Duboucher; Dornier; Dubreuil; Dumont; Despinassy; Deydier; Debry (Jean); Derbez-Latour; Dubois-Crancé; Duprat; Dubois de Bellegarde; Duroy.

Égalité (Louis - Philippe - Joseph , duc d'Orléans); Escudier; Espert; Eschassériaux; Esnue.

Faure; Ferroux; Foussedoire; Fressine; Flageas; Fouché (de Nantes); Fournel; Fréron; Fabre (de l'Hérault) ; Fabre d'Églantine ; Féraud ; Froger ; Fayau; Finot; Forestier; Ferry; Foucher; François; Fremenger.

Gensonné; Genevois; Grenot; Guyardin; Guillerault; Goyre-Laplanche; Guffroy; Gibergues; Gourdan; Gelin; Guillermin; Guillemardet; Goupilleau (J.-F.); Goupilleau aîné; Garos; Gay-Vernon; Gauthier; Gaston ; Garnier (de l'Aube); Girard; Granet; Gasparin; Guimberteau; Garnier (de Saintes); Guyton-Morveau; Guyot; Guyès; Guezno; Guermeur.

Havin ; Hubert; Hentz ; Hérard; Hourrier.

Ichon; Isoré; Isnard; Ingrand.

Julien (de la Haute-Garonne); Jay; Jean-Bon-Saint-André; Javogue; Just (Saint-); Julien (de la Drôme); Jacomin.

Laplaigne; Laguire; Lejeune; Lombard-Lachaux; Leclerc; Lemoine; Letourneur; Lecarpentier ; Laloi (ci-devant Leroi); Lavallée; Levasseur (de la Meurthe); Lequinio; Lefiot; Legendre (de la Nièvre); Lesage-Senault; Lavicomterie; Legendre (de Paris); Laignelot; Laloue; Lebas; Lacrampe; Laporte; Laurent (du-Bas-Rhin); Louis ; Levasseur (de la Sarthe); Letourneur (de la Sarthe); Lecointe; Lecointe-Puyraveau; Lasource; Lacombe-Saint-Michel; Lepelletier-Saint-Fargeau; Lecarlier; Lakanal; Louchet; Laurent (des Bouches-du-Rhône); Lacoste (J.-B.) ; Lozeau; Labrunerie; Lanot; Loncle; Lamarque ; Lacoste (Élie); Lahosdinière ; Lesage; Leyris; Lindet (Robert-Thomas); Lindet (Robert); Lacroix ; Loyseau; Louvet.

Maribon-Montaut; Meaulle; Montmayau; Monnel ; Mallarmé ; Merlin (de Douai); Massieu ; Mathieu; Marat; Maignet (dit Brutus); Montégut; Mailly; Moreau; Mauduyt; Meyer; Maignen ; Musset; Martineau; Maure; Merlin (Et.); Martel; Maisse; Marragon; Milhaud; Michaud; Monnot; Merlinot.

Nioche; Noël-Pointe; Niou.

Osselin; Oudot.

Projean; Pottier; Prost; Prieur (de la Marne); Pons (de Verdun); Priese; Poulletier; Panis ; Phliéger ; Pressavin; Primaudière (François); Philippeaux; Pocholle; Piorry; Perrin; Petit; Petit-Jean; Pelissier; Pelletier; Penière; Prieur (de la Côte-d'Or); Pinet aîné ; Peyssard ; Pérard.

Quinette.

Rouyer; Reynaud; Reveillère-Lépeaux (la); Roux ; Robespierre aîné; Robespierre jeune; Raffron; Robert (de Paris); Romme; Rudel; Ritter; Reverchon ; Richard ; Ricard ; Ricord ; Roubaud ; Robert (des Ardennes); Robin; Ramel; Rebecqui; Rovère; Ribereau; Ruamps; Roux-Fazillac.

Sevestre; Sautereau; Sallengros; Sergent; Soubrany; Sieyès; Saladin; Seconds; Salicetti; Sauteyra. Thuriot; Thirion; Tallien; Tellier; Thibaudeau ; Turreau ; Trallard; Tuillefer ; Tavernel.

Venaille ; Villers; Vidalot; Vatelier ; Valdruche ; Vidalin; Vinet; Vadier; Voulland; Verncrey.

Ysabeau.   Total, 371.

Votants pour la mort avec la réserve de Mailhe :

Audrein; Bonnet (du Calvados); Buzot (Léonard); Chazal fils; Desacy; Guadet; Garraud; Genissiau ; Giraud; Huguet; Johannot; Jouenne; Lacombe (J.); Laboissière; Lidon; Lesage ; Mailhe; Paganel; Péthion; Peyre; Portier; Ruelle; Siblot ; Savonrin; Thabaud ; Vergniaud.   Total , 26.

Parmi ceux qui votèrent la mort nous rencontrons un Rouyer qui, sous la Restauration, porta la décoration du Lis et la croix de Saint-Louis; un Cambacérès qui, après avoir, lui jurisconsulte, émis son vote sacrilége, avec un sursis menteur (une lâcheté de plus), alla insulter dans sa prison l'auguste victime et se plut à calomnier son courage; Cambacérès, valet de tous les pouvoirs, républicain austère qu'on devait voir un jour fier de tant de titres glorieux, archi-chancelier de l'empire, prince et duc de Parme. Un certain nombre de votants ne se contentèrent pas de demander la mort; ils la voulurent sans délai, *dans les vingt-quatre heures*. Il y eut quelques exemples de courage au milieu de cette férocité et de cette lâcheté universelles : Jourdan (de la Nièvre) fit son testament et vota pour la détention ; Duchastel, malade, se fit porter à la Convention pour voter contre la mort, n'ignorant pas qu'il se condamnait lui-même.

Louis reçut avec fermeté l'annonce de sa condamnation ; il ne manifesta quelque émotion qu'en trouvant parmi ses bourreaux le nom du duc d'Orléans, dont le vote avait été accueilli avec indignation et dégoût par les plus sanguinaires.

Ici s'arrête notre tâche. Nous avons dit le procès, l'histoire a cent fois raconté le martyre. Le 21 janvier 1793, par une froide et brumeuse matinée, Santerre vint chercher le condamné, qui fut conduit, entre deux haies de gardes nationaux, du Temple à la place de la Révolution, sur laquelle était dressé l'échafaud.

Un prêtre non assermenté, l'abbé Edgeworth de Firmont, assistait le monarque de ses derniers conseils. La République eut, jusqu'au dernier moment, peur de sa victime, et comme, avec la dignité calme et simple qui ne l'abandonna jamais, Louis protestait de son innocence, un roulement de tambours couvrit sa voix, et le sacrifice fut consommé.

On a voulu calomnier jusqu'à cette mort si belle, et il s'est trouvé des pamphlétaires pour accuser de lâcheté la victime. C'est à l'exécuteur Samson que nous demanderons la vérité sur les derniers moments de Louis XVI. Voici la lettre qu'il écrivait à ce sujet à M. Bérard, rédacteur du *Bulletin national* :

« L'article inséré dans le n° 42 du *Journal de Bruxelles*, sur les dernières paroles de Louis Capet, « est le même que celui qui est inséré dans le n° 410 « du *Thermomètre du jour*. J'ai déjà écrit pour le « démentir, comme étant de toute fausseté.

« Voici la copie exacte de ma lettre pour détruire « l'anecdote où l'on me faisait parler :

« Descendant de la voiture pour l'exécution, on lui dit qu'il fallait ôter son habit. Il fit quelques difficultés, en disant qu'on pouvait l'exécuter comme il était. Sur la représentation que la chose était impossible, il a lui-même aidé à ôter son habit. Il fit encore la même difficulté lorsqu'il s'agit de lui lier les mains, qu'il donna ensuite lui-même lorsque la personne qui l'accompagnait lui eut dit que c'était un dernier sacrifice. Alors il s'informa si les tambours battraient toujours : il lui fut répondu qu'on n'en savait rien, et c'était la vérité. Il monta sur l'échafaud et voulut s'avancer sur le devant comme pour parler ; mais on lui représenta que la chose était impossible. Il se laissa alors conduire à l'endroit où on l'attacha, et d'où il s'est écrié très-haut : *Peuple, je meurs innocent !* Se tournant vers nous, il nous dit : *Messieurs, je suis innocent de tout ce dont on m'inculpe ; je souhaite que mon sang puisse cimenter le bonheur des Français.*

« Voilà ses véritables et dernières paroles.

« L'espèce de petit débat qui se fit au pied de l'échafaud roulait sur ce qu'il ne croyait pas nécessaire qu'il ôtât son habit, et qu'on lui liât les mains. Il fit aussi la proposition de se couper lui-même les cheveux.

« Pour rendre hommage à la vérité, il a soutenu tout cela avec un sang-froid et une fermeté qui nous a tous étonnés. Je reste très-convaincu qu'il avait puisé cette fermeté dans les principes de la religion, dont personne ne paraissait plus pénétré et plus persuadé que lui.

« Vous pouvez vous servir de ma lettre, comme contenant les choses les plus vraies et la plus exacte vérité. » *Signé* SAMSON,

Exécuteur des jugements criminels.

Ce 23 février 1793.

En ce temps-là il y avait plus de courage et de loyauté chez les bourreaux que chez les juges.

L'immolation de Louis XVI était une menace gratuite à l'Europe : la Montagne en recueillit le fruit qu'elle en avait espéré, une coalition d'horreur et d'indignation contre la France. A la faveur de la terrible guerre qui suivit le coup de hache de la place de la Révolution, les Jacobins purent régner au nom de la populace. Le meurtre enfanta le meurtre, et les Girondins glissèrent les premiers dans ce sang qu'ils avaient fait répandre.

Quant à la famille royale, elle était condamnée tout entière à l'avance ; chacun de ses membres était réservé pour que sa mort servît à jeter à l'Europe un nouveau défi. Marie-Antoinette comparut à son tour devant le Tribunal révolutionnaire. On accusa la reine des mêmes crimes qui avaient servi de prétexte pour condamner le roi ; mais on n'oublia pas de flétrir la femme et de calomnier la mère. L'acte d'accusation de Fouquier-Tinville contenait cet odieux paragraphe :

« Enfin la veuve Capet, immorale sous tous les rapports, et nouvelle Agrippine, est si pervertie et si familière avec tous les crimes qu'oubliant sa qualité de mère, et la démarcation prescrite par les lois de la nature, elle n'a pas craint de se livrer avec Louis-Charles Capet son fils, et de l'aveu de ce dernier, à des indécences dont l'idée et le nom seuls font frémir d'horreur. »

A ces inculpations ignobles la royale victime ne répondit que par ces mots sublimes : « J'en appelle à toutes les mères ! »

Le 16 octobre 1793 la reine monta sur l'échafaud. Madame Élisabeth, une sainte, fut exécutée le 10 mai 1794 ; et un an après, le 9 juin 1795, le jeune Dauphin succombait sous les tortures du geôlier Simon. Cinq ans après, les bourreaux de Louis XVI avaient fini de s'égorger entre eux, et la République avait un maître.

Le 19 janvier 1815, les restes mortels de Louis XVI et de Marie-Antoinette furent exhumés et transférés solennellement dans l'église de Saint-Denis. Une chapelle expiatoire fut construite sur l'emplacement de l'ancien cimetière de la Madeleine où ils avaient été inhumés. Depuis longtemps déjà l'expiation avait commencé pour la France.

La Chapelle expiatoire.

BÉRANGER (PROCÈS DES CHANSONS DE)

Béranger.

Les procès politiques empruntent d'ordinaire aux circonstances la meilleure part de leur intérêt, et il serait difficile de se passionner à distance en ces sortes d'affaires, ou pour la justice, ou pour le coupable. Le crime ou le délit d'hier sont trop souvent, sur ce terrain, les vertus ou les mérites d'aujourd'hui; et comme, après tout, le martyre politique est le plus supportable de tous les martyres, comme la popularité qui vient en compensation du châtiment est la plus douce de toutes les récompenses, l'historien ne peut, sans quelque naïveté, s'arrêter à plaindre la victime. Celui qui l'a frappée n'a-t-il pas été presque toujours plus durement frappé lui-même?

Si cependant le crime a été quelqu'une de ces joyeuses chansons qui consolent les partis vaincus et leur font attendre patiemment la revanche, si le délit fut quelque fine épigramme, quelque refrain à deux pointes, l'histoire du procès politique devient aussi l'histoire de l'esprit populaire à une certaine époque. Alors il est curieux de mesurer à ce refrain les adversaires dont on sait d'avance le triomphe ou la chute. Il est instructif de se demander quel si grand intérêt un gouvernement établi pouvait avoir à poursuivre ainsi le *flon-flon* des vengeances de la loi, et à appeler sur la tête de l'harmonieux coupable, non pas le glaive de la justice, la métaphore serait un peu forcée, mais au moins les balances dans lesquelles se pèse l'amende à payer.

Quand le coupable fut un grand poëte national, mort entouré de l'admiration et de l'estime de tous, le procès politique emprunte encore un nouvel intérêt à cette gloire incontestée, et cet intérêt tout littéraire ajoute aussi à la leçon que donne à tout gouvernement nouveau le spectacle du danger ou de l'inutilité de semblables répressions. On voit plus clairement, par ces grands exemples, à quoi il a servi, à quoi il peut servir encore de faire payer quelques paroles hostiles de quelques milliers de francs pris à la bourse ou de quelques jours pris à la liberté.

A ces points de vue divers, l'histoire des procès de Béranger sera, pour le lecteur, comme une rapide excursion dans l'histoire de la France sous la Restauration.

Béranger, ou plutôt *de* Béranger, car ce *vilain*, si fier de sa roture, était de noble origine, avait vu le jour en 1780, le 19 août, dans une maison de la rue Montorgueil, alors rue de la Comtesse-d'Artois; cette maison *prédestinée*, disait plaisamment Béranger lui-même, a été remplacée depuis par le parc aux huîtres. Petit-fils d'un pauvre tailleur, le jeune Béranger fut, à l'âge de neuf ans, envoyé à Péronne, où un sien beau-frère, aubergiste, l'éleva au rang de marmiton. Il entra ensuite, comme ouvrier imprimeur, chez un sieur Laisné, imprimeur à Péronne, grand amateur de chansons grivoises. Commis, apprenti orfévre, Béranger n'avait pas de métier quand il revint à Paris, en 1796. Il faisait d'assez mauvais vers, épopées, élégies, idylles 1 érotiques, même des méditations poétiques avant M. de Lamartine. Le jeune poëte assiégeait de ses bouquets à Glycère les *Saisons du Parnasse*, l'*Almanach des Muses*, l'*Almanach littéraire*. Pour se distraire de ce qu'il regardait comme des travaux sérieux, Béranger écrivait des chansons, ne se doutant guère, alors, que ces enfants sans prétention de sa fantaisie seraient plus tard sa seule et véritable gloire.

En 1803, le poëte de vingt-trois ans se trouvait absolument sans ressources, quand l'idée lui vint de mettre sous enveloppe ses essais poétiques et de les adresser à Lucien Bonaparte. Celui-ci envoya à Béranger, en échange de quelques conseils sincères, une procuration pour toucher son traitement de membre de l'Institut. Ce bienfait, dont le poëte garda toujours au frère de l'empereur une profonde reconnaissance, lui permit de se livrer sans arrière-pensée à sa verve joyeuse, et, dès 1805, la préface d'un recueil de ses chansons paraissait dans l'*Almanach littéraire*. Ce recueil ne fut publié qu'en 1815; mais, dès le printemps de 1813, Paris répétait déjà la charmante chanson du *Roi d'Yvetot*, innocente protestation contre la manie belliqueuse de Napoléon, qui fit fureur au faubourg Saint-Germain et dont l'empereur eut le bon sens de sourire.

En novembre 1815, l'imprimeur Poulet publia un recueil de pièces de Béranger, intitulé: *Chansons morales et autres*. Ce premier volume ne fut pas poursuivi et un second volume parut bientôt. Le premier était déjà épuisé et une souscription fut ouverte pour une édition complète de ce volume à 10,000 exemplaires. C'était une réimpression exacte de l'édition Poulet, publiée par Firmin Didot, sous ce titre: *Chansons par M. P.-J. de Béranger*.

Ce recueil contenait l'admirable chanson du *Dieu des bonnes gens*; mais nos lecteurs savent trop bien, sans doute, qu'en France il n'eût pas suffi, pour justifier un succès si rapide, une popularité de 10,000 exemplaires, des sublimités familières et du style si étonnamment achevé du *Dieu des bonnes gens*. Le recueil contenait la *Requête des chiens de qualité*, la *Censure*, le *Ventru*, le *Vilain*, le *Marquis de Carabas*, les *Missionnaires*, les *Capucins*, le *Bedeau*, la *Complainte d'une de ces demoiselles*, les *Chantres*, le *Vieux drapeau*, c'est-à-dire la plupart de ces pamphlets rimés que Béranger lança contre la Restauration.

A peine les Bourbons étaient-ils rentrés en France, que commença contre eux cette vaste conspiration dont on devait faire gloire plus tard, mais qu'on désavouait alors avec quelque hypocrisie. Le parti libéral, empruntant à l'Italie des mœurs politiques qui répugnent à notre caractère national, s'armait dans l'ombre du poignard du carbonaro, et minait par tous les moyens le pouvoir des Bourbons. Les journaux, les pamphlets de l'opposition s'attaquaient à tous les moyens de gouvernement et cherchaient à en paralyser l'action : les impôts étaient pour la cour, la contrebande était œuvre pie; la religion et ses ministres avaient le tort d'être bien vus aux Tuileries, et toute autorité devenait tyrannie du moment où elle était exercée par la branche restaurée. Si nous mettons la main sur notre conscience, nous reconnaîtrons sans peine que c'est à l'opposition libérale de la Restauration que nous devons l'altération si profonde de notre sens politique et de notre sens moral; c'est elle qui nous a appris à haïr et à calomnier tout ce qui ressemble à un pouvoir; c'est à elle que nous devons d'être entrés dans la seconde moitié du dix-neuvième siècle sans être encore dignes de la liberté.

Béranger fut naturellement l'écho de ces injustices, de ces tracasseries de l'opinion; mais quelque chose en lui relevait ce sentiment qui, chez quelques-uns, avait toutes les allures de la trahison. Ce quelque chose, c'était le patriotisme. En janvier 1814, quand l'Europe envahissait la France, le poëte n'insultait pas, comme les courtisans de la veille commençaient à le faire, au héros vaincu : il appelait à la frontière les *Gaulois* et les *Francs*, au nom de la patrie menacée. Au mois de mai 1814, la chanson du *Bon Français* avait souhaité la bienvenue à Louis XVIII. Mais la charte octroyée, mais la censure rétablie, mais le pouvoir clérical se relevant avec le trône, les priviléges vaincus reparaissant avec toutes leurs prétentions d'avant le déluge, tout cela réveilla bientôt les défiances et les rancunes de la France, et Jacques Bonhomme ne se souvint plus que de son territoire envahi, de ses frontières mutilées et désarmées, de sa marine anéantie, de son prestige disparu. Les Bourbons avaient eu le tort de revenir derrière ces défaites et ces humiliations : l'opinion les confondit avec les ennemis de la France. Le pays tout entier conspira contre ces nouveaux maîtres, et, chaque fois que les Bourbons essayèrent de se défendre, le parti libéral cria si bien à l'oppression, que tout le monde y crut, même les conspirateurs.

Béranger n'était qu'un chansonnier : ses chansons reflétèrent l'opinion publique, et il y aurait injustice à lui reprocher des passions qui furent celles de toute la France. Dans cette lutte à mort entre le pays et ses rois, il combattit pour la cause qu'il crut être la plus juste, pour la cause de la patrie, pour la cause de l'avenir. Ses refrains ne furent pas les armes les moins bien trempées, et si la postérité doit effacer de ces rimes légères tout ce qui porte l'empreinte de passions périssables, elle tiendra compte au poëte de ses intentions patriotiques et de son rare désintéressement. Plus d'un discours applaudi à la tribune annonçait au pays un ministre futur; Béranger n'a jamais recueilli de ses chansons que l'honneur de les avoir composées.

Mais enfin, mettons-nous un moment à la place du gouvernement de la Restauration. Attaqué à la tribune, attaqué dans la presse et dans le pamphlet, menacé du poignard des carbonari, qu'il lui eût été facile de trouver dans la poche de certains députés parlant de légalité à la chambre ; menacé dans son armée, dont la fidélité cédait aux sourdes prédications des vétérans de l'empire, ce gouvernement se défendait ; ce fut son tort de se mal défendre.

Le 27 octobre 1821, un journal dévoué à la légitimité, le *Drapeau blanc*, dénonça le poëte et somma le gouvernement de poursuivre ce recueil, dont les nombreux exemplaires circulaient librement. « S'il n'y a pas eu connivence, disait le journal de Martainville, on ne peut du moins s'empêcher de remarquer l'étrange irréflexion de l'autorité répressive. »

L'autorité répressive dut obéir à cette odieuse mise en demeure, et, deux jours après, le 29 octobre, un réquisitoire ordonna la saisie des 10,000 exemplaires. Les dix mille avaient déjà fait leur retraite : on ne put saisir que quatre exemplaires. En attendant mieux, Béranger fut destitué de la petite place d'employé qu'il occupait au ministère de l'Instruction publique.

Au reste, on y mit les formes. La lettre qui notifia son congé au poëte peut passer pour un modèle d'urbanité. — « Le conseil, y était-il dit, juge, Monsieur, que d'après les avis qui vous avaient été donnés précédemment, vous avez *de vous-même renoncé* à l'emploi que vous occupez dans l'administration, lorsque vous vous êtes déterminé à la publication de votre second recueil.

« Recevez l'assurance de ma parfaite considération... »

Voilà donc le poëte traduit pour la première fois, en justice :

Suivez-moi,
C'est la loi,
Suivez-moi, de par le roi.

Sur les premières chansons, toutes publiées déjà dans le volume de 1815, Béranger opposa la prescription que la loi du 17 mai 1819 avait fixée à six mois ; quant aux autres, il déclara ne pas savoir ce qu'elles avaient de contraire à la loi. Le 5 novembre, fut lancé un réquisitoire *ampliatif*. Le premier réquisitoire n'incriminait que cinq chansons ; le réquisitoire ampliatif en avait découvert neuf autres aussi coupables que les premières. Il y avait progrès. Encore un réquisitoire, et tout le volume était condamné.

Après un nouvel interrogatoire, intervint, le 8 novembre, une ordonnance de la chambre du conseil qui admettait l'exception de prescription pour toutes les pièces comprises au premier volume, et déclarait qu'il y avait lieu à suivre pour le surplus. Le 27 du même mois, sur l'opposition à cette ordonnance, formée à la requête du ministère public, arrêt de la chambre d'accusation qui, sans s'arrêter à la prescription objectée, renvoyait sur le tout à la Cour d'assises.

L'arrêt établissait quatre chefs d'accusation : 1° Outrage aux bonnes mœurs ; 2° Outrage à la morale publique et religieuse ; 3° Offense envers la personne du roi ; 4° Provocation au port public d'un signe extérieur de ralliement : tous délits prévus par les articles 1, 3, 5, 8 et 9 de la loi du 17 mai 1819.

Le jour où s'ouvrirent devant le poëte les portes de la Cour d'assises, le bruit de cette accusation maladroite avait déjà doublé sa popularité. Les issues de la salle étaient assiégées longtemps à l'avance, et Béranger, le héros de la fête, ne réussit à entrer qu'après trois quarts d'heure d'efforts inutiles ; le président de la Cour, M. Larrieux, fut obligé d'entrer par la fenêtre. Deux cents personnes envahirent la salle en un clin d'œil, en brisant des carreaux, et la salle était déjà trop pleine. Un certain nombre d'élus avaient pu y trouver place à l'avance, et parmi eux on remarquait MM. le duc de Broglie, Dupont (de l'Eure), le baron de Staël, Bérard, de Vatimesnil, de Broë, Girod (de l'Ain), et un grand nombre de dames.

Quand le prévenu eut pu parvenir à s'asseoir à côté de M⁰ Dupin, son défenseur, et de M⁰ Coche, son avoué, il fallut longtemps encore avant que le silence pût s'établir. La Cour était ainsi composée : président, M. Larrieux ; conseillers, MM. Cottu, Baron, Sylvestre de Chanteloup père, d'Haranguier de Quincerot. Le jury avait été soigneusement composé à l'avance.

Après que *le sieur* Pierre-Jean de Béranger, ex-employé, eut répondu aux questions d'usage, et que le greffier eut donné lecture des chansons incriminées, l'avocat général prit la parole.

L'avocat général, chargé de soutenir l'accusation, était ce trop célèbre Marchangy, à qui les rancunes de l'opposition ont fait une physionomie vraiment par trop chargée en odieux et en ridicule. L'auteur de *La Gaule poétique* n'était ni un Laubardemont, ni un bouffon.

Marchangy se leva et prononça le réquisitoire suivant :

« Messieurs les jurés, la chanson a une sorte de privilége en France ; c'est de tous les genres de poésie celui dont on excuse le plus volontiers les licences. L'esprit national la protége, et la gaieté l'absout. Compagnes de la joie, fugitives comme elle, il semble que ces rimes légères ne soient point propres à nourrir la sombre humeur du malveillant, et, depuis Jules César jusqu'au cardinal de Mazarin, les hommes d'État ont peu redouté les hommes qui chantaient.

« Telle est la chanson, ou plutôt, Messieurs, telle était la chanson chez nos pères ; car, depuis les siècles où l'on riait encore en France, cet enfant gâté du Parnasse s'est étrangement émancipé. Profitant de l'indulgence qui lui était acquise, plus d'une fois, pendant nos révolutions publiques, les perturbateurs le mirent à leur école, ils l'échauffaient de leur ardeur, ils en firent l'auxiliaire du libelle et des plus audacieuses diatribes. Dès lors, un sarcasme impie remplaça la joie naïve ; une hostilité meurtrière succéda au badinage d'une critique ingénieuse. Des refrains insultants furent lancés avec dérision sur les objets de nos hommages ; bientôt ils stimulèrent tous les excès de l'anarchie, et la muse des chansons populaires devint une furie de nos discordes civiles. »

Après ce pompeux exorde, l'avocat général se demanda « si, lorsque les chansons s'écartaient ainsi de leur véritable genre, elles pouvaient réclamer la faveur accordée au genre lui-même ; s'il pouvait leur suffire d'un titre pour conquérir impunément le scandale et pour échapper à une punition judiciaire.

« Si telle était leur dangereuse prérogative, bientôt la prose leur céderait en entier la mission de corrompre, et l'on chanterait ce qu'on n'oserait pas dire.

« Vous sentez donc la nécessité de distinguer telles chansons de telles autres qui n'en portent que le nom. Faites une large part dans l'indulgence pour ces couplets espiègles et malins, qu'il y aurait sans doute trop de rigueur à priver d'une certaine liberté de langage ; qu'ils vivent aux dépens des travers, des faiblesses humaines, qu'ils puissent même confondre le bruit de leurs joyeux grelots avec les murmures de l'opposition. Mais si, plus téméraires que ne le fut jamais cette opposition, ils attaquent ce qui est inviolable et sacré ; si Dieu, la religion, la légitimité sont tour à tour le sujet de leurs outrages, sous quels prétextes pourraient-ils être épargnés ? Est-ce parce que la chanson se grave aisément dans la mémoire, qu'elle est *de facile réminiscence*, et que le sel piquant qui l'assaisonne est *un salpêtre électrique* prompt à ébranler les esprits ? Est-ce parce qu'elle peut fournir des refrains tout préparés aux orgies de la sédition et aux mouvements insurrectionnels ? Est-ce parce que, circulant avec rapidité, elle pénètre en même temps dans les villes et les hameaux, également comprise de toutes les classes ? Tandis que la brochure la plus coupable n'exerce que dans un cercle étroit sa mauvaise influence, la chanson, plus contagieuse mille fois, peut infecter jusqu'à l'air qu'on respire. Et d'ailleurs ici se présente une observation dont vous apprécierez le mérite. Qu'une chanson exhalée dans un instant de verve et d'ivresse circule, non par la voie de l'impression, mais parce qu'elle est chanson dans le monde, c'est un bruit passager que le vent emporte et dont bientôt il ne reste plus de vestiges. La justice pourra la dédaigner et ne pas faire contraster la gravité de ses poursuites avec la vogue et la légèreté d'un pareil genre de publication. Mais qu'un auteur mette au jour un recueil de poésies qu'il lui plait d'appeler des chansons, qu'il donne ce nom à des satires réunies, à des dithyrambes, à des odes pleines d'agression, vous ne verrez plus ici que des vers qu'on peut lire sans être obligé de les chanter. Et si cet auteur croyait pouvoir égayer sa défense de toutes les idées frivoles et plaisantes que réveille la chanson, vous sentiriez d'abord dans quelle méprise il voudrait vous engager, car apparemment il ne prétendrait pas que ceux qui ont acheté ses chansons fussent tenus de les chanter, que ce fût là une condition inséparable de la vente, et que ses souscripteurs fussent tous de fidèles observateurs de l'harmonie. Le sentiment qu'aurait eu le poète de sa gaieté ne pourrait donc conjurer les mauvais résultats que produiraient ses vers sur des esprits disposés à prendre les choses sérieusement.

Avouons-le aujourd'hui, il y avait bien du vrai dans ces prémisses. Mais comme les situations fausses pèsent sur la logique elle-même ! Comme l'accusateur se sent embarrassé dans cette accusation maladroite ! Il cherche à s'armer à la légère pour attaquer cet ennemi si peu sérieux en apparence ; mais Marchangy n'a ni la gaieté facile, ni la plaisanterie légère ; il ne réussit qu'à donner au *flon-flon* une importance dangereuse. Il est curieux de noter que le premier éloge sérieux donné à Béranger est parti d'un réquisitoire. Le malin chansonnier eut plus d'une fois en sa vie des velléités épiques, et quelques-unes de ses chansons passent, à tort ou à raison, pour des *dithyrambes*, pour des *odes*. C'est Marchangy qui, le premier, a coiffé de l'auréole de Pindare le chantre de Lisette.

Qu'on ajoute à cette inhabile glorification de l'adversaire que s'est choisi la royauté légitime les sublimités de langage un peu déplacées, et, de temps à autre, émaillées de vulgarités et de dissonances, et on comprendra mieux les cruelles railleries dont le libéralisme poursuivait l'avocat général du trône et de l'autel, concurremment avec ce Jean de Broë, dont l'âcre Courier disait :

« Pour ceux qui l'emploient,

C'est un homme impayable, et qui, par son adresse,
Eût fait mettre en prison les sept sages de Grèce..

comme mauvais sujets, perturbateurs. »

Ces railleries, Marchangy les pressent ; il les voit déjà prêtes à s'échapper de la lèvre ironique de maître Dupin, et il trahit maladroitement la peur secrète qu'il ressent de voir *égayer la défense*.

Donc, continuait l'avocat général, *le sieur de Béranger* avait fait imprimer, distribuer et vendre, sous le titre de chansons, deux volumes de poésies, œuvre finie et durable, spéculation solidement réfléchie qui lui enlevait l'excuse de l'impromptu sans portée. Aussi, le poète se retranchait-il derrière la prescription ; mais la loi du 17 mai était-elle applicable à la cause ? « Non, selon Marchangy, car c'était le recueil de 1821, et non celui de 1815, qui donnait lieu à la procédure. Il y avait là une édition nouvelle, un fait nouveau de publication, une réimpression assujettie aux formalités de dépôt et de déclaration. Toutefois, le réquisitoire renonçait à faire usage de ce principe.

« Qu'importe, en effet, qu'on livre aux débats les chansons contenues dans le premier volume, si ces chansons, par le révoltant cynisme de leurs expressions, se défendent elles-mêmes contre toute citation ? Pour se résoudre à blesser de leurs termes obscènes *la décence de cet auditoire*, il faudrait n'avoir pas d'autres textes à vous signaler. »

C'est donc dans le second volume seulement que l'avocat général chercha la preuve des trois délits. L'outrage à la morale publique et religieuse ! L'avocat général en trouva des preuves à chaque page ; il glissa donc sur la chanson des *Deux Sœurs de charité*, « dans laquelle l'auteur, anéantissant tout principe de morale, soutient qu'une fille de joie ne mérite pas moins le ciel, par les excès de la débauche, qu'une sœur de charité par ses bonnes œuvres et son dévouement sublime ; » il n'effleura qu'en passant *les Chantres de paroisse*, où le séminaire, cette institution réparatrice des persécutions de l'Église, n'est qu'un hôpital *érigé aux enfants trouvés du clergé ;* » les chansons dirigées contre les *Missionnaires*, « chansons tellement virulentes, qu'il ne faut pas s'étonner si, après les avoir lues, ceux qui ne sentent pas l'esprit d'en faire autant, veulent au moins lancer des pétards aux orateurs d'une religion que la Charte déclare une religion de l'État. »

Le réquisitoire s'attacha plus spécialement à analyser la chanson intitulée *les Capucins*.

« Il faut avoir, dit Marchangy, des ressentiments bien opiniâtres pour attaquer ces humbles serviteurs de l'humanité, aujourd'hui qu'ils sont ensevelis sous les ruines de leurs cloîtres déserts. A peine leur souvenir vit-il encore dans quelques chaumières où ils venaient, il y a bien longtemps, parler de Dieu à ceux qui mouraient, et partager le pain qu'ils tenaient de la charité. Pauvres, et n'ayant rien possédé ici-bas, ils ont quitté ce monde sans avoir aucun compte à rendre. Pourquoi donc poursuivre leur mémoire au delà de l'exil ou du martyre ? Au surplus, ce ne sont pas eux qu'il s'agit de venger. Que, par amour pour la tolérance, l'impiété persécute ces ordres religieux, coupables d'avoir, en ouvrant leurs cœurs souffrants des asiles de la paix, différé le grand siècle des lumières, elle le peut, sans doute ; mais qu'elle confonde sous ses atteintes l'autel avec le monastère, et la religion avec les ministres, c'est là ce que la France alarmée ne vous permet pas d'excuser. »

Bénis soient la Vierge et les saints :
On rétablit les capucins !

Moi, qui fus capucin indigne,
Je vais, ma petite Fanchon,
Du Seigneur vendanger la vigne,
En reprenant le capuchon.

Bénis soient la Vierge et les saints :
On rétablit les capucins !

Fanchon, pour vaincre par surprise
Les philosophes trop nombreux,
Qu'en vrais Cosaques de l'Église,
Les capucins marchent contre eux.
Bénis soient la Vierge et les saints :
On rétablit les capucins !

La faim désole nos provinces ;
Mais la piété l'en bannit.
Chaque fête, grâce à nos princes,
On peut vivre de pain bénit.
Bénis soient la Vierge et les saints :
On rétablit les capucins !

L'église est l'asile des cuistres ;
Mais les rois en sont les piliers,
Et bientôt le banc des ministres
Sera le banc des marguilliers.
Bénis soient la Vierge et les saints :
On rétablit les capucins !

Pour tâter de l'agneau sans tache,
Nos soldats courent s'attabler ;
Et devant certaines moustaches
On dit qu'on a vu Dieu trembler.
Bénis soient la Vierge et les saints :
On rétablit les capucins !

Nos missionnaires font rendre
Aux bonnes gens les biens de Dieu ;
Ils marchent tout couverts de cendre :
C'est ainsi qu'on couvre le feu.
Bénis soient la Vierge et les saints :
On rétablit les capucins !

Fais-toi dévote aussi, Fanchette :
Vas, il n'est pas de sot métier.
Mais qu'avec nous deux, en cachette,
Le diable crache au bénitier.
Bénis soient la Vierge et les saints :
On rétablit les capucins !

« C'est ainsi que l'auteur, par une sacrilége ironie, essaye d'écarter de nos temples ceux qu'un reste de foi y conduit encore ; c'est ainsi qu'il tente surtout d'en éloigner les soldats, dont la ferveur religieuse ne pourrait en effet qu'ajouter aux garanties de leur fidélité. Mais, tandis qu'il voudrait, en glaçant la piété dans leurs cœurs, les rendre plus faciles à séduire, ne voyez-vous pas que ses efforts conspirent encore moins contre la monarchie que contre la valeur et la gloire? Car la religion peut seule épurer la valeur en la rendant désintéressée et morale. Quant à la gloire, qui n'est qu'un secret besoin de se survivre, qui peut la comprendre et la mériter, si ce n'est celui qui espère dans un autre avenir? Qui croira en Dieu, si ce n'est celui qui va chercher la mort dans les combats? Et de quel prix la terre, réduite à ses biens impuissants, pourra-t-elle payer le dévouement du héros qui s'immole à son pays? »

Mais comment demander au chansonnier de respecter la religion, lorsqu'il insultait Dieu lui-même? L'avocat général trouvait cette insulte dans la chanson intitulée : *le Bon Dieu*, « indigne parodie, dans laquelle on prête à Dieu des formes et un langage ignobles.

« Cet être éternel, que les élans de la prière et les transports de l'admiration et de la reconnaissance avaient seuls osé atteindre, n'est plus, dans les vers du prévenu, qu'une image grotesque et bouffonne, qu'un fétiche impuissant qui vient calomnier son propre ouvrage et se moquer des institutions les plus saintes.

« Il faut l'avouer, Messieurs, le sieur de Béranger a singulièrement trahi les destinées de la poésie. Cet idiome inspirateur semblait être donné aux mortels pour ennoblir leurs émotions, pour élever leurs âmes vers le beau idéal et la vertu, pour les préserver d'un stupide matérialisme et d'une végétation grossière, en leur présentant sans cesse des pensées d'élite, des images de choix, analogues à leur divine essence ! Et ce poëte, à qui, pour un si bel emploi, le talent des vers fut prodigué, quel usage a-t-il fait de ce talent dont la société lui demande compte aujourd'hui ? Il a deshérité l'imagination de ses illusions, il a ravi au sentiment sa pudeur et ses chastes mystères, il voudrait déposséder l'autorité des respects du peuple, et le peuple des croyances héréditaires ; en un mot, il voudrait tout détruire, même celui qui a tout créé.

« Et dans quel temps vient-il parmi nous se faire le mandataire de l'incrédulité? C'est lorsque, un instant de repos succédant à nos agitations politiques, nous ouvrons enfin les yeux, comme à la suite d'un long délire, étonnés que nous sommes de voir quels ravages l'impiété a faits dans les mœurs ! C'est lorsque les bons citoyens voudraient qu'on profitât de *l'espèce de calme où nous voici*, pour aviser aux moyens de le rendre durable et réel, en restaurant les bases de toute agrégation sociale ! C'est lorsque, désabusé des innovations trompeuses, des espérances décevantes, on revient, après un vaste cercle d'erreurs, à une religion seule capable de sauver les États, car seule elle peut discipliner tant d'esprits rebelles, et ramener dans nos foyers le culte des traditions vénérables ; seule elle peut rendre à la jeunesse les grâces de la modestie et les avantages de la docilité ; seule elle peut se charger d'une partie des désirs tumultueux dont la terre est obsédée ; seule encore elle peut creuser un lit profond et paisible à ces ambitions désordonnées qui mugissent sur la surface de la France, comme des torrents qui menacent de tout envahir ; seule, enfin, elle peut verser un baume réparateur sur tant de plaies toujours saignantes, et triompher des ressentiments et des partis.

« Voilà pourquoi nos législateurs ont pensé, en discutant la loi répressive des abus de la presse, qu'il ne fallait pas seulement punir la sédition, mais encore l'impiété. La sédition n'a que des accès passagers, mais l'impiété s'étend sur des générations entières ; la sédition n'éclate souvent que sur les sommités sociales, tandis que l'impiété ronge les fondements des nations. Ah ! qu'importe que la révolution ne soit plus dans les actes, si elle est toujours dans les mœurs ! Ils se trompent ceux qui ne la voient que dans un violent changement de gouvernement, et qui se croient hors de son tourbillon lorsqu'ils n'entendent parler ni de république, ni de consulat, ni d'empire. Ce sont là les effets, et non pas les causes. La révolution n'est pas seulement dans la substitution d'un usurpateur à un ordre de choses consacré, elle est surtout dans le dedans de ces cœurs enflés d'un orgueilleux mépris pour les dogmes de la morale et de la vertu ; elle n'est pas seulement dans les entreprises des factions qui détrônent le prince légitime, elle est surtout dans la propagation des doctrines irréligieuses qui voudraient détrôner le souverain suprême, le maître des siècles et des rois ; oui, elle est dans la révolte des esprits contre l'existence d'un Dieu et l'authenticité de son culte ; elle est dans la rupture insensée des anneaux de cette chaîne merveilleuse qui, unissant le ciel à la terre, joignait ensemble toutes les puissances morales, depuis la puissance paternelle jusqu'à la puissance divine. Aussi, Messieurs, quelque différentes que puissent être leurs opinions politiques, les membres de l'une et de l'autre Chambre se sont-ils réunis pour punir dans la loi du 17 mai tout *outrage à la morale publique et religieuse*....

« Et vous, juges-citoyens, vous chargés de faire respecter les lois qui sont l'expression publique sanctionnée par le monarque, où puiseriez-vous le motif d'une indulgence qui ne serait qu'un déplorable exemple d'impunité? Car enfin, lorsque la loi du 17 mai sévit contre tout outrage à la morale publique et religieuse commis par des écrits ou des paroles, ne verrez-vous pas un outrage de cette espèce dans les vers où le sieur de Béranger dit que *l'Église est l'asile des cuistres* et que *les rois en sont les piliers?* Et si la morale religieuse n'est autre chose que la morale enseignée par la religion, n'est-ce pas l'outrager, en effet, que de dénaturer, comme le fait le prévenu, l'idée que nous devons avoir de l'Éternel, de qui découle toute morale, puisque sans lui il n'y aurait que des intérêts menaçants et rivaux? N'est-ce pas l'outrager que de faire tenir à Dieu un discours absurde et où il désavoue le culte qu'on lui rend, où il se dit étranger à ce monde, où il engage à ne pas croire un mot de ce qu'apprennent en son nom les ministres de la religion, et dans lequel enfin il ne donne aux hommes, pour seule règle de conduite, qu'un précepte de libertinage? »

Le second chef de prévention avait pour objet le délit d'offense à la personne du roi. Le *Moniteur* supprima cette partie du réquisitoire; il n'en reste plus trace aujourd'hui. Cette suppression ne disait-elle pas assez sur quel terrain glissant s'était engagée la poursuite?

Le délit de provocation au port public d'un signe extérieur de ralliement non autorisé ressortait, selon le réquisitoire, de la chanson intitulée *Le vieux drapeau*, où le poëte excitait « à déployer le drapeau tricolore, que de nombreux exploits ont sans doute illustré, mais qu'on ne saurait arborer sans se rendre coupable de rébellion. »

Il est curieux de voir de quelle façon l'avocat général va s'y prendre pour toucher ce point délicat. Le style académique de Marchangy suffira-t-il à masquer les préoccupations que faisait naître alors le vieux levain de napoléonisme qui fermentait dans l'armée?

« C'est un des stratagèmes les plus familiers aux écrivains de parti, que de chercher à passionner les souvenirs des militaires français, à leur montrer la paix comme un opprobre, et la guerre comme un droit dont ils sont indûment frustrés. Vainement ces braves soldats *que la gloire a rendus à la nature*, ont-ils noblement déposé les armes à la voix du père de la patrie, parce qu'ils savent que son aveu fait seul une vertu du courage; vainement ils se félicitent de retrouver, *après un long exil où les condamna la victoire*, et les champs paternels et les affections domestiques.

« Voilà que, dans *cet Élysée où se repose leur valeur*, le serpent de la sédition voudrait ramper entre leurs lauriers, les souiller de son *fiel* impur, les flétrir d'un souffle de vertige et d'erreur. Écoutez les insinuations et les hypocrites doléances que cet esprit de tentation prête à des guerriers fidèles; à les entendre, ces guerriers ne sont que des êtres humiliés et déchus. Parce que les royaumes ne sont plus jetés devant eux comme une proie, il leur fait répandre des larmes imaginaires sur le malheur de la France, qui, au lieu de l'avantage d'être dépeuplée par des triomphes ou ruinée par des revers, subit aujourd'hui une prospérité inespérée sous le joug de ces Bourbons qui ne nous gouvernent que depuis des siècles. Sensibilité homicide qui gémit de ne plus voir l'Europe dévastée! Dévouement égoïste qui regrette de ne plus voir les champs de bataille transformés en arène par l'ambition et l'intérêt personnel! »

Cette idylle à la paix avait-elle quelques chances de faire oublier les gloires des grandes batailles de l'empire, et n'était-ce pas froisser peu habilement le sentiment national que de vanter ainsi aux *guerriers* les charmes d'un repos acheté par la défaite? Sans doute, si la légitimité trahissait par ses déclamations pacifiques les difficultés de sa position, le libéralisme avait aussi ses déclamations belliqueuses; mais il est facile de crier au *chauvinisme* après tant d'années écoulées, lorsque la plaie de 1815 est enfin fermée; elle saignait alors et le baume académique de Marchangy n'était pas fait pour la guérir.

C'était la chanson du *Vieux drapeau* que l'avocat général accusait ainsi de pervertir l'esprit militaire; il lui fallut en donner lecture, et sa voix monotone et pompeuse ne put assez dénaturer ce chant patriotique pour que l'auditoire n'en accompagnât pas les stances de ses murmures approbateurs.

Elle a vieilli cette chanson, mais reportons-nous à l'époque où Marchangy la signalait aux sévérités de la loi, et nous reconnaîtrons que jamais une autre voix, si ce n'est peut-être celle de Foy évoquant à la tribune les grandeurs calomniées de la France, n'avait fait parler au *chauvinisme* un plus magnifique langage.

De mes vieux compagnons de gloire
Je viens de me voir entouré;
Nos souvenirs m'ont enivré,
Le vin m'a rendu la mémoire.
Fier de mes exploits et des leurs,
J'ai mon drapeau dans ma chaumière.
Quand secouerai-je la poussière
Qui ternit ses nobles couleurs?

Il est caché sous l'humble paille
Où je dors pauvre et mutilé,
Lui qui, sûr de vaincre, a volé
Vingt ans de bataille en bataille!
Chargé de lauriers et de fleurs,
Il brilla sur l'Europe entière.
Quand secouerai-je la poussière
Qui ternit ses nobles couleurs?

Ce drapeau payait à la France
Tout le sang qu'il nous a coûté;
Sur le sein de la Liberté
Nos fils jouaient avec sa lance.
Qu'il prouve encore aux oppresseurs
Combien la gloire est roturière.
Quand secouerai-je la poussière
Qui ternit ses nobles couleurs?

Son aigle est resté dans la poudre,
Fatigué de lointains exploits.
Rendons-lui le coq des Gaulois;
Il sut aussi lancer la foudre.
La France, oubliant ses douleurs,
Le rebénira, libre et fière.
Quand secouerai-je la poussière
Qui ternit ses nobles couleurs?

Las d'errer avec la Victoire,
Des lois il deviendra l'appui,
Chaque soldat fut, grâce à lui,
Citoyen aux bords de la Loire.
Seul il peut voiler nos malheurs,
Déployons-le sur la frontière.
Quand secouerai-je la poussière
Qui ternit ses nobles couleurs?

Mais il est là, près de mes armes ;
Un instant osons l'entrevoir.
Viens, mon drapeau, viens, mon espoir !
C'est à toi d'essuyer mes larmes.
D'un guerrier qui verse des pleurs
Le ciel entendra la prière :
Oui, je secouerai la poussière
Qui ternit tes nobles couleurs !

On peut bien l'avouer aujourd'hui, les sous-entendus de cette chanson fameuse n'avaient alors de mystères pour personne. On savait, en la chantant dans les veillées de la famille ou de la caserne, ce que faisaient dans ces vers le coq gaulois et l'appui des lois ; c'étaient des passe-ports pour les souvenirs, pour les regrets, pour les espérances. Les *brigands de la Loire*, qui portaient sous leur blouse la croix au ruban rouge et qui cachaient dans leur armoire l'aigle du drapeau vaincu, ne voyaient dans l'énergique refrain qu'une Marseillaise de l'empire. La chanson était séditieuse, puisque le drapeau blanc flottait sur les Tuileries et que Napoléon respirait à Sainte-Hélène.

Aussi Marchangy avait-il raison de dire : « Vous avez beau appeler cela une chanson, et la mettre sur l'air : *Elle aime à rire, elle aime à boire;* tout cela ne saurait détruire son caractère hostile et sombre. Qu'on nous dise en quelle circonstance elle pourrait être chantée sans devenir un manifeste ou une offense. Serait-ce dans un repas de corps, dans une garnison, dans une marche militaire, dans les villes ou dans les campagnes ? Elle ne peut être chantée que dans un attroupement de conjurés, et pour servir de signal à l'insurrection ; voilà sa vocation, voilà le secret de sa naissance ! »

Le réquisitoire se terminait par la péroraison suivante :

« Certes, la gaieté française a des droits ; mais si elle devenait tellement exigeante qu'il fallût lui sacrifier l'honnêteté publique, la religion, les lois, le bon ordre et les bonnes mœurs ; si elle ne devait vivre désormais qu'aux dépens de la décence, de la foi, de la fidélité, mieux vaudraient la tristesse et le malheur, car du moins il y aurait là de graves sentiments qui ramèneraient à l'espérance et à la Divinité.

« Oui, la gaieté française a bien des droits ; mais, au lieu de la chercher dans la fange de l'impudicité et dans l'aride poussière de l'athéisme, qu'elle butine, ainsi que l'abeille, sur tant de sujets aimables et gracieux qu'ont effleurés des chansonniers célèbres, dont la gloire innocente est une des belles fleurs de notre Pinde. Eh quoi ! sera-t-elle plus expansive et plus libre quand, au milieu d'un festin de famille et de bon voisinage, elle aura insulté à la piété d'un convive et blessé ses opinions, quand elle aura appris à l'artisan, au laboureur couché sous de pénibles travaux, des couplets impies contre une religion qui venait le consoler, et contre un Dieu qui promet d'essuyer les sueurs et les larmes ?

« Ah ! si le caractère français a perdu de son enjouement, qu'il ne s'en prenne qu'aux déceptions et aux systèmes dont le sieur de Béranger s'est fait l'interprète ; qu'il s'en prenne à l'aigreur des discussions politiques, à l'agitation de tant d'intérêts sans frein et sans but, à cette fièvre continue, au malaise de ceux qui, rebutant la société, la nature et la vie, ne trouvent plus en elles ni repos ni bonheur, parce qu'en effet il n'en est pas sans illusions, sans croyances, sans harmonie. L'esprit dogmatique a dissipé les illusions, l'esprit fort a détruit les croyances, l'esprit de parti a troublé l'harmonie. Est-ce donc un des fauteurs de ces tristes changements qui doit se plaindre de leurs tristes conséquences ? Qu'il ne se plaigne pas non plus si la chanson, par suite de sa décadence et de sa honteuse métamorphose, est venue des indulgentes régions qu'elle habitait, jusqu'à ces lieux austères qu'elle n'eût dû jamais connaître ; qu'il n'accuse pas d'intolérance et de trop de rigueur des magistrats affligés d'avoir à sévir contre l'abus du talent. Non ! qu'il ne les accuse pas ; car il lui était plus facile de ne pas publier son ouvrage qu'il ne l'était à ces magistrats responsables envers la société de rester sourds à la voix de leur conscience, en ne réprouvant pas ce que réprouvent la religion, la morale et la loi. »

Après ce réquisitoire, Mᵉ Dupin, considérant que l'avocat général avait déclaré renoncer à attaquer les chansons comprises dans le premier volume, conclut à ce que ces chansons, couvertes par la prescription, fussent distraites de l'accusation. L'avocat général répondit qu'il avait seulement annoncé qu'il ne s'appesantirait pas sur ces chansons, mais qu'elles appartenaient au procès puisqu'il y avait un arrêt de renvoi.

Mᵉ Dupin dut donc plaider d'abord la prescription. A ses yeux, l'esprit de la loi du 26 mai 1819 séparait le délit de l'instrument qui sert à le commettre. Le délit consistant dès lors dans la pensée coupable, dans l'intention, et non dans le fait matériel de la publication, une réimpression ne pouvait constituer un délit nouveau.

Cette question s'était déjà présentée une fois, et la prescription avait été accueillie par un arrêt rendu en faveur de Cauchois-Lemaire.

Le ministère public disait : il y a chose jugée, puisqu'il y a arrêt de renvoi. Non, répondit Mᵉ Dupin, un arrêt de renvoi ne juge rien et n'enlève en aucune façon au juge le droit d'apprécier sa propre compétence ; l'arrêt de renvoi n'est qu'un simple arrêt de distribution de cause.

La Cour n'en jugea pas ainsi, et, considérant que l'arrêt de mise en prévention avait rejeté le moyen de prescription, elle repoussa les conclusions et ordonna qu'il fût plaidé au fond.

Mᵉ Dupin prit alors la parole.

« Messieurs les jurés, dit-il,

« Un homme d'esprit a dit de l'ancien gouvernement de la France que c'était *une monarchie absolue tempérée par des chansons*. Liberté entière était du moins laissée sur ce point.

« Cette liberté était tellement inhérente au caractère national, que les historiens l'ont remarquée. — « Les Français, dit Claude Seissel (1), ont toujours eu licence et liberté de parler à leur volonté de toute sorte de gens, *et même de leurs princes*, non pas après leur mort tant seulement, mais encore de leur vivant.

« Chaque peuple a sa manière d'exprimer ses vœux, sa pensée, ses mécontentements. L'opposition du taureau anglais éclate par des mugissements ; le peuple de Constantinople présente ses pétitions la torche à la main ; les plaintes des Français s'exhalent en couplets terminés par de joyeux refrains.

« Cet esprit national n'a pas échappé à nos meilleurs ministres, pas même à ceux qui, d'origine étrangère, ne s'étaient pas crus dispensés d'étudier le naturel français. Mazarin demandait : — Eh bien ! que dit le peuple du nouvel édit ? — Monseigneur, le peuple chante. — *Le peuple cante*, reprenait l'Ita-

(1) Archevêque de Turin au seizième siècle, auteur d'une *Histoire de Louis XII*, et du livre de la *Monarchie française.*

lien, *il payera*; et, satisfait d'obtenir son budget, le Mazarin laissait chanter.

« Cette habitude de faire des chansons sur tous les sujets, sur tous les événements, même les plus sérieux, était si forte et s'était tellement soutenue, qu'elle a fait passer en proverbe qu'en France *tout finit par des chansons*. La Ligue n'a pas fini autrement : ce que n'eût pu faire la force seule, la *Satire Ménippée* l'exécuta. Que de couplets vit éclore la Fronde ! Les baïonnettes n'y pouvaient rien.

> Au qui-vive d'ordonnance,
> Alors prompte à s'avancer,
> La chanson répondait : *France !*
> Les gardes laissaient passer.

« Aujourd'hui qu'il n'y a plus de *monarchie absolue*, mais un de ces gouvernements nommés *constitutionnels*, les ministres ne peuvent plus supporter la plus légère opposition; ils ne veulent pas que leur pouvoir soit tempéré, *même par des chansons*. Leur susceptibilité est sans égale... Ils n'entendent pas la plaisanterie... et, sous leur domination, il n'est plus vrai de dire : Tout finit par des chansons, mais: Tout finit par des procès.

« Nous allons donc plaider. Les chansons de M. Béranger sont déférées aux tribunaux.

« M. l'avocat général a fait de ces chansons le plus grand éloge auquel leur auteur pût aspirer; il a prétendu que ce n'étaient point de véritables chansons, mais des *odes*. Il est vrai qu'il n'a vu là qu'une altération du genre : à l'en croire, on ne devrait regarder comme chansons proprement dites que les ponts-neufs

La Grand'Mère.

et les couplets de pure gaieté. Nous, au contraire, nous trouvons ici un perfectionnement qui tient, pour les chansons comme pour tout le reste, à l'élan général de tous les esprits.

« Oui, j'en conviendrai, les chansons de Béranger ne sont pas des *vers à Chloris*; plusieurs d'entre elles s'élèvent jusqu'à l'ode. Excepté quelques rondes consacrées au vin et à l'amour, notre poëte célèbre plus volontiers la bravoure, la gloire, les services rendus à la patrie, l'amour de la liberté...

« Un auteur, dit-on, se peint dans ce qu'il écrit. Nous trouvons le caractère de Béranger dans ses ouvrages. Indépendant par caractère, pauvre par état, content à force de philosophie, n'attaquant que le pouvoir et les abus, et, du reste, pouvant dire de lui ce que bien peu de gens aujourd'hui pourraient dire d'eux-mêmes : *Je n'ai flatté que l'infortune*. »

Ici le défenseur raconte l'histoire de ces chansons qu'on incrimine aujourd'hui; il dit la sécurité profonde avec laquelle, depuis 1815, Béranger avait pu faire paraître, vendre, réimprimer son premier volume et en ajouter un second. Il raconte l'odieuse dénonciation qui mit l'autorité en demeure de sévir, et la destitution qui précéda la poursuite du délit devant la cour; il s'arrête à cette persécution maladroite :

— « Il n'y avait encore, dit-il, qu'un simple réquisitoire; mais comme, d'après la jurisprudence introduite sous le ministère actuel, tout homme dénoncé est nécessairement coupable, on débuta par priver M. Béranger de son emploi.

« Je pourrais m'élever ici contre cet injuste système du ministère actuel d'exiger de tous les fonctionnaires un dévouement absolu à ses volontés et même à ses caprices; de ne laisser à personne ce qu'on a toujours appelé la liberté de conscience; de dire aux électeurs, par exemple : Vous nommerez *nos candidats*, ou vous serez incontinent destitués; vous voterez pour nous ou avec nous, ou bien vous perdrez vos places; de vouloir ainsi associer à son action ce qu'on appelle aujourd'hui des *hommes sûrs* pour tous les emplois, pour toutes les fonctions!.... et de pousser la tyrannie jusqu'à dire, même à ceux qui ne font que des chansons : Vous chanterez pour nous, ou vous serez destitués !

« Mais, nous dit-on, était-il possible de tolérer dans l'instruction publique un employé qui professait de pareilles maximes? — Je réponds d'abord, pour le sieur Béranger, qu'il n'était pas dans le conseil royal d'instruction publique; il était dans un coin du tableau, placé dans un endroit où il ne pouvait faire de sottises... il était simple expéditionnaire. Il obser-

Le vieux Drapeau.

vait..... et quand il se présentait un sujet de chanson, il chansonnait.

« D'ailleurs on ne l'a pas destitué pour avoir fait des *chansons immorales;* celles que l'accusation a qualifiées ainsi appartiennent toutes au volume publié en 1815 : c'était donc en 1815 qu'il eût fallu le destituer, car alors apparemment, comme aujourd'hui, il était défendu d'offenser la morale... Mais l'auteur n'avait pas encore fait cette foule de chansons *politiques*, *antiministérielles* et *antijudiciaires*, qui seules ont irrité contre lui. Il n'avait pas encore célébré dans ses vers les missionnaires, les capucins, et... tous ceux qui disent à l'envi l'un de l'autre :

Éteignons les lumières,
Et rallumons les feux.

Avant d'entrer dans la discussion de chacun des chefs d'accusation, le spirituel défenseur présenta, lui aussi, quelques considérations générales. « Et d'abord, dit-il, le premier sentiment que fait naître ce procès, c'est l'étonnement.

« Un procès pour des chansons !... en France !... et cela vous explique, Messieurs, l'immense affluence que nous voyons au Palais. Dans tous les cercles on s'est dit : Allons voir ce singulier procès; on n'en a jamais vu de semblable, jamais on n'en verra de pareil : profitons de l'occasion. Des gens moins frivoles l'ont regardé comme imprudent, et surtout comme impolitique. Presque tous se sont écriés: Quelle maladresse ! Que c'est mal connaître le cœur humain ! On veut arrêter le cours d'un recueil de chansons, et l'on excite au plus haut point la curiosité publique. On voudrait effacer des traits qu'on regarde comme injurieux, et, de passagers qu'ils étaient par leur nature, on les rend éternels comme l'histoire à laquelle on les associe. Au lieu de les détourner de soi, on vient avouer qu'ils ont frappé droit au but, on se dit percé de part en part ! Rappelez-vous donc ce qu'on lit dans Tacite : « Les injures qu'on méprise s'effacent ; celles qu'on relève, on est censé les avouer. » *Spreta exolescunt; si irascaris, agnita videntur.*

« M. de Lauraguais écrivait au parlement de Paris : Honneur aux livres brûlés. Il aurait dû ajouter : Profit aux auteurs et aux libraires ! Un seul trait suffira à le prouver. En 1775, on avait publié contre le chancelier Maupeou des couplets satiriques, au nombre desquels se trouvait celui-ci :

> Sur la route de Chatou
> Le peuple s'achemine,
> Sur la route de Chatou,
> Pour voir la f..... mine
> Du chancelier Maupeou,
> Sur la rou...
> Sur la rou...
> Sur la route de Chatou.

« Faire une chanson contre un chancelier, et même contre un garde des sceaux, c'est un fait grave. Maupeou, piqué au vif, fulminait contre l'auteur, et le menaçait de tout son courroux s'il était découvert. Pour se mettre à l'abri de la colère ministérielle, le rimeur se retira en Angleterre, et de là il écrivit à Maupeou, en lui envoyant une nouvelle pièce de vers : « Monseigneur, je n'ai jamais désiré que 3,000 fr. de « revenu ; ma première chanson, qui vous a tant dé- « plu, m'a procuré, uniquement parce qu'elle vous « avait tant déplu, un capital de 30,000 fr., qui, « placé à 5 pour 100, fait la moitié de la somme. « De grâce, montrez le même courroux contre la nou- « velle satire que je vous envoie, cela complétera le « revenu auquel j'aspire, et je vous promets que je « n'écrirai plus. »

Quelle était la véritable cause du procès? Une vengeance ministérielle exercée par des hommes dont l'amour-propre trop sensible avait été vivement blessé. L'embarras de l'accusation se décelait par la discordance des réquisitoires et des ordonnances sur le nombre des chansons coupables, sur la question de prescription.

Singulière dans la forme, l'action ne l'était pas moins dans le fond.

« La justice distributive ne s'exerce qu'à l'aide d'une foule de distinctions. Dans les accusations de la presse il faut surtout éviter de confondre les divers genres. S'agit-il d'un livre d'éducation, soyez sévère, punissez le moindre écart. Non-seulement toute fausse maxime, toute idée trop libre est pernicieuse dans ces sortes d'ouvrages, mais l'équivoque même doit en être bannie. La jeunesse ne doit lire que dans le livre de la vertu.

« Avez-vous à juger un sermonnaire : si aux maximes de la charité chrétienne l'imprudent orateur a substitué le langage de la haine et des partis ; si, sous prétexte d'attaquer les vices, il en a tracé le tableau avec les pinceaux de l'obscénité, punissez avec sévérité le prédicateur qui a perdu de vue le véritable esprit de son ministère, et qui s'en est permis un coupable abus.

« Que, dans un ouvrage sur la politique, on excuse, on justifie, ou même que l'on conseille le régicide, comme l'ont fait les jésuites, condamnez l'ouvrage et l'auteur, tout ainsi que le parlement condamna jadis les jésuites et leurs doctrines.

« Mais si, dans une tragédie, on poignarde Agamemnon, direz-vous également qu'on met le régicide en action ? Non, Messieurs, vous n'y verrez qu'un sujet habilement traité, où l'auteur, suivant les règles de son art, nous conduit au dénoûment par la terreur et la pitié.

« Lorsque, dans un poëme moins sérieux, vous voyez *Henri V* en bonne fortune déguisé en matelot à la taverne du *Grand-Amiral*, sous l'escorte du plus mauvais sujet des trois royaumes; lorsque, dans *la Partie de chasse de Henri IV*, on nous représente sur la scène le bon roi mettant le couvert avec la fille de Michau, et la poursuivant autour de la table pour lui dérober un baiser, en conclurez-vous que par ces jeux scéniques on veut avilir les rois et diminuer le respect dû à la royauté ? — Non, Messieurs ; vous ne verrez encore là que l'effet d'un art permis.

« De quelle liberté plus grande encore ne doit pas jouir le plus léger de tous les poëmes, la chanson !

« Faisons attention, d'ailleurs, au goût que notre nation a manifesté de tout temps pour ce genre de composition. Vainement on nous dit d'un air sombre que *le Français n'a plus son ancienne gaieté;* j'en demande pardon au ministère public. La gaieté de nos pères est encore celle de leurs enfants ; aucune loi, aucun procès ne pourra nous empêcher de rire, et la gaieté franche, ainsi que la bravoure, seront toujours les traits les plus marqués du caractère français.

« Boileau nous dit :

> Le Français né malin créa le vaudeville.
>
> La liberté française en ses vers se déploie.

« Voilà les règles de la matière, et je puis bien, ce me semble, invoquer devant vous le législateur du Parnasse dans la cause d'un de ses plus fidèles sujets.

« Enfin, Messieurs, j'aurais bien encore le droit de faire une observation préliminaire :

> Les vers sont enfants de la lyre :
> Il faut les chanter, non les lire.

« Aussi dit-on communément que *c'est le ton qui fait la musique*. Il ne faut donc pas juger d'une chanson par ce qu'elle peut être dans la bouche d'un greffier, encore bien que celui-ci ait lu avec une grâce à laquelle ses prédécesseurs ne nous avaient pas accoutumés (Murmure d'approbation dans l'auditoire). Il ne faut même pas en juger par ce qu'elle peut être dans la bouche du ministère public ; sa voix est habituée à de trop sévères accents. Les chansons qui nous sont déférées n'ont pas été composées sur *l'air de l'accusation*, ni faites pour être débitées gravement par gens en robe et en bonnet carré.

« Chez ce peuple ami des arts et doué d'une sensibilité si vive, où la justice n'était pas seulement une manière de voir et de raisonner, mais aussi une manière de sentir et d'être touché ; devant ce tribunal où Sophocle, pour repousser une demande en interdiction, n'eut besoin que de réciter les beaux vers de son *Œdipe*, on n'eût pas manqué d'ordonner d'*office* que ses couplets, ou, si l'on veut, ses *odes*, seraient chantés à l'audience par les voix les plus mélodieuses, et sous la protection des plus délicieux instruments... Si ce secours nous est ravi, j'espère au moins, Messieurs, que vous nous en tiendrez compte. »

Tout le plaidoyer était là, car, on le sent bien, ce n'est ni à la cour, ni aux jurés que s'adressait Mᵉ Dupin, c'est à l'opinion publique. Aussi, lorsque le spirituel avocat, je ne dis pas défenseur, passa en revue les différents chefs d'accusation, il se contenta d'en appeler aux droits de la gaieté française et de la liberté attachée à ce genre léger de composition qu'on nomme des chansons. La tâche était difficile, peut-être, de disculper l'auteur des *Deux Sœurs de charité*, cette chanson charmante, mais au fond peu morale, où le vice et la vertu sont placés sur la même ligne, où ce mot divin de charité sert de prétexte à un jeu de mots déplorable, à une assimilation fâcheuse. Plus à l'aise avec *les Chantres, les Jésuites, les Missionnaires* et *les Capucins*, Mᵉ Dupin rappela avec bonheur que cette dernière chanson avait été chantée, pour la première fois, en présence du ministre de la police, qui en avait ri de meilleur cœur que ne rient ordinairement les ministres. Quant à la chanson du *Bon Dieu*, il fallut bien avouer que le refrain était *un peu léger*. Le *Dieu des bonnes gens* ne prouvait-il pas que Béranger n'était pas un impie? La chanson du *Vieux Drapeau* n'exprimait qu'un regret, un désir, et si le poète parlait de déployer l'historique emblème, c'était seulement *sur la frontière*.

Était-ce donc là le coupable, l'athée, l'homme immoral, le séditieux, que poursuivait le ministère public? Ne s'était-il pas peint lui-même dans ses vers:

> Je ne sais qu'aimer ma patrie...
> Je n'ai flatté que l'infortune...
> J'aime à fronder les préjugés gothiques,
> Et les cordons de toutes couleurs;
> Mais *étrangère aux excès politiques*,
> Ma liberté n'a qu'un chapeau de fleurs.
> Diogène,
> Sous ton manteau,
> Libre et content, je ris, je bois sans gêne;
> Diogène,
> Sous ton manteau,
> Libre et content, je roule *mon tonneau*.

« Briserez-vous, Messieurs, ce modeste asile que sut respecter un conquérant? Troublerez-vous une existence paisible qui s'écoule tranquillement au sein de la plus douce et de la plus pure amitié? Partagerez-vous l'indignation qu'on a voulu vous inspirer contre un pauvre chansonnier? Ajouterez-vous à la rigueur anticipée d'une destitution dont rien ne justifie du moins la précipitation? Allez-vous sérieusement encourir, aux yeux d'un malin public, le reproche (j'ai presque dit le ridicule) d'avoir transformé des chansons en crime d'État?

« Confondrez-vous ainsi les idées et les principes en ne mettant aucune distinction entre le vaudeville et les autres genres de compositions littéraires ou scientifiques? — Ah, Messieurs! si l'on eût déféré une pareille cause au jugement de *nos bons aïeux*, ils auraient secoué la tête, en murmurant entre leurs dents: *Chansons que tout cela*, et ils eussent fait ainsi preuve d'esprit autant que de justice. »

Ce plaidoyer spirituel, incisif, trop spirituel et trop incisif peut-être s'il ne s'agissait que de défendre les intérêts du chansonnier, égaya plus d'une fois l'auditoire et remua la bile de Marchangy. L'avocat du roi laissa percer son dépit dans une réplique un peu aigre.

« Le défenseur du sieur de Béranger, dit-il, a plus d'un genre de talent sans doute; mais celui qu'il affectionne davantage, c'est cette facilité de plaisanterie, cette intarissable surabondance de digressions et d'épisodes, en un mot, cette élocution anecdotique dont il a donné tant de preuves au barreau. Il n'est guère de procès politiques et surtout de délits de la presse qui n'aient été égayés par lui plus qu'on ne l'en eût cru susceptible. Il était donc naturel qu'il sentît redoubler sa vocation dans une cause dont son client semble s'être promis de chansonner tous les actes: il y avait donc ici nécessité d'être plaisant et le rire avait force.

« Si les principes et les lois étaient des biens privés dont on pût disposer pour prix du plaisir qu'on reçoit, vous seriez désarmés, parce que vous auriez souri; mais vous n'êtes que dépositaires et comptables des intérêts que la société vous a remis. Vous n'êtes point venus dans cette enceinte chercher une récréation, mais remplir un devoir. Dès lors, qu'ont de commun la gaieté et le sentiment du devoir? Qu'ont de commun l'austérité de vos fonctions et l'hilarité d'un auditoire *oisif* qu'attire ici un *frivole* instinct de curiosité? »

Après cette boutade, à l'adresse du public qui s'était permis de rire, l'avocat du roi dit que, citer des ouvrages sans nombre dont les auteurs n'avaient pas été punis, ce n'était pas une défense, mais une évasion. On avait tourné autour du vrai point de la cause, sans le toucher jamais. La licence impunie n'autorise pas la licence. Et d'ailleurs, était-il vrai de dire que la chanson ne fût pas réprimée autrefois. Et, ici, Marchangy disait fort sensément:

« On disait autrefois de notre vieux gouvernement que c'était une monarchie tempérée par des chansons. Depuis, l'État a trouvé des garanties d'une tout autre importance, et la chanson pourrait sans inconvénient abdiquer l'exercice de ses fonctions politiques; et cependant, avant la révolution même, son émancipation en ce genre n'était point illimitée: elle était punie par un mode administratif, mode arbitraire sans doute. »

Marchangy avait raison, la Cour d'assises était un progrès évident sur les lettres de cachet et Sainte-Pélagie n'avait rien à envier à la Bastille.

L'avocat du roi ajoutait, avec non moins d'à-propos, que la révolution ne souffrait que les chansons qui lui plaisaient et que *vive Henri IV* était puni de mort en ce bon temps de liberté. Quant à l'empire, il ne traitait pas les chansonniers devant un tribunal, mais il les supposait fous et les enfermait, sans autre forme de procès, dans une loge de Charenton ou dans un cabanon de Bicêtre. Et il est à supposer que, l'empire durant, Béranger n'eût jamais risqué de protestation plus hardie que *le roi d'Yvetot*.

Rentrant dans les trois points de la cause, Marchangy réitéra ses accusations au nom de la morale religieuse, insultée par le tableau d'un Dieu fainéant; de la dignité royale comparée par des outrages à « ces nains si bien parés, sur des trônes à clous dorés, qui, le front huilé, l'humeur altière, disent que Dieu a béni leurs droits, et qu'ils sont rois par sa grâce, ce qui n'est pas vrai. »

Mais surtout le réquisitoire insista sur le dernier chef de prévention, la provocation au port d'un signe de ralliement prohibé: « On vous dit, s'écrie-t-il, que la chanson du *Vieux drapeau* n'est que la traduction d'une phrase prononcée à la tribune de la Chambre des députés. Il y a une sorte de lâcheté et de mauvaise foi à se cacher ainsi derrière l'inviolabilité des députés. » On n'avait eu pour objet que « d'opérer une scission militaire et d'opposer l'étendard de la sédition à l'étendard légitime. »

Après avoir réfuté les différents moyens du défenseur, Marchangy termina en comparant l'unique argument sérieux de la défense aux nécessités sociales qui commandaient la répression :

« On vous dit : Ces poésies sont, il est vrai, obscènes, impies, séditieuses; *mais ce sont des chansons*. Elles peuvent ravir à la jeune fille sa pudeur, à l'épouse sa chasteté conjugale; au chrétien sa foi ; au soldat sa fidélité; au pauvre ses consolations; *mais ce sont des chansons*. Elles prodiguent le sarcasme et la dérision, non-seulement aux ministres de l'Église, mais encore à tous ceux qui s'y rassemblent pour prier; elles essayent de glacer par le ridicule des pratiques religieuses déjà ralenties par le scepticisme et l'indifférence ; *mais ce sont des chansons*. Elles jettent dans les cœurs ces folles semences qui ne peuvent produire que l'amertume; elles attisent une sorte de défiance et de haine entre toutes les classes de la société; *mais ce sont des chansons*. Elles excitent à déployer, comme signe de ralliement et de révolte, ce drapeau qu'il ne faudrait déployer que pour faire sécher le sang et les larmes dont il est abreuvé; *mais ce sont des chansons*.

« Ce langage, Messieurs, serait imprudent et irréfléchi dans la bouche des gens du monde, mais il serait une lâche apostasie dans la nôtre, puisque nous devons faire exécuter les lois; et il serait un parjure dans la vôtre, puisque vous avez juré de prononcer en votre âme et conscience sur les faits qui vous seront soumis. »

Le sombre réquisitoire de Marchangy rappela Mᵉ Dupin à la gravité. Il s'excusa, en quelque sorte, des plaisanteries dont il avait semé sa défense, en rejetant sur l'accusation la responsabilité de ce ton, seul qu'il fût possible de prendre. Pouvait-on traiter avec sérieux les reproches adressés à Béranger ? C'eût été les accepter. Fallait-il tout rembrunir avec l'accusation ? Non, il fallait rendre aux couplets leur véritable caractère et, comme le dit spirituellement l'avocat, « il ne fallait pas que le commentaire fût plus lourd que le texte. »

Pour avoir cité des exemples d'impunité, la défense avait-elle fait bon marché du délit? Non, elle avait prouvé seulement que Béranger n'avait pas excédé les limites du genre.

Sur le chef d'outrage à la morale religieuse, Mᵉ Dupin insista sur cette idée que le poëte, en respectant la religion, n'avait attaqué que les travers et les ridicules de certains ministres. Or, attaquer les abus, c'est respecter la chose.

Sur le fait d'outrage à la dignité royale, la défense se fit à son tour agressive.

« On a voulu écarter, des ministres chansonnés par Béranger et de quelques autres individus qui se trouvent dans le même cas, le reproche d'avoir agi par passion et par ressentiment. Sont-ce les ministres, a-t-on dit, qu'on a voulu chansonner dans le couplet *Que font ces nains ?*...

« Ah ! sans doute, ceux que Béranger a offensés n'ont pas eu la maladresse d'agir à découvert ! Ils n'avaient garde de venir vous dire ingénument : C'est nous qu'on a voulu célébrer dans ce couplet; cette lettre que vous voyez, cette majuscule, cette initiale, eh bien ! c'est la première lettre de mon nom ! vengez-moi. Mais les uns se sont appuyés du nom de Dieu et les autres de la personne du roi, afin de ne paraître défendre que la cause des bonnes mœurs, de la religion et de la légitimité : voilà le langage détourné de l'homme qui dissimule son ressentiment pour mieux venger son injure : il n'ose s'en plaindre, mais elle vit au dedans de lui-même : *vivit sub pectore vulnus*. »

« Vous poursuivez, ajouta gravement l'avocat, la punition *d'offenses personnelles* à la majesté royale. Mais avez-vous consulté l'offensé ? Avez-vous son agrément pour faire un procès en son nom? On ne peut agir d'office pour procurer aux gens une satisfaction qu'ils ne demandent pas. Du temps de Louis XII aussi, il y avait des magistrats qui savaient accuser au besoin, et pourtant ils ne se croyaient pas dispensés de consulter le roi lorsqu'il s'agissait de sa personne. On pressait Louis XII de faire punir... Il ne le voulut pas (1). De tels traits, dit-on, ne sont pas rares; j'ajoute qu'il n'y a pas d'inconvénient à les multiplier; et certes, il eût mieux valu ajouter à l'histoire une page comme celle de Louis XII, que d'y ajouter une page de ridicule, parce qu'il paraîtra inconcevable qu'à l'époque où nous nous trouvons, on ait rassemblé douze jurés, occupé toute une Cour, enlevé des magistrats et des citoyens à de graves ou d'utiles occupations, pour prononcer sur des couplets de chansons. »

Mais de ces chansons, l'une, disait-on, excitait à la révolte? « J'ai déjà prouvé que non. Qu'est-ce que provoquer au crime? C'est exhorter ouvertement à le commettre, c'est dire : *Prenez, partez, marchez.*

L'avocat général interrompant : « Il dit, *déployons-le.* »

— « Ajoutez donc *sur la frontière*, répliqua Mᵉ Dupin avec chaleur. Eh quoi! lorsqu'un sens généreux s'offre à la pensée, quand les termes ne présentent aucune équivoque, quand la défense est appuyée sur l'explication donnée par l'auteur lui-même, n'est-il pas inouï qu'on s'attache obstinément à un sens détourné et que l'on se consume en efforts pour rendre criminel ce qui est innocent? Ne serait-il pas temps enfin de renoncer à ce funeste système d'interprétations, de conjectures et d'insinuations perfides, incessamment démenties par ceux dont on veut à toute force traduire la pensée ?»

L'avocat termina en se demandant si ces pauvres chansons étaient bien capables de causer tout le mal qu'on disait. « Non, Messieurs, elles ne produiront pas ces sinistres effets; elles n'inspireront que la gaieté ; et ceux à qui elles déplaisent auront seulement à se reprocher d'avoir accru la vogue de ces chansons et de l'avoir rendue plus durable par une accusation aussi étrange qu'irréfléchie. »

M. le président Larrieux résuma ensuite les débats avec une lucidité et une impartialité remarquables; puis, les questions suivantes furent posées au jury :

1° Pierre-Jean de Béranger est-il coupable d'avoir commis le délit d'outrage aux bonnes mœurs, en composant, faisant imprimer, publiant, vendant et distribuant un ouvrage en deux volumes, ayant pour titre *Chansons*, et renfermant notamment les chansons ayant pour titre *la Bacchante, ma Grand'Mère, Margot ?*

2° Est-il coupable d'avoir commis le délit d'outrage à la morale publique et religieuse, en.... notamment les chansons suivantes: *Deo Gratias d'un Épicurien; la Descente aux Enfers; mon Curé; les Capucins; les Chantres de paroisse; les Missionnaires; le Bon Dieu;* et le troisième couplet de la chanson intitulée *la Mort du roi Christophe?*

---

(1) Mᵉ Dupin, ici, habille un peu l'histoire et fait bon marché de la situation nouvelle faite aux rois de France par la Charte.

3° Est-il coupable d'avoir commis le délit d'offense envers la personne du roi, en... notamment : le septième couplet de la chanson intitulée *le Prince de Navarre;* le quatrième couplet de la chanson intitulée *le Bon Dieu;* le troisième couplet de la chanson intitulée *l'Enrhumé;* le dernier couplet de la chanson intitulée *la Cocarde blanche?*

4° Est-il coupable d'avoir provoqué au port public d'un signe extérieur de ralliement non autorisé *par le roi,* en.... notamment la chanson intitulée *le Vieux Drapeau?*

Après trois quarts d'heure passés dans la salle des délibérations, le chef du jury rapporta les réponses suivantes :

Sur la première question, *non,* le prévenu n'est pas coupable ;

Sur la deuxième question, *oui,* le prévenu est coupable, à la majorité de sept voix contre cinq ;

Sur la troisième question, *non;*

Sur la quatrième, *oui,* à la majorité de sept contre cinq.

Sur ces réponses, la Cour rendit l'arrêt suivant :

« La Cour, après en avoir délibéré aux termes de l'article 351 du Code d'instruction criminelle et de la loi du 24 mai 1821, déclare se réunir, à l'unanimité, à la majorité du jury sur les deuxième et quatrième questions. »

Passant à l'application de la peine, la Cour rendit ensuite cet autre arrêt :

« Considérant que le fait de provocation au port public d'un signe extérieur de ralliement non autorisé *par la loi ou par des règlements de police* (1), déclaré constant par la réponse à la quatrième question, n'est qualifié ni crime, ni délit par la loi ; vu l'article 364 du Code d'instruction criminelle, déclare le sieur de Béranger absous du dernier chef de prévention contenu et déclaré constant en la réponse à la quatrième question.

« Sur la deuxième question, résolue affirmativement, vu les articles 1er et 8 de la loi du 17 mai, et l'article 26 de la loi du 26 mai, condamne de Béranger en trois mois de prison, 500 francs d'amende, en l'affiche et l'impression de l'arrêt, au nombre de mille exemplaires, à ses frais ; déclare la saisie de l'ouvrage, en ordonne la suppression, et la destruction des exemplaires saisis et de ceux qui pourraient l'être ultérieurement. »

Voilà donc Béranger condamné à la prison. Sa popularité s'en accrut encore ; c'était dans l'ordre. Mais tout n'était pas fini. Le libraire Baudouin fit paraître un écrit intitulé : *Procès fait aux chansons de Béranger,* dans lequel se retrouvaient les chansons condamnées par l'arrêt du 8 décembre 1821, et dont la destruction et la suppression avaient été ordonnées. Le ministère public vit là un cas de récidive et une occasion de frapper de nouveau sur l'ennemi. On faisait subir à Béranger, depuis sa condamnation, une persécution véritable. La censure qui, disait Marchangy, « n'a pas été instituée pour le plaisir des lecteurs, » avait supprimé dans les journaux la plaidoirie de Me Dupin ; le *Drapeau blanc,* après ces mots : « Me Dupin prend la parole, » avait laissé une colonne de blanc, après laquelle venait la réponse de l'avocat général « qui réfuta victorieusement *ce qui précède.* » La police avait fermé les yeux sur les nombreuses contrefaçons des chansons de Béranger. Enfin, vexation odieuse et inutile, on avait été jusqu'à fouiller le poëte dans sa prison comme un voleur, pour trouver sur lui un *supplément* qui n'existait pas, que sa parole d'honnête homme avait dénié. Toutes ces circonstances frappèrent à l'avance d'impuissance la poursuite nouvelle qui fit comparaître Béranger et Baudouin devant la Cour d'assises. Mes Dupin et Berville (leurs plaidoyers n'ont pas été sténographiés) n'eurent pas de peine à prouver, comme l'avait fait déjà une consultation signée de trente-deux avocats, qu'on avait dû faire imprimer la défense pour rétablir l'équilibre, et que, sous l'empire d'une charte qui proclamait la publicité des débats en matière criminelle, il ne pouvait être interdit de publier un acte éminemment public. Béranger et Baudouin furent acquittés.

Sept ans après, le 10 décembre 1828, l'étroite enceinte de la 6e chambre de police correctionnelle était assiégée par un public avide ; Béranger était, une fois encore, accusé d'outrage à la morale publique et religieuse, à la religion de l'État, d'offenses envers la personne du roi, d'attaque à la dignité royale, d'excitation à la haine et au mépris du gouvernement. Le libraire-éditeur Alexandre Baudouin, l'imprimeur Fain, les libraires Lécluse, Truchy et Bréauté étaient prévenus dans la même cause ; car, on le pense bien, il s'agissait encore de chansons.

Dès huit heures du matin, une foule énorme assiégeait les portes, et, quand elles s'ouvrirent, ce fut une véritable débâcle dans laquelle robes élégantes, robes d'avocats, habits et chapeaux semèrent de leurs débris la salle trop étroite. Il y avait là le général Sébastiani, le poëte et professeur Andrieux, Laffitte et son gendre le prince de la Moskowa, Bérard : c'était une ovation ; faute de place, les hommes les plus illustres occupaient le banc des prévenus.

Quand le président, M. Merlin, eut enfin obtenu le silence, l'avocat du roi, M. Champanhet, prit la parole en ces termes :

« Il y a sept ans, lorsque, traduit devant des jurés, et accusé par la bouche éloquente d'un magistrat enlevé trop tôt à la carrière du ministère public qu'il illustrait, le sieur de Béranger encourut une condamnation juste, mais modérée, pour des écarts d'une muse trop licencieuse, tous les bons esprits pensèrent que cet écrivain, corrigé par cette leçon, saurait désormais se prescrire la réserve que lui commandaient les lois, sa conscience et son propre intérêt ; mais, loin de là, méprisant ou mettant en oubli un avertissement qui eût dû être salutaire, il est retombé dans de nouveaux excès. Des vers, bien autrement répréhensibles que ceux qui furent frappés de la justice, le conduisent aujourd'hui devant vous comme il le fut devant la Cour d'assises.

« Condamné alors pour avoir, dans ses rimes, outragé la morale publique et religieuse, il paraît devant vous sous cette même prévention, et de plus il doit répondre d'autres vers outrageants pour la religion de l'État, offensants pour la personne du roi, sa dignité, son gouvernement. Ainsi, le temps et l'exemple ont été perdus pour le sieur de Béranger, qui n'a pas craint d'aggraver de nouveaux torts par le souvenir des premiers.

« Comment un homme qui à l'esprit unit la raison, sans doute, a-t-il pu ainsi deux fois, en peu de temps, enfreindre de propos délibéré les lois de son propre pays en ce qu'elles ont de plus saint et de plus respectable dans leurs prohibitions ? Est-ce un vain amour de cette célébrité décevante qui s'attache à tout ce qui a l'apparence d'un courage d'opposition ? Est-ce un fâcheux travers d'esprit, une manie déplorable de voir toujours le mal dans le bien, ou le sieur

---

(1) On aura remarqué que la quatrième question présentée au jury disait, inconstitutionnellement : *non autorisé par le roi.*

de Béranger n'aurait-il fait qu'obéir aux inspirations d'un esprit de révolte et de licence dont il serait dominé? »

« Faut-il justifier ces différents chefs de prévention? dit M. Champanhet. Non; prenez et lisez. » Et l'avocat du roi lut les 8e et 9e couplets de la chanson intitulée *l'Ange gardien.* Nous la savons par cœur; mais lisons-la avec lui :

> A l'hospice, un gueux tout perclus
> Voit apparaître son bon ange;
> Gaiement il lui dit : Ne faut plus
> Que Votre Altesse se dérange.
> Tout compté, je ne vous dois rien :
> Bon ange, adieu; portez-vous bien.
>
> Sur la paille, né dans un coin,
> Suis-je enfant du Dieu qu'on nous prêche?
> Oui, dit l'ange, aussi j'eus grand soin
> Que ta paille fût toujours fraîche.
> Tout compté, je ne vous dois rien :
> Bon ange, adieu; portez-vous bien.
>
> Jeune, et vivant à l'abandon,
> L'aumône fut mon patrimoine.
> Oui, dit l'ange, et je te fis don
> Des trois besaces d'un vieux moine.
> Tout compté, je ne vous dois rien :
> Bon ange, adieu; portez-vous bien.
>
> Soldat bientôt, courant au feu,
> Je perdis une jambe en route.
> Oui, dit l'ange, mais avant peu
> Cette jambe aurait eu la goutte.
> Tout compté, je ne vous dois rien :
> Bon ange, adieu; portez-vous bien.
>
> Pour mes jours gras, du vin fraudé
> Mit le juge après mes guenilles.
> Oui, dit l'ange; mais je plaidai :
> Tu ne fus qu'un an sous les grilles.
> Tout compté, je ne vous dois rien :
> Bon ange, adieu; portez-vous bien.
>
> Chez Vénus j'entre en maraudeur;
> C'est tout fruit vert que j'en rapporte.
> Oui, dit l'ange; mais, par pudeur,
> Là, je te quittais à la porte.
> Tout compté, je ne vous dois rien :
> Bon ange, adieu; portez-vous bien.
>
> D'un laideron je devins l'époux,
> Priant qu'il ne soit que volage.
> Oui, dit l'ange; mais nul de nous
> Ne se mêle de mariage.
> Tout compté, je ne vous dois rien :
> Bon ange, adieu; portez-vous bien.
>
> Vieillard, affranchi de regrets,
> Au terme heureux enfin atteins-je?
> Oui, dit l'ange; et je tiens tout prêts
> *De l'huile, un prêtre et du vieux linge.*
> Tout compté, je ne vous dois rien :
> Bon ange, adieu; portez-vous bien.
>
> De l'enfer serai-je habitant,
> Ou droit au ciel veut-on que j'aille?
> Oui, dit l'ange; ou bien non, pourtant,
> Crois-moi, *tire à la courte paille.*
> Tout compté, je ne vous dois rien.
> Bon ange, adieu; portez-vous bien.
>
> Ce pauvre diable ainsi parlant
> Mettait en gaieté tout l'hospice.
> Il éternue, et, s'envolant,
> L'ange lui dit : Dieu te bénisse!
> Tout compté, je ne vous dois rien :
> Bon ange, adieu; portez-vous bien.

« Qui ne voit, dit l'avocat du roi, dans ce colloque imaginé par l'auteur, une dérision jetée sur cette doctrine de l'Église catholique qui admet auprès de chaque chrétien l'influence mystérieuse et salutaire d'un esprit céleste? Dans le 8e couplet, l'auteur n'a-t-il pas eu pour but de verser le ridicule sur un des sacrements, sur celui-là même que la religion, *celle de l'État,* offre à l'homme mourant comme un gage de réconciliation entre lui et le ciel? Et le 9e couplet n'exprime-t-il pas un doute affreux jeté sur le dogme sacré et *universel* des peines et des récompenses futures, sur le principe éternel d'une vérité et d'une vie à venir. »

Sur les autres points, la Cour avait vu une offense faite à la personne du roi et à la dignité royale dans la *pièce de vers* intitulée : *Le sacre de Charles le Simple.* Voici le texte de la chanson incriminée :

> Français, que Reims a réunis,
> Criez Montjoie et Saint-Denis!
> On a *refait* la sainte ampoule,
> Et comme au temps de nos aïeux,
> Des passereaux lâchés en foule,
> Dans l'église volent joyeux.
> D'un joug brisé *ces vains présages*
> Font sourire Sa Majesté.
> Le peuple crie : Oiseaux, plus que nous soyez sages;
> Gardez bien, gardez bien votre liberté. (*bis.*)
>
> Puisque aux vieux us on rend leurs droits,
> Moi, je remonte à Charles trois.
> Ce successeur de Charlemagne
> De Simple mérita le nom.
> Il avait couru l'Allemagne,
> Sans illustrer son vieux prénom.
> Partout à son sacre on se presse,
> Oiseaux et flatteurs ont chanté.
> Le peuple crie : Oiseaux, point de folle allégresse;
> Gardez bien, gardez bien votre liberté.
>
> Chamarré de vains oripeaux,
> Ce roi, grand avaleur d'impôts,
> Marche, entouré de ses fidèles,
> Qui tous, en des temps moins heureux,
> Ont suivi les drapeaux rebelles
> D'un usurpateur généreux.
> Un milliard les met en haleine :
> C'est peu pour la fidélité.
> Le peuple crie : Oiseaux, nous payons notre chaîne;
> Gardez bien, gardez bien votre liberté.
>
> Aux pieds des prélats cousus d'or,
> Charles dit son *Confiteor.*
> On l'habille, on le baise, on l'huile,
> Puis, au bruit des hymnes sacrés,
> Il met la main sur l'Évangile,
> Son confesseur lui dit : « Jurez;
> « Rome, que l'article concerne
> « Relève d'un serment prêté. »
> Le peuple crie : Oiseaux, voilà comme on gouverne;
> Gardez bien, gardez bien votre liberté.
>
> De Charlemagne, en vrai luron,
> Dès qu'il a mis le ceinturon,
> Charles s'étend sur la poussière.
> « Roi! crie un soldat, levez-vous!
> « Non, dit l'évêque, et par saint Pierre,
> « Je te conjure, enrichis-nous;
> « Ce qui vient de Dieu vient des prêtres;
> « Vive la légitimité! »
> Le peuple crie : Oiseaux, *notre maître a des maîtres;*
> Gardez bien, gardez bien votre liberté.
>
> Oiseaux, ce roi miraculeux,
> Va guérir tous les scrofuleux.
> Fuyez, vous qui de son cortège
> Dissipez seul l'ennui mortel;
> Vous pourriez faire un sacrilège
> En voltigeant sur cet autel.
> Des bourreaux sont les sentinelles
> Que pose ici la piété.
> Le peuple crie : Oiseaux, nous envions vos ailes;
> Gardez bien, gardez bien votre liberté.

Les allusions étaient flagrantes, hardies : la chanson faisait beau jeu au réquisitoire. Reste à savoir s'il était bien habile de lever le voile transparent qui couvrait l'outrage. M. Champanhet n'hésita pas à prouver, tâche facile, que Charles III, dit le Simple, n'ayant jamais été couronné ni sacré avec ces circonstances, il fallait bien lire sous son nom celui de Charles X.

« Quoi ! ce prince qui vient de recueillir, en parcourant la France, les témoignages universels de l'amour et de la vénération de ses peuples, ce prince si religieux, si loyal observateur de sa parole, si constamment occupé du bien-être de ses sujets, est représenté par un Français à des Français comme se laissant conseiller le parjure au pied même des autels témoins de ses serments ! On ose bien l'y faire voir méditant la ruine de ces libertés qu'il vient d'affranchir, et dévorant la substance de ce peuple qu'il aime comme l'aimait le plus grand et le plus chéri de ses aïeux !... On ne craint pas enfin d'insinuer qu'il a des maîtres, et, outrageant à la fois la religion dans ses ministres, le souverain dans sa dignité, on prête aux uns le langage impérieux de la domination, et à son prince l'attitude et les sentiments d'une abjecte soumission ! Non, le roi de France n'a point de maître sur la terre. Sa couronne, il la tient de Dieu ! »

Le *sieur de Béranger* s'était enfin appliqué à exciter la haine, à provoquer au mépris du gouvernement royal. L'accusation en apportait pour preuve une chanson intitulée : *Les infiniment petits, ou la Gérontocratie* (gouvernement des vieux), dont le refrain transparent était :

Et les barbons *règnent toujours.*

L'avocat du roi conclut à l'application des peines portées aux articles 4, 8 et 9 de la loi du 17 mai 1819, et 1, 2 et 4 de la loi du 25 mars 1822.

Me Barthe prit ensuite la parole. Le défenseur de Béranger commença par faire la part des vérités essentielles, des principes éminemment respectables : en morale religieuse, l'existence de Dieu et l'immortalité de l'âme ; en morale politique, l'inviolabilité de la personne du prince et la protection due à son honneur contre les outrages. Béranger avait-il donc foulé aux pieds ces principes, méconnu ces vérités ? Si son crime était évident, pourquoi donc cherchait-on à étouffer la discussion dans le huis-clos de la chambre du conseil ? Et, s'il était coupable, était-ce donc un de ces hommes qu'il faut séparer du reste de la société, auxquels il faut interdire le commerce de leurs semblables, et verrait-on accuser tous ceux qui auraient eu quelque rapport avec lui à l'occasion de son livre, libraires, imprimeurs, comme s'ils avaient contracté une souillure en s'approchant de lui ?

« Etrange accusation, qui semble demander à un pays tout entier de se repentir des sentiments qu'un grand talent et qu'un noble caractère lui ont inspirés ; étrange accusation que la raison publique désavoue, qui produit l'effet d'un véritable anachronisme, et qui paraît subie tout aussi bien par le ministère que par le prévenu lui-même ! »

La cause de l'accusation n'est pas dans la chanson, ajoutait Me Barthe ; elle est dans les intrigues de cette administration tombée, dont les débris cherchent à se réunir et s'agitent autour du trône pour persuader que le sol est ébranlé. C'est cette faction vaincue qui a imposé par ses clameurs « à un ministère dont la faiblesse trahit parfois les intentions, le devoir d'un procès contre un poète qui a le plus contribué à lui arracher le masque dont elle se couvrait. »

Ce zèle intempestif pour la religion et pour le roi n'était, au fond, selon Me Barthe, que la rancune d'une administration dépossédée du pouvoir contre l'indépendance et le talent.

On s'appuyait, pour le premier chef de la prévention, sur la chanson de l'*Ange gardien* : « Le poète y a peint, dit le défenseur, un pauvre perclus, attendant son dernier moment dans un hospice. Là, il est visité par son ange gardien, et il lui demande des comptes sur la protection qu'il lui devait. Le ministère public et la prévention, choisissant parmi tous les couplets qui composent ce poëme ceux qui, détachés, se prêtaient plus facilement à l'accusation, n'ont pas parlé des autres. »

Le défenseur lut le poëme en entier et chercha à l'absoudre du crime d'irréligion. Ici, la tâche de Me Barthe était assez difficile à remplir. La chanson de son client ridiculisait évidemment un dogme de la religion catholique, et cette attaque, assez malheureuse après tout, s'adressait à la plus poétique des conceptions religieuses, et, pour ne parler qu'en poëte, à la plus aimable personnification de la conscience humaine. Le vieil infirme de Béranger, couché sur son lit de douleur, a beau donner tort à son divin protecteur, il est trop clair que ce gueux raisonneur est un assez triste gredin, et que le rôle donné à l'ange est aussi par trop sacrifié. La chanson est mauvaise en somme, mauvaise d'intention, médiocre de facture et de langage. Il faut bien la ranger parmi les plus pauvres inspirations du chansonnier. Aussi Me Barthe, pour justifier ce qu'il appela la *saillie* du poëte, fut-il obligé de se jeter à côté de la prévention, et de récriminer contre des lazaristes et des missionnaires qui auraient voté pour les élections sans payer de contributions. La religion n'était donc plus qu'un drapeau de parti ; elle n'était plus la haute sanction de la morale.

Cette argumentation assez faible ne pouvait effacer le malheureux couplet de la courte paille. Me Barthe rappela, pour l'excuser, les doutes de Rousseau sur son salut futur, doutes tranchés, comme on se le rappelle, par un caillou lancé de très-près sur un gros arbre. L'avocat fut heureux quand il rappela les licences prises, à toutes les époques de notre littérature, par les écrivains les plus vraiment français, et finit par le seul argument présentable : « Celui-là a-t-il jamais douté d'une vie meilleure et de l'immortalité de l'âme, qui a composé le *Dieu des bonnes gens, la Vieille* et *Mon âme ?* » A la bonne heure ! c'était là la véritable défense, et il suffisait de rappeler les plus pures et les plus nobles conceptions du poëte, pour faire de *l'Ange gardien* ce qu'est véritablement cette chanson, une *gaminerie* sans importance.

Le second chef de prévention reposait sur *la Gérontocratie* et *le sacre de Charles le Simple.*

« Dans la première de ces chansons, dit l'avocat, l'auteur a voulu faire entendre que si la France retombait sous la main des hommes qui veulent rééditer le présent avec les débris du passé, il en résulterait telles et telles conséquences. Il a voulu parler de ces hommes qu'un des écrivains les plus anciens de notre époque a peints d'un seul trait en les représentant

« Au char de la raison, attelés par derrière. »

Le vers était du vénérable Andrieux, et les regards sympathiques de l'auditoire se portèrent, à cette citation, sur le poète honnête homme que le spirituel défenseur faisait intervenir dans le débat.

« Vous prétendez, dit très-bien Me Barthe, défendre la dignité royale, et c'est vous-mêmes qui l'attaquez.

« Messieurs, dit l'avocat en terminant, vous n'oublierez pas qu'en jugeant le poëme vous jugez aussi l'homme, que vous jugez Béranger; et c'est surtout sous ce rapport que ma cause est belle. Je le demande, quel est le Français qui voudrait briser le moule de l'auteur du *Dieu des bonnes gens?* qui voudrait anéantir ses écrits ou les condamner à l'oubli? J'aurais tort, il est vrai, d'exprimer devant vous ce que j'éprouve moi-même d'estime et d'affection pour un caractère qui m'est si bien connu. Désintéressé, sans ambition, son génie n'a pas même rêvé l'Académie; il n'a jamais spéculé ni sur son talent, ni sur l'intérêt qu'il inspirait; et quoique son cœur ne craigne pas le fardeau de la reconnaissance, il a pu refuser les offres de l'opulence, alors même qu'elles étaient dictées par la plus tendre amitié. Sachant dérober aux Muses le temps que beaucoup d'infortunes ont réclamé, et qu'elles n'ont pas réclamé en vain, il a pu faire dire à son âme:

> Utile au pauvre, au riche sachant plaire,
> Pour nourrir l'un, chez l'autre je quêtais;
> J'ai fait du bien, puisque j'en ai fait faire.
> Ah! mon âme, je m'en doutais.

« Il est vrai que sa muse, fière et indépendante dans ses inspirations patriotiques, a traité souvent le pouvoir sans indulgence. Messieurs, je ne pense pas que le génie ait été jeté au hasard sur la terre, et sans avoir une destination. Béranger a aussi la sienne; il vous l'a dit : Je suis chansonnier. Fronder les abus, les vices, les ridicules, faire chérir la tolérance, la véritable charité, la liberté, la patrie, voilà sa mission. S'il a signalé ce qui lui a paru dangereux, toutes les infortunes l'ont trouvé fidèle; c'est pour lui surtout que le malheur a été sacré.

« On l'a accusé de bonapartisme. Messieurs, lorsque le colosse était encore debout, et avant que le Sénat eût parlé, Béranger avait, dans son *Roi d'Yvetot*, critiqué cette terrible et longue guerre qui aurait pu engloutir la France avec le chef de ses soldats. Béranger n'est certes pas un partisan des tyrannies de l'Empire; mais quand il a vu le lion renversé, insulté par ceux-là même qui rampaient à ses pieds, les vicissitudes de cette grande destinée ont ému son âme; une sorte d'intérêt poétique s'est emparé de lui, et il a déposé une fleur sur la tombe de celui qui, pendant sa puissance, n'avait obtenu de lui qu'une critique...

« Mais il est un autre titre qui le recommande à tous les hommes généreux de tous les sentiments, celui qui honore le plus les nations à leurs yeux, aux yeux de l'étranger, c'est le patriotisme, c'est l'amour du pays, la haine de l'invasion étrangère, l'amour des gloires de la patrie. C'est à faire naître, à réchauffer ce noble sentiment que notre poëte excelle. Oui, l'amour de la patrie, l'amour de la France, voilà ce qui, dans ses vers, au milieu des banquets, ou des rêveries de la solitude, a fait battre le cœur de ses concitoyens; voilà ce qui a fait son immense popularité. En quelque lieu qu'il se présente, en France, à l'étranger, il est sûr de trouver des admirateurs, des amis. O vous, Messieurs, qui devez représenter le pays, ne dites pas au roi qu'un tel homme n'a pour lui que des injures; ne dites pas au poëte que les autres nations nous envient, que la France n'a pour lui qu'une prison! Je compte sur son absolution. »

Ainsi parla Me Barthe, et le magnifique éloge qu'on vient de lire souleva plus d'une fois les applaudissements de l'auditoire. La forme a vieilli, de cet éloge, mais la forme seule; après vingt-huit ans écoulés, le fond en est resté immuable, et, ce que l'on pouvait dire du poëte à cette époque, la postérité qui a commencé pour lui le répète encore aujourd'hui.

Me Berville, défenseur de M. Baudouin, n'avait pas à dépenser tant d'éloquence, parlant, comme il le dit, pour *un simple libraire*. L'élégant orateur se contenta d'écarter des préventions fâcheuses qui couraient contre M. Baudouin et qui le représentaient comme seul coupable, comme seul promoteur d'une publication qui soulevait tant de susceptibilités. Il raconta l'histoire du traité avec Béranger, l'éveil donné par M. Baudouin à la justice relativement à la publication d'une contrefaçon; puis, il examina la question de responsabilité.

Faudrait-il donc, s'écria-t-il, que désormais les éditeurs fussent condamnés pour n'avoir pas eu d'esprit? « Que de coupables dans ce monde! » Il aurait donc fallu que le libraire Baudouin devinât que Charles le Simple signifiait Charles X et que les *barbons* voulaient dire les Bourbons. « Il fallait deviner cela ou aller en prison! Ainsi le sphinx proposait des énigmes, et dévorait qui n'avait pu les deviner! »

Le tribunal vit, dans les chansons incriminées, les délits d'outrage à la religion et à la morale; d'excitation à la haine et au mépris du gouvernement du roi; d'offense envers la personne du roi. Béranger fut condamné à neuf mois de prison et dix mille francs d'amende; Baudouin à six mois de prison et cinq cents francs d'amende.

Cette condamnation si sévère fut accueillie, dans l'auditoire, par un murmure de surprise et d'indignation, dans l'opinion publique par un redoublement de sympathies pour le poëte. Une souscription fut ouverte chez M. Bérard pour le payement de l'amende et des frais de justice; la Société *Aide-toi le Ciel t'aidera* et les nombreux amis de Béranger réussirent, malgré les entraves de l'administration, à couvrir la plus grande partie de la somme; M. Bérard fit le reste. Mais la souscription nationale par excellence, fut celle des acheteurs des chansons de Béranger; une armée! En janvier 1830, on saisissait encore chez l'éditeur Perrotin, quelques exemplaires d'une nouvelle édition in-18, imprimée récemment par Jules Didot aîné, et quelques autres de la petite édition in-32; mais déjà plus de cent mille avaient été vendus.

Après juillet 1830, Béranger donna sa démission de poëte militant, et se mit à assister à sa propre gloire, avec sa bonhomie un peu narquoise et son bon sens un peu sceptique. Son nom retentit encore une fois à la Cour d'assises de la Seine, le 24 octobre 1834. Il s'agissait d'une publication de *Chansons érotiques*, faite sans son consentement par Chantpie père et fils, imprimeurs. Béranger, entendu dans l'instruction, renia ces « folles inspirations de la jeunesse et de ses retours. » Ces chansons, impudiques ou simplement lascives, n'ont que trop contribué à faire au chansonnier une popularité périssable. Si Béranger est grand, ce n'est pas sans doute pour avoir chanté Lisette ou Frétillon, pour avoir méconnu l'amour, calomnié la femme et jusqu'à la mère. Sa gloire véritable ne sera pas même, qu'on nous permette de le dire, dans ces chansons qui justifiaient toutes les révoltes et que la loi frappait jadis. La postérité cherchera les titres du poëte ailleurs que dans les procès de Béranger.

MINGRAT ET CONTRAFATTO.

Le Meurtrier.

Mingrat, Contrafatto, noms sinistres restés dans la mémoire populaire, et qui n'ont servi que trop souvent à appuyer, par de hideux exemples, les calomnies acharnées que dirigea contre l'Église la haine des partis! Combien ne furent-ils pas coupables, ces prêtres indignes, dont les crimes ont autorisé, popularisé les plus dangereux sophismes! L'assassin vulgaire effraye l'humanité, mais ne la calomnie pas; l'assassin revêtu du sacerdoce, le débauché qui porte la livrée sacrée des autels, calomnie la religion elle-même. Elle est si haute et si sainte, la fonction du ministre d'un culte, que la moindre tache faite à la robe rejaillit sur le ministère. Erreur déplorable, sans doute, celle qui confond l'homme avec la mission, qui punit des milliers d'âmes pures pour la faute d'un seul! Mais enfin, cette injustice populaire est encore un hommage involontairement rendu à la religion, dont le prêtre doit être si supérieur au reste des hommes par les exemples de sa vie, qu'un seul crime fait oublier en un instant tant de vertus sublimes. C'est que ces vertus sont le plus souvent cachées; c'est que les dévouements et la sainteté du sacerdoce se dérobent, ignorés du monde, tandis que le crime isolé éclate et s'impose à la curiosité de tous.

Rappelons-nous ce temps où, pour s'être un peu trop mêlée peut-être aux choses de ce monde, la religion catholique était, en France, confondue dans une haine commune avec le pouvoir. Rappelons-nous ces passions ardentes qui aveuglaient les meilleurs esprits, à l'époque où ce faux-bonhomme, ce vigneron de la Chavonnière, comme il s'appelait lui-même, cet agressif, acariâtre et éloquent Paul-Louis Courier réclamait, avec force malices enfiellées, la permission pour les villageois Tourangeaux de danser le dimanche devant l'église. Quelles colères, quelles admirations soulevait, en 1823, ce pamphlétaire illustre, quand, s'armant d'un récent et triste scandale, il jetait à tout un clergé, comme une insulte et comme un argument suprême, le nom abhorré de Mingrat.

« Et que serait-ce, écrivait-il dans son magnifique et venimeux langage, que serait-ce si j'allais demander, comme vous le voulez, la punition du prêtre qui a tué sa maîtresse, ou le mariage de celui qui a rendu la sienne grosse? Alors triompherait le procureur du roi; la morale religieuse me poursuivrait, aidée de la morale publique et de toutes les morales, hors celle que nous connaissons, que longtemps nous avons crue la seule. D'ailleurs, je ne suis pas si animé que vous contre ce curé de Saint-Quentin. Je trouve dans son état de prêtre de quoi, non l'excuser, mais le plaindre. Il n'eût pas tué assurément sa seconde maîtresse, s'il eût pu épouser la première devenue grosse, et qu'il a tuée aussi, selon toute apparence. Voici comme on conte cela, dont vous semblez mal informés.

« Il s'appelle Mingrat, n'avait guère plus de vingt ans quand, au sortir du séminaire, on le fit curé de Saint-Aupre, village à six lieues de Grenoble. Là, son zèle éclata d'abord contre la danse et toute espèce de divertissement. Il défendit et fit défendre, par le maire et le sous-préfet, qui n'osèrent s'y refuser, les assemblées, bals, jeux champêtres, et fit fermer les cabarets, non-seulement aux heures d'office, mais, à ce qu'on dit, tout le jour les dimanches et fêtes. Je n'ai pas de peine à le croire; nous voyons le curé de Luynes défendre aux vignerons de faire le jour de Saint-Vincent, leur patron. L'autre entreprit de réformer l'habillement des femmes. Les paysannes en manches de chemise, ayant le bras tout découvert, lui parurent un scandale affreux... L'abbé Mingrat ne souffrait point qu'un bras nu se montrât à l'église, et même ne pouvait sans horreur, dans les vêtements d'une femme, soupçonner la forme du corps... Il voulait rétablir, d'accord avec ses supérieurs, la pureté de l'ancien régime. Pour y mieux réussir, il forma chez sa tante, venue avec lui à Saint-Aupre, une école de petites filles, auxquelles elle montrait à lire, les instruisant et préparant pour la communion. Il assistait aux leçons, dirigeait l'enseignement. Deux déjà parmi elles approchant de quinze ans, et lui parurent mériter une attention particulière. Il les fit venir chez lui, distinction enviée de toutes leurs compagnes, flatteuse pour leurs parents. Ces jeunes filles donc vont chez le jeune curé. Partout cela se fait depuis quelques années, aux champs comme à la ville; les magistrats l'approuvent, et les honnêtes gens en augurent le prompt rétablissement des mœurs. Elles y allaient souvent, ensemble ou séparées; c'était pour écouter des lectures chrétiennes, répéter le catéchisme, apprendre des versets, des psaumes, des oraisons: et tant y allèrent qu'à la fin l'une d'elles se sentit mal à l'aise, souffrante; elle avait des maux de cœur...

« Cette enfant se trouve grosse. Ne sachant comment faire, ayant peur de sa mère, elle va se confesser au curé d'un village non loin de celui-là, à un homme tout différent de Mingrat. Il laissait danser, ne songeait point aux manches de chemise.

« La pauvrette lui dit son malheur et, refusant de déclarer qui en était cause, elle ne voulut avouer qu'elle seule. Mais, lui dit le curé, ma fille, est-il marié cet homme? — Non. — Il faut l'épouser. — Impossible! Elle se trompait; car qui peut empêcher un homme de se marier, s'il ne l'est? de faire une épouse de celle qu'il a rendue mère? Quelle loi le défend? Quelle morale? Elle devait dire, pauvre enfant : Dieu, les hommes, le bon sens, la nature, l'Évangile et la religion le veulent; mais le pape ne veut pas; et pour cela je meurs, pour cela je suis perdue. Ainsi à peine répondait-elle, avec plus de sanglots que de mots, aux questions de ce bon curé qui, enfin, pourtant, parvenu à lui faire nommer l'abbé Mingrat, dès le soir même alla chez lui et lui parla. L'autre se fâche au premier mot, s'emporte et crie contre le siècle, accusant Voltaire et Rousseau, et la philosophie, et la corruption de la révolution. Le bonhomme eut beau dire et beau faire, il n'en put tirer autre chose. Au bout de quelques jours, la fille disparut, sans que jamais parents ni amis en pussent avoir de nouvelles. On en demanda de tous côtés et longtemps inutilement; on finit par n'y plus penser. »

Puis, Courier racontait le nouveau crime de Mingrat, découvert cette fois, et, comme toujours, il habillait les faits à sa façon caustique et chagrine, content d'avoir glissé dans ce récit la pointe empoisonnée de son sophisme.

Nous les raconterons aussi, ces sanglantes aventures, non pour en tirer les conclusions violentes du pamphlétaire, mais parce qu'il ne nous serait pas permis d'effacer ces scandales d'une histoire complète de la criminalité. De pareils récits sont, pour l'écrivain, une bien triste tâche, mais ils renferment des leçons pour tous. A ce titre, et, pour en finir d'un seul coup avec ces noms détestés, nous rassemblons dans une seule étude Mingrat et Contrafatto.

Le 9 mai 1822, quelques instants avant le lever du soleil, un laboureur de Saint-Quentin, gros bourg de l'Isère, passait près d'un endroit qu'on appelle la Roche, au bord de la rivière. Il vit à terre, une place de la largeur de deux pieds environ, couverte de sang fraîchement répandu et, près de là, une corde ensanglantée. Effrayé, il s'approche, regarde autour de lui, et trouve, quelques pas plus loin, au pied d'un noyer, une place semblable à la première. Il examine avec plus d'attention, et découvre bientôt un couteau à manche noir, souillé de sang et enfoui dans la terre. Il se persuade alors qu'un crime a été commis au pied de ce noyer, et cette réflexion lui fait rejeter précipitamment le couteau dans un buisson. Cependant, par une réflexion nouvelle, il le ramassa, le lava soigneusement et l'emporta.

Un quart d'heure après environ, un homme arrivait au même endroit, pâle, les yeux hagards, cherchant de côté et d'autre dans les herbes hautes de la prairie. Deux bouchers du pays, le beau-père et le gendre, qui passaient sous la Roche à cette heure matinale, aperçurent le promeneur et reconnurent le curé de Saint-Quentin, l'abbé Mingrat. Etonnés de le voir là à cette heure, avec cette figure inquiète et égarée, ils le laissèrent passer, puis vinrent examiner la place qu'il venait de quitter. Eux aussi aperçurent des traces de sang; mais, comme le laboureur, soit insouciance ou terreur, ils ne parlèrent à personne de leur singulière découverte.

Sept jours après, le 16 mai, jour de l'Ascension, de jeunes bergers pêchaient à sept heures du matin dans un fossé qui communique avec l'Isère : l'un d'eux amena au bout de sa ligne une cuisse humaine Saisi d'épouvante, il rejeta dans le ruisseau l'affreux objet et tous deux s'enfuirent vers le bourg, racontant à tous l'horrible pêche qu'ils venaient de faire.

L'adjoint au maire de Saint-Quentin, M. Bossan, le juge de paix, deux médecins et des paysans en grand nombre accoururent à l'endroit indiqué. On repêcha le débris humain, et les médecins déclarèrent qu'il avait appartenu à une femme. « Alors, s'écria-t-on de toutes parts, ce ne peut être que Marie! »

Depuis huit jours, une femme avait disparu du pays dans des circonstances étranges. Cette femme était Marie Gérin, femme d'Étienne Charnalet, tourneur au Git, hameau peu distant de Saint-Quentin. Marie Gérin avait vingt-six ans; elle était d'une beauté peu commune, d'une conduite irréprochable et d'une piété exemplaire. Le curé de Saint-Quentin, qui desservait la paroisse du Git, la dirigeait dans ses dévotions habituelles.

Le mercredi 8 mai, à six heures et demie du soir, Marie Gérin sortit de sa maison du Git, et se dirigea vers Saint-Quentin. Du Git à l'église, on compte environ un kilomètre; elle y arriva à sept heures moins un quart.

Dans l'église de Saint-Quentin, il n'y avait alors qu'une seule personne, une religieuse, madame de Saint-Michel, qui faisait sa prière. — « Avez-vous vu M. le curé? » demanda Marie. — « Pas encore, » répondit la religieuse, « et cependant il y a déjà quelque temps que je suis en prière ; mais si vous désirez lui parler, j'irai le quérir à la cure. »

Marie remercia la religieuse et préféra attendre en faisant les stations du chemin de la croix.

Madame de Saint-Michel continua sa prière : cette dame était placée presque en face de la petite porte de l'église. Un instant, elle crut apercevoir à cette porte une sorte de fantôme vêtu de noir, qui ne montra que le haut du corps, les bras et un chapeau à trois cornes.

Cela ne fit que paraître et disparaître, et, plus tard, la religieuse pensa que cette ombre était le curé Mingrat, qui avait jeté un coup d'œil rapide dans l'église.

Madame de Saint-Michel sortit et laissa seule dans l'église Marie Gérin. A partir de ce moment, on ne revit plus Marie.

Au Git, cependant, Charnalet, rentré chez lui à la nuit tombante, avait trouvé la soupe dressée sur la table, mais sa femme ne rentrait pas. Inquiet de cette absence inusitée, il alla demander à quelques voisins s'ils n'avaient pas vu Marie. On lui répondit que, sur les six heures et demie, on l'avait vu descendre au bourg. Charnalet courut à Saint-Quentin, et demanda sa femme de porte en porte. Enfin, un de ses cousins, Joseph Charvet, lui dit qu'on avait vu sa femme à l'église à une heure assez avancée, et que peut-être M. le curé pourrait en donner des nouvelles.

Il était neuf heures et demie du soir. Charnalet, accompagné de Joseph Charvet et de sa femme, alla frapper à la porte de la cure. On ne répondit pas. A un second coup seulement, la servante vint ouvrir : le curé Mingrat l'avait suivie, et, placé dans l'ombre, il dit d'un ton brusque : — « Qui est là, que me veut-on ? — C'est moi, monsieur le curé, Charnalet, du Git ; je cherche ma femme partout, et je ne la trouve pas. On m'a dit qu'elle était à l'église assez tard ; ne l'auriez-vous pas vue, et sauriez-vous m'en donner des nouvelles ? »

Mingrat s'avança alors devant sa porte comme un homme qui veut interdire l'entrée de son domicile, et répondit d'une façon assez brutale : — « Oui, je l'ai vue dans l'église, votre femme, au moment où je suis allé faire ma prière au chœur. Elle m'a demandé à être entendue en confession, mais j'ai refusé, parce qu'elle n'était pas assez décemment vêtue. Je ne l'ai point revue depuis ; elle avait l'air un peu égaré ; faites-la chercher. » Et il ferma sa porte.

Charnalet retourne au Git, espérant toujours y retrouver sa femme ; elle n'avait point encore reparu. Alors, sérieusement alarmé, il revint à Saint-Quentin, se fit ouvrir l'église, y appela, y chercha Marie ; ce fut en vain, il dut repartir seul.

Que se passa-t-il alors ? Les auteurs de la collection Langlois et Saint-Edme, ce compilateur peu scrupuleux, n'hésitent pas à raconter l'attentat comme s'il leur avait été donné d'en être les témoins. Nous ne saurions les imiter : l'imagination n'a rien à faire dans ces drames terribles, et l'historien honnête homme ne donne pas à ses hypothèses l'apparence de la réalité !

Que le lecteur reconstruise l'horrible scène du presbytère à l'aide des indications fournies par l'instruction et par les témoignages ; nous lui en donnerons tous les éléments ; le reste est un secret entre le meurtrier et Dieu.

Voici donc ce que raconta dans ses dépositions la servante du curé.

Il était près de huit heures, le clerc de l'église vint au presbytère pour demander s'il fallait sonner un service de mort annoncé le dimanche précédent pour le vendredi. — Rafflin, dit la servante, M. le curé est dans sa chambre. Et elle appela son maître. Comme Mingrat ne répondait pas, elle monta. Tout à coup, un bruit singulier l'arrêta : des gémissements sourds partaient du petit cabinet du curé au premier étage ; la servante s'en alarma. Croyant que son maître se trouvait mal, elle alla frapper à la porte. — « Monsieur le curé, dit-elle, n'entendant plus rien, monsieur le curé ? » Pas de réponse. Elle essaya d'ouvrir la porte : la porte était fermée en dedans. Au bruit du loquet, le curé donna signe de vie et cria d'une voix forte : — « Marie, descendez ; je suis à vous. »

La servante ne se hâta pas de descendre : il y avait un mystère derrière cette porte, on lui cachait quelque chose. Elle prêta l'oreille et entendit encore quelques gémissements étouffés, comme des râlements. Mais, tout à coup, les pas du curé retentirent sur le carreau de la chambre et Marie descendit pour ne pas être surprise aux écoutes.

Mingrat la suivit de près. Il était pâle, l'œil hagard, les vêtements en désordre. — « Ah ! monsieur le curé, dit Marie en voyant son maître entrer dans la cuisine, que vous m'avez fait peur ! j'ai cru que vous alliez mourir. — Taisez-vous, répondit durement Mingrat, vous êtes une simple. Qui est-ce qui me demande ? — C'est Rafflin, qui veut savoir s'il faut, à l'*Angelus*, sonner le glas pour annoncer le service de demain. — Non, » répondit brusquement Mingrat, et il remonta les quelques marches qu'il avait descendues, rentra dans le cabinet et referma la porte à clef. Marie prêta de nouveau l'oreille : elle entendit encore des gémissements, mais plus sourds. Le petit lit du cabinet roulait, comme violemment agité. Puis les gémissements cessèrent et la servante descendit.

Quelque temps après, Mingrat parut dans la cuisine. Il était encore plus pâle et dans un plus effrayant désordre.

Cependant la servante avait dressé le souper. Mingrat se mit à table, mais il n'y resta qu'un instant. Il ne pouvait manger. Il se leva bientôt, se promena à grands pas dans le salon, puis, il dit à sa servante : — « Vous pouvez aller vous coucher. » Cette fille ne couchait pas au presbytère, mais dans la maison de la tante de Mingrat qui tenait école.

— « Mais, Monsieur, pour desservir ? » objecta Marie. — « Je desservirai moi-même. » Et comme la servante restait étonnée de cette infraction aux habitudes, il ajouta : — « Je desservirai moi-même. Il faut que vous alliez porter le journal à Huerard. » Cet Huerard demeurait à un quart d'heure environ du bourg.

Marie obéit, laissa son service inachevé et sortit. Mais cette fille sentait qu'il y avait quelque chose d'inconnu, de terrible dans ce presbytère dont on l'éloignait avec tant de hâte. Elle resta quelque temps autour des murs, retenue par une curiosité invincible. Elle passa derrière le clocher, traversa la basse-cour et vint se blottir contre le portail. Il y avait de la lumière dans le petit cabinet. Cela l'étonna. Ce cabinet ne contenait ni table, ni d'autres meubles que le lit. Que faisait donc là le curé avec de la lumière ?

Marie avait beau prêter l'oreille, elle n'entendait rien. Elle imagina de grimper sur le portail, afin d'essayer de voir ce qui se passait. Mais, dans ses efforts, elle fit rouler une pierre et le bruit fut entendu de Mingrat. Il ouvrit aussitôt la porte, descendit précipitamment l'escalier, courut à la porte de la cuisine qui donnait sur le hangar et, se dirigeant dans les ténèbres du côté d'où était parti le bruit, il cria à plusieurs reprises : « Qui est là ? » La servante, effrayée, ne répondait pas; mais le sentant s'approcher de l'endroit où elle s'était blottie, elle dit en tremblant : — « Monsieur, c'est moi. — Que faisiez-vous là, au lieu de faire ma commission et d'aller vous coucher? — Monsieur, j'étais venue fermer le poulailler. — Vous mentez, vous étiez là pour autre chose. »

La voix de Mingrat avait un tel accent de menace, que la pauvre fille partit au plus vite et n'eut pas envie de rester plus longtemps aux aguets.

Elle n'était pas la seule, au reste, dont la curiosité fût éveillée.

La visite faite par Charnalet chez Mingrat avait eu pour témoin un jeune homme du nom de Vial. Quand ce jeune homme apprit, par la rumeur publique, que la femme de Charnalet avait été à l'église et qu'on ne la retrouvait plus, malgré l'excellente réputation de Marie, il soupçonna une aventure galante et se promit bien de ne rien perdre d'un aussi friand scandale.
— « La Marie Gérin est, bien sûr, cachée au presbytère, dit-il à quatre de ses camarades; il nous faut l'attendre à sortir. »

Vial et les quatre autres jeunes gens s'établirent donc sur la place à dix heures du soir : de ce poste, on apercevait la principale façade du presbytère. A minuit, la lumière disparut. Alors deux d'entre eux grimpèrent sur le mur de la basse-cour, de manière à ne le dépasser que de la tête. Ils virent une lumière dans le salon de Mingrat; puis, cette lumière s'éteignit et le curé sortit par une porte-fenêtre donnant dans la basse-cour, sous les yeux de ses observateurs muets, et sortit par une porte ouvrant sur un pré dit du Demi-Arpent. Dans ce pré il y avait un sentier conduisant sur les bords de l'Isère, à un lieu appelé la Roche.

Les guetteurs descendirent bien vite : — « Voilà, » dirent-ils aux trois autres, « le curé qui va faire le tour du presbytère; il veut voir s'il n'y a personne pour le rencontrer, et faire sortir sa belle. Deux des jeunes gens se détachèrent en éclaireurs et firent un grand détour pour apercevoir le curé; mais il avait disparu. Alors chacun d'eux reprit son poste d'observation pour épier la rentrée de Mingrat. Mais, sur les deux heures, un orage survint, ils prirent le parti d'aller se coucher.

C'est pendant cette nuit orageuse que Mingrat chercha à faire disparaître les traces d'un crime dont l'imagination seule peut se représenter les affreux détails. La corde dut servir à traîner le corps de la victime par les ronces et les cailloux du chemin. Le couteau servit à dépecer le cadavre, qu'une section oblique avait partagé depuis l'épaule droite jusqu'au dessous des côtes gauches, en divisant le sein droit. Une hachette ou couteau à hacher, avait ensuite séparé les jambes du tronc en déboîtant les os. Le mouchoir de cou de Marie fut laissé par l'assassin sur le bord de la rivière, pour faire croire à un suicide.

Ce stratagème réussit pendant quelques jours. On pensa qu'à la suite de son apparition à l'église, Marie, que Mingrat peignait comme portant les indices de l'égarement, avait dû se précipiter dans l'Isère. Le prêtre assassin eut l'affreux courage d'assister lui-même aux recherches.

La servante, cependant, rentrée le lendemain du crime au presbytère, trouva près des lieux communs des cendres encore chaudes, et autour, des vestiges de linge non entièrement brûlé. Sur un peu de paille fraîchement écartée, elle aperçut des gouttes de sang et un petit lambeau de chair sur une feuille sèche.

Dès le 10 mai, M. Bossan avait conçu de violents soupçons contre Mingrat; le couteau trouvé dans la prairie n'était pas un couteau de paysan. La tante de Mingrat le reconnut, ainsi que la servante, et, à la marque, on retrouva l'ouvrier qui l'avait fabriqué et vendu à Mingrat. Le jour où furent découverts les restes de Marie Gérin, les doutes s'étaient changés en certitude. Le reste du corps trouvé aux Tauries portait des marques de strangulation. Ce n'est qu'alors que, sur les instances de son confesseur, la servante de Mingrat, terrifiée jusque-là par son maître, avoua les circonstances diverses de cette nuit terrible et ses découvertes du lendemain.

On se décida alors à prendre contre le coupable des mesures de sûreté; mais on le fit avec une telle hésitation que Mingrat, prévenu, put quitter le presbytère, son bréviaire à la main, traverser la rivière à Voreppe et se réfugier dans une grotte des Echelles, en pays sarde. Là, il fut arrêté par les carabiniers royaux et conduit dans la prison de Chambéry. Son extradition fut demandée en vain par la famille Gérin, et le coupable vécut longtemps en sûreté dans la prison de Fénestrelle.

L'audience du jugement fut tenue à huis clos; nous ne pouvons donc rapporter que le jugement même.

Louis, etc.,

« La Cour d'assises du département de l'Isère, séant à Grenoble, a rendu l'arrêt dont la teneur suit :

« Du 9 décembre 1822.

« La Cour d'assises du département de l'Isère, séant à Grenoble, présents MM. de Noailles, président; Trusché, Basile, Bardet, conseillers, et de Gilbert, conseiller auditeur; tous délégués par ordonnance de M. le premier président de la Cour royale de Grenoble, pour former la Cour d'assises, sauf M. de Noailles, qui a été nommé par ordonnance de S. Exc. Mgr le garde des sceaux; présent aussi M. Caffarel, avocat général.

« En la cause, sur l'accusation du crime d'assassinat, précédé ou accompagné de viol, portée contre Antoine Mingrat, ancien recteur de Saint-Quentin, contumax;

« Vu..., etc., etc., en conséquence, Antoine Mingrat est accusé :

« 1° D'avoir, dans la nuit du 8 au 9 mai 1822, volontairement et avec préméditation, homicidé Marie Gérin, femme d'Étienne Charnalet, cultivateur au Gît, hameau de la commune de Saint-Quentin; ce qui constitue le crime d'assassinat prévu par les articles 295, 296 et 302 du code pénal.

« 2° D'avoir, dans la même nuit, audit lieu de Saint-Quentin, et dans les instants qui avaient précédé ou accompagné l'assassinat, commis sur la personne de Marie Gérin, femme Charnalet, et ce, à l'époque où ledit Mingrat était ministre du culte, le crime de viol prévu par les articles 331 et 333 du Code pénal.

« Et dans le cas où ledit Antoine Mingrat n'aurait pas agi avec préméditation, il est accusé d'avoir, dans la nuit du 8 au 9 mai 1822, à Saint-Quentin, volontairement homicidé ladite Marie Gérin, femme Charnalet, lequel crime aurait été précédé ou accompagné de viol commis sur la personne de ladite femme Charnalet, ce qui constitue les crimes prévus par les articles 295, 331, 333 et 334 du Code pénal, emportant peine afflictive ou infamante;

« Ouï M. l'avocat général en sa réquisition mentionnée au procès-verbal séparé du présent, et ce, relativement à l'application de la peine;

« L'affaire mise en délibération, le président ayant posé toutes les questions résultant de l'acte d'accusation et recueilli les voix dans l'ordre prescrit par la loi ;

« La Cour déclare Antoine Mingrat coupable d'avoir, dans la nuit du 8 au 9 mai 1822, en la commune de Saint-Quentin, volontairement et avec préméditation, homicidé Marie Gérin, femme d'Etienne Charnalet ; mais le déclare non coupable d'avoir, dans les instants qui ont précédé ou accompagné cet homicide, commis le crime de viol sur la personne de ladite Marie Gérin, femme de Charnalet ;

« Et attendu que les faits déclarés constants constituent le crime prévu par les articles 295, 296 et 302 du Code pénal dont lecture a été faite par M. le président,

« La cour condamne Antoine Mingrat à la peine de mort et aux frais de la procédure, liquidés à la somme de 425 fr. 25 c. ;

« Ordonne que l'exécution se fera sur la place publique, dite Grenette, de la ville de Grenoble ;

« Et, attendu la contumace dudit Mingrat, ordonne qu'extrait du présent arrêt sera, dans les trois jours, affiché, par l'exécuteur des jugements criminels, à un poteau qui sera planté au milieu de la principale place publique de la ville de Saint-Marcellin, chef-lieu de l'arrondissement où le crime a été commis ;

« Ordonne en outre que le présent arrêt sera imprimé par extrait, affiché et exécuté à la diligence du procureur général. »

Antoine Mingrat était né à Grand-Lemps, bourg de l'Isère, d'un père charron et ivrogne. Sa mère exerçait la profession de sage-femme. Elevé au milieu des exemples du vice, ignorant et brutal, le jeune Mingrat ne vit dans la carrière ecclésiastique qu'un moyen d'échapper aux dures nécessités de la vie de paysan. Ne pouvant se distinguer par ses lumières, il se fit remarquer par son fanatisme. Courier a sans doute imaginé tout le hideux roman de Saint-Aupre ; mais enfin, des scandales antérieurs avaient fait envoyer Mingrat à Saint-Quentin. A l'époque du crime, ce monstre avait vingt-huit ans. Ses cheveux noirs, plantés sur un front bas et étroit, ses sourcils épais, son œil sombre et faux, ses lèvres sensuelles, son encolure massive, tout, en lui, annonçait l'homme prédestiné aux explosions des passions les plus grossières.

Contrafatto, cet autre prêtre indigne, n'était pas français. Il était né à Piazza, en Sicile, le 3 septembre 1798. Sa famille était pauvre ; deux oncles, chanoines, le firent admettre au collège de Palerme, et le 23 décembre 1821, il entra dans les ordres. Nommé recteur de l'église royale de Sainte-Marie-de-Constantinople, à Rome, il visita Naples, eut envie de voir la France, et, arrivé à Marseille le 11 août 1826, vint s'établir à Paris. Là, il fut aumônier de Mme la duchesse d'Ormesson, puis du pensionnat de Mlle Sauvan, rue de Clichy. Il obtint ensuite du curé de Notre-Dame-de-Lorette la permission de dire dans cette église la messe de midi, et il loua, rue Coquenard, n° 91, un petit appartement qu'il commença à habiter le 8 avril 1827.

Au mois de juillet, une plainte fut portée contre lui ; on l'accusait d'attentat à la pudeur sur une enfant de cinq ans, la jeune Hortense Le Bon. Une ordonnance de non-lieu déclara qu'il n'y avait lieu à suivre *quant à présent*. Mais Contrafatto ayant eu l'imprudence de se représenter dans son domicile et de braver dans son quartier l'indignation publique, la dame Le Bon, mère de la victime, présenta cette plainte nouvelle :

« Je suis mère de quatre filles, dit madame Le Bon ; une d'elles est âgée de cinq ans. Cette enfant s'était concilié, par sa douceur, l'amitié de toutes les personnes du voisinage ; souvent une de ses sœurs la conduisait chez madame Laurent, qui loge au-dessus de moi.

« Le dimanche 29 juillet 1827, la jeune Hortense était montée chez madame Laurent ; après y être restée quelques instants, elle sortit et alla sur le carré, où elle rencontra Contrafatto, dont l'appartement est placé en face de celui qu'elle venait de quitter : il invita ma fille à manger chez lui des prunes.

« Hortense entra et accepta quelques friandises ; lorsqu'elle voulut sortir, Contrafatto ferma la porte en mettant la clef en dedans, puis se livra sur elle aux actes de la plus hideuse brutalité.

« Je dois taire les détails des moyens dont il se servit pour exécuter son forfait, et pour vaincre les résistances que lui opposait la jeunesse de sa victime.

« Hortense faisait entendre des accents plaintifs ; elle appelait sa mère ! « Si je t'entends, » lui dit Contrafatto, « les gendarmes viendront te prendre, et t'enfermera dans une prison toute noire. » L'enfant fut tellement effrayée qu'elle se soumit ; seulement elle répétait ces mots à voix basse : « Ah ! Monsieur, vous me faites bien du mal ! »

« En descendant elle ne dit rien ; mais à cinq heures elle ne voulut prendre aucune nourriture : elle était triste et pâle. Tout à coup elle vint se plaindre à moi des douleurs qu'elle éprouvait. Frappée d'étonnement, je lui adressai quelques questions, et j'appris, par ses réponses, que Contrafatto avait souillé cette pauvre enfant. Je craignais d'arrêter la pensée d'Hortense sur le souvenir de ces turpitudes, et je me contentai de laver les parties malades avec de l'eau fraîche. Elles étaient rouges, tuméfiées et tellement sensibles, que je ne pouvais y porter un linge mouillé sans occasionner des souffrances aiguës. Le lendemain, sur de nouvelles questions provoquées par de nouvelles plaintes, j'appris tout mon malheur.

« J'avais entendu Contrafatto monter l'escalier, j'accourus pour lui demander compte de son infâme conduite ; à mon approche il se hâta d'ouvrir sa porte. Je le menaçai d'avertir ses supérieurs ecclésiastiques. *Ecrivez... écrivez*, me répondait-il. Les voisins s'étant rassemblés, il baissa le ton : *Ne vous emportez pas, Madame*, me dit-il alors, *point de scandale* ; et il s'enferma aussitôt pour se soustraire à mon courroux.

« Je me rendis chez M. le commissaire de police. Ce magistrat accueillit ma plainte avec bonté ; je lui demandai si j'avais quelques démarches à faire pour obtenir la punition du coupable. Il me dit : « Madame, soyez tranquille, je me charge de tout, et j'informerai immédiatement M. le procureur du roi. »

« En effet, l'affaire s'instruisit, et je comparus, ainsi que plusieurs témoins et la jeune Hortense, devant M. le juge d'instruction Frayssinous.

« Je pensais que la justice allait suivre son cours ; mais quelle fut ma surprise d'apprendre, dans la matinée même de ce jour (5 août) que le sieur Contrafatto avait été mis en liberté, et qu'on l'avait vu monter les escaliers en *chantant*.

« Je ne pouvais croire à tant d'audace. Cependant, étant descendue dans le corridor du rez-de-chaussée, pour sortir, j'aperçus Contrafatto qui venait vers moi avec un air de satisfaction et de fierté. Je dois l'avouer, je ne pus maîtriser mon indignation ; mais Contrafatto ne me laissa pas le temps de lui adresser les reproches dont j'aurais voulu l'accabler. Il se jeta sur moi, me poussa contre la muraille, et me porta de violents coups de poing.

« A ce spectacle les voisins s'assemblèrent, en s'écriant qu'il fallait arrêter ce *monstre*.

« Je ne pourrais entrer dans le détail de ce qui s'est passé dans la rue. On m'a dit que le peuple irrité avait poursuivi de ses imprécations et traîné dans la poussière le sieur Contrafatto. Il n'aurait dû son salut qu'à sa retraite précipitée dans l'église de Notre-Dame-de-Lorette.

« Quoi qu'il en soit, il a été remis de nouveau entre les mains de la justice, et j'attends avec confiance la décision des magistrats sur le double attentat commis sur ma fille et sur moi.

« C'est en ma qualité de *partie civile* que je déclare former cette plainte.

« Il ne m'appartient pas, continue madame Le Bon, de demander compte à la chambre du conseil de sa première décision. Les honorables membres qui la composent n'avaient sans doute sous les yeux qu'une instruction incomplète, à cause même de la précipitation qu'on a mise dans la poursuite d'une affaire qui restera comme un mémorable exemple de zèle et de fermeté. Cependant je cherche en moi-même quelles preuves pouvaient être plus positives que la déposition d'une jeune fille de cinq ans, qui, dans un langage plein de naïveté et d'innocence, a raconté les détails du forfait exécuté sur elle ! A-t-elle donc menti à la justice, cette pauvre enfant ? Après m'avoir porté un coup si cruel, le misérable contre lequel j'implore le secours des lois, aurait-il poussé l'audace jusqu'à faire planer sur ma fille et sur moi les soupçons d'une si horrible calomnie ?

« On dit que la chambre du conseil a été décidée à déclarer le non-lieu, parce que, de la visite faite sur Contrafatto par deux médecins que je ne connais pas, il ne résultait point la preuve qu'il fût infecté de la lèpre que je l'accusais d'avoir donnée à ma fille. Ah ! peut-être il est vrai que les alarmes d'une mère avaient été trop promptes. *L'écoulement continuel* qui s'est manifesté n'est peut-être que la suite des sévices exercés sur la jeune Hortense. Je suis réduite à former de pareils vœux ! Mais quoi ! parce qu'après avoir torturé ma fille il ne l'a pas empoisonnée, les lois sont-elles contre lui sans vengeance ? Non, je ne puis le croire. Au nom de toutes les mères, je vous supplie, monsieur le procureur du roi, que tant de scélératesse ne reste pas impuni. La religion et la nature vous supplient par ma voix de ne point repousser la veuve d'un colonel français, qui invoque votre protection contre le plus criminel et le plus lâche des hommes. »

Le préfet de police, M. Delavau, n'avait pas vu la petite émeute du quartier Notre-Dame-de-Lorette du même œil que la plaignante. Il affirmait que Mme Le Bon avait frappé elle-même Contrafatto, qu'une troupe de furieux avait été apostée contre le prêtre, et que, si la conduite de celui-ci était « trop imprudente pour pouvoir être excusée, » il n'y avait pas de doute que la scène n'eût été « organisée, en quelque sorte, par la femme Le Bon. »

Néanmoins, Contrafatto fut arrêté et, le 15 octobre 1827, il comparut devant la Cour d'assises, présidée par M. Monmerqué. Mes Charles Ledru, Lafargue et Lautier assistaient la partie civile ; Me Saunières assistait Contrafatto.

Celui-ci fut introduit. Sa figure, assez intelligente, aux traits accentués, aux sourcils noirs et épais, à la bouche grande et bien meublée, était pâle, mais calme. Un sourire béat errait sur ses lèvres.

Sur les conclusions de l'avocat général, M. de Vaufreland, la Cour ordonna le huis-clos, qui fut étendu, malgré de nombreuses réclamations, aux avocats eux-mêmes. Le huis-clos et la censure ont donc mutilé ce procès, dont les éléments ne se retrouvent que tronqués, ou disséminés dans des publications offrant peu de garanties sérieuses.

L'acte d'accusation s'appuyait principalement sur la naïve déposition d'Hortense Le Bon, confirmée à plusieurs reprises, et soutenue par elle devant Contrafatto. — « Je lui disais, raconta l'enfant, que c'était offenser le bon Dieu. » L'instruction avait établi la moralité parfaite de la veuve Le Bon et la conduite dissolue de l'accusé.

Contrafatto, dans son interrogatoire, accusa la calomnie, montra ses « *attestats* de la manière bonne dont il avait fait dans l'Eglise de Rome. » Il raconta, à sa façon, la scène de l'émeute, prétendant qu'il était là « comme un agneau au milieu de loups dévorants. » «Ce sont, ajouta-t-il, des gens méchants qui veulent détruire la religion publiquement en ma personne. Ne croyez pas l'accusation que porte la bouche du crime. *Nolite judicare et non judicabimini : qui malus est malum de altero cogitat.* » — *Le président :* Il ne s'agit pas de citer l'Ecriture, il faut répondre. »

Les époux *Nutz*, concierges de la maison, vinrent affirmer l'immoralité habituelle de Contrafatto ; ces témoins, protestants, n'avaient déposé dans l'instruction qu'avec une grande réserve. Ils furent plus explicites à l'audience. Ils dirent que Contrafatto faisait ouvertement gras le vendredi saint et qu'il recevait des filles. *Dorniot*, rentier, témoigna de propos révoltants tenus par l'accusé, et un sacristain de la paroisse, *Clément Decaux*, dépose que Contrafatto était méprisé à Notre-Dame-de-Lorrette et qu'il avait vu chez lui une jeune personne en jupon et en camisole. — *Contrafatto :* « C'est une voisine qui venait me demander l'heure. »

L'audition des témoins terminée, Me Ledru prit la parole en ces termes :

« Messieurs les jurés,

« Tout m'avertit de ne pas abuser de vos instants et de ceux de la cour dans une affaire qui déjà n'a que trop longtemps affligé vos âmes.

« Je laisserai donc à une voix plus forte que la mienne le soin de développer les preuves accablantes que l'instruction et les débats ont réunies contre l'abbé Contrafatto.

« Avocat de madame Le Bon, je me bornerai à quelques réflexions rapides sur le système d'hypocrisie et de mensonge dans lequel il a cru devoir se renfermer. Sans doute vos consciences en ont déjà fait justice ; cependant les imputations sont graves et il est de mon devoir de protéger contre de lâches attaques, une femme qui a été l'objet de tant de haines et de calomnies, parce qu'au mépris des séductions et des menaces elle est restée inébranlable dans la voie du bien.

« Oui, Messieurs, tandis que, confiante dans l'impartialité des magistrats, madame Le Bon se reposait sur eux du soin de venger son injure personnelle et l'outrage fait à la société, on luttait contre elle avec d'autres armes que les lois et par d'autres moyens que ceux de la justice.

« Je ne veux pas rechercher quels furent les auxiliaires de Contrafatto ; il faut croire qu'ils se sont repentis de la protection qu'ils lui accordaient sans respect pour leur propre dignité.

« Grâce à leur zèle, cependant, bientôt le scandale fut porté à son comble. Il n'était plus question de l'attentat commis sur Hortense, mais de quelque chose de plus horrible encore. Le crime de la rue Coquenard n'était qu'une fable inventée pour perdre un ministre des autels. Instrument d'une faction nombreuse, madame Le Bon avait ourdi contre le clergé cette trame infernale : derrière elle était un parti tout entier. En un mot, il n'y avait d'intérêt que pour le coupable, et d'indignation que contre la victime.

« L'effet fut tel, Messieurs, que des magistrats ne purent garantir leur conscience du piége que des mains habiles avaient tendu.

« Une instruction avait été ordonnée pour connaître les faits... Le juge instructeur sembla craindre de calomnier la religion, s'il remplissait son devoir sans faiblesse. Les témoins furent à peine entendus, et il est constaté qu'on ne daigna pas les assujettir à la formalité du serment. Enfin, Messieurs, une puissante intrigue triompha de la justice elle-même, et, tandis que tant d'innocents attendent des mois entiers le terme d'une instruction toujours trop lente, Contrafatto, accusateur de la mère après avoir été l'assassin de la fille, recouvrait sa liberté presque aussitôt qu'elle lui avait été ravie.

« Cependant, voyons quel était le fondement des soupçons qu'on osait faire planer sur la tête de ma cliente, et examinons le système que Contrafatto a reproduit si audacieusement à cette audience.

« Madame Le Bon veut le perdre, a-t-il dit sans cesse, et la jeune Hortense ne fait que répéter les leçons de sa mère.

« — Madame Le Bon veut le perdre ! et dans quel intérêt, grand Dieu ?

« Est-ce pour obtenir quelque argent ? Mais de qui ? — De Contrafatto ! le malheureux, son insolvabilité est constante. Du pouvoir ? Mais pouvait-elle penser que le pouvoir osât, en conspirant l'impunité de Contrafatto, accepter l'odieuse solidarité de son attentat ?

« D'ailleurs, les faits parlent. Oui, ainsi que les témoins vous l'ont appris, on est venu de la part de madame Le Bon pour lui proposer d'étouffer, à prix d'argent, ses supplications à la justice. On a voulu acheter son silence : mais comment a été reçu par mademoiselle Émilie le courtier de Contrafatto ou de ses complices ?

« Monsieur, ma mère demande justice, elle ne demande pas d'argent : sortez... »

« Madame Le Bon aurait-elle conçu quelque haine violente contre l'accusé, à cause de sa qualité d'étranger ? car il faut examiner même ces suppositions absurdes.

« Mais elle est étrangère. Fille du duc de Capecellatro Morone, nièce de l'archevêque de Tarente, si elle compte au nombre de ses parents les plus proches un des premiers généraux de notre armée, elle n'a conquis le titre de Française que par son union avec le brave colonel Le Bon.

« Enfin, serait-ce à sa double qualité de catholique et de prêtre que Contrafatto devrait une implacable persécution ?

Mais madame Le Bon est catholique; ses filles, élevées dans la maison royale de Saint-Denis, n'y ont pas puisé d'autres principes que ceux de la religion et de la morale la plus pure.

« Qu'importe, dit-on : c'est du scandale qu'elle voulait. Car, à quoi lui servirait-il de revenir sur des faits qui devaient donner à la jeune Hortense une si triste célébrité ? Le châtiment du coupable importait-il plus à madame Le Bon que l'honneur de sa fille ?

« Ainsi, Messieurs, madame Le Bon, dont le nom était déjà l'objet de tous les entretiens, depuis que l'on avait vu des citoyens et des femmes réclamer vengeance au milieu des rues de cette capitale contre un crime qui échappait si scandaleusement à l'action de la loi, madame Le Bon, que les lettres et les récits d'une puissance mystérieuse représentaient partout comme l'âme d'une conspiration impie, madame Le Bon, que le seul fait de l'ordonnance de non-lieu semblait convaincre d'une calomnie sacrilége, devait se soumettre et laisser pour dot à ses filles les soupçons qui auraient pesé sur sa tête. Eh bien ! non : ce n'est pas ainsi qu'elle a cru devoir défendre l'honneur de la jeune Hortense, et tels ne sont pas les conseils qu'elle a reçus.

« Je crois l'avoir prouvé, madame Le Bon n'avait aucun intérêt à commettre le crime dont Contrafatto l'a perpétuellement accusée, et la fermeté de sa conduite n'a eu pour but que l'accomplissement du devoir le plus saint.

« Contrafatto insiste. Le terrain sur lequel il s'était jeté d'abord fuit sous ses pas... Pressé par M. le président, lui-même a avoué qu'il ne concevait pas pourquoi madame Le Bon lui en voudrait. Qu'a-t-il dit alors ? C'est l'enfant qui a tout inventé, et les dépositions mensongères d'Hortense ont trompé sa mère elle-même.

« Examinons encore.

« C'est l'enfant qui a imaginé les faits qu'elle raconte avec une naïveté, une candeur, une vérité de détails qui ne s'est jamais démentie.

« Dans quel but son imagination perverse avant le temps aurait-elle donc conçu ces iniquités ? On ne voit pas même l'ombre d'un intérêt quelconque.

« Toutefois je veux que l'enfant ait eu intérêt à mentir, à calomnier Contrafatto. Qui lui a appris tout ce qu'elle a révélé ? L'accusé échappe à sa ridicule hypothèse en disant dans l'instruction que sans doute il y a un malin esprit caché dans la personne d'Hortense ; mais pour vous, Messieurs, qui ne croyez pas à cette intervention commode, je vous le demande, comment la pauvre Hortense aurait-elle parlé de ces dégoûtantes voluptés que ses yeux ont vues et que son esprit ne comprenait pas ? À l'âge de cinq ans, et dans cette heureuse ignorance qui se reconnaît à chaque mot du récit que vous avez entendu, pouvait-elle...? (Ici l'avocat rappelle les circonstances que la jeune Hortense a détaillées avec toute la naïveté de l'enfance.)

« Non, Messieurs, et j'ai trop d'avantage à répondre aux monstrueuses suppositions de Contrafatto.

« Aussi a-t-il encore abandonné bientôt ce nouveau système, et a-t-il été forcé de revenir à ses imputations contre la mère. C'est elle qui aurait à plaisir empoisonné le cœur de sa fille, et celle-ci n'eût été que l'écho des horribles leçons qu'elle aurait reçues.

« Ah ! Messieurs, Contrafatto est jugé par sa défense même : celui qui a commis le crime qu'on lui impute, a pu seul faire de pareilles réponses à une telle accusation. Malheureux ! la présence de sa victime ne l'a point ému, et il a voulu se venger d'une manière digne de lui, de tout le mal qu'il lui a fait !

« Qu'il invoque à présent le sacré caractère dont il est revêtu, qu'il réponde à l'évidence en disant : « Je suis un ministre de Dieu, osez-vous bien accuser celui qui a prêché partout sa parole sainte ? » Vous ferez justice, comme elle le mérite, de cette audacieuse hypocrisie.

« Non, Messieurs, la religion n'est pas solidaire des crimes que peuvent commettre quelques-uns de ses indignes apôtres. Si on n'eût pas méconnu cette vérité du plus simple bon sens, nous n'aurions pas à gémir de tous les scandales qui ont suivi la mise en liberté du coupable. Il faut le redire sans cesse, parce que toujours on paraît l'ignorer : ce que veut la religion, c'est que chacun, fidèle à ses serments, remplisse ses devoirs avec loyauté, sans consulter d'autres conseils que ceux qui sont écrits au fond de toutes les âmes. Ce qu'elle veut encore, c'est que justice soit rendue à chacun selon ses œuvres.

« Prêtres, magistrats, citoyens, tous sont égaux devant la loi ; tous donc doivent être punis quand ils l'ont enfreinte ; et si le clergé songeait à réclamer quelques privilèges, sans doute ce ne serait pas celui qui assurerait l'impunité à Contrafatto ou à ses imitateurs !

« J'en ai dit assez, Messieurs, je le répète, madame Le Bon n'avait pas voulu accuser, elle s'est défendue, c'était son devoir.

« Vous aussi, Messieurs, vous saurez remplir le vôtre, et vous le ferez, je n'en doute pas, avec cette fermeté, cette indépendance, qui appartiennent à des hommes probes et libres. Les espérances de Contrafatto seront déçues : il vous avait mal jugés ; ce n'est point parmi vous qu'il trouvera de la faiblesse ou de la complaisance. Qu'il ne compte même pas sur ce sentiment de pitié auquel vous aimez à laisser ouvrir vos âmes ; car, dans cette cause, ce n'est pas son sort seulement qui est entre vos mains : vous avez à choisir un coupable entre lui et ma cliente.

« Si vous le jugez innocent, vous donnez la sanction de votre autorité aux horribles calomnies qu'on a répandues pour punir madame Le Bon de ce qu'elle n'a pas compris la religion comme la comprend l'abbé Contrafatto. Vous la déclarez coupable devant le tribunal de l'opinion publique, d'un crime mille fois plus odieux que celui dont elle a été la victime.

« Messieurs, ce n'est point là ce que nous attendons de vous. Ah ! sans doute, votre décision ne saurait tarir les larmes auxquelles Contrafatto a condamné la vie de madame Le Bon. Il est des blessures qui ne se ferment jamais, et des infortunes dont le cœur d'une mère ne se console pas. Du moins, Messieurs, vous la vengerez de ceux qui se sont plu à insulter à ses douleurs : c'est la seule réparation qu'il lui soit permis d'espérer.

« Je me résume : Vous avez à trouver un coupable entre la mère vertueuse et le prêtre renégat... Choisissez. »

L'avocat général prit ensuite la parole et conclut comme il suit :

« Nous avons parcouru tous les éléments de cette cause. Nous vous avons reproduit le récit fait par la jeune Hortense Le Bon, nous avons développé les motifs qui nous font croire à la sincérité de ce récit. Nous avons examiné la gravité des faits. Nous avons prouvé que le caractère de ces faits est tel, qu'il a été prévu et réprimé par la loi. Nous vous avons dit comment les dépositions des médecins, loin de détruire la déclaration de la jeune fille, n'ont fait que la confirmer. Nous vous avons aussi rappelé quels étaient le caractère et les mœurs de l'accusé. Nous vous avons dit que les habitudes de Contrafatto n'étaient pas telles que devaient être celles d'un prêtre digne du caractère sacré dont il est revêtu, mais telles qu'on doit en supposer à un homme accusé d'un aussi grand forfait. En dédommagement de la douleur que doit éprouver le cœur maternel de madame Le Bon, nous vous avons retracé le tableau qu'a présenté à cette audience la réunion de trois jeunes filles élevées par elle dans les règles de la morale et de l'innocence la plus parfaite, le soin pris par cette mère d'interroger sa jeune enfant, comme le devait faire une mère tendre, loin de tout témoin, loin de tout objet qui pouvait troubler la conscience de cette enfant et empêcher qu'elle ne communiquât les impressions qu'elle avait pu recevoir. Vous avez vu cette dame, Messieurs, amenée devant vous, non par la haine, non par le désir d'obtenir de l'argent, comme Contrafatto a voulu inutilement le soutenir, mais amenée par le désir d'obtenir justice, vengeance du plus grand crime qui puisse se commettre à l'égard d'une mère.

« Votre justice est désormais éclairée, Messieurs, elle ne trompera pas notre attente, elle ne trompera pas l'attente de la société. La société réclame de vous justice. Un grand forfait a été commis, punissez-le ; le coupable est devant vous, et nous appelons sur sa tête les châtiments réservés à cet attentat. »

La tâche de M⁰ Saunnières était difficile à remplir.

« Nous ne vivons plus, dit-il, à une époque où le clergé s'empressait de soustraire à la vengeance des lois celui de ses membres qui s'était rendu coupable de quelque méfait ; l'impunité levant une tête arrogante semblait outrager les droits de la société en affranchissant les accusés de toute justification... Non, sans doute, et l'Église a compris que nos mœurs éprouvaient le besoin de réformer de pareils abus. La religion ne peut être vénérée par un peuple qu'autant qu'il sera convaincu que ses ministres sont dignes du caractère dont ils sont revêtus... Éloigner et punir les mauvais prêtres : tel est le vœu de l'universalité du clergé, parce qu'il tient à conserver le respect qui lui est dû... Mais au moins, et si malheureusement un ecclésiastique est accusé, qu'il jouisse pleinement des avantages qui sont accordés à tous les citoyens dans cette pénible situation ; qu'on lui accorde les mêmes égards jusqu'au jour où il devra rendre compte de sa conduite privée... ; que sa défense soit environnée du même respect... ; en un mot, qu'on ne viole pas envers lui les droits de l'homme et du citoyen.

« Il ne faut pas se le dissimuler, Messieurs, la religion a perdu quelque chose de son crédit ; ce n'est pas ici le cas d'en rechercher la cause... Mais c'est à ce funeste résultat que l'on peut attribuer cette espèce d'empressement de la multitude à trouver un prêtre coupable dès qu'il est prévenu.

« Vous avez entendu des plaintes bien amères, des imputations bien graves et le désespoir d'une mère blessée dans ses plus chères affections. Vous avez eu sous les yeux la jeune victime qu'elle cherche à venger. La douleur de cette mère est mille fois louable ; mais elle a pris naissance dans une erreur ou dans une crainte trop promptement conçue.

« Examinons la vie de l'accusé ; nous parlerons ensuite des faits qui lui sont imputés.

« Le crime sur lequel vous êtes appelés à prononcer est reproché à un étranger. Cet étranger, il faut dire ce qu'il a été, ce qu'il est encore, et vous serez alors plus à même d'apprécier sa conduite.

« Joseph Contrafatto est né à Piazza, en Sicile, en 1798. Il y reçut une instruction choisie ; ses parents consacrèrent à cette instruction le fruit de leurs économies, heureux dans leur pauvreté d'avoir assez fait pour le conduire à l'état ecclésiastique.

« Joseph Contrafatto s'y est distingué par ses prédications nombreuses. Il est porteur de plusieurs certificats de son caractère. Je vais traduire aussi exactement que possible quelques-uns de ces certificats...

(Ici l'avocat traduit, en effet, sur le texte latin la plupart des pièces probantes.)

« Muni de ces certificats, Joseph Contrafatto arriva en France avec le désir d'en étudier les mœurs et le langage ; ce désir est assez ordinaire à tous les Italiens : mais Contrafatto éprouvait d'autres besoins, et, sa fortune ne lui permettant pas un séjour oisif dans la capitale de cette grande nation, il chercha dès lors à y exercer l'état ecclésiastique. Pour cela, il s'adressa d'abord à Mgr l'archevêque de Paris. Celui-ci, édifié sans doute par les honorables certificats qui lui furent communiqués, n'hésita pas à lui accorder la permission de dire la messe et même de confesser : cette dernière faveur est difficilement accordée aux prêtres étrangers ; leur moralité est préalablement examinée avec le soin le plus scrupuleux ; et cependant il obtient des lettres qui lui donnent à cet égard les pouvoirs les plus étendus. Soutenu par les recommandations des premiers ecclésiastiques de Paris, il est accueilli chez madame la duchesse d'Ormesson pour y dire la messe ; quelque temps après, et comme elle fut obligée de s'absenter pour aller dans une de ses terres, l'abbé fut présenté chez mademoiselle Sauvan sous l'auspice de ces mêmes protecteurs : il y fut agréé, et nulle plainte n'échappa jamais de la bouche de cette vénérable dame, qui l'a d'ailleurs déclaré d'une manière bien précise devant M. le conseiller instructeur.

« Contrafatto ne disait sa messe que tous les dimanches dans la pension de mademoiselle Sauvan. Il sentit la nécessité de recourir à d'autres ressources,

Mingrat.

et bientôt il fut reçu dans l'église de Notre-Dame-de-Lorette, où il officiait presque tous les jours ouvrables de la semaine.

« Ce fut dans ces circonstances, et alors qu'il jouissait d'une tranquillité d'esprit que rien ne semblait devoir altérer, qu'il fut tout à coup l'objet d'une accusation inouïe. Un crime atroce lui fut imputé. Il en repoussa le soupçon avec horreur.

« Comment ce crime a-t-il été connu ? Une jeune fille de cinq ans, Hortense Le Bon, avait dit, avait répété partout les différentes circonstances de ce crime ; les propos échappés à son enfance avaient été recueillis avec avidité, la prévention s'était formée, et cependant une première fois on avait fait silence... L'enfant se plaignit une seconde fois ; l'indignation fut au comble, rien ne put la maîtriser, elle éclata contre l'abbé. Une plainte fut rendue par la mère d'Hortense, et bientôt il fut constitué prisonnier. Interrogé devant les premiers juges, il nia tout ce qui lui était imputé. Nul témoin ne venait corroborer la déposition de la jeune fille, et la chambre du conseil, ne trouvant pas dans les documents qui lui avaient été fournis des preuves suffisantes pour motiver un renvoi devant la chambre de mise en accusation, rendit une ordonnance de non-lieu en vertu de laquelle Joseph Contrafatto fut immédiatement mis en liberté.

« Sa présence dans les lieux où il avait été primitivement accusé, excita d'abord quelque surprise et même quelque rumeur. L'effervescence des esprits se dirigea contre lui ; la mère de la jeune Hortense le rencontra, le saisit au collet en l'injuriant, en l'appelant *l'assassin de son enfant.* Ces paroles déterminèrent les spectateurs de cette scène déplorable, et bientôt Contrafatto fut assailli par des forcenés qui le mutilèrent après l'avoir trois fois terrassé dans la rue. Couvert de sang, et miraculeusement échappé des mains de la multitude, il se réfugia dans l'église, et ce fut dans ce lieu saint que l'autorité vint une seconde fois s'emparer de sa personne.

« On venait donc de violer à son égard la liberté

individuelle, car on l'avait arrêté, on l'avait frappé, on l'avait meurtri, sans avoir été témoin d'aucun délit, d'aucun crime. Le désespoir ou la fureur d'une mère avait suffi pour exciter contre lui des personnes qui n'avaient aucun droit d'en agir avec tant d'inhumanité. On respectait peu l'ordonnance de mise en liberté, et, mécontent de ce résultat, on voulait, sur le récit d'un crime consommé depuis au moins quatre jours, immoler celui qui avait été désigné comme en étant l'auteur.

« Enfin, Messieurs, la dame Le Bon rendit une seconde plainte plus circonstanciée, disait-elle, que la première, et la Cour royale de Paris crut devoir évoquer cette affaire, sur la clameur publique qui venait de se manifester. Un arrêt de cette même Cour ordonna qu'il serait fait un supplément d'instruction. Cette instruction fut dirigée par M. le conseiller Agier, et Contrafatto fut renvoyé devant la Cour d'assises.

« Ici, Messieurs, j'éprouve le besoin de vous faire part d'une réflexion pénible. Contrafatto s'est pourvu en cassation contre les trois arrêts que je viens de citer. Son pourvoi a été formé un mercredi soir, et le lendemain, jeudi, il avait été jugé et rejeté à la Cour de cassation avant l'heure de midi, c'est-à-dire en moins de vingt-quatre heures. Il faut le dire, Messieurs, puisque le droit de la défense est sacré dans tous les pays, l'accusé a le droit de faire entendre ses plaintes. Et dans cette occasion, comment pourra-t-il se rendre compte de la précipitation qu'on a mise à rejeter son pourvoi? Son défenseur a pu connaître à peine les pièces du procès, il n'a eu que le temps de conseiller le pourvoi; il ne lui a pas été laissé même un seul jour pour réfléchir aux moyens de cassation dont il voulait se prévaloir, et il n'a pu même ajouter à son pourvoi, que l'on a d'ailleurs reçu bien sèchement, un mémoire de cinq lignes. »

Le Président : Nous ne pouvons souffrir que l'on attaque ainsi les décisions de la Cour de cassation; vous devez savoir que, lorsqu'elle est appelée à prononcer sur de pareils pourvois, elle ne peut les admettre que dans trois cas : le premier, si le ministère public n'a pas été entendu; le deuxième, si le fait n'est pas qualifié crime par la loi; le troisième, si l'arrêt n'a pas été signé par tous les juges présents.

Me *Saunières* déclare professer le plus grand respect pour la Cour de cassation; puis il continue la défense de son client en repoussant toutes les déclarations, tous les témoignages. Il traite ensuite la question légale du procès, et finit sa plaidoirie en ces termes:

« On aurait pu s'attendre à ce que, dans le cours de ces tristes et déplorables débats, je vous eusse fait entrevoir le danger de la condamnation, en vous présentant la religion, presque abandonnée, en proie à la malignité des infidèles; l'impunité prenant une nouvelle force dans la flétrissure d'un ministre des autels, et les esprits avides de scandale s'applaudissant de la réalité d'un crime qui porterait atteinte aux plus saintes croyances : mais ce n'est pas à des considérations de cette nature que l'abbé Contrafatto veut devoir son acquittement... Si vous êtes convaincus,..... punissez, frappez l'ecclésiastique comme vous puniriez, comme vous frapperiez un autre citoyen..... Je vous dirai seulement : Méfiez-vous de l'accusation qui n'a pour base que la déclaration d'un enfant : gardez-vous de vous laisser entraîner trop facilement à l'intérêt que semblent commander les larmes d'une mère ; étudiez sa douleur; si elle est vraie, s'il existe un coupable, cette mère infortunée est bien digne de toute votre pitié ; nous devons déplorer le sort de la jeune victime qu'elle a conduite dans ce sanctuaire et qui vous a parlé de ses malheurs... Mais alors, et en admettant cette première vérité, que l'atrocité du crime n'entraîne pas facilement vos consciences en les remplissant d'une indignation que vous ne pourriez maîtriser; cherchez le véritable coupable, et jugez-le, même alors, Contrafatto pourrait ne pas être innocent. Si, au contraire, cette douleur n'a été que le fruit d'une crainte bien naturelle au cœur d'une mère; si, effrayée par la pensée d'un attentat mille fois odieux, elle a arraché des aveux à l'enfance timorée par des questions pressantes; alors, Messieurs, jetez un œil de compassion sur le sort de ce malheureux étranger qui, loin de sa terre natale, est ici, sans amis, sans famille, sans appui, livré à toutes les rigueurs de la plus pressante nécessité... Eh! que deviendra-t-il, même après que son innocence aura été proclamée? N'est-il pas déjà la victime d'une odieuse prévention, pourra-t-il jamais s'y soustraire? et votre éclatante justice parviendra-t-elle à faire disparaître toutes les traces empoisonnées que la calomnie a attachées sur ses pas? Quelle est la terre hospitalière qui voudra l'accueillir, il n'en est aucune... Mais il reverra sa patrie!... Ses concitoyens, ses anciens amis, son vieux père, le consoleront des persécutions auxquelles il aura échappé, et son âme tranquille y jouira paisiblement de la pureté qu'elle n'a jamais perdue... car elle ne fut souillée d'aucun crime. »

Après une énergique réplique de M. de Vaufreland, le président demanda à Contrafatto s'il avait quelque chose à ajouter à sa défense. — « J'entends, dit-il dans son jargon italien, des personnes qui parlent d'ici et de là; ces paroles me brûlent mon cœur. Voilà des hommes pleins de talent et de probité. Mon cœur va justifier mon innocence. Des témoins n'existent pas ; personne ne dit la vérité. Un enfant vient accuser un homme. On cherche à détruire pour toujours ce cœur qui ne palpite que pour le bon Dieu. Et vous, je vous en prie, ne vous laissez pas égarer par le schisme de la philosophie moderne qui contraste avec la religion. Je n'ai pas de haine et j'ai peine à m'expliquer. Le bon Dieu connaît mon innocence. Je pardonne à mes ennemis et je m'abandonne à la justice des jurés et de tout le monde. »

Au moment où l'audience était rendue publique, un jeune homme, qui venait de pénétrer dans l'enceinte la plus rapprochée de l'accusé, s'écria tout à coup, en regardant Contrafatto : — « Tiens, c'est lui!... Oui, c'est bien lui! »

On entoura ce jeune homme, bien connu au palais, et on lui demanda l'explication de cette exclamation involontaire. Il répondit :

« A la troisième représentation de *Moïse*, je me trouvais au grand Opéra, et j'étais à l'amphithéâtre des premières. Devant moi était placé un individu, ayant à ses côtés une jeune fillette en bonnet; il se tenait debout, le chapeau sur la tête. Je le priai de s'asseoir et de se découvrir, ce qu'il fit après quelques difficultés. Mais alors quel fut mon étonnement! J'aperçois une tonsure. J'examine avec plus d'attention. C'était bien une tonsure; il n'y avait pas à s'y tromper. L'individu remarque que je le considérais de très-près, et il se lève de nouveau, comme pour me cacher le signe qui le trahissait. Mais alors je me lève aussi, et d'une voix retentissante, je m'écrie : « Monsieur l'abbé, j'ai l'honneur de vous inviter une seconde fois à vous asseoir. « A ces mots, l'abbé prend par le bras la jeune fille, et ils sortent tous deux, au milieu des éclats de rire. Cet individu était Contrafatto. Je le reconnais parfaitement. Comment ne pas reconnaître une pareille figure ? »

Le jury déclara Contrafatto coupable d'attentat à la pudeur, consommé avec violence. En conséquence, Joseph Contrafatto fut condamné aux travaux forcés à perpétuité et à la flétrissure des lettres T. P.

En prononçant l'arrêt, le président avait engagé le condamné à « diminuer l'horreur qu'inspirait sa faute par un aveu, qui seul pouvait mériter quelque intérêt, *et peut-être appeler sur lui la clémence royale.*» Contrafatto ne suivit pas le sage conseil de M. de Monmerqué. Aussitôt arrivé à Bicêtre, il composa et publia un mémoire, il serait mieux peut-être de dire un libelle, dans lequel la diffamation et l'injure n'étaient épargnées ni à la jeune Hortense, ni à sa mère et à ses sœurs, ni aux jurés, ni à l'avocat de la partie civile. La passion publique répondit par la publication d'une brochure intitulée : *Les trois procès de Contrafatto* (prêtre sicilien), *Sieffrid* (curé de Benfeld, en Alsace), *et Molitor* (prêtre allemand). De son côté, Mme Le Bon, mal conseillée, publiait un écrit en *Réponse au libelle de Contrafatto*, et Chantpie, libraire au Palais-Royal, mettait en vente une *Epître à Contrafatto*, et une relation du procès de ce proscrit. La censure avait supprimé en partie les débats d'audience; elle fut impuissante devant ces scandales.

Censure assez naïve et peu redoutable, après tout, que cette censure de la Restauration. Elle supprimait des jugements et des débats en première instance, que l'on produisait quelques jours après à la même place, lors du jugement en appel; elle défendait au journal ce qu'elle permettait à la brochure; elle se laissait bénignement insulter, et ses victimes bénissaient le plus souvent des persécutions innocentes qui leur permettaient de crier bruyamment leur martyre.

La censure, par exemple, n'empêchait pas M. Dupin aîné d'écrire, dans une de ses excellentes lettres à la *Gazette des Tribunaux* (sur la profession d'avocat) : « Je ne vous ai point écrit depuis trois mois; qu'aurais-je pu vous mander, que la censure n'eût, à l'instant même, intercepté? » Et le spirituel avocat parle, quelques lignes plus bas de l'*oppression des journaux*, de l'*odieuse manière d'opérer de la censure*, qui n'intercepta pas, à ce qu'il paraît, ces aménités, au reste si bien méritées.

Le 2 novembre, la Cour de cassation rejeta le pourvoi de Contrafatto, et le 6, une foule énorme encombrait la place du Palais de Justice, attendant qu'on exposât le prêtre coupable. Contrafatto ne parut point. L'indignation ne connut plus de bornes. Les hommes les plus honorables s'associèrent à ce mouvement de l'opposition contre l'autorité qui semblait couvrir le ministre indigne. M. de Salvandy, dans une brochure virulente, prit à partie la censure qui avait biffé l'hommage rendu par M. de Monmerqué à l'honorabilité de Mme Le Bon. « La censure, disait l'écrivain, a recommencé l'attentat de cet homme sur la jeune Hortense ; elle a disputé à l'enfant la pitié publique, et l'estime publique à la mère. Cette censure est impie, elle est immorale, elle est immonde. C'est elle qu'il faudrait mettre au carcan. »
Pour mieux comprendre ces violences, qu'on se rappelle qu'en ce moment (19 et 20 novembre), l'émeute grondait dans la rue Saint-Denis.

Il fallut bien se décider à exécuter l'arrêt dans toute sa teneur; Contrafatto fut exposé, marqué, et dirigé sur Brest, avec la chaîne volante qui emmenait Molitor, cet autre prêtre condamné aux travaux forcés à perpétuité pour faux, vol, attentat à la pudeur et vagabondage. Seulement, Contrafatto eut le privilège de la carriole. Laissons-le raconter lui-même ses impressions de voyage : le lecteur pourra comparer utilement les délicatesses et la superbe de ce coupable, avec la résignation chrétienne de Léotade en pareille circonstance. (Voir *Léotade*, 18e livr., p. 49).

« Mon voyage a été pénible, mais la divine Providence m'a prêté tous les secours nécessaires. Les gendarmes qui m'ont conduit ont eu beaucoup d'égards pour moi; seulement le brigadier de Vaugirard m'a traité *comme un cannibale*, en me serrant les mains jusqu'à me faire beaucoup de mal. Trois nuits l'on m'a fait coucher dans un cachot sur la paille, et que par charité et par respect humain m'ont fourni un matelas et des gros draps, *en les payant fort cher*. Les autres nuits, messieurs les concierges des autres prisons ont usé de beaucoup de charité et d'humanité, et m'ont permis de coucher dans leur chambre, et me faire restaurer avec du bon feu, *mais toujours en payant*. J'ai reçu plusieurs visites de MM. les prêtres, les curés et de grands personnages, dans certains endroits où j'ai logé, et qui m'ont donné tous secours pour arriver à ma *malheureuse destination*.

« Le jour du 29 courant, d'après un voyage si pénible de dix jours, tout à fait écrasé et mal portant, je suis arrivé à quatre heures du soir. Hélas! quel spectacle.... Dans les maisons, je crois qu'il n'y restait personne, et les rues toujours pleines pour voir passer cette *malheureuse victime*. Enfin, je suis entré dans le bagne; l'on m'a conduit chez le commissaire de marine, devant lequel mes larmes tombaient en abondance. Après, l'on m'a conduit dans une salle où j'ai trouvé des hommes déjà à faire le dernier sacrifice; l'on me dépouilla jusqu'à la chemise, et l'on m'habilla (hélas! mon cœur se refuse à le dire) avec une chemise *de mâle*, d'un rouge pantalon et d'une casaque rouge aussi, et un bonnet vert, sur ma tête, nu jambes; et après, l'on m'a coupé les cheveux jusqu'à la racine, et puis l'on m'a fait asseoir sur un banc pour m'enchaîner à la jambe avec une grosse manille et une chaîne qui tout au moins pèse dix-huit livres, que je porte jour et nuit, et, au lieu de trouver quelque repos comme étant fatigué de voyage, l'on m'a fait coucher sur une planche avec une seule couverture, *parmi les autres*. Imaginez-vous, hélas! ma figure ne ressemble plus à celle d'un ministre de Dieu, d'un enfant des sacrés autels, mais à un monstre, à un scélérat.

« Toutes les oreilles sont fermées à ma voix lamentable, et l'on cherche à se rassasier de mon sang, et de mon innocence, et de *ma chair sacrée;* mais plus je souffre avec patience et résignation, puisque c'est la vraie route de la perfection.... Dans mes larmes et dans mes peines, encore je vous communique que ma nourriture consiste en la moitié d'un pain noir, un verre de vin et une portion de fèves, *comme tous les autres sans aucune distinction*.

« Hélas! pourrai-je le dire sans avoir pitié de moi-même ; non, c'est impossible. Le dimanche des Rameaux, *remarquable par mes fonctions*, être privé jusqu'à entendre la sainte messe, parce qu'on m'a tenu enchaîné au banc où je couche, c'est-à-dire sur une planche dans une salle qui contient cinq cents personnes, *tous des infâmes et des scélérats*. Où suis-je?.... Qu'ai-je trouvé?.... Au milieu de qui suis-je?... Et pourquoi? Hélas! pour rassasier de *mon sang sacré* une populace effrénée, pour contenter *un esprit malfaisant*.

« Après cinq jours d'arrivée, l'on m'a conduit au travail (le jeudi saint, jour remarquable pour moi), dans la manufacture. Réfléchissez un moment ; *ces mains sacrées*, toujours dédiées pour les autels et le service de Dieu, maintenant que font-elles ? Hélas ! pourrais-je le dire sans larmes ; et le vendredi saint, par raison ne pouvoir souffrir la fatigue, j'ai tombé malade avec une forte fièvre, que les médecins m'ont fait conduire à l'hôpital, où, par la grâce de Dieu, je vais un peu mieux, et j'écris de mon lit.

« Jetez un moment les yeux sur un ministre de Dieu, et voyez où l'a réduit *la méchanceté, la calomnie, et la moderne philosophie* qui est en opposition avec notre religion. Le diable ne sera pas content de ma résignation à tout ce qui m'arrive. *Beati qui injusté*, etc. Oui, c'est l'Évangile qui nous l'apprend, comme je l'ai souvent prêché ; Dieu veut éprouver la constance de ses enfants par les plus grandes afflictions. L'exemple est là ! Job s'est réduit à la misère jusqu'à être méprisé de ses victimes (*sic*), et Dieu était toujours dans sa bouche. Quelle couronne céleste il a reçue ! quelle gloire éternelle il a remportée ! Et par conséquent le petit crucifix reste toujours à mon cou, et à tout moment dans mes mains, comme les fers sont attachés jour et nuit à ma jambe. Autre consolation, je ne trouve que Dieu dans ma bouche, dans mon cœur, et dans mes actions ; j'adresse au Seigneur des prières mêlées de larmes et de gémissements ; j'honore, j'imite constamment l'auguste Marie, tous les saints et les anges du ciel, toujours soumis à la divine Providence, afin qu'ils me reçoivent dans le tabernacle éternel, à l'heure de ma mort. M. l'aumônier, avec une paternelle charité, vient me voir deux fois par jour pour me consoler dans ma triste position ; il a parlé au commissaire, qu'après plusieurs jours il adoucira mon sort. D'autres prêtres sont aussi venus me consoler.

« Jeudi dernier, l'on a vendu tous mes effets ; *Voilà les prophéties vérifiées !* Voilà l'accomplissement de la loi. Mes yeux ont versé des torrents ce jour-là, et je me suis écrié, en me rappelant des paroles *de Jésus Christ* (*sic*) : *Diviserunt mihi vestimenta mea et super vestem meam miserunt*.... Tout est fini pour moi. Hélas ! mon père, ma famille, ne me verront plus jamais ; jamais je ne reverrai ma chère patrie !... »

Chacune de ces phrases sacrilèges accuse le mauvais prêtre, qui s'est imaginé que le saint ministère l'a rendu inviolable, et qui, dans son humiliation méritée, voit seulement une offense à son caractère sacré et la privation de commodités matérielles. Voilà cependant l'homme qu'on a cherché à réhabiliter, et celui qui entreprit cette tâche impossible ne fut autre que l'avocat de Mme Le Bon, Me Charles Ledru lui-même.

Me Ledru en avait agi avec sa cliente comme en agissait le plus souvent cette âme violente, passionnée, mais toujours élevée, généreuse. Il avait porté un si vif intérêt à cette famille dont il avait pris la défense, qu'il n'avait pas voulu mêler au souvenir du service rendu la moindre idée d'une récompense pécuniaire. Il avait donc écrit à Mme Le Bon :

« Madame,

« M. *Métivier* (1) a dit un mot à *Lafargue* (2) relativement aux honoraires que vous aviez cru devoir me destiner. Veuillez, Madame, vous dispenser de tous soins à cet égard.

(1) Ami de M. Le Bon.
(2) Avocat.

« Vos économies appartiennent à votre intéressante famille. Vous ne devez les employer qu'à réparer ses malheurs.

« Pour moi, Madame, j'ai déjà reçu ma récompense dans le triomphe que vous avez obtenu. Vous avez rempli votre devoir avec courage. Votre pieuse indépendance n'a trouvé que des admirateurs parmi les honnêtes gens. Souffrez, Madame, que je m'acquitte, jusqu'au bout, de mon devoir de manière à n'être pas indigne de la confiance dont vous m'avez honoré.

« Je suis avec respect et le plus parfait dévouement,

« Madame,

« Votre très-humble et très-obéissant
« serviteur,

« Ch. LEDRU.

26 octobre 1827.

Mme Le Bon répondit :

« Monsieur,

« Je viens de recevoir à l'instant l'aimable lettre que vous vous êtes donné la peine de m'écrire. Je suis on ne peut plus fâchée qu'une semblable chose vous ait été rapportée.

« Connaissant votre excessive délicatesse à cet égard, je me suis adressée à M. Métivier pour savoir, non pas ce que je pourrais vous offrir qui fût digne de vous, car ce que vous avez fait pour moi est sans prix, mais uniquement dans l'intention de m'informer qu'est-ce qu'il vous serait le plus agréable d'accepter, comme une bien faible marque de la reconnaissance que je vous garderai toute ma vie.

« Agréez, Monsieur, l'assurance de ma parfaite considération,

« Veuve LE BON. »

Depuis lors, Me Ledru n'avait pas revu madame Le Bon, et il la croyait fixée en Italie, lorsqu'en 1841 il eut sa visite. Il en avait été prévenu la veille par un petit mot, dans lequel cette dame lui demandait à quelle heure il serait visible pour elle et pour sa fille Hortense.

Laissons Me Ledru raconter lui-même cette entrevue :

« Elle me dit en entrant que sa démarche avait pour but de me demander s'il me serait possible de procurer une place à cette jeune personne. — Je supposai qu'il était question d'une place d'institutrice, et je demandai à la mère si sa fille était musicienne. — Non, me dit-elle. — Dessine-t-elle ? — Non. — Ses réponses à diverses autres questions m'apprirent que la fille avait été privée d'instruction, et, à l'étonnement que je manifestai, la mère me dit que la famille d'Orléans avait cessé de lui accorder la pension qu'elle lui faisait à l'époque du procès.

« A la fin de la conversation, Mme Le Bon me dit : — J'aurais bien désiré que ma fille pût être placée...; j'avais conçu l'espoir que, peut-être, elle vous conviendrait pour être à la tête de votre maison.

« — Je suis garçon, lui répondis-je. Et alors elle ajouta d'un air que je ne saurais définir : — Cependant, Monsieur, vous n'avez pas la réputation d'un Caton. — Ou, peut-être, car je ne suis pas très-sûr de la phrase ; — Vous voulez donc avoir la réputation d'un Caton ?

« Nous nous levâmes, assez embarrassés tous les trois de la tournure qu'avait prise la fin de la séance, et ces dames se retirèrent. »

C'étaient donc là les objets des enthousiasmes de

1827! C'était donc là cette femme si pure, cette mère si digne d'estime et de pitié! Elle venait, aujourd'hui, offrir, par un marché honteux, cette jeune fille dont le défenseur avait, autrefois, vengé l'innocence! Ces idées tourmentèrent l'imagination toujours excessive de M⁰ Ledru, et il se prit à douter de la légitimité de son succès.

Déjà, au reste, le souvenir de Contrafatto l'avait poursuivi plus d'une fois.

Ce fut, d'abord, au milieu de cette folle expédition de Rambouillet qui signala les derniers jours de la révolution de 1830. M⁰ Charles Ledru était naturellement un des chefs de ces enfants perdus, qu'un escadron de cavalerie eût si facilement taillés en pièces. Le roi Charles X était parti, et les héros déjeunaient à l'hôtel de la préfecture. L'amphitryon était M. de Frayssinous, et ce nom rappela à l'un des convives le frère de M. de Frayssinous, le juge qui avait fait la première instruction dans l'affaire Contrafatto. M⁰ Ledru fut félicité hautement de son triomphe judiciaire : le crime de la rue Coquenard fut, d'un commun accord, rangé parmi les plus lourds griefs imputés à la royauté déchue, et la pension que servait à madame Le Bon, par esprit d'opposition, la maison d'Orléans, fut considérée comme un des titres d'honneur de la dynastie nouvelle.

M⁰ Ledru s'aperçut alors, pour la première fois, à ce qu'il semble, que les éloges accordés à l'accusateur énergique de Contrafatto ne s'adressaient pas le moins du monde au talent vengeur, mais à l'homme

Contrafatto.

qui avait su faire flétrir un prêtre. Le plus ardent de ces panégyristes, le plus haineux de ces *mangeurs de prêtres*, se trouva être un témoin du procès, et M⁰ Ledru se demanda tout bas si cet homme avait pu être bien impartial devant la justice.

Ce souvenir s'était à peu près effacé, quand, quelques années après, un des principaux témoins de l'affaire Contrafatto, officier en non-activité sous la restauration, et que la révolution de juillet avait rendu au service, accosta un jour M⁰ Ledru dans le jardin des Tuileries. Il le félicita également, au sujet du procès, en des termes qui laissèrent l'avocat sous l'impression que ce témoin avait apporté aux débats une furieuse antipathie pour l'habit sacerdotal.

Ces circonstances étaient restées ensevelies dans la mémoire de M⁰ Ledru quand, en 1841, quelque temps après l'étrange visite de madame Le Bon, deux autres témoins dans la même affaire se rendirent dans son cabinet, au sujet d'une contestation avec leur propriétaire. Ces témoins, c'étaient les époux Nutz, les anciens portiers de la maison de la rue Coquenard, où logeait madame Le Bon quatorze ans auparavant.

M⁰ Ledru ne les reconnut pas d'abord. Ils s'en étonnèrent, lui rappelèrent le procès du prêtre sicilien, et cela en des termes qui parurent à l'avocat renfermer une sorte de reproche d'un service oublié : « Persuadés, dit M⁰ Ledru, que l'avocat qui avait poursuivi Contrafatto était nécessairement l'anti-prêtre incarné, ils se glorifièrent de leur complaisance *pour moi* dans cette affaire, de façon telle, que je dus relever sévèrement l'insulte qu'ils m'avaient faite en ayant espéré se concilier ma bienveillance par l'aveu de témoignages mensongers contre le malheureux dont j'avais été l'accusateur. »

Ces époux Nutz avaient-ils inventé une fable pour exciter en leur faveur l'intérêt de M⁰ Charles Ledru, que le procès de 1827 et ses opinions démocratiques avaient placé, dans leur pensée, parmi les ennemis acharnés de l'autel et de ses ministres? Était-ce, de leur part, naïveté grossière? Le fait est qu'à cet aveu, M° Ledru eut des craintes sérieuses sur la condamnation qu'il avait obtenue, et que, rassemblant comme en un faisceau tous ces souvenirs éparpillés, il n'hésita pas à se rendre chez le garde des sceaux.

Rien n'est plus honorable sans doute que cette passion pour la vérité et pour la justice; mais ces revendications d'innocence ont leurs dangers. Si la justice humaine se trompe souvent, sa mission est tellement haute et salutaire, qu'il faut y regarder à deux fois avant de s'inscrire en faux contre un de ses arrêts. Il ne suffit pas ici d'un soupçon, d'une crainte, d'un indice; il y faut la preuve positive, éclatante. Et s'il est des hommes pour qui les décisions judiciaires doivent être encore plus respectables que pour le reste des citoyens, ce sont ceux-là sans doute, dont la tâche est de les provoquer.

Si M° Ledru, en cette occasion, oublia la réserve imposée à sa fonction, il eut peut-être pour excuse l'exaltation naturelle de son esprit et les mouvements mal réglés de son cœur. Il était malheureusement, à ce moment-là même, sous l'impression d'une affaire présentant avec celle de Contrafatto d'étranges ressemblances.

Il s'agissait d'un certain Jubin, tambour de la première légion de la garde nationale, homme de bonne tenue et de conduite irréprochable, qui s'était vu tout à coup accuser d'attentat à la pudeur sur la fille de sa femme, âgée de dix-neuf ans. Cet homme avait comparu, en 1838, devant la Cour d'assises de la Seine, et avait été condamné à l'exposition et aux travaux forcés à perpétuité. C'était l'attentat de Contrafatto, avec une circonstance de plus, l'inceste. Choisi pour défenseur, M° Ledru n'osa affirmer l'innocence de Jubin; mais il avait entrevu et indiqué la possibilité d'une erreur. Une mère jalouse, une fille de mauvaise vie, qui se venge par un odieux mensonge des justes sévérités de son beau-père : tel était, selon le défenseur de Jubin, le mot de cette triste énigme.

L'hypothèse de M° Ledru se trouva bientôt corroborée par des dépositions tardives, inattendues. L'immoralité habituelle de la victime fut attestée par des fonctionnaires publics, un adjoint au maire et un commissaire de police. M. le duc de Marmier, colonel de la première légion, prit l'affaire à cœur et s'occupa activement d'un recours en grâce. L'ardente conviction de M° Ledru avait si bien passé dans son cœur que les doutes sur la culpabilité de Jubin se changèrent en une *certitude* de son innocence. M. de Marmier écrivait au garde des sceaux la lettre suivante :

« ...... M° Ledru me rappelle des faits antérieurs « *qui m'inspirent des doutes* POSITIFS *sur la* CULPA-« BILITÉ DE JUBIN. Cette fille, d'une figure intéres-« sante, et très-adroite, est, à ce qu'il paraît, horri-« blement rusée et méchante. Je me souviens, très-« positivement, d'avoir été consulté par Jubin, il y a « trois ou quatre ans, sur les moyens de la mettre « dans une maison de correction. Sa conduite, depuis « la condamnation de son pauvre père, les souvenirs « passés, les renseignements présents, tout, enfin, « contribue, je vous le répète, à me *faire penser que* « *le jury, entraîné par un sentiment bien naturel* « *d'intérêt pour la jeunesse et l'innocence, s'est peut-* « *être* TROP PRESSÉ *de prononcer son verdict.*

« Veuillez, je vous supplie, Monsieur le Garde des « Sceaux, vous faire rendre compte des circonstances « qui viennent *tardivement* militer en faveur de Jubin, « et en attendant la suite de cet examen, faire sur-« seoir à son départ pour le bagne.

« Ce malheureux, irréprochable jusqu'alors, laisse « derrière lui, sans ressources, une femme et quatre « enfants en bas âge (l'aîné a cinq ans).

« Permettez que M° Ledru vous explique les cir-« constances qui semblent faire *luire l'espoir d'une* « *justification* pour ce malheureux père de famille ; « *c'est lui qui porte cette lettre.*

« Agréez, etc....'

« D. DE MARMIER, *député.* »

En y regardant froidement, on ne voit là que des *doutes* d'honnêtes gens, des *lueurs* d'espoir d'une justification; en pareille matière, un doute, c'est assez pour solliciter une grâce ; ce n'est pas assez pour proclamer une innocence et pour affirmer une erreur judiciaire. Mais M° Ledru reçoit de Jubin des lettres déchirantes, *écrites avec son sang*, et la noble passion de l'avocat l'emporte au delà de la juste limite tracée par sa logique. « JE SAIS, répondit-il à Jubin, que votre condamnation est *une erreur déplorable.* » Et son imagination primesautière peuple d'innocents les prisons et les bagnes. « Ah! pourquoi, s'écrie-t-il, n'y a-t-il pas au fond des prisons et au sein des bagnes des hommes uniquement occupés, en vertu d'un ministère spécial, à écouter les soupirs des malheureux que la loi a condamnés. Hélas ! je sais bien que cela ne sera jamais ; car, si la charité opérait une telle réforme.... et quelques autres, que deviendrait la race des Pharisiens ? — Ne faut-il pas que le mensonge et l'orgueil qui vivent en elle sous le masque de la vertu se nourrissent, jusqu'à la fin des temps, des larmes de l'infortune ? »

Nous n'avons pas besoin de signaler l'excès.

Les instances de M. le duc de Marmier et du défenseur avaient obtenu du garde des sceaux la promesse que Jubin n'irait pas au bagne ; on espérait une commutation de peine, qui sait ! peut-être même une grâce entière. Mais sans doute la brûlante conviction de M° Ledru ne fut pas partagée; Jubin subit sa peine qui fut toutefois, en 1840, réduite à cinq années.

C'est dans la disposition d'esprit que lui faisait l'affaire Jubin, que M° Ledru reçut la visite des époux Nutz, et qu'il courut trouver M. Martin (du Nord), convaincu d'avoir à faire redresser une erreur judiciaire. Le ministre répondit que la position du condamné Contrafatto avait déjà été adoucie , que la grâce entière et immédiate ne pouvait être accordée facilement et que l'opinion publique était à ménager. M° Ledru vit dans ces paroles une promesse positive.

Les choses en étaient là quand, en octobre 1841, M° Ledru eut occasion de voir Mgr Affre, archevêque de Paris, au sujet d'un jeune homme, accusé de crime capital, et qui invoquait une déclaration du prélat. « La conversation, dit Mgr Affre lui-même, rapportant plus tard cet incident, s'engagea sur les témoignages en général. Vous me parlâtes (c'est à M° Ledru que s'adresse la lettre), à cette occasion, de divers faits qui vous étaient connus et vous finîtes par exprimer de vives inquiétudes sur la condamnation de Contrafatto. Je ne savais, au sujet de ce malheureux condamné, que ce que m'avaient appris les journaux; mais une personne respectable étant venue plus tard me dire qu'elle possédait des *preuves* de son innocence, je me rappelai notre conversation. La manière dont elle s'engagea et celle que j'eus plus tard avec vous m'ont donné la conviction que vous aviez été parfaitement sincère. »

Deux ans après cet entretien avec l'archevêque, Me Ledru reçut d'une dame qui signait Émilie Schwebisch (née Bruet de Martine), une lettre dans laquelle on lui parlait de poursuivre la délivrance de Contrafatto. On y ajoutait : « Mgr l'archevêque de Paris m'a parlé de vous comme pouvant faire réussir cette œuvre de miséricorde. Il m'a chargé de vous voir de sa part. »

Cette dame Schwebisch, catholique fervente, âme dévouée à soulager la misère et les souffrances, avait, elle aussi, dans l'imagination et dans le cœur, une forte dose d'exaltation. Sa mère s'était trouvée passer sur la place des expositions publiques, le jour où Contrafatto était attaché au carcan. Elle fut touchée de la résignation du condamné, que le peuple accablait d'outrages. Dès ce jour, elle n'eut plus qu'une pensée, celle de délivrer cet homme. Mère et fille se dévouèrent à cette œuvre.

Ces deux enthousiasmes de la femme et de l'avocat se comprirent bien vite. On fit des pétitions, qu'on chercha à faire apostiller par l'ambassadeur des Deux-Siciles. On rechercha Mme Le Bon pour obtenir son concours à une œuvre de réparation, et Me Ledru alla de nouveau trouver le garde des sceaux. On était en février 1843 ; un changement de ministère était à craindre, et Me Ledru croyait avoir des *promesses* à faire réaliser. Le ministre parla de son désir de gracier Contrafatto, mais objecta une fois encore la crainte de blesser l'opinion publique. Me Ledru répondit qu'il consentait à prendre sur lui-même toute la responsabilité d'une réparation et partit *plein d'espoir*. M. Martin (du Nord) donnait, en même temps, quelques bonnes paroles à Mgr Affre.

Pendant deux ans, Me Ledru ne revit plus ni le ministre, ni l'archevêque. Quant à madame Schwebisch, elle revint chez l'avocat, le 22 avril 1843 ; elle espérait toujours une grâce et elle venait prier Me Ledru de rédiger une nouvelle supplique. Il écrivit la lettre suivante, que madame Schwebisch s'empressa de porter elle-même au garde des sceaux :

« Monsieur le Ministre,

« La pauvre et admirable femme qui a si noblement entrepris les démarches auxquelles j'ai été heureux de concourir en faveur de Contrafatto, m'annonce à l'instant que la liste des grâces à accorder pour la fête du roi va être close.

« Permettez, Monsieur le Ministre, que j'appelle de nouveau, en cet instant suprême, votre attention sur le condamné.

« Je vous demande sa grâce *pour moi-même* : car, ainsi que j'ai eu l'honneur de vous le dire, *je regretterai éternellement d'avoir été une fois dans ma vie accusateur*.

« *Je sais bien que la qualité de prêtre est un obstacle devant l'opinion* (1), mais je suis prêt à prendre sur moi toute la responsabilité d'un acte que je sollicite comme réparation d'une injustice dont j'ai été la cause involontaire, et qu'il était de mon devoir de signaler au ministre du roi.

« Le temps me presse, Monsieur le Ministre, je ne puis refuser à l'honorable madame Schwebisch les quelques mots qu'elle attend pour les porter à vos pieds.

« Excusez-moi, Monsieur le Ministre, et agréez les respects de votre très-humble et obéissant serviteur,

« Charles LEDRU,
« Avocat à la Cour royale.

« Samedi, 22 avril 1843. »

(1) C'était la seule objection qu'avait faite le ministre.

Le condamné de 1827 avait appris ces efforts inutiles, et il remercia, dans les termes suivants, son protecteur inattendu :

« 1er janvier 1844.

« Monsieur,

« Par un effet de bienveillance naturelle, vous avez daigné tendre une main secourable au plus infortuné des hommes. Par vos soins et généreux efforts, je me trouve moins malheureux et plus résigné ; et si la liberté ne m'a pas été rendue, c'est que des causes secondaires y ont mis obstacle ; sans cela je serais maintenant au sein d'une honorable famille. — Je sais avec quelle persévérance vous avez agi pour m'arracher de la captivité ; mais, hélas ! Dieu ne l'a pas voulu, et je dois me résigner à sa sainte volonté. — J'ai tout espoir que vos bontés ne me laisseront pas en si beau chemin, et je prie le Seigneur de ne pas éteindre le feu de la charité, afin d'accomplir l'œuvre miséricordieuse que vous avez commencée ; — et si ma condition de prisonnier, de captif, d'esclave, mettait quelque obstacle à vos empressements, daignez rappeler à votre souvenir les paroles de Trimalcion à ses amis.

« Une nouvelle année est déjà commencée. Elle se présente sous des auspices favorables ; — fasse le ciel qu'elle soit plus heureuse pour moi ! — Dix-sept ans de souffrances inouïes, effet *d'une si injuste condamnation*, militent en ma faveur et appellent sur moi la pitié de tous les hommes de probité, *particulièrement la vôtre*.

« Daignez, Monsieur, agréer, avec le renouvellement de cette année, les prières que j'adresse à Dieu pour la conservation de vos précieux jours, et croyez aux sentiments de mon éternelle reconnaissance, avec laquelle j'ai l'honneur d'être,

« Monsieur,

« Le plus infortuné des hommes,

« L'abbé CONTRAFATTO.

« Rennes, 1er janvier 1844. »

En 1843, Contrafatto fut gracié entièrement. Déjà, par deux fois, il avait été l'objet de la clémence royale. En 1838, sa peine avait été commuée en une réclusion perpétuelle dans les prisons de Rennes. En 1843, cette détention perpétuelle avait été réduite à quatre ans. En 1845, elle était définitivement terminée par une grâce, méritée peut-être, il faut le dire, par une excellente conduite.

Un jour, on annonce à Me Ledru un client inconnu ; on l'introduit dans son cabinet. — Ah ! c'est vous, M. Contrafatto, s'écrie-t-il. Les traits de cet homme n'avaient pas changé depuis dix-sept ans. Contrafatto témoigna avec reconnaissance pour les peines qu'avait prises Me Ledru pour obtenir sa liberté ; Me Ledru demanda au gracié pardon de tout le mal qu'il croyait lui avoir causé involontairement, et une même table réunit l'avocat et le galérien.

Jusque-là, à part l'exagération et l'excentricité des sentiments et des actes, Me Ledru n'avait compromis que vis-à-vis de lui-même sa robe d'avocat. L'excès de ses bons sentiments le fit sombrer contre un scandale.

Pendant les vacances de la Pentecôte, Me Ledru était parti pour l'Angleterre. Pendant son absence, l'infatigable madame Schwebisch se présenta chez lui. Forcée elle-même de quitter Paris, elle avait laissé quelques lignes que Contrafatto remit à l'avocat à son retour. Les voici :

A M. CHARLES LEDRU.

« Paris, 14 juin 1845.

« Monsieur,

« Je regrette vivement que vous ne soyez pas revenu avant mon départ, pour vous présenter moi-même *le frère* que Dieu m'a donné. Il vous dira lui-même les motifs qui le retiennent ici. Veuillez lui remettre les onze pièces que je vous ai remises dans le temps. Elles lui sont indispensables et de la plus grande nécessité.

« S. Exc. le duc de Serra-Capriola espère que vous voudrez bien donner à *mon frère* un certificat ou déclaration dans les termes employés par vous, lorsque vous lui avez parlé de cet infortuné. *Cette pièce ne sera vue que par l'évêque qui, en Italie, l'admettra dans son diocèse. Sans cela, il ne sera jamais placé.*

« Vous, Monsieur, dont l'éloquence l'a perdu, a brisé, détruit son avenir, vous voudrez en rendre le reste autant paisible que vous pourrez.

« Je connais votre bon cœur. Vous me l'avez dit, il était brisé lors de l'horrible, de l'injuste condamnation qui a été prononcée. Vous ferez cela, j'y compte. Dieu vous tiendra compte de cette bonne action.

« Agréez, Monsieur, le regret que j'éprouve de ne pas vous avoir revu, et mes sentiments reconnaissants.

« Ve Schwebisch. »

Me Ledru était incapable de réfléchir, incapable de résister. Il écrivit à la hâte la lettre suivante :

A M. L'ABBÉ CONTRAFATTO.

« Monsieur,

« C'est toujours un devoir de réparer le mal qu'on a fait ; aussi, depuis le jour où plusieurs des principaux témoins de votre malheureuse affaire *vinrent me confier qu'ils avaient altéré la vérité pour vous perdre*, je me considérai comme engagé d'honneur à m'adresser directement à M. le garde des sceaux, pour le supplier d'abréger le terme de vos souffrances, et je lui racontai toutes les circonstances qui motivaient ma démarche.

« J'eus à lui dire que ces témoins avaient supposé, en raison de mes opinions auxquelles ils faisaient cette grossière injure, qu'en plaidant contre vous j'avais été moins l'adversaire de l'homme en qui je voyais un criminel, que du prêtre catholique. C'est, en effet, dans cette persuasion honteuse qu'ils étaient venus pour se glorifier devant moi de leur parjure devant la justice.

« Grâce au ciel, Monsieur, je n'ai été aussi énergique dans les poursuites dirigées contre vous, que parce que ma conviction de votre culpabilité était profonde ; et, si j'ai à déplorer mon erreur, du moins je n'ai pas à me reprocher une mauvaise action.

« Tel a été mon langage, lorsque les malheureux qui croyaient flatter mes sentiments personnels les calomniaient si indignement en osant m'avouer leur infamie.

« Tel il a été aussi devant cette noble et sainte femme qui, sans vous connaître et sous la seule inspiration de sa vertu, était devenue votre providence. Je lui donnai en outre, par écrit, une déclaration complète et détaillée des faits ; et c'est ainsi que, joignant les efforts de sa charité à la prière que j'avais adressée à M. le garde des sceaux, elle a obtenu une grâce qui m'a déchargé moi-même d'un poids pénible ; du moins elle l'a beaucoup allégé.

« Car, Monsieur, s'il est bien cruel de subir un châtiment immérité, c'est une grande douleur de savoir qu'on en a été la cause, même involontaire.

« *Je n'ai accusé qu'une fois dans ma vie au grand criminel* ; les regrets que me laisse ce souvenir seront éternels.

« *Faites*, Monsieur, *de cette déclaration tel usage que vous trouverez bon*, et croyez-moi votre très-humble et obéissant serviteur.

« Charles Ledru. »

C'était plus qu'on ne demandait ; on demanda cependant plus encore, une messe publiquement dite par le libéré, une souscription. Me Ledru ne voulut pas s'associer à un nouveau scandale, et d'ailleurs, Contrafatto avait quelques milliers de francs d'économies. Mais déjà Me Ledru en avait trop fait pour son repos. Contrafatto fit déposer la fatale lettre chez un notaire, demanda la reconnaissance de l'écriture en forme authentique, ce qu'accorda l'avocat, et obtint même une aggravation d'expressions déjà bien assez compromettantes. Après ces mots « qu'ils avaient altéré la vérité, » Me Ledru ajouta *pour vous perdre*.

Huit mois après, Me Ledru ne pensait plus à tout cela, quand sa lettre parut tout à coup dans le n° du journal *l'Époque* du 3 février 1846 ; ce journal l'avait empruntée à une feuille de province, le *Journal de Rennes*. L'avocat démocrate, le défenseur d'Alibaud, n'était pas homme à qui M. Hébert pût pardonner une semblable imprudence. Confronté par devant le procureur général avec les témoins que sa lettre accusait, Me Ledru fut démenti par eux, ne put prouver ses dires. M. Hébert, peu accessible à l'enthousiasme, ne vit dans Mme Schwebisch qu'une intrigante et « une vieille folle ; » il fut impitoyable pour les légèretés de l'avocat. A la suite d'une enquête accablante, le conseil de l'ordre porta contre Me Ledru la peine de l'interdiction pour un an, fondant son indulgence sur « l'irréflexion et l'entraînement propre au caractère de Me Ledru. » Mais cette décision ne satisfit pas M. Hébert : il interjeta appel, et un nouvel arrêt, faisant disparaître les motifs d'atténuation, raya Me Ledru du tableau des avocats.

LES CAUSES CÉLÈBRES paraissent tous les 15 jours par livraison de 16 pages ornées de Gravures.
25 Livraisons forment un Volume. — Le premier Volume comprend :

1re, 2e, 3e Livr. Les Chauffeurs.	10e Livr. Soufflard.	19e, 20e Livr. Louis XVI, Marie-Ant^{tte}.
4e, 5e, — Lacenaire.	11e, 12e — De Praslin.	21e — Béranger (Chansons de).
6e, — Papavoine.	13e — Damiens, Louvel.	22e — Mingrat, Contrafatto.
7e, 8e, — Mme Lafarge.	14e, 15e — De Bocarmé.	23e, 24e, 25e — Fieschi (Machine infern.).
9e, — Verger.	16e, 17e, 18e — Léotade.	Prix du Volume broché : **6 fr.**

Chaque Procès a sa pagination propre et distincte, et peut s'isoler ou se combiner au gré du lecteur.

Abonnement à 25 Livraisons (*franco*), Paris : 6 Fr. — Départements : 7 Fr.

Chaque Livraison se vend séparément 20 cent., prise au Bureau, et 25 cent., *franco*, par la poste ou à domicile.

Paris. — Typographie de Firmin Didot frères, fils et Cie, 56, rue Jacob.

FIESCHI, MOREY, PEPIN ET BOIREAU.

MACHINE INFERNALE DE 1835.

Scène du boulevard du Temple.

Le 28 juillet 1835 avait amené le cinquième anniversaire de la révolution de 1830. Le roi Louis-Philippe devait, ce jour-là comme d'habitude, passer en revue les gardes nationales de la Seine et les troupes de la garnison de Paris.

Le retour de ces journées anniversaires faisait périodiquement naître des appréhensions toujours démenties par l'événement. On parlait invariablement, en ces occasions solennelles, de complots contre la sûreté de l'État, d'attentats à la vie du roi. Cette fois encore, de sourdes rumeurs donnèrent à craindre quelque criminelle entreprise, et la vague préoccupation d'un danger prit plus de consistance qu'à l'ordinaire. On racontait la découverte d'un complot qui avait dû éclater sur la route de Neuilly contre la personne du roi ; on disait que des arrestations nombreuses venaient d'être opérées. Des lettres anonymes appelaient, depuis quelques jours, l'attention de la police sur la sûreté de la famille royale. Le 25 juillet, un article du *Correspondant de Hambourg* et, le 26, une lettre écrite de Berlin, parlaient d'une catastrophe pendant l'anniversaire des trois jours. A Coblentz, à Aix, à Chambéry, à Turin, on avait entendu prononcer le mot de *machine infernale*. On disait encore, calomnie infâme, que l'on annonçait l'arrestation de la duchesse de Berry dans la Vendée ; on avait trouvé dans ses papiers ou saisi sur elle un plan d'assassinat du roi : on ajoutait que l'exécution n'en tarderait guère. Enfin, circonstance singulière, le jour même de cette revue du 28 juillet, deux voyageurs passant dans un village de Savoie, écrivaient sur un registre d'auberge, à la suite des noms de Louis-Philippe et de ses fils, *requiescant in pace*. Était-ce une plaisanterie de mauvais goût ou n'était-ce pas plutôt une certitude anticipée d'un crime à la préparation duquel on aurait coopéré ?

Le 27 juillet au soir, une indication plus précise vint donner un corps à ces alarmes. Un commissaire fut averti, dans la salle de l'Opéra, par un homme digne de créance, qu'une machine infernale était préparée pour le lendemain, à la hauteur du théâtre de l'Ambigu-Comique. Le ministre de l'intérieur ordonna de fouiller les maisons, mais les réclamations des propriétaires furent si vives, que les perquisitions durent cesser.

De quelque façon qu'on juge le roi Louis-Philippe, il est impossible de contester son courage et le mépris intrépide qu'il opposa si souvent au danger. Ses ministres, sa famille, ses serviteurs tremblaient pour lui qui, seul, ne prêtait à ces avertissements sinistres qu'une oreille dédaigneuse. Lors des indications relatives à un projectile enflammé qui devait être jeté dans la voiture royale, sur la route de Neuilly, le roi, malgré la reine Amélie, malgré M. Thiers qui, tous deux, voulaient se dévouer à la place du souverain menacé, avait voulu courir la chance d'un guet-apens.

Le 28 juillet, il en fut de même. Le roi Louis-Philippe s'opposa à ce que l'emplacement ordinaire de la revue fût changé, comme le désiraient ses familiers. Les appréhensions étaient si sérieuses qu'on se promit d'entourer le roi avec plus de soin encore que de d'habitude. Le maréchal Mortier, duc de Trévise, que sa santé gravement altérée venait d'obliger, cinq mois auparavant, à donner sa démission de la présidence du conseil, résista aux prières des siens qui le sollicitaient de ne point assister à cette revue. « J'irai, dit-il, je suis grand, peut-être couvrirai-je le roi. » On rapporte même que, la veille, le roi ajournant au surlendemain, 29, un travail que lui présentait un de ses bibliothécaires, ajouta : « à moins que je ne sois tué demain; » et que le duc d'Orléans dit au général Baudrand, son premier aide de camp : « général, nous sommes menacés de coups de fusil; mes frères et moi, nous nous tiendrons constamment près du roi pour lui faire un rempart de nos corps ; de votre côté, vous et les autres officiers composant le cortège, au moindre mouvement, rapprochez-vous de sa majesté pour couvrir sa personne. »

Le matin du jour redouté, par une chaude et pure journée d'été, les légions de la garde nationale et les corps de la garnison de Paris, de Versailles, de Saint-Germain, de Rambouillet et de Fontainebleau, prirent place dans les Champs-Elysées et sur les boulevards. Dix régiments de ligne et d'infanterie légère occupaient un des deux côtés des boulevards, depuis la Madeleine jusqu'au boulevard Saint-Denis. Un régiment d'artillerie et trente-deux escadrons de cavalerie se rangèrent dans l'avenue des Champs-Elysées et sur divers points de la ligne des boulevards. Les douze légions de la garde nationale de Paris et les quatre légions de la banlieue, occupèrent les boulevards, depuis la rue de la Paix jusqu'au boulevard Beaumarchais.

Des vides nombreux se remarquaient dans les rangs de la garde nationale, dont l'attitude était assez froide et peu sympathique. Ce n'est pas à dire avec M. Louis Blanc (*Histoire de Dix ans* t, IV, p. 441) que la ville fût « effrayée et comme oppressée.., » et qu'on remarquât « partout une sorte d'apathie où entrait quelque défiance. » L'éminent pamphlétaire a l'habitude d'exagérer son trait et de charger ses couleurs. Il est certain qu'un mécontentement visible fermentait depuis quelques mois, dans la bourgeoisie parisienne. Il nous faut en rappeler brièvement les causes.

Depuis les journées de juin 1832, le gouvernement de Juillet était entré dans la voie de la réaction et de la résistance. Née d'une révolte, la royauté nouvelle était condamnée à lutter contre la révolte. L'insurrection permanente avait renoncé au rôle hypocrite joué sous la Restauration; on conspirait au grand jour; en Vendée, le principe de la légitimité tentait une héroïque folie; partout, le principe républicain préparait par les affiliations secrètes, par la presse, par des prises d'armes ou par des complots, une révolution politique et sociale. Le régime parlementaire, assez mal compris, plus mal pratiqué par tous les partis, épuisait et déconsidérait le pouvoir dans des luttes stériles ; les licences effrénées de la presse achevaient par des calomnies incessantes l'œuvre de dissolution. Chaque jour voyait le chef de l'État, que la constitution reconnaissait théoriquement inviolable, exposé à la risée publique, outragé dans sa vie privée.

Il arriva à la dynastie nouvelle ce qui était arrivé à la dynastie déchue : elle se vit forcée de se défendre, et ses efforts pour réprimer le dévergondage menaçant des partis lui furent imputés à crime. C'est le dilemme terrible posé, en France, à tous les gouvernements depuis 1789: il leur faut périr de faiblesse ou user de violence, succomber sous les coups d'une liberté sans frein, ou bâillonner la liberté. Le roi Louis-Philippe, très-sincèrement attaché à la liberté, commençait à prendre ses précautions contre elle; déjà des lois sur les associations, sur le colportage, avaient atteint la licence dans ses excès les plus condamnables.

La lutte ainsi engagée ne devait pas rester longtemps sur le terrain de la discussion; le parti républicain, impatient de bataille, en appela au fusil. En 1833, Paris, Lyon, Saint-Etienne, Grenoble, Marseille, Clermont-Ferrand, Arbois, Châlons-sur-Saône, Epinal, Lunéville assistèrent à des émeutes, à des complots, à des engagements sanglants entre l'armée de l'ordre et les factieux ; à Lyon, où les passions politiques trouvaient pour auxiliaires des misères déplorables, mais aveugles et injustes, la lutte prit les proportions d'une guerre civile.

Vainqueur dans la rue, le gouvernement de Juillet s'était, en 1834, trouvé en face des embarras de sa victoire. Au mois d'août de cette année, avait été évoqué ce procès dit *d'avril*, dont la procédure est restée tristement célèbre dans les fastes judiciaires. Le pouvoir avait mis dans la défensive aussi peu de mesure qu'on en avait mis dans l'attaque. Au lieu de distinguer entre les haines fanatiques des uns, les utopies généreuses et redoutables des autres, les excusables égarements de ceux-là, il avait maladroitement confondu et réuni tous ses ennemis dans une vaste accusation de complot connexe et de complicité positive ou morale. On avait multiplié sans nécessité les arrestations : 2,000 personnes avaient été poursuivies, 440 prévenus avaient été retenus dans l'instruction de ce procès monstre; 164 avaient été définitivement mis en accusation; 4,000 témoins avaient été entendus; la police apportait dans l'exercice de sa mission tutélaire une âpreté de zèle, une ardeur de vengeance, des habitudes tracassières, des procédés ténébreux qui donnaient à la répression un caractère peu sympathique à l'esprit français.

Le 5 mai 1835, les débats de ce procès d'avril s'étaient enfin ouverts. Les accusés, pour la plupart adversaires implacables, énergiques du gouvernement monarchique, avaient profité du piédestal que leur élevait la juridiction exceptionnelle de la cour des pairs et de la maladroite connexité qui concentrait et résumait en eux toute l'opposition, pour lutter de puissance à puissance avec leurs juges. Ils avaient si bien su, par leurs protestations et leurs violences, rendre toute procédure publique ou impossible, ou ridicule, ou odieuse, qu'ils avaient forcé la haute cour à disjoindre les causes pour désagréger les éléments de résistance. Le lendemain du jour où avait été prise cette décision, nécessaire peut-être, mais assurément malheureuse, l'impuissance de l'autorité répressive éclatait par un incident nouveau, qui mit les rieurs du côté de la révolte. Le 12 juillet, vingt-huit accusés de la catégorie de Paris s'évadèrent de Sainte-Pélagie.

L'opinion publique, cependant, fatiguée de ces

guerres sans fin, aspirait au calme, à la conciliation. Elle eût voulu une amnistie générale, qui eût pacifié les passions, et cette question de l'amnistie n'aboutissait qu'à des crises ministérielles. La bourgeoisie, hautement menacée par les théoriciens militants de révolutions, ou ne se sentait pas assez énergiquement défendue, ou s'aveuglait, comme toujours, sur ses intérêts véritables. La presse modérée craignait pour elle-même les liens dont on songeait à entourer la presse licencieuse. Le barreau voyait ses droits méconnus; le jury, lui-même, était suspect. Des demandes d'apanages soulevaient une opposition qui n'est jamais plus générale en France, que quand il s'agit de questions d'argent. Enfin, dernière cause de mécontentement, l'attitude prudente du gouvernement à l'étranger, inspirait des craintes sérieuses pour la dignité de la France.

Telle était la situation des esprits quand, le 28 juillet, à dix heures et demie, le roi sortit des Tuileries pour passer la revue solennelle de l'anniversaire politique.

La garde nationale resta généralement froide et silencieuse sur son passage. Le roi était accompagné de ses trois fils, les ducs d'Orléans, de Nemours et de Joinville, et suivi d'un nombreux cortége. Autour de lui, on remarquait quatre maréchaux : le comte Lobau; le marquis Maison, ministre de la guerre; le comte Molitor; le duc de Trévise; vingt lieutenants généraux, entre autres le comte Exelmans, le comte Flahaut, le vicomte Schramm; treize maréchaux de camp; cinq colonels; six lieutenants-colonels; dix-neuf chefs d'escadron, et parmi ceux de la garde nationale, Lafitte et le comte Defermon; vingt-deux capitaines, dont le duc d'Elchingen et Bertin de Vaux, tous deux officiers d'ordonnance du duc d'Orléans; onze sous-lieutenants élèves à l'école d'état-major, et dans le nombre Reille et Davout, et le préfet de la Seine, le comte de Rambuteau.

Vers midi et demi, le roi arrivait au boulevard du Temple. Une foule énorme, de toute condition, de tout sexe, de tout âge, se pressait aux fenêtres des maisons et sur les contre-allées du boulevard. A la hauteur du jardin Turc, l'espace élargi permettait à un plus grand nombre de curieux de jouir d'un de ces spectacles militaires que Paris place en tête de tous ses plaisirs : la terrasse du jardin était couronnée d'élégantes toilettes.

A ce moment, un grenadier de la garde nationale, M. Édouard Bock, sortit des rangs pour ramasser une pétition, que reçut M. de Laborde, aide de camp du roi. C'était la 8e légion qui occupait l'espace compris entre la rue du Temple et la rue Saintonge, et son 1er bataillon était rangé devant le jardin Turc. Un peu avant le passage du roi, la 7e légion avait cette place; mais un mouvement, accueilli dans ses rangs par des murmures, l'avait reportée en face du Château-d'Eau.

Le roi avait alors à sa droite les grenadiers du 1er bataillon; à sa gauche, un peu en avant, M. Deiarue, son officier d'ordonnance, et le maréchal Lobau; à ses côtés, ses trois fils; derrière lui, M. Rieussec, lieutenant-colonel de la 8e légion; le maréchal Mortier; et sur la même ligne, à gauche, le colonel Raffé, de la gendarmerie de la Seine, et les ministres. MM. de Lachasse de Vérigny, Plin, Heymès, Pelet, les trois premiers maréchaux de camp, le dernier lieutenant général, suivaient immédiatement. Tout à coup, une sourde détonation retentit, assez semblable à celle de forts pétards, ou d'un feu de peleton mal exécuté. On cherche la cause de ce bruit, et aussitôt des cris d'horreur et de souffrance se font entendre. Autour du roi, un grand vide se fait sur la chaussée du boulevard; le pavé est couvert de sang, jonché de morts, de blessés, de chevaux gisants auprès de leurs maîtres. Sur la contre-allée, sous la terrasse du jardin Turc, une grêle de mitraille avait également troué la foule des curieux.

Alors se passa une scène de confusion impossible à décrire. Le théâtre du massacre resta vide; des curieux et des gardes nationaux, les uns, et c'était le plus grand nombre, se dispersèrent, effarés, dans toutes les directions; les autres se précipitèrent avec fureur vers une maison située sur la contre-allée méridionale du boulevard, et portant le n° 50; de là, à travers une jalousie abaissée, on voyait encore s'échapper des tourbillons de fumée.

Le roi, cependant, but évident de ce guet-apens effroyable, était resté sain et sauf, ainsi que ses trois fils. Mais un projectile avait effleuré son front, et une balle avait touché son cheval à la partie supérieure de l'encolure. Le brusque mouvement que fit exécuter à la monture cette légère douleur, avait fait heurter, contre la tête du cheval du duc de Nemours, le bras gauche du roi, qui y porta la main et se crut blessé. Les princes se précipitèrent avec anxiété vers leur père; mais il dissipa d'un mot leurs inquiétudes. Le duc de Nemours et le prince de Joinville avaient eu également leurs chevaux touchés. Le roi, après un regard de douleur profonde jeté sur cette scène de carnage, surmonta ses cruelles émotions, et reprit sa marche, rassurant les gardes nationaux par sa présence et par ses paroles.

Après le désordre inévitable du premier moment, on s'était empressé de relever les victimes. Elles n'étaient que trop nombreuses.

Quarante-deux personnes avaient été frappées; dix-neuf mortellement.

Voici les noms de ces dix-neuf victimes :

1° Le maréchal Mortier, duc de Trévise, chancelier de la Légion d'honneur, âgé de 67 ans, frappé d'une balle qui pénétra dans l'oreille gauche, traversa les muscles du cou et fractura la seconde vertèbre cervicale;

2° Le marquis de Lachasse de Vérigny, maréchal de camp, commandant l'Ecole d'Etat-Major, âgé de 60 ans, frappé d'une balle qui pénétra dans le cerveau, mort dans la nuit : son cheval avait été tué de cinq balles au cou;

3° Le colonel Raffé, de la gendarmerie de la Seine, âgé de 56 ans, frappé d'une balle au flanc gauche, mort dans la nuit;

4° Le comte Oscar de Villatte, capitaine d'artillerie, officier d'ordonnance du ministre de la guerre, âgé de 34 ans, le crâne fracassé par deux lingots;

5° Rieussec, lieutenant-colonel de la 8e légion de la garde nationale, propriétaire du haras de Viroflay, sportman et éleveur distingué, frappé de trois balles, mort sur le coup;

6° Labrousse, receveur des contributions directes du 7° arrondissement, âgé de 72 ans, frappé au bras droit et au bas ventre, mort le 30 juillet;

7° Léger, fabricant d'instruments de mathématiques, grenadier du 1er bataillon de la 8e légion, atteint de quinze balles;

8° Benettet, découpeur en ébénisterie, grenadier du 1er bataillon de la 8e légion, mort sur le coup;

9° Prudhomme, marbrier, sergent de grenadiers du même bataillon;

10° Ricard, marchand de vins, grenadier du même bataillon, père de trois enfants;

11° Brunot, employé à la filature des Minimes ;
12° Inglar, employé à la filature des hospices, père de quatre enfants ;
13° Ardouin, journalier ;
14° Mme Ledernet, la cuisse traversée d'une balle, morte le 26 août ;
15° Mme Briosne, quatre blessures aux cuisses, morte le 28 août ;
16° Mme Langoray, ouvrière frangière, mère de quatre enfants et enceinte : elle tenait un de ses enfants dans ses bras quand elle fut frappé à mort ;
17° Mlle Alisson (Rose), domestique, blessée à la cuisse, morte le 23 août ;
18° Mlle Remy (Louise-Joséphine), brunisseuse, âgée de 14 ans ;
19° Leclerc, enfant de treize ans, apprenti ébéniste, blessé à la cuisse, mort le 23 août.

Les vingt-trois blessés étaient : cinq officiers supérieurs de l'armée ; cinq gardes nationaux ; cinq bourgeois et ouvriers ; trois enfants et cinq femmes. Voici leurs noms :

1° Le général Blin, blessé à la poitrine, et frappé à la main gauche d'un coup de feu qui nécessita l'amputation du pouce et de l'index ; 2° Le général Colbert (Edouard de), un coup de feu au sommet de la tête ; 3° Le général Heymès, le nez percé d'une balle ; 4° Le général Pelet, frappé par un lingot au sommet de la tête ; une légère contusion près du cœur ; 5° Le chef d'escadron Boudonville, contusion, son cheval tué ;
6° Marion, teinturier, capitaine en second des grenadiers du 1er bataillon de la 8e légion, blessé à la mâchoire par une balle qui avait traversé le lieutenant-colonel Rieussec ; 7° Chamarante, restaurateur, sergent des grenadiers au 3e bataillon de la 8e légion, un coup de feu au bras ; 8° Chauvin, boulanger, grenadier du 1er bataillon de la 8e légion, blessé à la cuisse ; 9° Royer, fabricant de meubles, grenadier du même bataillon, deux coups de feu, l'un à la joue, l'autre à la cuisse ; 10° Delépine, maraîcher, grenadier du même bataillon, atteint d'une balle à la main et à la hanche ;
11° Barathon, imprimeur, blessé à la cuisse ; 12° Voget, ouvrier imprimeur en papiers peints, blessé au pied par un ricochet ; 13° Bonnet, garçon boulanger, blessé au pied ; 14° Vidal (Michel), ouvrier fondeur, une balle à la joue ; 15° Ledernet, ouvrier sellier, forte contusion à la tête ;
16° Emile Henry, jeune garçon de 10 ans et demi, contusions graves ; 17° Legoret (Pierre-André), âgé de 9 ans, une balle à la poitrine ; 18° Josse (Arthémise), âgée de 8 ans, fille du maire de Précy-sur-Oise, blessée aux deux jambes ;
19° Mme Ledernet, blessée au bras et à la tête, à côté de son mari également blessé, et de sa sœur frappée à mort ; 20° Mme Ardouin, atteinte d'un coup de feu à la tête, à côté de son mari frappé à mort ; 21° Mme Lacoste, concierge, la jambe gauche traversée par un lingot ; 22° Mlle Geer, ouvrière en linge, fracture à l'épaule ; 23° Mlle Clotilde Françoise, domestique, blessure à la cuisse.

On dirigea la plupart des blessés sur l'hôpital Saint-Louis ; d'autres furent recueillis dans les maisons voisines, et y reçurent les soins les plus touchants.

Cependant la maison n° 50 avait été investie par des commissaires de police, des officiers de paix, des agents, par des gardes nationaux, par des citoyens indignés. En quelques instants, toutes les issues en avaient été fermées ; du côté du boulevard, on avait envahi le rez-de-chaussée et le premier étage, occupés par un sieur Travaut, marchand de vin : on s'était précipité vers les étages supérieurs ; on visitait tout, on fouillait partout.

Ce fut M. Jacquemin, commissaire de police, qui dirigea la visite de l'appartement du troisième étage, où devaient se trouver les auteurs de l'attentat.

M. Jacquemin enfonça d'un coup de pied la porte, qui n'était fermée qu'au pène, et il entra, suivi de trois sous-officiers de la garde municipale, de sept à huit gardes nationaux et de M. Bessas-Lamégie, maire du 10e arrondissement. Ils traversèrent rapidement les deux premières pièces, qui paraissaient inhabitées ; mais, quand ils arrivèrent à la troisième, celle qui donnait sur le boulevard, ils aperçurent, au milieu d'une épaisse fumée, une machine disposée devant la fenêtre, derrière la jalousie presque entièrement abaissée. Cette machine portait un grand nombre de canons de fusil, dont quelques-uns déchirés par l'explosion, presque tous déplacés par la commotion. A droite était une cheminée, où pétillait un feu de paille et de cotrets. Le commissaire, redoutant quelque piège, à la vue de ce feu si ardent par une chaleur de juillet, chassa les tisons par la chambre.

Les yeux, cependant, s'habituaient à voir : la chambre était vide d'assassins, seulement les murs portaient quelques traces de sang toutes fraîches. A terre, près de la porte, gisait un chapeau gris, à côté de quelques débris de canons, lancés jusque-là par l'explosion. Tout à coup, M. Jacquemin aperçoit une porte sur le mur opposé au boulevard : « Voilà un placard, s'écrie-t-il, ils sont là ! » et il s'élance ; mais ce n'est qu'une armoire, et il n'y a là que de la paille et un matelas. On repasse par les deux premières pièces et, à gauche, on trouve une petite cuisine ayant une fenêtre sur la cour et une porte de dégagement sur le carré. Rien encore, qu'un chapeau troué, des empreintes de sang récentes. Une échelle est dans un coin, et le commissaire de police signale une trappe au plafond. Plus de doute, ils sont réfugiés dans le grenier. M. Jacquemin veut monter, mais le caporal Dautrep, de la garde municipale, le prévient en disant : « S'ils sont là, je suis armé. » Il monte, regarde ; le grenier ne renferme personne, et le caporal n'y trouve qu'un maillet portant l'empreinte des canons de fusil, un marteau, un panier d'osier et une lettre cachetée.

Pendant ce temps, les autres personnes ont continué l'examen de la chambre et ont découvert, fixée à l'extérieur de la fenêtre, une grosse corde qui descend du troisième jusque sur le sol. C'est donc par là que les assassins se sont enfuis et la marque de leurs mains sanglantes, empreinte sur la corde comme sur les murailles, ne permet pas de douter que l'explosion ne les ait blessés.

Tandis que ces perquisitions ont lieu dans l'appartement homicide, l'officier de paix Daudin, qui a couru à la cour de la maison Travaut, avec quelques hommes de sa brigade, entend un de ses agents, Lefèvre, dire qu'il aperçoit un homme se glissant le long d'une corde et se jetant dans la cour voisine. « Passez par-dessus le toit, » crie-t-il à Lefèvre et à un second agent, Devillers, et lui-même se porte vers une autre issue. Un instant après, cet officier de paix était arrêté lui-même à la porte du Café des Mille Colonnes, et, malgré ses protestations, conduit au poste du Château-d'Eau avec force bourrades. Il y resta jusqu'à ce qu'il fût reconnu ; mais ses deux agents avaient escaladé le toit, pénétré dans la maison de la cour voisine, et aperçu un homme qui, chancelant, la figure cachée entre ses mains, cherchait à essuyer avec ses doigts le sang qui coulait sur ses yeux d'une affreuse blessure à la tête. Cet homme devait être l'assassin : on s'empara de lui sans difficulté, car il était hors d'état d'opposer de la résistance, et on le conduisit au poste du Château-d'Eau.

On le déposa dans le violon et on l'interrogea : il n'hésita pas à avouer son crime. On le fouilla, et on trouva sur lui 6 francs 50 centimes, un paquet de poudre, un couteau à manche de corne, des lunettes vertes, une montre et une sorte d'assommoir formé de cordes garnies de balles de plomb. Dans le corps-de-garde il avait réussi, à la faveur de la confusion produite par des arrestations nombreuses, à jeter sous le lit de camp un poignard à manche d'argent qu'on ne découvrit que plus tard.

Ramené, quelque temps après, dans la chambre à la machine, il y trouva réunis le préfet de police, M. Gisquet; le procureur général, Martin du Nord; le procureur du roi Desmortiers; les substituts du procureur du roi Franck-Carré et Plougoulm; les juges d'instruction Duret-d'Archiac, Zangiacomi et Legonidec, et les commissaires de police Jacquemin et Mounier. On lui fit subir un court interrogatoire, auquel il ne put répondre que par signes, mais qui suffit à constater que cet homme était l'assassin et qu'il se nommait Girard, nom que portaient deux quittances de loyer qu'on lui présenta et qu'il reconnut.

On le remit alors aux mains des docteurs Marjolin et Ollivier d'Angers et, vers deux heures, on le transporta à la Conciergerie.

L'indignation fut profonde, universelle, à Paris, dans la France tout entière, à la nouvelle de ce crime insensé, monstrueux. L'exécration publique a toujours accueilli l'assassinat politique; mais que penser, cette fois, de monstres assez pervers, assez lâchement cruels, pour n'avoir pas reculé devant l'idée de tuer au hasard des curieux, des femmes, des enfants, pour envelopper dans cette destruction générale la victime désignée par un hideux fanatisme!

A ces justes sentiments d'horreur, succéda une réaction en faveur du roi miraculeusement sauvé. On se demanda ce qui serait arrivé si sa vie avait été tranchée en même temps que les autres; dans quelle anarchie la France n'aurait-elle pas été plongée? Le roi qu'on accusait avec tant de passion, qu'on bafouait tout à l'heure avec tant d'impudence, on s'apercevait tout à coup qu'il représentait l'ordre, la paix, la prospérité du pays. Ces réflexions instinctives furent celles de tous les honnêtes gens, et, sur le passage du roi revenant aux Tuileries, ces mêmes gardes nationaux, muets et froids une heure auparavant, saluèrent Louis-Philippe des plus vifs témoignages d'affection et de sympathie.

Mais d'où était parti le coup qui venait de frapper la France? Etait-ce l'acte isolé d'un fou, d'un nouveau Louvel incapable de ce farouche courage qui fait mépriser la mort à qui veut la donner? Fallait-il y voir la main d'un parti politique? Quelle démence, si cette dernière hypothèse était justifiée par les faits! L'assassinat, en France, n'a jamais rien fondé; et le parti qui croirait assurer par là sa victoire ne ferait que signer son arrêt de mort et, comme on l'a dit spirituellement, aurait tiré sur lui-même.

La presse de tous les partis s'associa à l'indignation générale; la presse de l'opposition se réunit tout entière pour proclamer qu'un tel crime ne pouvait être que celui d'un seul homme. Mais, sous ces protestations, on sentait une crainte secrète. Le bon sens disait assez quelle force l'attentat du 28 juillet venait de donner au gouvernement. Comment en userait-il? Il pouvait faire désormais pour sa défense tout ce qui lui semblait interdit la veille. Irait-il jusqu'à l'attaque, et, pour augmenter les garanties d'ordre, ferait-il disparaître les garanties de liberté?

On se rappelait que, lorsque le duc de Berry tomba sous le poignard de Louvel (Voyez la livraison *Damiens et Louvel*), on s'était hâté de dire que le prince était mort, poignardé par une idée libérale. MM. Decazes et Guizot avaient été sacrifiés, comme complices de l'idée assassine.

Aussi, on attendit avec quelque anxiété les premières déclarations du gouvernement et du roi. Une proclamation de Louis-Philippe et une lettre écrite par lui au maréchal Lobau renfermèrent l'expression de ses sentiments personnels.

« Français, disait le roi, la garde nationale et l'armée sont en deuil; des familles françaises sont désolées : un affreux spectacle a déchiré mon cœur. Un vieux guerrier, un vieil ami, épargné par le feu de cent batailles, est tombé à mes côtés sous les coups que me destinaient des assassins. Ils n'ont pas craint, pour m'atteindre, d'immoler la gloire, l'honneur, le patriotisme, des citoyens paisibles, des femmes, des enfants; et Paris a vu verser le sang des meilleurs Français aux mêmes lieux et le même jour où il coulait il y a cinq ans pour le maintien des lois du pays.

« Français! ceux que nous regrettons aujourd'hui sont tombés pour la même cause; c'est encore la monarchie constitutionnelle, c'est *la liberté légale*, c'est l'honneur national, la sécurité des familles, le salut de tous, que menacent mes ennemis et les vôtres; mais la douleur publique, qui répond à la mienne, est à la fois un hommage offert à de nobles victimes, et le témoignage éclatant de l'union de la France et de son roi. *Mon gouvernement connait ses devoirs, il les remplira.* Cependant, que les fêtes qui devaient signaler la dernière de ces journées fassent place à des pompes plus conformes aux sentiments qui nous animent; que de justes honneurs soient rendus à la mémoire de ceux que la patrie vient de perdre, et que les voiles de deuil qui ombrageaient hier les trois couleurs soient de nouveau rattachés au drapeau, fidèle emblème de tous les sentiments du pays. »

Dans la lettre, le roi promettait de *maintenir le règne des lois;* ici, il parlait de *liberté légale;* mais cette phrase : « Mon gouvernement connait ses devoirs, il les remplira, » parut une menace de réaction. L'attitude violente d'une partie de la presse conservatrice justifiait assez ces craintes. Le *Mémorial Bordelais* s'écriait : « Plus le forfait est horrible, moins il m'étonne, parce que je sais de quoi peut être capable le parti qui l'a commis. Si le régime d'impunité qui nous dévore doit continuer, et qu'il soit possible d'imaginer quelque chose de plus atroce que le forfait monstre, on peut être certain que ce nouveau crime sera tenté... »

La presse républicaine ne montrait ni plus de loyauté, ni plus d'intelligence. Le *National*, pour détourner l'orage, imaginait d'accuser hautement le parti légitimiste. « Oui, s'écriait-il, l'attentat est monarchique; nous ne le savons pas, mais nous l'affirmons, et les ministres qui se sont mêlés à l'instruction sans avoir aucun caractère qui les y appelât, en savent plus aujourd'hui qu'ils n'en veulent dire.

« On ne voudrait pas avouer peut-être, quand on s'est fait gloire d'avoir corrompu l'entourage de la duchesse de Berry dans la Vendée, de l'avoir fait tomber dans des pièges, de l'avoir accouchée malgré elle et déshonorée à Blaye; on ne voudrait pas convenir que ces circonstances sont les seules qui aient pu, dans le siècle où nous vivons, allumer une haine, un besoin de vengeance assez terrible pour ne pas reculer devant l'épouvantable conception. (*National* du 7 août.)

Le *Constitutionnel* (9 août), parlait aussi de *rancunes absolutistes*, et montrait, au moment du crime, Mᵐᵉ la duchesse de Berry à Chambéry *comme dans une station d'observation*.

A Lyon, M. Rivet, préfet du Rhône, n'hésitait pas à signaler, comme auteurs de l'attentat, «ces hommes qui, depuis cinq ans, ont été les artisans de toutes nos agitations civiles; ces hommes qui avaient choisi naguère cette cité pour le théâtre de leurs tentatives désespérées, qui poussaient des insensés à la révolte dont eux seuls devaient recueillir les déplorables fruits; ces hommes qui ne reconnaissent d'autres lois que leur instinct d'anarchie et de destruction, voilà les coupables!

« Ils n'inventent pas même le crime; ils copient la machine infernale comme ils copieraient les saturnales sanglantes de 93 : voilà les coupables! Il est temps qu'une éclatante réprobation les flétrisse: ils n'ont pas le cœur français! Il est temps aussi que le glaive de la loi les atteigne! La patrie veut être rassurée; la justice doit être satisfaite! »

Cependant, le jour même du crime, le conseil des ministres s'était assemblé, et il y avait été décidé que les fêtes de Juillet seraient interrompues, et que l'attentat serait déféré à la Chambre des pairs. Le lendemain, la Chambre s'organisa en cour de justice et évoqua l'affaire.

A deux heures et demie, la séance s'ouvrit, sous la présidence du baron Pasquier. Le ministre de la justice monta à la tribune et dit :

« Messieurs les pairs, le roi nous a ordonné d'apporter à la Chambre des pairs et de déposer sur son bureau l'ordonnance dont je vais avoir l'honneur de lui donner lecture :

« Louis-Philippe, roi des Français, à tous présents et à venir, salut;

« Sur le rapport de notre garde-des-sceaux, vu, etc.

« Art. 1ᵉʳ. La Chambre des pairs, constituée en cour de justice, procédera, sans délai, au jugement de l'attentat commis aujourd'hui.

« Art. 2. Elle se conformera, pour l'instruction, aux formes qui ont été suivies par elle jusqu'à ce jour.

« Art. 3. Le sieur Martin (du Nord), membre de la Chambre des députés, notre procureur général près la Cour royale de Paris, remplira les fonctions de notre procureur général près la Cour des pairs.

« Il sera assisté du sieur Franck-Carré, notre avocat général près la Cour royale de Paris, qui sera chargé de le remplacer en cas d'absence ou d'empêchement.

« Art. 4. Le garde des archives de la Chambre des pairs et son adjoint rempliront les fonctions de greffiers près notre Cour des pairs, etc...

« Paris, le 28 juillet 1835. »

Immédiatement après la présentation de cette ordonnance, dont elle donne acte à M. le garde-des-sceaux, la Chambre, sur la proposition de son président, décide qu'elle va se former en cour judiciaire pour entendre le procureur général.

Dans le comité secret qui succède à la séance législative, M. de Broglie, président du conseil, en réponse aux interpellations adressées au ministère par M. le duc de Coigny, donne les explications suivantes:

« Si le préopinant a jeté les yeux sur la proclamation du roi, il y a lu que le roi annonce à la France que son gouvernement connaît ses devoirs et saura les remplir. Je n'ai rien à ajouter quant à présent; ces mots sont assez significatifs par eux-mêmes. Les Chambres, encore assemblées de droit, sont séparées de fait. Je ne doute pas qu'à la nouvelle de cet effroyable événement les députés ne se hâtent de revenir à Paris. Jusque-là, le gouvernement médite sur ce que réclament les circonstances. »

Enfin, à trois heures, devant la Chambre constituée en Cour de justice, M. Martin (du Nord), procureur général du roi, assisté de M. Franck-Carré, faisant les fonctions d'avocat général, fait la lecture de son réquisitoire, tendant à ce qu'il soit immédiatement procédé à une information sur les faits énoncés dans l'ordonnance du roi qui vient d'être communiqués à la Chambre.

Sur ce réquisitoire, la Cour, en ayant délibéré en l'absence du procureur général, rend l'arrêt dont la teneur suit:

« La Cour des pairs,

« Vu l'ordonnance du roi en date d'hier;

« Vu l'article 28 de la Charte constitutionnelle;

« Ouï le procureur général du roi en ses dires et réquisitions, et après en avoir délibéré;

« Donne acte audit procureur général du dépôt par lui fait sur le bureau de la Cour d'un réquisitoire renfermant plainte contre les auteurs et complices de l'attentat contre la personne du roi, commis dans la journée d'hier;

« Ordonne que, par M. le président de la Cour et par tels de MM. les pairs qu'il lui plaira commettre pour l'assister et le remplacer en cas d'empêchement, il sera sur-le-champ procédé à l'instruction du procès, pour, ladite instruction faite et rapportée, être par le procureur général requis et par la Cour ordonné ce qu'il appartiendra;

« Ordonne que, dans le cours de ladite instruction, les fonctions attribuées à la chambre du conseil par l'article 128 du Code d'instruction criminelle seront remplies par M. le président de la Cour, celui de MM. les pairs commis par lui pour faire le rapport, et:

« MM. le baron Séguier, le comte Siméon, le duc de Bassano, le président Boyer, le baron Thenard, Tripier, le baron Zangiacomi, le maréchal comte Gérard, le comte d'Argout, le duc de Montebello, le vice-amiral comte Jacob, Barthe,

« Que la Cour commet à cet effet, lesquels se conformeront d'ailleurs, pour le mode de procéder, aux dispositions du Code d'instruction criminelle, et ne pourront délibérer s'ils ne sont au nombre de sept au moins;

« Ordonne que les pièces à conviction, ainsi que les procédures et actes d'instruction déjà faits, seront apportés sans délai au greffe de la Cour;

« Ordonne pareillement que les citations ou autres actes du ministère d'huissier seront faits par les huissiers de la Chambre;

« Ordonne que le présent arrêt sera exécuté à la diligence du procureur général du roi.

« Fait et délibéré le 29 juillet 1835, en la chambre du conseil. »

En vertu de cet arrêt, le président commit, pour l'assister, et le remplacer au besoin dans l'instruction ordonnée par la Cour: MM. le duc Decazes, le comte de Bastard, le comte Portalis, le comte de Montalivet, Girod (de l'Ain), le baron de Fréville, le président Félix Faure, le maréchal comte Molitor.

L'instruction commença aussitôt et ne tarda pas à éclairer l'opinion publique.

Pour faire subir à l'assassin, au moment même de son arrestation, son premier interrogatoire, on l'avait ramené dans la maison n° 50 du boulevart du Temple, au premier étage : il put dire son nom, sa demeure, sa profession de *mécanicien*. On lui demande : « Combien étiez-vous? A plusieurs reprises, il lève un seul doigt. « Quand avez-vous commencé cette machine? » Il montre deux, trois, quatre, cinq doigts. — « Est-ce des jours ou des semaines? Il répond : « Cinq semaines. — « Qui vous avait donné cette idée-là? — Moi-même. — Qui vous a commandé cet attentat? » En se frappant sur la poitrine, il répète : « Moi-même. — Vouliez-vous tuer le roi? » Il fait un signe affirmatif et tombe dans un état de faiblesse qui ne lui permet plus de répondre, même par des signes, aux questions qui lui sont adressées.

Le temps était précieux, d'une minute à l'autre l'état du blessé pouvait empirer et rendre toute instruction impossible.

Le même jour, vers les six heures du soir, après qu'il eut été transféré dans les prisons de la Conciergerie, il fut interrogé de nouveau. Il ne put répondre que par signes et par écrit. Il avoua, par signes, qu'il avait établi une machine composée de plusieurs fusils. Il répéta de la même manière qu'elle était dirigée contre la personne du roi. Sommé à plusieurs reprises de désigner les instigateurs de son crime, il refusa obstinément de s'expliquer à ce sujet. Il assura, par un signe affirmatif, qu'il avait mis le feu à la machine; par d'autres, il exprima qu'il était seul dans sa chambre, que c'était lui qui tenait la jalousie pendant l'explosion, enfin qu'il était l'inventeur et le seul fabricateur de la machine. Il montra, par ses doigts, qu'il avait employé deux jours à la construire. Les médecins ayant jugé à propos de le saigner, l'interrogatoire fut suspendu pendant trois quarts d'heure : on le reprit à huit heures moins un quart. Girard éprouvait quelque soulagement; il pouvait dire quelques paroles. Quand on lui demanda s'il avait des complices, on crut comprendre qu'il voulait faire entendre par signes que *oui* : on l'interrogea de nouveau pour savoir s'il avait dit *oui*; il répondit intelligiblement : *Oui*. Toutefois il ne voulait nommer personne. Le juge continua en ces termes : « Seraient-ce les républicains qui auraient fait le complot? » Après des réponses faites par signes qui semblèrent équivoques, il articula clairement : *Oui*. Néanmoins les souffrances qui tourmentaient le prévenu laissant encore au juge quelques doutes sur le véritable sens de ses réponses, il lui adressa cette autre question : « Seraient-ce les légitimistes qui auraient fait le complot? » il n'obtint aucune réponse. — « Vous a-t-il été donné de l'argent? » Pas de réponse.

Le malaise du prévenu commanda une nouvelle suspension de l'interrogatoire. Un médecin fut appelé; il était huit heures et un quart. A neuf heures et demie, l'examen fut repris en présence et par l'intermédiaire du médecin. Le prévenu répondit qu'il se nommait Jacques Girard, qu'il était de Lodève et que *sa femme et son fils y étaient*. Les médecins ayant déclaré que la prolongation de l'interrogatoire pouvait fatiguer le malade, et qu'il n'y avait pas de péril en la demeure, le procès-verbal fut clos à dix heures moins dix minutes du soir, et l'opération fut remise au lendemain 29, à huit heures du matin. A l'heure indiquée, le prévenu était mieux, il parlait librement : il déclara qu'il se nommait Joseph-François *Girard* et non plus *Jacques*; qu'il était âgé de 39 ans, mécanicien de profession, et qu'il demeurait à Paris, boulevard du Temple, n° 50. Le juge lui ayant représenté l'énormité de son crime, Girard s'écria : « Je suis un malheureux! je suis un misérable!... je ne puis rien espérer!... je puis rendre service.... nous verrons.... j'ai du regret de l'avoir fait! » M. le garde-des-sceaux était présent, et joignit ses exhortations à celles du juge, pour engager le prévenu à dire toute la vérité. Le prévenu ne répondit à ces interpellations diverses et multipliées que par ces paroles entrecoupées, et par d'autres semblables : « J'arrêterai peut-être quelque chose.... « je ne nommerai personne.... je ne vendrai personne... mon crime a été plus fort que ma raison... » Comme on lui demanda si les publications politiques, si les journaux n'avaient pas contribué à égarer son esprit et à l'exciter au crime, il répondit d'abord : *Pas trop*. Par réflexion il ajouta : *Oui*. Ensuite il dit avoir été *fanatisé*. Il parla des événements de la rue *Transnonain* et de ceux de *Lyon*.

On rechercha avec soin si l'assassin était seul dans la chambre au moment du crime. Quelques témoins parlaient d'un autre homme qui se serait évadé par la corde, qu'on aurait vu fuyant sur les toits; de plusieurs personnes qui se seraient échappées par la rue des Fossés-du-Temple, qu'on aurait vu escaladant des clôtures. Un sieur Martin allait jusqu'à affirmer avoir distinctement aperçu trois personnes à la fenêtre où se trouvait la machine.

Mais rien ne vint confirmer ces déclarations. Si on avait trouvé deux chapeaux gris dans la chambre, l'un des deux, en très-mauvais état, était incontestablement celui de Girard. Quant au second, tous les témoins variaient sur la place où on l'avait trouvé. Il fallait mettre ces indices trompeurs sur le compte de la confusion naturelle en un pareil moment, confusion telle qu'on avait, avant tout acte d'instruction, amoncelé dans la chambre fatale toutes sortes d'objets appartenant à des personnes étrangères à Girard. On y avait retrouvé jusqu'à un rôle de comédie et une reconnaissance du Mont-de-Piété, au nom d'un artiste dramatique.

La première piste sérieuse que rencontra l'instruction fut celle de la malle qui avait servi à transporter les canons de fusil. Les gens de la maison déclarèrent que trois ou quatre jours avant l'attentat, cette malle était arrivée chez Girard, annoncée par lui comme contenant du linge et de l'eau-de-vie, et envoyée par sa famille. On retrouva le desservant de la place des cabriolets de la rue de Vendôme qui avait aidé à la porter du coin de la rue de Vendôme et de la rue Charlot à la maison du boulevard. Le porteur avait trouvé la malle fort lourde. La malle avait disparu : on recueillit les témoignages qui la dépeignaient comme ayant quatre pieds de long, en bois, recouverte d'une peau noire garnie de poils et portant sur le couvercle trois traverses en bois.

Comment cette malle était-elle partie? On retrouva le commissionnaire qui, le matin du 28 juillet, avait transporté la malle de la maison du boulevard à la place des cabriolets de la rue Vendôme. On retrouva le cocher qui avait conduit Girard avec sa malle. L'indication première du but de la course avait été la place Maubert. En route, Girard avait indiqué la place aux Veaux près du port aux Tuiles. Là, un garçon tonnelier avait aidé Girard à mettre la malle sur son épaule, et celui-ci s'était dirigé du côté de la rue Saint-Victor.

A cet endroit, la trace était perdue.

Girard se refusa obstinément à dire où il avait porté la malle. Mais on découvrit qu'il était allé chez un ouvrier marbrier de la rue de Poissy, n° 13, le sieur Nolland. Celui-ci dit qu'il connaissait Girard de figure seulement, pour l'avoir vu deux ans auparavant dans une maison de la rue Croulebarbe. Cet ancien voisin était venu lui demander de garder la malle en dépôt, ajoutant : — « Si la malle n'est pas enlevée d'ici à une heure, vous ne la remettrez que sur un ordre de M. Morey. »

Ce Morey était un bourrelier-sellier, demeurant rue Saint-Victor, n° 23.

Le jeudi 30 juillet seulement, vers neuf heures du matin, un commissionnaire se présenta chez Nolland pour prendre la malle ; la dame Nolland réclama un ordre de Morey, et Morey arriva bientôt, tout fortuitement en apparence. — « Voilà, dit Nolland, une malle qui ne doit être enlevée qu'avec votre permission. — Eh bien! donnez-la, » répondit Morey avec quelque hésitation. La malle fut emportée par le commissionnaire suivi de Morey.

Morey, interrogé, déclara qu'il avait appris seulement par Nolland l'existence de ce dépôt, et qu'il n'en connaissait pas le propriétaire.

Le commissionnaire fut recherché et dit que c'était Morey lui-même qui était venu le chercher à sa place.

Morey prétendit n'avoir jamais connu, dans la rue Croulebarbe, qu'un blanchisseur et sa mère. L'homme

Fieschi.

au dépôt, selon Nolland, n'était pas blanchisseur et ne demeurait pas avec sa mère. La dame Nolland croyait que cet homme était portier, et qu'il avait une fille privée d'un œil.

Nolland fut conduit dans la rue Croulebarbe et indiqua, au coin de la rue du Chant de l'Alouette, n° 10, une maison actuellement inhabitée, comme étant celle où avait demeuré l'homme à la malle. Des voisines interrogées déclarèrent que l'homme qu'on désignait prenait à cette époque le nom de Fieschi, qu'il se disait Corse, qu'il était d'une taille peu élevée, avait la barbe et les cheveux bruns et un accent méridional très-prononcé. Il vivait avec une femme Petit, qui avait auprès d'elle une fille de quatorze à quinze ans, à laquelle il manquait un œil, et qui devait être actuellement placée à la Salpêtrière. Ces femmes ajoutaient qu'à cette époque, Fieschi était un objet de terreur pour le voisinage, et que la femme Petit avait dit souvent qu'elle n'oserait jamais divulguer ce qui se passait dans l'intérieur de son ménage. Ce Fieschi se vantait hautement d'avoir subi une condamnation infamante prononcée par un conseil de guerre, devant lequel il avait été traduit comme militaire.

Ce signalement se rapportait à Girard, et semblait établir l'identité de l'homme qui avait porté ces deux noms. Les époux Nolland, confrontés avec Girard, le reconnurent positivement pour être l'homme de la rue Croulebarbe.

On recherchait cependant les traces de la malle à son dernier voyage. Le commissionnaire de Morey indiqua le chemin qu'il avait suivi par les ponts de la Tournelle et Marie, jusqu'à une rue inconnue, qui se trouva être la rue de Long-Pont. Au n° 11 indiqué par le commissionnaire, on trouva la malle dans un cabinet, au quatrième étage, en la possession d'une l'autorisation que Fieschi lui avait donnée le lundi jeune fille privée d'un œil, et qui dit se nommer Nina Lassave.

Au moment où les agents de police étaient entrés chez Nina Lassave, cette fille avait laissé apercevoir l'intention de se détruire; il fallut employer la force pour prévenir les effets de son désespoir. Elle tira de son corset une petite enveloppe renfermant un carré de papier sur lequel on lut ces paroles : « Vous êtes « prié de ne plus aller voir Nina; elle n'existera plus « dès ce soir. Elle laisse dans sa chambre la *chose* « dont elle était dépositaire; voilà ce que c'est que « de l'avoir si vite abandonnée. Adieu! après ma « mort, arrivera ce qui pourra ! »

La fille Lassave convint que la malle avait été apportée chez elle le jeudi 30 juillet par le commissionnaire Dubromet, qu'elle reconnut. Elle avoua que le commissionnaire n'était pas venu seul; mais elle dit d'abord qu'il était accompagné d'un *monsieur* qu'elle ne connaissait pas : ce ne fut qu'après l'avoir éclairée sur l'intérêt qu'elle avait à dire la vérité qu'on triompha de ses dénégations, et qu'on obtint d'elle l'aveu que c'était Morey qui avait fait porter la malle chez elle; qu'il lui avait dit de la garder, et que c'était à lui qu'était destiné le billet dont on vient de faire mention.

Cependant, elle prétendait avoir perdu de vue Morey depuis longtemps, et n'avoir eu avec lui aucune relation récente.

La malle avait été ouverte par un serrurier. La fille Lassave soutint qu'elle l'avait fait ouvrir sur

Morey. — Pépin.

27 juillet, et qu'elle était seule quand l'ouverture en avait été faite. Elle dit que la malle ne contenait que des hardes d'hommes, une robe de laine, un jupon et une chemise à son usage, et des cartes de géographie. On y trouva, en effet, outre les objets déclarés, trois plans de Paris et une trousse de rasoirs qui renfermait un récépissé provisoire du Mont-de-Piété, en date du 22 juin 1835.

Elle avouait qu'elle avait vu Fieschi le lundi 27; il devenait nécessaire d'éclaircir comment, pourquoi et depuis quand elle habitait un cabinet au quatrième étage dans la maison portant le n° 11 de la rue de Long-Pont.

On sut bientôt que, le 29 juillet, avant midi, Nina Lassave s'était présentée, sous le nom de Joséphine, et accompagnée d'un vieux monsieur, cherchant une chambre à louer. Le lendemain, ils étaient revenus avec un commissionnaire portant une malle; le monsieur avait un gros paquet sous le bras. Le vieux monsieur sortit une demi-heure après et la prétendue Joséphine envoya chercher un serrurier.

Les deux premiers jours de son installation, la prétendue Joséphine paraissait s'ennuyer beaucoup de ce que *son oncle* ne revenait pas. Le 2 août, le monsieur ainsi désigné revint vers deux ou trois heures de l'après-midi, mais Joséphine était sortie; il prit la clef, monta, et ne redescendit qu'à sept heures du soir, disant qu'il s'était endormi en attendant. On ne le revit pas depuis.

La propriétaire et les locataires de la maison reconnurent dans Morey le monsieur qui avait amené Nina Lassave ou Joséphine, et qui s'était annoncé comme son oncle. Morey ne nia pas, mais soutint qu'il n'avait pas présenté cette jeune fille comme sa nièce.

Où avaient été achetés les fusils? L'instruction le sut bien vite. Dès le 29 juillet, M. Bouteville, armurier, avait procédé à l'examen des canons et y avait reconnu de vieux canons de rebut provenant des magasins de l'Etat, redressés et livrés au commerce, industrie déloyale et funeste, puisque de pareilles armes éclatent ordinairement entre les mains de ceux qui en font usage.

Le même jour, à neuf heures du soir, le sieur Bury, quincaillier, marchand d'armes, demeurant rue de l'Arbre-Sec, n° 58, comparut spontanément devant le procureur du roi. Ayant appris que l'attentat commis la veille sur la personne du roi et sur son cortège avait été exécuté au moyen d'une batterie composée de canons de fusil, il avait pensé que ces canons, dont on disait que le nombre était de vingt-quatre, pouvaient provenir d'une vente qu'il avait faite le samedi précédent; il déclara, en conséquence, que, quelques semaines avant l'attentat, un individu de cinq pieds trois pouces environ, aux cheveux châtains ou châtains foncés, d'une assez forte corpulence, vêtu d'une redingote bleue, coiffé d'un chapeau gris, portant des souliers demi-fins et un peu découverts, s'était présenté chez lui, envoyé par un autre armurier qui n'avait pu le satisfaire, et avait demandé à acheter une vingtaine de canons de fusil. On lui en propose à 6 francs pièce; il revint une seconde fois, disant qu'il avait ordre de conclure le marché pour vingt-cinq canons, exigeant seulement que les canons fussent cotés à 7 fr. 50 c. la pièce. La facture fut dressée au nom du sieur Alexis et les canons furent livrés le 23 juillet. L'inconnu ajouta qu'ayant plusieurs objets à expédier, il achèterait *une malle* et mettrait le tout ensemble. Les lumières de trois canons n'étaient pas percées : le prétendu Alexis répondit que *cela n'y faisait rien* et qu'on saurait bien les percer. Les canons placés dans la malle, on envoya chercher un fiacre. La malle était neuve et avait des traverses de bois en long sur de la peau noire.

Le cocher de ce fiacre fut aussitôt retrouvé. Il déclara avoir pris chez le sieur Bury une grande et lourde malle et un homme petit et *mince*. La rue Boucherat fut indiquée comme le terme de la course; le cocher s'étant enquis du numéro de la maison devant laquelle il devait s'arrêter, l'homme qu'il menait répondit : « Allez toujours, je vous le dirai. » Dans la rue Boucherat, il fit déposer la malle devant la boutique de marchand de vin située au coin de la rue Charlot et de la rue de Vendôme. Armurier et cocher reconnurent dans Girard l'homme aux canons, et dans la malle saisie chez Nina Lassave, celle qui avait servi à emporter les armes. On retrouva également le fripier du Temple, un sieur Beaumont, qui avait vendu la malle. Cet homme déclara qu'elle lui avait été payée 14 fr. et qu'il l'avait livrée à deux hommes qui n'étaient autre que Girard et Morey.

L'instruction tenait déjà les fils principaux du complot. La fille Lassave était la maîtresse de Girard; après la consommation du crime, et par une sorte de fidéi-commis, Morey lui avait remis les dépouilles de Girard, ou plutôt de Fieschi, ce Corse qui, selon Nina, avait loué dans la maison n° 50 du boulevart du Temple, un appartement *un peu cher* pour un homme qui n'avait point d'état.

La fille Lassave était, avant le crime, à l'hospice de la Salpêtrière. Une femme Roux, qui l'avait accompagnée à la revue du 28, déclara qu'elle en était revenue tremblante et plus désolée que si la catastrophe l'eût pas touchée personnellement. D'ailleurs, le 5 août, la fille Lassave se décida à avouer ses relations avec Fieschi. Elle dit que, le 26 juillet, elle avait été le voir et avait aperçu chez lui une machine qu'elle prit pour un métier. Fieschi lui recommanda, ce même jour, de ne pas venir à Paris pendant les fêtes, qu'il y aurait des troubles, et qu'il ne la recevrait pas si elle venait. Il avait la figure altérée, l'air soucieux; mais il ne voulut pas dire la cause de sa préoccupation.

Malgré la défense de son amant, Nina vint le lendemain à Paris, le demanda chez son portier et apprit qu'il était enfermé avec *son oncle, un vieux monsieur*, et qu'ils avaient défendu qu'on laissât monter personne. Quelques instants après, elle vit Fieschi attablé *avec Morey* sous la tente d'un café. Fieschi l'aperçut, vint à elle et lui dit qu'il ne pouvait la recevoir. Sa figure était encore plus sombre que la veille.

Le lendemain, quand le bruit de l'attentat se répandit dans la foule, Nina, saisie d'un affreux pressentiment, s'assura que les coups de feu étaient partis de la fenêtre de Fieschi, et entendit affirmer que l'assassin avait été tué. Sa tête se perdit. Abandonnée depuis longtemps par sa mère, elle n'avait que Fieschi pour soutien. L'énormité du crime qu'il venait de commettre la glaça d'effroi; la crainte d'être poursuivie comme complice s'empara d'elle. Elle se hâta d'aller recueillir le peu d'effets qu'elle possédait à la Salpêtrière, et vint se réfugier à Paris, auprès d'une de ses amies, chez laquelle elle passa la nuit.

Alors seulement, elle pensa à mettre à profit un avis que Fieschi lui avait donné au mois d'avril. Il lui avait dit que si elle venait à le perdre, elle pourrait s'adresser à son ami intime, le sieur Pepin, qui aurait soin d'elle. Elle courut chez ce Pepin, épicier. Pepin était absent; sa femme répondit sèchement à Nina qu'elle ne connaissait ni Fieschi, ni Girard.

Alors, Nina se décida à recourir à Morey, qu'elle avait vu, deux ans auparavant, venir chez sa mère, Laurence Petit; arrivée rue Saint-Victor, elle aborda Morey tout en pleurs. « Eh bien ! qu'est-ce qu'il y a
« donc? lui dit Morey? — Vous le savez tout aussi bien
« que moi. — C'est donc Fieschi qui a tiré le coup ?
« Est-il mort? — On dit que oui : vous étiez avec lui
« lundi ? — Non; je suis sorti, mais je n'étais pas avec
« lui. — Pourquoi cherchez-vous à me le cacher? je
« vous ai vu de mes propres yeux : vous étiez dans
« un café, sur le boulevard, avec Fieschi. — Oui, c'est
« vrai. » Elle exposa alors à Morey toute l'étendue de son malheur; ses sanglots étouffaient ses paroles. Après une pause de quelques instants, il lui dit : « Montez à la barrière du Trône; vous m'y attendrez, « et je vous parlerai. »

Avant qu'elle sortît, Morey ajouta qu'il avait brûlé un portefeuille appartenant à Fieschi, et qui contenait des condamnations. La fille Lassave dit plus tard que ce portefeuille avait été brûlé devant elle, et qu'il contenait de vieux papiers qui ressemblaient, en effet, à ce qu'avait dit Morey. La fille Lassave se rendit sur-le-champ au lieu indiqué; Morey ne s'y fit point attendre. Ils étaient à portée de la manufacture de papiers peints de Lesage; Fieschi y avait travaillé sous le nom de *Bescher*, pendant qu'il se dérobait aux recherches de la police. Morey quitta un instant la fille Lassave pour aller, disait-il, remettre à Lesage le livret du véritable *Bescher* et son passe-port, qui avait été prêté à Fieschi, suivant toute apparence, pour favoriser sa fuite. Quand Morey fut de retour, il fit entrer la fille Lassave chez un marchand de vin traiteur, hors de la barrière; ils se mirent à table, et Morey dit à la fille Lassave : « Vous ne savez rien?
« — Je ne sais que ce qui n'est ignoré de personne.
« Quel malheur est arrivé! Il y a beaucoup de vic-
« times. On dit que ce général Mortier était si bon !
« — C'était une canaille comme les autres. — C'est
« bien mal s'y prendre; pour tuer une personne, vous
« en avez tué cinquante. Moi, qui ne suis qu'une
« femme, si j'avais voulu tuer Louis-Philippe, j'aurais
« pris deux pistolets, et, après avoir tiré dessus, je me
« serais tuée. — Soyez tranquille, il ne perdra rien
« pour attendre, et il descendra la garde. Fieschi est
« un imbécile, il a voulu se mêler de charger trois fu-
« sils, et ce sont ceux-là justement qui ont crevé; c'est

« moi qui ai chargé tous les autres. J'avais recomman-
« dé à Fieschi de bien charger son pistolet, et il de-
« vait se brûler la cervelle : ce n'est qu'un bavard ; il
« a dit en certains endroits qu'il y aurait du bruit le
« jour de la revue ; il a eu tort.. J'ai une malle à vous
« remettre, elle est chez un de mes amis ; je n'ai pas
« voulu l'avoir chez moi, elle aurait pu me compromet-
« tre. Je vais vous la faire envoyer tout de suite ; vous
« la ferez ouvrir par un serrurier, vous verrez ce qu'il
« y a dedans ; mais vous ne vendrez rien à Paris... Je
« vous procurerai, le plus tôt que je pourrai, soixante
« francs ; vous emporterez la malle ; vous partirez pour
« Lyon, où vous pourrez, sans danger, vous débarras-
« ser des effets de Fieschi.... Je m'en vais vous pro-
« curer une chambre, et j'aurai soin de vous jusqu'au
« moment de votre départ. — Comment Fieschi, qui
« n'était pas mécanicien, a-t-il fait pour arranger
« cette machine comme cela ? — C'était moi qui avais
« tracé le plan ; il n'y a qu'un instant que je l'ai dé-
« chiré, sans cela, je vous l'aurais encore montré. »
Morey ajouta que les fusils étaient bourrés de manière
à ne pas manquer leur coup, mais que Fieschi avait
mis le feu trop tard. Il avoua avoir passé avec Fieschi
une partie de la nuit du 27 au 28 ; mais il dit que
Fieschi était seul au moment décisif, qu'il avait voulu
être seul. Morey dit encore à la fille Lassave : « C'est
bien malheureux que l'affaire n'ait pas réussi ! Si elle
avait réussi, vous seriez devenue bien riche ; vous auriez au moins vingt mille francs maintenant. On aurait
fait une souscription pour Fieschi ; elle aurait été
bientôt remplie ; c'était chose convenue. »

En revenant, après le dîner, Morey s'arrêta pour
jeter, au coin d'un mur, des balles qu'il avait dans sa
poche. Revenu à Paris, il loua, avec toutes sortes de
précautions, la chambre de la rue de Long-Pont, paya
quinze jours du loyer et remit quinze francs à Nina.

Le lendemain, celle-ci apprit par les journaux que
Fieschi vivait encore : — « Malheureusement il n'est
pas mort, dit Morey ; mais c'est égal, il n'aura jamais
besoin de ses effets, vous pouvez les vendre, mais pas
à Paris : attendez que je sois parti pour faire venir un
serrurier pour ouvrir la malle ; je ne veux pas être là. »
Il ajouta que, deux ou trois jours plus tard, il lui ap-
porterait soixante francs pour qu'elle pût se rendre à
Lyon, où elle avait son frère. Nina se plaignit de ce
procédé. « Ce n'est pas cela, dit-elle, que vous avez
promis à Fieschi : vous deviez avoir soin de moi, et
quand vous m'aurez donné ces soixante francs, vous
serez débarrassé de moi. » Morey promit de ne la
laisser à Lyon qu'un an ou deux, et de la faire revenir
à Paris aussitôt qu'il n'y aurait plus aucune rumeur à
craindre.

Morey, selon Nina, savait très-bien ce que contenait la malle. Il y prit plusieurs volumes ; et un carnet vert à dos rouge, dans lequel se trouvaient des
notes de la main de Fieschi, celle-ci entre autres :
bua, treize francs, mots que Nina expliqua par bois
employé à la construction de la machine.

Morey, arrêté, ne revint plus rue de Long-Pont ;
c'est alors que Nina se crut abandonnée.

Deux autres femmes, qui venaient aussi chez Fieschi, et qu'il prétendit n'avoir pas eu de relations intimes avec lui, furent recherchées. L'une, la fille Bocquin, maîtresse d'un ami de Fieschi, avait partagé, un
mois durant, sa table et son logement. L'autre, Marguerite Daurat, avait reçu de lui quelques secours.
Mais elle ne savaient rien.

Pendant que l'instruction se poursuivait, la police
donnait connaissance d'un fait remarquable. Le 27
juillet au soir, on se le rappelle, un honnête fabri-

cant vint trouver à l'Opéra le commissaire de police
Dyonnet et lui révéla que des conjurés préparaient
une machine infernale pour attenter aux jours du
roi, pendant la revue du lendemain. A onze heures
et demie, M. Dyonnet rédigea en hâte, d'après ces
indications très-incomplètes, une note qu'il envoya
au préfet de police. En voici la teneur :

« Rue Neuve-des-Petits-Champs, n° 31, succursale
du n° 27 (même rue) chez un marchand de bronzes
(M. Vernert), personnage trop bien vêtu pour sa
classe.

« Cet ouvrier qui est seul, au second dans l'atelier
du n° 31, est un républicain qui a déjà subi plusieurs
mois de prison. Il a de l'argent ; il en reçoit de gens
riches.

« Il a fait la confidence, à un commis de la maison,
que demain, lors de la revue du roi sur les boulevards,
à la hauteur de l'Ambigu-Comique, il y aurait explosion d'une seconde machine infernale. On croit que,
depuis quelque temps, par quelque cave, on a pratiqué un souterrain dans lequel on a placé de la poudre,
à laquelle serait mis le feu lors du passage du roi.

« L'homme qui travaille depuis longtemps à cette
machine est un échappé des bagnes ou libéré, auquel
on attribue beaucoup de talent en ce genre. Ce soir,
il a dû y avoir une réunion, à sept heures, des conjurés. Celui des hommes le mieux vêtu qui sont venus
le voir aujourd'hui, lui a bien recommandé de ne pas
manquer d'être au rendez-vous de demain, à sept
heures du matin. »

On tint peu de compte de cette note : et il ne faut
pas s'en étonner. Les renseignements de ce genre
abondent ordinairement et la police en est assiégée.
Le plus souvent, ces indications n'ont aucun fondements. D'ailleurs, ici, le nom et le domicile de l'ouvrier n'étaient pas indiqués.

Le 1er septembre, ce fabricant, Suireau père, demanda au juge d'instruction une assignation nouvelle,
et déposa spontanément une note nouvelle, contenant
les révélations d'Édouard Suireau, son fils.

« Je connaissais Fieschi. Il venait voir Boireau presque tous les jours. Ils se tutoyaient et étaient intimement liés. A peu près six semaines avant l'événement
du 28 juillet, un soir qu'il faisait chaud, quoique je ne
fréquentasse pas ordinairement ces messieurs, ils me
proposèrent de venir avec moi au bain froid. J'accep-
tai. Au retour du bain, j'avais à aller chez l'un des fa-
bricants de ma maison, rue du Cimetière-Saint-Ni-
colas. Boireau et Fieschi m'accompagnèrent jusqu'au
coin du pont Marie ; là, Fieschi dit à Boireau : « Viens
avec moi : nous avons à causer. » Boireau s'en fut avec
lui, quoique son chemin était de m'accompagner.
J'avais connaissance que Fieschi avait sur lui un martinet de cordes au bout desquelles il y avait des balles,
plus, un poignard. Je me souviens maintenant que,
le 27 juillet, Boireau m'a confessé qu'il n'avait point
été à l'hôtel d'Espagne, comme il me l'avait dit ; mais
bien percer des trous à leur ailleurs, disait-il. Sur l'observation que je lui fis qu'il n'avait pas été longtemps,
il me répondit qu'il avait pris un cabriolet. Sur l'observation qui lui fut faite par mon collègue de tra-
vailleur, quand ce dernier fut parti, il dit : « Qu'ai-je
« besoin de travailler ? J'aurai peut-être plus de cent
« mille francs demain. »

« Une répétition du pointage de la machine a été
faite le 27 juillet, à sept heures du soir. Boireau et un
autre ont passé à cheval sur le boulevard, à la distance présumée où le roi devait passer ; d'abord au
pas, ensuite au trot, enfin au galop. Les chevaux ont
été pris dans une écurie : le maître des chevaux, ou

celui qui les a procurés, d'après le dire de Boireau, doit être un épicier, lequel avait donné la clef de l'écurie pour prendre les chevaux, dans le cas où il ne s'y trouverait pas.

« Boireau fréquentait la femme Petit. Je les ai rencontrés ensemble au théâtre de la Porte-Saint-Martin. Je sais que depuis quelque temps ils étaient fâchés. Le 27 juillet, Boireau m'a aussi dit : « Si tu voulais « rendre compte à M. Gisquet de ce qui se passera « demain, il te donnerait tout ce que tu voudrais. »

On chercha et on surveilla l'ouvrier désigné dans la note. L'auteur de l'avertissement était un honnête fabricant, M. Suireau, dont le fils était commis chez un sieur Vernert, lampiste de la rue Neuve-des-Petits-Champs. Ce fils avait eu vaguement connaissance du complot par un de ses camarades, l'ouvrier Victor Boireau.

Le 28, on fut sur les traces de ce Boireau. Une perquisition faite chez lui n'amena aucun résultat. On sut seulement que ce Boireau affichait des opinions très-républicaines ; qu'il avait, dès le 25, fait couper son collier de barbe et ses moustaches ; qu'il avait, la veille de l'attentat, laissé paraître une grande préoccupation, et laissé entendre au jeune Suireau qu'une machine infernale éclaterait sur le passage du roi. « Ne dépassez pas l'Ambigu, avait-il dit, ce doit être entre l'Ambigu et la place de la Bastille. » Boireau avait déjà été arrêté, comme prévenu de complot, le 28 février 1834.

Mais bientôt tout l'intérêt allait se concentrer sur le principal coupable, sur Fieschi. Le 30 juillet, lorsqu'aux yeux de l'instruction il était encore Girard, il consentit à parler. Il déclara « qu'il était bien fâché de ce qu'il avait fait, et qu'il ne l'aurait pas fait s'il n'avait pas bu un verre d'eau-de-vie ; qu'il était très-content de n'avoir pas tué le roi, et que, quand il serait sur l'échafaud, il dirait au roi des choses qu'aucun autre que lui ne pourrait dire. » Il ajouta : « qu'à l'avenir le roi pouvait se tenir tranquille ; qu'ils y regarderaient à deux fois ; que d'ailleurs il ne se trouverait pas facilement un homme comme lui : *les complices comme cela sont bien rares.* » Mais il refusa d'indiquer qui l'avait poussé au crime, et de désigner ses complices. Il soutint que c'était à lui que la pensée en était venue, que *c'était une idée folâtre ;* qu'il ne « parlerait pas pour obtenir sa grâce, mais qu'il viendrait pour être utile ; qu'il avait des sentiments patriotiques, quoiqu'il eût commis un grand crime ; que si, pour l'espoir de sauver sa vie, il faisait des victimes dans ses amis, ce serait un crime plus horrible que celui qu'il avait commis ; que s'il avait dit qu'il avait des complices, il ne pouvait rien affirmer ; qu'il avait agi comme un homme égaré, qui donne un coup de hache à un autre homme qui est devant lui ; enfin, qu'il ne nommerait personne. Il ajoutait qu'il était sûr de sa condamnation. »

Au reste, il persista à dire qu'il avait seul mis le feu à la machine, qu'il ne connaissait pas Boireau, qu'il était de Lodève, où il avait sa femme et ses enfants. Les fusils, il les avait trouvés de côté et d'autres, et quand on lui parla du marchand Bury, il répondit avec impatience « Il ne m'est dû que la mort ; je ne puis nommer personne ; faites-moi juger bien vite ; vous verrez ma loyauté et si je sais tenir un serment. »

Cependant un inspecteur général des prisons, qui l'avait connu à Croulebarbe, le reconnut positivement pour Joseph Fieschi, et désigna, comme devant le connaître également, M. Ladvocat, membre de la Chambre des députés, lieutenant-colonel de la 12ᵉ légion de la garde nationale de Paris, et directeur de la manufacture royale des Gobelins. Le 2 août, M. Ladvocat fut amené près du lit du prétendu Girard et l'appela de son nom de Fieschi. Le faux Girard feignit d'abord la surprise et dit ne pas savoir qui lui parlait ; alors M. Ladvocat, rappelant à Fieschi l'intérêt qu'il lui avait autrefois témoigné, se plaignit d'être méconnu au moment où il lui donnait une nouvelle et si sensible preuve de cet ancien intérêt. A ce reproche, Girard fut saisi d'une violente agitation ; il éclata en sanglots et fondit en larmes. Le souvenir d'une époque de sa vie où il avait joui de l'estime d'hommes honorables brisa son cœur ; il convint qu'il reconnaissait M. Ladvocat. Interrogé alors sur son véritable nom, il se contenta de répondre : *Il le sait bien, lui.*

Touché de la visite de M. Ladvocat, il annonça l'intention de s'expliquer devant lui avec sincérité.

M. Ladvocat révélait d'ailleurs sur lui comme des circonstances qui prouvaient que tout n'était pas mauvais dans cette nature étrange. Surveillant, après 1830, de la rivière de Bièvre et du moulin de Croulebarbe, Fieschi avait été placé à la recommandation de M. Emery, ingénieur en chef de la ville, et sous les ordres de M. Caunes, ancien professeur de mathématiques de M. Ladvocat. M. Caunes ayant été, en 1832, atteint du choléra, Fieschi lui prodigua les soins les plus dévoués. Il s'offrit également pour soigner le frère M. Ladvocat, frappé par le même fléau. M. Ladvocat, informé d'ailleurs que Fieschi avait donné des preuves de probité, lui fit accorder des secours. Dès ce moment, Fieschi voua à son bienfaiteur *une protection de Corse*, pour parler son langage. M. Ladvocat sut user de son influence sur cet homme pour modifier les idées républicaines qu'il affichait alors, malgré son attachement pour les souvenirs de l'Empire. Fieschi, alors enrôlé dans les sociétés secrètes, y resta, mais seulement « pour savoir ce que méditaient » ses anciens coreligionnaires M. Ladvocat, pendant les émeutes, l'employa plus d'une fois à reconnaître la position et le nombre des révoltés, ce qu'il fit avec courage et intelligence.

Ici se montre la vocation véritable de Fieschi. Il était, il se croyait né pour la police politique, et plus d'une fois il avait cherché à être mis en rapport avec le préfet de police.

C'est ici le lieu de donner quelques détails sur la vie antérieure de l'assassin.

Fieschi (Giuseppe), d'origine génoise comme tant d'autres Corses, était né à Murato, le 13 décembre 1790, de Ludovico Fieschi et de Maria Lucia de Pomonto. Sa famille, comprise parmi les *abitatici*, c'est-à-dire les nomades, sans résidence fixe ; il avait erré de Nessa, canton de Vico, à Valle-Calle, canton d'Oletta, et de là à Murato. Louis Fieschi, le père, condamné, sous le général Morand, à une peine infamante, avait dû s'expatrier pour s'y soustraire, et était mort hors de l'île.

Né d'une famille pauvre et méprisée, le jeune Giuseppe (Joseph) avait quelque temps gardé les chèvres ; mais, doué d'une intelligence assez vive et d'un caractère aventureux, il s'était bientôt lassé de cette vie obscure, et il était parti pour Naples, où il était engagé dans un régiment d'infanterie légère. Un de ses frères était mort à Wagram ; sa sœur, qu'il avait entièrement perdue de vue, habitait Biguglia et s'y était mariée avec un habitant de Murato. Un second frère, muet de naissance, vivait aussi à Murato et, quand il apprit le crime commis par Joseph, il fut si vivement saisi de douleur et de honte, qu'il passa deux jours sans prendre de nourriture.

Entré cependant au service de Naples, Joseph Fieschi avait montré du zèle et du courage; il avait appris à lire et à écrire et, à dix-huit ans, il était sergent. Mais il était ambitieux à sa manière, et il était dévoré de la soif de l'or. Il cumula les fonctions d'espion avec le grade de sergent. Il passa ensuite dans la garde du roi Joachim Murat, et fit avec d'excellentes notes les campagnes de 1812 et de 1814. Sa bravoure lui valut même la décoration de l'ordre royal des Deux-Siciles.

En 1815, quand la fortune devint contraire aux armes de Murat, Fieschi déserta aux Autrichiens, et leur porta des renseignements qui, dit-on, contribuèrent à la victoire décisive de Tolentino, remportée sur Murat par Neipperg et Bianchi.

Quelques mois après la défaite du 2 mai 1815, on retrouve Fieschi en Corse, dans le dénûment le plus complet. C'est le moment où Murat, vaincu et traqué, s'est réfugié à Vescovato, chez le général Franceschetti. L'ancien espion des Autrichiens vint offrir ses services au soldat détrôné, et celui-ci lui donna une mission secrète. Fieschi partit pour Naples où, d'après ses habitudes connues, nous pouvons soupçonner qu'il ne se piqua pas d'une fidélité scrupuleuse au héros malheureux. De retour à Vescovato, Fieschi dépeignit de la manière la plus favorable l'état des esprits dans le royaume des Deux-Siciles et ses rapports purent contribuer à décider le prince à la folle aventure qui devait couronner son aventureuse existence.

Fieschi était, avec le prince, sur une des barques commandées par Barbara, qui quittèrent le port d'Ajaccio, le 28 septembre 1815. Arrivés en vue de Pizzo, Fieschi sollicita l'honneur de marcher en éclaireur. Il s'avança dans les terres et ne reparut plus. Quelques instants après, le roi et les siens étaient accueillis à coups de fusil par les gendarmes et par les habitants de Monteleone.

Il semble que Fieschi n'ait pas tiré grand parti de ses trahisons successives; car, compris dans la capitulation du général Franceschetti, il fut dirigé sur Marseille. De là, il regagna la Corse et se retrouva dans son village natal, sans métier, sans ressources. Il s'avise alors de réclamer à sa sœur et à son beau-frère la portion qui lui revenait de l'héritage paternel, héritage assez mince sans doute, puisque lui-même évaluait sa part à la valeur d'une vache. On repousse ses prétentions, et, en plein jour, devant de nombreux témoins, il s'empare d'une vache appartenant à son beau-frère, et va la vendre au marché. Là, il fallait justifier par-devant l'agent préposé à cet effet, de la possession légitime. Fieschi se fabrique une pièce, un certificat revêtu des signatures légales et du cachet de la municipalité. Mais, sur la plainte de son beau-frère, on l'arrête et il est traduit en Cour d'assises.

Mené devant le juge d'instruction à Bastia, Fieschi voit que si la porte du cabinet du juge est gardée par deux gendarmes, la fenêtre est libre. Cette fenêtre est à vingt pieds de hauteur du sol; n'importe! Fieschi saute, et quelques instants après, il a gagné les collines qui s'élèvent en amphithéâtre sur la partie occidentale de la ville de Bastia.

Repris et ramené devant la Cour d'assises, il fut condamné, le 28 août 1816, à dix ans de réclusion et à la surveillance de la haute police pendant toute sa vie. Il avait alors vingt-six ans. Quoi qu'on puisse penser de cette nature énergique et vicieuse, la peine semble bien forte, comparée au délit. Ce demi-sauvage, ignorant de la loi, entraîné par son audace brutale à voler une vache qu'il considère comme la sienne, et à fabriquer un certificat, le voilà condamné à vie, marqué par une peine infamante. Il suffit quelquefois de ces justices à outrance pour décider de toute l'existence d'un homme!

Fieschi subit sa peine à Embrun. Là, il apprit le métier de drapier, et montra de l'intelligence dans les travaux mécaniques Vers la fin de sa détention, il fit connaissance avec une condamnée, nommée Laurence Petit, et en devint violemment épris. Leur intelligence, comme on le pense, était singulièrement gênée par les règlements de la maison. On raconte, comme preuve de son audace et de la vivacité de ses passions, que, la veille même de sa libération, il réussit à se cacher dans un couloir du quartier des femmes, pour attendre sa maîtresse au passage; mais, surpris par le gardien de service, il passa cette dernière nuit au cachot.

Sorti d'Embrun, Lyon lui fut désigné comme résidence. Mais bientôt il rompt son ban; en décembre 1826, il arrive à Lodève et, jusqu'au mois de mars 1827, y travaille sous le nom de Gérard, dans une manufacture de draps. De là, il entre dans la manufacture royale de draps de Villelouvette. Il y passa plusieurs mois, s'y conduisit bien et y affecta une grande piété. Ensuite, il se rend à Vienne, à Marseille, parcourt le Midi. La révolution de Juillet arrive; il jette aux orties sa dévotion qui n'est plus de mode, et se souvient qu'il a été soldat de l'empire. Il ose même se présenter au commandant de la ville de Lyon comme un condamné politique. Il présente, en effet, des certificats et des pièces qu'il s'est fabriqués lui-même.

Arrivé à Paris, il obtient des secours; il se fait connaître de M. Ladvocat, alors membre de la commission des récompenses nationales; de M. Didier, secrétaire général du ministère de l'intérieur; de M. Gustave de Damas, son ancien commandant sous l'empire. Il réussit enfin à entrer, comme garçon de bureau et porteur, au journal *la Révolution* de 1830, que dirigeait M. Lennox. En même temps, tout en affichant des opinions bonapartistes exagérées, Fieschi proposait ses services au préfet de police, M. Baude, qui les acceptait.

Cependant, Fieschi avait rencontré à Paris son ancienne maîtresse d'Embrun, Laurence Petit, et son ancienne passion s'était rallumée. Ils se mirent en ménage. Laurence Petit avait avec elle sa fille, Nina Lassave, assez gentille enfant de quinze ans. Comme Fieschi avait réussi à entrer dans la compagnie des sous-officiers sédentaires, son existence et celle des deux femmes devint un peu moins précaire. Mais l'immoralité profonde de Fieschi fit de ce ménage irrégulier un véritable enfer. Les voisins entendaient souvent des cris, des pleurs, des coups de pistolets tirés sans doute pour effrayer ces femmes. « On ne sait pas ce que c'est que cet homme-là; c'est un monstre, » disait Laurence Petit, et elle accusait Fieschi d'avoir fait violence à sa fille. Quand Laurence Petit, qui tenait alors une table d'hôte pour les étudiants, rompit avec son amant, la liaison de Fieschi avec Nina Lassave devint, en effet, avérée.

Cette conduite déréglée avait rejeté Fieschi dans une profonde misère. De nombreux abus de confiance avaient éveillé l'attention sur lui au moulin de Croulebarbe et, à la fin d'octobre 1834, époque de sa rupture avec Laurence Petit, Fieschi se vit recherché par la police, qui s'avisait enfin que le condamné politique pourrait bien n'être qu'un réclusionnaire libéré. Le 24 octobre, un mandat d'amener était décerné contre lui.

Fieschi, privé à la fois de sa place, de sa maîtresse et de l'espèce de position qu'il s'était créée par ses mensonges, tomba dans le désespoir. C'est alors sans doute que cet homme sans conviction, sans passions politiques, bonapartiste pour les uns, républicain fanatique pour les autres, espion au besoin, rencontra des hommes qui lui proposèrent un crime. Il vit là sans doute *une affaire* et un moyen de subsister; peut-être aussi fut-il entraîné par ce sentiment d'aveugle vengeance et de haine sourde contre la société, qui s'empare d'un homme réduit aux abois par sa propre faute.

Tel était l'homme que l'instruction dévoilait peu à peu; mais cet homme avait évidemment des complices: il fallait le ménager. On étudia son caractère, et on s'aperçut qu'au-dessus de tous ses vices planait une vanité inouïe, bouffonne. Ce monstre avait du courage sans doute: un seul fait le démontrait suffisamment. Lorsqu'il était tombé, foudroyé par les éclats de sa machine, blessé à la main, blessé au cou, blessé à l'épaule, blessé à la tête d'une si affreuse blessure qu'une partie de l'arcade sourcillère avait été enlevée sur une longueur de deux pouces et laissait à découvert la dure-mère, il avait trouvé assez d'énergie pour se relever, s'accrocher à la corde, descendre à l'aide d'une main seulement, diriger sa corde vers la gauche et descendre, tout ruisselant de sang, dans la maison voisine. Pendant le cours de son traitement long et pénible, il avait subi des opérations douloureuses avec fermeté.

Mais cette audace, ce sang-froid n'égalaient pas ses impudentes fanfaronades; il aimait à poser en homme exceptionnel, en héros. On flatta cette vanité théâtrale, plus peut-être qu'il ne l'eût fallu pour la dignité de la justice. Toutes ses fantaisies firent loi, et on le traita de manière à augmenter encore la grande idée qu'il avait conçue de lui-même. Ce qui était système pour l'instruction, devint affaire de mode pour les curieux. On se disputa l'honneur de voir *monsieur Fieschi*, de parler à *monsieur Fieschi*, d'avoir un autographe de *monsieur Fieschi*. Plus d'un grand personnage lui donna du *mon cher*. L'assassin se faisait admirablement à ces familiarités; il y répondait, il badinait. Il écrivait à celui-ci: « Vous me trouverez chez moi toute la journée. » Il disait à un autre: « C'est toujours avec un nouveau plaisir que je vous recevrai chez moi. » Quand il eut été confronté avec Nina Lassave, il demanda et obtint la permission de la recevoir sans témoins, et on ne recula pas devant l'idée de favoriser ces relations incestueuses.

Un autre trait du caractère de Fieschi, c'était la reconnaissance phraseuse, vantarde. On chercha encore à utiliser cette indication de tempérament. Fieschi avait montré un attachement tout particulier à M. Ladvocat. On obtint de celui-ci que, par son intervention officieuse, il aidât à découvrir le secret de cette affaire.

Mais Fieschi se réservait avec une habileté rusée. Il cherchait à comprendre jusqu'à quel point ses révélations pourraient le sauver. Les premiers jours, il refusait de parler, en disant: « Quand j'aurai parlé, on ne m'en coupera pas moins la tête. » Mais, quand il sentit quel intérêt on attachait à ses révélations, il joua une comédie de confidences tronquées, de réticences transparentes; il espéra, il provoqua des promesses de grâce. M. Ladvocat était accepté comme intermédiaire; il chercha à le grandir, en prétendant qu'au moment de mettre le feu à la machine, il avait aperçu son bienfaiteur, et qu'il avait changé la direction des canons. Le sauveur indirect du roi Louis-Philippe, l'homme qui seul avait assez d'influence sur l'assassin pour obtenir ses confidences, aurait peut-être assez de crédit pour le sauver lui-même.

Ce calcul de Fieschi éclate dans les vagues promesses qu'il faisait aux magistrats, alors qu'il était encore dans son lit, enveloppé de bandes et de cataplasmes. « Quand il serait levé et qu'il *verrait des deux yeux*, il parlerait à M. Ladvocat, parce qu'il était reconnaissant des démarches que son ancien bienfaiteur avait faites pour le voir; tout ce qu'il demanderait, serait d'être envoyé à trois ou quatre cents lieues, sous un autre nom; il avait fait une *sottise*, mais il était dévoué à Sa Majesté. Si M. Ladvocat n'était pas venu, un quart d'heure avant de monter sur l'échafaud, il aurait dit au roi: Méfiez-vous de cela et de cela. »

Que savait donc cet homme, et qu'y avait-il à craindre encore?

C'est pour ces motifs qu'on avait fait à Fieschi une position si singulière et qu'on choyait l'assassin. C'est par ces moyens qu'on obtint peu à peu de Fieschi qu'il avouât ses relations avec Pepin et Morey. Confronté avec Nina Lassave, il sut par celle-ci que Morey s'était vanté à elle d'avoir chargé tous les canons de la machine, moins trois. On fit entendre à Fieschi que ses complices avaient arrangé les choses de manière à se débarrasser de lui. Dès ce moment, Fieschi devint plus explicite.

Le 28 août, la police arrêta ce Pepin, épicier, dont les relations suspectes avec Fieschi faisaient supposer sa complicité, et qui se cachait depuis l'attentat. Cet homme, interrogé sur les motifs de sa disparition, répondit qu'il se cachait parce qu'on arrêtait tout le monde, qu'il ne connaissait pas Fieschi, qu'il connaissait un peu Morey. Peut-être avait-il vu ce Fieschi sous un autre nom; on lui avait présenté un patriote poursuivi, qui avait couché deux nuits dans sa maison, un certain Béchet ou Béchot. Pressé de questions, Pepin fut obligé d'avouer des relations plus suivies avec ce patriote.

A la suite du premier interrogatoire, Pepin avait été ramené chez lui pour être présent à la vidange et à la fouille des lieux-d'aisances de sa maison. Il parvint à tromper la surveillance des deux agents à la garde desquels on l'avait confié, et il s'échappa. Il chercha un asile à Lagny, chez un sieur Collet, son ami et son associé. Le sieur Collet vint à Paris, pour chercher les moyens de faciliter le départ de Pepin pour l'étranger; il s'aboucha avec plusieurs amis politiques de la *Tribune* et du *National*, M. Estibal, M. Bergeron, qui s'entremirent pour procurer un passe-port à Pepin. On fit répéter de temps en temps dans les journaux, la nouvelle de l'arrivée de Pepin dans certaines villes de l'étranger. Mais la police ne prit point le change, et le 24 septembre, le préfet de police en personne dirigea l'arrestation de Pepin. On l'avait découvert à Magny (Seine-et-Marne), en chemise, caché dans une fausse armoire placée au fond d'une alcôve, chez un sieur Rousseau propriétaire.

Au moment de son arrestation, Pepin avait avec lui dans un sac de nuit, 940 francs, un volume des œuvres de *Saint-Just*, quelques vêtements, entre autres, deux blouses de toile grise et une casquette de crin gris. Il demanda instamment qu'on lui laissât le Saint-Just.

Ce Pepin (Pierre-Théodore-Florentin), était né à Remy (Aisne), en 1800. Sa boutique d'épicerie et de couleurs était située rue du Faubourg-Saint-Antoine, n° 4. Ses opinions républicaines étaient bien connues, et il avait fait partie, avec Morey et Nolland, de la Société des droits de l'homme et du citoyen. Lors des attentats des 5 et 6 juin 1832, il était capitaine de la garde nationale dans la 8ᵉ légion; sa maison fut signalée comme une de celles d'où les émeutiers avaient tiré sur la troupe, et cette maison fut envahie durant l'action. Pepin fut arrêté, sa vie menacée; on eut peine à le soustraire à la fureur des soldats et des gardes nationaux. Il fut traduit devant le premier conseil de guerre permanent de la première division militaire; sept chefs d'accusation étaient formulés contre lui. Pepin fut acquitté à l'unanimité du premier chef, et de tous les autres à la majorité de six voix contre une. C'est alors qu'il quitta le 8ᵉ arrondissement, et transporta son domicile à la Gare, dans le 12ᵉ; il céda son établissement de la rue du Faubourg-Saint-Antoine à son cousin, Constant Pepin; il n'était revenu dans ce faubourg qu'au commencement de l'année 1835 et après le décès de Constant.

Confronté avec Fieschi, Pepin en fut reconnu, mais lui-même prétendit ne reconnaître qu'à la voix, pour Béchet, le patriote poursuivi. Fieschi, qui était décidé à tout dire, accabla Pepin sous les preuves de sa complicité. Les interrogatoires publics les feront connaître au lecteur.

Quant à Morey (Pierre), le second complice désigné par Fieschi, il était né à Chassaigne (Côte-d'Or), était âgé de soixante-deux ans, et exerçait, rue Saint-Victor, nᵒ 23, la profession de bourrelier-sellier. Il avait servi dix ans comme ouvrier dans le train d'artillerie de l'armée et dans un régiment de hussards. En 1816, il avait été arrêté comme prévenu de projets d'assassinats contre la famille royale. Il était, à la même époque, accusé d'un meurtre commis sur la personne d'un soldat autrichien pendant l'occupation étrangère; il fut acquitté par la Cour d'assises du département de la Côte-d'Or, comme n'ayant donné la mort que pour sa légitime défense.

On lui reprochait d'avoir abandonné sa femme et ses enfants à Dijon, pour venir à Paris en 1817; depuis cette époque il vivait en concubinage avec une dame Mouchet qui passait pour sa femme.

Il n'avait jamais dissimulé ses opinions républicaines: il en faisait profession ouverte dans ses interrogatoires. Il était habile au maniement des armes à feu, et connu, dans les environs de Paris, pour ses succès comme tireur de prix.

Le 11 avril 1826, un jugement du tribunal de commerce de Paris l'avait déclaré en état de faillite. Les causes du dérangement de sa fortune furent attribuées par le commissaire-rapporteur à des dépenses frivoles qu'entraînait principalement la présence de la femme Mouchet dans sa maison, où régnait, suivant le rapport, la plus grande dissipation.

La faillite de Morey fut suivie d'un contrat d'union entre ses créanciers, et enfin d'une transaction par laquelle ils consentirent à cesser toute poursuite, moyennant quinze pour cent de leur créance, payables dans quinze jours.

Plus tard, Morey, décoré de juillet, avait fait partie de la Société des droits de l'homme et du citoyen. Son nom était compris dans le dénombrement des membres de la section Romme, du douzième arrondissement; il paraîtrait même qu'il avait rempli dans cette société les fonctions de commissaire de quartier. Lors de la perquisition faite à son domicile, on y trouva, entre autres ouvrages politiques, l'*Exposé des principes républicains de la Société des Droits de l'homme et du citoyen*; le journal *le Populaire*; les *Chaînes de l'esclavage*, par Marat, et le *Procès des accusés d'avril, publié de concert avec les accusés*.

Morey avouait donc connaître Fieschi, mais seulement comme patriote poursuivi, auquel il avait donné des secours et un asile.

Restait Boireau (Victor), ouvrier ferblantier, né à La Flèche (Sarthe), le 5 novembre 1810, ancien sociétaire des Droits de l'homme, connu pour l'exagération de ses opinions républicaines. Celui-là, Fieschi persistait à soutenir qu'il avait tout ignoré.

Enfin, la prévention avait atteint également un sieur Bescher (Tell), relieur, né à Laval (Mayenne) en 1794, placé, l'année précédente, au nombre des inculpés dans l'affaire d'avril. Un passe-port, pris à son nom, le 5 janvier 1835, ainsi que son livret d'ouvrier, avaient servi ou devaient servir à Fieschi pour faciliter ses déguisements et son évasion.

L'instruction arrivée à ce point, M. le comte Portalis en fit, dans les séances des 16, 17 et 18 novembre, un énorme rapport, et, le 18, la Cour des pairs ordonna la mise en accusation des cinq inculpés Fieschi, Pepin, Morey, Boireau et Bescher.

Le 30 janvier, les débats s'ouvrirent, sous la présidence de M. Pasquier. La salle présentait, à l'intérieur de l'enceinte, les mêmes dispositions que celles prises pour la seconde moitié du procès d'avril. Beaucoup de députés, de membres du corps diplomatique, des ministres et une vingtaine de dames seulement avaient pris place dans les tribunes.

En avant du bureau du parquet, les pièces de conviction étaient dispersées dans l'enceinte de la Cour.

On y remarquait d'abord la fatale machine. Elle consistait dans un bâti de bois de chêne, de quatre pieds carrés, reposant sur quatre montants; ceux de devant avaient deux pieds huit pouces de hauteur sur trois pouces carrés; les pieds de derrière trois pieds six pouces, sur trois pouces carrés également. A ces quatre montants étaient fixées de chaque côté deux traverses; les deux traverses de devant avaient chacune trois pouces carrés; celle du haut était à tourillon, celle du bas assemblée dans les pieds. Les quatre traverses employées sur les deux côtés portaient trois pouces carrés également, et étaient assemblées à queue par les bouts. Des deux traverses de derrière, celle du bas avait trois pouces carrés et était assemblée dans les pieds; celle du haut comptait trois pouces de largeur sur cinq de hauteur; elle était tenue en dedans des pieds par deux vis de bois de lit passées à travers deux rainures pratiquées dans le haut des pieds de derrière, et serrées à volonté sur la face extérieure de ces pieds par des écrous. C'est dans cette dernière traverse qu'étaient entaillées les vingt-cinq culasses des canons de fusil, maintenues ensuite par une plate-bande en fer passant par dessus. Cette règle de fer avait quatre pieds cinq pouces de longueur, quinze lignes de largeur et quatre lignes d'épaisseur; elle était courbée de deux pouces et demi aux deux extrémités et vissée de chaque côté. Il y avait une traverse d'entre-pieds de deux pouces et demi de largeur, sur quinze lignes d'épaisseur. Une autre traverse pareille était posée et clouée sur le bout de devant, afin de supporter les canons; et, enfin, à cette traverse était adaptée, par trois clous, une planche en bois de bateau de quatre pouces de largeur sur un pouce d'épaisseur, un peu inclinée en avant par le haut, et formant, dans le sens de sa largeur, un angle aigu avec la direction des montants. Sur le haut de cette planche on avait creusé grossièrement dix-sept créneaux, d'un demi-pouce de profondeur environ, destinés à recevoir des bouts de canons.

La traverse de derrière était disposée de manière à pouvoir monter ou descendre au moyen des deux rainures pratiquées aux deux montants, et à être maintenue à hauteur convenable à l'aide de deux longues vis serrées par leurs écrous; sur cette traverse, reposaient les vingt-cinq tonnerres et culasses des canons, les lumières tournées en haut d'une manière assez précise. Elle était élevée d'environ six pouces au-dessus de la traverse du devant. Celle-ci ne portant que dix-sept entailles, huit des vingt-cinq canons avaient dû se trouver placés sur le haut des créneaux, et, par conséquent, s'étaient trouvés moins inclinés. Ceux-là avaient pu donner huit à dix pas au-dessus des autres, et devaient avoir porté la mort au milieu des spectateurs des contre-allées. Les vingt-cinq canons étaient placés parallèlement. La ligne des culasses occupait, sur la traverse de derrière, le même espace que la ligne des canons sur la planche crénelée de devant, deux pieds onze pouces. A côté de la machine était une longue traverse de très-forte tôle, pliée à angle droit par le milieu, ayant deux pouces à chaque face; plus, une tringle en fer de quatre pieds de longueur, sciée par un bout, qui devait avoir servi à bourrer les canons; et enfin une baguette, longue de vingt-sept pouces, autour de laquelle était enroulée une bande étroite d'étoffe de laine rouge. L'intervalle des culasses était rempli par du papier fortement pressé, supportant une traînée de poudre qui mettait en communication les vingt-cinq lumières. Le feu avait été mis à cette traînée de gauche à droite, ainsi que marchait le cortége. Le temps employé pour cette opération avait sans doute retardé l'explosion.

On voyait encore, parmi les pièces à conviction: le tison qui avait mis le feu à la machine; la jalousie qui avait servi à dérober aux yeux des passants la vue de la machine; deux chapeaux noirs et deux chapeaux gris, dont l'un crevé et portant la trace d'une balle; un paquet de hardes ayant appartenu à Fieschi; le foret que l'acte d'accusation disait avoir été prêté par Boireau; le gantelet en fer de Fieschi, son martinet aux lanières terminées par des balles de plomb, le poignard qu'il avait reconnu lui appartenir, la corde ensanglantée qui lui avait servi à descendre par la fenêtre, la blouse qu'il portait lors de l'attentat; la tringle, le maillet, le marteau, deux outils de tourneur, une scie et autres instruments dont le rôle, dans la préparation ou l'exécution du fait principal, avait été indiqué par les pièces de la procédure; la malle qui avait servi à transporter les fusils; deux canons qui n'avaient pas servi et dont l'un était encore non foré.

A midi vingt minutes, les accusés sont introduits; une curiosité avide s'attache surtout au principal auteur de l'attentat. C'est un homme de petite taille; ses cheveux noirs, coupés fort court, laissent à découvert son front haut mais étroit; sa chevelure a été entièrement rasée au-dessus de la tempe gauche et laisse voir une profonde cicatrice, suite d'une des blessures que lui a faites l'explosion; au-dessous du sourcil gauche existe une autre cicatrice; enfin, une troisième blessure lui défigure un peu la joue gauche, à la hauteur de la bouche, ce qui en relève le coin et ajoute à l'air sardonique de sa physionomie. Ses petits yeux vifs et très-couverts par les sourcils ont l'expression d'une grande pénétration; son œil gauche, à demi fermé par suite du coup que le sourcil a reçu, paraît être bien plus bas que l'œil droit, ce qui dérange entièrement la régularité des lignes du visage; ses favoris bruns se joignent sous le menton. Fieschi est vêtu d'un habit noir, il porte un gilet de satin noir et une cravate noire, sa chemise paraît très-fine et très-blanche. Il prend fréquemment du tabac et met en ordre divers papiers dans son portefeuille.

Morey paraît extrêmement faible, et très-souvent, cependant, sa figure exprime un caractère remarquable de fermeté et de sérénité; il est enveloppé dans une ample redingote, sa tête est couverte d'un bonnet de soie noire.

Pepin, revêtu d'un habit noir, semble péniblement affecté de sa situation; il promène un regard triste sur toutes les parties de la salle.

Les défenseurs des accusés prennent place; ce sont MM.es Parquin, Chaix-d'Est-Ange et Patorni, pour Fieschi; M.e Dupont, assisté de M.e Plocque, pour Morey et Boireau; M.es Marie et Philippe Dupin pour Pepin, et M.e Paul Favre pour Bescher.

Fieschi accueille ses défenseurs par un sourire; il serre la main de M.es Parquin et Patorni; il s'entretient avec eux. Il porte haut le front, il sollicite l'attention dès spectateurs et de ses juges. Pendant la lecture de l'acte d'accusation, il se tient debout; quelques mouvements d'impatience animent sa physionomie. Quand on arrive aux déclarations de Nina Lassave, il prend des notes au crayon; il manifeste souvent par des signes son approbation ou son improbation; lorsqu'il est question des opinions républicaines qu'on lui attribue, il fait un signe négatif. On remarque en lui un insurmontable besoin de mouvement; il se lève, se rassied, tourne la tête de toutes parts, et paraît enfin dominé par une mobilité nerveuse, par une vanité inquiète qui ne lui permettent pas de conserver longtemps la même attitude. Il prodigue les gestes, et quand la lecture est terminée, il s'écrie en italien qu'il saura mourir avec courage et que ses complices sont des *capons*.

A quatre heures, on procède à l'interrogatoire de Fieschi.

Les premières questions portent sur les faits matériels de l'attentat; Fieschi y répond simplement par des *oui* successifs. Quand on arrive au fait du poignard trouvé sous le lit de camp du poste du Château-d'Eau:

— Oui, Monsieur, dit-il, j'ai eu l'occasion de me servir du couteau, mais je ne l'ai pas fait. Comme j'étais au corps-de-garde, un garde national vint par derrière me trouver, et me donna un coup de poing. Je fus saisi de ce coup; je n'étais pas homme à endurer des coups de poing. Je me rappelai que j'avais un poignard; craignant d'être tenté d'en faire usage, je jetai le couteau sous le lit de camp.

Il reconnaît tous les objets trouvés sur lui ou à son domicile, entre autres un portrait du duc de Bordeaux, ramassé au pied de la machine.

— «Je l'avais acheté, dit-il, comme cela, peu de temps auparavant. Il était évident qu'après cette circonstance le gouvernement aurait cherché à savoir si cela venait du parti de la république ou du parti de la dynastie légitime. J'ai fait cela de concert avec mes complices, qui m'ont même dit d'acheter des journaux royalistes pour les laisser dans la chambre; ce que je ne fis pas.»

Était-il seul dans la chambre, quand il a mis le feu à la machine? Il résulterait d'une déposition qu'un peu avant l'explosion, on y aurait aperçu trois hommes, dont deux ayant des chapeaux gris, couleur de deux chapeaux trouvés dans la chambre. Fieschi répond qu'il avait un chapeau noir et un chapeau

Paris. — Typographie de FIRMIN DIDOT frères, fils et Cie, 56, rue Jacob.

gris; le premier, dit-il, a disparu lors de l'invasion faite dans son appartement. « Il y a toujours dans ces circonstances là, des personnes qui ne s'oublient jamais; elles m'ont enlevé mon chapeau neuf. »

L'accusé persiste à dire qu'il était bien seul. On a trouvé sa porte barricadée et la clef de l'appartement s'est trouvée à sa main quand on l'a arrêté.

On lui demande si son intention était bien de frapper le roi et la famille royale.

R. M. le président, j'ai dit la vérité, je vais la répéter encore. Depuis bientôt un an que j'ai cherché à commettre le crime, je n'ai eu d'autre pensée, ainsi que mes complices, que de me défaire de la personne du roi. Dans la matinée du 28 juillet, ayant en face de moi M. Ladvocat, à qui j'ai eu tant d'obligation, ma résolution s'est ébranlée; malheureusement on a fait changer la 8ᵉ légion de place; alors je suis revenu à mon premier projet, je n'ai plus songé qu'à la lâcheté que je commettrais en manquant de parole à mes complices.

D. Quel motif a pu vous porter à commettre un crime aussi atroce? Si, comme tout le démontre, votre bras ne s'est pas armé pour venger une injure personnelle, la justice doit rechercher sous quelles inspirations vous avez agi, si vous avez été égaré par votre propre fanatisme, ou par des suggestions coupables, ou par l'appât de récompenses qui vous auraient été promises; vous avait-on fait quelque

L'essai de la traînée.

grande promesse pour vous décider à cet attentat?

R. Je n'ai agi que pour moi et pour me venger d'une injustice. Je vous prie d'avoir indulgence pour mon langage, parce que je ne connais pas la langue française; j'ai besoin d'efforts pour me faire comprendre. J'étais un ancien soldat; ma vie antérieure vous sera exposée dans ma défense. J'ai été condamné en 1815 à la peine de mort; elle fut commuée; mais rentré en France, je fus mis à la disposition du gouvernement; on me traduisit pour un crime imaginaire devant la cour d'assises de Draguignan. Ce fait, s'il eût été réel, n'aurait mérité que trois mois de prison, mais c'était un délit politique, on avait donné la couleur la plus noire à l'affaire de Murato, et je fus envoyé dans la prison d'Embrun. Ayant obtenu ma liberté, je réclamai, après la révolution de 1830, du service comme condamné politique. Plusieurs personnes me protégèrent, sachant que j'étais bonapartiste, car je n'ai jamais été ni carliste ni républicain. On me dénonça comme ayant trompé le gouvernement, on me demanda la pièce judiciaire constatant les motifs de ma condamnation. Il m'était impossible de produire une pareille pièce.

Je fus renvoyé, et me trouvai sans moyens d'existence, abandonné de plus par une femme avec laquelle j'avais vécu maritalement. Ne sachant plus que devenir, je me liai avec des hommes que je croyais courageux et fermes; ils m'encouragèrent dans ma résolution, et me procurèrent les moyens de l'exécuter. C'est alors que je conçus l'idée de cette machine: j'étais désespéré; je regrette ce que j'ai fait, et pour l'expier, je suis prêt à monter à l'échafaud. Si j'avais connu mes complices d'avance, je ne me serais pas jeté dans cette entreprise; mes complices ne sont pas dignes d'avoir un complice comme moi. Je regrette mes victimes; j'ai déjà expliqué, et j'expliquerai plus tard comment tout cela s'est fait.

On lui demande s'il appartenait à quelque société politique; il répond par la négative; s'il n'était pas lié avec des individus en grand nombre appartenant à des sociétés secrètes.

R. Je connaissais aussi des personnes qui n'étaient nullement ennemies du gouvernement. Croyez-vous donc que M. Ladvocat, que le respectable M. Baude soient des hommes ennemis du gouvernement, et qui travaillent à le renverser. Des témoins ont cherché à me tromper en disant des faussetés. Quand un homme est dans le malheur, tout le monde tombe sur lui. J'étais aussi protégé par M. Caunes, inspecteur des eaux de Paris, qui est aussi un homme fort estimable; j'ai toujours été considéré de mes chefs; mais de malheureuses circonstances m'avaient privé de ces honorables protecteurs; j'étais réduit au désespoir. Voilà ce qui m'a fait faire l'attentat.

Interrogé sur son opinion personnelle :

— Je le déclare franchement, je serais encore dans les rangs des bonapartistes, si le fils de Napoléon vivait.

D. Précisez à quelle époque vous est venue la première pensée de l'attentat.

R. Ma première pensée a été chez Morey, à la fin de décembre 1834, ou dans les premiers jours du mois de janvier suivant; nous avons parlé politique, il m'a donné l'idée de la machine, car je ne pensais pas certes à commettre un attentat de la sorte.

D. Ce serait à l'époque où, loin de s'améliorer, votre position est devenue plus mauvaise par la suppression de votre emploi, et où vous avez été obligé, pour vous soustraire aux poursuites de la justice, de chercher un asile d'un côté et de l'autre chez vos amis. La pensée de l'attentat vous a-t-elle été inspirée par une ou plusieurs personnes dont vous seriez devenu le complice et ensuite l'instrument?

R. Oui, M. le président.

D. N'êtes-vous pas, au moins, l'inventeur et le fabricateur de la machine qui a servi à commettre l'attentat?

R. Je ne l'avais pas inventée pour le malheureux attentat. Quand j'ai fait le modèle de cette machine, je ne l'ai pas fait dans l'intention de l'attentat. Je *suis* été soldat : non seulement pour apprendre l'exercice ou la théorie comme sous-officier, mais occupé de tactique militaire, occupé à lever des plans. Je pourrais parler des missions que j'ai remplies. J'en ai rempli une bien difficile en Sicile, dans le camp ennemi. Quoique jeune, je m'en suis toujours tiré avec honneur.

Voilà comme je fis le plan de la machine. Je me dis un jour : Si tu étais dans une forteresse avec trois cents hommes, et qu'une épidémie vint t'en enlever la moitié, ne pourrais-tu pas te défendre avec peu de monde? J'eus alors l'idée de faire cette machine qui devait employer quatre-vingt-dix fusils rangés par étage. Je me dis : avec une pièce au milieu de cela, tu pourrais détruire tout un régiment avec bien peu de monde. Mon modèle était fait lorsque la femme de Morey vint me voir et dit : tiens, Morey, viens donc voir ce que fait Fieschi. Je ne connaissais pas alors, moi, ce que cette femme avait dit. Morey vint alors, et me demanda ce que je faisais. Je lui dis : c'est une machine. J'en fis l'explication, en lui disant qu'elle aurait bien pu démolir Charles X et sa famille. La machine était trop compliquée; elle était faite pour des fusils à pierre. Je compris qu'il faudrait l'arranger autrement, et trouver une autre manière de faire partir la machine que par les batteries. J'expliquai donc la machine à Morey, et il dit : ça pourrait bien servir à Louis-Philippe. Je ne dis rien; je n'avais pas moi-même cette idée. Il mit dans sa poche le modèle de la machine, et ne me dit même pas ce qu'il en voulait faire.

Deux ou trois jours se passèrent. J'étais poursuivi alors, j'étais sans ressources. Il me présenta à Pepin... Mais vous m'entendrez plus tard là-dessus. Je vous dirai la suite.

D. A quelle époque remontent vos premières relations avec Morey?

R. A 1831; à cette époque, j'étais rue de Buffon.

D. Etiez-vous avec lui dans des rapports d'intimité?

R. C'était une simple connaissance qui s'est raffermie par la suite. Il venait souvent chez moi, j'allais quelquefois chez lui.

D. Saviez-vous alors si Morey appartenait à des sociétés populaires?

R. Je l'ai su en dernier lieu, longtemps après; un an, quinze mois après.

D. Les opinions de Morey étaient donc bien exaltées, car il paraîtrait que vous avez donné à M. Ladvocat des conseils salutaires à sa sûreté; vous lui avez signalé Morey comme étant l'un de ceux qui avaient juré sa perte, et l'avez engagé à se méfier de lui?

R. Morey voyait des hommes qui étaient dans le parti républicain, sans qu'il pût en comprendre les principes, pas plus que moi, bien sûr. Je ne connais que la république de l'ancienne Rome. Celle d'ici, en 1789, a été funeste à la France. Ce n'est pas la république qui lui convient. Je la repousse de toute mon âme. J'entendais dire bien des choses à Morey sans qu'il sût bien au juste ce qu'il disait. J'étais vraiment l'homme dévoué à M. Ladvocat, sans me dire son ami, ma position sociale ne me permettait pas de me mettre de pair avec lui. Mais en particulier je voyais cet homme toujours la main ouverte pour rendre service et faire plaisir. Moi, MM. les pairs, il me faut un maître, voilà mon caractère : cependant, le mot de maître me déplaît. Enfin il me faut un homme duquel je puisse dire : c'est un ami entre quatre-z-yeux; alors voilà pourquoi j'avais exposé ma vie pour celle de M. Ladvocat. Je vois même qu'il a gardé le silence sur des choses qui prouvent que, s'il vit encore, il me le doit. Je suis satisfait au moins dans ce triste moment de lui avoir sauvé la vie.

D. Combien de temps êtes-vous resté ainsi caché chez Morey?

R. Deux mois.

D. Ne preniez-vous pas à cette époque les noms d'Alexis et de Bescher?

R. Non, Monsieur, il savait bien que j'étais Fieschi. Les ouvriers, les gens du quartier me connaissaient. Il était inutile de dire que j'étais Bescher, puisqu'on me connaissait pour Fieschi.

D. Pour quel motif aviez-vous choisi ces noms de préférence à tout autre? Connaissiez-vous le nommé Bescher? Vous étiez-vous rencontré avec lui chez Morey? Saviez-vous qu'il était de la Société des Droits de l'Homme, et qu'il avait été inculpé dans le procès d'avril?

R. Non, j'avais entendu seulement dire chez Morey qu'il avait été arrêté en juin et avril, qu'il faisait partie des sociétés; mais je ne me suis jamais mêlé, moi, à ces sociétés pour conspirer; car, moi, je n'ai besoin de personne pour conspirer.

Fieschi raconte ensuite sa détresse quand il est entré chez Morey; son entrée chez le fabricant de papiers peints sous le nom de Bescher, avec un livret procuré par Morey. « J'en étais à regarder tous les hommes dans la crainte qu'ils ne me reconnussent. J'étais réduit à la chemise; car cette malheureuse femme, dont j'aurai à parler, avait donné mes chemises à d'autres. »

Il ignore si Bescher a eu part à la remise du livret. Le travail manquant à la fabrique, il la quitta, mais, espérant y rentrer, il y laissa le livret et quelques effets. C'est alors que Morey mit Pepin au courant du projet de machine.

D. Morey n'exprimait-il pas le regret d'avoir trop peu d'argent pour réaliser un autre projet auquel il avait d'abord songé et qu'il vous a révélé?

R. Ah! oui, il me l'a dit, le projet; mais je lui ai dit que c'était une *hyperbole*, une chose tout à fait impossible. Il dit qu'il fallait se rendre dans une maison voisine de la Chambre des députés; qu'il fallait ensuite louer la maison la plus près, la plus voisine, la miner par dessous et, au moment de l'ouverture des Chambres, quand le roi et les princes y seraient, la faire sauter en l'air par une mine. Je dis que la chose n'était pas possible, qu'il faudrait pour cela bien des choses : lever d'abord le plan en dehors, puis aller ensuite jusque dessous la Chambre. Il prétendait, lui, que c'était chose bien facile; moi je ne voyais plus de connaissances que lui; et puis il manquait du premier moyen, du meilleur pour réussir, il manquait d'argent; et quand on n'a pas d'argent, on ne va pas vite en affaires.

D. Morey ne se vantait-il pas souvent de son talent pour tirer un coup de fusil? Ne vous a-t-il pas dit que si le roi se trouvait au bout de son fusil, il ne le manquerait pas?

R. Je conçois qu'il en fût bien capable, car c'est l'homme le plus adroit des environs.

D. Vous n'avez répondu qu'à une partie de ma question; a-t-il dit positivement que si le roi était au bout de son fusil il ne le manquerait pas?

R. Oui, Monsieur.

Fieschi déclare que, dès le premier jour de leur connaissance, Pepin sut son véritable nom; d'ailleurs, il connaissait Bescher. Quelques jours après la première entrevue, Pepin lui demanda un modèle en bois de la machine, et, sur le vu de ce modèle, demanda un devis des dépenses nécessaires pour l'exécution. « La question fut traitée en présence de nous trois. Alors, *avec mon sang-froid ordinaire*, je pris la plume et je fis le calcul. Je dis que ça pouvait monter tout au plus à 500 francs, en comprenant tout le loyer, les autres dépenses, le mobilier pour moi, c'est-à-dire un mauvais grabat pour reposer, etc. Pepin répondit : Pour 500 francs, nous n'arrêterons pas notre affaire. Ils combinèrent de partager les frais. Quant à moi, je ne voulais pas entrer dans ce compte, car je n'avais pas cent sous à mon service. »

Le jour de l'attentat fut fixé, d'abord, au 1er mai, jour de la fête du roi; on chercha un logement favorable; ce fut Fieschi qui le trouva. Morey alla voir ce logement, l'approuva et donna des arrhes. Le logement fut loué sous le nom de Gérard. « Je fus mon prêtre, dit Fieschi; je me baptisai moi-même. » Cette saillie provoque une légère hilarité, dont l'accusé paraît tout heureux et tout fier.

Comme le prétendu Gérard n'avait pas beaucoup de meubles on paya d'avance un demi-terme du loyer, soit 37 fr. 50 c.; le prix total était de 350 fr., plus le sou pour livre.

Dans l'intervalle qui s'écoula entre sa sortie de chez Morey et son entrée dans le logement, Fieschi coucha tantôt chez Renaudin, neveu de Morey, tantôt chez Pepin. De cette époque, date une plus grande intimité entre Pepin et Fieschi. Ce dernier prenait à crédit chez l'épicier de menues fournitures, du sucre, *des bêtises*; en tout pour une vingtaine de francs. Fieschi insiste pour qu'on ne se figure pas qu'il exploitait ses complices.

« Je travaillais, je gagnais ma vie, bien que je fusse sur le point de commettre un pareil attentat. Je passerai aux yeux du monde pour un grand criminel et non pour un assassin; ce titre d'assassin ne m'est pas dû. L'assassin est celui qui tue pour avoir de l'argent; je suis, moi, un grand criminel, un grand coupable. Je me dis, je ne reçois rien de personne; on ne dira toujours pas que je suis un sicaire. Je prenais chez Pepin des marchandises, mais je les payais : c'était du sucre, des bêtises. En résultat, je pris chez lui pour une vingtaine de francs, compris cent sous qu'il me prêta. »

Fieschi déclare que Pepin était en relations avec les sociétés secrètes et avec des hommes connus pour leur fanatisme républicain. Pepin connaissait particulièrement Cavaignac et Guinard, alors détenus à Sainte-Pélagie, et allait les y visiter. Il parlait toujours d'émeutes, de révolutions : « Mais il ne me dit pas qu'il ait jamais été aux barricades, car il craint même d'allumer la poudre. » Pepin recevait *le Réformateur*; il en faisait lire à Fieschi les passages les plus violents. Il lui disait : « Il y a tant d'hommes qui se font condamner à perpétuité pour un billet de mille francs, et on ne trouvera pas un homme qui tirera un coup de fusil à Louis-Philippe et nous débarrassera d'un pareil monstre. » Pepin perdit un procès devant le tribunal de commerce. « Voyez, dit-il, ces brigands-là m'ont fait perdre mon procès; ils finiront par me ruiner. Ne viendra-t-il pas une révolution pour détruire cette canaille? » Il parla d'un général qui lui aurait dit : « N'y aura-t-il pas un N.. de D... qui nous débarrassera de Louis-Philippe ? »

Fieschi raconte encore que, vers la fin du mois de mars, il assista chez Pepin à un dîner auquel assistaient Morey, Recurt, accusé d'avril, alors dans une maison de santé, un avocat, un député, président d'un tribunal en Bretagne. Recurt parla, presque tout le temps, du procès d'avril; Morey parla chasse avec le président. Le dîner finit par ces mots : Si une maladie venait à enlever le roi, que ferions-nous? Le député répondit : Le roi est mort, vive le roi! Mais, dit Pepin, si tous les princes passaient? Le député répondit : *Laissons bouillir le mouton.* Ces mots furent prononcés lorsqu'on était prêt à quitter la table.

Vers le milieu du mois d'avril, Pepin dit à Fieschi qu'il attendait le prince de Rohan. Fieschi était présent lorsque le prince arriva. « Je sortis, dit-il, du comptoir de Pepin et je montai à sa chambre; ils causèrent ensemble; Pepin monta un instant et me dit que le prince habitait la Suisse. J'avais un ami en Suisse, c'était le comte Gustave de Damas. Malgré que j'avais ce projet, j'aurais voulu trouver un moyen de m'en aller avant de commettre un pareil attentat, n'ayant pas surtout de haine contre le roi. Je demandai à Pepin si le prince voudrait se charger d'une lettre pour M. de Damas. Pepin me dit : Faites toujours la lettre. Je fis la lettre, et, comme je ne sais pas écrire en français, Pepin me la corrigea. Je racontais au comte de Damas que j'étais poursuivi et que je serais peut-être réduit à aller le joindre. Pepin, avant de proposer ma lettre, demanda au prince de

Rohan s'il connaissait le général de Damas. Le prince lui répondit : Je le connais, mais nous ne nous voyons pas, parce qu'il s'est mêlé de faire de la biographie, et qu'il a été assez adroit de fouiller dans toutes les familles. Il est cousin de Louis-Philippe et était son ami ; mais quand il l'a vu aspirer au trône, il n'a plus été que son cousin, il n'a plus été son ami. »

Pepin prêtait à Fieschi quelques livres, une brochure sur les affaires de juin, une *Jérusalem délivrée*, les œuvres de Saint-Just. Fieschi reconnaît, comme lui ayant été prêté, un volume du *Traité des Devoirs* de Cicéron, saisi chez Pepin.

L'accusé donne quelques détails sur l'intérieur de Pepin. « Je suis observateur, dit-il, et quoique je n'aie que quarante ans pour l'âge, j'en ai peut-être soixante pour l'expérience. J'ai vu venir chez Pepin des hommes auxquels il faisait la bouche gracieuse, qu'il appelait mon brave, mon brave citoyen ; une fois qu'ils avaient tourné le dos, ce n'était pas cela. Quand j'ai vu ces manières, j'ai été fâché d'avoir engagé ma parole ; car ma parole une fois lâchée, rien ne m'y ferait manquer. »

Une chose qui paraît gêner Fieschi, c'est qu'il a mangé à la table de Pepin et de Morey. « D'est, dit-il, une dette de cœur que j'ai contractée envers eux ; je suis obligé de le dire. Pepin, sans savoir ma position, me disait : *Mon brave* (sans savoir si j'étais brave), il faut manger la soupe avec moi. Il aurait mieux valu que je fusse lâche que brave.

L'attentat ayant été fixé au 1er mai, on s'occupa, dans le courant du mois d'avril, des préparatifs indispensables, notamment de l'achat du bois nécessaire à la confection de la machine. On sut bientôt que la revue n'aurait pas lieu au 1er mai, et on s'ajourna à juillet. Pepin disait : Quant aux fusils, je sais où les prendre. C'était par l'intermédiaire de Cavaignac qu'il devait les avoir. « Il me dit qu'il avait écrit à Cavaignac, et qu'il fallait qu'il lui rendît raison. » Mon opinion a toujours été que Pepin avait communiqué à Cavaignac et aux autres accusés d'avril qu'un pareil attentat devait avoir lieu... Cavaignac préféra garder les fusils pour lui-même. Alors je dis à Pepin : Si Cavaignac ne vous donne pas les fusils, nous nous servirons de canons de fusils... Pepin me dit encore qu'il avait écrit à Cavaignac, et comme je lui demandais comment il avait osé écrire une lettre pareille, il me dit : « Je lui ai demandé 25 francs, et il sait ce que cela veut dire. »

C'est avec Pepin que fut fait l'achat du bois au quai de la Rapée. Pepin donna 15 francs ; ce bois fut déposé pendant plus d'un mois dans la maison de Lesage, où Fieschi travaillait alors. Plus tard, Pepin paya la façon.

Ce qui ralentit les relations entre Pepin et Fieschi, ce ne fut pas seulement l'ajournement de la revue, ce fut, dit Fieschi, « ce que je voyais de la conduite de Pepin. Je ne suis pas un homme d'argent, et quoique je ne sois pas difficile ni gourmand de bons mets, je ne voyais pas sans peine qu'il ne m'offrît qu'un morceau de pain à sa table. Ensuite, je le voyais toujours se plaindre de ses prétendus sacrifices, se plaindre même de ses amis ; je me suis alors dérobé à ses relations. Je devais aller en Pologne avec un de mes amis ; je n'en eus pas les moyens. Je ne fus pas content non plus de la traînée de poudre. Cependant, je crus devoir être esclave de la parole que je lui avais donnée. »

(*Audience du 31 janvier*). On demande à Fieschi des renseignements sur les trois femmes qui le visitaient au boulevard du Temple.

R. Il n'y en avait qu'une qui était ma bonne amie ; les deux autres étaient arrivées depuis quelque temps de Lyon. L'une était la connaissance du frère de la petite Nina ; elle avait apporté une lettre à celle-ci ; son frère la chargeait de procurer une place à cette jeune fille. Je me suis occupé de lui chercher un emploi. Elle est venue deux ou trois fois chez moi, mais non pas à titre de maîtresse. Je lui fus utile ; je lui procurai un logement, et je lui prêtai cent sous, quoique je n'eusse pas beaucoup d'argent.

La seconde était la maîtresse d'un de mes intimes amis, qui me l'avait recommandée à son lit de mort ; je la retirai chez moi, elle partagea mon logement, *mais je la respectai, pour moi elle fut toujours un homme : je pouvais dire à mon ami : Tu m'as confié un dépôt sacré, ma raison fut plus forte que mes passions.*

Je m'occupai aussi de placer cette jeune fille chez une lingère, où elle gagnait sa vie. Quant à Nina, elle était ma maîtresse, c'était une enfant que j'avais élevée et *à qui j'avais donné mes principes, quoique moi-même j'aie besoin d'en recevoir.*

Voilà tout ce que je puis dire relativement à ces trois femmes. Je n'avais qu'une maîtresse : avec une femme on en a moitié trop.

D. Ne parliez-vous pas souvent devant ces femmes de vos opinions politiques ?

R. Comment voulez-vous qu'on cause de politique avec des femmes ? *Elles n'y entendent rien.*

D. Vous venez de dire que votre intimité était beaucoup plus grande avec une de ces personnes. Cette intimité ne vous avait-elle pas mis dans le cas de lui révéler vos projets ?

R. Non, Monsieur.

D. La fille Lassave ne connaissait-elle pas au moins vos rapports avec Pepin ?

R. Elle savait que je connaissais Pepin particulièrement ; je lui disais que Pepin était un de mes amis, que j'avais chez lui un crédit ouvert pour de petites bêtises. Je prenais chez lui ce *que* j'avais besoin, en le payant tôt ou tard.

D. Ne lui avez-vous pas dit, dès le mois d'avril, à une époque où déjà, sans doute, vous étiez préoccupé de l'attentat dont l'exécution avait été fixée au 1er mai ; que s'il vous arrivait malheur, *l'épicier Pepin, votre ami intime*, aurait soin d'elle et ne la laisserait manquer de rien ?

R. Oui, non-seulement dans la crainte que l'attentat fût ma perte, comme il l'a été, mais surtout parce que j'avais envie de m'en aller au lointain. N'ayant pas le moyen d'emmener Nina avec moi, je lui disais : « Si un malheur m'arrive, je t'ai recommandée à Pepin et à Morey, deux de mes intimes amis, vas-y, tu y seras bien reçue. J'étais convenu avec Pepin et Morey qu'ils lui remettraient cent sous chacun, cela lui faisait 10 francs par mois.

Nina me disait : Pourquoi veux-tu quitter Paris ? Je lui répondais : J'ai la crainte d'être arrêté ; tu sais bien que la police est partout ; je suis sous un mandat d'amener. Je le croyais ; car si j'avais su être en non-lieu, j'aurais tourné le dos à Pepin et à Morey sans leur dire adieu. Ce fut après le malheureux attentat que Nina se présenta auprès d'eux.

Cependant Fieschi ajoute que Pepin ne connaissait pas Nina. Quant à Morey, il avait promis d'en avoir soin et il avait ajouté que, si Fieschi était malade ou arrêté au moment décisif, comme lui Morey, ne pourrait descendre par la fenêtre, il ferait partir la machine et resterait là, content d'avoir exécuté le projet.

Interrogé si Boireau savait qu'il prenait un faux

nom : — « Je ne suis pas venu au monde avec une chemise, je suis venu tout nu ; j'avais dit à Boireau de me demander sous le nom de Gérard. »

Interrogé si ce n'est pas Boireau qui est monté chez lui le 27 juillet au soir, Fieschi répond d'abord que Boireau n'est jamais monté chez lui ; puis, il se reprend. — « J'ai besoin, dit-il, de dire le vrai : Boireau est monté une fois jusqu'à ma porte ; il a frappé. Je suis devant cette cour honorable pour dire la vérité ; il est venu jusqu'à ma porte ; quand j'ai vu que c'était Boireau, j'ai dit : on n'entre pas. — Pourquoi ? — Parce que je ne veux pas. Je me défiais de lui. Ma machine était en morceaux, il aurait été curieux de savoir ce que je faisais ; et je ne voulais pas le lui dire, parce que je le regardais comme un enfant. »

L'accusé déclare que Boireau était ouvertement républicain, très-animé contre le roi, qu'il avait même parlé un jour de tuer le roi. « Mais, ce jour-là, il venait de quitter sa maîtresse, et *sa maîtresse à lui, c'est la bouteille*. Boireau ne connaissait pas Morey, mais bien Pepin ; mais j'ignore si auparavant il le connaissait dans les sociétés. Comme chacun d'eux était *un renard pour la malice*, ils se connaissaient peut-être sans que je le susse. »

Le président cherche à obtenir un aveu sur la source des dépenses que Fieschi a pu faire, à partir du moment où il n'a plus travaillé chez Lesage. Il a pu recevoir et nourrir pendant un mois la fille Bocquin, donner à dîner aux trois femmes, leur prêter de l'argent, dire à Nina de ne pas s'inquiéter, que ses amis y pourvoiraient ; il a pu s'habiller plus convenablement. Ces sommes étaient-elles le prix de l'engagement criminel contracté avec Pepin et Morey ?

Fieschi répond que s'il avait quelques sous et des habits, c'est que M. Gerrève, médecin, lui avait donné 200 francs sur un plan relatif à l'itinéraire des omnibus, et lui avait fait faire des habits. « Lorsque les femmes me voyaient de l'argent, je n'allais pas leur dire, *moi qui suis discret ou dissimulé*, d'où venait cet argent ; un homme doit être réservé, surtout avec les femmes. » Il n'a jamais demandé d'argent à ses deux complices, qui lui en ont donné spontanément : Pepin, une dizaine de francs, le jour de la traînée de poudre « où j'ai connu l'héroïsme de Pepin ; » Morey, une quinzaine de francs : « Ce sont des choses que je n'enregistrai pas. »

« Mais, demande le président, il y avait eu des engagements pris, et ils avaient dû être bien forts, puisque Fieschi avait considéré son honneur comme engagé à les tenir. »

Fieschi répond que l'engagement a été pris par tous les trois ensemble, sans détour : — « Moi, je ne parle pas beaucoup, je ne suis pas à même de faire de la propagande. Je ne connais pas la langue française, je prie la cour d'être indulgente. En parlant là la cour, *je parle à l'univers entier*. Que chacun prenne exemple sur moi. Puisque c'est décidé ainsi, je promets que je tiendrai parole. Je tins parole en effet, parce que malheureusement *l'amour-propre est un de mes plus grands défauts*. Au reste, il n'y eut pas de serment prêté. »

L'interrogatoire revient sur les canons de fusil que Pepin devait se procurer. — Fit-il de nouvelles démarches aux approches du mois de juillet ?

R. Dans le commencement de juillet, il écrivit à Cavaignac pour savoir si l'on pouvait avoir des fusils ou non. Je dis à Pepin : Il faudra demander s'il est possible d'avoir des carabines courtes pour que je puisse les rentrer plus facilement chez moi. Pepin me dit qu'il avait écrit une lettre et demandé 20 ou 25 francs, que Cavaignac savait ce que cela voulait dire, mais qu'il n'avait point eu de réponse. Comme j'avais dit que des canons pouvaient faire le même effet, il ne s'en inquiéta pas.

Fieschi s'étant plaint de ne pas avoir ses fusils, Pepin répondit avec impatience : — Soyez tranquille, ce sera plutôt vous qui manquerez ! mais les fusils ne manqueront pas. Pepin disait connaître Cavaignac comme un des chefs des sections politiques, et il ajoutait que Cavaignac lui devait 500 francs, dont il lui avait fait son billet. L'opinion intime de Fieschi est que l'évasion de Sainte-Pélagie avait un rapport secret avec l'attentat, et que Cavaignac, Guinard et d'autres prévenus pouvaient être informés qu'il devait se passer quelque chose de grave le jour de la revue. Un jour, Pepin aurait montré à Fieschi un jeune homme, fils de député, ancien détenu politique, qui aurait donné à Cavaignac, pour acheter des fusils, 600 francs envoyés par son père, un *juste-milieu*. Fieschi explique longuement que, les évadés de Sainte-Pélagie étant tous restés à Paris, ils devaient avoir leurs raisons pour cela. Pepin s'est caché de lui quand, au commencement de juillet, il est parti pour la campagne ; mais Fieschi croit savoir que « il a parcouru les villes pour engager à préparer les armes. Tous les départements de la France, et jusqu'au Piémont, savaient ce qui devait arriver ; tous les journaux ont fait mention de cette affaire....

« Il me reste encore quelque chose à dire. Vous m'avez parlé que j'avais beaucoup d'argent lorsque j'ai quitté de chez Lesage. Cela me tient sur le cœur, parce que je ne me vends jamais pour de l'argent. Lorsque je fus nommé membre de la Légion d'honneur, c'était l'honneur gagné sur le champ de bataille ; mais ce que j'ai fait n'est pas de l'honneur, on dira toujours, peut-être en mille ans, que je suis un grand assassin. »

Et Fieschi insiste sur ce fait qu'il avait 7 francs, 7 sous et 5 liards quand il a été arrêté ; qu'il devait 47 sous à sa blanchisseuse et 34 sous à son marchand de charbon. « Vous voyez comme j'étais homme d'argent. Je tiens à me justifier. Pour le reste, arrive que pourra. »

Il raconte ensuite l'achat des canons. Morey donna 20 francs pour les arrhes. Si Fieschi a fait porter sur la facture les canons de 6 francs à 7 francs 50 cent., c'est parce qu'il ne pouvait compter les voitures qu'il prenait et les autres frais. C'est avec Morey qu'il acheta la malle dans laquelle les canons devaient être transportés. On lui a donné, par dessus le marché, un pistolet de cuivre, dont il a fait présent à Boireau : ce dernier lui avait dit : « Je n'ai pas d'armes ; s'il arrive quelque chose, on devrait me faire cadeau de celle-là. » Mais il n'y a aucune confidence faite par Fieschi à Boireau. C'est bien avec Boireau que l'accusé a fait commande d'une barre de fer, rue du Faubourg Saint-Antoine ; mais Boireau ne savait pas à quel usage cette barre devait être employée. « Il était là, Boireau ; il faisait le parleur, le faiseur d'embarras. Je lui dis : Tu ne connais rien de ce que je veux. Mais il parlait toujours, et je ne pouvais l'empêcher de parler. Il se mêle de tout ; il est comme ça. »

Des doutes s'étant élevés sur la façon d'établir la traînée de poudre destinée à mettre le feu à la machine, une expérience fut résolue entre les trois complices. On déjeuna chez Pepin et on se donna rendez-vous au cimetière du Père-Lachaise. Pepin, *qui jouait au plus fin*, s'y rendit un peu après les deux autres. « Nous entrâmes, raconte Fieschi, dans le cimetière du Père-Lachaise. Je ne sais pas lequel de Pepin ou de Morey dit : Nous pouvons bien faire l'expérience dans le cimetière. Je dis : Oui, très-bien ! et si un amant fait la cour dans un bois près de là, il nous verra ; allons dans les vignes, on ne craint rien. En effet, nous sortîmes, et nous montâmes dans les vignes. J'avais un mètre sur moi de la longueur de cette machine.... de cette machine infernale (Fieschi élève la voix.) Oui, on peut bien dire infernale. Morey, avec sa corne de poudre (les tireurs lui donnent le nom de poire), mit de la poudre sur le mètre. Pepin tira un briquet phosphorique qu'il avait apporté avec lui, alluma une allumette et s'approcha pour mettre le feu. Il paraît que la fumée de la poudre fait peur à M. Pepin : il tremblait en s'approchant. Je dis en plaisantant, mais du fond de mon cœur : J'ai oublié d'apporter une perche avec un tison au bout. Je pris une seconde allumette, je l'allumai et je m'approchai indifféremment. Je mis le feu au milieu, et ils virent de suite tous les deux le bon effet que ça pouvait avoir. Ils dirent : ça va bien : et certes, aucun procédé n'est plus vif et plus expéditif que celui-là. »

A la suite de cette expérience, on alla manger chez un restaurateur de la barrière de Montreuil. Là, Morey dit à Fieschi : — Vous ne devez pas avoir d'argent, et lui remit douze francs.

Quelques jours après, on prit un autre rendez-vous pour arrêter définitivement le compte des dépenses à faire. Le 24 juillet, on se donna rendez-vous près du pont d'Austerlitz. Pepin vint encore seul et le dernier. Fieschi raconte cette entrevue : — « Nous nous dirigeâmes séparément. »

Morey avait donné 20 francs pour les arrhes du marché des canons et Pepin lui devait 25 francs pour un harnais. On régla tout cela et, le lendemain, Morey remit à Fieschi, de la part de Pepin, 487 francs 50 centimes qui servirent à payer les canons de fusil.

Fieschi a peine à reconnaître, sur une feuille qu'on lui présente, diverses sommes inscrites comme représentant le détail des sommes reçues par lui pour son loyer, ses dépenses personnelles et celles relatives à la confection de la machine. Mais il pense que ces sommes ont dû être portées sur le livre de Pepin, et les premières sous la désignation du *Barbouilleur*, parce que, la première fois que Mme Pepin vit Fieschi, il était « sale comme un pâtissier, et taché de couleur. »

On retrouve, en effet, à la date du 6 mai, sur les livres de Pepin, la note suivante, que Fieschi reconnaît comme lui étant applicable :

Le barbouilleur, ami de M. Morey doit :
Une fois, une livre trois onces de fromage. . . 95 c.
2e fois, 45 onces. 75
3e fois, 2 livres macaroni, 4 onces de fromage. 55
En tout, 2 fr. 25 c. »

Puis, à d'autres dates, sous l'indication du *peintre en papiers*, divers fournitures consistant en riz, vermicelle, fromage, sucre, eau-de-vie, figues, café, le tout formant un total de 14 fr. 95 c.

Sur la dernière feuille d'un de ces livres, on lit distinctement ces mots raturés : *Bescher* 150 *fr.*, et au dessus, également raturé : *Plus, pour bois et loyer*, 68 *fr.* 50 *c.* Fieschi reconnaît ces diverses notes comme le concernant.

Interrogé sur la fille Lassave, Fieschi répond que, le 26 juillet, elle est venue le voir ; qu'elle a vu la machine montée, à l'exception des canons et qu'il lui a dit que c'était un métier pour faire du cordon. « J'ajoutai que ce n'était pas là une affaire de femme et elle ne dit plus rien. » Fieschi était alors soucieux, abattu. « Mes forces physiques et morales étaient épuisées, sachant le mal que j'allais faire. Mon crime a été plus fort que ma raison. Je n'étais pas joyeux, bien sûr. Je suis d'un caractère sombre, c'est-à-dire que je n'étais pas toujours maussade. Ce jour-là je n'étais pas en joie. En me regardant on pouvait bien voir que je n'étais pas à mon affaire. »

Il chercha à la détourner de venir à Paris pendant les fêtes, lui disant qu'il pourrait y avoir des troubles. Comme elle insistait, il lui dit : « Je crains d'être arrêté ; laisse-moi tranquille. » Elle ne dit plus rien, « car c'est un agneau. » Le lendemain 25 elle vint, malgré la défense, demander Fieschi chez la portière. On lui répondit qu'il était avec son oncle, un vieux monsieur, qui avait défendu qu'on laissât monter personne. Cet oncle, c'était Morey : ils étaient occupés tous deux à arranger la machine. Nina se retira ; et, quelques instants après, elle vit sur le boulevard Fieschi et Morey attablés sous la tente d'un café et buvant de la bière. Fieschi l'aperçut : « Je me dis : Pauvre femme, mon crime va te laisser orpheline ; je ne pus m'empêcher d'aller à elle, et je lui dis : Va m'attendre chez Annette. Elle s'en alla, elle n'était pas contente. »

Fieschi alla la retrouver, mais il y resta peu : il était sombre, impatient ; sa figure était encore plus altérée que la veille. « Quel est le gredin, dit-il, l'homme dans ma position, position bien triste, sachant ce que j'avais à faire le lendemain, qui n'eût pas été ainsi ? »

Ici, l'interrogatoire se porte vers les faits concernant Boireau. Trois des canons de fusil ayant été achetés sans lumière, il fallut les forer, et Boireau prêta le foret. Deux canons furent percés, le troisième émoussa le foret. Fieschi soutient que Boireau ignorait l'usage auquel on destinait cet instrument.

—Cependant, fait observer le président, il résulterait de plusieurs dépositions que le lundi 27 juillet, à huit heures environ du matin, Boireau serait sorti de chez son maître avec un foret en disant qu'il allait percer des trous à l'hôtel d'Espagne, rue de Richelieu. Plus tard, ce motif de sortie allégué par Boireau a été reconnu mensonger. Ne peut-on pas, dès lors, supposer qu'au lieu d'aller rue de Richelieu, Boireau, plus exercé que vous à manier un foret, aurait lui-même percé deux de ces canons, et que son foret se serait émoussé dans ses mains, en essayant de percer le troisième?

R. Ce n'est pas lui : c'est moi-même ; je ne suis pas si maladroit que je ne sache percer un canon.

D. Cependant je suis obligé d'insister sur cette observation, parce qu'il résulte de la déposition d'un témoin que, sur l'observation faite à Boireau par l'un de ses camarades qu'il n'était pas resté longtemps dehors, il aurait répondu qu'il avait pris un cabriolet. Or, Boireau n'aurait certainement pas pris un cabriolet pour aller de la rue Neuve-des-Petits-Champs, où demeure le sieur Verven, rue de Richelieu, à l'hôtel d'Espagne.

R. Je serais bien coupable de dire que Boireau était au courant de cette affaire. Je regarderais cela comme un crime plus grand peut-être que celui par lequel quarante personnes ont été tuées ou blessées.

C'est le 27, vers cinq heures du soir, que Morey apporta la poudre et les balles. Les canons furent chargés, la plus grande partie par Morey. L'opération du montage et de la charge dura jusques un peu après neuf heures, et Morey redescendit, ayant soin de mettre un mouchoir devant sa bouche, comme s'il avait envie de se moucher. Il ôtait son ruban de la décoration de Juillet, et présentait le dos autant que possible. Cela fait qu'on a pu ne pas le reconnaître.

On arrive à la promenade à cheval. Quand Boireau rapporta à Fieschi qu'il avait remplacé Pepin, il ajouta : Tu vois bien que je suis au courant de ton affaire. Tu ne me l'avais pas dit ; me croyais-tu donc capable de te vendre à la police? J'eus alors les bras coupés. Comment, dis-je, Pepin t'a confié une affaire aussi grave? Il me fit des protestations ; mais j'étais fort embarrassé. Je restai avec Boireau jusqu'à onze heures.

D. Ainsi, c'est de cette époque seulement que vous datez la complicité de Boireau?

R. Oui, Monsieur ; il ne savait rien de ma part. Il paraît que Pepin lui avait confié l'affaire auparavant.

Ce jour-là 27, à onze heures du soir, après avoir reconduit Boireau jusqu'à la rue Saint-Martin, Fieschi rentra chez lui et n'y trouva pas « un sommeil bien paisible. » Le lendemain, de grand matin, il alla chez un Corse, Sorba, et lui demanda de lui servir de second dans un duel.

D. Quel motif aviez-vous de faire cette proposition à Sorba, dans un moment où il ne semblait pas naturel que vous fussiez disposé à avoir une affaire de cette sorte sur les bras?

R. Un homme, dans la position où je me trouvais, que la cour me pardonne l'expression, s'accroche à un chien. Si Sorba eût été un homme de nature à *m'en imposer*, un homme qui pût m'inspirer de la confiance, je lui aurais dit que j'étais dans une triste position. Mais je ne voyais là qu'un jeune homme qui ne méritait pas ma confiance. J'allai chez Sorba pour trouver une distraction ; je le regardai en face, disant en moi-même : Tu es trop jeune homme. Si j'avais eu seulement de quoi m'en aller, j'aurais abandonné tout le mobilier. Si Janod était arrivé, j'aurais remboursé Morey et Pepin ; je leur aurais dit : Cessez de conspirer contre l'État... vous n'en n'êtes pas dignes. Sorba ne m'inspira pas assez de confiance ; il me fallait un prétexte pour justifier ma démarche ; je lui parlai de ce prétendu duel. Sorba me dit : Vous savez que vous avez la main malheureuse. Il but un canon et moi un sou de cassis chez le marchand de vin du coin de la rue Charlot.

D. Avez-vous revu Boireau le 28 juillet dans la matinée?

R. Oui, Monsieur.

D. Dans quel endroit et à quelle heure l'avez-vous vu?

R. Entre neuf et dix heures, sur les boulevards.

D. Était-il seul ou en compagnie?

R. Il était accompagné de quelques personnes que je ne connaissais pas. Il quitta sa société et me dit : Nous sommes tous prêts ; toi, va à ton affaire, je serons à notre poste. Je m'en fus chez moi ; je devais 5 francs à M. Trévaux ; j'allai le payer ; s'il m'arrive malheur, me dis-je, je ne veux pas qu'il perde ses 5 francs.

Le 28 juillet au matin, sur les neuf heures et demi, Fieschi vit une dernière fois Morey, dans la rue Basse-du-Rempart. Après l'événement, on devait gagner la barrière de Montreuil. Morey disait : — « Lorsque notre affaire sera faite, que tout sera *démoli*, nous nous enfuirons : alors nous mettrons à bas les télégraphes, nous mettrons le feu aux granges de la banlieue ; les gardes nationaux de la banlieue viendront pour donner du secours à leurs maisons, à leurs familles, et nous mettrons tout en déroute. »

Fieschi aurait voulu, après le coup, passer à l'étranger, « parce que j'étais indigné, voyant que moi, Fieschi, j'étais si avancé avec des particuliers qui voulaient me faire tirer les marrons du feu. »

Fieschi ajoute, avec une animation toujours croissante, et comme s'enivrant de sa propre parole : « Il faut aussi, dans cette affaire, que chacun ait sa part. Je me plaindrais aussi bien du gouvernement que je me plains de mes complices, comme aussi je leur rendrais justice s'ils le méritaient. Nous nous renfermions entre nous trois, dans des conversations sur les résultats du projet que nous avions. Morey c'est mon complice ; Pepin aussi, je ne veux pas plus charger l'un que l'autre. Morey disait : Lorsque le gouvernement sera renversé... — Pardon, je voulais parler de Pepin. Pepin me dit, en me mettant la main sur l'épaule : Mon brave, vous serez récompensé. Je le regardai avec indignation et lui dis : Moi, ne vous en inquiétez pas. Je n'osais pas faire trop d'observations, parce qu'il était grand auprès de moi qui suis très-petit, car il est propriétaire et industriel, et moi je n'avais pas deux sous pour me faire faire la barbe. Pepin disait de grandes phrases ; je lui répondis : Mais lorsque le roi ne sera plus, lorsque ses enfants ne seront plus, nous aurons la guerre civile dans notre pays. Croyez-vous pouvoir renfermer à Paris le gouvernement dans *une tabatière?* Non ; il y aura des coups de fusil de tirés de tous les côtés. Quant à vos proclamations, ajoutai-je, et à ce qu'on entend promettre au peuple, je ne m'en mêle pas. Je suis soldat ; je me mettrai à la tête de cent ou deux cents hommes ; je *suis toujours été* sans ambition, c'est-à-dire sans ambition de place ; mon ambition a été la gloire. On peut être bon soldat sans être *grand académicien*. Je dirai à ces deux cents hommes : Voici ce que j'ai fait, et ce que peuvent attester tous ceux qui ont servi sous le grand Napoléon. S'il parmi ces cents hommes, il en est un plus capable, je lui céderai le pas ; sans quoi, je m'empare du commandement. Il nous restait en effet à combattre l'étranger du Rhin et les Cosaques, qui sont jaloux de notre patrie. Le Français est le peuple le plus brave, son premier élan est de tout cœur ; il n'a qu'un défaut, et l'on me pardonnera de le dire, c'est qu'il est changeant. Voilà pourquoi tous les peuples sont jaloux des Français, soit pour la civilisation, soit pour l'héroïsme. Morey et Pepin répondirent : Bah !..... Je reviens sur mes pas, je reviens à ma cause ; vous êtes mes juges, vous me condamnerez comme un homme coupable, mais non comme un assassin ; la vertu, l'humanité, sont des lois auxquelles je ne manquerai jamais.

« Après cette conversation, Pepin ne me dit plus rien : Morey me dit : Un instant ! Lorsque nous serons les vainqueurs, que ferons-nous ? Je répliquai : vous vous arrangerez comme vous l'entendrez.

« Morey ajouta : Une fois que le gouvernement sera renversé, il faut que tout le monde soit heureux. Je vous demande, lui dis-je, si la chose est possible ; il y aura toujours des voleurs, des filous, des paresseux, des ivrognes. La nation sera riche, reprit Morey, parce qu'à l'égard de tous les hommes qui ont fait leur fortune après l'Empire, nous examinerons leur fortune ; on leur dira, tu avais 100,000 francs, tu as gagné 100,000 francs encore de plus après l'Empire, garde-les ; mais ceux qui auront amassé un million nous leur laisserons 300,000 francs ; et le reste sera joint aux biens nationaux.

« Morey ne parla plus d'être heureux après cette observation. Son bonheur, à lui, était de tirer des coups de fusil ; c'est un homme très-adroit au tir, beaucoup plus que moi : je ne voudrais pas attendre son coup à cent cinquante pas ; il disait quelquefois : si un tel tombait au bout de mon canon de fusil, je me chargerais de son affaire.

« Revenons à Pepin. Il disait : ceux qui sont de la monarchie déchue ou de la monarchie actuelle doivent tomber les uns comme les autres. Il faut que leurs têtes roulent dans les rues comme les pavés (*Mouvement d'horreur parmi les pairs*). Je répondis : le sang demande du sang ; voyez dans mon pays : lorsqu'un homme en a tué un autre, toute la famille prend sa vengeance. Il en sera de même dans notre patrie, tout sera dans la confusion. »

Morey procura à Fieschi un passe-port sous le nom de Bescher ; mais Fieschi ne l'eut jamais entre les mains. — « Il faut dire la vérité. Lorsque j'ai été chez Morey, j'étais fort malheureux. Si j'avais pu, par mes complaisances, me procurer un passe-port, je me serais éloigné. J'étais dans la dernière misère, plus à plaindre que le chien qui cherche sa nourriture au coin des rues ; un autre à ma place serait devenu fou à rire devant tout le monde, ou bien aurait été méchant à tout bouleverser ; un autre se serait jeté *à la fenêtre*. Moi, pas du tout. Je suis devenu l'assassin de quarante personnes. Malheureusement, la perte d'un homme comme moi ne rendra pas la vie à mes victimes. Le mal est fait, j'ai fait périr un brave maréchal, et vous le savez, vous tous qui avez combattu avec lui. »

L'interrogatoire ramène Fieschi à la question du passe-port, qu'il a perdue de vue dans ses digressions. Le président lui demande si c'est par le fait de

Morey et Nina Lassave à la barrière de Montreuil.

Bescher, ou à son insu, que ce passe-port se serait trouvé dans les mains de Morey.

R. Morey me dit : Après l'événement, nous verrons à vous procurer un passe-port. Morey est bon, Morey est généreux ; il m'aurait donné sa chemise pour me changer. Il me fit trouver un livret et du travail sous le nom de Bescher.

Fieschi déclare encore que c'est Morey qui s'est chargé de faire disparaître les indices qui pouvaient mettre la justice sur les traces des auteurs de l'attentat. La malle déposée par Fieschi chez Nolland contenait dix volumes de Cicéron, trois volumes de la *Police dévoilée*, et un volume de la *Biographie des prêtres* ; plus, 50 francs provenant d'économie et de l'engagement d'une couverture. « Les 50 francs ne se sont plus retrouvés, ni sept volumes. »

Fieschi reconnaît le carnet trouvé chez Morey, dans les fosses d'aisance, et qui était dans la malle. A la suite de quelques noms propres sans adresses, ou de quelques adresses sans noms propres, et de renseignements sur les voitures dites *Omnibus*, on y lit une phrase écrite à demi-mot et qui semble vouloir dire : *Le mois de juillet effrayera la France*, Fieschi répond qu'il ne se rappelle point avoir écrit cela. « Au reste, ce ne serait pas étonnant ; le mois de juillet a dû effrayer la France. »

On lit encore sur ce carnet des notes de dépenses clairement énoncées, et, sur une feuille où figure l'achat du mobilier, un article ainsi conçu : *bua* 13 fr. 25 cent. ; Fieschi pense qu'il a voulu écrire *bois*.

D. D'autres sommes, et notamment celles de 6 fr. et de 12 fr., également inscrites sur ce carnet, ne s'appliquent-elles pas à diverses dépenses parmi lesquelles figurent le prix de la façon du bois de la machine, et le prix de la malle dans laquelle les canons de fusil ont été transportés chez vous?

A côté de ces articles de dépenses, on lit sur votre carnet, au haut d'une page, le mot *reçut*, et au-dessus trois sommes de 249
210
347

réunies par une accolade. Un peu plus bas on lit :
218 50
15
40
20

Et au bas de la page :

$$\begin{array}{r} 218\ 50 \\ 40 \\ 12 \\ \hline 250\ 50 \end{array}$$

R. Je n'ai reçu en tout de Pepin que 525 ou 530 fr.

D. Quelle explication avez-vous à donner sur ces diverses sommes, et notamment sur celle de 218 fr. 50 cent., répétée deux fois sur cette page, et qui est identiquement la même que celle qui figure sur l'un des livres de Pepin, comme ayant été par lui remise à Bescher?

Sur le verso de la feuille on lit :

$$\begin{array}{r} 21.850\quad 18\quad 50\ \text{cent.} \\ 4,750\quad 40 \\ 42\quad 12\qquad\quad 103 \\ 15\quad 15\qquad\quad 100 \\ \hline 202\quad 85\quad 50\qquad 203 \\ 92\ \text{reçu pour compte,} \\ 285\quad 50\ \text{cent.} \end{array}$$

D. On lit les chiffres 21850; il est possible que la virgule ait été oubliée, et que cela signifie 218 fr. 50 cent.

Fieschi pense que la virgule se sera effacée. Enfin, à propos de cette note : Reçu 3190, il s'écrie : —

Le rendez-vous du quai d'Austerlitz.

« En voilà encore une ! ce sont des choses dont moi seul aurait pu donner l'explication, mais qui me sont sorties de la mémoire. » Il persiste à évaluer à 530 fr. au plus ce qu'il a pu recevoir, de mars à la fin de juillet, en vue de l'attentat.

D. Il est difficile d'admettre que, pour un intérêt aussi minime, vous vous soyez décidé à commettre un tel attentat. Si vous n'avez reçu, en effet, que 500 francs, la promesse de sommes beaucoup plus considérables ne vous avait-elle pas été faite, ou bien des espérances d'une autre nature ne vous avaient-elles pas été données? N'avait-il pas été souvent question, entre Pepin, Morey et vous, soit de leurs prétentions personnelles, soit des récompenses auxquelles vous pouviez prétendre en cas de succès ?

N'avait-il pas été également question entre vous des mesures qu'il serait nécessaire de prendre pour tirer parti de l'attentat après qu'il aurait été consommé ?

Vous étiez-vous quelquefois entretenu avec Pepin et Morey des ravages que devait causer votre machine? que vous disaient-ils à ce sujet? Quelque aveugle que fût leur haine contre le roi, n'ont-ils pas au moins montré quelque hésitation à la pensée de commettre tant de crimes dans un seul, d'immoler tant de victimes innocentes, et d'ajouter au deuil de la patrie tant de douleurs privées?

Vous-même, au moment de consommer l'attentat que vous aviez combiné depuis si longtemps, n'avez-vous pas été effrayé de la scélératesse de l'action dont vous alliez vous rendre coupable, et n'avez-vous pas, au moins pendant quelques secondes, reculé devant la responsabilité d'un tel forfait?

Serait-ce un préjugé fatal, une fausse et criminelle honte, et la crainte de manquer à une parole donnée, qui auraient triomphé de cette horreur passagère du crime que vous dites avoir éprouvée?

Les déclarations que vous avez faites dans l'instruction et que vous avez renouvelées aujourd'hui sont bien graves; elles sont telles, que si elles se confirment, elles doivent attirer sur la tête des hommes qui sont placés à côté de vous sur ces bancs l'animadversion de leurs concitoyens et toute la sévérité des lois. Je dois vous demander, encore une fois, si vous persistez dans ces déclarations?

R. Je parle ici pour mon compte; je ne cherche

pas à blanchir mon affaire, c'est impossible ; je suis décidé à boire le calice jusqu'à la lie. J'avais fait des réflexions, mais je ne les ai pas communiquées à mes complices qui, de leur côté, ont gardé le silence sur ce sujet. Souvent je songeais à ma triste position. Je m'expliquerai lorsque la cour m'accordera deux minutes après le débat de mes avocats.

D. Persistez-vous dans toutes vos déclarations?

Fieschi (levant les deux mains et d'un ton solennel.) — Oui, monsieur le président, j'y persiste, et j'en jure sur le tombeau de mon père.

On passe à l'interrogatoire de Morey. Sa voix est si faible qu'un greffier adjoint est chargé de reproduire ses réponses.

Morey avoue avoir fait partie des sociétés secrètes, et notamment de la Société des Droits de l'homme ; il reconnaît les balles saisies à son domicile, et qui lui servaient pour tirer au prix ; il était, dit-il, un tireur ordinaire. Il a connu Fieschi en 1834, par l'intermédiaire d'un voisin, marchand de meubles, et Nina Lassave chez sa mère. Lorsqu'il vit Nina le 29 juillet, il y avait très-longtemps qu'il ne l'avait vue. Il est faux qu'il ait promis de prendre soin d'elle si Fieschi venait à périr.

Fieschi, interrompant : — S'il est nécessaire je prouverai que Morey me connaît depuis 1831.

C'est à 1832 que Morey fait remonter ses premières relations avec Pepin. Il connaissait Bescher, et lui a servi de témoin pour obtenir un livret d'ouvrier relieur ; mais il dit n'avoir pas connu Boireau.

Fieschi se fit connaître à Morey comme condamné politique. « Il disait, ajoute Morey, qu'il était républicain ; je n'ai jamais cherché à cacher que je l'étais, mais un bon républicain vaut bien un autre citoyen. Ce n'est pas à cause de l'opinion qu'il professait que je l'ai reçu. »

Morey prétend n'avoir pas su si Fieschi prenait les noms de Bescher ou d'Alexis. Le projet de faire sauter le roi avec toute la Chambre des députés est traité par lui de pure invention. « Jamais de ma vie je n'ai eu une telle idée ; je vous demande ce que le roi m'a fait à moi, pour avoir une idée pareille. »

Fieschi. — J'affirme ma première déclaration. Lorsqu'il me dit cela, je me rappelle que j'en ris beaucoup, parce que ce projet me paraissait une plaisanterie.

D. Ne disiez-vous pas encore à Fieschi que si le roi se trouvait au bout de votre fusil, vous ne le manqueriez pas?

R. Jamais de ma vie je n'ai eu une pareille idée ni fait une pareille réponse.

Morey mena, en effet, Fieschi chez Pepin, pour lui procurer de l'ouvrage ; mais il ne fut question, ni de complot, ni de machine. Morey nie avoir jamais visité l'appartement du boulevard du temple, ou s'être fait passer pour l'oncle de Fieschi. « Ce dernier était souvent avec un individu qui se disait officier piémontais, à peu près de ma corpulence ; il est possible qu'on l'ait pris pour moi. »

Fieschi. — Je ne connais pas d'officier piémontais, mais deux italiens, Morosini et Conseil, l'un jeune, l'autre très-grand.

Morey sait que Fieschi a couché quelques nuits chez son neveu Renaudin ; « mais comme il a voulu faire dans cette maison comme chez moi, y prendre pied, la femme Renaudin l'a prié de sortir. »

Cette allégation paraît irriter Fieschi, qui dit : — « Demandez-lui si je me suis mal conduit pendant qu'il m'a donné l'hospitalité ; qu'il dise si j'ai volé, si j'ai fait l'insolent.

Morey. — Je n'ai aucune plainte à exprimer sur la conduite de Fieschi pendant le temps qu'il était chez moi ; d'ailleurs, j'étais homme et je n'aurais pas souffert que Fieschi se conduisît mal. Quand j'ai dit que Fieschi avait pris un pied chez moi, j'ai voulu dire qu'il y était resté longtemps, qu'il aurait voulu rester aussi longtemps chez Renaudin. »

Interrogé sur le dîner qui a eu lieu chez Pepin, Morey dit qu'il n'y connaissait personne, qu'on n'a pas parlé politique. Il a peut-être donné une vingtaine de francs à Fieschi, mais pas davantage. Aucune expérience n'a été faite par lui dans les vignes, du côté de la barrière de Montreuil, et de là Morey n'a pas été chez le restaurateur Bertrand. C'est avec Nina, seulement, que Morey a déjeuné à cet endroit. Morey nie également l'entrevue du pont d'Austerlitz ; il avoue bien avoir été, par complaisance, voir une malle dont Fieschi voulait faire l'emplette, mais dont lui Morey ne connaissait pas la destination.

Fieschi. — Morey était présent lorsque je demandai au marchand un commissionnaire. Morey a vu lorsque je dis à ce commissionnaire d'aller à la rue de l'Arbre-Sec, il savait que je logeais au boulevard du Temple. Il n'y a pas moyen de compter du *bagout*. Il peut dire ce qu'il voudra.

Morey. — Je n'ai pas vu de quel côté on a emporté la malle.

M. Martin (du Nord), procureur général. — C'est la première fois que Morey avoue ce fait de la malle ; jusque-là il l'avait constamment nié.

Morey persiste à dire qu'il n'a rien su de l'achat des canons ; qu'il n'a donné à Fieschi ni poudre, ni balles ; qu'il n'a pas été chez Fieschi, le 27 juillet, pour monter la machine ; qu'il n'a pas, ce jour-là, bu de la bière avec lui sous la tente d'un café du côté des théâtres ; qu'il n'a pas, le 28 juillet, été rencontré par Fieschi, rue Basse-du-Temple. Pour justifier l'emploi de son temps ce jour-là, il affirme avoir été à la Maison-Blanche, pour toucher l'argent de fournitures faites. Il a été payé, et a reçu une grande quantité de gros sous.

Il n'a donc pu être rencontré, ni dans la rue Basse, ni au boulevard du Temple, et il n'a pu parler de tout briser et brûler dans la banlieue. « Il faudrait être tout à fait scélérat pour avoir de pareilles pensées. »

Morey avoue cependant avoir demandé à Bescher, pour Fieschi, un passe-port qu'il n'a pas remis à ce dernier. Quant à la malle déposée chez Nolland, Morey prétend n'en avoir eu connaissance que par la fille Lassave. Il reconnaît avoir fait enlever la malle, fait qu'il avait nié jusque-là avec persistance ; mais il dit n'en avoir rien retiré. Si le carnet de Fieschi a été retrouvé dans les latrines de la maison de Morey, c'est que la fille Lassave l'y aura jeté.

Morey avoue le déjeuner avec la fille Lassave chez un restaurateur de la barrière de Montreuil ; mais il nie avoir tenu, pendant ce déjeuner, des propos caractéristiques.

D. Comme la fille Lassave déplorait la mort de tant de victimes innocentes, et en particulier celle du général Mortier qui était si bon, ne lui dites-vous pas que cet illustre guerrier était une canaille comme les autres?

R. Cela est faux. Je n'ai pas ouvert la bouche là-dessus. Je n'avais aucune raison de dire que le maréchal Mortier était une canaille, puisqu'il ne m'avait jamais rien fait.

D. La fille Lassave vous ayant fait observer qu'à son avis les conjurés s'y étaient mal pris pour tuer le roi, ne lui dites-vous pas : « Soyez tranquille, il ne perdra rien pour attendre, et il descendra la garde. »

R. Tout cela est de pure invention ; c'est un tissu de mensonges.

D. N'avez-vous pas ajouté : « Fieschi est un imbécile, il a voulu se mêler de charger trois fusils, et ce sont ceux-là justement qui ont crevé. C'est moi qui avais chargé tous les autres ; j'y avais mis des lingots, et ils étaient bourrés de manière à ne pas manquer leur coup, mais Fieschi a mis le feu trop tard? »

R. Il n'a été nullement question de cela ; je ne sais pas seulement ce qu'on veut dire.

D. N'ajoutâtes-vous pas que Fieschi était seul, qu'il avait voulu être seul au moment où il avait mis le feu, mais que vous aviez passé avec lui une partie de la soirée du 27 ?

R. Tout cela est fausseté.

D. Ne parlâtes-vous pas aussi à la fille Lassave de la recommandation que vous aviez faite à Fieschi de bien charger son pistolet, et de l'engagement qu'il avait pris de se brûler la cervelle s'il était arrêté?

R. Je n'ai pas ouvert la bouche de cela.

D. Ne lui dites-vous pas que Fieschi était un bavard, qu'il avait fait des confidences à Boireau ; qu'il avait eu tort, qu'il ne pouvait imputer qu'à son indiscrétion le non-succès de l'entreprise : que malheureusement l'affaire n'avait pas réussi, qu'autrement la fille Lassave serait devenue bien riche, qu'elle aurait au moins 20,000 francs, puisqu'on aurait fait pour Fieschi une souscription qui aurait été bientôt remplie.

R. Tout cela est faux.

Du reste, si Morey a donné de l'argent à la fille Lassave, c'est qu'il a eu pitié de sa position. Quant aux balles jetées au coin d'un mur, si on les y a trouvées, c'est que Nina les a jetées elle-même ; ces balles sont d'un calibre plus fort que les moules saisis chez Morey, et s'il avait eu intérêt à s'en débarrasser, il n'aurait pas été les porter à la barrière.

La troisième audience s'ouvre par l'interrogatoire de l'accusé Pepin.

Pepin reconnaît avoir fait partie de plusieurs sociétés secrètes, et avoir visité plusieurs fois Cavaignac à Sainte-Pélagie. Il n'était pas lié avec Cavaignac, et cependant il a prêté à ce dernier, pour secourir des patriotes dans le besoin, 500 francs dont Cavaignac lui fit un billet. Le président lui fait observer que sa bourse était souvent ouverte à des individus qu'il n'avait jamais vus, et qui ne se recommandaient à lui que par la violence insensée de leurs opinions. Pepin répond : — Quand il s'agissait d'obliger, je ne regardais jamais à l'opinion. Cependant, je ne crois pas avoir jamais obligé des carlistes, ou du moins des légitimistes.

Il a connu Morey dans les sociétés secrètes, comme un homme âgé... un assez bon diable. Mais il n'a dîné que deux fois avec lui, et ils n'ont jamais voyagé ensemble. Pepin nie les opinions qui lui sont imputées par Fieschi. Ce dernier persiste et dit qu'ayant insisté pour qu'après la victoire républicaine il n'y eût pas de victimes, Pepin aurait répondu : — Si la race reste, nous conspirerons toujours, nous ne serons jamais tranquilles.

Selon Fieschi, les rôles auraient été ainsi distribués : — Morey dit : « Vous, Pepin, vous serez chargé des proclamations, » parce que c'était le plus savant de nous trois. Pepin disait qu'il connaissait Raspail et d'autres journalistes, et d'ailleurs il ne fallait pas savoir faire le coup de fusil pour faire des proclamations. Moi, de mon côté, je comptais prendre les armes ; Morey n'est pas paresseux, non plus... Et voilà comment nous avons répondu.

On demande à Pepin pourquoi, le 27 juillet, il s'est montré si inquiet. Le commissaire de police Jacquemin l'ayant rassuré, il n'en a pas moins disparu de son domicile le lendemain.

R. Je fus victime, en juin 1832, au sein de ma famille, victime spécialement par deux hommes qui étaient en état d'ivresse ; et comme je faillis alors... (Plus haut ! on n'entend pas !), j'avais quelque craintes qu'il me fût adressé quelques reproches chez moi. Il était rare que je m'y trouvasse les jours de revue... Je n'ai pas disparu, du reste, je fus à mes travaux, rue de Bercy, à mes affaires dans divers quartiers ; je ne me suis pas caché, comme on l'a voulu dire.

Le président lui fait observer que s'il s'est montré en public le 28, il s'est caché avec soin les jours suivants Il a cherché un asile chez diverses personnes, il l'a trouvé chez son beau-frère d'abord, puis à Lagny. Quels étaient donc ses motifs de crainte?

Pepin demande quelque indulgence pour son inexpérience de la parole. Il n'a jamais cherché à se soustraire à la justice. S'il est sorti de Paris, c'est parce qu'il a vu sur un journal Bescher accusé comme complice de l'attentat. Il ne voulait que laisser passer les moments d'effervescence. On lui avait dit qu'il serait arrêté.

D. Vous avez dit que vous étiez informé de l'existence d'un mandat délivré contre vous. Or, ce mandat est du 6 août, et il est impossible que vous ayez reçu avis de son existence.

On pourrait appeler le commissaire, je n'ai pas cherché à me sauver ; au contraire, je me suis présenté à lui.

D. Oui, vous avez été arrêté dans votre domicile, mais le 28 août, un mois après l'attentat, vous étiez revenu dans votre maison, non d'une manière patente, non au grand jour, mais pendant la nuit. La police, avertie que vous étiez revenu, vous a fait arrêter. Beaucoup d'indices recueillis en ce moment, ont prouvé que le lendemain vous deviez partir pour aller beaucoup plus loin que la première fois.

R. Quant à cela, je n'ai pas beaucoup d'explications à donner. Quand il y a un mandat d'amener lancé contre vous, on dirige contre vous un homme qui vous a connu ; il se donne comme ami ; vous le croyez votre ami ; il cherche à vous emmener au loin, il vous fait des frayeurs et vous tombez dans le piège.

Le président fait observer à Pepin qu'il avait nié d'abord connaître Fieschi, tandis que, devant ses amis de Lagny, il avait déclaré l'avoir connu sous le nom de Bescher. Pepin nie cet aveu ; peut-être a-t-il entendu ce nom italien de Fieschi, qui lui sera sorti de la mémoire. (On a vu tout-à-l'heure que Morey avait reconnu avoir présenté Fieschi à Pepin sous son nom véritable.)

Fieschi. — Je lui avais montré mes pièces de condamné politique ; il ne pouvait donc croire que je fusse Bescher.

Lorsqu'on parle à Pepin du modèle de machine que Fieschi lui aurait présenté : — C'est, dit-il poliment, une erreur de M. Fieschi. Le président montre à l'accusé un dessin entouré de chiffres tracés de sa main. — N'est-il pas, dit-il, votre ouvrage, et ne représente-t-il pas, d'une manière sans doute imparfaite, la machine de Fieschi que vous auriez essayé de figurer d'une main inhabile et peu exercée?

Pepin. — (Souriant.) Je ne crois pas que ce soit moi qui aie fait cela : ça ne ressemble à rien. En supposant que ce soit moi, il y a sur ce papier des chiffres, je pourrais le prouver, qui remontent à plus de trois ans.

Me Dupont dit que c'est là un griffonnage qui ne ressemble à rien, et qu'il est impossible d'élever un débat à l'audience sur les pièces du procès. Me Dupont croit qu'en effet, les figures tracées sur le papier n'ont aucune ressemblance avec la machine ; si cependant le ministère public veut argumenter de cette pièce, l'avocat demande qu'il en soit fait un *fac simile*. Il est fait droit à cette demande.

Sur toutes les autres déclarations de Fieschi, relatives au complot, Pepin répond invariablement : — C'est une erreur de M. Fieschi. Il croit ne pas l'avoir logé plus de deux ou trois nuits ; il lui a laissé ouvrir par sa femme un crédit, comme à beaucoup d'autres. Mais ils n'ont jamais parlé politique ensemble, et d'ailleurs Pepin n'avait, dit-il, aucune influence, aucune position dans la Société des Droits de l'homme.

M. Martin (du Nord) oppose à cette déclaration un procès-verbal d'une séance de la Société des Droits de l'homme, présidée par Pepin ; cette pièce, entièrement écrite de la main de l'accusé, se termine ainsi :

« Le citoyen Pepin demande au comité quelques exemplaires du règlement pour former des sections à la gare d'Ivry. »

L'accusé répond qu'il n'a jamais présidé que par intérim. Au dîner dont a parlé Fieschi, il y avait M. Levaillant, député ; un négociant ; un avocat ; M. Lorelut ; M. Recurt ; Morey. Peut-être Fieschi passa-t-il un moment par la salle à manger pour aller se coucher. On ne parla pas politique.

Fieschi, interpellé, répète avoir assisté au dîner, quand il était déjà commencé : il entre dans des détails très-circonstanciés sur la conversation qui s'y est tenue.

— « Il a été question des membres de la chambre des députés et beaucoup de M. Salverte comme s'occupant aux travaux législatifs. M. Levaillant dit que M. Salverte était un des plus assidus à son travail, qu'il ne quittait jamais son bureau. Parlant des hommes de talent, il dit que MM. Odilon Barrot, Mauguin, Berryer, étaient de vrais orateurs, mais que M. Mauguin malheureusement ne travaillait pas, que s'il avait voulu travailler il aurait été un des hommes les plus célèbres de la France. Il dit que M. Odilon Barrot ne travaillait pas non plus, mais qu'il était toujours dans son calme pour répondre à toutes les questions.

« Alors M. Recurt fit tomber la conversation sur le jugement qui se préparait à la chambre des pairs à l'égard des accusés d'avril, et il finit par dire ces mêmes mots : « Pardié ! que voulez-vous que fasse la chambre des pairs ? nous lui ferons perdre du temps, elle en perdra la tête, et si nous nous défendons, on n'en verra jamais le résultat. »

« Lorsque nous en fûmes au café, M. Levaillant dit à M. Pepin..., c'est-à-dire que M. Pepin ayant parlé politique la question s'effaça sans être agitée, M. Levaillant parla même du budget. Il dit : « On attend toujours la fin de la *section* (session) pour demander le budget ; nous restons plusieurs mois à Paris où nous dépensons 15 à 20 fr. par jour, de sorte que moi, si je n'avais pas craint que, dans les élections, le parti légitimiste ou de la monarchie déchue ne l'emportât, je n'aurais pas voulu me mettre de la chambre. »

« La dernière conversation de la société fut celle-ci : M. Pepin dit à M. Levaillant : Si le roi venait à mourir, que deviendrions-nous ? — Hé bien ! dit M. Levaillant, *le roi est mort, vive le roi!* — Oui répondit Pepin ; mais si ses fils arrivés au trône venaient à périr par accident ou par épidémie, qu'arriverait-il ? — A cela, M. Levaillant répliqua : *Laissons bouillir le mouton !* Ce fut là le dernier mot qui fut prononcé ; j'affirme ce que je dis. »

Pepin nie tous ces propos.

Interrogé sur ses relations avec le prince Charles de Rohan-Rochefort, il répond : — J'avais fait une découverte pour la décortication des légumes. Elle a été publiée par les journaux. M. le prince de Rohan est venu m'acheter de ma marchandise ; il en a été content, et depuis il a renouvelé ses commandes à l'entrée de l'hiver. Il s'établit entre nous à ce sujet des relations par correspondance. J'étais absent et en voyage, c'est-à-dire à Lagny, quand le prince est venu chez moi ; j'ai beaucoup regretté de ne m'y être pas trouvé ; mais il a dit à mon épouse qu'il reviendrait quand je serais arrivé. Fieschi a pu le savoir. »

Pepin reconnaît avoir annoncé cette visite à Fieschi, ce qui prouverait qu'il y avait entre eux plus d'intimité qu'il ne l'avoue. Il nie avoir prêté à Fieschi le volume des *OEuvres de Saint-Just*. Fieschi l'a laissé chez lui.

D. Voilà encore un fait qui établit combien Fieschi avait d'habitudes dans votre maison. De plus, Fieschi a fait une description exacte et minutieuse de votre maison et de l'ameublement des pièces principales. Comment l'aurait-il pu s'il n'avait couché que deux nuits chez vous, et s'il ne vous avait pas rendu de fréquentes visites. Si les relations entre vous sont devenues moins fréquentes avant l'attentat, c'est, selon Fieschi, parce que la surveillance dont vous étiez l'objet vous faisait craindre qu'on ne l'arrêtât. Ce n'était pas de votre part une renonciation au complot, mais une précaution de plus pour en assurer l'exécution.

R. C'est une erreur. D'ailleurs, il n'y a pas de témoins.

Pepin n'avait jamais vu Nina Lassave avant sa confrontation avec elle ; il nie également l'expérience de la poudre dans les vignes. Il est chasseur, et il sait l'effet de la poudre ; il nie le déjeuner de la barrière de Montreuil, quoique dans l'instruction, comme on le lui rappelle, il ait avoué un déjeuner semblable, placé à une autre date.

Pepin fait observer, à propos des sommes que Fieschi dit avoir reçues de ses complices, que Fieschi lui avait imputé directement le fait d'avoir donné les 187 fr. 50 c., fait qu'il a imputé depuis à Morey.

Interpellé sur cette contradiction, Fieschi répond : — C'était au moment où je n'étais pas décidé à faire ma déclaration, que je disais que Pepin m'avait donné de l'argent. Si je n'ai pas fait plus tôt mes déclarations, c'est que j'étais malade. De cette tête sont sortis vingt-quatre os. Si j'avais fait des déclarations, aussitôt on en aurait tiré parti contre le gouvernement ; on aurait dit que j'étais un homme privé d'une partie de mes sens. Je voulais être rétabli avant de parler ; j'amusais le tapis ; je disais ce que je voulais. Quand j'ai commencé à dire la vérité, j'ai dit que c'était Pepin qui avait remis l'argent à Morey, qui me l'a remis à moi. C'est la vérité.

Pepin nie. Il ne reconnaît pas, comme se rapportant à ces dépenses criminelles, une feuille de papier contenant des chiffres écrits de sa main. On lui représente à ces trois registres, qui sont les comptes de crédit du *barbouilleur* et du *peintre en papiers*. Pepin pense que ces chiffres peuvent s'appliquer à Fieschi. Mais, quant aux mots raturés : *Bescher, 150 fr., plus pour* bois, *loyer* 68 *fr.* 50 c., sommes réunies par une accolade avec le total 218 *fr.* 50 c., ils sont bien de son écriture. Mais il dit n'avoir pas remis ces sommes. S'il les avait remises, elles se trouveraient reportées dans l'intérieur.

— « Je ne connais pas le carnet de Fieschi; je suis certain de ne pas lui avoir prêté cette somme, et je n'avais d'ailleurs aucun motif pour nier de la lui avoir prêtée. Quant aux allégations de Fieschi, elles fourmillent d'erreurs reconnues. Il a prétendu un jour qu'il venait chez moi prendre des outils pour la confection de la machine. Pris à l'improviste, je ne savais que répondre. En y réfléchissant, je me dis : pour détruire cette allégation, je n'ai qu'à lui demander où se mettaient les outils. Fieschi ne sut que répondre. Il dit : Je n'ai pas pris d'outils chez vous, je n'ai pris qu'un burin. Il dit que ce burin avait cinq pouces et demi de fer et trois pouces de manche. Or, un burin n'a jamais de manche. Comme il savait que je vendais des couleurs, il ajouta qu'il y avait de la couleur à ce burin.

« Autre invention. Fieschi s'est imaginé de dire qu'il m'a donné l'idée d'une machine à broyer les couleurs, qu'il m'en a fourni le modèle et que je m'en suis emparé. M. le président lui demanda de tracer ce modèle prétendu, et Fieschi fit une représentation grossière de ma machine, mais en oubliant quelques cylindres, et sans pouvoir rendre compte du mouvement. Quand on voit que Fieschi fait des erreurs comme ça, avec un sang-froid parfait, on est interdit. »

M Martin (du Nord). — Vous expliquez des faits indifférents; mais quand il s'agit de faits importants, vous éprouvez beaucoup d'embarras pour vous mettre d'accord avec les énonciations du carnet de Fieschi, qui repoussent la vraisemblance d'une proposition d'emprunt que vous alléguez.

R. Je ne puis donner d'autres explications que celles que j'ai déjà eu l'honneur de donner. Ce qu'il y a de certain, c'est que si les sommes avaient été prêtées à Fieschi, on les trouverait rapportées avec les dates dans l'intérieur du livre : on y trouve beaucoup de sommes prêtées.

D. L'intérieur de votre registre ne rapporte que des énonciations relatives à des marchandises vendues. Il ne faut donc pas dire que cette somme aurait dû être portée dans l'intérieur de votre registre.

Pepin. C'est ce qui prouve bien que si j'avais prêté ces sommes, elles seraient portées dans l'intérieur.

M. le président. Il y a un fait sur lequel Fieschi n'a pas été inexact et qui est très-important. Fieschi avait déclaré que vous lui aviez donné cette somme à l'époque où vous vouliez terminer la machine. Il dit que cette somme devait être portée sur un registre qu'il désigna parfaitement. A cette époque, vos registres n'étaient pas saisis; ces registres furent saisis, et c'est sur cette déclaration de Fieschi que la recherche qui a été faite sur vos registres a conduit positivement à l'endroit que Fieschi avait désigné, et où l'on a trouvé effectivement inscrite la somme comme il l'avait indiqué. Je vous ai fait moi-même la représentation des registres, en présence de Fieschi, vous confrontant l'un à l'autre. Vous ne pouvez pas avoir oublié cette importante circonstance.

R. Il se peut que Fieschi, sachant pour quel motif, ou ayant plus de mémoire que moi, se soit rappelé parfaitement qu'il m'avait fait écrire sur une des feuilles de mon livre; mais lorsque de bonne foi j'ai pu croire que j'eusse écrit cela sur ce livre, je n'hésitai pas, quand vous m'interrogeâtes, à indiquer ces sommes que je lui avais prêtées : c'est une fois 5 francs, peut-être deux fois 10 fr. Il me promettait toujours de me payer ces sommes quand son ami Janod, que je ne connaissais pas, lui aurait remboursé une somme de 700 fr. qu'il lui devait. Fieschi a vu que j'avais le cœur généreux, facile à obliger; il a reconnu d'ailleurs m'avoir demandé une somme à emprunter.

D. Ne confondez-vous pas deux choses très-distinctes? Quand Fieschi a commencé à venir chez vous, il était alors brouillé avec la femme avec laquelle il a vécu pendant longtemps. Cependant il paraît qu'il n'avait pas perdu toute idée de se rapprocher d'elle. C'est dans cette pensée qu'il avait cherché à emprunter une somme d'argent; il espérait, en venant au secours de cette femme, amener la réunion après laquelle il semblait soupirer. Cette somme, vous ne l'avez pas prêtée; mais elle vous a été demandée longtemps avant l'époque où a pu être faite sur votre registre l'inscription de la somme que vous auriez payée. Cette somme avait un but tout différent de celle portée sur votre registre. Celle-ci est parfaitement détaillée, et les circonstances de ce détail ne laissent aucun doute sur le moment où elle a été demandée.

Le lecteur comprendra facilement l'insistance qu'apportent le procureur-général et le président à ce moment de l'interrogatoire. Dans sa confrontation avec Fieschi, Pepin avait désiré que le magistrat instructeur interrogeât Fieschi sur l'argent prêté, qu'il lui demandât combien il lui en avait été donné en tout, combien à la fois. Fieschi répondit à ces questions, entrant dans les plus grands détails sur la quotité des sommes reçues, soit de Morey, soit de Pepin directement, soit par l'ordre de Pepin; il indiqua le lieu, la date du jour où chacun de ces payements lui aurait été fait, le motif pour lequel ces payements auraient eu lieu. A ces déclarations si positives et si nettement articulées, Pepin n'opposa que des dénégations timides et embarrassées, se réservant toujours de donner, en temps utile, des explications plus satisfaisantes, de prouver, quand ses esprits seraient moins troublés, les mensonges de cet homme dont la présence paraissait lui causer un effroi insurmontable. Aujourd'hui, le moment était venu de repousser victorieusement les allégations de Fieschi, et Pepin se rejetait encore sur des dénégations vagues, sur des chicanes de détail.

Le président interroge Pepin sur le projet formé pour une répétition du pointage de la machine à la date du 27 juillet. Pepin nie. Mais, objecte le président, la substitution de Boireau, que vous prétendez ne pas connaître, serait prouvée par l'affirmation de Boireau lui-même, et, de plus, un témoin dépose que Boireau lui a confié sa promenade sur le boulevard, et le prêt d'un cheval par un épicier.

Pepin nie purement et simplement.

— En présence des allégations si graves de Fieschi contre vous, ajoute le président, vous ne pouvez vous faire aucun scrupule de dire sur Fieschi, sur ses relations, sur les confidences qu'il vous aurait faites, sur les intentions plus ou moins coupables qu'il vous aurait exprimées, tout ce que vous pouvez savoir. Si, au lieu d'être séduit par vous, il avait abusé de la terreur qu'il vous inspirait pour vous entraîner dans des démarches dont vous n'auriez pas d'abord prévu toutes les conséquences; *si vous aviez été la victime d'odieux conseils ou l'instrument d'hommes plus éclairés ou plus puissants que vous*, qui, abusant de votre crédulité ou de votre faiblesse, vous auraient précipité dans le crime pour l'exploiter en cas de succès, votre intérêt et votre devoir seraient de révéler à la justice les violences dont vous auriez été l'objet, ou les *intrigues coupables* qui se seraient agitées autour de vous.

A ces insinuations transparentes, Pepin ne répond que par des dénégations vagues : « Je suis sans ambition, je n'ai aucune prétention; jamais on ne m'a vu faire aucune démarche pour obtenir un emploi. Je ne m'occupe que de mes intérêts. »

L'interrogatoire insiste sur les faits que Pepin a niés et qui ressortent évidemment de l'instruction. L'intimité de Fieschi avec Pepin : Pepin l'a repoussée; mais comment expliquera-t-il que Fieschi connaisse ses liaisons, ses habitudes, le séjour de Fieschi chez Pepin, de la fin de février jusqu'au 8 mars? Pepin ne reconnaît avoir hébergé Fieschi que deux ou trois jours; mais le contraire est évident. Pepin nie les prêts, les avances d'argent : mais les chiffres sont là, de sa main.

D. Nierez-vous aussi vos propres paroles? Vous êtes convenu vous-même que Fieschi vous avait fait quelque insinuation touchant un crime.

R. J'ai à dire que Fieschi m'avait parlé dans ses conversations de vengeance contre le gouvernement, et que ce fut précisément pour ce motif que je l'*illuminai* de chez moi.

D. Il résulte de votre déclaration cette conséquence positive que Fieschi vous a fait des ouvertures extrêmement graves, et auxquelles la pensée d'un crime n'était point étrangère.

R. Je n'ai point eu de ces ouvertures-là avec Fieschi. Il me parlait de vengeance, non-seulement contre le gouvernement, mais contre des particuliers. Je fus, je crois, car il l'a avoué dans un interrogatoire, un de ceux qui le détournèrent d'assouvir des projets de vengeance contre M. Caunes.

D. Vous avez dit en parlant de Fieschi qu'il vous inspirait de la crainte, et qu'un jour il vous disait qu'il ferait parler de lui en faisant quelque chose de grave en politique. Ceci ne s'applique pas à une vengeance particulière. Plus tard, vous avez ajouté que ce serait un coup contre le gouvernement?

R. Il me disait que le gouvernement l'avait poursuivi et réduit à la misère.

D. Vous souvenez-vous d'avoir dit que vous aviez parlé à une dame des projets criminels de Fieschi? Je vous ai demandé le nom de cette dame et vous n'avez pas voulu la nommer.

R. Oui, je me rappelle avoir dit à une dame qu'un homme qui se disait patriote m'avait parlé de ce projet de vengeance contre le gouvernement, et que par ce motif je l'*illuminais* de chez moi.

D. Voulez-vous dire maintenant le nom de cette dame?

R. (Après un moment d'hésitation.) Je ne l'ai pas présent à la mémoire.

D. C'est là cependant un fait grave; vous savez que c'est une dame, cela doit vous amener tout naturellement à trouver son nom. Au reste, remarquez qu'il y avait un aveu bien positif de votre part que vous connaissiez les projets criminels de Fieschi, que vous receviez ses confidences intimes.

R. Tout ce que je puis dire, c'est de protester que je suis innocent dans la complicité du crime dont on m'inculpe. Certainement si j'avais connu le projet de Fieschi, je ne me serais pas livré à mes travaux commerciaux comme je l'ai fait. D'ailleurs, je n'ai jamais été intimement lié avec Fieschi. Je l'ai reçu chez moi quelquefois, pas très-fréquemment; je l'ai reçu dans le malheur.

D. Persistez-vous à ne pas vous souvenir du nom de la dame à laquelle vous auriez fait la confidence que je viens de rappeler?

R. Je ne me rappelle pas le nom de cette dame.

D. La première fois, vous aviez donné pour motif de ne pas dire son nom, que vous aviez peur de la déranger. Ce motif est bien léger dans une circonstance aussi grave. Vous saviez son nom alors?

R. Je ne sais pas trop si je savais son nom... J'étais tellement troublé que je ne me rappelais pas son nom.

D. A quelle occasion avez-vous fait confidence à cette dame? chez vous ou chez elle?

R. Chez moi.

D. C'est une raison de plus pour que vous sachiez son nom.

R. Je pense que je le trouverai.

D. Vous le direz alors?

R. Oui.

D. Savez-vous sa demeure?

R. Je ne pourrais pas préciser sa demeure.

D. Sa profession, son état?

R. C'est une propriétaire.

D. Quand elle venait chez vous, était-ce comme visite ou pour faire des affaires?

R. C'était pour affaires, pour acheter des marchandises.

D. Comment ne vous rappelez-vous pas son nom?

R. J'ai l'esprit troublé.

A l'audience suivante seulement (2 février), Pepin retrouve le nom de cette dame. C'est une demoiselle Caumenot, demeurant rue de la Roquette. Le président donne ordre de rechercher ce témoin et de le faire assigner.

Le procureur général fait remarquer à Pepin une contradiction nouvelle dans ses réponses. Il a dit, pendant l'instruction, à propos de Morey : « Je ne l'ai connu que depuis deux mois environ, et encore très-passagèrement. Il est bourrelier, il a travaillé pour moi. Quand il passait, il entrait chez moi pour me demander si je n'avais pas besoin de lui. » Aujourd'hui, il avoue avec Morey des rapports fréquents et directs.

Pepin. — Il faut aussi faire la part de toutes choses. Pour bien juger, il faut voir l'homme dans sa condition. Il faut me voir jeté dans le fond d'une prison, au moment où je croyais mon épouse, ma famille tourmentées. Il faut me voir constamment entre quatre sergents de ville. Et puis, il faut dire si, dans cette position, un homme ne peut pas faire une erreur ou dire une parole qui soit plus ou moins bien appliquée à.... la chose. Alors, voilà la réponse que j'ai à vous faire.

Le procureur général. — Oui, je sais très-bien qu'à toutes les questions qui vous ont été faites, vous avez toujours répondu que vous étiez troublé, que vous n'aviez pas vos sens présents, qu'il vous fallait réfléchir. Mais il ne s'agit pas de réponses pour lesquelles il faille réflexion. Il s'agit d'un fait tout simple, et vous avez dit tout simplement que vous connaissiez fort peu Morey.

Pepin. — J'étais anéanti, mes facultés intellectuelles étaient effacées.... Aujourd'hui, je suis en face de mes concitoyens et de la Cour des pairs, en laquelle j'ai pleine confiance; je réponds sans hésiter, je dis la vérité, je retrouve mon courage.

Autre contradiction. Interrogé sur la question de savoir s'il a logé d'autres *patriotes* que Fieschi, Pepin répond : — Je ne crois pas; je n'ai jamais reçu que Fieschi.

D. Mais, hier, vous déclariez positivement le contraire.

R. L'anéantissement dans lequel j'étais explique la chose.

D. Vous disiez ne pas connaître particulièrement Morey? Or, il était, comme vous de la Société des Droits de l'homme; il était de la même section dont vous étiez le chef.

Encore une contradiction. A l'audience de la veille, Pepin prétendait avoir *illuminé* Fieschi deux mois avant l'attentat et n'avoir plus conservé de rapports avec lui depuis cette époque. — Qu'on consulte ses registres, dit Fieschi, et on verra la preuve du contraire. Et, en effet, postérieurement à ce prétendu renvoi, Fieschi conserve son crédit ouvert pour fournitures, et on trouve des sommes inscrites aux dates du 14 juin, du 30 juin, du 1er juillet.

Pepin. — Je ne m'occupais pas des détails de la maison. Antérieurement, j'avais autorisé ma femme à ouvrir un crédit à M. Fieschi, je ne lui avais pas fait observer qu'elle devait cesser ce crédit. C'est donc à mon insu qu'elle a continué.

D. Et vous n'auriez pas dit à votre femme de discontinuer les fournitures à crédit, quand vous parliez de votre mécontentement à une demoiselle étrangère!

L'interrogatoire des accusés principaux se termine par celui de Boireau.

Boireau nie avoir fait partie de la Société des Droits de l'homme, et avoir manifesté des opinions républicaines exaltées. On lui représente une cuiller de bois sur laquelle on lit d'un côté : Boireau, détenu politique à la Force, 1834; et de l'autre : Vive la république! — « Cela ne prouve rien, dit-il, c'est une plaisanterie de jeune homme. »

Boireau avoue, du reste, que dans la nuit du 23 ou du 24 juillet, Fieschi est venu lui demander à coucher après minuit.

D. Où avez-vous connu Fieschi?

R. J'ai eu le malheur, le 25 février, d'être arrêté près le café des Deux-Portes, entre la porte Saint-Denis et la porte Saint-Martin, innocemment comme beaucoup de personnes. Je fus transféré de la Préfecture à la Force. Dans cette prison, il y avait un jeune étudiant en droit nommé Janod; je me liai avec lui comme on se lie en prison, nous dînions ensemble. Il me dit, lorsqu'il sortit : voici mon adresse, quand vous serez en liberté, venez donc me voir; je lui répondis que je voulais bien; mais je perdis cette adresse et je n'allai pas chez lui. Un jour, je le rencontrai dans Paris, il me fit des reproches de ce que je n'étais pas venu le voir. Il me donna de nouveau son adresse et j'allai chez lui; c'est là que je vis Fieschi. Un jour que j'étais sur la porte du magasin où je travaille, Fieschi vint à passer et causa avec moi. Notre connaissance se forma ainsi, elle ne fut jamais bien intime. Je l'estimais comme un malheureux proscrit, condamné sous la restauration à dix ans d'emprisonnement, condamné à mort avec Murat. Je cherchai même à lui rendre service et à tâcher de le réintégrer avec la femme Petit. Avant de connaître Fieschi j'avais été plusieurs fois chez la femme Petit, sans être intimement lié avec elle.

D. Vous dites que vous vous êtes employé à raccommoder Fieschi avec la femme Petit : cela indiquerait une assez grande intimité. C'était là une de ces affaires dont on ne se mêle qu'entre ses amis intimes.

R. Fieschi était venu à moi et m'avait dit qu'il était condamné politique, un malheureux proscrit. Il me dit qu'il était malheureux de ce que sa femme ne voulait plus vivre avec lui. Je le croyais un honnête homme, et je ne balançai pas à lui rendre ce service.

D. Avez-vous su quels étaient les motifs qu'avait Fieschi pour se cacher?

R. Je croyais qu'il était poursuivi pour les affaires d'avril, qu'il avait pris une part active à ce qui s'était passé en juin; j'ai su depuis que c'était faux : il me disait seulement qu'il était obligé de se cacher; c'est un homme qui a toujours été dissimulé par son caractère. Je n'ai jamais rien su de positif sur Fieschi.

D. Si vous saviez qu'il était obligé de se cacher, vous devez savoir sous quel nom il se cachait?

R. Je ne lui ai jamais connu d'autre nom que Fieschi.

D. Vous n'avez pas su qu'il s'était appelé tantôt Bescher, tantôt Gérard, tantôt Alexis?

R. Non, Monsieur.

D. Avez-vous été chez l'accusé Fieschi, boulevard du Temple, 50?

R. Non, Monsieur, jamais. Je prie la cour d'avoir confiance dans mes paroles, je dis la vérité.

D. Etes-vous monté chez lui à cette adresse?

R. Non.

D. L'avez-vous quelquefois demandé à son portier?

R. Non, jamais.

D. Cependant, vous avez entendu Fieschi dire que vous étiez venu une fois le demander jusqu'à sa porte, et qu'il n'avait pas voulu vous laisser entrer?

R. Que Fieschi dise ce qu'il voudra, je ne puis pas l'empêcher de parler. Vous calculerez dans vos consciences en qui vous devez plutôt avoir confiance, de Fieschi ou de moi. J'ai fait assigner des témoins hommes d'honneur, qui vous diront que j'étais un ouvrier honnête et laborieux, incapable d'une action telle que celle qu'on me reproche.

Si j'avais reçu Fieschi à coucher chez moi, je le dirais; car, à cette époque, j'ignorais qu'il fût un scélérat.

D. Mais Fieschi vous rendait de fréquentes visites, et vous aviez l'habitude de le tutoyer, ce qui suppose une grande intimité?

R. Je suis de mon naturel très-familier; Fieschi l'est aussi. Si je rencontrais quelqu'un quinze à vingt fois à l'estaminet, je le tutoierais.

Fieschi soutient qu'il a couché plusieurs fois chez Boireau, que celui-ci connaissait son nom de Gérard, sa demeure du boulevard du Temple, et qu'il est venu l'y demander plusieurs fois. « Il est monté une fois chez moi, précisément au moment où j'étais avec ma petite maîtresse. On n'aime pas à faire l'amour à trois; et puis cette malheureuse machine était là, en morceaux. Il eut l'air de se formaliser. Je lui ai dit : Tu n'entreras pas. »

Boireau dit n'avoir jamais parlé de comploter l'assassinat du roi. « Je suis connu, dit-il, pour très-bavard; on ne m'aurait pas admis dans la confidence de pareils projets. » Il ne connaît pas Pepin, bien qu'un des domestiques de Pepin l'ait reconnu pour avoir été plusieurs fois chez son maître. Boireau ne peut nier avoir été chez un serrurier commander une barre de fer, mais sans en connaître l'usage. S'il a expliqué au serrurier la forme que Fieschi exigeait, c'est d'après les explications de Fieschi lui-même, et par suite d'une manie irrésistible de bavardage. — « Boireau, dit Fieschi, est comme un chien à qui on a beau donner des coups et qui revient toujours. Quand il a été là, il a parlé parce qu'il ne peut pas se taire. »

M. Martin (du Nord) fait remarquer un fait grave à la charge de Boireau! c'est qu'il a, dans ses interrogatoires pendant l'instruction, nié la visite chez le serrurier.

Le 27 juillet, Boireau est sorti de son atelier avec un foret, en disant qu'il allait percer des trous à l'hôtel d'Espagne. C'était un motif de sortie mensonger. N'a-t-il pas été porter à Fieschi le foret nécessaire pour percer les canons de fusil sans lumière?

R. Sans attaquer la véracité de Fieschi, je dis qu'il se trompe.

Quand Fieschi affirme à nouveau la confidence de Boireau, au sujet de la promenade à cheval, Boireau s'écrie moins poliment : — « Vous êtes un menteur. »

Les allégations de Suireau fils sont repoussées par Boireau en ces termes : — « Suireau a une vengeance, une haine éternelle contre moi, à cause de son père qui a été renvoyé de chez M. Vernert. Suireau père est un voleur, c'est un intrigant qui a escroqué 18,000 francs à M. Vernert.

D. Vous n'avez pas rencontré Fieschi le 28 juillet, sur le boulevard, près de la maison où il logeait, du même côté?

R. Non, Monsieur.

D. Étiez-vous seul à ce moment-là, ou en compagnie d'un autre individu?

R. Fieschi prétend que j'étais seul, mais il y a un témoin qui prouvera le contraire. Jouslin était avec moi; il serait fort étonnant que Fieschi m'eût rencontré tout juste avant ou après ma promenade avec Jouslin.

D. N'aviez-vous pas dit à Fieschi que cette personne était un chef de section de la société des Droits de l'homme?

R. Non, Monsieur le président, je n'ai pas vu Fieschi.

D. Cependant Martinault était chef de section, et il résulte de vos propres aveux que vous avez passé une partie de la journée avec lui : n'était-ce pas lui qui était avec vous au moment où vous avez parlé à Fieschi?

R. Non, Monsieur.

D. Vous souvenez-vous de tout ce que vous avez dit à ce dernier?

R. Puisque je vous dis que je ne l'ai pas rencontré.

D. Ainsi vous soutenez ne pas lui avoir dit : « Nous serons tous là et nous attendrons l'affaire. » Qu'entendiez-vous par ces paroles?

R. Puisque je ne connaissais pas l'affaire, je n'ai pas pu lui en parler.

Le président à Fieschi. — De qui parlait-il en disant : Nous sommes tous là?

Fieschi. — Des hommes de parti qui devaient prendre les armes?

D. Quel parti?

R. Le parti contre le gouvernement.

D. Était-ce le parti légitimiste ou républicain?

R. Boireau n'est pas légitimiste.

Boireau. — Je suis aussi bien légitimiste que partisan de la monarchie actuelle; je suis ouvrier, ce qu'il m'importe avant tout, c'est d'avoir de l'ouvrage.

Le président à Boireau. — N'avez-vous pas rencontré, sur le boulevard du temple, un quart d'heure environ avant le passage du roi, un ouvrier ferblantier nommé Jouslin? Ne lui avez-vous pas dit, dans les termes les plus grossiers que vous vous.... moquiez bien de voir passer le roi, et qu'un homme de son âge devrait apprendre à connaître ses droits, et ne pas être juste-milieu comme cela?

R. Non.

D. Où étiez-vous au moment de l'explosion?

R. Je m'en allais chez moi.

D. N'étiez-vous pas plutôt sur le lieu même du crime, parmi les nombreux sectionnaires réunis en cet endroit, et comme eux *n'attendiez-vous pas l'affaire?*

R. Je puis vous certifier que non. Je ne connaissais pas d'individus qui fussent de la Société des Droits de l'homme; ils me traitaient d'*aristocrate* (on rit); et nécessairement ils ne se seraient point fié à moi.

Le président. — Accusé Boireau, vous êtes jeune, ardent et emporté. Si la fougue de l'âge, si de perfides conseils vous ont seuls égaré, vous pouvez encore par des aveux sincères et complets, inspirer quelque intérêt à vos juges, et mériter leur indulgence par la franchise de vos aveux. Convenez-vous enfin que vous avez eu avec Fieschi des relations intimes? Convenez-vous de tout ce que l'accusation vous impute d'avoir su et d'avoir fait?

Accusé Boireau, les faits qui vous sont imputés sont graves; l'accusation les a puisés dans des déclarations nombreuses et concordantes. Mais de tous ces témoignages, le plus accablant pour vous...

Boireau. — C'est celui de Suireau, je le sais.

D. Voulez-vous bien écouter ce que je vais vous dire? Le témoignage le plus accablant pour vous, celui qui ôte d'avance tout crédit à vos dénégations, c'est votre propre témoignage, ce sont les révélations faites par vous, la veille de l'événement, à l'un de vos camarades d'atelier, révélations qui n'ont pu venir que d'un homme parfaitement instruit de ce qui devait se passer le lendemain, et qui ont trahi le secret de votre complicité active dans l'attentat.

Boireau. — Je trouve étonnant que vous persistiez toujours dans la même chose; voilà dix fois que vous me faites la même question, et j'ai toujours fait la même réponse. Bien sûr que si j'étais coupable vous me prendriez en défaut, parce que les coupables se troublent et se trahissent eux-mêmes.

Telles furent les réponses des quatre accusés principaux. Le lecteur a pu y puiser les premiers éléments d'une conviction, et a vu s'y dessiner quatre caractères différents. Mais ce que nous n'avons pu lui montrer, pendant ces interrogatoires, c'est l'attitude spéciale, la physionomie particulière de chacun de ces hommes.

Fieschi, le principal accusé, y a joué continuellement, avec verve quelquefois, avec impudence toujours, le rôle d'accusateur public. Il jouit évidemment de son importance : les complaisances qu'on lui témoigne, l'attention sympathique de la haute cour, la curiosité, j'allais dire l'admiration, qui accueille ses déclarations verbeuses, tout, jusqu'aux rires approbateurs excités par ses saillies, le confirme dans l'opinion de sa valeur. Ce petit homme, aux traits défigurés, au sourire cynique, qui s'agite, qui triomphe de l'effet produit par le moindre de ses gestes, par la plus insignifiante de ses paroles, fait un singulier contraste avec l'accusé Morey.

Ce vieillard, pâle et calme, indifférent à tout ce qui se passe, répond avec sang-froid, mais sans passion comme sans crainte. Toujours renfermé en lui-même, il ne paraît pas voir les efforts que fait Fieschi pour intéresser et pour amuser son public; Fieschi ne lui adresse la parole qu'avec une sorte de respect involontaire. Le bruit a couru pendant l'instruction que Morey avait pris la résolution de se laisser mourir de faim, et les journaux, une feuille ministérielle entre autres, ont, chaque jour, donné un bulletin de la santé de cet énergique suicide : « Hier, vaincu par la souffrance, il a mangé un biscuit, mais il a juré que c'était le dernier.... On n'a pu le soutenir qu'en employant des moyens *artificiels*.... Pour introduire dans ce corps débile une nourriture que la *bouche* persistait à refuser, force a été, malgré la résistance du moribond, de recourir à l'administration *détournée* d'un moyen thérapeutique dont nous laissons à la sagacité des lecteurs le soin d'apprécier la nature. » M. Orfila eut à se défendre d'avoir proposé cet expédient : la *Gazette médicale* en démontra l'absurdité ; mais il fallut que le docteur Barras, médecin de la maison de justice, démentît lui-même ces bruits ridicules pour que l'opinion renonçât à ce suicide romain. Morey avait été, tout simplement, empoisonné quinze ans auparavant, par l'ingestion d'un mets préparé dans un vase de cuivre mal étamé. Depuis cette époque, il digérait difficilement, et il était obligé de vivre de régime. Les rigueurs du secret avaient exaspéré son état et lui avaient rendu, pendant trente-cinq jours, toute nourriture impossible. Aussitôt qu'il put manger, il le fit avec plaisir, et, à mesure que son état s'améliorait, il se plaignit davantage, mais toujours avec la plus grande douceur.

M. Scipion Pinel, qui le visita dans la prison, dit de lui : « D'après les bruits répandus par les journaux, je m'attendais à voir un homme décidé à se laisser mourir de faim, d'un caractère dur, altier, résolu. Quelle fut ma surprise de trouver un vieillard doux, répondant avec empressement aux questions relatives à sa santé, se plaignant beaucoup d'insomnies cruelles, calme, résigné, disant toujours qu'il ne guérirait jamais, que cette maladie était la dernière qu'il eût à subir. » Dernier détail, Morey montrait une grande appétence pour les boissons fortes, bien qu'elles eussent un effet désastreux sur son estomac.

Rien donc de moins romanesque, à l'audience,

Maison du boulevard, dite de Fieschi.

que ce vieillard débile qu'on avait métamorphosé en Brutus.

Le troisième accusé, Pepin, a répondu avec une sorte d'égarement désespéré : il a semblé qu'on ne dût voir en lui qu'un bourgeois vaniteux, entraîné au crime par une faiblesse inouïe de caractère. Les cruelles plaisanteries, les révélations équivoques de Fieschi le plongent dans des terreurs qu'il ne cherche pas à dissimuler, et la voix seule de son complice bruyant paraît l'affecter désagréablement.

Quant à Boireau, c'est un ouvrier vulgaire, à l'allure dégagée, répondant avec aplomb ; on sent chez lui l'habitué d'estaminet, le hâbleur et l'ivrogne ; il ne paraît ni affecté, ni effrayé de sa situation.

Nous avons laissé de côté Bescher, figure effacée, interrogatoire insignifiant. Il répond sans hésiter qu'il a fait partie de la Société des Droits de l'homme ; qu'il était lié avec Morey et qu'il faisait avec lui partie de la Société de l'Education du peuple. Il a vu plusieurs fois Fieschi chez Morey ; à la prière de ce dernier, il s'est fait donner un passe-port qui devait servir à une personne poursuivie pour politique. Il devait de la reconnaissance à Morey, qui l'avait soigné dans plusieurs maladies. Il savait parfaitement que le passe-port avait été remis à Fieschi, et que ce dernier travaillait avec son livret. Bescher fréquentait, ainsi que Morey, l'église de l'abbé Châtel. On avait saisi chez lui une chanson manuscrite commençant par ces mots : « Nous sommes las des empereurs et des rois, » et dont chaque couplet se terminait par ces deux vers :

C'est trop souffrir, renversons les tyrans.
Vive à jamais, vive la république !

L'audition des témoins, longue, surchargée de détails oiseux, de redites, apprendrait peu de chose au lecteur. Presque tous font connaître des faits admis, prouvés, évidents. Nous ne mettrons en lumière que les témoignages intéressants par leur caractère, ou ceux qui se rapportent aux points encore douteux du procès.

Le premier témoin est cette demoiselle *Camelu*, à laquelle Pepin aurait fait une confidence relative à Fieschi. Elle n'en a aucun souvenir.

Puis viennent des témoins à qui la peur ou l'envie de jouer un rôle ont fait voir double. Un d'eux affirme, contre toute évidence, qu'avant l'explosion, il a aperçu trois hommes à la fenêtre fatale. La fille des portiers *Salmon* ne reconnaît de Morey que la tournure, qui lui paraît être celle de l'oncle. Mais l'oncle avait un accent étranger. Elle ne reconnaît Boireau que pour s'être promené un dimanche avec Fieschi sur le boulevard.

Nina Lassave (Virginie-Joséphine), excite une grande curiosité. Cette fille n'est pas jolie, mais ses traits sont assez doux. Sa mise est assez recherchée. Sa déposition est sans importance pour le lecteur, puisqu'elle contient tous les éléments déjà connus de l'accusation. Seulement, lorsqu'elle raconte que Morey lui a dit que les canons chargés par Fieschi avaient seuls crevé, Fieschi intervient pour dire que sa conviction est que Morey n'a chassé qu'à moitié les balles dans quatre des canons, afin de les faire crever. « Il me reste, s'écrie-t-il avec emphase, un devoir à remplir ; j'ai toujours eu de l'intérêt pour ma patrie ; j'ai agi pour son bonheur ! je ne suis pas un délateur.... mais il faut un exemple et je me dévoue ; je n'ai pas été *sage*, je dois mourir, je le sais... Morey a chargé les canons de manière à me faire rester sur la place... Je lui rends justice sous les autres rapports ; il m'a nourri, c'est à regret que je le dénonce ; mais il était utile d'éclairer la justice, sans espoir de me sauver. »

Un autre témoin, dont le rôle important et difficile dans cette affaire a été bien diversement jugé, est M. *Ladvocat* (Gaspard), administrateur des Gobelins, membre de la Chambre des députés, lieutenant-colonel de la garde nationale. Il raconte tout ce que l'on sait déjà sur les services rendus par Fieschi « non comme espion, » mais comme volontaire. Intermédiaire choisi par le hasard pour les révélations de Fieschi, il n'a pas cru pouvoir refuser cette *mission délicate*, qui a attiré sur lui des calomnies nombreuses, des menaces de mort anonymes. Il a consenti à recevoir de Fieschi toutes les confidences qui pouvaient intéresser le salut et la vindicte publics ; mais il a arrêté les révélations de Fieschi, quand ces révélations touchaient à ses propres ennemis politiques, à ses anciens camarades. Il se refuse nettement à dire quels sont les hommes dont Fieschi a pu lui parler, et qui ne sont pas sur le banc des accusés.

Le témoin *Maurice*, commissionnaire, qui a porté la malle aux fusils, n'a vu aucune personne, contrairement à l'assertion de Fieschi, qui a dit avoir été accompagné de Morey ; le témoin ne reconnaît pas Morey.

Bertrand, marchand de vin à la barrière de Montreuil, place, contrairement aux dénégations de Morey, vers le commencement de juillet, le déjeuner fait le jour de l'expérience de la poudre.

Maynier, garçon épicier chez Pepin, et son neveu, reconnaît Boireau pour être venu deux ou trois fois chez Pepin. Boireau, adjuré d'avouer ces visites, répond avec émotion : « C'est vrai, M. le président ; si j'ai gardé le silence, ç'a été par pitié pour la position d'un malheureux père de famille ; j'ai lutté pendant six mois, je cède enfin aux instances de ma malheureuse mère et de toute ma famille. »

La voix de Boireau est couverte par les sanglots ; un mouvement de curiosité profonde se fait dans l'auditoire. Le président ordonne qu'on fasse sortir tous les accusés, à l'exception de Boireau ; ils paraissent émus ; Fieschi, seul, sourit malignement.

Le Président. — Reprenez vos esprits, Boireau, calmez-vous. La Cour prend intérêt à votre position. Soyez persuadé que la vérité ne peut vous nuire. Votre mère vous a supplié, sans doute, de dire toute la vérité ; la Cour ne vous demande pas autre chose. Ecoutez votre cœur, et dites la vérité.

Boireau, les yeux baignés de larmes, raconte la visite faite avec Fieschi chez le serrurier ; il ne savait pas à quel usage était destinée la barre de fer. Il ne sut pas davantage ce que Fieschi devait faire du foret qu'il lui prêta. Le soir du même jour, 26 juillet, allant en partie de plaisir, il entra prendre un verre de liqueur chez Pepin, qui le prit à part et lui dit que la revue s'approchait, et qu'il y aurait du bruit. Pepin ajouta : « Il y a un galérien qui doit se mettre à la tête, et on doit tirer des coups de fusil sur le roi. »

— Pepin, continue Boireau, me conduisit à son écurie, rue de Bercy, et me dit d'y revenir le lendemain. Là, il me dit qu'il avait promis à Fieschi de faire une promenade à cheval sur le boulevard jusqu'à la porte Saint-Martin ; qu'étant malade, il n'y pouvait pas aller, et qu'il me priait d'y aller à sa place. Je répondis que je ne savais pas monter à cheval, et que si je montais, le cheval pourrait me jeter par terre. Pepin me dit : Ou bien, si vous voyez Fieschi, dites-lui que vous ou moi nous nous promènerons à cheval sur le boulevard. Lorsque j'ai vu Fieschi, je lui ai dit que je m'étais promené à cheval sur le boulevard jusqu'à la porte Saint-Martin, parce que Pepin m'avait recommandé de le dire. Pepin m'avait prié de prendre son cheval ; mais comme je craignais que son cheval ne me jetât par terre, je n'y suis pas allé.

Le Président. — La conversation était assez grave pour qu'à votre tour vous lui demandassiez des explications ; Pepin a dû vous confier de quoi il s'agissait.

Boireau. — Il ne m'a rien dit que ce que je viens de répéter. Lui-même a paru avoir du regret. Il a comme voulu se rétracter de ses paroles ; il ne s'était si avancé que parce qu'il avait cru que Fieschi m'avait dit quelque chose.

D. Et Pepin, pas plus que Fieschi, ne vous avait confié ses projets ?
R. Il m'a dit qu'il allait au faubourg Saint-Jacques.
D. Pourquoi faire ?
R. Je ne sais pas.
D. Vous avez commencé à dire la vérité, dites-la tout entière.
R. Il me dit : J'y vais à cause de l'affaire de demain, parce qu'ils sont quarante qui doivent être réunis ensemble pour tirer sur le roi, et ils ont à leur tête un galérien.
D. Ceci explique vos confidences à Suireau. Le 28 au matin, sur le boulevard, n'avez-vous pas dit à Fieschi : Je suis là avec les autres ?
R. Non, j'étais seul.
D. Avez-vous reçu un pistolet de Fieschi ?
R. Oui.

Ces aveux de Boireau ont évidemment fixé toutes les incertitudes sur la position de Pepin. Ils sont d'autant plus graves que, six mois auparavant, Boireau alléguait, pour ne pas répondre, le motif qu'il déclare aujourd'hui lui avoir si longtemps fermé la bouche. « Je n'ai, répondait-il au commencement de l'instruction, qu'une chose à dire, c'est que je suis innocent. S'il y a d'autres complices, c'est à vous de les chercher. *Ce n'est jamais moi qui livrerais un père de famille ; j'ai trop d'humanité pour cela.* »

Ces aveux ayant également changé la situation de Boireau, son défenseur déclara se désister de la défense. Boireau choisit, pour le remplacer, Mᵉ Paillet, qui accepta.

Les autres accusés sont introduits; on leur donne connaissance des déclarations nouvelles de Boireau. Pepin y oppose des dénégations formelles, absolues; Fieschi les confirme.

Feufort, maître maçon à Montreuil, reconnaît Pepin pour avoir fait partie du déjeuner à trois chez Bertrand. Il connaissait Pepin antérieurement comme ancien capitaine de la garde nationale.

Un incident né des déclarations de la femme *Delasalve*, portière de Boireau, fait adresser à celui-ci, par le président, cette question : Quand vous avez été porter le foret à Fieschi, vous aviez été chercher Fieschi de la part de Pepin. Pourquoi ne pas être franc aujourd'hui comme hier? il vaut mieux l'avouer.

Boireau (avec un mouvement de brusquerie marqué), — Eh bien! oui, c'est vrai.

M. de *Pontcharrat*, lieutenant-colonel d'artillerie, qui a examiné la machine, a constaté que, dans les deux canons qui n'ont pas parti et dans les canons crevés, la charge avait été disposée avec des espaces entre les balles et la poudre; disposition qui révèle l'ignorance ou l'intention de faire éclater ces canons.

M. *Levaillant*, député, repousse le propos que lui attribue Fieschi : *laissons bouillir le mouton*. On a parlé politique à ce dîner, mais d'une façon convenable. Le témoin n'y a pas vu Fieschi.

L'audition de M. *Suireau* père force Boireau à compléter peu à peu ses aveux. « Pepin lui avait conté tout le complot, dit Fieschi. Boireau fait un *i* et ne fait pas le point sur l'*i*. » Boireau avoue donc que Pepin lui a recommandé de s'arrêter devant le Jardin-Turc. Il est impossible, dit le président, que vous n'ayez pas su pourquoi. — Boireau le nie.

Burdet, domestique de M. Panis, député de la Seine, connaissait Morey depuis longtemps; il l'a vu, dans la rue des Fossés-du-Temple, le 28 juillet à onze heures et demie.

Morey dit qu'il était à cette heure à la Maison-Blanche. Lorsqu'on entend le marchand de bois *Poucheux*, Pepin avoue que Fieschi l'avait chargé d'acheter du bois pour lui, « pour un métier, je crois. »

La veuve *Robert*, demeurant dans la maison du boulevard du Temple, reconnaît positivement Morey pour l'avoir vu monter deux fois l'escalier de la maison.

L'audition des témoins est terminée, après onze audiences consécutives.

Le 10 février, le procureur général prend la parole :

— Messieurs, dit-il, dans tous les temps comme sous toutes les formes de gouvernement, la marche des factions est la même : elles commencent par propager leurs doctrines, dont le but est de miner l'ordre social et politique qu'elles attaquent, et quand elles se flattent d'avoir excité les sympathies populaires, elles crient aux armes et font appel à l'insurrection qu'elles ont proclamée le plus saint des devoirs! Que si, vaincues par la force et par les lois, elles désespèrent du concours de la majorité nationale, elles recourent alors aux moyens extrêmes, et dans l'égarement de leur fureur, elles vont jusqu'à tenter de détruire par l'assassinat les obstacles qu'elles n'ont pu surmonter.

L'histoire est là pour attester la vérité de nos paroles; voyez la Ligue prêchant au peuple le droit de tuer un prince hérétique : bientôt Mayenne lèvera l'étendard de la révolte et assiégera le roi jusque dans son palais; bientôt aussi le poignard de Ravaillac frappera Henri IV.

Il en a été de même de nos jours. Une faction née à la suite de la révolution faite en juillet, au nom de l'ordre et des lois, a voulu, sous prétexte de réclamer les conséquences de cette révolution, nous ramener au régime et aux principes de 1793. Qu'est-il besoin de vous rappeler, Messieurs, et sa marche et ses développements, à vous qui, comme législateurs et comme juges, l'avez, pour ainsi dire, suivie dans toutes ses phases! Vous connaissez, en effet, et ses publications séditieuses, et ses démonstrations armées, et les sourdes et coupables menées de ses associations. L'attentat dont vous avez aujourd'hui à juger les auteurs est comme le dernier acte de ce drame terrible auquel vous avez assisté. Qui pourrait, en effet, prétendre que, sans les provocations incessamment dirigées contre le pouvoir, sans les outrages prodigués au chef de l'État, sans les prédications fanatiques de la Société des Droits de l'homme, quelques hommes obscurs auraient osé concevoir et exécuter le plus odieux des crimes?

Toutefois, et au moment de vous entretenir des funestes et douloureuses conséquences d'un attentat qui a laissé des vides jusque dans vos rangs, combien ne sommes-nous pas heureux de reconnaître tout ce que la Providence a fait pour cette France qu'elle protège, soit en sauvant le roi et avec lui, notre orgueil comme notre espérance, et avec eux la monarchie et nos institutions; soit en permettant que le régicide survécût à d'horribles blessures pour devenir l'accusateur de ceux qui avaient armé son bras, et pour révéler la vérité tout entière!

Nous ne croyons pas, Messieurs, devoir retracer à vos yeux l'horrible scène du 28 juillet. Nous pensons qu'il est des souvenirs que, dans cette enceinte, il faut pouvoir un instant oublier. Comment, en effet, parler avec calme du danger qu'a couru la France? Comment conserver l'impassibilité qui convient à votre position et à la nôtre? Vous êtes juges, Messieurs, c'est à votre raison, à votre justice impartiale que nous nous adressons. Oublions les conséquences possibles de l'attentat, le danger qui a menacé la patrie, pour ne nous occuper que de l'attentat lui-même que vous devez apprécier et punir.

Avant d'entrer dans le détail des faits, nous rencontrons une première question qui se présente à tous les esprits. Quand un grand crime a été commis, quand celui qui l'a exécuté se trouve devant la justice, le premier besoin est de se demander quel a été le motif qui a pu armer son bras. En le recherchant, nous sommes étonnés de ne reconnaître dans Fieschi aucune de ces passions violentes qui presque toujours produisent les grands crimes. Il n'avait pas de vengeance à satisfaire, pas de haine ardente qui le poussât au crime. On ne trouve pas surtout en lui ce fanatisme politique ou religieux qui tant de fois arma le bras des régicides. Comment se fait-il donc que Fieschi ait, dans ce jour funeste du 28 juillet, compromis pour un instant la vie du roi et la sûreté de l'État? Hélas! Messieurs, c'est qu'il est d'autres sentiments qui peuvent enfanter les grandes catastrophes et les crimes, une vanité sans bornes et sans frein, un orgueil que rien ne peut satisfaire. Fieschi gémit de l'humilité dans laquelle il a vécu. Il a soif de bruit et de renommée; il poursuit la célébrité à tout prix, et pourvu qu'il l'atteigne, il lui importe peu que le bien l'y mène ou que le mal l'y conduise.

Ainsi, de même que peut-être Fieschi eût été un

homme remarquable, si, dirigé par d'autres mains, il avait pu voir se développer en lui le germe des sentiments qui font les bons citoyens; de même, mal entouré, vivant au milieu d'une atmosphère corrompue, il est devenu un grand criminel, un assassin, un régicide.

Tel est, selon nous, le point de départ de cette affaire. Fieschi est en présence d'hommes qui ont su le connaître, qui ont pu exploiter son caractère, qui ont vu qu'il avait des qualités dont il était facile d'abuser, en offrant à ses regards le côté le moins vil, le moins odieux des entreprises auxquelles on voulait l'associer.

Ainsi le projet d'attentat a été présenté comme une entreprise hardie, audacieuse, que nul autre peut-être que lui n'aurait pu concevoir et exécuter. Ainsi, après avoir exploité cet amour de célébrité qui le dévore, on se sera attaqué à ces sentiments de reconnaissance qui l'animent, et qu'il a témoignés en diverses circonstances. Il était dans la misère, on l'a recueilli, on l'a cru lié par un perfide bienfait. Ainsi encore ce sentiment qu'il portait à une jeune fille qu'il avait élevée, on l'a caressé; on lui a dit qu'après lui, s'il succombait dans la terrible lutte qu'il allait engager, cette jeune fille serait à l'abri du besoin, sous la protection de généreux amis.

Au surplus, il est inutile de prolonger davantage ces indications pour l'honneur de la morale publique, de la morale éternelle. Il faut que Fieschi soit considéré tel qu'il est, c'est-à-dire comme coupable du plus grand des crimes qui puisse frapper l'imagination des hommes.

Il a compris l'énormité de son crime, il déplore les victimes qu'il a faites, il sent qu'une expiation est due. Et cette expiation, il l'offre, il la facilite par la franchise avec laquelle, après quelques hésitations, il a révélé toutes les circonstances de son crime et les noms de ceux qui l'y avaient conduit. A cet égard, notre conviction est telle que nous pensons que rien n'est plus sincère que les déclarations faites à la justice par ce grand criminel. Nous le pensons à ce point, que nous ne pouvons mieux faire que de vous retracer avec simplicité ses révélations sans les accompagner d'aucune réflexion; et quand nous les aurons ainsi présentées, notre tâche consistera à rapprocher les preuves qui viendront vérifier ces révélations et à vous demander s'il est possible que l'évidence soit portée plus loin.

Fieschi s'est décidé difficilement à rendre compte à la justice de toutes les circonstances de son crime. Longtemps il a hésité; on le conçoit. Il connaissait l'espèce de défaveur qui s'attache à la dénonciation de faits qui concernent d'autres accusés; mais on a dû lui faire sentir que lorsqu'on a commis un crime, la première réparation est dans la franchise des aveux. Il l'a compris et il les a faits.

Comment Fieschi expose-t-il les faits?

Privé d'une pension qu'il avait obtenue à l'aide de pièces falsifiées, Fieschi est accueilli, à la fin de 1834, par Morey, qu'il connaissait déjà. Pour occuper les loisirs de cette hospitalité, il fait le plan d'une machine destinée à défendre des places de guerre. Morey est frappé de cette idée, qu'on pourrait se servir utilement d'une machine semblable pour un attentat contre le roi. Morey communique ce plan à Pepin, qui embrasse avec avidité l'idée meurtrière et entre en relation avec Fieschi. Celui-ci fixe à 500 francs la dépense d'une machine semblable, en remet à Morey un modèle que celui-ci communique à Pepin. Une somme est donnée à l'avance. Du bois doit servir au châssis de la machine. Il est acheté par Fieschi accompagné de Pepin. Le bois est porté chez un menuisier qui doit façonner ce bois. Le bois façonné est transporté dans son logement. On cherche un logement propre à l'exécution de l'attentat. Le logement du boulevard du Temple est arrêté. C'est là que les préparatifs de l'attentat se continuent. Le bois de la machine est apporté. Mais la revue n'a pas lieu à la fête du roi. Les préparatifs sont suspendus. Il fallait des canons de fusil. Pepin se charge de les procurer. Il dit à Fieschi de quelle manière il compte les avoir. Cavaignac a un dépôt d'armes. Pepin va parler à Cavaignac à Sainte-Pélagie. Pour détourner les soupçons, il ne va le visiter qu'avec une permission demandée pour un autre détenu.

L'attentat a été ajourné à la revue qui doit avoir lieu à l'anniversaire de juillet. Les travaux restent suspendus.

En attendant, Fieschi désire avoir du travail dans un atelier. Morey s'empresse à cet égard de le satisfaire. Il le place chez Lesage, fabricant de papiers peints, qui le reçoit sous un faux nom. Vous savez que Fieschi était poursuivi correctionnellement. Il fallait qu'il ne fût pas connu sous son véritable nom. Morey s'adresse à Bescher, obtient de lui un livret et un passe-port, et à l'aide de ce livret et de ce passe-port, Fieschi entre chez Lesage et y travaille.

Il en sort le 22 du mois de mai, et alors il mène une vie oisive. Il se livre tout entier aux préparatifs de l'attentat. Quelques jours avant le 28 juillet, Fieschi parle d'acheter des canons de fusil, puisqu'il est impossible de s'en procurer par Cavaignac. Les fusils devaient être disposés sur un châssis en bois. On est incertain sur la possibilité de faire partir à la fois un aussi grand nombre de canons de fusil. Fieschi dit qu'il est sûr de réussir. Un rendez-vous est donné; on va dans les vignes de Montreuil, l'expérience de la traînée de poudre est faite. On est certain que la poudre se communiquera de l'une à l'autre extrémité de la machine avec rapidité. Les fusils sont placés sur la machine; mais trois d'entre eux n'ont pas de lumière. On s'adresse à un ouvrier lampiste, à l'accusé Boireau; celui-ci fournit un foret. Deux lumières sont percées; le foret est émoussé à la troisième. Les fusils percés et ajustés, il faut les charger. Morey le fait, le 27 au soir.

Tout est préparé, il n'y a plus qu'à attendre le moment où le cortège passera devant la fenêtre. Cependant, la machine a été disposée de manière à ce qu'une inclinaison plus ou moins grande puisse être donnée aux fusils, en haussant ou baissant la traverse qui soutient les culasses; il faut la disposer de manière à ce qu'un homme passant à cheval, sur le bord de la chaussée du côté du Jardin-Turc, puisse être atteint. Il faut un homme à cheval pour servir de point de mire. Pepin s'offre; il a des chevaux; il passera à cheval, à l'endroit indiqué, au pas, au trot, au galop.

Mais Fieschi ne juge pas à propos d'attendre Pepin, et, descendu au café Périnet, il est étonné de voir Boireau, qui lui dit que c'est lui qui a passé à cheval, et qu'il connaît tous les détails du complot.

Le jour fatal, Fieschi a fait placer dans sa malle, ses effets et ceux de Nina Lassave. Il la fait transporter chez Nolland, pour la remettre à Morey quand celui-ci la réclamera. De retour, Fieschi rencontre Morey, échange avec lui quelques mots et revient chez lui. Il a rencontré encore Boireau, qui lui a dit qu'il est avec ses amis, armés et tous prêts.

Quel sera, d'après ce résumé des faits, le plan de l'accusation? Il sera bien simple. Les déclarations de

Fieschi ont un caractère de franchise et de sincérité qui ne paraît pas permettre le doute. Tous les faits avancés par lui ont été vérifiés. C'est ce que va démontrer l'avocat général, en examinant les charges qui pèsent sur chacun des accusés.

Et d'abord, Bescher. Bescher a dû être mis en accusation, car il a soustrait Fieschi aux poursuites dont il était l'objet, il lui a donné les moyens de changer de nom. L'attentat commis, il fallait favoriser la fuite de Fieschi; un passe-port devait lui être remis, portant aussi un faux nom; or, un livret a été trouvé, portant le nom de Bescher, et c'est à ce même nom de Bescher qu'un passe-port avait été demandé. Interrogé, Bescher se défendit comme se défendent les coupables; il dit : j'ai perdu le livret; quant au passe-port, je l'avais demandé pour aller chercher de l'ouvrage à Auxerre. C'était faux.

Depuis lors, Bescher a compris sa position; il a dit qu'il avait demandé le passe-port et le livret afin de procurer à un prétendu patriote poursuivi les moyens de cacher son nom, et qu'il ne savait pas l'usage qu'on se proposait d'en faire.

L'avocat général abandonne donc l'accusation à l'égard de Bescher, mais dans des termes troubles et ambigus qu'il nous faut rapporter :

« Certes dans cette position, si l'accusation ne peut justifier que l'une et l'autre de ces pièces devaient servir à Fieschi qui avait projeté l'attentat du 28 juillet, il n'en peut résulter aucune charge réelle contre Bescher, et l'accusation ne peut subsister à son égard. »

Cela veut dire, en français : si l'accusation ne peut prouver que Bescher connaissait les intentions régicides de Fieschi, en lui procurant ces pièces.....

Quant à Fieschi, sa culpabilité est par trop évidente, et il n'y a pas à y insister. Mais il y aura plus à faire pour les trois autres.

C'est dans les déclarations de Fieschi et de Nina Lassave que le réquisitoire puise ses arguments pour établir la culpabilité de Morey et de Pepin. Si les aveux de Fieschi ont tout le caractère de la franchise, rien de plus maladroitement mensonger que les explications données par Pepin et par Morey.

De quoi se compose l'impression produite par les paroles de ces deux hommes? D'abord de leurs opinions, de leurs antécédents. Ces opinions appartiennent au républicanisme le plus exalté. Ils l'ont nié, cela est vrai. Ils ont dit, par exemple, qu'ils n'avaient pas fait partie de la Société des Droits de l'homme; mais, plus tard, il leur a fallu en convenir. Les projets, les menaces, les jactances de ces deux hommes, cette conspiration souterraine des barils de poudre, toutes ces choses qu'on n'invente pas, Fieschi les a révélées; tout cela n'est-il pas d'accord avec les opinions, avec les antécédents de ces deux hommes?

Et qu'on regarde les rapports semblables qui existent entre les deux accusés et Fieschi. Même hospitalité, même intimité. Tout dit : Voilà les complices.

Et qu'on remarque encore la coïncidence parfaite entre les faits révélés par Fieschi et les déclarations de Nina Lassave. Cette identité est à elle seule une preuve. Arrêtés tous deux, au secret tous deux, ils apportent les mêmes éléments à la procédure, et tous deux après des mensonges et des hésitations qui ne font que donner plus de force à la vérité. Fieschi, Nina, auraient-ils donc concerté entre eux ce crime épouvantable de substituer à de vrais complices des complices supposés, et de choisir pour leurs victimes deux hommes auxquels ils n'avaient aucun reproche à faire? Et ils auraient combiné tous les détails avec un soin tel, qu'il fût impossible de trouver la moindre différence entre les accusations de l'un et de l'autre ! Où aurait été pour eux l'intérêt? Dans quelque sentiment de haine aveugle. Ah! il aurait fallu, dans leur cœur, un sentiment de vengeance bien implacable, et on n'en saurait trouver la trace.

D'ailleurs, on sait la passion coupable de ces deux êtres l'un pour l'autre. Au cas d'un concert, Nina eût été avertie de l'attentat. Et elle serait restée tranquillement à la Salpétrière ! Et elle eût attendu que l'événement fût arrivé pour développer son système ! Elle ne se fût pas attachée aux pas de celui qu'elle considérait comme son soutien, son seul appui, pour chercher à le détourner du crime qu'il allait commettre ! Non, cela n'est pas possible, et la vérité seule a fait la conformité de leurs déclarations.

Au reste, cette vérité est confirmée par des preuves extérieures à Fieschi et à Nina.

Nina a déclaré qu'après l'événement elle s'était rappelé les sollicitudes de Fieschi pour elle; qu'il lui avait dit dans diverses circonstances, et notamment avant le mois de mai, que peut-être ils seraient obligés de se séparer; que peut-être elle serait privée de son appui; mais qu'il avait deux amis intimes, Pepin et Morey, qui ne la laisseraient manquer de rien, et auxquels il avait communiqué sa sollicitude pour elle. Que fait-elle? Dès les premiers moments elle se rend chez Pepin; vous savez comment elle y a été accueillie. Le lendemain, 29, elle va chez Morey; celui-ci paraît ignorer ce qui est arrivé; mais bientôt elle l'oblige à avouer qu'il savait tout, que le 27 il était allé dans un café avec Fieschi. En ce moment, les confessions les plus intimes sortent de la bouche de l'un et de l'autre; il s'établit entre eux des rapports qui doivent exister entre deux individus dépositaires des mêmes secrets.

Nina a déclaré, en outre, que Morey avait pensé tout d'abord à détruire certains papiers de Fieschi. Morey a nié constamment ce fait pendant l'instruction; il a dû l'avouer à l'audience. Première confirmation des paroles de Nina.

Nina a déclaré qu'elle était allée à la barrière de Montreuil, sur l'invitation de Morey; que là, ils sont entrés dans un café, que l'intimité la plus étroite avait régné entre eux; que Morey, voyant qu'elle connaissait une partie de la vérité, était convenu du reste; qu'il lui avait raconté tout ce qui s'était passé, et avait fini en disant que si quelques canons avaient éclaté, c'étaient ceux que Fieschi avait chargés maladroitement lui-même.

Ces faits sont-ils vérifiés en dehors de la déclaration de Nina? Morey prétend obstinément qu'il n'est jamais entré dans la maison du boulevard du Temple, qu'il n'y était pas connu. S'il y est entré, si on l'y connaît, il est donc complice. Or, Fieschi a déclaré que c'est avec Morey qu'il est allé retenir le logement; que, lorsqu'il s'est agi des conditions du loyer, c'est Morey qui voulait se porter caution; que Morey était connu dans cette maison sous le nom de l'oncle de Gérard. Un grand nombre de témoins font le portrait de cet oncle : soixante ans, gros, court, voûté, c'est-à-dire, de même taille, de même corpulence, de même tournure que Morey. A quelques témoins, l'oncle a paru plus grand que l'accusé Morey. Mais la fille de la portière Salmon a reconnu positivement Morey pour être cet oncle.

Ce n'est pas tout. Un témoin à décharge, une femme qui demeure dans la maison, a déclaré avec l'accent de la vérité, avec insistance, qu'elle a vu plusieurs fois monter et descendre de chez Fieschi l'accusé

Morey; elle a décrit ses vêtements, son chapeau, son dos voûté, sa démarche dandinante. Elle ne l'avait pas reconnu une première fois, cela est vrai. « Mais n'est-il pas probable que dans les premiers moments, où les accusés étaient encore confondus entre eux, on aura mis devant elle un individu qui effectivement n'était pas celui-là ; qu'on aura fait venir l'un au lieu de l'autre ? On conçoit que cela ait pu arriver, et lorsqu'un témoin dénué d'intérêt, digne de confiance, appelé à la décharge de l'accusé lui-même, vient affirmer que c'est lui qu'elle a vu sous le nom de l'oncle, il n'est pas possible de douter un instant de sa véracité. »

Après cette explication un peu aventurée, l'avocat général présente un nouveau moyen d'accusation. Nina a dit que, après être sortie du cabaret du traiteur Bertrand, Morey lui avait confié qu'il avait sur lui quelques balles dont il voulait se débarrasser ; qu'il l'avait quittée un instant, et qu'il était allé derrière une haie où il avait déposé ses balles. Nina indique l'endroit et on y trouve un sac contenant soixante-quatre balles. Circonstance aggravante, un expert constate que ces balles sortent du même moule, sont du même calibre, calibre peu ordinaire, que celles qui sont restées dans les canons crevés, que celle extraite du corps du lieutenant-colonel Rieussec. Il y a identité parfaite. Le hasard pouvait-il amener un tel résultat ? Qui le croira? surtout quand la poudre contenue dans la poudrière de Morey est absolument la même que celle trouvée dans les canons non crevés, dans la poche de Fieschi?

Sans doute, la défense dira: Nina a pris les balles pour les déposer derrière la haie, avec l'intention de venir un jour, lorsque le besoin s'en ferait sentir, attribuer à Morey un fait qui lui était personnel. Dans quel intérêt ? pourquoi accuser Morey, et par là se constituer complice de Fieschi, si l'on vient à découvrir que c'est elle qui s'est débarrassée de ce reste de balles ? Tout est clair, au contraire, dans le système de l'accusation. Nina était en relations intimes avec Fieschi ; le 27, cet oncle prétendu a dit que, si quelqu'un se présentait, il ne fallait pas le laisser monter. Il y avait donc à faire une chose bien importante.

Ces faits établis, on va voir encore Morey s'occuper avec soin de faire disparaître ou de cacher tout ce qui peut amener la découverte des faits relatifs à l'attentat.

Nina avait vu Morey le 27 *attablé*, pour me servir de son expression, avec Fieschi dans l'un des cafés du boulevard ; elle a trouvé Fieschi tellement occupé que, contre son ordinaire, il n'avait pu l'accompagner ; elle n'aura pu s'expliquer ce soin qu'il prenait de se cacher à elle, sa compagne ordinaire ; plus tard, elle a pu comprendre que c'était pour s'occuper des préparatifs de l'attentat. Eh bien ! si Nina va révéler des circonstances, voilà que non-seulement Fieschi sera compromis, mais que Morey lui-même se trouvera compris dans l'accusation. Par conséquent, le besoin se fait sentir pour Morey de dérober aux regards un témoin aussi important.

Aussi, le voyons-nous s'occuper immédiatement des moyens de dérober aux regards la fille Nina. Il faut lui trouver un logement dans un lieu assez éloigné où elle ne puisse pas être facilement découverte ; on cherche, on en trouve un dans la rue de Fourcy. Une chambre est louée, la convention est faite, des arrhes sont données.

Mais à peine cette location est-elle arrêtée qu'on craint de n'avoir pas pris assez de précautions ; la maison de la rue de Fourcy est une maison garnie ; la police peut y venir et y découvrir Nina ; c'est un lieu qui n'est pas sûr, il faut l'abandonner. Les arrhes sont laissées et l'on cherche un nouveau logement.

On en trouve un rue de Long-Pont; on s'adresse à la principale locataire ; on obtient qu'elle cède à Nina le logement de son fils absent. Ce n'est pas là une maison soumise aux visites et à la surveillance de la police ; c'est une garantie de plus. Mais Morey n'ayant jamais eu de rapports désintéressés ni avec Fieschi, ni avec Nina, il est naturel qu'il adopte une qualité propre à éloigner les soupçons. Morey sera l'oncle de Nina, et cela est tout simple, il a été l'oncle de Fieschi au boulevard du Temple, il peut bien être l'oncle de Nina dans la rue de Long-Pont.

En conséquence, Morey dit à la principale locataire : Voilà ma nièce, et la nièce entre dans le logement.

Morey a avoué à la fille Lassave que Fieschi a eu soin, le jour même de l'attentat, de transporter hors de son domicile la malle qui lui appartenait. Nina s'inquiète de différents objets qu'elle a laissés chez Fieschi, d'une robe. Morey la rassure ; il sait que tous les papiers de Fieschi sont brûlés, moins un écrit d'un certain Janod, témoignage d'amitié auquel Fieschi tenait beaucoup. On ne trouvera donc pas chez Fieschi l'adresse de Nina. Quant à la robe, elle est dans la malle que, le lendemain, Morey fait apporter chez Nina.

Cette malle joue un grand rôle dans la cause. Morey a dit ne pas savoir que jamais Fieschi ait eu une malle. Or, l'instruction démontre que, le 25 juillet, Morey a accompagné Fieschi au marché du Temple, qu'il a acheté avec lui cette malle dont il ignorait l'existence, d'autant plus qu'à l'entendre, il n'avait pas vu Fieschi cinq semaines avant l'attentat.

Ce n'est pas assez de preuves. L'homme et la femme qui ont vendu la malle ont dit que Morey avait attaché quelque importance à s'assurer que la malle avait bien une longueur de quarante-deux pouces. Il fallait une longueur égale à celle des canons de fusil achetés rue de l'Arbre-Sec.

Morey a nié qu'il ait fait porter la malle chez Nina. On lui amène le commissionnaire qu'il est allé chercher lui-même pour la conduire chez Nolland, et que le lendemain, il est encore allé prendre au quai de la Tournelle, le commissionnaire, qui, sur ses crochets, a porté cette malle chez Nina. Alors, Morey reconnaît les faits, mais il en nie la conséquence. Il était, dit-il, chez Nolland, qui lui a dit : « Voilà une malle que je suis chargé de remettre sur vos ordres. » Et, sans savoir de quoi il est question, Morey aurait fait enlever la malle, mais sans la suivre à sa destination. Ici, le commissionnaire donne à Morey un nouveau démenti, et Morey l'a bien accompagné chez Nina.

Ainsi, il n'est pas une des circonstances révélées par la fille Lassave qui ne soit justifiée par l'instruction.

Une autre circonstance se rattache encore à la malle. Morey a proposé à Nina de partir pour Lyon ; il lui a proposé 60 fr. pour lui faciliter ce voyage. En la quittant, pour revenir plus tard, disait-il, il lui a dit d'ouvrir la malle et il s'est emparé de livres et d'un carnet, ajoutant que les livres n'entreraient pas chez lui et qu'il se déferait du carnet.

On a fait une perquisition dans la maison de Morey et, dans la fosse d'aisance, on a retrouvé le carnet. Ainsi se justifie constamment la véracité de Nina. Morey devait craindre qu'il n'y eût sur ce carnet des énonciations relatives au crime, des dépenses coupables : il l'a fait disparaître. On répondra que Nina est venue dans la boutique de Morey, le dimanche après l'attentat, qu'elle a pu s'introduire dans la cour, monter l'escalier et jeter le carnet dans la fosse. Réponse invraisemblable ! Eh quoi ! le 2 août, cette fille désespérée, sans appui, voyant que Morey n'est pas revenu chez elle depuis le vendredi, et que, de ce côté là aussi, tout lui manque, cette fille qu'on arrêtera le lendemain préparant son suicide, vous la supposez se ménageant de sang-froid le moyen d'accuser un jour un innocent !

Autre preuve de la complicité de Morey. L'attentat arrêté en principe, il fallait procurer à l'exécuteur futur : 1° le moyen de se soustraire à Paris aux poursuites de la justice, c'est-à-dire un livret à un faux nom ; 2° aussitôt après l'attentat, le moyen de quitter Paris, c'est-à-dire un passe-port. Or, Bescher l'avoue, c'est Morey qui a cherché à se procurer pour Fieschi et le livret et le passe-port de Bescher.

Mais ce livret, il est resté entre les mains du chef de l'atelier où Fieschi a travaillé. Il y a là un témoin accusateur, qu'il faut faire disparaître. Aussi Morey, en allant avec Nina à la barrière de Montreuil, se rendra-t-il chez Lesage, dans la rue des Ormes, pour redemander le livret de Bescher. On ne retrouvera pas ce livret, lacéré ou brûlé sans doute.

Reste le passe-port. Cette pièce-là ne devait servir que le 28 juillet. Aussi, qui l'avait conservée ? Morey. Cela devait être. Que Fieschi fût arrêté soit avant, soit après, soit au moment même de l'attentat, ceux qui avaient prêté leur nom à la délivrance du passe-port étaient compromis si on trouvait le passe-port sur l'assassin.

Mais l'attentat pouvait avoir deux résultats : ou bien la machine dirigée contre le roi et sa famille aurait pu atteindre l'assassin lui-même et le tuer sur la place. Oh ! alors, c'était un grand bonheur, ainsi que l'a dit Morey. *Malheureusement il n'est pas mort*, a-t-il dit à Nina. En effet, si l'homme le plus dangereux pour ses complices avait cessé d'exister, c'était un grand bonheur pour eux. Dans ce cas, le passe-port devenait inutile, et il aurait été détruit. Mais il aurait pu se faire que l'intention de celui qui dirigeait les canons ne se réalisât pas, et que l'auteur de l'attentat ne fût pas la victime de l'explosion ; il pouvait se faire que les préparatifs de fuite eussent leur effet, que Fieschi pût se sauver et se soustraire aux recherches de la police. On sait que dans de telles circonstances la police exerce une surveillance très-sévère, que tous ceux qui peuvent inspirer la moindre défiance sont l'objet de recherches actives, et que ceux qui n'ont pas de papiers sont arrêtés. Le passe-port aurait été remis à Fieschi, dès le moment qu'il aurait quitté la maison n° 50, pour faciliter sa fuite.

En effet, Morey se trouvait sur les lieux, rue des Fossés-du-Temple, et là il attendait Fieschi pour lui remettre le passe-port. Fieschi a déclaré qu'en revenant de faire porter la malle, il a rencontré, sur le boulevard du Temple, Morey qui lui a dit : « Comment ! tu n'es pas encore à ton affaire ? » et que lui Fieschi, aurait répondu : « Le tambour ne bat pas encore ; j'arriverai à temps. » Si nous n'avions que la déclaration de Fieschi, on pourrait dire qu'elle ne mérite aucune confiance ; mais à côté de cette déclaration se trouve la justification de Fieschi.

Vous vous rappelez ce témoignage si important du domestique de M. Panis, qui, comme chef de bataillon de la garde nationale, se trouvait sur le boulevard, et avait laissé son domestique avec son cabriolet dans la rue des Fossés-du-Temple ; quelques jours après l'attentat, le domestique a déclaré que le 28, de dix heures à dix heures et demie, il avait vu dans la rue des Fossés-du-Temple, Morey, qu'il connaissait à merveille, passer comme un homme qui va doucement, comme un individu qui regarde, que ses yeux s'étaient portés sur une boutique de menuiserie qui justement correspond avec la maison du boulevard n° 50. C'est par là que Fieschi devait s'enfuir.

Les témoignages à décharge infirment-ils cette déclaration ? Morey, disent-ils, est sorti de chez lui, le 28, à sept heures du matin, pour aller à la Maison-Blanche, chez un sieur Fontaine. Cela est exact. Mais trois autres témoins disent que Morey est rentré chez lui à neuf heures et n'est ressorti qu'après midi. Ces trois témoins sont « ouvriers ou domestiques de Morey ; ils font, en quelques sorte, partie de sa famille… Ils ont parlé d'un fait *qu'ils n'ont pu se rappeler ; car il est impossible que, six mois après l'attentat, ils aient pu avoir la conviction intime que Morey, à une époque qui ne devait pas fixer leur attention pour un fait alors indifférent*, ne soit pas sorti de chez lui depuis neuf heures du matin jusqu'à trois heures après midi. *Cela n'est pas dans la nature des choses. Messieurs, consultez vos souvenirs, et voyez si vous pourriez vous rappeler que des personnes avec lesquelles vous avez des relations plus ou moins intimes, soient sorties ou non tel jour, à telle heure.* » (1).

Quant au domestique de M. Panis, c'est le 8 août qu'il dépose, lorsque ses souvenirs sont encore récents. A côté de lui était un autre témoin, à qui il a dit : voilà Morey qui passe, c'est le bourrelier de la maison. Ce témoignage vient encore corroborer le sien. Enfin, la femme Mouchet, interrogée le 13 août, déclare que Morey, revenu de la Maison-Blanche à huit heures et demie, est ressorti immédiatement après son déjeuner. Ce n'est pas là un témoin hostile à Morey.

Et, le 29, que dit Morey à Nina ? qu'il va rendre le passe-port à Bescher, ce passe-port devenu inutile.

Voilà toutes les preuves qui établissent la culpabilité de Morey, et la plus convaincante c'est le continuel démenti donné par lui à tous les faits qu'il avait intérêt à nier.

M. Martin (du Nord) passe ensuite à l'accusé Pepin. Et d'abord, il examine ses antécédents. Pepin a été renvoyé de l'accusation dirigée contre lui, à raison des journées de juin ; il y a là chose jugée, et cependant Pepin n'est pas resté sans inquiétude au sujet.

Ses opinions, tout le caractérise. Ses amis ont été poursuivis par la justice, ont pris part aux émeutes. S'il va dans les prisons, c'est pour porter des secours

---

(1) Nous retrouvons ici exactement, mais revêtue d'une autorité bien supérieure à la nôtre, la théorie toute de bon sens que nous émettions dans le récit de l'affaire *Léotade*. Qu'il nous soit permis de la reproduire :

— « L'accusé pourrait répondre que celui-là serait bien admirablement organisé qui pourrait, à distance, sans se tromper d'une figure ou d'une minute, dire tout ce qu'il a fait et vu un certain jour, qui n'a marqué plus que les autres dans son existence que depuis qu'il s'est écoulé ! Et, à ce propos, nous serait-il permis de nous étonner un peu des étonnements des juges d'instruction, des procureurs et des présidents, lorsqu'un accusé ne trouve pas, vivantes et fidèlement conservées dans sa mémoire, toutes les circonstances de son existence à un moment donné. Que si on interrogeait ainsi l'interrogateur, peut-être trouverait-on à redire à ses réponses. Ce qui nous surprend encore plus parfois, c'est l'imperturbable assurance avec laquelle, après des années écoulées, certains témoins dépeignent dans leurs plus minutieux détails les hommes qu'ils ont vus un jour. Nous avouons humblement, qu'en pareil cas, *nos défiances s'attachent plutôt à l'assurance qu'à l'hésitation.* »

Telle est notre opinion immuable ; quant aux organes du ministère public, ils leur semble varier selon les circonstances

à des détenus politiques. Il se met à la tête d'une section de la Société des Droits de l'homme, il fait de la propagande, il établit des sections nouvelles.

Voilà sa conduite avant l'attentat. Le jour de l'attentat, il se rend avant la revue chez le commissaire de police de son quartier. Il lui demande protection, parce qu'il craint d'être victime de la fureur du peuple. Il ne couche pas chez lui la nuit du 28 juillet, ni les nuits suivantes; il va de maison en maison, il craint d'être arrêté. Pourquoi ces terreurs? Son nom ne figure pas au procès avant le 6 août. Sa conscience parle donc bien haut! Il quitte Paris, le jour de la cérémonie funèbre en l'honneur des victimes de l'attentat, et se rend à Lagny. Est-ce là la conduite d'un innocent?

Le 28 août, on apprend qu'il est rentré chez lui, de nuit, furtivement; on l'arrête. Dans ce premier interrogatoire, il est ce qu'il sera toujours, accablé sous le poids de sa conscience, n'osant toucher à aucune circonstance, donner aucune explication, parce qu'un seul mot échappé peut le perdre.

Il s'échappe, il se cache encore, avec la pensée, dit-il, de se présenter plus tard devant les magistrats. Mensonge! Quand on l'arrête, on trouve sur lui la minute, écrite de sa propre main, d'un article inséré dans les journaux et qui annonce l'arrivée à Rotterdam de l'accusé Pepin. Il a donc cherché lui-même à dépister la justice, à tromper la surveillance de la police.

On l'interroge : il est trop troublé pour répondre, il en appelle aux débats; aux débats, il s'en réfère aux interrogatoires qui ne prouvent rien. C'est donc en dehors de ses paroles qu'il faudra chercher les éléments de sa culpabilité.

Fieschi n'a pu faire les frais du crime. Un autre y a fourni, c'est Pepin; car les relations de Pepin avec Fieschi se sont continuées jusqu'au jour de l'attentat; car le carnet de Fieschi porte à divers endroits cette mention : « Reçu 218 fr. 50 c. » Fieschi, interrogé sur les éléments de cette somme, a répondu que Pepin avait payé ses meubles, son loyer et le bois du châssis pour la machine.

Or, les livres de Pepin portent :
M. Bescher. . 150 fr. c.
Plus, pour bois et loyer. . 68 50
218 50

Quelle conformité! Et Pepin ne peut expliquer comment cette somme se trouve sur ses registres; il renie son écriture et il faut lui prouver que la note est bien de sa main. En effet, quelle vraisemblance que Pepin eût donné pareille somme à Bescher, au vrai Bescher? Autre réponse, imaginée ou suggérée depuis : ce n'est pas une somme donnée, c'est une demande de prêt qui a été inscrite sur le livre. Est-ce qu'on écrit sur un livre une demande de prêt, et, si cela était croyable, est-ce que cette somme a un caractère déterminé, précis, exact? est-ce qu'elle eût consisté en deux énonciations distinctes, faites à des jours différents?

Autre circonstance, la demande de cheval pour la promenade du 27 juillet. Suireau déclare, le 1er septembre, avoir su, le 26 juillet, qu'il devait y avoir une promenade à cheval sur le boulevard du Temple, et que Boireau devait la faire à la place d'un épicier qui fournissait un des chevaux de son écurie de la rue de Bercy. Fieschi n'avait pas encore parlé de ce détail. Il avoue la convention faite avec Pepin à ce sujet, ajoutant que Pepin n'a pas tenu parole et qu'il a fallu pointer autrement la machine; il dit encore que Boireau lui a déclaré le lendemain avoir passé à cheval, à la place de Pepin. Boireau nie d'abord le fait, mais, plus tard, cédant aux instances de sa mère, il avoue que Pepin l'a prié de faire cette promenade devant le Jardin-Turc. Boireau n'en dit pas davantage, mais, relativement à Pepin, c'en est assez.

Il reste à examiner l'emploi du temps de Pepin pendant la journée du 28 juillet. Boireau n'a pas appris de Pepin le but qu'on se proposait le jour de la revue, mais il lui a entendu dire que, le 28 juillet, il irait chercher quarante hommes dans le faubourg Saint-Jacques, une section, pour profiter des circonstances. Or, Pepin a dû avouer qu'il avait fait, pendant la matinée du 28, des courses dans le faubourg Saint-Jacques. Il a avoué, à grand'peine, avoir été chez Budin, chez Floriot et chez Lyon : tous trois sont sectionnaires de la Société des Droits de l'homme, le troisième a été chef de la section *Louvel!* Cela dit assez ce qu'allait faire Pepin dans le faubourg Saint-Jacques.

En ce qui concerne Boireau, l'accusation porte sur deux chefs : 1° Il a eu connaissance du complot; 2° il a pris part aux circonstances, aux préparatifs de l'attentat.

Il faut ici parler des aveux faits par cet accusé. Il pourra lui en être tenu compte, surtout s'il les complète. Il a avoué seulement tout ce qui constituait la connaissance de l'attentat, mais il a nié tout fait qui pût établir sa participation. Or, ce n'est pas là toute la vérité. Le ministère public n'insistera pas sur l'achat de la barre de fer, bien qu'il soit difficile à croire que Boireau ait ignoré complétement l'usage auquel elle était destinée. Fieschi, adroit et prudent, porté à se défier d'un homme jeune et bavard, eût-il confié une partie de ses démarches à qui en aurait ignoré l'ensemble? Enfin, Fieschi affirme l'invraisemblable ignorance de Boireau. Passons.

Mais d'autres circonstances avaient été révélées par Boireau. Le soir du 27 juillet, mû par un louable sentiment de patriotisme, le témoin Suireau avait envoyé au commissaire de police la note secrète que l'on sait. Cette note est un trait de lumière dans le procès. Les renseignements si précis qu'elle renferme, Suireau n'a pu les savoir par lui-même; ils n'ont pu lui être donnés que par l'individu qu'il désigne. C'est un ouvrier ferblantier, travaillant chez Vernert, dont on ne déclare pas encore le nom, dont la demeure est ignorée. On saura plus tard que c'est Boireau qui a donné tous ces détails. Et il n'aurait pas connu le complot, avec tous ses détails! Mais le témoin Suireau en savait plus encore; s'il n'a pas tout dit dès l'abord, c'est qu'il était troublé, c'est qu'il était à la recherche d'un commissaire de police, c'est que Suireau fils avait fait des révélations incomplètes, craignant de compromettre un ami. Ainsi, le 1er septembre, sur sa demande, Suireau père complétait par-devant le juge d'instruction les révélations de son fils dans une seconde note.

Dira-t-on que cette seconde note renfermait des faits nouveaux, différents des premiers, que Suireau père avait eu connaissance des éléments déjà trouvés pour la procédure? Non. La note du 1er septembre ne renferme pas un seul mot qui ne soit en germe dans la première note, et, si la procédure en a vérifié tous les faits, Suireau ne pouvait connaître la procédure. Il aurait donc deviné les aveux de Fieschi.

La vérité est donc dans la note du 1er septembre. Or, cette note dit que, lorsque Boireau est sorti de chez Vernert avec son foret, il savait que c'était pour percer des trous à la machine. Il est donc complice.

Et la promenade à cheval, la répétition de la machine, elle est aussi dans la note, et ce dire est confirmé par Fieschi, alors qu'il est au secret, qu'il ne communique avec personne. Fieschi déclare que le 27 juillet au soir, Boireau l'a accosté et lui a dit : M'avez-vous vu quand je suis passé à cheval sous les fenêtres, à la place de Pepin ? Et quand Fieschi a dit cela, il ne connaissait pas la note.

Et Boireau ne serait pas complice! et Boireau ne serait pas coupable! Il l'est, sans doute; mais il est entré dans le complot à une époque bien rapprochée de l'attentat; il peut avoir été entraîné par de perfides conseils. C'est à lui de le prouver, en complétant les aveux que les larmes de sa mère ont déjà obtenus de lui. Qu'il y réfléchisse, pendant qu'il en est temps encore; son intérêt est ici d'accord avec son devoir; qu'il éclaire ses juges, qu'il dise comment il a été entraîné, à quelles suggestions criminelles il a cédé, la vérité est son seul refuge, qu'il la dise tout entière. La Cour pourra peut-être lui tenir compte d'une sincérité sans réserve, qui permette de lire au fond de son cœur, et de savoir ce que la société peut craindre ou espérer de lui.

Le procureur général avait résumé toutes les charges en ce qui regardait chacun des accusés. Il lui restait à conclure; il le fit en ces termes :

Cour de la Maison, dite de Fieschi.

— Vous savez, Messieurs, quel sont peut-être les résultats de l'attentat dont nous poursuivons les auteurs; la sûreté du roi est compromise; nos institutions et la monarchie ont été menacées d'un même désastre avec le roi et sa famille. Est-il bien vrai que tous les coupables soient sur ces bancs, et qu'il n'en existe pas d'autres?

Loin de nous, Messieurs, la pensée d'émettre devant vous des paroles hasardées! nous savons quels sont notre rôle et notre devoir; nous ne devons pas émettre légèrement une opinion sur une question si grave. Cependant nous sentons qu'ici, appelés à dire toute la vérité, nous devons faire connaître toutes les impressions que nous avons ressenties.

Nous déclarons donc qu'après avoir examiné l'affaire, après avoir lu avec la plus grande attention toute la procédure, après nous être pénétré des faits qui pouvaient en résulter, nous ne croyons pas qu'aucun nom puisse être l'objet d'une accusation. Mais ce que nous croyons établi et reconnu désormais, c'est qu'il y avait là des hommes qui, sans savoir le but qu'on se proposait, ou plutôt le moyen à l'aide duquel ce but devait être atteint, étaient disposés à en profiter comme d'une occasion favorable de troubler encore l'ordre qu'ils avaient déjà plus d'une fois attaqué sans succès.

Si nous examinons les faits révélés, nous reconnaissons que la Société des Droits de l'homme était préparée à exploiter l'événement qui devait favoriser ses coupables tentatives.

Comment en aurait-il été autrement? Sans nous arrêter aux noms qui ont été prononcés dans cette cause, et qui peuvent bien avoir quelque célébrité, ne voyons-nous pas cette évasion de Sainte-Pélagie si extraordinaire, consommée quelques jours avant l'attentat? Eh quoi? ces hommes ont paru devant nous dans cet état permanent de révolte signalé par nous, et que toute la France avait déploré; ces hommes si fiers quand ils paraissaient devant vous, quittent leur prison et vont chercher asile chez quelques-uns des accusés de ce procès. Quittent-ils la France ? On vous a dit que l'un des chefs était encore à Paris il y a quelques jours, bravant ainsi en quelque sorte la condamnation portée contre lui. On s'est même permis de vous dire qu'on venait, frappé qu'il était par une condamnation, remplir un mandat en son nom, et vous annoncer qu'il était encore à Paris.

Oui, il existait derrière des accusés des hommes prêts à profiter de l'événement : les documents du procès l'établissent, et il était de notre devoir de le déclarer.

Loin de nous la pensée de prétendre que nous puissions dès à présent établir une accusation directe contre aucune personne; mais qu'il y ait eu des hommes avertis qu'un attentat serait commis, qui aient jugé que le moment était venu de profiter de la mort du roi et du désordre qui devait en être la conséquence, c'est ce que les documents du procès démontrent, et c'est ce que nous dit notre profonde conviction. Nous ne voudrions pas sans doute qu'on pût croire que nos paroles s'adressent à tous les hommes dont l'opinion est contraire à la monarchie, et que nous confondions dans un même soupçon tous ceux qui appartiennent au parti républicain. Nous aimons à penser, au contraire, qu'il y a dans ce parti des hommes d'une conviction honorable, à sentiments généreux, entraînés peut-être par les circonstances, ou dominés par l'influence d'une position fausse, qui, à coup sûr, se seraient révoltés à la pensée d'un assassinat, et qui auraient préféré déserter leurs opinions plutôt que de recourir au plus lâche de tous les moyens.

Il y en aurait eu beaucoup, nous voulons le croire, nous en sommes sûr, qui auraient pensé comme l'un d'eux appelé devant la justice, lequel a déclaré franchement et loyalement que, s'il avait eu connaissance de quoi que ce fût relatif à l'attentat, il se fût empressé de le faire savoir à l'autorité.

Ainsi, après avoir rempli jusqu'au bout notre pénible mission, après avoir réuni et coordonné les éléments les plus importants de cette longue et douloureuse procédure, c'est un bonheur d'avoir à vous demander si l'avenir n'a pas pour nous de consolantes espérances, et si de l'énormité même du crime et de ses déplorables résultats il ne sortira pas une grande et profitable leçon.

Quand l'attentat dont nous venons, au nom de la société, vous demander réparation vint à éclater au milieu de la joie de nos fêtes, un cri d'horreur universel s'éleva contre ses auteurs; en même temps la conscience publique se souleva avec indignation contre ces doctrines qui, après avoir ensanglanté nos rues de sacriléges tentatives de révolte, avaient encouragé à la plus lâche et à la plus odieuse de toutes les entreprises.

Aujourd'hui que ces doctrines ont été, aux yeux de tous, poursuivies et démasquées, aujourd'hui que chacun a pu lire sur certaine bannière, comme mot de ralliement, *l'assassinat à la suite de la révolte*, qui donc en France oserait venir se presser autour d'un pareil étendard ? Quelle main pourra jamais le relever ? Oh ! disons-le hautement pour l'honneur de la patrie, en France, un parti qui recourt à l'assassinat est un parti perdu, anéanti; et si, ce qu'à Dieu ne plaise, nous pouvions nous tromper, s'il se trouvait encore des hommes capables de rêver un si grand crime, ce procès sera pour eux un enseignement salutaire. Comment former un complot avec plus de prudence et d'astuce? Dans quels rangs chercher une obscurité plus profonde? à qui demander un séide plus énergique, plus discret que celui qui, selon l'expression d'un témoin, avait livré son nom et son corps; et cependant toutes leurs précautions ont été vaines, toute leur prévoyance a été déjouée; les coupables n'ont pu se dérober à la justice des hommes; le pays vous la demande et l'attend de vous comme une expiation pour le passé, comme une garantie pour l'avenir.

Après ce réquisitoire, Me Patorni, défenseur de Fieschi prit la parole :

— Nobles pairs, dit-il, une catastrophe effroyable ensanglanta Paris, le 28 juillet 1835. Le roi, entouré de ses fils et des hauts dignitaires de l'Etat, célébrait l'anniversaire de l'une des trois journées qui l'avaient élevé au trône, lorsqu'une explosion, justement appelée infernale, faillit réduire en poussière et le roi et les princes, et les dignitaires de l'Etat et le trône de juillet.

On crut un instant à une nouvelle révolution, car le moyen assurément d'atteindre ce but eût été de trancher les jours du monarque.

Mais, il faut le proclamer bien haut, la Providence veillait sur lui et sur sa famille; car, environnés de morts et de mourants, le roi et les princes furent respectés par les balles homicides. Dix huit morts et vingt-deux blessés : tel fut le résultat de cette bataille d'un nouveau genre livrée à toute une dynastie, à tout un gouvernement.

Inutile, nobles pairs, de vous retracer ici les résultats de la longue procédure qui a été instruite. Il en est résulté que l'auteur principal de l'attentat que vous êtes appelés à juger est celui que je défends en ce moment, Fieschi (Joseph), natif de Murato en Corse, ancien militaire, ancien serviteur du gouvernement.

Fieschi ne nie point son crime; il en reconnaît toute l'énormité, et il ne s'en dissimule point les conséquences. Il ne dit point, comme certains criminels : « Si ce n'était fait, je le ferais encore. » Bien loin de là, les noms des victimes résonnent constamment à ses oreilles, et leurs ombres se glissent toutes les nuits dans son cachot pour épouvanter son sommeil !

Il y a donc chez lui repentir et remords; mais si le remords et le repentir trouvent grâce devant Dieu, ils n'en sauraient trouver devant le texte de nos lois pénales. A des juges, il faut des justifications différentes, il faut des moyens d'excuse ou d'atténuation autorisés et prévus par les lois elles-mêmes.

C'est là la tâche que je suis chargé de remplir; tâche pénible, tâche difficile, mais enfin tâche non impossible.

Oui, nobles pairs, le crime de Fieschi, tout horrible qu'il est, doit vous apparaître avec son cortége de circonstances atténuantes, et vous déterminer à vous montrer véritablement justes en écartant de sa tête la peine de mort, peine qu'il ne redoute point, qu'il appelle même à grands cris, mais que nous, ses défenseurs, trouverions injuste et illégale, et à laquelle nous devons conséquemment le soustraire par tous nos efforts.

Ce grand procès, nobles pairs, devrait être profitable à bien des personnes. Il renferme dans son sein la leçon vivante de la science de gouverner. Puissent les rois et les ministres surtout s'apercevoir une fois pour toutes que gouverner les hommes est chose difficile; car gouverner dans beaucoup de cas, c'est prévenir; et ici, malheureusement, il vous sera démontré qu'il n'y a eu de la part du gouvernement ni prévoyance, ni prudence; et dès lors le volcan a éclaté et ses laves brûlantes ont failli incendier la France et l'Europe.

Les plus petites causes ont souvent les plus grands effets. Tout ici bas se coordonne et s'enchaîne. Il n'est pas un fait qui n'emporte nécessairement et inévitablement avec soi ses conséquences.

C'est l'histoire de Fieschi par rapport au gouvernement; c'est l'histoire du gouvernement par rapport à Fieschi. J'entre en matière.

La défense, nobles pairs, sera divisée en quatre parties.

La première s'occupera des antécédents de l'accusé.

La deuxième de l'attentat du 28 juillet, considéré comme le résultat de l'altération d'esprit dans lequel avait été réduit Fieschi par les mesures du gouvernement à son égard.

La troisième complétera le tableau des circonstances atténuantes par la preuve que l'autorité, informée à temps, aurait pu empêcher le crime.

La quatrième et dernière partie s'occupera des révélations faites par Fieschi.

Ces généralités auront suffi au lecteur pour comprendre à quel faux point de vue s'était placé l'avocat, dont la plaidoirie n'allait rien moins qu'à faire de Fieschi une victime de la société et à justifier son crime en cherchant à l'atténuer. Le président dut intervenir et repousser ces étranges moyens de défense, et Fieschi, qui jusqu'alors avait écouté avec complaisance, se leva furieux, quand il vit l'effet des paroles de M° Patorni et s'écria : — Je lui retire ma défense! Mais vous perdez donc la tête!

L'intérêt commençait à se retirer de cet odieux fanfaron, pour se reporter sur Pepin; cet accusé qu'on avait taxé jusqu'alors de pusillanimité, et qui était après tout le seul de ces malheureux qui eût une famille, des enfants, quelque chose à perdre, avait changé entièrement d'attitude, depuis le moment où les révélations de Boireau lui avaient fait entrevoir sa perte comme inévitable.

Dans l'intervalle de la douzième à la treizième audience, le 11 février, Pepin avait « au nom de son épouse, de ses jeunes enfants, » demandé une entrevue au président de la cour. Là, après avoir encore protesté de son innocence, il avait avoué la visite de Boireau qui, dit-il, était venu lui emprunter un cheval, sans lui faire connaître l'usage auquel on le destinait. Il persistait à nier qu'il eût connu Fieschi sous son véritable nom et comme un condamné politique. Boireau avait dû s'entendre avec Fieschi pour le perdre.

Ces déclarations achevèrent de délier la langue de Boireau; il déclara qu'il avait effectivement monté à cheval : Pepin lui avait parlé de la revue, et lui avait dit : les zélés seront là; un galérien doit tirer sur le roi; je dois me réunir avec quarante hommes.

Pepin se débat contre ce témoignage accablant qu'il vient de soulever : — niez-donc, s'écrie Boireau, que tout à l'heure, devant les municipaux qui nous séparent, vous m'avez dit : « dites donc que c'est Bescher qui est venu chercher mon cheval de la part de Fieschi. »

Le Président. — Pepin, avez-vous parlé à Boireau ce matin.

Pepin, après une longue hésitation : — Mais... oui. Bescher a entendu le propos et le confirme. Fieschi est triomphant. — Il ne faut pas vous décourager M. le Président, s'écrie-t-il, une femme accouche à sept et à neuf mois; Pepin finira par dire toute la vérité. Ces paroles cyniques laissent dans l'auditoire une profonde impression de dégoût.

Après cet incident, M° Patorni achève sa pâle et inutile défense, et M° Dupont, défenseur de Morey, prend la parole.

M° Dupont ne pouvait que plaider le doute, isoler complètement les accusations de Fieschi, faire ressortir entre ces deux hommes la différence de moralité. Il le fit avec bonheur; il discuta les témoignages terribles de ceux qui avaient vu Morey dans la maison fatale ou près de ses abords, et en tira cette conclusion qu'il pouvait y avoir un sosie de Morey; en tout cas. il y avait doute, et, à ses yeux, au grand criminel, le doute c'était l'absolution.

Le défenseur de Pepin, M° Marie, rejeta sur Fieschi l'inspiration du crime; il demandait si cet homme flétri, brûlé de haine contre la société qui l'avait chassé de son sein, avide d'une célébrité mauvaise, pouvait être représenté sérieusement comme exploité par Pepin ; si ce menteur impudent et habile pouvait être cru. Quant aux accusations tardives de Boireau, M° Marie s'écria, après en avoir combattu la vraisemblance : — « Ah ! si Boireau est innocent, je conçois ses accusations ; mais s'il est criminel, je le plains, car il a de longs jours à vivre, et la vie doit peser horriblement à qui a sur la conscience la mort d'un homme. »

La tâche de M° Paillet, défenseur de Boireau, était plus facile; elle se réduisait à invoquer la jeunesse, l'inexpérience, à supplier la cour de tenir compte à son client de ses aveux, des larmes de sa mère.

Restait à M° Parquin à refaire, avec plus de tact, la plaidoirie impossible de M° Patorni, et au procureur général à accabler, dans sa réplique, les accusés principaux sous l'évidence de leur culpabilité.

Le procès n'était plus là. Les efforts généreux de M° Marie et de M° Dupont, pour faire évanouir l'évidence, ne pouvaient faire illusion à personne; mais le parti républicain prenait la question de plus haut et voyait dans un arrêt de mort contre Pepin et Morey, la restauration de l'échafaud politique. Triste et maladroite assimilation! L'opinion publique ne s'y trompa pas, bien qu'une réaction se fût opérée contre le gouvernement, à la suite des arrestations nombreuses, des persécutions policières qu'avait entraînées le procès, et des mesures de compression auxquelles il avait servi de prétexte.

Le 14 février, la clôture des débats fut prononcée, après une longue et diffuse improvisation de Fieschi, dans laquelle ce misérable, tout en se complaisant comme d'ordinaire dans son importance, exagérait son crime et ses remords, pour faire ressortir le mérite de ses aveux, et parlait du courage avec lequel il allait mourir en homme qui espère avoir acheté sa grâce.

Pepin et Morey protestèrent simplement de leur innocence; Boireau, pressé par le président qui l'interrogeait, chose étrange! sur un complot qui n'avait aucun rapport avec l'accusation présente, donna des détails insignifiants sur l'affaire de Neuilly. Ainsi, on exploitait chez ce jeune homme, au profit de révélations étrangères à la cause, la terreur de l'échafaud !

Le 15 février, à huit heures du soir, s'ouvrit pour le public la dix-septième et dernière audience. A dix heures vingt minutes, la Cour entra, et après l'appel nominal, le président prononça l'arrêt suivant :

La Cour des pairs,
Vu, etc.... Ouï, etc....
Et après en avoir délibéré :
En ce qui concerne Fieschi (Joseph),

Attendu qu'il est convaincu d'avoir, le 28 juillet dernier, commis, à l'aide d'explosion d'armes à feu, un attentat contre la personne et la vie du roi et de plusieurs membres de la famille royale;

Qu'il s'est, en outre, par le même acte et avec préméditation et de guet-apens, rendu coupable :

1° D'homicide volontaire sur la personne du maréchal duc de Trévise, du général Lachasse de Vérigny, du colonel Raffé, du comte Villatte, du lieutenant-colonel Rieussec, des sieurs Léger, Ricard, Prudhomme, Benettet, Inglar, Ardouin, Labrousse, Leclerc; des dames Briosne, Ledernet, Langoray; des demoiselles Remy et Alisson;

2° De tentative d'homicide volontaire sur la personne du général comte de Colbert, du général baron Brayer, du général Pelet, du général Heymès, du général Blin, des sieurs Chamarante, Marion, Langoray, Chauvin, Royer, Vidal, Delépine, Ledernet, Amaury, Bonnet, Baraton, Roussel, Frachebond, de la veuve Ardouin, de la dame Ledernet, de Méry, et de la demoiselle François; ladite tentative ayant les caractères déterminés par l'article 2 du Code pénal;

En ce qui touche :
Morey (Pierre),
Pepin (Pierre-Théodore-Florentin);
Attendu qu'ils sont convaincus de s'être rendus complices des crimes ci-dessus spécifiés,

1° En concertant et arrêtant entre eux, et avec l'auteur de l'attentat, la résolution de le commettre, laquelle résolution a été suivie d'actes commis pour en procurer l'exécution;

2° En donnant des instructions pour commettre ledit attentat, en y provoquant par dons, machinations et artifices coupables, en procurant des armes et autres moyens ayant servi à le commettre, sachant qu'ils devaient y servir, et en ayant, avec connaissance, aidé et assisté l'auteur de l'action dans les faits qui l'ont préparée, facilitée et consommée.

En ce qui concerne :
Boireau (Victor);
Attendu qu'il est convaincu de s'être rendu complice des mêmes crimes, en ayant, avec connaissance, aidé et assisté l'auteur de l'action dans les faits qui l'ont préparée et facilitée.

En ce qui concerne Bescher (Tell), attendu qu'il ne résulte des débats aucune charge qui établisse qu'il se soit rendu coupable comme auteur ou comme complice des crimes ci-dessus qualifiés,

Déclare Bescher (Tell) acquitté de l'accusation portée contre lui,

Ordonne qu'il sera mis sur-le-champ en liberté s'il n'est retenu pour autre cause;

Déclare Fieschi (Joseph) coupable, 1° d'attentat contre la personne et la vie du roi et contre celle de plusieurs membres de la famille royale;

2° D'homicide volontaire commis avec préméditation et guet-apens sur la personne du maréchal duc de Trévise, du général Lachasse de Vérigny, du colonel Raffé, du comte Villatte, du lieutenant-colonel Rieussec, des sieurs Léger, Ricard, Prudhomme, Benettet, Inglar, Ardouin, Labrousse, Leclerc; des dames Briosne, Ledernet, Langoray; des demoiselles Remy et Alisson;

3° De tentative d'homicide volontaire sur la personne du général baron Brayer, du général comte de Colbert, du général Pelet, du général Heymès, du général Blin, des sieurs Chamarante, Marion, Langoray, Chauvin, Royer, Vidal, Delépine, Ledernet, Amaury, Bonnet, Baraton, Roussel, Frachebond, de la veuve Ardouin, de la dame Ledernet de Méry, et de la demoiselle François; ladite tentative ayant les caractères déterminés par l'article 2 du Code pénal;

Déclare Morey (Pierre) et Pepin (Pierre-Théodore-Florentin) coupables de complicité des mêmes crimes, lesdits crimes prévus par les articles 86, paragraphes 1 et 2, 88, 295, 296 et 302 du Code pénal.

Vu les art. 7, 12, 13, 20, 28, 29, 36 et 47 du Code pénal,

Condamne Joseph Fieschi à la peine du parricide;

Ordonne qu'il sera conduit sur le lieu de l'exécution en chemise, nu pieds et la tête couverte d'un voile noir, qu'il sera exposé sur l'échafaud pendant que l'huissier fera au peuple lecture de l'arrêt de condamnation, et qu'il sera immédiatement exécuté à mort;

Condamne Pierre Morey et Pierre-Théodore-Florentin Pepin à la peine de mort;

Condamne Victor Boireau à la peine de vingt ans de détention;

Condamne Fieschi, Morey, Pepin et Boireau solidairement aux frais du procès, desquels frais la liquidation sera faite conformément à la loi, tant pour la portion qui doit être supportée par les condamnés que pour celle qui doit demeurer à la charge de l'Etat;

Ordonne, conformément à l'article 47 du Code pénal, qu'après l'expiration de sa peine, Boireau sera pendant toute sa vie sous la surveillance de la haute police;

Ordonne que le présent arrêt sera exécuté à la diligence du procureur général du roi, imprimé, publié et affiché partout où besoin sera; et qu'il sera lu et notifié aux accusés par le greffier en chef de la Cour.

Fait et prononcé le lundi 15 février 1836, à l'audience publique de la Cour.

L'arrêt prononcé fut accueilli par chacun des condamnés selon la différence de son tempérament spécial. Morey, abattu par la maladie, resta indifférent; Pepin s'agita pour protester encore de son innocence; Fieschi multiplia sous toutes les formes l'expression de son repentir verbeux.

Pepin écrivit à un de ses défenseurs, cette lettre touchante :

A Monsieur Dupin, avocat.

Monsieur,

A l'instant on vient de me lire l'arrêt de la Cour des pairs qui me condamne à la peine capitale. Je vous l'ai dit, et permettez-moi, mon cher et honorable défenseur, de vous répéter que je n'ai jamais fait le mal. Jamais je ne l'ai conseillier et jamais je n'ai payer pour le faire. Je meurs victime, je ne sais de qui ni par qui. Fieschi en s'introduisant chez moi avait quelque mauvaise intention, celui de me compromettre ou celui de me perdre. Sur la tête de mes jeunes et quatre malheureux enfans, sur celle de mon épouse et de mon neveu orphelin, je vous jure à la face de Dieu que si Fieschi à qui je n'avais parlé depuis environ deux mois avant son crime, avait suivi mes principes de tous les temps, jamais son crime n'aurait eu lieu; jamais il n'aurait fait à son pays tout le mal qu'il a fait; au contraire il serait devenu ouvrier laborieux et se serait constitué prisonnier. Voilà, Monsieur, la vérité; on a toujours pensé que derrière moi il y avait des conspirateurs, que je n'en étais que l'instrument : ceci est encore une erreur à laquelle je ne puis empêcher de croire. Le crime est dans Fieschi, il épargne et accuse ceux qu'il veut : voilà encore la vérité. Je ne suis pas le complice de Fieschi,

FIESCHI.

mais je suis sa victime. En descendant chez les morts, je vous dis toute la vérité... je vous donne ma bénédiction pour vous et ceux qui vous sont cher; celle d'une innocente victime n'est point à repousser. Dans ma pensée je suis sacrifié, je ne sais à qui; je leur pardonne de tout mon âme.

Faites, je vous en supplie, Monsieur, qu'il me soit accordé quelques jours pour écrire à mes amis les plus intimes; ils sont presque tous dévoué au gouvernement; pour régler mes intérêts avec mon associé de Lagny, pour indiquer à ma famille, à mes jeunes et malheureux enfants le chemin qu'ils auront à suivre après moi. Mon nom, c'est mon malheur; mes injuste et antérieure persécutions, c'est mon crime.

16 février 1836.

TH. PEPIN.

Quant à Fieschi, il s'était adressé tour à tour aux avocats, aux magistrats, aux ministres de la religion.

Le 16 février, il écrivait la lettre suivante à l'un de ses défenseurs.

M. Parquin, advocat près la Cour royale de Paris.

Minuit 20 minute, 16 février 1836, prisons de Luxembourg; cet même nuit que mon arrêt de mort est signé à la première Cour suprême de l'Eta suit législatif ou judiciere.

Monsieur,

Ma fin s'approche; la mort marche a gran pas pour m'atteindre, elle est sure de sa conquette parceque je suis san défence !...

Ma destinée est accompli, leternité m'attend, ma vie me devient à charge !.... elle me peise sur mon dot, plus que si j'avais ettait chargé de porter le mont Ettena ! Hélas mon Dieux, dappré votre divine puissance, d'accord avec que la nature, je reçus le jour... Mais je plains cet zetre du jarre humain qu'il prens la vie pour un plaisir ! Et pour quoi non pas regarder la mort comme une loi générale?

Hereux cet lui qui a veccus sans reproche ! Hereux celoui quil a vecque n'ayant fait que le bien ! Oui mon défenseur, vottre élocance, vottre credit dans la société, riens n'as pus sauvé vottre cliante, de se gleve tranchant. E bien, Monsieur, du courage. Permetté moi, que je puisse vous adrece des vœux pour vous, sans oublier vottre honorable famigle. Je désire que vous pussie vivre long-temps. Si George Léonie vécut cent sept ans sans cesser de traveux ordinaire, je désire que vous puissié vivre autant, sans que vousforce moral, physique et intellectuelle soit abattue. Puis, que vous puissiez occuper un page dans listoire comme Scipion qui fut l'homme le plus vertueux de son siècle. Mais vous, Monsieur, vottre émortalité troveras unne page ouverte, pour vous rendre justice et vous placé en approchant, a cotté de Ciceron pour l'éloquence, et pour votre plus voisin le sage Hésop.

Monsieur parquin, malgré *mon amme de bronze*, malgré mé force morale, je suis obligé de cesser dé eccrire; ma plumme m'échappe des doit; lé pleure m'étouf; mon cœur febli, en me rappellant le douce entrettiens avec vous.

Maintenant, je nen regret plus ma vie; mais je regret primo ma patrie. Mon bienfaiteur Monsieur L'avocat; mes advocat, quil m'ont assisté au débas! Ma paure orfeline Nina; oui cel que j'ainne et que j'aimerais jousque à tombeaux. Elle me dict dans un entrettiens en versant de larme : « Je serais heureus, si je pouvait soubir le même sort, que je pusse au moins cessé de vivre aveque toi; car je nen serais plus hereus sur la terre. » Elle me prononsa, je repette, en se foudant en larme. Maintenant, je vous la recommande. Voila la seule deitte qu'il vous reste a payé appré mon trépas; Monsieur Lavocat vous seconderas, car il me la promis et je suis persuadé qu'il tiendra paraule.

Mais maintenant, il me reste à faire ma confession religieus; puisque j'ais terminé mes confessions politique, sincère, sans mensonge : je assure qu'il nen m'est rien resté sur ma consience; et je suis satisfait d'avoir ecclèré ma patrie. Adieux. Avant de mourir je désire voir votre honorable fils, pour lui dire adieux à jamais nous vous véron dans l'autre monde. Prie Dieu pour moi.

Fait à la prison du Luxambourg, le 16 févrié 1836.

Le grand coupable,

FIESCHI.

La famille de Pepin faisait, de son côté, une touchante et inutile démarche. L'un des deux princes qui accompagnaient le roi le 28 juillet, avait dit : « Si un de nous avait été tué, la clémence royale pourrait être implorée avec espoir de succès; mais ici une requête en grâce ne pourrait être prise en considération que si elle était présentée par les familles mêmes des victimes. » On conseilla à madame Pepin de réclamer l'intercession de madame la duchesse de Trévise.

La raison d'État pouvait aussi bien intervenir en faveur de Pepin; on espérait de lui, jusqu'au dernier moment, un aveu qu'il ne fit pas. N'avait-il réellement rien à dire, ou, transfiguré par l'approche de l'expiation, trouva-t-il en lui-même assez de force pour emporter son secret.

Le 17 février, il fait appeler M. le baron Pasquier : on croit à des révélations.

Le baron Pasquier insiste pour obtenir de Pepin la vérité tout entière, tant sur lui que sur ses complices, en lui faisant observer que ce jour est peut-être le dernier où il pourra accomplir ce devoir; Pepin répond :

— En ce qui concerne la course que j'ai faite au faubourg Saint-Jacques, le 28 juillet au matin, je n'y ai vu que les personnes que j'ai déjà désignées, au nombre de quatre, entre lesquelles se trouve Floriot, alors marchand de vins; c'était moi qui avais contribué, pour la plus grande part, à son établissement. Je lui dis qu'il pourrait bien y avoir du bruit; il me dit que, si cela arrivait, il y avait un lieu de rendez-vous où devaient se réunir ses amis et ses connaissances; mais il ne m'a pas dit où ni comment la réunion devait avoir lieu, et je n'en ai pas su davantage. Je demeure toujours convaincu que Fieschi s'est introduit chez moi pour me perdre; dans tout ce qu'il a dit, il y a une grande quantité de mensonges mêlés à quelques vérités.

D. Persistez-vous à dire que Fieschi a menti dans les déclarations qu'il a faites relativement aux communications que vous auriez eues avec Cavaignac?

R. Cet homme a toujours eu la pensée de commettre un crime, de marcher sur les Tuileries. Il voulait avoir des armes, et un jour il me demanda si je pourrais lui en procurer; je lui dis que cela m'était impossible. Alors il me parla de ce projet dont je vous ai déjà entretenu, et qui consistait à pénétrer dans la caserne des sous-officiers sédentaires du Jardin-du-Roi avec un ami, et à tuer tout ce qu'il serait nécessaire de tuer pour s'emparer des armes. Comme alors j'allais quelquefois à Sainte-Pélagie voir Lecomte, je dis à Fieschi, pour le maintenir et pour éviter un malheur, que je pourrais parler à quelques patriotes, et notamment à Cavaignac, et leur demander des armes. Je rencontrai, en effet, Cavaignac dans la cour de la prison, et je lui demandai des armes; Cavaignac me répondit qu'il m'engageait fortement à ne pas m'occuper de ces choses-là, et qu'il ne pouvait me fournir des armes. Quelque temps après, toujours dans la pensée de maintenir cet homme, je ne nie pas que je lui aie dit que je pourrais lui procurer des armes par Cavaignac. Pour vérifier ce que je viens de dire sur les projets de Fieschi contre la caserne du Jardin-du-Roi, on peut s'assurer qu'il est facile de pénétrer dans cette caserne par un petit mur qui la sépare du jardin d'un maraîcher; du moins c'est Fieschi qui me l'a dit. Si M. le président veut m'adresser d'autres questions, je suis prêt à y répondre.

D. En demandant des armes à Cavaignac, ne lui avez-vous pas dit dans quel but vous cherchiez à vous les procurer?

R. Je lui ai dit que c'était pour un individu qui avait le projet de se battre contre le gouvernement et le roi : je ne lui en ai pas dit davantage, j'aurais craint moi-même d'être assassiné.

D. N'avez-vous rien à ajouter aux détails que vous avez déjà donnés sur la promenade à cheval qui a eu lieu sur le boulevard, dans la soirée du 27 juillet?

R. Je dis que ce n'est point moi qui ai offert à Boireau mon cheval; c'est lui qui est venu, de la part de Bescher, me dire de passer à cheval sur le boulevard, sans vouloir m'expliquer le véritable motif de cette promenade : toutefois, il m'a dit que c'était pour servir à un projet qu'avait Bescher; j'ai refusé de faire ce qu'il désirait, et alors il m'a demandé mon cheval que je lui ai prêté.

D. Croyez-vous que Boireau fût initié depuis longtemps au complot?

R. Je ne le crois pas; mais, dans tous les cas, je persiste à dire que ce n'est pas moi qui l'ai mis au courant de cette affaire.

D. Morey n'a-t-il pas été plus avant et plus tôt que vous encore dans les confidences de Fieschi?

R. Je le crois.

D. N'est-ce pas lui qui vous a parlé le premier de la machine?

R. Non, Monsieur.

D. Qui donc vous en a parlé le premier?

R. C'est Fieschi qui m'en a parlé le premier en me disant ses idées de vengeance.

D. Vous rappelez-vous à peu près la quotité des sommes que vous auriez prêtées à Fieschi?

R. 250 ou 300 fr. environ. Hélas! Monsieur, Morey doit bien savoir que je ne suis qu'une victime là-dedans.

D. C'est Morey qui vous a engagé dans cette fatale entreprise?

R. Non, Monsieur; dans ma pensée, Morey peut avoir été plus avant que moi dans l'affaire et avoir plus de reproches à se faire; mais je crois qu'il est victime comme moi. C'est le poignard de Fieschi qui a causé ma perte par la frayeur qu'il m'inspirait. S'il était de bonne foi, Fieschi, il vous dirait les efforts que j'ai faits, encore la dernière fois que je l'ai vu, pour le rappeler à la vertu et le détourner de tirer sur ses concitoyens. Je jure sur la tête de ma femme et de mes enfants que jamais je n'ai fait le mal, que jamais je ne l'ai conseillé, et que jamais je n'ai payé pour le faire. J'ajouterai que si Fieschi avait suivi les conseils que je lui ai donnés, il serait aujourd'hui un ouvrier laborieux.

Pepin dit encore : Moi, je soutiens que j'ai été pendant plus d'une demi-heure à faire envisager à Fieschi, quand j'ai connu son projet définitif, les victimes qu'il ferait, et à l'engager à ne pas donner suite à ce projet.

Fieschi interpellé, dit : Je conviens que Pepin a fait ces observations pendant une heure, s'il le veut. Alors je lui dis : *Il faut décider oui ou non, tout briser ou bien acheter les canons.* Pas moins, il fut convenu, avant de nous quitter, que les canons seraient achetés, et l'argent m'a été remis le lendemain par Morey, chez moi.

Pepin. — Moi je déclare que je n'ai pas entendu parler de canons; cependant il est possible qu'il en ait été question. J'ajouterai que c'est Morey qui est venu me chercher chez moi pour me conduire à ce rendez-vous.

Fieschi. — Cela est vrai. Il me reste à dire que Pepin n'était pas si obstiné ou enragé pour cette affaire que Morey.

Pepin. — Je le crois bien, puisque je défendais à Fieschi de la faire.

Fieschi. — N'oubliez pas que c'est vous qui avez donné l'argent. Pourquoi l'avez-vous donné?

Pepin. — Si j'ai donné de l'argent à Fieschi, c'est antérieurement à cela, et parce que j'étais sous son influence terrifiante. Vous voyez bien que Fieschi dit lui-même que c'est Morey qui lui a fourni l'argent des canons. Pour preuve que je ne veux pas de réticences, je conviens que Fieschi m'a montré le modèle en bois de sa machine, et je l'ai brisé.

Fieschi. — Cela peut bien être, car le lendemain du jour où je vous ai remis ce modèle, je ne l'ai plus trouvé sur la table de nuit où je l'avais placé.

Enfin, on demande à Fieschi et à Pepin s'ils n'ont rien à faire connaître à la justice, relativement à des personnes dont ils n'auraient pas encore parlé.

Pepin répond : Est-ce que j'aurais pu parler à quelqu'un de son projet?

Fieschi. — La machine, personne ne l'a vue que moi et Morey; Pepin n'a vu que le modèle; il n'est venu qu'une fois chez moi; mais ma conviction est toujours que Pepin a dit à des membres de sociétés secrètes qu'il y aurait quelque chose le jour de la revue.

Pepin. — Je soutiens, moi, que je ne connaissais pas de sociétés secrètes; je déclare aussi que je ne me souviens pas de ce qu'on a pu dire sur la charge des canons, ni de la date de cette entrevue. J'ajoute que je ne me souviens pas que Fieschi m'ait recommandé la fille Lassave; j'ai toujours agi sous l'influence de Fieschi.

Le lendemain 18, à trois heures du soir, nouvelle tentative de M. Pasquier, mais cette fois, auprès de Morey, auquel il adresse les questions suivantes :

D. — Dans la position où vous vous trouvez, et comme on m'a dit que vous aviez exprimé quelque désir de me voir, j'ai cru devoir céder à ce désir, dans la pensée que vous aviez peut être quelques révélations à me faire, et que votre intention était de dire enfin la vérité que vous avez dissimulée jusqu'à présent?

R. Je voudrais, pour mon pays et pour moi-même, avoir quelque chose à révéler; je le ferais de bon cœur; mais je n'ai absolument rien à dire sur toutes ces choses-là. Je ne sais pas, par exemple, ce qui a pu se passer entre Fieschi, Pepin et Boireau.

D. Vous n'avez donc pas vu le modèle de la machine de Fieschi?

R. Je n'ai vu cette machine qu'au tribunal.

D. Vous avez cependant assisté à la confidence qui a eu lieu le 24 juillet, entre Fieschi et Pepin, sous les arches du pont d'Austerlitz?

R. Nous sommes allés nous promener tous les trois de ce côté, mais je ne me souviens pas que nous soyons allés sous les arches d'un pont.

D. Est-ce que ce n'est pas vous qui étiez allé chercher Pepin pour le conduire à ce rendez-vous ? Pepin l'a dit.

R. En revenant de la rue de Charenton, je l'ai pris avec moi, mais sans penser à une chose ou à une autre, et, tout en causant, nous avons passé le pont d'Austerlitz.

D. Pepin est plus sincère que vous ; il a avoué, depuis l'arrêt de la cour, beaucoup de choses qu'il avait écartées dans le cours de l'instruction ?

R. Pepin a pu dire des choses que j'ignore, parce que, depuis que Fieschi était sorti de chez moi, il avait beaucoup plus de rapports avec Pepin qu'avec moi.

D. Vous persistez donc à soutenir que vous n'avez aucune espèce de révélation à faire ?

R. Non, Monsieur, je n'ai rien à dire.

D. Est-ce qu'en gardant le silence sur des faits dont vous avez dû avoir connaissance, vous ne cédez pas à des conseils qui vous auraient été donnés dans l'intérêt du parti auquel vous avez appartenu ?

R. Il est bien vrai que je suis républicain, mais je ne suis pas pour cela capable de faire du mal à mon pays, et si je savais quelque chose qui pût être utile, je le dirais.

Enfin, le 19, à minuit trois quarts, sur la demande répétée de Pepin, qui avait adressé plusieurs lettres à M. le duc Decazes, au président de la cour des pairs et au procureur général, M. Pasquier se transporte de nouveau auprès de lui et lui dit :

D. Vous avez demandé à être entendu de nouveau, en annonçant que vous étiez prêt à dire enfin toute la vérité ; êtes-vous, en effet, déterminé à la dire ?

R. Je suis déterminé à dire tout ce que je sais. Lorsque j'ai demandé des armes à Cavaignac, à Sainte-Pélagie, en lui disant qu'un homme avait formé le projet de tirer sur le roi, à sa première sortie, Cavaignac me répondit : « Si je peux me procurer des fusils, je vous le ferai dire. »

D. Cavaignac vous a-t-il, en effet, fait dire qu'il vous procurerait des armes ?

R. Non, Monsieur ; il ne m'a rien fait dire, et c'est alors que je lui ai écrit pour lui demander s'il pouvait me procurer ces vingt ou vingt-cinq fusils. Je me rappelle que je lui ai fait remettre cette lettre par sa mère ; et j'ai dit à Fieschi que j'avais écrit à Cavaignac.

D. Cavaignac a-t-il répondu à cette lettre ?

R. Non, Monsieur.

D. N'avez-vous demandé des fusils qu'à Cavaignac ?

R. Non, Monsieur.

D. Ne lui avez-vous pas formellement donné avis de ce qui devait se passer à la revue ?

R. Non, Monsieur ; il a pu seulement le conjecturer, d'après ce que je lui avais dit, qu'on devait tirer sur le roi à sa première sortie ou à la première occasion.

D. N'avez-vous pas averti d'autres personnes que Cavaignac ?

R. J'avais dit aussi à Recurt qu'à la première sortie du roi, on tirerait sur lui.

D. A quelle époque avez-vous dit cela à Recurt ?

R. Peu de temps avant sa réintégration dans sa prison, et lorsqu'il était dans une maison de santé.

D. Qu'est-ce que Recurt vous a dit au sujet de la confidence que vous lui aviez faite ?

R. Je le rencontrai un jour rue Saint-Antoine ; nous causâmes longtemps ensemble ; je lui parlai des projets de Fieschi, Recurt ne m'en a pas détourné.

D. N'avez-vous pas averti d'autres personnes que Recurt ? Quelles sont ces personnes ?

R. Le lundi, d'après ce que m'avait dit Boireau, j'ai prévenu Blanqui... (ici Pepin se reprenant dit :) Il faut être véridique, c'est le jour de l'attentat, qu'en allant au faubourg Saint-Jacques, je rencontrai Blanqui jeune, comme il entrait chez un libraire de la rue de l'Estrapade, ou comme il en sortait, et je lui ai dit ce qui devait avoir lieu. Je crois vous avoir déjà déclaré que j'avais aussi prévenu Floriot ; je leur ai dit qu'on devait tirer sur le roi, mais je ne leur ai pas dit par quel moyen.

D. Recurt ne vous avait-il pas fait entrer dans quelque société secrète du faubourg Saint-Antoine, d'après ce que vous auriez raconté ce matin ? Vous avez ajouté que cette société se composait d'hommes très-dangereux qui se connaissaient individuellement, mais qui ne se réunissaient pas. Vous avez dû avertir les membres de cette société ?

R. Une nouvelle société s'est, en effet, formée depuis la loi contre les associations, et Recurt m'y a initié. Son but est le renversement du gouvernement ; on y jure haine à la royauté. Je juge du danger qu'elle peut offrir, par les hommes importants qui en font partie ; je dis importants par leurs talents : on m'a dit que Blanqui jeune et Laponneraie étaient membres de cette société, mais je ne les ai pas vus.

D. N'avez-vous averti d'autres personnes dans cette société que Recurt et Blanqui ?

R. Non, Monsieur.

D. Morey s'était-il chargé, à votre connaissance, d'avertir les républicains membres des sociétés secrètes ?

R. Fieschi et Morey pourraient seuls répondre à cette question.

D. Ne connaissiez-vous pas d'autres sociétés secrètes que celle dont vous venez de parler ?

R. Il a bien été question dans le temps d'organiser un bataillon révolutionnaire, mais je n'ai pas voulu en faire partie.

D. Qui est-ce qui vous avait proposé d'entrer dans ce bataillon, et qui est-ce qui en faisait partie ?

R. Je crois que c'était l'œuvre de Henri Lecomte et de quelques autres personnes détenues à Sainte-Pélagie ; je sais bien que c'est Henri Lecomte qui m'a parlé de cela.

D. Jusqu'ici vous n'avez parlé que des individus que vous aviez avertis ; il faudrait maintenant parler de ceux qui vous auraient excité vous-même, qui vous auraient poussé au crime et vous auraient fourni les moyens de le commettre.

R. Là-dessus je suis forcé de déclarer que si je n'ai pas révélé les projets de Fieschi, c'est que j'ai cédé à l'influence de son poignard ; aucune autre influence n'a été exercée sur moi.

D. Vous avez déclaré tout à l'heure que vous aviez averti Recurt, et ailleurs vous lui avez donné la qualité de membre du comité central de la Société des Droits de l'homme, qui lui appartenait réellement ; n'était-ce pas en cette qualité que vous le préveniez, et afin qu'il avertît à son tour les sociétaires de ce qui devait se passer ?

R. Non, Monsieur ; je l'ai prévenu parce que je le connaissais comme un homme politique, et de plus comme ex-capitaine de la garde nationale ; c'était là l'origine de notre connaissance.

D. Vous avez dit tout à l'heure que vous aviez été initié par Recurt dans une nouvelle association secrète ; comment se faisait cette initiation ?

R. On vous présentait et on vous recevait. Je ne me rappelle pas le nom de la personne chez laquelle je fus reçu.

D. Vous avez prêté un serment quand vous avez été initié?

R. Oui, Monsieur; c'est-à-dire on prête serment de ne pas se vendre. Je vous ai dit le but de la société.

Rapprochées de la lettre à Mᵉ Dupin, les dernières déclarations de Pepin établissent sa complicité, mais démontrent que ce malheureux n'avait fait que céder à une domination exercée sur sa volonté.

La clémence royale devait être voilée en pareille circonstance. Louis-Philippe, à qui on peut rendre cette justice d'avoir adouci toutes les fois qu'il le put les vengeances de la loi, dut s'arrêter devant l'énormité du crime.

Voici les termes textuels de l'annotation que le roi écrivit de sa main en marge du rapport du conseil des ministres, sur l'exécution de l'arrêt de la Cour des pairs:

« Ce n'est que le sentiment d'un grand devoir qui « me détermine à donner une approbation, qui est « un des actes des plus pénibles de ma vie; seule- « ment j'entends qu'en considération de la franchise « des aveux de Fieschi et de sa conduite pendant le « procès, il lui soit fait remise de la partie accessoire « de la peine, et je regrette profondément que plus « ne me soit pas permis par ma conscience. »

Si la royauté se montrait digne et noble, il n'en était pas de même de ses instruments. . Le rôle qu'on avait laissé prendre à Fieschi, l'immorale importance qu'on avait donnée à ce monstre, faisaient penser qu'on s'était abaissé avec lui jusqu'aux promesses. Les complaisances regrettables qu'on avait eues pour l'assassin persistaient après l'arrêt. Après lui avoir abandonné, pour ainsi dire, la direction des débats et la police de l'audience, on lui faisait, dans la prison, une position exceptionnelle. On lui prodiguait l'argent, les faveurs. L'arrêt une fois prononcé, on le dispensa de la camisole de force, parce que ce vêtement lui faisait éprouver « l'émotion de la fierté blessée. »

Pepin, cependant, était soigneusement serré dans sa camisole de force; ses pieds étaient réunis par une longe fort étroite, qui ne lui permettait que des mouvements très-restreints. Une autre longe partait des pieds et allait entourer le tuyau de poêle dans lequel ses bras étaient renfermés, pour venir ensuite s'attacher à son col. Cette corde était presque tendue, de manière que le patient ne pouvait ni porter son bras à sa tête, ni le baisser. Dans cette douloureuse immobilité, Pepin éprouvait de fréquents vertiges, causés par la fatigue et la souffrance, et aussi peut-être par la privation de tabac, dont il faisait depuis longtemps une grande consommation. Les visites de sa femme étaient courtes, et l'épouse légitime n'avait pas les priviléges dont jouissait l'incestueuse maîtresse de Fieschi.

Le jour suprême se leva pour les condamnés. Le 19 février, l'échafaud fut dressé à la barrière Saint-Jacques. A huit heures un quart, les condamnés arrivèrent devant l'instrument du supplice. Fieschi avait paru s'attendre à un autre dénoûment et s'étourdissait à force de jactance; Morey se soutenait à peine, mais, disait-il, « ce n'est pas le courage qui manque, ce sont les jambes. » Pepin était calme et résigné. Un commissaire, M. Vassal, s'approcha de Pepin et lui dit : « Au moment suprême, vous n'avez plus d'intérêts à ménager; vous devez la vérité tout entière; s'il vous reste des déclarations à faire, il sera sursis à l'exécution en ce qui vous concerne. »

Et M. Vassal ajouta tout bas: « Si l'échafaud est démonté, on ne le remontera pas pour vous. »

Pepin releva la tête avec une sorte de fierté, et répondit : « Je n'ai rien de plus à dire. » Un instant après, il mourait en chrétien. Morey se livra ensuite aux aides, avec un calme qui ne se démentit pas. Quant à Fieschi, dont la pétulance trahissait une agitation intérieure, il paya sa dette le dernier, après avoir cédé une dernière fois au besoin de jouer un rôle en haranguant la foule.

L'horrible crime de la machine infernale de 1835 ne fut pas l'œuvre d'un parti, mais de quelques fous isolés et inintelligents, entraînés par un scélérat. Comme tous les crimes politiques, celui-là devait aller contre son but, il raffermit l'autorité du trône de juillet; il servit de prétexte et peut-être d'excuse aux lois de septembre.

La Machine infernale.

Paris. — Typographie de Firmin Didot frères, fils et Cⁱᵉ, rue Jacob, 56.

www.ingramcontent.com/pod-product-compliance
Lightning Source LLC
Chambersburg PA
CBHW052135230426
43671CB00009B/1251